Sieht man ein Tonstück von der technischen Seite an, so stimmt alles und besagt nichts, wie bei einer algebraischen Gleichung; sieht man es aber von der poetischen, so sagt es alles und bestimmt nichts.

Ernst Bloch

In Italia seicento e quaranta,
In Lamagna duecento e trent'una,
Cento in Francia, in Turchia novant'una,
Ma in Ispagna son già mille e tre.

LORENZO DA PONTE

Der Konzertführer

Orchestermusik von 1700 bis zur Gegenwart

Herausgegeben von
Attila Csampai und Dietmar Holland
in Zusammenarbeit mit
Irmelin Bürgers

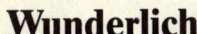

Wunderlich

1. Auflage Oktober 1987

Umschlagentwurf Peter Wippermann
unter Verwendung eines Bildes von Claudio Parmiggiani
Redaktion Beate Laura Menzel
Satz Times (Linotron 202)
Gesamtherstellung Clausen & Bosse, Leck
Printed in Germany
ISBN 3 8052 0450 7

Inhaltsverzeichnis

Vorwort

Wozu noch ein «Konzertführer»? Kennen wir nicht alle jene vergeblichen Versuche, den komplexen Höreindruck in ein lebloses Nachbeschreiben zu fassen und wissen wir nicht, daß wir dabei nichts darüber erfahren, was uns die Musik wirklich angeht? Andererseits hilft uns der Fachjargon der Musikwissenschaft auch nicht weiter, da er vergißt, daß Musik in erster Linie erklingt und letztlich eine Herzensangelegenheit ist. Ein «Konzertführer» kann also nur ein Konzert-Verführer sein, ein Lesebuch, das einen Vorgeschmack auf das Hören selbst vermittelt, nicht mehr, aber auch nicht weniger. Einen Ersatz für das Hören kann er allerdings nicht bieten, er weckt bestenfalls die intellektuelle Vorfreude darauf.

Der vorliegende «Konzertführer» wendet sich weder nur an den Fachmann noch an den bloß zerstreuten Hörer; er wendet sich an alle, die mit den herkömmlichen Werkeinführungen nicht einverstanden sind und mehr wissen wollen als das Aufzählen von Motiven, Themen und Fakten. Um ein möglichst breites Aufklärungsfeld zu schaffen, haben zahlreiche kompetente Autoren an diesem Lesebuch zur «Orchestermusik von 1700 bis heute» mitgearbeitet. Es wird keine Objektivität von Meinungen vorgetäuscht, sondern jeder Autor verfährt nach seinem ganz persönlichen Verhältnis zu der Musik, die ihm besonders liegt.

Die Werkauswahl mag manchen Leser überraschen, da sich viele Werke besprochen finden, die man gewöhnlich von einem «Konzertführer» gar nicht erst erwartet, zum Beispiel alle 104 Symphonien von Joseph Haydn. Selbstverständlich gibt es unvermeidliche Lücken, dafür aber auch ausdrückliche Korrekturen bislang eingefahrener Werturteile.

Gemäß der musikgeschichtlichen Gesamtentwicklung seit 1700, die keineswegs linear (im Sinne der Fortschrittsgläubigkeit) verläuft, vielmehr in Rissen und Sprüngen, in der Ungleichzeitigkeit soziologischer und stilistischer Wandlungen, ergab sich für die chronologische Anordnung der Artikel eine viel besser praktikable *spiralförmige* Lösung, die den Parallelverläufen – vor allem im 19. Jahrhundert – gezielt Rechnung trägt. Außerdem erwies es sich als günstig, verschiedene Textarten zu verwenden, die Linse nicht auf jeden Komponisten und jedes musikalische Phänomen gleich nah einzustellen. Der Standort der Betrachtungen wechselt zwischen den Extremen von Epochen, Komponistenschulen oder Werkgruppen einerseits und monographischer Darstellung andererseits. So schält sich der bis heute verbindliche Werk-Kanon gleichsam indirekt heraus, ohne daß auf übergeordnete entwicklungsgeschichtliche Überlegungen verzichtet werden müßte.

Trotz aller gebotenen Sachlichkeit verlangen die Texte nicht mehr als die Musik selbst: sich auf sie einzulassen und möglicherweise Vorurteile abzubauen. Der persönliche Affekt eines jeden Autors mag als Funke überspringen und macht dann das Hören zum fundierten intellektuellen Vergnügen.

Unser besonderer Dank gilt Irmelin Bürgers, die nicht nur 32 sensible Autoren, sondern auch zwei ständig gestresste Herausgeber zu betreuen hatte.

München, im Juli 1987 Attila Csampai
Dietmar Holland

Sinfonia und Concerto

«Wie dann auch vor unserer Zeit (welchs aber nunmehr abkommen) das Wort Symphonia oder Symphoney gebraucht worden: Wenn man den Haussmann oder Stadtpfeiffer mit seiner gantzen Symphoney, das ist mit allerhand Instrumenten, als Zincken, Posaunen, Trommeten, Geygen, Flöiten, Krumbhörnern, Dolcianen etc. hat fordern lassen.» Diese Verwendung des Wortes «Symphonia» zur Bezeichnung eines Instrumentalensembles und seiner Darbietungen, die MICHAEL PRAETORIUS 1618 in seinem «Syntagma musicum» erwähnt, dürfte ins frühe 16. Jahrhundert zurückgehen. Einige Jahrzehnte später taucht der Begriff erstmals auch als Werktitel auf, wobei man zunächst allerdings keinen Unterschied zwischen Vokal- und Instrumentalkompositionen machte; in diesem Sinne wird die Bezeichnung auch noch in den ‹*Symphoniae sacrae*› der Venezianer ANDREA und GIOVANNI GABRIELI (1597 und 1615) und in den drei Sammlungen gleichen Namens von HEINRICH SCHÜTZ (1629, 1647 und 1650) verwendet. Andererseits war man schon im frühen 17. Jahrhundert in Italien dazu übergegangen, das Wort «Sinfonia» zur Bestimmung rein instrumentaler Kompositionen zu verwenden, etwa in den ‹*Sinfonie a 8v. Comodi per concertare con ogni sorte de stromenti*› GIOVANNI GASTOLDIS (1604).

Zur Bezeichnung der instrumentalen Vor- und Zwischenspiele größerer geistlicher oder weltlicher Vokalwerke (Opern, Oratorien, Kantaten etc.) bürgerte sich der Terminus «Sinfonia» bald ein und behielt diese Bedeutung bis weit ins 18. Jahrhundert hinein bei, zum Beispiel in den ‹*Sinfonie avanti l'opere*› VIVALDIS oder in den ‹*Sinfonien*› der Kantaten JOHANN SEBASTIAN BACHS. Daneben kursierten freilich weiterhin verschiedene andere Bezeichnungen – «Concerto» und «Sonata» (*a quattro* oder *a cinque*), «Ritornello», «Ripieno», «Perfidia» –, die von der «Sinfonia» weder der

Form noch der Funktion nach deutlich abgesetzt waren. Erst gegen Ende des 17. Jahrhunderts kristallisierten sich – wiederum zunächst in Italien – einzelne Gattungen heraus, die terminologisch unterschieden wurden. Aus dieser Zeit stammt auch die Unterscheidung *da chiesa* (für Werke im strengen, kontrapunktisch bestimmten «Kirchenstil») und *da camera* (für Werke im freien, melodiebetonten «weltlichen» Stil); die *da chiesa*-Kompositionen erstarrten bald in einer festgefügten viersätzigen Form (langsam–schnell–langsam–schnell), während der *da camera*-Typus mit seiner Vorliebe für Tanzsätze sowohl das dreisätzige Modell (schnell–langsam–schnell) der von ALESSANDRO SCARLATTI ausgeprägten neapolitanischen Opern-«Sinfonia» (Ouvertüre) bestimmte als auch die Formen der Sonate, des Concertos (dreisätzig) und der Suite (mehrsätzig). Dennoch blieben diese Gattungsbezeichnungen weitgehend unbestimmt: Das italienische Concerto grosso etwa, mit seiner Gegenüberstellung eines Orchestertuttis (-ripienos, -ritornells) und einer Gruppe solistischer Instrumente (Solo, Concertino), wurde in Deutschland oft einfach als «Konzert» tituliert und damit der Form des Solokonzerts gleichgestellt; BACHS ‹*Brandenburgischen Konzerte*› sind tatsächlich Concerti grossi.

Aber ob nun Sonata, Sinfonia, Concerto oder Concerto grosso – die ersten Impulse einer Verselbständigung und Formgebung der Orchestermusik gingen um die Wende vom 17. zum 18. Jahrhundert von Italien aus, von Komponisten wie TOMMASO ALBINONI, ARCANGELO CORELLI, ALESSANDRO STRADELLA und GIUSEPPE TORELLI. (Um dieselbe Zeit finden sich zwar auch in England entsprechende Entwicklungen, so in den ‹*Symphonies*› verschiedener Anthems HENRY PURCELLS, doch sie blieben für die kontinentaleuropäische Musik ohne Nachwirkungen.) Grundzug dieser Werke, die in Deutschland schnell nachgeahmt wurden, war der kontrastreiche Wechsel unterschiedlicher musikalischer Ereignisse, wie ihn schon die GABRIELIS und andere Meister der frühen venezianischen Doppelchörigkeit gepflegt hatten; «dann durch scharffes Beobachten dieser opposition oder Gegenhaltung der langsamb- und geschwindigkeit, der Stärke, und Stille; der Völle des großen Chors, und der Zärtlichkeit des Terzetl, gleich wird das Gehör in ein absonderliche Verwunderung verzuckt» (GEORG MUFFAT). Aus diesem Prinzip der «opposition» ging notwendig die Reduzierung des Concertinos auf ein einzelnes Soloinstrument hervor – die Form des Soloconcertos, die durch TORELLI und VIVALDI ausgeprägt wurde und mit der Zeit die Form des Concerto grosso verdrängte. Die heute gängige «historische» Aufführungspraxis solcher Werke in kleiner Besetzung ist übrigens nur bedingt authentisch; Aufführungen der Concerti grossi CORELLIS, TORELLIS und VIVALDIS mit einem Orchester aus fünfzig, siebzig oder sogar über hundert Musikern waren durchaus keine Ausnahme.

Die Entwicklung der Instrumentalmusik des 18. Jahrhunderts ging Hand in Hand mit dem Aufblühen der Virtuosität; die Solopartien wurden immer anspruchsvoller und diffiziler, die Orchestertechnik immer perfekter. Auf immer neue Weise versuchten die Komponisten, ihr Publikum in den Bann zu schlagen: programmatische «Concerti con titoli», überraschende, «bizarre» Harmonien, Annäherungen an die Vokalpraxis der Oper und raffinierte Instrumentationseffekte lösen die kontrapunktische Strenge des *da chiesa*-Stils mehr und mehr auf und führen allmählich zu einer fast manieristischen Mischung aus Empfindsamkeit und Virtuosität, die den Keim des Rokoko bereits in sich trägt. Sicherlich ist ANTONIO VIVALDI der *maestro assoluto* dieser Blütezeit des barocken Concertos in Italien, und die Wirkung seiner Werke läßt sich in Dresden (JOHANN GEORG PISENDEL), Leipzig (JOHANN SEBASTIAN BACH) und Berlin (JOHANN JOACHIM QUANTZ) ebenso nachweisen wie in Böhmen (FRANZ BENDA) oder in Frankreich (MICHEL CORRETTE); auch JAN DISMAS ZELENKA, der in den letzten Jahren eine verdient große Renaissance erlebt hat, steht mit seinen exzentrischen *‹Capriccios›* und Werken wie der *‹Hipocondrie a 7 concertanti›* in der unmittelbaren Nachfolge VIVALDIS. Neben VIVALDI haben aber auch eine Reihe anderer Komponisten Beachtung verdient: EVARISTO FELICE DALL'ABACO, FRANCESCO GEMINIANI, PIETRO LOCATELLI oder die Brüder ALESSANDRO und BENEDETTO MARCELLO.

Im Windschatten des italienischen Barock blühten Sinfonia und Concerto auch in Deutschland und Österreich auf, wenngleich man sich hier nur schwer von der kontrapunktischen Strenge lösen konnte. Mehr noch: Für einen Komponisten wie JOHANN JOSEPH

Fux war die «licentiose Schreibarth» der Italiener ein Greuel, und er hielt über die Geschmackswende seiner Zeit am *stile osservato* fest, und auch Johann Sebastian Bach mußte sich für die *italianità* seiner Konzerte manche Kritik gefallen lassen. So kommt es, daß die italienische Musik bereits mit großen Schritten dem «galanten Stil» des Rokoko entgegenstrebte, als man in Deutschland und Österreich noch am *da chiesa*-Stil Corellis hing. Dieses Spannungsfeld löste sich erst in der zweiten Hälfte des 18. Jahrhunderts – zum einen durch Georg Philipp Telemann, an dessen umfangreichen Instrumentalwerk sich die Entwicklung vom Barock zur Frühklassik exemplarisch nachvollziehen läßt, zum anderen durch das Wirken der Bach-Söhne in London, Hamburg, Berlin und Mailand. Angesichts dieses Mißtrauens der deutschen gegenüber der italienischen Musik ist es auch nicht weiter erstaunlich, daß der italienischste der deutschen Komponisten, Georg Friedrich Händel, sich nach England wandte und dort maßgeblich auf eine Tradition einwirkte, die sich seit Purcell zunehmend dem italienischen Geschmacksideal angenähert hatte.

Auch in Frankreich schwelte seit dem frühen 17. Jahrhundert ein Streit zwischen melodischer Freiheit und kontrapunktischer Strenge, deutlicher noch als in Italien in die Funktionsbereiche der weltlichen und der kirchlichen Musik geteilt. Doch während in Deutschland und Österreich diese beiden Stilausprägungen unvereinbar schienen, hatte die französische Musik schon relativ früh zu Mischformen – zum Beispiel die auch von Bach und Telemann gepflegte «französische Ouvertüre» –, in denen beide Richtungen zu ihrem Recht kamen. Die *Concerts* François Couperins oder die *Symphonies* Jean-Féry Rebels wachsen in die Blütezeit der französischen Orchestermusik hinein, die 1725 mit der Gründung des «Concert spirituel» durch Anne-Danican Philidor einsetzt.

Mit seinen beiden Grundströmungen *stile osservato* (*da chiesa*) und *stile nuovo* (*da camera*) ist der musikalische Barock in ganz Europa eine mehr oder weniger einheitliche Stilrichtung. Das Aufblühen des Verlagswesens (mit seinen Zentren Amsterdam und Venedig) führte dazu, daß neue Werke binnen kürzester Zeit überall Verbreitung fanden, und eine Vielzahl bedeutender, mittelbarer oder unmittelbarer Schüler/Lehrer-Verbindungen spannten über Europa ein dichtes Netz wechselseitiger Einflüsse. So wie die Renaissance die Entwicklung der Vokalmusik vehement vorangetrieben hatte, so nahm in den rund anderthalb Jahrhunderten zwischen dem Ende des Dreißigjährigen Krieges und der Französischen Revolution die Orchestermusik ihren Aufschwung – Ausdruck einer neuen Zeit und einer neuen Ästhetik, die auf der Suche nach der Vereinbarkeit von Freiheit und Strenge, von Einfachheit und Erhabenheit, von Natürlichkeit und Künstlichkeit, von Spiel und Ernst der Ausformung des «klassischen» Ideals entgegenstrebt. ‹*Le grand facile*›, das «großartig Einfache», wie es François Fénelon postuliert hat, ist auch in der Musik der Schlüsselbegriff des Barock.

Michael Stegemann

Antonio Vivaldi

Venedig, 4. März 1678 – Wien, 28. Juli 1741

ANTONIO VIVALDI war sich seines besonderen Wertes durchaus bewußt: Seine Sammlung von *Zwölf Concerti* für Violine, die der Amsterdamer Verleger Estienne Roger um 1714 als *Opus IV* veröffentliche, trägt den Titel ‹*La stravaganza*›; ihr Komponist ist nicht einer von vielen, sondern der Meister des Außergewöhnlichen, Unerhörten, Elitären, eben *della stravaganza*. Zwischen 1703 und 1740 – in der Zeit also, während der VIVALDI (von wenigen Unterbrechungen abgesehen) als *maestro di violino* und *maestro di concerti* am venezianischen Ospedale della Pieta tätig war – stand dieser Ruf in ganz Europa außer Frage. Die Amsterdamer Erstausgaben wurden in London und Paris nachgedruckt, in Versailles ließ sich Ludwig XV. das ‹*Primavera*›-*Konzert* vorspielen, in Berlin stand JOHANN JOACHIM QUANTZ unter dem Einfluß der «Vivaldischen Violinenconcerte, die als eine damals ganz neue Art von musikalischen Stücken, bey mir einen nicht geringen Eindruck machten», in Leipzig adaptierte JOHANN SEBASTIAN BACH den Konzerttypus des Venezianers und bearbeitete mehrere seiner *Concerti* für Orgel oder Cembalo, in Dresden fertigte der Böhme JAN DISMAS ZELENKA Abschriften VIVALDIscher Partituren an. Wenn der Komponist trotz dieser Erfolge nur relativ wenige Werke zum Druck freigab, so hatte das seinen guten Grund: «Vivaldi sagte mir, er sei entschlossen, keine Concerti mehr zu veröffentlichen, da ihn dies daran hindere, seine Kompositionen im Manuskript zu verkaufen, was er für sehr viel einträglicher hält» (Edward Holdsworth). Außerdem blieb in jener Zeit, die von Urheberrechtsschutz noch nichts wußte, nur ein nicht gedrucktes Werk exklusiv dem Komponisten vorbehalten. So ist von den rund 330 (bis heute bekannten) *Concerti* VIVALDIS für eine oder mehrere Violinen nur ein knappes Viertel zu seinen Lebzeiten veröffentlicht worden.

Den Anfang machen 1711 die *Zwölf Concerti* für verschiedene Besetzungen, die Estienne Roger mit dem Titel ‹*L'Estro armonico*› unter der Opuszahl III zusammenfaßt. Vivaldis «harmonische Laune» – so etwa wäre der Titel zu verstehen – hat Meisterwerke hervorgebracht, deren Rang der Komponist freilich im Vorwort der Ausgabe in zeittypischem Understatement verschweigt: «Die wohlwollende Nachsicht, mit welcher die Musikliebhaber meinen bisherigen Versuchen begegnet sind, haben mich bestrebt sein lassen, auch mit einer Sammlung von Instrumentalkonzerten zu gefallen.» Die Sammlung gefiel – mehr noch, sie wurde geradezu ein Sensationserfolg: Nicht nur Rogers Ausgabe erschien in mehreren Auflagen, sondern auch die Nachdrucke von Walsh (London) und LeClerc le Cadet (Paris), und allein Bach hat sechs der ‹*Estro armonico*›-*Concerti* bearbeitet.

Die *Zwölf Concerti* lassen sich in vier, jeweils drei Werke umfassende Gruppen gliedern, von denen jede dieselbe Abfolge hat: ein Concerto für vier Violinen, eines für zwei und schließlich eines für Solovioline; bei den Concerti Nr. 2, 7, 10 und 11 kommt noch ein quasi-solistisches Violoncello hinzu. Die Begleitung ist durchweg für Streicher und Basso continuo (Cembalo) gesetzt. Acht der *Concerti* sind in der dreisätzigen Anlage schnell–langsam–schnell (mit dem Wechsel von – in der Regel – vier oder fünf Tuttiritornellen und drei oder vier Soloabschnitten) charakteristische Beispiele des (venezianischen) Solokonzerts, das Vivaldi gewissermaßen «erfunden» hat. In den anderen Concerti ist das viersätzige Modell der Kirchensonate bzw. des Concerto grosso zwar noch rudimentär zu erkennen, doch im wesentlichen hat Vivaldi auch hier schon die Tradition Corellis und anderer Komponisten des 17. Jahrhunderts verlassen.

Der «Prototyp» des Concertos geht «in Serie»: 1714 folgt ‹*La stravaganza*› (*Opus IV*), zwischen 1716 und 1721 die Sammlungen *Opus VI* (mit nur sechs Concerti) und *Opus VII* (mit zehn Concerti für Violine und zwei für Oboe), 1725 ‹*Il cimento dell'armonia e dell'invenzione*› (‹*Die Erprobung der Harmonie und der Erfindung*›, *Opus VIII*, mit den vier ‹*Jahreszeiten*›-*Konzerten* und drei weiteren ‹*Concerti con titoli*›), 1727 ‹*La cetra*› (‹*Die Lyra*›, *Opus IX*), um 1728 die *sechs Concerti* des *Opus X*, in denen Vivaldi das

Modell seiner Concerti für Violine auf die Querflöte überträgt, 1729 schließlich die beiden jeweils sechs Werke umfassenden Sammlungen *Opus XI* und *XII*. Und das ist, wie gesagt, nur die veröffentlichte Spitze eines Eisbergs, der unter der Wasserlinie die Manuskripte von rund 400 weiteren Concerti für verschiedene Solo- und Tuttibesetzungen verbirgt! (Hinzu kommt, daß in Bibliotheken und Sammlungen Jahr für Jahr neue VIVALDIana auftauchen und eine ständige Aktualisierung des Werkverzeichnisses fordern...) «Vivaldi wird sehr überschätzt, ein langweiliger Mensch, der ein und dasselbe Konzert sechshundertmal hintereinander komponieren konnte», lästerte IGOR STRAWINSKY.

Hätte aber STRAWINSKY (der notabene nur einen Bruchteil des VIVALDIschen Œuvres gekannt haben kann) recht, so wäre der Komponist kaum über eine Zeit von nahezu vier Jahrzehnten hinweg der *maestro assoluto* des venezianischen Musiklebens gewesen, dessen Werke an erster Stelle in der Gunst des Publikums standen – eines Publikums wohlgemerkt, das vor allem unterhalten sein wollte und es einem Komponisten nie verziehen hätte, ihm auch nur zweimal hintereinander dasselbe Konzert vorgesetzt zu haben (ganz zu schweigen von «sechshundertmal»...). Nein, VIVALDI mußte den einmal ausgeformten Konzerttypus in immer neuem Gewand, mit immer neuen Varianten präsentieren, um neben ALBINONI, MARCELLO, TORELLI *e tutti quanti* bestehen zu können.

Eine Möglichkeit der Variation boten Programmkonzerte, die sogenannten *‹Concerti con titoli›*. Dazu gehören die vier *‹Jahreszeiten›-Konzerte* (*Opus VIII Nr. 1–4*), die VIVALDI in Mantua als Kapellmeister des Landgrafen Philipp von Hessen-Darmstadt komponiert und durch vier selbstverfaßte Sonette eingeleitet hat; weiter – ebenfalls aus *Opus VIII* – die *Concerti ‹Il piacere›* (*‹Das Gefallen›*) und *‹La caccia›* (*‹Die Jagd›*) sowie aus dem *Opus X* die Concerti *‹La notte›* (*‹Die Nacht›*) und *‹Il gardellino›* (*‹Der Distelfink›*). Außerdem findet sich sowohl in der einen wie in der anderen Sammlung ein Concerto mit dem Titel *‹La tempesta di mare›* (*‹Der Seesturm›*), und eine ganze Reihe nicht veröffentlichter Concerti ist ebenfalls mit programmatischen Titeln versehen. Doch auch die Imitation von Vogelstimmen, Jagdhörnern und

Stürmen oder sogar die musikalische Gestaltung von Alpträumen (in dem ‹*Fantasmi*› überschriebenen zweiten Satz des Concertos ‹*La notte*›) hätte sich als Effekt bald abgenutzt und kaum den dauernden Ruhm des Komponisten begründet, wenn nicht VIVALDI mit nie versiegendem Einfallsreichtum auch dem musikimmanenten Gerüst des Solokonzerts ständig neue Farben und Formen verliehen hätte. Die erstaunliche Virtuosität der Solopartien, die gelegentlich in regelrechten Kadenzen (mit dem ausdrücklichen Hinweis: «Hier mache man nach Belieben halt») gipfeln, läßt von lyrischer Innigkeit bis zu wilder Chromatik alle denkbaren Affekte zu; die spieltechnischen Möglichkeiten und der Tonraum der Violine werden bis hinauf zur viergestrichenen Oktave ausgenutzt. Und da Melodik und Figuration im wesentlichen auf Akkordbrechungen beruhen, greift VIVALDI in einigen Fällen auf das Verfahren der Skordatur zurück – auf das Umstimmen der vier Saiten –, um die natürlichen Grenzen des Instruments zu überwinden. In den *Sechs Concerti* des *Opus X*, bei denen es sich zum Teil um Bearbeitungen früherer Werke handelt, hat VIVALDI die Violintechnik überaus wirkungsvoll auf die Querflöte übertragen, so wie auch die Solopartien der 23 *Oboen-* und der 39 *Fagottkonzerte* manche Eigenarten geigerischer Praxis aufweisen. Ebenso abwechslungsreich sind die Ritornelle der *Concerti* gestaltet: dynamische Schattierungen, harmonische Farbigkeit, Pizzicato- und Sordinoeffekte, wechselnde Kombinationen des Tuttis und die Befreiung der Baßstimmen von ihrer bloß begleitenden Continuofunktion geben jedem der *Concerti* VIVALDIS sein eigenes Gesicht.

Letztlich mußte aber auch VIVALDI einem neuen Stil weichen, und sein Tod in Wien – am 28. Juli 1741 – war dem venezianischen Chronisten Pietro Gradenigo nur mehr eine kurze Notiz wert: «Der geistliche Herr Antonio Vivaldi, unvergleichlicher Geiger und höchst angesehen wegen seiner Opern und Concerti, ist arm in Wien verstorben.» Fast zweihundert Jahre lang war der Name VIVALDI nur eine musikgeschichtliche Marginalie, seine Musik lebte nur in den Bearbeitungen BACHS weiter. Erst die abenteuerliche und spektakuläre Wiederentdeckung von vierzehn Bänden mit Werken VIVALDIS im Jahre 1926 schafft die Grundlage einer Renaissance, die bis heute andauert. *Michael Stegemann*

Johann Sebastian Bach

Eisenach, 21. März 1685 – Leipzig, 28. Juli 1750

Konzert, Suite und *Triosonate* sind die bestimmenden Gattungen in der instrumentalen Ensemblemusik des frühen 18. Jahrhunderts. Unter Konzert versteht man in dieser Zeit das *Concerto grosso* italienischer Herkunft mit dem *Solokonzert* als sein jüngerer Spezialfall. Das *Concerto grosso* liegt in klassischer Ausprägung bei CORELLIS *Opus 6* zu Beginn des Jahrhunderts vor, mit dem charakteristischen Solo-Tutti-Kontrast zwischen «Concertino» und «Ripieno», dem Glanz des violingeprägten Orchesters und der bestechenden Klarheit in Melos und Harmonik, das Solokonzert wird in der Spätzeit des Concerto bei ANTONIO VIVALDI sichtbar. Bei ihm wird in zunehmendem Maße das ursprünglich zwar schwächer, aber gleichartig besetzte Solo-Concertino durch verschiedene Soloinstrumente (wie Blas-, Zupf- oder Tasteninstrumente) bereichert. Hier ist der Ausgangspunkt für solistisches Virtuosentum und das Klavierkonzert.

Die andere beherrschende Gattung ist die *Suite*. Ursprünglich eine lose Reihung von gerade- und ungeradetaktigen Tänzen, breitet sie sich als zyklische Form in der europäischen Instrumentalmusik in den verschiedensten Erscheinungsweisen aus: als Ballettsuite (vor allem am Hof Ludwig XIV. in Frankreich), als Kammersuite für nahezu alle Besetzungen, als Cembalosuite (wie sie BACHS *‹Clavier›-Werk* so nachhaltig prägt) und schließlich als Orchestersuite. Während einer langen und vielschichtigen Entwicklung stilisieren sich die alten Tanzformen zu festen Typen aus. Gleichzeitig stabilisiert sich innerhalb ihrer bunten Folge so etwas wie ein Kernbestand aus Allemande-Courante-Sarabande-Gigue. Dazwischen finden sich freilich stets alle möglichen anderen Tänze, teils von älterer Herkunft, teils nach aktueller Mode, die sogenannten Galanterien. Daneben bezeugen die «Doubles», alternative Versionen der Tanzsätze, die Verbindung zur Variationssuite.

Die *Triosonate* schließlich ist mehr ein Besetzungsmodus als eine Form. Ihre Anlage aus zwei Oberstimmen (meist mit Solovioline oder -flöte besetzt) und Generalbaß beherrscht vor allem die Kammermusik, darüber hinaus aber als universales Strukturprinzip von konzertierendem Oberstimmenpaar und Baß die ganze Instrumentalmusik der Zeit.

Für die Orchesterwerke BACHS und HÄNDELS ist bezeichnend, daß sie einerseits eine vielfältige Synthese aus den Mitteln dieser Gattungen bilden – das typische Phänomen einer Spätzeit –, andererseits aber die tradierten Stereotypien durch individuelle Prägung zum Exemplarischen überhöhen – das Signum singulärer Musikerpersönlichkeiten.

‹Brandenburgische Konzerte› (BWV 1046–1051)

Die Benennung dieser *sechs Konzerte* geht auf BACHS Widmung an Markgraf Christian Ludwig von Brandenburg (1677–1734) zurück, dem jüngsten Sohn des «Großen Kurfürsten», den er bei einem Besuch in Berlin kennengelernt hatte. Das Widmungsexemplar trägt das Datum vom 14. März 1721, entstanden sind die Konzerte aber wahrscheinlich in den Jahren 1718 bis 1721 für BACHS Köthener Hofkapelle. BACHS Originaltitel: *‹Six Concerts avec plusieurs instruments›* bezeichnet das Spezifikum dieser Konzerte genau: die abwechslungsreiche Besetzung «mit mehreren Instrumenten», das heißt jeweils verschiedenen Streichern, Bläsern oder Solocembalo für das Concertino. Sie verleiht jedem Konzert den Rang eines eigenen musikalischen Individuums: eine schöpferische Selektion aus den Möglichkeiten des zugrunde liegenden Concerto grosso-Typs VIVALDIscher Prägung. Die Konzerte sind nicht in der Reihenfolge ihrer Numerierung entstanden, denn gleichzeitig spiegelt sich in ihnen die Umstellung von einer Art «Gemeinschafts-Spielmusik» ohne festen Tutti-Soli-Kontrast zu Beginn der Köthener Zeit, 1717 (wie in *Nr. 1, 3* oder *6*), bis zum Solokonzert (*Nr. 4* und *5*) am Ende dieser Zeit (1723), wohin ja auch Bachs *Violinkonzerte* chronologisch gehören.

Das *erste Konzert* (*F-dur*) weist die größte und festlichste Besetzung mit Jagdhorn, Trompete, Oboe und (teilweise solistischem) Fagott auf sowie einem Violino piccolo im Concertino und brilliert mit einer pompösen Reihung von stilisierten Tanzsätzen im Finale. Auch das *zweite Konzert* (*F-dur*) bleibt bei starkem Bläserklang. Im dritten Satz Allegro assai wird die solistisch hervortretende Trompete sogar bis zu f^3 geführt.

Im *dritten Konzert* (*G-dur*) scheint der Typ des Concerto grosso faktisch aufgegeben. Zum einen umfaßt es nur zwei Sätze, die durch zwei Adagio-Akkorde einer phrygischen Kadenz, gewissermaßen dem Rudiment eines langsamen Mittelsatzes, verbunden sind. Zum anderen wird auf Soli verzichtet. Es konzertieren vielmehr drei gleichberechtigte Streichergruppen verschiedener Lage (Violinen, Bratschen und Celli) fast nach Art des älteren Vokalkonzerts.

Der durchsichtige, intime Klang einer Concertino-Besetzung aus Blockflöten und Violinen leitet im *vierten Konzert* (*G-dur*) ein klangliches Diminuendo ein, das sich im gedämpften Habitus des letzten Konzerts zu vollenden scheint.

Das *fünfte Konzert* (*D-dur*), vermutlich 1720/21 entstanden und damit das jüngste, führt das Cembalo als Soloinstrument ein. Eine ausgedehnte, 65 Takte umfassende, virtuose Solokadenz bereitet zum Schluß des ersten Satzes die Reprise des Anfangstuttis vor. Man darf vermuten, daß hier Bach selbst konzertierend am Cembalo glänzte und damit gleichzeitig zum Schöpfer des Klavierkonzerts wurde.

Das *sechste Konzert* (*B-dur*) schließlich zielt mit einer ausschließlich aus Streichinstrumenten der tiefen Lagen bestehenden Besetzung von Bratschen, Gamben und Violoncello auf ein ganz ungewöhnlich sonorverdunkeltes Klangbild ab. Die Wahl dieses, zu Bachs Zeit schon veralteten Instrumentariums wurde möglicherweise in Hinblick auf eine Mitwirkung von Fürst Leopold von Anhalt-Köthen an der Gambe getroffen. Es unterstützt jedenfalls die Annahme, daß es sich hier um das älteste Konzert der Gruppe handelt, mit einer Entstehungszeit vor oder um 1718.

Klaus Peter Richter

Violinkonzerte (BWV 1041–1043)

Auch die Instrumental-Solokonzerte BACHS reflektieren die intensive Rezeption der Konzerte VIVALDIS während der Weimarer Zeit (1708 bis 1717). Allein von ihm hat er ja in dieser Periode *sieben Konzerte für Violine und Orchester* sowie *zwei Concerti grossi für Cembalo oder Orgel* bearbeitet. Allerdings greift BACH in seinen drei erhaltenen *Konzerten für Violine und Orchester* weit über den Typ der italienischen Vorbilder hinaus. Das betrifft vor allem die motivische und kontrapunktische Verzahnung der Solo-Tutti-Abschnitte, die sich von der schlichten Gegenüberstellung nach Art VIVALDIS weit entfernen, die spieltechnischen Anforderungen an den Solisten und endlich den unvergleichlichen Ausdrucksgehalt, der diese Konzerte in die Spitzengruppe der Weltliteratur avancieren ließ.

Das *Konzert für Solovioline, Streicher und Basso continuo in a-moll* (*BWV 1041*) entstand um 1720 in Köthen. Im ersten Satz, Allegro, exponiert ein vierundzwanzigtaktiges Anfangstutti das prägnante Kopfmotiv, das dann vom Solisten aufgegriffen wird und als melodischer Kern für weitgesponnene Entwicklungen fungiert. Der zweite Satz, Andante, wird von einer ostinaten Baßfigur beherrscht, die siebenmal als Orchestertutti erscheint. Der letzte Satz, Allegro assai, der mit einem äußerst virtuosen Schlußteil endet, assoziiert mit seinem Neunachteltakt Gigue-Charakter und damit, wie so oft, einen Tanztyp der Suite.

Das *Konzert für Solovioline, Streicher und Basso continuo in E-dur* (*BWV 1042*), ebenfalls entstanden in Köthen um 1720, bietet besonders mit seinem ersten Satz, Allegro, ein Beispiel für die «Dynamisierung» des Satzes durch Soli-Tutti-Verzahnung in thematisch-motivischer Hinsicht. Im Adagio des zweiten Satzes, cis-moll, entfaltet sich die Solovioline in weitangelegten Kantilenen über dem Basso ostinato des Orchesters. Der dritte Satz, Allegro assai, wird von einem sechzehntaktigen Tuttirefrain beherrscht, der nach den vier großen Soli rondoartig immer wiederkehrt.

Das *Konzert für zwei Violinen, Streicher und Basso continuo in d-moll* (*BWV 1043*), entstanden um 1718 in Köthen, ist unter der Bezeichnung ‹*Doppelkonzert*› zum wohl bekanntesten Konzert

Bachs geworden. Es lebt natürlich vor allem aus dem ständigen Dialogisieren und Duettieren der beiden Soloinstrumente, einer Technik, die zwar an das Instrumentalduett der Zeit erinnert, aber bei Bach ein unvergleichbares Ausdrucksniveau erreicht. Im ersten Satz, Vivace, duettieren die Soloviolinen vor allem nach der Tuttieinleitung durch ein vitales Fugenthema, im zweiten Satz, Largo, ma non tanto, zu abgedämmter Orchesterbegleitung. Der dritte Satz, Allegro, ist der längste Satz des Konzerts und demonstriert wieder die für Bach typische, enge Verzahnung von Soli- und Tuttiteilen.

Klaus Peter Richter

Cembalokonzerte (BWV 1052–1065)

Bachs *dreizehn Konzerte für ein oder mehrere Cembali mit Streichern und Basso continuo* (einschließlich eines fragmentarischen, *vierzehnten, BWV 1059*) gehören ebenfalls zur Gattung des Concerto grosso. Allerdings sind sämtliche Konzerte (mit Ausnahme des in *C-dur, BWV 1061*) Bearbeitungen eigener oder fremder Ensemblekonzerte. Das Cembalo ersetzt die Soloinstrumente der Originalvorlage, meistens eine Solovioline, mit mehr oder weniger Veränderungen und weist mit der daraus bezogenen Soloautorität mehr auf das spätere Klavierkonzert als auf die italienische Concertodeszendenz. Gleichzeitig tritt aber hier das Cembalo in einer ureigenen Funktion des Tasteninstruments auf, nämlich als Darstellungsmedium für Musik anderer Herkunft. Durch sie evolutioniert sich autonomer «Clavier»-Satz mittels Assimilation fremder Elemente bis heute. Diese Tradition reicht von der «Intavolatur» der Tanz- und Vokalsätze am Beginn eigenständiger Klavierliteratur im 14. Jahrhundert über das *‹Italienische Konzert›* Bachs, einer selbständigen Komposition für das Cembalo (das dort mit zwei Manualen den Solo-Tutti-Kontrast des Concerto nachbildet), bis zu den orchestralen Wirkungen in Beethovens *Klaviersonaten*.

Bach fertigte diese Bearbeitungen wahrscheinlich für seine «bürgerliche» Kapellmeistertätigkeit im Leipziger Collegium musicum, einer öffentlichen Konzertveranstaltung, deren Leitung er 1729 übernahm. Obwohl es also keine «Originale» nach heutigem Werkverständnis sind, haben sich viele davon als Zeugnisse für BACHS Bearbeitungskunst einen festen Platz im Repertoire erobert. Im einzelnen handelt es sich um *sieben Konzerte für ein Cembalo und Orchester* (*BWV 1052–1058*), wovon besonders das *erste in d-moll* mit seinem mitreißenden Duktus bekannt wurde, *drei Konzerte für zwei Cembali* (*BWV 1060–1062*), *zwei Konzerte für drei Cembali* (*BWV 1063–1064*) und *ein Konzert für vier Cembali* (*BWV 1065*). Sämtliche Konzerte sind dreisätzig; der letzte Satz des *Konzerts für zwei Cembali, C-dur* (*BWV 1061*) ist eine Fuge. Das *Konzert D-dur* (*BWV 1054*) geht auf das *E-dur-Violinkonzert* (*BWV 1042*) zurück, das *F-dur-Konzert* (*BWV 1057*) auf das *vierte Brandenburgische Konzert* (*BWV 1049*), das *g-moll- Konzert* (*BWV 1058*) auf BACHS *Violinkonzert a-moll* (*BWV 1041*), das *c-moll-Konzert für zwei Cembali* (*BWV 1062*) auf das *Konzert für zwei Violinen in d-moll* (*BWV 1043*) und das *a-moll-Konzert für vier Cembali* (*BWV 1065*) schließlich auf das *Concerto h-moll für vier Violinen* von VIVALDI, *op. 3 Nr. 10*. Die mutmaßlichen Urfassungen für *fünf weitere Konzerte* (*BWV 1052, 1055, 1056, 1060 und 1064*) wurden in der Neuen BACH-Ausgabe rekonstruiert.

Klaus Peter Richter

Die vier Ouvertüren (BWV 1066–1069)

BACHS *Ouvertüren* (wie er sie selbst nennt) sind Orchestersuiten. Mit ihnen stehen wir am Ausklang dieser großen Gattung. Vier dieser Orchestersuiten sind uns von BACH überliefert, obwohl er vermutlich mehr komponiert hat. Mit Hilfe von stilkritischen Methoden konnte man für die *Suiten Nr. 1–3* eine Entstehung in der Köthener Zeit (1717 bis 1723) wahrscheinlich machen; *Nr. 4* stammt, wenigstens in ihrer heutigen Fassung, aus der Leipziger Zeit (um 1725).

BACHS Benennung rührt von den Einleitungssätzen her, bei denen es sich jeweils um eine «französische Ouvertüre» mit der charakteristischen Folge von langsam–schnell–langsam handelt, gegenüber dem italienischen Concerto ein deutlicher Bezug auf die gleichgewichtige französische Stilsphäre der Zeit. Dort hatte zuerst JEAN-BAPTISTE LULLY, der Begründer der französischen Oper, zwei- oder dreisätzige Ouvertüren als instrumentale Einleitungen seiner Opern komponiert. Der Formtyp verbreitet sich rasch über das musikalische Europa und wird in die Orchestersuite, der ebenso höfischen wie zunehmend öffentlich-profanen Konzertmusik als repräsentatives Entree integriert.

Suite Nr. 1 (*C-dur*) weist mit elf Sätzen die größte Zahl auf und zeigt wegen des Überwiegens von Satzpaaren gleichen Typs (wie Gavotte I und II) formal eine gewisse Nähe zu den *‹Englischen Suiten› für Cembalo*. Gleichzeitig finden sich aber auch ausgeprägte Züge des Concerto. *Suite Nr. 3 in D-dur*, durch MENDELSSOHNS Vortrag bei Goethe und das bekannte *‹Air›* (übrigens eine Entlehnung aus der Klaviermusik) früh eine der bekanntesten *Suiten*, hat mit nur sechs Sätzen die niedrigste Zahl. Während die früheste *Suite Nr. 1*, mit einer Besetzung aus Violinen I und II, Bratschen, Oboen I und II, Fagott und Basso continuo eine ganz übliche Orchesterbesetzung verwendet – allerdings bereichert durch Passagen von konzertierenden Bläsern –, ist die *Suite Nr. 2 in h-moll* durch die Mitwirkung einer solistischen Querflöte ausgezeichnet. Ihre Behandlung erreicht im Schlußsatz, einer *Badinerie*, eine derart virtuose Dimension, daß sie zu einem Paradestück der Flötenvirtuosen geworden ist. Mit dieser Suite, die so offensichtlich von der Vorstellung des Solokonzerts durchdrungen ist, liegt auch BACHS einzige Komposition für Soloflöte und Orchester vor. Die *dritte Suite* (*D-dur*), und die *vierte Suite*, ebenfalls in *D-dur*, werden zusätzlich noch mit drei Posaunen und Pauken verstärkt. Das führt in der *vierten Suite* zu einem registerartigen Wechsel der Instrumentalgruppen, also einer Art instrumentaler Mehrchörigkeit zwischen Trompeten und Pauken, den Streichern, Oboen und Fagott.

Klaus Peter Richter

‹Musikalisches Opfer› (BWV 1079) und ‹Kunst der Fuge› (BWV 1080)

Das *‹Musikalische Opfer›* verdankt seine Entstehung BACHS letztem Besuch in Berlin im Mai 1747. Dort musizierte er bei einer der königlichen Soireen vor Friedrich dem Großen. Das Thema, das ihm der König bei dieser Gelegenheit zur Improvisation gab, liegt dem nachträglich ausgearbeiteten Werk zugrunde. Es besteht aus einem *dreistimmigen Ricercar* (das wahrscheinlich der ursprünglichen Improvisation am nächsten kommt), *sechs Kanons* mit verschlüsselten Anweisungen zu ihrer Auflösung, einer *Kanonfuge*, einem *sechsstimmigen Ricercar* (das die höchst elaborierte Verwendung des Themas zeigt), einem *zweistimmigen* und einem *vierstimmigen Kanon*, einer *Triosonate für Querflöte, Violine und Basso continuo* mit vier Sätzen nach Ordnung der Kirchensonate sowie einem *Schlußkanon* für die gleiche Besetzung. Diese ist ohnehin nur bei drei Sätzen angegeben, scheint aber, da sie auf die Kammermusik am Hof Friedrichs zugeschnitten ist, für das ganze Werk zu gelten: Cembalo, Streicher und Flöte. Ausgenommen die Triosonate als «Hommage» an den Flöte spielenden König, samt einer Reverenz vor dem neuen Stil der «Empfindsamkeit» in den prononcierten Seufzerfloskeln des zweiten und dritten Satzes, zeigt das Werk sonst alle Merkmale des BACHschen Spätstils: die gelehrten kontrapunktischen Kanonkünste älterer Zeiten, das Ausloten eines einzigen Themas in allen Aspekten und den konzentrierten Charakter einer Sammlung von vollendeten Exempeln. Eine verinnerlichte, aber geschliffene Kammermusik – die letzte, die BACH einem Herrscher dieser Welt widmete.

Die *‹Kunst der Fuge›* ist BACHS letztes Werk eigener Hand, das allerdings unvollendet blieb. Das Werk umfaßt in der postumen Erstausgabe durch CARL PHILIPP EMANUEL BACH – wahrscheinlich 1752 gedruckt – 24 Nummern. Der letzte Satz, eine monumentale Tripelfuge, bricht bald nach der Einführung der Noten b-a-c-h ab und wird deshalb traditionell mit dem nicht hierher gehörenden Choral *‹Vor deinen Thron tret' ich hiermit›* beschlossen. BACH führt in seinem Opus ein lapidares Grundthema in allen denkbaren Möglichkeiten des Fugensatzes durch: mit Doppel-, Tripel- und

Spiegelfugen, in Umkehrungen und denen des Gegenthemas, in Verkleinerung und Vergrößerung, mit Nebenthemen und in Kanons, im doppelten Kontrapunkt und allen Versionen des Stimmtausches – so als wolle er zeigen, wie in der Summe musikalischer Logik das Jenseits tönt. Das Werk war zwar vielleicht nur als satzungsmäßige Jahresgabe für Mizlers gelehrte «Societät» bestimmt, wirkt aber nach Anspruch und Entstehungsumständen wie ein Vermächtnis. Die Reihenfolge der Stücke ist umstritten; die Forschung hat mehrere Anordnungsmöglichkeiten begründet. Sämtliche Stücke sind nach Art der «italienischen Orgeltabulatur» notiert (wie BACH sie nachweislich von FRESCOBALDI kannte). Hierbei handelt es sich um eine Aufzeichnungsweise in Partitur, der man sich nach altem Brauch für anspruchsvolle Musik von kontrapunktischer Faktur bei Tasteninstrumenten bediente. Dieses partiturmäßige Erscheinungsbild führt dann auch zur ersten Aufführung des Werkes in einer Bearbeitung für großes Orchester von Wolfgang Graeser 1927 in St. Thomas zu Leipzig. Viele der über fünfzig gedruckten Bearbeitungen stehen in dieser Tradition, und so erklingt das Werk im Konzertsaal in den vielfältigsten Besetzungen, vom großen Orchester bis zu Kammermusik-, Bläser- und Streichquartettfassungen.

Klaus Peter Richter

Georg Friedrich Händel

Halle, 23. Februar 1685 – London, 14. April 1759

Die Concerti grossi und die großen Orchesterkonzerte

In der Orchestermusik Händels verbinden sich die Eigenheiten des Concerto grosso und der Suite in vielfältiger Weise. Das Konzertieren zwischen Soli und Tutti oder verschieden besetzten Klangkörpern findet sich nicht nur in den *Concerti grossi op. 3* und *6*, sondern ebenso in den *Orchestersuiten* wie der *‹Feuerwerks›*- oder *‹Wassermusik›*, die man übrigens – folgt man Bachs Sprachgebrauch für seine *vier Orchestersuiten* – genausogut *‹Ouvertüren›* nennen könnte, weil sie jeweils mit einer Ouvertüre eingeleitet werden. Umgekehrt reiht aber Händel in den *Concerti grossi op. 3* und *6* oft vier oder sogar sieben und acht Sätze nach Art der Suite aneinander, ohne sich viel um die von Vivaldi für die Spätzeit des Concerto institutionalisierte Dreisätzigkeit zu kümmern (wie Bach das tut). Händel wählt bald die Satzfolge der italienischen Kirchensonate (mit langsam–schnell–langsam–schnell), bald der Suite, mit allerlei Tanztypen, einmal (in *Opus 6 Nr. 10*) sogar mit einer «Ouvertüre» als Einleitung. Anders als in Bachs Orchestermusik, aber unter der Signatur der gleichen geschichtlichen Situation, zeigt sich hier in der Verfügbarkeit und Kombination aller Mittel und Muster die historische Schlußapotheose von Concerto und Suite. Damit verlieren aber auch die Gattungsdefinitionen ihre Verbindlichkeit.

Händels «klassische» Konzertsammlungen sind die *Concerti grossi* von *Opus 3* (*HWV 312–317*) mit sechs Konzerten und *Opus 6* (*HWV 319–330*) mit zwölf Konzerten. Sie orientieren sich am ehesten am italienischen Vorbild, vor allem an dessen musikalischen Geist, mit den lapidaren Melodiebögen, der großflächigen

Harmonik, der zündenden Rhythmik und der dominierenden Streicheridiomatik. Besonders bezeichnend ist das Unisono der Streicher, eine Eigenheit, die nicht Mangel an Erfindung oder polyphoner Potenz verrät, sondern bewußt die spezifische Klangwirkung geballten Glanzes violinistischer Einstimmigkeit anstrebt. Tatsächlich war ja HÄNDEL während seines Italien-Aufenthalts, 1706 bis 1710, mit dem ersten Klassiker des Genres, ARCANGELO CORELLI, persönlich bekannt geworden.

Die Besetzung der 1734 veröffentlichten *Concerti op. 3* umfaßt Flöte, Oboe, Violine, Viola, Violoncello, Fagott und Basso continuo. Wie die meisten seiner *Orgel- und Orchesterkonzerte* waren sie als Einlagen für die Aktpausen in seinen *Oratorien* bestimmt. Ihre Entstehung reicht wahrscheinlich weit in HÄNDELS Jugendzeit zurück; zusammengestellt wurden sie dann vermutlich aus Anlaß der Heirat des Prinzen von Oranien mit Prinzessin Anna im Jahre 1733. Den englischen Zeitgenossen waren sie schon vorher als *‹Six Concertos for Hoboys and Violins›* bekannt. Bemerkenswert für den Melodiker HÄNDEL ist eine vierstimmige Doppelfuge im dritten Satz, Allegro, des *zweiten Concertos* in *B-dur*.

Während in *Opus 3* die Dialoge von Soli und Tutti streng getrennt werden, durchdringen sich in den 1739 entstandenen *Concerti von op. 6* die Klangkörper, wenn auch nie in dem Maße wie bei BACHS *‹Brandenburgischen Konzerten›*. Bemerkenswert ist der pastorale Charakter des *zweiten Concertos* in *F-dur* mit seiner idyllischen Naturmalerei, die *‹Polonaise›* im vorletzten Satz des *dritten Concertos* in *e-moll* oder die glänzende Fuge im zweiten Satz des *vierten Konzerts* in *a-moll*. Sehr bekannt ist die *‹Musette›*, der dritte Satz aus dem *sechsten Konzert in g-moll*. Im *siebten Konzert* in *B-dur* erscheint eine *‹Hornpipe›* als letzter Satz: HÄNDELS englischer Beitrag zur Reihe der Tanztypen – allerdings in einem Concerto grosso. Die bedeutendsten *Concerti* der Sammlung sind wohl *Nr. 11* in *A-dur* (*HWV 329*) und *Nr. 12* in *h-moll* (*HWV 330*). Das *elfte Konzert*, fünfsätzig, glänzt mit phantastischen Einfällen und virtuoser Violinbehandlung, im *zwölften Konzert* beginnt der zweite Satz recht ungewöhnlich, mit dem Concertino aus zwei Violinen und figuriertem Cello. Die Sätze Nr. 1, 2 und 6 aus dem *fünften Konzert* in *D-dur* finden in der Ouvertüre zur *‹Caecilien-Ode›* Verwendung.

Einige weitere, sehr bedeutende *Concerti grossi* HÄNDELS stehen nicht in Sammlungen: das *C-dur-Konzert ‹Alexanderfest›* (*HWV 318*) sowie *drei Concerti ‹a due cori›*, eines in B-dur (*HWV 332*) und zwei in F-dur (*HWV 333* und *334*). Das viersätzige *C-dur-Konzert*, komponiert 1736, heißt nach seiner Funktion als Einlage in der Ode *‹Alexander's Feast›*. Die drei anderen Konzerte beziehen ihre Benennung von der Besetzung, die jeweils zwei Bläserchöre aus Oboen I, II und Fagott (und zusätzlich zwei Hörner im *dritten Konzert*) mit dem Streicherchor konzertieren läßt. Allerdings sind diese großartigen Konzerte fast vollständig Parodien, das heißt Transkriptionen aus Oratorien HÄNDELS, in denen sie übrigens auch als Einlagen Verwendung fanden.

Im Unterschied dazu sind die *Orchestersuiten ‹Wassermusik›* (*HWV 348–350*) und *‹Feuerwerksmusik›* (*HWV 351*) «Freiluftmusiken». Die *‹Wassermusik›* in *F-dur* umfaßt eigentlich einen Komplex von drei Suiten mit zusammen 22 Sätzen, die mit drei überlieferten Wasserfahrten des englischen Königs in Zusammenhang stehen. Meist bringt man sie aber in Verbindung mit dem höfischen Fest auf der Themse im Juli 1717. Auch hier konzertieren Concertino und Ripieno; die Besetzung enthält auch Hörner und Trompeten. Die *‹Feuerwerksmusik›* in *D-dur* erklang aus Anlaß des Friedens von Aachen (27. April 1749), der den österreichischen Erbfolgekrieg beendete. Darauf nimmt besonders der Satz *‹La Paix›*, ein inniges Largo alla Siciliana, Bezug. Auf Wunsch des Königs komponierte HÄNDEL die Suite zunächst nur für eine starke Bläserbesetzung (Trompeten, Pauken, Hörner, Oboen, Fagotte und Kontrafagotte). Erst für die zweite Aufführung, ebenfalls 1749, fügte er den Streichersatz hinzu.

Klaus Peter Richter

Die Konzerte für Orgel und Orchester

Die wichtigsten *Orgelkonzerte* sind in zwei Sammlungen mit jeweils sechs Stücken überliefert: *Opus 4* (*HWV 289–294*) und *Opus 7* (*HWV 306–311*). Eine *dritte* Sammlung (*HWV 295–300*) enthält nur Bearbeitungen teils eigener, teils fremder Werke. Auch diese

Konzerte gehören in den Bereich des italienischen Concerto grosso. Allerdings wird hier das «Solo» des Concertino von der Orgel bestritten, die Violine also ganz durch das Tasteninstrument ersetzt, ähnlich wie in BACHS *Cembalokonzerten*. Das ist neu gegenüber VIVALDI, der zwar als erster die Orgel als Obligatoinstrument in seinen Konzerten verwendet, ihr aber nur die Rolle eines Dialogpartners mit der Solovioline im Concertino einräumt. HÄNDEL schreibt für den einfachen italienischen Orgeltyp der Zeit ohne selbständiges Pedal und oft nur mit einem Manual. Auch seine Bezeichnung «for the Harpsichord or Organ» zielt deutlich auf einen Klaviersatz. So liegt das Gewicht auch mehr auf der Melodie und weniger auf polyphonem Geflecht wie bei BACH, der ungefähr zur selben Zeit wie HÄNDEL die konzertierende Orgel einsetzt. Die Konzerte sind sämtlich als Einleitung oder Zwischenaktmusik für HÄNDELS *Oratorien* bestimmt, haben also keinen liturgischen Bezug. Das erhellt gleichzeitig einen wesentlichen Aspekt der Barockorgel überhaupt, nämlich ihre «weltliche», konzertante Funktion. HÄNDEL selbst fungierte dabei meist als Spieler und skizzierte deshalb den Orgelpart nur sparsam oder vermerkt einfach: *organo al libitum*. Das heißt aber nichts anderes, als daß die Improvisationskunst des Interpreten zu einem konstitutiven Teil der Musik wird.

Alle 1735/36 entstandenen *Concerti* aus *op. 4* sind dreisätzig. Am bekanntesten daraus sind *Nr. 1 in g-moll, Nr. 2 in B-dur und Nr. 4 in F-dur*, das am häufigsten gespielte Konzert, das für das große Orgelsolo des zweiten Satzes genaue Registriervorschriften enthält. Das *sechste Konzert in B-dur* war ursprünglich ein Harfenkonzert, komponiert als Zwischenaktmusik für das *‹Alexanderfest›* (1736). Die bedeutendste Sammlung ist *Opus 7*. Ihre Konzerte entstanden 1740 bis 1751, erschienen aber im Druck erst 1761, also nach HÄNDELS Tod. In ihnen zielt HÄNDEL auf größeres Format als in *op. 4* und integriert gleichzeitig (ähnlich wie in den *Concerti grossi op. 6*) die Tanztypen der Suite. Das *erste Konzert* in *B-dur* mit einer pompösen *‹Chaconne›* als Einleitungssatz und einer *‹Bourrée›* als letzten, fordert als einziges ein obligates Orgelpedal. *Konzert Nr. 3*, das ganz auf den konzertanten Wechsel der beiden Klangkörper konzipiert ist, glänzt mit einem mitreißenden

Fugato im zweiten Satz. Der erste Satz des *vierten Konzerts in d-moll* scheint mit einem veritablen «Sturm-und-Drang»-Melos die Grenzen barocker Affekte zu überschreiten. Das *fünfte Konzert in g-moll* enthält eine ‹*Chaconne*› mit fünfzehn Veränderungen, ein später Bezug zur alten Variationssuite. In allen Konzerten muß der Orgelsolist seine Soli oder sogar ganze Abschnitte (mit der Vorschrift: «organo, Adagio e Fuga, ad libitum») improvisatorisch selbst gestalten – eine unerwartete Herausforderung der Geschichte an das Heute. Denn damit wird das Problem der «Authentizität» unversehens zu einer Frage der Kreativität.

Klaus Peter Richter

Italienische «Vorklassik»

Francesco Geminiani (1680?–1762)
Domenico Scarlatti (1685–1757)
Giuseppe Tartini (1692–1770)
Pietro Locatelli (1695–1764)
Giovanni Battista Sammartini (1700/1701–1775)
Baldassare Galuppi (1706–1785)
Giovanni Battista Pergolesi (1710–1736)
Pietro Nardini (1722–1793)
Luigi Boccherini (1743–1805)

Der erste, der Vivaldis Thron ins Wanken brachte, war der Paduaner Giuseppe Tartini. «In der äußersten Reinheit der Intonation, bei der nicht der kleinste Ton verlorengeht, und in der vollkommenen Sicherheit ist es das Beste, was ich je gehört habe», schrieb Charles de Brosses 1739 über sein Spiel. Zugleich war Tartini, dessen bis heute bekanntes Œuvre unter anderem rund 125 (von Minos Dounias katalogisierte und mit dem Kürzel D. numerierte) *Concerti* und *160 Sonaten für Violine* umfaßt, in seinem Auftreten und in seiner Wirkung eine durch und durch «romantische» Künstlerpersönlichkeit. Ähnlich wie später bei Niccolò Paganini verbergen sich auch bei Tartini Leben und Werk hinter phantastischen Legenden; den aberwitzig virtuosen Solopart der sogenannten *‹Teufelstriller-Sonate› in g-moll* zum Beispiel soll der Satan selbst dem Komponisten vorgespielt haben, behauptete Jean-Baptiste Cartier in seiner postumen Erstausgabe des Werkes. «Romantisch» ist auch der Gestus vieler *Concerti* Tartinis, deren Programmatik nicht die reale Natur imitiert, sondern Seelenlandschaften in Musik setzt; Satzüberschriften wie *‹Bagna la piume in Lete›* (*‹Bade dein Gefieder im Fluß des Vergessens›*) oder *‹Se a me non vieni›* (*‹Wenn du nicht zu mir kommst›*) im *Concerto e-moll D. 56* suggerieren Affekte, die erst der «galante Stil» des späten 18. Jahrhunderts wieder aufgriff.

In das Umfeld VIVALDIS und TARTINIS gehört auch der aus Bergamo gebürtige Geiger und Komponist PIETRO LOCATELLI. Zunächst stehen seine Werke noch ganz unter dem Einfluß der *Concerti grossi* seines Lehrers ARCANGELO CORELLIS, doch bald schon löst er sich von dem Vorbild und beschreitet eigene Wege; vor allem formal gehen LOCATELLIS *Concerti Opus V* (*1736*), *VII* (*1741*) *und IX* (*1762*) weit über barocke Anlagen hinaus und lassen zum Teil regelrechte Durchführungen des thematischen Materials erkennen. Für die Geschichte des Violinspiels ist neben LOCATELLI auch TARTINIS Schüler PIETRO NARDINI von einiger Bedeutung, dessen Kunst von CHRISTIAN FRIEDRICH DANIEL SCHUBART und LEOPOLD MOZART hochgeschätzt wurde.

Um die Mitte des 18. Jahrhunderts fließen in Italien die Modelle von Sonata a quattro oder a cinque, Sinfonia und Concerto (grosso) zu einer neuen, eigenständigen Gattung zusammen: der Symphonie. Ihr hervorragender Repräsentant ist der Mailänder GIOVANNI BATTISTA SAMMARTINI, dessen Bedeutung für die Musikgeschichte der Vorklassik gar nicht hoch genug eingeschätzt werden kann. SAMMARTINIS über *80 Symphonien* haben nicht allein seinen Schülern CHRISTOPH WILLIBALD GLUCK und JOHANN CHRISTIAN BACH maßgebliche Impulse gegeben, sondern auch den Komponisten der Mannheimer Schule; und selbst die drei großen Symphoniker des späten 18. Jahrhunderts – BOCCHERINI, HAYDN und MOZART – orientieren sich noch am Vorbild SAMMARTINIS. Sonatenhauptsatz- und Rondoform, periodische Themengliederung, Kadenztypen, durchbrochener Streichersatz und die Integration der Holzbläser in den Orchesterapparat: all das ist in der Musik des Mailänders gängige Münze. Über die Symphonien sollte man freilich SAMMARTINIS übriges Schaffen nicht vernachlässigen; seine mehr als 300 Kammermusikkompositionen verdienten es ebenso wie seine Bühnenwerke und Kirchenmusiken, der Vergessenheit entrissen zu werden.

Der Bedeutung SAMMARTINIS für die Symphonie entspricht die des Neapolitaners GIOVANNI BATTISTA PERGOLESI für das Musiktheater; seine Opern und Intermezzi waren bis zum Ende des 18. Jahrhunderts auf sämtlichen europäischen Bühnen zu sehen – allen voran die *‹Serva padrona›*, deren Pariser Erstaufführung am

1. August 1752 den sogenannten «Buffonistenstreit» zwischen den Anhängern der französischen *tragédie lyrique* und denen der italienischen *opera buffa* auslöste. Obwohl PERGOLESI, von Kindheit an verkrüppelt, nur sechsundzwanzig Jahre alt wurde, gehörte er schon zu Lebzeiten zu den berühmtesten Komponisten seiner Zeit; sein früher Tod und die spektakuläre Rezeption seiner Musik förderten eine wildwuchernde Mythifizierung, die bis heute das reale Bild PERGOLESIS verzerrt. Am schwersten fällt dabei die Frage nach der Authentizität zahlreicher Werke ins Gewicht; apokryphe, unterschobene, gefälschte oder fälschlich zugeschriebene Kompositionen machen mehr als die Hälfte von PERGOLESIS Werkverzeichnis aus, und nur allmählich vermag die Musikforschung dieses Labyrinth zu entwirren. So weiß man erst seit einigen Jahren, daß die *Sechs Concerti armonici*, die bisher als zentrales Instrumentalwerk PERGOLESIS galten, tatsächlich von dem holländischen Grafen und Musikliebhaber UNICO WILHELM VON WASSENAER stammen. Leider wollen die Musik-Medien von solchen Erkenntnissen oft nichts wissen: Nach wie vor werden die *Concerti armonici* von Rundfunk und Schallplatte meist unter dem (zweifellos zugkräftigeren) Namen PERGOLESIS gehandelt – wer kennt schon Herrn VON WASSENAER!? Fest steht immerhin, daß keines der authentischen Instrumentalwerke PERGOLESIS den Rang der ‹*Serva padrona*› oder seiner Kirchenmusik (*Stabat mater*) erreicht.

BACHS VIVALDI-Bearbeitungen und die Niederlage der französischen Oper im «Buffonistenstreit» sind symptomatisch für die Dominanz der italienischen Musik im 18. Jahrhundert. Ihr Einfluß erstreckt sich über ganz Europa, und so finden wir FRANCESCO GEMINIANI in London und Dublin, DOMENICO SCARLATTI und LUIGI BOCCHERINI in Madrid, BALDASSARE GALUPPI gar als Hofkapellmeister Katharinas der Großen in Petersburg. Vor allem das musikgeschichtliche Bild BOCCHERINIS bedarf dringend einer Revision; sein Genie braucht sich neben denen MOZARTS und HAYDNS nicht zu verstecken, und nur die Tatsache, daß er sich in Spanien gewissermaßen im topographischen Abseits der musikalischen Klassik befand, mag eine adäquate Rezeption seiner Werke verhindert haben. Hinzu kommt freilich auch, daß BOCCHERINIS gesamtes, rund fünfhundert Werke umfassendes Œuvre auf den zweifelhaften Ruhm eines einzigen Satzes reduziert zu sein scheint: gemeint ist der dritte Satz des *Streichquintetts E-dur op. 13 Nr. 5* (*G. 275*) – ein, nein: *das* Menuett, das nicht erst seit seiner Verwendung als Filmmusik in Orson Welles' «The Magnificent Ambersons» und Alexander Mackendricks «Ladykillers» zum Synonym einer antiquiert-beschaulichen Plüschkultur geworden ist. Ganz und gar nicht in dieses Genre passen die *30 Symphonien* Boccherinis und seine *zehn Cellokonzerte* (dessen *neuntes* leidigerweise immer noch in einer entstellenden Bearbeitung Friedrich Grützmachers kursiert, die wohl erst verboten werden muß, bevor das ungleich bessere Original wieder zu seinen Rechten kommt). Mit souveräner Meisterschaft handhabt Boccherini noch vor Haydn und Mozart das klassische Modell und gelangt zu einer unverwechselbar persönlichen Musiksprache, die sich durch einen bald dramatischen, bald lyrischen Gestus und eine vollendete Ausgewogenheit der Form auszeichnet. Von den *sechs* 1771 entstandenen *Symphonien op. 12*, deren bekannteste wohl die *vierte in d-moll* (mit dem Beinamen *‹Della casa del diavolo›*) ist, bis zu den *fünf* zwischen 1788 und 1798 komponierten Spätwerken erweist sich Boccherini als sträflich unterschätzter Komponist, und dasselbe gilt für seine Konzerte und die nach Hunderten zählenden *Streichquintette und -quartette*. Doch das Menuett ist unsterblich – oder sagen wir besser: nicht umzubringen. «Erst langsam beginnen Musikforschung und Musikpraxis, den anderen Boccherini zu entdecken: den Generationsgenossen und, in mancher Hinsicht, Gegenspieler Haydns, dessen historische und ästhetische Bedeutung sich erst in Umrissen abzuzeichnen beginnt» (Ludwig Finscher).

Michael Stegemann

Die Bach-Söhne

WILHELM FRIEDEMANN BACH (1710–1784)
CARL PHILIPP EMANUEL BACH (1714–1788)
JOHANN CHRISTOPH FRIEDRICH BACH (1732–1795)
JOHANN CHRISTIAN BACH (1735–1782)

Aus dem vielstimmigen Chor jener musikgeschichtlichen Epoche der Emanzipation des erwachenden bürgerlichen Selbstbewußtseins von den Fesseln des Feudalismus ragen die vier BACH-Söhne als *individuelle* Charaktere und *exemplarische* Vertreter der wichtigsten neuen Stilrichtungen dieser Zeit des Umbruchs heraus. Die längst als fragwürdig erkannte Bezeichnung «Vorklassik» für die musikalische Entwicklung nach dem Tod JOHANN SEBASTIAN BACHS bis hin zum Beginn der zentralen Wiener Klassik (1781) wird nicht zuletzt durch das so unterschiedliche Wirken der BACH-Söhne Lügen gestraft, denn wie sollte ein solch heterogenes Schaffen «Vorstufe» zu dem ohnehin einmaligen Ereignis der Wiener Klassik sein? Es ist ja gerade die Wiener Klassik, die den historischen *Sonderfall* darstellt, das «dialektische Intermezzo» (Georg Lukács) in der so komplizierten Herausbildung dessen, was schließlich politisch in der Französischen Revolution explodierte und sich ideologisch in der gesamten Breite der Kunstproduktion vorbereitet hatte, und eben nicht das Feld der sogenannten «Vorklassik», ein sonderbares Stilgemisch, das übrigens noch bis in die Zeit BEETHOVENS, zum jungen WEBER oder SCHUBERT etwa, reicht und ein Recht darauf hat, eine eigene und vor allem: *andere* historische Kategorie zu beanspruchen, als die qualitativ schlechtere Ausgabe der Wiener Klassik zu sein. Die vier BACH-Söhne, paarweise in zwei Generationen auftretend, zeigen jedenfalls die ganze Spannweite dessen, was sich musiksprachlich zwischen dem Tod des Vaters und dem Tod MOZARTS *neben* der zentralen Wiener Klassik musikalisch ereignet hat.

Leben und Schaffen WILHELM FRIEDEMANN BACHS ist einstweilen immer noch korrumpiert durch jenen unsäglichen Roman des Emil Brachvogel aus der Mitte des legendensüchtigen 19. Jahrhunderts, das sich unbotmäßige Künstler nur als wahnsinnige Außenseiter vorstellen mochte und nichts wissen wollte von harten Tatsachen. Die aber sprechen im Fall FRIEDEMANN BACHS, soweit wir sie überhaupt kennen, für ihn und gegen die Zeit, in der er leben mußte. Er verkörperte, gewissermaßen im Vorgriff, den Komponistentypus, den später erst BEETHOVEN voll durchgesetzt hat, spielte nur dann vor, wenn er spürte, daß es keine Etikette mehr war, sondern ein inneres Bedürfnis, sowohl bei den Zuhörern als auch bei ihm selbst; er machte also mit der bürgerlichen Aufklärung im moralischen Sinn ernst, wenn auch durchaus auf seine eigene, manchmal sehr exzentrische Weise. Diese Haltung prägt denn auch seine Musik, die den Zeitgenossen nicht immer angenehm in den Ohren geklungen haben dürfte. Aber dazu kam es in den letzten Jahrzehnten seines Lebens ohnehin kaum mehr, denn FRIEDEMANN BACH hatte keineswegs das organisatorische Talent seines vier Jahre jüngeren, erfolgreichen Bruders CARL PHILIPP EMANUEL, aus dem «neuen gusto» – speziell: der bürgerlichen «Empfindsamkeit», dem Heraustreiben der «Ichheit in der Musik» (CHR. FR. D. SCHUBART) – ein profitables Wirken zu machen, sondern er versuchte es, in einem soziologischen Salto mortale ohnegleichen, im gesellschaftlichen Niemandsland zu künstlerischem Glück zu kommen, was natürlich völlig mißlang, da für so etwas die Umstände noch nicht reif waren. (Das bekamen auch Musiker wie JOHANN BAPTIST VANHAL und vor allem MOZART zu spüren.) Seine Karriere, genauer: deren Verweigerung, enthält Aufstieg und Fall eines Unangepaßten: 1729, nach der privaten Unterweisung durch den Vater, Studium an der Leipziger Universität (zur allgemeinen Bildung), 1733 bis 1746 Organist an der Dresdener Sophienkirche, dann in gleicher Eigenschaft bis 1764 in Halle, kaum Veröffentlichungen seiner Werke (*Klavier-* und *Orchestermusik,* später auch zahlreiche *Kirchenkantaten,* teilweise vom Vater entlehnt) und schließlich stellenlos herumirrend, erst in

Braunschweig (1771 bis 1774), dann in Berlin, wo er auch völlig verarmt starb, trotz gelegentlicher Unterstützung von Gönnern, die seine geniale musikalische Begabung erkannten und schätzten, vor allem als Organist. Das ist die traurige Bilanz eines Lebens, das nicht in die Zeit hineinpassen wollte. Auch musikalisch nicht, denn seine Kompositionen stellen einen expressiven Sonderfall innerhalb der bürgerlichen «Empfindsamkeit» dar, ja sie treiben gewisse Elemente der Musiksprache des Vaters ins Exzessive, namentlich die Originalität der thematischen Erfindung und die subjektive Vertiefung des Ausdrucks. Bizarre Wendungen, harmonische Kühnheiten, formale Ungebundenheit und zwiespältiger, ja manirierter Ausdrucksreichtum, der die Phantasie des Kapellmeisters Kreisler von E. T. A. Hoffmann vorwegzunehmen scheint, bestimmen die Haltung seiner Musik, vor allem der *Klavierwerke* und der zwischen 1733 und 1764 komponierten *Symphonien* (nach Falcks Werkverzeichnis die Nummern 63 bis 71), ferner der *Cembalokonzerte F 41–46,* unter denen das für zwei Cembali besonders hervorragt (*F 46 Es-dur*). Man könnte glauben, daß das halsstarrige Wesen des Vaters sich bei Friedemann zur Verweigerung des Kotaus im Sinne Beethovens verdichtet hätte, jedenfalls wird man kaum eine Symphonie von solch erschreckender Zerklüftung in dieser Zeit antreffen, wie die (viersätzige) in *F-dur F 67* (mit zwei Menuetten als Finale). Es klingt wie radikalisierte Musik des Barock, so als spielte man Johann Sebastian Bach und Jan Dismas Zelenka gleichzeitig und zugleich weit der Zeit voraus. Diese janusköpfige Haltung, die ja auch der Vater besaß, ist das charakteristische Merkmal der Musik Friedemann Bachs.

In der Musik Carl Philipp Emanuels mäßigt sie sich zum handhabbaren Stilprinzip, wenngleich auch diese Musik sich den Vorwurf gefallen lassen mußte, sie sei durchsetzt von «kapriziöser Manier, eigenartigen Pausen, launenhaften Modulationen» und zeige des Komponisten «oft sehr kindische Art, vermischt mit einer Vorgaukelung großer Gelehrtheit» – so schrieb jedenfalls das *European Magazine and London Review* im Oktober 1784, und das, obwohl Carl Philipp Emanuel Bach auf dem Kontinent als «Klopstock der Töne» bewundert wurde. Seine Karriere verlief recht zielstrebig: 1740 wurde er (schlecht bezahlter) Hofcembalist

Friedrichs des Großen, veröffentlichte alsbald bedeutende Klaviersonaten, schrieb bereits 1753 das theoretische Hauptwerk «Versuch über die wahre Art das Clavier zu spielen», neben der Flötenschule von QUANTZ einer der bedeutendsten Traktate des 18. Jahrhunderts überhaupt, bewarb sich nach dem Tod des Vaters vergeblich um dessen Leipziger Kantorenstelle, wurde endlich 1768 Nachfolger TELEMANNS als Stadtkantor von Hamburg und erreichte den kompositorischen Status eines «Originalgenies», das mit Künstlern wie Lessing Umgang pflegte und schließlich sogar zum «Heros der deutschen Musik» avancierte. Immerhin bestellte Gottfried van Swieten bei ihm 1773 *sechs Symphonien für Streicher,* und zwar mit dem ausdrücklichen Hinweis darauf, daß er seiner Muse ohne jegliche Hemmungen folgen und die praktischen Schwierigkeiten, die sich möglicherweise bei der Aufführung ergeben könnten, ignorieren solle. (Das war eine geschickte Replik van Swietens auf EMANUEL BACHS gerade veröffentlichte Autobiographie, in der er sich über Rücksichten gegen das Publikum und gewisse «lächerliche Vorschriften» beim Komponieren beklagte.) Die Freiheit, die van Swieten hier ausdrücklich forderte, ist ein Beweis dafür, wie unerhört die Musiksprache CARL PHILIPP EMANUEL BACHS seinerzeit empfunden wurde. Tatsächlich stand er nicht an, in den *sechs Streichersymphonien Wq* (= Werkverzeichnis von Wotquenne) *182,1–6* seine ganzen kompositorischen Errungenschaften geballt zur Anwendung zu bringen, darunter das jähe Abbrechen, die scharfen Kontraste, harmonische «Überraschungen», melancholische Melodik (in den langsamen Mittelsätzen) und etliche Vorformen der motivisch-thematischen Arbeit, die JOSEPH HAYDN von ihm abnahm und in seinen *Streichquartetten op. 33* (1781) umdeutete. (HAYDN war übrigens zeitlebens ein großer Verehrer der Musik CARL PHILIPP EMANUEL BACHS.) Das Moment der «Überraschung» auf allen kompositorischen Ebenen wurde erst durch HAYDN zum Prinzip der vergeistigten, hypotaktischen Formartikulation, während es bei CARL PHILIPP EMANUEL BACH gewissermaßen «naturalistisch» und vor allem: parataktisch auftritt. (Die hypotaktische Gestaltungsweise, das Verhältnis von Haupt- und Nebensache, stiftet erst bei den Wiener Klassikern – und nur dort – das, was man durchartikulierten musikalischen

Sinnzusammenhang nennen könnte.) Dieses Verfahren erreicht seinen Höhe- und zugleich Endpunkt in Emanuel Bachs *vier ‹Orchester-Symphonien› Wq 183, 1–4* (komponiert 1775/76, gedruckt in Leipzig 1780), die ganz im Zentrum des «Sturm und Drang» stehen, denn 1776 entstand jenes Drama von Klinger, nach dem der künstlerische Stil der siebziger Jahre benannt wird. Die Brüche, die diese Symphonien durchziehen, die schroffen dynamischen und motivischen Kontraste, der abrupte Wechsel des Tonfalls, die strikte durchkomponierte Dreisätzigkeit – als Mittelteil erscheint stets ein «sprechender» Gestus im langsamen Tempo – und die bedeutungsvollen Generalpausen, dies alles dient der ständigen Überraschung des Hörers, will ihn ständig in Atem halten und ist der Gegenentwurf zur barocken Einheit des Affekts. Solche unvermittelten expressiven Ausbrüche nannte Johann Friedrich Reichardt später rückblickend «den originellen, kühnen Gang der Ideen und die große Mannigfaltigkeit und Neuheit in den Formen und Ausweichungen». Die *vier Orchestersymphonien* sind außer den Streichern noch mit obligaten Bläsern besetzt, zwei Flöten, zwei Oboen und Fagott, und sie verzichten, wie alle (*neunzehn*) überlieferten *Symphonien* Carl Philipp Emanual Bachs, auf das Menuett, sind also stets dreisätzig. Das entsprach der Ästhetik der «Berliner Schule» und gilt gleichermaßen für die Symphonien Wilhelm Friedemann Bachs. (Das Menuett der *Symphonie F 67* steht in einer älteren Tradition und ist ja auch ein Finalsatz.) Vorformen dieser gemischten Besetzung sind die neun *Berliner Symphonien Wq 173–181,* zwischen 1741 und 1762 komponiert, unter denen die in *e-moll, Wq 178* – eine Variante für Streicher allein ist in *Wq 177* überliefert – besonders bemerkenswert ist; der Opernkomponist Johann Adolf Hasse behauptete sogar, sie sei die beste, die er je (1756) gehört habe. Tatsächlich verfügt hier bereits Carl Philipp Emanuel Bach souverän über sein Prinzip der verblüffenden Kontraste, das ganz im Einklang steht mit den ästhetischen Forderungen seiner Zeit nach Abwechslung und Gedankenfülle in der Instrumentalmusik. Noch einmal dazu das *European Magazine*: «Die nationale Musik der Deutschen ist ihrer Natur nach rauh, kühn und prächtig. Obwohl sie die Weichheit der Italiener nicht besitzen, muß man zugeben, daß sie in der Instrumentalmusik alle andern Nationen übertroffen haben» – und, so könnte man ergänzen, das nicht zuletzt durch das Wirken von CARL PHILIPP EMANUEL BACH.

Der gefällige, im besten Sinn «unterhaltende» Stil ist eine weitere Seite der so facettenreichen «Vorklassik». Ihn finden wir bei der nächsten Generation der BACH-Söhne, zunächst bei dem in Bückeburg wirkenden JOHANN CHRISTOPH FRIEDRICH BACH, dessen Musik wohl eher den *allgemeinen* Standard dieser Zeit vertritt. Doch immerhin arbeitete er mit Johann Gottfried Herder zusammen, vertonte dessen Oratorientexte «Die Kindheit Jesu» und «Die Auferweckung des Lazarus», ferner Kantatentexte des bedeutenden Dichters. Möglicherweise trafen sich die beiden Künstler gerade in dem Punkt volkstümlicher Einfachheit zu dieser gemeinsamen Arbeit zusammen. Ein «Originalgenie» war JOHANN CHRISTOPH FRIEDRICH BACH, um in der Sprache der Zeit zu bleiben, jedenfalls nicht. Und ist es nicht schon bezeichnend genug, daß er es zeitlebens dabei bewenden ließ, in dem kleinen, spießigen Städtchen Bückeburg zu verweilen, das ihm wenig Anreiz bot, künstlerische Experimente zu wagen? So gibt es auch kaum großartige stilistische Entwicklungen in seiner Musik; die Musikforschung spricht von zwei Schaffensphasen, aus denen auch einige Symphonien erhalten sind. Insgesamt hat er *zwanzig Symphonien* komponiert. Aus der Zeit um 1770, also der ersten Schaffensphase, sind *sechs Symphonien* überliefert, alle dreisätzig und meist in der Besetzung «a 8» (außer den Streichern noch zwei Hörner und zwei Oboen oder zwei Flöten), und aus den letzten Jahren noch eine *Symphonie in Es-dur* in CARL PHILIPP EMANUELS großer Orchesterbesetzung, komponiert 1794, also bereits nach MOZARTS Tod. Die großen Ereignisse des 18. Jahrhunderts spiegeln sich in dieser Musik nicht wieder; es sind gediegen gearbeitete Beiträge zum Umfeld des «galanten» Stils, dessen wesentliche Merkmale der jüngste Bruder, JOHANN CHRISTIAN BACH, einbrachte und damit maßgeblich auf den jungen MOZART eingewirkt hat.

Der jüngste BACH-Sohn war auch der erfolgreichste, ging 1754 nach Italien, trat zum Katholizismus über, wurde Opernkomponist und gründete später, nachdem er sich in der Musikstadt London niedergelassen hatte, zusammen mit KARL FRIEDRICH ABEL ein öffentliches Konzertunternehmen – die sogenannten «Bach-Abel-Konzerte» –, das für die Geschichte des Konzertwesens von kaum zu unterschätzender Bedeutung ist. Wir schreiben das Jahr 1764, genau das Jahr, in dem der achtjährige MOZART von JOHANN CHRISTIAN BACH in die Feinheiten des «galanten Stils» eingewiesen wird, vor allem in die Spezialität des «singenden Allegros», einer geschmackvollen Variante des kantablen «gusto», die es erlaubt, die pulsierende Bewegung der *opera buffa* mit feiner melodischer Erfindung zu verbinden, eine zukunftweisende Erfindung JOHANN CHRISTIAN BACHS, die allerdings ohne die Erfahrungen mit der italienischen Musik kaum möglich gewesen wäre. Unter den vier BACH-Söhnen ist JOHANN CHRISTIAN der gewandteste, ein «unruhiger Geist, voll neuer Ideen, aber auch geschickter Anpassung, einmal errungene Erfolge zwar partiell genießend, aber ihrer auf die Dauer nicht froh werdend, stets schon zu neuen Ufern unterwegs» (Peter Rummenhöller). Seine rund *sechzig Symphonien* und *vierzig Instrumentalkonzerte* spiegeln die immense Erfahrung in der Opernkomposition wider, ja die Symphonien sind teilweise ohnehin Beiträge zur italienischen Opern-Sinfonia und wurden in Serien zu sechs in ganz Europa verbreitet. Nach der Serie *op. 3 Nr. 1–6* von 1765 erschienen mit den *sechs Symphonien op. 6* (Amsterdam 1770) weitere dreisätzige Werke, die, wie auch die späteren Symphonien, stets den Typus der *sinfonia* bewahren. Aus ihnen ragt die *Symphonie op. 6 Nr. 6* besonders hervor, da sie in der tragischen Tonart g-moll geschrieben ist, etwa zur gleichen Zeit, als JOSEPH HAYDN seine *Symphonie Nr. 39* und JOHANN BAPTIST VANHAL auch eine Symphonie in dieser Tonart komponierten. Immerhin zeigt JOHANN CHRISTIAN BACH hiermit, daß er sich sehr wohl auch in den Bahnen des beginnenden «Sturm und Drang» zu bewegen versteht, denn der spezifische Tonartencharakter von g-moll brachte ihn zu einer musikalischen Haltung, die man bei ihm gar nicht erwarten würde. Das ohne nennenswerte melodische Profilierung dahinstürmende Finale (Allegro molto) sprengt alle formalen Vorstellungen und endet sogar – völlig überraschend – im äußersten pianissimo. JOHANN CHRISTIAN BACH soll ja auch einmal von sich gesagt haben, so hätte er eigentlich komponieren wollen, wenn er «gedurft» hätte.

Ende der sechziger Jahre erschien ein weitere Serie von *Symphonien* (*op. 9 Nr. 1–3*), doch die gewichtigste Gruppe ist das 1781 von Forster in London gedruckte *op. 18,* eine Zusammenstellung von *zwei Opernsymphonien* (*Nr. 2* und *3*), *drei doppelchörigen* und einer *Sinfonia concertante* (*Nr. 6*). In allen ist die melodische Erfindung hervorragend und löst die bereits 1745 von Johann Adolf Scheibe erhobene Forderung ein, die Melodie sei es, die die Symphonie «schön, rührend, nachdrücklich und erhaben» mache, denn «die Melodie erregt die Leidenschaften und Affekte und drückt sie aus».

Dietmar Holland

Berliner Schule

Johann Joachim Quantz (1697–1773)
Johann Gottlieb Graun (1702/1703–1771)
Carl Heinrich Graun (1703/1704–1759)
Franz Benda (1709–1786)
Jan Benda (1713–1752)
Georg Benda (1722–1795)
Johann Friedrich Agricola (1720–1774)
Johann Kirnberger (1721–1783)

Das Odium der «Übergangzeit» wird sich von der Vorklassik – also der Musik zwischen 1720 und 1730 bis 1760 – abzüglich Bachs und Händels – schwerlich mehr entfernen lassen. Die Gründe dafür liegen einerseits in der Musik selbst, andererseits in den Bedürfnissen unserer heutigen Musikkultur. Denn dem Konzertbetrieb von heute, der sich ja durch eine «monumentalische» Pflege der Musikgeschichte auszeichnet – das heißt, er ritualisiert ein begrenztes Repertoire von individuellen, einprägsamen Werken, die sich ohne Verlust wiederholen lassen und insofern also auch monumentalisierbar sind –, diesem Repertoire ist jene schwer zu überschauende Massenproduktion der Vorklassik nicht wirklich einzuverleiben. Man hat schon genug zu tun, ein Kenner der Bachschen *Kantaten*, der Händelschen *Oratorien* und *Opern* oder der Haydnschen *Symphonien* und *Streichquartette* zu werden, als daß man sich zum Beispiel mit den *300 Flötenkonzerten* und rund *250 Kammermusiken* eines Johann Joachim Quantz vertraut machen möchte. Dergleichen unternimmt allenfalls ein «antiquarisch» verfahrender Historiker von einiger Besessenheit... In der Hausmusik mag vorklassische Musik noch ein Nachleben haben, besonders in der passiven des Schallplatten- und Radiokonsums: als Begleitung des Alltags, dekoratives Füllsel, Sonntagstafelkonfekt. Und das gar nicht einmal zu Unrecht. Ihre Verteidiger mögen zwar die ungeheure Vielfalt, Frische und Experimentierfreudigkeit der Vorklassik preisen. Aber es ist das eine diffuse und desultorische Vielfalt, die sich kaum je in singulären, dichten Werken versammelt und zum geballten Erlebnis wird. Denn diese Musik war eine – höchst lebendige – Ge- und Verbrauchsmusik für selbstmusizierende Liebhaber und nur halb hinhörende Akklamateure. Die meisten Werke wurden nicht öfter als einmal gespielt (nur ein Bruchteil ließ man drucken), lieber schrieb man, mit quasi improvisatorischer Leichtigkeit, ein neues. Die Gestalt der einzelnen Produktionen erhebt sich auch nur selten über das Stegreifspiel; das Gefühl für eine zwingend durchgebildete Formentwicklung war rudimentär und beim «altmodischen» BACH sogar noch stärker ausgeprägt. Selbst den Zeitgenossen blieb kaum einmal ein einzelnes Werk (von Opern und größeren Chorwerken wie GRAUNS ‹*Tod Jesu*› abgesehen) im Gedächtnis; man achtete, wie aus zeitgenössischen Berichten hervorgeht, auch weniger auf die Einmaligkeit eines Werkes, sondern mehr auf die «Schreibart» oder den «Vortrag» eines Musikers, seine «Erfindung» oder seinen «Geschmack».

Das alles gilt für die «Berliner Schule» in besonderem Maße. Sie liegt innerhalb der Vorklassik am weitesten entfernt von der Epoche der singulären Werke. Und hier vollzog sich der Stilwandel zur Klassik eher kontinuierlich als in verblüffungsheischendem Sprung nach vorn wie bei den Mannheimern. Die große Bedeutung dieser Schule für die Entwicklung der deutschen Instrumentalmusik liegt auf dem Gebiet der «Geschmacksbildung» oder der musikalischen Kultur im emphatischen Sinn. Und in dieser Hinsicht war sie selbst eine Art «Klassik», und zwar eine wissentliche, veranstaltete. Ausgleich, Mäßigung, die vernünftige Mitte zwischen den Bizarrerien der jüngsten Italiener und der französischen Erstarrung, zwischen dem «zärtlich Rührenden» und deutschem Ernst waren Programm. Charles Burney, der große Musikreisende und -historiker des 18. Jahrhunderts, sprach sogar von der Blütezeit der «Berliner Schule» (nach 1740) als von einem Augusteischen Zeitalter der Musik – nur daß es 1772, als er mit großen Erwartungen nach Berlin kam, schon wieder vorüber war.

Unter der Ägide Friedrichs II., dieses aufgeklärten und kunstsinnigen Exerziermeisters von Preußen, war der einst so edle und frische «Geschmack» der berlinischen Musik konserviert und eingefroren.

Die «Berliner Schule» verdankt ihre Existenz nicht nur der Initiative Friedrichs, sondern auch seiner aktiven Teilnahme. Er prägte die Musik seiner Hofkapelle diktatorisch nach seinem Gusto. Quantz etwa durfte seine Flötenkonzerte, die den spieltechnischen Fähigkeiten des Königs angepaßt sein mußten, nicht veröffentlichen; Konzertmeister Graun erhielt Order, keine französischen Ouvertüren mehr zu schreiben. Das 1742 eröffnete neue Opernhaus spielte ausschließlich italienische Opern, zu denen Friedrich mehrfach selbst die Libretti verfaßte; die Aufführungen pflegte er persönlich, über die Schulter des Kapellmeisters in die Noten schauend, zu überwachen. Kontrapunktisch «gearbeitete» Musik lehnte er strikt ab, teils, weil sie ihm «nach der Kirche schmeckte», teils, weil sie ihm – als typisch deutsche Tugend – schlicht *boche* vorkommen mußte. Aber diese Prädilektion für die Italiener und das «Galante» zeigt Friedrich um 1735, als er seine Hofkapelle gründete, ganz auf der Höhe der Moderne. Und die Auswahl seiner Musiker, die er damals, als Kronprinz noch, in einem geradezu subversiven Akt um sich versammelte (sein Vater hatte bis auf die militärische alle Musik an seinem Hof abgeschafft und auch Friedrich musikalische Abstinenz auferlegt), zeugt von ernsthaften künstlerischen Ambitionen und musikalischem Sachverstand. Denn er hatte sich unter den modernen deutschen Musikern die besten ausgesucht.

Seit 1728 nahm er Flötenstunden bei Quantz, einem innovativen Flötenvirtuosen und Musiker von europäischer Bildung, bis er ihn 1741 zu seinem Hofkompositeur machte.

Johann Gottlieb Graun bestellte Friedrich 1732 schon zu seinem Konzertmeister, der er bis zu seinem Tod 1771 blieb; seine Kammermusik und seine Symphonien repräsentieren in besonderem Maß den norddeutschen Geschmack, der den homophonen italienischen Stil in eher traditionelle Instrumentation und mit vielem kontrapunktischen Beiwerk versetzte. Sein Bruder Carl Heinrich Graun kam 1735 nach Berlin und übernahm später die

Leitung der Oper; obwohl auch er Instrumentales komponierte, oblag ihm hauptsächlich die Vokalmusik, Opern zumal, die er nach italienischer Art – also im reich verzierten Belcanto der *opera seria* – abfaßte; trotz dieser stilistischen Festlegung bemühte er sich später um Auflockerung der Form und mehr Schlichtheit der Diktion.

Als führende Violinisten kamen die Brüder FRANZ und JAN BENDA an den Berliner Hof, später auch GEORG BENDA, den es jedoch dort nicht sehr lange hielt (er wurde erst außerhalb Berlins berühmt als Erfinder des Melodrams). Die böhmische Herkunft der BENDAS (wie übrigens auch STAMITZ') trug zu ihrem Ruf als musikalische Genies nicht wenig bei. In ihren Kompositionen waren Elemente aus der Volksmusik ihres Mutterlandes zu erkennen, schlichte, gefühlvolle Sanglichkeit – was Burney veranlaßt haben mag, FRANZ BENDA als einzigem Berliner Tonkünstler neben CARL PHILIPP EMANUEL BACH wahre Originalität zuzugestehen.

Doch legte Burney da schon die Maßstäbe von 1770 an. Originalität gehörte um 1735 noch nicht zu ihnen. Worauf es aber ankam, umreißt Burney selbst in seinem Urteil über JOHANN GOTTLIEB GRAUN: «Grauns Kompositionen waren vor dreißig Jahren *elegant und simpel*, denn er war einer der ersten unter den Deutschen, welche die Fugen und andre dergleichen schwerfällige Arbeiten beiseite setzten und zugaben, daß wirklich ein Ding vorhanden sei, das *Melodie* hieße, welches die Harmonie unterstützen und nicht unterdrücken sollte...» – Mit dieser freigelegten «eleganten und simplen» Melodie ist aber im Grunde viel mehr gemeint: simpel sind nur die kleinen, zierlichen Partikel, die wirkliche «Motive» noch nicht genannt werden können, da sie nur rudimentär «verarbeitet» wurden. Aber dahinter tut sich eine neue Komplexität auf, die von den Musikern selbst erst langsam begriffen und gestaltet wurde und in der das Neue des neuen Stils hauptsächlich besteht. Das ist der abstrakte musikalische Raum, der nicht mehr an die «Stimmigkeit» des Chors gebunden ist; die Melodiepartikel, obwohl kantabel gebildet, breiten sich darin über alle Lagen frei aus, schließen sich aber auch in der Horizontalen zu symmetrischen, quasi-räumlichen Gruppen mit Frage-Antwort-Charakter zusammen. Bei den «Berlinern» wurden die Konsequenzen, die diese räumliche Melodik für Form und Instrumentation hat, noch zurückhaltend gezogen. Aber auch hier macht sich Bedürfnis nach «Mannigfaltigkeit» bemerkbar, und man ging zur Mischung der Affekte, zu kontrastierenden Charakteren über. Das Resultat ist ein heiterer, gelöster Plauderton, der in den raschen Sätzen auch wohl «feurig», in den langsamen «empfindsam» und «rührend» sein sollte. Aber wie in einer galanten Konversation – diese wurde als «Vorbild» für die Instrumentalmusik auch damals schon herangezogen – die Extreme verpönt sind, so darf die musikalische Wechselrede ebensowenig aus dem Rahmen von Unterhaltsamkeit und Schicklichkeit fallen; weder derb buffoneske Späße noch übergroßer Ernst waren zugelassen. QUANTZ verwahrte sich ausdrücklich gegen zu großen «Leichtsinn», die willkürliche Untermischung des Komischen und Bizarren, die er bei den Italienern beobachtete. Der Vergleich mit der Konversation stimmt auch zur Formelhaftigkeit der Diktion: Was da zärtlich, lieblich und zu Tränen rührend genannt wurde – Seufzervorhalte und verspielte Ornamentik –, war keineswegs Ausdruck individueller Gefühle. Denn so klein der Rahmen der höfischen Kammerkonzerte auch war (die Berliner Kapelle umfaßte etwa dreißig Musiker, die nicht immer sämtlich eingesetzt wurden) und so geschlossen die höfische Zuhörergesellschaft, so sehr begriffen sich die Zuhörer als *repräsentative* Persönlichkeiten. Musik gehörte zu ihren standardisierten Amüsements.

Das Ernstnehmen der Sache Musik und des «Ausdrucks», zu dem sie fähig ist, blieb späteren Generationen vorbehalten. CARL PHILIPP EMANUEL BACH, seit 1738 Hofcembalist bei Friedrich, scheint ihnen indessen schon anzugehören. Seine Musik – jedenfalls die intime fürs Clavichord – nahm einen immer größeren Ausdrucksernst an, für den im friderizianischen Musikgeschmack wenig Spielraum war. BACH zog es denn auch relativ früh wieder von Berlin fort, mehrmals bewarb er sich andernorts, ehe er 1767 TELEMANNS Nachfolger als hamburgischer Musikdirektor wurde.

Doch daß jener zutiefst *bürgerliche* Ernst auch bei seinen Kollegen in Berlin vorhanden war, wenn auch gewissermaßen ausgelagert und theoretisch sublimiert, zeigt das reiche und international bekannte Musikschrifttum der «Berliner Schule». Hier – wie übrigens auch in den Bemühungen um das deutsche Lied, die Synthese aus Kunst und gemeinverständlicher Natürlichkeit – äußert sich das aufklärerische Ethos der Berliner Musiker. Die bedeutenden, aber eher konservativen Kontrapunkttheorien MARPURGS und KIRNBERGERS werden überragt von drei großen Musiklehren, die in Berlin entstanden: J. F. AGRICOLAS Gesangslehre («Anleitung zur Singekunst», 1757, nach TOSI), C. PH. E. BACHS «Versuch über die wahre Art das Clavier zu spielen» (1753) und, allen voran, QUANTZENS *Flötenschule*: «Versuch einer Anleitung...» (1752). Das Buch, abgefaßt in überaus klarer und moderner Sprache, ist in Wahrheit ein Kompendium der Musik des 18. Jahrhunderts, das auch dem heutigen Musikgebildeten noch spannende Lektüre bieten kann. Im Schlußkapitel entwirft QUANTZ, patriotisch und weltmännisch, die Idee einer universalen deutschen Musik, in der die Vorzüge aller Nationalstile vereinigt sein sollten. Eine wahrhaft «klassische» Idee von Musik und eine spezifisch bürgerliche dazu. – Das Buch sollte nicht so schnell überholt werden wie QUANTZENS Musik. Seine dritte deutsche Auflage – nach Übersetzungen ins Französische, Holländische, Englische und Italienische – erlebte es 1789.

Michael Querbach

Wiener Schule

GEORG CHRISTOPH WAGENSEIL (1715–1777)
MATTHIAS GEORG MONN (1717–1750)
JOSEF STARZER (1726–1787)
KARL DITTERS VON DITTERSDORF (1739–1799)
JOHANN BAPTIST VANHAL (1739–1813)
ANTON ZIMMERMANN (1741–1781)
JOHANN GEORG ALBRECHTSBERGER (1736–1809)
LEOPOLD ANTON KOZELUCH (1747–1818)
FRANZ ANTON HOFFMEISTER (1754–1812)
ANTONIO SALIERI (1750–1825)
LEOPOLD MOZART (1719–1787)
MICHAEL HAYDN (1737–1806)

Der Begriff ist wesentlich älter als seine heute meist gebräuchliche Bedeutung, die entweder die Wiener Klassik oder aber den Kreis SCHÖNBERGS und seiner Schüler meint. Geprägt wurde er bereits 1784 durch CHRISTIAN FRIEDRICH DANIEL SCHUBART in dessen während der Kerkerhaft auf dem Hohenasperg geschriebenen «Ideen zu einer Ästhetik der Tonkunst» (erschienen 1806); gemeint war damit eine Gruppe von Komponisten, die um 1740 bis 1780 in Wien und den benachbarten kleineren Residenzen wirkten und in der Entwicklung der Instrumentalmusik wichtige Voraussetzungen der Wiener Klassik schufen oder vorbereiteten.

Die beginnenden 1740er Jahre brachten für Wien einen Umbruch in mehrfacher Hinsicht: Mit dem Tod Karls VI. und dem Regierungsantritt Maria Theresias begann eine Zeit der Gefährdung des Reiches durch äußere Feinde, der Staat mußte andere Interessen haben als glanzvolle musikalische Repräsentation. Ein Teil des Musiklebens wurde «privatisiert», spielte sich – als reine Privatinitiative – in den Palais und Schlössern adeliger Mäzene ab.

Da diese zwar Stadtresidenzen in Wien, zugleich aber meist Sommerschlösser auf dem Lande unterhielten, bedeutete eine solche Entwicklung zugleich eine Art Dezentralisierung der Musikkultur. Die hochgestellten «Kenner und Liebhaber» verlangten nach entsprechend andersartiger Musik, als sie früher in der Hauptstadt gepflegt worden war.

Die beiden bedeutendsten Repräsentanten des Wiener Barock, ANTONIO CALDARA und JOHANN JOSEPH FUX, starben 1736 bzw. 1741, gerade zu jener Zeit, als sich in Literatur, Architektur und bildender Kunst die Wandlung von dem als schwer und schwülstig empfundenen Barock zum eleganten, grazilen, intimeren Rokoko vollzog. Analog dazu begann man in der Musik Polyphonie und Generalbaß (nach JOHANN SEBASTIAN BACH das Fundament aller Musik) als spekulativ, erklügelt, den Ausdruck der Musik einschränkend und die Entfaltung melodischen Flusses hemmend anzusehen; die Charakteristika des älteren Stils gerieten als «gelehrt» in Verruf, wurden in der Folge nur noch im «seriösen» Kirchenstil gepflegt. Im neuen «galanten» Stil orientierten sich die Komponisten zum Beispiel an den melodiösen, leichten Opernsymphonien neapolitanischer Prägung, wie man sie aus der Hofoper kannte. Zugleich mit solchen Wandlungstendenzen feudalaristokratischer Strukturen kommt, neben dem Gegensatz von «galant» und «gelehrt», das neue Schlagwort «Empfindsamkeit» auf, mit dem sich erstmals das Bürgertum künstlerisch zu Wort meldet. Musik wird nicht erst von Goethes Werther als Sprache der Empfindungen aufgefaßt.

Die «Wiener Schule» läßt deutlich zwei auch stilistisch unterschiedene Generationen erkennen, deren erste etwa gleichaltrig mit CHRISTOPH WILLIBALD GLUCK, CARL PHILIPP EMANUEL BACH und LEOPOLD MOZART ist; ihre bedeutendsten Repräsentanten sind GEORG CHRISTOPH WAGENSEIL (1715–1777) und MATTHIAS GEORG MONN (1717–1750). Beide waren noch in den konservativen Traditionen aufgewachsen und ausgebildet worden (WAGENSEIL als Schüler von FUX, der ihn 1739 als Hofkomponisten empfahl), MONN hinterließ – als Organist der Karlskirche – Sakralmusik, die den Konventionen entsprach. Desto überraschender müssen die Symphonien beider Komponisten erscheinen, die auf den jungen, damals in Wien lebenden JOSEPH HAYDN von bedeutendem Einfluß waren. Bereits die noch dreisätzigen, formal an die Opern-Sinfonia angelehnten Werke werden in den Kopfsätzen meist zwei gegensätzlich typisierte Themen exponiert, die anschließend einer Verarbeitung unterzogen werden; damit ist der Grundriß der klassischen Sonatenform entworfen, wenn auch von Durchführungsarbeit im späteren Sinne selten die Rede sein kann. Die Übernahme von Elementen der barocken Suite in die neue symphonische Gattung führt bereits vor 1750 bei MONN zur Einführung des Menuetts und damit erstmals zum Ausbau zum vierteiligen klassischen Satzzyklus. Die langsamen Sätze sind der Ort, an dem der Empfindung am meisten Raum gegeben wird, die einfache Liedform läßt die Melodik frei zur Entfaltung kommen. Man darf sich den musikalischen Satz dieser Kompositionen keineswegs primitiv – im Sinne einer simplen Trennung von «Melodie» und «Begleitung» – vorstellen; als Beispiel sei MONNS *Sinfonia in H-dur* (!) angeführt, die neben der ohnehin schon als gewagtes Experiment anzusprechenden Tonart reiche imitatorische Arbeit aufweist, welche alle Stimmen des musikalischen Satzes erfaßt, ohne dadurch die «neuen» Errungenschaften der Symphonie in ihrer Wirkung zu beeinträchtigen. Wirkt hier der Kirchenstil noch nach, so ist für WAGENSEIL die betont volkstümliche Thematik charakteristisch, der achttaktige Lied- bzw. Tanzperiodik zugrunde liegt. Dem Streben nach «Ausdruck der Empfindung» entspricht ein differenzierter Umgang mit der Dynamik, unter anderem definitives Vorschreiben von Crescendi und Decrescendi. Es darf freilich nicht außer acht gelassen werden, daß neben der symphonischen Gattung in jener Zeit noch sehr viel höfische Gebrauchsmusik (Tafel- und Freiluftmusiken) entsteht, die den galanten Stil mit dem Reihungsprinzip der alten Suite (aber in weniger strenger Form) verbindet. Diese im Ausdruck eher leichtgewichtigen Serenaden, Divertimenti, Notturnos, Parthien etc. beeinflussen auch die neue Symphonie, und scharfe Gattungsgrenzen sind nicht immer zu ziehen. WAGENSEIL und MONN haben neben der Sinfonia auch der Gattung des Solokonzerts neue Impulse gegeben; noch ARNOLD SCHÖNBERG fand das *Violoncellokonzert g-moll* von MONN interessant und wertvoll genug für eine Neuausgabe (erschienen 1914) und bearbeitete eines von dessen *Cembalokonzerten* zu einem *Konzert für Violoncello und Orchester* (1932).

Zwischen beiden Generationen steht der Wiener JOSEF STARZER (1726–1787), dessen schöpferische Bedeutung hauptsächlich auf seinen Balletten ruht. Er hat wenig Instrumentalmusik hinterlassen, die nicht an Bühnenvorgänge gebunden ist. Unter diesem Wenigen findet sich ein viersätziges als ‹*Divertimento*› in *C-dur* bezeichnetes Werk, das die Durchlässigkeit der Gattungsgrenzen deutlich macht: Einem symphonisch gearbeiteten Kopfsatz folgen – in vertauschter Reihenfolge – ein Menuett und erst an dritter Stelle der langsame Satz Larghetto. Was hier wie eine Vorwegnahme der Romantik erscheint, ist ein Einfluß der Divertimento- und Serenadepraxis, was dem hohen Niveau der Originalität und der Lust an Experiment keinerlei Abbruch tut: Gerade dieses Werk enthält Tendenzen, die bereits auf die zweite Generation der «Wiener Schule» verweisen – die Betonung des Affektischen durch raffinierte Dynamik und oft überraschende Modulationen.

Ist das Ende des Wiener Barock durch den Tod von CALDARA und FUX recht genau bestimmbar, so endet die erste Entwicklungsphase der «Wiener Schule» mit dem Tod von MONN und der schweren Krankheit WAGENSEILS etwa 1765. Um diese Zeit kommen neue Tendenzen auf, die mit dem Begriff des «Sturm und Drang» bezeichnet werden. Dies ist allerdings mehr als eine bloße Kunstrichtung: das Lebensgefühl einer vorrevolutionären Generation. Stellt die Empfindsamkeit eine zwar schon bürgerliche, aber ruhige, beschauliche Erscheinung dar, so ist der Sturm und Drang deren heftiges, revolutionäres Gegenstück. Das Individuum mit all seinem Fühlen und dem beginnenden Bewußtsein seiner Rechte trat mehr und mehr in den Vordergrund. Auf die Musik hatte diese geistesgeschichtliche Wende weitreichende Konsequenzen. Die Darstellung der Affekte beginnt die Hauptrolle zu spielen, jedoch nicht – wie in früheren Zeiten – etwa unter Zuhilfenahme von Stilisierung mittels rhetorischer Figuren; Molltonarten signalisieren Erregung, plötzliche Umbrüche in Dynamik, Harmonik und Rhythmik sowie gelegentliche unerwartete Generalpausen werden zu regelrechten «Schockwirkungen» eingesetzt.

Die Heftigkeit, ja Schroffheit dieses Stils zielt auf die Darstellung tiefen Gefühlsausdrucks und steter Überraschung.

Sind solche stilistischen Charakteristika am deutlichsten in der Musik Carl Philipp Emanuel Bachs ausgeprägt, so sind sie um 1770 auch in der Symphonik der «Wiener Schule» zu beobachten. Karl Ditters von Dittersdorf (1739–1799) und sein Schüler Johann Baptist Vanhal (1739–1813) sind hier zu nennen. Ihre in jenen Jahren geschriebenen Symphonien in Molltonarten bedienen sich teilweise der beschriebenen neuen Sprache, lassen freilich das galante Element selten ganz außer acht. Meist geht mit dem neuen Ausdruck eine Vergrößerung des Apparats Hand in Hand: Die von Wagenseil aus dem neapolitanischen Opernorchester übernommenen je zwei Oboen und Hörner werden nun bisweilen durch ein zweites Hörnerpaar (so in Vanhals *g-moll-Symphonie*) und durch zwei Trompeten und Pauken verstärkt, was das Pathos des Ausdrucks intensiviert; eine langsame Einleitung des Kopfsatzes kann die Spannung vor dem Eintritt des ersten Allegro noch steigern (so in einer *D-dur-Symphonie* Vanhals). Im gleichen Zeitraum schreibt Joseph Haydn seine *Symphonien Nr. 39* (*g*), *44* (*e*), *45* (*fis*), *49* (*f*) und *52* (*c*), nur wenig später der siebzehnjährige Wolfgang Amdadeus Mozart seine «kleine» *g-moll-Symphonie KV 183*; hier wird die enge Verflechtung der Entwicklungswege der beiden Klassiker mit den musikalischen Tendenzen ihrer Zeit deutlich und hörbar. Gleiches gilt von dem in Schlesien geborenen Anton Zimmermann (1741–1781), wie Haydn Leiter einer hervorragenden Hofkapelle (des Fürsterzbischofs Joseph Batthyany in Preßburg); eine dreisätzige *C-dur-Symphonie* aus seiner Feder galt ihrer hohen Qualität wegen lange als ein Werk Haydns. Keiner der genannten Komponisten darf als «Spezialist» angesehen werden, Experimente und Erproben des eigenen Könnens in möglichst allen musikalischen Gattungen kennzeichnen ihr Schaffen. Hierzu sind auch die zahlreichen Solokonzerte für ausgefallene Instrumente zu rechnen; so schrieben Haydn, Dittersdorf, Vanhal und Zimmermann *Konzerte für Kontrabaß*.

Die konservativen Traditionen überlebten freilich nicht nur in der Kirchenmusik, wie das Beispiel Johann Georg Albrechtsbergers (1736–1809) zeigt: Er pflegte einen spezifischen Wiener

Kirchensonatentypus, bestehend aus einer langsamen Einleitung und einer vierstimmigen Fuge. Diese Werke sind aber nicht mehr als reine Kirchenmusik zu verstehen, denn die Fuge ist auch in jenen Jahren noch in zahlreichen Instrumentalwerken zu finden, unter anderem aus dem Bestreben, zum Beispiel in der inzwischen weiterentwickelten Symphonie die Reste des Divertimento-Charakters aufzuheben bzw. ihnen entgegenzuwirken. Erst später hat ALBRECHTSBERGER *vier große Symphonien* geschrieben, doch er wäre – bei aller theoretischen Gelehrsamkeit – kein Kind seiner Zeit gewesen, hätte nicht auch er mit ungewöhnlichen Besetzungen und Klangfarben experimentiert, wie seine *Konzerte für Maultrommel, Mandora (kleiner Lautentyp) und Orchester* beweisen.

Der Böhme LEOPOLD ANTON KOZELUCH (1747–1818) und der Schwabe FRANZ ANTON HOFFMEISTER (1754–1812) hinterließen einige Dutzend Symphonien und Solokonzerte, doch sind diese flüssig geschriebenen Werke meist ohne Tiefgang und blieben Tagesproduktion. HOFFMEISTERS Bedeutung liegt wesentlich in seiner verlegerischen Tätigkeit. ANTONIO SALIERI (1750–1825), der 1766 nach Wien kam, blieb hauptsächlich Opernkomponist; er hinterließ einige reizvolle *Konzerte*, so für *Flöte, Oboe und Orchester* und für *Violine, Oboe und Violoncello mit Orchester*, die originell und gut gearbeitet sind, aber entwicklungsgeschichtlich kaum bedeutend.

Zwei Komponisten, die nicht in Wien, sondern in Salzburg wirkten, müssen noch genannt werden: LEOPOLD MOZART (1719–1787) und MICHAEL HAYDN (1737–1806). Die beschriebenen stilistischen Charakteristika der beiden unterschiedenen Generationen der «Wiener Schule» treffen auch auf sie zu, allerdings mit einigen Besonderheiten. Dazu gehört ihre Vorliebe für die Clarinlage der Blechblasinstrumente. Am Salzburger Hof erlebte die Clarinblaskunst auf der Naturtrompete um 1765 eine letzte Blütezeit, der wir ein *Konzert* MOZARTS und *zwei Konzerte* HAYDNS verdanken. Die musikalischen und technischen Ansprüche dieser Werke sind enorm, fordern zum Teil cantables Spiel in großen Höhen. Die Hornkonzerte stehen ihnen an Schwierigkeit kaum nach. LEOPOLD MOZARTS *Symphonien* haben oft programmatischen Einschlag und verlangen eine Anzahl seltener Instrumente und zum Teil Geräusche (Hackbrett, Radleier, Dudelsack, Kuhglocken, Schellengeläut, sogar Peitschenknallen und Pistolenschüsse). MICHAEL HAYDNS *Symphonik* (über vierzig Werke!) steht an Qualität den Werken des Bruders kaum nach, gleiches gilt für die *Solokonzerte*.

Erwähnenswert ist die Tatsache, daß die Komponisten der zweiten Generation der «Wiener Schule» nicht nur Zeitgenossen JOSEPH HAYDNS und WOLFGANG AMADEUS MOZARTS waren, sondern teilweise beide überlebt haben. Die stilistischen Eigenarten dieser Schule haben also nicht nur *vor*, sondern auch *neben* den Großmeistern weiterexistiert und ebenfalls ihre Auswirkung auf die beginnende Romantik gehabt.

Hartmut Becker

Mannheimer Schule

Johann Wenzel Anton Stamitz (1717–1757)
Franz Xaver Richter (1709–1789)
Ignaz Holzbauer (1711–1783)
Anton Filtz (1733–1760)
Carlo Giuseppe Toeschi (1731–1788)
Anton Stamitz (1750–1796)
Carl Stamitz (1745–1801)
Christian Cannabich (1731–1798)

Der fast manische Drang des 20. Jahrhunderts, die geschichtlichen Prozesse stets in Entwicklungsverläufen zu denken, verstellt nur zu leicht den Blick auf die Ereignisse selbst. Unserer historischen Perspektive liegt meist der bequeme Dreischritt zugrunde: Vorphase – Hauptsache – Nachwirkung. Dieses Schema relativiert die Bedeutung all dessen, was nicht zur Hauptsache gehört und kann zu fatalen Mißverständnissen führen, da es das Kontinuum voraussetzt und nicht zumindest die Möglichkeit eines qualitativen Sprungs berücksichtigt. Nur so konnte sich der schief eingehängte Begriff der «Vorklassik» einbürgern, der einzig das *Vor*-bereitende im Auge hat und gleichzeitig die Musik des Wiener Triumvirats Haydn, Mozart und Beethoven zur allein relevanten Hauptsache erklärt. Der Begriff suggeriert weiter, daß die «vorklassische» Musik des 18. Jahrhunderts in dem Moment zu Ende war, als die «Klassiker» auf den Plan traten. Und er macht uns glauben, daß im «Klassischen» das «Vorklassische» zur Gänze aufgegangen sei, das uns deshalb nicht mehr zu interessieren bräuchte. Wer will denn schon ein Werk von Stamitz hören, wenn er eines von Mozart hören kann?

Unser Geschichtsverständnis verfährt nach dem Sprichwort, daß das Bessere der Feind des Guten sei und verliert damit das fulminant Ereignishafte aus den Augen, wie es im musikhistorischen Sinne ebenso wie als Realität für sich die «Mannheimer Schule» darstellte. Zum Schlagwort geschrumpft entlocken uns die «Mannheimer» allenfalls ein überlegenes Lächeln; Namen wie STAMITZ, CANNABICH oder HOLZBAUER schlummern in den Registern der Enzyklopädien. Der Zeitgenosse WOLFGANG AMADEUS MOZART dachte darüber anders. «... an meisten wundert mich, daß ein so alter Mann, wie holzbauer, noch so viell geist hat, denn es ist nicht zu glauben, was in der Musick für feüer ist», schrieb er am 14. November 1777 aus Mannheim an seinen Vater. Der einundzwanzigjährige MOZART war sich sehr bewußt, an welchem Ort er sich aufhielt, nämlich am führenden Kultur- und Musikzentrum Europas, das namentlich die fortschrittlichsten Komponisten und Musiker ihrer Zeit an einem Platz zu konzentrieren wußte. Es ist nicht vermessen, von der «Mannheimer Schule» als der «Avantgarde des 18. Jahrhunderts» (Peter Rummenhöller) zu sprechen.

Die Blüte der Mannheimer Musik ist identisch mit der Regierungszeit des Kurfürsten Karl Theodor, der von 1743 bis Anfang 1778 dem Mannheimer Hof vorstand. Karl Theodor, der dann seine Residenz nach München verlegte (durch Erbverträge war der Münchner Hof gleichsam «frei» geworden), schuf in den knapp 35 Jahren seiner Mannheimer Zeit ein in hohem Maße liberales kulturelles Klima. Seine Aufgeschlossenheit in Sachen Musik führte Musiker vor allem aus Böhmen und Italien an den Hof. In kurzer Zeit war ein Orchester zusammengestellt, das seinesgleichen suchte. Im Jahre 1756 etwa besaß es eine für die damalige Zeit kaum vorstellbare Besetzung von dreißig Streichern (davon zehn erste und zehn zweite Geigen!) und sechsundzwanzig Bläser und entwickelte eine solche Präzision, daß der Dichter CHRISTIAN FRIEDRICH DANIEL SCHUBART schwärmen konnte: «Sein Forte ist ein Donner, sein Crescendo ein Katarakt, sein Diminuendo ein in der Ferne hinplätschernder Krystallfluß, sein Piano ein Frühlingshauch.» Und der zeitgenössische englische Musik-Forscher Charles Burney schrieb voll Enthusiasmus: «... Es sind wirklich mehr Solospieler und gute Komponisten in diesem, als vielleicht in irgendeinem Orchester in Europa. Es ist eine Armee von Generälen, gleich geschickt einen Plan zu einer Schlacht zu entwerfen, als darin zu fechten.» Immer wieder (nicht nur von MOZART) wird jenes Feuer betont, das sowohl von den Kompositionen wie auch ihrer musikalischen Realisierung ausging. Damit wird der von den Mannheimern initiierte fundamentale Wandel einer Ästhetik beschrieben, die jetzt die Ausstrahlung, die *Wirkung* zu einem konstitutiven Bestandteil der Musik selbst macht. Das bedingt den eindeutig definierten Orchesterapparat.

Zwei Generationen Mannheimer Komponisten lassen sich beobachten. Der Begründer der «Schule» war zweifellos JOHANN WENZEL ANTON STAMITZ (1717–1757), der gleichermaßen als Komponist wie Instrumentalist im Jahre 1748 zum «Director der Instrumental-Musik» ernannt wurde. Ihm zur Seite standen FRANZ XAVER RICHTER (1709–1789), IGNAZ HOLZBAUER (1711–1783) als Hofkomponisten, ANTON FILTZ (1733–1760) und CARLO GIUSEPPE TOESCHI (1731–1788) als führende Mitglieder des Hoforchesters. Die jüngere Generation dann stand unter der Führung der beiden STAMITZ-Söhne ANTON (1750–1796) und CARL (1745–1801) sowie CHRISTIAN CANNABICH (1731–1798), der als Primus inter pares die Leitung der «Schule» innehatte.

Die Bezeichnung «Schule» hat im Fall der Mannheimer uneingeschränkte Berechtigung. Auf zwei ineinandergreifenden Ebenen, der des Orchesters und der der Komposition, wurde sie stilbildend und stellte völlig neue Maßstäbe auf, die fortan nicht mehr ungestraft unterschritten werden durften. Das alles entstand gleichsam aus dem Nichts.

Zunächst etablierten sie das, was wir heute verbindlich «Symphonieorchester» nennen. Waren es im 17. und beginnenden 18. Jahrhundert die «Ensembles», ad hoc zusammengestellte Instrumentenformationen, die je nach Möglichkeiten der vorhandenen Musiker die Partituren realisierten – Anzahl und Verschiedenheit der Instrumente spielte eine nur untergeordnete Rolle –, so wurde in den Mannheimer Kompositionen die Orchesterbesetzung konstitutiv und nicht mehr austauschbar. Der Grund dafür ist in einer völlig neuartigen Identität zwischen Schriftlichkeit und Aufführung der Musik zu sehen. Der Klang ist nicht mehr beliebig, er orientiert sich nicht mehr an dem vorhandenen Angebot von Instrumentalisten, sondern er wird ein entscheidender Faktor des musikalischen Werkes selbst. (Als Gegensatz dazu sei zum Beispiel an die *Solokonzerte* JOHANN SEBASTIAN BACHS erinnert, denen eine Ausführung durch die Solovioline oder das Solocembalo nichts an Substanz entzieht.)

Die Streicherbesetzung der Mannheimer bestand aus zwei Violinen, Bratsche, Cello und Kontrabaß (der das Cello in der tieferen Oktave verstärkte), die alle natürlich chorisch besetzt waren. Der Bläserapparat wies die seit der Barockzeit üblichen Instrumente Flöte und Oboe auf, dazu gesellte sich (aus strukturellen Gründen, wie noch zu zeigen sein wird) ein Hörnerpaar. Die jüngere Generation, also CANNABICH und die STAMITZ-Söhne, etablierte dann als feststehenden Bestandteil des Orchesters die Klarinetten, vormals ein unterprivilegiertes Instrument, die die Klanglücke zwischen Flöte und Oboe ausfüllten. Der dadurch bestimmte geschmeidige Orchesterklang begeisterte gerade MOZART so nachdrücklich, daß er zeitlebens eine Vorliebe für dieses Instrument behielt.

Die verbindliche Festlegung der Orchesterbesetzung war keineswegs nur eine geistvolle Spielerei, keine Mode, die dann aus Tradition beibehalten wurde, sie hatte essentielle kompositorische Ursachen. Denn die Strukturen der Musik verwandelten sich bei den Mannheimern grundlegend. Wurden sie bisher gleichsam von unten erdacht und erfunden, waren sie also durch jenes Phänomen bestimmt, das wir Generalbaß nennen, so werden sie jetzt oberstimmenorientiert. Das heißt: die Melodie, das Thema, bestimmt die Struktur, die anderen Instrumente begleiten oder verstärken. Der harmonische Verlauf richtet sich jetzt nach der Gestalt der Oberstimmen, während im Generalbaßzeitalter die melodischen Ausprägungen stets Reaktionen auf die bezifferte Baßstimme gewesen waren. Ein Indiz dafür war der geradezu geforderte improvisierende Charakter bei der Ausführung durch den Basso continuo. Damit ist es auf Grund der festgeschriebenen Orchesterbesetzung bei den Mannheimern endgültig vorbei. Die Vakanz des Baßfundaments innerhalb des Orchesterklangs füllten die Hörner, die, wie es Peter Rummenhöller beschreibt, im Sinne eines (Klavier-)Pedals eingesetzt wurden. «Ihre langgezogenen Töne hielten an harmonisch wichtigen Stellen die stützenden Klänge aus», und übernahmen also die *harmonische* Schicht des Generalbasses. Die lineare Schicht ging ohnehin auf in den verbindlich komponierten Stimmen von Cello, Kontrabaß und Fagott.

In der Mannheimer Ära vollzog sich, ausgehend von den Italienern, der grundlegende Wandel vom bestimmenden «Unten» zum bestimmenden «Oben» des musikalischen Satzes; die Oberstimmen ersetzten die vormals fundamentale Bedeutung des Basses. Damit schufen die Mannheimer die Voraussetzung für das Partiturgewebe im Wiener Klassischen Sinne. Diese revolutionäre Bedeutungsverschiebung der Oberstimme von Reaktion zur Ursache zeitigte Modelle von Floskeln und Wendungen des Melodischen, gleichsam als Signum der «neuen» Zeit; so etwa die legendäre Mannheimer «Rakete», ein in gebrochenen Intervallen nach oben schießender Dreiklang, oder die «Walze», ein Drehmotiv, das bei gleicher harmonischer Konstellation stufenweise höher rückt. Ebenso lassen sich die «Bebung», ein melodischer Halbkreis, der vom Grundton zur Terz und wieder zurückführt, und der sogenannte «Seufzer», der ausdrucksvoll fallende Halbtonschritt, die «weibliche» Endung, als Figurationsmodelle herausfiltern, die dann in der Musik der Wiener Klassiker als Bestandteile des thematischen Materials wieder erscheinen. (Die «Rakete» wird zum Beispiel der erste Teil von wahrlich so gewichtigen Themen im Finalsatz von MOZARTS später *g-moll-Symphonie KV 550* oder im Kopfsatz von BEETHOVENS *erster Klaviersonate f-moll op. 2 Nr. 1*.)

Es wäre ein leichtes, jetzt die Brennweite des historischen «Okulars» auf die Musik der Wiener Klassik einzustellen. Dann nämlich könnten wir ohne Zögern die Bemerkung des Musikwissenschaftlers Thraybulos Georgiades nachvollziehen, der das thematisch-melodische Material der Mannheimer als «naturalistisch» kennzeichnete, im Gegensatz zu den Wiener Klassikern, denen es dann gelang, diese instrumentalen Modelle gleichsam zu verinnerlichen, ihnen die Seele einzuhauchen, die sie erst zu Themen in einem umfassenden Sinne gerinnen lassen. Diese Beobachtung, die uns dem Verständnis Wiener Klassischer Musik entscheidend näherbringt, birgt andererseits die Gefahr in sich, die Mannheimer Musik als bloße Vorstufe dazu zu verstehen. Die geradezu umstürzlerischen Impulse, die sie dem Orchester und den inneren Strukturen von Komposition gaben, geraten im selben Maße ins

Hintertreffen. Das Ereignishafte dieser Komponistengruppe herauszustreichen gelang erstmals dem «Begründer» der musikwissenschaftlichen Disziplin, Hugo Riemann, dessen Erkenntnisse aber kaum je die Praxis beeinflussen konnten. So bleibt der Hinweis, daß die Mannheimer Komponisten die Gattung «Symphonie» durch die Einführung des Menuetts zur Viersätzigkeit erweiterten und damit dieser eminent öffentlichen instrumentalen Form ihr eigentliches Gesicht gaben, zumindest bis heute Makulatur. Die Mannheimer, die selbst MOZART die ungeteilte Bewunderung ob ihres «feüers» entlockten, harren ihrer (Wieder-)Entdeckung.

Bernhard Rzehulka

Französische «Vorklassik»

François-Joseph Gossec (1734–1829)
Joseph Boulogne Chevalier de Saint-Georges (1739–1799)
André Ernest Modeste Grétry (1741–1813)
Giovanni Battista Viotti (1755-1824)
Jean François Le Sueur (1760–1837)
Etienne Nicolas Méhul (1763–1817)
Charles-Simon Catel (1773–1830)
François-Adrien Boieldieu (1775–1834)

Instrumentalmusik der Vorklassik: Die Mannheimer Schule, die Bach-Söhne, die frühen Symphonien Haydns und Mozarts. Und in Frankreich? «Was mich am meisten bey der sach ärgert, ist, daß die herrn franzosen ihren gout nur in so weit ferbessert haben, daß sie nun das gute auch hören können. daß sie aber einseheten, daß ihre Musique schlecht seye, oder aufs wenigste einen unterschied bemerckten – Ey beleybe!» berichtet Mozart aus Paris am 5. April 1778 seinem Vater nach Salzburg. Die «schlechte Musique der herrn franzosen» hatte er im «Concert spirituel» gehört – der (neben der «Académie Royale») wichtigsten, 1725 von Anne Danican Philidor mit königlichem Privileg gegründeten Institution des offiziellen Pariser Musiklebens, die an den etwa 35 Kirchenfesttagen, an denen die Oper nicht spielen durfte, Konzerte veranstaltete. Aber «Ey beleybe!» – so schlecht waren die Werke nicht, die hier gespielt wurden; den Symphonien des Belgiers François-Joseph Gossecs zum Beispiel, der durchaus zu Recht mit Sammartini, Haydn und den «Mannheimern» als einer der «Väter» der klassischen Symphonie in die Musikgeschichte eingegangen ist, konnte auch Mozart seine Bewunderung nicht versagen. Mehr noch: die *‹Pariser› D-dur-Symphonie KV 297* und die *Sinfonia concertante Es-dur KV 297b*, die Mozart für das «Concert spirituel» komponiert hat, verraten deutlich den Einfluß GOSSECS, und die Ähnlichkeit der *Ouvertüre KV 311 a* mit GOSSECS *Symphonie op. 5 Nr. 1* ist gar so evident, daß Köchel in ihr ein MOZART bloß unterschobenes Werk des Belgiers vermutet hat.

GOSSEC, der seine Karriere als Protegé RAMEAUS und des berühmt-berüchtigten Barons Bagge begonnen hatte, gründete 1769 das «Concert des amateurs» und war damit so erfolgreich, daß er 1773 auch die Leitung des maroden «Concert spirituel» übernahm und mit einem Schlag zum absoluten Herrscher des Pariser Konzertlebens wurde. GOSSECS rund *fünfzig Symphonien* und *Concertanten* sind sicher der bedeutendste Werkkomplex der französischen Orchestermusik der Vorklassik, doch auch über Frankreich hinaus fand seine Musik Anerkennung und Beachtung: Die *‹Chasse›-Symphonien* von CARL STAMITZ und JOSEPH HAYDN berufen sich zum Teil notengetreu auf GOSSECS *‹Symphonie de Chasse›* von 1776.

Im Winter 1772/73 trat GOSSEC die Leitung des «Concert des amateurs» formell an den (selbsternannten) CHEVALIER DE SAINT-GEORGES ab, eine der schillerndsten und abenteuerlichsten Persönlichkeiten des 18. Jahrhunderts: Der illegitime Sohn des französischen Steuereintreibers auf Gouadeloupe und einer Eingeborenen war um 1755 nach Paris gekommen und hatte durch seine exotische Schönheit (als Mulatte) ebenso auf sich aufmerksam gemacht wie durch seine außergewöhnliche Kraft und Gewandtheit; SAINT-GEORGES galt als der beste Fechter seiner Zeit, war ein exzellenter Schütze, Eisläufer, Reiter und Tänzer und durchschwamm (auch im Winter!) die Seine mit nur einem Arm. Die hohe Politik beherrschte der Chevalier – Protegé der Madame de Montasson und Parteigänger des Duc d'Orléans – dabei nicht weniger virtuos als die hohe Kunst des Geigenspiels und der Komposition: Seine *opéras comédies, Symphonien, Concertanten* und vor allem die *Violinkonzerte* zeigen die Handschrift eines Meisters.

Am 17. März 1782 gab GIOVANNI BATTISTA VIOTTI in einem «Concert spirituel» sein Pariser Debüt, und bald schon überschattete sein Ruhm als Geiger und Komponist den des CHEVALIER DE SAINT-GEORGES. Von 1782 bis 1792 (und noch einmal von 1819 bis

1823) lebte VIOTTI in Paris und schrieb hier auch den Großteil seiner Werke: Rund 70 *Solosonaten, Streichduos* und *-trios*, vor allem aber 19 der 29 *Violinkonzerte*, die VIOTTIS Namen weit über Paris hinaus bekannt machten; für das in *e-moll* (*Nr. 16*) zum Beispiel komponierte MOZART 1785 in Wien Trompeten- und Paukenstimmen hinzu (*KV 470a*), und das in *a-moll* (*Nr. 22*) rühmte JOHANNES BRAHMS noch 1878 als «ein Prachtstück von seiner merkwürdigen Freiheit in der Erfindung».

Und doch: Die Musikgeschichte der französischen Aufklärung steht so sehr im Zeichen der Oper und des «Buffonistenstreits», daß der Instrumentalmusik daneben nur eine untergeordnete Rolle zukommt. Komponisten wie GOSSECS Landsmann GRÉTRY, wie LE SUEUR (der Lehrer BERLIOZ' und GOUNODS), MÉHUL oder BOIELDIEU, die eine *opéra comique* nach der anderen schrieben, waren – gemessen an ihren Erfolgen und an der Gunst des Publikums – die eigentlichen Größen des Pariser Musiklebens; Werke wie GRÉTRYS (möglicherweise nicht einmal authentisches) *Flötenkonzert* oder BOIELDIEUS *Harfenkonzert* fallen dabei kaum ins Gewicht. Die Oper war auch die einzige Gattung, die mehr oder weniger unbeschadet die Wirren der Französischen Revolution überstand; Symphonik und Kammermusik dagegen starben in Frankreich regelrecht aus und kamen – von wenigen Ausnahmen wie BERLIOZ oder SAINT-SAËNS abgesehen – erst im letzten Drittel des 19. Jahrhunderts wieder zu Ehren.

Andererseits aktivierte die Französische Revolution ganz neue, eigenständige Formen der Instrumentalmusik: Militärsymphonien und -ouvertüren, Trauermärsche und *Pas de manoeuvre*, Hymnen zu allen möglichen Anlässen. Die Komponisten der 148 Werke, die Constant Pierre 1899 als zentrales Repertoire der «Musique des fêtes et cérémonies de la Révolution française» veröffentlicht hat, haben freilich zumeist schon vor 1789 maßgeblichen Anteil am französischen Musikleben gehabt: allen voran GOSSEC, der allein mit 33 Werken in Pierres Edition vertreten ist. Weiter CATEL (24 Werke), MÉHUL (13 Werke), und LE SUEUR (9 Werke), aber auch BERTON, CHERUBINI, DALAYRAC, DEVIENNE, GEBAUER, GRÉTRY, JADIN und – nicht zu vergessen – ROUGET DE L'ISLE, Textdichter und Komponist der ‹*Marseillaise*›. Dabei handelt es sich bei den

Werken keineswegs nur um Gebrauchsmusik, die außerhalb ihrer Zeit kein Interesse verdiente; GOSSECS ‹*Marche lugubre*› von 1790 zum Beispiel ist ein genial orchestriertes, mit seinen (nicht aufgelösten) Dissonanzen frappierend modernes Stück und überdies der erste Trauermarsch der Musikgeschichte – das unmittelbare Vorbild nicht nur des zweiten Satzes der ‹*Eroica*›.

Während in Mitteleuropa die stilistischen Strömungen der Vorklassik die (Wiener) Klassik vorbereiten und sich in ihr vollenden, bleiben sie in der französischen Musikgeschichte ohne Folgen: die Revolution hat für einen BEETHOVEN oder SCHUBERT keinen Platz. Auch das Zeitalter Napoleons ist ein Zeitalter der Oper; Werke wie die *beiden Symphonien* MÉHULS – die *erste* 1808, die *zweite* 1809 entstanden – wurden zwar von BEETHOVEN, Goethe, SCHUBERT und WEBER hochgeschätzt, fanden aber in Frankreich kaum Beachtung. Ebenfalls 1809 komponierte GOSSEC seine *Symphonie à dix-sept parties* – gleichsam der Abgesang auf die französische Vorklassik, die er selbst mehr als fünfzig Jahre zuvor mit seinen *Six Symphonies à quatre parties op. 3* eingeleitet hatte.

Michael Stegemann

Joseph Haydn

Rohrau, 31. März 1732 – Wien (Gumpendorf), 31. Mai 1809

Wenn HAYDN selbst noch sagen konnte: «Meine Sprache verstehet man durch die ganze Welt», dann gilt das heute nicht mehr. Denn das 19. Jahrhundert hat uns gelehrt, daß musikalische «Naivität» unvereinbar sei mit Tiefsinn, und Tiefsinn mache erst überhaupt die Musik zur ernst zu nehmenden Kunst. Alle Komponisten des bürgerlichen Zeitalters waren sich in diesem Punkt einmal einig, daß die Musik HAYDNS, des gutmütigen «Alten», allenfalls zur Vorgeschichte der Kunstmusik gehöre, aber nichts mehr sei als harmlos. Und ROBERT SCHUMANN stand nicht an, über HAYDNS Musik das Urteil der ganzen Epoche nach ihm zusammenzufassen: «Man kann nichts Neues mehr von ihm erfahren; er ist wie ein gewohnter Hausfreund, der immer gern und achtungsvoll empfangen wird; tieferes Interesse aber hat er für die Jetztzeit nicht mehr.» Wäre HAYDN also ein «idyllischer» Komponist, ein Knecht des Ancien régime gewesen, der nur das Klappern der fürstlichen Bestecke beim Mahl musikalisch ausgefüllt hat? Ist seine Musik wirklich nur hübsch und nett? Man kann sich fragen, wieso es sich unausrottbar eingebürgert hat, HAYDNS *Symphonien* – außer den *Streichquartetten* die noch am ehesten «bekannte» Gattung seiner Instrumentalmusik – als Einspielstücke zu mißbrauchen anstatt sie in den Mittelpunkt eines Konzerts zu stellen, und man muß sich fragen, warum HAYDNS Musik insgesamt als angenehmes Geräusch aufgefaßt wird, das nichts weiter «bedeutet», weil es uns nicht zu nahetritt. Immerhin nahm GIOACCHINO ROSSINI HAYDN vor dem Vorwurf in Schutz, sein Ernst sei zu fröhlich: «Jawohl – seine Fröhlichkeit war sein Ernst!» Von HAYDNS Musik das zu erwarten, was erst BEETHOVEN einbrachte, die politische Moralität und den subjektiven Eingriff in die Problemgeschichte des Komponierens, wäre unhistorisch; HAYDNS Aufgabe war eine andere.

Seine Musik, vor allem die *Streichquartette* und *Symphonien,* stellt Ansprüche, die seinerzeit auch so verstanden wurden. HAYDNS Nachruhm dagegen ist eine Geschichte von Mißverständnissen und Ignoranz. Sicher, man kennt einige rührende Anekdoten, so etwa von der ‹*Abschiedssymphonie*›, bei der am Schluß die Musiker einer nach dem anderen weggehen, weil HAYDN seinen Fürsten darauf aufmerksam machen wollte, daß die auf Schloß Esterháza isolierten Musiker sich nach ihren Familien sehnten – was übrigens ein Akt der Zivilcourage HAYDNS war –, oder man kennt auch den Ausruf HAYDNS bei einem Kanonenschuß der 1805 in Wien einrückenden napoleonischen Soldaten: «Kinder, fürchtet euch nicht! Wo Haydn ist, da kann nichts geschehen» – kurz, die Rede vom «Papa» HAYDN will nur das Gutmütige sehen, nicht den Kant der Musik. HAYDN konnte es sich (noch) leisten, für «Kenner und Liebhaber» gleichermaßen zu schreiben, die Aufklärung in die musikalische Struktur zu tragen und doch unmittelbar verständlich zu sein. Das macht: er fordert dem Hörer kein Exerzitium ab, schafft aber zugleich eine Revolution des Hörens, die sich gegen Zerstreuung richtet. Er «tut dem Hörer Ehre an, indem er ihm nichts konzediert», wie es Adorno für SCHÖNBERG formuliert hat.

Musik als geistreiche und lustvolle Gedankenarbeit: das war HAYDNS Werk. Es gibt kaum einen anderen Komponisten, der es uns erlaubt, einen solchen kompositorischen Weg mitzuverfolgen, wie ihn HAYDN im Zeitraum von rund fünfzig Jahren ausschritt. Er beginnt in der Frühphase des «galanten» Zeitalters und reicht bis zu den Anfängen der Musik des 19. Jahrhunderts. Dabei tastet sich HAYDN experimentierend allmählich an das heran, was wir heute mit dem *Wiener klassischen Satz* bezeichnen. Allein dieser Vorgang müßte eigentlich hinreichen, um seine Musik von dem Vorwurf der bloßen Tändelei zu befreien. Oder kennen wir einen anderen Komponisten, bei dem sich so oft die Bezeichnung *con spirito* findet, was ja nichts anderes heißt, als auf musikalische Weise «geistreich» sein? Die vielberufenen Scherze HAYDNS, etwa jener Paukenschlag in der *Symphonie Nr. 94* oder die sogenannten «Witze» sind mehr als das: sie sind HAYDNS Einspruch gegen das zerstreute Hören. HAYDN schuf, gegenüber dem kontinuierlichen, epischen Strömen der Barockmusik, die musikalische Sprache des intellektuellen Vergnügens, des zweckmäßigen Vernunftgebrauchs und des geistvollen Dialogs, der sich mit unerwarteten Wendungen und stets hellwacher musikalischer Gedankenarbeit auf höchster Ebene bewegt, ohne deswegen unverständlich zu sein. Genau wie sein Freund MOZART hätte auch HAYDN sagen können, er schreibe für alle Arten von Ohren, nur nicht für die langen.

Das Feld der HAYDNschen Experimente liegt naturgemäß in seiner Instrumentalmusik, denn die ganze Art, mit dem musikalischen Material umzugehen, verrät den geborenen Instrumentalkomponisten. Opernfiguren aufeinanderstoßen zu lassen, wie das MOZART beherrschte, war nicht HAYDNS ureigenstes Gebiet, wenngleich er zahlreiche bedeutende *Opern* schrieb, von denen man heute jedoch keinerlei Notiz nimmt; HAYDNS musikalisches Denken war gelassener, wenn man will: «epischer», freilich nicht im Sinne des *kontinuierlichen* Strömens, des Erzählflusses, sondern in der Grundhaltung. Den *diskontinuierlichen* Satz der Wiener Klassiker, den Thrasybulos Georgiades als das «Sich-bewußt-Werden der Zeit» in der Musik bezeichnet hat, schuf nämlich HAYDN, von entgegengesetzter Seite wie der Dramatiker MOZART kommend. Sie trafen sich bei der Materialisation der musikalischen Gedankenarbeit: im Verfahren der motivisch-thematischen Entwicklung. HAYDN war darin zunächst MOZART voraus, weil es seinem instrumentalen Denken entgegenkam, ja er komponierte sogar primär *motivisch,* holte aus den unscheinbarsten Partikeln einen ganzen Satz heraus, während MOZART «Mühe» hatte, die Fülle seiner auseinanderstrebenden *thematischen Charaktere* zu integrieren. (Wie ihm das jedoch von Anfang an scheinbar mühelos gelang, das wird für immer ein musikalisches Rätsel bleiben.) HAYDN dagegen schritt Stufe für Stufe die Möglichkeiten der musikalischen Grammatik und Syntax ab, wurde tatsächlich in diesem Sinn zum «Vater» der Gattungen des *Streichquartetts* und der *Symphonie,* wenn auch nicht zu deren «Erfinder» (wie so oft behauptet wird). Was er «erfand», war das *Denken* statt *Dichten* in Tönen. Der Kosmos seiner über *hundert Symphonien,* im Zeitraum von fünfunddreißig Jahren entstanden, steht dafür ein.

Die Symphonien

Seit den grundlegenden Forschungen von Howard Chandler Robbins Landon ist es bekannt, daß die Chronologie der *Symphonien* HAYDNS weder mit der tatsächlichen Abfolge noch mit der stilistischen Entwicklung übereinstimmt. Die bis heute übliche und durch das Werkverzeichnis von Anthony van Hoboken sanktionierte Zählung geht zurück auf den österreichischen Musikforscher Eusebius Mandyczewski, der bereits 1907 für die geplante erste HAYDN-Gesamtausgabe eine vollständige, vermeintlich «chronologische» Liste aller überlieferten *Symphonien* entwarf. Es ist klar, daß ihm bei dem damaligen Stand der Forschung – HAYDN ist ja der einzige unter den großen Komponisten, der im 19. Jahrhundert nicht durch eine kritische Gesamtausgabe zum «Denkmal» erhoben wurde – viele Quellen noch unbekannt sein mußten. Aufschluß über Datierungen geben, außer erhaltenen Autographen, gewisse stilistische Merkmale, die aber im Falle HAYDNS in ein seltsames Zwielicht geraten, da HAYDNS kompositorische Entwicklung keineswegs linear verläuft, sondern erhebliche Sprünge oder Umwege macht; selbst mit gelegentlichen Rückgriffen auf bereits Erreichtes muß gerechnet werden. Autographe fehlen insbesondere für den Zeitraum von 1774 bis 1783, also genau für die kompositorische Phase, in der sich der Wiener klassische Satz entscheidend herauskristallisiert. Hier müssen die Erstdrucke für die annähernde Datierung genügen. HAYDN war in diesem Jahrzehnt schon so berühmt, daß seine *Symphonien* in ganz Europa verbreitet waren, obwohl er selbst bis 1790 dem Fürsten Esterházy diente und kaum aus dem Burgenland herauskam. Freilich war er alles andere als ein demütiger Fürstenknecht; er hatte vielmehr das Glück, unter den Augen und Ohren des Fürsten seine innere Wandlung von der Gelegenheitssymphonie bis hin zur autonomen klassischen Symphonie ohne Einschränkung von außen durchmachen zu dürfen. Es ist auch nicht weiter verwunderlich, daß dieser Entwicklung eine quantitative Abnahme der Produktion bei gleichzeitiger Zunahme an innerer Qualität entspricht. Den letzten *zwölf ‹Londoner› Symphonien* stehen rund *vierzig* – immerhin fast ein Drittel der Gesamtproduktion – aus den ersten beiden Phasen (1758 bis 1765) gegenüber. Der Gesamtüberblick über die Symphonik HAYDNS wird noch dadurch erschwert, daß strenggenommen kaum stilkritische *Einschnitte* vorgenommen werden können, da sich HAYDN auf jeder Stufe im komplexen Rahmen bewegt. Folglich gilt es, besonders auffällige Merkmale zu nennen, ohne dabei ein Kompendium der symphonischen Welt HAYDNS entwerfen zu wollen. Leitfaden der folgenden Betrachtungen der *Symphonien Nr. 1–81* soll HAYDNS Aussage sein, die einer seiner ersten Biographen, Georg August Griesinger, überliefert hat: «Mein Fürst war mit allen meinen Arbeiten zufrieden, ich erhielt Beifall, ich konnte als Chef eines Orchesters Versuche machen, beobachten, was den Eindruck hervorbringt und was ihn schwächt –» die *Symphonie* ist ja, im Unterschied zum *Streichquartett,* das sich an die *Spieler* richtet, auf die *Wirkung* beim *Zuhörer* angewiesen – «also verbessern, zusetzen, wegschneiden, wagen –» HAYDN beschreibt hier das Wesen des Wiener klassischen Satzes, freilich in seiner experimentellen Haltung – «ich war von der Welt abgesondert, niemand in meiner Nähe konnte mich an mir selbst irremachen und quälen, und so *mußte ich original werden*» (Hervorhebung von mir; D. H.).

Dietmar Holland

Symphonien zwischen 1757 (oder 1758) und 1761

Nr. 1, 37, 18, 19, 2, «B», 16, 17, 15, 4, 10, 32, 5, 11, 33, 27, «A», 3, 20

Die Anfänge des Symphonikers HAYDN sind biographisch ungewiß. Wir wissen, daß er um 1758 in die Dienste des Grafen Morzin in Lukavec bei Pilsen trat und dort nur kurze Zeit blieb, weil der Graf um 1760 seine Kapelle auflöste. Aus diesen ersten Erfahrungen mit dem Orchestersatz sind uns rund zwanzig Symphonien überliefert, die ein ungemein reiches Bild von HAYDNS Experimentierlust vermitteln und zugleich seinen Abstand zur europäischen Symphoniewelle der fünfziger Jahre unter Beweis stellen. In Wien hatte der junge HAYDN bereits die Symphonik der Wiener Schule (MONN, WAGENSEIL, REUTTER) kennengelernt, und als Diener des italienischen Opernkomponisten NICOLA PORPORA direkt die neapolitanische *Sinfonia* (Opernouvertüre) studieren können. Die Einflüsse brauchen gar nicht im einzelnen aufgeschlüsselt zu werden, denn entscheidend ist nur, was HAYDN, und zwar von Anfang an, daraus machte. Sollte die *Symphonie Nr. 1 D-dur* wirklich die «erste» sein, dann wäre das ein Talentstreich ohnegleichen. Selbst in HAYDNS Schaffen steht diese Symphonie mit ihrem überquellenden thematischen Reichtum des ersten, der subtilen Verschiebungstechnik von Perioden im zweiten und dem rhythmischen Elan des letzten Satzes für sich. Nach eigenen Angaben, durch Griesinger überliefert, entstand sie im Jahre 1759. Nun ist aber von der vermutlich danach komponierten *Symphonie Nr. 37 C-dur* ein mit 1758 datiertes Autograph erhalten, so daß die Chronologie hypothetisch bleiben muß. So ist auch die Liste der Symphonien zwischen 1757 und 1761, das heißt bis vor den Dienstantritt beim Fürsten Paul Anton Esterházy (Vertrag am 1. Mai 1761 abgeschlossen) zu verstehen.

Gemeinsam ist den für Lukavec komponierten Symphonien die Besetzung «a 8», also neben den Streichern noch je zwei Oboen und Hörner. Damit löst sich HAYDN sogleich von der Wiener Tradition, die er aber in der Verwendung von musikalischen Floskeln reichlich belehnt. Betrachtet man die Symphonien genauer, dann tritt man in eine Fülle von kompositorischen Lösungen der Frage ein, was eine Symphonie in dieser Zeit alles sein kann. Es gibt den Wechsel von Drei- oder Viersätzigkeit und noch keine endgültige Entscheidung darüber, ob das Menuett in den Zyklus aufgenommen wird oder nicht und vor allem: an welcher Stelle es steht. Bei den dreisätzigen *Symphonien Nr. 18 G-dur* und *Nr. 4 D-dur* dient es sogar als Finale, freilich mit der stilisierenden Bezeichnung «Tempo di Menuetto». Überhaupt wendet HAYDN sein besonderes Augenmerk der Vielfalt der Finale-Gestaltungen zu, aus denen der Presto-Typus im Dreiachteltakt besonders herausragt. Dieser Typus ist es nun, der HAYDN den Vorwurf späterer Zeiten eintrug, er komponiere als Finale nur «Kehraus»-Sätze oberflächlichen Inhalts. Das mag für die leichtgewichtigeren frühen Symphonien zwar äußerlich zutreffen, aber man sollte bereits hier nicht HAYDNS Willen überhören, den Unterhaltungscharakter der Symphonie dieser Jahre allmählich abzustreifen. Die ersten drei *Symphonien* (*Nr. 1, 37* und *18*) sind bereits deutlich voneinander verschieden und exponieren gewissermaßen das Arbeitsfeld des Symphonikers HAYDN. Mit der ausdrücklichen thematischen Expansion des Kopfsatzes der *ersten Symphonie* (immerhin mit fünf Themen!) setzt sich HAYDN sogleich von der Tradition durch einen qualitativen Sprung ab, obwohl er gewisse Eigenheiten des Mannheimer *goût*, wie etwa die anfängliche Crescendo-Walze und den rhythmischen «Drive», sehr wirkungssicher einsetzt. Aber was besagen angesichts der überragenden Originalität des Erstlingswerkes in der Gattung der Symphonie schon irgendwelche Einflüsse? In nuce finden wir hier bereits den ganzen Symphoniker HAYDN vor einschließlich der kompositorischen «Überraschungen», die ihn unverwechselbar von der Konvention abheben. Mit den ersten drei Symphonien legt HAYDN zudem seine drei zyklischen Grundtypen vor, von denen er später die viersätzige, «klassische» Anlage als fortan verbindlich (ab 1769) beibehalten wird. In der *Symphonie Nr. 37* steht das Menuett noch an zweiter Stelle – in der *Symphonie Nr. 68* (1774) geschieht das zum letztenmal, allerdings aus *inneren* dramaturgischen Gründen (der langsame Satz ist ein ausgedehntes Adagio) –, während die *Symphonie Nr. 3,* die vorletzte und zugleich bedeutendste Symphonie für Lukavec, die spätere «klassische» Norm, zumindest äußerlich, vertritt. Als dritten Grundtyp verwendet HAYDN in der *Symphonie Nr. 18* die zyklische Anlage der barocken *sonata da chiesa*, freilich nur auf die beiden ersten Sätze bezogen (Verhältnis Adagio–Allegro). Diesen Typus verwendet HAYDN zum letztenmal in der *Symphonie Nr. 49* (1768). In der dritten Lukavec-Symphonie dagegen greift er noch weiter zurück: Der erste Satz ist im Triosonatensatz geschrieben, während die beiden anderen Symphonien der Lukavec-Phase im Kirchensonatentypus «modernere» Satztechniken aufweisen (*Nr. 5* und *11*). Der Vergleich der ersten beiden Lukavec-*Symphonien Nr. 1* und *37* zeigt, den Kopfsatz betreffend, HAYDNS ganzes Spektrum dessen, was später zur «thematischen Arbeit» ausreifen wird: Die *thematische* Expansion der *ersten Symphonie* wird in der folgenden ins Gegenteil verwandelt, in die integrative Kraft *eines* unscheinbaren *Motivs*. Außerdem bedient sich HAYDN in der *Sym-*

phonie Nr. 37 des C-dur-Typus mit Trompeten und Pauken, der später immer wieder auftaucht und in *Nr. 56* (1774) seinen Höhepunkt findet; es handelt sich um eine ganz eigene Reihe von Symphonien, die es so nur bei HAYDN gibt (*Nr. 37, 32, 33, 20* in der Lukavec-Phase und später, in Esterháza, noch *Nr. 38, 41, 48, 50* und *56*). Die *Symphonie Nr. 37* enthält auch den ersten Mittelsatz in Moll, ein Erbe der italienischen *tristezza* aus der Opern-Sinfonia der Neapolitaner.

Mit der *Symphonie Nr. 2 C-dur* – ein anderer Typus der erwähnten Trompetentonart HAYNDS – betreten wir das Gebiet des ersten umfangreichen Kopfsatzes (193 Takte) mit kontrapunktischer Durchführung, einer neuartigen Idee des langsamen Mittelsatzes (Perpetuum mobile) und des ersten ausdrücklichen, scharf gegliederten Rondos (mit einem Minore-Couplet). HAYDNS synthetisierende Kraft, barocken Kontrapunkt und moderne (das heißt empfindsame und melodische) Haltung miteinander zu verbinden, macht sich deutlich bemerkbar, und sie führt zu dem außerordentlichen Ereignis jener *Symphonie Nr. 3,* die in jeder Hinsicht den Gipfel der Symphonien für Lukavec bildet: Alle Fäden des bis dahin von HAYDN Entwickelten laufen hier zusammen und schaffen ein dichtes Gewebe von thematischer Profilierung – das Hauptthema des ersten Satzes ist eine in Dur vorweggenommene Variante des 1773 komponierten Anfangs der *Symphonie g-moll KV 183* von MOZART (!) –, vom Ausgreifen der Durchführung auf die Reprise (erster Satz) bis hin zur Formulierung des Seitenthemas als eigenem «Charakter» und der Aufwertung des Menuetts (an dritter Stelle) zum Charakterstück durch subtile Kanonverfahren. Schließlich ist das dicht gearbeitete Fugato-Finale (die erste veritable Fuge gibt es im Finale der *Symphonie Nr. 40* von 1763) mindestens ein Gegengewicht zum ersten Satz, wenn nicht sogar der Höhepunkt der ganzen Symphonie. Der Weg zu solchen Gestaltungsweisen war indessen weit, wenn auch nicht zeitlich. Die Symphonien zwischen der zweiten und dritten (in Hobokens Numerierung) weisen die einzelnen, schrittweise vorgenommenen Stationen auf. Erwähnt sei nur der formale und inhaltliche Expansionsdrang im Kopfsatz der *Symphonie Nr. 17 F-dur,* vereint mit neuartiger formbildender Dynamik, die Tendenz zur Vertiefung des thematischen Materials im Kopfsatz der *Symphonie Nr. 16 B-dur,* und zwar durch doppelten Kontrapunkt, und das Formexperiment im ersten Satz der *Symphonie Nr. 15 D-dur* (französische Ouvertüre). Es ist nicht verwunderlich, daß – zumindest vorerst – die charakteristischen Züge den ersten Sätzen vorbehalten sind. So prägt der Kopfsatz der *Symphonie Nr. 4 D-dur* (nach *Nr. 15* komponiert) die überhaupt erste «dramatische» Durchführung HAYDNS aus, mit Crescendo-Wogen und Höhepunkt-Dissonanzen, die bereits BEETHOVEN ahnen lassen, und zum erstenmal auch ein achttaktiges, geschlossenes «Seitenthema», das besonders auffällig ist dadurch, daß es in Moll (!) auftritt. In der Durchführung experimentiert HAYDN sogar mit der Dynamik: Die Entwicklung geht über in einen Rückbildungsprozeß, der gleichsam Platz macht für den Forte-Eintritt der Reprise und primär durch ein planmäßig auskomponiertes Decrescendo hergestellt wird, wobei HAYDN ein dreifaches «piano» intendiert, für das es damals noch überhaupt keine Vortragsbezeichnung gab. So weit treibt HAYDN seine kompositorischen Experimente um des neuen Ausdrucks willen. Die Durchführung des Kopfsatzes der zweiten C-dur-Symphonie mit Trompeten und Pauken (*Nr. 32*) greift noch einmal weiter aus (sie umfaßt immerhin sechzig Takte), und das Finale ist zum erstenmal im Alla-breve-Typus, wenn auch recht kurz, gehalten. Die originelle Behandlung des Mannheimer Stils im ersten Satz der *Symphonie Nr. 27 G-dur* führt bereits an die Schwelle der *Symphonie Nr. 3,* während die letzte Lukavec-Symphonie, wieder in C-dur und mit Trompeten und Pauken, die *Symphonie Nr. 20,* den glänzenden Abschluß dieser ersten Gruppe von Symphonien HAYDNS bildet.

Dietmar Holland

Symphonien 1761–1765

1761/62: Nr. 6–8, 9, 14, 36
1763: Nr. 12, 13, 40, 72
1764: Nr. 21–24
1765: Nr. 30, 29, 31, 28, 34

Am 1. Mai 1761 tritt HAYDN seinen Dienst als Vizekapellmeister (neben GREGORIUS JOSEPH WERNER) beim Fürsten Paul Anton Esterházy an, dessen Nachfolger ein Jahr später Nikolaus «der Prächtige» wird. (Bei ihm bleibt HAYDN bis 1790.) Um das hervorragende Esterházy-Orchester in seiner Vielfalt und Virtuosität herauszustellen, schreibt HAYDN drei *konzertante Symphonien* (*Nr. 6–8*), die eine ganz neue Synthese aus Serenade, Symphonie und Concerto grosso bringen und mit ihren Titeln *‹Le Matin›* (*Nr. 6*), *‹Le Midi›* (*Nr. 7*) und *‹Le Soir›* (*Nr. 8*) ausdrücklich an *Concerti* VIVALDIS anknüpfen. Der 1762 gestorbene Brotherr war ein Bewunderer solcher Musik. HAYDN komponierte also eine Art «Programmusik», zum Beispiel in der langsamen Einleitung zu *Nr. 6* eigens einen Sonnenaufgang, der den der späten *‹Schöpfung›* vorwegnimmt, und im Finale von *Nr. 8* den bekannten Topos *‹La Tempesta›*, wie ihn auch etwa IGNAZ HOLZBAUER im Finale seiner *Symphonie op. 4 Nr. 3* (*‹Tempesta di mare›*) benutzt hat oder VIVALDI in seinem *Concerto op. 8 Nr. 5*; neu ist dagegen HAYDNS Aufspaltung des Orchesters in verschiedene, eigens profilierte Klanggruppen und Soloinstrumente, unter denen sich sogar ein Fagott- und ein Kontrabaßsolo findet. Im Adagio-Satz der *Symphonie Nr. 7* kommt HAYDN auf die kompositorische Idee, die Musik dadurch «sprechend» zu machen, daß er den Satz als «Szene und Arie» entwirft, also als Übertragung einer Opernform auf die wortlose Instrumentalmusik. Es handelt sich um ein Accompagnato-Rezitativ für Solovioline und Orchester (zwei Oboen und Streicher) und ein Duett (Arie) für Solovioline und Solovioloncello mit Begleitung (zwei Flöten und Streicher), das in einer großen auskomponierten Kadenz gipfelt. Die stilistische und klangliche Vielfalt der drei *‹Tages›-Symphonien* ist einzigartig. HAYDN hätte nicht besser seine außerordentliche musikalische Phantasie beim Amtsantritt unter Beweis stellen können. Außerdem zeigte er hiermit, daß er für die Musiker, nicht etwa für den Schreibtisch komponieren wollte. Er exponierte eine neue Facette seiner Experimentierlust.

Die folgenden *vier Symphonien* von 1762 (*Nr. 9, 25, 14* und *36*) knüpfen an die Lukavec-Phase an. Im Finale von *Nr. 14* gibt HAYDN ein weiteres Beispiel für seine Kunst des doppelten Kontrapunkts (Anfang), mit *Nr. 9* schreibt er ein Musterbeispiel der italienischen Opern-Sinfonia, *Nr. 25* ist möglicherweise gar nicht von ihm und *Nr. 36* enthält, anknüpfend an die *Symphonien Nr. 6–8,* einen langsamen Konzertsatz für Violine und Violoncello und ein Finale (im Zweivierteltakt), das in glücklicher Weise kontrapunktische Arbeit mit lockerer Erscheinung zu verbinden versteht. Der erste Satz scheint gar von JOHANN CHRISTIAN BACH zu stammen, obwohl HAYDN nachweislich zu dieser Zeit von diesem BACH-Sohn noch keine einzige Note hat kennen können. Freilich lag dessen musikalische Art, unter anderem das «singende Allegro», durch die Musik der italienischen Opernkomponisten ohnehin in der Luft.

Die erste Symphonie, die HAYDN im Jahre 1763 komponierte, führt dagegen in unerwarteter Weise *inhaltlich* (nicht *formal,* wie noch in der *Symphonie Nr. 3*) bereits an die Schwelle der «klassischen» Haltung. Es ist eine der wenigen Symphonien HAYDNS in E-dur (*Nr. 12*); zwei Jahre später wird er mit der *Symphonie Nr. 29* seine zweite und letzte in dieser Tonart schreiben. Die *Symphonie Nr. 12* ist jedoch noch dreisätzig, allerdings mit einem erstmaligen Adagio-Mittelsatz, der bisher nur in den inkommensurablen *‹Tages›-Symphonien* vorkam. HAYDN war niemals ein Adagio-Komponist; seine langsamen Sätze sind in der Regel Andante- oder sogar Allegretto-Charaktere. Bezeichnenderweise werden sich Adagio-Sätze in der Phase häufen, in der sich HAYDN der zentralen Musiksprache der Wiener Klassik nähert: in den Symphonien ab etwa 1774 und vor allem in den sechs großen Symphonien der Jahre 1782 und 1783, unmittelbar vor den sechs *‹Pariser› Symphonien.* Das Adagio der *Symphonie Nr. 12* ist strenggenommen kein «echtes», sondern ein Siciliano-Typus (in e-moll). Es scheint, als wolle HAYDN mit der Adagio-Vorschrift auf den *individuellen Charakter* des Satzes hinweisen, der im übrigen die gesamte Symphonie betrifft, denn nie zuvor hat HAYDN in ähnlicher Weise musikalische Haltungen und Charaktere so vollendet im Ausdruck entworfen wie hier. Möglicherweise verzichtete er deshalb auf ein Menuett und auf den «Kehraus-Charakter» des Finales (das ja ein «Tempo di Menuetto» hätte sein können). Was bei dieser Symphonie ins Ohr fällt, ist der «klassische» und kantable Periodenbau, der erstaunlich genug ist. Die folgende *Symphonie Nr. 13 D-dur* ist wieder viersätzig mit dem Menuett an der «regulären» dritten Stelle, und sie enthält bedeutende Novitäten, unter anderem eine überraschende, leise Reprise im ersten Satz, auf die eine einmalige Forte-Fanfare der hier ausdrücklich vierfach besetzten Hörner (wie später in *Nr. 72* und *Nr. 31* auch) folgt, ferner einen Adagio-Konzertsatz für Violoncello und ein gewichtiges, geradtaktiges Finale mit dialogartiger Struktur. Der Wechsel zwischen einem viertönigen Streichermotiv, das übrigens den Beginn des Finales von MOZARTS *letzter Symphonie* antizipiert und auch in der *Symphonie Nr. 56* (Kopfsatz) wiederkehrt, und einem synkopischen Bläsermotiv als rhythmisches Agens stiftet eine dichte Struktur, in der auch wieder kontrapunktische Verfahren eine Rolle spielen. Im Finale der darauffolgenden *Symphonie Nr. 40 F-dur* liegt dann, als Konsequenz daraus, tatsächlich ein *Fugensatz* vor. Bekanntlich hat sich der junge HAYDN ja auch mit dem *‹Gradus ad Parnassum›* des Wiener Kontrapunktikers JOHANN JOSEPH FUX beschäftigt. Ein letztes Fugen-Finale schreibt er in der *Symphonie Nr. 70* (1779).

Die Reihe der Symphonien des Jahres 1764 ist durch Autographe belegt; die ersten beiden (*Nr. 21 A-dur* und *Nr. 22 Es-dur*) sind Kirchensonaten, aber in neuer Art, ohne Triosonatensatz, dafür, im Adagio von *Nr. 21,* erstmals monothematisch und von größter Ausdrucksintensität und, im Fall des ersten Satzes von *Nr. 22,* mit einer archaischen thematischen Verbindlichkeit versehen, einem Verfahren, das an die Technik der *Choralbearbeitung* erinnert, wenngleich der thematische Choral HAYDNS eigene Erfindung ist. Was der Symphonie den nicht authentischen Beinamen *‹Der Philosoph›* eintrug, ist die Verwendung von zwei *Englischhörnern* an Stelle der Oboen. Sie tragen auch die «Choralmelodie» in langen Notenwerten vor. Robbins Landon glaubt in diesem Satz die Verwirklichung der bekannten (späteren) Äußerung HAYDNS vorzufinden, er habe in seinen Symphonien «moralische Charaktere» darstellen wollen. Das mag wohl sein, aber es dürfte doch erst auf die thematischen Charaktere der späteren Symphonien ab etwa 1769 zutreffen. Die Tendenz, das Finale zum Gegengewicht des Kopfsatzes zu erheben, ist auch in der *Symphonie Nr. 21* anzutreffen, ja, Robbins Landon meint sogar, es sei eigentlich in der Haltung ein erster Satz. Immerhin ist es, auch von der Taktart her (Vierviertel-Allegro), kein tanzartiger «Kehraus» mehr, ähnlich wie im Finale der *Symphonie Nr. 24 D-dur.* Im ersten Satz dieser Symphonie setzt HAYDN auch den Expansionsdrang des Kopfsatzes aus *Nr. 17* fort und konzipiert zum erstenmal einen unerwarteten Repriseneintritt in Moll (!). Die *Symphonie Nr. 23 G-dur* enthält einen jener typischen Andante-Sätze HAYDNS, der zudem von einem geradezu obsessiven Baßmotiv, einer Art «Schleifer», beherrscht wird und ganz eigenartig wirkt. Das Menuett ist wieder, wie in *Nr. 3,* ein Kanon.

Die Symphonien des Jahres 1765 markieren deutlich einen *qualitativen Sprung.* Zwar schreibt HAYDN mit der *Symphonie Nr. 30 C-dur* zum letztenmal ein «Tempo di Menuetto» als Finale seiner im übrigen vorletzten dreisätzigen Symphonie, aber im ersten Satz entwickelt er das in *Nr. 22* exponierte Verfahren der «Choralbearbeitung» nun im Bereich der Sonatenform, also eines Allegro-Satzes, weiter, benutzt allerdings diesmal einen bekannten *cantus firmus*: eine gregorianische Osterweise (*‹Alleluja›*), nach der die Symphonie auch benannt wird. (Sie ist in der Stimme der zweiten Violine versteckt.) Die letzte E-dur-Symphonie, *Nr. 29,* ist ein weiteres Beispiel für die Monothematik im ersten Satz, die ihren Höhepunkt im Kopfsatz der *Symphonie Nr. 28 A-dur* erlangt. Was in *Nr. 29* noch *lyrische* Monothematik war, wird hier zum *rhythmischen* Feuerwerk und zum bewußten Umgang mit dem metrischen Gegenpaar von auftaktigem und abtaktigem Dreiachtelmotiv, einem der Wesenselemente des Wiener klassischen Satzes. Während das Finale von *Nr. 28* vermutlich erst zu einem späteren Zeitpunkt hinzugefügt wurde, ist das aus *Nr. 29* der unbestreitbare *Zielpunkt* der Symphonie. Man sieht, HAYDN überdenkt auch immer wieder die innere Dramaturgie, die zyklische Anlage und Gewichtsverteilung seiner Symphonien. So kommt er dann in der *Symphonie Nr. 31 D-dur,* mit vier statt nur zwei Hörnern, auf eine weitere zyklische Formidee: auf den *Zusammenschluß von Anfang und Ende.* Der Beginn der Symphonie kehrt ganz am Schluß des Finales wieder. Es handelt sich um genau die ersten und letzten Takte des Kopfsatzes, die dort beim Repriseneintritt ausdrücklich fehlten. So seismographisch verfährt HAYDNS Formgefühl. Das Finale ist übrigens das erste *Variations*-Finale HAYDNS und beschäftigt, im Anschluß an die *Symphonien Nr. 6–8,* in den einzelnen Variationen verschiedene Soloinstrumente. In ihrer Mischung aus Serenade, Divertimento, Concerto grosso und Sinfonia erinnert die Symphonie ohnehin an jene *‹Tages›-Symphonien* von 1761. Ihr Beiname *‹Hornsignal›* verweist auf die Signalthematik des ersten Satzes (*‹alla Posta›*).

Am Ende dieser Phase komponiert HAYDN seine erste Symphonie in Moll, die *Symphonie Nr. 34 d-moll,* allerdings noch im altertümlichen Kirchensonatentypus, wenn auch der Eingangssatz bereits die *expressiven* Töne eines CARL PHILIPP EMANUEL BACH aufklingen läßt, die sich alsbald auch in HAYDNS Symphonik drastisch Gehör verschaffen werden. Der tragische norddeutsche Tonfall bestimmt später die Moll-Symphonien zwischen 1768 und 1772. *Dietmar Holland*

Symphonien 1766–1769

1766: Nr. 39
1767: Nr. 35, 59
1768: Nr. 38, 49, 58, 26
1769: Nr. 41, 48

Nach dem Tod GREGORIUS JOSEPH WERNERS am 5. März 1766 wird HAYDN erster Kapellmeister. Die neue Luft, die er nun atmen konnte, glaubt man auch in der *Symphonie Nr. 39 g-moll* zu spüren. Der Tonfall der musikalischen Phase, die im Anschluß an die literarischen Tendenzen um 1770 als «Sturm und Drang» bezeichnet wird, ergreift zum erstenmal auch HAYDNS Musik, wenn auch die zentralen Symphonien dieser Stilrichtung erst in den Jahren

1771 und 1772 komponiert wurden. Der Beginn der *Symphonie Nr. 39* jedenfalls schlägt den neuen, ungewohnten Ton sogleich an, ja nimmt sogar in verblüffender Weise MOZARTS *Streichquintett g-moll KV 516* um rund zwanzig Jahre vorweg. Ein neuartiges Einheitsbewußtsein macht sich im Kopfsatz geltend: Wie in der nachfolgenden *Symphonie Nr. 35 B-dur* ist die Monothematik nun dadurch sichergestellt, daß zwar ein Seitenthema erscheint, aber eines, das aus dem Hauptthema entwickelt wurde. Ein weiteres einheitsstiftendes Moment ist der durchgehende Achtelpuls des Satzes, eine neue Art nervöser Unruhe, die anzeigt, daß HAYDN nun endgültig die Bahnen der früheren «galanten» Symphonie verlassen wird. Die Mittelsätze der beiden *Symphonien Nr. 39* und *35* stehen nicht ganz auf der Höhe der unvergleichlich dicht gearbeiteten Ecksätze; hier liegt für HAYDN noch ein weiteres Arbeitsfeld verborgen, das er in den zentralen «Sturm-und-Drang»-Symphonien Anfang der siebziger Jahre angreift. Vorerst befindet er sich im Stadium des «Durchbruchs», auch biographisch. Er ist nun musikalisch sein eigener Herr.

Die Wahl der Tonart g-moll für die erste Symphonie der erreichten Phase von Freiheit lag natürlich in der Luft, wenn es auch nicht erwiesen ist, ob HAYDN die gleichzeitig komponierte *Symphonie g-moll op. 6 Nr. 6* von JOHANN CHRISTIAN BACH kannte. Aber es kommt auf den Umkreis an; man bedenke, daß kurz darauf der große Wiener Symphoniker und Freund HAYDNS und MOZARTS in späteren Jahren, JOHANN BAPTIST VANHAL, ebenfalls eine *g-moll-Symphonie* komponierte, die ebenso singulär ist wie die anderen Symphonien in dieser Tonart einschließlich der 1773 komponierten *Symphonie KV 183* MOZARTS. Allen gemeinsam ist der drängende, ja gärende Impetus und der Versuch, statt des «Galanten» oder «Gelehrten» (zum Beispiel Kontrapunkt) die neue *Empfindsamkeit* zum Ausdruck zu bringen. Und es ist immerhin auffällig, daß HAYDN, als er 1768 seine letzte Symphonie im Kirchensonatentypus komponierte (*Nr. 49 f-moll*), auf ältere Satztechnik völlig verzichtete und etwa den Kopfsatz ganz im Stil des «Sturm und Drang» konzipierte. Das war denn auch das Ende dieses Typus. Und ein letztes Mal, aus äußerem Anlaß, griff er auf das archaische Verfahren der Choralbearbeitung in der *Symphonie Nr. 26 d-moll* zurück. Es handelt sich um eine Symphonie für die Karwoche; die verwendete Choralmelodie entstammt, im ersten Satz – übrigens der erste mit der ausdrücklichen Bezeichnung *con spirito* –, einem gregorianischen Passionsdrama und im zweiten Satz den sogenannten «Alphabet-Lamentationen» (*‹Incipit lamentatio Jeremiae Prophetae›*), die dem Christus-Choral in langen Notenwerten aus dem ersten Satz entsprechen (der andere Choral im ersten Satz bezieht sich auf den berichtenden Evangelisten und die Turbae). Die Symphonie ist ein Experiment im speziellen «redenden» Genre, allerdings unter der Bedingung, daß man die verwendeten Choral-Melodien zu identifizieren versteht.

Ein anderes Experimentierfeld betritt HAYDN mit der *Symphonie Nr. 59 A-dur,* deren Beiname *‹Feuersymphonie›* auf einen unbekannten Anlaß deutet. In einer der Partiturabschriften findet sich der irreführende Vermerk, sie sei als «Zwischenaktmusik» für eine Schauspielaufführung in Esterháza (das Stück hieß «Die Feuersbrunst») geschrieben worden. Tatsächlich aber wurde sie zu diesem Anlaß wiederaufgeführt, denn komponiert hat HAYDN sie bereits 1767 zu einem uns unbekannten Zweck. Offensichtlich handelt es sich aber um das erste Beispiel einer *Theatermusik,* was denn auch die eigenartige, originelle Thematik des ersten Satzes erklären würde. Wie wir noch sehen werden, setzt HAYDN später, Mitte der siebziger Jahre, diese Tendenz fort, aus Bühnenmusiken Symphonien zu machen. Der hochdramatische Impuls der *Symphonie Nr. 59* zeigt immerhin, welche Kräfte die Bühnenmusik der Symphonik HAYDNS zuführen konnte. Das Finale dieser Symphonie entwirft sogar nichts geringers als eine Vorstufe zum Finale der *‹Londoner› Symphonie Nr. 103* (Beginn mit einem Hornmotto). Aber auch in *Nr. 59* macht sich das Ungleichgewicht zwischen den Mittel- und den Ecksätzen noch deutlich bemerkbar.

Die erste Symphonie des Jahres 1768 (*Nr. 38*) ist wieder eine C-dur-Symphonie mit Trompeten und Pauken (die Besetzung «a 8» ist immer noch die Norm, bis Mitte der siebziger Jahre). Im Kopfsatz schreitet HAYDN mit der Tendenz zu größeren Formen – der Satz umfaßt fast zweihundert Takte! – weiter fort, im langsamen Satz (Andante molto) experimentiert er mit Echowirkungen zwischen erster und zweiter Violine (letztere ist mit Dämpfer besetzt!), und im Finale operiert er mit einer neuen Formidee, dem Zusammenschluß von Sonatensatz, Kontrapunkt und Solokonzertepisoden (Solooboe). Dagegen wirkt die *Symphonie Nr. 58 F-dur* auf den ersten Blick wie ein Rückfall in eine frühere Phase, doch ist das eine Täuschung. Die individuelle Thematik spricht für das jüngere Stadium der Entwicklung HAYDNS als Symphoniker; die «Beseelung» der einzelnen musikalischen Gestalten ist wichtiger als der knappe Zuschnitt der Form. Im Finale überrascht HAYDN außerdem mit metrischen Experimenten.

Die beiden Symphonien des Jahres 1769, *Nr. 41 C-dur* und *Nr. 48 C-dur,* treiben die Entwicklungsspirale ruckartig voran; beide Kopfsätze sind über zweihundert Takte lang und paradigmatische Sonatensätze, vor allem in *Nr. 48,* mit ihrer deutlichen Periodengliederung (Vorder- und Nachsatz zu Beginn von *Nr. 41* etwa) und Formartikulation (jeder Abschnitt hat seinen eigenen, unverwechselbaren «Charakter»). Das Finale in *Nr. 41* ist noch vergleichsweise leicht, aber das Finale der *Symphonie Nr. 48* und auch der ausdrücklich innige Adagio-Satz sowie das liebliche Menuett stehen dem Kopfsatz nicht nach. Zum erstenmal schafft HAYDN das *innere Gleichgewicht* der zyklischen Teile einer Symphonie. Damit ist der Übergang zur Phase der zentralen Symphonien des «Sturm und Drang» gegeben.

Dietmar Holland

Symphonien 1771–1772

1771: Nr. 44, 52, 43, 42, 51
1772: Nr. 45, 46, 47

Nach seiner einzigen längeren Krankheit um 1770 holte HAYDN in den folgenden beiden Jahren zum Durchbruch seiner musikalischen Individualität aus, und zwar gleich auf seinen beiden Hauptgebieten: Er schrieb die *Streichquartette op. 17* (1771) und *op. 20* (1772) und eine Gruppe von *acht Symphonien,* die zum Faszinierendsten gehören, was er überhaupt komponierte. Mit den *Streichquartetten op. 20* läßt er alle Zeitgenossen weit hinter sich zurück, und in den Symphonien radikalisiert er die Wiener Symphonik, von der er ja in erster Linie herkommt, gleichsam *von innen* heraus, denn die *formalen* Experimente der früheren Symphonien sind nun weitgehend ausgeschöpft. Die Norm der Viersätzigkeit (und vorerst noch weiterhin der Besetzung «a8») hat sich endgültig als zweckmäßig durchgesetzt; jetzt richtet HAYDN sein Augenmerk ganz auf die Verfeinerung des Ausdrucks und des musikalischen Inhalts. Das Experimentierfeld ist nun die musikalische *Haltung*. Tatsächlich ist jede dieser acht Symphonien ein «Charakter», ein Werk individueller Physiognomie. Daß HAYDN zuweilen recht rauhe Töne anschlägt, wie zuvor schon in der *Symphonie Nr. 49*, zeigt seinen Drang, mit der konventionellen Unterhaltungskunst Schluß zu machen und die Symphonik – zumindest in dieser Phase und später in London wieder – als musikalischen Ernstfall zu betrachten. Die Reihe beginnt denn auch mit einer *Symphonie in e-moll* (*Nr. 44*), die den neuen Ton der Emanzipation von der höfischen Zweckbestimmung, zumindest der kompositorischen Intention nach, programmatisch exponiert. Der Beiname ‹*Trauersymphonie*› indessen, eine Frucht des 19. Jahrhunderts, führt in die Irre; er kann sich lediglich auf eine Aussage HAYDNS stützen, er wolle, daß der Adagio-Satz in E-dur zu seinem Begräbnis gespielt würde. Ansonsten haben die unerbittliche Strenge der Ecksätze und der konstruktive Ansatz des Menuetts (Kanon in der Oktave) nichts zu tun mit «Trauer». Die Aufwertung fast aller langsamen Sätze dieser Phase zu verinnerlichten Adagios und die Stilisierung des Menuetts zum *Charakterstück*, teilweise mit konstruktiven Verfahren durchsetzt, die im Fall der *Symphonie Nr. 47 G-dur* (die letzte der Reihe) das gesamte Menuett einschließlich Trio ergreift, indem beide als musikalische Palindrome angelegt sind, ein Triumph und eine demonstrative Hervorkehrung der kompositorischen *Arbeit* also – dies alles und die weitere Vertiefung der Kopfsätze spricht für die Annahme, daß der «Sturm und Drang» für HAYDN eine der wichtigsten innovatorischen Phasen überhaupt war. Zum erstenmal schreibt er – im Kopfsatz der *Symphonie Nr. 44* – ein Allegro con brio vor, was auch durchaus metaphorisch zu verstehen ist, denn dieser Satz überrennt in seiner Kontrastschärfe – abtaktiges Unisono, gefolgt von auftaktiger, melodischer Phrase, die mit nervös pochenden

Achteln begleitet wird – alles bisher Dagewesene und zeigt ein neues einheitsstiftendes Moment neben dem früheren monothematischen Verfahren: die Unerbittlichkeit der einmal angeschlagenen Grundhaltung.

Die *Symphonie Nr. 52 c-moll* gleicht einer «feurigen Explosion» (Robbins Landon) und steht in ihrer düsteren Haltung völlig abseits der Konvention. Das «Originalgenie» HAYDN verschafft sich ausdrücklich Gehör, besonders in dem konzentrierten Finale mit seinem harten Wechsel von laut und leise (ohne Zwischenstufen) und in dem überaus merkwürdigen Charaktermenuett, das sich aus einer obsessiven Gestalt heraus entfaltet, die auch – in Dur – das Trio bestimmt. Das Andante, in der neutralen Tonart C-dur, läßt zu Beginn noch nicht ahnen, daß es alles andere als simpel ist; erst im Verlauf enthüllen sich die tieferen Züge und die subtilen Verfeinerungen in satztechnischer und harmonischer Hinsicht. HAYDN befolgt auch hier sein einmal erreichtes Prinzip des inneren Gleichgewichts der Sätze zueinander. Das wilde Treiben des ersten Satzes, die pulsierende Grundbewegung, wird in erstaunlicher Weise in der Exposition zweimal (!) durch ein Seitenthema unterbrochen, das nicht nur ein eigener, kontrastierender Charakter ist, sondern deutlich durch eine Generalpause vom übrigen abgesetzt wird. Die Passage vorher ist ebenfalls eine neue Gestaltungsidee: eine auskomponierte Beschleunigung. Am Schluß der Reprise ereignet sich der Ansatz zu einer inhaltlich motivierten Coda: Nach einem auskomponierten Fragezeichen, einem «sprechenden» Mittel der inneren Formartikulation von großer Tragweite für spätere Gestaltungsweisen HAYDNS, erfolgt ein abrupter, mürrischer Schluß, der die Tür hinter dem Satz zuschlägt und nichts mehr mit konventionellen Schlußwendungen zu tun hat. Diese Tendenz zur *bewußten Coda* verfolgt HAYDN in der *Symphonie Nr. 43 Es-dur,* in deren Finale, noch weiter; dort umfaßt sie sogar *vierzig* Takte. Überhaupt gehört diese nur bei oberflächlichem Hören unscheinbare Symphonie zu den interessantesten der Reihe, zumal HAYDN mit feinsten harmonischen Mitteln Periodengrenzen verschiebt, Kadenzen hinauszögert und motivische Umbelichtungen vornimmt, die weit in die Zukunft weisen. Der seltsame Titel *‹Merkur›* ist weder authentisch noch ist seine Herkunft geklärt. Wie in den Kopfsätzen der *Symphonien Nr. 35* und *39* ist das Seitenthema eine Variante des Hauptthemas, ja es kehrt sogar als Menuett-Thema wieder. Das Menuett gehört übrigens zu den zartesten, die wir von HAYDN überhaupt kennen, und es schließt auch mit einer leisen Passage. Im Adagio verwendet HAYDN den innigen Tonfall von As-dur und schafft damit ein Gegengewicht zu den anderen, verhaltenen Sätzen.

Der neue, empfindsame Tonfall führte dazu, daß HAYDN sich im Autograph der *Symphonie Nr. 42 D-dur* eigens von der «gelehrten» (das heißt kontrapunktischen) Schreibart distanzierte. Er strich im Andantino e cantabile einige Takte und fügte die Bemerkung hinzu: «Dieses war vor gar zu gelehrte Ohren!» Das heißt aber nicht, daß die Symphonie im «leichten» Genre geschrieben sei, sondern sie wendet die Verhaltenheit und Subtilität der vorigen (*Nr. 43*) ins Äußerliche, ja «Theatralische». Der erste Satz beginnt wie eine Bühnenmusik, führt aber alsbald auf Abwege, wie zum Beispiel eine komplizierte Modulation zur Dominante als auskomponierte Parenthese oder zu einer außerordentlich umfangreichen und vielgestaltigen Durchführung, in der sich eine Besonderheit des HAYDNschen Formbewußtseins bemerkbar macht: die *Scheinreprise*. Ansätze dazu gab es schon bei den frühen Symphonien (in *Nr. 17, 19, 22* und vor allem in der *Mitte* des ersten Satzes der *Symphonie Nr. 41*), aber erst hier hebt HAYDN die Scheinreprise, also den vorzeitigen Eintritt der Haupttonart und des Hauptthemas, als *Ereignis* eigens hervor, indem er sie nach einer Fermate eintreten läßt. Den innovatorischen Höhepunkt der Symphonie bildet jedoch das Finale, das immerhin das Modell abgibt für solche Finalsätze wie etwa dem der *Symphonie Nr. 101,* denn es ist zum erstenmal ein *Variationsrondo,* eine jener für HAYDN typischen Formerfindungen und -mischungen, die den Vorwurf, er schreibe ja doch nur «Kehraus»-Finali, eines besseren belehren. Eigentlich müßte der Satz auch die Bezeichnung *con spirito* tragen und nicht nur die tatsächliche Vorschrift ‹*Scherzando e presto*›.

Eine weitere Überraschung bietet der Kopfsatz der *Symphonie Nr. 51 B-dur,* denn er ist in den (ohnehin für HAYDN kaum zutreffenden) Kategorien des Sonatensatzes nur noch mit Mühe faßbar:

Das Hauptthema besteht aus einem «offenen Anfang» im Unisono, einer kantablen Linie, die zur Dominante führt und einem Unisono-Terzfall, der das Nicken der Komturstatue in MOZARTS *‹Don Giovanni›* vorwegnimmt (im Menuett der *Symphonie Nr. 102* kehrt es wieder!); der erste Tutti-Ausbruch steht unvermittelt in g-moll, und statt eines Seitenthemas gibt es eine überaus seltsame Schlußgruppe, deren kantables, *absteigendes* Schlußmotiv am Ende des Satzes in *aufsteigender* Linie die Abschlußwirkung herbeiführt. Wieder hören wir HAYDNS seismographisches Formgefühl ausschlagen. Die großangelegte Durchführung bietet alle Künste des «Wegschneidens» und «Wagens» auf, von denen HAYDN in seiner bereits erwähnten Erklärung seines Schaffens spricht. Auch hier ereignet sich eine Scheinreprise, aber diesmal noch versteckter, in der Subdominante. Das Adagio ist ein Konzertsatz, also ein Rückgriff auf eine frühere Formidee, aber mit einer klanglichen Neuheit: die konzertierenden Hörner stoßen durch den Gegensatz von extremer Höhe und Tiefe vor in Bereiche, die erst dem «romantischen» Orchestersatz zugehören.

Mit der berühmten Symphonie in der entlegenen Tonart fis-moll, der sogenannten *‹Abschiedssymphonie›* (*Nr. 45*) erreicht HAYDN einen ersten absoluten Höhepunkt. Die bekannte Anekdote, die von dem äußeren, rührenden und nicht ungefährlichen Anlaß berichtet, soll uns hier nicht weiter beschäftigen, doch sei immerhin vermerkt, daß sie ein Licht auf HAYDNS humane Haltung wirft, die man unter Komponisten sonst nur sehr selten findet. Was die Symphonie so einzigartig macht, ist nicht nur die Formidee des Finales, das auskomponierte Verlöschen, sondern die ungewöhnlich schroffe Haltung des ersten Satzes, der im Grunde eine einzige riesige Durchführung ist, in deren Zentrum, und zwar völlig unvorhersehbar, das Seitenthema «nachgeholt» wird, für den Satzverlauf aber keine weiteren Konsequenzen erschließt. Wie eine Zange umklammert das Hauptthema den ganzen Satz. Der Tonfall des «Sturm und Drang» kommt hier zu sich selbst. Die unbeschreibliche Lieblichkeit des Adagios wird durchkreuzt von gezielt eintretenden, klagenden Einwürfen der beiden Oboen, und das in der verwegenen Tonart Fis-dur geschriebene Menuett entfernt sich am weitesten von dem Tanzcharakter, den man erwartet. Die Höhe dieser Symphonie war die Hypothek, mit der HAYDN an die letzten beiden Symphonien des Jahres 1772 heranging. Wie eine «Erholung» nach dem angespannten Tonfall wirkt die Symphonie in der für HAYDNS Symphonik singulären Tonart H-dur (*Nr. 47*), aber auch hier schreitet HAYDN unaufhörlich in der Erkundung des Symphonischen weiter: Zum erstenmal greift er im Finale auf das Menuett zurück, doch nicht als «Zitat», sondern als *Antwort,* denn das Thema des Menuetts tritt in Spiegelform auf. Dennoch ist die Symphonie keine Final-Symphonie; dazu ist der Kopfsatz zu gewichtig. Aber es ist eine neue Lösung des Finalproblems jenseits vom «Kehraus». Die Wahl der Tonart mag übrigens auf die Wiener Tradition zurückgehen, etwa auf MATTHIAS GEORG MONNS *Streichersymphonie in H-dur.* Die *Symphonie Nr. 47 G-dur* ist eine von drei Symphonien HAYDNS, die MOZARTS besonderes Interesse weckten. Man kann es verstehen, denn der irreguläre, überraschende Ablauf des ersten Satzes mit einer Reprise, die verblüffend in g-moll (!) eintritt, und die stilisierte Marschhaltung des Ganzen, ferner die überaus kühne Harmonik (hinausgezögerte Auflösungen von Dissonanzen, etwa gleich im Hauptthema) und die konzentrierte, ja geradezu herrische Haltung mochten MOZARTS eigenes kompositorisches Selbstbewußtsein angesprochen haben, möglicherweise der unwiderstehliche Schmiß des «ungarischen» Finales auch. Von dem außerordentlichen Menuett *al roverso* war bereits die Rede. Der langsame Variationensatz schließlich ist eines der schönsten Adagios, die HAYDN komponierte.

Dietmar Holland

Symphonien 1773–1774

1773: Nr. 65, 50, 64
1774: Nr. 55, 56, 54, 57, 60

Wir stehen jetzt vor dem stärksten stilistischen Einschnitt in HAYDNS Entwicklung als Symphoniker. Ein anderer Weg zum Wiener klassischen Satz macht sich geltend: die *opera buffa* und die Zwischenaktmusiken zu Schauspielen. Bekanntlich war dieser

«Umweg» des Instrumentalkomponisten HAYDN so gewichtig, daß sogar die Produktion von *Streichquartetten* bis zum Erscheinen der Serie *op. 33,* dem Beginn der Wiener Klassik im engeren Sinn (gemeinsam mit MOZARTS *‹Entführung›*), stockte. Dafür bot die Komposition von Buffo-Opern das Experiment, die thematischen Charaktere der Symphonien auf äußere Wirkung hin anzulegen, ohne dabei ins Leichtgewichtige oder gar Oberflächliche zu fallen. Die typische Akkordmelodik und eine eher «flächige» Formanlage sind Kennzeichen des neuen Weges. Ein weiteres genuin theatralisches Moment ist der erstmalige Versuch HAYDNS, die Symphonie mit einer langsamen, «atmosphärischen» Einleitung zu versehen, eine Formidee, die ihren Höhepunkt in den späten *‹Londoner› Symphonien* erreicht. In der *Symphonie Nr. 65 A-dur* (ebenso wie die kurz darauf komponierte *Nr. 64* noch ohne langsame Einleitung) vermutet Robbins Landon eine unbekannte Bühnenmusik, die dann in der *Symphonie Nr. 50 C-dur* tatsächlich vorliegt: Deren ersten beiden Sätze sind die Ouvertüre zum Prolog der Marionettenoper *‹Philemon und Baucis›* mit dem eigenen Titel *‹Der Götterrath›*; die restlichen Sätze wurden später hinzugefügt. Es liegt das erste Beispiel für die symphonischen «Pasticcios» vor, die HAYDN bis etwa 1780 immer wieder komponierte. In der HAYDN-Forschung ist es üblich, diese Symphonien mit geringschätzigem Blick zu betrachten, doch gehören sie ebenso zu HAYDNS Laborieren am Wiener klassischen Satz wie etwa die *Symphonie Nr. 64 A-dur,* die den Sonderfall eines vom Streichquartett angeregten Satzprinzips darstellt und einen originellen Einblick in HAYDNS Experimentierfeld gewährt. Der in den originalen Stimmen notierte Titel *‹Tempora mutantur›* dagegen ist schwer zu erklären; möglicherweise bezieht er sich auf die stilistische Vielfalt der vier Sätze, die vom dichten Quartettsatz des ersten über das «redende» Prinzip CARL PHILIPP EMANUEL BACHS im zweiten (mit den typischen ausdrucksvollen Pausen und einem abgründigen Schluß) bis hin zur originellen Thematik des Rondo-Finales reicht. In der *Symphonie Nr. 55 Es-dur* mit dem sogar authentischen Beinamen *‹Der Schulmeister›* kommt HAYDNS *Humor* ins Spiel, namentlich im langsamen Variationensatz mit der bezeichnenden Anweisung «Adagio, ma semplicemente», dem im Adagio der

Symphonie Nr. 56, dem Höhepunkt der C-dur-Symphonien mit Trompeten und Pauken, ein rhapsodisches Gegenstück mit ausdrücklichem Solofagott als «Falstaffsche Verzierung» (Robbins Landon) folgt. Im Finale (Prestissimo!) tritt dann die brillante Buffo-Motivik hinzu. Und im ersten Satz dieser C-dur-Symphonie klingt auch bereits die Buffo-Welt MOZARTS an mit einer Vorwegnahme des Mottos *‹Così fan tutte›* (!). In der *Symphonie Nr. 54 G-dur* verlangt HAYDN zum erstenmal die später zur Norm der klassischen Orchesterbesetzung erhobene Wahl des vollen Bläserinstrumentariums (allerdings noch ohne Klarinetten) und schreibt, nach der *Symphonie Nr. 50,* eine weitere langsame Einleitung, die jedoch von derjenigen zur *Symphonie Nr. 57 D-dur* noch überboten wird. Dort nämlich gerät sie erst so spannungsvoll und differenziert wie in den späten Symphonien. Beide Finalsätze sind mitreißende Beispiele für HAYDNS Presto-Humor, der ohne die Erfahrungen mit der *opera buffa* undenkbar wäre.

Einen kuriosen Fall bildet die sechssätzige *Symphonie Nr. 60 C-dur,* wiederum ein Pasticcio, und zwar aus der Musik *‹Per la Commedia intitolata il Distratto›,* einer Bühnenmusik zu der deutschen Übersetzung des Schauspiels «Le Distrait» von Jean François Regnard also, die der späte HAYDN abfällig als «den alten Schmarn» bezeichnet hat. Dennoch enthält die Partitur eine Fülle von Überraschungen bis hin zum Umstimmen der Violinsaiten, einem Scherz aus der *opera buffa*. Jens Peter Larsen nannte sie eine «Populärmusik mit hohem Niveau», und in der Tat reicht das stilistische Spektrum von gregorianischen Choral-Zitaten (fünfter Satz) über Volksmelodien bis hin zu zwei unterschiedlichen Finalsätzen (vierter und sechster Satz).

Dietmar Holland

Symphonien 1774–1781
1774–1776: Nr. 68, 66, 61
nach 1776: Nr. 69, 67, 53
1779–1780: Nr. 63, 70, 75, 71, 62
1780–1781: Nr. 74, 73

Die nächste Phase des Symphonikers HAYDN bringt, bei allem «repräsentativen» Charakter der bis 1781 komponierten Symphonien, verschiedene Grade von Sublimierung des durch die *opera buffa* erreichten Tonfalls, vor allem aber weitere neuartige Formideen. Leider sind wir durch das Fehlen von Autographen – allein die Manuskripte der *Symphonien Nr. 61* (1776) und *Nr. 73* (1781) sind überliefert und von *Nr. 70* der originale Stimmensatz, datiert mit 18. Dezember 1779 – nur unsicher darüber orientiert, wie sich HAYDN im einzelnen (chronologisch) an die Wiener klassische Symphonie *endgültig* heranexperimentiert. Anhaltspunkte bieten zwei auswärtige Erstdrucke: die *Symphonien Nr. 66–68,* erschienen 1779 bei Hummel in Berlin, und ebenfalls dort zwei Jahre später die *Symphonien Nr. 62, 63, 70, 71, 74* und *75,* wodurch sich HAYDNS Rang als anerkannter Symphoniker deutlich genug dokumentiert. Doch hinter den Veröffentlichungen verbergen sich äußerst heterogene Werke, die den ganzen Schmelztiegel der späten siebziger Jahre enthalten, vom Pasticcio (*Nr. 63, Nr. 62*) bis hin zu jener außerordentlichen *Symphonie Nr. 69 C-dur ‹Laudon›* (das ist der Name eines österreichischen Feldmarschalls, der die Türken besiegte), in der zum erstenmal die Haltung und die Schreibart des *späten* HAYDN blitzartig hörbar wird. Das Hauptthema des ersten Satzes ist übrigens abgeleitet von der ebenfalls sehr bedeutenden *Symphonie Nr. 48,* erhält jetzt aber noch eine erhebliche Vertiefung. In diesem Satz begegnen wir auch dem ersten wirklich extensiven Seitenthema HAYDNS (mit Vorder- und Nachsatz und geschlossener Struktur) und im Finale einem der geistreichsten Rondos aus seiner Feder überhaupt. Die von Hummel veröffentlichte Gruppe der *Symphonien Nr. 66–68* ist jedoch eine «willkürliche» Zusammenstellung sehr verschiedenartiger Werke, deren vermutliche Entstehungszeit um einige Jahre differieren dürfte. Die *Symphonie Nr. 68 B-dur* bringt zum letztenmal in HAYDNS

Symphonien das Menuett an zweiter Stelle, und das sicherlich wegen des unerhörten Adagio-Satzes, der sich dem Tonfall Mozarts annähert und in seiner Intensität den Adagios der Symphonien von 1782 und 1783 kaum nachsteht. In der *Symphonie Nr. 66 B-dur* operiert Haydn mit extremen Haltungswechseln im Kopfsatz, unter denen für das Seitenthema nur eine Episode bleibt, allerdings *dolce e piano*, und das Finale ist wieder, wie in *Nr. 42,* ein für Haydn typisches Variationsrondo, diesmal jedoch mit zusätzlichen Vorgriffen auf die Ablösung der kontrapunktischen Verfahren durch die «thematische Arbeit», wie sie 1781 in den *Streichquartetten op. 33* etabliert und in den folgenden *Symphonien Nr. 76–81* auf den Orchestersatz übertragen wird: Es entsteht das, was Georgiades «Partiturgewebe» nennt. Der besondere Tonfall der *Symphonie Nr. 61 D-dur* wird hervorgerufen durch den obligaten Bläsersatz, der ohnehin jetzt immer mehr in den Vordergrund rückt. Und an die *opera buffa* erinnern die episodischen, auskomponierten Bläserkadenzen, die wie eigene Gestalten in den Satz eintreten. Zum erstenmal schreibt Haydn im Kopfsatz eine chromatisch aufsteigende Überleitung zur Reprise, und zwar, sehr spannungsvoll, im piano; auch dies mag eine Erfahrung mit der *opera buffa* gewesen sein.

Mit der *Symphonie Nr. 67 F-dur* betritt Haydn ein neues Experimentierfeld und legt zugleich eine seiner interessantesten Symphonien vor: Der Kopfsatz besteht aus lauter Überraschungen, und das Finale steht völlig quer zu allem, was er bisher komponierte. Die Verhältnisse sind gewissermaßen umgekehrt: Die Haltung der Außenteile des Finales würde eher einem Kopfsatz anstehen und die stilisierte Jagdthematik des ersten Satzes einem Schlußsatz. Doch damit nicht genug. Haydn beginnt die Symphonie überdies im pianissimo, für damalige Verhältnisse eine Zumutung, und dehnt das Hauptthema auf über fünfzig Takte aus, was ebenfalls Erstaunen erregen mußte. Daß die Durchführung dementsprechendes Gewicht bekommt, ist nicht weiter erstaunlich, doch rechnet man doch nicht mit der Formidee, der Reprise zum erstenmal eine *Coda* anzufügen, die das Schlußproblem eines solchen ausgedehnten Satzes bewußt macht. So geschieht es dann auch am Ende des langsamen Satzes, klanglich hervorgehoben durch die singuläre Vorschrift, daß die Streicher mit dem Bogenholz zu spielen haben, und auch im Finale, das ohnehin ein Experiment ist, denn an Stelle der Durchführung schaltet HAYDN hier ein Adagio (!) ein; das «Überquellen der Eingebungen» (Karl Geiringer) brachte ihn dazu. Die berühmteste aller Symphonien dieser Jahre ist die *Symphonie Nr. 53 D-dur* mit dem bisher nicht entschlüsselten Titel *‹L'Impériale›* (Maria Theresia?). Sie war vielfach in Europa verbreitet, durchaus in abweichenden Fassungen. So gibt es vom Finale drei Versionen, von denen eine wahrscheinlich gar nicht von HAYDN stammt und eine andere die Variante des später der *Symphonie Nr. 62* hinzugefügten ersten Satzes (!) ist. Das Merkmal der «flächigen» Formgebung und einer geradezu «romantischen» Harmonik bestimmt den ersten Satz, während der Variationensatz (Andante) auf ein französisches Lied zurückgeht, das auch MOZART in seinem *Violinkonzert KV 218* (im Finale) benutzte.

Nach dem «Potpourri» (Robbins Landon) der *Symphonie Nr. 63 C-dur,* deren Beiname *‹La Roxelane›* sich auf den langsamen Satz bezieht und die Heldin genau des Schauspiels meint, aus dessen Bühnenmusik die Symphonie hervorging, schuf HAYDN in der *Symphonie Nr. 70 D-dur* seine bisher größtbesetzte (der Holzbläsersatz allerdings immer noch ohne Klarinetten, die erst in den *‹Londoner› Symphonien* auftauchen) und zugleich ein Musterbeispiel für seine musikalische Gedankenarbeit. Der Dreivierteltakt des ersten Satzes wird einer konsequenten *metrischen* Arbeit unterworfen, die ebenso streng ist wie die Monothematik. Eine andere Art der musikalischen Strenge bietet das Fugen-Finale, obwohl von der archaischen Haltung dieser Gattung kaum noch etwas zu spüren ist, so sehr hat HAYDN die Fuge von innen heraus «dramatisiert». Der rhythmische Impuls ist nun wichtiger als der Kontrapunkt. Der neue dramatische Puls beherrscht auch die folgende *Symphonie Nr. 75 D-dur,* die mit *Nr. 62* und *Nr. 47* zu den Symphonien HAYDNS gehört, die MOZARTS besonderes Interesse erregten; immerhin erinnerte sich MOZART sehr genau an den Anfang des Hauptthemas aus dem Kopfsatz der *Symphonie Nr. 75,* als er die Ouvertüre zu *‹Don Giovanni›* komponierte. Zu dem in seiner Schlichtheit und Tiefe ergreifenden Variationensatz gibt es eine überaus merkwürdige Tagebuchnotiz HAYDNS während seiner ersten Londoner Reise. Bei dieser Gelegenheit wurde auch die *Symphonie Nr. 75* aufgeführt, und der Aufführung wohnte ein Geistlicher bei, der in der Nacht zuvor von genauso einem hymnenartigen Satz geträumt hatte, daß es ihm seinen Tod ankündige. Tatsächlich starb er kurz nach der Aufführung. Kein Wunder, daß diese Begebenheit HAYDN tief berührte!

Mit der *Symphonie Nr. 62 D-dur* betreten wir zum letztenmal den Bereich der Bühnenmusiken in Symphonieform und stoßen aber auch auf eine neue (zyklische) Formidee HAYDNS, das Finale als «offene» Fortsetzung der Durchführung des ersten Satzes anzulegen und auf diese verblüffende Weise den zyklischen Zusammenschluß herbeizuführen. Die *Symphonie Nr. 71 B-dur* fällt auf durch überraschende musikalische Parenthesen im ersten Satz, die das Seitenthema vertreten, durch eine ausführliche Scheinreprise und eine stark gegenüber der Exposition veränderte Reprise, eine Tendenz, die in der «klassischen» Phase HAYDNS immer deutlicher wird. Die «Reprise» ist da nicht mehr nur «Resultat» der «Durchführung», sondern ein neuer Formteil gegenüber der «Exposition». Es gibt bei HAYDN sogar den Fall, daß die Durchführung in der Reprise weiterläuft. So geschieht es auch im ersten Satz der *Symphonie Nr. 73 D-dur,* deren Finale (‹*La Chasse*›) ursprünglich die Ouvertüre zu HAYDNS Oper ‹*La fedeltà premiata*› (1780) war. Die *Symphonie Nr. 74 Es-dur* steht bereits an der Schwelle zur zentralen Wiener Klassik. Ihre drei Anfangsschläge sind ebenso ein Fanal für einen Neubeginn wie zwanzig Jahre später die beiden Schläge zu Beginn von BEETHOVENS ‹*Eroica*›.

Dietmar Holland

Symphonien 1782–1783

1782: Nr. 76–78
1783: Nr. 79–81

Viel zuwenig bekannt ist die Tatsache, daß HAYDN bereits um 1782 nach England gehen wollte. Zu diesem Anlaß komponierte er die Trias der *Symphonien Nr. 76–78.* Doch die Reise kam nicht zustande. Gleich mehrere Verleger in Europa druckten die drei neuen Symphonien, die HAYDNS Symphonik, entgegen der häufig geäußerten Meinung, sie seien zu leicht geschrieben (!), auf der Höhe der *Streichquartette op. 33* (1781) zeigen, freilich mit der notwendigen Einschränkung, daß die Symphonien in erster Linie auf *Wirkung* abzielen, nicht auf jene unerhörte thematische *Konzentration,* wie sie gerade die *Streichquartette op. 33* auszeichnet. (MOZART wußte, warum er sie so intensiv studierte!) Die drei Symphonien *Nr. 79–81* gehen dann sogar noch weiter und bieten in den Kopfsätzen von *Nr. 80 d-moll* und *Nr. 81 G-dur* bisher nicht gehörte Verschleierungen des Repriseneintritts als «Ereignis», daß man sich nur wundern kann, wie ein HAYDN-Forscher vom Range Jens Peter Larsens zu der Behauptung gelangen konnte, sie seien nur «hübsch» und «elegant» und gereichten dem Symphoniker HAYDN keineswegs zur Ehre, falls er nach ihnen schon gestorben wäre. Statt dessen sind sie HAYDNS erstes gewichtiges Wort in der Orchestermusik der zentralen Wiener Klassik. Der Goethe-Freund CARL FRIEDRICH ZELTER faßte später bewundernd HAYDNS Bemühungen um das, was wir heute den Wiener klassischen Satz nennen, mit folgenden Worten zusammen: «Diejenigen Werke, in welchen Haydn sich vor allen Komponisten ausgezeichnet hat, bestehen besonders in Symphonien und Quartetten, zu deren Einrichtung er sich eine ganz neue Bahn gebrochen hat, die vor ihm kein musikalisches Stück hatte.» Und die Beobachtung, HAYDNS Stücke hätten manchmal «gar kein Thema» und würden scheinbar «in der Mitte anfangen» (man denke nur an das Finale aus der *Symphonie Nr. 62*), trifft auf kaum eine andere Symphonie so zu, wie auf die in jeder Hinsicht ungewöhnliche *Symphonie Nr. 80 d-moll,* die alles andere als bloß «hübsch» und «nett» ist. Es scheint schwer zu sein, HAYDN wirklich zu folgen.

Dietmar Holland

‹Pariser› Symphonien Nr. 82–87

Haydns *‹Pariser› Symphonien* (*Hob. I: 82–87: Nr. 82 C-dur ‹L'Ours›, Nr. 83 g-moll ‹La Poule›, Nr. 84 Es-dur, Nr. 85 B-dur ‹La Reine›, Nr. 86 D-dur und Nr. 87 A-dur*) entstanden 1785/86 für die «Concerts de la Loge Olymique». Wie sehr sie schon damals durch kompositorische Besonderheiten auffielen, beweist unter anderem eine Kritik aus dem Jahre 1788, die versucht, die neuen Eigenschaften der Musik Haydns festzumachen: «In allen Konzerten wurden Symphonien von Herrn Haydn gespielt. Mit jedem Tag wächst das Verständnis und damit die Bewunderung für die Werke dieses großen Genies. Wie gut versteht er sich darauf, einem einzigen Thema die reichsten und verschiedenartigsten Entwicklungen abzugewinnen, im Gegensatz zu den sterilen Komponisten, die dauernd von einem Thema zum andern übergehen, weil sie nicht imstande sind, einen Gedanken in variierter Gestalt darzustellen und deshalb mechanisch und geschmacklos Effekte ohne inneren Zusammenhang anhäufen.» In der Tat erreicht die Kompositionstechnik Haydns in seinen *‹Pariser› Symphonien* auf orchestralem Gebiet einen neuen Stand. Bekannt ist Haydns Ankündigung seiner *‹Russischen› Streichquartette op. 33* aus dem Jahre 1781. Hier war von einer «neuen, ganz besonderen Art» die Rede; und wirklich war der Grad der thematischen Verarbeitung im Vergleich zu den vorangegangenen Quartetten auf ganz erstaunliche und bedeutungsschwere Art angewachsen. In den folgenden Jahren suchte Haydn den erreichten Stand auch auf symphonischen Gebiet durchzusetzen. Doch was für heutiges Verständnis recht problemlos wirken mag, bedeutete damals eine eingreifende Verschiebung des Gattungsverständnisses, galt doch das Quartett als Ort des «gelehrten Stils», die Symphonie jedoch hatte zu repräsentieren und suchte nicht zuletzt wegen ihrer Herkunft von der Opern-Sinfonia einen affektgeladenen, leicht verständlichen Ton einzubringen.

Haydns *‹Pariser› Symphonien* müssen unter diesen Gesichtspunkten als Experimentieranordnungen für die kompositorischen Prinzipien im Konzertsaal angesehen werden, als Ergebnisse des kompositorisch Machbaren. Haydns schöpferische Verfügungsgewalt über das musikalische Material steht im Vordergrund, nicht ein vom Publikum erwartetes Klangresultat. Es beweist HAYDNS Meisterschaft, daß es ihm gelungen ist, beides in höchstem Maße zu erfüllen, daß diese symphonischen Erprobungsstücke von seiner zeitgenössischen Hörerschaft akzeptiert wurden und seinen eigenen kompositorischen Ansprüchen standhielten.

An der klanglichen Oberfläche erscheinen diese Neuerungen in erster Linie als ein Moment der Überraschung, das sicherlich auch HAYDNS subtilem musikalischen Humor entgegengekommen ist. Die *‹Pariser› Symphonien* sind vielleicht die heterogensten, die HAYDN geschrieben hat. Scharfe Dissonanzen (etwa gleich zu Beginn der *g-moll-Symphonie Nr. 83*), häufig gekoppelt mit einer Thematik aus gebrochenen Akkorden, die nicht zur Melodiebildung im herkömmlichen Sinn taugen, bestimmen allgemein das Partiturbild. Stets balanciert HAYDN ein Gleichgewicht zwischen «fremd» und «vertraut» aus, er spielt mit diesen Gegensätzen geradezu. Deutlich setzt er sich so vom zeitgemäßen «galanten Stil» ab, ja, er zerbricht ihn, indem er auf der Seite der melodischen Erfindung oft nur Minimalbedingungen erfüllt und auf der Seite der Durchführung die gängigen Sequenztechniken weit hinter sich läßt. So wirkt die Musik an manchen Stellen fast verstörend in ihrer Unkonventionalität, ihrer neuartigen Frische, sie schmeichelt sich nicht ein, sondern tritt mit einer spröden Außenseite auf, die sich erst durch die inneren Strukturen erschließt. Es ist gewissermaßen das selbstbewußte Auftreten musikalischer Gestalten, denen die feudalen Komponisten keine Kraft mehr zutrauten und die sich zunehmend mit kompositorischem Zierat behalfen, wo HAYDN auf die Musik an sich setzt. Er stellt ihnen seine revolutionären Gestaltungsmittel entgegen und arbeitet insbesondere die den Motiven innewohnende Dynamik heraus, die dann konstitutiv für den Satz werden kann. Diese Selbstgenügsamkeit, ja Autonomie der musikalischen Entwicklung, die nicht auf einer tragenden Melodie beruht, ist ein Wesenszug HAYDNscher Kompositionstechnik. Die Musik bedarf gewissermaßen keiner anderen Stütze als die ihrer eigenen Logik. Sie wird von HAYDN aus der barocken Formelhaftigkeit der Figuren befreit und macht sich selbständig.

Verblüffend wirken die daraus abgeleiteten Konsequenzen – und gerade hier erweist sich HAYDN als *der* überlegene Komponist seiner Zeit: Bloße Überleitungsfloskeln werden zu Grundgestalten (etwa das Hauptthema der *Symphonie Nr. 86*, im ersten Satz nach der langsamen Einleitung), die Klangfarben des Orchesters werden strukturbildend eingesetzt (zum Beispiel in der Verselbständigung der Bläser oder auch in der Aufspaltung von Celli und Bässen zu Beginn der *Symphonie Nr. 84*), die Dynamik dient als Polarisierungsmittel (etwa in der Gegenüberstellung von fortissimo und pianissimo im ersten Satz der *Symphonie Nr. 82*), ja selbst die formale Gestaltung erscheint als Konsequenz der thematischen Anlage (hier sei auf den Capriccio-Satz der *Symphonie Nr. 86* verwiesen, der als langsamer Satz in gleichsam phantasierender Fortspinnung als Pendant zu den statuarischen Ecksätzen mit deutlich hervorgehobener D-dur-Charakteristik eingesetzt ist). Vielleicht am deutlichsten, zumindest für das Pariser Publikum der Uraufführung, ist die Dialektik zwischen Motivgestalt und kompositorischem Eingriff im langsamen Satz der *Symphonie Nr. 85* dargestellt: Das Thema *‹La gentille et jeune Lisette›* war allen Hörern wohlvertraut, doch die subtile Führung des Basses oder der differenzierte Bläsersatz (Flöte in der dritten Variation!) veranschaulichen treffend, was HAYDN unter kompositorischer Leistung verstand. Gerade der Nachweis von musikalischem «Wert» durch die Demonstration des frei verfügenden Eingriffs in scheinbar vertraute Gestalten ist ein zentrales Anliegen der *‹Pariser› Symphonien*. Und so gelingt HAYDN eine Musik, die bei allgemeiner Faßlichkeit stets den Eindruck logischer Notwendigkeit in motivischer, rhythmischer und harmonischer Hinsicht in sich birgt. Dessen bewußt konnte HAYDN, als ihn MOZART vor seiner ersten London-Reise auf seine mangelnden Sprachkenntnisse hingewiesen hatte, souverän erwidern: «Meine Sprache verstehet man durch die ganze Welt.»

Reinhard Schulz

Symphonien Nr. 88–92

Zwischen den beiden Blöcken der sogenannten *‹Pariser› Symphonien* (*Hob. I: 82 bis 87*) und der *‹Londoner› Symphonien* (*Hob. I: 93 bis 104*) liegen entstehungsgeschichtlich gesehen *fünf symphonische Kompositionen* JOSEPH HAYDNS, die sich nicht praktikabel unter einer «ortsfesten» Überschrift zusammenfassen lassen. Dies mag, trotz der Qualitäten der betreffenden Werke, vielleicht der Grund sein, warum innerhalb von Schallplattenveröffentlichungen diese in den Jahren zwischen 1787 und 1789 entstandenen Symphonien nur im Ausnahmefall als «Paket» berücksichtigt werden. Die Editionspraxis geht, im Gegensatz zu den genannten *‹Pariser›* und *‹Londoner›* Kostbarkeiten, eher in eine selektive Richtung, wobei die *Opera Nr. 88, 90* und *92* allem Anschein nach bevorzugt werden, während die «ungeraden» Kennzahlen im Schatten der Schwesterwerke bleiben.

HAYDN hatte mit seinen hochdotierten *‹Pariser› Symphonien* beträchtliches Aufsehen erregt und verstand es, den Erfolg zu nutzen. Seine experimentelle Haltung in den Werken etwa bis zur Mitte der achtziger Jahre hatte zu ungewöhnlichen Detaillösungen und konzeptionellen Akzentverschiebungen innerhalb des tradierten viersätzigen Formschemas geführt. Nun begannen sich Tendenzen einer stilistischen Sammlung, ja Abklärung abzuzeichnen, ohne jedoch die Erfindungslust und den Spieltrieb des Komponisten einzuengen. Reife und Witz – dies zeigt das Allegro con spirito-Finale aus der *Symphonie in G-dur* (*Hob. I: 88*) – können unter solchen Umständen synchron geschaltet werden. Und fast möchte man meinen, daß beide Qualitäten in den HAYDNschen Symphonien dieser Phase einander bedingen. Andere, auf den ersten Blick hin einander ausschließende Begriffe wären anzufügen, um diese eigentümliche Ambivalenz zu charakterisieren: Eleganz und Strenge, Leidenschaftlichkeit und Gelöstheit, Improvisation und Konstruktivität. Ein so ungezwungen hereintrudelndes Thema wie jenes aus dem Finale der *G-dur-Symphonie* offenbart neben einer Portion kauzigen Hintersinns zunächst das ungenierte Bestreben, die Kunst einfach sein zu lassen. Aber unversehens durchbricht HAYDN das gesunde Themenpingpong und gewährt dem aufgeschlossenen Hörer Einblick in das Labor eines Satztechnikers, der dem aufgeräumten motivischen Nacheinander eine problematischere Richtung zu geben vermag, wobei der technische Kunstgriff darin besteht, daß sich die Bewegung zu einem turbulenten Kanon verdichtet.

Die *Symphonien in G-dur* (*Nr. 88*) und *F-dur* (*Nr. 89*) stehen nicht nur in unmittelbarer Nachbarschaft zu den *‹Pariser› Symphonien*, sie wurden gezielt für die französische Metropole bereitgestellt. HAYDN schrieb sie im Auftrag des Geigers Peter Tost, der sich sicher sein konnte, mit zwei neuen HAYDN-Kompositionen in Paris Erfolg zu haben. Tost arbeitete seit 1785 als Stimmführer der zweiten Geigen in Esterháza und organisierte, wahrscheinlich ohne HAYDNS Wissen, eine Schreibstube, in der er Kopien von erfolgversprechenden Partituren anfertigen ließ. Auf diese Weise dürften auch die Abschriften der beiden genannten Symphonien entstanden sein. HAYDN zeigte sich betroffen, als er von den Forderungen verschiedener Verleger unterrichtet wurde, die sich auf jene von Tost erbetenen Werke bezogen. 1789 wandte sich HAYDN brieflich an den Wiener Verleger Artaria: «Nun möchte ich gerne eine wahrheit wissen, und zwar, von wem Sie die 2 neue Sinfonien, so sie lezthin angeckündigt erhalten haben, ob Sie solche directe von Herrn Tost an sich geckauft, oder durch Herrn Sieber aus Paris schon gestochen überkomen haben.»

Mit einem modernen Wort umschrieben, könnte man den Zeitraum von 1777 bis 1790 als Phase der Hochkonjunktur für das Schaffen HAYDNS in Paris bezeichnen. Mehr als 250 Aufführungen HAYDNscher Kompositionen in den berühmten «Concerts spirituels» sind aktenkundig – eine für die damalige Situation erstaunliche Zahl und Aufführungsfrequenz. Es wundert deshalb nicht, daß drei weitere Symphonien (*Hob. I: 90 bis 92*) ebenfalls nach Paris adressiert waren. Der Auftraggeber der *‹Pariser› Symphonien*, der Comte d'Ogny, wünschte neue Musik von HAYDN, die für die Konzerte der Freimaurerloge «Olympique», wo ein gutes Orchester zur Verfügung stand, vorgesehen war. Das Ensemble mit seinen vierzig Geigen, zehn Kontrabässen und genügend Bläserkapazität dürfte HAYDN darin bestärkt haben, sich als Kolorist und Klangkombinatoriker keine Fesseln anzulegen.

Die *C-dur-Symphonie* (*Nr. 90*) – dem Comte d'Ogny übergeben und anschließend an den Fürsten Kraft Ernst von Oettingen-Wallerstein verkauft – enthält interessante thematische Entsprechungen zwischen der Adagio-Einleitung und dem Hauptsatz (Allegro assai), bemerkenswerte Eintrübungen im Andante-Teil und eine harmonisch bestürzende Wendung nach vier Takten Generalpause im Finale, die auch für den erfahrenen Musikfreund von heute noch als Schock empfunden werden kann.

Neben der *G-dur-Symphonie Nr. 88* ist die in derselben Tonart notierte *Symphonie Nr. 92* die am häufigsten gespielte aus dieser «Reihe». Die Wirkung von Schwerelosigkeit und Lichte wird hier – durchaus dialektisch – durch kompromißlose, wenn man will: strenge Argumentation erzielt. Effekte ergeben sich aus der Logik der HAYDNschen Orchesterdramaturgie, wobei es zu einer Parallele zur *G-dur-Symphonie Nr. 88* kommt. Wie im Largo des früher entstandenen Werkes setzt HAYDN auch in der *Symphonie Nr. 92* Trompeten und Pauken im langsamen Satz (Adagio) ein. Die geläufige Bezeichnung *‹Oxford›-Symphonie* ist auf den Umstand zurückzuführen, daß HAYDN diese Partitur auswählte, als er im Juli 1791 in Oxford zum Ehrendoktor promoviert wurde. Am Vorabend des Festaktes erklang das mit vielen Gelehrtheiten (Kanon, Krebs etc.) gespickte Werk, das HAYDN vier Monate zuvor bei seinem ersten Auftreten in einem von Johann Peter Salomon arrangierten Konzert dirigiert hatte.

Peter Cossé

‹Londoner› Symphonien Nr. 93–104

Symphonie Nr. 93 D-dur

HAYDNS *Symphonie in D-dur* wurde, obwohl sie der Zählung nach als «erste» Londoner firmiert, erst im Eröffnungskonzert von HAYDNS zweiter Londoner *season*, am 17. Februar 1792, uraufgeführt. Chronologisch ist sie also das dritte Werk eines abschließenden Dutzends von Symphonien, in denen HAYDN die Früchte einer fast dreißig Jahre währenden Auseinandersetzung mit dieser Gattung erntet: Die geistigen und materiellen Grundlagen der klassischen Symphonie, ihre Konzeption, Struktur und Ästhetik, sind in diesen zwölf «Sternzeichen» der Klassik in klarster, konzentriertester Gestalt ausgeformt. Sie stehen zwischen MOZARTS und BEETHOVENS *Symphonien* im Zenit des klassischen Intermezzos, sie sind Höhe- und Wendepunkt der Entwicklung.

Bereits die zwanzig Takte lange langsame Einleitung zum Kopfsatz von *Nummer 93* läßt die kompositorische Meisterschaft HAYDNS aufblitzen: ein Musterbeispiel für höchste Ökonomie im Umgang mit den musikalischen Mitteln. Nach einem zweitaktigen Fortissimo-Eröffnungstusch – der durchaus humorvoll das Publikum auf den Beginn aufmerksam macht – wird in vier Takten der musikalische Grundgedanke dieser Einleitung exponiert. Zwei ähnliche zweitaktige Gebilde führen eine einfache, starke Kadenz aus. Und schon im nächsten Takt wird ein Teil dieser Wendung – ein gebrochenes Dreiklangmotiv in den Geigen – herausgelöst und weiterverarbeitet. Der musikalische Satz entwickelt sich, Gedanken gleich, aus einer Grundidee, und die Dreiklangfigur wird zum bestimmenden Element der ganzen Einleitung. Sie führt den Satz über weit entfernte, umwölkte Tonarten bis zur Dominante, die zu einem heiter-besinnlichen und tänzerisch-beschwingten Allegro-Teil im ¾-Takt überleitet. Das harmlos wirkende, quadratisch gebaute sechzehntaktige Thema dieses schnellen Teils enthält indes die Substanz nicht nur für das aus ihm abgeleitete Seitenthema, sondern für eine ernsthafte, «gelehrte», kontrapunktisch strenge und harmonisch verzweigte Durchführung, die dem «einfachen» Thema komplizierte und tiefe Gedanken abtrotzt.

Allerlei Experimente mit wechselnden Besetzungen – darunter das Übertragen des barocken Tutti-Ripieno-Effekts in den «klassischen» Satz – unternimmt HAYDN im zweiten Satz, dem *largo cantabile*, doch so, daß man es nicht merkt. Die schlichte Schönheit, Klarheit, Ebenmaß und sprechender Charakter des G-dur-Themas – das als «intimes» Streichquartett beginnt und im mächtigen, barockisierenden Orchesterklang, quasi in Herrscherhaltung, endet – zwingt zu gespannter Aufmerksamkeit und verdeckt die Kühnheiten der Konstruktion. Schließlich aber konterkariert der unberechenbare Komponist die achtzig Takte lang kunstvoll aufgebaute heroisch-ernste Haltung des Satzes durch einen unerwartet häßlichen und in Heiterkeit umschlagenden tiefen Fagott-Ton. Das ist wieder einmal ein typisch HAYDNscher *surprising effect*, der aber nicht nur der Belustigung des erlauchten Publikums, sondern auch der kraftvollen Bestätigung eigener kompositorischer Freiheit dient.

Experimente, unerwartete Wendungen und Ereignisse prägen auch Menuett und Finale. Im Menuett hat wieder einmal ein urgemütlicher Deutscher den Platz des höfischen Tanzes eingenommen, während im Trio unversehens «militärische» Signale die unbeschwerte Szenerie von außen stören. Davon sichtlich irritiert, intoniert das Orchester *sein* Thema mehrmals in der falschen Tonart (h-moll, G-dur und sogar F-dur), bevor es schließlich zu seiner Grundtonart (D-dur) zurückfindet. Im Finale zieht HAYDN alle Register seines Könnens und unterzieht das unscheinbar wirkende Tanzthema einem ausgiebigen Wechselbad verschiedener Satztechniken. Der ganze Kosmos HAYDNscher Gestaltungsmöglichkeiten tut sich vor uns auf, zusammengedrängt und doch im freien Wechselspiel, und verleiht dem heiteren Kehraus zwischendrin immer wieder unerwartet ernste Züge.

Attila Csampai

Symphonie Nr. 94 G-dur (‹Mit dem Paukenschlag›)

Auch in der für London komponierten *Symphonie in G-dur* (chronologisch ist es die vierte *‹Londoner›*), der ein einziger unerwarteter *Paukenschlag* zu Berühmtheit verhalf, verbindet HAYDN experimentellen Geist mit der Sicherheit, der geläuterten Heiterkeit des erfahrenen Symphonikers. Es ist kein Zufall, daß diese Symphonie beim breiten Publikum zu seiner populärsten Komposition überhaupt avancierte, bringt sie doch in kaum noch zu übertreffender Klarheit, Deutlichkeit und Plastizität die Kunst des späten HAYDN in pure, von jedem überflüssigen Zierat befreite musikalische Gestalt: HAYDNS christlicher Kosmos, seine äußerste kompositorische Ökonomie, eine von höchster Spiritualität erfüllte *Körperhaftigkeit* des musikalischen Satzes, in dem selbst der Ausdruck, die Geste, objektiven Charakter gewinnt, und nicht zuletzt der diskrete, stets untertreibende Humor eines im Grunde selbstlosen, demütigen Menschen – all dies ist in dieser Symphonie in gesetzmäßiger Klarheit und Ordnung ausgebildet.

Wieder ist dem Kopfsatz eine *langsame Einleitung* vorangestellt, mit einem «klassisch» in durchbrochener Arbeit gestalteten Thema, und wieder tastet sich dieses Thema durch allerlei dunkle Gefilde hindurch vor zum lichten Terrain des Vivace assai-Hauptteils, der wiederum von einem unscheinbar wirkenden, sequenzierenden Tanzthema beherrscht wird, aus dem sämtliche weiteren Gedanken des Satzes abgeleitet sind. Im berühmten C-dur-Andante *mit dem Paukenschlag*, das aus einem sechzehntaktigen Thema und vier Doppelvariationen besteht, hat HAYDN die *musikalische Philosophie* der Wiener Klassik in essentieller, kathartisch gereinigter Form in Töne gesetzt: Der überraschende Fortissimo-Schlag des Orchesters auf «leichter» Zeit im letzten Takt der Wiederholung des ersten Halbsatzes war nicht nur zur Belustigung des bei langsamen Sätzen zum Einschlafen neigenden englischen Publikums gedacht, sondern er markiert in unmißverständlicher Prägnanz die neugewonnene Freiheit des Subjekts als selbständig handelnde und nicht mehr dienende Instanz. Unvorhergesehene Kräfte greifen ein, spontanes Handeln, der frei agierende Geist bestimmen nun den Verlauf des musikalischen Geschehens. In der Loslösung des Rhythmus vom Metrum, das von nun an als rein geistiges, übergeordnetes Prinzip den Zeitverlauf *qualitativ* und für alle verbindlich regelt, vollzieht sich musikalisch das freie, aber sittlich verantwortliche Handeln des neuen, von den feudalen Fesseln befreiten Menschen. Ein einziger Paukenschlag auf falscher Zeit genügt HAYDN, um diese neue *musikalische Philosophie des Handelns*, die eigentliche Novität der Wiener Klassik, Wirklichkeit, Klang werden zu lassen. Der wache, aufgeklärte Zuhörer ist nun gefragt, der die Musik als etwas Gegenwärtiges, Wirkliches, hier und jetzt sich Ereignendes begreift, deren weiteren Verlauf er nicht mehr im voraus berechnen kann. Der britische Musikhumorist Gerard Hoffnung hat in seiner musikalisch intelligenten Parodie dieses Satzes HAYDNS drastisches Statement nur folgerichtig und grenzüberschreitend weitergedacht und das ästhetische Prinzip der Wiener Klassik durch das Hinzufügen weiterer «unvorhersehbarer» Ereignisse für uns nur noch deutlicher gemacht.

Attila Csampai

Symphonie Nr. 95 c-moll

In der *Symphonie Nr. 95*, der einzigen *‹Londoner›* in einer Moll-Tonart (daher ohne langsame Einleitung), schlägt HAYDN gleich zu Beginn einen unerwartet pathetischen, ernsten und leidenschaftlichen Ton an, den man sonst kaum von ihm kennt und der von MOZARTS «dramatischem» Instrumentalstil beeinflußt scheint. Überaus kontrastreich gestaltet HAYDN bereits die ersten Takte der Symphonie. Einer schroff abweisenden, abtaktigen, männlich-autoritären Unisono-Figur von anderthalb Takten Länge folgt, völlig unvermittelt und nur durch eine unerwartet lange Pause (von mehr als einem Takt) getrennt, eine schmerzlich-erhabene, *dolce* sprechende punktierte «Antwort» in den ersten Geigen, die sich nach einigen Takten im Nichts verliert. Einen ähnlich starken Gegensatz von «männlichen» und «weiblichen» Charakteren gab es davor zuletzt in MOZARTS *‹Jupiter›-Symphonie*. Und bereits nach zehn Takten setzt HAYDN das abweisende Unisono-Motiv erneut ein, wie wenn er noch einmal neu anfangen, eine Alternative ausprobieren wollte. Und diesmal gelingt es ihm, die widerborstige Floskel in einen symphonischen Zusammenhang zu zwingen, zu verarbeiten, zu einem ersten thematischen Komplex zu formen, der dann in ein typisch HAYDNsches, sprechend-vermittelndes Seitenthema in Es-dur mündet. Es scheint, als ob HAYDN uns demonstrieren wollte, daß er auch derart emotional geladene, diskontinuierliche, «MOZARTsche» Thematik symphonisch zu verarbeiten versteht: darum auch die umfangreiche, ein Drittel des Satzes beanspruchende Durchführung. Die Reprise erscheint dann als geläuterte, von aller Moll-Dunkelheit befreite Wiederkehr des zweiten Themas in der nunmehr nach *Dur* aufgehellten Grundtonart C.

Der zweite Satz, ein Andante cantabile in Es-dur im wiegenden

Siciliano-Rhythmus, basiert auf einem zehn Takte langen sehr sanglichen Variationenthema, das HAYDN überaus kunstvoll aus lauter gleichartigen absteigenden Akkordbrechungen zusammengefügt hat. Durch unterschiedliche Auftakt-Figurierung aber verleiht HAYDN diesen «konstruktiven» Elementen einen sprechenden, körperhaften Charakter, der den technischen Bauplan als solchen geschickt verschleiert. Im Menuett, das wieder eher einem stilisierten Deutschen gleicht und in der für einen Tanzsatz höchst seltenen Tonart c-moll steht, geht es vorrangig um rhythmisch-metrische Probleme: Ein geradzahliger Rhythmus (2/4-Motiv) wird in ein ungerades Metrum (3/4-Takt) integriert. Ein reizvolles kontrapostisches Wechselspiel zwischen auf- und abtaktigen Impulsen läßt das Grundmetrum erst vom fünften Takt an klar hervortreten. Am deutlichsten scheint das Finale vor Vorbild der MOZARTschen *‹Jupiter›-Symphonie* beeinflußt zu sein. Man darf annehmen, daß HAYDN die Partitur der *‹Jupiter›-Symphonie* gekannt hat, denn zu deutlich wird hier in der mächtigen Durchführung des an sich harmlosen C-dur-Themas der «kosmische» Geist des Finales von MOZARTS letzter Symphonie beschworen. Auch hier scheint HAYDN, wenn auch nur unterschwellig, sich selbst beweisen zu wollen, daß er den «gelehrten Stil» einer großen fugierten Durchführung souverän beherrscht und daß es ihm keinerlei Mühe bereitet, ein harmlos-verspieltes Kehrausthema mit großer Ernsthaftigkeit – als sei ein Stück geistlicher Musik – zu gestalten und so dem simplen Ausgangsmaterial durch kompositorische Arbeit Bedeutung, Gewicht, Substanz zu verleihen.

Attila Csampai

Symphonie D-dur Nr. 96

Abweichend von der eingebürgerten Zählung ist die *Symphonie Nr. 96 D-dur* die erste der *zwölf ‹Londoner› Symphonien*, die JOSEPH HAYDN für den Impresario und Geiger Johann Peter Salomon schrieb. Sie wurde am 11. März 1791 im ersten Konzert, das HAYDN in London gab, zum erstenmal aufgeführt und sicherte ihm von Beginn an den Respekt des Londoner Publikums.

Wie alle ‹*Londoner*› *Symphonien* – mit Ausnahme der *Nr. 95* – beginnt das Werk mit einer langsamen Einleitung, deren Hauptmotiv gleichsam das Motto für die ganze Symphonie abgibt: Aus dem gebrochenen Sextakkord der Einleitung nämlich sind auch die Themen des zweiten Satzes, des Trios und des Finales abgeleitet.

Die starke konstruktive Durchbildung der Symphonie zeigt sich auch im Allegro des Kopfsatzes. Dessen Thema, ein rhythmisch prägnantes Auftaktmotiv, wird bestimmend für den ganzen Satz, durchdringt alle kompositorischen Schichten. Seine metrische Variabilität – es beginnt *auf*taktig mit drei Achtelnoten, die *ab*taktig das Thema beschließen – bietet zudem in der Durchführung reiche Verarbeitungsmöglichkeiten. Die Durchführung gibt auch ein Beispiel für HAYDNS musikalischen Witz, sein Spiel mit den an festen Formen orientierten Erwartungshaltungen der Hörer: Zwei Takte Generalpause scheinen den Eintritt der Reprise anzukündigen, der auch tatsächlich erfolgt, nur leider scheinbar und auf einer falschen Stufe. Erst später merkt der Hörer, daß er sich hat täuschen lassen. Das Andante besticht durch seine differenzierte Instrumentierung, den klug disponierten Wechsel zwischen den eher kompakten Streichern und den filigranen Bläsern. Der Mittelteil der dreigliedrigen Anlage ist – darin für die ‹*Londoner*› *Symphonien* typisch – in Moll gehalten. Ungewöhnlich ist der Schlußteil: Nach einem Quartsextakkord folgt, wie in einem Solokonzert oder Concerto grosso, eine «Kadenz» zweier Soloviolinen – möglicherweise eine Hommage HAYDNS an den Londoner Geschmack, der auch zu seiner Zeit noch wesentlich vom Barock, zumal von HÄNDEL, beeinflußt war.

Das Menuett, voller Elan, erhebt durchaus großen, symphonischen Anspruch. Wird der Dreiertakt in ihm eher überspielt, so betont ihn das Trio um so stärker; den Ländler der Solooboe begleiten die Streicher in fast walzerartiger Manier.

Im Finale, einem geschwind dahineilenden Satz im Vivace assai, verschränken sich Rondo- und Sonatensatzform, wobei die Episoden – zumal die zweite in Moll stehende – zunehmend Durchführungscharakter bekommen, ein Verfahren, das HAYDN in fast allen (späten) Symphonien anwandte.

Rainer Pöllmann

Symphonie Nr. 97 C-dur

Die *Symphonie Nr. 97* ist JOSEPH HAYDNS letzte Symphonie in C-dur. Wie die meisten ihr vorausgehenden macht auch sie einen ernsten und feierlichen Eindruck, war doch C-dur für HAYDN die «festliche» Tonart schlechthin. Darüber hinaus ist die *C-dur-Symphonie* jedoch auch eine der ungewöhnlichsten, die zeitgenössischen Zuhörer vermutlich befremdende unter den *zwölf ‹Londoner› Symphonien.*

Die langsame Einleitung – mit der Coda des Vivace-Hauptteils motivisch verknüpft – hebt streng und gravitätisch an. In ihren harmonischen Spannungen kündigt sie schon gleichsam die Durchführung an, die mit ihren Ausweichungen, der ausgeprägten Vorhaltschromatik, den kühnen Fortschreitungen ausgesprochen «modern» klingt. Vom Hauptthema des Vivace greift die Durchführung vor allem den scharf punktierten Auftakt des Nachsatzes auf, dessen metrische Gestalt – ähnlich wie in der *Symphonie Nr. 96* – im Wechsel von Auf- und Abtaktigkeit verarbeitet wird. Eine Besonderheit des Kopfsatzes stellt auch das in HAYDNS Symphonien seltene zweite Thema dar, von tanzartigem, leichtem Charakter, das freilich in der Durchführung kaum in Erscheinung tritt.

Der langsame Satz ist ein Variationensatz. Nach einer langen Exposition löst die erste Variation die rhythmischen Konturen des Themas, das dem Auftaktmotiv des Vivace nachgebildet ist, in eine figurierte durchlaufende Triolenbewegung auf. Während die zweite Variation als Moll-Teil HAYDNS üblicher Verfahrensweise entspricht, ist die dritte in ihrer klanglichen Gestalt außerordentlich gewagt. Die langen, *al ponticello* (später im piano *vicino al ponticello*) zu spielenden Abschnitte müssen in ihrem scharfen, harten Charakter HAYDNS Publikum wahrhaft unerhört geklungen haben.

Ungewöhnlich ist auch das Menuett, das durchkomponiert ist und somit eine variierte Wiederholung aufweist. Auch in diesem Satz gibt es verstörende Momente, etwa wenn in den leisen Mittelteil die Pauke grob im Fortissimo hereinbricht. Bodenständig ist das Trio, ein volkstümlich-einfacher Tanz, dessen Derbheit durch HAYDNS Kunst gleichsam geadelt wird.

Am Ende des Satzes steht eine höflich-ironische Reverenz für den Auftraggeber der ‹*Londoner*› *Symphonien* ein Violinsolo für Johann Peter Salomon, *ma piano*.

Das Finale ist, wie meist bei HAYDN, eine Mischform aus Rondo und Sonatensatz, die Episoden vertreten dabei die Durchführungsteile. Eine letzte HAYDNsche Überraschung steht kurz vor dem Ende des Satzes, wenn die lebhafte Bewegung zweimal auf Vorhaltsakkorden anhält, für einen Moment still verharrt, bis der Satz in einer resolut aufwärts treibenden Streicherfigur dem Ende zustrebt.

Rainer Pöllmann

Symphonie Nr. 98 B-dur

Die *Symphonie Nr. 98 B-dur* schlägt gleichsam einen Bogen zurück in die Vergangenheit, die sich HAYDN, Gestus und Praktiken zitierend, nochmals zurückruft und anverwandelt.

Barocker Ernst und Ehrwürdigkeit – den die erstmals in einer *B-dur-Symphonie* eingesetzten Trompeten und Pauken noch unterstreichen – kennzeichnet schon die langsame Einleitung, die gewichtig einherschreitend, das Thema in Moll vorstellt. Die Dur-Variante im Vivace-Teil dagegen ist eher elegant, zumal der Nachsatz die Strenge des Adagios mit der spielerischen Leichtigkeit des etwas kokett gesetzten Doppelschlags widerruft. Auch die Durchführung wird vom Wechsel zwischen leidenschaftlich-bewegten und ruhigen Abschnitten geprägt.

Vom Adagio wird allgemein angenommen, daß HAYDN den Satz im Gedenken an MOZART geschrieben habe, dessen Tod er zu dieser Zeit in London erfuhr. In der Tat gibt es manche Bezüge zu MOZART, vor allem zum Andante der ‹*Jupiter*›-*Symphonie*. Der bedrückende, trauernde Tonfall der Musik hinterläßt vor allem einen starken emotionalen Eindruck, nicht minder bemerkenswert ist jedoch die kompositorische Souveränität, die HAYDN in der feinen Ausarbeitung des musikalischen Satzes und der Instrumentierung erneut unter Beweis stellt. Wie das Adagio ist auch das Menuett eher dunkel getönt, seine scharfen Sforzati-Schläge lassen die Heiterkeit und Unbeschwertheit des höfischen Tanzes nicht recht aufkommen, erheben «symphonischen» Anspruch. Das Trio hingegen ist noch deutlich vom Volkston bestimmt. In den sich auf der Stelle drehenden Sekundbewegungen klingt es manchmal wie die Parodie eines Trios und kündigt so den Witz des vierten Satzes schon an.

Das Finale nämlich verbindet höchste kompositorische Qualität mit jenem HAYDNschen Witz, der – sehr *sophisticated* – mit musikalischen Formen und der entsprechenden Hörerwartung des Publikums sein Spiel treibt. Der Satz beginnt wie ein gewöhnliches Rondo, mündet dann aber nach dem ersten (wiederholten) Teil in einen As-dur-Abschnitt, in dem Johann Peter Salomon, der Auftraggeber HAYDNS und ein berühmter Geiger, zweimal die Gelegenheit zu ausgedehnten Violin-Solos erhält. Am Ende der langen Coda schließlich setzt HAYDN, der die erste Aufführung am 2. März 1792 selbst vom Cembalo aus leitete, zu einem in den höchsten Lagen sich abspielenden Cembalo-Solo an – ein Anachronismus, der dem im Symphonieorchester weitgehend bedeutungslos gewordenen Instrument sozusagen eine letzte Genugtuung, dem Publikum aber wahrscheinlich ungeheures Vergnügen verschaffte.

Rainer Pöllmann

Symphonie Nr. 99 Es-dur

Für seine zweite Konzertreise nach London (4. Februar 1794 bis Mitte August 1795) komponierte HAYDN um die Jahreswende 1793/94 die erste der sechs letzten *‹Londoner› Symphonien*, die *Symphonie Nr. 99 Es-dur,* in der er erstmals Klarinetten verwendet und damit den vollständigen Holzbläsersatz in der klassischen Symphonik etabliert. Alle Symphonien der zweiten Londoner Serie (außer *Nr. 102*) sind mit Klarinetten besetzt, nur in der *Symphonie Nr. 100* sind sie dem Allegretto-Satz allein vorbehalten. Nicht nur der Klarinettenklang hebt die zweite Serie von der ersten ab, sondern auch eine veränderte musikalische Haltung HAYDNS, auf die Heinrich Eduard Jacob aufmerksam gemacht hat. Er spricht von einem «fröstelnden Ernst», der nun Platz griffe in

HAYDNS symphonischer Welt, vom «Irisieren der Harmonik» und von einer «transparenten Traurigkeit», ja sogar von einer Art «Abschiedsstimmung» und einer Fröhlichkeit, die nicht mehr ganz «echt» sei, so als ob der Komponist etwas anderes meine, als seine Musik zu sagen scheint. Tatsächlich klingen die sechs Symphonien der zweiten Serie erheblich anders als die ersten sechs, so auch die *Symphonie Nr. 99,* die HAYDN, nach Robbins Landon, unter dem Eindruck des Todes der hochverehrten Marianne von Genzinger in Wien geschrieben hat (sie starb am 26. Januar 1793).

Bekanntlich haben alle *‹Londoner› Symphonien* außer der singulären *Nr. 95 in c-moll* sogenannte langsame Einleitungen, doch auch hier ist ein Unterschied zwischen den beiden Serien zu bemerken: die Einleitungen der letzten sechs Symphonien greifen nicht nur weiter, sondern auch tiefer aus, ja die Einleitung zur *Symphonie Nr. 103* weist bereits in der Haltung auf die zur späteren *‹Schöpfung›* voraus. In der Regel sind diese Einleitungen mit dem folgenden Allegro-Satz motivisch verknüpft, doch ist das nicht entscheidend. Auffällig ist bei der Einleitung zur *Nr. 99,* daß sie sich auf den *zweiten* Satz bezieht, was sowohl ungewöhnlich als auch tiefgründig ist, denn gerade der zweite Satz ist das innere Herzstück dieser Symphonie. Es ist ein getragener, ausdrücklicher Adagio-Satz von großer Inhaltstiefe, dessen zweites Thema an die langsame Einleitung der Symphonie anknüpft. Es klingt wie ein wehmütiges Abschiednehmen. Die weitgespannten Emotionen des Satzes und die dramatische Durchführung spitzen sich zu und explodieren gewissermaßen in Trompeten-Fanfaren, die für die Außenwelt stehen. (Alle sechs letzten *‹Londoner› Symphonien* verwenden übrigens, ganz gegen das Herkommen, auch in den langsamen Sätzen ausdrücklich Trompeten und Pauken!) Dann tritt besänftigend wieder jenes zweite Thema auf, und am Schluß trennt sich HAYDN mit einem plötzlichen, lauten Tutti-Schlag von dem Schmerz der Erinnerung, so als wolle er uns sagen, nun sei es genug.

Die langsame Einleitung ist mehr als das, sie eröffnet die gesamte Symphonie und tastet sich über entlegene Modulationen (Umdeutung der neapolitanischen Sext der Haupttonart zum Übergang ins entfernte e-moll, Takt 12, und Ansteuern der Moll-

Parallele von Es-dur an Stelle der «regulären» Dominante der Haupttonart) vor zu einer Fermate am «falschen» Tor, auf die unvermittelt der Dominantseptakkord der Haupttonart als musikalischer Doppelpunkt folgt. Das Erreichen der sich öffnenden Dominante – der traditionelle Weg solcher Einleitungen – wird von HAYDN also ins Besondere umgedacht. Und dieser Prozeß der musikalischen Individualisierung setzt sich auf allen weiteren Ebenen (und in allen sechs Symphonien) fort. Man denke etwa an das überaus geistreiche Spiel mit der zunächst so unscheinbaren und später so bedeutungsvollen Doppelschlagfigur des Vivace-Hauptthemas, an die Rolle, die das zunächst nur «episodische» Seitenthema (eher: Motiv) in der Durchführung spielt (einschließlich seiner Umkehrung, die zugleich eine Umcharakterisierung bedeutet) und auch an die kunstvolle Stilisierung des Menuetts zum kräftigen Kontretanz und die Terzverwandtschaft zwischen ihm und dem Trio. Das Finale ist zwar nicht mit *con spirito* überschrieben, wird aber in diesem Sinn ausgeführt; es ist ein Sonatenrondo, eine jener für HAYDN typischen Mischformen, die «logische» und «architektonische» Formbildung miteinander verknüpft und damit weit in die Zukunft weist. Das «geistreiche» Spiel mit den Motiven (nicht: Themen) erreicht hier seinen äußeren Höhepunkt. Für einen bloßen «Kehraus» wäre das ein zu differenziertes Spiel, denn es gleicht eher einer Schachanlage als einem bloßen Spaß.

Die Symphonie führte HAYDN zum erstenmal am 10. Februar 1794 im ersten Salomon-Konzert der neuen Saison auf. Der Charakter des Öffentlich-Verbindlichen dieser Musik wurde auf Anhieb verstanden. So schrieb die Zeitung *Morning Chronicle*: «Der unvergleichliche Haydn hat eine Ouvertüre –» gemeint ist die *Symphonie Nr. 99* – «geschaffen, von der man nicht in gewöhnlichen Ausdrücken sprechen kann. Es ist eines der größten Kunstwerke, das wir je erlebt haben. Es enthält eine Fülle an Ideen, ebenso neu in der Musik, wie großartig und eindrucksvoll; es weckt und bewegt alle Regungen der Seele.»

Dietmar Holland

Symphonie Nr. 100 G-dur (‹Militär-Symphonie›)

Diese Anti-Militär-Symphonie ist von erschreckender Aktualität: Nie zuvor wurde in Musik ein solches Plädoyer gegen Brutalität und für liebevolle Zartheit gesprochen als hier. Im Allegretto-Satz erzählt HAYDN eine kleine Geschichte, die sich jedoch unversehens ausweitet zum Bewußtwerden der Realität, konkret: der militärischen, die in die erzählte «Romanze» unbarmherzig hereinbricht und es schafft, daß der Romanzenton sich scheu zurückzieht und am Ende nicht mehr den Elan hat, mit dem er ins Geschehen eintrat: «Ein bitterer, herbstlicher Geruch steigt über der Musiklandschaft auf» (Heinrich Eduard Jacob). Nach dem brutalen Einbruch des Militärsignals (sogenannte «türkische» Musik mit Schlagwerk) in die Idylle ist es vorbei mit dem 18. Jahrhundert: «Der ältere Haydn weiß: Das Vergangene ist unwiederbringlich. [...] So gleicht er einem Manne, der bedauernd und fröstelnd die Kulissen von der Bühne trägt» (H. E. Jacob). Die kriegerischen Schlaginstrumente bedeuten, in der Äquivokation des «Schlagens», zugleich Mut und Angst, Angriff und Qual, so als würde ein Mensch gepeinigt. Der Schrecken, den das Metallgeräusch der Triangel mit Ringen und der Becken, ferner die türkische Trommel, die sowohl mit einer Keule als auch, gewissermaßen «peitschend», mit einer Rute geschlagen wird, verbreiten, veranlaßt die Musik, zur c-moll-Klage zu werden, wie man sie bei HAYDN nicht erwarten würde. Daß er keine Glorifizierung des «Militärischen» musikalisch im Sinn hatte, zeigt sich auch daran, wie konsequent er auf stolze oder anfeuernde Marschcharaktere verzichtet hat; die gibt es erst im Schlußsatz der gegen Napoleon gerichteten *Symphonie Nr. 7* BEETHOVENS. HAYDNS *‹Militär-Symphonie›* dagegen ist von «irisierender und oft geisthaft-kühler Zartheit» (H. E. Jacob), ein Dokument für den moralischen Sieg des Differenzierten über der nackten Gewalt und zugleich die Einsicht in die eigene Vergänglichkeit.

Nach der langsamen Eröffnung, die in zwei Schüben der Dominante zusteuert und dabei die dunkle Welt, die Eintrübung des Allegretto-Satzes vorwegnimmt (Takte 14 bis 16), beginnt der Hauptsatz verblüffend mit einem Holzbläserthema, dessen «militärischer» Charakter einzig im *Klang* und keineswegs im *Rhythmus* liegt. Die Originalität dieses Hauptthemas ist ohnegleichen. Das absichtlich locker und munter gehaltene, episodische Seitenthema enthüllt erst in der Durchführung dunklere Seiten seines Charakters. Die zwei Takte Generalpause zu Beginn der Durchführung machen gleichsam Platz für diesen Charakterwechsel, der zugleich eine Umkehrung des Themenverhältnisses zur Folge hat, denn das Hauptthema wird nun zur (fragenden) Episode (Takte 170 bis 177).

Die Einbrüche der «militärischen» Realität ereignen sich auch drastisch im weiträumigen Finale, das wieder als differenzierte Mischform aus Rondo- und Sonatengeist angelegt ist und ungeahnte Durchblicke in Entlegenes freigibt, so wenn etwa aus einem unscheinbaren, zweitönigen Schlußmotiv (erstmals Takt 74) gar ein fremdartiges Fugato wird (ab Takt 166, nach einer bedeutungsvollen Generalpause) oder die Pauke brutal dazwischenfährt (Takt 122) und der Satzverlauf ins Ungewisse führt. Wiederum ist es kein bloßer «Kehraus»-Satz, sondern das Höchstmaß einer musikalischen Gedankenarbeit, die diesmal übrigens sogar das Menuett erfaßt, denn es ist in rudimentärer Sonatenform gearbeitet mit einer Durchführung des anfänglichen Doppelschlagmotivs. Während es zunächst auftaktig war, tritt es in dem durchführungsartigen Mittelteil insistierend abtaktig auf, und zwar im Baß, als metrischer Gegenstoß zu den Oberstimmen. HAYDNS bewußter Umgang mit metrischer Betonungs*ordnung* und rhythmischer *Ausfüllung* des Taktes wird hier einmal mehr deutlich. Das ist *seine* Art der «motivisch-thematischen Arbeit».

Vermutlich ist die *Symphonie Nr. 100* erst nach der als *Nr. 101* gezählten entstanden; zumindest wurde sie erst nach dieser, am 31. März 1794, uraufgeführt. Ob HAYDN sie selbst als *‹Militär-Symphonie›* bezeichnet hat oder nicht, wissen wir nicht, da das Autograph des ersten Satzes mit dem Titelblatt verschollen ist. Der Titel tritt jedoch in den Programmankündigungen auf, und so ist es wahrscheinlich, daß es mit HAYDNS Zustimmung geschah.

Dietmar Holland

Symphonie Nr. 101 D-dur (‹Die Uhr›)

Am 3. März 1794 führte Haydn in einem Salomon-Konzert seine *Symphonie Nr. 101* zum erstenmal auf. Damals war von dem Titel *‹Die Uhr›* noch nichts bekannt. Ob er überhaupt von Haydn stammt, ist ungewiß; er taucht zunächst in einer Klavierbearbeitung des Wiener Verlegers Traeg vom Jahre 1798 auf («Rondo... ‹Die Uhr›») und mag sich auf die Flötenuhr beziehen. Wie dem auch sei, entscheidend ist die damit angesprochene Wesensbestimmung, die immerhin auf den rhythmisch-metrischen Lebensnerv des Wiener klassischen Satzes abzielt und im zweiten Satz denn auch ausdrücklich in Erscheinung tritt, freilich nicht als bloße Nachahmung des Tickens einer Uhr, sondern als bewußte musikalische Zeitgestaltung. Das metrische «Ticken» – ähnlich wie zwanzig Jahre später im zweiten Satz von Beethovens *achter Symphonie* – wird als die metrische Takt*grundlage* eingeführt (erster Takt), über der sich die konkrete, rhythmische Takt*ausfüllung* bewegt. Das Widerspiel dieser beiden kompositorischen Ebenen, von denen die eine bloß *gedacht,* die andere dagegen *materiell* in Erscheinung tritt, ist der musikalische Sinn dieses Satzes, der im übrigen eine Vermischung von Sonaten*form* und Variationen*technik* darstellt. Solche Sätze Haydns mögen das 19. Jahrhundert dazu gebracht haben, ihm den Mangel an «Tiefe» vorzuwerfen, da der Sinn des zweiten Satzes tatsächlich darin besteht, das erwähnte Wesensmerkmal des Wiener klassischen Satzes zu demonstrieren. Daß es nur darum geht und dennoch nicht oberflächlich gerät, dafür steht jene einzige Generalpause des gesamten Satzes ein, die nicht allein Haydns ökonomischen Umgang mit diesem Mittel unter Beweis stellt, sondern vor allem dem Hörer bewußt macht, daß hier eine *hergestellte* Zeitordnung herrscht, keine selbstverständliche. Es ist also keiner jener vielberufenen «Witze» Haydns, sondern wieder einmal ein Einspruch gegen das zerstreute Hören.

Der erste Satz beginnt mit einer langsamen Einleitung, die Haydns überreiche Phantasie im Erfinden solcher Eröffnungen vorführt: In diesem Fall geht Haydn gleichsam zielstrebig und «strategisch» vor, verzichtet sowohl auf (harmonische) Umwege oder «Verzögerungsmanöver» (Charles Rosen), als auch auf Entwicklungen. Statt dessen stellt er drei *Prämissen* auf, um zur Dominante zu gelangen, und zwar in der Art, daß sie eine Projektion ins Größenverhältnis von zwei- zu dreifacher Proportion ermöglichen; so steigert sich hier die Spannung. Daß die erste Prämisse eine Moll-Variante des späteren Presto-Hauptthemas bringt, steht demgegenüber im Hintergrund, zumal der periodisch *geschlossene* Bau dieses Themas den *Ansätzen* der langsamen Einleitung gegenübersteht. Mehr als die anderen Kopfsätze der zweiten Serie der *‹Londoner› Symphonien* ist dieser *monothematisch* gehalten und stiftet so einen einheitlichen, impulsiven Bewegungsablauf, der durchaus an eine Ouvertüre (zu einer *opera buffa* natürlich) erinnert. Immer wieder macht sich auch die langsame Einleitung an retardierenden Momenten geltend, besonders in der Durchführung.

HAYDNS Menuette sind in den seltensten Fällen höfische Tanzcharaktere; das ist eher MOZARTS Sache. HAYDN formt sie um zu Tänzen, die dem dritten Stand aufspielen, zu Ländlern, Kontretänzen und Vorformen BEETHOVENscher Scherzi. Das Menuett der *Symphonie Nr. 101* ist denn auch ein Ländlercharakter, insbesondere das Trio, dessen Ländlermotiv sich in der hohen Flöte über einem ostinaten Klangteppich der Streicher erhebt und genau die «kunstvolle Popularität» in der Haltung aufweist, von der die Zeitgenossen so beeindruckt waren.

Im Finale realisiert HAYDN, unerschöpflich im Gebrauch neuer Formideen, einen umfangreichen Sonatensatz, den er mit Verfahren der Variation durchsetzt, um so viel wie möglich Abwechslung in den Verlauf hineinzubringen, von Moll-Varianten bis hin zu einem kunstvollen Fugato-Abschnitt. Jeder schematischen Formgebung spottend, verfügt er hier über eine Freiheit des Gestaltens, die ihre höchste Kunstfertigkeit dem Hörer nicht als Exerzitium aufgibt. Nur seine Konzentration ist gefordert.

Dietmar Holland

Symphonie Nr. 102 B-dur

Innerhalb der letzten sechs *‹Londoner› Symphonien* bilden die letzten drei noch einmal eine eigene stilistische Gruppe, sind auch ein Jahr später komponiert und uraufgeführt worden. Die Beobachtung Heinrich Eduard Jacobs, der späte HAYDN greife bereits in die Klangwelt des 19. Jahrhunderts vor, wird nirgends deutlicher hörbar, als in der *Symphonie Nr. 102,* die am 2. Februar 1795 zum erstenmal erklang. Jetzt gab es die Salomon-Konzerte nicht mehr; die letzten drei Symphonien HAYDNS waren für die «Opera Concerts» im King's Theatre bestimmt, bei denen der Geiger VIOTTI mitwirkte. In allen drei Symphonien verwendet HAYDN ausdrücklich kroatische Volksmelodien, im Finale der *Symphonie Nr. 102* zum Beispiel einen kroatischen Marsch, den er freilich kunstvoll verarbeitet. Was an dieser Symphonie sofort auffällt, ist der eigenartige Klang. Die Klarinetten fehlen zwar (nur hier), aber das tut dem Holzbläserklang keinen Abbruch. So ist etwa der außerordentliche Adagio-Satz, der auf den Fis-dur-Satz des *Klaviertrios Nr. 26* zurückgeht, in ein unwirkliches Klanggewand gehüllt, das historisch nicht ableitbar ist. (Das Soloviolоncello freilich gibt es auch bereits im *‹Don Giovanni›.*) Die Idee, die ersten Violinen durch die Soloflöte einfärben (anstatt bloß «verdoppeln») zu lassen, ist schlichtweg genial, und an solche Verfahren dachte wohl ein Meister der Instrumentation wie NIKOLAJ RIMSKIJ-KORSAKOW, wenn er HAYDN als einen der größten Instrumentatoren überhaupt pries.

Eine Steigerung der musikalischen Feinheiten schien eigentlich gar nicht mehr möglich, doch blieb HAYDN nicht bei dem einmal Erreichten stehen und schuf in den letzten drei Symphonien sein symphonisches Schlußwort auf drei völlig verschiedenen Ebenen. In der *Symphonie Nr. 102* war das der neue Klang, von dem sogleich der erste Takt der langsamen Einleitung handelt: ein einziger Ton, durch die Oktaven greifend und von einem Paukenwirbel angefärbt, reliefartig modelliert überdies durch ein An- und Abschwellen. So regt sich klangliches Leben. In den folgenden Takten tastet sich ein thematischer Vordersatz heran, unterbrochen von dem wieder eintretenden Anfangston und fortgesetzt von einem Nachsatz. Es ist das spätere Hauptthema ohne Bewegungsimpuls (im ausdrücklichen Sinn). Der Weg zur dominantischen Doppelpunktöffnung danach ist schwermütig und antizipiert die langsame Einleitung von BEETHOVENS *B-dur-Symphonie* (*Nr. 4*), besonders im Gebrauch der neapolitanischen Sext (Takt 19). Der Tutti-Beginn des Vivace-Hauptsatzes ist nicht minder auffällig, denn HAYDN liebt es sonst, erst das Thema in *einer* Klanggruppe vorzustellen – für gewöhnlich in den Streichern – und dann erst das erste Tutti zu bringen, gleichsam als Bestätigung des angeschlagenen Arbeitsfeldes. Die Exposition ist, im Gegensatz zum Kopfsatz der *Symphonie Nr. 101,* nicht monothematisch, wie auch sonst so häufig bei HAYDN, sondern verfügt ausdrücklich über *drei* scharf kontrastierende, charakterlich eigenständige *Themen* mit ausgeprägter Physiognomie, von denen das dritte das erstaunlichste ist. Es beginnt genau mit einem Ton, wie die langsame Einleitung, freilich laut und überraschend. Das zweite Thema wird von Anfang an als kontrapunktisches Arbeitsmaterial eingeführt, und das erste Thema verwickelt sich in der riesigen, zweiteiligen Durchführung in ungeahnte Konfliktsituationen. Es gibt kaum eine andere Durchführung HAYDNS, die so nah an BEETHOVEN heranreicht; der zweite Teil bricht wie mit Kataraktgewalt ins Geschehen ein. Das ist ein deutlicher qualitativer Sprung in der ohnehin unerschöpflichen symphonischen Welt HAYDNS. Die Härte, mit der dieser zweite Teil eintritt, wird dadurch noch verstärkt, daß ihm eine luftige, irreale Scheinreprise (in C-dur) in der Soloflöte vorausgeht (Takte 184 bis 191), bei der man mitnichten ahnt, was danach losbrechen wird. Der zweite Teil der Durchführung zeigt, wie ernst es HAYDN sein kann.

Im Menuett steht das Pochen des Metrums ganz im Vordergrund, vor allem das Widerspiel von auf- und abtaktigen, hüpfenden Viertelnoten, das dem Stück einen obsessiven Charakter verleiht. Das melodiöse Trio dagegen ist ganz auf den weichen Holzbläserklang abgestellt – die ersten Violinen spielen nur eine Nebenstimme –, in den eine ganz andere obsessive Gestalt eingebaut ist: das Zitat der nickenden Statue aus MOZARTS *‹Don Giovanni›*, das schon in der *Symphonie Nr. 51* auftauchte.

Das turbulente Finale (Presto) benutzt zwar ein kroatisches

Marschthema, übersetzt es aber in einen Wirbel höchst geistreicher Veränderungen eines Rondos in Sonatenform, bei dem kontrastierende Couplets und kontrapunktische Durchführungsteile, auch sehr gewagte Parenthesen – etwa jene in chromatisch absteigenden, verminderten Dreiklängen mit «durchbrochener Arbeit» des Hauptmotivs (nur ein Auftakt!) in Takt 222 bis 233 – einem scheinbaren Schluß zustürmen, der zwar in der Haupttonart steht, aber dem untrüglichen Formgefühl HAYDNS sagt, daß noch eine Coda folgen müsse. Diese Coda nun ist nichts anderes, als das Vorführen des Schließens als kompositorisches Problem, dessen Lösung bereits BEETHOVENS ähnliche Verfahren vorwegnimmt mit ihren bewußten Verzögerungen (harmonischer und rhythmischer Art) und ihrer schlußbildenden Umkehrung des zunächst so unscheinbaren Auftaktmotivs, mit dem der Satz begann.

Dietmar Holland

Symphonie Nr. 103 Es-dur (‹Mit dem Paukenwirbel›)

Die *Symphonie Nr. 103* wurde genau einen Monat später als die *Nr. 102* zur Uraufführung gebracht (am 2. März 1795 im King's Theatre London) und erstaunte von Anfang an die Zuhörer wegen ihres solistischen Gebrauchs der Pauke am Beginn. Heinrich Eduard Jacob hat darauf hingewiesen, daß HAYDN diesem Instrument ganz neue Wirkungen abgewann: «Bekanntlich ist die Pauke kein grobes, sondern im Gegenteil ein sehr empfindlich-nervöses Instrument.» Das macht HAYDN zum erstenmal wirklich hörbar, später auch in den leisen Paukenschlägen der *Missa ‹in tempore belli›* (1796), dort allerdings nicht als Effekt von *Erwartung,* sondern der *Bedrohung* (durch Napoleons anrückendes Heer). Den berühmten Paukenwirbel des ersten Taktes der langsamen Einleitung zur *Symphonie Nr. 103,* der dieser Symphonie den (nicht authentischen und quellenmäßig nicht nachweisbaren) Beinamen gab, versieht HAYDN mit der Bezeichnung *‹Intrada›,* was an ältere Musizierpraktiken erinnert, etwa an Eingangsfanfaren zu Opernvorstellungen (man denke nur an MONTEVERDIS *‹Orfeo›*), und mit einem Abschwellen der Klangstärke, was für damalige Begriffe höchst modern gewesen sein muß (daher der Beiname der Symphonie). Aber das ist nicht das einzig Erstaunliche an dieser außergewöhnlichen Einleitung. Im Gegensatz zu anderen Einleitungen HAYDNS enthält sie ein sechstaktiges *Thema,* das dreimal in Varianten wiederholt wird und jedesmal in einer zweitaktigen Kadenz gipfelt. (Dadurch wird dann doch wieder das Prämissenhafte, Vorläufige, eben das «Einleitende» betont.) Und vor allem: Es kehrt im Hauptsatz (Allegro con spirito) mehrfach wieder, zunächst ganz unscheinbar, kurz vor dem Eintritt des volkstümlich-tänzerischen Seitenthemas, dann in der Mitte der Durchführung und schließlich in der Reprise, jetzt sogar *im Tempo der langsamen Einleitung* und mit dem Paukenwirbelbeginn. So etwas wie diese Wiederholung der Einleitung am Ende des Hauptsatzes gab es bisher noch nicht. Der Uraufführungsbericht sprach denn auch von «the deepest attention», die das erregte, und ist es nicht auch mehr als Zufall, daß der Anfang der ersten thematischen Phrase dieser Einleitung an die Intonation des *‹Dies irae›* unüberhörbar anklingt? Mag HAYDN daran gedacht haben oder nicht, jedenfalls stimmt diese Anspielung gut zu dem geheimisvollen Eröffnen, das er ganz sicher im Ohr hatte, als er auf den originellen Gedanken verfiel, so auf die Symphonie vorzubereiten, ja zum erstenmal *Einleitung und Hauptsatz zu integrieren,* in einen auskomponierten, zusammenhangvollen Gegensatz zu bringen.

Ähnliches geschieht ja auch mit den beiden Themen der Doppelvariationen des langsamen Satzes: Sie sind selber Varianten voneinander, obwohl es zwei verschiedene Volksmelodien sind, die HAYDN hier zusammenspannt. Das fremdartige Kolorit (Zigeunertonleiter im ersten und lydische Quart im zweiten Thema) ist bis heute nicht verblaßt: «Denn diese Synthese von einem Volkslied und einem gedämpft hinstelzenden Marsch, mit ihrer sich selbst aufhebenden Plumpheit, ist von so fremdartiger Harmonik und neuer Instrumentierung durchtränkt, daß sie wie spätromantische oder neuromantische Musik klingt» (H. E. Jacob).

Der «volkstümliche» Charakter des Menuetts ist ein weiteres instruktives Beispiel für HAYDNS Art, den höfischen Tanz umzudeuten in eine Äußerung des dritten Standes, in diesem Fall mit ausdrücklichen Jodlergesten (Wiederholungen!) und stampfendem Betonen des Metrums. Doch die Krone der Symphonie ist das Finale, eine der ingeniösesten Formerfindungen HAYDNS überhaupt. Ist es ein Rondo, eine Sonatenform oder irgendein anderes «Schema»? Nein, es ist der Versuch, auf drei verschiedenen Wegen zum Abschluß zu kommen. Das mag eine simple Fragestellung sein, aber wie das HAYDN konkret-musikalisch beantwortet, das bezeichnete H. C. Robbins Landon mit Recht als «sophisticated», was ja nichts anderes bedeutet als das italienische con spirito, das HAYDN dem Satz beigab. Wie sich hier Buffo-Tonfall, kontrapunktische Meisterschaft und strengste thematische Integration miteinander verbinden, ohne daß die Musik ins Schwitzen käme, das gehört zu den Geheimnissen HAYDNS, von denen das 19. Jahrhundert nichts wissen wollte, wenn es solche Sätze als «Kehraus» bezeichnete. Und es ist sicher kein Zufall, daß HAYDN *zwei* Schlüsse komponierte, von denen er den späteren als den endgültigen ansah, sicherlich auch, weil es hier noch einmal die Pauke ist, die verantwortlich ist für die letzte Steigerung und so den Kreis der Symphonie schließt. Sie hatte das erste und behält das letzte entscheidende Wort.

Dietmar Holland

Symphonie Nr. 104 D-dur

Ob die Erwähnung einer Aufführung der letzten Symphonie HAYDNS in einem Londoner Benefizkonzert am 4. Mai 1795 im Rahmen der «Opera Concerts» im King's Theatre, bestätigt durch einen Tagebucheintrag des Komponisten, wirklich die Uraufführung war, steht nicht außer Zweifel; Robbins Landon vermutet vielmehr, daß sie bereits am 13. April zum erstenmal erklang und bezieht sich auf einen Bericht des *Morning Chronicle* vom 15. April, in dem es heißt: «Dieser wunderbare Mann enttäuscht uns nie; alle Einfälle seines erfinderischen und leidenschaftlichen Genies wurden selten zuvor von einem Orchester mit mehr Präzision durchgeführt oder von den Zuhörern mit mehr Entzücken aufgenommen, als dies an jenem Abend der Fall war.» Falls es wirklich die *Symphonie Nr. 104* war, die dort erklang, dann dürfte die Schilderung wohl kaum übertrieben sein, denn sie meint HAYDNS paradigmatischen Fall einer «klassischen» Symphonie im tiefsten Sinn, von der symmetrischen, hypotaktischen Periodenbildung und kunstvollen Verarbeitungstechnik (etwa: Abspaltung von Motiven aus dem Thema) bis hin zu der unvergleichlichen Klarheit und sinnlich einleuchtenden Erscheinung aller Details und dem «sprechenden» Charakter des Ganzen. Das beginnt bereits mit der tiefsinnigsten langsamen Einleitung (in d-moll!), die wir von HAYDN kennen und die mit ihrem appellartigen *Aufruf* direkt hin zu BEETHOVEN weist. Die konzentrierte Geste dieses Anfangs entfaltet sich dann in dem strikt *monothematisch* gehaltenen Allegro-Hauptsatz, einem der klarsten Sonatensätze HAYDNS überhaupt, wenn man von der Formtheorie des 19. Jahrhunderts absieht. Denn HAYDN komponiert hier zum letzten und eindringlichsten Mal *seinen* Symphoniesatz, der die «Reprise» sub specie der Ergebnisse, wie sie die «Durchführung» brachte, dramatisch weitertreibt und sie zugleich als *Synthese* der gesamten Entwicklung auffaßt. Die «Reprise» ist weder Wiederholung der «Exposition» noch deren Steigerung, sondern etwas Drittes, Eigenständiges, freilich auf dem Hintergrund der thematischen Abspaltung der Takte 3 und 4 des Themas, die in der «Durchführung» Gegenstand der musikalischen Gedankenarbeit war. Die Einheit des Grundcharakters ist diesen drei Stufen der thematischen Ausarbeitung letztlich übergeordnet. Erst bei BEETHOVEN wird die Durchführung zum zentralen Kampfplatz erhoben, dessen Voraussetzung der prinzipielle Themen*dualismus* ist. HAYDN dagegen denkt noch ganz im Sinne der «Klangrede» des 18. Jahrhunderts, im Prinzip der «Einheit in der Mannigfaltigkeit». So besehen stellt gerade die letzte Symphonie einen überaus bedeutsamen Abschluß des symphonischen Schaffens von HAYDN dar.

Auch der Andante-Satz ist, bei aller Buntheit der angewendeten Variationsverfahren im einzelnen, einer ebenso einfachen wie unmittelbar einleuchtenden, übergeordneten Dreiteiligkeit, freilich im Sinne der für solche Sätze vorherrschenden Bogenform, verpflichtet, die denn auch nicht das kompositorisch «Besondere» bildet, sondern erst die thematische Ausformung im Detail, und die ist überreich genug an Feinheiten. Man höre nur die Vielgestaltigkeit des Mittelteils (in Moll), die variierten Wiederholungen innerhalb der Außenteile und in ihrem Verhältnis zueinander, auch die auffällige musikalische Parenthese, die den Verlauf der Wiederkehr des Rahmenteils gleichsam unterbricht und zugleich transzendiert. Ebenso feinsinnig ist die Gestaltung der Coda, die wie ein wehmütiges Abschiednehmen klingt (Hornquintenmotiv) und in ihrer Zartheit von zwingender Gewalt ist.

Das Menuett ist vielleicht das schönste und reifste Beispiel für HAYDNS Umdeutung des höfischen Tanzes zum Tonfall des dritten Standes unter dem Gesichtspunkt der kunstvollen Popularität. Es könnte gerade dieses Menuett sein, das der Musiktheoretiker Heinrich Christoph Koch im Jahre 1802 im Auge hatte, als er schrieb: «Zu den mannigfaltigen Formen, in welchen die Menuet anjetzt in den Sinfonien und Sonatenarten erscheint, hat vorzüglich Haydn Gelegenheit gegeben und dazu die *Muster* geliefert.»

Mit einem ‹*Spiritoso*›-Finale nimmt HAYDN Abschied von der Gattung, die ihn 35 Jahre lang intensiv beschäftigt hat, und reicht damit BEETHOVEN die Hand, der fünf Jahre später mit seiner *ersten Symphonie* ein neues Kapitel in der Geschichte zu schreiben anfangen wird. HAYDN triumphiert hier noch einmal über alle Unterschiede zwischen «galant» und «gelehrt», kunstvoll und einfach, volkstümlich und «hoch geschrieben» und komponiert auf der Basis einer Volksliedmelodie seiner Heimat («Oj Jelena») seine stets angestrebte Verknüpfung von hohem Kunstanspruch und unmittelbarer Verständlichkeit und schließt mit dem lakonischen Nebeneinanderstellen von musikalischer «Frage» und «Antwort» in den letzten Takten, wodurch das eingelöst wird, was die Satzbezeichnung *spiritoso* verhieß: auf musikalische Weise geistreich und erfinderisch sein. Goethe faßte später die diskrete Schönheit dieser Musik in den Worten zusammen: «Diese seine Werke sind eine ideale Sprache der Wahrheit, in ihren Teilen notwendig zusammenhängend und lebendig. Sie sind vielleicht zu überbieten, aber nicht zu übertreffen.»

Dietmar Holland

Instrumentalkonzerte

Nach dem Hoboken-Verzeichnis müssen nahezu ein halbes Hundert *Instrumentalkonzerte* von HAYDN existiert haben, gespielt werden heutzutage gerade noch ein halbes Dutzend. In keinem Bereich des HAYDNschen Schaffens herrscht vergleichbare Unklarheit, was die genaue Zahl und Überlieferung der Werke angeht wie bei den *Konzerten*. Autographe kamen abhanden, sind nur in Skizzen überliefert, oder die Noten wurden bei einem der Brände vernichtet, die in den Jahren 1768 und 1776 das Haus HAYDNS und im Jahre 1779 das Opernhaus von Esterháza fast völlig zerstörten. In die oftmals abenteuerlich anmutende Überlieferungsgeschichte schlich sich zudem das eine oder andere Werk ein, das HAYDN überhaupt nicht zugeschrieben werden kann. Aber es liegt in der Gattung des Instrumentalkonzerts selbst begründet, weshalb sich eine Unzahl von Werken und äußerst lückenhafte Überlieferung gegenüberstehen: Vor allem für einen Komponisten an einer höfischen Kapelle wie HAYDN hatten Solokonzerte einen grundsätzlich anderen Status als die übrige symphonische Musik. Hier hieß es, für den Tag, den Anlaß und den Solisten zu schreiben. Maßgebend waren der individuelle Leistungsstandard des Instrumentalisten und der geschmackliche Anspruch des Auftraggebers – in diesem Fall des Fürsten Esterházy – und nicht das Experimentieren und intellektuelle Spiel mit den Mitteln der musikalischen Sprache, wie es sonst HAYDNS symphonische oder kammermusikalische Vorgehensweise war. So gesehen kann es auch kaum verwundern, daß die drei bedeutendsten *Konzerte für Klavier, für Violoncello und das für Trompete* aus den achtziger und neunziger Jahren stammen, also relativ späte Werke sind, aus einer Zeit, in der HAYDN die Grundlagen für die Spezifika des Wiener klassischen Stils geschaffen hat.

«Ich war auf keinem Instrument ein Hexenmeister, aber ich kannte die Kraft und Wirkung aller...» Diese Aussage HAYDNS gegenüber seinem Biographen Griesinger bringt seine Intentionen auf den Punkt: HAYDN war gewissermaßen Demokrat im Umgang mit den Instrumenten, die Zurschaustellung und das Virtuosentum entsprachen nicht seiner kompositorischen Denkweise, deren

Maximen vielmehr von der Aufklärung geprägt waren: Geist, Verstand und Geschmack.

Und so muß HAYDNS *Konzerten* der Rang von Gelegenheitswerken zugewiesen werden, die ad hoc auf einen bestimmten Solisten zugeschneidert werden mußten, ohne daß sich HAYDN dabei aber als Komponist verleugnete. Auch fünf der sechs *Konzerte*, die – selten genug – im Konzertsaal zu hören sind, wurden für einen namentlich bekannten Instrumentalsolisten geschrieben: das *C-dur-Violinkonzert* (um 1770) für den Konzertmeister der Esterházyschen Kapelle, Luigi Tomasini, einen wirklichen Virtuosen der Geige, wovon die hohen Anforderungen an die Spieltechnik zeugen. Die beiden *Cellokonzerte in C-dur und D-dur* (um 1780 bzw. 1783) entsprachen der Virtuosität ANTON KRAFTS, der auch HAYDNS Kompositionsschüler war; für den Hoftrompeter Anton Weidinger schrieb HAYDN 1796 das *Es-dur-Trompetenkonzert*, das späteste der überlieferten Solokonzerte. Die beiden *Klavierkonzerte Nr. 4 in C-dur und Nr. 11 in D-dur* (beide um 1782) schrieb HAYDN wohl für sich selbst, bekannte er doch: «Ich war kein schlechter Klavierspieler.» Das *Oboenkonzert in C-dur* schließlich ist ein Beispiel für die Misere in der Überlieferung HAYDNscher Konzerte: Nur in einer ungesicherten Abschrift existierend, wird es unter Vorbehalt HAYDN zugeschrieben und aufgeführt.

Von den beiden *Cellokonzerten* ist zweifellos das *D-dur-Konzert* (*Hob. VIIb: 2*) dem früheren Schwesterwerk *in C-dur* sowohl in der Behandlung des Cellos als auch des Orchesters an Niveau und Qualität überlegen. HAYDN verknüpft die drei Sätze durch thematische Verwandtschaft und baut im umfangreichen Allegro moderato-Kopfsatz ganz auf die Präsenz des Soloinstruments. Das Orchester kommt dabei kaum über seine zurückhaltende, aber sensible Begleiterfunktion hinaus. Trotzdem gelingt es HAYDN durch kompositorische Unorthodoxie und den ihm eigenen Witz, vor allem in der Durchführung, eine einseitige Vorstellung des Solisten zu vermeiden, der alle Register seines Könnens ziehen muß. HAYDN hat sich nicht nur in diesem Konzert gescheut, ein aufgeblasenes, hohles Werk zu schreiben, das unter krasser Disproportion von Soloinstrument und Orchester zu leiden hat. Nach dem

Adagio, einem einzigen, ruhigen und kantilenen Spannungsbogen, zieht HAYDN aus dem Beginn des zweiten Satzes das Rondothema. Während das Orchester seine tanzmusikartige Haltung nur durch Instrumentationsvarianten belebt, zeigt das Violoncello noch einmal die ganze Breite seiner technischen Möglichkeiten und musikalischen Ausdrucksfähigkeit, besonders im düster-dramatischen Minoreteil. Der Charakter des Instruments – auch dies eine Gemeinsamkeit der HAYDNschen Konzerte – prägt den Charakter des Konzerts, im Fall des Cellos gemäß der zeitgenössischen Forderungen, möglichst große Nachahmung des menschlichen Gesangs.

Das *Klavierkonzert in D-dur* (*Hob. XIII: 11*) ist eines der wenigen Konzerte HAYDNS, das schon zu dessen Lebzeiten veröffentlicht wurde, meist blieben die handgeschriebenen Noten in den Händen des Solisten. Wie auch beim *Cellokonzert* bestimmt wiederum der Charakter des Instruments in weiten Teilen die Faktur des Werkes. Besonders deutlich wird dies beim Problem des «doppelten Anfangs», der Wiederholung der Orchesterexposition durch das Soloinstrument. Um hier der Gefahr einer plumpen Verdoppelung zu entgehen, vernetzt HAYDN virtuose Figurationen des Solos mit der relativ selbständigen Begleiterfunktion des Tutti, arbeitet mit motivischen Partikeln aus dem thematischen Material in der Art des von ihm entwickelten diskontinuierlichen Stils und erreicht damit das Gegenteil von bloßer Abbildung: Der Satz gewinnt vitalen Schwung, in dem sich das Klavier nicht in ausschweifenden Partien zelebriert und ihm sogar im Wechsel mit dem Orchester zu federnder, rhythmisch-prägnanter Eleganz verhilft. Die große melodiöse Linie arbeitet der zweite Satz, Un poco adagio, und im Schlußsatz wiederum setzt HAYDN auf abwechselnde Reize, die er dadurch steigert, daß er ihn mit dem in der Zeit beliebten «exotischen» Temperament koloriert. Ob die Thematik des Rondo all'Ungherese nun original aus der magyarischen Volksmusik stammt oder wie in der Forschung behauptet, eher aus dem bosnisch-dalmatinischen Raum, tut der Qualität des Finales keinen Abbruch. Das Klavier lebt hier seine rasche Modulationsfähigkeit auch im Bereich der Klangfarben aus, unvermittelt bricht in die farbige Tanzszenerie ein A-dur-Adagio ein, wie eine getragene Reminiszenz, bevor das schwungvolle Treiben dem Satz ein Ende macht.

HAYDNS einziges *Trompetenkonzert in Es-dur* (*Hob. VIIe: 1; 1796*) – sein letztes Solokonzert – entstand auf Grund einer Erfindung: Anton Weidinger, für dessen Tochter HAYDN 1797 als Trauzeuge auftrat, entwickelte in den neunziger Jahren eine Klappentrompete, die über die Naturtöne hinaus weitere chromatische Töne ermöglichte. Auch JOHANN NEPOMUK HUMMELS *Konzert* war für Weidingers «organisirte» Trompete gedacht, die sich gleichwohl gegen die wenig später aufkommende Ventiltrompete nicht behaupten konnte. Und doch verdanken wir diesem «Seitensprung» der Instrumentengeschichte das bedeutendste, auf höchstem kompositorischem Niveau stehende Instrumentalkonzert HAYDNS. Waren schon bei den beiden anderen, späten Konzerten aus den achtziger Jahren, dem *Cello-* und dem *Klavierkonzert*, die Spezifika des Instruments ausschlaggegend für die Komposition, so verknüpfen sich hier die Forderungen der Trompete und ihres Spiels mit HAYDNS voll entwickeltem Instrumentalstil, mit dem, was gemeiniglich der Stil der Wiener klassischen Musik genannt wird. Das *Trompetenkonzert* ist in dieser Hinsicht nicht nur das reifste, sondern auch das originellste der Konzerte, weil HAYDN die Notwendigkeit, für die Trompete nur in kurzen, atemgerechten Phrasen schreiben zu können, für seine Zwecke auslegt, das heißt das musikalische Geschehen mit kleinen, disparaten Motiven ausfüllt. So gesehen, entspricht das *Trompetenkonzert* aufs beste HAYDNS kompositorischem Verfahren. Schon der erste Satz ist ein höchst differenzierter Sonatensatz in festlichem Es-dur, dessen Höhepunkt in der kunstvollen Durchführung liegt, Virtuosität und symphonischer Gestus behaupten sich gleichermaßen. Im As-dur-Andante kommen die chromatischen Möglichkeiten von Weidingers Trompete naturgemäß am besten zur Geltung, wobei es HAYDN nicht versäumt, diese Romanze auf subtile Weise an den Kopfsatz in Harmonik und Melodik zu binden. Auch das erste Tutti des Finales erinnert an das Anfangstutti, beginnt dann aber einen detaillierten Wechsel der Motive und Signale, der aus dem formal einfach konzipierten Rondo einen Schlußsatz bester HAYDNscher Prägung macht, voller Witz und Esprit, voller Freude am *musikalischen Spiel*.

Irmelin Bürgers

Oratorien

‹Die Schöpfung›

Nach dem noch ganz in der italienischen Oratorientradition stehenden ersten Oratorium *‹Il ritorno di Tobia›* (1774/75) schuf HAYDN mit der Vertonung eines ursprünglich englischen Textes nach John Miltons «Paradise lost» (1674) in der deutschen Bearbeitung Gottfried van Swietens ein Vokalwerk, das zwar gewisse Einflüsse der Oratorien HÄNDELS, die HAYDN während seiner späten England-Reisen gehört hatte, aufweist, aber doch einen ganz eigenen, volkstümlichen Typus ausprägt. Vollendet wurde die Komposition im Frühjahr 1798 und, zunächst in kleinerem Kreis, uraufgeführt am 29. April dieses Jahres im Wiener Schwarzenbergischen Palais. Über die erste öffentliche Aufführung am 19. März 1799 ist ein volkstümlicher Bericht überliefert, in dem folgende bemerkenswerte Passage steht: «Damit's alle Leut verstehn, was d'Musik hat sagn wolln, so habn sie s' Büchl –» gemeint ist das Textbuch – «von der Cantate gratis austheilt, und das ist wunderschön z'lesen: und was mir gar gut gfalln hat, es ist hoch gschriebn, und doch verständlich dabei.» Die kunstvolle Popularität gilt aber nicht nur für das Textbuch van Swietens, sondern gleichermaßen für HAYDNS Musik. Heute gehört es dagegen zum guten intellektuellen Ton, über beide die Nase zu rümpfen; das tat sogar bereits der Goethe-Freund ZELTER, und dabei ist es geblieben. In Wirklichkeit ist die Schöpfungsgeschichte, wie sie van Swieten und HAYDN schildern, alles andere als bloß «naive» Darstellung. Nichts geringeres als die «Aufklärung» ist darin wirksam. Und HAYDNS Musik dazu, so klar und unmittelbar einleuchtend sie uns auch erscheinen mag, ist das Resultat einer langen schöpferischen Gedankenarbeit, wie nicht zuletzt die zahlreichen erhaltenen Skizzen beweisen. Der späte HAYDN faßt hier immerhin seine jahrzehntelange kompositorische Erfahrung zusammen und stößt zugleich, vor allem im Orchestersatz und -klang, das Tor weit auf ins 19. Jahrhundert. Ob allerdings unser heutiges zerstreutes Hören dem intellektuellen Vergnügen und den durchaus drastischen Charakteren der Musik HAYDNS gerade in der *‹Schöpfung›* folgen will, erscheint fraglich. Und doch macht es gerade die Eigenart der Musik zur *‹Schöpfung›* aus, ihren genuinen Sprachcharakter über den Text regieren zu lassen: In den Accampagnato-Rezitativen, die das Entstehen der Elemente und der lebenden Natur schildern, erklingen *zuerst* die Orchestermotive, bevor der Text «erklärt», was sie meinen (!). Es könnte eine vorweggenommene Kritik an «Programmusik» sein. Es ist überdies eine eigentümliche Verfremdung des gewöhnlichen Verstandes, da Beispiel und Erläuterung im umgekehrten Verhältnis zueinander stehen.

Das überhebliche Lächeln, mit dem wir uns heute herablassen, HAYDNS Musik überhaupt noch anzuhören, will nicht recht zusammenpassen mit der Tendenz des Textbuches, die Schöpfungsgeschichte im Sinne der «Aufklärung» umzudeuten: Gottvater erscheint sogar in gut freimaurerischer Tradition als Weltenbaumeister, und es fehlt ausdrücklich der Sündenfall. An dessen Stelle tritt das erste Menschenpaar im Sinne der ohnehin in der Schöpfungsgeschichte immanent angelegten Enttheokratisierung den Weg der Selbstbestimmung an, Kantisch gesprochen: den «Ausgang des Menschen aus seiner selbstverschuldeten Unmündigkeit», und das ist auch im Textbuch genau die Stelle, an der die Ebene des berichtenden Imperfekts verlassen wird und das Hier und Jetzt erscheint. Im 19. Jahrhundert wollte man davon jedoch nichts wissen und ließ den dritten Teil des Werkes einfach weg. Man empfand ihn als «unreligiös» und als dramaturgisch «überflüssig», obwohl es gerade dieser Teil ist, der musikalisch die bedeutendsten Vorgriffe enthält, so etwa den Tonfall MENDELSSOHNS in der «Morgenröte»-Einleitung (E-dur, mit *drei* Soloflöten). Für den aufgeklärten van Swieten war es selbstverständlich, daß der Mensch, als Ebenbild Gottes, nicht im Sinne der kirchlichen Dogmatik als *demütig*, sondern als *stolz* und *selbstbewußt* dargestellt werden müsse. Für die Musik HAYDNS hieß das: die im Text angesprochene Spannweite zwischen Chaos und Ordnung austragen.

HAYDN stand bei der *‹Vorstellung des Chaos›*, mit dem das Oratorium beginnt, vor der paradoxen Aufgabe, etwas musikalisch sagen zu müssen, was die Musikästhetik des 18. Jahrhunderts nicht kannte: das Ungeordnete. Die reine Negation von Ordnung wäre freilich auch für HAYDN nicht darstellbar gewesen, aber sehr wohl das Chaos *vor* der Ordnung. Es galt, den Wiener klassischen Satz, diesen Inbegriff musikalischer Ordnung, zielstrebig zu durchkreuzen, um den Eindruck des Chaos erwecken zu können. HAYDN entschied sich, *einen* Zusammenhang stiftenden Faktor zuzulassen, und das war die Harmonik, allerdings abzüglich der Kadenzwirkungen, und genau darauf kommt es an. Die frei eintretenden Dissonanzen, die ständigen Trugschlüsse und überraschenden Modulationen vermitteln den Höreindruck des «Chaotischen», ohne daß die Grundlagen der übergeordneten Tonalität verlassen würden; sie werden nur nachdrücklich (und mit viel kompositorischer Phantasie) verunsichert. Nicht nur mehrdeutige Akkorde stören die tonale Basis (c-moll), sondern das bewußte Hinauszögern der die Tonart befestigenden Kadenz. Melodik und Rhythmik befinden sich zudem im vorperiodischen, also «ungestalteten» Zustand, und die schwebende Instrumentation – ein Triumph der klanglichen Phantasie HAYDNS – verstärkt noch den Eindruck des «Ungeordneten» durch disparate Klangfarben, die gegen jede Gliederung des Ablaufs gesetzt sind. So schafft HAYDN die musikalische Darstellung des «Werdens», des Chaos vor jener Ordnung, die mit dem Licht der Vernunft («und es ward Licht») eintritt.

Der *Übergang* vom Chaos zur Ordnung wird sinnfällig durch die Koppelung der Lichtwerdung mit dem Höllensturz («erstarrt entflieht der Höllengeister Schar»). Wenn van Swieten in seinen dem Libretto ausdrücklich beigegebenen Kompositionsanweisungen (!), die HAYDN übrigens nicht immer befolgte, verlangte, daß der Einschlag des Lichts der Vernunft «augenblicklich» zu geschehen hätte, dann hat er damit das zentrale Wesensmerkmal der Musik der Wiener Klassiker getroffen: das «Sich-bewußt-werden der Zeit» (Thrasyboulos Georgiades), die Epiphanie des gelungenen Augenblicks als Essenz des Vernunftgebrauchs. Wenn dann in der ersten Arie Höllensturz und «neue Welt» hart gegeneinanderstoßen, dann tritt das ein, was Napoleon Bonaparte bei der Pariser Erstaufführung zu den Worten veranlaßte: «Der Triumph der Ordnung war gewaltig!»

Dietmar Holland

‹Die Jahreszeiten›

Das Oratorium *‹Die Jahreszeiten›*, 1799 bis 1801 komponiert und 1801 in Wien uraufgeführt, führt in 44 Nummern *‹Die Schöpfung›* fort und zeigt an Hand des uralten Motivs vom Jahreslauf den ländlichen Menschen in seinen Tätigkeiten. Den Text schrieb wiederum der Diplomat, Bibliothekar und Amateurkomponist Gottfried van Swieten, wobei er eine lehrhafte Dichtung des Engländers James Thomson («Seasons», 1726) benutzte und bald idealistische, bald genrehaft-realistische Akzente gab. Die erzählenden Personen – der Pächter Simon (Baß), dessen Tochter Hanne (Sopran) und der junge Bauer Lukas (Tenor) – streifen das Singspiel durch ihre Typisierung, ihren Biedersinn und ihre beherzte Tatkraft. Sosehr sich der auf dem Dorf aufgewachsene HAYDN kompetent wußte für die Schilderung der Natur und des Bauernlebens im Laufe der Jahreszeiten, so sehr litt er unter der Arbeit an dem ausgedehnten Oratorium, zumal ihm der Textautor rechthaberisch dreinredete. Die auch in den gelehrt-kontrapunktischen Passagen frische Musik läßt die Mühsal kaum erkennen. Die realistischen Naturschilderungen, die Darstellung des «einfachen Lebens» und der Singspielton mancher Arien und Cavatinen haben die *‹Jahreszeiten›* für die anhebende Romantik zu einem Schlüsselstück der Bewältigung von Naturstimmungen gemacht.

1. Frühling. Die Orchestereinleitung in g-moll «stellt den Übergang vom Winter zum Frühling dar» und zielt auf den anmutigen Chor «Komm', holder Lenz» (G-dur, 6/8). Im Allegretto (C-dur, 2/4) eilt der Bauer auf das Feld; das Thema der Baß-Arie übernahm HAYDN aus dem Variationensatz seiner *‹Symphonie mit dem Paukenschlag› Nr. 94*. Ensembles und Chöre preisen die erwachte Natur und die kräftig idealisierte Tätigkeit der Landleute.

2. Sommer. Den Übergang von der Morgendämmerung zur Helligkeit malt HAYDN anders als in der *‹Schöpfung›*: Eine trübe Sonne geht über einem schwülen Tag auf und gewinnt allmählich D-dur-Glanz. Alles ist im Grunde Vorbereitung auf den im bedrohlichen c-moll losbrechenden Gewitter-Chor. Der Sturm ebbt ab. Am Ende läutet friedlich die Abendglocke.

3. Herbst. Jagd und Weinlese bestimmen das Bild, ganz im her-

kömmlichen Sinne. Die G-dur-Einleitung spiegelt «des Landmanns freudiges Gefühl über die reiche Ernte». Gewichtiger als der ausgiebige Preis des Fleißes sind die mit orchestralem Naturalismus gezeichneten Jagdszenen (Nr. 27 und 28) und der furios auftrumpfende Chor der sich betrinkenden und tanzenden Weinbauern.

4. Winter. «Die Einleitung schildert die dicken Nebel, womit der Winter anfängt.» Das c-moll-Adagio malt die ersterbende Natur. Die restlichen Bilder sind, was naheliegt, Interieurszenen, zumal das Spinnerlied mit Chor (d-moll, 6/8), der Anstoß für ähnliche Darstellungen bis hin zum zweiten Akt des *‹Fliegenden Holländer›*. Die Baß-Arie Nr. 42 zieht Parallelen zwischen dem «bleichen Winter» und dem Altern der Menschen; sie spiegelt vernehmlich den Gemütszustand des greisen HAYDN. Ein Terzett mit Doppelchor mündet in helles C-dur und in die Bitte um «Stärk' und Mut». Die fugierten Passagen geben, ähnlich wie vergleichbare Abschnitte der *‹Schöpfung›*, HAYDNS unterschwellige Beziehung zu HÄNDEL zu erkennen. Insgesamt sind *‹Die Jahreszeiten›* mit ihren tonmalerisch vom Orchester begleiteten Rezitativen, ihren Singspieltönen und freundlichen Realismen eine Fortsetzung des *‹Schöpfungs›-Oratoriums* ins Genrehafte, ja Frühromantische: Stilleben und Bauernszenen nach dem Monumentalwerk von der Entstehung der Welt und des Lebens.

Karl Schumann

Messen

Im Jahre 1782, als HAYDN seine *‹Missa Cellensis›* (*‹Mariazeller Messe›*) schrieb, verordnete Joseph II. – im Zuge der Aufklärung –, daß die Kirchenmusik vereinfacht, wenn nicht gar überflüssig gemacht werden müsse. Diese Verordnung galt noch bis über den Tod des Monarchen (1790) hinaus und wurde erst im Jahre 1796, als HAYDN von seiner zweiten England-Reise zurückgekommen war und seine Dienste bei Nikolaus II. von Esterházy weiterhin wahrzunehmen hatte, aufgehoben. Der Fürst verlangte nun von HAYDN nicht mehr, als daß er fortan jährlich zum Namenstag seiner Gattin ein Hochamt komponieren solle; so entstanden HAYDNS *sechs letzte Messen,* die sich in jeder Hinsicht von den *acht früheren* unterscheiden. (Eine der frühen Messen ist gar nicht überliefert, die restlichen lassen sich in zwei Gruppen unterteilen, wobei die ersten vier nicht über den zeitüblichen Gebrauchscharakter hinausweisen und die anderen drei bereits ebenfalls Hochämter sind wie die sechs späten Beiträge zu dieser Hauptgattung der katholischen Kirchenmusik.) Um den Charakter und die ganz besondere musikalische Haltung der *sechs späten Messen* verstehen zu können, muß man sich vergegenwärtigen, welche Funktion die zeitgenössischen Zuhörer von der Meßvertonung erwarteten und wie sich HAYDN selbst zur Kirchenmusik überhaupt verhielt. Mit BEETHOVENS subjektivem Ringen um den Messetext und dessen Glaubwürdigkeit in der *‹Missa Solemnis›* hat das nichts zu tun, und es wäre völlig unangemessen, HAYDNS Art, mit dem Text umzugehen, daran messen zu wollen. Die Voraussetzungen waren eben ganz andere: «Die verweltlichte, von den Aufklärungsideen getragene Gesellschaft suchte auch im Gottesdienst das Angenehme, das Sonntäglich-Festliche, das Fröhlich-Unterhaltende. Diese Eigenschaften wollte man auch in der Musik finden, selbst wenn sich der einzelne mitunter fromm –» die Fürstin Hermenegild Esterházy scheint zum Beispiel sehr fromm gewesen zu sein, da sie HAYDN ermahnen zu müssen glaubte, es sei mitunter nicht feierlich genug in seinen Messen – «dem eigentlichen liturgischen Geschehen hingeben konnte» (Georgiades). Und HAYDN selbst nahm für sich in Anspruch, seinem Schöpfer so mit Tönen zu begegnen, wie es ihm unverstellt ums Herz war: «Ich bat die Gottheit nicht wie ein verworfener Sünder in Verzweiflung, sondern ruhig, langsam. Dabei erwog ich, daß ein unendlicher Gott sich gewiß seines endlichen Geschöpfes erbarmen, dem Staube, daß er Staub ist, vergeben werde. Diese Gedanken heiterten mich auf. Ich empfand eine gewisse Freude, die so zuversichtlich ward, daß ich, wie ich die Worte der Bitte aussprechen wollte, meine Freude nicht unterdrücken konnte, sondern meinem fröhlichen Gemüte Luft machte und miserere etc. mit ‹Allegro› überschrieb.» Der musikalische Tonfall der sechs Hochämter, zwischen 1796 und 1802 komponiert, setzt den der *‹Londoner› Symphonien* und der etwa gleichzeitig entstandenen *‹Schöpfung›* fort; und nicht nur das. HAYDN faßt seine gesamten musikalischen Erfahrungen noch einmal auf höchster Ebene zusammen und schafft das, was MOZART versagt war (sei es, daß dieser es nicht wollte, sei es, daß es ihm dieses eine Mal wirklich nicht gelang): der im späteren 18. Jahrhundert obsolet gewordenen Kirchenmusik den Atem der klassischen Humanität, des Wiener klassischen Satzes einzuhauchen. HAYDN verzichtete dabei aber keineswegs auf die in der Kirchenmusik übliche Anwendung kontrapunktischer Techniken, setzte Textstellen wie *‹Et vitam venturi›* oder *‹In gloria Dei Patris, Amen›* als große *Fugen* und griff auch auf das Verfahren des *Kanons* zurück, so etwa in dem Quintkanon, mit dem das *‹Credo›* der *‹Missa in Angustiis›* (1798) beginnt oder in dem unvergleichlichen *‹Et incarnatus est›* der sogenannten *‹Heiligmesse›* (*‹Missa St. Bernardi von Offida›*, 1796), bei dem sich die drei *hohen* Solostimmen erst kanonisch einführen, bevor sie sich im *‹et homo factus est›* zum dreistimmigen Satz vereinigen. Was darauf folgt, zeigt übrigens HAYDNS bewußten Umgang mit dem Klang, denn er stellt gleichsam dem *Himmel* mit dem Einsatz von drei *tiefen* Solostimmen die *Erde* (*‹Crucifixus›*) als Antwort in Moll entgegen, nun aber nicht mehr als Kanon. Die geniale Schlichtheit dieser Gegenüberstellung ist unmittelbar nachvollziehbar.

Ebenfalls 1796 entstand die *Missa ‹in tempore belli›*, von HAYDN selbst ausdrücklich so genannt (Autograph), in deren *‹Agnus Dei›* die Bitte um Frieden ganz *irdisch* aufgefaßt wird: Es erklingen kriegerische Töne, um die *reale* Ursache dieser Bitte wirklich eindringlich hörbar zu machen und leise pochende Pauken dazu, die wie das ängstlich schlagende Menschenherz wirken. Die Angst vor der Kriegsgefahr wurde zwanzig Jahre vor BEETHOVENS *‹Missa Solemnis›* so in Töne gebannt. In den *‹Londoner› Symphonien* hatte HAYDN bereits die Pianissimo-Pauke in die Musik eingeführt, doch erst in diesem *‹Agnus Dei›* erhält sie ihre festumrissene *inhaltliche* Bestimmung: «Er setzte im Jahre 1796, als die Franzosen in Steiermark standen –» tatsächlich rückten sie jedoch erst an – «eine Messe, welcher er den Titel *‹In tempore belli›* gab. In dieser Messe sind die Worte *Agnus Dei, qui tollis peccata mundi* auf eigene Art mit Begleitung der Pauken vorgetragen, *als hörte man den Feind* *schon in der Ferne kommen.* Bei den darauffolgenden Worten *Dona nobis pacem* läßt er auf einmal alle Stimmen und Instrumente rührend einfallen» (Griesinger). Was bei BEETHOVEN später zum dramatisch erregenden, ja drastischen Ereignis wird (im ‹*Agnus Dei*› seiner ‹*Missa Solemnis*›), erscheint hier bei HAYDN in diskreter, lakonischer Einfachheit.

In HAYDNS katholischer Welt hatte eben auch die Wirklichkeit ihren Platz; seine Frömmigkeit war ganz handfest, und mit dieser Haltung komponierte er seine *Messen.* Erstaunlich ist dabei aber doch, daß er nun ausdrücklich den Tonfall MOZARTS beschwört und das nicht nur in der sorgfältigen Verwendung der Holzbläser, vor allem in der größtbesetzten *letzten Messe* von 1802, die man später ‹*Harmoniemesse*› nannte (mit «Harmonie» sind die Holzbläser gemeint), sondern auch in der Melodik, besonders bei den innigen, kantablen Stellen. Damit entfernt er sich von der kirchlichen Gebrauchsmusik und hält sich nur noch an seine musikalische Universalsprache, bei der es keinen prinzipiellen Unterschied zwischen «weltlich» und «geistlich» mehr gibt. Freilich konnte er auch sehr ernst werden, so in der Messe von 1798, die er selbst in seinem «Entwurfkatalog» als ‹*Missa in Angustiis*› bezeichnete; es ist seine einzige Messe in Moll und seine strengste dazu. Außer in der umfangreichen ‹*Harmoniemesse*› werden die geradezu symphonischen Dimensionen nirgends deutlicher, so daß die Bemerkung von H. C. Robbins Landon, in gewissem Sinn habe HAYDN in seinen *sechs späten Messen* sein «symphonisches Vermächtnis» geschrieben, «erhabene Symphonien zu Ehren Gottes» nämlich, das zentrale Merkmal dieser Messen trifft. Das außerordentlich ausgespannte und originelle ‹*Benedictus*› mit seinem Fanfarengepränge scheint tatsächlich eher einen Repräsentanten weltlicher Herrschaft anzukündigen, der da kommt «im Namen des Herrn», als den ursprünglich Gemeinten. Ob allerdings damit der Sieger der Seeschlacht von Abukir, Lord Nelson also, musikalisch auftritt, ist nicht erwiesen und erscheint auch fraglich, da die Nachricht vom Sieg Nelsons erst *nach* Beendigung der Komposition im September 1798 nach Wien drang. Die zahlreichen Fanfaren indessen, die nicht allein das ‹*Benedictus*› beherrschen, sondern auch gleich das ‹*Kyrie*› – wieder mit ausführlichem Instrumentalvorspiel –, machen jene Quelle doch etwas glaubhaft, die davon berichtet, daß sich HAYDN zu diesen Fanfaren angeregt fühlte eben durch die Nachricht eines Kuriers von dem Sieg Lord Nelsons. Wie dem auch sei, die musikalische Haltung der sogenannten *‹Nelson-Messe›* ist so straff und aggressiv, daß man sehr wohl glauben könnte, sie sei für Lord Nelson geschrieben; jedenfalls wissen wir, daß HAYDN diese Messe ihm zu Ehren im Jahre 1800 bei Esterházy wieder zur Aufführung brachte. (Von daher stammt auch der Name der Messe.) Die große Spannweite, über die HAYDN stilistisch in seinen späten Messen verfügte, machte so gegensätzliche Werke möglich wie einerseits die *‹Nelson-Messe›* und die ein Jahr später komponierte sogenannte *‹Theresienmesse›*, deren Beiname nicht mehr zu erklären ist. (Im 19. Jahrhundert vermutete man, HAYDN habe sie für Maria Theresia, die zweite Gattin des Kaisers Franz II., geschrieben). Im *‹Gratias agimus›* dieser Messe in B-dur nähert sich HAYDN so sehr dem Tonfall MOZARTS, daß man glauben möchte, er hätte sich in ihn verwandelt. Das gilt auch für die *Kyrie-Fuge*, deren Thema so deutlich an das der *Kyrie-Fuge* aus dem *Requiem* MOZARTS erinnert. Und das *‹Agnus Dei›*, ungewöhnlich ernst im Ausdruck, beginnt mit dem Hauptthema des ersten Satzes der frühen *g-moll-Symphonie* MOZARTS *KV 183*. Über die *‹Schöpfungsmesse›* (1801) greift der Tonfall MOZARTS dann über auf das milde *‹Zauberflöten›*-Licht der *‹Harmoniemesse›* (1802), mit der HAYDN, ähnlich wie in der Musik zur *‹Schöpfung›*, dem neuen Jahrhundert die Hand reicht. Ein Vorfall anläßlich der *‹Schöpfungsmesse›* – der Name stammt wieder nicht von HAYDN, sondern erklärt sich aus einem musikalischen Zitat, das der *‹Schöpfung›* entnommen wurde (die Stelle *‹Qui tollis peccata mundi›* verwendet das Thema des Allegro-Teils aus dem Duett zwischen Adam und Eva) – ist überaus charakteristisch für HAYDNS Einstellung zur Kirchenmusik: Jenes Zitat aus der *‹Schöpfung›* erregte natürlich, angesichts der Textstelle, zu der es nun ertönt, bei der Fürstin Esterházy ernsthafte Bedenken, wenngleich HAYDN, Griesinger zufolge, die «schwachen Sterblichen» an dieser Stelle so aufgefaßt wissen wollte, daß sie «doch meistens nur gegen die Mäßigkeit und Keuschheit sündigten», und: «Er setzte also die Worte *qui tollis peccata mundi* ganz nach der tändelnden Melodie der Worte in der

‹Schöpfung›: *‹Der tauende Morgen, o wie ermuntert er›*. Damit aber dieser profane Gedanke nicht zu sehr hervorstäche, ließ er unmittelbar darauf in vollen Chören das *‹Miserere›* anstimmen.» Das ist HAYDNS katholische Welt, und sie wird dem späteren 19. Jahrhundert ebensowenig verständlich sein wie die musikalische.

Dietmar Holland

Wolfgang Amadeus Mozart

Salzburg, 27. Januar 1756 – Wien, 5. Dezember 1791

Die frühen Symphonien KV 16 – KV 338

Die vielen Reisen, die MOZARTS Leben wie ein riesiger Pulsschlag durchziehen, haben auch sein Schaffen rhythmisiert. Es als «Reagieren auf» (mit höchster Neugier) Erfahrenes, Erlebtes zu bezeichnen, bedeutet in dem Maße keine Geringschätzung, als es ihm gelang, die verschiedenen nationalen *goûts* zuerst persönlich sich anzueignen und letztlich, ab 1782, in der Universalität der Wiener Klassik zu verschmelzen. Die Symphonien als einigermaßen zweckfreie Kompositionen erlauben es am besten, diesen Rhythmus, diesen Herzschlag von Adaption und Verschmelzung nachzuzeichnen.

Über drei Jahre dauerte jene «Wunderkinder-Tournee» durch ganz Westeuropa, bei der Nannerl und WOLFGANG MOZART von ihrem Vater nicht nur höchst geschickt gemanagt und präsentiert wurden, sondern die auch unzählige Kontakte, den Kindern Weltoffenheit und WOLFGANG AMADEUS MOZART vor allem unschätzbare musikalische Erfahrungen «vor Ort» brachte. In London, der kapitalistischen Metropole Europas, begegnete MOZART JOHANN CHRISTIAN BACH, dem «Londoner» der BACH-Söhne; seinem Einfluß sind MOZARTS *frühe Symphonien* in vielem verpflichtet. MOZART war gerade erst neun Jahre alt geworden, als am 21. Februar 1765 im Haymarket-Theatre einige der ganz frühen Symphonien gespielt wurde, vielleicht *KV 16, KV 22* bzw. *KV 19*, vielleicht aber auch jene *Symphonie KV 19 a*, die erst Anfang der achtziger Jahre unseres Jahrhunderts wiederaufgefunden wurde, als sie aus einer süddeutschen Privatsammlung in die Bayerische Staatsbibliothek gelangte. Die lockere, kontrastreiche Reihung der einzelnen Abschnitte kennzeichnet dieses Werk ebenso wie kombinatorische

Themenverbindungen, die allerdings nie im Sinne einer motivisch-thematischen Arbeit substantiell einander angenähert werden. Vor kurzem wurde in der dänischen Stadt Odense die Kopie einer *Symphonie a-moll KV 16a* aufgefunden. Stilanalysen zeigen jedoch, daß dieses Werk, das einige durchaus originelle Züge aufweist, vielleicht doch nicht von MOZART stammt.

Kaum ein halbes Jahr hatten sich die Mozarts in Salzburg aufgehalten, als die Reise für mehr als ein Jahr (1767 bis 1769) nach Wien ging. Seine Begegnung mit dem Typus der «Wiener» Symphonie – viersätzig mit Menuett – hat MOZART in der Werkgruppe der *Symphonie KV 43*, *KV 45* und *KV 48* «auskomponiert». Auf der Rückreise beschlossen WOLFGANG und LEOPOLD MOZART, jeder eine *Symphonie in G-dur* dem gastfreundlichen Stift Lambach als Geschenk zu überreichen. Diese Doppelgabe hat gelegentlich für Unruhe in der Musikwissenschaft gesorgt. Man vermutete Vertauschung und Irrtümer. Neueste Forschungsergebnisse zeigen jedoch, daß die Zuschreibung der *Symphonie KV 45a* an WOLFGANG AMADEUS MOZART richtig ist, allerdings hat MOZART mit dieser Symphonie auf ein Werk zurückgegriffen, das er bereits 1766 in Den Haag komponiert hatte und für diesen Zweck nur überarbeitete. Ebenfalls in diese Gruppe gehört die schöne *Symphonie KV 45b*, die in ihren relativ kurzen Sätzen bereits ein neues Formgefühl ausprägt: Jeder Satz zeichnet einen geschlossenen Bogen, wird getragen von seinem eigenen Gewicht. Das Menuett besitzt HAYDNsche Eleganz, während das Finale mit seinem Schwung auf die *Divertimenti KV 136–138* vorausweist.

Nach knapp einjährigem Salzburg-Aufenthalt brechen LEOPOLD und WOLFGANG MOZART am 13. Dezember 1769 nach Italien auf. Sie überqueren mitten im Winter den Brennerpaß, um rechtzeitig zur Karnevalszeit – der großen Opernsaison – in Mailand zu sein.

Schon vorher, in Mantua, gilt es einen jener vielen Symphonietermine einzuhalten, denen wir unter anderem die *Symphonien KV 81, 84* und *KV 74* verdanken. MOZART erweist sich, kaum daß er italienischen Boden betreten hat, als Meister der italienischen Sinfonia – kein Wunder angesichts der engen Verflechtungen Salzburgs mit der italienischen Musikkultur. In Rom schreibt MOZART im April 1770 die beiden *Symphonien KV 95* und *KV 97*, in denen er das (österreichische) Menuett in die italienische Sinfonia einführt.

Mit Paris, London, Wien und Mailand/Rom/Neapel hat Mozart, als er mit fünfzehn Jahren im März 1771 nach Salzburg zurückkehrt, alle musikalischen Zentren der damaligen künstlerischen Welt kennengelernt. Die *Symphonien KV 75* und *KV 110* vom Sommer 1771 geben sich wieder ganz österreichisch. Sie wirken wie ein Atemholen vor der Phase des Experimentierens, die nun im Symphonieschaffen Mozarts beginnt.

Schon die in Mailand komponierte *Symphonie F-dur KV 112* mit einem an Haydn orientierten Allegro vermeidet in ihrer ganz und gar «unitalienischen» Art die bisher übliche Anpassung an lokale Geschmäcker. Die Gattungsnormen, der hohe Anspruch, der sich zu dieser Zeit im Symphonieschaffen Joseph Haydns etabliert, wird auch für Mozart zum schöpferischen Problem.

Wir besitzen keine theoretischen Äußerungen über Mozarts Arbeitsweise, aber die *acht großen Symphonien*, die er in knapp zehn Monaten 1771/72 in Salzburg schreibt, geben beredtes Zeugnis, wie sich Mozart dem neuen Anspruch, Symphonien zu schreiben, stellt. So wird nun das Kräftespiel von Differenzierung (der Charaktere) und Integration (der thematischen Substanz) deutlicher.

In der *Symphonie F-dur KV 130* greift die Schlußgruppe die kurzen Vorschläge des Hauptthemas auf, isoliert jedoch davon den Quartfall. Con sordino setzt der zweite Satz, ein Andantino grazioso, ein, an dessen Schluß sich allerdings etwas Seltsames ereignet: Das thematische Gefüge lockert sich, Hornquintenmelodik breitet sich aus – und nun folgt zum erstenmal in Mozarts Symphonien eine «Coda», auf deren Funktion, «die thematische und immer auch die affektive Substanz des Satzes in höchster Konzentration zusammenzufassen», Ludwig Finscher hingewiesen hat: Ohne Dämpfer und unisono intoniert das ganze Orchester den Themenkopf des Satzes, um anschließend den Quartfall, der schon die Thematik des ersten Satzes durchzogen hat, zu präsentieren. Damit ist aber die substantielle Einheit des zweiten Satzes, der mit derselben Quart beginnt, mit dem ersten Satz wie in einem Kommentar herausgestrichen. Und wie ein Motto eröffnet derselbe Quartschritt dann auch das Finale, das weit mehr ist als der übliche «Kehraus». Man beachte nur die komplizierte Harmonik des zweiten Themas. Einen harmonischen Scherz inszeniert Mozart im Menuett der Symphonie, wo die Violen obstinat in das F-dur ihr tonartenfremdes c-h-c-h hineinspielen.

Aber auch in der Themenbildung selbst verfährt Mozart nun bewußter. Kaum je sind es «große» Gedanken, eher sogar typische Begleitfloskeln, Unscheinbares, das aber gerade deswegen flexibel, formbar, gestaltbar ist und so den neuen kompositorischen Ansprüchen besser entgegenkommt: der thematisierte Quartfall in *KV 130*, die allmählich stufenweise aufsteigenden Viertelrepetitionen in der *Symphonie D-dur KV 133*, die Dreiklangsarpeggien in der *Symphonie A-dur KV 134*, die die melodischen Sekundschritte weit in den Raum hinauslegen: In diesem Werk ist es übrigens auch eine Coda, die des ersten Satzes, in der eine Elementarisierung des thematischen Materials erfolgt: Melodischer Sekundschritt und Dreiklangszerlegung, bis jetzt als erstes Thema verbunden, werden bausteinartig getrennt.

Die dritte Italien-Reise, Oktober 1772 bis März 1773, brachte den Erfolg der Oper *‹Lucio Silla› KV 135* in Mailand, vergebliche Bemühungen um eine Anstellung und – die «italienischen» (dreisätzigen) *Symphonien KV 184, KV 199* und *KV 181*. Ohne den italienischen Tonfall und Formverlauf preiszugeben, experimentiert Mozart hier ebenfalls: Schon der Beginn der *Symphonie D-dur KV 181* (Mai 1773) mit seinem großflächigen Wechseln von Dur- und Moll-Akkorden beschwört eine Dramatik, die der (Opern-)Sinfonia vom Typus her gerade entgegengesetzt ist. Der – wiederum gattungstypisch – unmittelbar an den ersten anschließende zweite Satz mit seinem Oboensolo über der charakteristischen *sixte ajoutée* ist eine veritable, zweiteilige «Aria». Das Finale kontrastiert einen markigen «Geschwindmarsch» mit dem obligaten Trillergeflüster im Piano. Das Werk suggeriert so durch seine Dramaturgie eine (allerdings nicht individualisierte) innere «Handlung».

Sicher hat Mozart seinen Wien-Aufenthalt im Sommer 1773 dazu benutzt, seine Erfahrungen als Symphoniekomponist am dortigen Stand der Entwicklung zu überprüfen. Jedenfalls entstanden nach dieser Reise jene *Symphonien KV 182, 183, 201, 202* und

200, in denen Mozart eine Tiefe der Gestaltung erreicht, die neben jeder Symphonie JOSEPH HAYDNS aus dieser Zeit bestehen können: Er vertieft nicht nur die substantielle Einheit der Sätze untereinander, sondern verleiht auch jedem Werk einen eigenen «Ton», ein unverwechselbares, individuelles Antlitz. Schon der weiche, «samtige» Pianoanfang der *Symphonie A-dur KV 201* beschwört einen bestimmten «Ton». Das Gewebe verdichtet sich, «Melodie» und «Begleitung» werden einander angenähert: Der Oktavfall des Anfangs erscheint ab Takt 4 in der Begleitung, der melodische Quartschritt zu Beginn des zweiten Satzes schwingt in verschiedener Rhythmisierung – wie in einem Vexierspiel – in den anderen Stimmen nach. Neben dem Oktavfall bildet der «galante» Halbtonreiz a-gis-a das eigentliche Zentrum des Werkes. Beide werden in den Hauptthemen sowohl des ersten wie auch des vierten Satzes miteinander verbunden. Und noch etwas fällt an diesem Werk auf: das wundervolle Gleichgewicht der Bewegungen. Die Aufwärtsbewegung des ersten Themas wird im ersten Satz von den Viertelnoten des zweiten Themas aufgefangen und umgekehrt. Und alles ist Melodie: Noch in der Schlußgruppe wird ein neues, sangliches Thema in Imitationen ausgebreitet. Der punktierte Rhythmus, der im zweiten Satz als neues Element auftaucht, erfaßt bald alle thematischen Gestalten und nähert sie im Sinne einer geheimnisvollen «Allverwandtschaft» einander an, greift sogar über die Satzgrenzen hinaus auf das Menuett über, gestrafft und im Nachspiel zu energischen Repetitionen der Bläser verdichtet. Sollte es Zufall sein, daß der erste Forte-Einsatz im Menuett die Töne a-gis-a anschlägt, die auch schon in der Schlußgruppe des zweiten Satzes angeklungen waren? Obwohl das Finale, wie der erste und zweite Satz, in Sonatensatzform steht, erhält es durch die markante Abkadenzierung, der sich eine aufschließende Tonleiter sowie eine spannungsvolle Pause anschließt, eine ritornellartige Gliederung: Erst die beiden Schlußakkorde lösen diese Spannung ein. Die «kleine» *g-moll-Symphonie KV 183* vom Oktober 1773 ist MOZARTS Beitrag zur «romantischen Krise» (Landon), die in etlichen Moll-Symphonien HAYDNS und anderer Komponisten anklingt. Schon vor MOZARTS Wien-Aufenthalt ist die g-moll-«Dramatik» konventionell geworden. Und konventionell ist auch die Intervallfolge, mit der das Werk anhebt: Schon im Barock war die Folge (Quart)–Kleine Sekund–Verminderte Septime eine Chiffre für Schmerz, Klage, Trauer. Allerdings durchdringt das ganze Werk eine Schroffheit, die weit über die barocke Typenlehre hinausgeht: Die Satzstruktur ist meist blockhaft-starr (etwa in der expressiven, aus ganzen Noten bestehenden Oboenmelodik); aufschießende Dreiklangszerlegungen mit anschließendem Doppelschlag weisen weit voraus auf BEETHOVENS *f-moll-Klaviersonate op. 2 Nr. 1* sowie auf das Finale von MOZARTS eigener «großer» *g-moll-Symphonie KV 550*; abrupte dynamische und harmonische Kontraste mögen auf die Zeitgenossen wie ein Schock gewirkt haben, etwa wenn in der ersten Themengruppe ein D-dur-Dreiklang erlischt und unvermittelt ein B-dur-Dreiklang folgt. Am schonungslosesten allerdings verfährt MOZART in den häufigen Unisonoführungen, die an zentralen Stellen des Werkes stehen: Der erste, der dritte und der vierte Satz beginnen mit Unisonopassagen! Und im ersten Satz leitet ein Unisono vom ersten zum zweiten Thema über und nahtlos von der Exposition in die Durchführung hinein: Hier erscheint nun – als geniale Realisierung der Idee des Werkzyklus – vorausgenommen das Hauptthema des Finales in kanonischer Führung. Am Ende des ersten Satzes intensiviert MOZART den Unisonoanfang durch zweimalige Imitation, ehe die Violinen auf das g, ihren tiefsten Ton, fallen und dort einen Marschrhythmus intonieren, der wie eine tragische Besiegelung des Satzes wirkt. Als gäbe es eine «andere» Seite dieser Schroffheit, erklingt als zweites Thema des folgenden Andante ein wunderbar schwereloses Klangfeld, während das streng dreitönige Hauptthema eher Ernst, nur gelegentlich Trost ausstrahlt. Einzig das Trio des Menuetts, ein sechsstimmiger, reiner Bläsersatz, bringt einen unbeschwerten Divertimentoton in das Werk – seltsam fremd freilich auch er in dieser Umgebung. Nie mehr wieder hat MOZART so durchgehend schroff – radikal – komponiert.

Vier Jahre sollte es dauern, bis MOZART wieder eine Symphonie, die sogenannte *‹Pariser› Symphonie*, im Juni 1778 schrieb. Gelegentlich wurde die großflächige thematische Anlage dieser *D-dur-Symphonie KV 297* als Schwäche moniert, als Preisgabe der Errungenschaften der letzten Salzburger Symphonien. MOZART mußte sich jedoch mit diesem Werk in den Pariser «Concerts spirituels» einem großen, anonymen Publikum und dessen Wünschen stellen. Viele Korrekturen im ersten Satz, Umarbeitungen und Streichungen im zweiten Satz lassen die Intensität, mit der MOZART an diesem Werk gearbeitet hat, erkennen, ja, er erklärt sich sogar bereit, nach der Uraufführung einen zweiten, einfacheren langsamen Satz zu schreiben, der allerdings heute fast nie gespielt wird. Heute erscheint das Andante mit seinem an das Lied *‹Kuckuck ruft's aus dem Wald›* erinnernden Themenkopf und der zweiten Themengruppe, die zwischen kräftigen Unisonogängen und zarter Chromatik wechselt, als Inbegriff natürlicher Schlichtheit. Trotz aller Zugeständnisse an das breite Publikum findet MOZART Platz, symphonisch zu «arbeiten»: Im ersten Satz löst die Schwungkraft des Unisonoanfangs nicht nur lange Sequenzketten aus, sondern sie wird auch im Verlauf des ganzen Satzes immer weiter gesteigert bis hin zur machtvollen Intensivierung am Beginn der Reprise mit den wuchtigen Baßeinsätzen und dem Harmoniewechsel nach H-dur. Das Finale wiederum – dessen zweistimmigen Pianoanfang MOZART bewußt als Überraschung gegen die Pariser Konventionen komponiert hat – bringt ein polyphones zweites Thema, das in der Durchführung zu einem kunstvollen, modulierenden Kanon ausgearbeitet wird. Das Werk, in großer Besetzung mit je zehn ersten und zweiten Violinen, acht Celli und sechs Kontrabässen aufgeführt, zwang die Zuhörer, «einen... starcken und anhaltenden lärmen und händeklatschen zu machen», und ließ MOZART selbst nicht mehr los: der große «symphonische» Gestus war gefunden.

Nach der Rückkehr von dieser durch den Tod der Mutter mit Trauer überschatteten Pariser Reise entstehen die *Symphonien KV 318 in G-dur* (April 1779) und *KV 319 in B-dur* (Juli 1779), beide ursprünglich dreisätzig, erst später, vermutlich 1782, wurde der *Symphonie KV 319* für Wiederholungsaufführungen in Wien das nachkomponierte Menuett eingefügt. Der Tonfall von *KV 318* ist durchweg italienisch, doch nähert sie MOZART durch die reiche Instrumentation an den Gestus der *‹Pariser Symphonie›* an. Und MOZART findet eine Lösung der Dreisätzigkeit, die ein völlig neues Licht auf den Werkzyklusgedanken wirft: Strenggenommen besteht das Werk nämlich nur aus einem Satz, in dem am Ende der

Durchführung ein zweiter, langsamer Satz eingeblendet wird. Mit diesem Werk hat MOZART den Typus der «italienischen» Symphonie für sich abgeschlossen. Denn trotz ihrer ursprünglichen Dreisätzigkeit ist die *Symphonie KV 319* durchweg «österreichisch». Alle Durchführungen sind kontrapunktisch-polyphon gehalten. Damit führt MOZART die Final-Idee der *‹Pariser› Symphonie* weiter. In der Durchführung des ersten Satzes ertönt sogar jenes Vier-Ton-Motiv, das MOZART bereits in der *‹Credo-Messe› KV 192* verwendet hat und das er im Finale der *‹Jupiter›-Symphonie* zu höchstem Glanz veredeln sollte, ein schlichtes Motiv, ursprünglich ein einfaches Versatzstück, das gern für Übungen der Musikschüler verwendet wurde. Ein kurzes Spielmotiv unterbricht immer wieder die Themeneinsätze und gliedert sie: Es scheint fast, als würde sich MOZART auf jenen «klassischen» Stilhöhensatz, den JOSEPH HAYDN zur selben Zeit in seinen *Streichquartetten* exponiert, vorbereiten. Noch allerdings bleibt alles Episode, bleibt zu verweisen auf die «Teststrecke» der Durchführung.

Ende 1780 reist MOZART nach München, wo am 29. Januar 1781 sein *‹Idomeneo›* (*KV 366*) zum erstenmal erklingt. Von dort geht es direkt nach Wien: Hier kommt es zum Bruch mit dem Salzburger Erzbischof – MOZART hat Salzburg den Rücken gekehrt. Gleichsam als Einstand in Wien wird am 3. April in einer Akademie der «Tonkünstler-Societät» die im Vorjahr entstandene *Symphonie C-dur KV 338* aufgeführt. In seiner *‹Pariser› Symphonie* hatte sich MOZART mit großflächigen, «pastosen» Themendispositionen dem Problem der «großen» Symphonieform genähert. Nun löst er dieses Problem sozusagen von der anderen Seite, indem er mit kleinen, oft nur ein bis zwei Takte langen Formgliedern arbeitet, die wie Bausteine aneinandergefügt und kombiniert werden. Mit dieser bei den Mannheimer Symphonikern gern verwendeten Technik erzielt MOZART jedoch eine wunderbare Flexibilität des formalen Ablaufs – in seltsamen Kontrast zur Modellhaftigkeit der Bausteine –, eine beinahe organische Prozeßhaftigkeit. Polyphonie, bis jetzt hauptsächlich in die Durchführungsabschnitte der Symphonien verwiesen, durchdringt nun das gesamte Gewebe: Eine kurze chromatische Linie eröffnet die zweite Themengruppe, um dann sofort eine entgegengesetzt strebende Melodie zu kontrapunktieren. Diese Art kurzmotivischer Polyphonie hat MOZART in der *‹Prager›* und der *‹Jupiter›-Symphonie* noch weitergeführt. Die Durchführung stellt zuerst zwei neue Elemente vor: breite Streicherbewegungen und ein verhaltenes, räumliches Abtasten des As-dur-Dreiklangs. Erst danach beginnt das «Durchführen» im strengen Sinn, das aber nur noch mit Spurenelementen der «Bausteine», hauptsächlich aber mit einem Klein-Sekund-Pendel arbeitet, das zunehmend reduziert wird. Das nur auf den Streicherklang gestellte Andante di molto gehört zu den Sätzen MOZARTS, deren innere Logik eine staunenswert schlichte Natürlichkeit hervorbringt. Alle vier Themengruppen werden durch ein «galantes», emphatisches Seufzermotiv verbunden. Das Finale wiederum lebt ganz vom «unendlich feinen Muskelspiel der Streicher» (HANS WERNER HENZE), von virtuosen Dreiklangszerlegungen, die so erst wieder im Finale von SCHUBERTS *Großer C-dur-Symphonie* auftauchen, und von den «naiven» Terzenparallelen der beiden Oboen in der Durchführung. Das *Menuett KV 409*, das gern als dritter Satz der Symphonie gespielt wird, hat zwar ursprünglich keinen Bezug zur Symphonie, doch rechtfertigt die außerordentliche Schönheit dieses Satzes den schon zur Tradition gewordenen Eingriff ein wenig.

Gerhard Eduard Winkler

Symphonie D-dur KV 385 (‹Haffner›)

Vier Tage nach der Uraufführung seines Singspiels *‹Die Entführung aus dem Serail›*, die am 16. Juli 1782 in Anwesenheit Kaiser Josephs II. stattfand und vom Wiener Publikum begeistert aufgenommen wurde, nahm der sechsundzwanzigjährige MOZART auf Bitten seines Vaters den Auftrag an, für die Salzburger Familie Haffner eine neue *Serenade* zu schreiben. MOZART hatte bereits sechs Jahre zuvor für die Hochzeit der Tochter des Salzburger Bürgermeisters das später als *‹Haffner-Serenade›* bekannt gewordene Stück (*KV 250*) komponiert. Den Anlaß für die neuerliche Bestellung einer Festmusik bildete die Adelung des Sohnes von Sigmund Haffner.

Der Auftrag kam Mozart äußerst ungelegen. Er war gerade dabei, seine neue Oper für «Harmoniemusik» (ein gemischtes Bläserensemble) zu bearbeiten, was ihm viel Mühe bereitete, zudem befand er sich auch mitten in den Vorbereitungen zu seiner Hochzeit mit Constanze Weber, die er gegen den Willen seines Vaters zu ehelichen trachtete. Am 27. Juli hatte Mozart erst einen Satz der *Serenade* fertiggestellt: «Sie werden Augen machen», schrieb er an seinen Vater, «daß sie nur das 1. Allegro sehen: allein – es war nicht anders möglich, ich habe geschwind eine Nachtmusique machen müssen, aber nur auf Harmonie [*Bläserserenade c-moll KV 388*; A. C.], sonst hätte ich sie für Sie auch brauchen können. Mittwoch den 31ten schicke ich die zwei Menuett, das Andante und letzte Stück; kann ich, so schicke ich auch einen Marsch – wo nicht, so müssen Sie halt den von der Haffnermusique (die sehr unbekannt ist) machen. Ich habe sie ex D gemacht, weil es Ihnen lieber ist.» Doch erst am 7. August, nachdem er Constanze inzwischen doch zur Frau genommen hatte, schickte Mozart die restlichen Sätze nach Salzburg mit der Anmerkung, daß «das erste Allegro recht feurig gehen (muß), das letzte so geschwind als es möglich ist». Die *Serenade* umfaßte jetzt neben einem einleitenden Marsch zwei Allegro-Ecksätze, ein Andante und die obligatorischen zwei Menuette.

Ein halbes Jahr später ließ sich Mozart die Noten der *Serenade* nach Wien zurückschicken, um sie als *‹Symphonie›* in einer seiner Akademien zu präsentieren. Voller Erstaunen über seine eigenen Fähigkeiten bestätigte er dem Vater den Empfang: «Die neue Haffner-Sinfonie hat mich ganz surpreniert, denn ich wußte kein Wort mehr davon; die muß gewiß guten Effect machen.» Bei der Verwandlung der Serenade in eine Symphonie ging Mozart ökonomisch vor: Er verzichtete auf den Marsch und eines der Menuette und erhöhte das Gewicht der Ecksätze durch Hinzunahme von Flöten und Klarinetten. Am 23. März 1783 erklang dann zum erstenmal die *‹Haffner-Symphonie›* in der uns bekannten Form. Und ihr weiteres Schicksal hat Mozart recht gegeben. Sie gilt heute als erste seiner letzten sechs «Meistersymphonien». In ihrer majestätischen Würde, in Klarheit, Optimismus und strahlender Festlichkeit ist sie einzigartig unter Mozarts späten Symphonien.

Also doch nur eine symphonische Serenade? Ihre Brillanz, ihre Nervigkeit, ihre Heiterkeit und strukturelle Dichte aber rücken sie deutlich in die Nähe HAYDNS, den MOZART ja sehr verehrte. Das sonst bei MOZART vorherrschende dramatisch-theaterhafte Element, das sich in Gestenreichtum, ständigem Affektwechsel und mannigfaltigen harmonischen Trübungen zu äußern pflegt, fehlt dieser festlichen Musik fast ganz. Dem Anlaß gemäß hat MOZART Erhabenheit mit Freude verknüpft und führt in den verschiedenen Sätzen unterschiedliche Arten von Freude vor: Erhabene Freude im Kopfsatz, volkstümlich-besinnliche Freude in den Mittelsätzen und männlich-triumphierende Ausgelassenheit im Finale, dessen Hauptgedanke uns die Gestalt Osmins aus der *‹Entführung›* in Erinnerung ruft.

Attila Csampai

Symphonie C-dur KV 425 (‹Linzer›)

Am 31. Oktober 1783 schreibt MOZART aus Linz an den Vater: «Dienstag als den 4ten November werde ich hier im theater academie geben. – und weil ich keine einzige Simphonie bey mir habe, so schreibe ich über hals und kopf an einer Neuen, welche bis dahin fertig seyn muß.» Die Rede ist von der sogenannten *‹Linzer› Symphonie* (MOZART bezeichnete sie nicht so), der man die schnelle Produktion keineswegs anmerkt. MOZART schlägt hier ganz bewußt einen neuen Ton an: Vorbild ist ausdrücklich JOSEPH HAYDN. Zum erstenmal beginnt Mozart eine Symphonie mit der von HAYDN gepflegten langsamen Einleitung, und die hat es in sich. Darauf hat Alfred Einstein aufmerksam gemacht: «Es gibt ein Blättchen von Mozarts Hand (KV 387d), auf dem die Incipits dreier Haydnscher Symphonien notiert sind, darunter gerade eine mit einleitendem Grave aus dem Jahre 1782 (Nr. 75). Nur hatte Haydn bis dahin noch keine langsame Introduktion geschrieben wie die Mozarts, mit ihrem heroischen Beginn und der helldunklen Fortsetzung, die aus süßester Sehnsucht in die Tiefe unheimlicher Erregung führt.» Entscheidend ist nicht so sehr, was MOZART von HAYDN lernte, sondern wie er damit umgeht, was er daraus macht, wie er Eigenheiten der Musiksprache Haydns umschmilzt zur eigenen. Ihn interessiert der *Gegensatz* der Charaktere, das Abtauchen in versonnene Bezirke und eine drängende Unruhe der Musik.

Das Aufeinanderprallen gegensätzlicher, physiognomisch geprägter Haltungen und das Zwielicht harmonischer Tiefenwirkungen – man denke an den e-moll-Gedanken, der das reguläre Seitenthema vertritt! – sind überaus typisch für Mozarts Musiksprache, während Haydn kompositorische Vereinheitlichung anstrebt und auf monothematisches Komponieren abzielt. Jener e-moll-Gedanke im ersten Satz sticht, anders als es bei Haydn der Fall wäre, einerseits drastisch aus dem Zusammenhang heraus, nimmt aber andererseits doch eine untergeordnete Position ein, erscheint als Nebengedanke, der dennoch so weit profiliert ist, daß er der Form Tiefenschärfe verleiht. Das ist die Kunst Mozarts: die auseinanderstrebenden musikalischen Charaktere ohne thematische Vermittlung in einen einheitlichen und zudem völlig gelöst und selbstverständlich wirkenden Ablauf zu bringen.

Der langsame Satz greift zwar auf den von Haydn häufig benutzten Typus des Sicilianos zurück, verleiht aber dem Ganzen allein schon durch die Wahl der Sonatenform (an Stelle der dreiteiligen Liedform) und durch die eigenständige Behandlung der Bläser ein größeres Gewicht, als man es von Haydns ähnlichen Sätzen kennt. Selbst die auskomponierten Verzierungen nehmen den Charakter des «Sprechenden» an, sind mit Ausdruck gefüllt und haben nichts mehr zu tun mit gewissen Schnörkeln des «galanten» Stils, von dem sie doch herstammen.

Während das Menuett die gewohnten Bahnen kaum verläßt, streift das gewichtige Finale den üblichen Charakter des festlich-frohen Ausklangs an. Die Musik wird im Verlauf des Satzes immer schmerzlicher und sogar gedrückter, und die Durchführung – statt des häufig verwendeten Rondos schreibt Mozart hier auch wieder ausdrücklich einen Sonatensatz – enthält eine solche «staunenswerte Skala von Empfindungen» (Hermann Abert), daß man glaubt, sich in einem Kopfsatz zu befinden. Bereits hier kündigt sich die bedeutsame Gewichtsverschiebung innerhalb der zyklischen Anlage an, die zum triumphalen Finale der letzten Symphonie führt.

Mozart brachte die Symphonie mit nach Wien und führte sie bei seiner Akademie am 1. April 1784 im Burgtheater auf. Über die Linzer Aufführung sind wir nicht näher unterrichtet.

Dietmar Holland

Symphonie D-dur KV 504 (‹Prager›)

Die sogenannte *‹Prager› Symphonie* – die Bezeichnung stammt nicht von Mozart – ist die einzige unter den vier letzten großen Symphonien Mozarts, von der wir Ort und Datum der Uraufführung kennen. Mozart vollendete die Symphonie am 6. Dezember 1786 in Wien (Eintragung ins eigene Werkverzeichnis). Es ist nicht sicher, ob er schon zu diesem Zeitpunkt an die Uraufführung in Prag dachte, jedenfalls wurde er kurz danach dorthin eingeladen, seine *opera buffa ‹Le nozze di Figaro›* zu dirigieren. Aus diesem Anlaß fand im Prager Ständetheater auch die Uraufführung der neuen Symphonie statt (19. Januar 1787), in genau dem Theater, das auch ein dreiviertel Jahr später der Schauplatz der Uraufführung des *‹Don Giovanni›* war. Die Symphonie steht also zwischen *‹Figaro›* und *‹Don Giovanni›*, und das hört man ihr auch an. Es sind sogar – eine Seltenheit bei Mozart – Skizzen dazu überliefert, die beweisen, wie hart Mozart daran gearbeitet hat. Tatsächlich markiert die *‹Prager› Symphonie* einen deutlichen qualitativen Sprung im Symphonieschaffen Mozarts. Ihr außerordentlicher Rang wurde vom Prager Publikum auf Anhieb verstanden. Dennoch rätseln die Betrachter bis heute an ihrer Dreisätzigkeit. Ob man nun, wie Hermann Kretzschmar, meint, das Menuett fehle, weil die Stärke und Echtheit der angespannten Gemütskräfte keinen Tanz duldeten, oder ob man, mit Alfred Einstein, gern auf das Menuett verzichtet, «weil in drei Sätzen alles gesagt ist» – eines ist gewiß: die Dreisätzigkeit ist kein Rückgriff auf die italienische Opern-Sinfonia. Es handelt sich vielmehr um eine ganz neuartige Werkkonzeption, drei sehr dicht gearbeitete Sonatensätze ohne stilistisches Gefälle, das durch ein Menuett unweigerlich hinzukäme, nebeneinander zu stellen.

Der erste Satz ist so streng gearbeitet, daß dem Seitenthema nur

Episodencharakter zufällt. Das dramatisch-pulsierende Hauptthema wächst aus unruhigen Synkopen erst heraus und gemahnt an das Allegro der (späteren) *‹Zauberflöten›-Ouvertüre*. Wird es bereits in der ausgedehnten Exposition als kontrapunktisches Verhältnis mehrerer eigenständiger Motive vorgestellt, also gleichsam durchführungsartig, dann beherrscht es vollends und ausschließlich die gewaltige Durchführung, die «ernsteste, kriegerischste Durchführung in Mozarts Schaffen» (A. Einstein), in der wirklich kein Platz mehr bleibt für das episodische, kantable Seitenthema. Die beiden Themen vertreten übrigens die zwei charakteristischen musikalischen Prinzipien des späteren 18. Jahrhunderts: den Gegensatz von «Galantem» und «Gelehrtem». Nur ist das «Gelehrte» bei MOZART keine trockene Handhabung des bereits überlebten Kontrapunkts, sondern nichts weniger als dessen dramatische Umdeutung. Wieder zeigt sich MOZARTS «Theaterhaltung» (Thrasybulos Georgiades), seine singuläre Fähigkeit, auch in der Instrumentalmusik musikalische Menschendarstellung zu verwirklichen. Wie in seinen Opernensembles, so treten auch hier die einzelnen Motive «frei» ins Geschehen ein und agieren mit- und gegeneinander. Aus dem Zusammenprall entsteht die dramatische Spannung. MOZART vermenschlicht gewissermaßen den Kontrapunkt.

Im (langsameren) Mittelsatz geht MOZART sogar noch einen Schritt weiter: Er verschmilzt, wie Alfred Einstein es nannte, «Kantabilität mit polyphoner Haltung»; eine noch subtilere Art, das «Gelehrte» den Hörer nicht merken zu lassen. Der Satz ist alles andere als ein Intermezzo. Und das Finale läßt den konventionellen Kehrauscharakter, wie ihn selbst noch HAYDN pflegte (wenn auch nicht so häufig), weit hinter sich. Wie im ersten Satz, so sinkt auch hier das kantable Seitenthema zur Episode herab und fehlt auch wieder in der Durchführung.

So steht die *‹Prager› Symphonie* in MOZARTS Zeit auf einsamer Höhe und läßt bereits den kontrapunktischen Triumph der letzten Symphonie ahnen.

Dietmar Holland

Symphonie Es-dur KV 543

Im Juni 1788, mehr als achtzehn Monate nach der *‹Prager› Symphonie* (*KV 504*), komponiert MOZART die *Symphonie in Es-dur KV 543*, diesmal wieder mit Menuett, als erste einer Trias von drei letzten Beiträgen zu dieser Gattung, die alle ohne äußeren Anlaß und auch ohne Aussicht auf eine Aufführung entstehen. Vermutlich hat MOZART seine letzten drei Symphonien selbst nicht mehr gehört. Es ist viel darüber gerätselt worden, warum MOZART in einer Zeit großer innerer und äußerer Belastungen, in der sein gerade erst erworbener Ruhm in Wien schon wieder zu verblassen begann, freiwillig derartige kompositorische Anstrengungen auf sich nahm, die ja dann sein Bedeutendstes auf dem Gebiet des Symphonischen hervorbrachten: War es die pure Herausforderung des Gekränkten an sich selbst oder womöglich doch der Versuch, mit aller Kraft sich an erfolgreichen symphonischen Vorbildern zu orientieren? Zweifellos war die zweite Möglichkeit durch die Publikation von JOSEPH HAYDNS sechs *‹Pariser› Symphonien* von 1787 gegeben. Und es ist wohl kein Zufall – Ludwig Finscher wies erst unlängst darauf hin –, daß die ersten drei *‹Pariser› Symphonien* HAYDNS dieselben Tonarten verwenden wie die letzten drei MOZARTS, nämlich C-dur, g-moll und Es-dur. Wie schon bei seinen sechs *Streichquartetten* der Jahre 1782 bis 1785, die MOZART ausdrücklich seinem Vorbild und väterlichen Freund HAYDN widmete (gedruckt 1785), wäre HAYDN erneut das Vorbild für Instrumentalkompositionen MOZARTS, diesmal der erfahrene und erfolgreiche Symphoniker HAYDN. Diese Vermutung wird auch durch die konkrete Gestalt der *Es-dur-Symphonie* bestätigt. Eine langsame Einleitung findet sich auch in HAYDNS *Es-dur-Symphonie* (*Hob. I: 84*), noch deutlicher ist der HAYDNsche «Ton» im Finalsatz, der die tänzerische Heiterkeit, die Experimentierfreude und den trockenen Humor HAYDNscher Schlußsätze trefflich imitiert.

Dennoch bleibt insgesamt, wie in den Streichquartetten, die Annäherung an HAYDN auf Äußerliches beschränkt, da MOZARTS Musik auch hier zu deutlich von konkreten Vorstellungen, von opernhaften, dramatischen Gesten und Charakteren geprägt ist, und von jener «Theaterhaltung», die auch in den Instrumentalwerken den Gegenstand seiner Musik, den leibhaftigen Menschen in all seinen Möglichkeiten, niemals aus dem Auge verliert. Die reine symphonisch-experimentelle Struktur HAYDNS ist MOZARTS Sache nicht. So vermittelte auch diese Symphonie den Deutern allerlei bildhafte Inspiration, insbesondere der mit einer würdevollen langsamen Einleitung versehene Kopfsatz: H. C. Robbins Landon spürte «spätherbstliche Reife», während Hermann Kretzschmar sogar «Mozarts ‹*Eroica*›» ausmachen wollte, am häufigsten registrierte man «hochgestimmtes, schweres Pathos» (Hermann Abert), das die *opera seria*-artigen mächtigen Akkorde des Adagios anschlagen und das die Freimaurerwelt seiner späteren Oper ‹*Die Zauberflöte*› ankündigt. Durch die Nacht des dunklen Ritus führt der Weg über eine fahle Überleitung ins Allegro-Reich echter Brüderlichkeit und Menschlichkeit. Und selbst im Gesangsthema des friedlichen Allegro-Hauptteils entdeckte Alfred Einstein Freimaurerisches, entdeckte er «jene ‹Bindungen›, die freimaurerische Brüderlichkeit symbolisieren». Feierliches, strenges Pathos verströmt auch der Andante-Satz in der für MOZART seltenen Tonart As-dur: das aus einem winzigen Motiv entwickelte, sehnsüchtig aufsteigende Hauptthema mündet in einen dreimal mahnend klopfenden Hochton, der dem Ganzen einen zeremonienhaften, rituellen Anstrich gibt. Doch auch hier, in der vergleichsweise förmlichen Atmosphäre, gibt es, wie so oft bei MOZART, überraschende Eintrübungen oder plötzliche emotionale Ausbrüche wie in der f-moll-Episode, die spüren lassen, wie schmal zu jener Zeit bereits der Grat geworden ist, der Hoffnung und Trost von Schmerz und Verzweiflung trennt.

Attila Csampai

Symphonie g-moll KV 550

Am 25. Juli 1788 trug MOZART in sein eigenhändiges «Verzeichnüß aller meiner Werke» eine *Symphonie in g-moll* ein, von der wir sonst nicht mehr kennen, als zwei Fassungen, die erste ohne, die zweite mit Klarinetten. Weder ist eine Aufführung zu MOZARTS Lebzeiten überliefert noch der Grund, warum MOZART die Symphonie, zusammen mit zwei weiteren (*KV 543* und *551*), überhaupt komponierte. Es gibt nur einen vagen Anhaltspunkt, daß die Klarinetten-Fassung möglicherweise in zwei Wohltätigkeitskonzerten der «Tonkünstler-Societät» unter ANTONIO SALIERI am 16. und 17. April 1791 in Wien erklang, bei denen die beiden mit MOZART befreundeten Klarinettisten Johann und Anton Stadler mitwirkten. Das wäre jedenfalls eine Erklärung für die Neufassung. Wie dem auch sei, die *g-moll-Symphonie*, nach *KV 183* die zweite in dieser Tonart, ist ein genauso einsames Werk wie die beiden anderen Symphonien des Sommers 1788 auch; jede steht für sich ein, und alle drei vermitteln uns MOZARTS tiefste Einblicke in Leben und Welt und sind die absoluten Höhepunkte seines symphonischen Schaffens. Doch zwischen uns und MOZART steht das 19. Jahrhundert, das für diese Musik nur ein sehr beschränktes Aufnahmevermögen hatte. Die *C-dur-Symphonie* wurde zur «Jupiter»-Symphonie zurechtinterpretiert, die *Es-dur-Symphonie* zum «Schwanengesang» und die in g-moll völlig mißverstanden. ROBERT SCHUMANN sprach von «griechisch schwebender Grazie», und Kleingeister wie ein gewisser H. Hirschbach ereiferten sich in SCHUMANNS *Neuer Zeitschrift für Musik* (im Jahrgang 1838): «Diese sogenannte Symphonie verdient eigentlich gar nicht diesen Namen, sondern ist ein weder durch Erfindung noch durch Arbeit hervorragendes, gewöhnlich mildes Musikstück, das zu schreiben (wenn man alle tieferen Anforderungen unserer Zeit beiseite setzt) durchaus nicht so schwer fallen müßte.» Die philisterhafte Überheblichkeit dieses Schreiberlings, so lächerlich sie uns heute auch erscheinen mag, ist ein bezeichnendes Dokument dafür, welche Musikvorstellung wir überwinden müssen, um an den Kern des von MOZART tatsächlich Komponierten heranzukommen.

Denn in Hirschbachs Einwand steckt ja auch etwas Richtiges: Ohne es zu merken, spricht er nämlich von MOZARTS einzigartiger musikalischer Diskretion, ja von seiner abweisenden Geschlossenheit, die es uns nicht erlaubt, die musikalische Haltung der *g-moll-Symphonie* etwa als Ausdruck von persönlichen Nöten des Komponisten aufzufassen (wie es immer noch geschieht). Wir wissen ohnehin sehr wenig über MOZARTS gesellschaftliche Isolation der letzten Wiener Jahre, aber es ist ästhetisch unhaltbar, seine biographischen Umstände mit dem Charakter seiner Musik zu verwechseln. Dafür ist sie zu wenig subjektiv. Was dagegen musikalisch zur Sprache kommt, sind die Affekte von Unruhe, Klage oder Verzweiflung *als musikalische Charaktere*, die ganz für sich selbst stehen. Freilich sind es auch hier, wie immer bei MOZART, immanent-dramatische, anthropomorphe musikalische Gestalten, die so agieren, wie sonst die Menschen auf MOZARTS Opernbühne. So ist es denn auch kaum erstaunlich, daß der erste Satz den Typus der *aria agitata* benutzt, wie ihn beispielhaft die Arie *‹Non sò più cosa son cosa faccio›* des Cherubino in *‹Le Nozze di Figaro›* vertritt, und daß der ebenbürtige letzte Satz tänzerischen Impuls erhält, statt bloßer «Kehraus» zu sein. Was jedoch im Menuett geschieht, steht außerhalb der Konvention: MOZART deutet den höfisch-grazilen Tanz um zu einem mürrischen Charakterstück mit einer kontrapunktischen Zahnradkonstruktion und metrischen Konflikten, die den außerordentlichen Ausbrüchen aus der Ordnung in der Durchführung des Finales kaum nachstehen. In beiden Fällen stößt MOZART an die Grenze der Ästhetik des «Schönen» vor, ohne sie jedoch zu verstoßen. Solches würde seiner Grundanschauung zuwiderlaufen, Musik dürfe nicht «schwitzen», sondern solle «angenehm in die ohren» sein, was aber nicht ausschließt, daß sie auch einen schroffen «Ton» annehmen kann; aber so, daß die distanzierte Haltung gewahrt bleibt. So schrieb MOZART bereits am 26. September 1781 (anläßlich der Komposition der aufgebrachten Arie des Osmin) an den Vater, daß die Leidenschaften, ob heftig oder nicht, niemals bis zum Ekel ausgedrückt werden dürften und die Musik deshalb «auch in der schaudervollsten Lage das Ohr niemalen beleidigen, sondern doch dabey vergnügen muß, folglich allzeit Musick bleiben Muß». Damit ist keiner Ästhetik des Maßhaltens das Wort geredet, sondern der Musikauffassung des 18. Jahrhunderts.

Schon die Wahl der Tonart g-moll war eine bewußte Entscheidung MOZARTS für negative Tonfälle: Diese Tonart steht ein für leidenschaftlich erregte (erster Satz!), gemischte oder sogar trostlose und abgründige Haltungen. Man denke nur an solche g-moll-Stücke wie MOZARTS *Streichquintett KV 516*, an die Arie der Konstanze *‹Traurigkeit ward mir zum Lose›* und natürlich an die Arie der Pamina. Doch befremdet die Unerbittlichkeit, ja Desillusionierung, mit der Mozart in der *g-moll-Symphonie* in dieser Tonart redet. Die Durchführung des Finales beginnt mit einem erschreckend zerklüfteten Motiv, das nicht allein Ausdruck einer unerhörten Abgründigkeit ist, sondern darüber hinaus hundertfünfzig Jahre vor Schönberg eine Zwölftonreihe aufstellt, was an dieser Stelle zumindest bedeutet, daß die Grenze der Tonalität erreicht ist. Zugleich ist es ein nur noch mühsam gebändigter Ausbruch, der auch an die Grenze der klassischen Ästhetik stößt und Dimensionen aufreißt, die erst in der Musik unseres Jahrhunderts eingelöst werden.

Dietmar Holland

Symphonie C-dur KV 551 (‹Jupiter›)

Mit der *C-dur-Symphonie KV 551* setzt Mozart bereits 1788, also drei Jahre vor seinem Tod, den gewaltigen Schlußpunkt seines umfangreichen symphonischen Œuvres, das 41 Werke zählt. Und es gibt wohl keine andere *letzte* Symphonie eines Komponisten, die die Rolle des Abschließens, Zusammenfassens und Vollendens so ausdrücklich wahrnehmen und so vollkommen gestalten würde wie dieses Werk. Es spannt noch einmal den ganzen musikalischen Kosmos Mozarts in gedrängter Form vor uns auf und trägt darum das von unbekannter Hand später hinzugefügte Attribut *‹Jupiter›* nicht ganz zu Unrecht. Es weist einiges darauf hin, daß Mozart diese Symphonie von vornherein im Bewußtsein komponierte, ihr keine weitere mehr folgen zu lassen.

Bereits die Wahl der mittleren vereinigenden Tonart C-dur mag hierfür ein Indiz sein: Sie bekundet Mozarts Absicht, in dieser Gattung noch einmal all sein Können zum Einsatz zu bringen und von der Mitte des Tonsystems aus das gesamte musikalische Ausdrucksspektrum zu entfalten. Und da C-dur die Tonart ist, die von sich aus am wenigsten eine bestimmte emotionale Haltung einnimmt, ist sie am besten dazu geeignet, die gesamte Palette musikalischer Affekte zu realisieren: Auf Grund ihrer neutralen Stellung zwischen den Tonartenkreisen gewährt sie am leichtesten den

Zugang zu beiden. Insofern ist die *‹Jupiter›-Symphonie*, die in allen Sätzen erstaunlich weit in beide Tonartenkreise eindringt, auch MOZARTS letzter Appell an die ausgleichenden, zentripetalen Kräfte der Tonart C-dur.

Gleich die ersten Takte der Symphonie bergen den Widerspruch in sich, der das ganze Werk bestimmt: den Gegensatz zwischen dem «Außen» und dem «Innen» des Menschen, zwischen Aktion und Passion, zwischen Macht und Ohnmacht, und es gibt kein anderes klassisches Thema, das auf so engem Raum derart gegensätzliche musikalische Haltungen verwirklicht. Zuerst also die dreimal unerbittlich aufschlagende, männlich-drohende Schleiferfigur, die bemerkenswert häufig in MOZARTS Werk auftritt, und irdische Macht und Stärke, aber auch drohende Gewalt und den unausweichlichen Zwang verkörpert... und danach, unvermittelt kontrastierend, das weiblich auftaktige, offene, zu uns hingewendete, klagende Streichermotiv, das schmerzlich-unerfüllte Empfindung ausdrückt. MOZARTS Genialität zeigt sich hier vor allem darin, wie mühelos es ihm gelingt, diesen schier unvereinbaren Charaktergegensatz, diese Doppelgeschlechtlichkeit, zu thematischer Einheit zu formen und so zu völliger Harmonie zu vereinen, daß das diskontinuierliche Thema bereits beim ersten Hinhören ausgewogen, homogen, ja ganz selbstverständlich erscheint. Auch die Mittelsätze enthalten eine bemerkenswerte und selbst für MOZART ungewöhnliche Fülle kontrastreich-komplexer Substanz und sind so streng, so überaus konzentriert gearbeitet, daß sie den Charakter *letzter Worte* gewinnen. Das Andante cantabile etwa, eine eigenartige Mischung aus Dacapo-Arie, Sonatensatz und Rondo, entfacht unter der äußeren Hülle einer lang ausgesponnenen Gesangslinie einen wahren Sturm unterschiedlichster Gefühle: es ist nicht mehr der Tradition des einheitlichen Affekts verpflichtet, sondern gibt einen kontrastreichen Gefühls*verlauf* wieder, der der Realität menschlichen Empfindens mehr entspricht als der *stehende* Affekt. Wir haben es hier, wie auch in den späten Opernarien MOZARTS, mit *innerer* dramatischer Aktion zu tun.

Der gewaltige Finalsatz steht außerhalb jeder Konvention. Es ist der erste symphonische Schlußsatz, der den Kopfsatz an Bedeutung übertrifft. Der Form nach ist es keine *Fuge*, wie immer wieder behauptet wurde, sondern ein Sonatensatz mit mehreren fugierten Teilen, in denen moderne Durchführungstechnik und traditionelles Fugenverfahren kompliziert miteinander verwoben sind und zu ganz neuen, kühnen Klangwirkungen führen. JOHANN NEPOMUK DAVID fand heraus, daß alle Haupt- und Nebenthemen, Übergangsgruppen und Nebensätze der Symphonie aus dem *cantus firmus*-artigen Hauptthema des Schlußsatzes abgeleitet sind. Noch brisanter ist aber, daß dieses Finalthema aus zwei verschiedenen musikalischen Motiven zusammengesetzt ist, die – wie im Hauptthema des Kopfsatzes – zwei gegensätzliche musikalische Prinzipien verkörpern: der *cantus firmus*-artige Vordersatz steht für das kontrapunktische Prinzip der Vergangenheit, während der tänzerisch-bewegte, bühnenhaft agierende Nachsatz, der einer *opera buffa* entnommen sein könnte, das akkordisch-homophone moderne Prinzip vertritt. Man könnte sogar sagen, daß in diesem achttaktigen Gebilde sowohl die metaphysische als auch die realmenschliche Seite der Musik MOZARTS, also ihre überirdische wie irdische Macht, zu universaler Einheit verbunden ist. Wir erleben hier womöglich zum letztenmal eine umfassende, ganzheitlich-universale Musikauffassung, in deren Mittelpunkt der Mensch steht, der ganze leibhaftige Mensch, im Widerstreit seiner Gefühle, in der Diskontinuität seiner Existenz und in der lebendigen Vielfalt seiner Bestimmungen. Darum ist diese Musik auch nicht einem besonderen Affekt verpflichtet, weist keine emotionale Grundtendenz auf; sie ist also nicht *nur* heiter oder *nur* traurig, nicht *eher* optimistisch oder *eher* verzweifelt, sondern dies alles zusammen: sie ist zutiefst menschlich.

Attila Csampai

Divertimenti, Kassationen, Serenaden

In MOZARTS Divertimento-, Serenaden- und Kassationenschaffen gipfelt die Geschichte einer Reihe von Gattungen gehobener Unterhaltungsmusik des 18. Jahrhunderts, die sich hauptsächlich aus der barocken Suite heraus entwickelt haben. Das Suitenhaft-Lockere der Form lebt in ihrer grundsätzlichen Offenheit weiter:

in der Offenheit der Instrumentation, der Anzahl der Sätze, ja sogar der Besetzung. Serenaden fanden im Freien statt (*al sereno*), wohl auch am Abend und in der Nacht (*sera*). Entgegen dem intimeren, für die «Kammer» bestimmten Divertimento sind sie eher dem repräsentativen Anlaß zugedacht. Sie sind mehr «Ereignis» denn «Werk» im modernen Sinn. Oft nur einmal aufgeführt, verschwanden sie deshalb auch bald als «Makulatur». Anders bei MOZART: In der Tatsache, daß fast alle seine Werke dieser Gattungen erhalten sind, spiegelt sich schon sein Qualitätsanspruch, auch und gerade der «Unterhaltungsmusik».

Welche Facetten modelliert aber nun ein geborener Musikdramatiker wie MOZART aus dem Begriff «Unterhaltung»? – Sicher mehr als die Notwendigkeit, dem Hörer «Vertrautes» zu bieten in der Übersichtlichkeit des Formverlaufs, der klaren Periodenbildung, der bevorzugten Dreiklangsmelodik und der leicht durchhörbaren Satzstruktur. Ohne die raffinierte Variabilität zu unterschätzen, die diese eher dem «galanten Stil» zugehörigen Elemente in MOZARTS Hand gewinnen, tauchen doch auch immer wieder plötzliche «Umblendungen» um Satzverlauf auf, die sich wie «Fenster» zu einer Tiefenschicht des Fühlens öffnen, die neben dem heiteren «Divertissement» gleichsam unterirdisch stets mitläuft. Fast polar dazu wird das «Galante» zum amüsanten Witz zugespitzt, der in Volkslied- oder volksliedartigen Zitaten und fast parodistisch hervorgestrichenen Spielfiguren durchbricht (etwa im Schlußsatz der *‹Serenata notturna› KV 239*, wo MOZART ein typisches Finalekurzmotiv chromatisch «schärft»), aber auch in unerwarteten Stockungen und Verkürzungen des Satzverlaufs.

In lauen Sommernächten, meist Anfang August, marschierte jedes Jahr ein seltsamer Zug Menschen vor das Schloß Mirabell: «Logiker» und «Physiker» waren es, Studenten der Universität Salzburg, die am Ende ihres Studienjahres dem Erzbischof – und später vor dem Kollegiumsgebäude ihren Professoren – eine musikalische Aufwartung machten. Zehn Jahre lang, von 1769 bis 1779, komponierte MOZART fast jährlich ein Werk für den repräsentativen und hochakademischen Anlaß dieser «Finalmusiken». Der Reigen dieser Kompositionen beginnt mit der *Serenade D-dur KV 100* und der *Kassation G-dur KV 63*, beide für das Jahr 1769. In der *Kassation* nützt der dreizehnjährige Mozart den offiziellen Anlaß und «berichtet» von den Eindrücken seines Wiener Aufenthalts (1767 bis 1769): Der obligate Marsch wird zur Sonatenform veredelt, das Allegro folgt dem Schema der Wiener Symphonie mit ihren häufigen Ritornellen und das erste Menuett ist gar als Kanon komponiert. Im Adagio, dem fünften Satz, erklingt zum erstenmal die Solovioline, die später auch in der *Serenade D-dur KV 203* (Finalmusik des Jahres 1774) und in der – schon zu Mozarts Zeit viel gespielten – *‹Haffner-Serenade› D-dur KV 250* durch ein «Werk im Werk» ausgezeichnet werden sollte. Die *‹Haffner-Serenade›* ist überhaupt Mozarts erstes großangelegtes Orchesterwerk, von Sigmund Haffner d. J. für die Hochzeit seiner Schwester bestellt und am Vorabend der Feier, am 21. Juli 1776, im Haffnerschen Garten nahe Loretto in der Paris-Lodron-Gasse uraufgeführt. Von diesem Werk existiert auch eine Symphoniefassung – bei der die Concertosätze (Nr. 2–4) wegfallen –, die aber nicht mit der sogenannten *‹Haffner-Symphonie› D-dur KV 385* (die allerdings ebenfalls aus einer Serenade entstand!) verwechselt werden darf.

«Werk im Werk», Reduktion zu Symphonien – die Offenheit der Gattungen war nicht nur ein Reiz, sondern auch eine Chance: Sie wirkten offenbar wie «Keimstätten» für andere, strengere Gattungen. Schon um 1750 hatte Joseph Haydn aus der Zufallsbesetzung des *‹Divertimento a quatro›* das Streichquartett als eigene Gattung etabliert. 1772 transformierte Mozart den italienischen Symphonietypus in die Streichquartettbesetzung – in den *(Quartett)-Divertimenti KV 136–138*. Dreisätzigkeit, häufig stereotyp pulsierende Harmonie- und Baßstimmen, für die sich in virtuosen Spielfiguren (Doppelschlägen, Läufen, kurzen Vorschlägen und weiträumigen Melodien die beiden Oberstimmen spannen, die Verwendung kleiner, oft bausteinartiger Motive, die spielerisch beleuchtet und umgedeutet werden – all dies macht den besonderen Reiz und Zauber dieser drei Divertimenti auch noch auf den heutigen Hörer aus. Aber auch in diesen Werken ist Platz für jene «Tiefenschicht» des Fühlens: Am Ende der Durchführung des ersten Satzes von *KV 136* öffnet sich plötzlich der Blick in eine Pizzicato-Landschaft, über der die zweite Violine dahinhuscht und die erste Violine einen ruhigen Gesang anstimmt. *KV 137* beginnt mit einem Andante, dessen Affektverlauf einer Opernarie ähnelt: Der schmerzvolle Anfangsgestus (er klingt in den Akkorden in der Durchführung des zweiten Satzes und in den chromatischen Brechungen der Finaledurchführung weiter) wird von trostvollen Gebärden aufgefangen, beginnt sich auszusingen, und ehe die Exposition in ruhigen, beruhigten Akkorden ausklingt, rafft er sich sogar zu zierlichen, tänzerischen Figuren auf. Äußerste Zartheit strömt das zweite Thema des Andante von *KV 138* aus, indem es sich in weiten Intervallen zuerst auseinanderfaltet, um dann in subtilsten Dissonanzreibungen sozusagen «zu sich selbst» zurückzuführen.

Neben der reinen Streicherbesetzung erweitert Mozart in seinen Divertimenti die Klangfarbenpalette durch zusätzliche Soloinstrumente: In seinem «Mailänder» *Divertimento KV 113* (1771) verwendet er zum erstenmal in seinem Schaffen Klarinetten (die es damals in Salzburg noch nicht gab), im *Divertimento D-dur KV 205*, das er vermutlich für die Silberhochzeit des Salzburger Ehepares Antretter geschrieben hat, gesellen sich zwei Hörner zu den Streichern und intonieren im Trio des zweiten Menuetts gar das Volkslied *‹Ich ging durch einen grasgrünen Wald›*, und im Namenstagdivertimento für seine Schwester Nannerl, *D-dur KV 251* (Juli 1776), wird die Solooboe in ihrer ganzen Personalität vorgestellt.

Es mag überraschen, daß auch in Winternächten Serenaden stattfanden: Allerdings lassen die beiden reizvollen *Notturni* für geteiltes Orchester eher an eine Art «Silvester- oder Neujahrskonzert» zur Jahreswende 1775/76 (*KV 239*) bzw. 1776/77 (*KV 286*) denken – allerdings nicht im Freien. Im *Notturno KV 286* sind es gar vier Orchester, deren einzige Funktion darin besteht, ein dreifaches Echo erklingen zu lassen. In der Gegenüberstellung eines Solostreichquartettes (mit Solokontrabaß statt des Cellos!) und eines Streichorchesters mit Pauken in der *‹Serenata notturna› D-dur KV 239* klingt die alte Concerto grosso-Tradition an.

Das Jahr 1779 – Jahr der Rückkehr vom «erfolglosen» Pariser Aufenthalt und der «reumütigen» Wiederanstellung in Salzburger Diensten als Hoforganist –, ein Jahr der krisenhaften Zuspitzung der Lebenslage Mozarts, brachte auch die *Serenade D-dur KV*

320, nach dem Posthornsolo im zweiten Trio des zweiten Menuetts die *‹Posthorn-Serenade›* genannt. Nun weitet sich – vor allem im ersten und siebten Satz – das «galante» Divertieren endgültig in symphonische Dimensionen: Schon die Adagio maestoso-Einleitung setzt einen kraftvollen Akzent, der über die Satzgrenze ausstrahlt: Sowohl im zweiten als auch im sechsten Satz – beides Menuette – wird das prunkvolle punktierte d weitergeführt. Ständige taktweise Forte-Piano-Kontraste in Haupt- und Seitenthema sowie das breite «Mannheimer» Crescendo der Schlußgruppe bringen eine das Serenadenhafte sprengende Spannung ins Werk. Die Sätze drei bis fünf – wiederum ein «Werk im Werk» – exponieren ein Solistensextett von zwei Flöten, zwei Oboen und zwei Fagotte, das konzertierend dem Orchester gegenübersteht: Aber selbst hier findet galantes Divertissement eigentlich nur im Mittelsatz, dem symmetrischen Zentrum des gesamten Werkes, statt; hier nimmt übrigens MOZART das Thema der *‹Kleinen Nachtmusik›* (dort nach dem «Fanfaren-Vorhang» ab Takt 5) wörtlich vorweg.

Nach 1780 schreibt MOZART keine Divertimenti mehr. Und die wenigen Serenaden, die noch entstehen, unterscheiden sich in ihrer Tendenz zum geschlossenen, individuellen Werk mit eigener, unverwechselbarer Physiognomie deutlich vom Vorhergegangenen: abgesehen von der großen *Bläserserenade B-dur KV 361* (1781), in der noch einmal alle Facetten der MOZARTschen «Unterhaltungsdramaturgie» vollendet anklingen, prägen die Folgewerke je *eine* dieser Facetten besonders aus: die *‹Haffner-Symphonie› KV 385* (Extrakt eines zweiten Haffner-Auftrags) ist ganz und gar symphonisch gedacht, die *Serenade c-moll KV 388* (1782) für acht Bläser taucht tief in das Nächtlich-Düstere ein, während die *‹Kleine Nachtmusik› G-dur KV 525* (1787), wie *KV 136–138* nur für Streicher, als Inbegriff klassisch-ausgewogener Schönheit gilt. Einzig in der zweiten Episode der «Romanze», dem zweiten Satz, trübt sich das Werk leicht ein, wenn sich über flüsternden c-moll-Sechzehnteln erste Violine und Bässe ein kurzes Doppelschlagmotiv wie im Echo zuwerfen. Es wäre müßig und in Kürze gar nicht möglich, auf alle Feinheiten dieses Werkes hinzuweisen. Wer jedoch seine Aufmerksamkeit auf die vielen, raffiniert-unprätentiösen Überleitungen dieses Werkes lenkt, wird dort ebensoviel über die vollendete Meisterschaft MOZARTS erfahren wie in den – zum Teil zum «Hit» gewordenen – Themen und Melodien dieses Werkes.

Gerhard Eduard Winkler

Adagio und Fuge c-moll KV 546

«... ich gehe alle Sonntage um 12 Uhr zum Baron van swieten – und da wird nichts gespillt als Händl und Bach – ich mach mir eben eine Collection von den bachschen Fugen», schreibt MOZART am 10. April 1782 an seinen Vater. Dieses selbst angelegte Kompendium der BACHschen Kontrapunktik, die MOZART bis dahin unbekannt war, führte in der Folgezeit zu einer intensiven Auseinandersetzung mit dem strengen Stil; freilich «kein Sichaneignen aus dumpfem Instinkt heraus [...], sondern ein bewußtes, klares Eindringen in das Wesen dieser Musik, ein unaufhörliches Versuchen, ihren Stil nachzubilden und mit dem eigenen zu verschmelzen» (Hermann Abert). Es ist auffällig, daß gerade die Tonart c-moll bevorzugt von MOZART für Musik kontrapunktischer Prägung verwendet wird. Die entsprechenden Teile der *c-moll-Bläserserenade KV 388* geben davon ebenso Zeugnis wie das Fragment der *c-moll-Messe KV 427* oder *Fuge in c-moll KV 546*. Ursprünglich für zwei Klaviere gesetzt (Dezember 1783), bearbeitete sie MOZART im Juni 1788 für Streichorchester (nicht für Streichquartett, wie frühere Ausgaben glauben machen wollen) und stellte ein Adagio voran, das zwar aus dem Geist der Französischen Ouvertüre kommt, durch die drastischen Affektwechsel aber ganz dem späten schmerzlichen MOZARTschen Tonfall gehört.

Das Thema der *Fuge* selbst zeigt zwar durch den markanten Septimensprung enge Verwandtschaft zu analogen BACHschen Themen (Fuge Nr. 1 aus dem *‹Musikalischen Opfer›* oder die f-moll-Fuge aus dem zweiten Teil des *‹Wohltemperierten Klavier›*), hat aber MOZARTS eigenen affektiven Charakter. Den mächtig auffahrenden ersten zwei Takten steht ein fahles chromatisches Absinken des melodischen Duktus entgegen. Der Verlauf der Fuge kennt zwar alle Mittel der Umkehrung, Engführung und Spiegelung, erweist sich jedoch deshalb als problematisch, da das Thema fast durchgehend präsent ist. Man vermißt kontrastierende Zwischenspiele. So großartig die Fuge in ihrer Durchführung ist, zeigt dieser Umstand die mühsame Konstruktivität, das Artifizielle der genuin kontrapunktischen Musik MOZARTS. In der Coda dann schlägt die Struktur um. Ab Takt 106 etablieren sich Dreiklangsfiguren als harmonische (!) Begleitung des Themas. Der im strengen kontrapunktischen Sinn unverzeihliche «Fehler» zeigt genau MOZARTS Intention. Ihm ging es nicht darum, im Stil der «Alten» Fugenkunststücke zu vollbringen, sondern Elemente daraus in seine eigene musikalische Realität einzubringen. Die freie Verbindung aus kontrapunktischer und thematischer Arbeit wird später im Finalsatz der *‹Jupiter›-Symphonie KV 551* vollendet gelingen.

Bernhard Rzehulka

Opernouvertüren

Es entspricht ihrer musikhistorischen Bedeutung, daß sich alle Opernouvertüren MOZARTS aus der Wiener Zeit auch im Konzertsaal etabliert haben, zählen sie doch zu den bedeutendsten Schöpfungen in dieser Gattung überhaupt. Beginnend mit der Ouvertüre zur *opera seria ‹Idomeneo›* im Jahre 1781, in der er sich endgültig vom erstarrten Schema der italienischen *sinfonia* loslöste, verwirklichte MOZART in allen nachfolgenden Ouvertüren in exemplarischer Weise die von der Musiktheorie (MATTHESON, QUANTZ, SCHEIBE) schon lange erhobene Forderung nach einer *inhaltlich* auf die Oper bezogenen Ouvertüre. Gleichzeitig folgte er auch den Reformideen GLUCKS, der ja bereits vor ihm die alten Typen der französischen und italienischen Ouvertüre zugunsten einer neuen einsätzigen Form (mit langsamer Einleitung) aufgegeben hatte. Ihre Bedeutung erklärt sich freilich nicht allein aus der Nähe zu den Reformbestrebungen der Zeit, sondern aus ihrer musikalischen wie geistigen Eigenständigkeit, ihrer unverwechselbaren Individualität. Es sind die einzigen Ouvertüren, die das Attribut «klassisch» verdienen, denn in ihnen sind die widerstrebenden Tendenzen nach formaler Autonomie und nach inhaltlicher Beziehung zur Handlung auf einer höheren Ebene aufgehoben, dialektisch zur Einheit gebracht. Im Unterschied zur späteren *Potpourriouvertüre*, die inhaltlich konkretisierend durch vorweggenommene Zitate die wichtigsten Themen der Oper musikalisch zusammenfaßt, realisiert MOZART eine autonome, genuin instrumentale Komposition mit eigener Thematik und trifft so den geistigen Gehalt, die Aussage, den Charakter der nachfolgenden Oper. Statt musikalischer Ähnlichkeiten gibt es eine geistige Beziehung zwischen Ouvertüre und Oper. Die Ouvertüre gibt nicht den dramatischen Verlauf wieder, sondern sie erfaßt das Wesen der Oper.

Bereits in der 1781 für München komponierten Ouvertüre zur *opera seria ‹Idomeneo›* spürt man den ungeheuren Druck, den Gestaltungswillen, den brennenden Wunsch nach freier künstlerischer Betätigung, der von nun an alle Ouvertürenkompositionen MOZARTS von innen durchglüht und ihnen die Fesseln des Unterhaltsam-Beliebigen abstreift. Nur die ersten Takte wahren noch die Spielregel einer typischen *seria*-Eröffnung. Dann bricht die jahrelang zurückgehaltene musikalische Energie explosionsartig aus ihm hervor und entfacht einen Seelensturm stärkster Gefühle. Zugleich ist es ein Orchesterstück von höchster virtuoser Bravour, geschrieben für eines der besten Orchester der Welt (das Hoforchester Karl Theodors).

Über die Ouvertüre zu seinem im selben Jahr komponierten, aber erst 1782 in Wien aufgeführten *deutschen Singspiel ‹Die Entführung aus dem Serail›* schreibt MOZART an seinen Vater: «Von der ouverture haben sie nichts als 14 Täckt. – die ist ganz kurz – wechselt immer mit forte und piano ab; wobey beym forte allzeit die türkische Musick einfällt... und ich glaube man wird dabey nicht schlafen können, und sollte man eine ganze Nacht durch nichts geschlafen haben.» Besonders aufregend ist der (vom barocken Concerte inspirierte) äußerst effektvoll gesetzte ständige Wechsel von leisem «europäischen» und lautem «türkischen» Instrumentarium im Presto-Teil, der vibrierende Sehnsucht, das Zittern der Seele, mit der damals in Wien beliebten türkischen Militärmusik konfrontiert und so einen ironisch-heiteren musikalischen Nachtrag zu der in Wien schon seit geraumer Zeit herrschenden Türkenmode liefert. Der langsame Andante-Teil ist die pure Vorwegnahme der ersten Arie des Belmonte im düsteren c-moll, das seine Ungewißheit ausdrückt, und dient der direkten musikalischen Vorbereitung der ersten Opernszene.

Eine weitere brennspiegelartige Verdichtung des Begriffs *Charakterouvertüre* gelingt MOZART vier Jahre später im knapp 300 Takte langen, aber nur vier Minuten dauernden rasanten Vorspiel zu seiner *comedia per musica ‹Le Nozze di Figaro›*, in der er erstmals einen politisch aktuellen und brisanten Stoff der Gegenwart vertont. Man hat immer wieder behauptet, daß MOZART in seiner Oper dem aufrührerischen Theaterstück Beaumarchais' politisch «die Zähne ausgebrochen» habe: abgesehen davon, daß dieser Befund unrichtig ist und die ästhetische Eigenart des Musiktheaters verkennt, beweist bereits die *‹Figaro›-Ouvertüre* musikalisch zwingend das Gegenteil: Wenn MOZART ein ausgesprochen *politisches* Stück Musik komponiert hat, dann ist es die *‹Figaro›*-Ouvertüre. Hier gibt es kein Verweilen, kein erstes und zweites Thema, keine Nebengedanken und quadratischen Formprinzipien. Alles, aber auch alles wird mitgerissen und fortgespült vom gefährlichen Strudel der Ereignisse, die den rasanten Pulsschlag dieses *tollen Tages* bestimmen und unaufhaltsam ihr Ziel ansteuern. Da sind gesellschaftliche Kräfte am Werk, Massen, die plötzlich alle von diesem heiteren D-dur-Sturm erfaßt werden. Hier werden alte Ordnungen, alte Anschauungen und Denkweisen gründlich weggefegt, aber nicht nur politisch, als Vorahnung des Sturms auf die Bastille, sondern im Menschen selbst, in seiner Seele, seinem Lebensgefühl. Nirgends anders ist dieser reinigende Sturmwind, diese neue Dynamik der Freiheit, dieses Schrittes nach vorn, gebündelter in Musik gesetzt worden.

Knapp anderthalb Jahre nach dem *‹Figaro›* vollendet MOZART das *dramma giocoso ‹Don Giovanni›* für Prag. Die Ouvertüre, die MOZART buchstäblich in letzter Minute, am Tag der Generalprobe, zu Papier bringt, gibt vorab erneut die geistige Essenz der Oper wieder. Hier bestimmt der Gegensatz, der Antagonismus zweier elementarer Kräfte, bis zum letzten Takt den Gang der Ereignisse und findet keine Lösung. Die widerstrebenden Prinzipien von Lebenstrieb und Tod, von Freiheit und Ordnung, von Degen und Stein bestimmen auch die zweiteilige Gestalt der Ouvertüre. Und gleichsam wie ein über dem Ganzen lastendes tragisches Fatum nimmt MOZART im langsamen Andante-Teil der Ouvertüre die entscheidende *Todesszene* des Titelhelden vom Ende der Oper musikalisch vorweg. So ergibt sich eine seltsame Umkehrung von Ursache und Wirkung, eine kritische Umpolung der im Stück vertretenen Moral: Was sich am Ende der Oper als sich schließender Kreis von gesellschaftlicher Moral und Ordnungsvorstellung zu erkennen gibt – natürlich gefolgt von einer «heiteren» *scena ultima*, in der die Gemeinschaft, die Ästhetik der Komödie befolgend, ihren Triumph über den frevelnden einzelnen feiert –, was also in der Oper als moralisch legitimierte Konsequenz und *Folge* der Handlungen des Titelhelden gezeigt wird, erscheint in der Ouvertüre, da es ja hier am Anfang steht, als *Quelle* und *Ursache* seines Lebenstriebs. In der Ouvertüre mündet der tragisch umschattete langsame Teil in den vor Lebenslust überquellenden pulsierenden Allegro-Teil, er bringt ihn erst hervor, und so wird klar, daß Giovanni nicht nur gerichtet wird von der Gesellschaft, sondern daß er auch ein Produkt ist dieser starren Ordnung, daß sein Lustprinzip ein Resultat ist der starren christlichen Moral.

Die Ouvertüre zu MOZARTS letzter *opera buffa ‹Così fan tutte›* von 1790, in MOZARTS bevorzugter Ouvertüren-Tonart C-dur, verfügt, ihrem «heiteren» Sujet gemäß, über ähnlich motorische Antriebskräfte wie die *‹Figaro›-Ouvertüre*. In ihrem Charakter ist sie aber völlig verschieden. Denn aller Presto-Elan und alle Buffa-Vitalität dürfen nicht darüber hinwegtäuschen, daß diese Ouvertüre gleichsam «auf der Stelle» tritt, nicht vom Fleck kommt, sich karussellartig im Kreis dreht und daher – wie das Stück – keine rechte Entwicklung durchmacht, die auf ein Ziel, ein wirkliches Erfahrungsergebnis hinausliefe. Hier wird nicht eine Geschichte erzählt, eine dramatische Handlung vorgeführt, sondern eine Parabel, ein Gleichnis gezeigt, von der Unzulänglichkeit menschlichen

Empfindens und Handelns. Die Ouvertüre nimmt den Charakter einer Gleichung an, eines musikalischen Schwebezustands, und wenn Mozart nicht irgendwann das sentenzenhafte *‹Così fan tutte›*-Motto des Anfangs in die ständig sich drehende Bewegung einstreuen würde, würde sie vermutlich weiter in sich fortkreisen, ohne Ende. Lüge und Wahrheit, Ernst und Spiel, Vernunft und Liebe, alles hält sich in der Kreisbewegung die Waage: Es gibt keinen Abschluß, keine abschließende Erkenntnis.

Die Ouvertüre zur *opera seria ‹La Clemenza di Tito›*, die Mozart Anfang 1791 unter enormem Zeitdruck vollendet, zählt, obwohl von der Mozart-Literatur die ganze Zeit über als weniger bedeutend eingestuft, zu den beredtesten und schönsten Zeugnissen seiner Ouvertürenkunst. Auch sie ist eine echte Mozartsche *Charakterouvertüre* von unverwechselbarer Individualität. Natürlich hat Mozart sie in Instrumentation, Tonartenwahl (erneut C-dur!) und in der musikalischen Gesamthaltung ganz auf den äußeren Rahmen einer Festoper abgestimmt (sie wurde ja zur Krönung Leopolds II. zum König von Böhmen in Auftrag gegeben), zudem folgt sie in den ersten Takten der Konvention feierlicher *seria*-Eröffnungen: das ist vorgeschriebene Etikette, der schon die *‹Idomeneo›-Ouvertüre* folgen mußte. Doch was passiert gleich darauf, vom achten Takt an, und schlägt uns bis zum Schluß in seinen Bann?! Wir erleben, völlig unvorbereitet, quasi als späten Nachtrag zu einer Gattung, für die Mozart seit über drei Jahren nichts mehr komponiert hatte, eine komplett ausgearbeitete *kleine Symphonie* von höchstem musikalischen Rang, eine einsätzige Miniatur-Symphonie, bei der Mozart auf denkbar knappstem Raum ein letztes Mal seinen symphonischen Gestaltungswillen gebündelt entfacht – als habe er geahnt, daß es die letzte Gelegenheit sein würde. Und wer genau hinhört, wird in dieser noch einmal zusammenfassenden Ouvertüre Reminiszenzen an frühere Ouvertüren Mozarts finden! Die beiden ersten Takte sind – als sei es vorsätzliche Irritation – identisch mit dem Beginn der *‹Così-fan tutte›*-Ouvertüre. Dann folgen einige *seria*-typische Fanfarentakte, die dem Anfang der *‹Idomeneo›*-Ouvertüre sehr ähnlich sind. Mittendrin gibt es dann Anklänge an die «türkischen» Forte-Einwürfe in der *‹Entführungs›*-Ouvertüre, und die lakonische Unisonoüberleitung zur Durchführung erinnert an den Beginn des *‹Figaro›*-Vorspiels. Das mögen zufällige Verwandtschaften sein, mag man da einwenden, die Ähnlichkeit von Floskeln, die das Grundrepertoire der Wiener Klassik bilden. Keinesfalls zufällig hingegen ist die Geistesverwandtschaft der *‹Titus›*-Ouvertüre zum Kopfsatz der *‹Jupiter›-Symphonie*. Weit über die Tonartbeziehung hinaus geht die Themenverwandtschaft: Beide Kopfthemen vereinigen *in sich* den Gegensatz einer Piano- und Forte-Wendung; merkwürdig ähnlich ist auch der harmonische Plan beider Durchführungen, die vom lakonisch angesteuerten Bereich Es-dur aus den gesamten Horizont des MOZARTschen Tonartenkreises durchmessen bis zur weit entfernten Tonart E-dur, um dann zur Mitte, nach C-dur, zurückzupendeln. Und durch welche Abgründe des Seelischen muß auch in der *‹Titus›-Ouvertüre* die harmlose Staccato-Figur hindurch, bis sie zur ursprünglichen Dominante zurückfindet! Die Haltung der *‹Titus›-Ouvertüre* zur Oper entspricht genau MOZARTS Haltung zu den Figuren der Handlung in jener späten Phase seines Lebens. Es ist die heitere Kälte, die himmlische Distanz eines Genies, das Haß und Liebe bereits überwunden hat. Die wirkliche Gnade.

Die Ouvertüre zur *‹Zauberflöte›*, die MOZART wenige Monate vor seinem Tod komponierte, ist vielleicht die reifste, tiefsinnigste Ausformung seiner Ouvertüren-Konzeption. In ihrer unentschiedenen Haltung, einer seltsamen Mischung von Strenge, Verspieltheit, Trauer und festlichem Glanz, ist sie nicht weniger geheimnisvoll und doppelbödig wie die nachfolgende Oper selbst. Und da es in dieser Oper um eines der zentralen Probleme der Geschichte geht, nämlich die Entzauberung der alten Welt durch die Aufklärung und die kritische Durchleuchtung des neuen Menschenbildes, wird in der Ouvertüre, die ja auch diesmal die geistige Basis bereitstellt, tatsächlich zunächst die Welt erschaffen – gleich dem Schöpfungsakt, in der Reihenfolge Gestirne – Natur – Mensch. Man kann diese Vorgänge im Detail nachweisen – wie etwa die drei Dreiklänge des Anfangs, die den Schöpfungsakt symbolisieren, in der langsamen Einleitung zu einem dynamischen Dreiklangsmotiv weiterverarbeitet werden, zu leben, aufzukeimen beginnen, und nur in wenigen Takten die ganze Naturgeschichte durchlaufen, wie dann plötzlich im schnellen Teil endlich der Mensch als selbstbewußtes, tätiges Gattungswesen (Fuge!) in Erscheinung tritt und gleich zu agieren beginnt und später in der Durchführung auch in Widerspruch gerät, Schmerz und Trauer empfindet – doch die Musik MOZARTS stellt diese ungeheuerlichen Vorgänge viel eindringlicher und überzeugender dar, als Worte es je beschreiben könnten. MOZART-Forscher Ernst Lert hat diese Vorgänge bereits vor einem halben Jahrhundert anschaulich kommentiert. Er zitierte eine Tagebuchnotiz Franz Grillparzers aus dem Jahre 1809, in der dieser die Komponisten seiner Zeit mit den Schöpfungstagen verglichen hatte: «Das Chaos – Beethoven, es entstehen Berge – Joseph Haydn, der Mensch – Mozart», hatte Grillparzer unter anderem geschrieben, und Lert fügte folgendes hinzu: «Und siehe, in der Zauberflöte strömen alle zusammen: das Chaos und das Licht, die Berge und die Vögel, die Bären und das Gewürm, die ganze Schöpfung tut sich auf und dient der Sage vom Menschen, dient der Legende der Menschlichkeit.»

Attila Csampai

Ballett- und Schauspielmusiken

Die Zeit des großen repräsentativen Balletts, wie es vor allem am französischen Königshof des 17. Jahrhunderts gepflegt worden ist, war zu MOZARTS Zeit eigentlich schon vorüber, die Französische Revolution 1789 stoppte diese Art von Staatskunst dann endgültig.

Aber nicht nur die zeitgebundenen, gesellschaftspolitischen Umstände bilden die Ursache, daß das Ballett als Gattung in (MOZARTS Werk – übrigens ähnlich wie bei BEETHOVEN – nur marginalen Raum einnimmt. Die Antipathie gegenüber dem Ballett bezieht sich jedoch nicht auf den Tanz an sich, MOZART war bekannt als leidenschaftlicher Tänzer, zahlreiche Kompositionen von *Menuetten, Kontretänzen und Deutschen Tänzen* auch noch aus dem Todesjahr 1791 zeugen davon, daß es das Ballett – nicht der Tanz – ist, das seiner Ästhetik widerspricht, den Menschen ganzheitlich in der Musik widerzuspiegeln.

Und so sind denn auch nur zwei Ballettkompositionen überliefert, die in vollendetem Zustand vorliegen, wo sich sonst nur fragmentarisches, ungesichertes Material findet: Zum einen das französische ‹*Divertissement de danse*› *KV 299b* (= *Anh. 10*) mit dem Titel ‹*Les petits riens*›, entstanden im Mai/Juni 1778 in Paris, zum anderen das ‹*Idomeneo-Ballett*› *KV 367*, das im Anschluß an die Opernaufführung getanzt wurde.

An ‹*Les petits riens*› knüpfte MOZART große Hoffnungen: Geschrieben hatte er es als «Freundesstück» umsonst für den Tänzer und großen Ballettreformator Jean Georges Noverre, der dafür seinerseits MOZART zu einem Opernauftrag in Paris verhelfen sollte.

Doch auch in diesem Fall erwies sich der Pariser Aufenthalt als unglückselig, Noverre nahm zwar dankend das Ballett entgegen, tat aber nichts, was für MOZART zum Erfolg geführt hätte, nicht einmal sein Name erschien auf dem Theaterzettel. Von den 21 Nummern, die die erst 1872 wiederaufgefundene Abschrift des Balletts enthält, stammen wohl nur acht Stücke mit Sicherheit von MOZART selbst, die anderen sind nicht sicher zugewiesen. Doch diese acht zeigen aufs Beste, wie sehr sich MOZART den französisch-galanten Stil zu eigen machen konnte. Die gewohnten Pariser Tanztypen, meist zwei- oder dreiteilig oder in Rondoform mit Mineur, blühen durch MOZARTS Gestaltung zu artifiziellen, pointiert-koketten Miniaturen auf, die mehr sind als «Kleine Nichtigkeiten». Sei es die Pantomime, in der Schäferinnen in anakreontischer Szenerie sich vergnügen, oder seien es die drei Gavotten, deren altmodischen Hautgout MOZART mit Trillern, Vorschlägen, rhythmischen und melodischen Aperçus vertreibt oder auch die grazile C-dur-Ouvertüre: MOZART demonstriert hier die Synthese seiner eigenen Musiksprache mit den Gepflogenheiten des kapriziösen Pariser Musikgeschmacks.

Auf diese Pariser Erfahrungen konnte er dann drei Jahre später zurückgreifen, als er in München für seinen ‹*Idomeneo*› ein abschließendes Tanz-Divertissement zu schreiben hatte. Schwer genug ging es ihm von der Hand. «Ich habe noch immer mit den verwünschten tänzen zu thun gehabt...» schrieb er am 18. Januar 1781 an den Vater. In knapp drei Wochen hatte er dann die fünf

Nummern fertiggestellt, die als zur Handlung gehöriges Stück nach LULLYscher Tradition die Oper feierlich abschließen sollten. Zu Beginn steht eine ausladende Chaconne, die anhebt mit den gleichen Klängen wie die Chaconne in GLUCKS *‹Iphigenie in Aulis›* – auch hier Reminiszenzen an den Pariser Aufenthalt, wo MOZART einige GLUCK-Opern gesehen hatte. Es folgt *attacca* ein Largo, ein Passepied, eine Gavotte und eine abschließende mehrteilige Passecaille. Auch hier mußte sich MOZART wieder mit den überalterten Tanzformen abgeben, die er modernisierte, indem er sich rondoartig umgestaltete und mit den modischen Accessoires ausstattete, die er in Mannheim und Paris kennengelernt hatte: expressive Vorhalte, Triolenfigurationen und heftigen Crescendo-Steigerungen.

Anders als BEETHOVEN hat MOZART nur eine Schauspielmusik komponiert, doch sind diese Chöre und Zwischenaktmusiken ein musikalisches Konzentrat seiner «Sturm- und Drangzeit». Ähnlich wie die *g-moll-Symphonie KV 183* birgt die Musik zu *‹Thamos, König von Ägypten› KV 345* die ganze Entwicklung MOZARTS bereits in sich. Entstanden sind die zwei Chöre und die fünf Musiknummern zu dem heroischen Drama von Tobias Freiherr von Gebler im Herbst 1773, ergänzt um eine weitere Chornummer, und gravierend überarbeitet hat sie MOZART im Jahre 1779. Der Kern des Dramas: Sieg der Treue über alle Hindernisse und das ägyptische Sujet mit Sonnensymbolik, Hell-Dunkel- und Gut-Böse-Metaphorik haben immer wieder Vergleiche mit der *‹Zauberflöte›* hervorgerufen, und auch wenn das Maestoso nach dem ersten Akt mit drei Akkordschlägen anhebt, so atmet die *‹Thamos›*-Musik eine andere, unmittelbarere Luft als die *‹Zauberflöte›*. Hier sind die Dramatik und die Drastik der musikalischen Gestik ungebrochen. MOZART setzt sich mit allen Mitteln, die ihm zu Gebote stehen, gegenüber der handlungsgebundenen Programmatik durch. Und so sind, ohne die Unterbrechungen des eigentlichen Dramentextes, die vier rein instrumentalen Abschnitte Nr. 2 bis Nr. 5 gewissermaßen die Sätze einer imaginierten Symphonie, die alle stilistischen Merkmale MOZARTS wie Diskontinuität oder dramatisches Präsens aufweisen kann. Die rahmenden Chöre Nr. 1 und Nr. 6 sowie das Chorfinale Nr. 7 mit ihren solistischen Passagen weisen unverkennbar auf den künftigen *‹Idomeneo›*-Komponisten.

Doch nicht das Zukunftweisende verleiht der Musik zu *‹Thamos›* ihren hohen Rang, sondern die Unmittelbarkeit, die Heftigkeit und zerrissene Theatralität zwischen hymnisch-getragenen Chören, die doch vielmehr der dramatischen Seite dieser Schauspielmusik angehören, und den instrumental «sprechenden» Überleitungsnummern.

Irmelin Bürgers

Die frühen Klavierkonzerte KV 175–415

Jugendwerke eines Genies pflegen für die Nachwelt von besonderem Interesse zu sein; nicht so sehr um ihrer selbst willen, sondern weil man sich von ihnen ein tiefergreifendes Verständnis erhofft für das als zentral angesehene Œuvre des Künstlers. In aller Regel ist das ein ebenso gangbarer wie fruchtbringender Weg. Im Fall Mozarts und insbesondere seiner *Klavierkonzerte* aber führt er ins Leere. Denn wo wären hier Entwicklungsstufen zu erblicken, wo gäbe es Stationen, von denen man auch nur halbwegs mit Recht behaupten könnte, da und dort «blitze» schon die Meisterschaft auf, im übrigen aber hätte man es mit Vorformen und konventionellen Haltungen zu tun, die eben erst später im Individualstil zur Gänze aufgegangen wären?

Allenfalls beim neun- bzw. elfjährigen Mozart läßt sich solches beobachten, wenn er *drei Sonaten* des von ihm so verehrten Johann Christian Bach für Klavier und Orchester arrangiert (*KV 107*) oder im Jahre 1767 *vier Klavierkonzerte* (*KV 37, 39, 40, 41*) vorlegt (man lasse sich nicht durch die frühere Köchelnummer verwirren), die tatsächlich aber «Pasticci» waren, Zusammenstellungen und Instrumentationen fremder Originale. Um das herauszufinden, hat es lange genug gedauert; so gut, so mozartisch «klingen» sie schon. Den Musikforschern Wyzewa und Saint-Foix ist es zu verdanken, daß die Vorlagen verifiziert werden konnten; sie entstammten Kleinmeistern wie Raupach, Honauer, Schobert und Eckard, deutschen Komponisten aus der Mitte des 18. Jahrhunderts. Damit sind die «Übungen» MOZARTS auch schon zu Ende.

Im Dezember 1773 komponierte der Siebzehnjährige in Salzburg sein erstes eigenständiges *Klavierkonzert* (*D-dur KV 175*), das vollkommen den eigenen «Ton» bereits repräsentiert. MOZART selbst schätzte es so sehr, daß er es 1778 in Mannheim, der Stadt der führenden Musiker und Komponisten ihrer Zeit, aufführte und es gar noch in Wien zumindest zweimal (am 3. März 1782 und am 23. März 1783) spielte. Dort allerdings tauschte er den ursprünglichen Finalsatz gegen ein ungemein pointiertes *Rondo* aus (*KV 382*), um dem Wiener Geschmack entgegenzukommen. Dem ist er auch gerecht geworden, denn nach der zweiten Aufführung schrieb er dem Vater nach Salzburg: «man hörte aber nicht auf zu klatschen und ich mußte das Rondeau repetiren: – es war ein ordentlicher Plazregen.» Ungeachtet dessen ist der frühere Schlußsatz des *D-dur-Konzerts* der wesentlich aufschlußreichere, da er wie ein Motto MOZARTS zentrales ästhetisches Anliegen formuliert: die Aussöhnung zwischen dem galanten und dem gelehrten Stil. Der strenge kontrapunktische Bau des Hauptthemas steht dem graziös-melodischen Seitenthema entgegen, von dem Alfred Einstein zu Recht meinte, es könnte selbst im Finale der *‹Jupiter›-Symphonie* seinen Platz finden. Der konkrete Dialog zwischen Klavier und Orchester ist bereits ebenso vollendet realisiert, wie das übergeordnete Zwiegespräch zwischen den Epochen; der alte Kontrapunkt begegnet der aktuellen Buffogestik. Gleichsam als Signum für das innere Gewicht des Konzerts sieht MOZART die damals keineswegs selbstverständlichen Trompeten und Pauken innerhalb des konzertierenden Orchesters vor und bezeichnet das breitangelegte Andante als ma un poco adagio. Er weiß untrüglich, daß dies der erste und entscheidende «Wurf» für die Serie von insgesamt 23 (eigenen) Soloklavierkonzerten ist, die die Gattung aus der Taufe hebt und sie gleichzeitig zu einer unüberbietbaren Gipfelmarke führt. Denn direkte Vorbilder des Genres existierten nicht, zumindest nicht im Sinne der MOZARTschen konzertanten Physiognomie.

Die Instrumentalkonzerte JOHANN SEBASTIAN BACHS, die weitgehend noch dem terrassenförmigen Concerto-Typ huldigten, lernte Mozart erst Anfang der achtziger Jahre im Wiener Haus des Barons van Swieten kennen, ebenso diejenigen Philipp Emanuel Bachs. Ausgangspunkt waren einzig Johann Christian Bach sowie die Konzerte des Wieners Georg Christoph Wagenseil, die aber nichts anderes beabsichtigten als den galant-gesellschaftlichen Tonfall. Das Klavier hatte die dominierende Rolle inne; von einem Dialog konnte nicht die Rede sein. Mozart aber trat von Anfang an in das innere Wesen des Konzerts ein und definierte seine Idee als ein gleichberechtigtes Mit- und Gegeneinander von Solo und Orchester. Die konzertante Gattung wird zur imaginären Weltbühne, zum ideellen Theaterraum für die Musik selbst.

Wie wenig diese Tiefendimension des Klavierkonzerts mit der äußeren Fassade von Virtuosität oder Umfang zu tun hat, wird in den beiden Konzerten von 1776 deutlich, im *B-dur-Konzert KV 238* und dem in *C-dur KV 246*, das Mozart im April dieses Jahres für die Gräfin Lützow, einer Schülerin seines Vaters, schrieb. Gerade das *C-dur-Konzert* bleibt in den technischen Anforderungen hinter den vorangegangenen Werken zurück, ebenso die Orchesterbesetzung, die aus Oboen, Hörnern und Streichern besteht. Dafür aber verbirgt sich hinter der scheinbaren «Unschuld» der Musik die Diskretion des Wissenden. Ohne daß auch nur ansatzweise ein Bruch entstehen würde, schiebt Mozart in den Rondo-Schlußsatz (Tempo di Menuetto) eine Passage in a-moll ein, die den Hörer eigentlich erst dann erreicht, wenn sie fast schon zu Ende ist. Das Orchester, das die Modulation vorbereitet hatte, reagiert jedoch unmittelbar und schweigt betroffen (Takt 113ff). Erst geraume Zeit später (nach 22 Takten) und einigen wenigen Begleitfiguren ist es sich der Situation, in die es das Klavier innerhalb eines Menuett-Kontextes gebracht hat, bewußt und zieht mit einem Forte-Unisono das Geschehen wieder an sich (Takt 136ff). Diese Stelle im meist unterschätzten *‹Lützow›-Konzert* bringt das Situationsbewußtsein des Mozartschen Konzert-Kosmos schon hier auf den Punkt.

Die Partner (Solo und Orchester) sind fähig, aufeinander zu hören, betroffen zu sein, zu agieren und zu reagieren. Der Musikwissenschaftler Thrasybulos Georgiades, der das Wesen Wiener Klassischer Musik als erster vollkommen verstanden hat, beschreibt diese Haltung als «Diskontinuität» der kompositorischen Strukturen und damit der Musik selbst, eine Haltung also, die das Hier und Jetzt als gleichsam spontane Aktion zum Inhalt hat, im Gegensatz zu der «kontinuierlich» fließenden Musik des Generalbaß-Prinzips. Nirgendwo kann diese bahnbrechende Erkenntnis eindringlicher mitvollzogen werden, als in MOZARTS Klavierkonzerten.

Mit dem *Klavierkonzert Es-dur KV 271* vom Januar 1777 erreicht MOZART dann einen kaum faßbaren Gipfelpunkt, den er später zwar noch modifizieren kann, aber nicht mehr übertreffen wird. Die instrumentalen Charaktere werden gleichsam vermenschlicht. *‹Don Giovanni›* scheint *‹Figaro›* die Hand zu reichen, den archaischen *‹Idomeneo›* glaubt man in der Nähe Papagenos zu sehen; Werke, die zu diesem Zeitpunkt noch lange nicht geschrieben waren. Schon die ersten Takte des Kopfsatzes sind schiere Aktion; keine Orchestereinleitung (sie wird nachgeholt), sondern das unmittelbare Aufeinanderprallen von Orchester und Klavier bestimmen diesen beispiellosen Anfang, den erst BEETHOVEN in seinem *G-dur-Konzert op. 58* – allerdings völlig verwandelt – aufgreifen wird. Vom ersten Moment an herrscht das direkte Geschehen. Dem entspricht das Ende des Satzes, in dem sich erstmals *nach* der Solokadenz das Klavier nochmals zu Wort meldet (Takt 332ff), und zwar mit jenem Triller, der die erste Soloexposition (Takt 56ff) eingeleitet hatte. Die Alleinherrschaft des Orchesters am Ende des Kopfsatzes (in Form des letzten Ritornells) wird sublim in Frage gestellt. Erstmals festigt das Solo durch sein aktives Eingreifen die Grundtonart, wogegen sich das Orchester mit seinen Tuttischlägen (Takt 336/338) zwar auflehnen will, am Ende aber begleitend einlenkt.

Ein heftigerer Haltungswechsel, wie der vom Kopfsatz zum Andantino, ist kaum denkbar. Es ist der erste Moll-Satz innerhalb der MOZARTschen Konzerte, ein Satz, der Abgründe aufreißt, unsagbare Trauer musiziert und nur mit dem Wort Fatalismus zu umschreiben ist. Das Solo scheint über den Themen des Orchesters zu schweben, es greift sie nicht auf, sondern phrasiert gedankenverloren seine eigene Wirklichkeit. Dieses Andantino balanciert zwischen Kantabilität und Rezitativ, einem Sprechen-Wollen, das in den letzten Takten dann unverhüllt nach außen kommt und damit zum Vorbild für das Andante von BEETHOVENS *viertem Klavierkonzert* wird. Während es BEETHOVEN aber um das philosophisch-ethische Modell als solches geht, um die Auseinandersetzung zwischen Individuum und Gesellschaft, sind bei MOZART die Dimensionen weiter gespannt. Die Musik wird zur Menschendarstellung. Doch damit nicht genug: Das Presto-Finale, das sprudelnd-virtuos zunächst so tut, als wüßte es nicht um das Vorangegangene, wird jäh unterbrochen durch ein eingeschobenes vollständiges Menuett, das eine gänzlich eigene Realität innerhalb des Schlußsatzes darstellt. Es ist ein Reflex, eine Betroffenheit der Musik selbst darüber, was im Mittelsatz geschehen war. Dieses Nachsinnen innerhalb des Finales weist unmißverständlich auf die konkrete innere Einheit eines mehrsätzigen Werkes. Die für MOZART stets verbindliche Satzfolge schnell–langsam–schnell tritt heraus aus dem Schatten einer bloßen Reihung und erhält einen inneren dynamischen Sinn. Der Geschehenscharakter weitet sich vom dialogischen Musizieren auf den übergreifenden Zusammenhang des Werkes selbst.

Nicht nur Alfred Einstein würde gern Näheres wissen über jene Mademoiselle Jeunehomme, von MOZART liebevoll «Jenomy» genannt, für die er das Werk geschrieben hat. Denn stets in besonderer Weise ist MOZART Auftragsgebern und Widmungsträgern gerecht geworden.

So auch in jenem *Konzert für drei Klaviere F-dur KV 242*, das er 1776 für die Gräfin Lodron, eine Schwester des von ihm so gehaßten Fürsterzbischof Colloredo, und deren Töchter komponierte. Fast ist man versucht zu sagen, MOZART wäre absichtlich hinter seinen Fähigkeiten zurückgeblieben, zumindest scheint es eine lästige Pflicht gewesen zu sein. Das Konzert verharrt im galanten Stil und verspürt wenig Lust, über Salzburger Konventionen hinauszukommen. Das andere, mehrfach besetzte *Klavierkonzert*, das in *Es-dur KV 365 für zwei Klaviere*, spricht eine andere Sprache. MOZART schrieb es Anfang 1779 für seine Schwester Nannerl und sich selbst; ein glänzendes Virtuosenstück, gar nicht mechanisch wie das Tripelkonzert. Denn neben dem eminent Spielerischen der beiden Solisten, die sich Themen und Pointen wie Jongleure zuwerfen, kommen dunkle Farben ins Spiel: im sehnsüchtigen Andante und vor allem im c-moll-Mittelteil des Schlußrondos, einer Tonart, die bei MOZART die kontrapunktische Arbeit geradezu herausforderte. Die Nähe zum Schwesterwerk, der *Sinfonia concertante für Violine und Viola KV 364* wird damit auch musikalisch evident. Danach kehrte er zum mehrfach besetzten Konzert nicht mehr zurück.

Den Reigen der Klavierkonzerte nimmt MOZART erst wieder in Wien auf, nach seiner Übersiedelung im Jahre 1781. Kein Wunder, denn Klavierkonzert bedeutete Öffentlichkeit, wichtigen Gelderwerb und Anerkennung. Keines der Konzerte ist für die Schublade geschrieben. In Wien gab es die «Academien», zumeist im Augarten oder im Hoftheater, bei denen MOZART zumindest in den ersten Jahren gut verdiente. Im März 1783 spielte er zwei von drei neuen Klavierkonzerten, die gleichzeitig in handgeschriebenen Exemplaren als «Subscription» angeboten wurden. Nach einigem Hin und Her mit einem Pariser Verleger erschienen die drei Konzerte 1785 bei Artaria in Wien als Opus IV, ein Hinweis, daß MOZART sie offensichtlich als geschlossene Gruppe verstand.

Es handelt sich um die *Konzerte in F-dur, A-dur* und *C-dur KV 413–415*, die die immense Reihe von insgesamt fünfzehn Klavierkonzerten der Wiener Zeit einleiten. Zwischen Herbst 1782 und Januar 1783 entstanden (in welcher Folge, darüber kann man nur mutmaßen), vermitteln sie zwar den virtuosen Tonfall, der dem Wiener «Gusto» entgegenkam – MOZART suchte selbstverständlich den Erfolg –, gehen aber weit über Bravourauftritte, wie oft behauptet wird, hinaus.

So findet sich etwa im *A-dur-Konzert KV 414* zunächst ein spielerisch-virtuoser Kopfsatz, dem als veritables Gegengewicht ein Andante nachfolgt, dessen Solobeginn (Takt 21ff) fast wie ein Vorgriff auf BEETHOVENS Adagios und SCHUBERTS einsame Monologe wirkt; ehe dann das «Gespräch» zwischen Klavier und Orchester aufgenommen werden kann. Den «Kennern» dürfte auch nicht entgangen sein, daß die Finalsätze in diesen Konzerten entschieden aufgewertet werden, wenn man das inkommensurable *Es-dur-Werk KV 271* unberücksichtigt läßt. *KV 413* weist als Schlußsatz, wie das *‹Lützow›-Konzert*, ein Tempo di Menuetto auf, das aber so gar nicht den galanten Anforderungen entspricht, sondern als «strenger» Satz gearbeitet ist; sequenzierend und imitierend – am Ende fast unterkühlt im Piano endend. Im *C-dur-Konzert KV 415* sind es zwei erschreckend unvermittelt einsetzende Adagio-Abschnitte (Takt 50ff und Takt 221ff), eingetrübt nach c-moll, die einen heftigen Affektwechsel des an sich munteren Rondo-Themas verursachen. Und im Kopfsatz desselben Konzerts unterläuft MOZART den marschartigen Charakter des Hauptthemas (einen beliebten Topos des Militärisch-Signalhaften), indem er imitierend das Thema von den Streichern (!) eröffnen läßt, obwohl das Motiv die Trompeten und Pauken als Struktur geradezu beinhaltet (sie setzen erst in Takt 10 ein). Und im Allegretto-Finale von *KV 414* werden immer wieder chromatisch aufsteigende Baßfiguren in den sonst so launig-beweglichen Satz gleichsam eingeschmuggelt.

So sind diese Konzerte tatsächlich ein «Mittelding». Sie sind ebenso geeignet für die «Kammer», da die Bläser bewußt kaum strukturell wichtige Aufgaben erfüllen, sondern meist nur kolorieren und verstärken (man kann sie ohne große Einbuße weglassen und sind von MOZART auch *ad libitum* gemeint), wie auch für diejenigen, die sensible Ohren haben für die ständigen Haltungswechsel zwischen Klavier und Orchester. Und – wie es wohl MOZART formulieren würde – «einen großen Effect machen die Concerten obendrein».

Bernhard Rzehulka

Die großen Klavierkonzerte KV 449–595 (1784–1791)

MOZART ist der Schöpfer des modernen Klavierkonzerts. In keinem anderen Genre hat ein einzelner Komponist die gesamte Entwicklung so nachhaltig beeinflußt und so Bedeutendes geschaffen wie er. Dabei gelang es ihm im Laufe von nur wenigen Jahren, die Ebene konventioneller Gebrauchsmusik endgültig zu überwinden und individuell geprägte Kunstwerke zu komponieren, die, da sie aus dem historischen Prozeß von Werden und Vergehen heraustreten, der Interpretation, und zwar ständiger Neuinterpretation bedürfen. Mit seinen *23 Klavierkonzerten* leistete MOZART zudem auch die quantitative Vorarbeit für den späteren enormen Bedeutungszuwachs der Gattung Klavierkonzert im 19. Jahrhundert. Alfred Einstein, der bedeutende MOZART-Biograph, sah in den Klavierkonzerten der Wiener Zeit sogar MOZARTS «Ideal» verwirklicht und feierte sie «als Krönung und Gipfel seines instrumentalen Schaffens überhaupt». In der Tat erreicht MOZART in keiner anderen instrumentalen Gattung – die Symphonien miteingerechnet – jene wirklich «ideale» Synthese von «Kompliziertheit und Klarheit» (Bruno Walter) einerseits, von solistisch-individuellem Gestus und symphonisch durchgearbeiteter Struktur andererseits. Die entscheidenden Schritte hierzu vollzieht er in den überaus fruchtbaren und erfolgreichen ersten Wiener Jahren, in denen er in nicht einmal drei Jahren – zwischen 1784 und 1786 – *zwölf Klavierkonzerte* verfaßt und sie größtenteils in eigenen Veranstaltungen, den sogenannten «Akademien», auch selbst dem Publikum vorstellt. Zuvor bereits, als er gerade sein erstes Wiener *Klavierkonzert in A-dur KV 414* (siehe S. 188) fertiggestellt hatte, erläuterte er seinem Vater die neue Konzeption: «die Concerten sind eben das Mittelding zwischen zu schwer und zu leicht» schreibt MOZART am 28. Dezember 1782, «sind sehr Brillant – angenehm in die ohren – Natürlich, ohne in das leere zu fallen – hie und da – können auch kenner allein satisfaction erhalten – doch so – daß die Nichtkenner damit zufrieden seyn müssen ohne zu wissen warum.»

Und Georgi W. Tschitscherin schreibt 1930, knapp 150 Jahre später: «Wie Beethovens Sinfonien sind Mozarts Klavierkonzerte jedes für sich eine besondere Welt mit unermeßlichem Inhalt, umfassende Poeme mit einer Unzahl von Episoden. Jene Konzerte unterscheiden sich von Beethovens Sinfonien durch ihre Objektivität: ein jedes ist eine sich selbst entfaltende Hymne, in ihnen arbeiten Energien der Welt und des Lebens, herrscht das Spiel der Elemente, finsterer, lichter, geheimnisumwitterter, anmutiger Kräfte, herrscht Baudelaires infernalische und himmlische Schönheit, hier die Sonne, da die Nacht, stets betörend, rätselhaft fast immer, und das alles in der unendlichen Vielfalt der Mozartschen Schattierungskunst... Und in den Klavierkonzerten pulsiert wie in den reizvollen Girlanden der zauberhaften Erzählungen des Herodot, wo Episode auf Episode folgt wie Girlande auf Girlande, das vollblütige Leben und ein vielsagender Wechsel hier klarer, dort verhaltener, hier düsterer, dort lichter Episoden.»

Attila Csampai

Klavierkonzert Es-dur KV 449

Mit dem *Klavierkonzert in Es-dur KV 449* setzt MOZART, im Februar 1784, den Grundstein dieser Serie, nach dem *‹Jeunehomme›-Konzert*, dem genialen Jugendwerk (ebenfalls in Es-dur, siehe S. 186), ist es sein zweites bedeutendes Konzert überhaupt. Er komponiert es für seine Schülerin Babette Ployer, der Tochter des vermögenden Agenten des Salzburger Fürsterzbischofs am Wiener Hof Gottfried Ignaz von Ployer, und trägt es als Nummer 1 in das von ihm zu der Zeit angelegte «Verzeichnüß aller meiner Werke» ein. Und so schlägt es schon in den ersten Takten einen ganz neuen Ton an und setzt ein unmißverständliches Signal, daß hier die Ebene konventioneller Gebrauchsmusik endgültig überwunden ist. In diesem «Concert von ganz besonderer Art, und mehr für ein kleines als großes Orchester geschrieben» (MOZART an seinen Vater) verwirklicht er zum erstenmal seine eigene, neue, dramatische Konzeption des Klavierkonzerts, die das Klavier, aber auch die einzelnen Instrumente des Orchesters als Individuen begreift, die wie Schauspieler auf der Bühne mit verteilten Rollen eine Begebenheit vorführen, Theater spielen, uns in unserer Gegenwart als Handelnde gegenübertreten und mit ständigen Überraschungen konfrontieren. So platzt das c-moll-Seitenthema wie ein ungebetener Gast mit einer heftig dazwischenfahrenden synkopierten Dominante in die bis dahin friedlich dahinfließenden Anfangstakte des Kopfsatzes. Ähnlich unvorbereitet führt MOZART die vierte Themengruppe des eröffnenden Orchesterritornells ein: da betritt, wie in einer Oper, eine Respektsperson überraschend die imaginäre Bühne und mischt sich mit typisch männlicher Herrschergeste ins sanft bewegte Geschehen. Als ob der Graf aus dem *‹Figaro›* sich höchstpersönlich und um zwei Jahre zu früh in die fiktive Handlung dieses Klavierkonzerts verirrt hätte! Denn ganz ähnlich klingt es, wenn er im zweiten Akt der Oper vor dem Zimmer der Gräfin erscheint. Doch auch diese massive Störung wird durch den Sog ständig sich ablösender neuer Ereignisse und Ideen einfach in den pulsierenden musikalischen Fluß des Satzes integriert, spontan aufgefangen und weitergeführt. Ganz ungetrübt schlägt uns aus diesem Konzert der Optimismus und die Herzenswärme entgegen, die MOZART in seinen ersten, erfolgreichen Wiener Jahren empfand.

Attila Csampai

Klavierkonzert B-dur KV 450

Bereits fünf Wochen später, am 15. März 1784, trägt MOZART sein nächstes *Klavierkonzert in B-dur KV 450* als Nummer 2 in sein «Verzeichnüß aller meiner Werke» ein. Es ist, wie auch das darauffolgende in *D-dur KV 451* für den eigenen Gebrauch bestimmt und daher auch technisch sehr anspruchsvoll, «Concerten, welche schwizen machen» – so MOZART an seinen Vater zwei Monate später. Charakter und Eigenschaften des MOZARTschen Klavierkonzerts in seiner mittleren, fruchtbaren Phase sind im *B-dur-Konzert* idealtypisch ausgebildet, ein klassisches Klavierkonzert par excellence. Das erste Tutti-Thema des Kopfsatzes etwa ist ein anschauliches Beispiel *durchbrochener Arbeit*, des Frage- und Antwortspiels zwischen Bläsern und Streichern, im zweiten Thema findet eine typische Forte-Überlagerung beider Gruppen statt und dann folgt noch ein seltsam synkopiertes, lakonisches drittes Thema in den Streichern, das in eine *opera buffa*-artige Stretta mündet, die ihrerseits wieder, und auch das ist typisch für MOZART, von einem anderen fanfarenartigen Schlußgedanken abgelöst wird. Prompt setzt das unruhig gewordene Klavier, das befürchten mußte, daß dem Orchester noch etwas Neues einfällt, zu früh ein, einen ganzen Takt, gewährleistet so aber die eigene Freiheit des Regelverstoßes, mithin die Freiheit freien menschlichen Handelns innerhalb eines scheinbar streng festgelegten metrischen Bauplans. Zweiter und dritter Satz sind, gemessen an den Überraschungen des ersten, eher konventionell gehalten; ein schlichtes Liedthema in Es-dur, das mehrfach variiert wird, bildet die Grundlage des Andante: atmosphärisch ist es aber schon die Vorahnung seiner späteren Oper *‹Così fan tutte›*. Im Schlußsatz nimmt MOZART zwei Hörner hinzu; sie sollen den typischen Jagdcharakter des im 6/8-Takt dahinstürmenden Finales unterstreichen.

Attila Csampai

Klavierkonzert D-dur KV 451

Als Datum der Fertigstellung des *Klavierkonzerts in D-dur KV 451* gibt MOZART den 22. März 1784 an; das wären nur sieben Tage nach dem *Konzert in B-dur KV 450*. Mit seinem mächtigen Bläserapparat (Flöte, zwei Oboen, zwei Fagotte, zwei Hörner, zwei Trompeten) kündigt das *D-dur-Konzert* die weitere symphonische Verflechtung von Klavier und Orchester an. Im ersten Satz, der mit einer martialischen D-dur-Geste ouvertürenhaft und majestätisch anhebt, dominiert das Orchester über weite Strecken derart, daß man fast von einer Symphonie oder Ouvertüre mit obligatem Klavier sprechen muß. Im Gegensatz zu dem davor liegenden Konzert beschränkt sich das Klavier hier darauf, die vom Orchester gemeißelt hingestellten Themen und Übergangsgruppen mit virtuosem Zierat zu umspielen, auszuschmücken, einen feinen transparenten Schleier zu ziehen über die vom Orchester mit männlichem Stolz wuchtig gesetzten Gestalten. Also kein Dialog zwischen gleichwertigen Partnern, sondern ein Neben- und Übereinander von gegensätzlichen Charakteren. Der rondoartige zweite Satz bringt ein schlichtes, pastoral-wiegendes und sehnsüchtiges Thema über einem liegenden Baß in G-dur und drei sanft ausschwingende Episoden in D-dur, e-moll und C-dur, in denen das Klavier dem Orchester seinen eigenen, inbrünstigen Gesang entgegensetzt. Der dritte Satz beginnt harmlos und verspielt mit einem eigenartig synkopierten Tanzthema, später gewinnt ein anderes, harmonisch schillerndes, in sich kreisendes Thema (ungarischer Herkunft?) an Bedeutung, es folgt eine weitläufig sequenzierende Durchführung mit plastischen Bläsersoli und schließlich gibt es nach der Kadenz noch eine lange achtzigtaktige Coda, in der der Satz sogar sein gerades Metrum zugunsten eines hüpfenden Dreiachtelrhythmus ändert. Ein von Fachleuten weithin als schwächer eingestuftes Konzert also steckt voller feinsinniger, überraschender Details.

Attila Csampai

Klavierkonzert G-dur KV 453

Das *G-dur-Klavierkonzert KV 453* vollendet MOZART am 12. April 1784 als letztes einer Serie von vier Konzerten, die innerhalb von nur zwei Monaten im Frühjahr entstehen. Auch dieses Konzert schreibt er für Babette Ployer, seine begabte Schülerin. Die Uraufführung findet am 13. Juni 1784 im Döblinger Privathaus der Familie Ployer mit einem eigens gemieteten Orchester statt. Neben MOZART war bei diesem Hauskonzert auch der italienische Komponist GIOVANNI PAISIELLO als Gast zugegen, um Babette Ployers Klavierspiel zu begutachten. Auffallend ist wieder die umfangreiche Bläserbesetzung, die MOZART hier wieder verwendet (Flöte, zwei Oboen, zwei Fagotte, zwei Hörner) und die er in vielfältigen Mischungen und auch solistisch mit dem Soloinstrument dialogisieren läßt, so daß ein weites Spektrum von instrumentalen Farben entsteht, das der Fülle von Themen und Motiven Kontur und Plastizität verleiht. Dennoch ist der Reichtum an musikalischen Einfällen stets eingebunden in eine intime, innerliche Atmosphäre: «in freundlicher Tonart steckt es voll geheimen Lächelns und geheimer Trauer», notiert Alfred Einstein und trifft genau den gemischten, gefühlvollen, aber ständig die Farbe wechselnden Charakter des ersten Satzes. Der zweite Satz, in der neutralen Tonart C-dur, ist dagegen von leidenschaftlicher, schmerzlicher Trauer erfüllt; das kantable Hauptthema bricht im fünften Takt einfach ab – als wolle es aufhören. Der Satz tendiert, vor allem wenn das Soloinstrument erklingt, ständig nach Moll, der schattenreiche Weg führt über weit entfernte Tonarten, über Gis-dur und Es-dur schließlich zurück nach C-dur: ein mächtiger, geläuterter Seelengesang. Ganz anders, heiter, unbeschwert, von papagenohaftem

Charme präsentiert sich der letzte Satz, der ein buffoneskes Thema in sechsfacher Veränderung vorführt, um dann in ein wildes Presto-Finale zu münden. Aber auch hier trüben in der (obligatorischen) Moll-Variation plötzlich sehr ernste, quälende Gedanken die heitere Atmosphäre. Den Zustand ungetrübter Freude kennt MOZART nicht. Seine hypersensible Psyche, sein sprunghaftes, diskontinuierliches Innenleben würde das auch nicht lange aushalten.

Attila Csampai

Klavierkonzert B-dur KV 456

Das *Klavierkonzert in B-dur KV 456* ist das erste von vier Konzerten, die MOZART für die Akademien des Winters 1784/85 schrieb. Nach eigenen Angaben war die Komposition am 30. September 1784 beendet. Das Datum der Uraufführung ist ungewiß. Lange Zeit nahm man an, daß MOZART das Konzert für die blinde Pianistin Maria Theresia Paradis (1759–1824) komponiert habe, damit sie es in einem ihrer Pariser Konzerte im Herbst desselben Jahres aufführt. Neuere Forschungen haben diese Vermutung nachhaltig erschüttert, so daß nur feststeht, daß MOZART das Werk selbst in einem Konzert der Sängerin Laschi am 12. Februar 1785 in Wien gespielt hat. Wie die meisten anderen seiner Klavierkonzerte ist auch das *B-dur-Konzert KV 456* erst nach MOZARTS Tod verlegt worden. Daß es in der Gunst der Pianisten etwas besser dasteht als die zuvor komponierten Konzerte, liegt gewiß ein wenig an der hervorstechenden «Schönheit» der Komposition und der verschwenderischen Fülle von Themen und Gestalten, die MOZART hier wieder ausgestreut hat. Allein im ersten Orchesterritornell lassen sich mindestens sechs eigenständige thematische Komplexe nachweisen, die alle ihr ganz eigenes Profil besitzen. Doch damit nicht genug. Das Klavier bringt in seinem Solo – getreu dem Formplan solcher Konzerte – noch weitere eigene neue Themen und Gedanken ins Spiel, so daß der Zuhörer bald verwirrt ist von dem schier unerschöpflich fließenden Strom schönster Einfälle. Im zweiten Satz ändert MOZART dieses Prinzip. Hier steht ein einziger, langgesponnener Gedanke im Mittelpunkt, eine ariose Kantilene von 21 Takten (!) Länge und in der düsteren Tonart g-moll. Ein ungewöhnlicher harmonischer Verlauf mit einem aufgehellten Halbschluß und einem ins dunkle Moll zurückfallenden Ende verleiht diesem Thema einen schillernden, irisierenden Charakter: Äußerlich von klarer, ernster, klassischer Gestalt wird es innerlich von starken Gefühlswogen durchflutet. Danach ein eher konventionelles typisches B-dur-Finale im Sechsachteltakt und mit ausgeprägtem Jagdcharakter.

Attila Csampai

Klavierkonzert F-dur KV 459

Am 11. Dezember 1784 vollendet MOZART als sechstes der in diesem Jahr komponierten Klavierkonzerte das *Konzert in F-dur KV 459*. Sein Grundcharakter ist militärisch, schneidig, stolz, seine Tugenden die eines Offiziers. Im Kopfsatz sah Einstein alle Merkmale eines «idealen Marsches» vereinigt: «Den festen Schritt, die punktierten Rhythmen, die militärische Haltung.» Für diese These spricht nicht nur das stolz und selbstbewußt und ohne Umschweife das Konzert eröffnende trommelartig-kecke Hauptthema, das, wenn man es einmal gehört hat, ewig haften bleibt, sondern eine ganze Reihe von betont männlichen, mal abtaktig auftrumpfenden, mal stolz abreißenden Gesten, die aber nie die Grenzen heiterer Zurschaustellung männlicher Kraft oder männlichen Imponiergehabes überschreiten. Gewalt oder auch nur Bedrohliches entspringt keinem Ton. Neben dem dominierenden Marschthema läßt MOZART aber auch hier eine Fülle anderer musikalischer Gedanken einfließen, welche die Vorzüge des Soldatenlebens in den erdenklich schönsten Farben als fröhliches und ruhmreiches Dasein ausmalen, natürlich wie immer eine Spur zu schön, zu unbeschwert, so daß die zunächst jeden Hintergedankens unverdächtige musikalische Anwerbungsaktion sich schnell in das ironische Gegenteil verkehrt: MOZARTschen Märschen ist eben nie zu trauen. Daß das als Lockvogel eingesetzte Hauptthema sich dann als penetranter Ohrwurm erweist, mag man als weiteren sehr diskreten Hinweis Mozarts bewerten, wozu Musik, wenn man nur mit ihr umgehen kann, in der Lage ist, über welche betörenden Kräfte sie verfügt!

Attila Csampai

Klavierkonzert d-moll KV 466

Das *Konzert in d-moll KV 466* komponiert Mozart unter größtem Zeitdruck Anfang Februar 1785 und führt es selber am 11. Februar in der Wiener «Mehlgrube» vor 150 zahlenden Subskribenten auf. Sein Vater, der unter den Zuhörern sitzt, schreibt drei Tage später an seine Tochter Marianne: «Dann war noch ein vortreffliches Klavierkonzert von Wolfgang, wo der Copist, da wir ankamen, nachdaran abschrieb und Dein Bruder das Rondo noch nicht einmal durchzuspielen Zeit hatte, weil er die Copiatur übersehen mußte.» Die Partitur verrät indes nichts von diesen äußeren Umständen, es ist vielleicht das kompakteste, gewiß das populärste Solokonzert, das er schrieb. Freilich markiert kein anderes Konzert so deutlich Mozarts Abkehr von der gefälligen Gebrauchsmusik. Die für ein Klavierkonzert ungewöhnliche Tonart d-moll – bei Mozart stets die Tonart dunkler Leidenschaft, schicksalhafter Fügung und des Todes – ist nur ein äußeres Indiz für den Stimmungsumschwung, den Mozart in der zuvor eher unterhaltenden Gattung einleitet. Zweifellos war dies der entscheidende Anstoß zur weiteren Entwicklung des Klavierkonzerts im 19. Jahrhundert. Von hier aus ist es nur ein Schritt zum bürgerlichen, romantischen Klavierkonzert.

Zum erstenmal gibt es in einem Klavierkonzert stimmungsmäßige, atmosphärische Elemente. Der erste Satz besitzt strenggenommen kein richtiges «Thema», so wie man es aus den meisten Dur-Konzerten kennt, sondern nur kurze, abgebrochene Gesten und Motive, die der alten *Figuren*-Welt der *opera seria* entlehnt zu sein scheinen, hier aber plötzlich dramatisches Eigenleben entwickeln. Den berühmten Beginn des Konzerts mit den vielen grollenden Schleiferfiguren könnte man durchaus als stilisierte Schilderung eines allmählich herannahenden Unwetters mit Donner und Blitz deuten, und als existentiellen Vorgang, der sich sowohl außerhalb der menschlichen Existenz, als schicksalhafte Fügung, als auch im Inneren des Menschen, als Gewitter der Seele, ereignet. Auch im zweiten Satz brechen schicksalhafte dunkle Mächte ohne jede Vorwarnung in die heiter-beschauliche Idylle der B-dur-Romanze ein: So instabil, so dünnwandig ist hier bereits die Hülle, die die Seele vor äußeren und inneren Angriffen schützt. Im dritten Satz geht Mozart sogar so weit, den Moll-Dur-Konflikt, gegen alle geltende Konvention, auf derselben Stufe, also auf D, auszutragen, wodurch der Konflikt von der Großform in das Innere der musikalischen Gestalt (das dritte Thema erklingt abwechselnd in Dur und Moll) verlagert wird. Die tonartliche Identität der Gestalt wie auch des ganzen Satzes, der in Moll beginnt, aber in Dur endet, ist damit in Frage gestellt. Die Spaltung der Seele scheint hier bereits vollzogen. Das erotische Zeitalter weicht dem romantischen.

Attila Csampai

Klavierkonzert C-dur KV 467

Das *Klavierkonzert in C-dur KV 467* komponiert Mozart nur vier Wochen nach dem düsteren *d-moll-Konzert KV 466* am 9. März 1785 und führt es wenige Tage später in einer eigenen Akademie, wiederum in Anwesenheit seines Vaters, auf. Leopold Mozart ist von der Schönheit des Werkes und dem großen Erfolg der Aufführung zu Tränen gerührt. Der düstere Ton des Vorgängers scheint hier wie aus dem Gedächtnis gestrichen, und doch ist es, bei aller C-dur-Klarheit, ein vielschichtiges, vielgesichtiges Werk, das wieder auf engstem Raum eine Reihe ganz unterschiedlicher Themen und Haltungen symphonisch-ernsthaft miteinander verknüpft. Die ersten Takte sind bühnenhaft, erinnern an Don Giovannis Diener Leporello – ganz ähnlich wie in der (späteren) Oper schleicht sich hier das Orchester still und heimlich auf die imaginäre Bühne, doch sogleich drängt sich ein neuer Gedanke, ein kleines, singendes Motiv in den ersten Geigen nach vorn, um seinerseits einen Augenblick später von einem militärisch dazwischenfahrenden Bläsermotiv gestört zu werden. Und so geht es munter weiter, als ständige Interaktion freier Individuen, als bühnenhaftes Aufeinanderprallen unterschiedlichster musikalischer Charaktere. Der zweite Satz – den selbst eine vor nichts zurückschreckende Unterhaltungsindustrie nicht zerstören konnte – wirkt innerlich konzentrierter und gespannter. Dem Charakter nach ist es eine *preghiera*, ein innerlich glühender, inbrünstiger Dankesgesang an die Gottheit, zugleich ein flehendes Gebet um seelischen Beistand, ein spirituell-ätherischer Höhenflug einer bedrängten Seele, wie man ihn sich reiner und hingebungsvoller nicht vorstellen kann. Danach ein munteres Rondo-Finale mit einem verspielten, echoartig-leiernden Thema, das sich zweimal in dunklere Regionen verliert.

Attila Csampai

Klavierkonzert Es-dur KV 482

Als drittes Klavierkonzert des Jahres 1785 komponiert Mozart im Dezember wieder ein *Konzert in Es-dur KV 482*. Einstein sieht darin ein Werk der Rückkehr, des Wiederanknüpfens an seine früheren *Es-dur-Konzerte* von 1777 (*KV 271*) und 1784 (*KV 449*), wie wenn Mozart in seinen vorhergehenden *Konzerten KV 466* und *467* den Wienern zu viel zugemutet hätte, zu weit gegangen sei: «Er fühlte die Gunst des Publikums ihm entgleiten und suchte sie wieder zu gewinnen durch die Anknüpfung an die Werke sicheren Erfolgs.» In den Ecksätzen finden sich durchaus Anklänge an das *‹Jeunehomme›-Konzert KV 271*, aber der Mittelsatz, wiederum in c-moll, geht über den Klagegesang des früheren Konzerts noch hinaus. Es ist ein komplizierter Variationensatz, dessen Thema bereits von ständigen Hell-Dunkel-Lichtwechseln geprägt ist. Und es weist bereits eine gebrochene Struktur auf, auch wenn es zunächst von sordinierten Streichern überaus sanft vorgeführt wird. Dies ist nicht mehr die schmerzliche, aber intakte Klage des Orpheus, sondern trägt deutlich Züge von Resignation, Trostlosigkeit, Einsamkeit, innerer Entfremdung. Kein Funken Hoffnung spricht aus diesem umschatteten Gebilde, und nicht einmal die beiden Dur-Episoden vermögen die verzweifelte Grundstimmung des Satzes aufzuheben. Das Moll bleibt bestimmend bis zum Schluß, trotz einiger vorsichtig und zärtlich eingeflochtener Dur-Wogen in der Coda. Ein überaus ernstes, markantes Zeugnis von MOZARTS allmählich sich eindunkelnder Seelenlage.

Attila Csampai

Klavierkonzert A-dur KV 488

Das *Klavierkonzert in A-dur KV 488* vollendet MOZART am 2. März 1786, zu einer Zeit, als er an die Partitur seines zweiten großen Wiener Opernprojekts, *‹Le Nozze di Figaro›*, letzte Hand anlegt. Das *A-dur-Konzert* zählt zu den ausgereiftesten, «klassischsten» Werken der Wiener Serie und erfüllt exemplarisch den von MOZART formulierten Anspruch, «Kenner» wie «Liebhaber» gleichermaßen zufriedenzustellen. Der Kopfsatz ist sowohl strukturell als auch gestisch-emotional so ausbalanciert und ausgehört, zugleich so evident und haltungssicher, daß er Modellcharakter gewinnt: «Niemals sonst hat er einen Satz geschrieben von solcher Einfachheit der Struktur, von solcher ‹Normalität› in der thematischen Relation von Tutti und Solo; von solcher Klarheit der thematischen Erfindung», notiert dazu Alfred Einstein, und man kann ihm nur beipflichten. Zugleich verwirklicht der Kopfsatz aber auch den spezifischen Charakter seiner Grundtonart A-dur: Alle Empfindungstiefe, Wärme und Leuchtkraft dieser Tonart des Herzens ist hier in kammermusikalischer Dichte und Noblesse eingefangen.

Noch inniger, tiefgründiger ist der langsame Mittelsatz des Konzerts. Wie sein unmittelbarer Vorgänger, das Andante im *Es-dur-Klavierkonzert KV 482*, steht auch dieser wiederum in Moll, und zwar in der von MOZART selten benutzten Tonart fis-moll. Und trotz seiner geringen äußeren Ausmaße von 99 Takten verfügt dieser Satz über so enorme Kräfte der emotionalen Vereinnahmung, daß er innerhalb des Konzerts mehr bewirkt als nur die vorübergehende Trübung des heiteren A-dur-Grundcharakters. Kraft seiner starken melodisch-sanglichen Substanz, die Klavier und Orchester abwechselnd über einem friedlich wiegenden Siciliano-Rhythmus verströmen, schafft er innerhalb des Konzerts eine eigene musikalisch-geistige Realität. Dieses Adagio gleicht bis in seine Einzelheiten – so die Riesensprünge bei der Wiederholung des Klavierthemas – einer wirklichen Opernarie, einem schmerzlich-süßen menschlichen Wiegengesang, und die enge Verwandtschaft zwischen Klavierkonzert und Oper bei MOZART wird wieder einmal deutlich.

Daß in MOZARTS Musik von etwa 1785 an traurige Gedanken und schmerzliche Wendungen sowie auch komplette Moll-Sätze häufiger werden, hat fraglos mit seiner persönlichen Situation, den vielen Rückschlägen der letzten Lebensjahre zu tun; andererseits bezeugen diese zumeist überraschenden Haltungswechsel der Musik auch MOZARTS Abkehr von der ästhetischen Tradition des *einheitlichen Affekts* und das Eindringen von noch mehr Realität und Wahrhaftigkeit in seine Dur-Kompositionen, die von nun an in jeder Tonart das ganze Spektrum menschlicher Empfindungen wiederzugeben vermögen.

Attila Csampai

Klavierkonzert c-moll KV 491

In diesem Sinne ist auch das nächste *Klavierkonzert in c-moll KV 491*, das nur drei Wochen später entsteht, ein besonders markantes, ja drastisches Zeugnis von MOZARTS Empfindungstiefe und seiner inzwischen erworbenen inneren Freiheit, selbst die tiefsten Abgründe des Seelischen in seinen Klavierkonzerten auszuleuchten. Das *c-moll-Konzert* kennt in seinem düsteren Pathos in MOZARTS Werk keine Parallele. Es verfügt zudem über den größten Orchesterapparat aller Klavierkonzerte – nämlich über Klarinetten *und* Oboen, über Hörner *und* Trompeten, dazu Fagotte und Flöte – und trägt dieser gewichtigen Ausstattung durch seine betont symphonische Faktur maßgeblich Rechnung. Anstatt der sonst üblichen vielen kurzen Gedanken dominiert hier im ersten Orchestertutti nur ein einziges heroisch-pathetisches, unterschwellig drohendes, tragisch-fatalistisches Thema, das sogleich mehrfach symphonisch verarbeitet wird und das gesamte 99 Takte lange erste Orchesterritornell motivisch speist. Das Klavier setzt dieser drohenden Geste zunächst nur ein recht schwaches, sanft klagendes Motiv entgegen; nur wenig später wird es aber selbst eingesponnen in den gewaltigen symphonischen Sog des Orchesters und unternimmt mit ihm eine wundersame, schmerzlichschöne Reise durch die dunklen Seelenregionen und die magischen Randbezirke der heroischen Grundtonart c-moll, um dann, nach mehr als 500 Takten, am Ende sich allmählich zu entfernen und in einer Grauzone zu verlieren.

Die Stunde des Klaviers schlägt erst im zweiten Satz: In diesem abgeklärten Es-dur-Larghetto von schlichter, ruhiger Schönheit kündigt sich der ganz späte, transzendierende MOZART der ‹*Zauberflöte*› an. Im Schlußsatz, der an Erhabenheit seinesgleichen sucht, dominiert stolze Trauer. Das sechzehntaktige Variationsthema verbindet in seinen beiden achttaktigen Hälften auf engstem Raum unterschiedliche Gefühlsregungen: nämlich alle zwei Takte abwechselnd Trauer – Schmerz – Sehnsucht und Erlösung. Jedoch ist dieser Empfindungsreichtum wieder in eine strenge Form, eine periodische, liedartige Gestalt eingebunden, es bleibt alles innerlich, intim, diskret, geschützt. Am Ende mündet der Satz zwar in eine recht ausgelassene 6/8-Stretta, behält aber auch da die Moll-Tonart bei: So entsteht auch hier wieder jene typische Hell-Dunkel-Irritation, jene heitere Trauer oder bedrückte Heiterkeit, die das gesamte Spätwerk MOZARTS kennzeichnet.

Attila Csampai

Klavierkonzert C-dur KV 503

Neun Monate später, im Dezember 1786, komponiert MOZART das *Klavierkonzert in C-dur KV 503* als letztes Konzert jener einzigartigen Serie von zwölf Klavierkonzerten, die der, beginnend mit dem *Es-dur-Konzert KV 449*, in nicht einmal drei Jahren (!) zu Papier brachte. In den noch verbleibenden fünf Jahren seines Lebens entstehen nur noch zwei Klavierkonzerte. Das Wiener Publikum begann, spätestens nach der schweren Kost des ‹*Don Giovanni*›, des selbstbewußten jungen Mannes, der kein Wunderkind oder Herumreiche-Komponist mehr sein wollte, überdrüssig zu werden. So trägt auch das *C-dur-Konzert* Anzeichen zunehmender Resignation. Und vielleicht rührt seine geheimnisvolle, mehrdeutige, sphinxhafte Haltung daher, daß es nicht mehr dem Publikum *zuliebe* komponiert wurde. Die meisten Kommentatoren haben freilich bislang das Majestätische, das Sieghafte, den festlichen, strahlenden Ton des Werkes herausgestellt und damit in erster Linie die mächtigen, barockisierenden Einleitungsakkorde des Kopfsatzes gemeint. Aber wohin führen diese Akkorde? Sie führen sogleich zum Ausgangspunkt zurück, nachdem sie die einfachste harmonische Kreisbewegung, die es gibt, ausgeführt haben: Tonika–Dominante, Dominante–Tonika. Und es drohte sogar der völlige Stillstand der musikalischen Bewegung, wenn nicht plötzlich und unerwartet jene ganz unmajestätischen Dinge sich ereignen würden, die den eigentlichen kompositorischen Zugriff MOZARTS erst anzeigen – und zwar als bewußten Eingriff, als Eingreifen neuer musikalischer Kräfte, die dem Satz die Lebenssubstanz geben. Zuerst also die ganz beiläufig vollzogene Moll-Trübung der eben erst exponierten Haupttonart C-dur nach c-moll und gleich darauf, wie aus dem Nichts, das völlig anders geartete, persönliche, sich erregt zu uns hinwendende Auftaktmotiv, das leidenschaftliche Sehnsucht ausdrückt und später zur thematisch-motivischen Keimzelle des ganzen Satzes wird. So frei, so experimentell verfährt MOZART mit «majestätischen» Konventionen!

Ähnlich unkonventionell gestaltet er auch die weiteren Abschnitte des Kopfsatzes: Das zweite Tutti-Thema etwa steht nicht, wie zu erwarten wäre, in der Grundtonart C-dur, sondern beginnt unvermittelt in c-moll. Doch damit nicht genug. Innerhalb seiner achttaktigen Gestalt moduliert es flüchtig nach Es-dur, um am Ende schmerzlich wieder nach c-moll zurückzukehren. Unmittelbar darauf aber erklingt das Ganze noch einmal, kathartisch gereinigt, in C-dur. Dieses merkwürdige mehrmalige Umschlagen des Tongeschlechts auf der gleichen Stufe von Dur nach Moll und umgekehrt ist ein charakteristisches Merkmal des späten MOZART, der auch in Dur-Sätzen zunehmend traurige Gedanken ausbreitet. In diesem Satz ist MOZART dem späteren, geläuterten Ton BEETHOVENS am nächsten. Und manche mögen da, wenn das Moll-

Thema sich in ein sieghaft-stolzes Dur verwandelt, plebejische Züge herauslesen. Ob Zufall oder nicht: Die ‹*Marseillaise*› beginnt ganz ähnlich.

Mögen die anderen beiden Sätze in ihrer Haltung einheitlicher, ausgewogener sein als der Kopfsatz, so nehmen auch sie eine eigenartige, geheimnisvolle Distanz zum Hörer ein und realisieren auf unterschiedliche Weise die Grundhaltung des Konzerts, als eines Bindeglieds, als eines Werkes, das zwar schon Abschied genommen hat von der dramatischen Präsenz, dem kraftvollen Ton der der früheren Klavierkonzerte, das sich aber auch noch ein wenig unsicher, dafür um so offener und experimentierfreudiger auf das neue Ziel zubewegt: Die kosmische Einfachheit, die reflektierte Distanz, die welthafte, heitere Trauer des späten MOZART.

Attila Csampai

Klavierkonzert D-dur KV 537

Das *D-dur-Konzert KV 537* beendete MOZART am 24. Februar 1788, also zehn Wochen vor der Wiener Premiere des ‹*Don Giovanni*›, und versuchte damit an die früheren Erfolge der Jahre 1784 bis 1786 anzuknüpfen, was ihm nicht gelang. Zu seinen Lebzeiten wurde das Konzert in Wien nicht aufgeführt. Erst vierzehn Monate später, am 14. April 1789, konnte er es in Dresden zum erstenmal aufführen, im Rahmen eines «Zimmer Concerts» der Kurfürstin Amalie von Sachsen. Der Name ‹*Krönungskonzert*› ist ein später angedichtetes Attribut, das sich der irrigen Meinung verdankt, MOZART habe es speziell für die Krönung Leopolds II. – sie fand am 9. Oktober 1790 in Frankfurt am Main statt – geschrieben. Es wurde lediglich in einem Konzert aufgeführt, das MOZART sechs Tage danach in eigener Regie und «zu seinem Vortheil» im Frankfurter Stadt-Schauspielhaus gab, das aber mit den offiziellen Festlichkeiten nichts zu tun hatte. Und warum sollte MOZART ausgerechnet zu einem solchen festlichen Ereignis ein derart introvertiertes, fragiles und von traurigen Gedanken erfülltes Werk beigesteuert haben? Sollte es gar eine kritische Stellungnahme zu dem Krönungsspektakel gewesen sein? Das Frankfurter Gastspiel brachte in keiner Weise den erhofften Erfolg. «Übrigens bin ich froh wenn es vorbey ist», schreibt er an Constanze am Vorabend der Krönung.

Und es ist wirklich so, als ob sich dieses Konzert von seinem Vorsatz, seinem Tonartencharakter gemäß heitere Atmosphäre zu verbreiten, immer wieder selber abbringen würde, indem es mehrmals plötzlich traurigen Gedanken nachgibt, die es nicht vertreiben kann. Mit Ausnahme der Hauptthemen in den drei Sätzen, die die Dur-Grundtonart bestätigen (müssen), enthalten die Seiten- und Nebenstränge aller drei Sätze eine bemerkenswerte Fülle von schmerzlichen Wendungen, die sich in Moll-Färbungen, Alterationen, abwärts gerichteter Bewegung oder in chromatischen Modulationen äußern. Am eindringlichsten vollzieht sich ein solcher überraschender Haltungswechsel der Musik im Soloseitenthema des ersten Satzes, wenn die zunächst emphatisch aufwärts strebende A-dur-Figur in der rechten Hand plötzlich in den a-moll-Bereich umkippt und in eine schmerzlich nach unten gerichtete chromatische Linie mündet, die, würde das Orchester nicht vermittelnd eingreifen, den Stillstand des musikalischen Flusses zur Folge hätte. Ebenso bringt der A-dur-Seitenkomplex des langsamen Satzes ganz unvermutet einen stark modulierenden, von einer chromatisch fallenden Bewegung geprägten Mittelteil, der wiederum nach a-moll führt; und selbst das heitere Antlitz, die tänzerische Geste des Allegretto-Schlußsatzes trüben mehrmals düstere Moll-Passagen.

Attila Csampai

Klavierkonzert B-dur KV 595

Sein letztes *Klavierkonzert in B-dur KV 595* vollendet MOZART am 5. Januar 1791, am Anfang jenes Jahres, dessen Ende er nicht mehr erleben sollte. Zwei Monate später führte er es selber öffentlich auf, aber nicht mehr in einer eigenen «Akademie» – dazu war das Interesse der Wiener High-Society an MOZART schon zu gering –, sondern in einem Konzert, das Hofklarinettist Joseph Bähr im Saal des «Hoftraiteurs Jahn» in der Wiener Himmelpfortgasse gab. «In der Tat, es steht ‹an der Pforte des Himmels›, vor den Toren der Ewigkeit», schreibt Einstein und erkennt darin «das musikalische Gegenstück seiner brieflichen Bekenntnisse, daß das Leben jeden Reiz für ihn verloren habe». Aber die Resignation bleibt merkwürdig gedämpft, wie wenn er die Welt bereits von einer höheren Warte aus betrachten würde und mit einem inneren Zustand, der Liebe und Haß, alles irdische Empfinden, überwunden habe.

Der erste Satz beginnt atmosphärisch: Im ersten Takt wird der Raum ausgeleuchtet, in dem die schlichte liedhafte Melodie sich dann ausbreitet und aussingt, als gäbe es für sie keinerlei dramatische Widerstände, keinerlei Hindernisse mehr, die es zu bezwingen gelte. Die massiven emotionalen Konflikte, die Seelenkämpfe der früheren Klavierkonzerte sind hier überwunden und vergeistigt, sind schwerelos, körperlos geworden; und gleich der idealisierten Bewegung des Geistes reihen sich die zahlreichen Themen und Motive wie eine Kette zartester Einfälle aneinander: endlich, so scheint es, ist der Zustand des inneren Ausgleichs, der Beseelung, der Erleuchtung, erreicht.

Alles in diesem Konzert ist abgemildert, gedämpft, selbst die zahlreichen dynamischen Kontraste, die harmonischen Kühnheiten vollziehen sich implizit, im Inneren der Seele und treten in purer Schönheit, als fließender, strömender Atem, der irdischen Schwerkraft entzogen, nach außen: So bemerkt man zunächst nicht, welch ungewöhnlicher harmonischer Plan der Durchführung des Kopfsatzes zugrunde liegt, wie das Hauptthema von der weit entfernten Tonart h-moll allmählich und allerlei Eintrübungen ausgesetzt, sich langsam zur Haupttonart zurücktastet, jeden größeren Konflikt meidend. Alles ist eingebunden in den großen, herrlichen Gesang der Seele, die sich befreit hat von aller irdischen Last. Und über allem liegt ein Hauch von heiterer Trauer oder lächelnder Melancholie. Aber es ist gerade die Schwerelosigkeit und Entrücktheit, die dieses *letzte Klavierkonzert* MOZARTS so bedeutend machen, denn hier ist der denkbar würdigste, reinste Schlußpunkt einer unglaublichen musikalischen Entwicklung gesetzt, die es weder vorher noch danach in ähnlicher Dichte in einer anderen musikalischen Gattung gegeben hat.

Attila Csampai

Violinkonzerte

Konzertante Werke, in denen Streichinstrumente solistisch eingesetzt werden, schrieb Mozart beinahe ausschließlich in den Jahren 1773 bis 1779, das heißt zwischen der Rückkehr von seiner dritten (und letzten) Italien-Reise und der Rückkehr aus Paris. Die intensive Auseinandersetzung insbesondere mit der Violine in jener Zeit war wohl teilweise durch Mozarts Amt am fürsterzbischöflichen Hof in Salzburg wie auch durch das Drängen seines Vaters veranlaßt; vor allem aber hatte er in Italien die große geigerische Tradition dieses Landes in sich aufnehmen können, war den bedeutenden Tartini-Schülern Pietro Nardini und Gaetano Pugnani begegnet und hatte in Bologna den Böhmen Joseph Mysliveček kennengelernt, der die Gattung des Violinkonzerts besonders pflegte. Hinzu kam eine offensichtliche Beliebtheit konzertanter Musik für Violine in Salzburg.

Hatte Mozart bis 1773 bereits mehr als zwei Dutzend Symphonien geschrieben, war die Annäherung an die Konzertform bis dahin eher tastend gewesen, so vollzog sich nun in den Gattungen des Streicherkonzerts ein wesentlicher stilistischer Reifeprozeß. Vollständig überliefert und zweifelsfrei authentisch sind *fünf Konzerte* und *drei einzelne Sätze für Violine und Orchester* der *‹Concertone› für zwei Violinen C-dur KV 190* sowie die *Sinfonia concertante für Violine und Viola Es-dur KV 364* mit Orchester. Von drei weiteren unter Mozarts Namen geführten Violinkonzerten ist jenes in *D-dur KV 271 i* (entstanden angeblich im Sommer 1777 in Salzburg) von zweifelhafter Echtheit; die beiden anderen, *Es-dur KV 268* und *KV Anh. 294 C-dur, genannt ‹Adelaide-Konzert›*, hat Walter Lebermann 1978 bzw. 1967 als untergeschobenes Werk von Johann Friedrich Eck bzw. als Fälschung von Marius Casadesus nachgewiesen. Sie finden hier keine Berücksichtigung.

Das früheste der Konzerte, *B-dur KV 207*, entstand im April 1773, zeigt nicht nur ein Amalgamieren der italienischen Traditionen eines Vivaldi und Tartini mit den Elementen von Mozarts eigener musikalischer Sprache, sondern ist formal durch seine Dreisätzigkeit und in bezug auf die Instrumentation (zwei Oboen, zwei Hörner und Streicher) für die ganze Werkgruppe richtungweisend.

Der im Mai des folgenden Jahres geschriebene ‹*Concertone*› *C-dur KV 190* gehört zu jener in der stilistischen Nachfolge des barocken Concerto grosso stehenden Gattung der Sinfonia concertante, wie sie unter anderem von Johann Christian Bach, den Mozart sehr verehrte, gepflegt wurde; zu den beiden Soloviolinen treten im *KV 190* die erste Oboe (die gleichwohl auch Tutti-Aufgaben zu übernehmen hat) und im langsamen Satz ein Violoncello obligato. Die Orchesterbesetzung ist hier um zwei Trompeten erweitert, die Violinen geteilt.

Mit dem *D-dur-Konzert KV 211*, beendet am 14. Juni 1775, beginnt Mozart, französische Einflüsse aufzunehmen: Das Hauptthema des Kopfsatzes hat eine charakteristische marschartige Punktierung und die Form des Schlußsatzes – in *KV 207* noch dem Sonatensatz verwandt – wird nun als Rondo gestaltet. Im Herbst und Winter des gleichen Jahres entsteht dann die Trias jener Werke, in denen Mozart zu völlig individueller Gestaltung und Ausdruck findet.

Die zwischen September und Ende Dezember 1775, also innerhalb weniger Wochen, komponierten *Konzerte in G-dur KV 216, D-dur KV 218* und *A-dur KV 219* bilden in mehrfacher Hinsicht eine Gruppe. Zum einen sind die Schlußsätze höchst originell und in ihrer Gestaltung voller Überraschungen; so hält Mozart im *G-dur-Konzert* den Fluß der Musik plötzlich an, läßt – wie eine Erinnerung an die barocken «Minore»-Teile bestimmter Tanztypen – einige Andante-Takte in g-moll folgen, an die sich ebenso unvermittelt das Zitat eines Volksliedes ‹*Willem von Nassau*› anschließt, ehe die eigentliche Thematik des Satzes wiederaufgenommen wird. Im *D-dur-Konzert KV 218* wird das Ritornell gar von zwei gegensätzlichen Gedanken gebildet: Der erste (Andante grazioso) ist melodisch und harmonisch offen und wird vom zweiten (Allegro ma non troppo) gleichsam beantwortet. Schon durch diesen Kunstgriff wäre der Satz sehr abwechslungsreich, doch fügt ihm Mozart außerdem noch eine Andante-Episode ein, die diesmal an die ‹*Musette Ballo Strasburghese*› aus Dittersdorfs ‹*Karnevals*›-*Symphonie* anklingt; der Solist begleitet hier streckenweise die Melodie selbst durch gleichzeitiges Mitspielen der leeren G-Saite, eine Stilisierung des Musette-(Dudelsack-)Klangs. Im A-dur-Konzert enthält das Rondo eine zentrale Episode in a-moll, deren Gedanken MOZART aus seiner 1772 geschriebenen Ballettmusik *‹Le gelosie del Serraglio›* zur Oper *‹Lucio Silla›* zitiert; daß dieses *alla turca* musikalisch ein *all'ongharese* ist, wie Dénes Bartha überzeugend nachgewiesen hat, ist indes weniger interessant als MOZARTS phantasievolle Umsetzung des Schlagens und Peitschens (des «türkischen» Schlagwerks) durch das *col legno*-Spiel der tiefen Streicher. Hier zeigt sich bereits der geniale Instrumentator.

Zum anderen atmen die langsamen Sätze dieser Konzerttrias eine Reinheit und Tiefe des Ausdrucks, wie sie zuvor nur TARTINI und nach MOZART erst wieder BEETHOVEN und SPOHR erreicht haben. Auch hier setzt MOZART sehr gezielt die Klangfarben des Orchesters ein; so spielen die hohen Streicher im Adagio des *G-dur-Konzerts* stets *con sordino*, die tiefen über weite Strecken – einer älteren Praxis folgend – *pizziccato*, während die Oboen durch die süßer, weicher klingenden Flöten ausgetauscht werden.

Nach diesem ersten Höhepunkt im konzertanten Schaffen MOZARTS entstehen zunächst, vermutlich gegen Ende 1776, zwei einzelne Sätze, das *Adagio E-dur KV 261* und das *Rondo B-dur KV 269*; ob sie als Substitute für entsprechende Sätze des *KV 219* bzw. *KV 207* gedacht waren (briefliche Äußerungen LEOPOLD MOZARTS scheinen in diese Richtung zu deuten), muß dahingestellt bleiben. In der Qualität halten sie das Niveau der drei voraufgegangenen Konzerte.

Während seines Aufenthalts in Paris kam MOZART mit der französischen «Concertante» in Berührung, seine im April 1778 komponierte Sinfonia concertante für vier Bläser und Orchester ist die unmittelbare schöpferische Reaktion. Das zweite Werk dieser Gattung, *KV 364 für Violine, Viola und Orchester*, das wahrscheinlich im Sommer nach der Rückkehr aus Paris (1779) entstand, zeigt indessen wenig Einfluß von «welschem gout»; es ist MOZARTS reifste konzertante Komposition für Streichersoli. Attribute wie Heiterkeit, Feinheit und Eleganz treten hier zurück gegenüber einer nervigen Kraft und Entschiedenheit des Ausdrucks, in denen bereits Charakterzüge der reifen Klavierkonzerte der Wiener Jahre vorgeprägt erscheinen. Zum erstenmal schreibt MOZART einen langsamen Konzertsatz in einer Moll-Tonart (c-moll) – ein dunkles, grüblerisches Andante. Die Hineinnahme symphonischer Elemente in den konzertanten Stil (auch in der Orchesterbehandlung) bot Möglichkeiten zur Intensivierung von Ausdruckswirkungen, von denen MOZART Gebrauch macht, ohne aber in vordergründige Effekte abzugleiten. Erwähnt sei an *KV 364* die besondere Hervorhebung des Violenklangs, einmal durch Teilen der Tutti-Violen in zwei Gruppen (Ergebnis ist ein runderer, vollerer Klang des Orchesters), zum anderen durch Skordieren der Soloviola um insgesamt einen halben Ton; durch diese Umstimmung der Bespannung konnte der Spieler in der günstigen Applikatur von D-dur bleiben, sein Instrument hob sich durch den helleren Klang besser vom Tutti ab und verschmolz leichter mit dem der Violine.

Im April 1781 entstand MOZARTS letztes Werk für Violine und Orchester, das *Rondo C-dur KV 373*; in einem Brief an den Vater nennt er es «ein Rondo zu einem Concert für Brunetti» (den Salzburgischen Hofkonzertmeister). Möglicherweise hatte er noch zwei weitere Sätze geplant, die durch den Bruch mit dem Fürsterzbischof und Entlassung aus Salzburgischen Diensten im Mai 1781 nicht mehr zur Ausführung kamen.

Wenngleich MOZART seine Violinkonzerte nicht in erster Linie für den eigenen Bedarf schrieb, so soll doch darauf hingewiesen werden, daß er sie sowohl in Salzburg wie auch außerhalb seiner damaligen Wirkungsstätte selbst gespielt hat. Diese Tatsache gibt einen Eindruck von den beachtlichen geigerischen Fähigkeiten des Komponisten, dessen Hauptinstrument das Klavier war.

Hartmut Becker

Bläserkonzerte

Verglichen mit der großen Zahl an *Klavierkonzerten*, die MOZART komponiert hat, nimmt sich die Zahl der *Bläserkonzerte* eher bescheiden aus. Worin mögen die Gründe liegen? Zum einen ist es naheliegend, daß MOZART für die von ihm selbst gespielten Instrumente, Violine und Klavier, schrieb, allzumal gerade das Klavier im Wien der achtziger Jahre zum Modeinstrument wurde, verbunden mit einem ungeheuren instrumentenbauerischen Aufschwung. Viele Weiterentwicklungen der Blasinstrumente fanden im Gegensatz dazu erst im 19. Jahrhundert statt, so daß MOZART noch für beschränkte Möglichkeiten schreiben mußte.

Zum anderen war es aber sicher auch MOZARTS Abneigung, den Gepflogenheiten der Zeit nachzukommen und ganze Bündel «Concertln» für einen Auftraggeber zu schreiben – dafür ließ er sogar einmal einen hochdotierten Auftrag platzen: Anfang 1778 bestellte der reiche Holländer Ferdinand Dejean in Mannheim eine Reihe von *Flötenkonzerten*. MOZART komponierte das *Flötenkonzert G-dur KV 313*, bearbeitete das zwischen April und September 1777 in Salzburg entstandene *Oboenkonzert C-dur KV 314* und verwandelte es in das *Flötenkonzert D-dur KV 314*, in dessen Finalthema schon Blondchens Arie ‹*Welche Wonne, welche Lust*› aus der ‹*Entführung*› (1782) anklingt. Aber dann scheint MOZART endgültig die Lust an einer «Massenproduktion» verloren zu haben, denn wir finden in diesem Zusammenhang nur noch das *Andante für Flöte und Orchester C-dur KV 315*. Der Holländer zahlte nur einen Teil der zugesagten Honorare, LEOPOLD MOZART rügte brieflich seinen Sohn entrüstet wegen seines Verhaltens – MOZART selbst ließ es bleiben und reiste weiter nach Paris. Dort wurde er von Legros, dem Direktor der «Concerts spirituels», eingeladen, eine *Sinfonia Concertante für Flöte, Oboe, Horn und Fagott* zu schreiben – um auch hier bittere Erfahrungen zu machen: Legros ließ das Werk einfach nicht aufführen. Die Partitur ist seither verschollen. In der zweiten Hälfte des 19. Jahrhunderts wurde die Abschrift einer *Concertante für Oboe, Klarinette, Horn und Fagott Es-dur KV 297b* aufgefunden, die eine Nähe zu MOZARTS Stil der Pariser Zeit aufweist, allerdings auch Un-MOZARTsche Längen hat, so daß die Zuschreibung an MOZART nur zweifelhaft sein kann.

MOZART hatte also allen Grund, an der Seriosität von Musikern, die Werke bestellen und dann nicht aufführen, zu zweifeln. Anders verhielt er sich, wenn eine Freundschaft zu einem Musiker bestand, wie die zu dem Hornisten Joseph Leutgeb (Leitgeb), die ihren Niederschlag in zum Teil saftigen Charakterisierungen auf den Manuskripten fand: «Wolfgang Amadé Mozart hat sich über den Leitgeb Esel, Ochs und Narr, erbarmt zu Wien den 27. May 1783», heißt es auf der Partitur des *Hornkonzerts Es-dur KV 417*. Von Ende 1782 bis Juni 1786 schrieb MOZART insgesamt vier Hornkonzerte für Leutgeb, die *Hornkonzerte D-dur KV 412* (Ende 1782), *Es-dur KV 417* (Mai 1783), *Es-dur KV 447* (1783) und *Es-dur KV 495* (26. Juni 1786). In allen Werken wird das Horn als individuelle Persönlichkeit dargestellt, in langgehaltenen, «romantischen» Tönen, Echowirkungen, Romanzen (Mittelsatz von *KV 495*), aber auch in brillanten Figuren und im Finale stets als virtuoses «Jagd»-Horn. Daneben gibt es noch zwei Konzertsätze für Horn und Orchester, die allerdings Fragment geblieben sind, bis sie ergänzt wurden: der *Konzertsatz für Horn Es-dur KV⁶ 494a* von GERHARD WIMBERGER und der *Konzertsatz (Rondo) für Horn Es-dur KV 371* von WILHELM LANZKY-OTTO.

Diese Tendenz, das Soloinstrument als Individuum vorzustellen, als Klangpersönlichkeit, schafft eine Parallele zur Oper, speziell zur Arie: «Beide Gattungen werden gespeist von der genuin dramatischen Idee der Balance von Kontrast und Koordination zwischen dem einzelnen und der Gruppe» (Wulf Konold). Und genau diese musikdramatische Idee zwang MOZART auch, für jedes Konzert eine individuelle Lösung zu finden. Sehr klar kommt dieses Wechselspiel der «Klangpersonen» im *Konzert für Flöte und Harfe KV 299* zum Tragen, das MOZART in Paris für den Herzog von Guines und dessen Tochter komponiert hat. Kein Wunder, daß er für diese künstlerische Idee sogar – wie im Fall der Flötenkonzerte für Dejean – auf ein Honorar verzichtet, ehe er sie einer barocken «Massenproduktion» opfert. Schon in den vielen Divertimenti und Serenaden (s. S. 168ff), in denen er für Salzburger Musikerfreunde dankbare Bläsersoli hineinkomponiert, prägt sich dieser Zug aus. MOZART scheint insgesamt diese Einbindung der Bläser in einen anderen Werkkontext bevorzugt zu haben, eine Einbindung, die in den ausgeprägten Bläserpartien der *Wiener Klavierkonzerte* fortgeführt wurde (s. S. 191ff). Eine Ausnahme bildet das *Fagottkonzert B-dur KV 191*, das für einen uns nicht bekannten Musiker im Juni 1774 in Salzburg entstand, in dem die Wechselwirkung Fagott–Orchester schon weit über die reine Ritornellfunktion hinausgeht. Mit dem *Oboenkonzert KV 314* und dem späten *Klarinettenkonzert* (s. u.) hat Mozart allerdings jedes Instrument der Holzbläserfamilie mit einem Werk ersten Ranges beschenkt, von den Blechbläsern fehlt nur die Trompete – ein frühes *Trompetenkonzert KV 47c* aus dem Jahre 1768 ist leider verschollen –, und an die Posaune hat Mozart in der *‹Schuldigkeit des Ersten Gebotes› KV 35* (*Nr. 6*) (1767) und im *‹Tuba mirum›* des *Requiem* gedacht.

Gerhard Eduard Winkler

Klarinettenkonzert A-dur KV 622

Mit dem *Klarinettenkonzert A-dur KV 622* komponiert Mozart Anfang Oktober 1791, zwei Monate vor seinem Tod, sein letztes Solokonzert: Adressat ist der Logenbruder und Klarinettist an der Wiener Hofoper Anton Stadler. Und obwohl Mozart für das von ihm so sehr geliebte Blasinstrument nur dieses eine Konzert verfaßte, schuf er damit das wohl bedeutendste, tiefsinnigste Werk der gesamten Gattung. Neuere Forschungen haben zwar ergeben, daß Mozart es ursprünglich nicht für die A-Klarinette, sondern für die Bassettklarinette, eine Eigenkonstruktion Stadlers, konzipierte, doch gibt es die umstrittene Fassung für die A-Klarinette immerhin schon seit 1801. Seither hat die normale Klarinette das Werk endgültig zu «ihrem» Konzert gemacht.

Die Partitur dieses typischen Spätwerks belegt nicht nur ein weiteres Mal die überragende kompositorische Meisterschaft Mozarts, eine kaum noch zu überbietende Dichte und Innerlichkeit des musikalischen Geschehens, sondern enthüllt auch seine tief sinnliche, ja erotische Beziehung zum Soloinstrument, dessen Charakter er genau trifft. Mozart behandelt die Klarinette – die in ihren Stimmlagen die weiblichen Stimmlagen vom Sopran bis zum tiefen Alt umfaßt – wie etwas Menschliches, Beseeltes und haucht ihr Leben ein, indem die verschiedenen Stimmlagen als Affektbereiche ein und desselben mehrschichtigen Charakters begreift. Während die beiden ersten Sätze wie zwei große Arien wirken, die unter einem riesigen musikalischen Spannungsbogen eine Fülle verschiedener, teils auch gegensätzlicher musikalischer Gedanken zu einer Einheit verschmelzen, weist der dritte Satz spielerisch-offene Struktur und maskeradenhafte Gestik auf, wobei die diversen Register des Soloinstruments – teils untereinander, teils mit dem Orchester – sich in scherzhafte Dialoge verwickeln und durch häufigen Lagen- und Funktionswechsel (einmal sogar als Baßinstrument!) Versteckspiel und Verwechslungskomödie entstehen. Und dennoch können weder die Verspieltheit des Rondos noch mannigfaltig eingestreute heitere Gedanken in allen Sätzen die tiefgründige Trauer, die das ganze Werk von innen her erfaßt, verdecken. Dieser Grundzug des MOZARTschen Spätwerks, nämlich das Überhandnehmen von traurigen Gedanken und schmerzlichen Wendungen selbst in den «heiteren» Dur-Tonarten, kennzeichnet schon die beiden letzten *Klavierkonzerte* (*D-dur KV 537* und *B-dur KV 595*). Stendahl nannte das die «Melancholie» MOZARTS, während Arthur Schurig einen Ausspruch Giodano Brunos anwendete: «In tristitia hilaris, in hilaritate tristis» («In Heiterkeit traurig, in Traurigkeit heiter»). In diesem Punkt pflichtete sogar Georgi W. Tschitscherin Schurig bei und umschrieb es mit eigenen Worten als den «unentwegt, bohrenden, tief innen sitzenden, dabei nicht selten hinter einem sichtbaren Lächeln lauernden Schmerz, mit einer wahrnehmbaren seltsamen Klarheit über innerem Dunkel».

Attila Csampai

Konzertarien

Ein Gattungsbegriff dieser Art begegnet weder in Dokumenten von MOZARTS eigener Hand noch überhaupt im 18. und frühen 19. Jahrhundert. Köchel rechnet die zu einer Werkgruppe zusammengefaßten Arien, Szenen, Ensembles und Chöre mit Orchester zu den Bühnenwerken; sehr zu Recht, denn nahezu alle diese Kompositionen sind auf Texte damals oft vertonter Libretti geschrieben. Läßt man die Duette, Ensembles und Chöre außer Betracht, so bleibt etwa ein halbes Hundert von Werken für eine Solostimme und Orchester, von dem mehr als die Hälfte für Sopran bestimmt ist, nur acht für Tenor, sieben für Baß und eines für Alt. Das Überwiegen der *Sopran-Arien* erklärt sich aus der Entstehung als Auftragswerke, die in der Regel von Primadonnen bestellt wurden. Dabei waren solche Arien keineswegs nur für den Vortrag in Konzerten bestimmt, sondern häufig als Austauschstücke für weniger wirkungsvolle Arien älterer oder zeitgenössischer Opern (ähnlich verfuhr noch der junge RICHARD WAGNER mit einzelnen Arien aus Opern von BELLINI und MARSCHNER). Wählerisch konnte MOZART bei solchen Aufträgen bezüglich der Textvorlagen kaum sein; so stammen nicht weniger als neunzehn dieser Texte von dem Hofpoeten Pietro Metastasio, und nicht nur sie müssen – zumindest für den reifen MOZART – als stilistisch veraltet angesehen werden, vermögen mit Lorenzo da Pontes Libretti nicht Schritt zu halten. Erst ab 1788 finden wir beinahe ausschließlich Vertonungen von dessen Versen; sechs dieser späten Arien bilden nachkomponierte bzw. ausgeschiedene Nummern aus *‹Le Nozze di Figaro›*, *‹Don Giovanni›* und *‹Così fan tutte›*, darunter das berühmte *‹Dalla sua pace›* für die Rolle des Don Ottavio. Die Bezeichnung «Konzertarie» darf also nicht darüber hinwegtäuschen, daß eine meist sehr konkrete Bühnensituation den geistig-emotionalen Hintergrund dieser Kompositionen bildet, gleich ob sie als Einlagen für fremde Opern oder für MOZARTS eigene Werke bestimmt sind. Nicht reine Kehlfertigkeit und Zwerchfellakrobatik interessierte den Komponisten, vielmehr wurden ihm als geborenem Dramatiker solche Werke in immer gelungenerer Art zu musikalischen Charakterstudien. Stilistisch bilden sie zwischen der Vollendung des *‹Idomeneo›* (1780) und dem Beginn der Arbeit an *‹La Clemenza di Tito›* (1791) die einzige schöpferische Verbindung MOZARTS zur Gattung der *opera seria*.

Einige der späten Arien fallen durch ausgiebige Verwendung von Obligat-Instrumenten auf. So schreibt die Partitur der im März 1786 für die Wiener Revision des *‹Idomeneo›* nachkomponierte *‹Scena con Rondo› KV 490* (*‹Non più, tutto ascoltai – Non temer, amato bene›* für Tenor) eine Solovioline vor, die über dem Streichertutti mit der Stimme und den Bläsern (je zwei Klarinetten, Fagotte und Hörner) konzertiert. Ist dieses Werk – als neugestalteter Beginn des zweiten Aktes – eindeutig auf die Erfordernisse und Möglichkeiten des Theaters ausgerichtet, so weist die *‹Scena con Rondo› KV 505* (*‹Chi'o mi scordi de te›* für Sopran) durch das obligate Klavier auf konzertante Verwendung, wenngleich ihr Text dem *‹Idomeneo›*-Libretto entnommen ist. MOZART hat dieses Werk für die englische Sopranistin Nancy Storace (die erste Susanna des *‹Figaro›*) und sich selbst geschrieben. Ein ausgesprochenes Konzertstück ist auch die *Baß-Arie KV 612* (*‹Per questa bella mano›*) mit obligatem Kontrabaß; weder der Librettist noch ein szenisch-dramatischer Zusammenhang, in den das Stück gehören könnte, sind bekannt. Bestimmt war die Komposition für den seriösen Bassisten Görl (den ersten Sarastro) und den Kontrabaß-Virtuosen Pischlberger.

Hartmut Becker

Geistliche Musik

Die geistliche Dimension der Salzburger Hofhaltung, deren Fürst gleichzeitig Erzbischof war, ließ MOZART schon recht früh und intensiv mit Vertonungen des Ordinarium-Missae-Textes umgehen. Im Gegensatz zu den Proprium-Teilen, die von Sonntag zu Sonntag wechseln, umfaßt das Ordinarium die das ganze Jahr über gleichbleibende Teile: I. Kyrie (Bitte um Schuldvergebung), II. Gloria (Gotteslob und – im Mittelteil – wiederum Erbarmensbitte), III. Credo (Bekenntnis der dogmatischen Glaubensinhalte), IV. Sanctus (Gotteslob), V. Benedictus (Preis Jesu Christi), VI. Agnus Dei (Bitte um Vergebung und Friedensbitte). Die Notwendigkeit, den immer gleichen Text zu vertonen, der noch dazu spezifische Probleme in sich birgt (vor allem in den dogmatischen Bekenntnissen), stellt eine enorme Herausforderung an die gestalterische Kraft eines Komponisten dar.

Nach vielen früheren Meßvertonungen zu verschiedensten Anlässen entstand 1779 die sogenannte *‹Krönungsmesse› KV 317*. Sie ist eine jener *C-dur-Messen* aus dem Archiv der Wiener Hofmusikkapelle (neben *KV 317* noch *KV 258* und *KV 337*), die bei Kaiser- und Königskrönungen sowie anderen höfischen Anlässen aufgeführt wurde. Die Vermutung, der Titel habe mit der jährlichen

Wiederkehr des Krönungsfestes des Gnadenbildes von Maria Plain bei Salzburg zu tun, ist eine fromme Legende. Vielmehr erklang das Werk zum erstenmal im März 1779 zum Osterhochamt im Salzburger Dom. Das erklärt auch den feierlichen Charakter der Messe: Das Prinzip des «Mächtigen, Erhabenen» als eine Erscheinungsform Gottes wird in durchaus irdischer Huldigungsmanier durch kraftvolle, breite Tutti-Anrufungen zu Beginn des ‹*Gloria*›, des ‹*Sanctus*› und des ‹*Kyrie*› beschworen. Den dogmatischen Abstracta des ‹*Credo*› – dem paradoxen Versuch, das Unsichtbare, die begriffliche Wirklichkeit Übersteigende in Worte zu fassen – stellt MOZART die «absolute» Form eines Rondos gegenüber: Das Hauptthema, Oktavenrepetitionen auf *einem* Ton, stellt eine Nähe zum uralten «psalmodischen Rezitieren» her, kann aber auch als Sinnbild der Einheit Gottes verstanden werden. Bei ‹*Et in unum Dominum Jesum Christum*› setzt das erste Zwischenspiel ein mit seiner Moll-Eintrübung und stetem Forte-Piano-Kontrast. Die Anrufung ‹*Genitum non factum*› bringt die erste Wiederholung der Oktavrepetitionen, eine mit dem konventionellen Signum der «Katabasis», einer stufenweisen Abwärtsbewegung, die Niederkunft Gottes auf die Erde bildhaft dargestellt wird. Das folgende Zwischenspiel, Zentrum aller Credo-Vertonungen, ‹*Et incarnatus est*› beschwört die intime Szenerie der Geburt Christi, setzt Zartheit, Schlichtheit des Affekts dem unmittelbar folgenden ‹*Crucifixus*›, der Karfreitags-Szenerie am Kreuzeshügel, entgegen. Dann setzen wieder die virtuosen Spielfiguren der Streicher sowie das Rondo-Thema ein: ‹*Et resurrexit*›. Die Wiederholung des ersten Zwischenspiels (‹*Et iterum venturus est*›) wird durch ein heiteres Sopransolo erweitert (‹*Et in spiritum sanctum*›). Weitaus leichter ließ sich kompositorisch ansetzen bei der Darstellung des «menschlichen, irdischen» Aspekts Gottes, verkörpert in der Gestalt Jesu Christi: Solostimmen, das individuelle «Humanum», gestalten neben der ‹*Incarnatus*›-Szenerie einige ‹*Gloria*›-Abschnitte, den Mittelteil des ‹*Kyrie*›, das ‹*Benedictus*› und den Beginn des ‹*Agnus*›, der besonders innig instrumentiert ist. Im zweiten Teil des ‹*Agnus*› wiederholt MOZART die Musik des ‹*Kyrie*› und schafft so einen Rahmen, der die im liturgischen Vorgang zeitlich getrennten Meßsätze zusammenschließt.

Die gewaltige *c-moll-Messe KV 247* hat MOZART selbst nie fertiggestellt. Während *‹Kyrie›, ‹Gloria›, ‹Sanctus›* und *‹Benedictus›* ganz bzw. weitgehend vollendet sind, blieb das *‹Credo›* unvollendet, das *‹Agnus›* fehlt völlig. Das Werk – auf Grund eines nicht ganz geklärten Gelübdes MOZARTS in Zusammenhang mit der Eheschließung und einer Krankheit Constanzes 1782/83 zum Teil in Wien entstanden – wurde in dieser Form in der Stiftskirche St. Peter in Salzburg im Oktober 1783 aufgeführt. Die Stiftskirche unterstand nicht dem Fürsterzbischof, so daß MOZART – nach dem erst kurz zurückliegenden Bruch – den Kontakt mit seinem ehemaligen Dienstherren diplomatisch-elegant vermeiden konnte. Vermutlich konnte bei dieser Aufführung das *‹Credo›* entfallen (weshalb MOZART die Arbeit daran abbrach) und das *‹Agnus Dei›* aus einer anderen Meßvertonung oder der Musik des *‹Kyrie›* ersetzt werden. Die auskomponierten Teile weisen jedoch eine zeitliche und inhaltliche Dimension auf, die das Fragmentarische (allzumal in einer Konzertaufführung) vergessen läßt: Schon das stark chromatische *‹Kyrie›* verbreitet einen tiefen Ernst, der der fugenmäßigen Verschränkung der Singstimmen und dem – schon zu MOZARTS Zeit – altertümlichen Thementypus entspringt. Hier zeigt sich besonders deutlich der Einfluß der Oratorien HÄNDELS und der Fugenkompositionen BACHS, die MOZART damals in der Bibliothek van Swietens in Wien intensiv studiert hat. Das *‹Christe eleison›* als virtuose Sopranarie steht dazu in denkbar größtem Gegensatz. Die Fähigkeit, extreme Gegensätze zu einer Einheit zu binden, finden wir auch im großdimensionierten *‹Gloria›* ausgeprägt: Im prunkvoll einsetzenden *‹Gloria in excelsis›* fällt die ungewöhnliche Vertonung des *‹Bonae voluntatis›* auf. Diesem Ausdruck von Gedrücktheit und indifferentem Schmerz folgt im *‹Laudamus te›* ein arienhaftes, freundlich-virtuoses Sopransolo, dessen Licht vom charakteristischen Quintauftakt ausstrahlt. Barockes Pathos mit punktierten Noten und starker Chromatik erfaßt das *‹Gratias agimus›*. Ebenfalls auf ein barockes Modell, dem Wechsel von (d)-moll-Akkord und vermindertem Septakkord (dieses Modell sollte im *‹Requiem›* größte Bedeutung erlangen) greift das *‹Domine Deus›* der beiden Sopransoli zurück. Nach dem wuchtigen *‹Qui tollis›* und dem *‹Quo-*

niam› für das Soloterzett wirkt das *‹Iesu Christe›*-Adagio wie ein Präludium zur großartigen Schlußfuge *‹Cum sancto spiritu›*. Der letzte von MOZART geschriebene Satz ist das *‹Benedictus›*, ein archaisch anmutendes, mit barocker Sequenzierungstechnik arbeitendes Stück für das Solistenquartett. Seit 1985 liegt eine Rekonstruktion der unvollendeten Teile dieser Messe von HELMUT EDER vor.

Nach dieser Messe schrieb MOZART keine Kirchenmusik mehr bis zu seinem *‹Requiem›* (1791) bzw. dem kurz zuvor entstandenen *‹Ave Verum› KV 618*. Dieses kleine Stück entstand für Fronleichnam 1791 für den Chorregenten Anton Stoll in Baden bei Wien, zu einer Zeit, als MOZART an der Fertigstellung der *‹Zauberflöte›* arbeitete: Vieles von der feierlich-ruhigen Bewegtheit der Priestermusik dieses Werkes ist in das *‹Ave Verum›* ebenso eingeflossen wie der Duktus der Freimaurerkompositionen dieser Zeit. Es gehört zu jenen Kostbarkeiten der Kirchenmusik, die beinahe «im Vorübergehen» entstanden sind, wie wohl auch das *‹Laudate Dominum›* aus den *‹Vesperae solennes de Confessore› KV 339* (1780), die Vertonung des Psalms 116 «Lobet den Herrn, alle Völker», ein in getragener Melodik mit reicher Vorhaltsbildung geschriebener Satz für Solosopran und Chor. Ganz dem italienischen Geist verpflichtet ist die Solomotette *‹Exultate, jubilate› KV 165*, die MOZART im Januar 1773 für den Mailänder *primo uomo*, den Sopran-Kastraten Rauzzini, komponiert hat und die in ihrer dreiteiligen Anlage höchste sängerische Anforderungen stellt. Nahezu volkstümlich geworden ist daraus das Finale, das *‹Alleluia›*.

Reizvolle Miniaturen sind die insgesamt *17 Kirchensonaten*, die MOZART von 1771/72 bis 1780 komponiert hat, kurze, einsätzige Stücke für Violinen und Basso continuo.

MOZARTS letztes, von ihm nicht mehr vollendetes Werk, sein *‹Requiem› KV 626* zählt zu den legendenumwobenen Werken der Musikgeschichte. Dies um so mehr, als MOZART selbst in seinen Briefen darauf nicht Bezug nimmt, die Nachwelt also primär auf die – zum Teil nicht nachprüfbaren – Erinnerungen der Zeitgenossen verwiesen wird, die noch dazu oft erst viele Jahre nach MOZARTS Tod niedergelegt wurden. Dies hängt wohl auch mit der Diskretion dem Auftraggeber gegenüber zusammen – Franz Graf Waldegg-Stuppach –, der die Angewohnheit hatte, Werke bei namhaften Komponisten zu bestellen, diese dann abzuschreiben und als seine eigenen auszugeben. So war es auch im Fall des ‹*Requiem*›, das der Graf für seine verstorbene Frau bestimmt hatte und das vermutlich im Juni 1791 ein Mittelsmann des Grafen – der legendäre «graue Bote» – bei MOZART in Auftrag gab und dabei bereits ein Teil des Honorars vorauszahlte – natürlich ohne die wahre Absicht bekanntzugeben.

MOZART begann neben der Fertigstellung der ‹*Zauberflöten*›-Partitur mit der Komposition des ‹*Requiem*›, unterbrach die Arbeit dann, um ab Mitte Juli die Oper ‹*La Clemenza di Tito*› zu schreiben, die im September aufgeführt wurde. Die nächsten beiden Arbeitsphasen erstreckten sich bis unmittelbar vor MOZARTS Tod am 5. Dezember. Da MOZART nur die Teile ‹*Introitus*›, ‹*Kyrie*› beinahe vollständig sowie die ‹*Sequenz*› (Nr. 1 bis zum Anfang von Nr. 6, dem ‹*Lacrimosa*›) und das ‹*Offertorium*› in einer Art «Gerüstsatz» (Singstimmen und Baß, mit den wichtigsten Instrumentationsangaben) – und eine Reihe «Zettelchen» (Skizzenblätter) auf seinem Schreibpult hinterlassen hatte, mußte das Werk von fremder Hand fertiggestellt werden, um dem bereits vorausbezahlten Honorar gerecht zu werden. MOZARTS Witwe Constanze beauftragte neben FRANZ JAKOB FREYSTÄDTLER und JOSEPH EYBLER, die bald aufgaben, FRANZ XAVER SÜSSMAYR, der das ‹*Lacrimosa*› (Nr. 6) fertigschrieb, ‹*Sequenz*› und ‹*Offertorium*› fertig instrumentierte sowie die Teile ‹*Sanctus*›, ‹*Benedictus*›, ‹*Agnus Dei*› komponierte und die ‹*Communio*› nach der Musik des ‹*Introitus*› und ‹*Kyrie*› gestaltete. Ob SÜSSMAYR ‹*Sanctus*›, ‹*Benedictus*›, ‹*Agnus Dei*› und ‹*Communio*› «völlig neu» komponierte oder Skizzenmaterial MOZARTS (und in welchem Umfang?) einbinden konnte, wird so lange das – eigentliche – Rätsel des ‹*Requiem*› bleiben, als kein einziges der erwähnten «Zettelchen» bisher aufgetaucht ist. Seltsamerweise hat SÜSSMAYR jene einzige bis heute bekannte Skizze MOZARTS (für eine Schlußfuge des ‹*Lacrimosa*›), die der Musikologe Plath identifizieren konnte, *nicht* verwendet. Die von SÜSSMAYR komponierten Teile weisen zum Teil eine Kraft der Ideenfindung auf, die dem Kleinmeister wohl nicht zuzutrauen ist, wohl aber auch viel Kleinmeisterliches, das MOZART so nie hätte gelten lassen. Trotzdem hat die SÜSSMAYRsche Ergänzung den Vorteil, noch aus einer lebendigen Tradition zu schöpfen, die uns Nachgeborenen fehlt.

Gerhard Eduard Winkler

Freimaurermusiken

Am 14. Dezember 1784 wurde MOZART «im 1. Gr[ade]» eines Lehrlings mit der Mitgliedsnummer 20 in die Wiener Freimaurerloge «Zur Wohlthätigkeit» aufgenommen, am 7. Januar 1785 «in den 2ten Grad [eines Gesellen] mit den gewöhnlichen Ceremonien befördert»; am 14. Januar 1786 erscheint sein Name erstmals in einer Logenliste mit dem Vermerk des dritten Grades, dem eines Meisters.

Aus dieser Chronologie ergibt sich, daß die Köchel-Datierung «1783» der ersten Werke, in denen sich MOZARTS Freimaurertum musikalisch niedergeschlagen hat, kaum stimmen kann; es sind das *Adagio KV 410* für zwei Bassetthörner und Fagott und das *Adagio KV 411* für zwei Klarinetten und drei Bassetthörner, in deren Kontext auch die ähnlich besetzten Fragmente eines weiteren *Adagios KV Anh. 93* und eines *Allegro assai KV Anh. 95* gehören: Die Andeutung freimaurerischer Klopfzeichen im Rhythmus der knappen kontrapunktischen Stücke läßt darauf schließen, daß sie zur Eröffnung einer Logensitzung gespielt (und also sicher nicht vor Ende 1784 komponiert) wurden.

Die Kantate *‹Dir, Seele des Weltalls› KV 429* dagegen, deren (anonymer) Text ebenfalls eindeutig freimaurerische Bezüge aufweist, ist wohl schon 1783 entstanden, und zwar vermutlich für einen auch Nichtmitgliedern zugänglichen Festakt; im Rahmen einer internen Logensitzung jedenfalls kann das in verschiedenen Fassungen überlieferte Werk nicht aufgeführt worden sein, da die große Besetzung dem entgegengestanden hätte.

Die meisten Werke MOZARTS, die in direkter Verbindung zu seinem Freimaurertum stehen, sind zwischen März und Dezember 1785 komponiert worden: Das dreistrophige *Lied ‹Gesellenreise›*

KV 468 (‹*Die ihr einem neuen Grade...*›), nach einem Text Franz Joseph von Ratschkys, am 26. März 1785, möglicherweise anläßlich der Beförderung seines Vaters LEOPOLD in den Gesellen-Grad (am 16. April 1785). Die *Kantate* ‹*Die Maurerfreunde*› *KV 471* (‹*Sehen, wie dem starren Forscherauge...*›), nach einem Text von Franz Petran, wurde am 24. April 1785 zu Ehren Ignaz von Borns uraufgeführt, des Großmeisters der Loge «Wahre Harmonie». Bei der freimaurerischen Totenfeier für Herzog Georg-August von Mecklenburg-Strelitz und für Graf Franz Esterházy von Galántha kam am 17. November 1785 in der Loge «Zur gekrönten Hoffnung» die ‹*Maurerische Trauermusik*› *KV 477* zur Aufführung – ein nur 69 Takte langes *Adagio*, das zu den erstaunlichsten Schöpfungen MOZARTS gehört. Im Dezember desselben Jahres dann komponierte er zur Eröffnung und zum Schluß der Loge «Zur neugekrönten Hoffnung» zwei *Lieder* nach Texten von Augustin Veith Edler von Schittlersberg: ‹*Zerfließet heut', geliebte Brüder*› *KV 483* und ‹*Ihr unsre neuen Leiter*› *KV 484*.

Daß MOZART als Freimaurerkomponist dann erst wieder 1791 in Erscheinung tritt, hat seinen guten Grund: Im Dezember 1785 erschien das *Freimaurerpatent* Kaiser Josephs II., das die «Gaukeleyen» des Logenwesens unter Polizeiaufsicht stellte und die Auflösung zahlreicher Logen zur Folge hatte, die (nicht ohne Grund) gewalttätige Ausschreitungen und Pogrome fürchteten. Fortan lebte das Wiener Freimaurertum nur mehr am Rande der Legalität – fast ein Geheimbund. MOZART blieb allerdings den Freimaurern treu und scheint selbst – so deutet ein Brief Constanzes an den Verlag Breitkopf & Härtel vom 21. Juli 1800 an – die Gründung eines geheimen Freimaurerordens geplant zu haben.

Im Juli 1791 entstand ‹*Eine kleine deutsche Kantate*› *KV 619* (‹*Die ihr des unermeßlichen Weltalls Schöpfer ehrt...*›) nach einem Text des Hamburger Kaufmanns Franz Heinrich Ziegenhagens, der MOZART um eine Musikbeilage für seine freimaurerische Schrift «Lehre vom richtigen Verhältnisse zu den Schöpfungswerken» gebeten hatte. ‹*Eine kleine Freimaurer-Kantate*› *KV 623* (‹*Laut verkünde unsre Freude...*›) – die Vertonung eines Textes von Emanuel Schikaneder – beschließt am 15. November 1791, knapp drei Wochen vor seinem Tod, MOZARTS musikalische Arbeiten für die Freimaurer.

In das unmittelbare Umfeld des Freimaurertums gehören außerdem die *Es-dur-Symphonie KV 543* und *‹Die Zauberflöte› KV 620*. Weitere Werke MOZARTS, die von den Freimaurern zur musikalischen Gestaltung ihrer Logensitzungen herangezogen wurden (und werden), ohne indes für diesen Zweck komponiert worden zu sein, sind die *Psalm-Vertonung ‹De profundis› KV 93*, das *Lied ‹O heiliges Band der Freundschaft treuer Brüder› KV 148*, das *Graduale ‹Sancta Maria, mater Dei› KV 273* und die *Motette ‹Ave Verum› KV 618*; hinzu kommen als Instrumentalwerke *Adagio und Fuge c-moll KV 546* und *Adagio und Rondo KV 617*.

Im Frühjahr 1792 hielt der Theaterdichter Karl Friedrich Hensler in der Loge «Zur gekrönten Hoffnung im Orient» die Maurerrede auf MOZARTS Tod: «Auf! traurt um ihn – nach ächter Maurersitte, / Den uns das Loos zum Bruder gab; / Zu früh sank er aus unsers Zirkels Mitte / Hinab, von uns ins düstre Grab.»

Michael Stegemann

Ludwig van Beethoven

Bonn, 16. Dezember 1770 – Wien, 26. März 1827

Erst in seinem dreißigsten Lebensjahr tritt LUDWIG VAN BEETHOVEN mit seiner *ersten Symphonie* vor die Wiener Öffentlichkeit. Neun Jahre ist MOZART bereits tot, und HAYDNS letzte Symphonie liegt fünf Jahre zurück, als BEETHOVEN, am 2. April 1800 und gerade noch im alten Jahrhundert in seiner ersten eigenen Akademie das Erbe seiner beiden großen Vorgänger antritt. Die ungewöhnlich lange, fast zehn Jahre währende Entstehungszeit der Symphonie aber kennzeichnet nicht nur BEETHOVENS eigene, äußerst selbstkritische und mühevolle Arbeitsweise, sie verweist auch auf die neugewonnene Autonomie des aus den feudalen Fesseln eines *Auftragskomponisten* (die ja HAYDN und MOZART noch waren) befreiten bürgerlichen Künstlers nach der Französischen Revolution, der nun frei entscheiden konnte, wann er was komponiert, der sich jetzt aber auch vor den kritischen Augen einer neuen bürgerlichen Öffentlichkeit behaupten mußte. Von dieser radikalen Veränderung der sozialen Situation des Komponisten konnte das künstlerische Schaffen nicht unbeeinflußt bleiben, zumal bei einem politisch so wachen, moralisch so gefestigten Charakter wie BEETHOVEN. Es schien ihm nicht mehr möglich, so naiv weiterzukomponieren wie bisher. Alles, was die alte Gesellschaft der neuen hinterlassen hatte, mußte auf seine Gültigkeit und ethische Tauglichkeit hin geprüft werden und wenn nötig, mit den neuen *Ideen* angereichert werden. Die vorgefundene musikalische Welt hatte aufgehört, ungebrochene Tradition zu sein.

Symphonie Nr. 1 C-dur op. 21

Und bereits in seiner *ersten Symphonie* zeigt sich BEETHOVENS reflektierte Distanz zur Gattung, auch wenn sich bis heute das Vorurteil gehalten hat, es handle sich bei seinen ersten beiden Symphonien um leichte, unausgereifte Jugendwerke ganz unter dem Einfluß HAYDNS und MOZARTS. Es mag sein, daß, verglichen mit den Schroffheiten der *‹Eroica›*, die klaren Proportionen, der jugendliche Optimismus, die Frische der *ersten Symphonie* noch zu verhalten, zu unbeschwert, zu harmlos wirken, dennoch hat BEETHOVEN bereits hier seine Sprache, seine unverwechselbare Physiognomie gefunden und den Weg, der zur *‹Eroica›* führt, eingeschlagen. Mit MOZART verbindet ihn ohnehin weniger, und so versucht er erst gar nicht, das menschlich-körperliche Antlitz, das dramatische Handeln seiner musikalischen Gestalten nachzuahmen; er knüpft eher an HAYDNS instrumental konzipierte, experimentell-konstruktive Satztechnik an und übernimmt auch etwas von dessen sprödem Humor. Gleichwohl vermag sich BEETHOVEN mit dem ersten Akkord der *C-dur-Symphonie* auch von diesem abzusetzen: Die langsame Einleitung beginnt nämlich mit einem dissonanten Septakkord, der in eine Kadenz in der falschen Tonart (F-dur) mündet, so daß die Symphonie erst im achten Takt zu ihrer eigentlichen Grundtonart findet. Man spürt zwar die Nähe HAYDNscher Symphonie-Einleitungen und bemerkt vielleicht auch die Anspielung auf den Beginn des Trios in MOZARTS *‹Jupiter›-Symphonie*, aber BEETHOVENS starker Wille, diesen uneigentlichen Beginn konsequent zu Ende zu denken *und* der Musik ideelle Kraft und Ausstrahlung zu verleihen, hat schon hier die Diskretion HAYDNS und MOZARTS längst überwunden. BEETHOVENS provozierend-moderne Haltung äußert sich auch im Menuett, das in seiner radikalen rhythmischen Gleichförmigkeit, seinem motorischen Drive, jede Beziehung zu dem ehemaligen höfischen Tanz leugnet. Diese letzte Reminiszenz der barocken Suite innerhalb der klassischen Symphonie, die HAYDN und MOZART in jahrzehntelanger Arbeit kunstvoll überhöhten, wird von BEETHOVEN einfach abgeschafft und durch einen – seinem neuen Selbstverständnis gemäßen – bürgerlichen *Scherz* ersetzt (die Bezeichnung «Menuetto» verwendet er hier zum letztenmal). Daneben ist aber vor allem der neue *Ton* seiner Musik, der Beethovens Eigenständigkeit manifestiert: denn alle erst der *‹Eroica›* zugeschriebenen Charakteristika seines «reifen Stils» – seien es hitziger Ton, agitatorische Haltung, emphatischer Tonfall oder schroffe Klanglichkeit – sind bereits in der *ersten Symphonie* substantiell enthalten.

Am deutlichsten wird Beethovens aufrüttelnde Tendenz in der Durchführung des ersten Satzes, wenn an dessen Höhepunkt die martialische Bläserfigur sich im plebejischen Geist über die Musik erhebt und mit einer sieghaften Geste die revolutionären bürgerlichen Ideale pathetisch beschwört – in diesem Augenblick glaubt man den Wind der Französischen Revolution zu spüren.

Attila Csampai

Symphonie Nr. 2 D-dur op. 36

In dem Maße, in dem der vorausgegangenen *C-dur-Symphonie* der Bonus des originellen Erstlingswerkes erteilt wurde, hat die *zweite* um ihre Existenzberechtigung zu kämpfen. Von durchweg heiterer Grundstimmung sei sie (als ob dies ein Makel wäre), fröhlich und unbeschwert, eben noch kein echter Beethoven. Erst in der *‹Eroica›* käme Beethovens rigorose Handschrift des moralisierenden Appells zum Ausdruck, sie hingegen sei noch zu sehr den Vorbildern Haydn und Mozart verpflichtet. Die Zeitgenossen urteilten anders: «Sie [die *zweite Symphonie*; B. R.] ist ein merkwürdiges, kolossales Werk, von einer Tiefe, Kraft und Kunstgelehrsamkeit, wie sehr wenige», schrieb ein Rezensent im Jahre 1804. Immer wieder wurde das Bizarre an ihr hervorgehoben, was schließlich in die Frage mündete: «Warum wollen wir denn von dem Komponisten [...], daß er nur an den hergebrachten Formen hänge, nur immer dem Ohre schmeichle, nie uns erschüttere und über das Gewohnte, wenn auch etwas gewaltsam, erhebe?» (*Allgemeine Musikalische Zeitung*, Februar 1812). Das Neuartige der *zweiten Symphonie*, die nichts mit Mozarts diskreter Distanz zu tun hat, wurde zu Beethovens Lebzeiten schärfer erkannt, als uns das heute mit all den eingefahrenen Hörgewohnheiten möglich ist.

Das 1802 entstandene Werk fällt in das Jahr des «Heiligenstädter Testaments», jenem erschütternden Dokument der Verzweiflung über die zunehmende Taubheit, die wachsende Isolation. «Es fehlte wenig, und ich endigte selbst mein Leben», bekannte BEETHOVEN. Wenn von dieser depressiven Gemütsverfassung kaum etwas in die *D-dur-Symphonie* eingeflossen ist, so ist das weder eine «historische Lüge» noch ein «Demento des ‹Heiligenstädter Testaments›», wie Kretzschmar es wahrhaben wollte, sondern hängt zum einen an der bereits 1801 entworfenen Konzeption, und zeigt darüber hinaus jene künstlerische Unabhängigkeit, die oft genug weit ab von biographischen Lebensumständen sich ereignet. In Opus 36 realisiert BEETHOVEN erstmals eine Ausweitung der Form, einen großräumigen Zusammenhang, wie er bis dahin unerhört war. Die langsame Einleitung hat in ihrer ungewöhnlichen Länge allenfalls in MOZARTS *‹Prager› Symphonie* ein Vorbild. War sie dort aber noch Introduktion, Vorbereitung, so erhält sie hier massives strukturelles Gewicht. Der auftaktige Tuttischlag und die davon schroff abgesetzte Holzbläser-Kantilene stecken den Rahmen für die gesamte Symphonie ab. Die Streicher greifen diese warm atmende Geste auf und versehen sie mit ornamentalen Umspielungen. Das Girlandenartige breitet sich mehr und mehr aus, immer metrisch kontrolliert von den pochenden Sechzehntel und Triolen in den Mittelstimmen. Völlig unvorbereitet bricht bleierner d-moll-Dreiklang daraus hervor, der wie ein Vorgriff auf die *Neunte* scheint, jeder Verzierung und verbindlich sich gebender melodischer Durchgangslinie entkleidet (Takt 23f). Dadurch wird ex negativo die Bedeutung des Ornaments unterstrichen, das in Form des Triller, des Doppelschlags und der nach oben gerichteten Schleife eine grundlegend neue Rolle zu spielen beginnt. Es ist nicht mehr schmückendes Beiwerk, sondern wird zum strukturbildenden Element. Der Triller ist jetzt in der Lage, aus sich selbst wirkliche Motivik zu gebären, wie das Hauptthema des Finales zeigt. Die Schleife bestimmt wesentlich den Kopfsatz und dessen erstes Thema als dynamisches Element so sehr, daß sie einen großen Teil der Durchführung allein beherrscht. Aus dem Ornament, das bisher eher spielerischen Charakter besaß, wird hier das Material eines geistvollen Dialogs. Im Gegensatz dazu ist das Seitenthema des Kopfsatzes (vgl. den d-moll-Akkord der Einleitung) als geradlinige Dreiklangsstruktur gebaut, die dann in die nun bekannten Fortissimo-Schläge mündet (Takte 96 bis 101). Das Gefälle der beiden Themen, ihre Dialektik, aus der der klassische Symphoniesatz sich wesentlich legitimiert, liegt hier weniger in einer Polarisierung des Ausdrucks, als in ihrem verschiedenartigen Bau. Dort auftaktig dynamisches Ornament, hier abtaktig nackter Dreiklang. Kein Wunder, daß die Zeitgenossen das Wilde dieses Werkes hervorgehoben haben.

Auch der scheinbar so idyllische langsame Satz nährt sich aus diesen Elementen. Wie im analogen Satz des frühen *B-dur-Klavierkonzerts* das von BEETHOVEN so verehrte Ideal von MOZARTS ‹*Zauberflöte*› angerufen wird, so zeigt sich auch hier die Verwandlung von vokalem Ausdruck in die instrumentale Form. Nicht zufällig ist der Satz mit «Larghetto» überschrieben, eine Tempobezeichnung, die im Opernbereich häufig für zärtliche Arien verwendet wurde, so eben auch für Taminos ‹*Bildnis*›-Arie. Der hehre und gleichwohl intime Charakter, wie BEETHOVEN ihn verstand, fließt hier in verwandter Geisteshaltung ein. Als ob dies nicht ausufern dürfte, wird der Satz am Ende herumgerissen. Knapp formulierte Akkordblöcke in schroffem, dynamischem Wechsel beenden die Idylle.

Sowohl das Scherzo als auch vor allem das Finale zeigen BEETHOVENS sarkastischen, geistreich verunsichernden Witz. Das Kopfmotiv des letzten Satzes, das wesentlich aus dem Triller seine Dynamik erhält, stürzt innerhalb von zwei Takten fast zwei Oktaven ab, versehen mit Sforzati auf unbetonten, ja im *alla breve*-Takt gleichsam nicht vorhandenen Taktteilen. Ein Parforceritt ohnegleichen beginnt, ein fast zynisches Spiel mit der musikalischen Konvention. Immer wieder wird das Kopfmotiv gewendet, erscheint zur «Unzeit», wird dynamisch für Momente in sein Gegenteil verkehrt. Uns Hörern schwankt der metrisch sichere Boden unter den Füßen. Dieses Feuerwerk der Pointen sucht selbst bei HAYDN seinesgleichen und kann nur noch im Finale von BEETHOVENS *erstem Klavierkonzert* eine Entsprechung finden. Es entsteht eine Mischung aus Eleganz und derbem Sarkasmus, den der spätere BEETHOVEN dann in die radikal gesuchte Einsamkeit seiner musikalischen Überzeugungen verwandeln wird.

Bernhard Rzehulka

Symphonie Nr. 3 Es-dur op. 55 (‹Eroica›)

Mit der *‹Sinfonia eroica›* wie sie im Erstdruck bezeichnet ist, komponiert Beethoven im Jahre 1803 eines der wichtigsten und folgenreichsten Schlüsselwerke der Musikgeschichte: Ein völlig neuartiger, vehement emotionaler, pathetisch beschwörender Ausdruck prägt das Antlitz dieser Symphonie, die mit der alten Ästhetik bricht, ohne gleich die vorgefundenen Prinzipien der Sonatenform und der symphonischen Satztechnik aufzugeben. Diese Sonderstellung der *‹Eroica›* belegen nicht nur ihre Ausmaße – der Kopfsatz ist mit seinen 691 Takten allein so lang wie eine ganze Symphonie von Haydn oder Mozart –, sondern vor allem ihr neuer, emphatischer und geradezu hitziger Tonfall, der nichts mehr zu tun hat mit der diskreten Haltung, dem *kadenzierten Affekt* der Symphonien seiner beiden großen Vorgänger. Von Haydns subtilen Experimenten, seiner hintergründigen Ironie ist diese Musik genauso weit entfernt wie von der dramatischen Präsenz, der *Theaterhaltung* Mozarts. Diese Symphonie nimmt Partei, mischt sich ins *politische* Geschehen. Das belegt nicht nur ihr Titel, sondern auch der Umstand, daß Beethoven sie zunächst Napoleon Bonaparte, dem Hoffnungsträger der europäischen Intelligenz, widmen wollte. Als Napoleon sich 1804 die Kaiserkrone aufsetzte, zerriß Beethoven die Titelseite des fertigen Manuskripts, auf dem das Wort Bonaparte groß und Beethoven klein geschrieben stand und rief erregt: «Ist der auch nicht anders wie ein gewöhnlicher Mensch! Nun wird er auch alle Menschenrechte mit Füßen treten, nur seinem Ehrgeize frönen, er wird sich nun höher wie alle andern stellen, ein Tyrann werden!» Im 1806 erschienenen Erstdruck ist der *‹Eroica›* nur noch «dem Andenken an einen großen Menschen zu feiern» aufgegeben, gewidmet ist sie nun dem Fürsten Lobkowitz.

Wer aber mit diesem «grand'Uomo» wirklich gemeint war, der Beethoven zu solch einer Steigerung des musikalischen Ausdrucks, sei es der Leidenschaft im ersten, der Trauer im zweiten, der Heiterkeit im dritten und vierten Satz, befeuerte, darüber zerbrechen sich die Beethoven-Deuter bis heute die Köpfe. Von den zahlreichen Helden, die die *‹Eroica›* im Verlauf von mehr als 180

Jahren sich unterlegen lassen mußte – von Bonaparte bis Lord Nelson, bis zu Achilles und den antiken Heroen Aischylos' – finden sich nur für die Gestalt des Prometheus begründete Anhaltspunkte. So entnahm BEETHOVEN die heitere Tanzmelodie, die in der dritten Variation des Finalsatzes plötzlich über dem ostinaten Baßthema erscheint, seinem 1801 komponierten Ballett ‹*Die Geschöpfe des Prometheus*›; dort steht sie für die Freude der Menschen über das ihnen von Prometheus geschenkte Feuer. (Für viele bürgerliche Intellektuelle jener Zeit war Prometheus, der antike Menschenbefreier und Bewußtseins-Erheller, das Leitbild für eine zukünftige freie und aufgeklärte Gesellschaft.) Die antike Sage enthält aber auch den Schlüssel zum Verständnis der eigenartigen Satzfolge der ‹*Eroica*› – mit dem Trauermarsch an zweiter Stelle: Der Halbgott Prometheus muß zuerst den irdischen Tod erleiden, bevor er, von Pan wieder zum Leben erweckt, göttliche Unsterblichkeit erlangen kann. So handeln die ersten beiden Sätze vom irdischen Leben des *Helden*, von seinem leidenschaftlichen Kampf und von seinem Tod. Und die oft als «unpassend» empfundene derbe Heiterkeit des Scherzos und die unheroische Ausgelassenheit des Finales sind besser zu verstehen, wenn man sie als die in Musik vorweggenommene Zukunft, als das zukünftige Leben eines neuen, befreiten Menschengeschlechts begreift, das, weil es noch nicht Realität ist, wie *Zukunftsmusik* wirken muß!

In ihrer Zweiteiligkeit will diese Symphonie mit zweifachem Argument zur historischen Tat auffordern, den Mut und die Moral der fortschrittlichen Kräfte stärken. Das Vorführen des irdischen Kampfes im ersten Satz lenkt zwar nicht beschönigend von der Möglichkeit des Sterbens ab, verweist aber dadurch, daß mit dem darauffolgenden *Trauermarsch* zum erstenmal eine genuin bürgerliche Gattung in die klassische Symphonie Einzug findet, auf den positiven Sinn, die läuternde Funktion des Heldentodes. Angeführt von einer einfachen, sehr eindringlichen, von wirklicher Trauer erfüllten Melodie ungarischer Provenienz bewegt sich eine unübersehbare Menschenmenge, für die der Held sein Leben ließ, an uns vorbei, hält dann inne, um noch einmal im Geiste sein kurzes, schönes Leben vorbeiziehen zu lassen, im Trio, und senkt den Leichnam schließlich – in den letzten abbröckelnden Takten – in die Erde hinab. Was danach folgt, ist reine Utopie, musikalische Vorwegnahme einer besseren Welt. Hier sind die Spannungen plötzlich aufgehoben, die gedachte Zukunft spielt sich in gelöster Atmosphäre, in freien Formen, ab. Das verspielte Scherzo findet erst beim vierten Anlauf zu «seiner» Tonart Es-dur, während das Finale in wahrhaft *utopischer* Weise verschiedener Satztechniken – Sonatensatz, Fuge und *basso ostinato* – und mehrere Themen – Baßthema, Prometheus-Thema, ungarischer *verbunkos* – in einer «freien» Variationenfolge miteinander verknüpft. Doch auch hier, in dieser elysischen Situation, richtet BEETHOVEN mit unverminderter Kraft seinen moralischen Appell an uns. Diesen promethisch-luziferischen Willen BEETHOVENS hat Ernst Bloch in «Prinzip Hoffnung» treffend charakterisiert: «In der Eroica sind die ‹zwei Prinzipien› der Thematik völlig zur Arbeit angestellt, der gesellschaftlich gelieferte Antagonismus ist hier zugleich einer der Schrankensprengung selbst, die erst zu ihm geführt hat, oder der Französischen Revolution. Die Eroica ist so aus dem gleichen Grund die erste bewußte und die vollkommenste Sonatensymphonie geworden. Ihr erster Satz vor allem ist die Luziferwelt der Beethovenschen Sonate, also nicht der Unternehmerwille, der ihr mit anderen entzweites Subjekt freimacht, sondern der höchste Überschuß darüber und aus viel älterer Schicht: der Prometheus-Wille. Die Nachreife Beethovens, welche mehr als bei irgendeinem Musiker Sprengung, Musik der Revolution apperzepieren läßt, hat in diesem legitimen Titanentum ihren Grund.»

Attila Csampai

Symphonie Nr. 4 B-dur op. 60

Nicht zuletzt ist die Größe BEETHOVENS durch die Tatsache gekennzeichnet, daß seine Werke in ihrer Verschiedenheit kommende, durchaus divergierende Entwicklungsstränge antizipieren. Auch von der *vierten Symphonie,* die in manchem aus dem «gewohnten Rahmen» des BEETHOVENschen Symphoniestils herausfällt, kann man sagen, daß sie Impulse für die kommende Generation setzte. ROBERT SCHUMANN bezeichnete die *Vierte* einmal als die «griechisch schlanke» unter den Symphonien BEETHOVENS. Das trifft ihre Haltung, sagt zudem noch wichtiges aus über ihre Wirkungsgeschichte. Erinnert wird man dabei an Hölderlins geistige Flucht ins sonnige, offene und die Gefühle nicht verbergende Griechenland, weg von deutscher Geschäfts- und Paragraphenmentalität, von sturem und eingefahrenem Geist. Dieser Ausbruch klingt auch im Werk SCHUMANNS an, vielleicht noch deutlicher in den Kompositionen MENDELSSOHNS. Gerade der Grundcharakter von dessen Musik wirkt wie eine Auseinanderfaltung des in der *vierten Symphonie* BEETHOVENS Angelegten: freies Spiel ungebundener Geister.

BEETHOVEN, wie wohl kein anderer Komponist, reflektierte in jeder seiner Symphonien stets von neuem über Formen musikalischer Aussage und entwickelte hierbei stets neue Ansätze der kompositorischen Darstellung. Als er 1806 an der *vierten Symphonie* schrieb, lagen schon seit zwei Jahren Skizzen zur *Fünften* vor, deren Komposition sich über mehr als drei Jahre erstreckte. Die *Vierte* suchte im Gegensatz zu der *Fünften* eindeutigere Konturen; allerdings nicht in Rückwendung zu einem etwa an HAYDN oder MOZART angelehnten Satz, sondern in der Herauspräparierung klarer und zugleich gegensätzlicher Strukturen – und zwar in jedem Satz auf anderer Ebene. Für den ersten sind hier tonales Schwanken, auskomponierte Unsicherheit auf der einen Seite und demonstratives Befestigen auf der anderen zu nennen. Die langsame Einleitung verblüfft durch umgreifendes tonales Vagieren, durch stete Verunsicherung. Dem Anfangston b wird schon im zweiten Takt durch die Unterterz ges in den Streichern seine fundamentale Bedeutung entzogen, die absteigenden Terzengänge rücken das in den Bläsern gehaltene b immer in neues Licht, ohne daß sich eine genaue Bestimmung verfestigt. In suchenden Violinfloskeln und mehrfachen Ansätzen wird schließlich ein A-dur-Klang erreicht, denkbar weit von der Haupttonart entfernt. Dem durchaus herauspräparierten Ton a widerfährt nun das gleiche wie schon dem Anfangston, wieder wird die große Terz daruntergesetzt. Doch das, was zu Beginn als Verunsicherung durch «falschen Ton» komponiert war, erweist sich nun in dialektischem Schritt als Befestigung – denn urplötzlich befindet man sich in F-dur, der Dominante der Haupttonart. Überschwenglich wird sie in demonstrativen Anläufen ergriffen, beglückt gewissermaßen vom gefundenen Ausweg. Es ist gerade diese Dichotomie der Setzung (natürlich nicht nur als Gegensatz von Einleitung und schnellem Teil, sondern auch in diesem fortwirkend), die die formale Gestaltung bestimmt und im folgenden sehr schlichte musikalische Strukturen erlaubt, ja erfordert. Die Legitimation dafür resultiert in der dichotomen Gesamtkonzeption des Werkes, die Einfluß natürlich auf Form und auf Themengestaltung nimmt.

Im zweiten Satz ist das widersprüchliche Paar sehr leicht auszumachen. Auf der einen Seite steht ein pochend starres, paukenähnliches Motiv, mit dem der Satz anhebt, auf der anderen eine weitgeschwungene Kantilene. Merkwürdigerweise herrschen auch zwei Zeitebenen. Während man bei dem Pochmotiv geneigt ist, in Achteln zu zählen (wozu auch das langsame Zeitmaß anregt), ist die melodische Ebene deutlich am Viertelwert ausgerichtet. Es ist nicht zuletzt diese Spannung, die diesem beeindruckenden Satz so erregende Wirkung verleiht.

Auch die beiden folgenden Sätze präparieren widerstreitende Prinzipien heraus. Im dritten ist es ein rhythmisch-metrisches, nämlich die Entgegensetzung von zweizeitiger Melodik und dreizeitigem Taktschema – und zwar schon gleich am Beginn einer demonstrativ aufstampfenden Deutlichkeit. Im Finale schließlich wäre das Widerspruchspaar mit den Begriffen «motorische Drehfigur» und «Durchbruch zur Kantabilität» anzugeben. Der ganze Satz beruht im Grunde auf einem winzigen Zentralmotiv, das gleich anfangs in stürmischen Sechzehnteln erklingt.

In verschiedenen motivischen Ableitungen und durch Verlangsamung auf Achtel- bzw. Viertelebene ändert es seinen Charakter hin zum Gesanglichen. Gleichzeitig aber sind in diesem neuen Widerspruchspaar obendrein die der vorigen Sätze (Verunsicherung – Festigung, verschiedene Zeitebenen, Verunklärung des Metrums) aufgehoben.

Beethoven hat einmal, gefragt nach dem Wesen seines Komponierens, emphatisch darauf verwiesen, daß er stets von zwei divergierenden Prinzipien ausgehe, daß gerade dies ein zentraler

Schlüssel zu seinem Werk sei. Die *vierte Symphonie* läßt in ihrer Klarheit der Disposition ahnen, wie umfassend Beethoven dies in kompositorische Form umzusetzen suchte.

Reinhard Schulz

Symphonie Nr. 5 c-moll op. 67

Die ungeheure Popularität der *fünften Symphonie* heftet sich an eine von Beethovens Adlatus Schindler überlieferte «Erklärung» des Komponisten, welche Idee ihr zugrunde liege: «So pocht das Schicksal an die Pforte!» Das führte zur griffigen Bezeichnung der Symphonie als *‹Schicksals-Symphonie›,* obgleich bis heute niemand weiß, von welchem und von wessen «Schicksal» hier musikalisch gehandelt wird. Mit jenem «Pochen», das wir auch, wenn auch ganz anders, aus dem ersten Duett des *‹Fidelio›* kennen, ist das Unisonomotto gemeint, mit dem die Symphonie der äußersten Konzentration so herrisch und bestimmt anfängt und den ganzen ersten Satz ausdrücklich wie mit eisernem Griff umklammert. Manche Betrachter haben sich auf das schwankende Terrain der psychologischen Deutung begeben und verbinden mit dem «Schicksal» Beethovens Gehörleiden, gegen das er sich hier musikalisch auflehne. Das ist genauso falsch, wie die Ansicht der Formalisten, die nur auf die thematische Einheit verweisen und auf den für alle Sätze gültigen, freilich mehrfach abgewandelten Grundrhythmus, der ebenfalls mit dem Anfangsmotto gegeben ist. Igor Strawinsky etwa meinte über die eigenartige Rhythmik des ersten Satzes: «Erstens beschränken sich die *un*regelmäßigen Dauern auf die *nicht*klingende Musik, die in ihrer Länge variierenden Pausen. Zweitens wird die *klingende* Musik von nur drei und dabei sogar multiplen rhythmischen Einheiten artikuliert: von Halben, Vierteln und Achteln (keine Jamben, keine Triolen!). Und drittens – die Abgrenzung, die am meisten überrascht – kommt im ganzen Satz keine Synkope vor.» Die für sich gesehen zutreffenden Beobachtungen Strawinskys verweisen indessen nur auf Beethovens kompositorische *Mittel,* die ihn allerdings auch die außerordentlich lange Schaffenszeit für die *fünfte Sym-*

phonie (1804 bis 1808) gekostet haben mögen. Was aber STRAWINSKY als selbstauferlegte «Spielregel» BEETHOVENS aufgefaßt wissen möchte, dient in Wirklichkeit einer kompositorischen «Idee», die am besten mit einer musikalischen Stellungnahme BEETHOVENS zur Politik Napoleons zu umschreiben wäre. Als Goethe gegenüber Napoleon einmal von «Schicksal» redete, gab dieser ihm zur Antwort: «La politique c'est le destin.» BEETHOVEN schließt sich also an die antinapoleonische ‹*Eroica*› an und stößt die traditionelle symphonische Satzfolge um: Das Finale ist jetzt das Ziel der Symphonie, bei dem im übrigen auch zum erstenmal in der Geschichte der Symphonik Posaunen auftreten, um die Herausforderung an das «Schicksal», konkret: die Stellung gegen die Politik Napoleons, im Sinne der Französischen Revolution, die durch Napoleons Kaiserkrönung verraten worden war, zum Ausdruck bringen zu können. Der unerhörte Übergang vom dritten – nicht als Scherzo bezeichneten – Satz zum Finale verbindet das abtaktig Pochende, das eine kontrapostische Umkehrung des auftaktigen Symphoniebeginns ist, mit einer allmählich lauter werdenden Aufhellung der Moll- zur Durterz (C-dur), formuliert also einen musikalisch sprechenden Doppelpunkt, der ein dramatisches Element in die Symphonie einführt. Nach ROBERT SCHUMANN soll ein Kind beim Hören dieses Übergangs gesagt haben, es fürchte sich, und das dürfte ganz in BEETHOVENS Sinn gewesen sein. Der unbekannte französische Soldat jedoch, der bei der Wiener Uraufführung (22. Dezember 1808) – Napoleon war gerade dabei, Wien zu besetzen – beim Eintritt des Finaljubels aufsprang und «C'est l'empereur» rief, hat zwar den moralischen Appell dieser Musik auf Anhieb verstanden, aber auf den falschen Gegenstand bezogen. Es erklingt die musikalische Stimme der verratenen Revolution. Es scheint, daß BEETHOVEN seine Enttäuschung über Napoleon, den er in der ‹*Eroica*› durchaus noch feiern wollte, in der neuen Symphonie musikalisch Gestalt werden ließ. Wie die ‹*Coriolan*›-Ouvertüre ist auch die *fünfte Symphonie* in c-moll und in «tyrannos» geschrieben. BEETHOVEN knüpft hiermit an den Trauermarsch der ‹*Eroica*› an.

Die unhistorische, persönlich verengende Auffassung der Symphonie als subjektive Antwort BEETHOVENS auf das ihm auferlegte

Schicksal der Ertaubung verkennt die umfassende Botschaft der Emanzipation, des «Ausgangs aus der selbstverschuldeten Unmündigkeit» im Sinne Kants, mit der BEETHOVEN wieder einmal das in die Tat umsetzte, was er von der Musik als geistiger Wirklichkeit verlangte: mehr zu sein als alle Weisheit und Philosophie. Erweist sich im ersten Satz noch alle Auflehnung gegen das «Schicksal» als vergeblich – daran vermag selbst das «sprechende», singuläre Rezitativ der Solooboe nach dem erbarmungslos harten Eintritt der Reprise nichts zu ändern –, dann wird sie zur Gewißheit in dem utopischen Jubel des Finales. Der Schluß des ersten Satzes, dessen unerbittliche Setzung seinesgleichen sucht, ist die Umkehrung des triumphalen Schlusses im ersten Satz der ‹*Eroica*›. Ebenso ist das hoffnungsvolle As-dur-Andante (Variationen) die Umkehrung des früheren Trauermarsches: Dieser endet mit versickernden Fetzen des Themas, jenes schwingt sich schließlich zu immer dichterer Erfüllungsvision auf mit einer Dreiklangsgestalt, die im nachfolgenden Satz «tragisch zurückgenommen» wird (Harry Goldschmidt), um in immer neuen, fragenden Ansätzen einen Weg sich zu bahnen, der über die zunächst hereinbrechende Antwort des «Schicksals»-Motivs (abtaktig, vergleichbar den Worten Dantes «Lasciate ogni speranza») und den Fugato-Ausbruch der «Massen» (Trio) zu jenem bereits beschriebenen, einmaligen Übergang führt, mit dem die Idee einer *Final*-Symphonie zum erstenmal Wirklichkeit wird.

Das triumphale C-dur-Thema des Finales schließt sich nicht von ungefähr an die berühmten Kampfgesänge der Französischen Revolution an, etwa an MÉHULS ‹*Le Chant du Départ*›, die dem in Bonn geborenen BEETHOVEN aus der Jugendzeit vertraut waren. Die coupletartigen Seitenthemen vergleicht Goldschmidt mit den «echten Ronden, wie sie um den Freiheitsbaum getanzt wurden». Daß der, musikalisch wenigstens, eingetretene Sieg ein *politischer* ist, das verraten die innermusikalisch befremdlich wirkenden martialischen Fanfaren am Schuß der Symphonie. Es ist die Apotheose einer politisch intendierten Musik.

Dietmar Holland

Symphonie Nr. 6 F-dur op. 68 (‹Pastorale›)

Kein größerer Gegensatz zur *fünften Symphonie* ist denkbar als die im selben Konzert (Wien, 22. Dezember 1808) uraufgeführte *sechste Symphonie*, und doch verbindet beide die ähnliche Gestaltung des Anfangs: Die Kopfsätze kommen erst jeweils nach einem Motto in Gang. Und die Gesamtkonzeptionen erweisen sich bei näherer Betrachtung als zwei ergänzende Ausprägungen einer gemeinsamen künstlerischen Idee: der Utopie erlangter Identität, und zwar in der *fünften Symphonie* als politische Befreiung (geschrieben «in tyrannos») und in der *sechsten Symphonie* als erlangte Harmonie von Mensch und Natur. Es handelt sich in beiden Fällen um Final-Symphonien, aber in zwei verschiedenen Sichtweisen. Die Gründe dafür sind in der inneren Dramaturgie zu suchen. Die *sechste Symphonie* ist, gegen alle Tradition und Konventionen, fünfsätzig, allerdings mit dreistufigem inneren Plan. Bereits der Blick auf die Orchesterbesetzung legt den zyklischen Aufbau frei. Auf die ersten beiden Sätze mit der gleichen kammermusikalischen Besetzung (Holzbläser, Hörner, Streicher) folgen, und zwar ohne Pause ineinander übergehend und somit einen Block für sich bildend, drei weitere Sätze mit zunächst anwachsender und, im Finale, mittlerer Orchesterbesetzung, das heißt: Im dritten Satz treten Trompeten (entgegen der Tradition nicht im Zusammenhang mit Pauken!) und im vierten Satz kleine Flöte, Posaunen und erst jetzt Pauken hinzu, während im Finale-Rundgesang gleichsam eine Art Kompromiß geschlossen wird, indem die kleine Flöte und die (drohenden) Pauken eliminiert und die Posaunen vergleichsweise gemäßigt werden. Wie der Wechsel der Orchesterbesetzung unmißverständlich bekundet, ist der «Gewitter»-Satz vor dem Finale der *äußere* Höhepunkt der Symphonie, da in ihm sich die höchste Kraftentfaltung ereignet, aber der *innere* Höhepunkt ist natürlich der Schlußsatz, auf den die ganze Symphonie zusteuert. Der programmatische Titel des Finales (*‹Hirtengesang. Frohe und dankbare Gefühle nach dem Sturm›*) sagt das ganz ausdrücklich: Es geht um die Einheit von Mensch (*‹Hirtengesang›*) und befriedeter Natur (*‹Ruhe nach dem Sturm›*). Was die ersten beiden Sätze auseinandergefaltet haben, verschränkt sich im Finale zu einem einzigen Lobgesang.

Der Kopfsatz zeigt den Menschen *in der Natur* (‹*Erwachen heiterer Empfindungen bei der Ankunft auf dem Lande*›), während der zweite Satz (‹*Szene am Bach*›) sich dem unberührten So-sein der Natur selbst zuwendet. Ein weiteres Satzpaar bilden, ungeachtet des erwähnten durchgängigen Blocks, der dritte und vierte Satz, beide im Unterschied zu den ersten Sätzen stürmischen Charakters und wieder zuerst den Menschen (Dorftanz: ‹*Lustiges Zusammensein der Landleute*›) und dann die Natur, diesmal in ihrer entfesselten, bedrohlichen Gestalt als Gewitter vorführend. Das Finale schließlich bringt den Konflikt zwischen Mensch und Natur, wie er sich am Schluß des Dorftanzes bedrohlich ankündigte und dann im vierten Satz tatsächlich losbrach, zur Versöhnung und faltet somit die Gesamtentwicklung der Symphonie zusammen. Selbst der «Durchbruch» von Moll nach Dur, der in der *fünften Symphonie* als *dramatisches* Ereignis eintritt, wird von BEETHOVEN, freilich in gewandelter Erscheinung, investiert, um den Übergang von der Bedrohung durch die elementare Naturgewalt zu Frieden und Freiheit, allerdings in naturphilosophischem Gewand, sinnfällig zu machen: das f-moll des Gewitter-Satzes löst sich gewissermaßen in Wohlgefallen auf, in die pastorale (Ausgangs-)Tonart F-dur, in der die Symphonie ausklingt.

Die *sechste Symphonie* ist die *epische* Schwester der *dramatischen,* geballten *Fünften.* Um so auffälliger sind die Parallelen bis in Details hinein. Beide Symphonien beginnen nicht nur mit einem Motto, sondern kommen erst nach einer Fermate richtig in Gang. Ferner wird in beiden Kopfsätzen an der anfänglichen Motivgestalt monothematisch festgehalten, denn selbst die Seitenthemen sind davon – als lyrische Variante – abgeleitet. (In der *fünften Symphonie* ist das Seitenthema ohnehin nur eine kurze Episode.) In beiden Symphonien hat der erste Satz, bei allem Respekt vor seinem inhaltlichen Reichtum, den Charakter des «Vorläufigen», da erst das Finale die inhaltliche Erfüllung, das Ziel der Gesamtentwicklung bringt. Ihrem epischen Grundcharakter gemäß verzichtet die *sechste Symphonie* auf die (dramatisch-diskursive) motivisch-thematische, ja *ent*wickelnde Arbeit und wählt statt dessen den Weg der rein *klanglichen Ab*wicklung des einheitlichen musikalischen Materials, also die Ausbreitung eines Zustands an Stelle des Prinzips einer dramatischen Zuspitzung des Ablaufs. Im ersten Satz breitet sich die Idylle einer Landschaft aus, musikalisch hervorgerufen durch eine vor BEETHOVEN noch nie dagewesene Klangflächenstatik und eine harmonische «Fernwirkung», die weit ins spätere 19. Jahrhundert – man denke an die Naturszenen WAGNERS! – vorausweisen. In der Durchführung, die sonst bei BEETHOVEN der Schauplatz größter Konflikte und dramatischer Knotenpunkte ist (erster Satz der *‹Eroica›*!), wird der in der Exposition ausdrücklich nicht berührte Bereich der Subdominante zum Ausgangspunkt von vier perspektivisch (ohne Modulation) gegeneinander verschobenen Klangflächen, die einerseits motivisch einheitlich sind, andererseits tonartlich entferntere Bezirke aufsuchen, als die unmittelbaren Quintschrittbeziehungen, nämlich solche, die auf Terzverwandtschaft beruhen. Eine Klangfläche wird, wie später bei SCHUBERT und BRUCKNER, von verschiedenen Seiten beleuchtet. Zum erstenmal in der Musikgeschichte tritt so etwas auf wie «Stimmung».

Stimmung ist aber bei BEETHOVEN noch nicht jener vage Begriff, zu dem er in der späteren Musik wurde; er meint vielmehr die von der Außenwelt – im Fall der *‹Pastorale›* ist das die Natur und das Landleben – affizierten *Empfindungen.* In diesem Sinne bedeutet BEETHOVENS Notiz, seine *sechste Symphonie* sei «Erinnerung an das Landleben», nicht etwa nostalgische Rückwendung zu etwas Unwiederbringlichem, sondern, ganz im Gegenteil, Zuwendung zu etwas jederzeit Möglichem: dem Innewerden des Landlebens, der subjektiven Spiegelung seiner Erscheinungen in objektiv verbindlicher Gestalt. Mochte auch CLAUDE DEBUSSY darüber spotten, beinahe habe es nach Stall gerochen, als er eine Aufführung hörte, von billiger «Tonmalerei» kann keine Rede sein. Selbst die bekannte Vogelrufstelle am Schluß des zweiten Satzes ist, musikalisch gesehen, eine besondere Art von Solokadenz der Holzbläser, ein retardierendes Moment vor der versöhnlichen Schlußgeste der Streicher und, inhaltlich gesehen, genau der Punkt der *inneren Handlung,* bei dem die Stimme der Natur selbst zu tönen beginnt. Die Violinen danach vertreten die «sprechende» Sphäre des Menschen. Wie an allen scheinbar «tonmalerischen» Stellen der Symphonie, so sind auch hier nicht die «naturalistischen» Vogelrufe eingefangen – der Kuckuck singt nämlich in der Natur bekanntlich die kleine Terz –, sondern es wurde eine *Analogie* im Medium der Musik dafür gefunden. BEETHOVENS kompositorische Absicht war es, die natürlichen Erscheinungen in Musik zu «übersetzen» und er schreibt deshalb auch im Untertitel der *‹Pastorale›* die Worte «Mehr Ausdruck der Empfindung als Malerei», was nichts anderes meint als «Mehr Ausdruck der Empfindungen beim Anblick des Landlebens als Malerei des Landlebens». Insofern ist der Inhalt der *sechsten Symphonie* ein Gang des Menschen durch die Natur mit genuin musikalischen Mitteln.

Wie genau BEETHOVEN dieser Idee zuliebe seine musikalischen Mittel einsetzte, zeigt der Gewitter-Satz: Während alle anderen Sätze der Symphonie einen Zustand schildern, wobei das Finale im Grunde ein einziger riesiger, imaginärer Takt ist, verhält sich das *Geschehen* des Gewitters so diskontinuierlich, wie nur irgend innerhalb der Wiener klassischen Satztechnik möglich. Der Einbruch des unmittelbar Widerständigen und somit Beängstigenden stellt sich ein. Und ebenso unvermittelt, wie es herankam, so unvermittelt zieht das musikalische Gewitter auch wieder ab. Kompositorisch verdeutlicht das BEETHOVEN durch die thematisch analoge Verklammerung. Auch in diesem Satz behält BEETHOVEN sein Prinzip der musikalischen Autonomie bei: Nicht Donnerschläge werden nachgeahmt, sondern deren *Wirkung* (auf den Menschen), nämlich das Überraschende und Erschreckende daran wird in musikalische Struktur übersetzt, und zwar in einen heterogenen Ablauf, der durchzogen ist von unvorhersehbaren Störungen des normativen Taktgefüges, so etwa, wenn, beim äußeren Höhepunkt, die Posaunen auf der vierten Schlagzeit plötzlich gewaltig eintreten.

Es erübrigt sich daher die Frage, ob BEETHOVENS *sechste Symphonie* eine «Programm»-Symphonie sei. Die unselige Spaltung der Instrumentalmusik in «programmatische» und «absolute» (seit RICHARD WAGNER) gehört in das Reich des Traditionszerfalls im bürgerlichen Zeitalter der Musik.

Dietmar Holland

Symphonie Nr. 7 A-dur op. 92

Die ersten Skizzen zur *siebenten Symphonie* Beethovens reichen bis ins Jahr 1806 zurück. Zwischen den preußisch-österreichischen Niederlagen von Austerlitz und Jena entwarf Beethoven den a-moll-Trauermarsch, den späteren zweiten Satz. Bereits zwei Jahre zuvor, nachdem sich Napoleon zum Kaiser gekrönt hatte, hatte Beethoven verbittert die Hoffnung aufgegeben, Napoleon könne Europa befreien. Immerhin hatte er ja noch die *‹Eroica›, seine dritte Symphonie,* ihm zu Ehren komponiert (auch wenn er im letzten Moment die Widmung zerriß). Danach betrachtete er Napoleon als seinen persönlichen Feind und bekämpfte ihn mit «seinen» Waffen. In den darauffolgenden Jahren bis zu Napoleons endgültiger Niederlage entstanden zahlreiche wütend «in tyrannos» gerichtete Kompositionen – so die *‹Coriolan›*-Ouvertüre (1807), die *fünfte Symphonie* (1808), die Musik zu Goethes *‹Egmont›* (1810), die *‹König Stephan›*-Ouvertüre (1811) und schließlich auch die antinapoleonische Programmsymphonie *‹Wellingtons Sieg oder die Schlacht bei Vittoria› op. 91* (1813).

Eingerahmt von diesen patriotischen Werken entstand zwischen 1811 und Mai 1812 die unprogrammatische *Siebente* als weitere «Symphonie gegen Napoleon» (Harry Goldschmidt), als musikalische Vorwegnahme des Sieges über den Tyrannen, zu einem Zeitpunkt, da dieser gerade den Höhepunkt seiner Macht erreicht hatte. So mußten noch anderthalb Jahre vergehen, bis dieser Sieg wirklich gefeiert werden konnte: Die Uraufführung der *Siebenten* fand am 8. Dezember 1813 statt, sechs Wochen nach der Völkerschlacht von Leipzig (die Napoleons Untergang einleitete), und zwar anläßlich eines Wohltätigkeitskonzerts für die Invaliden aus den Napoleonischen Kriegen. Und von dieser triumphalen Erstaufführung an, bei der in der Wiener Universität neben Schuppanzigh, Spohr und Hummel auch der alte Salieri im Orchester saß, erklang die *A-dur-Symphonie* in allen weiteren Aufführungen, die Beethoven leitete, stets gemeinsam mit ihrer *programmatischen Schwester,* der Schlacht-Symphonie *‹Wellingtons Sieg›,* und das jedesmal begeistert zujubelnde Publikum verstand diese Werke von Anfang an als zusammengehöriges Paar, als Einheit von *Kampf* (*op. 91*) und *Sieg* (*op. 92*) über Napoleon. Bereits die nächste Generation war außerstande, den politischen Kontext mitzubedenken. Sie betrachtete die Symphonie als partikulares «Meisterwerk», rein musikalisch. Und seither sind die Ansichten geteilt. Weitaus die meisten Kritiker des Werkes vermißten das Poetische, das Lyrische, melodische Substanz. CARL MARIA VON WEBER wollte BEETHOVEN dafür sogar ins «Irrenhaus» schicken. Hans Mersmann, der bedeutende BEETHOVEN-Forscher unseres Jahrhunderts, sprach vom «absoluten Gipfel der Gestaltlosigkeit», WAGNER nannte sie die «Apotheose des Tanzes», Romain Rolland eine «Orgie des Rhythmus».

Der Rhythmus ist in der Tat das beherrschende Element dieser Symphonie. Wenn, wie Dietmar Holland weiter oben (S. 238) behauptet, die *Sechste* «die *epische* Schwester der *dramatischen,* geballten *Fünften*» ist, dann darf die *Siebente* den Anspruch erheben, BEETHOVENS «*rhythmische* Symphonie» zu sein. Das Rhythmische, das in Gestalt von vier einfachen Formeln jeden der vier Sätze so eindrucksvoll dominiert und kontrolliert, ist aber niemals Selbstzweck, sondern von der «Idee» getragen, *kollektives* (anstatt individuelles) Empfinden musikalisch glaubwürdig zu gestalten. So kennzeichnet bereits den ersten Satz, der nach einer geheimnisvollen langsamen Einleitung im Vivace-Teil von einer einzigen daktylisch punktierten ⅜-Figur monothematisch beherrscht wird, das kollektive Gefühl eines *gemeinsam* errungenen Sieges: Überall herrscht Siegesstimmung, Taumel, Freude. Und wenn nach der ersten Fermate (in Takt 27) das gesamte Orchester mit dröhnendem Fortissimo plötzlich in den pastoralen Frieden von Flötenmelodie und ruhenden Bordunklängen einbricht und das Hauptthema laut und polternd wiederholt, dann scheint es, als ob die ganze Menschheit in Bewegung gerate und vor Freude miteinander zu tanzen beginne.

Auch der zweite Satz, eine periodisch gebaute, freie Variationenfolge, basiert auf einem einheitlichen daktylisch-spondäischen Schreitrhythmus und schildert gemeinschaftliches Erleben und Empfinden: Die Tempovorschrift «Allegretto» mag irreführend sein, da es sich um einen stilisierten Trauermarsch handelt; im Unterschied zum Heldenbegräbnis in der ‹*Eroica*› ist es das *ideali-*

sierte Totengedenken der siegreichen Aufständischen gegen die Tyrannenherrschaft. Während in der ‹*Eroica*› ein wirklicher (und darum auch ausdrücklich so bezeichneter) Trauermarsch für einen toten Helden, für Prometheus, erklang, transzendiert der «heitere» Trauermarsch der *Siebenten* zum ideellen *Marsch aller befreiten Völker* in eine bessere Zukunft.

In den beiden letzten Sätzen, dem furiosen «Scherzo» (Presto) und dem fröhlich polternden Finale (Allegro con brio), tritt der Rhythmus wieder in reiner, entfesselter Gestalt in Aktion und entfacht einen wahren Wirbelsturm von mitreißender Tanzbewegung. Der schwer errungene Sieg muß ausgiebig genossen werden! Diese Explosion kollektiver Seelenenergie reißt jeden, der sich ein wenig Lebensfreude bewahrt hat, in seinen Strudel fröhlichster Gefühle und hat vermittelnde Worte nicht nötig. Kaum bekannt ist aber, daß BEETHOVEN im Schlußsatz einer Reihe «fremder» Stilelemente einbezieht, aus der damals in Wien gerade bekannt gewordenen ungarischen *Werbungsmusik*. Einerseits faszinierte BEETHOVEN der naturwüchsig-wilde, rebellisch-stolze Gestus des *verbunkos,* der frisch und unpretentiös wirkte, andererseits konnte er auch mit dem patriotischen Anliegen dieser Musik konform gehen, denn sie verstand sich als musikalische Manifestation des glühenden ungarischen Freiheitswillens. Es war wie frisches Blut für BEETHOVENS Herzensappell, für diese Verbrüderungsinitiative in A-dur.

Attila Csampai

Symphonie Nr. 8 F-dur op. 93

BEETHOVENS *achte Symphonie* ist das Werk eines Humors, dem nicht zu trauen ist. Was die Hörer der Uraufführung am 27. Februar 1814 im Redoutensaal der Wiener Burg verdutzte, ist die Ursache für den hartnäckigen Mangel an «Popularität», der dieser Symphonie bis heute anhaftet. BEETHOVEN selbst nannte sie die «kleine», ohne jedoch damit einen Fingerzeig zu geben, ihre Bedeutung in Abrede stellen zu dürfen, wie das später unter dem ideologischen Druck der «titanischen» BEETHOVEN-Rezeption geschah. Eingespannt zwischen der antinapoleonischen *Symphonie Nr. 7* und dem lärmenden, aber nichtsdestoweniger höchst erfolgreichen Effektschinken *‹Wellingtons Sieg oder Die Schlacht bei Vittoria› op. 91* vermochte sie sich allerdings auch nur schwer zu behaupten, denn «spektakulär» war sie in einem ganz anderen, subtilen Sinn als die Schlachten-Symphonien dieses Abends. Und Humor in der Musik, sofern er nicht mit dem Holzhammer auftritt, hat es ohnehin schwer, sich durchzusetzen. So schränkte der Konzertbericht der Leipziger *Allgemeinen Musikalischen Zeitung* den Erfolg des Abends im Hinblick auf die *achte Symphonie* erheblich ein: «Alles war in gespannter Erwartung, doch wurde diese, nach einmaligem Anhören, nicht hinlänglich befriedigt und der Beifall [...] nicht von jenem Enthusiasmus begleitet, wodurch ein Werk ausgezeichnet wird, welches allgemein gefällt; kurz, sie –» die *achte Symphonie* – «machte – wie die Italiener sagen – kein Furore.» Wenn auch der anonyme Rezensent betonte, daß nicht zuletzt die seltsame Programmgestaltung die Schuld an dem Mißerfolg des «neuesten Produkts der Beethovenschen Muse» trage, so liegt der Grund für das Befremden, das es auslöste, doch noch tiefer. BEETHOVEN jedenfalls kommentierte die Nachricht mit der Bemerkung, die *achte Symphonie* sei natürlich auch «viel besser» als die *siebente*.

Schon der Anfang verheißt höchste Konzentration, denn es geht gleich in medias res, und es dauert auch nicht lange, bis man glaubt, sich in einer Durchführung zu befinden, obwohl es noch die Exposition ist. Das Übergreifen des Durchführungsprinzips auf den ganzen Satz ist formgeschichtlich bedeutsam, denn es zeigt, daß BEETHOVEN gerade in den «kleineren» Dimensionen die größten Spannungen austrägt. Die Coda ist eine zweite Durchführung, und die zentrale Durchführung führt in drohende Bereiche des rhythmisch-metrischen Kampfes, die man zunächst nicht erwartet. So reflektiert bezieht BEETHOVEN das traditionelle Hörverhalten ins Komponieren ein. Überhaupt ist die *achte Symphonie* ein Werk der reflektierten Distanz, auch zur Gattungskonvention. An Stelle des Scherzos schreibt BEETHOVEN ausdrücklich ein *‹Tempo di Menuetto›* (also kein bloßes *‹Menuett›*), in dem es außerdem von Anfang an nicht mit rechten Dingen zugeht: Es fängt an mit der Begleitung, nachdrücklich mit Sforzati versehen, Trompeten und Pauken fahren vorlaut, nämlich verfrüht, mit einem Auftaktmotiv dazwischen, das dann erst die Violinen «regulär» zum Vordersatz benutzen. (Beim Nachsatz benehmen sich die Trompeten und Pauken «richtig», indem sie den Violinen antworten.) In der Reprise fällt die Pauke sogar den Trompeten ins Wort, mit denen sie doch von alters her zusammengehört. Und die Ruhe des behaglichen Trios ist trügerisch, denn im letzten Teil gebärdet sich das anfängliche punktierte Motiv höchst sonderbar, erscheint im Baß und mit aufmüpfigem Sforzato just der unbetonten dritten Taktzeit versehen. Das ist ebenso verfremdet, wie die pompöse, aber «falsche» Attitüde des Menuett-Beginns.

Noch merkwürdiger ist die Tatsache, daß die auskomponierte thematische Einheit der Symphonie vom zweiten Satz ausgeht (!), der zudem gar kein langsamer Satz ist, sondern die Idee von HAYDNS Uhrwerk-Satz in dessen *Symphonie Nr. 101* aufgreift und ironisch vertieft. Der Satz geht übrigens nicht, wie die neuere BEETHOVEN-Forschung nachgewiesen hat (Standley Howell, Kathryn John, Harry Goldschmidt), auf einen *Kanon* BEETHOVENS zu Ehren des Metronom-Erfinders Mälzel zurück. Der Kanon ist eine der vielen Fälschungen des Adlatus Schindler aus den fünfziger Jahren des 19. Jahrhunderts, um die «authentischen» BEETHOVENschen Tempogebungen für sich zu pachten. Wie dem auch sei, dieses Allegretto scherzando setzt die Idee des «Tickens» in musikalisches Partiturgewebe um, bei dem es niemals ganz geheuer ist. Stets sind zum Beispiel die Phrasen der «tickenden» Bläser und der Melodiefragmente in den Streichern gegeneinander verschoben, und die vorgetäuschte Harmlosigkeit des Ganzen ist nur dessen Kehrseite, die in dem unvermittelten, kurzen Schluß mit seinem raschen und riesigen Crescendo die Manier ROSSINIS parodiert.

Der «Humor» der *achten Symphonie* ist ein gefährlicher, hinterhältiger; das bekommt man im *Finale* zu spüren, das immerhin die Formvorstellung selbst in die Irre führt. Es ist weder ein Sonatenrondo noch überhaupt in herkömmlichen Schemata erfaßbar. BEETHOVEN erlaubt sich hier, das Problem des Finales und auch des Schließens selbst mit kritischem Formbewußtsein, äußerlich jedoch in «humoristischem» Sinn, auszukomponieren – und das mit allen Konsequenzen. Bereits die außerordentliche Länge des Satzes – er umfaßt immerhin über fünfhundert Takte! – ist mehr als merkwürdig, aber gar erst die Entwicklung im Inneren! Geht man davon aus, daß es sich zunächst um eine, wenn auch in den Tonartverhältnissen obskure Sonatenform handelt – die Exposition endet «falsch» auf der Tonika und die Reprise ebenso «falsch» auf der Subdominante –, dann verblüfft die zweite Hälfte des Satzes mit einer Umkehrung der thematischen Verhältnisse: das prägnante, freilich rhythmisch seltsam flimmernde Hauptmotiv wird nun degradiert und zugleich vereinfacht zur Begleitung eines neuen, chaconneartigen Kontrapunkts, der immer mehr die Oberhand gewinnt und zu einer Steigerung einschließlich Beschleunigung führt. Ist nun dieser neue thematische Abschnitt eine zweite Durchführung? *Technisch* gesehen ist es eine, aber nicht *thematisch,* denn nichts erinnert an die Exposition. Und *thematisch* ist die Episode gleichsam ein Rondocouplet, ohne jedoch eines im *technischen* Sinn zu sein. Die Paradoxie des Schlußproblems ist also auskomponiert, der Satz nimmt eine unerwartete Wendung («fast zu ernst», könnte man mit SCHUMANN sagen), führt aber zu einer zweiten Reprise, in der sich dann jenes berühmte «cis», das in Takt 17 so unvermittelt musikalisch die Zunge herausgestreckt hat, für sein Erscheinen noch nachträglich rechtfertigt, indem es das Hauptmotiv zum ersten und einzigenmal nach cis-moll ablenkt. Der brutale Tonartwechsel in die Haupttonart (Takt 392) – ohne jede Modulation – macht dann jedem Ohr vernehmbar, daß eine Form*synthese* hier gar nicht mehr möglich war. BEETHOVEN demonstriert, daß es nur einen Schluß in Anführungsstrichen gibt, den er mit einer Coda von 52 Takten, ganz betont auf der Tonika verharrend, äußerlich herbeizwingt.

Dietmar Holland

Symphonie Nr. 9 d-moll op. 125

Eine Chorsymphonie hatte BEETHOVEN lange und zögernd erwogen, doch war er sich bei der Skizzierung der drei ersten Sätze der *Neunten* (1817 bis 1823) noch nicht schlüssig, ob er das instrumentale Prinzip der Symphonik bereits hier durchbrechen sollte; er arbeitete an einem instrumentalen Schlußsatz, dessen Thema später in das *Streichquartett op. 132* eingegangen ist, ehe er sich unvermittelt entschloß, die lange geplante Vertonung von Schillers Freudenhymne zum Finale der *Neunten* zu erheben. Über diesen Einbruch des Vokalen in die Symphonie ist viel gerätselt und auch gezetert worden; WAGNER sah darin die Bankrotterklärung der rein instrumentalen Symphonik und die energische Wendung auf ein Grundproblem des 19. Jahrhunderts, auf die Verbindung von Wort und Ton. BEETHOVEN hat das Chorfinale kompositionstechnisch dergestalt abgesichert, daß Soloquartett und gemischter Chor als steigerndes Element erst hinzutreten, wenn das Geschehen nach absolut musikalischen Regeln längst im Gange ist, das heißt, wenn die von den Streichern eingeführte Freudenmelodie bereits eine Reihe von Variationen durchlaufen hat und nun vom Chor als einer zusätzlichen Gruppe aufgegriffen wird. Als Mischform aus Variation und Rondo stellt sich der Schlußsatz dar, wobei Einschübe, wie das auf Holzbläser- und Schlagzeugklang gestellte, marschartige Tenorsolo den Ablauf auflockern.

Der erste Satz (Allegro ma non troppo, un poco maestoso, d-moll) bleibt mit seinen 547 Takten nur wenig hinter dem riesigen Kopfsatz der ‹*Eroica*› zurück. Eine ausgedehnte dominantische «Einleitung» verdeutlicht die Dimensionen: Über der leeren Quinte stecken fallende Intervalle den Tonraum ab und bereiten das Hauptmotiv vor, das Thema aus dem gebrochenen Dreiklang erwächst und mit dem ersten Fortissimo-Einsatz über der nach siebzehn Takten endlich erreichten Tonika hereinbricht. Verzahnung geht Hand in Hand mit Weiträumigkeit des Aufbaus; die Durchführung, der Fortissimo-Einsatz der Reprise und die Verlagerung einer zweiten Durchführung in die Coda machen dies deutlich. Das Scherzo (Molto vivace, d-moll) steht erstmals in einer BEETHOVEN-Symphonie an zweiter Stelle. Das unwirsche Hauptthema entwickelt sich aus dem eintaktigen Kernmotiv: Oktavsprung abwärts bei punktiertem Rhythmus. Über der Basis c erscheint ein weiteres Thema. Ein ausgedehnter Durchführungsteil schiebt sich vor die Reprise. Das Trio (Presto, D-dur) wiederholt monomanisch eine viertaktige, von den Holzbläsern eingeführte

Figur, auf die sich wohl Beethovens Notiz «Feier des Bacchus» bezieht. Der vorwärts drängenden Tendenz des Hauptteils steht, ähnlich wie im Scherzo der *Siebenten,* eine statische Klangwelt gegenüber, denn statisch wirkt dieses Trio trotz seines vorangetriebenen Tempos.

Der langsame Satz (Adagio molto e cantabile, B-dur) ist eine Variationenkette mit zwei Themen. Das 21 Takte umfassende erste Thema in B-dur wird durch echoartige Einwürfe der Holzbläser verlängert. In D-dur setzt Andante moderato ein zweites Thema ein, worauf die beiden Gruppen abwechselnd variiert werden. Die Variationen sind durchaus figurativer Art, jedoch von jener differenzierten Vielfalt, wie sie Variationssätze des späten Beethoven auszeichnen. Orchesterrezitative und rekapitulierende Themenzitate aus den vorausgegangenen Sätzen leiten das Finale ein. In den Streichern beginnt die Freudenmelodie als Basis des überhöhenden Schlußteils. Schillers Gedicht «An die Freude» (1785) feiert ein anzustrebendes und der Verwirklichung fähiges Hoffnungsziel der Brüderlichkeit aller Menschen. Die Verse spiegeln die Erwartungen, die man in die Französische Revolution gesetzt hatte.

Die *Neunte* blieb Beethovens letztes symphonisches Werk, uraufgeführt 1824 in Wien. Seither gilt die Neunzahl der Symphonien als schicksalhaft.

Karl Schumann

Ouvertüren und Schauspielmusik

Beethoven schrieb insgesamt elf Ouvertüren, die bis auf eine sämtlich mit dem Theater zu tun haben, wenn auch auf sehr unterschiedliche Weise. Die Ausnahme bildet die *‹Ouvertüre zur Namensfeier› op. 115,* die Beethoven 1814/15 komponierte, laut Manuskript «zum Namenstag unsers Kaisers», nämlich Franz I. von Österreich. Inhaltlich und formal stellt das Werk keine Ausnahme dar; es könnte ebensogut eine Theaterouvertüre sein. Mit den drei Ouvertüren *‹Die Ruinen von Athen› op. 113* (1811), *‹König Stephan› op. 117* (1811) und *‹Die Weihe des Hauses› op. 124* (1822) teilt es die Eigenschaft, eine Gelegenheitsarbeit zu sein, geschaffen für ein einmaliges Ereignis. Bei den genannten drei Ouvertüren waren dies Theatereröffnungsfeiern in Pest (*op. 113* und *117*) sowie in Wien (*op. 124*), die mit eigens dazu verfaßten Festspielen historisch-allegorischer Art begangen wurden. BEETHOVEN schrieb dazu nicht nur die Ouvertüren, sondern auch Theatermusik, die jedoch wegen ihrer Bindung an den speziellen Anlaß keinen Eingang ins allgemeine Musikrepertoire zu finden vermochte. Die feierlichen Anlässe verlangten einen ebenso festlichen wie heiterfreudigen Ton, dem BEETHOVEN mit seiner Musik entsprach. In der Ouvertüre *‹Die Weihe des Hauses›* nahm er sich den Gestus HÄNDELscher Ouvertüren zum Vorbild; das Allegro wird durch ein nach barockem Muster gestaltetes Thema und dessen fugenartige Durchführung bestimmt. *‹König Stephan›,* ein Sujet aus der ungarischen Geschichte, ist ein Stück «all'ungherese». Die Tatsache, daß bei diesen Kompositionen nicht an ein Fortwirken über den konkreten Anlaß hinaus zu denken war, ließ ein Moment von Beiläufigkeit und Ungewichtigkeit in die Musik miteinfließen, das vermutlich der Grund dafür ist, daß diese Ouvertüren bis heute im Schatten der anderen stehen, die zum Teil zwar auch zu bestimmten Anlässen geschaffen wurden, sich jedoch von Anfang an unmißverständlich über den jeweiligen Anlaß hinaus auf allgemeine Verbreitung und Gültigkeit richteten. Bei diesen Werken handelt es sich um die Ouvertüre zu dem Ballett *‹Die Geschöpfe des Prometheus› op. 43,* die zwei Schauspielouvertüren *‹Coriolan›* und *‹Egmont›* sowie die vier Ouvertüren zur Oper *‹Fidelio›*. Die *‹Prometheus›*-Ouvertüre (1800/01), neben jener zu *‹Die Ruinen von Athen›* die kürzeste und gleichsam schwereloseste, steht in Form und Charakter der *ersten Symphonie* nahe. Es ist die früheste Ouvertüre, die BEETHOVEN schrieb; die in Bonn 1790/91 komponierte Musik zu einem Ritterballett enthält keine Ouvertüre.

Während in BEETHOVENS *Symphonien* die langsame Einleitung zu Beginn eher die Ausnahme ist als die Regel, findet sich unter seinen Ouvertüren nur eine einzige, *‹Coriolan›,* die ohne langsame Einleitung auskommt und sogleich mit dem Allegro einsetzt. Formal folgen die Ouvertüren ausnahmslos der Sonatenform, auch wenn unverkennbar ist, daß BEETHOVEN sie der Gattungstradition gemäß anders handhabt als in den Symphonien und je nach Sujet modifiziert. Es gibt Ouvertüren ohne ausgeprägten Seitensatz (*‹Die Weihe des Hauses›*) und ohne Reprise (*‹Leonore II›*), die Exposition wird prinzipiell nicht wiederholt, und an die Stelle der Durchführung tritt häufig ein Abschnitt, der entweder den kontrastierenden Mittelteil einer Bogenform A-B-A bildet (*‹Die Ruinen von Athen›*) oder – was fast die Regel ist – nur die Funktion einer Überleitung zur Reprise erfüllt. Geht die Tendenz in den Symphonien dahin, die Durchführung nach Gewicht und Ausdehnung an Exposition und Reprise anzugleichen oder gar darüber hinauszuführen (*‹Eroica›*), so sind in den Ouvertüren die Durchführungen mit Ausnahme von *‹Leonore II›* deutlich gewichtsloser und kürzer als die anderen Formteile; sie umfassen meist kaum halb so viele Takte wie Exposition oder Reprise. Das entspricht der Logik der Sonatenform. Wird in Kompositionen über bestimmte Sujets an der Reprise festgehalten – und die Reprise ist konstitutiv für die Sonatenform –, so kann die Durchführung nicht der Ort der endgültigen Auseinandersetzung oder gar der Lösung sein. Diese findet erst in der Coda statt, die darum in BEETHOVENS *Ouvertüren*, von wenigen Ausnahmen abgesehen, deutlich länger und gewichtiger ist als die Durchführung. *Egon Voss*

‹Coriolan› op. 62 (1807)

BEETHOVEN schrieb diese Ouvertüre zu dem Trauerspiel *‹Coriolan›* des österreichischen Schriftstellers Heinrich Joseph von Collin (1772–1811), mit dem er befreundet war. Coriolan, ein römischer Patrizier, der wegen seiner Volksfeindlichkeit verbannt worden ist, verbündet sich mit den Feinden Roms und belagert die Stadt, die dem Ansturm zu erliegen droht. Alle Vermittlungsversuche scheitern, aber schließlich gelingt es der Mutter Coriolans und seiner Ehefrau, ihn umzustimmen. Rom entgeht der Erstürmung, Coriolan aber gibt sich den Tod. Es ist verlockend, in dem außerordentlich prägnanten Kontrast der Hauptthemen der Ouvertüre, der das Werk bestimmt, die dramatische Szene der Auseinandersetzung zwischen Coriolan und den beiden Frauen dargestellt zu sehen, wie es RICHARD WAGNER in seiner «Programmatischen Erläuterung» 1852 tat. Ohne Frage wird der Kontrast der Themen zunehmend verschärft – der Hauptthemakomplex sinkt durch die Wendung nach g-moll am Ende der Exposition und die Reprise in f-moll (!) gleichsam in noch dunklere Regionen ab – Grundtonart ist c-moll –, während das lyrisch-kantable Seitenthema in der Reprise ins lichte C-dur aufsteigt; auch der tragische Ausgang ist unmißverständlich wiedergegeben durch das abrupte Abbrechen der Bewegung, die Verlangsamung und schließliche Auflösung der Motivik sowie den für BEETHOVEN ganz ungewöhnlichen Pizzicato-Pianissimo-Schluß. Das deutliche Festhalten an der Sonatenform spricht freilich dafür, daß es BEETHOVEN weniger um die Abbildung leibhaftiger Szenerie ging als um ein von äußerer Handlung unabhängiges Charakterbild. *Egon Voss*

‹Egmont› op. 84 (1809/10)

Zu Goethes Trauerspiel *‹Egmont›* schrieb BEETHOVEN nicht nur eine *Ouvertüre,* sondern auch noch eine aus neun Nummern bestehende *Theatermusik.* Er komponierte die Musik zwar offiziell im Auftrag des Direktors der kaiserlichen Theater in Wien, nach seiner eigenen Aussage aber leitete ihn seine «Liebe zum Dichter», weshalb er auch demonstrativ auf ein Honorar verzichtete. Goethes Trauerspiel hat den Freiheitskampf der Niederlande gegen die Herrschaft Spaniens zum Gegenstand. Der Held des Stücks, Egmont, fällt zwar, aber die Idee der Freiheit siegt. Daß dieses Sujet nach dem Geschmack BEETHOVENS war, leuchtet ein, und die Ouvertüre scheint denn auch den Weg des Dramas nachzuzeichnen. Pianissimo-Bläserklänge am Ende der Reprise und vor allem die dem vorangestellte Generalpause bezeichnen nach BEETHOVENS eigener Aussage Egmonts Tod. Das daran anschließende Allegro con brio ist die «Siegessymphonie», die nach Goethes Text am Schluß des Trauerspiels zum Zeichen des Sieges der Idee erklingen soll. Sie kehrt in der Theatermusik als deren letzte Nummer getreu wieder. Im übrigen aber zeichnet die Ouvertüre wie jene zu *‹Coriolan›* mehr das Bild gegensätzlicher Charaktere und der aus ihrem Gegeneinander folgenden Spannungen, als daß sie den Gang der Handlung beschriebe. Charakteristisch ist der oft auf engstem Raum ausgetragene Gegensatz zwischen weich-kantablen Bläsermotiven und einem martialischen Streicherrhythmus, der die Einleitung und den Seitensatz prägt. Er steht der Sarabande nahe, deren spanische Herkunft Beethoven zur Wahl dieser ebenso streng-unbeugsam wie starr anmutenden Motivik veranlaßt haben könnte.

Im Unterschied zur übrigen Theatermusik Beethovens kommt der Musik zu ‹*Egmont*› besondere Bedeutung zu. Sie sprengt, was ihre Anforderungen an Ausführende wie Hörer betrifft, den Rahmen gewöhnlicher Theatermusik, was schon sehr bald dazu führte, daß man sie nicht ihrem Zweck entsprechend zusammen mit dem Theaterstück spielte, sondern separat im Konzertsaal. Goethes «Egmont» ging weiterhin mit der Musik von Johann Friedrich Reichhardt über die Bühnen, während Beethovens Musik – durch verbindende Texte von Friedrich Mosengeil in einen kontinuierlichen Zusammenhang gebracht – ein Eigenleben zu führen begann, das erst im 20. Jahrhundert zu Ende gegangen ist.

Egon Voss

‹Leonore I–III›, ‹Fidelio›

Die Chronologie der drei ‹*Leonoren*›-Ouvertüren ist insofern unklar, als nicht feststeht, wann ‹*Leonore I*› komponiert wurde. Neuere Forschungen haben ergeben, daß Beethoven sie vermutlich 1807/08 für eine in Prag geplante Aufführung der Oper schrieb; ihrer einfacheren Faktur nach könnte sie jedoch sehr wohl früher entstanden sein. Bei der ersten Aufführung der Oper jedenfalls, 1805 in Wien, erklang ‹*Leonore II*›, die formal avancierteste unter Beethovens Ouvertüren. Im Zuge der Umarbeitungen zur zweiten Fassung der Oper 1806 unterzog Beethoven auch die Ouvertüre einer Bearbeitung, deren Ergebnis ‹*Leonore III*› war. Für die dritte Fassung der Oper, die den Titel ‹*Fidelio*› erhielt, schrieb er schließlich 1814 eine vierte Ouvertüre, jene, die heute bei ‹*Fidelio*›-Aufführungen gespielt zu werden pflegt. Die drei ‹*Leonoren*›-Ouvertüren nehmen sämtlich Bezug auf die Handlung der Oper:

sie zitieren Florestans Arie *‹In des Lebens Frühlingstagen›* und greifen – *‹Leonore I›* ausgenommen – die entscheidende Szene der Handlung auf, nämlich jene, in der durch ein Trompetensignal die Ankunft des Ministers und damit die Rettung Florestans und Leonores angedeutet wird. Der mit dem Trompetensignal bezeichnete Umschlag der Handlung erlaubt dramaturgisch keine Reprise dessen, was voranging. BEETHOVEN hat deshalb in *‹Leonore II›,* in der das Signal gegen Ende der Durchführung erklingt, auf die Reprise verzichtet und nur noch eine ausgedehnte Coda folgen lassen, die die Rettung feiert. Diese dramaturgisch legitime Gestaltung scheint den Musiker BEETHOVEN jedoch nicht befriedigt zu haben; denn in *‹Leonore III›,* die das Trompetensignal an der gleichen Stelle aufweist wie *‹Leonore II›,* kehrte er, der Forderung der Sonatenform entsprechend, zur Reprise zurück, an deren dramaturgischem Widersinn sich mancher, beispielsweise RICHARD WAGNER, gestoßen hat. Möglicherweise aber war BEETHOVEN selbst mit dieser Lösung unzufrieden; und um sich dem unlösbaren Dilemma zu entziehen, schrieb er für die dritte Fassung seiner Oper eine völlig neue Ouvertüre, die – neutral wie eine Ouvertüre ROSSINIS – mit der Oper in keinerlei unmittelbarem Zusammenhang steht.

Egon Voss

Instrumentalkonzerte

Klavierkonzerte Nr. 1–3

BEETHOVENS fünf große Klavierkonzerte – ein frühes aus den Bonner Jahren (WoO 4, Es-dur, 1784) ist nicht bedeutend – sind aufs engste mit seinem pianistischen Auftreten verbunden. Als er wegen des zunehmenden Gehörverlustes auf öffentliche Auftritte verzichten mußte, ließ er ein angefangenes *sechstes Konzert* (*D-dur*, 1815) in den Skizzen liegen. Bereits das *fünfte* hatte sein Schüler Czerny spielen müssen. Die früheren Konzerte dagegen, besonders die ersten beiden (Nr. 2, 1795; Nr. 1, 1796), sind Zeugnisse dafür, daß der Komponist BEETHOVEN zunächst als Pianist an die (Wiener) Öffentlichkeit trat. Der Symphoniker BEETHOVEN verschaffte sich erst um die Jahrhundertwende zum erstenmal Gehör. Die seltsame Zählung der ersten beiden Konzerte ist Sache der um 1801 erfolgten Drucklegung, denn in Wirklichkeit entstand das *zweite Konzert in B-dur op. 19* vor dem *ersten in C-dur* (*op. 15*). Beide sind sie Vorstufe (Nr. 2) und Übergang (Nr. 1) zum Typus des symphonischen Konzerts, den die letzten drei Konzerte, freilich höchst verschiedenartig, ausprägen und damit weit in die Zukunft weisen. Das *dritte Konzert* (*c-moll op. 37*), übrigens das einzige in Moll, das BEETHOVEN überhaupt schrieb, atmet bereits die Welt der *‹Eroica›*, die schon immer als qualitativer Sprung in BEETHOVENS Schaffen angesehen wurde.

Die Gattung des Klavierkonzerts hatte MOZART auf die (vorläufig unerreichbare) Höhe der großen klassischen Instrumentalmusik gebracht. Es war klar, daß BEETHOVEN daran anknüpfte, obwohl er die diskrete Welthaftigkeit MOZARTS nicht erreichte und auch gar nicht erreichen wollte. Er spielte denn auch von MOZARTS Konzerten genau die beiden, die am ehesten seiner eigenen Art entgegenkamen: das *d-moll-Konzert KV 466* (zu dem er sogar eigene Kadenzen beisteuerte, die den «Ton» MOZARTS ausdrücklich ins BEETHOVENsche übersetzen) und das in *c-moll KV 491*. Was er dagegen aufgreifen konnte, war MOZARTS ingeniöse Verknüpfung des vorklassischen Concerto-Prinzips, also des Wechsels von Tutti- und Soloepisoden, mit dem dualistischen Geist der Sonatenform, ihrer Entfaltung gegensätzlicher musikalischer Charaktere und Tonartenverhältnisse (bei MOZART noch zusätzlich: gleichsam arithmetische, ausgewogene Proportionen, die seine Form als «Rhythmus im großen» erscheinen lassen). Wie er nun damit umging, im bewußten Gegensatz zur abweisenden, diskreten Geschlossenheit MOZARTS, führt in das Zentrum seiner Musikauffassung: Während MOZART festgeprägte, anthropomorphe musikalische Gestalten wie Bühnenfiguren gegeneinanderstellt, und zwar in gewaltloser Integration, die zu seinen Formgeheimnissen gehört, *entwickelt* BEETHOVEN sein Satzgeschehen aus absichtlich einfachen Motiven, die erst im weiteren Verlauf enthüllen, was in ihnen an Potential verborgen liegt. Ein Beginn wie der des *ersten Klavierkonzerts* (in der späteren Zählung), eher eine lakonische, «militärische» Formel als ein Motiv, wäre bei MOZART undenkbar (bei HAYDN jedoch sehr wohl!). Und dieser rhythmische, knappgefaßte Impuls beherrscht dann den gesamten ersten Satz, ja letztlich das ganze Konzert. Selbst die Anfangstakte des langsamen Satzes sind von ihm bestimmt: Wir finden es in der linken Hand des Solisten und vor allem in der rhythmisch einheitlichen Begleitung der Streicher in den ersten beiden Takten.

Es wird darin das Bestreben BEETHOVENS deutlich, den musikalischen Zusammenhang dem Hörer ausdrücklich bewußt zu machen. Daher rührt auch der charakteristisch zielstrebige, «logisch»-diskursive Tonfall, letztlich der aufbegehrende, ja politisch intendierte Impetus, die Verweigerung des Kotaus nämlich und die jakobinische Grundhaltung seiner Musik überhaupt, selbst wenn gelegentlich der Floskelvorrat der Vorgänger HAYDN und MOZART berührt wird. Und selbst dabei nimmt BEETHOVEN eine neuartige Stellung zum musikalischen Material ein. Gleich der Anfang des zuerst komponierten *zweiten Klavierkonzerts* macht das klar: Die erste, regulär achttaktige Periode besteht aus einer konventionellen, rhythmisch punktierten Dreiklangsbrechung und einer weichen, gesanglichen Floskel. Beide Motive – an sich nicht von physiognomischer Auffälligkeit – bestimmen den viertaktigen Vorder- und den ebenfalls viertaktigen Nachsatz. Doch nun greift der *besondere* kompositorische Einfall ein: Die beiden viertaktigen Glieder werden nicht, wie das bei HAYDN oder MOZART geschähe, hart gegeneinandergestellt, sondern durch einen *Klangwechsel* (der Holzbläser) überbrückt. Im Keim wird hier der kompositorische Wille BEETHOVENS greifbar, den musikalischen Verlauf als Ereignisform, als Entwicklung, nicht mehr als architektonisches Gefüge allein anzulegen. Eine neue Art von thematischer Arbeit macht sich bemerkbar: «Das Profil der Themen –» im *Konzert op. 19* – «ist noch ganz jugendlich, gleichsam vor-wertherisch. Auch die heute provozierende Regelmäßigkeit der Periodenführung ist noch ganz dem 18. Jahrhundert verhaftet. Gleichzeitig hören wir aber immer wieder, wie der Blitz in sie schlägt. Gewagte harmonische Wendungen, völlig unerwartet und kontradiktorisch gerade in diesem Material, scharf ausformulierte Spielfiguren, von Energie und dramatischem Leben vibrierend, fahren gebieterisch dazwischen. Oder aber sie geleiten zu unerwarteten lyrischen Ausblicken, die sich weit vom thematischen Boden zu entfernen scheinen» (Harry Goldschmidt).

Die letzte, sehr treffende Beobachtung läßt sich stützen: An genau der Stelle der Orchesterexposition des ersten Satzes, an der das Seitenthema kommen müßte, ereignet sich eine unerhörte Halbtonrückung, also ein Tonartwechsel ohne Modulation und zudem noch im unisono und äußersten pianissimo, und zwar just nach zwei heftigen Schlägen. Es wird eine völlig unerwartete, fremdartige tonale Ebene – Des-dur an Stelle des regulären F-dur (Dominante der Haupttonart) – betreten. Die Stelle entpuppt sich, nach der Rückung, als durchführungsartiger Abschnitt inmitten der Exposition und dann noch mit einem unscheinbaren Motiv, nämlich der gesanglichen Floskel aus der Anfangsperiode des Satzes. Überraschung, Umfunktionierung überkommener Formprinzipien und die Absicht, die Vereinheitlichung eines Satzablaufs durch heteronome thematische Arbeit herzustellen, kennzeichnen bereits den jungen BEETHOVEN. Es weht schon der symphonische Geist, der später im *dritten Klavierkonzert* zu ganz neuen Formideen führen wird.

Hinter BEETHOVENS Entscheidung, an Stelle des erwarteten Seitenthemas ein Motiv des Hauptthemas weiterzuentwickeln, verbirgt sich auch ein kompositorisches Problem der Konzertform. War das barocke Concerto geprägt vom bloßen Wechsel eines Orchesterritornells, das im Satzverlauf an entscheidenden Stellen wiederkehrte, und verschiedener Soloepisoden eigenen motivischen Zuschnitts, dann entstanden bei der Verknüpfung dieses Prinzips mit der Sonatenform verschiedene Möglichkeiten, die neuartige, dualistische Thematik auf Tutti- und Soloabschnitte zu verteilen. Häufig geschah das in der Weise, daß der Orchesterexposition das Hauptthema zufiel und das Seitenthema als Solothema exponiert wurde. Der Wechsel von Tutti und Solo machte nämlich eine doppelte Exposition notwendig, während ja in einer Sonate oder Symphonie die Exposition der Sonatenform nicht zweimal ausgearbeitet werden mußte. (Daß sie wörtlich wiederholt wurde, durch Wiederholungszeichen kenntlich gemacht, war ein architektonisches Problem des Gleichgewichts der Formteile, nicht ein kompositorisches.) Die Orchesterexposition eines klassischen Konzerts war also einerseits Einleitung im Sinne des älteren Ritornellprinzips, andererseits dem substantiellen Themenkontrast der Sonatenform unterworfen.

Beethovens Lösungen in den ersten drei Klavierkonzerten beschreiten den Weg hin zur symphonischen Haltung: Im *Konzert op. 19* verfährt er noch wie Mozart, entwirft also die Exposition als Orchesterritornell, im späteren *ersten Konzert* ist die Orchesterexposition zwar vollständig, aber das Seitenthema (das im B-dur-Konzert in der Orchesterexposition noch fehlte und erst in der Soloexposition nachgeholt wurde) steht, gleichsam fremd und pointiert, in einer tonartlichen Ausweichung (Es-dur statt G-dur), und im *dritten Konzert* schreibt er mit 111 Takten die ausführlichste Orchesterexposition aller seiner Konzerte mit dem Seitenthema in der regulären Paralleltonart. Damit ist der Typus des symphonischen Konzerts etabliert: Die Orchesterexposition ist jetzt nicht mehr Ritornell, sondern besitzt das innere Gewicht einer symphonischen Themenaufstellung.

Das *dritte Klavierkonzert* (1803 vollendet) enthält denn auch ganz neue Formideen, die verknüpft sind mit dem neuen «Ton», der seit der ‹*Eroica*› angeschlagen wird. Der kurze, aber ungemein charakteristische und konzentrierte Soloeingang des Klaviers, eine herrische Geste, mit der die traditionellen Soloeingänge, die noch in den ersten beiden Konzerten Verwendung fanden, ein für allemal weggefegt werden, verheißt eine bisher ungeahnte Spannung, die sich auf den weiteren Verlauf des Satzes erstreckt. Beethoven arbeitet so konsequent wie möglich das dynamische Wesen der Sonatenform, so wie er sie verstand, heraus. Deshalb gestaltet er die Soloexposition streng thematisch als variierte Ausführung der symphonisch-geschlossenen Orchesterexposition. In den letzten beiden Konzerten geht er sogar noch einen Schritt weiter, indem er eine komplexe Exposition mit Solobeginn schafft. Der symphonische Tonfall des *dritten Klavierkonzerts* ergreift vor allem die Durchführung des ersten Satzes, den Teil der Sonatenform, in dem sich Beethovens eigentliche Formidee verwirklicht, die Entscheidung nämlich, wie das anfängliche, lauernde Pochmotiv (von Takt 3) emanzipiert werden könnte, was jedoch erst, um die Gesamtspannung zu halten, in der Coda nach der (freien)

Solokadenz geschieht; bezeichnenderweise trägt dieses Ereignis erst hier gerade das Instrument vor, das dem Charakter des Pochmotivs entspricht, nämlich die Pauke. Das Pochmotiv kommt also überhaupt erst am Schluß des Satzes zu sich selbst. Das aber ist die symphonische Haltung.

Dietmar Holland

Konzert für Klavier und Orchester Nr. 4 G-dur op. 58

Das *vierte Klavierkonzert G-dur,* entstanden 1805 gleichzeitig mit der *fünften* und *sechsten Symphonie,* ist ein Werk der Reife, Höhepunkt der Gattung im Œuvre BEETHOVENS wie für das ganze frühe 19. Jahrhundert. Während MOZARTS *Klavierkonzerte,* an denen sich auch die drei ersten Konzerte BEETHOVENS mehr oder minder noch orientierten, oft genug Opernszenen en miniature darstellen, repräsentiert das *G-dur-Konzert* den Geist der Symphonie. Solist und Orchester sind nicht nur gleichberechtigt, sondern zu einer Einheit verschmolzen; die Virtuosität, im *vierten Klavierkonzert* reichlich vorhanden, verliert ihren Eigenwert und wird eingebunden in den symphonischen Kontext. Von der *fünften Symphonie,* deren Themenkopf mit dem des Konzerts strukturell eng verwandt ist, unterscheidet sich das *G-dur-Konzert* freilich durch seinen lyrischen Charakter, den zarten Zauber der fast romantisch angehauchten Musik.

Wie MOZARTS *Es-dur-Konzert KV 271* beginnt das *vierte Klavierkonzert* unkonventionell mit dem Solisten. Zunächst fast zögernd auf dem Anfangsakkord verharrend, kommt dann doch die Bewegung in Gang. Nur wenige Takte sind es vor einem langen orchestralen Teil, die gleichwohl den «Ton» angeben für den ganzen Satz, das ganze Werk. Nicht nur wird hier mit den drei auftaktigen Achteln der grundlegende Rhythmus dieses Allegro moderato exponiert, die latente Quartsextakkordstellung des Anfangsakkords weist in ihrer harmonischen Instabilität und Mehrdeutigkeit auch auf die Vielfalt und den Reichtum des harmonischen Geschehens im ganzen Satz voraus, öffnet gleichsam Freiräume, die schon im trugschlüssigen Einsatz des Orchesters in Takt 6 erstmals ausgefüllt werden. Es entwickelt sich eine abwechslungsreiche Exposition, mit einer Vielfalt an Gedanken und oft überraschenden Wendungen, wobei das brillante Skalen- und Figurenwerk des Soloinstruments in den Orchestersatz integriert ist. Die Durchführung beginnt – MOZARTS *C-dur-Konzert KV 503* vergleichbar – fremdartig mit einer plötzlichen Rückung nach f-moll, die vom Hörer erst nach und nach in ihrer Bedeutung ganz erkannt wird. Stärker noch als die Exposition ist die Durchführung von Modulationen geprägt, die bis in entfernte harmonische Regionen führen. Aber auch der Rhythmus, namentlich die synkopische Anlage der beiden Themen des Satzes, wird einer differenzierten Verarbeitung unterzogen. Die variierte Reprise führt zur Kadenz (BEETHOVEN schrieb für das *G-dur-Konzert* zwei Kadenzen, deren brillantere heute meist gespielt wird) und zur Coda, die aus dem pianissimo heraus den Satz zügig zu einem kraftvollen Abschluß bringt.

Trotz seiner Variabilität bleibt der Kopfsatz durchweg lyrisch, Kontraste vermittelnd ausgleichend. Der zweite Satz hingegen, ein nur 72 Takte umfassendes Andante con moto, entfaltet die Dramatik einer antiken Szene. Das von ROBERT SCHUMANN stammende Bild von Orpheus in der Unterwelt hat Attila Csampai en detail ausgeführt: «Es dünkt den Hörer, als ob Orpheus wieder in die Unterwelt hinabgestiegen sei, um erneut an deren Mächte zu appelieren. Diesmal aber, so scheint es, geht es ihm nicht um die verlorene Geliebte, sondern um die da unten herrschenden Mächte selbst, die er durch seinen Gesang moralisch zu läutern, zu bessern und stellvertretend für die ganze Menschheit zu sittlichem brüderlichem Denken, Fühlen und Handeln zu bewegen trachtet.» Der schroffen, scharf punktierten, abweisenden Unisonogewalt des Streicherrezitativs steht eine sanfte, kantable Melodie im Klavier gegenüber, ein mild strömender Gesang voller Harmonie. Zweimal wechseln sich diese Phrasen (leicht variiert) ab, dann verdichten sie sich, die Bitten werden kürzer und flehentlicher, die Antworten einsilbiger und schroffer, bis schließlich die Streicher, die Mächte der Unterwelt, ermattet ins pianissimo zurücksinken und verstummen; das Soloinstrument aber kann in den höchsten Lagen sich jetzt ausschwingen, «seine eigene Verzweiflung über das eben Erlebte zum Ausdruck bringen, seine eigene Verzweiflung über den Zustand der Welt artikulieren» (Csampai). Doch eben als das Klavier zum Ende kommt, zeigt sich die Wirkung seines Gesangs: Zu einem liegenden e erklingt im zarten pianissimo das nunmehr zögernd-sanfte Kopfmotiv der Streicher, führt – die erste harmonische Wendung des Orchesters (!) – zu einem über dem verminderten Septakkord auskomponierten Seufzer, den das Klavier aufnimmt und zum e-moll-Schlußakkord der Streicher nochmals sich aufrichtet zu einer gelöst-melancholischen Melodie.

Unmittelbar schließt sich das Rondo an, leise und behutsam die ätherische Stimmung aufnehmend und erst langsam sich steigernd zu heiterer Frische. Das rhythmisch pointierte Auftaktmotiv des Themas wirkt fast marschähnlich, zumal hier auch erstmals Trompeten und Pauken Verwendung finden. Ungeachtet seines munteren, scheinbar absichtslos spielerischen Charakters ist der Satz sehr bewußt konzipiert, durchdringen sich Rondo- und Sonatensatzform. Die erste Episode exponiert ein kantables Seitenthema, das – ebenso wie einzelnen Partikel des Hauptthemas – im zweiten Ritornell und der anschließenden Episode verarbeitet werden. Höhepunkt und Ziel dieser Durchführung ist die Verknüpfung der melodisch-rhythmischen Gestalt des Haupt- mit dem Charakter des Seitenthemas im von den Bratschen legato, ganz lyrisch-strömend gespielten «Marsch»-Thema – ein wundervoller Augenblick des staunenden Innehaltens in diesem beschwingt parlierenden Satz. Die Reprise bringt nach dem variierten Hauptthema das Seitenthema zunächst in der denkbar fremden Tonart Fis-dur, bevor es in der Wiederholung «korrekt» in G-dur erscheint. (Dieses nahezu HAYDNsche Spiel mit Erwartungen und Konventionen scheint auch schon früher auf, wenn die Ritornelle – darin Bezug nehmend auf den ungewöhnlichen Beginn des Satzes in der Subdominante C-dur – in der «falschen» Tonart C-dur einzusetzen drohen und erst das Klavier in rhapsodisch freien Passagen die harmonischen Verhältnisse wieder «zurechtrücken» muß.)

Die Coda nach der von BEETHOVEN ausdrücklich kurz gewünschten Kadenz rekapituliert nochmals den Höhepunkt der Durchführung, führt dann aber in einer Presto-Stretta entschlossen das Konzert zum Schluß – das, wie die *Allgemeine Musikalische Zeitung* in Leipzig meinte, «wunderbarste, eigentümlichste, künstlichste und schwierigste von allen [...], die Beethoven geschrieben hat».

Rainer Pöllmann

Klavierkonzert Nr. 5 Es-dur op. 73

So emphatisch, mit so ungeheurer Strahlkraft wurde nie zuvor ein Solokonzert angegangen. Die lapidare Es-dur-Kadenz in vollem Orchesterornat, unterbrochen von rauschenden Virtuosenpassagen des Klaviers, die nicht einmal ahnungsweise Thematisches erahnen lassen – fürwahr ein singulärer Eingang eines Klavierkonzerts im Jahre 1809, kaum zwei Jahrzehnte nach MOZARTS Tod. Aber das ist nicht nur originell oder provozierend gemeint und läßt sich nicht mit dem Allgemeinplatz vom «Titanen» BEETHOVEN erklären; es zeigt wie in einem Brennspiegel die konzertante Situation zu Beginn des 19. Jahrhunderts. Der sublime Dialog zweier gleichberechtigter Partner von Solo und Orchester, wie MOZART es in unvergleichlicher Weise vermochte, wird abgelöst vom allumfassenden symphonischen Anspruch. Da geht es nicht mehr um das gleichsam spontane Agieren auf der imaginären Bühne, um das diskret pointierte Mit- und Gegeneinander, nein, hier herrscht eine Sogkraft, die Klavier und Orchester gleichermaßen in ihren Bann zieht. Und mehr noch: Die ersten Takte des *Es-dur-Konzerts* bedeuten die unwiderrufliche Unterwerfung des ehemals kritischen Widersachers (des Klaviers) unter die Allmacht des Orchesters. Der Solist kann die Architektur des Orchesterraumes zwar noch improvisatorisch ausfüllen, eine musikalische Gegenrealität aufzustellen ist ihm nicht mehr möglich.

Wie unbeirrbar konsequent BEETHOVEN diese fundamentale Strukturwandlung der Gattung «Konzert» vorantreibt, zeigt die Solokadenz des Kopfsatzes, die eigentlich keine mehr ist. Dieser Abschnitt, der vormals eine Ruhepause im musikalischen Kontext war, gab dem Solisten Gelegenheit, frei phantasierend sich zu präsentieren, seine Eigenständigkeit gegenüber dem Tutti herauszustellen und vor allem aus seiner Sicht wesentliche thematische

Zusammenhänge zu reflektieren. Im besten Fall konnte die Solokadenz zu einer Art zweiter Durchführung sich verdichten. Nichts davon findet sich im *Es-dur-Konzert.* Die Kadenz ist strukturell im Satzganzen verankert und nicht mehr austauschbar; eine kurze Episode, die kein Ausscheren aus dem eindeutig definierten Zusammenhang ermöglicht. Das traditionelle ad libitum des Solisten weicht der Einheit des symphonischen Gedankens und kehrt von nun an nicht mehr ins Klavierkonzert zurück.

Das konzertant-symphonische Ideal fordert die konstruktive Verzahnung seiner Teile. Die Überleitung zwischen zweitem und drittem Satz, die Rückung von H nach B und die traumverlorene Antizipation des Finalthemas, ist oft zitiert worden. Die planvolle Verknüpfung herrscht aber ebenso zwischen Kopfsatz und Adagio. Die Tonart H-dur des langsamen Satzes ist nicht nur eine quasi exotische Insel innerhalb der massiven Es-dur-Pfeiler, vielmehr führt BEETHOVEN diese Entfernung, das Exterritoriale kompositorisch vor. Die Tonika Es, mit der der Kopfsatz schließt, wird als Melodieton an den Anfang des Adagios gesetzt, aber enharmonisch nach Dis verwechselt. Der Ton als solcher bleibt bestehen, seine Umgebung aber, durch die er erst den konkreten Sinn erhält, wird fremdartig gestaltet. Der daruntergeschobene H-dur-Akkord verändert den Ton und seine Physiognomie. Er wird gleichsam umgebettet und muß sich neu bewähren. Entscheidend ist der strukturelle Zusammenhang zwischen den Sätzen, weniger die Verteilung in der Instrumentation. Ob Klavier oder Orchester den einen oder anderen Drehpunkt im Partiturgewebe ausführen, wird zur beiläufigen, nur noch repräsentativen Funktion. Es ist nicht mehr die Substanz selbst.

Die Themen der Ecksätze haben folgerichtig einen genuin orchestralen Zuschnitt. Ihr an sich lapidarer Bau, der sich wesentlich auf den Es-dur-Dreiklang stützt, fordert den strahlenden Tuttiklang. Nur die extreme Vollgriffigkeit des Klaviersatzes (etwa im Finale) kann ein Äquivalent dazu bieten. So fällt denn auch dem Klavier nicht mehr die Rolle des Gegenspielers zu; es muß vielmehr dem Klang zu neuer Wirkung verhelfen und den dynamischen Fluß vorantreiben. Zwar greift das Klavier thematische Substanz auf, doch nicht mehr als eigenständige, individuelle Persönlichkeit, sondern als Teil des machtvollen Ganzen. Noch nie zuvor wurde ihm eine so glänzende, nach außen gerichtete Virtuosität zugestanden. Das mitreißende Gebaren des Soloparts aber ist stets das Signum der Anpassung; eine Euphorie des Miteinander. Der symphonische Imperativ duldet keinen Widerspruch.

Bernhard Rzehulka

Konzert D-dur für Violine und Orchester op. 61

Als der Geiger Franz Clement (1780–1842) am 23. Dezember 1806 im Theater an der Wien das für ihn geschriebene *Violinkonzert* BEETHOVENS uraufgeführt hatte, las man in der Wiener *Theaterzeitung* folgenden Bericht: «Über Beethovens Konzert ist das Urteil von Kennern ungeteilt; es gesteht demselben manche Schönheit zu, bekennt aber, daß der Zusammenhang oft ganz zerrissen scheine, und daß die unendlichen Wiederholungen einiger gemeinen Stellen leicht ermüden könnten» – etc. etc. Der unbekannte Rezensent konnte jedoch nicht ahnen, daß er hiermit die vox populi vertrat und dem Konzert bis auf weiteres dem Konzertsaal versperrte. Erst vierzig Jahre später gelang es dem Geiger JOSEPH JOACHIM, das Werk ins Repertoire einzuführen. Ganz unrecht mochte der Rezensent vielleicht doch nicht gehabt haben, denn BEETHOVENS *Violinkonzert* ist alles andere als ein Virtuosenkonzert mit Orchesterbegleitung, was man wohl erwartet hatte; es ist vielmehr ein symphonisches Gewebe, aus dem die Solovioline als Gleiche unter Gleichen gelegentlich hervortritt, getreu der politischen Maxime BEETHOVENS, der Mensch repräsentiere einzeln ebenso das Gesamtleben der Gesellschaft, wie die Gesellschaft nur ein etwas größeres Individuum vorstelle. «Der Solist ist gewissermaßen der Vorsänger in einer geschlossenen Gemeinschaft» (Hans Engel). Noch heute mag manchen Hörer der Beginn des ersten Satzes verblüffen: Handelt es sich gar um ein Paukenkonzert, da er mit fünf Paukenschlägen, leise, aber sehr bestimmt, anfängt? Wie sich später zeigen wird, sind sie das Rückgrat des gesamten Satzes. Auf die Paukenschläge folgt ein kantables Motiv der Holzbläser, dem Rhythmus tritt also das Melos an die Seite.

Aus beiden Phrasen ist so die erste Periode gebildet. Seltsamer Fall; es scheint paradox, fünf Paukenschläge als eigenes «Motiv» anerkennen zu müssen, aber das hatte BEETHOVEN von HAYDN, der es ja sogar wagt, einen Auftakt als «Hauptthema» aufzustellen. Und wenn jener Rezensent sich von der angeblich unüberschaubaren Form – gemeint ist wohl der umfangreiche erste Satz – irritiert fühlte, dann kann man es ihm nicht verdenken, denn dessen ungewöhnliche Ausdehnung (535 Takte!) will erst erkannt sein. Es handelt sich um eine formale Lösung des klassischen Konzertprinzips, Sonatenform und Ritornellanlage miteinander zu verbinden, den Themendualismus und die Soloabschnitte im Wechsel mit Tutti-Komplexen sinnvoll aufeinander abzustimmen. Orchester- und Soloexposition sind eigenständig ausgeführt und zudem durch einen Soloeingang, gleichsam improvisierend, miteinander verbunden. Aber die dualistische Tonartendisposition – Seitenthema in der Dominante – tritt erst in der Soloexposition auf, und aus Gründen der Formbalance verbindet BEETHOVEN den Schluß der Soloexposition und den Beginn der Durchführung, ähnlich wie vorher die beiden Expositionsteile, wieder mit dem erneuten Soloeingang. Doch um diese Analogie wirklich ausführen zu können, benötigt er im Anschluß an die Soloexposition einen erneuten Tutti-Abschnitt, aus dem heraus sich wieder die Solovioline «improvisierend» erheben kann. Dieser «eingeschobene» Tutti-Teil (nach der Soloexposition) trugschlußartig eintretend und dadurch sehr auffällig, mag es gewesen sein, der unseren Rezensenten zu dem Verdikt «einiger gemeinen Stellen» und deren Wiederholung veranlaßt haben könnte. Und in der Reprise enthüllt sich der Formsinn dieser Veranstaltung BEETHOVENS: Sie ist eine Art Kompromiß zwischen Solo- und Orchesterreprise und mündet, wie die Exposition, in den «eingeschobenen» Tutti-Teil, der seine Ritornellfunktion dadurch ausdrücklich betont. Unterbrochen wird er durch die (frei auszuführende) Solokadenz, auf die dann das transzendierende Seitenthema folgt, diesmal von der Solovioline zuerst, nicht, wie früher, als Antwort auf das Vorsingen des Orchesters, vorgetragen. Die «undankbare» Aufgabe des Solisten, daß er sich exponieren muß, ohne «glänzen» zu dürfen, mag ein weiterer Grund für die Ablehnung bei der Uraufführung gewesen sein, ja es gibt sogar noch heute Stimmen, die da meinen, daß erst Beethovens eigene *Bearbeitung für Klavier* (*op. 61 a*) den Charakter des Werkes hervortreten lasse, denn es sei ein Konzert *gegen* die Violine und in Wahrheit ein verdecktes *Klavierkonzert.*

Dennoch ist die außerordentliche Kantabilität des ersten Satzes immer wieder als geigerisch gerühmt worden, namentlich das lyrische Aussingen in der Durchführung. Charakteristisch für Beethoven indessen ist gerade hier die Funktion des anfänglichen Poch-Motivs, ähnlich wie im langsamen Satz der *vierten Symphonie* auch, das wie das wachsame Gewissen der Form den Solisten vor lyrischen Ausschweifungen bewahrt, insbesondere am Ende der Durchführung. Es ist der Pulsschlag des gesamten Satzes, der gerade dort am wachsten ist, wo der Solist sich zu einem Alleingang anschickt. Die Durchführung ist überhaupt der melancholische Ruhepunkt des Satzes, in dessen genauem Mittelpunkt die große Kantilene des Solisten in g-moll steht, die von dem Poch-Motiv aufmerksam grundiert wird. Wo also der Satz zu zerfließen droht, «wo am stärksten herausgefordert, ist die Form am wachsten» (Peter Gülke). Nichts könnte eindringlicher das Wesen des Wiener klassischen Satzes verkörpern als dieses pochende, mahnende «Sich-bewußt-Werden der Zeit» (T. Georgiades).

Der langsame Mittelsatz ist eine Art «Gesangsszene» mit mehreren Strophen, einem Rezitativ vor dem lyrischen Ruhepunkt in der Mitte und einem weiteren am Schluß als Übergang zum Rondo. Zugleich ist er eine Überhöhung jener beiden *Romanzen für Violine und Orchester G-dur op. 40* und *F-dur op. 50,* beide im Jahre 1802 komponiert, die solche Genrestücke weit hinter sich lassen und ebenso zu Beethovens «lyrischer Intimsphäre» (Harry Goldschmidt) gehören wie das Larghetto des *Violinkonzerts.* Und das Rondofinale ist wieder ausdrücklich *symphonisch* angelegt, indem die jeweilige Wiederkehr des Rondothemas vorbereitet wird von durchführungsartigen Partien am Ende der drei Couplets: Der Kopf des Rondothemas erscheint dort in drängend zugespitztem, dramatischem Gestus und verleiht dem reihenden Rondocharakter eine innere Steigerung.

Dietmar Holland

Konzert für Klavier, Violine und Violoncello mit Orchester C-dur op. 56 (Tripelkonzert)

Im Kreis der BEETHOVENschen Konzerte fristet das *Tripelkonzert* (1803/04) ein Dasein im Abseits, ähnlich wie die *Chorphantasie op. 80* und die *C-dur-Messe op. 36,* die mit dem übergroßen Schatten ihrer gewaltigen Alternativen, der *neunten Symphonie* und der *Missa Solemnis,* zu kämpfen haben. Das *Tripelkonzert* muß sich zwar keinem solchen «Überwerk» stellen, doch wurde es immer wieder im Vergleich zu den Klavierkonzerten negativ beurteilt. Dieses «Vorurteil» bezieht sich auf den scheinbaren Niveauverlust, den das von BEETHOVEN als «Grand Concerto Concertant» überschriebene Werk in symphonischer Strukturierung und konzertantem Anspruch den übrigen Konzerten gegenüber erkennen lasse. Übersehen wird dabei, daß ein Konzert für Klaviertrio *und* begleitendes Orchester per se ein eigenständiges kompositorisches Vorgehen fordert, eine völlig andere kompositorische Ökonomie als ein normales Solokonzert. Ein Verfahren, wie es der zweite Satz des wenig später entstandenen *vierten Klavierkonzerts* zeigt, nämlich zwei divergierende, rein dramatisch gedachte Musizierhaltungen von Soloinstrument und Orchester, erscheint für das *Tripelkonzert* unmöglich, weder adäquat noch funktionell angemessen. BEETHOVEN schlägt für das *Tripelkonzert* einen Weg ein, der es ermöglicht, die drei Soloinstrumente, die über vier autonome Stimmführungen im eigentlichen Sinn verfügen, und das Orchester zusammenzuhalten und trotzdem konzertieren zu lassen: den Weg des einheitlichen Subjekts. Die *vier* Partner setzen sich alle mit demselben musikalischen Subjekt auseinander, verfolgen *einen* Weg, nicht jeweils verschiedene.

Hier liegt auch die Lösung, mit kurzen thematischen Motiven dem Dilemma von großflächigen Themenerarbeitung und -durchführung zu entgehen – man denke nur an die dann unumgängliche riesenhafte Dimension der Exposition, wenn BEETHOVEN hier dieselben Maßstäbe angelegt hätte wie im *Violinkonzert* beispielsweise.

Durch die Konzentration auf ein einheitliches Subjekt kann BEETHOVEN all seine Intentionen in den Bereichen verwirklichen, die ihm kompositorisch zentral erscheinen: in dem der Metrik und dem der Dynamik. Er verzichtet wohlweislich auf eine großangelegte *al fresco*-Kompositionsweise in allen drei Sätzen, die auf höchster qualitativer Ebene meist tiefen Eindruck respektive Popularität erzielt. Insofern ist es aber auch verfehlt, dem *Tripelkonzert* das schon erreichte symphonische Niveau der ‹*Eroica*› entgegenzuhalten. Das Geschehen vor allem im ersten Satz spielt sich auf anderer Stufe ab: Es vollzieht sich eine Entwicklung en detail, in rhythmischen, metrischen Metamorphosen, in Variationen des instrumentalen Zusammenspiels. Es wird nicht – wie sonst öfter bei BEETHOVEN – rhetorisch gekämpft, sondern vielmehr, manchmal mit fast MOZARTisch anmutender Leichtigkeit *gespielt* – im doppelten Sinn. Emphatisch, forensisch ist der Ton an bestimmten Stellen durchaus, aber BEETHOVEN erweist sich auch als Meister des gehobenen Konversationstons, was jedoch an keiner Stelle eine Einbuße an musikalischem Gehalt oder kompositorischer Seriosität bedeutet. BEETHOVEN gelingt es, sich über all die komplizierten und einschränkenden Bedingungen, die die besondere Besetzung, die Gattung und der kompositorische Anspruch stellen, souverän hinwegzusetzen und ein vollgültiges Werk zu schaffen, das es längst verdient hätte, aus seinem unwürdigen Schattendasein befreit zu werden.

Irmelin Bürgers

Kantaten

Die *beiden ersten Kantaten* BEETHOVENS stammen aus dem Jahre 1790, also noch aus der Bonner Zeit; sie haben offizielle Anlässe: Den Tod Kaiser Josephs II. und die Erhebung von dessen Nachfolger Leopold II. zur Kaiserwürde. Die Texte hatte der Bonner Theologiestudent Severin Anton Averdonk verfaßt. Trotz solch enger Parallelität der Entstehungsumstände bilden die Kantaten nur äußerlich eine Art «Werkpaar». Während der junge Komponist mit der Trauerkantate ein geistiges Credo gestaltete, tiefstes persönliches Engagement mit deren Anlaß verband, blieb die folgende Huldigungsmusik lediglich eine Auftragsarbeit, die er zu erledigen hatte. Die beiden Herrscher waren mit dem Kölner Kurfürsten Maximilian Franz in direkter Linie verwandt (Joseph II. ein Bruder, Leopold II. ein Vetter), was die Kompositionsaufträge an den jungen BEETHOVEN erklärt. Mit dem verstorbenen Kaiser verbindet man noch heute nicht umsonst den Begriff der «Josephinischen Aufklärung»: Goethe nannte ihn einen Monarchen, den «alle wahren Demokraten als ihren Heiligen anbeten sollten»; Abschaffung von Folter und Leibeigenschaft und religiöse Toleranz kennzeichneten Josephs Innenpolitik, unter deren Wirkung sich auch die Freimaurerei im Reich – nach Jahren der Verfolgung – einer sicheren Existenz und eines nicht unbedeutenden Einflusses hatte erfreuen können. Leopold stand dagegen auf seiten des Adels und der Kirche, deren Machtansprüchen er gerecht zu werden suchte. Kaum verwunderlich also, daß sich ein Parteigänger der Revolution, der schon der junge BEETHOVEN war, innerlich nicht mit dem Auftrag einer musikalischen Huldigung für einen solchen Herrscher identifizieren mochte.

Musikalisch bedeutsam an der fünfsätzigen *Trauerkantate* (WoO 87) sind die Vorausdeutungen auf Werke der Reifezeit; so ist schon der Eingangschor, dessen Musik in der Schlußnummer wiederaufgenommen wird, erfüllt von jenem Pathos und jener Statuarik, die für den Trauermarsch der *‹Eroica›* so charakteristisch sind. Die groß ausgearbeitete Baßarie (Nr. 2) weist mit ihrem musikalisch gestalteten Ringen zwischen Nacht und Licht, Fanatismus und Humanität auf den *‹Fidelio›*. Die als Nr. 3 folgende Sopranarie schließlich fand in BEETHOVENS einziger Oper sogar eine direkte Wiederverwendung (im Quintett des zweiten Finales *‹O Gott, o welch ein Augenblick!›*). Die Sopranarie Nr. 4 stilisiert die Erscheinung des toten Kaisers zu einer beinahe messianischen Gestalt, die «unter seinem Herzen, unter Schmerzen, das Wohl der Menschheit bis an sein Lebensende trug». Leider ist der Text durchweg von trivialem Schwulst belastet, den anvisierten Ton der großen Oden Klopstocks trifft dafür die Musik.

Nach diesen beiden Kaiserkantaten hat sich BEETHOVEN erst wieder nach der letzten Umarbeitung des *‹Fidelio›* mit der Gattung beschäftigt; zunächst entstand im Herbst 1814 als Gelegenheitsarbeit die Kantate *‹Der glorreiche Augenblick› op. 136* zur Verherrlichung des Wiener Kongresses. Auch dieses Werk krankt an seinem schwülstigen, von dem Tiroler Arzt Aloys Weissenbach verfertigten Text. BEETHOVENS Verleger Haslinger versuchte, das Werk 1837 durch Neutextierung (mit dem Titel *‹Preis der Tonkunst›,* besorgt von Friedrich Rochlitz) dem Musikbetrieb zurückzugewinnen; leider gehört auch die Musik dieser in großer Eile entstandenen Kantate nicht zu BEETHOVENS besten Werken.

Im Gegensatz dazu ist die folgende Komposition *‹Meeresstille und glückliche Fahrt› op. 112* in die Reihe der Meisterwerke zu rechnen; Präzision, formale Straffung (nicht ganz 250 Takte Umfang!) und die hohe dichterische Qualität der beiden Gedichte Goethes sichern der Kantate einen Ehrenplatz unter BEETHOVENS Vokalwerken; mit ihm, einem symphonisch geschlossenen Spätstil repräsentierenden Komposition, die auf den Einsatz von Solostimmen ganz verzichtet, schloß BEETHOVEN die Gattung für sich ab.

Ein halbes Jahr vor der Kantate *‹Meeresstille und glückliche Fahrt›* entstand im Sommer 1814 eine Gelegenheitsarbeit besonderer Art, deren Entstehungsanstoß in der Freundschaft des Komponisten mit dem Baron Pasqualati (BEETHOVENS zeitweiliger Hausherr, Anwalt und Helfer in vielen Lebenslagen) wurzelte: Zum dritten Jahrestag des plötzlichen Todes von Pasqualatis junger Gattin widmete BEETHOVEN der Verstorbenen einen *‹Elegischen Gesang›* für vier Singstimmen mit Begleitung eines Streichquartetts (*op. 118*). Schon die ausgefallene Besetzung läßt aufhorchen; stilistisch steht das intime Werk bereits in der Nähe der letzten Streichquartette, deren geistige Wurzel hier, in der Verbindung eines instrumentalen mit einem vokalen Quartett, vielleicht noch deutlicher erkennbar ist: Der Rückgriff auf eine vokale Polyphonie, wie sie das 16. Jahrhundert gepflegt hatte.

Erwähnung verdienen schließlich zwei Kompositionen, die BEETHOVEN bereits 1796/97 entworfen hatte, jedoch erst 1822 in endgültiger Fassung ausgearbeitet hat: Das *‹Opferlied›* für Sopran, Chor und Orchester (je zwei Klarinetten, Hörner und Fagotte sowie Streicher), *op. 121 b,* und das *‹Bundeslied›* für zwei Solo- und drei Chorstimmen mit Begleitung von je zwei Klarinetten, Hörnern und Fagotten, *op. 122.* Die Autoren der Texte sind der Freimaurer Friedrich von Matthisson (dessen *‹Adelaide›* BEET-

HOVEN schon 1796 als Klavierlied vertont hatte) und Goethe. Im Rahmen des gesamten Œuvres mögen diese Kompositionen unbedeutend erscheinen, doch sind sie – sowohl in bezug auf die Textwahl wie auch auf bestimmte technische Einzelheiten, etwa das obligate Mitlaufen der Holzbläser im *‹Bundeslied›* – als Vorstudien zur *neunten Symphonie* von Bedeutung und erweisen obendrein durch den frühen Zeitpunkt ihrer Skizzierung einen geistigen «roten Faden» im Werk BEETHOVENS.

Hartmut Becker

Konzertarien

Einzelne orchesterbegleitete Arien hatte der junge BEETHOVEN schon in Bonn unter der Obhut seines Lehrers CHRISTIAN GOTTLOB NEEFE geschrieben; als der Einundzwanzigjährige dann nach Wien übersiedelte, machte er zunächst von dem Angebot des kaiserlichen Hofkapellmeisters ANTONIO SALIERI Gebrauch, unentgeltlich Studien junger Komponisten in italienischer Gesangskomposition zu leiten und zu überwachen. Aus jener Zeit (bis etwa 1803) sind fünf vollendete Werke erhalten, von denen nur zwei zu Lebzeiten BEETHOVENS im Druck erschienen: Das Terzett *‹Tremate, empi, tremate› op. 116* (1802) und die Szene und Arie *‹Ah, perfido!›* für Sopran und Orchester, *op. 65* (1796). Nur das letztere Werk erscheint heute ab und zu auf Konzertprogrammen, es mag hier stellvertretend für die Gattung näher beschrieben sein.

Wenn sich bereits der junge BEETHOVEN sehr abfällig über die «liederlichen Texte» äußerte, die MOZART vertont habe und diesen vor allem als Instrumentalkomponisten als den «Ersten» bezeichnete, so darf MOZARTS Vorbild auch bei den italienischen Gesangskompositionen BEETHOVENS nicht als unbedeutend angesehen werden. Wenn der junge BEETHOVEN Texte von Pietro Metastasio vertonte, lag dieses ohnehin so hochgeschätzte Idol auch hier als Vorbild nahe, denn die Kritik des jüngeren bezog sich ja in erster Linie auf die Wahl der Libretti des Älteren. Mit der Szene und Arie *‹Ah, perfido!›*, deren erster Teil aus Metastasios «Achille in Sciro» stammt, bewegte sich BEETHOVEN übrigens auch biographisch in MOZARTS Nähe: Die Komposition wurde 1796 in Prag, sozusagen unter den Augen von MOZARTS Freunden FRANZ XAVER und Josepha DUSCHEK, geschrieben, in deren Haus Teile von *‹Don Giovanni›* und *‹La Clemenza di Tito›* entstanden waren. Josepha, für die MOZART selbst zwei Arien komponiert hatte, erhielt auch die Arie des jungen BEETHOVEN und brachte sie in einem Konzert in Leipzig zum erstenmal zur Aufführung. Nicht nur stilistisch, sogar in der Instrumentation orientiert sich der Komponist hier an MOZART: Nur eine Flöte, Verzicht auf die Oboen sowie auf Trompeten und Pauken, gelegentliches Isolieren der Bläser sowie Soli der ersten Klarinette und des ersten Fagotts. Dies alles ist freilich nicht von gleicher Kühnheit und Intuition wie bei MOZART, doch einem zu direkten Vergleich vermag selbst BEETHOVEN nicht standzuhalten.

Hartmut Becker

Chorphantasie op. 80

Die Idee der Verbindung von Instrumentalmusik mit einem vokalen Schlußteil zum Zweck der Ausdruckssteigerung ist BEETHOVEN nicht erst bei der Skizzierung der *neunten Symphonie* gekommen; der früheste Plan scheint bis in das Jahr 1800 zurückzureichen. Auslösendes Moment, einen solchen Gedanken in die Tat umzusetzen, war freilich eine rein «praktische» Überlegung: Anläßlich der Akademie des 22. Dezember 1808, in der die neuen *Symphonien Nr. 5 und 6* ihre Premiere erleben sollten, suchte BEETHOVEN nach einem passenden Schluß-Stück, da er die ursprünglich dafür vorgesehene *Fünfte* nicht einem schon ermüdeten Publikum vorführen wollte, um deren Erfolg nicht aufs Spiel zu setzen. So stellte er eine *Solo-Phantasie für Klavier, Variationen für Klavier und Orchester* über die Melodie seines Lieds *‹Gegenliebe›* (nach Gottfried August Bürger, 1795) und einen *Schlußchor* zu einer einzigen Komposition zusammen. Dieses Gebilde als Phantasie zu bezeichnen ist gewiß nicht ganz korrekt: Nur der erste, für das Klavier rein solistische Teil (den BEETHOVEN bei der Uraufführung tatsächlich improvisierte) ist eine Phantasie; die insgesamt acht Variationen verschmelzen Elemente des konzertanten und des symphonischen Stils (der fünften und siebten Variation folgen jeweils Durchführungsteile) und münden schließlich in eine Kantate mit zusätzlichem obligatem Klavier, wobei die Singstimmen den Ausdruck der instrumentalen Musik «überhöhen» sollen. Die Affinität des hier wiederaufgenommenen Variationenthemas zur «Freudenmelodie» der *neunten Symphonie* ist leicht zu erkennen; desto befremdlicher, daß Beethoven dieses «Chorfinale» auf einen höchst trivialen, in letzter Minute bestellten Gelegenheitstext schrieb. Die Deklamation ist ungeschickt und holprig, läßt vermuten, daß der Text (dessen Autor nicht mit Sicherheit festzustellen ist, wahrscheinlich der Bühnendichter Christoph Kuffner) erst nachträglich der fertigen Musik unterlegt worden sei. Der Komponist selbst hat seinen Verleger vor der Drucklegung anzuregen versucht, die Chorstimmen anders, besser textieren zu lassen, was indes leider unterblieben ist.

Hartmut Becker

‹Christus am Ölberge›

Beethovens erster dramatischer Versuch, das Oratorium *‹Christus am Ölberge› op. 85*, nach Texten des damals bekannten Wiener Opernlibrettisten Franz Xaver Huber (1760–1810), entstand, ungeachtet der hohen Opuszahl in den ersten Wochen des Jahres 1803. Auftragswerk des Theaters an der Wien, diente es, den alten Fastenoratorien vergleichbar, zur Überbrückung der theaterlosen Tage während der Fastenzeit. Trotz der immensen Schwierigkeiten bei der Einstudierung zur Uraufführung am 5. April 1803 im Rahmen einer großen Akademie wurde das Werk mit außerordentlichem Beifall aufgenommen. Zunehmende Kritik jedoch veranlaßten Beethoven im darauffolgenden Jahr zu umfangreichen Änderungen, mitten in seinen Arbeiten zur *Ur-‹Leonore›*. – Hinsichtlich gegenseitiger Durchdringung von lied- und opernhafter Gestik in Verbindung mit Kriterien des klassischen Instrumentalsatzes hat sich Beethoven sichtlich an den deutschsprachigen Oratorien Joseph Haydns orientiert. Beethovens sechsteiliges

Werk, vom Gesamtumfang und dem knappen Handlungsausschnitt aus der Passionsgeschichte – Christi Gebet und Gefangennahme im Garten Gethsemane (unter Ausklammerung des verräterischen Judaskusses!) –, gattungsmäßig zunächst eher an eine große Kantate erinnernd, nimmt eine merkwürdig zwittrige Position zwischen den beiden Gattungen Oper und Oratorium ein. Problematisch schon der bühnenmäßige Zuschnitt der Textvorlage, die doch recht zufällig wirkende Verknüpfung der mehr opernhaften Soloszenen mit den Chorsätzen und das Fehlen der Figur des *testor.* Die *Introduzione* überschriebene Eröffnung andererseits, in der extrem *tiefen,* nach CHRISTIAN FRIEDRICH DANIEL SCHUBART «gräßlichen» Tonart es-moll, «aus der jede Angst, jedes Zagen des schauernden Herzens atmet», ist so tief empfunden, schildert Jesu innere Qual um so vieles ergreifender, als es je sein Wort vermag. Natürlich ist das ein Opernbeginn, eine Akteröffnung. Die Parallele zu Florestans *Introduction*, ja zu der ganzen ersten Szene ist unüberhörbar. Ein agierender Jesus entsprach zwar nicht den Metastasianischen Reformideen, wohl aber denen der Aufklärung. Oder schlägt nicht schon hier der empfindsam kantable Stil vor allem der Arie Jesu um ins nazarenisch anmutende Sentiment? Ist nicht speziell dieses Stück gefährdet in seinem Tonfall, wie es Ernst Bloch für des Grafen *‹Contessa, perdono›* in MOZARTS *‹Figaro›* gesehen hat ebenso wie für Florestans *‹In des Lebens Frühlingstagen›?* – Immerhin erfreute sich *‹Christus am Ölberge›* durchaus einiger Beliebtheit bis in die fünfziger Jahre des vorigen Jahrhunderts. Die zunehmende BACH-HÄNDEL-Renaissance jedoch war mit ein Grund, daß das Werk bis auf den heutigen Tag in Vergessenheit geriet. Nicht nur historische Gesichtspunkte, die Genealogie der Gattung betreffend, würden eine Wiederbelebung rechtfertigen, sondern auch und vor allem die Qualität der Musik, selbst wenn man in dramaturgischer Hinsicht das Fehlen eines großen Eingangschors bedauern, sich an der vielleicht allzu profanen Personifizierung der Christus-Worte durch eine hohe Männerstimme stören oder die neapolitanischen Koloraturen des Seraph als zu äußerlich empfinden mag. Zudem nimmt dieses Oratorium auch innerhalb des BEETHOVENschen Œuvres einen nicht zu unterschätzenden Stellenwert ein, weil es, ähnlich wie im Fall seines Opernschaffens, trotz mehrmaliger Anläufe zu keiner weiteren Komposition in dieser Gattung gekommen ist, und zum anderen, weil ‹*Christus am Ölberge*› in doch vieler Hinsicht geradezu exemplarisch vorbildlich wurde für den ‹*Fidelio*›.

Gabriele E. Meyer

Messe in C-dur op. 86 für Soli, Chor und Orchester

Als Komponist von Kirchenmusik ist BEETHOVEN nur mit einigen wenigen Werken hervorgetreten, die sich alle gegen eine problemlose Einordnung in die herkömmlichen Bereiche dieser Gattung sperren, sei es das Oratorium ‹*Christus am Ölberge*›, zu dem BEETHOVEN später selbst nicht mehr so recht stehen wollte, oder sei es der Gipfelpunkt aller Widersprüchlichkeit zum Konventionellen, die *Missa Solemnis*.

Auch die *Messe in C-dur* rief schon bei ihrer Uraufführung am 13. September 1807 in Eisenstadt Verblüffung und Befremden hervor. Fürst Nikolaus von Esterházy, der das Werk zum Namenstag seiner Gattin in Auftrag gegeben hatte, kommentierte die Aufführung mit den Worten: «Aber, lieber Beethoven, was haben Sie denn da wieder gemacht?» Die Reaktion des Fürsten demonstriert aufs deutlichste, daß BEETHOVENS Werk von den üblichen Meßkompositionen der Zeit auf gravierende Weise abwich. BEETHOVEN hat wohl um diese Distanz zum Konventionellen gewußt, denn am 8. Juni 1808 schrieb er an seinen Verleger Breitkopf: «Von meiner Messe, wie überhaupt von mir selbst, sage ich nicht gerne etwas, jedoch glaube ich, daß ich den Text behandelt habe, wie er noch wenig behandelt.» Anders als alle seine Vorgänger, allen voran JOSEPH HAYDN, gliedert BEETHOVEN die Messe in fünf selbständige Blöcke, die den Hauptteilen des katholischen Hochamts entsprechen: in ‹*Kyrie*›, ‹*Gloria*›, ‹*Credo*›, ‹*Sanctus*› und ‹*Benedictus*› zusammengefaßt und ‹*Agnus Dei*›. Innerhalb der einzelnen Teile besteht zwar eine Untergliederung, die aber nicht aus Einzelnummern, aus Arien, Ensembles und Chören zusammengestellt ist, sondern sich nach den tradierten Abschnitten des Textes richtet. Jeder Block ist so ein mehrgliedriges, symphonisches Ganzes, von Soli, Chor und Orchester gleichermaßen getragen. Abgeschlossene Arien-Nummern im bisherigen Sinn existieren bei BEETHOVEN nicht, nur knappe solistische Abschnitte, an die sich die anderen Solostimmen sofort anschließen. Der ariose, konzertante Charakter in den Solistenpartien fehlt völlig. Nicht die materielle Anschaulichkeit des Textes steht im Vordergrund, sondern die Betonung seiner ideellen Bedeutung, *Interpretation* im eigentlichsten Sinn also.

Diesem Ziel ordnet BEETHOVEN auch den instrumentalen Teil unter. Hier liegt der Grund für seinen Verzicht, auf die für ihn sonst so wesentliche Gestaltung der orchestralen Partien zu suchen. Er vermeidet jegliche thematische oder motivische Arbeit, wenn sie sich nicht aus den Singstimmen, also vom Text her, ableiten läßt. Das Wort und dessen Träger, Chor und Solisten, haben den unbedingten Primat inne, BEETHOVEN geht es um die *Aussage,* nicht so sehr um die musikalische *Ausgestaltung* seiner ersten Meßkomposition.

Irmelin Bürgers

Missa Solemnis

Erstmals gespielt wurde die *Missa Solemnis* im Konzertsaal, genauer: im Wiener Kärntnertortheater, Mai 1824, und zwar auszugsweise. *‹Kyrie›, ‹Credo›* und *‹Agnus Dei›* (mit *‹Dona›*) figurierten auf dem Programmzettel als *‹Drei große Hymnen mit Solo- und Chorstimmen›*. Ihnen folgte die Uraufführung der *Neunten Symphonie.* – Es ist kein Zufall, daß die *Missa Solemnis* ihren eigentlichen Anlaß (die feierliche Inthronisation des Erzherzogs Rudolph zum Kardinalerzbischof) verfehlte, daß sie unter BEETHOVENS langwieriger, verzweifelter Anstrengung hinauswuchs über jeden Anlaß und zu einem Werk «absoluter» Tonkunst wurde. Dabei lag es nicht in BEETHOVENS Absicht, den liturgischen Rahmen und die zugehörige musikalische Form der Messe zu sprengen. Er wollte eine richtiggehende Messe liefern, wenn auch eine äußerst feierliche, wollte wahrhaft «bei Singenden und Zuhörenden religiöse

Gefühle erwecken und dauerhaft machen» (Brief an Streicher, 16. September 1824). Er setzte alles daran, den archaischen Sinn des Meßopfers zu *vergegenwärtigen,* ihn seinen Zuhörern zum Erlebnis werden zu lassen. Nur war seine Zuhörerschaft nicht mehr die fromme Gemeinde, sondern ein Konglomerat namens «Publikum»: jedermann, gleich welchen Standes oder Glaubens, der eine Eintrittskarte und gesittete Kleidung vorweisen konnte. – Das hatte Konsequenzen für die Musik, besonders die geistliche. Denn im Konzertsaal ist Musik Hauptsache, frei von höfisch-dekorativer oder kirchlich-dienender Subordination. Und sie muß sich als Hauptsache wissen, will sie das Publikum, die bürgerliche Öffentlichkeit also, wirklich erreichen. BEETHOVEN war der erste, der diesen Anforderungen durchaus genügte. Seine Musik spricht selbstbewußt zu Selbstbewußten. Von den Romantikern (insbesondere E. T. A. HOFFMANN) wurde sie jedenfalls als «Hauptsache», ja als Absolutum gefeiert. BEETHOVENS Musik spricht unmittelbarer zum Publikum als jede andere vor ihr. Und sie tut es auf fordernde Weise, so als sei das Publikum dort wirklich Weltbürgerschaft, freie, selbstbewußte Gattung.

Die *Missa Solemnis,* die auch ohne BEETHOVENS ausdrückliche Zulassung für den Konzertsaal dort heimisch geworden wäre, ist nichts weniger als Kirchenmusik im dienenden Sinn, allenfalls – mit einem Ausdruck der Romantiker – «heilige Tonkunst», Rekonstruktion vom neuen Standort aus, Wiedergeburt der Messe aus dem Geist «absoluter» Musik.

Handgreiflich wird dieser außerkirchliche Standpunkt, wenn BEETHOVEN im Schlußteil, dem *‹Dona nobis pacem›,* den dort gemeinten Seelenfrieden um äußeren, weltlichen Frieden erweitert und dem D-dur-Pastorale opernhaft eine musikalische Kriegsdrohung durch Paukengrollen und Fanfare einfügt, um dann in einer Presto-Fortissimo-Verfolgungsjagd (fugato!) die Kriegswirren selbst bildlich vorzustellen (der Satz folgt übrigens einem ähnlichen Programm wie das Finale der *Neunten* und das der *As-dur-Klaviersonate op. 110,* an dessen pastorales Fugenthema das *‹Dona›* angelehnt erscheint). Besonders in diesem Schlußsatz sahen Zeitgenossen den Begriff von Kirchenmusik umgestoßen.

Doch man hat zeigen können, mit welcher geradezu philologischen Pietät sich Beethoven in den Messentext versenkte, ältere Kirchenmusik und Theoretiker studierte, um der Tradition figürlicher Wortausdeutung habhaft zu werden. Die Nutzanwendung ist besonders sichtbar im Mittelteil des *‹Credo›*, der die Einzelheiten des Erlösungsgeschehens abschreitet, als seien es die Bildstationen eines Kreuzwegs. Die Musik ordnet sich hier ganz den heiligen Worten unter, indem sie auf entwickelnde Vereinheitlichung verzichtet und Zeile um Zeile zum stehenden Tableau auskomponiert. Es scheint, als opfere Beethoven seine autonome symphonische Formkunst und unterziehe sich dem Dienst einer – im Grunde ja statisch-punktuell verfahrenden – Allegorese. Aber der Schein trügt. Denn das *‹Credo›* (so wie die ganze *Missa*) knüpft nicht an eine bestimmbare, einheitliche Tradition an. Beethoven wählt vielmehr nur einzelne Elemente aus verschiedenen Traditionen, die er sich aneignet, als Darstellungs*mittel*. – Spätestens die Wandlungsmusik zwischen *‹Sanctus›* und *‹Benedictus›*, die vom Orchester klangmalerisch und im «alten Stil» das damals übliche Orgelzwischenspiel nachahmen läßt, macht deutlich, daß Beethoven sich der liturgischen Musiktradition wie Requisiten bedient. Denn hier wird ein Element des Rituals, das der eigentlichen Meßvertonung ja äußerlich ist, in die Vertonung hineingezogen – als Versatzstück.

Beethoven hat sein Ziel, mit der *Missa* «religiöse Gefühle zu erwecken», erreicht. Nach jenem denkwürdigen Konzert im Kärntnertortheater ließ ein anonymer Kritikus sich verlauten: «... da öffnet sich das frohe Herz weit von dem Wonnegefühl des seligen Genusses, und tausend Kehlen jauchzen: Heil! Heil! Heil der göttlichen Tonkunst! Lob! Preis und Dank deinem würdigsten Hohenpriester!» – Das Zitat erweist, daß jenes «Publikum» dem hohen Ethos, das Beethoven ihm ansann, nicht durchaus gewachsen war. Allzu bereitwillig vertauschte es unterm unerhörten Andrang von Beethovens froher Botschaft die Freiheit seines Selbstbewußtseins mit jenen Schauern «schlechtsinniger Abhängigkeit», als die der Theologe Friedrich Schleiermacher in seinem ästhetisierten Religionskonzept die «religiösen Gefühle» bestimmt hatte. – Aufmerksamkeit verdient auch die Beförderung der «heiligen Tonkunst» (ein ohnehin etwas überspannter Ausdruck für Kirchenmusik) zur «göttlichen» – ein Unterschied ums Ganze.

Wie es aber um die «religiösen Gefühle» BEETHOVENS selbst bestellt war, läßt der unausgeführte Plan einer «Sinfonie in den alten Tonarten» erahnen, den BEETHOVEN 1818 in seinen Skizzenbüchern notierte. Sie war als religiöses Werk geplant, «religiös» jedoch in eklektizistischer Mischung von christlichen und heidnischen Elementen: «Frommer Gesang – Herr Gott, dich loben wir – alleluja – ... im Adagio griechischer Mythos Cantique Eclisiastique – im Allegro Feier des Bacchus» ...

Michael Querbach

Luigi Cherubini

Florenz, 8. September 1760 – Paris, 15. März 1842

Geburts- und Sterbeort markieren die zwei topographischen Zentren für Leben und Werk des MARIA LUIGI ZENOBIO CARLO SALVATORE CHERUBINI, dessen spätbarock-üppig anmutende Vornamensreihe seine Herkunft aus einer traditionsreichen Florentiner Musikerfamilie widerspiegelt, aber auch auf die Lebensdaten hinweist, auf ein Musikerleben über zwei, wenn nicht drei stilistische Epochen, denen CHERUBINIS Werk Rechnung trägt.

Zunächst in Florenz aufgewachsen und musikalisch ausgebildet, konnte CHERUBINI mit achtzehn Jahren bereits 36 Werke – zumeist Kirchenmusik – seinem letzten und renommiertesten Lehrer, GIUSEPPE SARTI, vorweisen und bald durch SARTIS Unterweisung, der ein Meister der zweiten neapolitanischen Opernschule war, damit beginnen, die ersten seiner fast vierzig Opern zu komponieren.

Nach Reisen, die ihn über Paris nach London führten, ließ sich CHERUBINI 1788 endgültig in der französischen Hauptstadt nieder, Italien sah er nie wieder. Er wandte sich auch kompositorisch von den starren Schemata der italienischen Oper ab, wie er sie neben der Beherrschung des polyphonen Stils von SARTI gelernt hatte. Der in Paris herrschende Zwist zwischen den Gluckisten und den Piccinnisten blieb auch für CHERUBINI nicht ohne Wirkung: Er reformierte seinen Stil, dramatisierte ihn, vor allem in den Akkompagnato-Rezitativen, die er bei aller Begleitfunktion motivisch differenziert durchgestaltete; er erreichte so einen musikalischen Satz, der in seiner thematisch-motivischen Durcharbeitung und von dramatischer Präsenz geprägten Grundhaltung dem der Wiener Klassik ähnelte, ohne jedoch dessen Spezifika, Diskontinuität und frei einsetzende Impulse, aufzuweisen. HAYDN und BEETHOVEN schätzten den Italiener in Paris als einen ihrer bedeutendsten Zeitgenossen, der sich auch nach einer Schaffenspause 1806 bis 1808 – er war bei Napoleon in Ungnade gefallen – den neuartigen «romantischen» Strömungen nicht verschloß, sondern sie mit in sein Werk integrierte und dafür von WEBER, MENDELSSOHN, SCHUMANN, BRAHMS und WAGNER bewundert wurde.

Die stilistischen Wechsel, die sich während CHERUBINIS langem Leben in der Musik ereigneten, finden ihren Niederschlag in *seiner* Musik, ohne daß er jedoch etwas von seiner ganz eigenen, fast solitären Entwicklung eingebüßt hat. Vielleicht zählt CHERUBINI, der einmal als «konservativer Revolutionär» bezeichnet wurde, deshalb zu den großen Einzelerscheinungen der Musikgeschichte, die keiner Schule, keinem Stil, keiner festen musikalischen Richtung zuzuordnen sind.

Während seine großen Opernerfolge – heute nur noch ablesbar an den sporadisch aufgeführten Ouvertüren – wie *‹Lodoïska›* (1791), *‹Médée›* (1797) und *‹Les deux journées›* (*‹Der Wasserträger›*, 1800) in die Zeit vor seiner kompositorischen Pause fallen, spricht aus *‹Les Abencérages›* (1813), *‹Ali Baba›* (1833), aus der einzigen *Symphonie in D-dur* (1815), den beiden *Requien in c-moll und d-moll* (1817; 1836) und auch den *sechs Streichquartetten* ein neuer Ton: komplexe, farbige Kontraste in Harmonik, Melodik und Themenerfindung, eine dramatisch-erregte Stimmung durch differenzierte Instrumentation und lyrisch-sensible Passagen voller gesanglicher Ausdruckskraft, ohne daß der einmal erreichte theatralische Impetus der Opernwerke eingebüßt worden wäre.

In den Ouvertüren, für die sich – wie für das ganze Werk von CHERUBINI – Arturo Toscanini vehement in Konzerten und auf Schallplatte eingesetzt hat, überzeugt vor allem die Freiheit über die Form, die sich CHERUBINI genommen hat. Fernab von weisungsgebundenen Stilschulen erprobte er die verschiedensten Formvarianten unabhängig von der beispielsweise in Wien fast verpflichtenden Sonatensatzform. Gleichzeitig kombinierte er die formale Gestalt mit einer ebenso eigenständigen melodischen Durcharbeitung und charakterisierender Instrumentation, so daß sich an den Ouvertüren als Mikrokosmos die vielfältige und differenzierte Welt seiner Opern abbildet.

Die *Symphonie in D-dur* (1815), die neben ausgewählten Ouvertüren und der Trauerkantate *‹Chant sur la mort de Haydn›*

(1809) für Sopran- und zwei Tenorstimmen und Orchester gelegentlich, doch zu selten zu hören ist, entstand in London, wo CHERUBINI die Möglichkeit hatte, die in Paris seltener gespielten Symphonien HAYDNS und BEETHOVENS zu hören, und die deshalb auch als Ergebnis von CHERUBINIS Auseinandersetzung mit dem Satz der Wiener Klassiker angesehen werden kann. Trotz unleugbarer Anklänge an die *vierte Symphonie* von BEETHOVEN im ersten, aber auch im dritten und vierten Satz gelingt es CHERUBINI, hier seine Opernhaltung gemäß den Anforderungen der Symphonie zu transformieren, eine durchsichtige, abwechslungsreiche Instrumentation zu schaffen und die opernhaften Formeln in eine symphonische Durcharbeitung einzubeziehen. Wie ihr Komponist selbst bleibt CHERUBINIS *D-dur-Symphonie* aber auch eine einzigartige Sondererscheinung in der musikhistorischen Topographie.

Irmelin Bürgers

Carl Maria von Weber

Eutin, 19. November 1786 – London, 5. Juni 1826

Kaum ein anderer Komponist wird derart ausschließlich mit einem einzigen Werk identifiziert wie CARL MARIA VON WEBER mit seinem *‹Freischütz›*. HANS PFITZNERS Satz: «Weber kam auf die Welt, um den ‹Freischütz› zu schreiben», faßt diese Haltung auf bezeichnende Weise zusammen. Nur einige wenige Werke – *die Ouvertüren* zu *‹Freischütz›*, zu *‹Oberon›* und zu *‹Euryanthe›*, die *‹Aufforderung zum Tanz›* (bezeichnenderweise in der Bearbeitung von BERLIOZ) und allenfalls die *Klarinettenkonzerte* – konnten sich eine gewisse Stetigkeit der Rezeption bewahren. WEBERS *Symphonien*, die weniger populären Ouvertüren zu *‹Peter Schmoll›*, zu *‹Rübezahl›* oder die *‹Jubelouvertüre›*, die diversen *Konzerte für Klavier, Violoncello, Fagott und Horn*, die *Kantaten* und *Messen* scheinen fast vollkommen der Vergessenheit überlassen zu sein.

WEBER wird zwar überall gepriesen als Schöpfer des «romantischen Klangs», ein Rang, der ihm auch selbstredend gebührt, doch nicht verbunden mit der unausweichlichen Abwertung, er sei aber satztechnisch hinter den Wiener Klassikern zurückgeblieben. Schon den beiden frühen *C-dur-Symphonien* (1806/07) wurden analog diesem Urteil zwei divergente Kompositionshaltungen abverlangt: Zum einen sollten sie klassischen Ansprüchen, den *Symphonien* HAYDNS, MOZARTS, gar BEETHOVENS entsprechen, zum anderen schon den Stil des *‹Freischütz›* in nuce enthalten. Dabei wurde übersehen, daß WEBER, nicht zuletzt durch seine Freundschaft mit FRANZ DANZI in Stuttgart, die Wiener Klassik und deren diskontinierlich-dramatischen Instrumentalstil, gewissermaßen umgangen hatte und vielmehr an die Tradition und das Modell der Vorklassiker anschloß, wie etwa auch FRANZ SCHUBERT in seinen *frühen Symphonien.* Dazu kommt ein entscheidender Einfluß aus der literarischen Romantik, deren Vertreter Weber auf seinen unzähligen Reisen durch Deutschland kennengelernt hatte – so traf er beispielsweise mit E. T. A. HOFFMANN zusammen – und die in ihm selbst die Schreiblust weckten. In seinem Romanfragment «Tonkünstlers Leben» schreibt er: «Das Anschauen einer Gegend ist mir die Aufführung eines Musikstücks. Ich erfühle das Ganze, ohne mich bei den es hervorbringenden Einzelheiten aufzuhalten; mit einem Worte, die Gegend bewegt sich mir, seltsam genug, in der Zeit. Sie ist mir sukzessiver Genuß.» Nicht die Unmittelbarkeit eines spontanen Impulses steht im Zentrum seines Musikverständnisses, sondern WEBER will mit seiner Musik erzählen, sukzessive Vorgänge abbilden, kein musikalisches Präsens darstellen, sondern Stimmungen, Gefühle wecken wie durch ein Gedicht, durch eine Erinnerung, wo alle nacheinanderfolgenden Einzelheiten zur Einheit verschmelzen: WEBERS Musik wird zu «Poesie» im romantischen Sinn.

Während die *Symphonien,* die WEBER für das versierte Orchester des württembergischen Herzogs auf dessen oberschlesischen Schloß Carlsruhe schrieb, diese Erzählhaltung vor allem in den dafür prädestinierten zweiten Sätzen zeigen und neben einer höchst differenzierten Orchestrationskunst Esprit, Vitalität und Poesie gleichermaßen ausstrahlen, sind die wesentlich *späteren Ouvertüren* Paradigmen dessen, was schlechterdings unter romantischer Musik und Instrumentation verstanden wird, wobei eines das andere bedingt. Nicht umsonst fühlte sich ein späterer Meister der Orchestrationskunst, GUSTAV MAHLER, WEBER nahe verwandt, so daß man in seiner Bearbeitung der *‹Drei Pintos›* kaum zu unterscheiden vermag, wo WEBERscher *Originalklang* und MAHLERS *Ergänzungen* vorliegen. WEBER löst einzelne Instrumente, deren Klang aus dem Orchesterverbund heraus und weist ihnen einen selbständigen Rang zu. Die Klangfarben werden zu einem eigenen musikalischen Parameter, zum semantischen Bedeutungsträger, zum Symbol.

Und atemberaubender, spannender als mit der *‹Freischütz›*-Ouvertüre (1820) kann eine Oper kaum beginnen: Düster-elementar hebt zweimal aus der Tiefe ein Klang an und sinkt in sich zusammen. In diesen unendlich scheinenden acht Adagio-Takten zieht die Musik den Hörer in ihren Bann, um ihn bis zum Ende nicht wieder freizugeben. Die folgende Idylle der volkstümlich-harmlosen Hörnermelodie ist trügerisch, die schlichte Poesie des Waldes verwandelt sich in eine unheimliche Sphäre des Dämonischen, in die Max geraten wird und in der er sich behaupten muß: Die Auseinandersetzung mit den «finsteren Mächten» nimmt ihren Lauf. Weber eröffnet in der Ouvertüre den Zugang zu der ‹*Freischütz*›-Welt, mehr noch, er stellt sie als Mikrokosmos des Kommenden dar. Damit erfüllt er antizipatorisch die Forderung, die Richard Wagner später für die Funktion der Ouvertüre aufstellen wird: «Die höchste Aufgabe bestünde demnach [für die Ouvertüre; I. B.] darin, daß mit den eigentlichen Mitteln der selbständigen Musik die charakteristische Idee des Dramas wiedergegeben und zu einem Abschluß geführt würde, welche Lösung der Aufgabe des szenischen Spiels vorahnungsvoll entspräche.» Es ist daher auch nicht verwunderlich, daß es neben Mahler vor allem Richard Wagner war, der die Errungenschaften der Weberschen Kompositionen erkannte – und in sein eigenes Werk integrierte, wie die Parallelität des Klangs und der Struktur in ‹*Oberon*› und dem ‹*Fliegenden Holländer*› beweisen. Auch die ‹*Oberon*›-Ouvertüre (1825) spiegelt die Oper im kleinen als «dramatische Phantasie» (Richard Wagner) wider gemäß Webers eigenem, synästhetischen Programm: «Ein in sich abgeschloßenes Kunstwerk, wo alle Teile und Beiträge der verwandten und benutzten Künste ineinander schmelzend verschwinden und, auf gewisse Weise untergehend, eine neue Welt bilden», das wollte er schaffen, ein Gesamtkunstwerk im romantischen Sinn. Und was die Oper im großen erreichen sollte, war auch die Funktion der Ouvertüre, jedoch im innermusikalischen Bereich: Die formale Struktur, motivisch-thematische Arbeit und romantische Klangalchimie gerinnen zu einer Oper en miniature, die Weber weit über seine Zeitgenossen hinaus erhebt und ihn vor allem auf dem Gebiet der Orchestration und der Klangfarben zu einem künftigen Wegweiser für Berlioz, Tschaikowsky, Debussy und Strawinsky macht.

Irmelin Bürgers

Ernst Theodor Amadeus Hoffmann

Königsberg, 24. Januar 1776 – Berlin, 25. Juni 1822

Von der Vielseitigkeit der künstlerischen Begabungen ist E. T. A. HOFFMANN am ehesten mit dem etwa gleichaltrigen CARL MARIA VON WEBER vergleichbar, beide beherrschten mehrere Instrumente, verschiedene Zeichen- und Maltechniken, und beide waren schriftstellerisch *und* musikalisch tätig. Doch was HOFFMANN immer angestrebt hatte, gelang nur WEBER: Als Musiker sich einen größeren Namen zu machen denn als Dichter. HOFFMANN, der seinen dritten Vornamen nach seinem musikalischen Heros MOZART in AMADEUS änderte, schrieb zwischen 1799 und 1816 nicht weniger als *acht Opern und Singspiele, 23 Bühnenmusiken und Melodramen,* mehrere *Messen* und ein *Miserere,* eine *Symphonie in Es-dur* (1805/06) und eine stattliche Anzahl von *Liedern, Chören und Kammermusik.* Dabei war HOFFMANN beileibe kein talentierter Dilettant, sondern ein sorgfältig ausgebildeter Musiker, der nicht nur Geige, Klavier, Gitarre, Harfe und Orgel spielen konnte, sondern er hatte Unterricht bei dem renommierten Königsberger Organisten CHRISTIAN WILHELM PODBIELSKI und bei JOHANN FRIEDRICH REICHHARDT in Harmonielehre, Generalbaß, Kontrapunkt, Kompositions- und Instrumentationslehre erhalten – kurz: eine vollständige, professionelle Musikausbildung. Stilistisch strebt er seinen großen Vorbildern MOZART und BEETHOVEN auf idealer Ebene nach, Einflüsse, vor allem aus MOZARTS Opern, sind oft genug zu hören. Und doch ist HOFFMANN in seiner Verehrung nicht verblendet, er stimmt seine Töne an, neue, romantischere. HOFFMANNS Musik ist nicht von MOZARTS dramatischer Gegenwärtigkeit geprägt, auch nicht von der Emphase eines BEETHOVEN, sondern in ihr mischen sich gewissermaßen die Zeiten: Auf der einen Seite klingen hier vorklassische Traditionen an, wie sie beispielsweise auch in den WEBERschen *Symphonien* aufgegriffen werden, zum anderen aber blickt HOFFMANN nach vorn. Sein musikalisches Ziel ist, die Musik sprechen zu lassen in Stimmung, Atmosphäre, Gefühlen und Erlebnissen. *Poesie in Tönen* soll auch seine Musik sein.

So setzt HOFFMANN denn auf klangliche Illustration, seine Instrumentierungen nicht nur in den dramatischen Werken spiegeln diese Absicht wider, am deutlichsten abzulesen nicht an einem Orchesterstück, sondern an dem *c-moll-Quintett für Harfe und Streichquartett.* HOFFMANNS kompositorische Grenzen zeigen sich wohl weniger in seinen durchdachten, phantasievollen thematischen und motivischen Einfällen, hier entspricht er der Originalität seiner literarischen Vorbilder «Kapellmeister Kreisler» und «Rat Krespel», sondern eher in der oft im Konventionellen steckenbleibenden formalen Anlage. Hier setzt er weder seine Kenntnisse der Musik HAYDNS, MOZARTS und BEETHOVENS um noch gelingen ihm neue Ansätze, die WEBER, MENDELSSOHN oder SCHUMANN auszeichnen. Doch sollte dies kein Grund in Musikerkreisen sein, HOFFMANN als Orchesterkomponisten notorisch zu ignorieren und sich höchstens seiner Kammermusik sporadisch zu erinnern.

Irmelin Bürgers

Franz Schubert

Liechtenthal bei Wien, 31. Januar 1797 – Wien, 19. November 1828

Niemand würde sich erlauben, den singulären Rang der ‹*Unvollendeten*› oder der *großen C-dur-Symphonie* in Zweifel zu ziehen. Gerade zur Zeit des *h-moll-Torsos* (1822) geht ein unerklärlicher Ruck durch SCHUBERTS Schaffen, öffnet sich der instrumentale Inhalt zu unerhörter Weite und Tiefe. Erlaubt das aber die Schlußfolgerung, daß alles Vorherige keiner näheren Betrachtung würdig sei, daß es sich um zweitklassige «Jugendwerke» handle, die «nicht lohnen würden, der Vergessenheit entrissen» zu werden? Diese fragwürdige Einsicht des Musikologen Walter Riezler ist beileibe kein Einzelfall, sie steht vielmehr für eine ästhetische, vom späteren 19. Jahrhundert überkommene Perspektive, die die große instrumentale Form nur dann als vollwertig gelten läßt, wenn sie zu radikaler Bekenntnismusik sich aufschwingt, wenn sie zum weltumspannenden Kosmos sich verdichtet.

Symphonien Nr. 1–4

SCHUBERTS frühe Symphonien wurden bis zum Überdruß dem pauschalen Vorwurf ausgesetzt, sie seien nichts weiter als ein bloßes Nachmusizieren Wiener klassischer Errungenschaften, zwar von staunenswerter satztechnischer Meisterschaft, aber doch im schöpferischen Sinn wenig eigenständig. Damit sind in erster Linie die *Symphonien Nr. 1–4* gemeint, die in den Jahren 1813 bis 1816 entstanden. (Der *Fünften* dann wird immerhin eine «Hommage an MOZART» aus SCHUBERTS eigener Sicht konzidiert, die *Sechste* hören wir zunehmend als SCHUBERTschen Problemfall.) Damit aber kommen wir dem Konflikt des Symphonikers SCHUBERT um keinen Deut näher. Denn neben BEETHOVEN, noch dazu in derselben

Stadt, Symphonien zu komponieren, stellte mehr als nur ein Wagnis dar. Zudem taumelte das musikalische Wien im ROSSINI-Fieber, dem selbst der «Generalissimus der Musik» – BEETHOVEN – seinen Tribut zollen mußte. Noch lähmender aber erfuhr sich das öffentliche Leben, das durch die staatlich verordneten Lustbarkeiten des Metternichschen Zwangssystems ersetzt werden mußte. Die kleinen Leute – und SCHUBERT gehörte zeit seines Lebens einer unterprivilegierten Schicht an – zogen sich in die halbprivate Sphäre des Wirtshauses zurück; weiß Gott, kein dynamischer Ausgangspunkt für einen jungen Symphoniker. Denn Symphonie – das bedeutete Öffentlichkeit, und diese wiederum war ohne den einflußreichen Adel nicht herstellbar. SCHUBERTS symphonische Werke aber bezeichnen den Aufbruch aus dem niederen Wirtshaus hin zum aufgeklärten Bürgertum, das allerdings erst weit nach seinem Tod so recht aufblühte. So verwundert es nicht, daß SCHUBERT seine *beiden ersten Symphonien* für den in sich geschlossenen Zirkel seines Konvikts komponierte, daß etwa die *‹Unvollendete›* erst 1865 uraufgeführt wurde oder die *dritte Symphonie* gar erst 1881 in London. Könnten wir uns das je bei einer BEETHOVEN-*Symphonie* vorstellen? Es ist nicht zu hoch gegriffen, SCHUBERTS symphonische Werke als musikalisches wie soziologisches Politikum zu bezeichnen.

Über die *erste Symphonie* (*D-dur, D 82*) wird erst gar nicht verhandelt. Allenfalls von einem «tastenden Versuch» des Sechzehnjährigen ist die Rede. Davon aber ist bei näherer Betrachtung nicht viel zu spüren, vielmehr ein erstaunlich selbstbewußter Umgang mit der Form, der es sogar gestattet, das Finale als veritable Sonatenform (und nicht als Rondo) zu gestalten. Wie reflektiert SCHUBERT in seinem Erstlingswerk verfuhr, zeigt die auskomponierte Temporelation zwischen der langsamen Einleitung und dem Allegro-Kopfsatz. Beim Eintritt der Reprise nämlich wiederholt SCHUBERT das Adagio-Portal, jetzt aber innerhalb des Allegro-Zusammenhangs mit verdoppelten Notenwerten, so daß das Adagio-Tempo de facto unverändert bleibt. Er verweist damit ausdrücklich auf den Zusammenhang zwischen Einleitung und Kopfsatz, deren Tempo-Spannung im Verhältnis 2 : 1 zu stehen habe. Unwillkürlich assoziiert man die *große C-dur-Symphonie,* die eben diese

Konstellation zum Inhalt hat, was allerdings die wenigsten Interpreten befolgen. Die Coda des ersten Satzes dann hat den Charakter eines Wurfs. Sie weist – kaum faßbar – auf die großen Schlußabschnitte des späten SCHUBERT voraus, der hier das eigentliche Zentrum der instrumentalen Form für sich entdeckte, eine latente zweite Durchführung, eine sentenzhafte Überhöhung des bisher Gesagten.

So also sieht in knappen Worten der so oft zitierte «schulmäßige Anlauf» des jungen SCHUBERT in Sachen *Symphonie* aus. Natürlich sind die Themen oft noch unselbständig, die Abhängigkeit von HAYDN oder MOZART ist kaum zu überhören. Gleichzeitig aber vernimmt man immer wieder jenes schweifende, in sich kreisende Element, etwa wenn im Mittelteil des Andante jähe Vorhaltsakzente schier endlos chromatisch in sich verschoben werden wie ein farbiges Vexierspiel. Das ist die «Sprache», die schon ganz SCHUBERT gehört, die nichts mit Wiener Klassik oder den vorklassischen Schulen – seinem zweiten Vorbild – zu tun haben.

Diese traumwandlerische Sicherheit kann ein zweites Mal naturgemäß nicht erreicht werden. Die 1815 entstandene *zweite Symphonie* (*B-dur D125*) setzt auf das untergründige Experiment; nicht, was die äußeren Formen angeht, sondern die darunterliegenden Filigranstrukturen. Die Themen sind geradezu provozierend simpel angelegt, schnurren entweder rossinihaft ab, ohne aber je dessen lakonische, maschinenartige Qualität zu erreichen, oder sie zeigen sich beschaulich liedhaft. Hinter dieser Fassade aber beginnt SCHUBERTS eigene Welt, sich zu konturieren. Statt nämlich nach dem ROSSINI-Hauptthema des Kopfsatzes zum Seitenthema zu modulieren, wird dieses erste Thema noch einmal aufgegriffen. An der Grundstruktur ändert sich nichts, sein Ausdruck, seine Farbigkeit aber wird vollständig verwandelt in ein fahles «Licht» der Holzbläser. Eine in sich pulsierende Ebene etabliert sich, die gleichsam inwendig zu leuchten beginnt; zwei verschiedene Perspektiven auf ein und dieselbe Sache. Die festkörperliche Themengestaltung der Wiener Klassik erhält erste Risse; SCHUBERT spürt hinter den eindeutig formulierten Themenaxiomen schmerzlich gegensätzliche Erscheinungen auf. Die eigene Erregung über diese Entdeckung zittert selbst im Seitensatz (Takt

80 ff) noch nach. Im Untergrund brodelt eine ständig sich wiederholende Achtelfigur der Bässe, die durch nichts legitimiert zu sein scheint, in dem idyllischen Zusammenhang ihr Wesen zu treiben. Und bei der Wiederholung – analog dem Phänomen des Hauptsatzes – gleitet dieses repetierende Motiv als spielfreudige Arabeske in die Oberstimmen, während im Baß sich jetzt ein düsterer Orgelpunkt breitmacht. Dieses Vexierspiel innerhalb der Exposition zeitigt negative Konsequenzen für die Durchführung, die sich strenggenommen erübrigen würde. Die thematische Polyperspektivität hatte ja bereits stattgefunden. Und genau dieser Formteil ist Schuberts kaum zu bewältigendes Problem im instrumentalen Zyklus. In allen bis 1818 komponierten Symphonien kommt er nicht über ein bloßes Rekapitulieren hinaus, meist begnügt er sich sogar mit dem Leerlauf sequenzierender Passagen. Der kämpferische Dualismus Wiener klassischer Prägung ist Schuberts Sache nicht. Statt dessen wird die Exposition und die Coda zu einer inwendigen Betrachtung der melodisch-thematischen Substanz.

Diese Errungenschaften galt es zu stabilisieren. Innerhalb von nur neun Tagen im Juli desselben Jahres 1815 wird die *dritte Symphonie* komponiert (*D-dur D200*). Den immensen Anspruch, zumal der *ersten Symphonie,* schraubt Schubert zurück, er bleibt – sozusagen – bei seinen Leisten und besinnt sich, vor allem in den Mittelsätzen, auf ein konfliktfreies Musizieren: auf die dreiteilige Form ohne Entwicklungs- und Durchführungsarbeit. Ist das dem Menuett ohnehin zu eigen, so überträgt Schubert diese Anlage auch auf das Allegretto des zweiten Satzes (ein Andante oder gar Adagio würde nur wieder die klassischen Geister herbeirufen). Es sind zwei schlichte, melodisch regelmäßige Abschnitte mit einer wörtlichen Wiederholung des ersten. Den «Sänger» Schubert verrät die in Melodie und Begleitung geschiedene Struktur, die nichts mit dem genuin instrumentalen Partiturgewebe der Wiener Klassik zu tun hat. So einfach dieser Satz auch angelegt ist, so sensibel ist seine Binnenstruktur ausgefeilt. Dem übermütig stampfenden Mittelteil, der die Tanzboden-Atmosphäre der Wiener Vorstadt herbeiholt, steht die verhaltene Heiterkeit des Anfangs gegenüber, dessen melodische Struktur das in sich Kreisende, tastend Suchende in sich birgt, das später ein Hauptmerkmal der Schu-

BERTschen Musik werden wird. Die modulierende Überleitung (Takt 22 bis 29) wird realisiert durch ein Auf-der-Stelle-Treten des Satzes. Die Musik hakt sich fest, repetiert viermal das letzte melodische Glied gleich einem imaginären Fragezeichen, bis endlich die rückleitende Geste gefunden ist. Noch gelingt sie – später (in der *‹Unvollendeten›*) tun sich Kraterlöcher auf, die zu überwinden die Musik förmlich explodieren läßt. Trotz (oder gerade wegen) der Überschaubarkeit des Satzes ist SCHUBERT schon weit mehr bei sich selbst, lassen Bau und Verlauf der Musik mehr Originäres zu als im sich kompliziert gebärdenden Kopfsatz, der hier mehr an eine Stilkopie erinnert, als daß er eine eigenständige Durchdringung der symphonischen Konzeption bedeuten würde. Lehnt sich das Menuett in seinem Scherzocharakter an BEETHOVEN an, so hat das Finale geradezu italienische Züge. Ähnlich wie in den *‹Ouvertüren im italienischen Stil›* zeigt SCHUBERT, daß er der schmissigen Italianità ROSSINIS durchaus ebenbürtig ist, ohne je in epigonenhaftes Nachmusizieren zu verfallen. Die dynamischen Anspannungen und namentlich die kühnen Modulationen erreichen hier eine Eigenständigkeit, die den problematischen «italienischen» Kopfsatz der *zweiten Symphonie* vergessen lassen.

Sind die *drei ersten Symphonien* phasenweise von einer bestechenden Eigenständigkeit, die sich gleichsam unter der Hand ereignet und der es nachzuspüren gilt, so fällt die *Vierte* demgegenüber ab. Die *‹Tragische›*, wie SCHUBERT später das im April 1816 komponierte Werk (*c-moll D 417*) nannte, kommt kaum über eine äußerliche Pathetik hinaus. Sie orientiert sich zu sehr an den klassischen Vorbildern, an HAYDNS «Vorstellung des Chaos» aus der *‹Schöpfung›* und am BEETHOVENschen c-moll-Zugriff, den sie nur schablonenhaft nachahmen kann. Zumal der Kopfsatz spiegelt das wider. Die Themen schrumpfen zum Klassizistischen hin, werden regelrecht abgespult, ohne daß sich subkutan – wie in den Werken zuvor – jenes Nachsinnieren einstellen würde, jenes Farbenspiel, das den thematischen Sachverhalt so ambivalent und schillernd in Frage stellt. Einzig das As-dur-Andante gehört SCHUBERT wirklich, und das – so eigenartig das klingen mag – wegen des teilweisen Scheiterns. Gerade die zu breite Anlage, die trotz beschaulich liedhaftem Hauptteil und zupackendem f-moll-Mittelteil zu gefährlicher Monotonie führt, zeigt SCHUBERTS Idee eines langsamen Symphoniesatzes. Erst in der *großen C-dur-Symphonie* kann die Spannung, die einer gleichsam unendlich scheinenden musikalischen Landschaft innewohnt, wirklich ausgehalten und umgesetzt werden. Die Vision aber bereits ist existent und muß hier im Hinterohr mitgehört werden. Das Finale dann, das zunächst den düsteren c-moll-Tonfall anschlägt, kann mit seiner Wendung nach Dur keine überzeugende, konstruktive Lösung anbieten. BEETHOVENS *Fünfte* steht allzu deutlich Pate. Ist dort aber der Weg von c-moll nach C-dur von schier kathartischer Läuterung, bleibt SCHUBERTS Umwendung konventionell. Natürlich sind die Modulationen regelgerecht, perfekt gesetzt, die dahinterliegende Energie aber erschöpft sich im Handwerklichen.

SCHUBERTS *c-moll-Symphonie* haftet die zweifelhafte Qualität an, das schwächste der frühen symphonischen Werke zu sein. Und das gerade deshalb, weil ihr Anspruch sich nicht mit dem immensen Vermögen des jungen Genies deckt. SCHUBERT will mehr; er versucht BEETHOVEN nahe zu kommen, möchte eine titanische Ausdrucksgewalt in seine Musik zwängen und reicht nicht über das angelernte Raster hinaus. Gerade deshalb ist die *Vierte* ein Meilenstein ex negativo für seinen «Weg zur großen Symphonie» (SCHUBERT, 1824), denn sie öffnet für ihn wie für uns den Blick für die zwiespältige Situation des jungen Symphonikers. Die qualvolle Auseinandersetzung mit der enormen Strahlkraft der Wiener Klassik bleibt ihm nicht erspart (darunter hatte das gesamte 19. Jahrhundert zu leiden), andererseits drängt in unzähligen Partikeln der genannten Werke der eigene Ton nach vorn. Man denke nur an die Entdeckung der Coda in ihrer elementaren Bedeutung für den jungen SCHUBERT. In den *frühen Streichquartetten* hatte sie noch keine Bedeutung. So sind die *frühen Symphonien* eine abenteuerliche Wanderung auf dem Weg zu einer eigenen symphonischen Sprache, ein Wagnis, auf dessen Brisanz wir uns lernend einlassen müssen.

Bernhard Rzehulka

Symphonie Nr. 5 B-dur D 485

Innerhalb der *sechs Jugendsymphonien* nimmt die *fünfte Symphonie* eine bedeutende Ausnahmestellung ein. Bezeichnenderweise findet sich in SCHUBERTS Tagebuch am 13. Juni 1816, also einige Monate vor der Komposition der Symphonie, folgende Eintragung: «O Mozart, unsterblicher Mozart, wieviele o wie unendlich viele wohltätige Abdrücke eines lichten bessern Lebens hast du in unsere Seelen geprägt.» Eine Hommage à MOZART mit Worten, denen kurz darauf musikalische Taten folgten: eben die *fünfte Symphonie,* deren eigenartige musikalische Haltung Stefan Kunze einmal treffend mit den Worten «Mozart auf die Weise Schuberts» umriß. Im Unterschied zu den anderen Jugendsymphonien fehlt hier die langsame Einleitung und ist die Orchesterbesetzung reduziert auf das klassische Maß. SCHUBERT verzichtet auf Trompeten und Pauken wie MOZART in seiner *Symphonie g-moll KV 550.* Ein heller, schwebender Klang ist beabsichtigt, die diskrete Leichtigkeit der Musik MOZARTS wird beschworen. Wie stark gerade MOZARTS *späte Symphonie g-moll* auf SCHUBERT gewirkt hat, zeigt sich auch daran, daß das Menuett der *fünften Symphonie* völlig unerwartet ebenfalls in g-moll steht und sich im Ausdruck an dem mürrischen Charaktermenuett MOZARTS orientiert, freilich ohne dessen Werkstattgeheimnis der äußerst intrikaten «Zahnradkonstruktion» (Thrasybulos Georgiadis) und der rhythmisch-metrischen Vergegenwärtigung zu kennen. Ein Vergleich der beiden Trios – beide stehen in G-dur – führt uns zu der Einsicht in den fundamentalen Unterschied der satztechnischen Herkunft. Bei MOZART bemerken wir, trotz allen seligen Musizierens, ein unerbittliches Festhalten an der bewußten metrischen Gestaltung – die Gegenstimmen der Bratschen und Bässe wirken heftig als Gegenstöße –, während sich SCHUBERT ganz mit liebevoller Gelöstheit ohne Distanz begnügt, mit dem melodischen Aussingen, das für seine musikalische Haltung kennzeichnend ist. Ahnliche Beobachtungen gelten auch für den ersten Satz. Die diskontinuierliche Satzstruktur MOZARTS mit ihren konstruktiv verankerten, überraschenden Wendungen wird von SCHUBERT nur «äußerlich» eingefangen, indem er das Hauptthema dialogisch auf die Instrumente verteilt, ohne daß das satztechnische Konsequenzen hätte in Hinsicht auf das bei den Wiener Klassikern vorherrschende «Partiturgewebe» (Georgiades). Und in der Schlußgruppe zwingt SCHUBERT MOZARTS Diskontinuität gleichsam «naturalistisch» herbei dadurch, daß er mit einem vordergründigen Trugschluß (Takt 80) nur die Schlußkadenz hinauszögert. Die Durchführung verfährt zunächst in der Bahn MOZARTS, mit einem Motiv aus der Schlußgruppe zu beginnen, schwenkt aber gleich darauf merkwürdigerweise in den Tonfall BEETHOVENS über, ja zitiert ihn sogar, denn ab Takt 141 erinnert ein neues Motiv mitsamt seinen absteigenden Sequenzen an den zweiten Teil des Menuetts aus BEETHOVENS *erster Symphonie* – dort sind es die Takte 9 bis 18 –; und das ist sicherlich kein Zufall, sondern ein Zeugnis dafür, wie genau SCHUBERT die Musik der Wiener Klassiker im Ohr hatte, doch mehr auch nicht. Im langsamen Satz sprechen die eigenwillige Harmonik und Melodik bereits im Ansatz SCHUBERTS spätere, eigene Sprache, wenn auch das Seitenthema – immerhin in Ces-dur! – deutlich an das ‹*Briefduett*› aus MOZARTS ‹*Le Nozze di Figaro*› erinnert. Das Finale schließlich greift mit seinem Hauptthema auf HAYDN und mit dem Seitenthema wieder auf MOZART zurück, ohne jedoch das von den Wiener Klassikern aufgeworfene Problem des Final*gewichts* zu berühren. Es ist einfach ein unbeschwerter «Kehraus», wie denn überhaupt der bewußt reduzierte Klang und Charakter der gesamten Symphonie im Unterschied zu MOZART oder auch HAYDN nur fröhlich-unverbindlichen Musiziergeist ausstrahlt. Für einen Augenblick scheint SCHUBERT die Leichtigkeit und Selbstverständlichkeit, die scheinbare Natürlichkeit der musikalischen Haltung MOZARTS getroffen zu haben: aber nur ihre sinnliche Erscheinungsweise, nicht ihr Wesen. Der Weg SCHUBERTS zur eigenen symphonischen Konzeption war ein ganz anderer.

Dietmar Holland

Symphonie Nr. 6 C-dur D 589

Die *kleine C-dur-Symphonie* – die *Sechste* – wird üblicherweise noch zu den frühen Werken SCHUBERTS innerhalb dieser Gattung gezählt. Zwei Indizien scheinen das zu rechtfertigen. Zunächst ist es die Zeit ihrer Entstehung (Oktober 1817 bis Februar 1818), mit der die Kette der «Jugendsymphonien» ab 1813 abschließt, und weiterhin der äußere Charakter des Musizierens, worin sich die *Sechste* kaum von ihren Vorgängerinnen zu unterscheiden scheint. Beide Argumente aber sind nur auf den ersten Blick schlüssig. Die Sonderstellung des Werkes ergibt sich bereits aus der ungewöhnlich langen Arbeit von fünf Monaten, während SCHUBERT zuvor seine symphonischen Konzeptionen innerhalb weniger Wochen umzusetzen wußte. Form und Inhalt gerieten bei diesem Werk erstmals zum Problem. Wie sehr dies der Fall war, zeigt die Tatsache, daß es SCHUBERTS vorletztes vollendetes symphonisches Werk war. Nur einmal noch, in der *großen C-dur-Symphonie*, konnte der symphonische Kontext abgeschlossen werden. Allein zwischen 1818 und 1822 entstanden fünf Entwürfe oder Fragmente, darunter der berühmte *h-moll-Torso der ‹Unvollendeten›*. Die instrumentalen Lösungen, die SCHUBERT für die *sechste Symphonie* fand, waren für ihn wohl ebenso mühsam wie unbefriedigend. Zu sehr drängten neue Ideen nach vorn, ohne aber schon jetzt eine eigenständige Formung zuzulassen.

Beim ersten Hören ist die *Sechste* ein brillant-unbeschwertes Werk. SCHUBERT bringt alle Erfahrungen der Instrumentation und des geschmeidigen Tonfalls ein. Aber unter der Oberfläche kann er nur mühsam noch die Kontinuität wahren. So zieht er sich an entscheidenden Stellen immer wieder auf die Konvention zurück, die er für sich gerade in Frage stellen wollte. Offenkundig wird diese krisenhafte Situation im Finalsatz, in dem Formteil, dem SCHUBERT zeitlebens einen Problemtribut zollen mußte. Mit akademischen Rubrizierungen, wie Sonatensatz oder Rondo, ist diesem Finale überhaupt nicht beizukommen. Vier völlig selbständige Abschnitte sind aneinandergereiht, werden mittels einer kurzen Rückleitung wiederholt und münden in eine Tuttistretta als Coda. Die Gewichtsbalance für das Werkganze gerät ins Trudeln, denn es ist nicht nur der mit Abstand umfangreichste Satz, seine Ausdehnung scheint vielmehr nicht ausreichend legitimiert zu sein. Die Haltung der Musik schlägt immer wieder um, schwankt zwischen italienisch beseelter Unbekümmertheit und dem aufblitzenden späten SCHUBERTschen «Ton». In den beiden letzten Abschnitten des Finales (Takte 89 bis 122 und 128 bis 153) schieben sich terzgesättigte, breit ausschwingende Volkstonmotive in den Vordergrund, als direkte Vorläufer der *großen C-dur-Symphonie*. Die Ähnlichkeit ist frappierend, aber ebenso die Differenz, die gerade hier zwischen beiden Werken liegt. Denn im Finale der *Sechsten* gerät das Volksliedhafte zu wenig plastisch, zu direkt und kann damit das in sich Gebrochene der SCHUBERTschen «Sprache» kaum sinnfällig machen. Diese Motivik erscheint gleichsam zu ängstlich, so daß mit Hilfe eingestreuter Tuttiblöcke immer wieder abgebrochen werden muß; das doppelbödig Schillernde wird durch die kadenzierende Konvention ersetzt. Der Satz erhält den Charakter einer nervösen Anspannung, und das nicht als kompositorisches Ergebnis, sondern als Ausdruck einer brisanten Suche nach formalen wie inhaltlich neuen Wegen.

Während die beiden ersten Sätze eher noch an die Gelöstheit der *fünften Symphonie* erinnern, zeigt sich das Scherzo als schier verzweifeltes Anrennen gegen BEETHOVENsche Errungenschaften. Erstmals verschärft SCHUBERT das traditionelle Menuett zum genuin symphonischen Charakter des Scherzos. Die Musik wird gleichsam an der kurzen Leine gehalten. Der dritte Satz aus BEETHOVENS *erster Symphonie*, der formal noch Menuett genannt wurde, steht Pate. Die ersten acht Takte sind in der Binnenrhythmik identisch. Während BEETHOVEN aber den Trioteil aus Motiven der Rahmenabschnitte entwickelt, versucht SCHUBERT hier einen anderen Weg. Er schlägt abermals einen volkstümlichen Ländlerton an, dessen Adaption in den großen Orchesterraum hier aber noch scheitert. Über ein floskelhaftes, ständig repetiertes Terzmotiv kommt er nicht hinaus; die Physiognomie eines Themas wird wohl angestrebt, aber nicht verwirklicht. Auch die Rückleitung zum Scherzo gelingt nur unbefriedigend. Der Satz gerät vier Takte lang völlig statisch (Takte 241 bis 244), dann folgt ein isolierter Tuttischlag und nach einer erneuten Pause das traditionelle

Abkadenzieren. SCHUBERTS Idee der strukturellen Brüche, der musikalischen Kraterlöcher, wie sie in der *‹Unvollendeten›* visionär erfahren werden können, ist zu ahnen, der kompositorische Vorgang muß hier noch abgebremst werden. Die Musik kann sich ihr Scheitern, wie SCHUBERT dies später auf höchster Ebene vorführen wird, noch nicht eingestehen. Dazu ist der Spießrutenlauf durch die Fragmente nötig.

Bernhard Rzehulka

Symphonische Fragmente 1818 – 1821

Kurz nach der Fertigstellung der *sechsten Symphonie,* die zum erstenmal Züge von musikalischer Gebrochenheit in seinem Schaffen aufweist, setzte SCHUBERT zu einer weiteren *Symphonie* (*in D-dur D 615*) an, um sich von den vorklassischen Traditionen gewaltsam zu befreien. Doch das mißlang; er skizzierte nur zwei Sätze und ließ den Entwurf im Klaviersatz liegen. Die Introduktion in d-moll greift sogleich in neue Bereiche aus, tastend und überaus eindrucksvoll, doch der nachfolgende Hauptsatz (Allegro moderato) kann diese Höhe nicht halten; SCHUBERT bricht mit dem Ende der Exposition ab, skizziert aber bereits in der nächsten Notenzeile einen weiteren Satz in D-dur, ohne Tempobezeichnung allerdings. Nach Brian Newbould, der auch eine Orchesterfassung hergestellt hat, handelt es sich wohl nicht um den langsamen Satz, sondern um das Finale, vermutlich in Rondoform. Bei der ersten Wiederkehr des Hauptthemas bricht der Satz jedoch wieder ab. Der *Symphonieentwurf D 615* exponiert also die kritische Phase in SCHUBERTS Komponieren, die nichts weniger ist als eine Krise, der Versuch nämlich, den eigenen «Ton» in der Instrumentalmusik zu finden. Die Stilebene der sogenannten «Vorklassik», in deren Gefolge die ersten vollendeten Symphonien noch stehen, das virtuose Nachmusizieren der Ausstrahlung, die der Wiener klassische Satz HAYDNS und MOZARTS auf ihn ausübte, ohne daß er das darin verborgene Werkstattgeheimnis hätte kennen können, und die Symphonik BEETHOVENS neben ihm waren das Arbeitsfeld, das es nun zu überwinden galt.

Nach 1820, möglicherweise erst im Frühjahr 1821, skizzierte Schubert ein weiteres *Symphoniefragment in D-dur* (*D 708 A*) und begab sich ausdrücklich auf das musikalische Terrain des bewußten Experimentierens: «Insgesamt, so scheint es, hat er nicht recht gewußt, wohin er mit dieser Symphonie als Ganzes gehen wollte; unvermittelt stehen da erstaunliche Ausgriffe –» das Scherzo beginnt zum Beispiel ganz ähnlich wie später das der großen *C-dur-Symphonie* – «und Konventionelles nebeneinander» (Peter Gülke). Diesmal verzichtet er auch auf den gewaltigen Anspruch einer langsamen Einleitung und entwirft die Exposition eines Allegro-Satzes, wiederum als Klavierskizze. Auffällig ist die entlegene Tonart des Seitenthemas, immerhin As-dur, die am weitesten von D-dur entfernte Tonart; noch kühner sind die Ausweichungen in der Skizze zum Finale. Insgesamt liegen vier Sätze in mehr oder weniger approximativer Gestalt vor. Spielbare Fassungen erstellten Peter Gülke und Brian Newbould unabhängig voneinander. (Beide sind auf Platten greifbar.)

Einige Monate nach diesem Fragment machte sich Schubert bereits erneut an die Skizze zu einer *Symphonie in E-dur* (*D 729*), zu der es sogar einen *Partitur*entwurf der ersten hundert Takte gibt; der Rest ist ebenfalls ausnahmsweise nicht als Klavierskizze notiert, sondern gleich in die Orchesterpartitur, freilich nur die führenden Stimmen (!), offenbar um dem raschen Flug der musikalischen Gedanken Rechnung tragen zu können. Gelegentlich gibt es auch Hinweise auf die Baßstimme. Das Fragment ist also nur im *Stimmengewebe* unvollständig: «So setzte er die Arbeit bis zum Ende seiner viersätzigen Symphonie fort, wo er hinter den abschließenden Doppelstrich das Wort ‹Fine› mit einem Schnörkel schrieb. Uns liegt also eine vollständige Symphonie von rund 1300 Takten vor, von denen etwa 950 lediglich als einzelne Musikzeile existieren» (Brian Newbould). Im Jahre 1934 unternahm der Dirigent Felix Weingartner den Versuch, das Werk in eine spielbare Fassung zu bringen, die sich jedoch nicht durchsetzen konnte. Zum erstenmal verlangt Schubert hier übrigens drei obligate Posaunen, die dem Gesamtklang eine charakteristische Instrumentalfarbe hinzufügen. Das Fragment steht stilistisch etwa zwischen dem von Schubert bewunderten Rossini und Vorgriffen auf die späteren beiden großen Symphonien, allerdings nicht in den Themen, sondern in den Überleitungen. Bereits das Ausspinnen des Materials zu großen Klangflächen in den Ecksätzen läßt die Dimensionen der *Symphonie C-dur* von 1825 durchaus ahnen.

Dietmar Holland

Die großen Symphonien ab 1822

h-moll D 759, C-dur D 944

Die sogenannte «unvollendete» *Symphonie in h-moll* – so genannt seit dem Titel des erst 1867 erschienenen Erstdrucks der beiden vollendeten Sätze –, heute eine der bekanntesten Symphonien überhaupt, markiert einen qualitativen Sprung in SCHUBERTS Entwicklung als Symphoniker nach HAYDN und MOZART und vor allem neben BEETHOVEN. Nach den symphonischen Fragmenten der Jahre seit 1818 holt er nun Atem und entwirft mit einem Schlag seine ganz eigene musikalische Sprache in der Instrumentalmusik. Das virtuose Nachmusizieren der Wirkung, die HAYDN und MOZART auf den jungen SCHUBERT ausgeübt hatten, weicht einer grundlegend neuartigen musikalischen Haltung, die der Liederkomponist bereits 1814 mit der Vertonung von Goethes «Gretchen am Spinnrad» in vergleichbar vollendeter Weise erreicht hatte. Im Bereich der großen Symphonie, die ROBERT SCHUMANN später die «oberste Gattung der Instrumentalmusik» nannte, galt natürlich BEETHOVEN als geradezu erschreckendes Muster. Darauf verweist SCHUBERTS berühmter Ausspruch: «Wer vermag nach Beethoven noch etwas zu machen?» So ist es kein Wunder, daß SCHUBERT eine fundamentale Krise durchmachte, seit er sein Verhältnis zu BEETHOVENS Musik ernsthaft überdachte. Er sah sich gezwungen, einen eigenen Weg neben BEETHOVEN zu finden.

Die Entstehungsgeschichte der *Symphonie h-moll D 759* liegt jedoch im dunkeln. Alles an dieser Symphonie ist rätselhaft, auch ihre Rezeptionsgeschichte. Mit der sogenannten *großen C-dur-Symphonie D 944* teilt sie das Schicksal, erst nach SCHUBERTS Tod überhaupt «entdeckt» und uraufgeführt worden zu sein. Im Falle der *Symphonie h-moll* dauerte das sogar bis 1865 (!). So seltsam es klingen mag: Das entspricht aber durchaus dem Ausnahmecharakter dieser Symphonie, die nämlich keine Schule hätte bilden können und erst viel später, in der Musik GUSTAV MAHLERS, eine ebenbürtige Weiterentwicklung fand. Gesichert ist an dieser Symphonie nur das Datum des Beginns der Partiturreinschrift (30. Oktober 1822). Alles weitere entzieht sich unserer Kenntnis: Warum zum Beispiel SCHUBERT eine nur aus zwei Sätzen bestehende Symphonie dem Steiermärkischen Musikverein, zu dessen auswärtigem Mitglied er 1823 ernannt wurde, im September dieses Jahres als «eine meiner Sinfonien», also als vollgültiges Werk überreichte, auf welche Weise dann die Symphonie nach Graz in den Privatbesitz des Komponisten und SCHUBERT-Freundes ANSELM HÜTTENBRENNER gelangte, warum dieser erst drei Jahre vor seinem Tod (er starb 1868) dem Wiener Kapellmeister Johann Herbeck das Manuskript zur Uraufführung (am 17. Dezember 1865 in Wien, mit dem Finale der *dritten Symphonie* als Ersatzschluß) überließ und ob die Symphonie nicht vielleicht doch vollendet war – Klavierskizzen zu einem Scherzo sind jedenfalls vorhanden –, die restlichen Sätze der Partitur demnach verlorengegangen sind – wir wissen es nicht. Die inneren Beziehungen, die beide erhaltene Sätze ungewöhnlich eng miteinander verbinden – beide stehen ja auch im Dreiertakt und im annähernd gleichen Tempo –, lassen die Vermutung zu, daß SCHUBERT die Symphonie tatsächlich für innerlich abgeschlossen hielt oder zumindest keinen gangbaren Weg fand, sie der herkömmlichen zyklischen Anlage zu unterwerfen.

Nach Lage der Dinge und dem derzeitigen Stand der SCHUBERT-Forschung steht nicht zu erwarten, daß die anstehenden Fragen jemals verbindlich beantwortet werden könnten. Und erst seit einem knappen Jahrzehnt ist man sich überhaupt einigermaßen einig über die Datierung, Zählung und Echtheit des von SCHUBERT hinterlassenen symphonischen Materials nach den ersten *sechs Symphonien*. Die bislang verwirrenden Zählungen der späteren großen Symphonien seit der *‹Unvollendeten›* wurden in der Neuauflage des einschlägigen Werkverzeichnisses von Otto Erich Deutsch geklärt und auf einen sinnvollen Stand gebracht. So ist nach dieser Zählung die *h-moll-Symphonie* die Nummer «sieben» und die *große C-dur-Symphonie* die «achte». Im Zuge der ersten Gesamtausgabe der Werke SCHUBERTS im 19. Jahrhundert schlug JOHANNES BRAHMS, der für die Edition der Symphonien zuständig war, für die (vollendete) *C-dur-Symphonie* die Zählung als «siebente» vor und begründete das mit der einleuchtenden Erklärung, damit stünden alle vollendeten Symphonien in einer Reihe und könnte die *‹Unvollendete›* als Nummer «acht» angehängt werden, da sie zwar unvollendet, aber doch von großem Gewicht sei. Für die *Symphonie C-dur* wurde dann aber auch die Zählung als Nummer «neun» erwogen, da man lange Zeit davon ausging, daß es aus dem Jahre 1825, als SCHUBERT eine Kunstreise in Gmunden und Gastein unternahm, eine verschollene Symphonie geben müsse, die brieflich erwähnt werde und der die Nummer «sieben» zu reservieren sei. Die neueste SCHUBERT-Forschung konnte indessen den zweifelsfreien Nachweis erbringen, daß die «verschollene» Symphonie eben genau in der ursprünglich fehldatierten *Symphonie C-dur* vorliege, die also nicht erst im Todesjahr komponiert worden sei, sondern bereits in der Gmunden-Gasteiner Zeit. Es gab früher sogar Stimmen – so etwa RENÉ LEIBOWITZ (1971) –, die als die verschollene Symphonie das *Grand Duo D 812 für zwei Klaviere*, gleichsam als deren «Klavierauszug», ansahen und es deshalb reorchestrieren zu müssen glaubten. Auch wurde eine *Symphonie in E-dur* (nicht zu verwechseln mit der *Symphonieskizze D 729*) recht zweifelhafter Provenienz ins Feld geführt, die jedoch von den Herausgebern der Neuen SCHUBERT-Gesamtausgabe zu Recht als Fälschung abgewiesen wurde. Als Zeugnisse für SCHUBERTS reife Symphonik bleiben uns also die *Symphonien in h-moll und C-dur*, ferner die Entwürfe für eine *Symphonie in D-dur D 936 A* aus dem Todesjahr 1828, die weiter unten behandelt werden.

Was an der *‹Unvollendeten›* sofort auffällt, ist ihr Grundklang und die damit verbundene Grundstimmung. Das liegt nicht allein an der Tonart, die BEETHOVEN in den Skizzen zu seiner *Cellosonate op. 102 Nr. 2* als die «schwarze Tonart» bezeichnete, sondern auch an der durchgängigen Verwendung der Posaunen, die SCHUBERT als erster in die Symphonie einführt. (In BEETHOVENS *sechster Symphonie* gehören sie noch nicht zum Grundklang, sondern treten erst im «Gewitter»-Satz als spezielle Klangfarbe hinzu.) Im Gegensatz zum «Partiturgewebe» (Thrasybulos Georgiades) bei den Wiener Klassikern, das die metrische Eigenständigkeit der Instrumentengruppen und das stets inhomogene Klangbild meint, trennt Schubert in seinem homogenen Orchestersatz genau zwischen «Melodie» und «Begleitung», verfolgt also eine liedhafte musikalische Struktur. Es entsteht ein Klangkontinuum, in das gefährliche und durchaus schärfste Kontraste einbrechen, aber immer sub specie der erzählenden Grundhaltung. Sogleich der berühmte Anfang, das Motto der Symphonie, exponiert geradezu paradigmatisch die Erzählhaltung mit seinem raunend-geheimnisvollen und zugleich bedrohlichen Tonfall. Man wird tastend in eine musikalische Welt eingeführt, in die man sich einfühlen muß, um sie richtig zu verstehen. Diese Anfangstakte sind keine bloße «Einleitung» und auch kein «Gegenüber» im Sinne der Wiener Klassiker – man denke nur an die beiden Schläge, mit der die ‹*Eroica*› beginnt –, sondern sie enthalten in nuce die Gestimmtheit des ganzen Satzes, den Grundton der musikalischen Landschaft, die sich in epischer Ruhe vor unseren Ohren ausbreiten wird, auch wenn sie von Rissen und Sprüngen durchfurcht ist. Schuberts Musik drückt hier etwas aus, was bisher in der Musik noch nicht gesagt wurde: Weltschmerz und Gebrochenheit. Sie öffnet weit die Arme, visiert ein ganz neues Verhältnis zum musikalischen Zeitablauf, überläßt sich nämlich einer assoziativen Erzählhaltung, in der Erinnerung, Verweilen und ungreifbare Sehnsucht zu einer musikalischen Realität zusammenfließen, die auf die Gestaltung des Gegenwärtigen, wie sie die Musik der Wiener Klassiker hervorbrachte, völlig verzichtet. Schuberts ‹*Unvollendete*› kündet ahnungsvoll davon, daß die Kunst unter den neuen sozialen Bedingungen der Entfremdung im bürgerlichen Zeitalter heimatlos werden wird. Bis in die musikalischen Zellen hinein läßt sich das kompositorische Problem verfolgen, das der Metternichsche Alltag verursachte: die Unsicherheit des Gelingens von Musik überhaupt und die Antwort auf die Frage, warum es keine heitere Musik mehr geben kann.

Beethovens mächtige symphonische Konsequenzlogik läßt Schubert mit seinem gewaltlosen musikalischen Zugriff weit hinter sich. Großform ist für ihn eins mit musikalischer Befreiung.

Doch ist die Vergeblichkeit der Chimäre befreiter Zeit einem solchen Unterfangen stets beigemischt. Das ist der wehmütige «Ton» SCHUBERTS, wie ihn gerade die *h-moll-Symphonie* so eindringlich ausspricht. Die kompositorische Frage taucht nun auf, wie Musik weitergehen könne, eine Frage, die bei den Wiener Klassikern undenkbar wäre. Das konstitutiv Fragmentarische ist der Preis, den SCHUBERT dafür zu zahlen hat. Es prägt sogar die innerlich *vollendeten* Werke. Unter diesen Voraussetzungen ist es denn auch gleichgültig, ob die äußerlich «unvollendete» *Symphonie* nachträglich vervollständigt wird. An diesbezüglichen, jedoch stets vergeblichen Versuchen hat es nicht gefehlt. Freilich vermochte sich keine dieser Vollendungen des Unvollendbaren im Konzertsaal durchzusetzen. Und der Versuch, als Finale den *Entr'acte h-moll* aus der Musik zu ‹*Rosamunde*› anzufügen, ist nur ein fragwürdiger Notbehelf.

Die Konzeption der *Symphonie C-dur D 944* greift dagegen in gesicherte Bereiche aus und löst das ein, was SCHUBERT in einem Brief an den befreundeten Maler Leopold Kupelwieser am 31. März 1924 ankündigte: die «große Symphonie», zu der er sich «in mehreren Instrumental-Sachen» den Weg gebahnt habe. Seltsam ist aber, daß er die beiden Sätze der *Symphonie h-moll* in diesem Zusammenhang nicht erwähnt. Sollte er sie nur als Vorstufe, als Erkundung eben der neuen, epischen Symphonielandschaft angesehen haben, die es erst noch zu erringen galt? Als ROBERT SCHUMANN die *C-dur-Symphonie* bei einem Besuch in Wien zufällig entdeckte, ein an sich ungeheuerlicher Vorgang, wenn man die musikgeschichtliche Bedeutung der Symphonie in Betracht zieht, wußte er, daß er einen außerordentlichen Fund gemacht hatte. Nach der Uraufführung in Leipzig – am 22. März 1839 unter der Leitung MENDELSSOHNS – schrieb er einen enthusiastischen Aufsatz darüber und verglich die Symphonie der «himmlischen Längen» mit einem «dicken Roman in vier Bänden etwa von Jean Paul», ja erkannte sie als wichtigste Symphonie nach BEETHOVEN. Er verwies dabei insbesondere auf den neuartigen Übergang von der langsamen Einleitung zum Allegro-Hauptsatz: «Das Tempo scheint sich gar nicht zu ändern, wir sind angelandet, wissen nicht wie.»

Als einzige vollendete Symphonie aus SCHUBERTS reifer Schaffenszeit gilt sie als sein symphonisches Magnum Opus schlechthin. SCHUBERT wagt es im ersten Satz, die architektonischen Prinzipien der klassischen Sonatenform mit seinen eigenen episch-assoziativen Intentionen fruchtbar zu verbinden. Bereits die Formulierung des Seitenthemas ist dafür überaus bezeichnend: Es steht keineswegs in der regulären Dominant-Tonart, sondern wendet sich gleich nach Moll, als «perspektivischer Einbruch in die harmonische Tiefe» (Theodor W. Adorno), ohne sich aber deshalb episodisch zu verselbständigen. SCHUBERT läßt das Aussingen zwar zu, behält aber die Fäden unhörbar in der Hand. Der unvermittelte, sanfte Einsatz der Posaunen danach verwandelt den einsamen, die Tonart erst suchenden Hornruf des Symphoniebeginns in die Geste ernster, fast drohender Mahnung – ein instrumentationstechnisches Mittel der klanglichen Reliefbildung, die für SCHUBERT allemal wichtiger ist, als die thematische Arbeit, in diesem Fall der Rückgriff auf den anfänglichen Hornruf. Es geht in erster Linie um die Profilierung klanglicher Flächen, die, wie später bei BRUCKNER, den musikalischen Ablauf bestimmen. So ereignet sich denn auch der Eintritt der Reprise ganz verschieden von BEETHOVENS gewaltigen Doppelpunkten an solchen Stellen, indem SCHUBERT sich der Reprise scheu und zögernd nähert, so als traute die Musik, die sich während der Durchführung in der Tiefe verloren hat, dem Aufstieg ans Licht nicht so recht.

Daß hinter dem C-dur auch Gefahren lauern, zeigt der zweite Satz, das Urbild des wandernden Gestus bei SCHUBERT. Der Satz steht in a-moll und steuert auf einen katastrophischen Höhepunkt zu, der ein Zusammenbruch ist und nach dem die Musik nicht mehr recht weiß, wie es nun weitergehen soll. Aber wie es dann doch weitergeht, gehört zu SCHUBERTS erschütterndsten Eingebungen: Mit unbeschreiblicher Wehmut klingt, nach der atemlosen Generalpause, in den Violoncelli eine zögernde und zugleich rührende melodische Wendung auf, die den Satz sanft in die richtigen Bahnen zurückleitet.

Das Finale, nach einem sehr ausgedehnten Scherzo, realisiert die Formidee, aus einem sprudelnden Impuls einen ganzen, riesigen Satz wachsen zu lassen und doch auf Gestaltenfülle nicht zu verzichten. Zum letztenmal nach den Wiener Klassikern will

C-dur als Jubel erklingen, aber die Finalsätze der triumphierenden *‹Jupiter›-Symphonie* oder der *Fünften* BEETHOVENS sind nicht zu überbieten und der echte optimistische Ausdruck ist verzweifelt schwer geworden: «Vielleicht tendiert bereits das Finale der Schubertschen C-dur-Symphonie, das letzte gefüllte Stück symphonischer Positivität, das geschrieben ward, insgeheim zur Opernveranstaltung» (Adorno). Aber ist es wirklich ein ungebrochener, «frenetischer Massenjubel» (Harry Goldschmidt), der aus diesem Finale tönt? Gerade wo es besonders hoch hergeht, klingen bei SCHUBERT Nebentöne mit, so wenn etwa durch einfache Halbtonrückung aus Dur eine Moll-Trübung entsteht oder sich Gebrochenheit bereits auf der dynamischen Oberfläche zeigt, wie gleich zu Beginn des Finales mit seiner Zerrissenheit zwischen äußerster Lautstärke und Verschwinden des Klangs. Der Jubel tönt also nicht aus voller Kehle, er verirrt sich sogar in die «falsche» Tonart, indem er gleich in der ersten Kadenz in die Moll-Parallele steuert. Später fahren Posaunen dazwischen, chromatisch und erschrekkend, und die vier Anfangsimpulse des Seitenthemas geraten gar im Verlauf des Satzes zu brutalen, angsterregenden Schlägen, als pochte leibhaftig der Commendatore MOZARTS an die Tür der Symphonie. Die tönende Positivität des C-dur und der sichere Final-Charakter stehen ernsthaft in Frage. Daran ändert auch der aufgesetzte Kraftakt der Schlußtakte nichts mehr. Wie SCHUBERT allerdings das Problem des Finales in einer weiteren «großen Symphonie» gelöst hätte, ist uns leider nicht überliefert.

Dietmar Holland

Symphonisches Fragment D 936 A (1828)

Seit es nun endgültig gesichert ist, daß die früher ins Todesjahr datierte große *C-dur-Symphonie* bereits 1825 komponiert wurde, rückt das letzte *symphonische Fragment D 936 A* in den Vordergrund des Interesses an der Frage, wie SCHUBERT seinen symphonischen Weg weitergegangen wäre, wenn er länger gelebt hätte. Die dreisätzige Klavierskizze zu einer *D-dur-Symphonie* jedenfalls enthält genügend Anhaltspunkte für Spekulationen, wohin der

Weg hätte führen können; der langsame Satz läßt immerhin bereits den gebrochenen Tonfall GUSTAV MAHLERS ahnen und ist eines der erstaunlichsten Beispiele für SCHUBERTS Kraft der Antizipation, zugleich ein erschütterndes Dokument für den musikalischen Ausdruck von völliger Trostlosigkeit, wie es ihn nie zuvor gegeben hat. Zudem sind die Skizzen zu dieser Symphonie das letzte, was SCHUBERT überhaupt zu Papier brachte, ohne daß man deshalb Spekulationen über persönliche Todessüchtigkeit und -ahnungen anstellen sollte. Der Entwurf enthält aber auch tastende Ausgriffe in musikalisches Neuland, und zwar formsprengendes. Daran wird ersichtlich, daß SCHUBERT den Weg zur «großen Symphonie» mit der *C-dur-Symphonie* von 1825 keineswegs für ausgeschritten hielt. Insbesondere die Skizze zum ersten Satz zeigt ihn mit dem «Risiko des Neuen» (Peter Gülke) beschäftigt: Der traditionelle Rahmen der Sonatenform wird von innen heraus aufgesprengt, denn zu Beginn der Durchführung ereignet sich gleichzeitig ein Tonart- und Tempowechsel und öffnet sich ein neuer musikalischer Raum, der später die Reprise verweigert. Das vorangegangene lyrische Thema wird zu einem BRUCKNERschen Posaunenchoral umgedeutet (!). Das Formproblem im linearen Sinn ist evident: «Kaum läßt sich vorstellen, daß Schubert tatsächlich eine treue Reprise hätte anschließen können. Eher wäre zu fragen, ob ihn seine Erfindung hier nicht an einen Punkt geführt hat, da sich vor der Rekapitulation der Themen, der er noch in seinen kühnsten Sonatensätzen getreulich und ohne einen Beigeschmack von Schulmäßigem nachgekommen war, substantielle Hindernisse aufbauen, daß er sich hier also fast endgültig über die Sonate hinauskomponiert, hinausphantasiert hat» (P. Gülke). Und das ungewöhnliche Merkmal des letzten Satzes, von dem nicht sicher feststeht, ob er ein Scherzo oder doch ein Finale ist, besteht in der überraschenden Anwendung *kontrapunktischer* Verfahren – bekanntlich plante SCHUBERT ja kurz vor seinem Tod ein diesbezügliches Studium bei SIMON SECHTER, dem späteren Lehrer BRUCKNERS. Das letzte symphonische Fragment weist also in jeder Hinsicht weit in die Zukunft. Spielbare Fassungen erstellten Peter Gülke und Brian Newbould. Auch sie sind in Schallplatteneinspielungen greifbar.

Dietmar Holland

Deutsche Tänze, Rondo für Violine und Orchester, Musik zu ‹Rosamunde›

An den kleineren Orchesterwerken SCHUBERTS, verwiesen sei auf das *Rondo für Violine und Streichorchester in A-dur* (1816), auf die beiden *Ouvertüren im italienischen Stil* (1817), auf die *Deutschen Tänze* (1813) und auf die *‹Rosamunden›*-Musik (1823), läßt sich die Problematik der SCHUBERTschen Musiksprache explizit bewußt machen. Denn in fast allen diesen Kompositionen will SCHUBERT mehr und zugleich weniger, als er zu leisten vermag. Am deutlichsten kommt dies vielleicht im *Violinrondo* zum Ausdruck. Es ist eine Musik, die SCHUBERT davonläuft. Denn es ist Heiterkeit angesagt, die Freude am wiederkehrenden Singen, dazu die Brillanz des Soloinstruments, das aus seinesgleichen heraussticht. Es ist die Ehrlichkeit des SCHUBERTschen Tons, daß dies versucht wird und zugleich scheitert. Denn jede Figur in diesem Werk ist im Grunde zu belastet, zu gramgebeugt, als daß sie den Eindruck von Unbeschwertheit erzeugen könnte. SCHUBERT singt in allen seinen Werken, nie aber täuscht er etwas vor. Ein Werk wie das *Violinrondo* aber unternimmt den Versuch, so zu sein wie die virtuosen Komponisten dieser Zeit. Der Nachweis gelingt partiell, denn die Komposition erweist sich in ihrer Differenziertheit vielem überlegen, was in diesen Jahren geschrieben wurde. Zugleich aber reißt sie Perspektiven auf, die die musikalische Grundhaltung des Werkes weit hinter sich zurücklassen. So ist das *A-dur-Rondo* hybrid, vielleicht Ausdruck des Komponisten, der um diese Zeit noch das Amt eines fest bezahlten Musikers anstrebte, gleichzeitig aber im Innern schon wußte, daß er die Verlogenheit des verbeamteten Daseins nie würde mitmachen können.

Etwas anders ist dies in den *Deutschen Tänzen* des Sechzehnjährigen. Sie stehen auf dem Boden eines aufkeimenden Nationalgefühls; sie bringen Momente eines aufstampfenden Selbstbewußtseins ein, zugleich versuchen sie dieses zu sensibilisieren, aus einer bloß polternden Haltung herauszuheben. Die Musik der *Deutschen Tänze* ist zugleich trotzig wie filigran, sie ahnt die Gefahren nationaler Barbarei, ohne dabei im eigenen Auftreten schwächlich zu wirken.

Die Musik zu ‹*Rosamunde*›, Teile aus der Oper ‹*Rosamunde von Cypern*› nach einem äußerst fragwürdigen Libretto der damals umjubelten Helmina de Chézy, kann den individuellen Ton der SCHUBERTschen Musik nicht mehr verleugnen. Das Thema zur *Zwischenaktmusik Nr. 2* hat SCHUBERT selbst noch häufiger aufgegriffen – im *a-moll-Streichquartett*, im *dritten* der *Impromptus* aus *Opus 142*. SCHUBERT wußte genau, daß er im Grunde keine dramatische Musik geschrieben hatte, sondern eine liedhaft empfindsame. Wenn die Musik zu ‹*Rosamunde*› heute als schöner Schein goutiert wird, dann tut diese Rezeptionshaltung der durchaus spürbaren Widersprüchlichkeit dieser Komposition unrecht. Zu sehr sind Löcher in die scheinbar friedlich schöne Außenseite der Musik gerissen.

Reinhard Schulz

Felix Mendelssohn Bartholdy

Hamburg, 3. Februar 1809 – Leipzig, 4. November 1847

Mendelssohn ist wohl der erste deutsche Komponist des 19., des bürgerlichen Jahrhunderts im eigentlichen Sinn. 1809 in Hamburg geboren, als protestantisch getaufter Sohn im behüteten Schoß einer hochkultivierten, traditionsreichen jüdischen Bankiersfamilie in Berlin aufgewachsen, hatte er, gleichwohl Wunderkind und frühes Genie, nichts mehr mit jener frühen, anarchisch-vielfältigen, ebenso philosophierenden wie schwärmerischen Romantik zu tun, der man ihn so oft und gern zurechnet. Während die Prototypen des romantischen Künstlers, E. T. A. Hoffmann und Carl Maria von Weber, sich beispielsweise kaum für ein bestimmtes ihrer überbordenden künstlerischen Talente entscheiden konnten, blieb Mendelssohn von Anfang an auf die Musik fixiert, sie wurde sein Beruf, obwohl auch er begabt zeichnete und seine Briefe durchaus literarische Qualität zeigen. Doch die Zeiten eines liberalen Pluralismus in den Künsten als Echo der unsicheren Zeitläufte waren vorbei, Biedermeier und Restauration zwangen den Künstler zurück ins bürgerliche Stübchen. Die Kunst diente zur Reflexion, auch über ein neues nationales Staatsgebilde, aber nicht mehr zu gesellschaftlicher Projektion und Utopie, und Rückzugsmöglichkeiten boten nur die Flucht ins eigene Innere oder der Aufbruch in die Ferne, Reisen: Davon machte Mendelssohn reichlich Gebrauch, ganz Europa wurde ihm zur Heimat, ob Italien oder England. Der Blick zurück, gelenkt und geprägt von Goethe und dem Geist der Aufklärung – beste Familientradition für den Enkel eines Moses Mendelssohn – und der Ausblick nach vorn, beides scheint in Mendelssohns Musik mehr Präsenz zu besitzen als eine Gegenwart, und wohl aus diesem Grund ist ihr immer – von antisemitischer Verunglimpfung und Ignoranz abgesehen – schnell das Etikett «Klassizismus» oder «Epigonentum» zu

Unrecht angeheftet worden. Aber auch die zwei Lehrer, die nach der Mutter die musikalische Erziehung des jungen MENDELSSOHN übernahmen, spiegeln die Ambiguität von Vergangenheit und Zukunft wider: Während CARL FRIEDRICH ZELTER den Frühentwickler in die Tradition von Musikgeschichte und -theorie einführte, ihm Zugang zur «klassischen Universalbildung» Goethescher Prägung öffnete, wies ihm der CLEMENTI-Schüler LUDWIG BERGER, ein hervorragender BEETHOVEN-Interpret, den Weg in ein virtuoses, romantisch verbrämtes 19. Jahrhundert, in dessen musikalischem Mittelpunkt das Klavier – und die Problematik der symphonischen BEETHOVEN-Nachfolge – stehen.

Streichersinfonien und fünf Symphonien

Vor allem auf Unterweisungen und Anregung ZELTERS entstanden die *zwölf Streichersinfonien* in den Jahren 1821 bis 1823, geschrieben von einem blutjungen Knaben mit zwölf, dreizehn, vierzehn Jahren, der sich damit sein Übungs- und Erprobungsterrain für Satz, Instrumentation und der symphonischen Form schlechthin schuf. Und der sich schließlich 1824 entschloß, das *dreizehnte* dieser Werke, komplettiert mit Bläsern, als Opus 11 und als *‹erste Symphonie c-moll›* zu bezeichnen – und 1830 drucken zu lassen, was für den selbstkritischen MENDELSSOHN einiges bedeutete, denkt man daran, daß er weder die *‹Italienische›* noch die *‹Reformationssymphonie›* für so ausgereift und gelungen befand, um sie veröffentlichen zu lassen.

Die *Streichersinfonien*, die MENDELSSOHN wechselweise mit «Sinfonia» oder «Sonata» überschrieb und mit drei bzw. teilweise auch vier Sätzen ausstattete, dokumentieren gleichermaßen seine eigenständige musikalische Entwicklung wie die stetige Erweiterung seines Wissenshorizonts. In ihnen arbeitete er die Konfrontation mit anderen Komponisten auf, die zu studieren ZELTER ihm nahegelegt hatte: BACH, HÄNDEL, auch PALESTRINA, die Vorklassiker, CARL PHILIPP EMANUEL und die anderen BACH-Söhne, dann die symphonischen Großwerke von HAYDN und MOZART, alles findet seinen Niederschlag. Dabei handelt es sich bei den *Streicher-*

sinfonien durchaus nicht um trockene Stilkopien, sondern um eine Art Zusammenfassung der unterschiedlichen Einflüsse in MENDELSSOHNS eigenster Weise, in seinen Klangvorstellungen und formalen Dimensionen, die darüber hinaus auch die Reiseerfahrungen in der Schweiz und in Frankreich einbeziehen.

Organisch aus diesen Experimentierstücken gewachsen, die im privaten Kreis, an den sogenannten «Sonntagsmusiken» aufgeführt wurden, ist die *erste Symphonie c-moll op. 11*. Zunächst hatte sie MENDELSSOHN konzipiert wie die zwölf anderen, als reine Streichersinfonie, doch dann zu einem vollgültigen Satz mit Bläsern erweitert. Der Reiz der Symphonie besteht in allen vier Sätzen zum großen Teil in dem Wechselspiel der traditionellen Elemente und Modelle, der Fremdeinflüsse, die von den Fugati barocker Herkunft bis zu einer Klangfarbentechnik WEBERS reichen, und eben dem MENDELSSOHN eigenem Idiom, wie es besonders einsichtig im Kopfsatz aufzuweisen ist. Das pathetisch-energische Allegro di molto hebt bedeutungsvoll in c-moll an – um sich, wie die ‹*Freischütz*›-Ouvertüre, licht aufzuklaren. Der durchbrochene Satz, der Wechsel von Bläserchor und Streichern täuscht eine Nähe zur disparaten Oberfläche der Wiener klassischen Musik vor, tatsächlich aber neigt der Satz vielmehr dazu, in weiterentwikkelten Bahnen vorklassischer Symphonik zu verlaufen. Und es zeigt sich vor allem auf formaler Ebene, wie individuell MENDELSSOHN bei aller Anlehnung an alte Muster arbeitet: In der Coda, die ausgedehnter als die Durchführung ist, bietet er gänzlich originäre Motive auf, eine dunkle, von Hörnern getragene Linie, die nun verarbeitet wird, kombiniert mit variiertem Material aus den bereits eingeführten Themen, so daß sich in der Coda eine zweite Durchführung zu ereignen scheint. Mit sicherem Gefühl für die innere Proportion des Satzes ist die Reprise verkürzt worden, um der eigenwilligen Coda Platz zu schaffen.

Noch weiter auf formales Neuland wagt sich MENDELSSOHN mit seiner *zweiten Symphonie B-dur op. 52* ‹*Lobgesang*› (1840), die von der Chronologie der Entstehung her neben der ‹*Schottischen*› die späteste seiner fünf großen Symphonien ist. Unmittelbarer Anlaß für die Komposition war die Vierhundert-Jahr-Feier der Erfindung der Buchdruckerkunst in Leipzig 1840. Die ‹*Sympho-*

nie-Kantate nach Worten der Heiligen Schrift› stellt gleichzeitig eine Auseinandersetzung mit BEETHOVEN, speziell mit der *Neunten*, wie auch mit barocker Vokalmusik, etwa den weltlichen Oratorien, dar. Doch MENDELSSOHN bietet kein plumpes Abbild an, sondern eine Verarbeitung des BEETHOVENschen Modells der Kombination von instrumentalen und vokalen Teilen. Außerdem geht ihm die emphatische Haltung des moralischen Appells vollkommen ab, es geht MENDELSSOHN vielmehr um die epische Darstellung der Bibelworte, und dafür schlägt er gänzlich neue Wege ein. Die Auswahl der Zitate sind dramaturgisch auf das Ziel der Aussage gerichtet, die MENDELSSOHN dem Anlaß gemäß mit seinem Werk treffen wollte: Er sah in der Erfindung des Buchdrucks die Basis der Kultur, den Sieg des menschlichen Geistes über die Finsternis der Unbildung. Nur der erste Satz mit seinen vier Abschnitten – eine symphonische Anlage im kleinen – ist rein instrumental gehalten, antizipiert jedoch schon den Anfangschor *‹Alles, was Odem hat, lobe den Herrn›* und klammert den instrumentalen und den vokalen Teil zusammen. Der zentrale Punkt des Werkes wird im Tenor-Rezitativ (Nr. 6) erreicht: *‹Hüter, ist die Nacht bald hin?›* Die Antwort gibt der Sopran: *‹Die Nacht ist vergangen›*, und der Chor überhöht die Aussage (Nr. 7): *‹So laßt uns ablegen die Werke der Finsternis und anlegen die Waffen des Lichts.›* Aufklärerischer Rationalismus spricht aus diesem Stück MENDELSSOHNS. Die neun Vokalnummern sind selbst noch einmal durch die Choralmelodie gewissermaßen gerahmt, was wiederum belegt, wie wichtig MENDELSSOHN der Gedanke zyklischer Geschlossenheit innerhalb des symphonischen Geschehens ist.

Am deutlichsten wird dies an der *dritten Symphonie a-moll op. 56 ‹Schottische›* (1829 bis 1832; 1840/41) ablesbar. Hier sind die einzelnen Sätze *attacca* miteinander verbunden, ohne «stimmungsmordende Pausen», wie es MENDELSSOHN einmal ausdrückte. Denn die Symphonie sollte – bei aller immanenter Formstrenge und sichtbarer formaler Anlehnung an BEETHOVENS *‹Pastorale›* – ein sich zwar variierender, aber aus einem Ursprung kommender Ausdruck seiner in Schottland 1829 empfangenen Impression sein. Eine konsequente Umsetzung ist denn auch die «wahre *idée fixe*» der Symphonie, die trotz aller Wandlungen des thematischen Grundstoffs, der Substanz, für Ohr und Geist klar zu erkennen bleibt. Dieser Gedanke schafft Einheitlichkeit bei größtmöglicher Vielfalt: Es handelt sich dabei um die das ganze Stück konstituiernde Introduktion, aus der alle Sätze erwachsen und die für den ersten Satz eine weitere herausragende Bedeutung trägt. Oberflächlich an die Tradition der langsamen Einleitung der Wiener Klassik erinnernd, gewinnt diese Keimzelle durch ihre Wiederholung am Ende des Satzes – und auch dies ist eine kompositorische Innovation – eine neue Qualität: Sie bildet einen Rahmen für den Kopfsatz, gleichzeitig jedoch atmosphärische und motivische Vorgabe für das folgende Geschehen. Für den ersten Satz ergibt sich durch diese Rahmung eine erzählende, gewissermaßen balladeske Konzeption, die nichts mehr mit der Unmittelbarkeit der Symphonien HAYDNS, MOZARTS und BEETHOVENS gemein hat. Und hier finden sich die altschottischen Balladen und die von Stimmung und nicht vom Inhalt bestimmte Ballade der Romantik zusammen, die auch MENDELSSOHN in ihren Bann gezogen hatten. Für ihn lag der Reiz dieser Balladen, die Dichtung, Musik und Tanz in sich vereinen, darin, daß sie über den reinen Handlungsablauf ein Potential an Stimmung, an Naturschilderung und Landschaftscharakteristik enthalten. Liedhaftigkeit ohne Text, Kolorit ohne Zitate, geleistet von instrumentaler Differenzierungsmöglichkeit der Musik.

Die Musik verliert auf diese Weise zwar etwas von ihrer Autonomie, es geht Außermusikalisches, Fremdbestimmtes ein, aber sie entgeht auch den Niederungen einer plakativen Programm-Musik, als deren Schöpfer auf der deutschen Seite MENDELSSOHN immer wieder deklariert worden ist, am heftigsten wohl in der *vierten Symphonie A-dur op. 90 ‹Italienische›* (1830 bis 1833; endgültige Fassung 1834 bis 1837). Bei dieser Symphonie hat es den Anschein, als sei sie durch ihr Epitheton Opfer eines unausweichlichen Assoziationszwangs geworden, gilt sie doch als unkompliziertes Kind aus dem sonnigen Süden, voller Heiterkeit, Grazie und Unbeschwertheit, kurz: als Ausbund italienischer Mentalität.

Schon die Tonart A-dur, die immer wieder den Vergleich mit BEETHOVENS *Siebenter*, mit der «Apotheose des Tanzes» (WAGNER) herausgefordert hat, befriedigt die Lust am Vorurteil: Muß doch eine Symphonie mit solch folkloristisch anmutendem Beinamen, wenn dort schon nicht Belcanto gesungen wird, wenigstens ein zweites uritalienisches Element, den Tanz, vorweisen können, und hier hat Mendelssohn seine Interpreten nicht im Stich gelassen, überschrieb er den Finalsatz mit «Saltarello», der fortan als Paradigma für italienische Tanz- und Bewegungslust schlechthin angesehen wurde. Die Titulierung hat der Symphonie den Weg zu einem vorbehaltlosen Verständnis versperrt, denn Exegeten jeglicher Couleur sahen sich zunächst aufgerufen, in dieser *inscriptio*, diesem Merkmal des «Romantischen», das Poetisch-Programmatische der Musik zu enthüllen: So fanden sie beispielsweise einen Zug von frommen Pilgern im zweiten, unbekümmert tanzende, sinnenlustige Mädchen auf Neapels Straßen im vierten Satz. Falsch verstandene musikalische Romantik und ebenso mißgedeutetes Epigonentum, dies sind die zwei Komponenten, gegen die Mendelssohn und seine *‹Italienische›* bis heute zu kämpfen haben. Dabei hat Mendelssohn genausowenig wie etwa Joseph von Eichendorff in seiner ähnlich mißverstandenen «Taugenichts»-Novelle Landschaft, Leute und Kultur Italiens bloß abgebildet, sondern er hat sie für *sein* Geschehen komponiert und orchestriert zu einer diskreten, harmonisch-scheinenden, vor allen Dingen aber künstlichen «zweiten» Natur, die im Dienste seiner musikalischen Erzählung steht, nicht ihren Mittelpunkt, noch weniger ihren Gegenstand bildet. In diesem Sinn ist Mendelssohns *Italianità* zu verstehen, er hat seine Reflexion des südlichen Lebens, das Wesen italienischer Tänze, Eindrücke von Landschaft und Architektur als Folie für seine Musik und seine Symphonie funktionalisiert, sie aber nie zum Inhalt gemacht. Wäre die *‹Italienische›* plumpe romantische Tonmalerei, wie hätte der zeitgenössische englische Dirigent und Weber-Schüler Julius Benedict behaupten können, die Symphonie sei ihrer Zeit voraus und weiche von allem Dagewesenen völlig ab?

Als *‹Reformationssymphonie› Nr. 5 D-dur op. 107* nach seinem Tod veröffentlicht wurde Mendelssohns *Zweite* (1829/30), die er ohne direkten Auftrag aus Anlaß der Dreihundert-Jahr-Feier der Augsburger Konfession geschrieben hatte und die nach einigen Querelen erst 1832 uraufgeführt wurde. Noch deutlicher als in der *c-moll-Symphonie* wird hier die Ablösung von den vielgesichtigen «experimentellen» *Streichersinfonien*. MENDELSSOHN entschied sich für ein symphonisches Modell, das weit in die Zukunft reichte, bis zu den Symphonien ANTON BRUCKNERS und – allerdings nur in motivischem Zusammenhang – bis zu RICHARD WAGNER und dessen *‹Parsifal›*. Denn MENDELSSOHN projizierte die ganze Symphonie auf den formsprengenden, überdimensionalen letzten Satz, der eine einzige große Choralbearbeitung über *‹Ein' feste Burg ist unser Gott›* ist, so daß die ersten drei Sätze wie Präludien wirken. In der langsamen Einleitung des Kopfsatzes und vor der Reprise wird das sogenannte *‹Dresdner Amen›*, eine Gesangsformel der lutherischen Kirche in Sachsen, zitiert, das ausgerechnet einer der großen MENDELSSOHN-Schmäher, RICHARD WAGNER, in sein messianisches Schlußwerk, den *‹Parsifal›*, übernommen hat. Die bedeutungsvolle Rahmung – auch dies ein spezielles MENDELSSOHN-Phänomen – mit zwei Bestandteilen des protestantischen Kultus im ersten und vierten Satz resultiert mit aus der besonderen Situation MENDELSSOHNS als assimilierter Jude: Getauft mit sieben Jahren, 1825 konfirmiert, manifestierte er nicht nur in der *‹Reformationssymphonie›*, auch in den *Psalmkantaten* und *Motetten* und vor allem in den beiden Oratorien *‹Paulus›* und *‹Elias›*, daß es für ihn keine Zwecktat gewesen war, den Glauben zu wechseln. Kirche und Konzertsaal einander näherzurücken, wie er es auch in England erfahren hatte, neue, übergreifende Gattungen zu entwerfen und den Aspekt der Belehrung und Aufklärung, hierin lag ein Schwerpunkt von MENDELSSOHNS Intentionen. Im Fall der *‹Reformationssymphonie›* war er aber selbst mit dem Ergebnis nicht zufrieden: Auch wenn er Kontrapunktik, altertümlich klingende Harmonik und das blockweise Auftreten einzelner Instrumentengruppen als semantische Assoziationen für einen «Kirchenstil» einführte, so blieb nach seinen eigenen Aussagen die formale Lösung – vor allem des Schlußsatzes – unbefriedigend. Hier wächst die Verschmelzung von Sonatenform und Choralvariation zu einem vollkommen heterogenen Formexperiment zusammen, das einem gleichermaßen anspruchsvollen wie selbstkritischen Komponisten wie MENDELSSOHN ungenügend erscheinen mußte.

Irmelin Bürgers

Ouvertüren

Die vier großen *Konzertouvertüren* MENDELSSOHNS lassen sich nicht ohne weiteres mit dem Begriff «Programm-Musik» erklären, trotz ihrer eindeutig außermusikalischen Vorlagen. Das liegt zunächst an der simplen Tatsache, daß sie als musikalische Werke für sich bestehen können, also der sie begleitenden «Geschichten» nicht unabdingbar bedürfen. Trotzdem ist MENDELSSOHNS «programmatische» Musik eine wesentliche Voraussetzung für die sich in der zweiten Hälfte des 19. Jahrhunderts etablierenden symphonischen Dichtungen von LISZT und später von RICHARD STRAUSS. Diese schillernde Sonderstellung zwischen Autonomie und Programm rührt von BEETHOVENS *‹Pastorale›* her, deren Motto *Mehr Ausdruck der Empfindung als Malerei* mit Recht auch MENDELSSOHNS Ouvertüren für sich in Anspruch nehmen könnten. Die Loslösung der Gattung «Ouvertüre» von Oper oder Schauspiel und ihre Etablierung als einsätziges Konzertstück ist die eigentliche Tat MENDELSSOHNS. (Selbst BEETHOVENS *‹Die Weihe des Hauses› op. 124* bedurfte noch eines konkreten Anlasses.)

So hat sogar die berühmte *‹Sommernachtstraum›-Ouvertüre*, der geniale Wurf des Siebzehnjährigen – das Autograph trägt zu Beginn und am Schluß die Daten des 8. Juli und des 6. August 1826 –, zunächst nichts mit einer Einleitung zu einer *Schauspielmusik* zu tun, die MENDELSSOHN zwar auch schrieb, jedoch erst im Jahre 1843 als Opus 61. Die *Ouvertüre op. 21* hingegen steht für sich und ist dem Konzertsaal zugehörig. Sie zaubert mit genuin musikalischen Mitteln die Atmosphäre der Shakespeareschen Komödie herbei – aus der Perspektive des frühen 19. Jahrhunderts –, schildert aber *keine* Inhalte. Das Stück gehorcht ziemlich genau der Sonatenform, weist eine Exposition, eine Durchführung, die sich wesentlich auf das flirrende Achtelmotiv zu Beginn konzentriert, und eine veritable Reprise auf. Zwar wurde (von Friedhelm Krummacher) zu Recht darauf verwiesen, daß die Musik aus dem Formmodell keine wesentlichen Impulse gewinnt, es zeigt aber dennoch das Festhalten MENDELSSOHNS am primär instrumentalen Entwurf, im Gegensatz zur nachzeichnenden Schilderung, wozu die Musik lediglich als Mittel dient. So können zwar die kaleidoskopartigen Themen der Exposition mit Shakespeares Figuren in Verbindung gebracht werden, etwa der Elfenreigen am Beginn, der Rüpeltanz und ähnliches, aber diese plakative Zuordnung griffe ebenso kurz. Denn wie könnte man dann die vier magischen Bläserakkorde zu Beginn und am Ende erklären, die eigentlich eine simple Kadenz mit Vertauschung von Subdominante und Dominante darstellen? Sie sind Rahmen und zugleich Herzstück des Ganzen, aus ihnen wächst das Geschehen heraus und zieht sich dorthin wieder zurück. In dieser Akkordfolge steckt die musikalische Idee des Werkes; sie bindet die Assoziationskette des nächtlichen Reigens in kompositorische Eigenständigkeit. Überzeugt in der *‹Sommernachtstraum›-Ouvertüre* das immense Vermögen MENDELSSOHNS, divergente musikalische Materialien in eine einheitliche Form zu bringen, so ist es in der *zweiten Konzertouvertüre ‹Die Hebriden› op. 26* die musikalische Geschlossenheit, die zum Ziel führt. Das 1829 während einer Schottland-Reise konzipierte und 1832 abgeschlossene Werk verschreibt sich zwar der Naturschilderung, ist aber musikalisch so kompakt und sinnvoll gebaut, daß eine Kenntnis der schottischen Fingalshöhle nicht vonnöten ist. Dafür sorgt erneut das (hier: eintaktige) Anfangsmotiv, das aber im Gegensatz zu *Opus 21* nicht geheimes Zentrum ist, sondern handfeste Struktur. Es zieht sich in schier zahllosen Varianten durch das Stück und verklammert es zum fast monothematischen Sonatensatz. Die innermusikalische Idee ist bestechend: dem statischen Naturtableau entspricht das strukturelle Beharren auf *einem* zentralen Motiv, demgegenüber die anderen thematischen Gestalten (von denen es etliche gibt) in Wirkung und Substanz zurücktreten müssen. Auf ganz eigene Weise zeigt sich auch hier wieder die ambivalente Stellung der MENDELSSOHNschen Ouvertüre, die zwischen autonomem musikalischem Verständnis und außermusikalischer Vermittlung ihren Ausgleich sucht.

Das ändert sich dann in der *dritten Konzertouvertüre op. 27 ‹Meeresstille und Glückliche Fahrt›*, die 1828 auf die literarische Vorlage des Goethe-Gedichtpaars komponiert wurde. Im Gegensatz zu BEETHOVENS Vertonung (für vierstimmigen Chor und Orchester), die den Kontrast von Ruhe und Sturm zum räumlichen

Szenarium weitet und die Naturereignisse durch die Empfindungen des Menschen spiegelt, werden die Goethe-Worte für MENDELSSOHN lediglich Anlaß zur musikalischen Schilderung der Naturgewalten. Hier ist, für ein einziges Mal, das Programmatische tatsächlich im Vordergrund. Die langsame Einleitung und der davon herauswachsende Allegro-Satz sind kaum mehr als Gerüst für die fast fotografisch exakte Darstellung einer Schiffspassage. Man erlebt gekräuseltes Wasser, majestätische Wellenbewegungen, das Pfeifen des Windes und sogar – ohne daß dies in Goethes Gedicht angesprochen würde – die Einfahrt in den Hafen, begrüßt von den Trompetenfanfaren der Coda. Natürlich versucht MENDELSSOHN, auch hier die kompositorische Struktur zu entwickeln (alle thematischen Gestalten, auch die der langsamen Einleitung, wachsen aus einem rhythmischen Modell, das bereits im ersten Takt in den Kontrabässen auftaucht), das Beschreibende, Malende der Musik zeigt sich indes so beherrschend, daß die kompositorische Architektur kaum mehr zum korrigierenden Gegengewicht werden kann.

Die *vierte* der *großen Konzertouvertüren* hielt MENDELSSOHN für seine beste. Angeregt von der Oper *‹Melusina›* aus der Feder KONRAD KREUTZERS, der ein ursprünglich für BEETHOVEN geschriebenes Libretto von Grillparzer vertont hatte, komponierte MENDELSSOHN 1833 die *Ouvertüre ‹Das Märchen von der schönen Melusine›*, die er 1835 noch einmal umarbeitete. Dieses *Opus 32* konzentriert sich ganz betont auf die Sonatenform und bringt die außermusikalische Vorlage mit dem kompositorischen Prinzip zur Deckung. Dem Sujet – der vergeblichen Liebe der Meerjungfrau Melusine zum Grafen Lusignan – ordnet MENDELSSOHN zwei extrem verschiedene Themen zu: das weich fließende Wellenmotiv und das männlich ritterliche Seitenthema. Zwar sind sie der gängigen Sonatenform gegenüber vertauscht, doch MENDELSSOHN spielt geradezu mit ihrer kontrastreichen Unvereinbarkeit. Nur mit Hilfe eines zusätzlichen Themas innerhalb der Durchführung, einer Oboenmelodie, die beide Charaktere (das Wellenartige und die abtaktig rhythmische Figur) in sich aufzunehmen versucht, kann eine Brücke zwischen beiden Welten geschlagen werden.

Daß MENDELSSOHN die märchenartige Polarität so direkt an das kompositorische Prinzip des Sonatensatzes überträgt, zeigt, worum es ihm eigentlich zu tun ist, nämlich die Balance zwischen kompositorisch autonomer Struktur und beschreibender Ästhetik zu wahren.

Bernhard Rzehulka

Die frühen Instrumentalkonzerte mit Streichorchester

Zu der stattlichen Reihe von Kompositionen, die MENDELSSOHN bereits im Knabenalter schrieb, gehören – gleichsam als konzertante Gegenstücke zu den *zwölf Sinfonien für Streichorchester* – auch *drei Konzerte, für Klavier (a-moll), Violine (d-moll) und für Klavier und Violine mit Streicherbegleitung (a-moll)*. Stilistisch sind diese Kompositionen, die noch unter der Obhut des Lehrers CARL FRIEDRICH ZELTER entstanden, an JOHANN SEBASTIAN BACH und MOZART orientiert, die der junge MENDELSSOHN jedoch nicht etwa zu kopieren sucht. Die Wahl von Moll-Tonarten weist darüber hinaus in die Richtung des «empfindsamen Stils» eines CARL PHILIPP EMANUEL BACH, dessen Pathos in den Hauptthemen der Ecksätze deutlich genug anklingt. Allen drei Werken liegt das klassische Konzertschema zugrunde, dessen formale Handhabung noch etwas steif wirkt, aber bereits beachtliches kompositorisches Können offenbart. MENDELSSOHN war schon als Knabe ein hervorragender Pianist, dem die Gestaltung des Soloklavierparts wenig Mühe bereitet haben wird; im Gegensatz dazu existieren vom *d-moll-Violinkonzert* zwei Fassungen – womöglich Anzeichen für eine längere Bemühung um befriedigende Ergebnisse. Schon das *Konzert für Klavier und Violine mit Streichern* zeigt die Lust am Experiment und zugleich die stilistische Orientierung: JOHANN NEPOMUK HUMMELS *Doppelkonzert G-dur op. 17* hat in der Wahl der Soli wie auch deren virtuoser Gestaltung hier Pate gestanden.

Hartmut Becker

Konzerte E-dur und As-dur für 2 Klaviere und Orchester

In den Jahren 1823 und 1824 schrieb Mendelssohn die ersten konzertanten Werke mit Begleitung des vollen, klassisch besetzten Orchesters. Die Handhabung der überkommenen Form ist hier bereits eleganter als in den drei vorhergehenden Konzerten. Die Instrumentation läßt Einflüsse Mozarts, Spohrs und Webers erkennen, vor allem in der delikaten Behandlung der Bläser. Der Klavierstil ist – neben Hummel und Moscheles – deutlich dem Clementi-Schüler John Field verpflichtet, auch die Wahl der damals in der Orchesterliteratur noch seltenen Tonart As-dur des zweiten Werkes (analog zu Fields *zweitem Konzert*). Auch ein gewisser Hang zur Weitschweifigkeit, Freude am Ornamentalen sowie das weitgehende Dominieren der Solisten weisen auf Field. Bereits hier ist aber auch die für Mendelssohns konzertanten Stil so charakteristische Eleganz ausgeprägt.

Hartmut Becker

Konzert Nr. 1 g-moll für Klavier und Orchester op. 25

Waren die fünf zwischen 1822 und 1824 geschriebenen Konzerte nur als Studienwerke anzusehen, die der Komponist nicht veröffentlichte, so entwirft Mendelssohn während seines Rom-Aufenthalts 1830/31 sein erstes reifes Instrumentalkonzert. Wahrung der klassischen dreisätzigen Form bedeutet hier nicht mehr Orientierung an Konventionen: Kein Orchestervorspiel, sondern eine kurze herandonnernde «Crescendo-Walze» des Tutti eröffnet den Kopfsatz, auf die sich der Solist mit wuchtigen Oktavskalen und brillanten Passagen zugleich in das Geschehen einschaltet. Ihm ist auch die Vorstellung des Hauptthemas übertragen, das Orchester nimmt dieses auf. Das Seitenthema läßt der Komponist aus einem Kopfmotiv erst nach und nach entstehen, der Solist «findet» gleichsam, wie phantasierend, dessen vollständige Gestalt (Des-dur!) erst durch Sequenzieren des Kopfmotivs. In der Durchführung ist, wie schon in der Exposition, das Prinzip des konzertierenden Dialogs des Soloinstruments mit dem Orchester in einer Weise angewandt, die Entfaltung des solistischen Elements nicht behindert, aber zugleich das Orchester angemessen an der motivisch-thematischen Arbeit beteiligt. In der Durchführung spielen auch die Oktavskalen des Beginns eine Rolle. Ein schmetterndes Motiv der Blechbläser beschließt die Coda, an die sich *attacca* ein kadenzierender Übergang des Solisten in den langsamen Satz anschließt. Dieses Andante, ein intimes, duftig instrumentiertes ‹*Lied ohne Worte*›, verklingt pianissimo, worauf unvermittelt (wiederum *attacca*) die aus der Coda des Kopfsatzes gewonnene Einleitung des Finales losbricht; seine Themen, der schwungvolle Hauptgedanke und der schillernde, hochvirtuose Seitensatz, werden wieder vom Solisten vorgestellt. In der Reprise schafft MENDELSSOHN übergreifende formale Zusammenhänge durch Reminiszenzen an die Themen des Kopfsatzes. Ein kurzes, wie nachdenkliches Anhalten des stürmischen Flusses sichert der wirbelnden Coda desto größere Wirkung.

Konzert Nr. 2 d-moll für Klavier und Orchester op. 40

Das spätere der beiden reifen Klavierkonzerte MENDELSSOHNS bringt in Hinsicht der Form und Verarbeitung des thematischen Materials keinerlei Neuerungen; bis in Einzelheiten hinein gleicht es dem Schwesterwerk. Das bedeutet freilich keinerlei Einbuße an Originalität und künstlerischer Qualität. Gewandelt hat sich gegenüber dem *Opus 25* die Ausdruckssphäre der Thematik, die – trotz des von wuchtigem Pathos erfüllten Hauptgedankens – dem Kopfsatz größere Gefaßtheit des Temperaments verleiht. Der langsame Satz (Adagio) ist von noch tieferem Ausdruck als derjenige des *g-moll-Konzerts* und steigert sich zu leidenschaftlicher Intensität. Das Finale wird von einem Scherzando-Hauptgedanken bestimmt, das glatter wirkt als das draufgängerische Finalthema des *g-moll-Konzerts*.

Hartmut Becker

Konzertstücke für Klavier und Orchester

Neben den *beiden großen Klavierkonzerten* hat der Komponist drei kürzere Werke für die gleiche Besetzung hinterlassen, von denen das *Capriccio brillant h-moll op. 22*, entstanden im Anschluß an das Opus 25, das originellste ist. Die unbegleiteten Arpeggien des Klaviers mit melodischen Spitzentönen verleihen der Andante-Einleitung (H-dur) den Charakter eines Ständchens zur Harfe. Der sonatenförmige Hauptteil (Allegro con fuoco) ist ein wirbelndes Virtuosenstück von der Art des *Konzertstücks f-moll op. 79* von CARL MARIA VON WEBER. Weniger bedeutend erscheinen die beiden anderen Werke; das 1834 vollendete *Rondo brillant Es-dur op. 29* interessiert zwar durch eine geschickte Kombination von Rondo- und Sonatenform, wirkt aber durch seine «Armut an neuen Wendungen für's Klavier», wie MENDELSSOHN dem Widmungsträger, seinem Freund IGNAZ MOSCHELES, gegenüber selbst bekannte, ermüdend. Die *Serenade und Allegro giocoso D-dur op. 43* aus dem Jahre 1838 verbindet ein *‹Lied ohne Worte›* mit Orchesterbegleitung (Andante in h-moll) mit einem Allegro, dessen Durchführung – wie bei einer Ouvertüre – sehr kurz gehalten ist und Elemente der Rondoform enthält. Die Entstehung innerhalb kürzester Zeit wirkte sich nicht auf die satztechnische Qualität, wohl aber auf die Originalität der Erfindung ungünstig aus: Eher scheint Routine als Inspiration diese Musik zu bestimmen.

Hartmut Becker

Konzert e-moll für Violine und Orchester op. 64

Das letzte konzertante Werk MENDELSSOHNS ist sein bestes; die Gefahr, daß dem phänomenalen Klaviervirtuosen «geläufige Figuren» unterlaufen, bestand hier nicht. Sechs Jahre hatte der Komponist um die Ideen und deren Gestaltung zu ringen (1838 bis 1844), die Anforderungen und Gegebenheiten eines Violinkonzerts waren von anderer, für ihn komplizierterer Art. So nimmt es nicht wunder, daß MENDELSSOHN sich in mancher Hinsicht an einer der bedeutendsten Autoritäten des damaligen Musiklebens orientierte – an Louis Spohr, dem bedeutendsten Geiger der deutschen Romantik, der der Gattung des Solokonzerts richtungweisende Impulse gegeben hatte. Spohr war überdies der Lehrer des Gewandhaus-Konzertmeisters Ferdinand David gewesen, für den Mendelssohn sein Konzert schrieb. Die Orgelpunktwirkung des Soloinstruments zu hohen Holzbläserakkorden (zweites Thema des Kopfsatzes), der tänzerische Schwung des Finales, die Noblesse des Ausdrucks, die den Eindruck eines äußerlichen Virtuosenstücks zu vermeiden weiß, selbst die Wahl der Tonart – all dies sind auf Spohrs Vorbild weisende Züge. Sie verbinden sich in diesem Konzert aufs glücklichste mit den formalen Neuerungen, die Mendelssohn bis dahin erarbeitet hatte: Vorstellen des Hauptthemas durch den Solisten statt durch das Tutti des Orchesters, *attacca*-Anschluß des langsamen Satzes, separate Einleitung des Finales. Als Besonderheit fügte der Komponist zwischen Durchführung und Reprise des Kopfsatzes eine Kadenz ein, die in die Organik des Satzes integriert und damit obligat ist.

Hartmut Becker

Oratorien

Für den Oratorienkomponisten Mendelssohn waren zwei Voraussetzungen bestimmend. Als elfjähriger trat er 1820 in die Berliner Sing-Akademie ein, um unter der Leitung Zelters die geistliche deutsche Chortradition kennenzulernen. Werke von Heinrich Schütz und vor allem die *Motetten* Johann Sebastian Bachs wurden regelmäßig musiziert. Die Zugehörigkeit Mendelssohns zur Sing-Akademie kulminierte in einem wahrhaft geschichtsträchtigen Datum. Am 11. März 1829 dirigierte er selbst die erste (allerdings gekürzte) Aufführung der *Matthäus-Passion* seit dem Tode Bachs.

Zum anderen kam Mendelssohns Affinität zu England hinzu; das Land der Händel-Tradition schlechthin. Mehrfach hatte er dort Händelsche Oratorien aufgeführt, an deren dramatisch zupackenden Gestus er anknüpfen wollte. Geriet der 1836 komponierte *‹Paulus› op. 36* weitgehend zu einem lyrischen Selbstbekenntnis (MENDELSSOHN war vom Judentum zum Protestantismus konvertiert), so gelang in dem zehn Jahre später entstandenen *‹Elias› op. 70* ein Werk von großem dramatischen Atem. MENDELSSOHN war gut beraten, dieses Werk auf dem Musikfest von Birmingham (1846) zur Uraufführung zu bringen, denn in England konnte er mit einem traditionsreichen, gebildeten Oratorienpublikum rechnen. Das Sujet um den alttestamentarischen Propheten hält auch – im Sinne des «englischen» HÄNDEL – genügend spannungsgeladene Episoden bereit. Der Kampf des Elias mit den heidnischen Baal-Priestern, das Regenwunder, die Feuerprobe, schließlich der Eremit in der Wüste, der mit feurigen Rossen gen Himmel reitet – Szenen von biblisch mitreißender Kraft.

Zwei Ebenen stellt MENDELSSOHN in den Vordergrund; zum einen den Chor, der sowohl kommentiert als auch aktiv in das Geschehen eingreift. Damit wird das Modell der BACH-Passionen (Choräle und Turbachöre) aufgegriffen. Zum anderen ist die individuelle Persönlichkeit des Elias bestimmend, den MENDELSSOHN selbst so charakterisierte: «Ich hatte mir eigentlich beim Elias einen rechten durch und durch Propheten gedacht, wie wir ihn heut' zu Tage wieder brauchen könnten, stark eifrig, auch wohl bös und zornig und finster...»

Der *‹Elias›* orientiert sich zwar an der Passionsidee BACHS und wesentlich an der dramaturgischen Spannung HÄNDELS, hat aber nichts mit einer Stilkopie zu tun. Mit den Mitteln der modernen Harmonik und Instrumentation gelingen kraftvolle Naturschilderungen, in den Sopran- und Altarien herrschen geradezu innige Schlichtheit vor und in manchen Passagen – namentlich des zweiten Teils – ist eine fast biedermeierliche Milde zu spüren. Zwischen barocker Formenstrenge und gefühliger Wärme bewegt sich MENDELSSOHNS Oratorium, realisiert ebenso den szenischen Effekt wie die lyrische Kantilene. Nach HAYDNS singulären Beiträgen zu dieser Gattung kann das Oratorium ein letztes Mal sich selbst feiern.

MENDELSSOHNS Wunsch, mit einem weiteren Werk eine biblische Oratorientrilogie zu schaffen, ging nicht in Erfüllung. Das Oratorium *‹Christus›* blieb unvollendet.

Bernhard Rzehulka

Louis Spohr

Braunschweig, 5. April 1784 – Kassel, 22. Oktober 1859

Während seines Lebens und Wirkens galt Louis Spohr seinen Zeitgenossen als Fachautorität ersten Ranges. Hochgeachtet als Komponist, bedeutendster Geiger seiner Generation neben (nicht nach!) Paganini, einer der ersten «modernen» Dirigenten, Mitinitiator ebenso der Renaissance Alter Musik wie einer frühen Beethoven-Pflege, Förderer des jungen Wagner und als Violinpädagoge Ausbilder von beinahe zweihundert Schülern aus Europa und Übersee, genoß Spohr in den Jahren zwischen 1810 und 1840 die Stellung einer regelrechten «musikalischen Institution». Die Reihe seiner Bewunderer enthält so prominente Namen wie Goethe, Wieland, Humboldt, Jean Paul, Cherubini, Beethoven, Paganini, Berlioz, Mendelssohn, Chopin, Schumann, Liszt und Wagner. Über sein Künstlertum hinaus war auch der bescheidene, charaktervolle, stets humanitär handelnde Mensch Spohr, der nach politischer Freiheit und sozialen Verbesserungen strebende Patriot, vielen Zeitgenossen ein Leitbild. In welchem Maße Louis Spohr durch seine besten Werke zum Initiator romantischer Musikentwicklung wurde, muß aus den zahlreichen Anregungen klarwerden, die jüngere Meister von ihm aufnahmen; noch Brahms, Tschaikowsky, Dvořák und Richard Strauss haben aus dem Œuvre Louis Spohrs Themen zitiert, bestimmte Gattungsspezifika und formale Modelle entlehnt. Einflüsse Spohrs auf Mahler und den frühen Schönberg erweisen die Bedeutung des Romantikers selbst für die musikalische Moderne.

Der in den 1830er Jahren von mehreren Schicksalsschlägen heimgesuchte Komponist mußte schließlich auf Grund familiärer Erfordernisse mehr und länger produktiv sein, als dies bei seiner sonst betont selbstkritischen Einstellung zu erwarten gewesen wäre. Ausgerechnet die ab 1840 entstandenen Spätwerke, meist schnell und routiniert geschrieben, aber substantiell unergiebig, wurden unglücklicherweise in hohen Auflagen verbreitet; sie führten rasch zu Vorurteilen dem gesamten SPOHRschen Œuvre gegenüber, die in der Folgezeit und bis heute die wahre Bedeutung SPOHRS verdunkelt und so die Erkenntnis weitgehend verhindert haben, daß eine Negation der besten Werke dieses Komponisten zu Mißverständnis und Verzerrung der romantischen Musikentwicklung führen muß.

Am 5. April 1784 als Sohn eines Arztes und Enkel lutherischer Pastoren in Braunschweig geboren, erhielt LOUIS SPOHR seit dem fünften Lebensjahr Geigenunterricht, kam bereits als Gymnasiast sowohl mit den damals neuesten musikalischen Strömungen in Kontakt (deutsche und französische Opern, darunter die MOZARTschen, BEETHOVENS frühe Kammermusik) wie auch – durch die Kirchenmusik der konservativen Kantoren – mit dem damals noch lebendigen Erbe des 18. Jahrhunderts (BACH und dessen Söhne, HÄNDEL, TELEMANN, GRAUN). Durch Eigeninitiative erlangte der Fünfzehnjährige eine Stelle in der Braunschweigischen Hofkapelle. Von seinem Landesherrn gefördert, erhielt er von dem Geiger Franz Eck auf einer gemeinsamen Rußland-Reise 1802/03 seine Meisterausbildung. Sein Debüt als Violinvirtuose und Komponist im Leipziger Gewandhaus wurde im Dezember 1804 zu einem Triumph und begründete seinen Ruhm. Leiter der Hofkapelle in Gotha (1805 bis 1812), ging SPOHR 1812 bis 1815 nach Wien, wo er unter anderem das Orchester des Theaters an der Wien leitete und mit BEETHOVEN Freundschaft schloß. Zwei große Konzertreisen, 1816/17 durch die Schweiz und Italien und 1820/21 nach London und Paris, ließen ihn endgültig in den Rang einer internationalen Berühmtheit aufsteigen, gleichermaßen als Geiger wie als Komponist. War die erste Lebenshälfte als Dasein eines immer wieder als Dirigent auftretenden Komponisten und Virtuosen verlaufen, so wird SPOHR in der zweiten zu einem Komponisten und Interpreten am Dirigentenpult, der gelegentlich noch als Solist auftrat, dessen Konzertreisen meist einer Einladung zur Leitung großer Aufführungen und Musikfeste im In- und Ausland folgten. Analog dazu liegt der Schwerpunkt im Schaffen des Komponisten bis 1822 hauptsächlich auf den konzertanten

Gattungen, während es sich in den Jahren danach auf Symphonik, Oper und oratorische Werke verlagert; die Kammermusik hat SPOHR während seines gesamten schöpferischen Lebens gepflegt und um einige ausgefallene Gattungen und eine Reihe wertvoller Beiträge bereichert. Als LOUIS SPOHR am 22. Oktober 1859 in Kassel stirbt, hat WAGNER wenige Wochen zuvor *‹Tristan und Isolde›* beendet, ein Werk, dessen Harmonik von so großer Bedeutung für die Moderne sein sollte und die SPOHR so hellsichtig vorbereitete und teilweise vorweggenommen hatte. Von den insgesamt 27 konzertanten Werken LOUIS SPOHRS sind *18 Konzerte für Violine und Orchester* (davon drei zu Lebzeiten ungedruckt), *fünf Doppelkonzerte* (je zwei für zwei Violinen bzw. Harfe und Violine, eines für Violine und Violoncello; alle als *‹Concertante›* bezeichnet) sowie *vier Konzerte für Klarinette und Orchester.* Das bekannteste der Violinkonzerte ist heute *Nr. 8 a-moll op. 47* (1816) *‹In Form einer Gesangsszene›*, doch repräsentiert es keineswegs den höchsten Qualitätsstandard SPOHRscher Komposition und Orchesterbehandlung; es ist vielmehr – gleich dem *dritten Klarinettenkonzert* (*f-moll WoO 19*, 1821) ein typisches «Reisekonzert», das mit Orchestern minderer Qualität rechnet. Die *Violinkonzerte Nr. 7* (*e-moll op. 38*, 1814), *5* (*Es-dur op. 17*, 1807), *2* (*d-moll op. 2*, 1804) und *11* (*G-dur op. 70*, 1825) zeigen, daß SPOHR bei den reifen Klavierkonzerten MOZARTS und bei der französischen Schule (VIOTTI, KREUTZER, RODE) anknüpft, die gesteigerte romantische Virtuosität des Soloparts aber mit symphonischer Arbeit des Orchesters zu verbinden weiß; dies freilich bedeutet nicht eine BEETHOVENsche Übertragung symphonischer Prinzipien auf die Konzertform, die dort bisweilen zu Längen führen kann. Formale Knappheit und ein motivisch polyphon geführtes Orchester sind neben einem überaus schwierigen, aber nie vordergründig-virtuosen Solopart wesentliche Kennzeichen dieser Werke, deren musikalisches Niveau hoch über der Tagesproduktion komponierender Virtuosen steht. Gleiches gilt für die *erste Concertante für zwei Violinen und Orchester* (*A-dur op. 48*, 1808), die *zweite Concertante für Harfe und Violine mit Orchester* (*e-moll WoO 14*, 1807) sowie für die *Klarinettenkonzerte Nr. 1* (*c-moll op. 26*, 1808), *2* (*Es-dur op. 57*, 1810) und *4* (*e-moll WoO 20*, 1829), die im Niveau an das einzige Werk MOZARTS anknüpfen; SPOHR hält sich wohlweislich von der etwas aufgesetzten «Schmissigkeit» und gelegentlichen Banalität WEBERS fern, wartet dagegen mit satztechnischen Finessen auf, wie dem Kopfsatz des *Opus 26*, der ganz aus einem zwei Takte langen Motiv der langsamen Einleitung erwächst.

Die wertvollsten *Symphonien* SPOHRS sind die *Nr. 2* (*d-moll op. 49*, 1820), *3* (*c-moll op. 78*, 1828), *4* (*F-dur op. 86*, 1832) und *5* (*c-moll op. 102*, 1837); sie schließen jene entwicklungsgeschichtliche «Lücke» zwischen der Klassik und der Hochromantik eines MENDELSSOHN und SCHUMANN. Bemerkenswert ist die Ausrichtung der *Nummer 3* auf das Finale hin (so sehr, daß SPOHR dem Kopfsatz die Durchführung nimmt!) sowie das Zusammenfassen der Sätze zu Satzpaaren (durch die Thematik). Besonders in die Zukunft gewirkt hat die *Nummer 4*, sowohl durch ihre vom üblichen Bauschema ganz abweichende Anlage, die TSCHAIKOWSKY ohne große Änderungen in seine ‹*Pathetique*› übernahm, wie auch durch die Fernorchester-Effekte (die sich bei BERLIOZ und MAHLER wiederfinden); die Polyrhythmen des langsamen Satzes verweisen auf BERLIOZ' ‹*Harold*›*-Symphonie,* die Gestaltung der Choral-Zitate im langsamen Finale auf entsprechende Stellen in der Symphonik BRUCKNERS.

Unter den Chorwerken mit Orchester bzw. a cappella verdienen besonders das Apokalypsen-Oratorium ‹*Die letzten Dinge*› (1826) und die *Messe* (*c-moll op. 54*, 1821) für fünf Solostimmen und zwei fünfstimmige gemischte Chöre Beachtung. Beide Werke stellen seltene Ausnahmen dar, das Oratorium durch sein heikles Sujet (das erst im 20. Jahrhundert von FRANZ SCHMIDT wiederaufgegriffen wurde), die *Messe* durch ihre wohl einzigartige Synthese vokalpolyphoner Elemente des 17. und 18. Jahrhunderts und russisch-orthodoxer Kirchengesangstradition mit der Klangwelt der frühen Romantik. Mit dem Cäcilianismus und seinen Mißverständnissen der Traditionen Alter Musik hat die SPOHRsche Messe ebensowenig zu tun wie die Konzerte und Symphonien mit dem – in der Musik ohnehin zweifelhaften – Begriff des «Biedermeier», da SPOHRS typischer, so unverwechselbarer Stil längst vor dieser Epoche ausgeprägt war. Verständnis der Traditionen und deren schöpferische Umsetzung – statt in restaurativer Absicht alte Vorbilder zu kopieren – bestimmt die besten Chorwerke SPOHRS, und es kann nicht verwundern, daß der ihm wesensverwandte JOHANNES BRAHMS sowohl in der *‹Alt-Rhapsodie›* wie auch im *‹Deutschen Requiem›* Teile aus den *‹Letzten Dingen›* SPOHRS anklingen läßt.

Hartmut Becker

Robert Schumann

Zwickau, 8. Juni 1810 – Endenich, 29. Juli 1856

ROBERT SCHUMANN hat ein umfangreiches Œuvre für Orchester hinterlassen, ohne doch als Orchesterkomponist entsprechend bekannt und anerkannt zu sein. Er schrieb mehr Symphonien, Ouvertüren und Konzerte als JOHANNES BRAHMS, ist im Musikrepertoire jedoch mit weniger Werken präsent als jener. Das hat unter anderem mit zwei Vorurteilen zu tun, die sich hartnäckig halten. Zum einen möchte man in SCHUMANN nichts als den genialen Klavierkomponisten sehen, den versponnenen Träumer, dem die mehr extrovertierte Orchestermusik angeblich wesensfremd ist (die SCHUMANN-Literatur hat diesem Bild lange Zeit das Wort geredet). Zum anderen – und dieses Vorurteil hängt mit dem ersten unmittelbar zusammen – hat man SCHUMANN von jeher vorgeworfen, schlecht instrumentiert zu haben. Die Folge, die die Aufführungspraxis SCHUMANNscher Orchestermusik bis heute permanent und allgemein bestimmt, sind massive Eingriffe in SCHUMANNS Partituren, Retuschen und Änderungen, mit denen man den vermeintlichen Schwächen der Partituren begegnen zu müssen meint. In Wahrheit wird damit die gewiß eigenwillige Instrumentation SCHUMANNS nur an geläufigere Vorstellungen, an Gewohntes und Etabliertes angeglichen, was den Werken eher schadet als hilft. Es sind diese Verfälschungen, die das Vorurteil gegen SCHUMANNS Orchesterwerke schüren; die Originale sind nicht dafür verantwortlich zu machen, da sich die Dirigenten um sie bislang kaum ernsthaft und ausdauernd bemüht haben.

Egon Voss

Symphonie g-moll

Das Werk spielt in SCHUMANNS Karriere eine wichtige Rolle. Mit dem Gedanken, Symphonien zu schreiben, hatte SCHUMANN seit 1829 verschiedentlich gespielt, doch waren die Pläne nie zur Ausführung gekommen. Erst als sich herausstellte, daß die angestrebte Virtuosenlaufbahn wegen eines irreparablen Schadens an SCHUMANNS rechter Hand nicht möglich war, erhielt der Gedanke ans Symphonienschreiben neues Gewicht. SCHUMANN wollte sich nun als Komponist etablieren und dazu sollte eine große Symphonie den Grundstein legen. Vermutlich erst im Oktober 1832 begonnen, erlebte der erste Satz bereits am 18. November in Zwickau, SCHUMANNS Geburtsstadt, die erste, allerdings nicht sehr erfolgreiche Aufführung. Friedrich Wieck, SCHUMANNS späterer Schwiegervater, schrieb dazu, das Werk sei «gut gearbeitet und erfunden – aber zu mager instrumentiert». SCHUMANN, möglicherweise von Wieck angeregt, arbeitete den Satz um, ohne aber der Schwierigkeiten, die er vor allem mit der Instrumentation hatte, Herr zu werden. Auch die überarbeitete Fassung weist zahlreiche Ungeschicklichkeiten und Fehler auf, so daß das Werk ohne Retuschen gar nicht spielbar ist. Diese Mängel, zu denen auch solche der Satztechnik kommen, dürften der Grund dafür gewesen sein, daß die Aufführung des ersten Satzes am 29. April 1833 im Leipziger Gewandhaus nicht den von SCHUMANN erhofften Erfolg brachte. Am 5. April hatte SCHUMANN geschrieben, er erwarte von seiner Symphonie «ohne Eitelkeit das meiste für die Zukunft»; nach der Leipziger Aufführung gab er die Symphonie auf. Die Karriere als Komponist von Symphonien war von einem Tag auf den anderen zu Ende; statt dessen wurde SCHUMANN Redakteur einer Musikzeitung und beschränkte sich als Komponist auf Jahre hin ganz auf das Klavier. Er kümmerte sich auch später nicht um das Werk, das erst in unserem Jahrhundert wieder ans Licht kam. Überliefert sind mehrere Fassungen, aus denen zu schließen ist, daß die Symphonie vermutlich zunächst vier-, dann dreisätzig sein sollte. Zwei Sätze sind fertig erhalten, ein Anfangs-Allegro, jener Satz, der in Zwickau und Leipzig zur Aufführung kam – er weist Sonatenform auf –, sowie ein langsamer Satz, in den ein «Intermezzo quasi Scherzo» eingelassen ist. Den

Abschluß sollte allem Anschein nach ein Finale mit Fuge über jenes Baßthema bilden, das SCHUMANN im Mai 1833, also in unmittelbarem Anschluß an die Aufgabe der Symphonie, den *Impromptus op. 5* zugrunde legte. Das Werk besticht durch seinen Ideenreichtum im einzelnen und die originelle Konzeption im großen und weist zugleich unverkennbar SCHUMANNsche Stileigentümlichkeiten auf: in seinen technischen Mängeln unüberhörbar ein Jugendwerk, im übrigen aber ein kühner Wurf.

Egon Voss

Symphonie Nr. 1 B-dur op. 38

Als ROBERT SCHUMANN im Januar 1841 in nur vier Tagen seine *erste Symphonie in B-dur* entwarf, hatte er es nicht mehr nötig, den Beweis für seine erstrangige kompositorische Stellung anzutreten. Der war in den davorliegenden Klavierwerken und Liedern bereits erbracht, Florestan und Eusebius, die beiden Seelen SCHUMANNS, hatten einen erfolgreichen Kampf gegen die musikalische Dummheit, gegen die Philister geführt. Längst hatte SCHUMANN auch erkannt, daß auf dem Weg der Siegeszuversicht, den BEETHOVEN so nachdrücklich beschritten hatte, nicht ohne weiteres fortzuschreiten sei. Denn überall waren Niederlagen des fortschrittlichen Geistes zu beobachten, auch scheinbar widerständige Köpfe hatten sich nicht selten schnell und beamtenhaft – und dies sind SCHUMANNS Philister! – den neuen Verhältnissen preußischer Zucht oder Metternichscher Unterdrückung ergeben. Ein Blick zurück ins Innere des Menschen schien nötig, um das Geschehene zu begreifen und um nach neuen Kräften Ausschau zu halten. SCHUMANNS Kompositionen nahmen Abstand vom Prozeß- und Kampfcharakter der BEETHOVENschen Werke, sie suchten eine Idee, eine Empfindung abzuklopfen, verschiedene Beleuchtungen zu unterwerfen. Dies wohl meint er, wenn er von der poetischen Idee eines Musikstücks spricht, die Konzentration auf das eine, den Blick in die Tiefe. Es erscheint klar, daß im Lied oder im einsätzigen Klavierstück diese Konzentration und Intimität problemloser zu verwirklichen war, als in großformalen Werken.

Und dennoch – die Gattung der Symphonie hatte nichts von ihrem umfassenden Anspruch verloren; dies vielleicht noch mehr, da SCHUMANN wenige Jahre vor der Komposition seiner *ersten Symphonie* SCHUBERTS *große C-dur-Symphonie* entdeckt hatte. Vielleicht gab gerade diese Entdeckung die Kraft, nach dem unvollendeten symphonischen Ansatz im Jahre 1832, ein großes symphonisches Werk zu konzipieren. Jedenfalls scheint die Symphonie in fieberhafter schöpferischer Eile entworfen zu sein. SCHUMANN schrieb damals: «Ich schrieb die Symphonie zu Ende des Winters 1841, wenn ich es sagen darf, in jenem Frühlingsdrang, der den Menschen wohl bis ins höchste Alter hinreißt und jedes Jahr von neuem überfällt.»

Der Name *‹Frühlingssymphonie›* blieb dem Werk. Und sie kann und will den Aufbruchscharakter nicht verbergen: Aufatmen jedes Menschen im Frühling, aber auch Aufbruch zu neuen Ufern, die nicht mehr vom symphonischen Übergewicht BEETHOVENS belastet sind, schließlich auch das Fortentwickeln des empfindsamen Geistes – all dies stellt sich die *erste Symphonie* als Programm.

Schon die kurze Entstehungszeit, die Tatsache, daß sie fast so unmittelbar wie etwa ein Lied entworfen wurde, mag auf die Einheitlichkeit des Stimmungsgehalts deuten. Das schlägt sich musikalisch im Beziehungsreichtum der thematischen Gestalten nieder. Die ganze Symphonie lebt aus der melodischen und rhythmischen Zelle, die zu Beginn in den Hörnern und Trompeten vorgestellt ist. Aufschlußreich ist ein Vergleich zum Kopfmotiv aus BEETHOVENS *Fünfter*, das sich auch durch die ganze Symphonie zieht. Hier ist das Motiv ein Gesetz, das sich im Laufe der Symphonie entwickelt. Bei SCHUMANN hingegen gibt das Motiv den Charakter der ganzen Symphonie an, es ändert sich nicht im Wesen, die von ihm eingefangene Stimmung wird gewissermaßen verschiedenen Beleuchtungen unterworfen. Es ist ein kühn neuartiges Konzept, das dem Verlust musikalischer Prozeßhaftigkeit auszugleichen sucht. So entwerfen die einzelnen Sätze Facetten des im Grundmotiv vorgestellten. Im zweiten Satz etwa wird der melodische Ansatz, also der Terzschritt nach unten und dann schrittweise Rückkehr zum Ausgangston, vertiefend weiterentwickelt, im Scherzo wird der punktierte Rhythmus zu diversen synkopischen Wendungen umgebogen. Nie aber wird der Eindruck erweckt, als würde sich grundsätzlich von der Ausgangscharakteristik entfernt. Und dadurch, daß Schumann den langsamen Satz und das Scherzo ohne Pause aneinander anschließen läßt, bestätigt sich die Annahme, daß beide Sätze gleiches aus konträren Perspektiven betrachten. Der letzte Satz kehrt bestätigend wieder zur Haltung des ersten zurück. Verblüffend wirkt eine eingeschobene Kadenz der Flöte vor der Schlußstretta. Das ganze Orchester scheint hier den Atem anzuhalten. Es wird hier noch einmal zu bedenken gegeben, daß die Euphorie des Schlusses sich nur auf der Basis eines nach innen gewendeten Blicks entfalten konnte.

Reinhard Schulz

Symphonie Nr. 2 C-dur op. 61

Ein Jahr nach seiner Übersiedlung von Leipzig nach Dresden, wo sich Schumann auch eine Linderung seiner schweren Depressionen und Angstzustände erhoffte, skizzierte er in sechzehn Tagen seine *zweite Symphonie in C-dur* (chronologisch ist es die dritte). «Die Symphonie schrieb ich im Dezember 1845 und noch halb krank», gestand er einige Jahre später dem Hamburger Musikdirektor Georg Otten, «mir ist's, als müßte man ihr das anhören.» Und an seinen Verleger Whistling schrieb er: «Mir hat sie manche Mühe gemacht, manch' unruhige Nacht hab' ich darüber gebrütet, manches 5. und 6.mal umgestürzt.» Ob der merkwürdig uneinheitliche Gesamteindruck der Symphonie und ihre Tendenz zu «klassizistischer Fassadenhaftigkeit» (Karl Wörner) allein mit den seelischen Belastungen des Komponisten erklärt werden kann, wie immer wieder behauptet wurde, bleibt fraglich. Vielmehr scheint es das Resultat der ästhetischen Absicht Schumanns zu sein, hier den Geist Bachs und Beethovens mit neuer romantischer Substanz, mit der Poesie Mendelssohns, verquicken zu wollen. Insofern zählt die *C-dur-Symphonie* zu den markantesten und ehrlichsten Zeugnissen von Schumanns kompositorischem Dilemma: seinen zum Scheitern verurteilten Versuch, *historische Kontinuität* herzustellen. Denn zu unvereinbar stehen sich auch hier *neuer In-*

halt – das subjektive, poetisch motivierte Ausdrucksbedürfnis der Romantik inklusive aller Brechungen – und *alte Form* – das ästhetisch geschlossene, genuin musikalische, objektive Prinzip der klassischen Symphonie – gegenüber.

Im Kopfsatz tritt dieser Widerspruch am deutlichsten zutage. Eine vielversprechende langsame Einleitung – sie kombiniert sieghafte Bläserfanfaren BEETHOVENscher Prägung mit der unsicheren, dunklen, umherirrenden Seelenlage der Romantik – mündet im Allegro-Hauptsatz in ein ziemlich steriles, aus lauter gleichförmigen Punktierungen zusammengestückeltes Hauptthema, das sich nur wenig zur Weiterverarbeitung eignet, so daß der Komponist in Ermangelung eines ausgeprägten zweiten Themas auf allerlei überkommene Mittel wie ständiges Sequenzieren zurückgreifen muß, um den Satz einigermaßen in Bewegung zu halten. Überzeugender gelingt SCHUMANN die Weiterentwicklung klassischer Vorbilder im zweiten Satz, dem Scherzo, der die Idee des *stilisierten Tanzes* in aktueller, romantisch-phantastischer Weise aufgreift. Es ist ein reines *Phantasiestück*, das über den Umweg des poetischen Bildes einen neuen Weg zum Tanz, zur romantischen Ballettszene, eingeschlagen hat: ein romantischer Zauberspuk gekoppelt mit den damals beliebten Perpetuum mobile-Effekt (der nichts anderes ist als der ästhetische Reflex auf die zunehmende Mechanisierung der Arbeit und des Lebens). Auch im dritten Satz (Adagio espressivo) geht es SCHUMANN um die Verknüpfung von Altem und Neuem: Eine große, schmerzlich-schöne melodische Linie entfaltet sich über einem generalbaßartigem Unterbau und verbreitet eine seltsam zwitterhafte, antikisierende Aura. Ein *Nocturne* mit Generalbaß. Oder: die romantische Vision eines langsamen Satzes von VIVALDI. Oder: SCHUMANNS *musikalisches Opfer*. Im abschließenden Jubelfinale (Allegro molto vivace), in dem wieder klassische Vorbilder (MOZARTS *‹Jupiter›-Symphonie*, BEETHOVENS *Fünfte*) deutlich werden, ist von den Prinzipien des Sonatensatzes oder des Rondos nicht mehr viel übriggeblieben. Es findet lediglich eine ziemlich freizügige Verschachtelung verschiedener, recht optimistisch sich gebender C-dur-Gedanken statt – allenfalls ein wenig kontrastiert von dem aus dem langsamen Satz herübergenommenen schmerzlichen *‹Ich fühl' es›*-Motiv –, die schließlich allesamt in einer *himmlisch* langen und festlich dröhnenden Coda neben- und übereinandergeschichtet werden, um mit dem dann erstmals in vollem Umfang erklingenden fanfarenartigen Leitgedanken der Symphonie einen mächtig lärmenden Schlußpunkt zu setzen.

Attila Csampai

Symphonie Nr. 3 Es-dur op. 97 (‹Rheinische›)

In jeder seiner vollendeten Symphonien hat SCHUMANN eine andere Lösung für die symphonische Konzeption und Einheit gefunden. Aber erst mit der im Jahre 1850 komponierten *dritten Symphonie* erreicht er eine kompositorische Verbindlichkeit, die ihn auf der höchsten Stufe der Meisterschaft in der nach BEETHOVEN unendlich schwierig gewordenen, aber obersten Gattung der Instrumentalmusik zeigt. Am 2. September 1850 traf SCHUMANN mit seiner Familie in Düsseldorf, seiner neuen Wirkungsstätte, ein und begann kurz darauf mit der Komposition einer neuen Symphonie, die man später wohl auf Grund des Uraufführungsberichts die *‹Rheinische›* nannte. Vom 7. November bis 9. Dezember dauerte die Arbeit – eine für die Skizzierung und Ausführung der Partitur geringe Zeit angesichts einer solchen Symphonie. Angeblich soll sich SCHUMANN zunächst durch den Anblick des Kölner Doms zur Komposition angeregt gefühlt haben. Der Schwung jedenfalls, der ihn bei der Arbeit beseelte, ergriff auch das begeisterte Publikum der Düsseldorfer Uraufführung am 6. Februar 1851 unter SCHUMANNS Leitung. Mit der Instrumentation hatte SCHUMANN indessen wenig Glück; schon bei der Uraufführung machten sich Mängel im kompakten Orchesterklang übel bemerkbar. Doch hat SCHUMANN, wie bis heute viele Dirigenten meinen und deshalb unablässig retuschieren zu müssen glauben, niemals ein befriedigendes Klangergebnis erzielen können. Was ihn aber viel mehr beschäftigte, war die Frage, ob er dem Publikum die latente Programmatik des Werkes mitteilen solle oder nicht. Die Eindrücke der neuen Umgebung, in die er nun als städtischer Düsseldorfer Musikdirektor versetzt war, haben ihn zweifellos zu einem nicht geringen Teil angeregt, die Symphonie zu komponieren, denn er sagte ja selbst, es ginge ihm nun um eine Symphonie, «die vielleicht hier und da ein Stück Leben widerspiegelt» und in der «volkstümliche Elemente vorwalten». Bekanntlich war aber SCHUMANN ein Gegner der literarischen Programme zur Musik. Er bezeichnete sie verächtlich als Scharlatanerie und schlichtweg als überflüssig: «Die Hauptsache bleibt, ob die Musik ohne Text und Erläuterungen an sich etwas ist, und vorzüglich, ob ihr Geist innewohnt.»

Der gängigen Meinung über die *dritte Symphonie* – der unausrottbare Beiname verrät es – hat sich indessen ihr «Geist» wohl noch nicht mitgeteilt, wenn da die Rede ist von dem lebensfrohen Treiben der Rheinländer, von verträumten Sommernächten, vom Land der fröhlichen Weinberge und was dergleichen mehr ist. Mit der tatsächlichen Symphonie hat das wenig zu tun. Selbst wenn es stimmen sollte, daß sich SCHUMANN für den eigenartigen vierten Satz angeregt fühlte von der Zeremonie der Erhebung eines Kölner Bischofs zum Kardinal, dann ist diese Situation noch lange nicht der «Gegenstand» des Symphoniesatzes. Der bewußt gewählte, archaische Tonfall, die strenge kontrapunktische Faktur und die an BACHS *Es-dur-Präludium* aus dem *ersten Teil des ‹Wohltemperierten Klaviers›* orientierte Thematik stehen nicht für sich, etwa als «Illustration» des sakralen Vorgangs in der besagten Szene, sondern sie sind der ungewöhnlichen zyklischen – immerhin fünfsätzigen – Anlage der ganzen Symphonie zugeordnet. Es geht SCHUMANN in seiner in jeder Hinsicht gewichtigsten Symphonie schließlich um die «größten Verhältnisse», um nichts anderes als eine gestaffelte Weltsicht, gespiegelt in einer neuartigen Konzeption poetischer Differenzierung musikalischer Tonfälle, die dann im Finale, das seinem Namen alle Ehre macht, zusammentreffen. Im Gegensatz zur früher komponierten, aber erst viel später eingreifend revidierten *vierten Symphonie* verfolgte SCHUMANN hier die Idee symphonischer Einheit gleichsam etappenweise, nicht durch einen übergeordneten Formbogen. (In der *vierten Symphonie* ist ja bekanntlich das Finale die Reprise des Kopfsatzes und zugleich die Synthese der gesamten Symphonie.) Die ersten vier Sätze stehen dem turbulenten, thematisch äußerst dicht gearbeiteten Finale gegenüber. Ihre Tempi werden planmäßig immer langsamer, so daß der archaische vierte Satz den Ruhepunkt und die Peripetie der bisherigen Entwicklung darstellt, denn sein sakraler Tonfall bedeutet einen völligen Umschlag der bisherigen musikalischen Haltung. Bezeichnenderweise kehrt seine Coda, und zwar verwandelt zum strahlenden *Durchbruch* – wer von uns heute denkt da nicht gleich an dieses zentrale Merkmal der Musik GUSTAV MAHLERS? – im Finale, kurz vor der Reprise, wieder. Die thematische Einheit, festzumachen an der Quartmotivik aller Sätze, ist unterirdisch wirksam.

Entscheidend ist aber der Wechsel der musikalischen Charaktere. Dem symphonisch breiten Tonfall des ersten Satzes, wenn auch flächig und nicht dramatisch, kaum durchführungsartig gearbeitet, folgt der behaglich-humoristische, altväterische Ton des ländlerartigen Scherzos in D-dur. Sein von auf- und absteigender Quart bestimmtes Hauptthema hängt gewissermaßen in der Luft, weil es syntaktisch unabgeschlossen bleibt. Möglicherweise verfolgt SCHUMANN damit die Absicht, den *Wechsel* von Quartabstieg (erster Satz) und -aufstieg erst im Finale als abschließendes Ereignis wirksam eintreten zu lassen.

Der dritte Satz trug ursprünglich die auffällige Bezeichnung «Intermezzo». Das verweist gleichermaßen auf den intimen Tonfall eines *‹Lieds ohne Worte›* wie auch auf die absichtlich reduzierte Orchesterbesetzung. Mit dem vierten Satz treten die Posaunen hinzu. Gemeinsam mit dem Finale hat die Symphonie damit die größte Besetzungsstärke erreicht. Das vergleichsweise «stehende» Genrebild des vierten Satzes bricht im Finale strahlenförmig und überschwenglich nach allen Seiten hin auf. Auch der Durchbruch erscheint wieder.

Der zyklischen Balance zuliebe sind die drei Mittelsätze allesamt Ausprägungen der einfachen dreiteiligen Liedform, also weniger symphonisch in der Haltung, während die Ecksätze – den vierten als Übergang zum Finale betrachtet – als ausgeprägte Sonatensätze in Erscheinung treten, das Finale sogar mit rondoartiger, bunter Fülle von Themen. Die Synthese und der gestaltete, nicht: veranstaltete Durchbruch im Finale zeigt SCHUMANN wirklich auf der vollen Höhe symphonischer Verbindlichkeit und Originalität der Formidee. Die «entfernten Interessen», an die SCHUMANN anknüpfen will, das heißt: die flächige Auffassung der Sonatenform wie überhaupt das produktive Verhältnis zur hergebrachten Formenwelt, ferner die Themenvielfalt und der Wechsel der unterschiedlichsten Intonationen, vom Volkslied bis zum Choral, vom Ernst bis zur festlichen Turbulenz, dies alles feiert im Finale die wahre Ankunft. Das ist die «Widerspiegelung des Lebens» im musikalischen Material.

Dietmar Holland

Symphonie Nr. 4 d-moll op. 120

Numerierung und Opuszahl dieses Werkes täuschen; denn sie beziehen sich nicht auf die Komposition, die bereits 1841 erfolgte, sondern auf die zehn Jahre später durchgeführte Überarbeitung – die vornehmlich die Instrumentation betraf, die Substanz aber kaum tangierte – sowie auf die Drucklegung von 1853/54. Der wahren Chronologie nach ist es SCHUMANNS dritte Symphonie nach jener in *g-moll* von 1832/33 und der als *Nr. 1* fungierenden in *B-dur op. 38*, die Anfang 1841 entstand und das berühmte Symphonienjahr in SCHUMANNS Schaffen einleitete. Die *d-moll-Symphonie* war das vierte Orchesterwerk in diesem gleichsam eruptiven Schaffensschub, der zwischen *B-dur-* und *d-moll-Symphonie* noch *‹Ouvertüre, Scherzo und Finale› op. 52* sowie den als selbständige *Phantasie für Klavier und Orchester* komponierten ersten Satz des späteren *Klavierkonzerts op. 54* hervorbrachte. SCHUMANN begann die *d-moll-Symphonie* Ende Mai und schloß die Partitur Anfang September ab. Bereits am 6. Dezember 1841 gab es im Leipziger Gewandhaus die erste Aufführung, die jedoch nur mäßigen Erfolg hatte und SCHUMANN veranlaßt haben dürfte, das Werk liegen zu lassen.

Die Symphonie hat zwar äußerlich die traditionellen vier Sätze (Allegro mit langsamer Einleitung, Romanze, Scherzo mit Trio, Allegro), doch unterscheiden sie sich im Innern so wesentlich vom Herkömmlichen, daß der Eindruck entsteht, die klassische Symphonie sei nicht Muster und Modell, sondern Widerpart der Komposition gewesen. SCHUMANN scheint nach der gleichsam vorsichtig die gewohnten Bahnen abtastenden *B-dur-Symphonie*, deren unmittelbarer Erfolg gewiß nicht zuletzt auf ihrer insgesamt konventionelleren Haltung beruhte, das Bedürfnis gehabt zu haben, das klassische Modell mit Gegenentwürfen zu konfrontieren. Als solche nämlich erweisen sich *‹Ouvertüre, Scherzo und Finale›* und vor allem die *d-moll-Symphonie*. Allerdings ist die so schön in diesen Zusammenhang passende und bis heute hartnäckig wiederholte Behauptung, SCHUMANN habe die *d-moll-Symphonie* in ihrer ursprünglichen Fassung als «Phantasie» bezeichnet, falsch. Erst 1851 in der Rückschau und einem Anflug von klassizistischer Formstrenge gab SCHUMANN dem Werk zeitweise den Titel *‹Symphonistische Phantasie›*. Zuvor hieß das Werk stets «Symphonie». Über die Intention des Stücks unterrichtet das Tagebuch Clara Schumanns vom 31. Mai 1841, wo es heißt, SCHUMANN habe eine Symphonie begonnen, «welche aus einem Satze bestehen, jedoch Adagio und Finale enthalten» solle. Die Formidee ist also die der Symphonie in einem Satz, die äußerlich dadurch verwirklicht ist, daß die Sätze ohne Pause einander folgen. Eine Überlagerung von Ein- und Mehrsätzigkeit, wie man sie aus LISZTS *h-moll-Klaviersonate* oder SCHÖNBERGS *Kammersymphonie op. 9* kennt, liegt nicht vor, so daß es eine Mehrdeutigkeit der formalen Funktionen nicht gibt. Die zugrunde liegenden Formanlagen sind unmißverständlich. Daß sie es sind, ist die Voraussetzung für SCHUMANNS Verfahren, das den Hörer regelmäßig am Ende der einzelnen Sätze dadurch überrascht, daß die von der zugrunde liegenden Form geweckten Erwartungen nicht erfüllt werden. Der erste Satz hat Sonatenform, doch auf die Durchführung folgt keine Reprise; sie ist ausgespart. Der zweite Satz, der seiner Anlage nach dem Schema A-B-A folgt, enthält den die Form rundenden dritten Teil nur in einer drastischen Verkürzung, und der dritte Satz, der nach BEETHOVENschem Vorbild auf Fünfteiligkeit zielt (dreimal das Scherzo, dazwischen zweimal das Trio), spart Teil fünf kurzerhand aus. Erst im Schlußsatz wird das Prinzip der Erwartungstäuschung aufgegeben, obwohl auch hier, freilich nicht am Ende, mit Formverkürzung gearbeitet wird. Das Prinzip der offenen Form, das jeden der Sätze in den vorangehenden hineintragen läßt und die

Sätze auf diese Weise in ganz neuartiger Verknüpfung aufeinander bezieht, endet konsequenterweise im Finalsatz, der naturgemäß auf Offenheit der Form nicht angewiesen ist. SCHUMANN hat es jedoch nicht bei der Verbindung der Sätze durch das Prinzip der offenen Form belassen. Die Reprisen, die dort, wo man sie erwartet, ausbleiben, fallen nicht einfach unter den Tisch, sondern kehren an anderer Stelle, wenn auch nie ganz wörtlich-notengetreu, wieder. Ihr Eintritt ist nicht minder überraschend-unerwartet wie ihr Ausbleiben an den bezeichneten Stellen. Jeder der Sätze enthält folglich Rekapitulationen von Motiven, Themen und Passagen aus den vorangehenden Sätzen. So sind die Romanze mit der langsamen Einleitung, das Trio mit der Romanze und der Schlußsatz mit dem ersten Allegro verknüpft, um nur die wichtigsten dieser thematischen Korrespondenzen zu nennen, die gleichsam irrational sind, nämlich frei von vorgegebenen Schemata, und auf diese Weise ein hintergründiges Bezugsnetz spannen, in der Qualität nicht unähnlich jenem «Beziehungszauber», den Thomas Mann an WAGNERS Leitmotivverfahren so bewunderte.

Egon Voss

Klavierkonzert a-moll op. 54

Den Plan, ein Klavierkonzert zu schreiben, hatte SCHUMANN schon in seinen Jugendjahren gefaßt, aber es dauerte schließlich bis 1845, bis er, in seinem ersten Dresdner Jahr, seinen einzigen Beitrag zu dieser Gattung vollendete. Und selbst dieses eine *Klavierkonzert* des ausgesprochenen Klaviermusik-Komponisten SCHUMANN wäre womöglich nicht entstanden, hätte SCHUMANN bereits vier Jahre zuvor, als er den (späteren) ersten Satz fertiggestellt hatte, einen Verleger gefunden, der bereit gewesen wäre, das Allegro affettuoso als *‹Phantasie für Klavier und Orchester›* zu veröffentlichen. Erst nach dieser Enttäuschung – es fand auch nie eine Aufführung der als Opus 48 geplanten *Phantasie* statt – reifte in SCHUMANN allmählich der Entschluß heran, den Satz zu einem dreisätzigen *‹Concert für das Pianoforte mit Begleitung des Orchesters›* zu erweitern. Es war klar, daß seine Frau Clara, die als Pianistin inzwischen zu Weltruhm gelangt war (und als erste bedeutende Nur-Interpretin des Klaviers die Fertigstellung des Werkes wohl mitangeregt hatte), in den ersten Aufführungen den Solopart bestreiten würde – so geschehen bei der Dresdner Uraufführung im Dezember 1845 unter Ferdinand Hillers Leitung, wie auch bei der legendären Leipziger Premiere am Neujahrstag 1846, die Felix Mendelssohn Bartholdy dirigierte. Seither hat sich das *a-moll-Konzert* beim Publikum an der Spitze der Beliebtheitsskala gehalten: Für viele gilt es nach wie vor als «das schönste aller Klavierkonzerte».

Jedoch nicht nur seine «Schönheit» rechtfertigt die ungewöhnlich lange Entstehungszeit des Werkes, sondern auch seine musikhistorische Bedeutung: Es ist das erste bedeutende romantische Klavierkonzert, das erste Werk in dieser Gattung, das die klassische Ästhetik abgestreift hat zugunsten einer neuen genuin romantischen Konzeption. Zwar wahrt das Konzert nach außen hin die klassische Dreisätzigkeit, besteht aber im Grunde nur aus einem einzigen großen Satz mit einem Haupt- (erster Satz) und einem Nebengedanken (Intermezzo) sowie der – auch im Charakter – variierten Wiederkehr des Hauptgedankens im dritten Abschnitt. Eine neue monothematische Konzeption prägt auch die Gestalt der einzelnen Sätze selbst, insbesondere des Kopfsatzes: sie benutzt die traditionelle, auf Themendualismus basierende Sonatenform nur noch als äußere Hülle, als Korsett. Ebenso dienen die dramatisch-dialektisch motivierten funktionalen Teile des Sonatensatzes – also Exposition mit Hauptthema und Seitensatz, Durchführung, Reprise und Coda – hier nur mehr als äußere Anlässe, um fünf *Charaktervariationen*, fünf poetisch-epische, ganz und gar undramatische Ansichten ein und desselben Themas, die alle auf der gleichen absteigenden Terz basieren, formal zu rechtfertigen und zugleich den unbezähmbaren Drang jeder einzelnen Themenmetamorphose, den Augenblick zu verewigen, das Unendliche anzustreben, von außen im Rahmen zu halten.

Schließlich bestimmt die neue romantische *Ausdrucksästhetik* auch die innere Gestalt des Hauptthemas, das nun zum «Thema einer Geschichte» geworden ist, die in fünf verschiedenen musikalischen Episoden erzählt wird. Im Gegensatz zu den körperlichgestischen, aus einem Guß geformten Gestalten, die im Wiener Klassischen Satz vor unseren Augen und in unserer Gegenwart innerhalb eines pulsierenden Metrums frei aufeinanderprallen, vereinigt das SCHUMANNS Konzert singend eröffnende Hauptthema die Zeit in sich, es erzählt uns eine Geschichte, *seine* Geschichte von Vergangenheit und Zukunft, von seinem Leid und seinen Sehnsüchten. Deshalb wird es auch nicht distanziert vorgeführt, sondern es erfordert Einfühlung, Identifikation, Miterleben und Mitleiden, um seine ambivalente Seelenlage nachempfinden zu können. Im wellenartigen Duktus dieser schönen, einfachen Melodie findet das romantische Bewußtsein seinen adäquaten Ausdruck: In diesem Auf und Ab ist das Hin- und Hergerissensein der bürgerlichen Seele zwischen Hoffnung und Resignation, zwischen Utopie und Untergang plastisch eingefangen.

Attila Csampai

Konzert für Violoncello und Orchester a-moll op. 129

Zu den ersten Kompositionen SCHUMANNS in Düsseldorf gehört das *Cellokonzert a-moll op. 129*. SCHUMANN war im September 1850 von Dresden nach Düsseldorf übersiedelt, um hier die Nachfolge HILLERS als städtischer Musikdirektor anzutreten. In seinem Projektenbuch – SCHUMANN war ein sorgfältiger Tagebuchschreiber in allen Bereichen seines Lebens – findet sich die Eintragung: «Vom 10. bis 16. Oktober: Conzertstück für Violoncell mit Begl. des Orchesters skizziert, bis zum 24. instrumentiert.» In einem Brief an seinen Verleger Härtel schreibt SCHUMANN dann: «... ich glaube, daß gerade, da so wenig Compositionen für dieses Instrument geschrieben werden, der Absatz ein den Wünschen entsprechender sein wird.» Erschienen ist das Konzert dann 1854. Es ist wahrscheinlich, daß SCHUMANN bis kurz vor seinem Selbstmordversuch und der Einlieferung nach Endenich noch daran gearbeitet hat. Mit den virtuosen Konzerten aus dem frühen 19. Jahrhundert hat SCHUMANNS Stück wenig zu tun, schon seine Bezeichnung ‹*Concertstück*› weist auf eine Auseinandersetzung mit dem klassischen Konzerttypus hin, unterstützt wird diese Konzeption noch durch die drei miteinander verbundenen Sätze, die aus SCHUMANNS romantischer Kunstauffassung resultieren. Sein Ziel war es, «die Poesie der Kunst wieder zu Ehren zu bringen». Die Poesie der Kunst – sie sah SCHUMANN verwirklicht in einer Musik, die die Sehnsucht nach idyllischer Vergangenheit widerspiegelt, die wie eine alte Märchenerzählung aus der Vergangenheit in die Gegenwart herüberklingt.

Und so läßt SCHUMANN sein *Cellokonzert* wie eine einzige ausdrucksstarke Erinnerung vorüberziehen. In der Überleitung zum dritten Teil klingen Themen des ersten und zweiten an, so daß die drei Abschnitte zu einem großen Bogen zusammenschmelzen. Die Atmosphäre wird nicht unterbrochen, sondern zieht sich bis zum Ende konzentriert durch. Angelehnt an ein modifiziertes Modell der Sonatensatzform ist der erste Teil, verzichtet auf die Kadenz des Solisten und auch auf die Durchformung von symphonischem und konzertierendem Prinzip zwischen Orchester und Solist. Erst im dritten Teil entwickelt sich ein Zusammenspiel, eine gegenseitige Bezugnahme. Das Orchester drängt sich nie auf, läßt in seiner durchsichtigen, transparenten Anlage immer dem Cello den Vorrang des Solisten. Und das Cello wiederum erscheint bei SCHUMANN als idealer Träger für den romantisch-reflektierenden Gehalt des Stücks. Es bietet die Möglichkeit zu kantilenen Passagen ebenso wie zu rezitativisch-dramatischen Abschnitten. Die tiefen Lagen des Instruments begünstigen melancholisch-düstere Stimmungen, die Beweglichkeit des Cellos ist aber auch in der Lage, fröhliche Liedhaftigkeit im Volkston umzusetzen.

Obwohl das eigentliche Instrument SCHUMANNS das Klavier und die Geige der Prototyp des romantischen Instruments schlechthin war – man denke nur an die Violine des «Rat Krespel» oder die des «Kapellmeisters Kreisler» –, erweist sich das Violoncello in diesem Konzert als geradezu prädestinierter Ausdrucksträger für SCHUMANN.

Irmelin Bürgers

Werke für Violine und Orchester

Den Anstoß für die Komposition der *Phantasie für Violine mit Orchester op. 131* und des *Violinkonzerts d-moll* (*op. posth.*) gab der mit SCHUMANN befreundete Geiger JOSEPH JOACHIM. Beide Werke entstanden zwischen dem 2. September und 3. Oktober 1853, aber nur die *Phantasie* wurde aufgeführt. Am 27. Oktober desselben Jahres spielte JOACHIM sie in den Düsseldorfer Abonnementskonzerten; der Erstdruck erschien im Juli 1854. Vom *Violinkonzert* dagegen ahnte niemand etwas. Die Vorgänge sind seltsam genug: Zunächst galt das *Violinkonzert* in SCHUMANNS Kreis, auch noch nach der Einlieferung des Komponisten in die Heilanstalt, als gelungene Komposition, dann plötzlich stieß sich Clara Schumann an dem Polonaisencharakter des Finales, nachdem äußere Gründe die geplante Uraufführung verhindert hatten. Nach SCHUMANNS Tod bat Clara Schumann JOACHIM, das beanstandete Finale umzuarbeiten, was der Geiger begreiflicherweise ablehnte. So blieb das *Violinkonzert* unveröffentlicht und erschien auch später nicht in der Gesamtausgabe. JOACHIM hielt das Manuskript verborgen und nannte seinem Schüler Andreas Moser gegenüber die Gründe: «Ein neues Konzert von Schumann – mit welchem Jubel würde es von allen Kollegen begrüßt worden sein! Und doch durfte gewissenhafte Freundessorge für den Ruhm des geliebten Tonsetzers nie einer Publikation das Wort reden, so vielumworben es von den Verlegern war. Es muß leider eben gesagt werden, daß eine gewisse Ermattung, welcher geistige Energie noch etwas abzuringen sich bemüht, sich nicht verkennen läßt.» Es ist aber sehr merkwürdig, daß derselbe JOACHIM noch im Januar 1854 zwei Proben des *Violinkonzerts* abgehalten hatte und seinerzeit keine Mängel feststellte! JOACHIMS Sohn erbt das Manuskript und verkauft es an die Preußische Staatsbibliothek. Frühestens hundert Jahre nach SCHUMANNS Tod soll es erst freigegeben werden. Zu SCHUMANNS Lebzeiten wurde über den Wert oder Unwert des *Violinkonzerts* nicht debattiert, deshalb ist es völlig unverständlich, wieso die plötzliche Sinnesänderung bei denen, die es genau kannten, eintrat. Im übrigen haftet dem Konzert auch heute, nachdem es im Druck zugänglich ist, immer noch das Odium des Seltsamen an.

Die Vorgänge im 20. Jahrhundert sind denn auch ebenfalls merkwürdig genug: Anfang der dreißiger Jahre wollen zwei Nichten JOSEPH JOACHIMS in spiritistischen Sitzungen vom Geist SCHUMANNS erfahren haben, das *Violinkonzert* müsse unverzüglich veröffentlicht werden. Tatsächlich gibt die Preußische Staatsbibliothek dem Drängen der Musikwissenschaft und zahlreichen namhaften Geigern, darunter Yehudi Menuhin, nach und gibt das Manuskript, übrigens gegen den Willen der noch lebenden jüngsten Tochter SCHUMANNS, zur Veröffentlichung frei. Das geschieht während des Nazi-Terrors, und das ist auch der Grund, warum Yehudi Menuhin die Uraufführung nicht spielen darf. Im hochpolitischen Rahmen anläßlich der «Gemeinsamen Jahrestagung der Reichskulturkammer und der NS-Gemeinschaft Kraft durch Freude» dirigiert Karl Böhm das Berliner Philharmonische Orchester am 26. November 1937; der Solist der Uraufführung ist Georg Kulenkampff, der auch bei der kurz darauf produzierten ersten Plattenaufnahme mitwirkt. Im Gegensatz zu der gleichzeitig erstellten Einspielung Menuhins verwendet Kulenkampff stets eine Bearbeitung PAUL HINDEMITHS, was aber verschwiegen wird, da HINDEMITH zu den unerwünschten Komponisten gehört. Diese Bearbeitung treibt nichts geringeres als Schindluder mit SCHUMANNS Intentionen, indem sie den von SCHUMANN absichtlich recht tief und unvirtuos gesetzten Solopart um Oktaven höher und strahlender versetzt und etliche, angeblich wirkungsvollere, Akkordgriffe hinzufügt. Die Irritationen und vor allem die Innovationen des SCHUMANNschen *Violinkonzerts* wurden damit natürlich verstellt. Das Neuartige dieses Werkes besteht in der Haltung des Solisten, der sich in grüblerische Reflexionen über das vom Orchester aufgestellte thematische Material verstrickt und in der Durchführung des ersten Satzes sogar in eine Art depressiver Phase (!) verfällt, wie man sie in der Musik sonst wohl kaum kennt. Das Hauptthema klingt wie der Beginn einer ungeschriebenen Symphonie BRUCKNERS, während das Aussingen des Seitenthemas ganz in die verinnerlichten Bereiche des Romantisch-Lyrischen versinkt, besonders in der Exposition des Solisten. Dieser Tonfall beherrscht dann den ganzen außerordentlich dichten Mittelsatz, der nichts anderes ist als ein unerschöpflicher, konzentrierter Gedankenstrom, unterbrochen von einem bizarren Vorgriff auf die Polonaise des Finales. Der Polonaisencharakter ist im Finale gewissermaßen modellhaft auskomponiert, verzichtet auch nicht auf ausdrücklich virtuose Passagen *a capriccio* und läßt von einem angeblichen Nachlassen der schöpferischen Kräfte des körperlich bereits zerfallenden SCHUMANN nichts ahnen. Trotz des Verdikts durch Clara Schumann und JOSEPH JOACHIM scheint es nicht gerechtfertigt, das *Violinkonzert* so zu mißachten, wie es bis heute geschieht.

Dietmar Holland

Konzertstück für vier Ventilhörner und großes Orchester F-dur op. 86

Die vom Komponisten gewählte Bezeichnung erscheint angesichts des Umfangs und der formalen Anlage eigentlich als zu bescheiden: Das Werk ist ein bedeutender, gültiger und höchst origineller Beitrag zur konzertanten Gattung in der Romantik. Nach MOZART und dem böhmischen Hornisten Giovanni Punto (1746–1803) hatten sich nur wenige Komponisten mit Konzerten für jenes Instrument abgegeben, das als «romantisch» schlechthin gilt. CARL MARIA VON WEBER und JOHANNES WENZESLAUS KALLIWODA (1801–1866) hatten Concertini für Solohorn mit Orchesterbegleitung geschrieben, die noch für die Möglichkeiten des ventillosen Naturhorns entworfen sind und späteren Umarbeitungen unterzogen wurden. SCHUMANN dagegen fordert für sein *Opus 86* ein komplettes Quartett von vier Ventilhörnern, die den gesteigerten technischen Ansprüchen der romantischen Harmonik mit zahlreichen chromatischen Tönen gewachsen sind. Das Werk hat dreisätzige klassische Konzertform mit einem durchgebildeten Sonaten-Kopfsatz, einer dreiteiligen Romanze und einem *attacca* an diese anschließenden Finale, dessen Mittelteil – statt einer Durchführung – einen selbständigen kontrastierenden Seitensatz enthält. Das Soloquartett wird über weite Strecken des Werkes in engem Dialog mit dem Orchester geführt. Sowohl die kantable wie die virtuose Seite des Instruments bringt der Komponist in diesem klangseligen Werk zur Geltung.

Hartmut Becker

Introduktion und Allegro appassionato für Klavier und Orchester G-dur op. 92

Entstanden im Jahre 1849, wenige Monate nach dem Hörnerkonzert, ist die Bezeichnung «Konzertstück» für das *Opus 92* angemessen: Ein einzelner symphonisch gearbeiteter Konzertsatz, dem eine langsame Einleitung vorangestellt ist, steht dieses Werk in der von Louis Spohr und Felix Mendelssohn Bartholdy geschaffenen Tradition. Die Arpeggien des Soloinstruments in der Introduktion, über denen die Hornbläser einen weiten lyrischen Melodiebogen spannen, erinnern an den Beginn des *‹Capriccio brillant› op. 22* von Mendelssohn, doch ist bei Schumann das Klavier zunächst Begleiter. Erst mit dem in heftigem e-moll einsetzenden raschen Hauptsatz tritt der Solist in die Rolle des dem Orchester ebenbürtigen Dialogpartners ein. Die innere Erregung der ersten Themengruppe kontrastiert zu einem ausdrucksvollen schwärmerischen Seitengedanken. Sowohl in der Durchführung wie in der ausgedehnten Coda greift Schumann nochmals die lyrische Melodie der Introduktion auf, schafft so eine starke innere Kohärenz zwischen den einzelnen Abschnitten des formal klar gegliederten Werkes. Anders als der – ursprünglich als «Phantasie» bezeichnete – Kopfsatz des *Klavierkonzerts op. 54* enthält das Konzertstück keine Kadenz, was das symphonische Bauprinzip unterstreicht.

Hartmut Becker

Konzert-Allegro mit Introduktion für Klavier und Orchester d-moll op. 134

Dieses im August 1853 geschriebene Konzertstück ist ein schöpferischer Reflex Schumanns auf das Kennenlernen des jungen Johannes Brahms und zugleich eine Würdigung von dessen enormen pianistischen Können. Auch dieses Werk hat die dreiteilige Anlage eines Sonatensatzes, zeigt jedoch im Vergleich zu *Opus 92* eine ganz andere strukturelle Behandlung; die Rolle des Orchesters hat Schumann – entgegen seiner sonstigen Gepflogenheit –

auf ein Minimum reduziert, es tritt nur in den kurzen Zwischenspielen hervor. Die Hauptrolle spielt der Solist, dessen Part reich mit schwierigem und brillanten Passagenwerk ausgestattet ist. Dem Charakter eines solchen Virtuosenstücks entsprechend enthält diese Komposition eine großangelegte ausgeschriebene Kadenz vor der Coda. Man hat solche für SCHUMANN eher untypisch erscheinende Eigenschaften lange als Indiz für Erfindungsschwäche, ja Vorboten des nahen physischen und geistigen Zusammenbruchs des Komponisten deuten wollen, was dem Werk mit Sicherheit nicht gerecht wird.

Hartmut Becker

Oratorien und Ouvertüren

Erstaunlich spät erst näherte sich ROBERT SCHUHMANN (ab 1841) der großen Form in Gestalt der Chor- und Orchesterwerke. Es ist auffällig und entspricht seiner überragenden Intellektualität, daß SCHUMANN in den Werken, die gemeinhin als Oratorien bezeichnet werden, den Gattungsbegriff sorgsam vermeidet. *‹Das Paradies und die Peri›* (*op. 50*) veröffentlichte er unter dem Titel «Dichtung», *‹Der Rose Pilgerfahrt›* (*op. 112*) nannte er «Märchen» und die «Faust»-Vertonung firmierte unter der Überschrift *‹Szenen aus Goethes Faust›* (*o. O.*). Das hatte natürlich seine Gründe, denn bis ins 19. Jahrhundert hinein verband man mit dem Oratorium ausschließlich religiöse und biblische Inhalte, etwa im Sinne HÄNDELS (der in seinen mythologischen Stoffen ebenfalls zu Umschreibungen griff: *‹The story of Semele›* oder *‹Herakles, a musical drama›*) oder MENDELSSOHNS. HAYDNS *‹Jahreszeiten›* indes wurden kaum zur Kenntnis genommen, da die geistvolle Konstruktivität des großen Klassikers dem 19. Jahrhundert völlig fremd war. Der Begriff des «weltlichen Oratoriums», der bis etwa 1830 bis 1840 als Widerspruch in sich gesehen wurde, begann mit den historisch ausgerichteten Werken CARL LOEWES zumindest in die Diskussion zu geraten. SCHUMANN selbst sah im konventionell verstandenen Oratorium «eine Gattung, der Blüte schon längst vorüber ist» und konnte mit Recht seine *‹Peri›* als «beinahe ein neues Genre» bezeichnen, das er zwar als Oratorium gelten ließ, «aber nicht für den Betsaal, sondern für heitere Menschen»; eine Formulierung, die SCHUMANNS religiöse Distanz ebenso trefflich beschreibt wie den beginnenden Bedeutungswandel der Gattung.

Das «beinahe neue Genre» der *‹Peri›*, die zwischen Februar und Juni 1843 entstand, wird wesentlich durch zwei Ebenen bestimmt. Zum einen ist es das metaphysisch angehauchte Sujet in orientalischem Kolorit, das auf den Versdichtungen des Iren Thomas Moore basiert, einem Freund Lord Byrons, der in seinem «Lalla Roohk»-Epos die Geschichte jenes Luftgeistes Peri erzählt, welche schuldig geworden drei Prüfungen bestehen muß, um ins Paradies zurückkehren zu können. Kein Wunder, daß bereits der junge RICHARD WAGNER (wie er in einem Brief an SCHUMANN schrieb) auf den Stoff aufmerksam wurde. SCHUMANN selbst lernte die literarische Vorlage im Jahre 1841 durch seinen Jugendfreund Emil Flechsig kennen, der die Übersetzung erstellt hatte; eine Fassung, die der Komponist allerdings gründlich überarbeiten mußte und sogar mit eigenen Textzutaten versah (*Nr. 11, 18, 22, 25* und *26* des Werkes). Die andere Ebene gilt der Musik selbst. Kurz nach ihrer Fertigstellung schrieb SCHUMANN: «Die Geschichte der Peri ist wie für Musik geschrieben. Die Idee des Ganzen ist so dichterisch, so rein, daß es mich ganz begeisterte.» Das heißt nichts anderes, als daß SCHUMANN das eigenständig Neue seines «Oratoriums» aus dem poetischen Element heraus entwickelte. Dem erzählerischen Fluß der Vorlage begegnet er mit der «Verflößung» (Alfred Einstein) des Rezitativischen mit dem Ariosen. Die bisher getrennten Sektoren von berichtendem Rezitativ und betrachtender Arie werden außer Kraft gesetzt zugunsten eines durchweg liedhaft-lyrischen Charakters, eines einheitlichen dynamischen Zugs, der trotz der Einteilung in Nummern durchgehend trägt. Sinnfällig wird diese konstruktive Verzahnung durch das Grundmotiv der Peri (ihre Klage *‹Verstoßen! Verschlossen auf's neu›*, *Nr. 20*), das als Symbol fast leitmotivisch im Orchester sich durch das Werk zieht.

Ex negativo wird SCHUMANNS experimentelle Ästhetik, die wesentlich von der dichterischen Atmosphäre her bestimmt ist, am zweiten Werk der Gattung deutlich. Das 1851 entstandene Oratorium *‹Der Rose Pilgerfahrt›* bleibt, zumal wegen des süßlich-tranigen Textes, weit hinter dem bis heute noch kaum gewürdigten Wurf der *‹Peri›* zurück. Die enorme Strahlkraft des Goetheschen «Faust» hingegen führte zum sicherlich bedeutendsten oratorienhaften Werk SCHUMANNS. Das Thema prägte weite Phasen seines letzten Schaffensjahrzehnts, zwischen 1844 und 1853. Nach etlichen Skizzen aus dem Jahre 1844 entstand im April 1847 zunächst der (im endgültigen Werk) dritte und letzte Teil: *‹Fausts Verklärung›*, den – allerdings ausführlicher – auch GUSTAV MAHLER in seiner *achten Symphonie* verwenden sollte. Nur der *Chor Nr. 4* der «dritten Abteilung» (*‹Gerettet ist das edle Glied›*) stammt aus dem Jahre 1848. Im Jahr darauf entstand der gesamte erste Teil sowie der Beginn des zweiten. Die zwei weiteren Abschnitte dieser «Abteilung» (*Nr. 5 ‹Mitternacht›* und *Nr. 6 ‹Fausts Tod›*) ergänzten 1850 das Werk nach SCHUMANNS Vorstellungen.

Die enorme Zeitspanne, die die Entstehung der *‹Szenen aus Goethes Faust›* beanspruchten, führte zu einer Mannigfaltigkeit im musikalisch stilistischen Sinn. Während *‹Fausts Verklärung›* noch am ehesten dem liedhaften «Ton» SCHUMANNS zugeordnet werden kann, zeigen die beiden ersten Teile eine durchaus experimentelle Haltung, wie sie für seinen Spätstil typisch ist. Der Titel *‹Szenen›* erhält einen unmittelbaren Sinn, da die kompositorische Vorstellung, ohne direkt ins Opernhafte zu fallen, einen zumindest imaginären Raum öffnet. Besonders deutlich wird dies in der *‹Szene im Dom›* (*1. Teil Nr. 3*), die drei eigenständige, übereinandergelagerte Realitäten zeigt: Gretchen, der «soufflierende» Mephisto und der *‹Dies irae›*-Chor der kultischen Handlung. Es ist auffällig, zumal wenn man SCHUMANNS religiöse Distanz berücksichtigt, daß er etliche Abschnitte des Dramas auswählt, die geistliche Inhalte vermitteln. Allerdings, wie in der Domszene, ergibt sich damit die Möglichkeit, die polarisierten Prinzipien von Gut und Böse gleichgewichtig darzustellen.

SCHUMANNS letzte Arbeit am *‹Faust›* war die Ouvertüre von 1853, deren Konzeption ihn lange beschäftigte. Trotzdem er von der Idee einer großangelegten Fuge Abschied genommen hatte, schwingt diese in den gleichsam barocken Figurationen und harmonischen Konstellationen noch nach. Innerhalb einer verkürzten

Sonatenform greift SCHUMANN hier «Szenen»-Motive auf, zumal im Seitenthema der Ouvertüre, das vom Solo des «Pater ecstaticus» und vom «Chorus mysticus» geprägt ist.

Die *‹Faust›*-Ouvertüre ist gleichzeitig die letzte der großen Ouvertüren SCHUMANNS, die ausnahmslos seiner Spätzeit angehören. Neben den *Ouvertüren* zu *‹Die Braut von Messina›* (*op. 100*, 1850/51), zu Shakespeares *‹Julius Caesar›* (*op. 128*, 1851) und zu *‹Hermann und Dorothea›* (*op. 136*, 1851), gelang vor allem mit der *‹Manfred›-Ouvertüre* (*op. 115*, 1848/49) ein bedeutender Beitrag zur Gattung. Zusammen mit dem *‹Faust›* zeigt sie SCHUMANNS Begehren einer Charakterouvertüre wie in einem Brennspiegel. Seine Phantasie innerhalb des Genres entzündet sich vor allem dann, wenn, wie auch in der *‹Manfred›*-Musik, ein großräumiger Zusammenhang folgt, der in Byrons «Manfred» aus fünfzehn Nummern einer Schauspielmusik besteht, die aus Gesang und gesprochenem Wort, also melodramatischen Elementen besteht. Die exemplarischen *Konzert-Ouvertüren* BEETHOVENS und MENDELSSOHNS werden, zumal durch die Sonatensatzanlage aufgegriffen, aber um eine Dimension erweitert. Ohne ins Programmatische zu verfallen, wird das innere Wesen des Titelhelden (in SCHUMANNS *Ouvertüren* spielen stets die dramatischen Protagonisten die Hauptrolle) atmosphärisch und autonom musikalisch charakterisiert.

Strenggenommen gehört *‹Ouvertüre, Scherzo und Finale› op. 52* nicht in diese Reihe, da es sich eindeutig um eine verkappte Symphonie handelt, deren langsamer Satz fehlt. Die ursprünglichen Titel lauteten denn auch *‹Suite›* und *‹Sinfonietta›*, mit denen SCHUMANN auf den zyklischen instrumentalen Zusammenhang verweisen wollte. Das Stück entstand im ersten Orchesterjahr (1841), das ebenfalls die *erste Symphonie* (*B-dur op. 38*) und die Erstfassung der später umgearbeiteten *vierten Symphonie* (*d-moll op. 120*) hervorbrachte. Auch *‹Ouvertüre, Scherzo und Finale›*, das bei der Uraufführung (6. Dezember 1941) nur mäßigen Erfolg zeitigte, wurde, zumal was den letzten Satz betraf, im Jahre 1845 einer einschneidenden Umarbeitung unterzogen.

Bernhard Rzehulka

Gioacchino Rossini

Pesaro, 29. Februar 1792 – Passy bei Paris, 13. November 1868

WAGNER sah in ihm den «Metternich der Musik», BERLIOZ warf ihm «melodischen Zynismus» vor und nahm ihm seine «brutale große Trommel» übel, der Philosoph Hegel hingegen begeisterte sich an dem angenehmen, autonomen und überaus charakteristischen «Schweben» der Melodie über dem Text – genau das, was er im ‹*Freischütz*› vermißte – und lobte die geistreiche Sinnlichkeit, und Heinrich Heine meinte, diese Musik sei der Restauration angemessen, der «unmittelbare Ausdruck eines isolierten Empfindens» durch die Vorherrschaft der Melodie über allen Sinn und Zweck der Operndramaturgie. Und was hielt ROSSINI selbst von seiner Musik? Als ihm ein Impresario das Libretto für einen Opernauftrag mit den Worten aushändigte, es tauge wenig, gab er zur Antwort: «Macht nichts, ich werde eine Musik schreiben, die noch weniger als das Libretto taugt.»

Der da so sprach, war der «heitere Skeptiker», wie ihn WAGNER später nannte, nämlich der erste Komponist des frühindustriellen Zeitalters, der am eigenen Leibe spürte, daß das Ancien régime wirklich vorbei war. Trotzdem schrieb er noch zahlreiche Opern als Nachklang zur *opera buffa* des 18. Jahrhunderts, ja, er versuchte es auch mit der *opera seria* des SPONTINIschen Typus, ohne aber dabei seine musikalische Sprache im wesentlichen zu ändern. Das prägt auch den Gebrauch seiner *Ouvertüren*, die den Weg in den Konzertsaal gefunden haben. Hier stoßen wir auf den neuen Tonfall, mit dem ROSSINI auf die neue Zeit reagierte. Er verkündete frivol, wer eine seiner Opern kenne, kenne sie alle, und seine beste Oper sei ohnehin «Don Giovanni von Mozart». ROSSINI gefiel sich darin, eine kompositorische Attitüde der Verweigerung anzunehmen, das Komponieren nicht mehr als Ernstfall zu begreifen, sondern als Lust am Mechanischen. Er schaltete und waltete denn auch ziemlich bedenkenlos mit seinem musikalischen Material, ganz im Sinn des 18. Jahrhunderts, verpflanzte einfach Stücke oder Melodien aus der einen Oper in die andere, wenn es ihm gerade paßte. Dramaturgische Skrupel störten ihn dabei nicht. Unter seinen Händen wurde alles zu Musik, was er anfaßte.

So beziehen sich die *Ouvertüren* – im Gegensatz zu den *vier*, die BEETHOVEN für seinen *‹Fidelio›* geschrieben hat – nicht auf den Inhalt der nachfolgenden Oper, sondern sind wieder das, was sie ursprünglich einmal waren: eine Opern-Sinfonia, zum Austausch bereit. Sei es, daß ROSSINI in Zeitdruck war, oder seien es andere Gründe, jedenfalls griff er nachweislich für den *‹Barbiere di Siviglia›* auf die *Ouvertüre* zur *opera seria* (!) *‹Elisabetta, Regina d'Inghilterra›* zurück und im Fall der *‹Cenerentola›* auf *‹La Gazzetta›*. Doch was besagt das schon? Die musikalische Grundhaltung ist entscheidend, und sie ist es, die ROSSINI schließlich dazu brachte, sein Metier ausdrücklich in Frage zu stellen, ironische Distanz zum eigenen Schaffenstrieb zu halten und auf dem Höhepunkt seiner Laufbahn als Opernkomponist, im Jahre 1829, für lange Zeit völlig zu verstummen und sich der Kochkunst zu verschreiben. Erst spät griff er wieder zur Notenfeder und schrieb einige ironische Klavierstücke, die in ihrer bewußten Attitüde der Verweigerung Züge ERIK SATIES vorwegnehmen. Der Ton war aber nicht neu. Schon die zahlreichen Opern aus seiner früheren, flinken Produktion reagierten sensibel auf den Zeitgeist, und der war, wie es Heine formulierte, nichts weniger als das «Ende der Kunstperiode». Neugierig nimmt ROSSINIS musikalische Haltung in ihrer kalkulierten Kälte, die nicht ohne Schönheit ist, das auf, wovor ihrem Schöpfer eigentlich graute: die schnöde Realität der frühindustriellen Dampfhämmer und Fließbandproduktion. Oder sollte das rhythmische Stampfen, das die Ouvertüren und die großen Ensembleszenen der Opern ROSSINIS gewissermaßen in Schwung hält, dieser nicht abgeborgt sein? ROSSINIS turbulente Musik nimmt den unaufhaltsamen Zerfall des Hörverhaltens, das Hervorkehren des «zerstreuten» Hörens als kompositorische Dimension in sich auf und hält zugleich der anwachsenden gesellschaftlichen Entfremdung den künstlerischen Spiegel vor. Aber wer wollte sich ihrem angenehmen Schmiß, ihrer rhythmischen Sogkraft entziehen, jenen unwiderstehlichen Crescendo-Spiralen, die gleichsam das Gütezeichen einer jeden ROSSINI-Ouvertüre sind? Das Gedröhne der Industrie wird bei ROSSINI zur reinen Lust am turbulenten Lärm. Oder sind seine Noten, ebenso wie die Figuren auf der Bühne, nicht doch, wie Ulrich Schreiber meint, «Beispiele für die Entfremdung des Menschen im Frühkapitalismus, latent boshafte Miniaturen [...] Typen, die keiner Individuation à la Mozart fähig sind», Geschöpfe, denen wir kein Mitleid entgegenbringen können, da sich ROSSINIS Orchester auch so verhält? Es läßt alles zappeln wie Marionetten, ja selbst die Zahnräder, in denen sich Chaplin später in seinem Film «Modern times» verhakt, sind in ROSSINIS Orchestersatz vorgebildet, der sich im übrigen auch mit Chaplins Staccatogang berührt. Die Mechanik der ROSSINIschen Musik kommt in der Stretta der *Ouvertüren* oder auch der großen Opernfinales zu sich selbst: Hier schlägt die bedrohliche Mechanik des neuen Zeitalters um in ein lustvolles Um-sich-Kreisen, das gleichwohl mit geradezu kaltblütiger Präzision auskonstruiert ist. Und die Metaphern des Textes in der Stretta des ersten Finales aus dem ‹*Barbier*› bringen das tatsächlich auf den Punkt, indem sie eindeutig auf den Bereich der Schwerindustrie verweisen («Mir scheint mein Kopf in einer furchtbaren Schmiede, darin ohn' Einhalt vom dumpfen Amboß unseliger Lärm dröhnt») und auf deren Wirkung («Wechselnd hier und dort, läßt der wuchtige Hammer mit barbarischer Musik Mauern und Gewölbe widerhallen, und der arme Kopf, schon benommen, ja betäubt, ohne Vernunft, verwirrt sich, ja, ist dem Wahnsinn nahe»). Die Sinnlichkeit der Musik ROSSINIS zahlt dem neuen Zeitalter ihren Tribut, indem sie auf jegliche «Tiefe» verzichtet und ihren Sinn als bloßes Dasein, ja als «Wirkung ohne Ursache», bestenfalls als Gegenwelt zur tristen Alltagsrealität des heranwachsenden industriellen Zeitalters versteht. Daß jene Crescendo-Spiralen nirgendwo hinführen, ist ROSSINIS musikalische Wahrheit. Am Ende traute ROSSINI nicht einmal mehr seinem musikalischen Hedonismus. Er schrieb kurz vor seinem Tod an einen Kollegen die melancholischen Worte: «Den Ausführungen Deines Briefes entnehme ich, daß Du immer noch für die Musik begeistert bist [...] Diese Kunst, die allein das Ideale und das Gefühl zur Grundlage hat, kann sich nicht dem Einfluß unserer Zeit entziehen. Das heutige Ideal besteht ausschließlich in Umwälzungen, die sich auf Dampfmaschinen, Raub und Barrikaden erstrecken.» Deshalb hatte es ROSSINI vorgezogen, die Maske von Ironie und Zynismus aufzusetzen und schließlich ganz vom Komponieren abzulassen.

Dietmar Holland

Niccolò Paganini

Genua, 27. Oktober 1782 – Nizza, 27. Mai 1840

Mit dem Erscheinen des «Teufelsgeigers» beginnt eine neue Epoche des Violinspiels, die ROBERT SCHUMANN dazu veranlaßte, vom «Wendepunkt der Virtuosität» zu sprechen. Niemand vor PAGANINI hatte es gewagt, die Bogen- und Fingertechnik der Violine so weit zu transzendieren, daß es möglich wurde, sogar ganze Opernszenen auf diesem Instrument nachzuahmen oder mit atemberaubender Schnelligkeit und Präzision ein Feuerwerk technisch vertrackter Spielerei vorzuführen, das dem verdutzten Publikum suggerierte, der Geiger habe es mit dem Leibhaftigen. Zu PAGANINIS Zeit, als er durch ganz Europa seine triumphalen Tourneen unternahm, um immer wieder auf unerklärliche Weise für einen Zeitraum zu verschwinden – die wildesten Gerüchte über den Grund darüber waren im Umlauf –, gab es kaum einen Musiker, der sich vorstellen konnte, wie PAGANINI seine Finger dazu bewegen konnte, solche Töne hervorzubringen. Das große Publikum dagegen stellte sich erst gar nicht diese Frage, sondern erlag gleich dem Nimbus des geisterhaften, der Phantasie E. T. A. HOFFMANNS offensichtlich entsprungenen Virtuosen. Tatsächlich ist PAGANINI der erste Virtuose im «modernen» Sinn gewesen, der seine verblüffende Spieltechnik einsetzte, um eine ganz bestimmte *Wirkung* bei seinem Publikum zu erzielen: die *Verzauberung*. Deshalb erscheint es kaum verwunderlich, daß die Musik, die er für sich komponierte – er spielte niemals andere Musik als seine eigene! –, ins Instrumentale übersetzte Opernmusik war, genauer: Musik GIOACCHINO ROSSINIS. Noch bevor PAGANINI seine Triumphzüge durch die europäischen Konzertsäle startete, war er Kennern bereits ein Begriff durch die Publikation jener *‹Ventiquattro capricci per violino solo›* (*op. 1*), die nichts geringeres sind als ein Kompendium der spieltechnischen *und* expressiven Innovationen PAGANI-

NIS und zugleich ein virtuoses Gegenstück zu den – damals noch unbekannten – *Sonaten und Partiten für Violine solo* von BACH. Komponisten wie ROBERT SCHUMANN oder FRANZ LISZT, später auch JOHANNES BRAHMS und viele andere bis hin zu BORIS BLACHER und WITOLD ŁUTOSŁAWSKI fühlten sich herausgefordert von diesen musikalischen Grenzgängen, namentlich der alles überragenden *24. Caprice,* die den Anlaß für unzählige Variationswerke bot. Der geigerische «Hexenmeister» war eben mehr als nur ein Artist, obgleich seine Auftritte schier zirzensische Qualität hatten. Zeitgenossen wie Heinrich Heine haben das eindrucksvoll beschrieben. FRANZ SCHUBERT meinte sogar nach einem Wiener Auftritt PAGANINIS im Mai 1828: «Ich habe einen Engel in Paganinis Adagio singen hören.» Redet man sonst nicht so über eine Gesangsdarbietung? Und der Opernkomponist MEYERBEER, der selbst seine Erfahrungen besaß, wie man mit den Empfindungen des Publikums spielen konnte, als seien sie eine beherrschbare Klaviatur, meinte: «Wo unser Denken aufhört, da fängt Paganini an!» Der Musiktheoretiker Adolph Bernhard Marx befand hellsichtig: «Das war nicht Geigenspiel, nicht Musik, sondern Zauberei – also *doch* Musik, nur nicht die landläufige», und er traf damit den Nagel auf den Kopf. Denn immerhin wäre die virtuose Erweiterung der *Klavier*technik bei FRANZ LISZT – er selber hat es immer eingestanden – ohne das Vorbild der *Geigen*virtuosität PAGANINIS niemals möglich gewesen. Das ist es: Die Erscheinung PAGANINIS war weit mehr als ein HOFFMANNscher «Kapellmeister Kreisler», sie war auch mehr als ein bloßes akrobatisches Wunder. Was dem Publikum als unerklärliche Hexerei erschien, war in Wirklichkeit abgefeimteste Kalkulation. PAGANINI gehört zur Vorgeschichte der modernen «Kulturindustrie», bei der ja die magische Erscheinung nur das rationale Wesen verdeckt: «Wo der Traum am höchsten, ist die Ware am nächsten» (Adorno). PAGANINI hat das als erster erkannt: «Mein großes Gesetz heißt: varietà e unità in arte», und: «Meine Musik ist nicht so leicht hinzuschreiben als man glaubt; das Publikum verlangt von mir stets etwas Ungewöhnliches, etwas Überraschendes, und wünscht längere Stücke zu hören: das kostet Überlegung.» Zu PAGANINIS Lebzeiten erschien wenig davon im Druck, von den *sechs Violinkonzerten* nur die ersten beiden (*D-dur op. 6* und *h-moll op. 7,* letzteres mit dem Schlußrondo *‹La campanella›,* das Liszt zu einer halsbrecherischen Klavieretüde inspirierte), von den vielen anderen Einzelstücken für Violine und Orchester ganz zu schweigen.

Im *ersten Violinkonzert,* das heutzutage allenthalben aufgeführt wird, treten zum erstenmal jene Flageolett-Doppelgriffe auf, die auf die Zeitgenossen Paganinis einen solchen Eindruck machten, daß die Gerüchte um Paganinis Bund mit dem Teufel – manche glaubten sogar zu wissen, der Geiger spiele auf den Gedärmen seiner ermordeten Geliebten – durchaus verständlich sind, denn wer konnte schon wissen, wie der unheimliche Virtuose so etwas auf seinem Instrument fertigbrachte? Dabei war der Effekt von Paganini natürlich ingeniös geplant: Er verwendete einfach erheblich dünnere Darmsaiten als sonst üblich, und er verfügte darüber hinaus über eine außergewöhnliche Spannweite der linken Hand. Noch erstaunlicher war es aber, was er mit seinem Bogen anzustellen wußte: Die Springbogentechnik ist eigentlich von ihm erfunden worden. Die beiden gedruckten *Violinkonzerte* und die *‹Capricci›* zusammengenommen sind das «Neue Testament» aller späteren Geiger (Bachs *Sonaten und Partiten* wären also das «Alte Testament»).

Die anderen *Konzertstücke* sind fast ohne Ausnahme Opernparaphrasen. Auch hier sehen wir wieder den Vorläufer Liszts, der in den dreißiger Jahren zu einem nicht geringen Teil seine Virtuosenauftritte mit Klaviertranskriptionen von Opernszenen bestritt. Eine schier atemversetzende flinke Bogenstudie hat Paganini mit dem *‹Moto perpetuo›* vorgelegt, einem *‹Konzertallegro› für Violine und Orchester* (*op. 11*), das nicht weniger als 3040 Sechzehntel aneinanderzureihen weiß. Sogar für Viola und Orchester schrieb er eine *‹Sonata per la gran Viola›* (London, April 1834), genauer gesagt: für eine nach seinen Wünschen gebaute, neuartige große Viola, die sogenannte «Contraviola Paganini», obwohl das Konzert durchaus, wenn auch mit fast unüberwindlichen spieltechnischen Schwierigkeiten, auf der gewöhnlichen Bratsche vorgetragen werden kann. Wie in seinen Violinwerken verlangt Paganini auch hier das Feuerwerk der höchst entwickelten Doppelgriffe, des komplizierten Flageoletts und der Springbogentechnik. *Dietmar Holland*

Franz Adolf Berwald

Stockholm, 23. Juli 1796 – Stockholm, 3. April 1868

Damals wie heute enttäuscht FRANZ BERWALD gewisse Erwartungshaltungen: als Mensch und Musiker, als Komponist oder auch als Geschäftsmann; Nonkonformismus bestimmt die Haltung des Schweden, Individualist ist er immer geblieben, als Mensch, als Musiker, privat wie geschäftlich. Vom Wunderkindruhm getragen, verbringt er seine jugendlichen Jahre als Geiger der Stockholmer Hofkapelle; als Komponist ohne Fortune übersiedelt BERWALD 1829 nach Berlin und avanciert dort zum Leiter eines eigenen Instituts für orthopädische Gymnastik. Auf den Umzug nach Wien folgt die Rückkehr nach Schweden; die Erfahrung, daß der Prophet im eigenen Lande tatsächlich nichts gilt, ist ihm Anlaß für weitere Auslandsaufenthalte (1846 bis 1849). Trotz europäischem Ruhm in Schweden nur gering geachtet, steht BERWALD verschiedenen nordschwedischen Industriebetrieben vor (1850 bis 1858) und versucht sich seit 1856 auch als Publizist zu musikalischen Themen, polemisiert aber sowohl zu gesellschaftlichen Belangen als auch zu sozialen Fragen. Die Anerkennung als Komponist wird ihm erst zum Lebensende zuteil; ein Jahr vor seinem Tod erfolgt die Berufung zum Kompositionslehrer an das Stockholmer Konservatorium.

BERWALDS Leben verläuft in bizarren Bahnen; im unermüdlichen Kampf um die Wertschätzung seiner Kompositionen und im nachdrücklichen Einsatz für seine Schüler entbehrt es nicht einer gewissen Tragik. Aufrichtigkeit, Freigeisterei und Unerschrockenheit fordern in der konservativen schwedischen Gesellschaft der Zeit ihren Preis: die eigene Unsicherheit läßt BERWALD Kompositionen vernichten, ja sich selbst sogar zeitweilig ganz von der Komposition zurückziehen (1856 schreibt BERWALD, daß er sich «… wie jeder andere Amateur nur zum Vergnügen mit der Tonkunst beschäftige»). Sein großes Verantwortungsgefühl («... ein Komponist darf nur das hinterlassen, was er selbst für bemerkenswert und gut hält») sowie das Bewußtsein, daß die Zeit für eine gnädige Aufnahme seiner Musik noch nicht reif sei, halten manches Werk über Jahrzehnte in der Schublade zurück oder zwingen es in einen andauernden Prozeß der Umarbeitung, des «Reifens».

Die Phasen seiner geschäftlichen Tätigkeit sind durch Zeiten angestrengter kompositorischer Arbeit unterbrochen. Mit Ausnahme des *Klavierkonzerts* (1855) entstehen Solokonzerte vornehmlich in der Frühzeit: *Thema und Variation für Violine und Orchester* (1816); *Konzert für zwei Violinen und Orchester* (1817); *Violinkonzert cis-moll* (1820); *Konzertstück für Fagott und Orchester* (1827). Von seinen *sechs Symphonien* verwirft BERWALD noch zu Lebzeiten zwei; nur eine Symphonie hat er je selbst gehört, die anderen wurden nach seinem Tod uraufgeführt! Bis auf die – nurmehr als Fragment erhaltene und verworfene – früheste *Symphonie* (*A-dur*, 1820), entstammen BERWALDS symphonische Werke seiner zweiten Hinwendung zur Komposition, der Reifezeit der Wiener Jahre: *‹Symphonie sérieuse›* (1841), *‹Symphonie capricieuse›* (1842), *‹Symphonie singulière›, ‹Symphonie naïve›*, später *Es-dur-Symphonie* (1845) umbenannt. Etwa zur gleichen Zeit führt BERWALDS Weg weitab der Auseinandersetzung mit der Symphonie klassisch-romantischer Prägung zur symphonischen Dichtung, auf der sich sein europäischer Ruhm als bedeutendster schwedischer Komponist des 19. Jahrhunderts gründete; seine *Tongemälde* gehörten zu den meistaufgeführten Werken (in den 1840er Jahren entstanden *‹Elfenspiel›, ‹Wettlauf›, ‹Bayaderenfest›, ‹Erinnerung an die norwegischen Alpen›, ‹Ernste und heitere Grillen›*, bereits 1828 *‹Die Schlacht bei Leipzig›*).

BERWALDS Symphonik ist ganz allgemein – eingedenk der immer effektvollen und meisterlichen Instrumentation – vom Widerspiel zweier gegensätzlicher kompositorischer Verfahren getragen: blockhaft-harmonisch gefaßte Strukturen – meist im Holz- oder Blechbläsersatz beheimatet – konkurrieren mit einer melodisch weit ausladend geführten, vorwiegend streicherbetonten Linie. Die Zuordnung der erstgenannten Komponente mit ihrem konstruktiven Element repetitiver Motivik zum Bezugspunkt Wiener

Klassik sowie die gleichzeitige Nähe zur Romantik in der lichten Weite diatonischer Melodiebildung verdeutlichen BERWALDS historische Zwischenstellung. Sie begründet die krasse Ablehnung seiner Musik durch die zeitgenössische schwedische Kritik wie auch die hohe Wertschätzung im südlicheren Europa. Überdies mußte die vorsichtige Integration der von BERWALD in kritischer Distanz gehaltenen *Skandinavismen* das heimische Publikum da befremden, wo zur gleichen Zeit andere Nationen seine Tonsprache in dieser Hinsicht als eindeutig empfanden.

BERWALDS Symphonik, so heterogen sie sich in ihren Bezügen und ihrem Erscheinungsbild auch geben mag, leistet für die schwedische Musik des 19. Jahrhunderts einen bedeutsamen Beitrag. Zwar ist der Komponist nicht wie die auf ihn folgenden Generationen skandinavischer Komponisten (GADE, GRIEG) in die «Leipziger Schule» gegangen, aber dennoch bleibt auch er nicht unbeeinflußt von ihr. Der häufige *attacca*-Anschluß der Sätze untereinander, die Dreisätzigkeit zweier Symphonien (*‹Capricieuse›, ‹Singulière›*) und damit die Aufwertung des Finalsatzes, lassen auf eine geringere Verbindlichkeit des klassischen Symphoniemodells bei BERWALD schließen. Die Einbettung des Scherzos in das Adagio (*‹Singulière›*) zählt zu den formalen Elementen, die der Komponist dem eigenen kammermusikalischen Schaffen entlehnt (*‹Septett›*, 1828). Monothematische Struktur (*‹Capricieuse›*), Dominanz kontrapunktischer Satzweise (*‹Singulière›*) oder Variationensätze (erster und zweiter Satz der *‹Naïve›* – nicht nur im eigentlichen Sinn ist das folgende Scherzo ein wenig augenzwinkernd «senza repetizione» überschrieben), gehören zum formalen Repertoire des Schweden. Ob thematische Verknüpfung von Ecksätzen, harmonische Kühnheit oder die spielerische Eleganz eines Scherzos (*‹Singulière›*), ob Idyllik oder Themenumstellung nach beschwingter Durchführungstechnik (*‹Naïve›*), ob Dramatik oder die Aufgabe rhythmischer Prägnanz (*‹Singulière›*) – alles findet bei BERWALD seinen Platz.

Was die Zeitgenossen BERWALDS inkonziliant mit dem Bannstrahl der Skurrilität belegten – die Abweichungen von der Tradition, die Freiheit zu Innovativem –, weil es ihnen in seiner Musik offensichtlich zu sehr an Epik und Heroik, am traditionell Martialischen mangelte, verleiht den symphonischen Werken noch heutzutage einen außergewöhnlichen Reiz. In seinem Bestreben nach Klangsinnlichkeit und Klangschönheit, in der Ausprägung selbstvergnügten Spiels vermeidet BERWALD Seltsames und Bizarres nicht, sondern verfolgt – durchaus in einem begrenzten Rahmen der Emotion – meisterhaft in der Instrumentation und voller Originalität konsequent seinen eigenen Weg.

Norbert Bolin

Hector Berlioz

La Côte-Saint-André, 11. Dezember 1803 – Paris, 8. März 1869

Ouvertüren, Orchesterstücke und -lieder

«Mein Leben ist ein Roman, der mich sehr interessiert», hat HECTOR BERLIOZ in seinen «Mémoires» vermerkt. Dahinter steckt mehr als nur romantische Emphase oder Exaltation: Tatsächlich ist sein Œuvre eine monumental klingende Autobiographie – jede Zeile ein Akkord, jede Seite eine Melodie, jedes Kapitel eine Komposition: das Werk eines Nachtwandlers zwischen Fiktion und Wirklichkeit. Alles Erleben wird sublimiert, wird zu Musik – eine Flucht ins Ideal der Kunst, das die dunkle Realität verklärt.

Als BERLIOZ 1826 mit der Ouvertüre seiner Oper *‹Les francs-juges›* (*‹Die Femerichter›*) sozusagen das erste Kapitel dieser Autobiographie komponiert, leben BEETHOVEN und SCHUBERT noch, doch der klassische Geist liegt in Agonie. Was vermag auch sein objektives Maß gegen die subjektive Unmäßigkeit eines BERLIOZ? Dem *«es ist»* der Norm hält er sein *«Ich bin»* entgegen, das alle Fesseln musikalischer Gesetze gesprengt hat. Auch hundert Jahre später wird man dieses *«Ich bin»*, diese Droge der künstlerischen Freiheit, noch nicht bis zur Neige ausgekostet haben. BERLIOZ' Musik ist das Substrat aller Avantgarde, aller neuen Musik (nicht nur des 19. Jahrhunderts): Die *idée fixe* wird bei WAGNER zum Leitmotiv, die Programmidee führt zu den symphonischen Dichtungen LISZTS, die Form und ihre Dramaturgie verheißen die Symphonik MAHLERS, die Klangfarben finden sich auch noch auf den Paletten RAVELS, STRAWINSKYS und MESSIAENS. Doch das grundlegende, das erschreckend Neue dieser Musik ist keine Frage kompositorischer Techniken: Es ist die Hypertrophie des Entwurfs, der das Innerste nach außen kehrt und sich der Welt in erbarmungsloser Offenheit mitteilt. Die meisten Künstler treten bescheiden hinter ihr Werk zurück, einige wenige überschatten es mit ihrer Persönlichkeit, Berlioz aber *ist* sein Werk.

Die musikalischen Helden Berlioz' sind durchweg Projektionen seines Ichs und auch die *idée fixe* (die nicht erst in der *Symphonie fantastique* erscheint, sondern – als Rückgriff auf eine *Romanze für Gitarre und Gesang* der Jugendzeit – schon 1828 in der Rompreis-Kantate ‹*Herminie*›) ist das Selbstporträt des «jungen Musikers von krankhafter Empfindsamkeit und glühender Phantasie», als den Berlioz immer wieder «sich selbst vertont» hat. Die literarischen Helden Vergils (Aeneas in ‹*Les Troyens*›), Shakespeares (Romeo, König Lear und – im zweiten und dritten Stück der ‹*Tristia*›-Trilogie – Hamlet), Goethes (Faust), Byrons (Harold und Rob Roy), Walter Scotts (Waverley) und Coopers (‹*Le Corsaire*›, nach dem Roman «The Red Rover» des «Lederstrumpf»-Autors) oder historische Gestalten wie Benvenuto Cellini oder Kleopatra haben alle eines gemeinsam: Es sind Einzelgänger, die auf Grund der Radikalität ihres Fühlens, Denkens und Handelns von der «Durchschnittswelt» ausgestoßen wurden oder gegen sie kämpfen.

In den Briefen und Schriften Berlioz' taucht immer wieder die Bemerkung auf, die musikalische Gestaltung dieses oder jenen Sujets verlange natürlich nach gänzlich neuen kompositorischen Mitteln und einer unbedingten Wahrhaftigkeit des Ausdrucks. Das beklemmende Stocken des Herzschlags der Kleopatra, die wortlose Trauer der Unisono-Chorvokalisen der ‹*Marche funèbre pour la dernière scène d'Hamlet*› oder die aufgepeitschte Jagd- und Sturmszenerie der ‹*Chasse royale et orage*› – Vorspiel zum vierten Akt der ‹*Troyens*› – treiben die Expressivität der Musik (und damit auch ihre spieltechnischen Anforderungen) an die Grenzen des Möglichen. Alles bei Berlioz ist Erfindung, nichts Nachahmung. Und selbst die weit ausladenden Kantilenen der ‹*Nuits d'été*› (nach Gedichten von Théophile Gautier) oder der ‹*Rêverie et Caprice*›, die Berlioz 1841 (nach Motiven einer Arie seines ‹*Benvenuto Cellini*›) für den Geiger Alexandre Artôt komponiert hat, sind von dem unverbindlichen, stereotypisierten Lyrismus des italienischen Belcanto denkbar weit entfernt. Daß Berlioz damit beim Pariser Publikum auf absolute Verständnislosigkeit stieß und als «gefährlicher Irrer» angesehen wurde, nimmt nicht weiter wunder; «wie kann ich eine solche Musik gutheißen – ich, der ich doch von Musik beruhigt werden möchte», zitiert der Komponist in seinen «Mémoires» einen Ausspruch BOIELDIEUS.

Nein, «beruhigend» ist BERLIOZ' Musik wirklich nicht! Die dumpfen, gegen den Strich gekämmten Paukenakzente der *‹Waverley›*-Ouvertüre, die abrupten, lähmenden Einbrüche und Pausen des *‹Roi Lear›*, die asymmetrischen melodischen Phrasen im *‹Corsaire›*, der wilde Taumel der Tarantella zu Beginn des *‹Carnaval romain›,* der unvermittelt abbricht und einer sehnsüchtigen Englischhornmelodie Platz macht – immer wieder wird der Zuhörer aus dem Strom der Musik heraus- und in eine Welt hineingerissen, in der er sich dem Ich des Komponisten fügen muß.

Um die ganze Radikalität BERLIOZ' zu ermessen, muß man sich die musikalische Szenerie im Paris seiner Zeit vor Augen führen: Sie ist beherrscht von einem knöchernen Akademismus, dem die Werke MOZARTS oder BEETHOVENS fremd sind, wenn er sie überhaupt kennt, beherrscht von einer zum Dogma erhobenen Mittelmäßigkeit, von der «Schule der Geläufigkeit» vorgefertigter Geschmacks- und Denkmodelle. «Ihr elenden Bewohner des Tempels der Routine», wettert BERLIOZ alias Lélio gegen die Exponenten dieses Musiklebens, «fanatische Priester, die ihr eurem stumpfsinnigen Götzen die erhabensten neuen Ideen opfern würdet, wenn ihr je solche hättet! Ihr ‹jungen› Theoretiker von achtzig Jahren, die ihr inmitten eines Ozeans von Vorurteilen lebt und glaubt, die Welt ende am Ufer eurer armseligen Inseln! Ihr greisen Lüstlinge, die ihr euch von der Kunst zerstreuen und liebkosen lassen wollt! Fluch über euch, die ihr aus der Kunst ein widerliches Possenspiel macht! Ach, unter euch zu leben ist für einen wahren Künstler schlimmer als die Hölle! Fort, nur fort!»

Und so flüchtet sich BERLIOZ in der Maske seiner Helden in das Utopia einer idealen musikalischen Welt, wie sie nur ein Visionär erdacht haben kann.

Michael Stegemann

Épisode de la Vie d'un Artiste: Symphonie fantastique und ‹Lélio›

Berlioz ist nicht der Begründer der «Programmusik». Seine musikalischen Vorstellungen waren auf etwas anderes gerichtet: Ihm schwebte, als er die *Symphonie fantastique* komponierte, eine Musik vor, die es ermöglichte, autobiographische Elemente (isolement und unerwiderte Liebe), Identifikationsmodelle aus der Literatur, insbesondere aus Dramen Shakespeares, Goethes «Faust» sowie Prosa von Chateaubriand und Lord Byron und schließlich auf inhaltliche Greifbarkeit gerichteten, neuartigen musikalischen Ausdrucksreichtum miteinander zu verschmelzen und suggestiv zu steigern. Berlioz wollte in dieser Symphonie sich selbst an der *passion infernale* abarbeiten, die ihn an die vorerst unerreichbare und später in trister Ehe errungene Shakespeare-Darstellerin Harriet Smithson band; er und seine Musik sind in gewisser Weise identisch, freilich doch gebrochen durch die literarische Attitüde, denn Berlioz äußert sich stets in Masken, seien es Mittel des ironischen Rollenspiels oder Identifizierungen mit den melancholischen und einsamen Helden der Literatur. Er betrachtet sich als pathologischen Fall, aber eben durch die Brille einer literarischen Haltung, die er sogar auf die Musik überträgt. Die Programme, die er dazu veröffentlichte, ohne definitiv zu entscheiden, welchen Werkcharakter sie hätten, sind keineswegs dazu bestimmt, den «Inhalt» der Musik zu «erklären», und im übrigen sah Berlioz nach der *Symphonie fantastique* von solchen Programmen ohnehin ab. Ihn interessierte dort auch nur das *experimentelle* Verhältnis zwischen dem *gelesenen* Text und der *gehörten* Musik, einer Musik indessen, die das Prinzip der *Wirkung* in bisher ungeahnter Weise erweitert. Berlioz führte der Musik das zu, was die Literatur der französischen Romantik längst etabliert hatte: den Reiz des Bösen. Einige Monate vor der Uraufführung der *Symphonie fantastique* (5. Dezember 1830) ließ Berlioz eine sensationslüsterne Pressenotiz kursieren, die auf das Programm hinwies. Da war die Rede davon, daß ein Künstler von geradezu abartigen Obsessionen auf eine begehrte Frau befallen sei, die schließlich (in einer Verhöhnung des ‹*Dies irae*›) im blasphemischen Schlund einer Walpurgisnacht untergehe, nachdem sie ins Gemeine gezerrt worden sei. (Vom Opiumrausch des Künstlers ist dagegen erst in der Programmfassung des Jahres 1855 die Rede, was jedoch mit der Musik nichts zu tun hat.) Hier war also kein bloßer «Musiker» am Werk, sondern ein romantischer Künstler, dem eine isolierte Kunstart nicht genügte. Tatsächlich schrieb BERLIOZ noch eine «Fortsetzung» zur *Symphonie fantastique,* die das Seltsamste ist, was er überhaupt komponierte: das Monodram ‹*Lélio ou Le Retour à la Vie*› (1832, Umarbeitung 1855), eine sonderbare Mischung aus Schauspielmonologen des «Helden» und eingeschobenen Musikstücken, die zusammen die Künstlerproblematik der *Symphonie fantastique* auf die Stufe der *Selbstreflexion* heben und das, obwohl der «Held» – eine Mischung aus Hamlet (Inbegriff des melancholischen Helden) und BERLIOZ, den einsamen Künstler selbst – jede Reflexion für sich als unangemessen ablehnt («Es gibt keinen tödlicheren Feind für mich als das Denken»), statt dessen in der sublimierenden, kompensierenden Kunst zur Tat schreitet und am Ende seine ‹*Phantasie über Shakespeares ‚Sturm'*› zur fingierten Probe bringt. An dieser Stelle schlägt die imaginäre Handlung, deren «inneren» Monolog die vorher stets *hinter der Bühne* gespielten Musikstücke bildeten, um in aktuelle Gegenwart, aber auch nur für einen Moment. Daß der Künstler in die Realität eingriffe, ist reine Utopie.

In der *Symphonie fantastique* geht es zunächst um das, was Chateaubriand «vague des passions» nannte, das Schwankende der Leidenschaften, denen der sensible *artiste* schutzlos ausgeliefert ist. Und schickt sich nicht gerade die Musik besonders gut zum Ausdruck solcher Leidenschaften? BERLIOZ schlägt hier sogar die Bühne auf für Töne, die man bisher nicht hörte und nannte seine neue Konzeption ein *drame instrumental,* eine Art imaginärer Oper, die denn auch fünf statt vier Sätze hat in Analogie zur Grand Opéra (oder zur Tragödie) mit ihren fünf Akten. Die Bilderwelt der *Symphonie fantastique* kann sich durchaus messen mit den Errungenschaften der Oper; nicht nur das ferne Donnerrollen am Ende des dritten, pastoralen Satzes erinnert daran. Auch eine weitere Idee stammt daher: die Verwendung des «Erinnerungsmotivs», freilich von BERLIOZ in ganz ingeniöser Weise vertieft zum pathologischen musikalischen Werkzeug, zur obsessionsartigen *idée fixe* (der Begriff ist sogar der Pathologie ausdrücklich entlehnt). Diese *idée fixe* nun ist, abgesehen davon, daß wir in ihr eine der Ursprungsurkunden der musikalischen Moderne erblicken können, nichts geringeres, als ein Integrationsfaktor des zyklischen Zusammenhangs der Symphonie (nachdem der Zerfall der Gattungstradition unausweichlich wurde): In ihr vergegenständlichen sich die Obsessionen des anonymen Künstlers und zugleich das Bild der vergeblich begehrten Frau; deshalb tritt sie immer wieder ins Geschehen ein, nachdem sie den ersten Satz, der monothematisch gehalten ist, fast ausschließlich bestimmt hat. Doch tritt sie niemals mehr in vollständiger Gestalt auf, sondern stets in Fragmenten, ja störend und schließlich, in der Walpurgisnacht des opernhaften Finales, in drastischer, trivialer Verzerrung. Sie ist, wie ROBERT SCHUMANN in seiner berühmten Besprechung der Symphonie es formulierte, eine «festhängende quälende Idee in der Art, wie man sie oft tagelang nicht aus dem Kopfe bringt», und die doppelte Optik, in der BERLIOZ sie sieht, verstärkt diese Tendenz noch. Wie die *idée fixe* fremdartig ins Geschehen eintritt, zeigt etwa der dritte Satz: Im Mittelteil überlagert sich unvermittelt der Anfang der quälenden Gestalt mit dem übrigen und bricht genauso plötzlich wieder ab – wie ein Spuk, der nicht zu greifen ist. Oder das Zitat der *idée fixe* nimmt den Charakter des Doppeldeutigen an, wenn es ganz zum Schluß des vierten Satzes (Gang zum geträumten Hochgericht) brutal «geköpft» wird. Im Finale erscheint sie dann nur noch als triviale Verzerrung, «auf der Klarinette heruntergeleiert, welk, schmutzig und gemein» (Ernst Bloch).

Das durch die *idée fixe* repräsentierte «Thema» der Symphonie erfüllt aber auch eine gleichsam paradoxe Funktion, einerseits *außerhalb* des musikalischen Geschehens zu stehen und andererseits doch die gesamte Symphonie *im Inneren* zusammenzuhalten. Dem rein *musikalischen* Verlauf ist also eine *literarische* Idee als zweite, reflektierte Schicht überlagert, und genau dieser Vorgang ist es, der die Musik von BERLIOZ dem naiven, unmittelbaren Zugriff entzieht. Sie verlangt, daß man sie wie zwischen den Zeilen höre. Betrachtet man die *idée fixe* in ihrer ersten, thematisch geschlossenen Gestalt (im ersten Satz), dann werden bereits hier Züge von Deformation hörbar, obwohl die weitgespannte Melodie in ihrem äußeren Aufbau einigermaßen die herkömmlichen Vorstellungen von *carrure* und «sprechender» Gliederung erfüllt. Doch es bleibt ein Rest von Ungewißheit, der sich denn auch in der *inneren* Gestaltung niederschlägt (so genau komponierte BERLIOZ, trotz der «phantastischen» Oberfläche): Jenes modern-zerfahrene, chromatisch aufsteigende Sequenzieren, man möchte sagen: Hochschrauben im zweiten Teil des Themas erinnert nur noch entfernt an so etwas wie einen «Nachsatz» im Sinne der klassischen Periodik, macht in Wirklichkeit den Eindruck von etwas Gequältem in seinem unorganischen Ablauf. Das steht paradigmatisch dafür, wie BERLIOZ insgesamt verfährt. Diese Melodie faßt nicht nur die begehrte Frau ins Bild, sondern zugleich die *Wirkung,* die sie auf das symphonische Ich ausübt.

Im Finale führt die Tendenz, mit literarischen Schichten zu komponieren, zum Höhepunkt, denn BERLIOZ deutet in dem zentralen, blasphemischen Abschnitt, in dem er die Totensequenz mit dem Thema des Hexensabbats kombiniert, den Kontrapunkt um in ein semantisch-literarisches Verfahren, wie es dann in der nächsten Symphonie ‹*Harold in Italien*› ausgebaut wird. Aber die Disparatheit solchen Vorgehens führt auch zu *räumlichen* Vorstellungen in der Musik, vor allem durch die gezielte Anwendung von *Fern*instrumenten im dritten und im letzten Satz.

Insgesamt erweist sich in der *Symphonie fantastique* die Kategorie des «Interessanten» gegenüber den herkömmlichen symphonischen Verfahren als die entscheidende. Hier berührt sich BERLIOZ mit den Anschauungen der französischen literarischen Romantik, wie sie Victor Hugo programmatisch formulierte, daß nämlich an die Stelle des «Schönen» das *Charakteristische* zu treten habe, und das schließe das Vulgäre und Triviale, also auch das *Häßliche* mit ein.

Dietmar Holland

Symphonie ‹Harold in Italien›

Die Überschreitung der musikalischen Gattungsgrenzen gehört ebenso zur Eigenart des BERLIOZschen Komponierens, wie das unermüdliche Weiterdenken kompositorischer Probleme und das

Experimentieren in bislang unerforschten ästhetischen Gebieten. So braucht es nicht zu verwundern, daß er in seiner nächsten Symphonie ein ganz neues Konzept verwirklichte: einerseits die Verquickung von Symphonie und Konzert, andererseits die Dimensionierung des Literarischen in den musikalischen Eigenbereich hinein, so daß auf programmatische Hinweise verzichtet werden konnte. Denn der «Held» der *Symphonie ‹Harold in Italien›* ist mitnichten derjenige Lord Byrons, sondern Berlioz selber. Die Symphonie müßte also eher heißen: «Berlioz *als Harold* in Italien», frei nach Lord Byron, freilich wieder nicht in dem unvermittelten Sinn, daß sich Berlioz in der Musik direkt ausdrücke, sondern in durchaus reflektiertem Masken- oder Rollenspiel dergestalt, daß er einen Solisten – die Solobratsche – einfügt, dessen Rolle buchstäblich zu nehmen ist. Er ist nämlich nicht allein der einsame, melancholische Träumer, der zudem – im Finale – gern zu den italienischen Freischärlern gehörte, in deren Orgie gerät, sondern sein Solistendasein wird auch *räumlich* konkretisiert, indem er, laut der Partituranweisung von Berlioz (*‹L'excutant doit être placé sur l'avant-scène, près du public et isolé de l'orchestre›*), vom Orchester getrennt sich aufzustellen hat, ja er deutet durch seine isolierte «Rolle» das herkömmliche Konzertprinzip um, denn er *reagiert* eher auf das Orchester, als daß er virtuos über ihm herrschte. Das Orchester seinerseits verkörpert gewissermaßen die «äußere», auch «atmosphärische» *Szenerie,* in die der einsame Harold sich versetzt fühlt; der Ort ist die römische *campagna* und die Bergwelt der Abruzzen. Harold ist, sowohl räumlich wie auch emotional, der *unbeteiligte* Zuschauer und macht sich durch ein ihm zugeordnetes Charakterthema hörbar, das jedoch kein «Leitmotiv», aber auch keine *idée fixe* ist, sondern sein Signum. Das symphonische Subjekt der *Symphonie fantastique* ist nun konkretisiert und aufgeteilt in den personell abgehobenen melancholischen Helden und den *couleur locale* der Orchesterszenerie. Die Formidee des Ganzen ist indessen weitreichender: Schrittweise nähert sich nämlich das Orchester einer Art symphonischem «Gesamtsubjekt» (H. Danuser) an, in dem der Solist, als voll entfalteter, vorausgesetzter «Charakter» schließlich verschwindet. Das geschieht genau in dem revolutionären Briganten-Finale, in dem

Harolds musikalische Aufgabe nur noch darin besteht, mit eingeschobenen *Reminiszenzen* an früher Erlebtes (der ersten drei Sätze) seine reflexive Einsamkeit zu bekunden und sich schließlich (ab Takt 506), nach einigen Seufzern (!) völlig zurückzuziehen und dem «Gesamtsubjekt» des Orchesters das Feld allein zu überlassen, also den Freischärlern. Man mag das politisch interpretieren, doch ist es andererseits zu bekannt, daß Berlioz später – die Symphonie ist bereits im Jahre 1834 komponiert worden – von solchen Anwandlungen heftig Abstand genommen hat, wenn nicht gar reaktionär geworden ist. Tatsache ist aber, daß die Werkkonzeption der *ymphonie ‹Harold in Italien›* nichts weniger ist als eine musikalische Revolution. Immerhin avancierte hier das frühere *drame instrumental* der *Symphonie fantastique* zur *symphonie dramatique,* die später in *‹Roméo et Juliette›* ihre komplexe Struktur erreichte.

Dietmar Holland

‹Roméo et Juliette› op. 17; ‹La Damnation de Faust› op. 24

Die Identifikation Berlioz' mit den Helden seiner Musik zeigt alle Symptome einer Manie, wie sie Sigmund Freud 1921 in seiner Schrift «Massenpsychologie und Ich-Analyse» skizziert hat. Freud stellt dem «Ich» ein «Ich-Ideal» gegenüber, das eine kritische Distanz im Ich (das Gewissen) einschließt, «so daß der Mensch, wo er mit seinem Ich selbst nicht zufrieden sein kann, doch seine Befriedigung in dem aus dem Ich differenzierten Ich-Ideal finden darf»; dagegen «sind beim Manischen Ich und Ich-Ideal zusammengeflossen, so daß die Person sich in einer durch keine Selbstkritik gestörten Stimmung von Triumph und Selbstbeglücktheit des Wegfalls von Hemmungen, Rücksichten und Selbstvorwürfen erfreuen kann». Berlioz' manische Disposition ist augenfällig: Die Grenze zwischen dem Ich-Ideal des «introjizierten» (Freud) literarisch-musikalischen Objekts und dem Ich des Komponisten ist aufgehoben, das Werk gerät zur Selbstdarstellung, das «Ungeheuerliche, Riesenhafte» des Entwurfs (Heinrich Heine) ist getreues Abbild der eigenen Größe. Bereits im Stadium der Planung eines neuen Werkes scheint Berlioz kaum Zweifel an seinem Gelingen gehabt zu haben; eine «Stimmung von Triumph und Selbstbeglücktheit» erfüllte ihn im Dezember 1838, als er sich durch ein Geldgeschenk Niccolò Paganinis in die materielle Unabhängigkeit versetzt sah, die es ihm erlaubte, eine neue Arbeit in Angriff zu nehmen: «Ich faßte den Entschluß, ein Meisterwerk zu schreiben – eine in ihrer Art neue und gewaltige Komposition voller Kraft, Phantasie und Leidenschaft. Nach ziemlich langem Zögern entschied ich mich für die Idee einer Sinfonie mit Chören, Gesangssoli und einem Chor-Rezitativ nach Shakespeares ‹Romeo und Julia›.»

Es ist bezeichnend, daß keine einzige Zeile des Textes (den Emile Deschamps nach einem Prosaentwurf Berlioz' versifiziert hat) tatsächlich von Shakespeare stammt. *‹Roméo et Juliette›* ist keine Literaturvertonung, sondern das musikalische Selbstporträt des Komponisten im Spiegel bestimmter biographischer Ereignisse. Als Spiegel der unglücklichen Ehe mit der englischen Shakespeare-Darstellerin Harriet Smithson ist das Werk ein Präzedenzfall der Sublimierung: «Die Befriedigung wird aus Illusionen gewonnen, die man als solche erkennt, ohne sich durch deren Abweichung von der Wirklichkeit im Genuß stören zu lassen. Das Gebiet, aus dem diese Illusionen stammen, ist das des Phantasielebens. [...] Kunst als Lustquelle und Lebensströstung» (Sigmund Freud: «Das Unbehagen in der Kultur»).

«Es handelt sich bei diesem Werk weder um eine konzertante Oper noch um eine Kantate, sondern um eine Sinfonie mit Chören», erklärt Berlioz im Vorwort seiner Partitur; eine Symphonie? Das Mißverständnis ist vorgezeichnet: Seit der Uraufführung, die der Komponist selbst am 24. November 1839 im Konzertsaal des Pariser Conservatoires dirigierte, wurde das Werk immer wieder als «ästhetisches Monstrum» (Eduard Hanslick) apostrophiert, und sogar linientreue Apologeten der Programmusik reagierten oft eher verstört als enthusiastisch. Tatsächlich sind die prismatischen Brechungen der gewissermaßen «dreidimensionalen» Partitur einzigartig; Berlioz projiziert den Gang der Handlung auf verschiedene Erlebnis- und Bewußtseinsebenen, stellt Aktion, Reaktion und Reflexion nebeneinander; daher auch

Hanslicks Klage, der Hörer werde «fortwährend aus einer bestimmten ästhetischen Voraussetzung in eine andere geschleudert und wieder zurück». Die Schwerpunkte der Tragödie aber – die *‹Balkonszene›* (*‹Scène d'amour›*) und der *‹Tod der Liebenden›* (*‹Roméo au tombeau des Capulets›*) – lassen sich als reine Instrumentalsätze nur mehr introspektiv erfahren; «die Erhabenheit dieser Liebe» sperrt sich gegen die Eindeutigkeit einer Textvertonung, so daß BERLIOZ der «gerade auf Grund ihrer Unbestimmtheit unvergleichlich kraftvolleren Sprache der Instrumentalmusik» den Vorzug gab. Schon in der *‹Symphonie fantastique›* und im *‹Lélio›* waren Traum und Wirklichkeit zum Amalgam des Lebens verschmolzen; derselbe Irrationalismus bestimmt auch die Dramaturgie der *‹Roméo et Juliette›*-Partitur: bei Shakespeare findet die Liebe Romeos und Julias wenigstens die Erfüllung einer einzigen Nacht, bei BERLIOZ dagegen ist diese – jede? – Liebe bloß eine Phantasmagorie: zwischen der Balkonszene und dem Leichenzug Julias (ein fugierter, von der klagenden Psalmodie des Chors skandierter Trauermarsch) steht nur das Scherzo der Feenkönigin Mab. Ähnlich frei wie in *‹Roméo et Juliette›* mit Shakespeare ist BERLIOZ in der dramatischen Legende *‹La Damnation de Faust›* mit Goethe umgegangen. «Die Legende vom Doktor Faust eignet sich zu der verschiedenartigsten Behandlung; sie gehört dem Volke an und war lange vor Goethe dramatisch bearbeitet worden; sie war lange vorher unter den verschiedensten Formen in der Literatur des nördlichen Europa verbreitet, ehe er sich ihrer bemächtigte. Im übrigen ist bereits aus dem Titel des Werkes – *‹Fausts Verdammnis›* – zu ersehen, daß es nicht auf der Idee des Goetheschen ‹Faust› beruht, da jener ja mit Fausts Rettung schließt.» Das 1845/46 entstandene Werk geht zurück auf die *‹Huit Scènes de Faust›*, die BERLIOZ schon 1828/29 komponiert und seinerzeit an Goethe gesandt hatte; Goethe konnte mit der Partitur freilich nichts anfangen und bat seinen (in seiner musikalischen Kompetenz höchst zweifelhaften) Adlatus ZELTER um ein Urteil. «Gewisse Leute können ihre Geistesgegenwart und ihren Antheil nur durch lautes Husten, Schnauben, Krächzen und Ausspeyen zu verstehn geben; von diesen Einer scheint Herr Hector Berlioz zu seyn. Der Schwefelgeruch des Mephisto zieht ihn an, nun muß er niesen und prusten daß sich alle Instrumente im Orchester regen und spuken – nur am Faust rüht sich kein Haar. Ein Absceß, eine Abgeburt welche aus gräulichem Inceste entsteht.»

Die Struktur der ‹*Damnation*› – zwanzig Nummern im Wechsel von Chor, Ensemble, Solo und Orchestersatz – ist letztlich ebenso introspektiv wie die der ‹*Roméo*›-Symphonie, und wie dort stellt Berlioz auch hier Aktion, Reaktion und Reflexion nebeneinander, die sich in der Gestalt Fausts konzentrieren; vom eigentlichen Handlungsablauf bleiben nur die Szene in ‹*Auerbachs Keller*› (*Nr. 6*) und ‹*Fausts Höllenfahrt*› (*Nr. 18*) erhalten. In separaten Aufführungen sind die drei Orchestersätze des Werkes – die ‹*Marche Hongroise*›, das ‹*Ballet des Sylphes*› und das ‹*Menuet des Follets*› – zum festen Bestandteil des Orchesterrepertoires geworden.

Michael Stegemann

Grande Messe des Morts (Requiem) op. 5; Te Deum op. 22; Grande Symphonie funèbre et triomphale op. 15

Im Sommer 1832 begann Hector Berlioz mit der Arbeit an der Oper ‹*Le Dernier jour du monde*› (‹*Der letzte Tag der Welt*›), nach einem Libretto seines Freundes Humbert Ferrand. «Die Menschen sind auf die letzte Stufe der Korruption abgesunken und begehen die schlimmsten Untaten; eine Art Antichrist hat alle Macht an sich gerissen und übt seine Gewaltherrschaft aus... Inmitten dieser allgemeinen Verderbtheit steht eine kleine Gruppe von Gerechten, angeführt von einem Propheten. Der Despot setzt ihnen zu, wo er kann, entführt ihre Jungfrauen, spottet ihres Glaubens und läßt ihre heiligen Bücher in einer wilden Orgie zerreißen. Der Prophet wirft ihm seine Verbrechen vor und verkündet das Ende der Welt, das Jüngste Gericht. Der Despot aber läßt ihn in den Kerker werfen und gibt sich aufs neue seinen schändlichen Trieben hin. Während eines seiner Feste erschallen plötzlich die schrecklichen Posaunen der Auferstehung; natürlich bedarf es dafür gänzlich neuer musikalischer Mittel: Außer den beiden Orchestern mit ihren zwei-, dreihundert Musikern werden vier Blechbläser-Ensembles an den vier Kardinalpunkten des Aufführungsortes postiert. Die Toten steigen aus ihren Gräbern hervor, und in einem gigantischen Taumel bricht die Welt zusammen...»

Wie viele andere Werke BERLIOZ' verschwand auch die Oper ‹*Le Dernier jour du monde*› in der Schublade nicht weiter verfolgter Projekte, um Jahre später (zumindest partiell) in anderer Gestalt wieder aufzuerstehen: im ‹*Tuba Mirum*› des *Requiems* – der *Grande Messe des Morts op. 5,* die am 5. Dezember 1837 im Pariser Invalidendom zur Trauerfeier des Generals Charles-Marie de Damrémont uraufgeführt wird. «Gänzlich neu» ist das musikalische Mittel der vier Fern-Orchester freilich nicht, die BERLIOZ hier, im ‹*Rex tremendae*› und im ‹*Lacrymosa*›, verlangt; schon 1760 hatte FRANÇOIS JOSEPH GOSSEC im ‹*Tuba mirum*› seines *Requiems* (das BERLIOZ aller Wahrscheinlichkeit nach gekannt hat) «in einiger Entfernung und etwas versteckt auf einem erhöhten Platz in der Kirche drei Posaunen, vier Klarinetten, vier Trompeten, vier Hörner und acht Fagotte postiert».

Man hat die Chor- und Orchestermassen gerade dieser drei Sätze immer wieder als Beweis «für das Ungeheuerliche, für das Riesenhafte, für [die] materielle Unermeßlichkeit» (Heinrich Heine) der Musik BERLIOZ' herangezogen; daß es dem Komponisten dabei weniger um Klangvolumen, als vielmehr um spezifische Klangfarben ging, scheinen auch heute noch seine Kritiker nicht sehen zu wollen. Wenn etwa im ‹*Sanctus*› bis zu zehn Becken-Paare *pianissimo possibile* zu spielen haben, so ist dieser Klang – als ob ein Wassertropfen im Feuer verzischt – durch keine anderen Mittel zu erreichen. Überhaupt ist das *Requiem* trotz der drei «Explosionen» eher ein introspektives Werk; die Zurückhaltung des ‹*Dies irae*› und der a capella-Satz des ‹*Quaerens me*› sind äußerem Effekt ebenso fern wie das ‹*Offertorium*›, das in seiner Konstruktion dreier scheinbar unabhängig voneinander ablaufenden Ebenen eine der erstaunlichsten Schöpfungen BERLIOZ' darstellt: ein langsames Fugato, dessen dreizehntaktiges (!) Thema in sich chromatisch gestaffelt ist, ein unisono des Chors, das mit nur zwei Noten (a-b) und einem gleichbleibenden Rhythmus den Text psalmodiert, und starre *sforzato-piano*-Akkorde der Holzbläser. Eine wirklich «ungeheuerliche» Musik, wenn auch in ganz anderem Sinn, als Heine es meinte.

Auch das *Te Deum op. 22* für Tenorsolo, Knabenchor, zwei Chöre, Orchester und Orgel, das BERLIOZ vermutlich 1849 komponierte, knüpft an frühere Werke an: das ‹*Christe, rex gloriae*› verarbeitet Material aus dem ‹*Resurrexit*› der 1825 entstandenen *Messe solennelle,* und als Ganzes scheint das *Te Deum* zum einen Nachklang einer zweisätzigen *Symphonie militaire* zu Ehren Napoleons zu sein (1832), zum anderen einer ‹*Fête musicale funèbre à la mémoire des hommes illustres de la France*› (1835). So jedenfalls erklärte sich ein Kritiker der Uraufführung, die BERLIOZ selbst am 30. April 1855 in der Eglise Saint-Eustache dirigierte, das «so ganz kriegerische Gepräge» des Werkes. In einem Brief an FRANZ LISZT hat BERLIOZ am 1. Januar 1853 sein *Te Deum* knapp beschrieben: «Es dauert eine Stunde und hat acht große Sätze [von denen das ‹*Prélude*› und die ‹*Marche pour la présentation des drapeaux*› nur bei besonderen Anlässen aufgeführt werden sollen]; den letzten Satz [‹*Judex crederis*›] betrachte ich als rechten Vetter des ‹*Lacrymosa*› meines *Requiems.* Weiter gibt es ein Gebet für Tenorsolo mit Chor [‹*Te ergo quaesumus*›] und ein anderes Gebet [‹*Dignare*›] für zwei Chorstimmen in kanonischer Imitation über einer einzigartigen Folge von Orgelpunkten, die von den übrigen Chorstimmen und den tiefen Instrumenten gehalten werden: D – F-dur – a-moll / A-dur – C-dur / c-moll – Es-dur / Dis-dur – E-dur – cis-moll – A-dur – fis-moll – D-dur. [Im Brief als Notenbeispiel dargestellt.] Schließlich sind da noch die prunkvollen Harmonien des eigentlichen *Te Deum* mit einer Fuge über einen Choral, der zunächst von der Orgel intoniert wird und dann durch alle Stimmen und das ganze Orchester kreist.»

Zwischen *Requiem* und *Te Deum* liegt die Komposition der *Grande Symphonie funèbre et triomphale*, die der französische Innenminister Charles de Rémusat für die Feierlichkeiten zum zehnten Jahrestag der Juli-Revolution und die Einweihung der Bastille-Säule (am 28. Juli 1840) bestellt hatte. Die Urfassung des Werkes (als *Symphonie militaire*) mit den drei Sätzen ‹*Marche funèbre*›, ‹*Hymne d'adieu*› und ‹*Apothéose*› war für Militärorchester gesetzt und zur Aufführung während der Prozession von der Eglise Saint-Germain-l'Auxerrois zur Place de la Bastille bestimmt, bei der die Symphonie insgesamt sechsmal gespielt wurde und großen Eindruck machte; 1842 arbeitete Berlioz die Partitur für Militär- und Streichorchester um und ließ von Antony Deschamps die ‹*Apothéose*› textieren; der zweite Satz (mit einem ausgedehnten, rezitativischen Solo der Tenorposaune, das sich schon 1826 in der Oper ‹*Les francs-juges*› findet) erhielt nun den Titel ‹*Oraison funèbre*›, und das ganze Werk wurde als *Grande Symphonie funèbre et triomphale* mit der Opuszahl 15 1843 bei Schlésinger veröffentlicht. Die Tradition solcher Militärsymphonien läßt sich in Frankreich zurückverfolgen bis zur musikalischen Gestaltung der Feste und Zeremonien der Revolution und reicht bis weit ins 20. Jahrhundert hinein (Gabriel Fauré, Charles Koechlin, Camille Saint-Saëns, Florent Schmitt) – Spiegel des militärisch-künstlerischen Selbstverständnisses der *grande nation,* an deren *grandeur* wenigstens Berlioz noch glauben konnte...

Michael Stegemann

‹L'Enfance du Christ› op. 25

Spätestens seit der Uraufführung der *Symphonie fantastique* (am 5. Dezember 1830) verband sich mit dem Namen Berlioz die Vorstellung einer ganz bestimmten musikalischen Sprache: «Sinn für das Ungeheuerliche, für das Riesenhafte, für materielle Unermeßlichkeit; [...] kreischende Instrumentierung, wenig Melodie; [...] wenig Schönheit und gar kein Gemüt», charakterisiert sie Heine in seinem Bericht über «Musikalische Saison von 1844». Nichts von alldem aber findet sich in der *Trilogie sacrée ‹L'Enfance du Christ›*, und das Pariser Publikum war äußerst empört über die Unverschämtheit dieses Monsieur Berlioz, seine an Kanonenschläge und Monsterkonzerte gewöhnten Hörer derart düpiert zu haben.

Die drei Teile der ‹*Enfance du Christ*› waren unabhängig voneinander komponiert und uraufgeführt worden. Als erstes erlebte das Mittelstück ‹*La Fuite en Egypte*› am 1. Dezember 1853 in einem von Berlioz dirigierten Leipziger Gewandhauskonzert seine Premiere. «Es ist wirklich ein gutes Stück, naiv und rührend (lache nicht!), ganz im Stil der Illuminationen alter Meßbücher. Alle Welt sagt mir, ich habe die dieser biblischen Legende angemessene Stimmung perfekt getroffen; und man drängt mich, das Werk nun fortzusetzen und *‹La Sainte Famille en Egypte›* zu komponieren. Es soll mir recht sein, denn der Stoff reizt mich, nur fehlen mir bis jetzt noch Dokumente über den Aufenthalt Jesu in Ägypten; ich werde auch den Text wieder selbst verfassen» (BERLIOZ an seine Schwester Adèle, Leipzig, 30. November 1853).

Unmittelbar nach der Pariser Erstaufführung der *‹Fuite en Egypte›* (am 18. Dezember 1853 in der Salle Sainte-Cécile) beginnt BERLIOZ mit der Arbeit am späteren Schlußstück seiner *Trilogie sacrée, ‹L'Arrivée à Saïs›*; am 14. April 1854 dann berichtet er in einem Brief an FRANZ LISZT, daß er dem Rat des Londoner Verlegers T. Frederick Beale folgen und noch einen ersten Teil über den Kindermord von Bethlehem komponieren wolle: *‹Le Massacre des innocents›*, später umbenannt in *‹Le Songe d'Hérode›*. Obwohl also die dreiteilige Anlage nicht von vornherein geplant war, zeigt die Partitur der *‹Enfance du Christ›* große Geschlossenheit; so verwendet BERLIOZ zum Beispiel das Kopfthema des fugierten Vorspiels der *‹Fuite en Egypte›* in veränderter rhythmischer Gestalt auch für den Beginn der *‹Arrivée à Saïs›* und das letzte Solo (*récit. mesuré*) des Erzählers knüpft gestisch und motivisch an das Eröffnungsrezitativ des *‹Songe d'Hérode›* an.

«Kürzlich habe ich also meine geistliche Trilogie über die Kindheit Christi vollendet. Ich weiß nicht, wann ich sie werde hören können; und auch, ob die paar intelligenten Leute in Paris, an denen mir liegt, sie je hören werden, weiß ich nicht. Das Ganze ist von so naiver Schlichtheit der Farbe und der Form, daß ich mir kaum vorstellen kann, hier Sänger zu finden, die das entsprechend wiederzugeben vermögen. Alle sind mehr oder weniger von dem falschen und platten Geschmack infiziert, dem man an unseren Theatern zujubelt. Kannst Du Dir als Sängerin der Heiligen Jungfrau Maria eine Koloratur-Virtuosin vorstellen, die an ständiger Kehlkopf-Reizung leidet, oder eine federgeschmückte Primadonna, die nichts als *effektvolle* Cavatinen haben will, in denen sie ihre Stimme zeigen, sich in Pose stellen und ihre Locken schütteln kann...?» (Berlioz an seine Schwester Adèle, Paris, 27. August 1854).

Die Uraufführung der *‹Enfance du Christ›* findet dann doch – am 10. Dezember 1854 – in Paris statt und hat einen solchen Erfolg, daß am 24. Dezember und am 28. Januar zwei weitere Aufführungen folgen. «Mehrere Leute glaubten, in dieser Partitur einen vollständigen Wechsel meines Stils und meiner Kompositionsweise zu erkennen. Nichts ist weniger begründet als diese Meinung. Das Sujet hat naturgemäß eine schlichte und sanfte Musik hervorgebracht, die dem Geschmack und dem Verständnis des Publikums natürlich näher stand; außerdem hatten Geschmack und Verständnis sich im Lauf der Zeit weiterentwickelt. Zwanzig Jahre zuvor hätte ich *‹L'Enfance du Christ›* genauso geschrieben» (Hector Berlioz: «Mémoires»).

In seinem Fragment «Über zukünftige Kirchenmusik» hat Franz Liszt 1834 stilistische Grundsätze formuliert, an denen sich zunächst auch Berlioz in seinen kirchenmusikalischen Werken orientiert: Die (bis auf das *‹Resurrexit›* verschollene) *Messe solennelle* (1824/25), das *Requiem* (1837) und das *Te Deum* (1849) sind Theater- und Kirchenmusik in einem. In *‹L'Enfance du Christ›* aber zeichnet sich eine Abkehr von dem dramatisch-monumentalen Gestus ab, die schließlich in den beiden letzten, wohl 1868/69 komponierten Partituren Berlioz' gipfelt: einem *‹Veni, Creator Spiritus›* und einem *‹Tantum ergo›* – zwei Chorsätze von äußerster, archaischer Kargheit, am Rande des Verstummens. Ansatzweise läßt sich allerdings auch in *‹L'Enfance du Christ›* noch ein szenisches Konzept erkennen; das instrumentale 7/4-Allegretto des ersten Teils zum Beispiel trägt den Vermerk «Kabbalistische Umzüge und Beschwörungen der Wahrsager», und der Chor der Ismaeliten, der die Heilige Familie in Saïs willkommen heißt, endet mit der quasi szenischen Anweisung: «Die jungen Ismaeliten und ihre Diener zerstreuen sich nach allen Richtungen, um des Hausvaters Befehle auszuführen.» Wie schon in früheren Werken wie dem lyrischen Monodram *‹Lélio›* oder dem *Requiem* entwirft Berlioz auch in der *‹Enfance du Christ›* eine musikalische Dreidimensionalität, deren klangliche Realisierung eine bestimmte räumliche Disposition verlangt. Für den Chor der Engel etwa – das sechste und letzte Bild des ersten Teils – schreibt der Komponist vor, er sei «hinter der Szene, in einem dem Orchester nahem Saale bei offener Thür» zu postieren.

Die «volkstümliche Schlichtheit» der *‹Enfance du Christ›*, auf die Berlioz mehrfach hinweist, hat freilich ihre Vorläufer im Schaffen des Komponisten; erwähnt sei hier nur die 1845 entstandene *‹Sérénade agreste à la madonne›* für Harmonium. Ebenso lassen sich Parallelen zu den populären französischen Noëls ausmachen (und über diese zu entsprechenden Werken etwa Marc Antoine Charpentiers oder François Joseph Gossecs). Dem entsprechen auch bestimmte harmonische Archaismen und modale Tönungen der Melodieführung, wie eben die «kleine fugierte Ouvertüre» des zweiten Teils, bei der Berlioz in der Partitur ausdrücklich auf das Fehlen des Leittons hinweist oder die phrygisch-dorischen Skalenausschnitte in der Arie des Herodes. Archaisch wirken aber auch die kontrapunktische Satztechnik dieses Orchestervorspiels und der *‹Marche nocturne›*, der rezitativische Gestus zahlreicher Partien und die Holzbläser-Instrumentation im Stil italienischer *pifferari* (Terz-Appoggiaturen), etwa zu Beginn der Hirtenszene.

Die Uraufführung der *‹Enfance du Christ›* – «das bedeutendste Ereignis der Saison, das Berlioz einen gigantischen Triumph bescherte» (Cosima Wagner) – öffnete den Weg zu einer Rezeption, mit der Berlioz nicht im entferntesten gerechnet hatte. Der Einfluß des Oratoriums findet sich in den verschiedensten Werken wieder: sei es in dem *‹Oratorio de Noël› op. 12* von Camille Saint-Saëns, sei es in dem obskuren *Mysterium des Heiligen Silvester* von Friedrich Nietzsche (!), das bis hin zu notengetreuen Zitaten an Berlioz anknüpft. Berlioz selbst aber war über die Wirkung seiner *‹Enfance du Christ›* eher erschrocken als glücklich; allzu deutlich spürte er das Mißverständnis, dem er das nahezu ungeteilte Lob der Presse und des Publikums zu verdanken hatte. «Der Erfolg dieses Werkes ist eine Beleidigung für alle meine früheren Kompositionen», äußerte er gegenüber der Prinzessin Carolyne von Sayn-Wittgenstein. Was blieb, war Bitternis: «Was soll's – ich bin eben ein braver kleiner Junge geworden, menschlich, klar, melodiös. Endlich schreibe ich eine Musik wie jeder andere auch.»

Michael Stegemann

Michail Glinka

Nowo-Spaskoje bei Jelne, 20. Mai (1. Juni) 1804 – Berlin, 15. Februar 1857

Die Geschichte der russischen nationalen Kunstmusik beginnt mit dem Schaffen MICHAIL GLINKAS, dem Schöpfer der ersten russischen Nationaloper *‹Iwan Sussanin›* (1834 bis 1836), einer mit russischer Volksmusik gespeisten Oper, die das Publikum der Petersburger Uraufführung im Dezember 1836 derart verblüffte, daß die böse Rede von «Kutschermusik» ihre Runde machte. Man war schließlich die westliche Kunstmusik gewohnt. Bis zu GLINKA hatten sich die russischen Komponisten an der Musik der italienischen Oper und der Wiener Klassiker orientiert. Die Fülle der russischen, vor allem der ukrainischen Volksmusik blieb kompositorisch vorläufig noch unerschlossen. Ansonsten gab es noch die altrussische, liturgische Musik und epigonale, westlich beeinflußte mehrstimmige, geistliche Kunstmusik (DIMITRI BORTNJANSKY). In der Oper *‹Iwan Sussanin›* tritt zum erstenmal überhaupt das russische Volk auf die Bühne, und zwar als entscheidender Handlungsträger, wie später in MUSSORGSKIJS *‹Chowanschtschina›*, eine überaus kühne Tat GLINKAS, wenn man bedenkt, unter welch despotischem Zar er lebte. Dem höfischen Vorwurf der «Kutschermusik» stellte sich GLINKA mit den Worten entgegen: «Das ist gut gesagt und sogar sehr wahr, denn die Kutscher sind meiner Meinung nach auch gescheiter als die großen Herren.» Damit war der Anstoß für die spätere, antifeudalistische und realistische Kunstbewegung in Rußland gegeben, die im Schaffen MODEST MUSSORGSKIJS gipfelte.

Unter GLINKAS Orchesterwerken ragt die *Orchesterphantasie ‹Kamarinskaja›*, komponiert im Jahre 1848, hervor. Von ihr sagte TSCHAIKOWSKY später bewundernd, in ihr verberge sich «die ganze Zukunft der russischen sinfonischen Musik wie die Eiche in der Eichel». GLINKA benutzt darin zwei bekannte russische Volkslieder und nannte das Stück deshalb zunächst *‹Hochzeitslied und*

Tanzlied›. Weil aber die Tanzweise, die dem Stück den endgültigen Titel verleiht, im Verlauf der Variationen die Oberhand gewinnt, änderte GLINKA den ursprünglichen Titel. Aufs Treffendste verkörpert das Stück die ästhetische Grundhaltung GLINKAS: «Das Volk schafft die Musik, und wir Komponisten arrangieren sie nur.» Tatsächlich wird hier der ganze inhaltliche Reichtum der russischen Volksmusik entfaltet: Innigkeit, melodische Schönheit, Humor, aber auch Schwermut und Klage. Selbst die Techniken des Kontrapunkts handhabt GLINKA nicht in der üblichen akademischen Weise, etwa wie er es bei Siegfried Dehn seinerzeit in Berlin gründlich studiert hat, sondern im Geist der polyphonen Stimmführung, wie sie nur die russische Volksmusik kennt.

Gegen die Unterstellung, es handle sich um eine programmusikalische Darstellung russischen Volkslebens, wehrte sich GLINKA entschieden: «Ich versichere, daß ich mich während der Komposition nur von meinem inneren musikalischen Gefühl leiten ließ und nicht im entferntesten daran gedacht habe, wie es auf den Hochzeiten hergeht, wie unser rechtgläubiges Volk feiert und wie ein verspäteter Trunkenbold an die Tür klopft, damit man ihm öffne.» Mit der letzten Bemerkung spielt GLINKA auf die Zarin an, die bei der Probe der Orchesterphantasie *‹Kamarinskaja›* den Beginn des letzten Teils in diesem Sinn gedeutet hat. Tatsächlich liegt hier keine «Programm-Musik» vor. Die beiden Volksmusikthemen bilden den Ausgangspunkt einer phantasievollen Variationenfolge, die ebenso sinnfällig wie kunstvoll ist.

In den Jahren 1845 bis 1847 unternahm GLINKA eine ausgedehnte Reise nach Spanien und komponierte unter diesem Eindruck zwei *Spanische Ouvertüren,* deren erste – ein Stück in Sonatenform – mit «Jota aragonese» (schnelles Tanzlied aus der Provinz Aragon im Dreiertakt) überschrieben ist und in Madrid entstand (Datum auf der ersten Seite: 24. September 1845). Die Anregung erhielt er durch Volkssänger und Tänzer, die er während der Reise zum Vortrag der spanischen Volksmusik zu sich einzuladen pflegte. Die andere *Spanische Ouvertüre*, eine Art Rhapsodie, verwendet ebenfalls bei solchen Gelegenheiten aufgezeichnete Volksmusik, und zwar vier Themen, darunter eine Jota und eine Seguidilla. Ihre endgültige Fassung mit dem Titel *‹Erin-*

nerung an eine Sommernacht in Madrid› arbeitete GLINKA erst im Jahre 1851 aus.

Das neben *‹Kamarinskaja›* bekannteste Orchesterwerk GLINKAS ist die erst ein Jahr vor seinem Tod endgültig instrumentiere *Walzerphantasie,* ein zunächst für Klavier entworfenes Stück, das zum Vorbild für zahlreiche spätere Stücke dieser Art innerhalb der russischen Musik von TSCHAIKOWSKY bis SCHOSTAKOWITSCH wurde. Wider Erwarten ist ihr Ausdruck eher wehmütig und nachdenklich gestimmt als heiter und unbeschwert. Auffällig ist, daß GLINKA auf die Auseinandersetzung mit der symphonischen Tradition der westlichen Musik völlig verzichtete. Sie lag ihm offensichtlich nicht und entsprach auch nicht seinem musikalischen Realismus, der ein «demokratisches» Kunstideal in einer Zeit im Auge hatte, die dafür noch gar nicht reif war. Deshalb scheint es ihm wohl noch nicht vergönnt gewesen zu sein, Nikolaj Gogols «Taras Bulba» endgültig in ein Orchesterwerk umzusetzen, wie das erst viel später dem mährischen Komponisten LEOŠ JANÁČEK gelang, einem Komponisten, der auf seine Weise für die Musik den Realismus geltend machte.

Dietmar Holland

Frédéric Chopin

Zelazowa-Wola bei Warschau, 1. März 1810 – Paris, 17. Oktober 1849

Das Orchester spielt im Werk CHOPINS kaum eine Rolle. Stücke nur für Orchester gibt es gar nicht, und in den Kompositionen für Klavier und Orchester ist der Orchesteranteil klein, zumindest unscheinbar. Immerhin sind es insgesamt sechs Werke, die CHOPIN für Klavier mit Orchesterbegleitung schrieb: außer den zwei bekannten *Konzerten op. 11 und op. 21* die *Variationen über ‹La ci darem la mano›* aus MOZARTS *‹Don Giovanni› op. 2,* die *Fantasie über polnische Themen op. 13,* den *Krakowiak op. 14* sowie *Andante spianato und Polonaise op. 22.* Vom letzten Werk abgesehen, das zumindest teilweise erst in Paris komponiert wurde, entstanden diese Stücke sämtlich noch in CHOPINS Warschauer Zeit, also vor Ende 1830. In Paris, so scheint es, gab es für CHOPIN keine Veranlassung mehr, für Orchester zu schreiben. Der Ort, für den er fortan einzig und allein komponierte, war der Salon. Vor allem aber scheint CHOPIN an allen Gattungen und Formen der Musik, die er nicht in eigener Person und ohne die Mithilfe anderer aufführen und lebendig werden lassen konnte, kaum Interesse gehabt zu haben. Bekanntlich schrieb er weder Opern noch Kirchenstücke und auch auf dem Gebiet der Kammermusik erscheint die *Cellosonate op. 65* von 1845/46 nur als die Ausnahme, die die Regel bestätigt. Es ist allerdings auch von jeher der Verdacht geäußert worden, CHOPIN habe andere Gattungen gemieden, weil er sich ihnen technisch nicht gewachsen gefühlt habe. Die Instrumentation in den Werken mit Orchester beispielsweise, nicht eben brillant oder auch nur gekonnt, führte fast zwangsläufig zu dem Vorwurf, CHOPIN habe nicht zu instrumentieren verstanden. Überdies wird seit langem behauptet, CHOPIN habe sich bei der Instrumentation seiner beiden Konzerte helfen lassen, wenn sie nicht ganz und gar von anderer Hand herrühre. Da die Partiturhandschriften nicht erhalten sind, kann man diese Behauptung leider nicht auf ihre Richtigkeit hin prüfen. Die Konsequenz der Vorwürfe gegen die Chopinsche Instrumentation waren weitreichende Retuschierung und Umarbeitung des Orchesterparts in beiden Konzerten, vorgenommen unter anderem durch so namhafte Pianisten wie Karl Klindworth und Carl Tausig oder Komponisten wie André Messager. Hintergrund dieser Umarbeitungen, die teilweise bis heute gepflegt werden, ist allerdings nicht nur die angeblich so mangelhafte Instrumentation, sondern auch die Tatsache, daß die Konzerte einem Typus angehören, der im übrigen nicht überlebt hat. Die beiden Chopin-*Konzerte* sind die einzigen Exemplare der Spezies des Virtuosenkonzerts im heutigen Repertoire, und es ist deshalb zumindest verständlich, daß sie am übrigen Konzertrepertoire gemessen und ihm angeglichen wurden. Das Virtuosenkonzert legt es nicht auf das differenzierte Wechselspiel, den «Wettstreit» zwischen Orchester und Soloinstrument, an, es hat weder satztechnisch noch symphonisch besondere Ambitionen. Es dient ausschließlich der möglichst effektvollen Präsentation des Solisten, dessen Herrschaftsanspruch den Dialog mit dem Orchester als gleichrangigem Partner nicht duldet. Das Orchester erfüllt folglich untergeordnete Funktionen; es ist darauf beschränkt zu begleiten und die Soli, die wie die Auftritte einer Primadonna wirken, durch Einleitungen und Zwischenspiele vorzubereiten. Setzt das Klavier ein, tritt das Orchester sogleich in den Hintergrund. Andererseits präsentiert sich das Klavier selten einmal ganz allein – als sei es auf den Klanggrund wie auf eine tragende Stütze angewiesen. Dieser Klanggrund besteht fast durchgehend aus einer Nachzeichnung des harmonischen Verlaufs, der durch seine im Vergleich zum Klavier stets längeren Notenwerte getragen wirkt und in seiner Instrumentation mit Streichern, vornehmlich in Mittellage, weich und warm klingt, so daß das Soloinstrument wie über einen samtenen Teppich zu schreiten scheint. Die beiden Konzerte sind sich in Form und Ausdruck sehr ähnlich, vermutlich nicht zuletzt auch eine Folge der nahen Entstehungszeit beider Stücke. Chopin schrieb sie in den Jahren 1829 und 1830. Zuerst entstand das später als *op. 21* veröffentlichte *Konzert in f-moll* (Herbst 1829 bis Frühjahr 1830), danach das *Werk in e-moll op. 11*

(April bis August 1830). Beide Konzerte sind traditionell dreisätzig (schnell–langsam–schnell), beide wenden das Moll, das den ersten Satz prägt, im weiteren Verlauf ins hellere Dur. Im *e-moll-Konzert* beginnt der Schlußsatz bereits in E-dur, im *f-moll-Konzert* vollzieht sich die Wendung nach F-dur erst innerhalb des Satzes selbst, theatralisch-großartig eingeleitet durch ein Signalhorn, das den Dur-Schluß zum Ereignis macht. Zwischenstufen sind jeweils die langsamen Mittelsätze, die gleichfalls in Dur-Tonarten stehen, dennoch aber nicht den Dur-Charakter der Schlußsätze haben. Hier erscheint das Dur verhangen, eingetrübt, als liege der Schatten der voraufgehenden Moll-Sätze noch darüber. Zum langsamen Satz des *e-moll-Konzerts* verriet Chopin etwas von seiner Intention; er schrieb in einem Brief im Mai 1830: «Das Adagio des neuen Konzerts ist in E-dur. Es ist eine Art Romanze, ruhig und melancholisch. Es soll den Eindruck eines liebevollen Rückblicks erwecken, eines Rückblicks auf eine Stätte, die in uns tausend süße Erinnerungen wachruft. Es ist wie eine Träumerei in einer schönen, mondbeglänzten Frühlingsnacht. Deshalb wird es mit sordinierten Geigen begleitet; das sind Geigen, die durch eine Art Kämme gedämpft werden, die, auf den Saiten angebracht, einen nasalen silbernen Ton bewirken.» Über den langsamen Satz des f-moll-Konzerts gibt es eine ganz ähnliche Äußerung Chopins; es heißt in einem Brief vom Oktober 1829: «ich habe schon, vielleicht zu meinem Unglück, mein Ideal [gemeint ist die Sängerin Konstantia Gladkowska], dem ich treu diene, obwohl ich schon seit einem halben Jahr nicht mit ihm gesprochen habe, von dem ich träume, zu dessen Gedenken das Adagio in meinem Konzert entstanden ist». Es ist kein Zufall, daß diese Äußerungen die langsamen Sätze betreffen, Vergleichbares über die anderen Sätze aber fehlt. Der langsame Satz ist offenkundig das bevorzugte Medium zum Ausdruck intimer Empfindungen, der emotionale Mittelpunkt gleichsam. Er gestattet sich darum auch formal die meiste Freiheit. Anfangs- und Schlußsatz scheinen als schützende Hülle um ihn gelegt zu sein, im Charakter deutlich nach außen gewendet und formal, in der mehr oder weniger braven Übernahme von Sonatensatz und Rondo, der Konvention verhaftet. Insbesondere die durch ihre Ausdehnung auffallenden Anfangssätze – der erste Satz des *e-moll-Konzerts* ist mit nahezu siebenhundert Takten einer der längsten des gesamten Repertoires – zielen auf Repräsentation und große Gestik. Der Anfangssatz ist gleichsam die Auftrittsszene des Virtuosen. Hier gibt er sich, wie es der Tradition entspricht, pathetisch-großartig, zumindest ernst. Der Schlußsatz hat demgegenüber die Funktion des heiteren Kehraus, in deutlichem Kontrast zum Anfangssatz. Hier spielt vor allem rhythmische Prägnanz eine Rolle; der Virtuose spielt gleichsam zum Tanz auf, und dabei bedient er sich selbstverständlich volkstümlicher, also polnischer Tanzmusik. In der Verwendung von Mazurka (*f-moll-Konzert*) und Krakowiak (*e-moll-Konzert*) erweist er sich als guter Patriot und nutzt zugleich die mit diesen Tänzen heraufbeschworenen exotischen Reize.

Egon Voss

Franz Liszt

Raiding, 22. Oktober 1811 – Bayreuth, 31. Juli 1886

So groß die Wirkung Franz Liszts im 19. Jahrhundert auch war, heute ist er für uns kaum mehr als eine repräsentative Verlegenheit. Von seiner Musik kennen wir nur Ausschnitte aus dem virtuosen Klavierwerk, vieles ist ohnehin nur auf Schallplatten zeitweise greifbar und das meiste so gut wie gar nicht erschlossen. Von den reichen Begabungen, die Liszt als Virtuose, Dirigent, Organisator oder Sozialutopist in sein Jahrhundert hat einfließen lassen, sind nur einige Virtuosenstücke für mutige Pianisten übriggeblieben. Doch Liszt war weit mehr als nur ein Klavierkomponist, und sein Auftreten als der größte Virtuose seiner Zeit (neben Paganini) ist ja nur der erste Teil seines langen und vor allem bewegten Lebens gewesen, eines Wirkens immerhin, das durch alle Höhen und Tiefen des bürgerlichen Jahrhunderts hindurchgegangen ist wie kaum ein anderes (außer Wagner). Als einer der ersten hat Béla Bartók ausdrücklich auf die unverzichtbare Ausstrahlung der Musik Liszts aufmerksam gemacht (1911) und schlichtweg behauptet, daß Liszts zahlreiche, zum Teil verborgene kompositorische Entdeckungen folgenschwerer seien, als aller Nachruhm der Wagnerschen Musikdramen. Trotz aller unbestreitbaren Trivialitäten sei die Musik Liszts in ihren besten Stücken, zu denen Bartók die große *Klaviersonate in h-moll* oder auch die *Faust-Symphonie* zählte, durch ein «fanatisches Streben nach dem Neuen und Seltenen» ausgezeichnet und warte mit ihren vielen Anregungen auf eine kompositorische Einlösung. Ein Jahr später als Bartók schloß sich Arnold Schönberg dieser Meinung in einem Liszt-Aufsatz für die *Allgemeine Musikalische Zeitung* an: «In den vielen Anregungen, die er den Nachfolgern hinterließ, ist seine Wirkung vielleicht größer als die Wagners, der ein zu vollendetes Werk gab, als daß Spätere dem noch etwas hätten hinzufügen können.»

Im Mittelpunkt der rein kompositorischen Aktivitäten Liszts in der Weimarer Zeit (1848 bis 1858) stehen die von Wagner als «neue Kunstform» gepriesenen *symphonischen Dichtungen* und die beiden Auseinandersetzungen mit der Gattung der *Symphonie*. Des Virtuosendaseins überdrüssig, vertiefte sich Liszt in die Orchestermusik, führte Instrumentalwerke von Hector Berlioz auf, studierte deren Orchestersatz und begann die ihm angeborene Fähigkeit zur Metamorphose von musikalischer Substanz – sei es eigene oder fremde – in Orchesterwerken anzuwenden, die in den beiden *Symphonien* nach Goethe und Dante ihren Gipfel erreichten. Liszt hatte dabei niemals im Sinn, die Symphonik Beethovens überbieten zu wollen – im 19. Jahrhundert gehörte es zum guten Ton, Beethovens *Symphonien* als unerreichbare Muster der Gattung zu bestaunen und keine *direkten* kompositorischen Konsequenzen aus ihnen zu ziehen –, er wollte etwas ganz anderes erreichen: Der Musik sollte (endlich) die Charakterisierungsfähigkeit verliehen werden, die in der Literatur und in der Malerei (Delacroix!), zumindest in Frankreich (Liszts ästhetischer Herkunft) längst an der Tagesordnung war. Das Ziel war die Etablierung der Ästhetik des Häßlichen, die das «Interessante» in die Kunst einführte und damit eine bisher unerreichbare Charakterisierung ermöglichte. Die literarischen Stoffe, auf die sich Liszt in seinen *symphonischen Dichtungen* und in den beiden *Symphonien* bezieht, sind nicht etwa deren Gegenstände, sondern die Ausgangspunkte der musikalischen Phantasie. Es wird kein konkretes «Programm», keine «Handlung» in Musik umgesetzt, sondern Musik soll – umgekehrt – «sprechend» werden, als sei sie ein Stück Literatur. Liszt spricht von einer «Folge von Seelenzuständen», die durch die Musik artikuliert würde und von «Bildern», die den äußeren Umriß gestalten. Er nennt die *Faust-Symphonie* in betont umständlicher Formulierung *«Eine Faust-Symphonie in drei Charakterbildern (nach Goethe) und mit Schlußchor ‹Alles Vergängliche ist nur ein Gleichnis›»* und widmet die Partitur bezeichnenderweise dem Komponisten, dem er das meiste verdankt: Hector Berlioz. Was in den (einsätzigen) *symphonischen Dichtungen*, nicht zuletzt durch den unseligen Einfluß der Fürstin von Sayn-Wittgenstein, noch allzu bombastisch oder zu sehr im süßlichen

Salonton geriet, das hebt LISZT in den beiden großen (mehrsätzigen) *Symphonien* auf die Stufe des Erhabenen, wenn es ihm auch nicht gelingt, auf den trivialen Tonfall völlig zu verzichten.

Dietmar Holland

Faust-Symphonie

Äußerungen von LISZT zur *Faust-Symphonie* (komponiert: August bis Oktober 1854, Schlußchor 1857) sind kaum überliefert. Die Kenntnis der «Faust»-Dichtung Goethes, die LISZT «trotz des vielen verwirrten Zeugs, das darin steckt» zu den Archetypen der «erhabenen dramatischen Epopöe» zählte, konnte im 19. Jahrhundert vorausgesetzt werden. LISZT beabsichtigte auch gar nicht, Goethes Dichtung in Musik zu setzen, sondern griff sich – in durchaus eigenwilliger Weise – das heraus, was ihm als Musiker wichtig schien. Mit Bedacht nennt er ja die Symphonie eine «*nach* Goethe», was aber die Exegeten bis heute nicht davon abzuhalten wußte, in der Symphonie nach versteckten Anspielungen auf bestimmte Stellen der Dichtung zu suchen. Das ist jedoch nicht im Sinne LISZTS, dem es gerade darauf ankam, Literarisches und Musikalisches zu verschmelzen, nicht gegenseitig zu kommentieren. Er schrieb 1855 in seiner berühmten Abhandlung über die *Symphonie ‹Harold in Italien›* von BERLIOZ: «Die Meisterwerke der Musik nehmen mehr und mehr die Meisterwerke der Literatur in sich auf.» Das heißt doch wohl, daß die Musik es, nach LISZTS Auffassung, lernt, eine der Literatur ebenbürtige Charakerisierungskunst zu entwickeln. Dazu half ihm selbst die in den früheren Transkriptionen entwikkelte Technik der umfassenden Metamorphose motivischen Materials, die er in der *Faust-Symphonie* mit souveräner Gelassenheit handhabte. Die drei Hauptfiguren – Faust, sein Alter ego Mephisto und das unschuldige Gretchen – sind der Ausgangspunkt für eine dramaturgische Anlage, die einen ganz neuen Weg in der Symphonik nach BEETHOVEN beschreitet: Die dramatische Konsequenzlogik der Symphonien BEETHOVENS wird umgangen und statt dessen ein kaleidoskopischer Wechsel thematischer Gestalten in einen dreiteiligen Ablauf gebracht (drei Sätze), der von innen heraus durch die Fülle der motivisch-thematischen Metamorphosen motiviert erscheint. Der erste Satz enthält demnach fünf im Charakter (und im Tempo) höchst unterschiedliche Themen, die – abgesehen von ihrer kühnen Formulierung – fünf verschiedene *Materialbereiche* verkörpern, somit ein umfassendes «Charakterbild» Fausts entwerfen. Der Bogen spannt sich vom spekulativen Blick (das erste zwölftönige Thema der Musikgeschichte, gleich zu Beginn der Symphonie) über das Sehnen (Takt 4/5), den *agitato* und *appassionato* herausfahrenden Lebensdrang (Thema des Allegro-Hauptteils), den «schmerzlichsten Genuß» des dritten Themas (das in der Reprise nicht mehr auftritt, dafür aber eine zentrale Stelle im Gretchen-Satz einnimmt) und das spezielle Thema der «Liebessehnsucht» (eine erste Verwandlung des anfänglichen unbestimmten Sehnens von Takt 4/5) bis hin zum «Grandioso»-Thema des «edlen» Charakters, einem fast pentatonischen Thema von einer recht zweifelhaften, trivialen Haltung, die später sogar umcharakterisiert wird zu einem «Nobile»-Charakter. Diese fünf Themen nun werden im dritten Satz, im Sinne des Alter ego und BARTÓKS Konzeption der *‹Deux Portraits› op. 5* (*‹Ein Ideal›* und dessen *‹Zerrbild›*) vorwegnehmend, einer Verkehrung ins häßliche Gegenteil unterworfen, die LISZTS Hang zum Grotesken und Dämonischen und die damit verbundene spezielle Kunst der Themenverwandlung hervorkehrt. Alle Faust-Themen, außer dem des «schmerzlichsten Genusses», kehren, ähnlich dem Schlußsatz der *Symphonie fantastique* von BERLIOZ, als Fratzen wieder. LISZT zieht hier alle Register seiner Variationsverfahren, die sich auf sämtliche Dimensionen des musikalischen Satzes beziehen. Hier ist denn auch der Ort, die Modernität LISZTS aufzuspüren. Und es ist sehr bezeichnend für das 19. Jahrhundert, daß das in der Sphäre des «Bösen» geschieht.

Deshalb wirkt auch der erst 1857 auf Betreiben der Fürstin Sayn-Wittgenstein nachkomponierte *Schlußchor (mit Tenorsolo)* so peinlich. In der gedruckten Partitur gibt immerhin LISZT dem Dirigenten die Möglichkeit, auch den instrumentalen Alternativschluß zu wählen, den übrigens WAGNER ausdrücklich dem *‹Chorus mysticus›* vorzog. Dieser ursprüngliche Schluß, «welcher zart und duftig mit einer letzten, alles bewältigenden Erinnerung an

Gretchen, ohne alle gewaltsame Aufmerksamkeits-Erregung, gegeben war» (WAGNER), geriet ungleich glaubwürdiger als das banale Pathos und die triviale Apotheose des Gretchen-Themas (aus dem zweiten Satz) in der zweiten Fassung. Hier stößt man an die Grenze des Geschmacks, die bei LISZT so häufig überschritten wird.

Dietmar Holland

Dante-Symphonie

Im Schatten der *Faust-Symphonie* steht die wesentlich geringer profilierte *‹Symphonie zu Dantes Divina Commedia› für Frauenchor und Orchester,* die LISZT selber am 7. November 1857 in Dresden zur Uraufführung brachte (komponiert 1855 bis 1856). Wieder war es WAGNER gewesen, der entscheidend Stellung nahm zur Konzeption des Schlusses (ihm ist die Symphonie auch gewidmet). LISZT plante nämlich noch die Komposition eines *‹Paradiso›*-Satzes, doch WAGNER machte ihn darauf aufmerksam, daß es unmöglich sei, so etwas musikalisch zum Ausdruck zu bringen. Statt dessen schrieb LISZT zwei Alternativschlüsse, beide mit Chor auf den Text des liturgischen *Magnificat*, der eine ätherisch verschwebend, der andere in einen dröhnenden *‹Halleluja›*-Ruf mündend. Beide Schlüsse sind indessen in gleicher Weise unbefriedigend, da der «präraffaelitische» Charakter des süßlichen Frauenchors kaum erträglich ist.

Der erste Satz, mit dem (instrumental gefaßten) Motto Dantes «Lasciate ogni speranza, voi ch'entrate», die musikalische Darstellung von Zügen aus Dantes «Inferno», leidet allzusehr unter der unprofilierten Thematik, die sich lediglich auf chromatische Gänge und abgegriffene pathetische Bläserintonationen marschartiger Prägung stützt. Bedeutende kompositorische Innovationen sind freilich die Verwendung des $\frac{5}{4}$- und $\frac{7}{4}$-Taktes (!) der «Amoroso»-Episode – der Dante-Kenner weiß, daß es sich um das Liebespaar Paolo und Francesca da Rimini handelt – und das darauffolgende Hohngelächter. Ähnlich wie in einigen Episoden der großen *Klaviersonate h-moll* erfindet LISZT in den Klagen der Liebenden («Nessun maggior dolore») eindrucksvolle instrumentale Rezitative, die eine ungeahnte Befreiung von der traditionellen Taktmetrik bedeuten und weit in die Zukunft weisen.

Der seltsamste Teil der *Dante-Symphonie* ist der sehr ausgedehnte zweite Satz (‹*Purgatorio*›), in dem LISZT immerhin die Zeitlosigkeit (!) zu gestalten hatte. Auf zwei zeitlupenartige, melodische Strophen (Solobläser) folgt eine überaus fremdartige Choralintonation (*mesto*), die mit ihrer archaisierenden Harmonik und den reinen Quintklängen an den Zeilenabschlüssen die ferne Welt des Mittelalters beschwört und zugleich von abgründiger Traurigkeit erfüllt ist. Diese Atmosphäre verdichtet sich in einer «Lamentoso»-Fuge in der «schwarzen» Tonart h-moll, die zum Sonderbarsten gehört, was LISZT jemals komponierte. Das *Magnificat* wirkt danach wie eine Geschmacksverirrung.

Dietmar Holland

Die symphonischen Dichtungen

«Avec reconnaissance et plaisir» – mit Dankbarkeit und Freude nahm FRANZ LISZT am 2. November 1842 sein Ernennungsdekret zum großherzoglichen Kapellmeister in außerordentlichen Diensten entgegen, das ihn an den Weimarer Hof verpflichtete. Seine Hoffnung, er könne aus dem verschlafenen Provinznest ein europäisches Musikzentrum machen, erwies sich freilich als trügerisch: Das Hoforchester war und blieb mittelmäßig, Reformen scheiterten am Widerstand der Verwaltung, und LISZTS in hohem Maße zeitgenössische Werke umfassendes Repertoire stieß beim Publikum auf Desinteresse, wenn nicht gar auf Protest. Doch die Position schuf die Basis einer Neuorientierung des Komponisten; der Klaviervirtuose wurde zum Virtuosen auf dem Orchester, der in der Nachfolge HECTOR BERLIOZ' und seiner Programm-Symphonien (vor allem der ‹*Symphonie fantastique*› und der *Symphonien* ‹*Harold in Italien*› und ‹*Roméo et Juliette*›) für das Ideal einer «Erneuerung der Musik durch ihre innigere Verbindung mit der Dichtkunst» eintrat – für die «symphonische Dichtung».

Als erstes Werk der neuen Gattung entstand 1847/48 die ‹*Berg*›-

Symphonie *‹Ce qu'on entend sur la montagne›* nach der gleichnamigen Meditation aus Victor Hugos Gedichtsammlung «Feuilles d'automne». Abgesehen von den frühen Skizzen einer *‹Revolutionssymphonie›* ist es Liszts erstes reines Orchesterwerk überhaupt, und an der Instrumentation der mehrfach revidierten Partitur dürfte sein Weimarer Adlatus JOSEPH JOACHIM RAFF keinen geringen Anteil gehabt haben – Grund genug für LISZTS Gegner, zynisch über sein kompositorisches Unvermögen herzufallen: «Man hat ihnen [den symphonischen Dichtungen] allen Werth, dem Componisten alles Talent abgesprochen; es ist sogar das schneidende Wort gefallen: ‹Liszt verwechsle seinen *Wunsch*, große Kunstwerke zu schaffen, mit der *Fähigkeit* dazu, die ihm mangle›» (A. W. Ambros: «Culturhistorische Bilder aus dem Musikleben der Gegenwart», 1865). Dahinter steht die rigorose Ablehnung jeglicher Programm-Musik – «sie ist gewiß nicht der inneren Tiefe entquollen, sondern erst durch irgendeine äußere Vermittlung angeregt» (ROBERT SCHUMANN) –, die LISZT notabene auch in seinen Klavierkompositionen verfochten hatte.

So wie die klassische Form des Sonatenhauptsatzes ihren Impetus aus dem Dualismus zweier Themen erhält, so lassen sich auch die Formen der symphonischen Dichtungen LISZTS zumeist auf das Prinzip einer musikalisch-programmatischen Antithese zurückführen. In der *‹Berg›*-Symphonie zum Beispiel ist es der (durch das Programm nur ansatzweise vorgegebene) Dualismus von Geist/Natur und Materie/Mensch, in *‹Tasso. Lamento e Trionfo›* «die große Antithese des im Leben verkannten, im Tode aber von strahlender Glorie umgebenen Genius», im *‹Prometheus›* (nach Herder) «Leid und Verklärung», in der *‹Hungaria›* Unterdrückung und siegreicher Aufstand des ungarischen Volkes. Und obwohl *‹Les Préludes›* zunächst als Vorspiel zu dem Männerchor-Zyklus *‹Les Quatre Eléments›* (nach Gedichten von Joseph Autran) komponiert und erst später orchestriert und der gleichnamigen Ode aus Alphonse de Lamartines «Méditations poétiques» zugeordnet wurden, läßt sich auch hier der Dualismus von Leben und Tod als programmatische Idee identifizieren, die in den beiden letzten symphonischen Dichtungen zur Dreiteiligkeit erweitert wird: *‹Die Ideale›* (nach Schiller) zeichnen «Aufschwung», «Enttäuschung» und «Apotheose» des Künstlers nach, ‹*Von der Wiege bis zum Grabe*› (nach einer Zeichnung des ungarischen Malers Mihály Zichy) folgt den Stationen der menschlichen Existenz von der «Wiege» über den «Kampf ums Dasein» zum «Grab» (als «Wiege des künftigen Lebens»). Diesem eher spirituellen Dualismus entsprechen Charakter- oder Handlungs-Antithesen anderer Partituren: der Konflikt Hamlet–Ophelia im ‹*Hamlet*›, die Schlacht Theoderichs gegen Attila auf den Katalaunischen Gefilden in der ‹*Hunnenschlacht*› (nach einem Monumentalgemälde Wilhelm von Kaulbachs), schließlich ‹*Mazeppa*› (nach einem Gedicht aus Victor Hugos «Orientales») mit der Erniedrigung und dem Triumph des ukrainischen Freiheitshelden. Nur drei der symphonischen Dichtungen – bezeichnenderweise sind es die, in denen Liszt sich am weitesten von der Idee einer Programmvertonung entfernt hat – verzichten auf das antithetische Prinzip und entwickeln lediglich einen einzigen thematischen Gedanken: Die ‹*Héroïde funèbre*› (der 1850 von Raff instrumentierte erste Satz der ‹*Revolutionssymphonie*›-Skizze von 1830), die ‹*Festklänge*› und der ‹*Orpheus*›.

Die Bedeutung der außermusikalischen Programme für Liszts Vertonungen ist immer wieder (und oft wohl absichtlich) überschätzt worden. Nicht nur im Fall der ‹*Préludes*› und ihrem erst post festum der Partitur unterlegten Lamartine-Programm sind die Bezüge der Musik zur Vorlage derart vage, daß sich die gängige Vorstellung, «mit jedem Takte sollte etwas Besonderes ausgedrückt werden» (Peter Raabe), als Trugschluß erweist. Auch Tonmalereien – seit Beethovens ‹*Pastorale*› als programmusikalische Vokabeln gewissermaßen sanktioniert – wird man bei Liszt nur selten finden. Für ihn «bezweckt das Programm nichts anderes als auf die geistigen Momente, welche den Komponisten zum Schaffen seines Werkes trieben, auf die Gedanken, welche er durch dasselbe zu verkörpern suchte, vorbereitend hinzudeuten». Was also Liszts Gegner auf den Plan rief, waren wohl weniger die Programme seiner symphonischen Dichtungen, als ihre revolutionäre Tonsprache.

«Jeder Mensch mit gesunden Sinnen wird sich von dem dissonierenden Geheul, das einen so wesentlichen Teil der Mazeppa-Symphonie bildet, abwenden», ereiferte sich (natürlich!) Eduard Hanslick über den ‹*Mazeppa*›. Warum aber diese Ablehnung?

Warum wurde die (mit der symphonischen Dichtung weitgehend identische) Klavierfassung des ‹*Mazeppa*› als vierte der ‹*Etudes d'exécution transcendante*› bejubelt, während man an dem Orchesterwerk kein gutes Haar ließ? Warum erhob niemand gegen die zahllosen Programm-Vorlagen und -Titel der Klavierwerke LISZTS – deren Tonsprache wenigstens ebenso revolutionär war wie die seiner Orchesterwerke – die Vorwürfe, die jede neue symphonische Dichtung dieses «berüchtigten Nichtkomponisten, dessen Tonschmierereien direkt eine Herausforderung zum Zischen und Pfeifen» bedeuten, wie die Leipziger *Allgemeine Musikalische Zeitung* schrieb, über sich ergehen lassen mußte?

Als anerkanntem «Heros des Pianoforte» war LISZT alles erlaubt, solange er sich nicht mit dem «Heros der Symphonie» zu messen wagte – mit BEETHOVEN. Die symphonischen Dichtungen – von LISZTS Gegnern bewußt als «Symphonien» bezeichnet, um das Schändliche der Tat zu unterstreichen – wurden als Versuche gedeutet, den Thron des Meisters zu stürzen. «Man hat es ihm übel genommen, daß er der Welt *neun* Symphonien auf *einem* Brette hinreicht –» gemeint sind die symphonischen Dichtungen von der ‹*Berg*›-Symphonie bis zur ‹*Hungaria*›, die 1856/57 geschlossen veröffentlicht wurden – «während zwischen der ersten Symphonie Beethovens und seiner neunten fast ein Vierteljahrhundert liegt und die neun Kolosse durch Sonaten, Quartette und andere Werke eines kleineren Genres ordentlich auseinander gehalten werden» (A. W. Ambros). Daß LISZT mit seinen symphonischen Dichtungen keineswegs in Konkurrenz zu den Symphonien BEETHOVENS treten wollte, sondern vielmehr eine gänzlich autarke Gattung geschaffen hatte, «eine neue Kunstform der Instrumentalmusik» (RICHARD WAGNER), erkannten nur die wenigsten.

Michael Stegemann

Ungarische Rhapsodien

Als FRANZ LISZT in einer französischen, 1861 von PETER CORNELIUS ins Deutsche übertragenen Abhandlung «Die Zigeuner und ihre Musik in Ungarn» auf volksmusikalische Wurzeln der Themen verwies, überwog der Enthusiasmus des Pianisten, auf unversehrte Nationalmelodik gestoßen zu sein. Wie der Komponist Béla Bartók nachweisen konnte, handelte es sich bei den von Liszt gesammelten und zunächst skizzierten Materialien (*‹Magyar Dalok›*, *‹Magyar Rhapsodie›* und *‹Ungarische Nationalmelodien›*) um die musikalischen Kernenergien jener Vortragsmodelle, die in rhapsodischer Ungebundenheit von den umherziehenden Zigeunern buchstäblich zur Explosion gebracht wurden. Selbstverständlich dürften – gefiltert und gebrochen – auch volksmusikalische Motive und Perioden in diese zwischen Sentiment und freizügiger mitreißender Instrumentalvirtuosität vermittelnden «Erzählungen» und Tänze Eingang gefunden haben. Doch Bartóks Untersuchungen – und auch solche, die von jüngeren Forschern vorgelegt worden sind – bestätigen, daß initiale thematische Erfindungen auf die kompositorischen Bemühungen ehrgeiziger Adliger, also auf höhergestellte Dilettanten, zurückgehen. Deren Inventionen griffen die Zigeuner – frei geboren, unstet und in stolzer Skepsis gegen jede Form der bürgerlichen Vereinnahmung, aber nicht frei von existentiellen Sorgen und ethnischer Benachteiligung – nicht ohne Berechnung auf. Ihre spieltechnischen Fertigkeiten, die Charakteristika der von ihnen verwendeten Instrumente (das Zymbal zum Beispiel) und die eigenartigen Farben, die durch die Verwendung der sogenannten «Zigeunertonleiter» erzielt werden, verliehen ihren Stücken ein exotisch anmutendes Flair. Musik für die Seele und den Lebensunterhalt.

Die genannte «Zigeunertonleiter» läßt sich in den *verbunkos*, den Werbemusiken für die österreichische Armee, bis in das späte 18. Jahrhundert zurückverfolgen, einer instrumentalen Gattung, die später durch den Csárdás abgelöst worden ist. Fachterminologisch gesehen handelt es sich bei der «Zigeunerleiter» um eine harmonische Moll-Tonleiter mit hochalterierter Quarte, wodurch eine sonderbare, gewissermaßen narkotisierende Labilität zwischen Moll- und Dur-Charakter erhalten bleibt.

Franz Liszt schrieb seine insgesamt *19 Ungarischen Rhapsodien für Klavier* erst nach 1850 – auf der Grundlage der thematischen Skizzen aus seinen Reisejahren. Zwischen den *Rhapsodien Nr. 1* bis *15* (1851 und 1853) und den letzten *vier* (nach 1880 gedruckt) ist eine stilistische, ja weltanschaulich-ästhetische Zäsur zu bemerken, die nach den reich ornamentierten, unverblümt auf Wirkung abzielenden Stücken an eine experimentelle, karg motivierte Spätlese «nationalen» Ausdrucks denken läßt. Hier erscheint die Musik der Zigeuner nicht mehr als akustische Verklärung sozialer Benachteiligung, sondern – modern gedacht und formuliert – als Ausdrucksmittel einer gesellschaftlichen Minderheit, deren Leid bis in unsere Gegenwart immer wieder durch willfährig aufbereitete Pußtaklänge folkloristisch bagatellisiert worden ist. Alle *sechs* überlieferten *Orchesterbearbeitungen* der *Rhapsodien Nr. 2, 5, 6, 9, 12* und *14* leisten verzerrender Beurteilung Vorschub und es empfiehlt sich, wenn man den *Ungarischen Rhapsodien* FRANZ LISZTS gerecht werden möchte, die originalen Klavierausgaben zu hören. In den Orchesterfassungen von LISZT, an deren Erstellung sein Meisterschüler FRANZ DOPPLER beteiligt war (im Fall der *Rhapsodie Nr. 2* wird DOPPLER offiziell sogar als selbständiger Instrumentator erwähnt), erscheinen die Freizügigkeiten des Rubato, des grenzüberschreitenden Tumults in den tänzerischen Schlußabschnitten und alle rebellischen Elemente beschwichtigt – ein Umstand, der sich auch aus den spielpsychologischen Möglichkeiten eines Kollektivs erklären läßt, das nicht annähernd so wendig und rezitativisch ungebunden phrasieren kann wie ein Solist.

Die Numerierungen der Klavier- und Orchesterversionen sind bis auf eine Ausnahme nicht identisch. In der instrumentierten Fassung trägt jene *14. Ungarische Rhapsodie,* die LISZT auch als *‹Fantasie für Klavier und Orchester›* herausgegeben hat, die Nummer 1. Die *Nummer 2* der Orchesterausgabe geht auf die *Rhapsodie Nr. 12 für Klavier in cis-moll* zurück. Bei der *dritten* für Orchester handelt es sich um die vierteilige *sechste Rhapsodie* mit dem anstrengenden Oktavenfinale, dessen Steigerung und Ausdrucksverschärfung einem rührigen Instrumentalensemble weniger Probleme bereitet als dem gewöhnlich gemarterten Pianisten. Bei der *vierten Rhapsodie* mit ihrer «traditionellen» Zweiteilung in einen langsamen *‹Lassan›*- und einen schnellen *‹Friska›*-Abschnitt handelt es sich um die *zweite Rhapsodie für Klavier* – dem wohl bekanntesten und (in beiden Fassungen) am häufigsten gespielten

Werk aus dieser Sammlung. Ungewöhnlich ist der formale Verlauf der *fünften Rhapsodie für Klavier bzw. für Orchester,* denn hier wird der elegische Grundton lediglich vorübergehend etwas aufgerauht, aber nicht durch ein gegensätzliches Motiv kontrastiert. Die ausgreifende, schwermütige Melodie geht auf den Ungarn József Kossovits zurück. Thematische Verwandtschaft läßt sich auch zum Mittelteil aus dem *Trauermarsch* der *b-moll-Sonate* von Chopin heraushören, wobei es schwer zu entscheiden ist, ob diese Übereinstimmung zufällig oder beabsichtigt ist.

Zu den gestaltreichsten und in der Finalentwicklung turbulentesten Rhapsodien gehört die *Nr. 9 für Klavier,* der sogenannte *‹Pesther Karneval›*, der in der prächtig auftrumpfenden Orchesterfassung als *Nummer 6* geführt wird.

Peter Cossé

Werke für Klavier und Orchester

Während seiner Virtuosenjahre hatte Franz Liszt dem Klavier neue, ungeahnte Spieltechniken erschlossen. Einerseits am Zauber Paganinischer Akrobatik, andererseits und tiefergreifend, am fast mit Besessenheit verfolgten Wunsch, auf dem Klavier symphonische Wirkungen hervorzubringen. So zeigte er sich 1837 fest entschlossen, «das Studium und die Entwicklung des Klavierspiels erst aufzugeben, wenn ich alles getan haben werde, was nur irgend möglich ist». Die mit Abstand wichtigsten seiner Werke für Klavier und Orchester, die *beiden Klavierkonzerte,* erhielten ihre endgültige Gestalt erst in Weimar zu einer Zeit, als Liszt selbst nicht mehr öffentlich spielte. Er hatte sich jetzt der Orchesterkomposition aus dem Geiste der poetischen Idee zugewandt. In den Klavierkonzerten finden sich also die wesentlichsten Züge seiner klaviertechnisch-musikalischen Errungenschaften mit den Intentionen der symphonischen Dichtung verschmolzen. Mit der traditionellen Gattung des Konzerts haben sie weder formal noch ideell kaum noch etwas gemeinsam. Vor dem Hintergrund einer allenthalben empfundenen Krise der symphonischen Form (Beethoven hatte sie vollständig ausgelotet und schließlich transzendiert) sind aus dem romantischen Ringen um adäquate Darstellung individueller Leidenschaften jeweils eigenständige Formgebilde entstanden. In einer Studie über HECTOR BERLIOZ, dessen Verfahren der assoziativen Themenverknüpfung er sich ebenso zu eigen gemacht hatte, wie das Konzept einer *ideé fixe,* fragt LISZT: «Sollen diejenigen, die von ihrem Genius und dem Geiste der Zeit zur Erfindung und zum Gusse neuer Formen sich getrieben fühlen, unter das Joch bereits fertiger Formen gebeugt werden?» Das *erste Klavierkonzert in Es-dur,* das 1849 fertiggestellt, bis 1856 aber noch zweimal umgeändert worden ist, kokettiert durch seine Mehrsätzigkeit nur äußerlich mit der übernommenen Form. Einem einzeln stehenden ersten Satz (Allegro maestoso. Tempo giusto) folgen drei zwar Sinneinheiten bildende, aber *attacca* auseinander hervorwachsende Formteile. (Quasi adagio – Allegretto vivace – Allegro marziale animato.) Das Konzert hebt mit einem heroisch bis einschüchternd wirkenden Thema an, einem markig punktierten, chromatisch absteigenden Gebilde in den Unisonostreichern, das, zweigeteilt, von den Bläsern akkordisch interpunktiert wird. Mit großer Geste wird es vom Solisten mit einer steigenden Oktavsprungsequenz beantwortet. Mehrmals im Konzert taucht dieses erste Hauptthema als der das Ganze beherrschende Gedanke auf. Nach den trillerseligen Scherzando-Passagen im Allegro vivace-Abschnitt, deren munteres Filigran immer wieder von einer keß nachschlagenden Triangel durchläutet wird (deshalb früher gelegentlich *‹Triangel›-Konzert*), beginnt dieses erste Thema ganz leise über einen Baßtremolo zu dräuen. Chromatische Oktavgänge im Klavier fachen diese klingende Lunte immer mehr an, bis der Satz schließlich – aufs ganze Konzert bezogen als Quasi-Reprise – im jetzt posaunenverstärkten Hauptthema birst. Aber auch an anderen Stellen taucht das Gebilde leitmotivisch immer wieder auf; mal rudimentär, mal verfremdet in Klangfarbe, Tempo, Rhythmus, mal als unterschwellig wirkendes Bauelement verwoben im Orchestersatz. Wie improvisiert wirkt der erste Satz. Zwischen den Blöcken des Hauptthemas (bei seiner ersten Wiederkehr strahlt er im Tutti) finden sich vollgriffige Kadenzen mit eigener motivischer Substanz und lyrisch-kantable Passagen. Ein zweites Thema, eine von Klarinette bzw. Solovioline kammermusikalisch kontrapunktierte Nocturne in c-moll, hebt an zu singen. Schließlich zerstiebt der Satz von Sechzehntelketten des Klaviers durchwirkt ganz leise wie ein irrlichternder Spuk. Das Quasi adagio wird von einer ausdrucksvollen Melodielinie der Streicher begonnen. Vom Klavier wird der Gesang übernommen. Durch Metamorphose entwickelt sich in einem weiteren rezitativen Teil aus seiner Substanz ein neues Thema, das wiederum in einen tänzerischen, lieblich-lichten Teil mündet. In einer virtuosen Stretta vor der Schlußapotheose des letzten Satzes wird dieses Gebilde dann die wesentliche Rolle spielen. Man sieht, das ganze Konzert beruht auf unterschiedlich wichtigen, zum Teil sehr gegensätzlichen musikalischen Gedanken, die entweder schroff aufeinandertreffen oder aber organisch auseinander hervorwachsen. Liszts stupendes Formgefühl schuf ein homogenes Ganzes. Während dem *Es-dur-Konzert* ein grandioser, gelegentlich bombastisch-äußerlicher Zug anhaftet, ist das *zweite Klavierkonzert in A-dur* eher in sich gekehrt. Es besteht aus sechs Formteilen, die *attacca* auseinander hervorwachsen. Homogener, harmonisch wie klangfarblich noch differenzierter als das Schwesterwerk, entstand das Konzert wohl schon früh (um 1840), wurde aber vielfach umgearbeitet und erhielt seine endgültige Gestalt erst 1861. Das lyrische Hauptthema, vorgestellt von den Holzbläsern in der Adagio sostenuto-Einleitung, erfährt mannigfache Umformungen und Variationen. Es wird in Konflikte mit dramatisch-aufbegehrenden Episoden verwickelt und erstrahlt in immer neuem Licht. Keine starre Form ermöglicht dem Hörer Orientierung und Sicherheit. Vielmehr sieht er sich einer komplexen Konstruktion disparater Ausdruckscharaktere ausgesetzt, die er wie eine Wanderung durch das Auf und Ab einer Seelenlandschaft erlebt. Beide Klavierkonzerte Franz Liszts sind im Grunde symphonische Dichtungen mit obligatem Klavier. Der Solist, das poetische Subjekt, durchlebt ein (nicht mitgeteiltes) Programm im Dialog mit seiner musikalischen Umwelt. Schon dieser Sachverhalt verdeutlicht, daß beide Werke nicht der Gattung reiner Virtuosenkonzerte zuzuordnen sind. Gleichwohl bleibt es nur großen Pianisten vorbehalten, den äußerst schwierigen Klaviersatz so in Musik zu verwandeln, daß Oktavengänge nicht effektheischend dröhnen, daß Skalen und Arpeggien nicht ornamental, sondern substantiell wirken, daß also seelischer Ausdruck die manuellen Mittel vergessen macht. In den Klavierkonzerten, besonders im *A-dur-Konzert*, ist dies möglich. Nicht so in den anderen Werken, die LISZT für Klavier und Orchester geschrieben hat. Die *‹Malédiction› für Klavier solo und Streichorchester* (1840) ist ein virtuos auftrumpfendes, feuriges Stück Äußerlichkeit, das den Pianisten immerhin dankbare Aufgaben bietet. Der Titel «Verwünschung» oder «Fluch» scheint sich aber höchstens aus der seelischen Verfassung eines so verbissen wie vergeblich Übenden legitimieren zu lassen. Auch LISZTS 1865 uraufgeführter *‹Totentanz›* vermag heute nicht mehr zu überzeugen. Mit weniger Erfolg als HECTOR BERLIOZ in seiner *Symphonie fantastique* ist hier versucht worden, der beklemmenden Melodie des *‹Dies irae›* allen Schrecken, alle Verzweiflung abzugewinnen. In sechs von verspielten Kadenzen unterbrochenen Variationen finden sich durchaus makaber anmutende Einfälle, klimpernde Knochen akustisch ins Bild setzend. Trotzdem: lebendig-virtuose Mittel dieser Art sind nicht dazu angetan, der Todesmystik einer mittelalterlichen Kultmelodie nachzuspüren. Von den drei spielfreudigen *Fantasien für Klavier und Orchester*, die LISZT hinterlassen hat, wird heute noch gern die sehr wirkungsvolle *Fantasie über ‹Ungarische Volksmelodien›* (1852) gespielt. (Sie beruht auf der *14. Klavierrhapsodie*.) Musikantentum und Spielvermögen sowie eine souveräne Formkraft, die immer um improvisatorisch anmutenden Fluß bemüht ist, geben sich in diesem Stück zwanglos zu erkennen. Freilich nahm LISZT Themen aus der Zigeunermusik für echte ungarische Volksmelodien. Die frühe *Fantasie über ‹Themen aus Berlioz' Lélio›* (1834) ist heute – wahrscheinlich zu Recht – ebensowenig mehr in Konzertprogrammen zu finden wie die *Fantasie über ‹Motive aus Beethovens Ruinen von Athen›* (1849). LISZT hat hier seiner Neigung gefrönt, schöne Melodien zu paraphrasieren und pianistische Effekte zu erproben. Beides kam ihm bei seinen *Klavierkonzerten* zustatten.

Helmut Rohm

Messen und Oratorien

Die geistliche Musik Franz Liszts führt nach wie vor ein Schattendasein. Zu sehr standen einerseits die biographischen Romantizismen vom Salonlöwen und virtuosen Erotomanen im Vordergrund, die in jüngerer Zeit mehr und mehr abgelöst werden von der längst fälligen Perspektive, die Liszt zu einem der entscheidenden Wegbereiter der Musik des 20. Jahrhunderts erklärt. Da scheint kein Platz zu sein für die liturgischen Werke und die Oratorien, musikalische Gattungen, an denen er nach eigenem Bekenntnis «mit blutigen Tränen» hing. Andererseits beschritt Liszt innerhalb dieses Genres einen im ästhetischen Sinn riskanten Weg, den er selbst aber als Rettung der verfallenden katholischen Kirchenmusik ansah. Ihm schwebte nichts geringeres vor als eine Synthese aus den heftig verfochtenen Idealen der cäcilianischen Bewegung, die eine Rückkehr zum «reinen» und damit wertfreien Kirchenton der Gregorianik und des Palestrina-Stils vertrat, und den eigenen Errungenschaften der neudeutschen «symphonischen Dichtung». Diesen Konflikt der ästhetischen Extreme mahnte bereits Eduard Hanslick, der Wiener Kritikerpapst, in der zweiten Hälfte des 19. Jahrhunderts, in einer Besprechung der *‹Graner› Messe* an: «... ein durchaus unerquickliches, ungesundes und raffiniertes Werk, in welchem das Ringen nach religiösem Ausdruck und der unüberwindliche Hang nach theatralischer Effecthascherei fortwährend um die Herrschaft kämpfen.»

In der *Missa solemnis*, die Liszt 1855 zur Einweihung der Kathedrale von Esztergom (Gran) in Ungarn schrieb (die Uraufführung fand dort am 31. August 1856 statt), sind jene cäcilianischen Ideale zwar nur in der Verwendung choralartiger Thematik zu spüren, um so mehr aber der vereinheitlichende symphonische Gedanke und das Bestreben des dramatischen Musizierens. So wird im *‹Christe eleison›*, ausgehend vom Solotenor, der thematische Grundgedanke des ganzen Werkes aufgestellt, der dann im *‹Gloria›*, im *‹Credo›* und namentlich im *‹Agnus Dei›* und *‹Benedictus›* zum gleichsam religiösen Leitmotiv wird. Die Idee der thematischen Verknüpfung von *‹Christus›*, *‹Lamm Gottes›* und Glaubensbekenntnis erhält im Orchesternachspiel am Ende des Werkes eine genuin musikalische, außerliturgische Überhöhung durch die Zusammenführung der wesentlichen Themen in der Art eines Symphoniefinales. Mit dieser ausdrücklichen Betonung der kompositorischen Autonomie innerhalb des kirchlichen Geschehens erreichte LISZT zunächst nur die Fortführung der subjektiven Gebärde in der Kirchenmusik seines Jahrhunderts. Also das Gegenteil dessen, was er beabsichtigte. Das sollte sich gründlich ändern, als LISZT 1865 die «niederen Weihen» erhielt. Der Abbé kehrt nur noch ein einziges Mal zur traditionell pompösen Form der Messevertonung zurück, nämlich in der *‹Ungarischen Krönungsmesse›* von 1867. Die Reformbestrebungen LISZTS treten deutlich zutage mit der Überarbeitung einer früheren *Orgelmesse* von 1848, die er im Jahre 1869 für vierstimmigen Männerchor und Orgel einrichtete. Neben dem *Requiem* von 1868 (Soli, vierstimmiger Männerchor, Orgel und Blechbläser) ist es vor allem die *Missa choralis* (1865) für vierstimmigen gemischten Chor und Orgel, in der der gregorianische Gedanke des Cäcilianismus verwirklicht wird. Die ursprünglich a capella (!) konzipierte Messe basiert ausschließlich auf mittelalterlichen Choral- und Sequenzwendungen, die allerdings mit der Raffinesse der modernen Harmonik verknüpft werden. Die Verklammerung von Musik und Liturgie entsteht durch die Verwendung und Nachahmung von Choralmelodien, eine Schlichtheit, die allerdings für das 19. Jahrhundert und für LISZT selbst, weniger als kompositorische Idee und Notwendigkeit vorhanden ist, vielmehr die vatikanischen Reformbestrebungen umzusetzen versuchen. Diese Reform, die ja gleichzeitig auch «Reaktion» ist, spiegelt das Dilemma des Kirchenmusikers LISZT.

Mit der formal freieren Gestaltung der Gattung «Oratorium» tat er sich bedeutend leichter. Seit HAYDNS *‹Schöpfung›* konnte einzig der mit den Mitteln des Klassizismus an HÄNDEL anknüpfende *‹Elias›* von MENDELSSOHN das Oratorium mühsam am Leben halten. Das Feld war frei für das «neudeutsche» Oratorium LISZTscher Prägung, die das episodisch Reihende der Textvorlagen mit leitmotivischer Konstruktivität zu verklammern suchte. Das ungarische Thema *‹Die Legende von der heiligen Elisabeth›* bot sich für LISZT geradezu an. 1862 vollendet, führte er das Oratorium 1865 in Budapest erstmals auf. Das Textbuch von Otto Roquette, so gequält poetisch es auch sein mag, sechs Bilder von Lebensstationen der Heiligen (von der Wartburg [!] als Geburtsort bis zur postumen Heiligsprechung in Marburg unter der Teilnahme Kaiser Friedrich II.), setzt Liszt virtuos in musikalische Szene. Ungarische Volksmelodien, gar ein altes Kirchenlied als Symbol der Heiligen, werden zur leitmotivischen Architektur.

Das zweite Oratorium ‹*Christus*› (von 1867, uraufgeführt 1873 durch Liszt selbst in Weimar) verfolgt weit strenger noch die Synthese zwischen Kult und Programm-Symphonik. Die Chöre, die in der ‹*Heiligen Elisabeth*› nur periphär eingesetzt waren, kommen hier als Signum des Oratoriums seit Händel zu ihrem Recht. Gregorianische Motivik im Gewand des modernen Orchesters, zumal in den Zwischenspielen, zaubern einen archaisierenden «Ton» herbei. Das Werk nach Worten der Heiligen Schrift und der katholischen Liturgie ist dreiteilig gebaut: ‹*Weihnachtsoratorium*› – ‹*Nach Epiphania*› – ‹*Passion und Auferstehung*›. Diese Teile wiederum gliedern sich in insgesamt vierzehn «altkirchliche Gesänge», ein Hinweis auf Charakter und Verwendungsmöglichkeit des Werkes. Liszt dachte an die Aufführung innerhalb der katholischen Liturgie; ein Vorhaben, das den strengen Ritus in Richtung auf eine pietistisch weihevolle Haltung hin verweichlicht hätte. Ähnlich wie im Fall der ‹*Graner*› *Messe* klaffen Anspruch und Realisierung auseinander.

Die ‹*Heilige Elisabeth*› und ‹*Christus*› als Lisztsche Beiträge zur aussterbenden Gattung «Oratorium» versuchen ein letztes Mal am ehernen Zugriff Händels anzuknüpfen. Mit den ambivalenten Mitteln von Kirchenton und moderner Orchestertheatralik – der ästhetischen und religiösen Überzeugung des alten Liszt – sind sie zu sehr eingebettet in den verzweifelten Versuch der Cäcilianer, musikalischen Purismus als zeitgemäße Wahrheit zu etablieren. Der Kirchenmusiker Liszt steht zwischen den Fronten.

Bernhard Rzehulka

Richard Wagner

Leipzig, 22. Mai 1813 – Venedig, 13. Februar 1883

WAGNER hat zwar erstaunlich viele Kompositionen für den Konzertsaal hinterlassen, aber die Stücke, die am häufigsten in Konzerten gespielt werden, sind Ausschnitte aus seinen Bühnenwerken: Ouvertüren und Vorspiele, Überleitungen und Schlüsse sowie Arrangements für Orchester allein. WAGNER selbst hat diese bis heute nicht abgerissene Tradition begründet, jedoch nicht, weil er der Meinung war, die ausgewählten Stücke seien als Konzertmusik tauglich oder gar als absolute Musik rezipierbar. Ganz im Gegenteil: Alle Konzerte, in denen er selbst Musik aus seinen Opern dirigierte, dienten einzig und allein dem Zweck, für die Aufführung der Werke auf der Bühne zu werben, Propaganda für die Realisierung auf dem Theater zu machen; denn allein das Theater erschien WAGNER als der angemessene Ort für seine Musik. Da er nicht einmal die vergleichsweise neutralen Ouvertüren und Vorspiele als absolute Musik aufgefaßt wissen wollte, schrieb er zu jedem dieser Stücke – von *‹Feen›*, *‹Liebesverbot›* und *‹Rienzi›* abgesehen – eine «Programmatische Erläuterung», die in knapper Form mit dem jeweiligen Sujet vertraut macht und die darin verfolgte Idee zu veranschaulichen sucht (der interessierte Leser findet diese Erläuterungen in der Ausgabe der «Sämtlichen Schriften und Dichtungen» Wagners). Aber nicht nur durch diese erläuternden Texte, die WAGNER unter das Konzertpublikum verteilen ließ, wurde auf die Bühnenwerke selbst verwiesen, sondern auch – von den Ouvertüren und Vorspielen abgesehen – durch dic Eigenart der Ausschnitte, die WAGNER für den Konzertvortrag auswählte. Seine Tendenz ging stets dahin, szenisch und dramaturgisch wichtige Abschnitte vorzustellen und nicht etwa solche, die durch inhaltliche und formale Geschlossenheit sich für den Konzertvortrag gleichsam anbieten. So ließ WAGNER das berühmte *Lenzlied* Siegmunds aus der *‹Walküre›* (*‹Winterstürme wichen dem Wonnemond›*) nicht, wie heute allgemein üblich, mit den Pianissimo-Pendelakkorden der Bläser, wenige Takte vor Einsetzen der Singstimme, beginnen, sondern mit dem Fortissimo-Akkord, der das vorangehende und Siegmunds Gesang erst begründende szenische Ereignis – das Aufspringen der großen Tür, die den Blick auf die Frühlingsnacht freigibt – musikalisch veranschaulicht. WAGNER beschränkte sich selten auf reine Orchesterstücke, bezog vielmehr, wann immer es möglich war, Singstimmen mit ein. Den *‹Einzug der Götter in Walhall›,* heute ein gängiges Orchesterstück, führte er nur mit Singstimmen, also im Original, auf; das gleiche gilt für das *Venusberg-Bacchanal* aus dem Pariser *‹Tannhäuser›*. Es ist deshalb nicht verwunderlich, daß die geläufigen Arrangements wie *‹Waldweben›, ‹Siegfrieds Rheinfahrt›, ‹Trauermarsch›, ‹Karfreitagszauber›* sämtlich nicht auf WAGNER zurückgehen. Einzig der *‹Walkürenritt›* ist eine von WAGNER selbst stammende Einrichtung.

WAGNER begann als Instrumentalkomponist. Als er 1832/33 an die Komposition seiner ersten Oper ging, umfaßte sein Werk neben einem Streichquartett und einer Reihe von Klavierwerken nicht weniger als acht Ouvertüren und eine Symphonie. Mehrere dieser Kompositionen gingen verloren, so daß uns heute an vollständigen und aufführbaren Stücken nur die folgenden vorliegen: *Konzertouvertüre Nr. 1 d-moll* (1831), *Ouvertüre zu* Ernst Raupachs Trauerspiel «König Enzio» (1832), *Konzertouvertüre Nr. 2 C-dur* (1832) und *Symphonie C-dur* (1832). Diese Kompositionen sind Stilkopien, orientiert an den Wiener Klassikern, vor allem an BEETHOVEN. In der Folgezeit wandte sich WAGNER anderen Vorbildern zu, die er insbesondere unter den italienischen und französischen Opernkomponisten fand, aber auch in MENDELSSOHN BARTHOLDY und BERLIOZ. Zwischen 1835 und 1844 schrieb WAGNER: *Ouvertüre* zu Theodor Apels Drama «Columbus» (1835), *Ouvertüre ‹Polonia›* (1836), *Ouvertüre ‹Rule Britannia›* (1837), *‹Eine Faust-Ouvertüre›,* erste Fassung (1839/40) und *Trauermusik* nach Motiven aus WEBERS *‹Euryanthe›* (1844). Abgesehen von der *‹Faust›-Ouvertüre*, die einen Sonderfall darstellt, zeichnen sich diese Stücke durch eine sehr unvermittelte Mischung aus Tendenzen zum Monumental-Erhabenen und Trivial-Volkstümlichen aus. WAGNER knüpfte später mit seinen drei Märschen – *Huldigungsmarsch* für Ludwig II. von Bayern (1864), *Kaisermarsch* (1871) und *Amerikanischer Festmarsch* (1876) – an diese Tendenzen an. Die ungeschliffene Grellheit der älteren Ouvertüren ist hier freilich auf Grund souveränerer Handhabung des Metiers einer abgerundeten Sonorität gewichen.

WAGNER hatte zeit seines Lebens symphonischen Ehrgeiz. Meist kam es jedoch nicht zur Komposition, sondern blieb bei Plänen. Den Abschluß der Kompositionsstudien bei Thomaskantor Theodor Weinlig bildete 1832 eine *Symphonie in C-dur,* die einzige viersätzige Symphonie, die WAGNER vollendete. Sie ist wie alle frühen Werke eine Stilkopie, in der sich kaum Züge des späteren Personalstils WAGNERS finden. Sie geht jedoch nicht darin auf, Zeugnis für das brav gelernte Handwerk zu sein, obwohl keine Gelegenheit ausgelassen wird, Kontrapunkt, Kanon und Fuge anzuwenden, sondern ist zugleich der Versuch, eigenständige Lösungen für Form und Ausdruck zu finden. Das Stück möchte seiner Intention nach den klassischen Vorbildern, besonders BEETHOVEN, gerecht werden und sie doch zugleich übertrumpfen. Dieser gleichsam hybride Anspruch macht das Werk interessant und hörenswert.

Egon Voss

Eine Faust-Ouvertüre

WAGNER schrieb dieses Werk 1839/40 in Paris unter dem Eindruck der Uraufführung von BERLIOZ' dramatischer Symphonie ‹*Roméo et Juliette*›. Ursprünglich wollte er eine ganze ‹*Faust*›-Symphonie komponieren, deren zweiter Satz Gretchen zum Gegenstand haben sollte. Es blieb jedoch beim ersten Satz, den WAGNER in der Folgezeit mehrfach umarbeitete, bis er 1855 seine definitive, heute geläufige Fassung erhielt. Als erster Satz einer Symphonie zwar geschrieben, trifft die Bezeichnung «Ouvertüre» die Eigenheit des Stücks doch genauer. Die zugrunde liegende Sonatenform weist derart viele Abweichungen von der Norm auf, daß es zu ihrer Erklärung schon eines programmatischen Hintergrunds bedarf.

Anfangs stellte sich WAGNER den einsamen Faust vor, «in seinem Sehnen, Verzweifeln und Verfluchen», wie er selbst schrieb. Gegenstand der Sehnsucht war selbstverständlich Gretchen. 1852 nannte WAGNER das Werk dementsprechend *‹Faust in der Einsamkeit›*. Dem Partiturdruck 1855 stellte er dann die «Faust»-Verse voran: «Der Gott, der mir im Busen wohnt, / Kann tief mein Innerstes erregen; / Der über allen meinen Kräften thront, / Er kann nach außen nichts bewegen; / Und so ist mir das Dasein eine Last, / Der Tod erwünscht, das Leben mir verhaßt!»

Egon Voss

Siegfried-Idyll

WAGNERS Symphoniepläne wurden besonders in den späten siebziger Jahren noch einmal aktuell. Die Idee war, einsätzige Symphonien zu schreiben, von eher lyrischem als dramatischem Charakter, ohne große Kontraste, fern der BEETHOVENschen Tradition. Zwar wurden diese Pläne wie jene zuvor nicht verwirklicht, doch entspricht das Ende 1870 für Cosima komponierte *‹Siegfried-Idyll›* genau diesen Vorstellungen. Das Werk ist einsätzig, und wenn es auch, mit einigen Modifikationen, der Sonatenform folgt, so meidet es doch die ausgeprägten Gegensätze. Zum einen sind fast alle Themen und Motive beschaulich-lyrischen Charakters; zum anderen ist die möglichst bruchlose Vermittlung zwischen den heterogenen Elementen das Prinzip der Komposition, die ja auf Grund der Herkunft nahezu des gesamten thematischen Materials aus dem *‹Siegfried›* leicht zum Opernpotpourri hätte werden können. Wichtig in diesem Zusammenhang ist vor allem das Verfahren, die zunächst sukzessiv vorgestellten Motive und Themen in der Folge jeweils simultan zu kombinieren; dieses Zwingen in die Gleichzeitigkeit nähert sie einander an, ebnet die Kontraste ein und verflüchtigt auch die dramatischen Gehalte, die ihnen auf Grund ihrer Herkunft eignen. Daß die Mehrsätzigkeit ganz aufgegeben sei, läßt sich nur bedingt behaupten. Es gibt zahlreiche Tempo- und Taktwechsel, so daß der eine oder andere Abschnitt als eigenständiger Satz aufgefaßt werden könnte. Daß WAGNER mit diesem

Werk tatsächlich seinen symphonischen Ehrgeiz befriedigte, zeigt die für Cosima geschriebene Widmungspartitur; dort heißt das Stück «Symphonie». Der Titel ‹*Siegfried-Idyll*›, mit dem das Werk – übrigens gegen den Willen Cosimas – später publiziert wurde, verbirgt die symphonische Ambition hinter dem privaten Anlaß. Es entstand als Retrospektive auf die Zeit, in der WAGNERS Sohn Siegfried geboren wurde und WAGNER selbst die Schlußszene des ‹*Siegfried*› komponierte, als Erinnerung an eine besonders glückliche Zeit, das Idyll des Familienglücks in Tribschen. Die Behauptung, es sei WAGNERS Wille gewesen, das Stück mit solistischen Streichern zu spielen, ist falsch. Wo immer WAGNER das Werk aufführte, verlangte er eine große Besetzung. Nur in Haus Tribschen, wo die erste Aufführung stattfand, mußte man sich der Enge des Raums wegen auf solistische Ausführung beschränken.

Egon Voss

Giuseppe Verdi

Le Roncole bei Busseto, 10. Oktober 1813 – Mailand, 27. Januar 1901

Opernouvertüren

Nur einem Teil seiner achtundzwanzig Opern hat Giuseppe Verdi eine abgeschlossene, instrumental-autonome Ouvertüre (ital.: *sinfonia)* «symphonischen» Zuschnitts vorangestellt; in den meisten späten Opern, so in ‹*Falstaff*› (1893), ‹*Otello*› (1887), ‹*Don Carlo*› (1867/81) und ‹*Simon Boccanegra*› (zweite Fassung von 1881) sowie erstmalig schon in ‹*Il Trovatore*› (1853) verzichtete Verdi aus dramaturgischen Erwägungen ganz auf eine musikalische Einleitung. Dagegen verfaßte er für ‹*Aida*›, sein drittletztes Bühnenwerk, gleich zwei unterschiedlich lange Vorspiele (*preludio* und *sinfonia*), von denen er freilich die für die italienische Erstaufführung (1872) nachkomponierte Potpourri-Ouvertüre noch vor der Premiere wieder verwarf. Zu den meisten mittleren und frühen Opern hat Verdi Ouvertüren komponiert, die man konzeptionell und formal in zwei Gruppen unterteilen kann: Erstens die der späten Buffa- bzw. frühromantischen Tradition folgenden großen abgeschlossenen Ouvertüren (*ouvertura* oder *sinfonia*), zweitens kürzere, harmonisch zuweilen offene Vorspiele (*preludio*), die zwei, drei Hauptmotive der Oper vorab effektvoll zusammenspannen und so der Handlung eine Art *musikalisches Motto* voranstellen – das prägnanteste Beispiel dürfte das nur 35 Takte lange *preludio* zu ‹*Rigoletto*› (1851) sein, das den über der ganzen Handlung lastenden Schicksalsfluch als böses musikalisches Omen der Oper vorausschickt. Lyrische Gegenbeispiele zu solchen Effektstücken gibt es in den überaus sensiblen Pianissimo-Einleitungen zum ersten und dritten Akt von ‹*La Traviata*› (1853), in denen Verdi ein geradezu intimes Porträt der fragilen Titelgestalt zeichnet, oder in dem kurzen, dunklen Adagio-Vorspiel zu seiner «Galeerenoper» *‹I Lombardi alla Prima Crociata›* von 1843. Zur ersten Gruppe «echter» Ouvertüren gehören insbesondere die großen Potpourri-Ouvertüren, die sich wegen ihrer effektvollen, dem Prinzip der kontrastierenden Themenbehandlung folgenden Anlage bald auch im Konzertsaal etabliert haben. Die Ouvertüren zu *‹Nabucco›* (1842), *‹Luisa Miller›* (1849), *‹I Vespri Siciliani›* (1855) und *‹La forza del destino›* (1862) zählen hier zu den meistgespielten, wobei im Fall *‹Sizilianische Vesper›* die Ouvertüre den Bekanntheitsgrad der Oper bei weitem übersteigt. Das liegt gewiß auch daran, daß diese Ouvertüre, neben der zu *‹Die Macht des Schicksals›*, zu den brillantesten, zündendsten, zwingendsten Beispielen einer solchen Potpourri-Ouvertüre zählt, ein Stück, das sich auch bezüglich seiner kompositorischen Qualität nicht neben genuin symphonischen Ouvertüren zu verstecken braucht.

Attila Csampai

Messa da Requiem

Seit der Mailänder Uraufführung am 22. Mai 1874 gilt VERDIS *Requiem*-Vertonung als Kirchenmusik im Operntonfall, als überkonfessionelle, über die enge liturgische Bestimmung hinausreichende Komposition für den Konzertsaal, ja sogar als «liturgisches Ungeheuer» (Alfred Schnerich, 1909), ein Ausbund der für das 19. Jahrhundert typischen «Kunstreligion», des Versuchs also, das musikalisch zu beschwören, woran eigentlich kaum noch jemand glaubt. So kurzatmig diese Ansichten auch sind, so schwer sind sie zu widerlegen. Und es erscheint fraglich, ob VERDIS *Requiem,* wie Carl Dahlhaus behauptet, zu jenen geistlichen Werken außerhalb der Kirche gehört, wie etwa MAHLERS *achte Symphonie* oder gar WAGNERS *‹Parsifal›*. Denn VERDI hat ein anderes Verhältnis zum Religiösen: Er will es musikalisch vermenschlichen, nicht, wie WAGNER, als Brimborium oder gebrochen wie MAHLER, für eigene ästhetische Zwecke benutzen. Trotzdem komponiert auch er kein liturgisches Werk. VERDI dachte nur an konkrete Anlässe, als er zweimal ansetzte, ein *Requiem* zu schreiben.

Als ROSSINI im Jahre 1868 starb, regte VERDI eine Gemeinschaftskomposition zu Ehren des großen Opernkomponisten an. Jeder der insgesamt dreizehn Mitarbeiter sollte je einen Abschnitt des Requiem-Textes (einschließlich des außerhalb stehenden Responsoriums ‹*Libera me*›) übernehmen. Das Projekt kam nicht zustande, doch VERDI komponierte tatsächlich seinen Beitrag, aus dem schließlich die ganze *Requiem*-Vertonung herauswuchs, als der Tod des von VERDI geschätzten Alessandro Manzoni am 22. Mai 1873 den zweiten, diesmal endgültigen Anstoß gab. VERDI wollte nun das Andenken des bedeutenden Patrioten und künstlerischen Realisten mit einer *Requiem*-Musik feiern, die den ästhetischen Prinzipien des Verstorbenen in nichts nachstünde. Aus dem ursprünglichen Beitrag – bezeichnenderweise hatte VERDI eben den außerhalb der Liturgie stehenden Schlußtext gewählt – schuf er eine ebenso großartige wie differenzierte Sicht von Tod und Jüngstem Gericht, die als musikalische Realität die «katholische Rache-Utopie» (Ernst Bloch) in eine Bilderwelt von Trost und Hoffnung verwandelt, ohne die Ewigkeit der Höllenstrafe. Die «Heimzahlung am Jüngsten Tag» (Bloch) unterbleibt; der Tod verliert seinen Schrecken und erscheint, wie bei MOZART, als Freund.

Ernst Bloch macht in seinem «Prinzip Hoffnung» auf den seltsamen Umstand aufmerksam, daß es im 19. Jahrhundert gerade die Kraft der Ausdrucksmusik war, die angekränkelte Glaubwürdigkeit der Kirche hinüberzuretten in ästhetische Betroffenheit. Und VERDIS *Requiem* – neben BERLIOZ und BRAHMS die wichtigste Vertonung nach MOZART – komponiert den Vorgang der Säkularisation geradezu aus. Zugleich verschafft es durch den musikalischen Ernst eine Erschütterung, die weit über den bloßen Kunstgenuß hinausgeht. Das wird bereits im ‹*Introitus*› deutlich, an der programmatischen Aufhellung des anfänglichen, an SCHUBERT erinnernden a-moll-Motivs (man hört den Beginn von SCHUBERTS *Streichquartett* in derselben Tonart heraus) zum zuversichtlichen A-dur des ‹*Kyrie*›-Satzes, einer seit SCHUBERT vertrauten Wendung des Tongeschlechts von der Trauer zum Trost. Dem entspricht der Übergang von der Chordeklamation zur Vox humana (Solostimmen). Und wer wollte es VERDI verübeln, daß er seine Solostimmen nicht viel anders singen läßt als in der gleichzeitig entstandenen *‹Aida›*? VERDI kann nicht davon absehen, daß seine Kunst in erster Linie Menschendarstellung ist. Von vordergründigem, unangebrachtem Operntonfall kann keine Rede sein. Die Herausforderungen, die der Text des Requiems an VERDIS musikalische Phantasie stellte, waren denn doch zu verschieden von den dramaturgischen Effekten, die nur einer Oper zustehen.

Im zentralen *‹Dies irae›*-Satz entwirft denn auch VERDI, ermuntert durch den vielgestaltigen Text (in den er mit Textwiederholungen eingreift), eine an Michelangelo gemahnende Bilderfolge von Schreckens- und Hoffnungsvisionen höchsten musikalischen Niveaus. Es ist auffällig, daß es genau dieser Text ist, der die Phantasie der Musiker besonders reizte, denn liturgisch ist er eher pittoresk und peripher. Hier kann die Musik, und bei VERDI ohnehin, ihre Fähigkeit entfalten, sowohl Furcht und Schrecken als auch Trost und Hoffnung zu verbreiten. VERDI fügt außerdem die Bilderfolge in einen architektonischen Rahmen, indem er den Chor *‹Dies irae›* zweimal, refrainartig an späterer Stelle wiederholt. Den Ausbrüchen des *‹Dies irae›*, dem von BERLIOZ angeregten *‹Tuba mirum›* mit seinen Ferntrompeten und der geordneten Wildheit seines Ausdrucks, ferner dem wirklich mit Furcht und Zittern intonierten *‹Rex tremendae›* stehen die überaus innigen Soloarien und namentlich die Ensembles gegenüber, deren verfeinerter Operntonfall die Sphäre des individuellen Fühlens und Erlebens einfängt. Hier erweist sich VERDI wieder einmal als Feind jeglicher Posen und musikalischer Phraseologien. Statt metaphysischer oder gar theologischer Spekulationen gibt er Einblicke in das natürliche Strömen menschlicher Empfindungen bei der Betrachtung der «letzten Dinge». Dadurch verleiht er dem strengen Text eine ungeahnte Wärme; man höre nur das Terzett *‹Quid sum miser›*. Es gibt keine fragwürdige «Hintergründigkeit» und auch keinen erhobenen musikalischen Zeigefinger in diesem Requiem. Gerade wo der Mensch mit sich allein ist, findet VERDI für ihn die tröstlichste Musik (*‹Salva me›*, *‹Recordare›*, *‹Ingemisco›*). Sie antwortet auf die «Sprengschläge, die bodenlos stürzenden Schreie» (Bloch) der *‹Dies irae›*-Chöre.

Das *‹Offertorium›* eröffnet ganz andere Bezirke: Das Solistenquartett und ein heller, transparenter Orchestersatz wenden sich ganz der subjektiven Innerlichkeit zu, freilich einer, wie Verdi sie versteht, ohne Sentimentalität. Der Tonfall ist intim, vertraulich und schwebend. Zwar hält sich Verdi an die vorgegebene Texteinteilung in Responsorium und Psalmvers, aber seine Wortvertonung geht eigene Wege. Die Worte ‹*libera animas*› werden zum tragenden musikalischen Motiv erhoben und bilden auch den Schluß nach dem Fugato ‹*Quam olim Abrahae*›. Damit transzendiert dieser Teil des *Requiems,* aber ohne Transzendenz, ähnlich wie der Schluß der ‹*Aida*›.

Die veritable Doppelfuge des ‹*Sanctus*› scheint sich an den Kirchenstil anzulehnen, ist aber in Wirklichkeit ein ganz unkirchlicher, aufgelockerter Satz in betont heller Tonart (F-dur), mit fröhlichen Staccato-Kontrapunkten der Streicher und insgesamt virtuoser, konzertierender Grundhaltung, während das ‹*Agnus Dei*› einen archaisierenden Tonfall anschlägt, der jedoch durch Verdis Hand allmählich persönlichere Züge annimmt und schließlich die anfängliche Distanz völlig verliert. Die Musik zum ‹*Lux aeterna*› ist dagegen in ein seltsam unwirkliches Licht getaucht, das im Mittelteil von einem dumpfen Trauermarsch abgelöst wird. Das Ziel des Satzes ist wieder, wie zuvor im Offertorium, eine transzendierende Geste. Das schon früher komponierte ‹*Libera me*› ist Reminiszenz und Zusammenfassung des Werkes. Es ist ein dramatisches Rezitativ des Solosoprans mit stammelnden Zwischenrufen des Chors, Ausdruck elementarer Angst, die auch noch einmal am Schluß anklingt und so das Werk mit einer offenen Frage zum Abschluß bringt.

Dietmar Holland

Quattro Pezzi Sacri

Nach der Vollendung des ‹*Falstaff*›, der eine Apotheose der Heiterkeit und zugleich ein sarkastisches Resümee Verdischer Ansichten über den Menschen darstellt, beschloß der nunmehr Achtzigjährige endgültig, den Schlußstrich unter sein Lebenswerk zu ziehen. Ab 1893, nach der Uraufführung seines letzten Bühnenwerkes, wußte die musikalische Welt und am besten Verdi selbst, daß dies sein größter, aber auch sein letzter Geniestreich war. Der *gran vegliardo* wollte nur noch die Aufführungen seiner Werke überwachen als eifersüchtiger und unbestechlicher Hüter seiner Ideen. Warum er schließlich doch noch einmal zu komponieren begann, kann nur mit seiner künstlerisch-vitalen Unruhe erklärt werden, mit dem Drang, seinen schöpferischen Geist beweglich zu halten. Im Winter 1895/96 arbeitete er an einem *Te Deum,* im Jahr darauf schuf er ein *Stabat Mater,* seine letzten musikalischen Vermächtnisse, die allerdings nicht zur Aufführung bestimmt waren. Über das *Te Deum* verfügte er, es solle bei seinem Tod unter seinen Kopf gelegt werden, er wolle damit vor Gott treten und ihn um Gnade anflehen. Erst die hartnäckigen Bemühungen des kongenialen Librettisten Boito und seines Verlegers Ricordi führten zu einem Einlenken VERDIS, so daß diese beiden Stücke zusammen mit den *Laudine alla Vergine Maria,* einer Vertonung aus Dantes «Paradiso», die nach dem *‹Otello›* entstanden war, in der Karwoche 1898 an der Pariser Oper uraufgeführt werden konnten. Bei der Wiener Erstaufführung im selben Jahr fügte man das *Ave Maria* (1888) noch hinzu. Die *‹Quattro Pezzi Sacri›* waren also keineswegs als zyklischer Zusammenhang von VERDI geplant.

Das *Ave Maria*, mit dem die Reihe gewöhnlich eröffnet wird, ist ein reines a capella-Stück, das für VERDI «keine wirkliche Musik» war, «sondern nur eine Art Kunststück, eine Charade». Anlaß dafür war ein Wettbewerb über die Harmonisierung einer *scala enigmatica,* die die *Gazetta musicale di Milano* abgedruckt hatte, eine Tonleiter, die sich aus Halbtonschritten und übermäßigen Intervallen aufbaute. Aus diesem Material entstand ein vierstimmiger Chorsatz. Jede der Stimmen enthielt die Skala nacheinander als eine Art *cantus firmus*. Daraus resultiert ein harmonischer wie klanglicher Reichtum, mit kunstvollen enharmonischen Verwechslungen, ungewöhnlichen Fortschreitungen, die unerwartet zwischen dem b- und dem Kreuzbereich wechseln, ohne daß je die Wirkung einer artistischen Künstlichkeit entstünde. Der Ausdruck des Stücks ist vielmehr der eines ruhigen, natürlichen Fließens; seine Architektur erfährt sich einzig aus der Partitur. Die *Laudine,* der andere reine Chorsatz der *‹Pezzi Sacri›,* lassen eher den Charakter einer Gelegenheitsarbeit erahnen. Ursprünglich sollten sie nicht chorisch, sondern solistisch vorgetragen werden. Durch die hohe Lage des Satzes (zwei Soprane, zwei Altstimmen) entsteht eine schwebende Musik, der das Baßfundament zu fehlen scheint. VERDI greift hier noch einmal jene Mariengebete auf, wie er sie unerhört suggestiv seinen Frauengestalten, der Elisabeth im ‹*Don Carlo*› oder der Desdemona im ‹*Otello*›, anvertraut hatte.

Deutlich greifbar wird die Aura «letzter Werke» in den beiden mit Chor und Orchester breiter angelegten Kompositionen des *Te Deum* und des *Stabat Mater*. Zumal im *Te Deum* fließt VERDIS Beschäftigung mit den Werken der italienischen Vokalpolyphonie und den gregorianischen Antiphonen entscheidend ein. So eröffnet eine typische gregorianische Anfangswendung, die *initio* des Lektionstons, das Werk. Daran schließt sich, noch immer a capella, ein antiphonaler Wechselgesang des Doppelchors an, der sowohl an die venezianische Mehrchörigkeit GABRIELIS, als auch an die frühe Mehrstimmigkeit des Organums im 11. und 12. Jahrhundert anknüpft. Gleichsam rezitierend werden verschiedene Dreiklänge scheinbar jenseits einer verbindlich zentrierten Tonart gegenübergestellt. Völlig unerwartet, bei den Worten ‹*Sanctus Dominus*›, triumphiert dann ein strahlendes Es-dur des Tutti. Wie in einem Brennspiegel führt VERDI hier Stationen der abendländischen Musikwerdung vor, auf engstem Raum von nur sechzehn Takten, ohne daß dies je künstlich oder konstruiert wirken würde. Ergreifend dicht ist die Musik immer beim Wort; dem eigentlich Gemeinten des Textes rückt sie unerbittlich zu Leibe.

Aufs höchste konzentriert ist diese dramatische Vergegenwärtigung des Textes dann im *Stabat Mater*. Dort nämlich reagiert die Musik exakt auf die dramaturgische Wendung in dem geistlichen Gedicht des 15. Jahrhunderts; eine Sequenz auf das «Fest der Sieben Schmerzen Mariä». Während der erste Abschnitt eine Art Zustandsbeschreibung darstellt, ein Bild von Christi Mutter zeichnet, die schmerzerfüllt neben dem Kreuz steht, ändert sich ab der Strophe ‹*Eia mater...*› die Sprachebene entscheidend. Denn jetzt wird Maria von den um Beistand bittenden Menschen direkt angesprochen. Dieser Verschiebung der Perspektive innerhalb des Textes trägt VERDI Rechnung. Während das Situationstableau des Anfangs von schmerzlichen Halbtonvorhalten und chromatischen

Gängen durchzogen ist, markiert die Musik den sprachlichen Umschlag durch einen klar diatonisch gebauten a capella-Abschnitt des Chors (H-dur). Im Verlauf bilden sich immer größere, melodisch breit ausschwingende Abschnitte, bei denen die anfänglich beherrschende Chromatik sich verwandelt von struktureller Funktion zu überleitenden, warm atmenden Gesten.

An den Schlußwendungen der beiden Werke ist VERDIS religiöse Distanz erfahrbar. Wird das *Stabat Mater* durch eine unisono geführte Quint-Oktavlinie gleichsam ausgeblendet, ohne im eigentlichen Sinn zu schließen (es ist VERDIS musikalisches Schlußwort), so löst sich am Ende des *Te Deum* für einen Moment eine individuelle Sopranstimme aus dem Chorverband (‹*In Te Domine speravi*›). Verdi greift hier noch einmal das ‹*Libera me*› seines *Requiems* auf, ohne aber – wie dort – einen realen kadenzierenden Schluß zu finden. Im späten *Te Deum* folgt auf einen E-dur-Septakkord der nackte Grundton E in den Kontrabässen. Es ist die weise Einsicht eines Mannes, der der Vollendung des Lebens im Tode gegenüber skeptisch bleibt. Statt auf die Gewißheit Gottes zu setzen, assoziiert VERDI das Hoffen darauf durch einen dumpfen, kaum noch wahrnehmbaren Einzelton. Das Ende bleibt offen.

Bernhard Rzehulka

Niels Wilhelm Gade

Kopenhagen, 22. Februar 1817 – Kopenhagen, 21. Dezember 1890

Als Robert Schumann in einem programmatischen Artikel für Johannes Brahms 1853 «Neue Bahnen» beschrieb, schien ihm Niels Wilhelm Gade – auf Grund seiner bis zu diesem Zeitpunkt entstandenen und immer Aufsehen erregenden Ouvertüren und Symphonien, die sich in Leipzig größerer Beliebtheit und Bekanntheit erfreuten, als in Gades Heimatland Dänemark – bereits bedeutungsvoll genug, um ihn unter die wegbereitenden Vorboten des sich in Brahms' Werk manifestierenden Stilwandels zu zählen. Schumann hatte Gade, der sich unter Mendelssohns hilfreicher Ägide in Leipzig mit den Uraufführungen der *Ouvertüre ‹Nachklänge von Ossian› op. 1* (1842) und der *ersten Symphonie c-moll op. 5* (1842) quasi über Nacht in die erste Reihe europäischer Komponisten katapultierte, ebenfalls in der *Neuen Zeitschrift für Musik* (1844) einen emphatischen Personalartikel gewidmet, in welchem er prophetischerweise dem Wunsch Ausdruck verlieh, «daß der Künstler in seiner Nationalität nicht etwa untergehe, daß seine *nordschein-gebährende* Phantasie ... sich reich und vielgestaltig zeige, ‹er sich› schlangengleich häute, wenn das alte Kleid zu schrumpfen beginnt».

Das die *‹Ossian›-Ouvertüre* bestimmende augenzwinkernde Mienenspiel zwischen Form und Inhalt gewinnt durch die farbenfrohen Instrumentalkombinationen in symmetrischer Anlage die Wertigkeit des bewußten Auflehnens gegen die Forme(l)n seiner Zeit und begründet Gades im Untertitel beigefügtes ästhetisches Postulat für sein gesamtes Schaffen: «Formel hält uns nicht gebunden, uns're Kunst heißt Poesie!» Elegische Melodik in harmonisch-starrer Faktur gedämpfter Instrumentation, orchestrale Effekte martialischer Hell-Dunkel-Kontraste gegenüber zart ineinanderfließenden Farbtönen begründen den «entschieden ausgeprägten nordischen Charakter» (SCHUMANN) der Ouvertüre, der auch den *beiden ersten Symphonien* nachgerühmt wird (*zweite Symphonie E-dur op. 10,* 1843). Der insgeheim an alle ausländische Musik erhobene Anspruch nationaler Eigenständigkeit in klanglicher Unverwechselbarkeit (Lokalkolorit) entstammt dem aus deutscher Sicht defizitär empfundenen Mangel einer eigenständigen nationalen symphonischen Ausprägung der Periode nach BEETHOVEN und findet seine Erfüllung vornehmlich im naturromantischen Ausdruck insbesondere der balladesk-rhapsodischen Sätze der frühen Symphonien GADES.

So bezeichnend das für GADE bemühte Idiom vom *nordischen Ton* seiner Symphonik vordergründig erscheinen mag, so notwendig drängt sich eine Differenzierung des Begriffs in die adjektivische Trias auf, die generalisierend darunter gefaßt ist: *nordisch, national* und *dänisch* müssen – zumindest intentional – voneinander geschieden sein, wenngleich gerade in ihrem gemeinsamen Auftreten und gegenseitigen Bedingen das auffällige, beschreibbare Charakteristikum der Musik GADES faßlich wird. Die Integration dänischer Volkslieder und Volkstänze in die Symphonik, die fast durchgängig an dänischen Nationalweisen orientierte Melodik, komponierte Balladen «im Volkston» sowie die als typisch aufgefaßte Verwendung des 6/8-Taktes stehen gemeinhin für die als *dänisch* bezeichnete ursprüngliche Volkstümlichkeit. In der Idealisierung des Altertümlichen, des Nordischen und des Einfachen bei gleichzeitiger Lösung von stilistisch und kompositionstechnisch vorbildhaften Konventionen, kommt jene bewußte *nationale* Attitüde GADEscher Kunst zum Ausdruck, die mit zunehmendem zeitlichen Abstand zur Entstehungszeit der Musik GADES durchaus zum negativen Terminus gewendet, als Vorwurf der Einseitigkeit gegenüber seiner Musik erhoben wird. In dem gleichen Maße, wie GADES Symphonik stilistisch *europäisch* ausgerichtet ist, verliert die Leipziger Schule, deren Vorbildcharakter in der *dritten Symphonie a-moll op. 15* (1847) und der *vierten Symphonie B-dur op. 20* (1850) am deutlichsten spürbar scheint, zugunsten neuer Formen des Ausdrucks, zum Beispiel in der *fünften Symphonie d-moll op. 25* (1852) mit solistischem Klavierpart, der *sechsten Symphonie g-moll op. 32* (1857) sowie zugunsten der Betonung nationaler Stiltendenzen (*siebte Symphonie F-dur op. 45,* 1864; *achte Symphonie h-moll op. 47,* 1871) an Gewicht.

Die Sichtweise der Zugehörigkeit GADES zu einer vermutlich übernationalen – und im 19. Jahrhundert gerade in Deutschland bereitwillig akzeptierten – (germanischen) Tradition und der seiner Musik zugedachte Hauch nordischer Poesie erklären seinen Erfolg in einer Zeit des erwachenden Bewußtseins für die zunehmend aus nationalen Quellen gespeiste Musik der Romantik; GADES nachdrückliches Streben nach Einheit im Ausdruck läßt die Beschreibung seiner Musik als *nordisch* verständlich erscheinen. Die schmeichelnd befriedigte Rezeptionshaltung subsumierte darunter ohne Mühe sowohl die klare, weite Ruhe idyllischer Kleinkunst (etwa der *Suiten für Streichorchester ‹Noveletten› F-dur op. 53,* 1874, und *E-dur op. 58,* 1883) als auch eine etwaige ans Heroische grenzende Symphonik, ja verzichtete sogar im Versuch der Periodisierung des Schaffens (erste Periode: *‹Ossian›*-Periode, zweite Periode: kosmopolitische Periode) auf eine deutliche Trennung gälischer und dänischer Stoffkreise im Werk, so daß mit der Akzentuierung des Nordischen in GADES Musik immer zugleich auch ein wahrgenommenes, aber nicht verbalisiertes musikalisches Phänomen beschrieben ist, das ganz allgemein für skandinavische Musik zutrifft. Als sogenannter *nordischer Ton* gilt aus deutscher Sicht also jene typisierende Verbindung von melodischen, metrisch-rhythmischen, harmonisch-tonalen und (freien) formalen Elementen, die zum Zeitpunkt der Rückkehr GADES nach Dänemark als starre negative Wertung über seine Musik festgeschrieben wurde und heutzutage unter der Berufung auf den überkommenen Standpunkt als «dänischer Exotismus» stigmatisiert, die Vergessenheit des umfangreichen Werkkanons begründet. Mit den griffigen Kategorien von *Volkstümlichkeit* und *Poesie* bleibt fortan die Musik GADES und die seines direkten Schülerkreises oder all jener indirekt von ihm beeinflußten nachfolgenden Komponisten Skandinaviens belegt, die an einer symphonischen Problemlösung der nachBEETHOVENschen Ära nicht teilgenommen haben, sondern in einer als seitenbezogenen Kunstströmung bewerteten Symbiose von europäischer Kunstmusik und sogenannter nordischer Empfindung die eigenständige nationale Entwicklung forcierten.

Die der Symphonik GADES häufig einbeschriebene volkstümliche Einfachheit beruht hauptsächlich auf einer vom Volkslied inspirierten Themenbildung (sofern nicht ohnehin Zitat) in ihrer Entfaltung aus einem harmonisch gefestigten Grundklang heraus. Der Verzicht auf neutrale Eigenschaften (wie etwa im klassischen Thema) garantiert neben der Bestimmtheit des Stils und der bildzeugenden Kraft des rhapsodischen Elements in der thematischen Verbindung der Sätze untereinander auch einen unmißverständlichen und einheitlichen poetischen Charakter. Solcherlei Vorteile bedingen in der aus der Einheit des Ausdrucks heraus vorgegebenen Kargheit des musikalischen Materials die Unmöglichkeit der motivischen Ausspinnung und legen nicht selten im monothematischen Aufbau des Symphoniesatzes außer der Deduktion von Nebengedanken aus einem einzigen thematischen Prototyp und der Technik thematischer Montage die Wiederholung und Abwandlung des eigentlichen thematischen Komplexes nahe. Damit wird zwar das rational geregelte, harmonisch-modulatorisch bestimmte gegensätzliche Verhältnis der Themen im traditionellen Symphoniesatz aufgegeben, mit dem weniger gefestigten Formenbau aber zugunsten eines einzig poetischen Elements in der Vereinheitlichung des musikalischen Materials die Betonung des Sinnbildlichen schlechthin (im Sinne eines starken poetisch-assoziativen Potentials) erreicht. Nur in dem Verständnis der *poetischen Idee* als Regulativ enger motivisch-thematischer Verwandtschaftsverhältnisse innerhalb der symphonischen Musik und vor dem Hintergrund der um das *Poetische* in der Definition August Wilhelm Schlegels kreisenden romantischen Musikanschauung («die für etwas Geistiges eine äußerliche Hülle sieht oder ein Äußeres auf ein unsichtbares Inneres bezieht»), ist SCHUMANNS Diktum über GADE angemessen zu verstehen: «Sie sind ein trefflicher Poet!»

Norbert Bolin

Max Bruch

Köln, 6. Januar 1838 – Berlin, 2. Oktober 1920

Ist es nicht ein gnadenloses Selektionsverfahren der Musikgeschichte, wenn die Wertschätzung eines Komponisten so ausschließlich nur mit einem einzigen Werk zum Synonym gerinnt? Gäbe es das *Violinkonzert g-moll op. 26* nicht, so wäre die Persönlichkeit und das musikalische Schaffen MAX BRUCHS vollständig der Vergessenheit anheimgefallen. Bereits für ihn selbst war es ein verhaßter Erfolg. An seinen Verleger Simrock schrieb er: «Nichts gleicht der Trägheit, Dummheit, Dumpfheit vieler deutscher Geiger. Alle vierzehn Tage kommt einer und will mir das erste Concert vorspielen; ich bin schon grob geworden und habe zu ihnen gesagt: ‹Ich kann dieses Concert nicht mehr hören – habe ich vielleicht nur dieses *eine* Concert geschrieben? Gehen Sie hin und spielen Sie endlich einmal die anderen Concerte, die ebenso gut, wenn nicht besser sind!›» Noch ein halbes Jahrhundert mußte sich BRUCH qualvoll mit der Popularität des Werkes auseinandersetzen, ein Beifall, der ja auch die Negierung seiner anderen musikalischen Leistungen einschloß.

Nur zehn Jahre nach SCHUBERTS Tod, am 6. Januar 1838 in Köln geboren, lebte MAX BRUCH als Zeitgenosse von schier endlosen Generationen bedeutender Komponisten: MENDELSSOHN (gestorben 1847) und SCHUMANN (gestorben 1856), selbstverständlich BRUCKNER, BRAHMS und WAGNER, schließlich MAHLER, RICHARD STRAUSS und REGER. Als er 1920 in Berlin starb, hatte STRAWINSKY den Skandal um *‹Le Sacre›* schon hinter sich, stand SCHÖNBERG kurz vor seiner epochemachenden Zwölftontechnik. Diese enorme Lebensspanne umfaßt die Ausprägung der eigentlichen musikalischen Romantik ebenso wie die Zertrümmerung der Tonalität durch die Neue Wiener Schule. Für MAX BRUCH freilich, der nie an der Spitze des Fortschritts zu finden war, bedeuteten diese umwälzenden kompositorischen Entwicklungen ein Abgleiten ins Konservative, ja Reaktionäre. Noch in den sechziger Jahren des vorigen Jahrhunderts als einer der führenden Musiker gefeiert und in seiner Wirkung gar über BRAHMS gestellt, war er gegen Ende seines Lebens völlig vereinsamt, wurde als wunderlicher Kauz ebenso belächelt wie isoliert. BRUCHS Ästhetik war völlig überholt. Starr hielt er am klassizistischen Idealismus MENDELSSOHNS fest, am wertfreien Schönklang eines Musizierens des *l'art pour l'art*. Der leidenschaftliche Bismarck-Verehrer bekämpfte aufs schärfste WAGNER, LISZT und die gesamte neudeutsche Schule und polemisierte gegen RICHARD STRAUSS und MAX REGER – wahrlich keine Revolutionäre der Musik – als die «musikalische Sozialdemokratie». Diese Formulierung gibt hinreichend Aufschluß über seine politisch-gesellschaftlichen Überzeugungen, die von nationaler und patriotischer Begeisterung geprägt waren. Die Gründerjahre des Deutschen Reiches, der Nationalstaat Bismarcks – hierhin wollte er seine eigene Kunst eingebettet sehen. Die sozialen Umwälzungen, die Entstehung der Sozialdemokratie, die Ausweitung der marxistischen Ideen waren hingegen «verbrecherische Handlungen». BRUCH selbst verstand sich als Rufer in der Wüste, als Warner vor dem (nicht nur musikalischen) «Chaos» der neuen Zeit, dem er bis zuletzt seinen konservativen Akademismus entgegenstellen zu können glaubte. Er komponierte Werk um Werk, wollte das einst gefeierte *g-moll-Konzert* einholen, kam aber über eine lokale Anerkennung nie mehr hinaus, die abseits jeder musikalischen Evolution sich ereignete. In diesem Sinn war MAX BRUCH eine tragische, anachronistische Figur, die als Kuriosum belächelt würde, wenn sie überhaupt noch Erwähnung fände. Aber das *Violinkonzert*... Jeder Geiger, der etwas auf sich hält, führt es bis heute im Repertoire. Das zwischen 1866 und 1868 komponierte *erste Violinkonzert,* das, wie er selbst beteuerte, den MENDELSSOHNschen Geist beschwört, wäre wohl in dieser Form niemals zustande gekommen, wenn nicht JOSEPH JOACHIM, der BRAHMS-Freund und führende Geiger seiner Zeit, mit Rat und Tat zur Seite gestanden wäre. BRUCH selbst hatte kaum Erfahrung mit der Geigentechnik. Ein umfangreicher Briefwechsel zwischen beiden dokumentiert den nicht geringen Anteil

Joachims zumindest beim Solopart. Davon freilich will der alte Bruch um 1912 nichts mehr wissen. Als er vom Plan einer Veröffentlichung dieser Briefe erfährt, verweigert er «diese Autorisation ganz entschieden. [...] Das Publikum muß ja beinahe glauben, wenn es das alles liest, Joachim habe das Concert gemacht, nicht ich. Die Wahrheit ist, daß ich einige von seinen Ratschlägen mit Dank benutzt habe, andere nicht.»

Joachim hin – Bruch her. Das *g-moll-Konzert* ist ein effektsicherer Wurf von geradezu kulinarischer Qualität und antizipiert den spätromantischen Tonfall vor der Jahrhundertwende. Namentlich der ungarisch angehauchte Finalsatz scheint die Kenntnis des Brahmsschen *Violinkonzerts* geradezu vorauszusetzen, obwohl dieses erst ein Jahrzehnt später entstand; ein Indiz, wie zeitgemäß, ja vorausfühlend der junge Bruch zu komponieren wußte. Von den *beiden weiteren Violinkonzerten* wissen nur noch wenige der leidigen Experten. *Opus 44* und *Opus 58* konnten sich nie durchsetzen. Einzig die *‹Schottische Fantasie› op. 46* für dieselbe Besetzung (Violine und Orchester) ist gelegentlich via Schallplatte zu hören.

Rasche Mißerfolge hatte Bruch auch im Bereich der Oper auszuhalten. Die große romantische Oper *‹Loreley› op. 16* (1863) kam ebensowenig über knappe Aufführungszahlen hinaus wie *‹Hermione› op. 40* (nach Shakespeares «Wintermärchen»), obwohl ein zeitgenössischer Kritiker dem erstgenannten Werk eine «Heilighaltung der Form gegenüber Wagners Formlosigkeit» attestiert hatte. So wandte sich Bruch erstaunlich schnell dem – meist weltlichen – Oratorium zu. Fünf Werke dieser Gattung zählt das Verzeichnis: *‹Odysseus› op. 41, ‹Arminius› op. 43, ‹Achilleus› op. 50, ‹Moses› op. 67* und *‹Gustav Adolf› op. 73*. Hinzukommen wesensverwandte Werke, die *‹Frithjof-Szenen› op. 23* und *‹Das Lied von der Glocke› op. 45*. Der große dramatische Bogen aber war Bruchs Sache nicht. Gegenüber Händels, ja noch Mendelssohns Oratorien zerfallen die überaus theatralischen Sujets, namentlich der *‹Odysseus›*, in kleine Genreszenen. Die zündende, raumgreifende Idee fehlt, so daß die Identifikation des Hörers mit den geschilderten Schicksalen kaum zustande kommen kann.

Dieser Neigung zum kleinen, zum eng bemessenen musikalischen Zusammenhang entsprechen weit eher die zahlreichen Männerchöre, Lieder und Klavierstücke, die bis ins 20. Jahrhundert hinein gepflegt wurden. Im großräumigen Zusammenhang der *drei Symphonien* (*Es-dur op. 28, f-moll op. 36* und *E-dur op. 51*) hingegen blieb ihm schon zu Lebzeiten die Anerkennung versagt.

Das Werkverzeichnis umfaßt insgesamt 93 *opera*, hinzu kommen noch 28 Kompositionen ohne Opuszahl. Mit Ausnahme des berühmten *Violinkonzerts* ist es ein längst versunkenes Kompositionsschaffen, das auch die musikwissenschaftlichen Bemühungen, zumal der Universität Köln und des MAX BRUCH-Archivs in Köln, in jüngerer Zeit kaum zum Leben wiedererwecken können.

Bernhard Rzehulka

César Franck

Lüttich, 10. Dezember 1822–Paris, 9. November 1890

Die französischen Komponisten der zweiten Hälfte des 19. Jahrhunderts standen vor dem immensen Problem, die eigenständige französische Instrumentalmusik nicht nur zu erneuern, sondern sie gleichsam aus dem Nichts neu zu erschaffen. Namentlich die symphonische Tradition war nach Berlioz abgerissen. Das musikalische Frankreich schwelgte in Oper und Operette und war außerdem damit beschäftigt, das «verderbliche neudeutsche Element» jenseits des Rheins in der Gestalt Richard Wagners auf das heftigste zu bekämpfen. Daß ausgerechnet César Franck, der deutsch-belgischer Abstammung war (die Eltern kamen aus Aachen, er selbst wurde in Lüttich geboren), der französischen Orchestermusik verloren geglaubtes Terrain zurückgeben würde, mag auf den ersten Blick kurios sein, der deutsche Einfluß erwies sich aber als folgenreich. Die Gattung der Symphonie bedeutete in dieser Zeit für Frankreich zuvörderst die Symphonie Beethovens und damit die formale wie strukturelle Prozeßhaftigkeit der Musik und ihre Überhöhung zum philosophisch-ethischen Ideal. Eine französische Antwort darauf existierte nicht, abgesehen von der singulären Wirkung der *Symphonie fantastique*. Was schließlich Brahms für die «deutsche» Sphäre gelang, nämlich die Form Wiener Klassischer Musik als Inhalt weitergedacht zu haben, kann innerhalb Frankreichs César Franck für sich in Anspruch nehmen. Davon wird noch die Rede sein.

Nach einer «Wunderkind»-Karriere, betrieben vom ehrgeizigen Vater, waren für den 1822 geborenen Franck die knapp einjährigen Studien bei Antonín Reicha in Paris von wesentlicher Bedeutung; die Familie übersiedelte 1835 dorthin, Reicha starb 1836. Reicha, der wohl aufgeschlossenste Theorielehrer seiner Zeit, betrachtete den Kontrapunkt nicht als quasi mathematisches Exempel, vielmehr als veritables Kunstwerk und als Steigerung des musikalischen Ausdrucks, der die Verwendung alter Kirchen-Tonarten ebenso vorsah, wie das chromatisch-subjektive Begehren der Neuzeit. Diese Synthese zwischen Form und Ausdruck, zwischen musikalischer «Grammatik» und Inhalt wurde zum «Credo» des kompositorischen Werkes CÉSAR FRANCKS. Der spätere Organist der Kirche St-Clothilde in Paris, der Professor des Pariser Konservatoriums, der eine ganze Generation französischer Komponisten unterrichtete (D'INDY, CHAUSSON, DUPARC und viele mehr; selbst DEBUSSY hatte kurze Zeit bei ihm Improvisationsstudien betrieben), konnte in erstaunlicher Gelassenheit seine Zeit als Orchesterkomponist abwarten. Bis zum Anfang der siebziger Jahre schrieb FRANCK in der Hauptsache liturgische Gebrauchsmusik und das, obwohl die *Klaviertrios op. 1* von 1841 die ungeteilte Bewunderung LISZTS herausgefordert hatten. CÉSAR FRANCK schien endlos Zeit zu haben.

Zwar waren verhältnismäßig früh schon Kompositionen für (oder mit Orchester) entstanden, etwa das kleine *Oratorium ‹Ruth›* (1843 bis 1845), eine *Symphonie in G-dur op. 13* (vor 1841) oder ein *Klavierkonzert in g-moll op. 11* (1835), die jedoch nie über virtuose Dutzendware hinauskamen. Zumindest musikgeschichtlich bedeutsam war dann das Orchesterstück *‹Ce qu'on entend sur la montagne›* (1845/46), das vermutlich zum erstenmal überhaupt die Idee einer symphonischen Dichtung zu realisieren trachtete. Das Werk blieb allerdings Fragment. Die entscheidenden Orchesterwerke aber gehören dem letzten Lebensabschnitt des Komponisten (ab 1876) an: *vier symphonische Dichtungen*, die *Symphonischen Variationen* und allen voran die *Symphonie d-moll*. (Daß all diese Werke keine Opuszahlen aufweisen, beruht auf einer Eigenheit FRANCKS, der für seine frühen Stücke oft mehrmals dieselben Nummern verwendete und die heillose Verwirrung schließlich dadurch beseitigte, daß er eine Zählung fortan völlig unterließ.)

Eingeleitet wird die letzte Schaffensphase im Jahre 1876 mit *‹Les Eolides›*, eine symphonische Dichtung, die durch das gleichnamige Gedicht von Charles Marie Leconte de Lisle angeregt wurde. Der Einfluß der *‹Tristan›*-Chromatik, die sogar die Form eines Zitats annimmt, ist deutlich spürbar, allerdings wird die thematisch-formale Idee des Werkes höchst individuell gestaltet. Eine Fülle von verwandten chromatischen Motiven, die wie Abwandlungen einer Ursubstanz erscheinen, werden in freier Verknüpfung und Fortspinnung miteinander verwoben und erwecken den Eindruck einer schwebenden, sylphenhaften Musik. Die Einheit dieser «Assoziations»-Ketten garantiert die dreiteilige Form, die so subtil erfahrbar ist, daß sie nie wie künstlich übergestülpt wirkt. *‹Les Eolides›* zeigt erstmals das Geheimnis der FRANCKschen Kunst. Form und scheinbar frei ausschwingende Melodik gerinnen so untrennbar zur Synthese, daß sie während des Hörerlebnisses nicht mehr voneinander geschieden werden können.

Nach dem 1882 komponierten *‹Le Chasseur maudit›* – Bürgers gleichnamige Ballade übersetzt FRANCK in einen bohrenden, fast rüden musikalischen Charakter, zumal durch das schier manische Kreisen des Hauptthemas – erschien 1884 *‹Les Djinns›* auf dem Plan, eine Komposition, die auf dem Gedicht Victor Hugos basierte. Obwohl FRANCK das Werk ebenfalls als «symphonische Dichtung» bezeichnet, unterscheidet es sich rein äußerlich schon durch die Verwendung eines Soloklaviers, das jedoch wesentlich nur als Orchesterinstrument eingesetzt wird. Die Rubrizierung von *‹Les Djinns›* als konzertantes Stück, wie in der Literatur des öfteren zu lesen steht, ist deshalb verfehlt.

Auch das letzte Werk dieser Gattung – *‹Psyché›* (1886/87) – geht originell eigene Wege. Die Besetzung für Frauenchor, Tenor und Orchester deutet eher auf eine *Vokalsymphonie* hin denn auf eine symphonische Dichtung. Es läßt sich auf kein Genre definitiv festlegen. Die Autorenschaft des Textes ist bis heute nicht eindeutig geklärt. Sowohl FRANCK selbst wie auch sein Sohn Georges stehen zur Debatte, aber auch, wie das Programmheft der Uraufführung (10. März 1888) vermerkt, die «MM. Sicard et Fourcaud». Vermutlich handelte es sich um eine Gemeinschaftsarbeit. Vor allem die eigentümliche Behandlung des Chors, der als kompositorische Realität eher periphär kommentiert als aktiv das Geschehen mitbestimmt, zeigt die völlig eigenständige Haltung des Werkes. Zwar wird immer wieder das Vorbild von BERLIOZ' *dramatischer Symphonie ‹Roméo et Juliette›* angeführt, deren lyrisches Gegenstück

‹*Psyché*› wäre, oder aber der französische Reflex auf WAGNERS Mythos angemahnt, doch wesentlich scheint der symbolistische Charakter des Werkes zu sein, der gleichsam vorausblendet auf DEBUSSYS ‹*Pelleas et Melisande*›. Es ist eine seltsame Mischung aus symphonischem Gestus, aus Oden-Vertonung und oratorienhaften Einschüben, die in ihrer Art ohne Beispiel ist und nicht einmal in FRANCKS eigenem Oratorium ‹*Les Béatitudes*›, das zwischen 1869 und 1879 entstand, vorgezeichnet ist.

FRANCKS symphonische Dichtungen stehen für sich selbst. Ihre ausschließlich literarischen Sujets werden gleichsam metamorphorisch übersetzt in innermusikalische Strukturen. Ihre Einheit ziehen sie nicht aus den programmatischen Vorgaben, sondern ausschließlich aus der schlagenden Originalität von Form, Instrumentation (im weiteren Sinn) und gattungsüberschreitenden Perspektiven. Eine der in sich geschlossensten Gestaltungen dieses FRANCKschen «Prinzips» stellen die *Symphonischen Variationen für Klavier und Orchester* von 1885 dar; die Uraufführung fand am 1. Mai 1886 in der Societé Nationale de Musique statt. Die Bezeichnung «symphonisch» für dieses *Klavierkonzert in einem Satz* ist in überraschend neuem Sinn durchaus beim Wort zu nehmen. Sie meint nicht den Orchesterklang als solchen, vielmehr das Modell symphonischer Dialektik als kompositorische Idee. Nicht ein, sondern *zwei* in ihrem Charakter extrem verschiedene Themen werden variativ durchgeführt. Das läßt sich bis in ihre Binnenstruktur verfolgen: das erste Thema weist durchgehend «männliche» Endungen (also auf der «Eins» des Taktes) auf, das andere «weibliche» Endungen (mit Vorhaltsbildungen). Beide Themen erscheinen zunächst – im einleitenden Abschnitt – lediglich rudimentär im wechselweisen Vortrag zwischen Solo und Orchester. Bis in den Mittelteil hinein werden sie (getrennt) mehr und mehr als Variationsfolge ihrer Idealform angenähert, ehe im Schlußabschnitt beide thematischen Modelle ineinander wachsen. Form und Idee werden deckungsgleich. Der symphonische Dualismus wird gleichsam als Exempel vorgeführt und mit der Variation, die Gattung und Verfahren in einem darstellt und als solche der klassischen Durchführung wesensverwandt ist, verwoben. Spätestens mit diesem Werk ist FRANCKS Musik zu sich selbst gekommen. Als einziger französischer Komponist seiner Zeit macht er die musikalischen Formen und Gattungen zum zentralen inneren Thema.

Die Exegeten der FRANCKschen Musik werden zwar nicht müde, diese Formenvielfalt hervorzuheben, doch im selben Moment greifen sie in ihre akademische Schublade, um mit dem Schlagwort von der «zyklischen Form» eben diese Vielfalt wieder zu nivellieren. «Zyklische Form» – damit soll die thematische Verknüpfung der einzelnen Teile und Abschnitte eines Werkes beschrieben werden, ihre konstruktive Verzahnung, durch die eine Geschlossenheit in der Musik erreicht wird. Diese «Architektur» aber ist beileibe nichts Neues und deshalb für FRANCK kaum charakteristisch. Nein, es muß gerade die Individualität der Anlage betont werden, die für jedes einzelne Werk höchst originell und nicht wiederholbar ist. Das wurde zum Dilemma für seine Schüler.

Die Kreativität FRANCKscher Formenerfindung machte auch vor der ehrwürdigen, ja «heiligen» Gattung der Symphonie nicht halt. Die *Symphonie d-moll,* zwischen 1886 und 1888 entstanden, löste schon bei ihrer Uraufführung am 17. Februar 1889 in der Societé du Conservatoire heftige Reaktionen aus. «Was ist das für eine d-moll-Symphonie», schrieb etwa der Komponist AMBROISE THOMAS, «bei der das erste Thema im neunten Takt nach des, im zehnten nach ces, im einundzwanzigsten nach fis, im fünfundzwanzigsten nach c, im neununddreißigsten nach Es, im neunundvierzigsten nach F moduliert?» Ja, was für eine Symphonie, so könnte man weiter fragen, deren langsamer Satz das Scherzo gleich mitliefert? In der Tat hat das Werk mit dem klassischen dualen Prinzip nur noch wenig gemein. FRANCK selbst verteidigte die vermeintlich konfuse harmonische Konzeption mit dem nicht unerheblichen Hinweis, die Symphonie stünde zugleich in d-moll und f-moll. Das führt folgerichtig dazu, daß die Lento-Einleitung des Kopfsatzes zweimal erscheint, zuerst in der «offiziellen» Tonart, dann – nach dem ersten *attacca*-Einsatz – in vollem Umfang in f-moll. Wenn dieser Lento-Abschnitt am Beginn der Reprise (in schwerer Tuttibesetzung) erneut auftaucht, so hat das zwar mit quasi harmonisch-mathematischer Balance zu tun, bohrt sich aber noch tiefer voran zu den wesentlichen Inhalten. Der Charakter des Einleitens, des Vorbereitens ist die Sache der Musik selbst.

Sämtliche Themen und melodische Ausformungen sind nach dem gleichen Prinzip gestaltet. Sie kreisen in sich, sind statisch und kaum im symphonischen Sinn entwicklungsfähig. Der Themenkern ist stets diatonisch, die Vorbereitung und Fortführung stark chromatisch eingefärbt. Das Umfeld der Themen wird somit als ständiges Ineinanderfließen einzelner Partikel wahrgenommen. Der thematische Aufbau selbst ist so angelegt, daß erst das dritte Thema (Takte 129ff) als zentral empfunden wird, jene schmissig-direkte Akkordgeste, die für ein einziges Mal wie eine Befreiung der chromatischen «Mäander» wirkt. Vorbereitung und Weiterführung zur strukturellen Idee zu erklären ist wahrlich ein singulärer symphonischer Bau. So verwundert es kaum noch, daß am Schluß des Kopfsatzes völlig unerwartet ein letztes Mal der Lento-Abschnitt der Einleitung (jetzt in g-moll) wie eine Signatur erscheint, scheinbar ohne Begründung abgebrochen wird zugunsten des Schlußklangs in D-dur (!), der doppeldeutig gehört wird; sowohl als Dominante zum vorangehenden g-moll oder als Tonika einer plagalen Wendung.

Im Finale dann wird die Doppelbödigkeit zum innermusikalischen «Programm». Nach einer fast epigonenhaften Nachbildung der *‹Eroica›*-Eröffnung BEETHOVENS führt die Musik gleichsam ihren eigenen Stillstand vor und hebt sich selbst aus den Angeln. Wie versprengte Splitter auf einem Ruinenfeld liegen die thematischen Elemente verstreut (vgl. Takte 211 bis 227), die erst durch den Rückgriff auf die Themen der vorangegangenen Sätze wieder gebündelt werden. Es ist, als würde sich die Musik wieder an sich selbst erinnern und damit ihren eigenen dynamischen Fluß wiederfinden. Diesen Vorgang mit dem Begriff der «zyklischen Form» abzutun, griffe entschieden zu kurz. Denn mit der Wiederaufnahme der Themen des Kopfsatzes gelingt es FRANCK, seine Perspektive der «Symphonie» in singulären strukturellen Vorgängen zu einem erzählenden Ereignis der eigenen Art zu machen.

Bernhard Rzehulka

Edouard Lalo

Lille, 27. Januar 1823 – Paris, 22. April 1892

Unter den Zeitgenossen von WAGNER, BRUCKNER, BRAHMS, TSCHAIKOWSKY und DVOŘÁK ist LALO eine der im deutschen Musikleben kaum bekannten Komponistengestalten. Dies ist desto unverständlicher und desto mehr zu bedauern, als LALO – wie FRANCK, CHABRIER und FAURÉ – zu jener französischen Musikergeneration gehört, deren Schaffen gerade die Musik der deutschen Romantik reflektiert.

EDOUARD LALO stammt aus einer im 16. Jahrhundert aus Spanien nach Flandern eingewanderten Familie, in der die Offizierslaufbahn der Söhne eine lange Tradition hatte. Er gleicht darin ALBERT ROUSSEL und NIKOLAJ RIMSKY-KORSAKOW; während diese jedoch zunächst der Familientradition folgten und sich erst später der Musik zuwandten, lehnte der sechzehnjährige EDOUARD diesen Weg von vornherein ab. Er hatte auf dem Konservatorium in Lille Unterricht in Solfège, Harmonielehre und Violinspiel erhalten und war während dieser Zeit von dem in Wien gebürtigen Violoncellisten Baumann in die Kammermusik der Wiener Klassik eingeführt worden. Baumann hatte BEETHOVEN noch erlebt und legte in dem jungen Franzosen die Grundlage für dessen Neigung zur Kammermusik. Auf die Weigerung des entsetzten Vaters, eines unter Napoleon Bonaparte hoch dekorierten Offiziers, die Musikerlaufbahn einschlagen zu dürfen, verließ EDOUARD sein Elternhaus und ließ sich ohne finanzielle Absicherung in Paris nieder. Er verdiente seinen Lebensunterhalt zunächst mit Violinunterricht und schloß seine eigene Ausbildung – im Geigenspiel bei François Antoine Habeneck, in Komposition bei dem Böhmen Julius Schulhoff – im Jahre 1847 ab. Als Bratscher trat LALO anschließend dem Armingaud-Streichquartett bei, einer Formation, die sich um die Kammermusik in Frankreich große Verdienste erworben hat; die Kompositionen LALOS aus jener Zeit (nur Kammermusik) fanden jedoch kaum Interesse – schon GEORGE ONSLOW (1784–1852), der einzige Meister kammermusikalischer Formen im Frankreich des frühen 19. Jahrhunderts, war in Deutschland und England weit angesehener als in seiner Heimat.

Nachdem LALOS Versuch, mit einer großen Oper (*‹Fiesque›*, nach Schiller) bekannt zu werden, 1865 ebenfalls gescheitert war, wandte sich dies Geschick zu Beginn der 1870er Jahre: *Zwei Solokonzerte für Violine* erregten in Paris Aufsehen und machten LALOS Namen in kurzer Zeit zu einem Begriff; war das erste dieser Werke (*F-dur op. 20*) dem aus Belgien stammenden JOACHIM-Schüler Pierre Joseph Marsick gewidmet, so verhalf dem zweiten, der *‹Symphonie espagnole›* (*d-moll op. 21*), der legendäre spanische Virtuose PABLO DE SARASATE am 7. Februar 1875 zu einer triumphalen Premiere.

‹Symphonie espagnole› für Violine und Orchester op. 21

LALO hat – wie CÉSAR FRANCK und CAMILLE SAINT-SAËNS – selten einen Formkanon einfach übernommen, sondern in einer Reihe interessanter Experimente sowohl den ganzen Satzzyklus wie auch den inneren Bau der Sätze und deren Gewichtung zueinander verändert. Hier LISZT als Anreger zu vermuten wäre irrig: Tendenzen dieser Art gingen im Solokonzert bereits von SPOHR aus, haben in Frankreich besonders in den Violinkonzerten von HENRI VIEUXTEMPS (1820–1881) ihre Auswirkungen gezeitigt. Sie führen LALO, nach der konservativen Dreisätzigkeit des ersten Konzerts, hier zu einem fünfsätzigen Aufbau, der durch Einschieben von zwei als Scherzando und Intermezzo bezeichneten Sätzen zwischen das eröffnende Allegro non troppo und das Andante entsteht. Die Gestaltung ist in jedem der fünf Sätze sehr individuell gehandhabt: LALO eröffnet den Kopfsatz mit einem charakteristischen Motiv des Orchesters, dem die Solovioline sofort einen Kontrast folgen läßt; aus beiden Elementen ist das Hauptthema geformt, das den ganzen Satz beherrscht. Dreiteiligkeit mit einem als Durchführung gearbeiteten Mittelteil zu erwarten wäre sinnlos – der gesamte

Verlauf des Satzes verarbeitet das Hauptthema, ein nur zweimal kurz aufleuchtender Seitengedanke bleibt reine lyrische «Insel» in diesem zweiteiligen Gebilde. Adaptiert bereits das Hauptthema rhythmische und melodische Modelle der spanischen Musik, so präsentiert sich der ganze zweite Satz als feuriger spanischer Tanz; die einleitenden Takte des Orchesters geben eine rhythmisch-harmonische Folie, auf die der Solist seine Melodie legt. Zu dem ohnehin groß besetzten Orchester (doppeltes Holz, mit zusätzlicher Piccoloflöte, vier Hörner, zwei Trompeten, drei Posaunen, Pauken und Streicher) treten Harfe und Triangel, erhöhen den Klangreiz und geben folkloristische «Würze». Das folgende Intermezzo ist dreiteilig, greift wiederum auf originale Tanzvorlagen zurück, ist jedoch gegenüber dem raschen, wirbelnden Scherzando (3/8) von ernster, beinahe pathetischer Art; die ausdrucksvolle Linie des Soloinstruments bevorzugt in den auf das rhythmische Modell des Kopfsatzes verweisenden Rahmenteilen die tiefe Lage. Der Gestus des Schreitens wird von dem virtuosen Mittelteil (6/8) unterbrochen. Die Grundtonart d-moll nimmt das Andante wieder auf, dessen Orchesterklang überwiegend die dunklen, tiefen Register der Streicher, Holzbläser und Hörner zur Wirkung bringt; von dieser Klangvorstellung zehren noch die *Violinkonzerte* von SIBELIUS und SCHOSTAKOWITSCH (*Nr. 1 op. 99*). Blendende Helle herrscht dagegen im abschließenden Rondo (Allegro), in dem zu Triangel und Harfe zusätzlich ein Schellentamburin gefordert ist. Der wirbelnde Gestus des Scherzando und dessen Vorbereiten des Soloeinsatzes durch eine Stabilisierung von Rhythmus und Begleitfiguren wird auch in diesem Finale benutzt, dessen Einfluß deutlich im Scherzo-Mittelsatz des *ersten Violinkonzerts* von PROKOFJEW (*op. 19*, 1917) zu spüren ist. LALOS Anregungen gingen also weit über den Gesichtskreis seiner Heimat hinaus. Bei aller Schwierigkeit und Virtuosität des Soloparts, aller Originalität der Einfälle, allem technischen Vermögen, über das der Komponist in so reichem Maße gebot, wird nirgends die Dominanz eines tiefernsten Ausdrucks und dessen innere Wahrhaftigkeit gefährdet; der Schärfe und Plastizität der Formulierung musikalischer Gedanken entspricht ein meisterhafter Umgang mit den Klangfarben des Orchesters, die stets im Dienste der Deutlichkeit der Aussage stehen.

Jegliche Art von Spielereien oder kalkuliertem Pathos lagen LALO fern: «Form und Gehalt müssen sich entsprechen, sonst leidet das Werk» war einer seiner Schaffensgrundsätze. Der von manchen Geigern in der Vergangenheit gepflegte Usus, den dritten Satz des Werkes schlichtweg auszulassen (es existieren sogar Schallplattenaufnahmen solch viersätziger «Version»!), ist eine Unsitte, die nicht nur technischen Schwierigkeiten aus dem Weg zu gehen trachtet, sondern das innere Gleichgewicht des Konzerts zerstört und darüber hinaus hervorragend gearbeitete, inspirierte Musik unterschlägt.

«Bei LALO ist alles Vornehmheit, Maß, Takt, Ordnung und Präzision», schrieb der Komponistenkollege ALFRED BRUNEAU; dies gilt in gleicher Weise für die *‹Symphonie espagnole›* wie für die folgenden *Solokonzerte*: 1880 erschien die viersätzige, durchkomponierte *‹Fantaisie norvégienne›*, 1883 das *‹Concerto russe› op. 29*, ebenfalls viersätzig, mit langsamen Einleitungen zum Kopfsatz und Finale; waren diese Konzerte für die Violine bestimmt, so hatte der Komponist schon 1876 sein *Konzert d-moll für Violoncello und Orchester* geschrieben, in dem er die überkommene Dreisätzigkeit zu Prélude, Intermezzo und Finale umgestaltete (das Intermezzo zieht – wie es CÉSAR FRANCK ein Jahrzehnt in seiner *d-moll-Symphonie* handhabt – langsamen Satz und Scherzo zu einem Komplex zusammen); 1889 schließlich folgte als letztes konzertantes Werk das *Klavierkonzert f-moll*, an Bedeutung den besten Konzerten von SAINT-SAËNS und den *‹Variations symphoniques›* von FRANCK ebenbürtig. Die *Symphonie g-moll* des Jahres 1887 stellt LALO mit SAINT-SAËNS in die Reihe der Begründer einer symphonischen Tradition in Frankreich; sie, die 1881 erschienene *‹Rhapsodie norvégienne›* und die Musik des *Balletts ‹Namouna›* (1881) erweisen LALO als einen Meister, dessen Werken das Überleben tief empfundener Lyrik und Poesie ohne sentimentalen Schwulst mit zu verdanken ist.

Hartmut Becker

Charles-Camille Saint-Saëns

Paris, 9. Oktober 1835 – Algier, 16. Dezember 1921

CAMILLE SAINT-SAËNS ist der letzte, wenn nicht der einzige Universalist der Musikgeschichte: Dichter und Dramatiker, Astronom, Naturwissenschaftler und Philosoph, Archäologe und Ethnologe, Zeichner und Karikaturist. Vor allem aber ein Musiker, dessen Vielseitigkeit selbst seine Gegner nicht ihre Hochachtung versagen konnten: «Niemand kennt die Musik der ganzen Welt besser als Monsieur Saint-Saëns» (CLAUDE DEBUSSY) – der als Musikwissenschaftler die ersten Gesamtausgaben der Werke JEAN-PHILIPPE RAMEAUS und CHRISTOPH WILLIBALD GLUCKS betreute, als Musikhistoriker vom Cembalo aus die Société des Concerts d'instruments anciens leitete, als Journalist verschiedener Zeitungen das musikalische Geschehen eines halben Jahrhunderts kommentierte, sich als Pädagoge und Gründer der Société Nationale de Musique für die Eigenständigkeit der französischen Musik einsetzte und jungen Komponisten Aufführungen ihrer Werke ermöglichte, als Pianist im Frankreich des Second Empire und der Troisième République die Werke BEETHOVENS, SCHUMANNS und WAGNERS gegen die Vorurteile des Publikums durchsetzte, zwei Jahrzehnte lang als Organist an der Eglise de la Madeleine wirkte, als Dirigent eigener und fremder Werke von nahezu allen großen Orchestern der Zeit zu Gast geladen wurde. Alles das ist heute weitgehend vergessen; was von SAINT-SAËNS bleibt, ist sein Schaffen als Komponist, der – erfolgreich in jedem nur denkbaren musikalischen Genre – sein erstes Werk mit kaum dreieinhalb Jahren, sein letztes als Sechsundachtzigjähriger schrieb: geboren 1835 in Paris – acht Jahre nach dem Tod BEETHOVENS – ein Revolutionär; gestorben 1921 in Algier – acht Jahre nach der Uraufführung von STRAWINSKYS ‹*Sacre du printemps*› – ein Reaktionär.

So groß die Bewunderung war, die das 19. Jahrhundert SAINT-

SAËNS auf Grund dieser schier unglaublichen Vielfalt künstlerischer und wissenschaftlicher Interessen und Aktivitäten entgegenbrachte, so heftig wurde ihm vom 20. Jahrhundert gerade diese Vielseitigkeit vorgeworfen; seine Kritiker halten daran fest, ihn als einen modernen, auf den verschiedensten Gebieten dilettierenden Proteus und Eklektizisten zu charakterisieren. Daß er selbst keineswegs Anspruch auf wissenschaftliche Originalität erhob und seine außermusikalischen Studien nur als *divagations sérieuses* bezeichnete, als «ernsthafte Gedankenspiele», änderte nichts daran.

Der Ruhelosigkeit, mit der SAINT-SAËNS von einem «Gedankenspiel» zum nächsten eilt, entspricht die Schaffensintensität des Œuvres ebenso wie die Unrast der zahllosen Reisen und Auslandsaufenthalte; es scheint freilich, als verberge sich hinter diesen «Fluchten» ein *horror vacui*, eine tiefe Lebensangst. Und die Flucht gelingt: Die Persönlichkeit SAINT-SAËNS' entzieht sich in fast erschreckendem Maße dem Zugriff der Nachwelt, und selbst seinen engsten Freunden (soweit dieses Wort überhaupt Berechtigung hat) ist es nie gelungen, die sorgsam gewahrte Distanz zu überwinden. «Was zählt, ist allein das Werk des Künstlers», behauptet Jean Bonnerot, langjähriger Privatsekretär SAINT-SAËNS'; «Im übrigen erklärt und umfaßt das Werk sein ganzes Leben und scheint dieses so sehr zu absorbieren, daß es mit ihm verschmilzt.» Doch wo bei jedem anderen Komponisten das Werk ein mehr oder weniger getreues Abbild seines Autors darstellt (oder zumindest rudimentär Rückschlüsse auf dessen Erleben und Empfinden zuläßt), bleibt SAINT-SAËNS selbst im Spiegel seiner Musik unnahbar und unkenntlich. Trotz einer Schaffenszeit von mehr als einem dreiviertel Jahrhundert läßt sich kaum eine Veränderung seiner musikalischen Sprache feststellen; ihr Vokabular und ihr Stil sind gleichsam objektiviert, frei von allen inneren Regungen – so als wäre auch die Musik für ihn nur ein «ernsthaftes Gedankenspiel» gewesen. «Er schien das Komponieren als eine angenehme Geistesübung zu pflegen. Man könnte aus seiner Musik auch nicht entnehmen, ob er gütig, liebes- oder leidensfähig war» (FERRUCCIO BUSONI).

Dem 19. Jahrhundert – Zeitalter der romantischen Emphase, in dem jedes Kunstwerk mit dem Herzblut seines Schöpfers getränkt ist – mußte dieser kühle Rationalismus fremd, suspekt, wenn nicht gar unheimlich sein. Hinzu kam, daß Saint-Saëns keinem der Entwicklungs- oder Reifungsprozesse unterworfen zu sein schien, die für die Entfaltung einer Künstlerpersönlichkeit als unabdingbar gelten: Seine Identität war von Anfang an ausgeprägt. Gerade das hat man ihm vielleicht am wenigsten verziehen. Lebens- und Schaffensweg Saint-Saëns' verliefen in völliger Geradlinigkeit; er hielt sich von allen Einflüssen fern und blieb in der musikalischen Szenerie seiner Epoche ein Einzelgänger, «der kein System hat, keiner Schule angehört und keinerlei Reformbewegung vertritt» (Charles Gounod): eine absolute Größe.

Das Œuvre Saint-Saëns' umfaßt mehr als hundert Kantaten, Orchesterlieder, Symphonien, Orchesterwerke und Konzerte – sowohl an Umfang als an Gehalt der wohl bedeutendste Beitrag der französischen Romantik zum Konzertsaalrepertoire. Nur wenige Werke aber haben sich dauerhaft auf den Konzertprogrammen behaupten können: Der *‹Carnaval des animaux›* (dessen Veröffentlichung der Komponist zu seinen Lebzeiten untersagt hatte, weil er – zu Recht – befürchtete, man werde diese Gelegenheitskomposition überbewerten), die *dritte*, 1886 «à la mémoire de Franz Liszt» entstandene *‹Orgel›-Symphonie* (*c-moll op. 78*), die symphonische Dichtung *‹Danse macabre› op. 40, Introduction et Rondo capriccioso op. 28,* das *dritte Konzert* (*h-moll op. 61*) und die *‹Havanaise› op. 83 für Violine und Orchester,* das *erste Cellokonzert* (*a-moll op. 33*), das *zweite* (*g-moll op. 22*) und das *vierte* (*c-moll op. 44*) *Klavierkonzert.* Der Charakter dieser Werke entspricht – oberflächlich betrachtet – durchweg dem Bild orchestraler oder solistischer Virtuosität, gegen das Saint-Saëns zeit seines Lebens (vergeblich) angekämpft hat. Ein Reaktionär? Mitnichten.

Saint-Saëns komponierte seine *erste Symphonie* (die erste von zwei Jugendsymphonien, die in der offiziellen Zählung nicht enthalten sind) als Fünfzehnjähriger, 1850 – zu einer Zeit, da die Gattung der Symphonie in Frankreich regelrecht «ausgestorben» war. Sein *drittes Klavierkonzert* (*Es-dur op. 29*) entfesselte auf Grund seiner harmonischen Kühnheiten, «die einen nicht geringen Beigeschmack von Zukunftsmusik haben» (*Allgemeine Musikalische*

Zeitung, 15. Dezember 1869), bei seiner Leipziger Uraufführung eine regelrechte Saalschlacht und wurde einige Jahre später in Paris als «Jüngstes Gericht» apostrophiert, das «die Todesstunde der Virtuosität» bedeute. Die *symphonische Dichtung ‹Le Rouet d'Omphale› op. 31* legte 1871, in der Nachfolge LISZTS, den Grundstein einer für Frankreich völlig neuen Gattung der Orchestermusik und stieß bei den Musikern und beim Publikum auf erhebliches Mißtrauen; die drei späteren *symphonischen Dichtungen* SAINT-SAËNS' – *‹Phaëton› op. 39* (1873), *‹Danse macabre›* (1874) und *‹La Jeunesse d'Hercule› op. 42* (1877) – wurden ebenso skeptisch aufgenommen. Das *zweite Cellokonzert d-moll op. 119* mit seinem hochdiffizilen, auf zwei Systemen (im Violin- und im Baß-Schlüssel) notierten Solopart erlebte 1903 als «merkwürdige Studie gewisser Klangeffekte und kunstvoller Vokalisen» nur einen Achtungserfolg.

Immer wieder dieselben Vorwürfe: «allzu offensichtliche Tendenzen zum Modernismus» (über das *erste Cellokonzert*), «Verirrungen des modernen Stils» (über das *vierte Klavierkonzert*), «Vernachlässigung der virtuosen Schreibweise zugunsten eines symphonisch behandelten Orchesterparts» (über das Konzertstück *‹La Muse et le poète› für Violine, Violoncello und Orchester op. 132*). Ein Reaktionär hätte wohl kaum – wie SAINT-SAËNS – «die Agonie der Tonalität und des enharmonischen Halbtonsystems» proklamiert und sich (1878!) dafür eingesetzt, «durch die Verwendung antiker und orientalischer Modi und eine Verselbständigung der Rhythmik» der Musik neue Impulse zu geben. Und ebenso ist es wohl kaum der Beweis einer «reaktionären» Ästhetik, daß SAINT-SAËNS 1908 für Henri Lavedans «L'Assassinat du Duc de Guise» die erste eigenständige Filmpartitur der Musikgeschichte (*op. 128*) komponierte!

Ähnlich wie – honny soit qui mal y pense ... IGOR STRAWINSKY vertritt SAINT-SAËNS einen ganz und gar unromantischen, gewissermaßen objektiven Komponistentypus: «Ich habe es schon gesagt und zögere nicht, es als die Wahrheit zu wiederholen, daß die Musik, ebenso wie Malerei und Bildhauerei, aus sich selbst heraus und unabhängig jeder Emotion existiert; sie ist nichts als nur Musik. Je weiter sich die Sensibilität entwickelt, desto weiter entfernen sich die Musik und die anderen Künste vom Status der Reinheit; wenn man nur nach Gefühlen verlangt, verschwindet die Kunst.» Die Ablehnung WAGNERS und DEBUSSYS, die man SAINT-SAËNS immer wieder vorgeworfen hat (und die indessen längst nicht so radikal war, wie es seine Gegner dargestellt haben), resultiert nicht zuletzt aus dieser Ablehnung des Gefühls. SAINT-SAËNS selbst ist in seiner Musik denn auch von geradezu mathematischer Schärfe und Logik. Die Ausgewogenheit der Form beruht – sogar in einem so komplizierten, verschachtelten Werk wie dem *vierten Klavierkonzert*, das im Grunde nichts anderes ist als eine Variationsfolge über zwei Themen – auf einem Proportionsdenken, das taktgenau das Werk-Ganze in Zahlenverhältnissen von 1:2, 2:3, 3:4 und so weiter gliedert. Die Behandlung des Orchesters ist – bei aller Farbigkeit und Raffinesse – nicht weniger ausgewogen; anstatt der irisierenden Mixturklänge, die (zumindest seit DEBUSSY) als charakteristisch für die französische Musik gelten, findet man bei SAINT-SAËNS «die genaue Trennung der Funktion eines jeden Instruments oder jeder Gruppe von Instrumenten im entsprechenden Moment, die klare Unterscheidung zwischen der Klangfarbe melodietragender und begleitender Instrumente, einen sicheren Blick für den richtigen Augenblick des Einsetzens und Zurücknehmens einer bestimmten Klangfarbe, und das Geschick, wenige Noten wirkungsvoll einzusetzen und keine Kombinationen auftreten zu lassen, in denen die eine Klangfarbe die Eigenständigkeit einer anderen stört» (Adam Carse: «The History of Orchestration»).

Die Universalität SAINT-SAËNS spiegelt sich auch in der Vielzahl und Verschiedenartigkeit der Quellen wider, aus denen seine musikalische Inspiration schöpft. Werke «im Volkston» der französischen Musik (wie das *Orchesterlied ‹Le Pas d'arme du Roi Jean›* oder die *‹Rapsodie d'Auvergne› op. 73 für Klavier und Orchester*) stehen neben spanischem Kolorit (*‹Havanaise›* und *‹Caprice andalous› op. 122 für Violine und Orchester* oder *‹Une Nuit à Lisbonne› op. 63*) und Kompositionen, in denen SAINT-SAËNS die musikalische Tradition seiner Wahlheimat Nordafrika aufgreift (*‹Africa› op. 89* und das *fünfte Konzert F-dur op. 103 für Klavier und Orchester* oder die *‹Suite algérienne› op. 60*); der *style ancien* der *Suite* *pour orchestre op. 49*, der *Sarabande et Rigaudon op. 93*, der *Gavotte für Cello und Orchester* oder des «BACHschen» Klaviersolos zu Beginn des *g-moll-Konzerts op. 22* steht neben «Impressionismen» (wie in dem *Konzertstück op. 154 für Harfe* und der *‹Odelette› op. 162 für Flöte und Orchester*) und «Germanismen» der «Neudeutschen Schule» FRANZ LISZTS (wie im *dritten Klavierkonzert* oder den *vier symphonischen Dichtungen*). CAMILLE SAINT-SAËNS – ein Reaktionär? Ein Revolutionär? Eine absolute Größe.

Michael Stegemann

Georges Bizet

Paris, 25. Oktober 1838 – Bougival bei Paris, 3. Juni 1875

Bizet ist im allgemeinen Bewußtsein wenig mehr als der Schöpfer der ‹*Carmen*›. Von diesem Werk abgesehen, dessen Ruhm er nicht mehr erlebte, da er zwei Monate nach der Uraufführung starb, war er mit keiner seiner Kompositionen je wahrhaft erfolgreich. Daran änderte sich auch nach Bizets Tod nur wenig. Der weltweite Erfolg der ‹*Carmen*› führte nicht zur Aufwertung des übrigen Schaffens, wie das sonst oft der Fall ist. Das hat jedoch weniger mit der künstlerischen Qualität der Werke im einzelnen zu tun als vielmehr mit der Uneinheitlichkeit von Bizets Stil insgesamt. Es bereitet Schwierigkeiten, etwa die *C-dur-Symphonie*, die ‹*Roma*›-*Suite* und die Musik zu ‹*L'Arlésienne*› als Werke ein und desselben Komponisten zu begreifen. Der zeitliche Abstand der Entstehung reicht als Erklärung nicht aus. Vielmehr scheint es, daß Bizet, um endlich den ersehnten großen Erfolg zu erringen, ständig anderen Vorbildern nacheiferte. Ihm fehlte, da ihm keines seiner Werke zum Durchbruch verhalf, eine allgemein anerkannte und darum gesicherte stilistische Grundlage, von der aus er seine individuellen kompositorischen Fähigkeiten in Ruhe hätte entfalten können. Die ständig neuen Versuche aber, sich etablierte Stile anzuverwandeln und anerkannten Modellen zu folgen, ohne sie doch sklavisch nachzuahmen, führten weder zu dem ersehnten Erfolg noch zur vollen Ausbildung eines ausgeprägten Personalstils. Bizet ist eine tragische Erscheinung in der Musikgeschichte.

Als Opernkomponist, der Bizet vornehmlich war, schrieb er naturgemäß nur wenig für den Konzertsaal. Ohne Ehrgeiz scheint er aber auch auf diesem Sektor nicht gewesen zu sein, wie neben der *C-dur-Symphonie* die ‹*Roma*›-*Suite* beweist. Sie ist in Wahrheit eine großangelegte viersätzige Symphonie, die erst bei der postumen Publikation den Titel ‹*Suite*› erhielt, was vermutlich der Verbreitung dieses interessanten Werkes, an dem BIZET elf Jahre lang arbeitete (1860 bis 1871), im Weg gestanden hat. Ähnlich aufwendig und wie die *‹Roma›-Suite* von HECTOR BERLIOZ beeinflußt, ist die Ouvertüre *‹Patrie›* von 1873, eine pathetische Huldigung an Frankreich nach dem verlorenen Krieg gegen Preußen-Deutschland.

Symphonie C-dur

Diese 1855, ausdrücklich als Nr. 1 geschriebene Symphonie wurde erst zu Beginn der dreißiger Jahre unseres Jahrhunderts entdeckt. Die Uraufführung fand 1935 unter Felix Weingartner in Basel statt. Seitdem steht die Symphonie neben *‹L'Arlésienne›-* und *‹Carmen›-Suiten* auf Programmen in aller Welt, wozu es die übrigen Werke BIZETS nicht gebracht haben. Der Ruhm ist dennoch nicht uneingeschränkt. So wie die Suiten aus *‹Carmen›* und *‹L'Arlésienne›* nicht in den großen Symphoniekonzerten erscheinen, ist man geneigt, auch die C-dur-Symphonie eher der leichteren Muse zuzuordnen, als sei sie der symphonische Versuch eines Operettenkomponisten. Es ist gewiß kein Zufall, daß das Werk vor allem den Beifall der Choreographen fand; sechs Ballettadaptionen lassen sich nachweisen, darunter eine besonders berühmte von George Balanchine. Die offenkundige Eignung fürs Ballett verrät etwas über den Charakter der Musik, die im Gegensatz zur deutschen Tradition das Symphonische nicht in Tiefsinnigkeit und lastender Schwere sucht. Die deutsche Neigung, eine leicht anmutende und elegant formulierte Musik für oberflächlich zu halten, verkennt das Werk zwangsläufig. Da es überdies das Werk eines Siebzehnjährigen ist und sich deutlich an benennbare Vorbilder anlehnt, läßt es sich leicht als Schülerarbeit abtun. Die Arbeit eines Schülers ist diese Symphonie zwar auch, aber es ist zugleich der offenkundige Versuch, das tradierte Modell über die Tradition hinauszuführen. Der Tonfall ist derjenige HAYDNS und MOZARTS, während die Dimensionen eher die der Symphonie BEETHOVENS sind, um den das Stück im übrigen aber wie auch um BERLIOZ gleichsam einen Bogen macht. Bemerkenswert sind die Anklänge an MENDELSSOHN BARTHOLDY und vor allem an SCHUBERT, dessen

Symphonien BIZET jedoch schwerlich gekannt haben dürfte. Was besonders auffällt, ist die Übersteigerung der klassischen Modelle und Prinzipien, so daß die Nachahmung kaum mehr unbefangen-naiv genannt werden kann, sondern wie eine solche zweiter Natur wirkt, nicht unähnlich der *Symphonie classique* von PROKOFJEW. BIZETS unverkennbarer Ehrgeiz, ein Stück rein absoluter Musik zu schaffen, der sich zum Beispiel in dem konsequenten Beharren auf motivisch-thematischer Einheit, besonders im ersten und dritten Satz, zeigt, wird immer wieder von Zügen unterlaufen, die programmusikalisch oder gar opernhaft sind und wie Einbrüche in die etwas künstlich anmutende Sphäre der absoluten Musik wirken. Sie reißen die zur Glätte neigende klassizistische Fassade stets aufs neue auf und tragen wesentlich zur auch heute noch wirkenden Lebendigkeit der Musik bei.

Egon Voss

Petite Suite (Jeux d'enfants)

BIZET schrieb 1871 eine Folge von zwölf Stücken für Klavier zu vier Händen, die er ‹*Jeux d'enfants*› (Kinderspiele) nannte. In unmittelbarem Anschluß daran instrumentierte er einige Stücke, von denen er schließlich fünf zu einer kleinen Suite für Orchester zusammenstellte: Marche (Trompette et Tambour), Berceuse (La Poupée), Impromptu (La Toupie), Duo (Petit Mari, Petite Femme), Galop (Le Bal). Die erfolgreiche Uraufführung 1873 in Paris war vor allem dem Umstand zuzuschreiben, daß BIZET, den man für einen Wagnerianer hielt, sich hier deutlich an SCHUMANN angelehnt hatte. Der Einfluß der «Kinderszenen» ist unüberhörbar, was allerdings mehr für die originale Klavierversion gilt, als für die Orchesterfassung. Die Miniaturen – die Suite dauert knapp zehn Minuten – bestechen durch die Genauigkeit, mit der die Bilder und Charaktere getroffen sind, und sie faszinieren durch anmutiges Temperament, Witz und Esprit. Das kleine Werk, in dem nicht eine Note zuviel steht (wann läßt sich das schon einmal sagen!), wird in Deutschland nicht ganz ernst genommen; es sollte bekannter sein. *Egon Voss*

‹L'Arlésienne›-Suiten

Zur Premiere von Alphonse Daudets Drama «L'Arlésienne» – der Tragödie eines jungen Bauern, der eine Frau aus Arles liebt und sich, da er ihre Untreue nicht erträgt, schließlich umbringt – schrieb BIZET 1872 eine aus siebenundzwanzig meist kurzen Nummern bestehende Schauspielmusik. Sie zeigt BIZETS besondere Fähigkeit, in ebenso knappen wie einfachen Formen ganz bestimmte Charaktere, Stimmungen und Sphären überaus präzis und anschaulich darzustellen, und sie belegt überdies auf eindrucksvolle Weise seinen sensiblen Sinn für exotisches Kolorit. Mit der Musik zu *‹L'Arlésienne›* schuf er den provençalischen Ton schlechthin (ähnlich wie den spanischen in *‹Carmen›*). Dabei stützte er sich auch auf original provençalische Lieder wie jenes, mit dem die Ouvertüre beginnt. BIZET selbst stellte für den Konzertsaal die *Suite Nr. 1* zusammen, die aus der Ouvertüre und drei Zwischenaktmusiken besteht. Die *Suite Nr. 2* dagegen wurde erst nach BIZETS Tod von dessen Freund ERNEST GUIRAUD geschaffen, der jedoch nicht, wie es BIZET bei der *1. Suite* getan hatte, die Stücke unverändert aus der Schauspielmusik übernahm, sondern sie bearbeitete; zudem fügte er als dritten Satz ein Stück aus einem ganz anderen Zusammenhang ein, nämlich aus BIZETS Oper *‹La Joly Fille de Perth›*. Es dürfte der besondere Erfolg der *‹L'Arlésienne›*-Suiten gewesen sein, der geschäftstüchtige Verleger dazu bewog, auch aus *‹La Jolie Fille de Perth›* und vor allem aus *‹Carmen›* Suiten für den Konzertsaal zu arrangieren.

Egon Voss

Französische Komponisten

Charles Gounod (1818–1893)
Léo Delibes (1836–1891)
Jules Massenet (1842–1912)
Ernest Chausson (1855–1899)
Vincent d' Indy (1851–1931)

Komponistenpersönlichkeiten, die der erbarmungslose Richterspruch der Geschichte alsbald in den Rang von Kleinmeistern versetzt (wenn er sie nicht gar völliger Vergessenheit überantwortet), genießen mitunter das zweifelhafte Privileg, in der Biographie Bedeutenderer zu figurieren – als akademische Lehr- und Zuchtmeister, die manchmal zu Förderern, nicht selten aber auch nach Kräften zu Verhinderern ingeniöser Leistungen bei Spätergeborenen zu werden trachteten. Auch einige Herrschaften der folgenden Galerie wären in diesem Zusammenhang zu nennen – auf d' Indy traf das zum Beispiel in späteren Jahren zu, auch auf Massenet, mit dem der junge Debussy haderte. Weniger gilt es für Charles Gounod (1818–1893), der sich in den Jahren vor seinem Tode, nachdem der Krieg ihn 1870 aus Prais vertrieben hatte (er lebte bis 1875 in London), hauptsächlich mit Kirchenmusik beschäftigte, die ihn auch am Anfang seiner Laufbahn lebhaft anzog (er hörte als junger Mann theologische Vorlesungen und trug sich mit dem Gedanken, Priester zu werden). 1859 erntete er mit seiner Oper *‹Faust›* den größten und dauerhaftesten Erfolg (dieses Werk lief seither in deutschen Landen unter dem Titel *‹Margarethe›* – aus falsch verstandener Goethe-Pietät). Gewissermaßen im Vorfeld zu dieser Oper komponierte er 1855 seine beiden klassizistischen *Symphonien.* Die *Zweite in Es-dur* kann als ein Ausbund an formaler Eleganz und thematischer Frische der Bizetschen Jugendsymphonie an die Seite gestellt werden. Nach einer knappen Adagio-Einleitung ertönt im Kopfsatz ein «singendes» Allegro im Dreivierteltakt (das Vorbild des MOZARTschen KV 543 wird schon durch die gleiche Tonart namhaft gemacht). In dem «schleichenden» Beginn und den chromatisch angefärbten aufsteigenden Linien des langsamen Satzes läßt sich bereits eine Vorahnung des ‹*Faust*›-Orchesteranfangs erkennen. Dem pikanten Scherzo folgt ein spritziges Finale, das durch die nur selten unterbrochene Präsenz der quirlig drauflosspielenden ersten Violinen fast einen Perpetuum mobile-Charakter bekommt.

LÉO DELIBES (1836–1891) ist als Opernkomponist noch nicht ganz vergessen; fest im konservativen Ballettrepertoire stehen ‹*Coppelia*› (1870) und ‹*Sylvia*› (1876). Möglich, daß sich einige gefällige Piecen aus diesen Werken, einzeln oder in ansprechende Suiten verpackt, gelegentlich auch noch in Orchesterkonzertprogramme (am ehesten als Zugabenstücke) verirren. Eine erstaunliche Renaissance erlebten in den letzten Jahrzehnten die sängerisch dankbaren Opern von JULES MASSENET (1842–1912), deren geschmeidig-melodiöser Orchestersatz wohl auch von PUCCINI aufmerksam studiert wurde. Von den nicht wenigen Orchesterwerken MASSENETS – zwischen 1865 und 1887 entstanden unter anderem *drei Ouvertüren*, die *Tondichtung ‹Visions›* und *sieben* ausgewachsene *Suiten* – taucht so gut wie niemals mehr etwas auf.

Zu den frühen französischen WAGNERianern gehörte neben EMANUEL CHABRIER (der als Chordirektor an der Pariser Erstaufführung von ‹*Tristan und Isolde*› mitwirkte) auch ERNEST CHAUSSON (1855–1899); er kam durch einen Fahrradunfall ums Leben. Seine postum in Brüssel uraufgeführte Oper ‹*Le roi Arthus*› ist eindrucksvolles Exempel der französischen WAGNER-Nachfolge. Als Orchesterkomponist zählt CHAUSSON mit einer *Symphonie B-dur* und den *Tondichtungen ‹Viviane›* und ‹*Soir de fête*› zu den unbestrittenen Begründern des impressionistischen Stils. Er war Schüler MASSENETS und CÉSAR FRANCKS.

VINCENT D' INDY (1851–1931) stammte aus einer südfranzösischen Adelsfamilie. Er war Schüler von FRANCK, weilte 1873 zwei Monate bei LISZT in Weimar und nahm 1876 an den ersten Bayreuther Festspielen teil. 1896 wurde er Mitbegründer der Schola

Cantorum, die dem konservativen Conservatoire Konkurrenz machte. Obwohl Autor einiger Opern, verstand sich D' INDY in erster Linie als *Symphoniker*; viele seiner Orchesterwerke sind programmusikalisch orientiert. Der stilistische Radius einer feinsinnigen, später auch akademisch erstarrten Wagner-Nachfolge wird kaum überschritten. Möglich freilich, daß es in diesem reichen Œuvre noch einiges zu entdecken gäbe.

Hans-Klaus Jungheinrich

Alexis Emanuel Chabrier

Ambert, Puy-de-Dôme, 18. Januar 1841
– Paris, 13. September 1894

Reduziert auf ein einziges Werk, die farbige *Orchesterrhapsodie ‹España›*, ist die Kenntnis des musikalischen Werkes von EMANUEL CHABRIER; von seinen Opern, seinen Orchesterliedern und seinen Klavierwerken, die RAVEL nach seiner eigenen Aussage mehr beeindruckt und beeinflußt haben als sonst Werke anderer Komponisten, ist heutzutage kaum mehr etwas zu hören. Das gleiche Schicksal erlitt das schmale Œuvre von Orchestermusik, das hauptsächlich zwischen 1874 und 1888 entstanden ist und in dem CHABRIER seine Synthese von französisch rezipiertem WAGNERianismus und originär französischem Impressionismus auskomponiert hat. Der Freund von Paul Verlaine, er schrieb für CHABRIER außer einem Sonett zwei Libretti, und von Edouard Manet, der ihn zweimal porträtiert hat (die Porträts dürften das bekannteste von CHABRIER sein), gab erst 1880 seinen Posten im Innenministerium auf, um nur noch komponieren zu können, aber bis dahin war er der französischen Komponistenelite der damaligen Zeit bereits eng verbunden durch seinen Salon, der ein Zentrum der kulturellen Gesellschaft war, so war CHABRIER befreundet mit FAURÉ, CHAUSSON, D'INDY und DUPARC. Mit letzteren unternahm er 1883 eine Spanien-Reise, deren musikalisches Ergebnis die *Orchesterrhapsodie ‹España›* wurde. Folkloristisch angehauchte Melodik verschmolz er mit Reminiszenzen an seine Kindheit in der Auvergne und erreichte mit einer dichten, fast überladenen Harmonik und komplexen poyrhythmischen Strukturen eine effektvolle symphonische Dichtung, angesiedelt in einem von der Zeit favorisierten Genre, der spanischen (pseudo)volkstümlichen Musik.

Irmelin Bürgers

Henri Wieniawski

Lublin, 10. Juli 1835 – Moskau, 12. April 1880

WIENIAWSKI galt als der größte Geiger seiner Zeit, und sein Einfluß auf Technik und Spielweise der Violine reicht bis in die Gegenwart hinein; er ist vielleicht sogar nachhaltiger als der PAGANINIS. Auf WIENIAWSKI geht die sogenannte *russische Schule* zurück, die nach wie vor weltweite Bedeutung hat. WIENIAWSKI spielte, wie berichtet wird, mit einem sehr intensiven Ton, dessen Wärme und Klangfülle besondere Bewunderung erregten. Er erreichte diese Qualitäten durch gesteigertes Vibrato und eine neuartige Bogenhaltung. Daneben scheint ihn, wie alle legendären Virtuosen, jene konkret kaum faßbare Eigenschaft ausgezeichnet zu haben, die Virtuosen auszuzeichnen pflegt, nämlich die Fähigkeit, die Zuhörer zu fesseln und zu bezaubern, sie mitzureißen. WIENIAWSKIS Wahlspruch war: «il faut risquer» («man muß etwas wagen»), und dem scheint er tatsächlich auch, selbst mit dem Risiko des Scheiterns, gefolgt zu sein. Das Wort beschreibt treffend eine wesentliche Seite der Virtuosität, die ja nicht nur aus technischer Perfektion besteht, sondern auch, wenn nicht vor allem aus Draufgängertum. Wer die schwierigen Passagen in WIENIAWSKIS Kompositionen kühl und mit Distanz spielt, verfehlt ihren Sinn, selbst wenn er sie perfekter bewältigen sollte, als es WIENIAWSKI selbst vermutlich vermocht hätte. Diese Stellen sind Schauplätze von Wagemut und Tollkühnheit, und das Gelingen ist nur dann echt, wenn es mit dem rückhaltlosen Einsatz der gesamten Existenz des Spielers zustande kommt.

Obwohl Pole von Geburt, wuchs WIENIAWSKI ganz in französischem Geist auf, wurde bereits mit acht Jahren zum Studium am Pariser Konservatorium zugelassen und erhielt seine gesamte musikalische Ausbildung in Paris. So unterschiedliche Temperamente wie HENRI VIEUXTEMPS und JOSEPH JOACHIM gehörten zu seinen

Bewunderern. Mehrere Jahre lang vertrat er Vieuxtemps als Lehrer am Brüsseler Konservatorium (1875 bis 1877), wo unter anderen Eugène Ysaye sein Schüler war. Mit Joachim, dem Geiger Heinrich Wilhelm Ernst und dem Cellisten Alfredo Piatti spielte er 1859 in London in den Konzerten der Beethoven Quartet Society, wobei er sich nicht zu schade war, bisweilen auch die Bratsche zu übernehmen. Wieniawski war jedoch nicht nur Virtuose, Quartettspieler, Lehrer und Konzertmeister (beim Hoforchester in Petersburg), sondern auch, wie es sich im 19. Jahrhundert noch von selbst verstand, Komponist. Er schrieb sich seine Stücke gleichsam auf den Leib. So konnte er sicher sein, alles das unterzubringen, was er beherrschte und besonders gut konnte, und andererseits wegzulassen, was ihm nicht lag. Indessen erntete Wieniawski mit seinen Kompositionen auch jenseits dieses Aspekts Erfolg. Peter Tschaikowsky zum Beispiel schrieb über ihn: «Ich halte ihn für einen reich begabten Komponisten... Seine reizvolle Legende (op. 17) und Teile seines d-Moll-Konzerts zeugen von einem ernsten schöpferischen Talent.» Manch einer im 19. Jahrhundert war geneigt, ihn neben Chopin zu stellen, in ihm einen «Chopin der Geige» zu sehen. Die Verwandtschaft mit Chopin besteht jedoch eher in den Gemeinsamkeiten der Herkunft und der Biographie als in Stil und Charakter der Musik. Es duldet zwar keinen Zweifel, daß Wieniawski sich der Idiome bediente, die man gemeinhin als romantisch einerseits und als slawisch andererseits zu bezeichnen pflegt, aber seine Musik hat doch weder eine so ausgeprägte Eigenart, einen derart unverkennbaren Personalstil, wie die Chopins, noch weiß sie Komposition und virtuose Selbstdarstellung so bruchlos und geschmeidig miteinander zu verbinden, wie es der Musik Chopins gelingt.

Wieniawski schrieb ausschließlich für sich selbst, das heißt, er komponierte nur Stücke für die Violine. Unter den rund fünfzig Werken – 24 davon sind mit Opuszahlen versehen – gibt es sieben mit Orchester, die Mehrzahl davon einsätzig: *Polonaise D-dur op. 4* (1853), *‹Souvenir de Moskou› op. 6* (1853), *Konzert fis-moll op. 14* (1853), *Legende op. 17* (1860), *Fantasie über Themen aus Gounods ‹Faust› op. 20* (1868), *Polonaise A-dur op. 21* (1870), *Konzert d-moll op. 22* (1862). Diese Neigung zur Einsätzigkeit, zur knappen, überschaubaren Form, zeigt sich auch in den beiden Konzerten, in denen es, obwohl sie beide klassisch-dreisätzig sind, doch nur einmal eine deutliche Zäsur zwischen den Sätzen gibt (*fis-moll-Konzert*, zwischen erstem und zweitem Satz). Dem Drang, die Sätze ohne Pause ineinander übergehen zu lassen, korrespondiert die kompositorische Maßnahme des motivisch-thematischen Zusammenhangs zwischen den Sätzen: handelt es sich im *fis-moll-Konzert* noch um eine bloße Themenverwandtschaft zwischen erstem und drittem Satz, so präsentiert das *d-moll-Konzert* im dritten Satz die Wiederkehr des Seitenthemas aus dem ersten Satz, und zwar durchaus im Sinne einer Reprise; denn der erste Satz, der im übrigen wie ein Sonatensatz aufgebaut ist, spart die Reprise aus. Beide Konzerte gemahnen an Bekanntes. Es ist jedoch nicht nur ältere Musik wie zum Beispiel MENDELSSOHN BARTHOLDYS *Violinkonzert op. 64*, an das man sich erinnert fühlt; ob BRAHMS, BRUCH oder TSCHAIKOWSKY: sie alle sind WIENIAWSKI zu Dank verpflichtet.

Egon Voss

Bedřich Smetana

Leitomischl, 2. März 1824 – Prag, 12. Mai 1884

Die künstlerische Biographie SMETANAS ist von politischen Kämpfen und tiefer persönlicher Tragik überschattet. Der am 2. März 1824 in Leitomischl als Sohn einer großbürgerlichen Familie Geborene schlug zunächst die Laufbahn eines Pianisten ein, der für sein Instrument komponierte. Er erregte die Aufmerksamkeit FRANZ LISZTS, der ihm einen Verleger verschaffte; in Prag konnte SMETANA ein Musikinstitut eröffnen. Seine Ambition aber war nicht pädagogischer, sondern schöpferischer Art. Das 1853 geschriebene erste Orchesterwerk, die viersätzige *‹Triumph›-Symphonie*, spiegelt die Hoffnung des Patrioten auf mehr nationale Souveränität seines Volkes innerhalb der Donaumonarchie (das dem Kaiser zu dessen Vermählung dedizierte Werk zitiert im langsamen Satz ausführlich HAYDNS Kaiserhymne, die als Apotheose auch das Finale krönt). Die erhoffte Wirkung blieb indessen aus. SMETANA wandte sich 1856 nach Schweden, wo er bis 1861 als Pianist und Dirigent der Göteborger Abonnementskonzerte sich bewährte und seine ersten Versuche mit symphonischer Programmmusik unternahm. In die Göteborger Zeit fällt der Tod seiner ersten Gattin, aber auch die Erkenntnis seiner Aufgabe, an der Schaffung einer nationalen Tonkunst mitzuwirken.

Sind die beiden 1858 und 1861 geschriebenen *symphonischen Dichtungen ‹Richard III.› op. 11* und *‹Hakon Jarl› op. 16* noch sowohl formal wie in der Wahl des literarischen Sujets (nach Shakespeare bzw. dem dänischen Dichter Ochlenschläger) noch ganz nach LISZTS Vorbild gestaltet, zu dessen Gefolgsmann sich SMETANA zeitlebens bekannte, so fällt an *‹Wallensteins Lager› op. 14* (1859) bereits eine nationale Färbung auf: Schon begegnen Polka und Marsch, zwei wesentliche Musiziertypen bei SMETANA; er selbst lokalisierte den Schauplatz des Schillerschen Dramas in der

Nähe von Pilsen, also dem engeren Umkreis seiner Geburtsstadt. Formal ist ‹*Wallensteins Lager*› eine durchkomponierte und formal komprimierte viersätzige Symphonie, wie die vier Jahrzehnte später entstandene ‹*Mittagshexe*› *op. 108* von Dvořák.

Nach Rückkehr in die Heimat geriet Smetana in den Strudel der Kämpfe zwischen konservativen «Alt-Tschechen» und progressiven «Jung-Tschechen», auf deren Seite er als Parteigänger von Liszt und Wagner stand. Unermüdlicher Fleiß und der Erfolg als Opernkomponist führten schließlich zu seiner Ernennung zum Dirigenten des 1862 eröffneten Nationaltheaters (1866). Diese äußerlich so glanzvollen Jahre, in denen neben den großen Werken der Klassik und frühen Romantik auch solche von jungen tschechischen Komponisten auf den Programmen standen (Dvořák, Fibich, Blodek und Bendl), waren dennoch reich an Intrigen und Kämpfen gegen angebliche «Ausländerei» des von den Alt-Tschechen als Wagner-Epigone verteufelten Smetana. Die Erfolge in der Oper wie in den philharmonischen Konzerten sprachen für sich, doch untergruben die fortwährenden Angriffe und Diffamierungen letztlich seine Gesundheit. Die Katastrophe bahnte sich an, als der Komponist im Sommer 1874 an Störungen des Gehörs und des Gleichgewichtssinnes zu leiden begann; im September gab er sein Amt als musikalischer Leiter des Theaters ab. Nur wenige Wochen darauf ertaubte Smetana mit einem Schlag vollständig. Alle Versuche der nächsten Jahre, diesen für einen Musiker so qualvollen Zustand wenigstens zu lindern, schlugen fehl, raubten lediglich die letzten finanziellen Rücklagen. Alle Werke, die Smetana ab Herbst 1874 komponierte, darunter die *vier letzten Opern*, die *beiden Streichquartette* und – als sein neben der ‹*Verkauften Braut*› wohl berühmtestes Werk – der sechsteilige *Zyklus symphonischer Dichtungen ‹Mein Vaterland›*, sind von einem gänzlich Ertaubten geschrieben worden.

Hartmut Becker

‹Mein Vaterland›, sechs symphonische Dichtungen

Die Idee, den Lauf der Moldau musikalisch zu schildern, reicht bis in das Jahr 1867 zurück; die zum Teil längeren Pausen zwischen der Arbeit an den einzelnen Partituren deuten schon an, daß SMETANA ursprünglich noch nicht an einen Zyklus gedacht hatte. Die parallel entworfenen beiden ersten Teile *‹Vyšehrad›* und *‹Vltava›* arbeitete er im Herbst 1874 aus, unmittelbar nach der Ertaubung. Die beiden folgenden Werke, *‹Šárka›* und *‹Z českých luhů a hájů›* wurden im Februar bzw. Oktober 1875 vollendet. Erst damals tauchte für die – damals noch vier – Werke der gemeinsame Titel *‹Vlast›* (*‹Vaterland›*) auf. Erst nach dreijähriger Pause konnte der Komponist im Winter 1878/79 mit den beiden letzten Teilen, *‹Tábor›* und *‹Blaník›*, den Zyklus in der heutigen Gestalt abrunden. Diese beiden Partituren sind unter körperlichen Qualen einer versagenden Physis abgetrotzt, langsamer Kräfteverfall und zunehmende Konzentrationsschwäche lassen indessen keinerlei Erlahmen der Originalität und der schöpferischen Frische verspüren. Im Gegenteil: Der Komponist bewegt sich hier ganz in einer musikalischen Sprache, deren ureigenster Schöpfer er ist; die Ausdrucksintensität der Vorbilder ist eine Synthese mit den Wesenszügen der tschechischen Volksmusik eingegangen, die SMETANA nirgends kopiert oder gar plagiiert hat. Die Formen der sechs Werke richten sich nach den Erfordernissen des jeweiligen Sujets, die Instrumentation hat den draufgängerischen, etwas lärmenden Zug des *‹Wallenstein›* überwunden, ist von vollendeter Feinheit und Poesie. Die «Programme» hat der Komponist, gemeinsam mit dem befreundeten Dichter Václav Zeleny, selbst in Worte gefaßt.

1. ‹Vyšehrad›

«Die Harfen der Barden bilden die Einleitung. Der Bardengesang weckt die Erinnerungen an die Vorzeit der Königsburg Vyšehrad, an ihre einstige Größe und ihren Glanz, an Turniere und Kämpfe, die sich in ihr und um sie abspielten und schließlich an ihren Verfall und Untergang. Die Komposition endet in elegischem Tone (Nachgesang der Barden).»

Eine thematische Gestalt wächst erst allmählich aus einzelnen, in verschiedenen Klangregistern vorgestellten Motiven, die dadurch sowohl für sich wie auch im Zusammenhang in Erinnerung bleiben. Dies ist wichtig, denn aus diesen wenigen Motiven und wenigen Ableitungen besteht die ganze musikalische Substanz des als monothematischer Sonatensatz gebauten Werkes – ein Verfahren von höchster Ökonomie und zugleich richtungweisend für den ganzen Zyklus.

2. *‹Vltava› (‹Moldau›)*

«Diese Komposition schildert den Lauf der Moldau. Sie belauscht ihre ersten beiden Quellen, die warme und die kalte Moldau, verfolgt dann die Vereinigung der beiden Bäche und den Lauf des Moldaustromes über die weiten Wiesen und Haine, durch Gegenden, wo die Bewohner gerade fröhliche Feste feiern. Im silbernen Mondlicht führen Nymphen ihre Reigen auf, stolze Burgen, Schlösser und ehrwürdige Ruinen, mit den wilden Felsen verwachsen, ziehen vorbei. Die Moldau schäumt und wirbelt in den Stromschnellen zu St. Johanni, strömt in breitem Flusse Prag zu, die Burg Vyšehrad taucht an ihrem Ufer auf. Die Moldau strebt majestätisch weiter, entschwindet schließlich den Blicken.»

Dieser bekannteste Teil des Zyklus ist als Rondo angelegt, dementsprechend lockerer, entspannter ist die Haltung der Musik im Vergleich zu *‹Vyšehrad›*. Koppelung hoher Streicher mit den Holzbläsern verleihen dem Hauptthema zarten Glanz, während der tiefen Streicherregion die Wellenbewegung des strömenden Wassers anvertraut ist. Der Polka der «Bauernhochzeit» folgt der von feinsten Nuancen lebende «Nymphenreigen». Die Stromschnellen-Szene dagegen entfacht einen wahren Klangorkan, nach dessen Abflauen das Werk mit einer glänzenden Coda schließt, die Hauptthema und die beiden Kernmotive des *‹Vyšehrad›* vereint.

3. *‹Šárka›*

«In dieser Komposition ist nicht die Gegend festgehalten, sondern die Handlung, die Sage von der Maid Šárka, die in leidenschaftlichem Zorn über die Untreue des Geliebten dem ganzen männlichen Geschlecht bittere Rache schwört. Aus der Ferne dringt Waffenlärm. Ctirad ist mit seinen Knappen im Anmarsch, um die streitbaren Mädchen zu bezwingen und zu bestrafen. Er vernimmt schon von weitem das (nur listig vorgetäuschte) Klagen einer Maid, erblickte Šárka an einen Baum gebunden und ist von ihrer Schönheit bezaubert. Er entbrennt in heißer Leidenschaft zu ihr und befreit sie. Šárka versetzt mit einem bereitgehaltenen Trunke Ctirad und seine Knappen in Rausch und zuletzt in tiefen Schlaf. Auf ein gegebenes Hornsignal, das die Gefährtinnen Šárkas in der Ferne erwidern, stürzen diese aus dem Wald und richten ein Blutbad an. Ein schauerliches Gemetzel, blindes Wüten der ihre Rache stillenden Šárka beschließt die Dichtung.»

Der Musikdramatiker meldet sich in dieser tschechischen Variante des Penthesilea-Stoffs zu Wort; das Original hat übrigens Hugo Wolf zu einer symphonischen Dichtung angeregt, die – wie Smetanas *‹Šárka›* – unverkennbare Züge von Hysterie trägt. Allerdings liegt die Annahme nahe, der Böhme habe hier nicht nur die Verzweiflung seiner Titelheldin, sondern auch seine eigene in Musik gefaßt. Ein heftig auffahrendes, seltsam zerrissen wirkendes Thema mit wütend abwärts schießenden Triolenläufen trägt musikalisch dieses im wesentlichen als Variationsfolge angelegte Werk. Ungleich härtere Kontraste als in den beiden vorhergehenden Stücken kennzeichnen es: Auf die schwärmerische Emphase der Liebesszene folgt eine derbe, stampfende Polka von seltsam forcierter Ausgelassenheit; die geisterhaft fahle Überleitung mündet in die das Wüten und Rasen Šárkas mit erbarmungsloser Drastik schildernde Schlußszene (*frenetico* als Ausdrucksbezeichnung!), die nach einer grellen Stretta abrupt abreißt.

4. ‹Z českých luhů a hájů (‹Aus Böhmens Hain und Flur›)

«Dieses symphonische Gedicht malt in weiten Zügen die Gedanken und Gefühle, die uns beim Anblick der böhmischen Landschaft erfassen. Aus dem weiten Umkreise dringt inniger Gesang zu unseren Ohren, alle Haine und die ganze blühende Flur singen ihre Weisen, fröhliche und melancholische. Sie alle kommen zu Worte, die tiefen dunklen Wälder – in den Hörnern – und die sonnigen, fruchtbaren Tiefebenen der Elbe und andere Teile des reichen, schönen Landes Böhmen. Ein jeder kann dieser Komposition die Erinnerung an das entnehmen, was er ins Herz geschlossen hat: Der Dichter hat freien Weg, er braucht sich nur an die Einzelheiten des Stücks zu halten.»

Naturbild voll Wärme und Poesie und zugleich Ausdruck einer Lebenshaltung, die Frohsinn wie Melancholie einschließt, ist dieses Werk. Wie dicht diese emotionalen Gegensätze benachbart sind, verraten die häufigen Umschläge des Tongeschlechts; auch die ausgedehnte Polka-Szene ist keineswegs frei von Wehmut. Formal ist das sich so leicht erschließende Werk recht kunstvoll: Ein Variationssatz über mehrere Themen, zu denen der flächig wirkende Beginn gehört – daraus entsteht das Polka-Thema.

5. ‹Tábor›

«Motto: ‹Die ihr Gotteskämpfer seid!› Auf diesen Choral baut sich die ganze Komposition auf. Im Hauptlager der Hussiten – in Tábor – erklang dieser Gesang sicherlich am mächtigsten und häufigsten. Die Komposition schildert die Entschlossenheit und Willenskraft der Hussiten, ihre zähen Kämpfe, ihre Unerschrockenheit, Ausdauer und feste Unnachgiebigkeit, die auch der Abschluß des sinfonischen Gedichts besonders betont. Die Komposition läßt sich nicht in Einzelheiten zerlegen, sie verherrlicht den Ruhm und die Größe der Hussiten und ihre Charakterstärke.»

Naturpoesie, Polka-Seeligkeit und zarte Melancholie haben bei einem so gearteten Sujet keinen Platz; stählerner Wille und monumentales Pathos prägen nicht nur den Ausdruck und die Gebärde des Werkes, sondern auch seine technische Seite: Ein monothematischer Sonatensatz, viel strenger gearbeitet als *‹Vyšehrad›*. Das den gesamten Bau tragende Choral-Thema erwächst geradezu aus einem einzigen Ton (d), in den es am Schluß unter dem dröhnenden Stampfen des Tutti wieder zurückkehrt. *‹Tábor›* ist der herbste Teil des Zyklus.

6. *‹Blaník›*

«Schließt sich unmittelbar an den vorhergehenden Teil an. Nach ihrer Unterwerfung zogen sich die hussitischen Streiter in das Innere des Berges Blaník zurück, wo sie in tiefem Schlaf des Augenblicks harren, da von der bedrohten Heimat der Ruf an sie ergehen wird, zu deren Verteidigung wieder zu den Waffen zu greifen. Daher dienen die gleichen Motive, die in ‹Tábor› erklangen, auch im ‹Blaník› dem gesamten Aufbau als Grundlage, vor allem wieder der Choral: ‹Die ihr Gottesstreiter seid›. Auf der Basis dieser Melodie (des hussitischen Prinzips) entwickelt sich die Auferstehung der tschechischen Nation, erwächst ihr zukünftiges Glück, ihre kommende Größe! Diese siegreiche Hymne, zu der das ganze Volk aufmarschiert, beschließt die Komposition und damit die ganze Reihe der sinfonischen Gedichte ‹Vaterland›. Als kleines Intermezzo klingt in diesem Teil auch vorübergehend eine Idylle auf, wenn die Landschaft um den Berg Blaník herum kurz geschildert wird, ein Hirtenjunge bläst auf seiner Schalmei und das Echo im weiten Umkreis dessen Weisen zurückschickt.»

Eine Sonatensatzanlage, die Elemente des Rondos einschließt, dient dem Komponisten für den Schlußstein, der zugleich inhaltlich und formal als Synthese den vielgestaltigen Zyklus beschließt. Der Siegesmarsch erklingt zunächst – von Klarinetten, Fagotten und Hörnern pianissimo gespielt – wie aus weiter Ferne, beinahe pastoral, wie der Ausdruck stillen Glücks; erst in einem gewaltigen Crescendo gewinnt er den triumphalen, mißreißenden Ausdruck von Glanz, Größe und Begeisterung für alles, was SMETANA hier in Tönen besungen hat. Choral-Thema, *Vyšehrad*-Motiv und *Blaník*-Marsch vereinen sich in der krönenden Coda.

Die erste zyklische Aufführung der sechs Werke erfolgte am 5. November 1882; ihr triumphaler Erfolg vermochte indessen die tiefen Depressionen des schwerkranken Komponisten nur für kurze Zeit zu verdrängen. Immer noch versuchte SMETANA zu komponieren, doch seine Kräfte begannen zu verlöschen. Von der 1883 begonnenen *Suite ‹Prager Karneval›* wurde nur noch der erste Satz, eine Polonaise mit Introduktion, beendet. Während des Winters verfiel SMETANA zusehends; die schon lange geäußerte Angst vor dem Wahnsinn wurde Gewißheit: Nach einem Tobsuchtsanfall mußte SMETANA im April 1884 in ärztliches Gewahrsam nach Prag gegeben werden, wo er, *der Schöpfer des tschechischen Nationalstils*, am 12. Mai in geistiger Umnachtung starb.

Hartmut Becker

Anton Bruckner

Ansfelden, 4. September 1824 – Wien, 11. Oktober 1896

ANTON BRUCKNER ist sicher die seltsamste und widersprüchlichste Künstlerpersönlichkeit des 19. Jahrhunderts. Die Meinung über ihn und seine Musik ist bis heute kontrovers: Die einen werfen ihm unzulässige Naivität und grobklotzige Formbildung vor, andere wieder wollen Antizipationen heutiger Klangkomposition im Rohzustand beobachtet haben und stempeln damit BRUCKNER zum unzeitgemäßen Avantgardisten. Der Zeitgenosse BRAHMS fällte über die Person seines Kollegen die Worte, ihn hätten die Pfaffen von St. Florian auf dem Gewissen, und seine *Symphonien* seien nichts als Schwindel, der bald vergessen sein würde. Ob BRAHMS nicht vielleicht doch gespürt hat, daß BRUCKNER in seiner Musik genau das zum Klingen brachte, was *er* sich längst ausgetrieben hatte: den ungehemmten Ausbruch seelischer Abgründe? Und was meinte BRUCKNER über BRAHMS? «Wer sich durch die Musik beruhigen will, der wird der Musik von Brahms anhängen; wer dagegen von der Musik gepackt werden will –» und BRUCKNER wollte sicher auch, daß das durch *seine* Musik geschähe – «der kann von jener nicht befriedigt werden.» Das heißt doch: BRUCKNER wußte genau – für seine Zeit offensichtlich: zu genau –, was er musikalisch, wenn auch vielleicht nicht immer menschlich, wollte; gewiß keine Ruhe und Ordnung und auch keine bequemen akustischen Reize. Einem verdutzten Kardinal sagte er nach der Uraufführung der *achten Symphonie* einfach ins Gesicht, das sei doch wohl etwas anderes als ein gregorianischer Choral.

Der da so sprach, kannte wie kaum ein anderer Komponist des 19. Jahrhunderts (nach BEETHOVEN) den dornigen Weg, der zur Beherrschung der schwierigen Materie des musikalischen Satzes gehört. Einerlei, ob es einem neurotischen Zwangs- und Obrigkeitsdenken entsprang oder einer skrupulösen Einsicht in das, was man im 18. Jahrhundert die musikalische «Wissenschaft» (= Kompositionstechnik) nannte, BRUCKNER drückte die satztechnische Schulbank länger als jeder andere Komponist seines Ranges. Nach der Elementarausbildung in der Jugend studierte er – mittlerweile längst als anerkannter Musiker in Linz tätig – im Fernunterricht bei dem gefürchteten Kontrapunktlehrer SIMON SECHTER (Wien), und zwar von 1855 bis 1861 (!), später dann unter Anleitung des Linzer Kapellmeisters Otto Kitzler – nach der Theorie folgte nun der praktische Orchestersatz, namentlich die Bekanntschaft mit Partituren WAGNERS – Probleme der Formbildung und vor allem der neueren Instrumentation (neben WAGNER auch die *‹Faust›*-Symphonie von LISZT und Werke von BERLIOZ). Dann erst wagte er sich an seine ersten Versuche auf dem Gebiet der Orchestermusik. Vorher hatte er nur kirchliche Gebrauchsmusik geschrieben, die für uns heute kaum von Interesse ist. (Anders steht es dagegen mit den drei großen *Messen* der sechziger Jahre.)

Über die Nervenkrise, die auf dieses schier übermenschliche Pensum folgte, ist viel spekuliert worden. Verständlich ist sie allemal, wenn man bedenkt, was es für einen geborenen Komponisten bedeutet, jahrzehntelang die Inspiration zurückdrängen zu müssen. Denn die *erste*, offiziell gezählte *Symphonie* komponierte BRUCKNER erst 1865 bis 1866, also im Alter von über vierzig Jahren. (Freilich waren ihr bereits einige Orchesterstücke und die sogenannte *‹Studien-Symphonie› in f-moll*, letztere von 1863, vorausgegangen.) Die Freunde BRUCKNERS beeilten sich nach dem Tode des Komponisten, dokumentarisches Material über jene Krise verschwinden zu lassen, aber sie dringt ohnehin immer wieder durch in gewissen Zügen seiner großen Symphonien der Wiener Jahre, wenn auch Vorsicht geboten ist bei dem Versuch, diese Züge für psychoanalytische Spekulationen zu mißbrauchen. Die seit neuestem vorgebrachte These, BRUCKNERS beschädigte Subjektivität habe ein Ablaßventil gefunden in seinen musikalischen Visionen, die einem tatsächlich teilweise durch Mark und Bein gehen, und in seiner Lust am musikalischen Erdröhnen, andererseits an totengruftähnlicher, beklemmender Stille, greift sicher zu kurz. BRUCKNERS Musik ist viel komplexer. Sie enthält immerhin die ganze Spannweite zwischen Totenstarre und unbändiger Vitalität –

das mag das «Katholische» daran sein, nicht die nur der *Person* Bruckners zugehörige Frömmigkeit –, womöglich, wie etwa im Finale der *dritten Symphonie*, wo Polka und Choral (!) gleichzeitig erklingen, als widersprüchliche Einheit.

Ganz richtig bezeichnete Alma Mahler den Charakter der Symphonien Bruckners als «laute Diesseitigkeit», und der Bruckner-Gegner und Brahms-Biograph Max Kalbeck fand die unfreiwillig hellsichtigen Worte: «Kein Cäsar würde den Componisten fürchten, und doch komponiert er nichts als Hochverrath, Empörung und Tyrannenmord.» Der sinnlich herausfordernde Ton der Brucknerschen Musik könnte kaum zutreffender beschrieben werden. Mit Wagner hat das allerdings weniger zu tun, auch wenn es häufig behauptet wird. Die musikalische Grundhaltung Bruckners ist dem erotisch züngelnden Todesgift der Wagnerschen Musik geradezu diametral entgegengesetzt. Außer einigen harmonischen Nebenstufenbehandlungen und gewissen klanglichen Entdeckungen konnte Bruckner nicht allzuviel von Wagner lernen. Der Bayreuther «Meister aller Meister», wie ihn Bruckner zeitlebens verehrte, ließ es denn auch nicht fehlen an versteckten Angriffen auf Bruckners modulationsreiche Thematik und nahm das Recht zu solchen Verfahren nur für sich, für das «Drama der Zukunft» natürlich, in Anspruch. Bruckner widmete ihm zwar in rührender Weise die *dritte Symphonie*, aber der «Meister» kümmerte sich nicht weiter darum.

Bruckners Idee des Symphonischen fußt auf ganz anderen Überlegungen als die Wagnerschen «Musikdramen», von denen Bruckner, wie bekannt, nur die *Musik* verstand (oder sollte man nicht sagen: verstehen wollte?). Bruckner entdeckte für die Symphonie die Neigung, das Thematische als Anlaß, nicht mehr als Absicht des Musizierens zu nehmen. Das heißt: Die symphonische Form ist bei ihm primär ein dynamischer Zug von immensen Steigerungswellen, denen die «Einfälle» im Detail untergeordnet sind; sie werden als «Material» gebraucht. Alles Thematische ist bloße Oberfläche, zentral ist der geradezu «körperliche» Vorgang des Sich-Dehnens und Spannens bis hin zu gewaltigen Eruptionen und geballten Höhepunkten, teilweise – wie im dritten Satz der *neunten Symphonie* – auf knirschenden Dissonanzen oder, an den

Schlüssen, als alles überstrahlender Ruheklang, dem Pendant zu den vorthematischen, atmosphärischen Anfängen mit Tremolo, die gleichsam die Hörgrenze abtasten. Kein Wunder, daß es BRUCKNER sich leisten kann, einen thematischen Vorgang einfach abbrechen zu lassen, wenn die *Innen*spannung es gerade nahelegt.

Die klassische Durchführungstechnik – dort jedoch nur in dem Formteil der «Durchführung» selbst angewandt – überträgt BRUCKNER auf das Satzganze, verflüssigt also den formalen Ablauf, greift aber zugleich in ihn ein, indem er ihn – man ist versucht zu sagen: ganz wie es ihm paßt – staucht oder dehnt und ihn reliefartig durchmodelliert. Form ist bei BRUCKNER allemal eine abgestufte Folge thematisch verschieden konturierter Blöcke – oft durch Generalpausen voneinander getrennt –, die in neuartiger Dreiteilung erscheint: atmosphärische Einleitung, die das Tutti-Hauptthema «auswirft» (Ernst Kurth), kantabler, im mehrfachen Kontrapunkt gearbeiteter Seitenthema-Komplex in unvergleichlichem «österreichischen» Tonfall (ähnlich wie die Tanzthematik der *Scherzi* nur daher stammen kann) und – als neu in die Sonatenform eingeführter Bezirk – eine «dynamische Kulmination» (Carl Dahlhaus), häufig mit Choralintonationen, aber stets in lapidarer, «archaischer» Linearität (Ein- oder Zweistimmigkeit) ohne harmonische Tiefenwirkung. Der kämpferische Dualismus der Symphonien BEETHOVENS ist damit völlig aufgegeben.

Es war aber gerade der Anfang der *neunten Symphonie* BEETHOVENS, der BRUCKNER so faszinierte, die Idee nämlich, nicht mit einem fixierten Thema zu beginnen, sondern dort, wo die Musik zunächst nur Luftschwingung ist. Daraus mochte sich dann die thematische Kontur entwickeln. Da BRUCKNER primär klanglich und nicht motivisch dachte ist der Ausbruch des Hauptthemas immer ein *Ziel*, kein Ereignis, das nur durch seine Physiognomie selbst spricht. BRUCKNERS Musik ist, wie Ernst Bloch bereits 1918 erkannte, «Klang, der sich erst bildet» und ihre Form ist «Unruhe, Zerstörung, Überhöhung, dauernde Visierung», eine Art künstlerisches Abenteuer.

Wen wundert es da noch, daß eine solche Musik als barbarischer Anachronismus empfunden wurde (und wird)?

Dietmar Holland

Frühe Orchesterwerke (1862 – 1863)

Während seiner Studien bei Otto Kitzler schrieb BRUCKNER, gewissermaßen als Fingerübungen im Orchestersatz, einen *Marsch in d-moll* und *drei Orchesterstücke* ohne nähere Angaben (alle 1862), erste Ergebnisse des Unterrichts in Formen- und Instrumentationslehre und kaum von Belang für den späteren Symphoniker BRUCKNER. Die als Abschluß der Arbeit bei Kitzler gedachte *Ouvertüre in g-moll* und die als «Schularbeit» bezeichnete *Symphonie in f-moll* dagegen sprechen bereits eine gewichtige Sprache. Die *Ouvertüre* entstand zwischen Dezember 1862 und dem 22. Januar 1863 (Schlußdatum) und ist mehr als eine bloße Orchestrationsstudie. Es ist ein ausgedehnter Sonatensatz mit langsamer Einleitung und Steigerungszügen, die schon BRUCKNERS reife Formungsweise im Ansatz ahnen lassen. Die *Introduction* ist insgesamt auffälliger als das doch in recht «klassischen» Bahnen verlaufende Sonaten-Allegro. Doch immer wieder blitzen unvermutet typisch BRUCKNERsche Zugriffe auf, vor allem erstaunt der weitgespannte Bogen des Seitenthemas, bei dem man bereits den Atem des späteren Symphonikers spürt. Selbst die organische Entwicklungskunst ist ansatzweise vorhanden, und es gibt auch schon jene Klangverdünnungen vor Beginn der Durchführung, die Ernst Kurth als «Episoden der Leere» bezeichnet hat und die überaus charakteristisch für BRUCKNERS Musik sind. Die primäre Klanggestaltung kündigt sich ebenfalls an. Alles in allem ist die *Ouvertüre* eine beachtliche Talentprobe.

Welche Begabung wirklich in BRUCKNER steckte und allmählich zum Ausbruch drängte, zeigte die vom 15. Februar bis 26. Mai 1863 komponierte «Schularbeit» (so nennt sie BRUCKNER im Autograph) der *Symphonie in f-moll*, die allerdings Kitzler merkwürdigerweise als «nicht besonders inspiriert» bezeichnete, weshalb BRUCKNER sie weglegte, aber doch nicht vernichtete (auch nicht bei der Durchsicht der frühen Manuskripte kurz vor seinem Tod). Das sollte zu denken geben. Tatsächlich handelt es sich um BRUCKNERS ersten und gewagten Versuch, seine Idee der großen Symphonie in Klang umzusetzen, wenn auch das Finale – bezeichnenderweise – der schwächste Satz ist. (Das Finalproblem sollte

Bruckner später noch viel zu schaffen machen.) Dessen Hauptthema klingt allzusehr nach Schumann, während die Posaunen-Akkorde in der Coda bereits echter Bruckner sind. Doch kann das Finale als Gesamtentwurf einer ausladenden Form – es umfaßt immerhin 372 Takte – gegenüber dem riesigen ersten Satz (625 Takte!) sich kaum behaupten. Erst dort sprengt Bruckner nämlich den üblichen Rahmen und bewegt sich auf eigenem Terrain: Der dreiteilige Stufenplan der Exposition, wie er für alle Symphonien Bruckners gilt, ist bereits vorhanden, wenn auch die «dynamische Kulmination» des dritten Themas noch nicht in dem charakteristischen Unisono oder in den heterophonen Bildungen der offiziell gezählten Symphonien erklingt, sondern als Akkordsatz, freilich ohne choralartige Haltung. Wie genau Bruckners Formgefühl seismographisch ausschlagen konnte, zeigt die Einfügung eines *vierten*, abschließenden Themas, das die geringe Profilierung der Kulmination wettmacht. Bezeichnenderweise tritt es in der Reprise nicht mehr auf und wird durch eine alternative Passage ersetzt, die auf die Coda vorbereitet.

Der Satz enthält auffällige Vorgriffe auf die *dritte Symphonie*. Gleich das Anfangsmotiv und vor allem seine kontrapunktische Verwendung in der Coda wird im ersten Satz der *dritten Symphonie* sowohl als Kulmination des Hauptthemas als auch in der Coda eine entscheidende Rolle spielen. Und die sogenannte «Marien-Kadenz» des Seitenthemas (Takte 112 bis 114) begegnet uns wieder an zentraler Stelle im langsamen Satz der *dritten Symphonie*. Die *Symphonie in f-moll* ist aber, trotz aller Vorgriffe, keine unreife «Vorstufe» zu den späteren Symphonien, sondern die durchaus eigenständige Leistung eines Symphonikers, der von Anfang an in den größten musikalischen Dimensionen denkt. Die musikalische Tradition war für ihn nur eine Frage der satztechnischen Kunst, während er sich die Form *als Prozeß* selber suchen mußte.

Dietmar Holland

Symphonie Nr. 0 d-moll
(erste Fassung: um 1864; zweite Fassung: 1869)

Die kuriose Bezeichnung stammt von Bruckner selbst. Als er kurz vor seinem Tod bei der Durchsicht seiner alten Manuskripte auf die *d-moll-Symphonie* stieß, wollte er sie zwar nicht vernichten, aber auch nicht in die Reihe der offiziellen Symphonien eingliedern. Deshalb konnte keine Nummer für sie in Betracht kommen, obwohl Bruckner die Symphonie durchaus «historisch richtig einzureihen» (August Göllerich) beabsichtigte. So kam es eben zu der heute bekannten Bezeichnung. Im Gegensatz zu der *Symphonie in f-moll* hält sich die *d-moll-Symphonie* in knapperen Dimensionen, ja, ihr langsamer Satz fällt sogar in mancher Hinsicht hinter den früheren zurück, weshalb die zweite, als einzige überlieferte Fassung offensichtlich in den Mittelsätzen die frühere und in den Außensätzen die spätere Ausarbeitung repräsentieren dürfte. Wie dem auch sei, Bruckner entschloß sich jedenfalls, nachdem er im Herbst 1868 als Professor für Kontrapunkt ans Wiener Konservatorium berufen worden und deshalb nach Wien umgesiedelt war, die Symphonie umzuarbeiten, obwohl es dort (und auch sonst zu Bruckners Lebzeiten) zu keiner Aufführung kam. Wie die *f-moll-Symphonie*, so wurde auch die *‹Nullte›* erst in unserem Jahrhundert überhaupt uraufgeführt (Klosterneuburg, 12. Oktober 1924). Ähnliches gilt für die Frühfassungen der *dritten, vierten* und *achten Symphonie*. Auch daran zeigt sich, daß Bruckner tatsächlich ein «unzeitgemäßer» Symphoniker war.

Wieder, wie im Fall der *f-moll-Symphonie*, lassen sich auch in der *‹nullten› Symphonie* Vorgriffe auf den ersten Satz der *dritten Symphonie* – übrigens der Symphonie, die Bruckner am meisten zu schaffen machte – feststellen, so gleich die, an Stelle eines plastischen Hauptthemas (!) eingeführte, charakteristische Streicherfigur des Anfangs und vor allem der große Ostinato in der Coda (chromatisch absteigender Terzgang zur Dominante hin), der hier schon fast die Gewalt der späteren Version annimmt. Überhaupt ist Bruckners Coda-Gestaltung, von Anfang an historisch nicht ableitbar, ein Zeugnis seiner symphonischen Originalität. Das gilt in noch höherem Maße vom Finale der *d-moll-Symphonie*:

Die langsame Einleitung und die vorherrschende kontrapunktische Gestaltung des Hauptthemas – stellenweise fühlt man sich an das Finale der *letzten Symphonie* Mozarts erinnert – weisen auf das Finale der *fünften Symphonie* voraus. Und das Hauptthema (des Allegro-Teils) bricht selbst mit der für Bruckner typischen Wucht ein, wenn auch noch ohne die später so überaus charakteristische, «atmosphärische» Vorbereitung. An Plastizität und Schlagkraft kann es sich mit solchem Finale-Hauptthema wie dem der *vierten Symphonie* oder sogar dem Hauptthema des ersten Satzes der letzten *d-moll-Symphonie* (*Nr. 9*) bereits messen. Insgesamt kann die *‹nullte› Symphonie* nicht so recht befriedigen, weil sie letztlich doch zu verschiedene Entwicklungsstufen Bruckners in sich vereinigt: Das Trio des Scherzos, unzweifelhaft 1869 komponiert, steht auf einer anderen Stufe als das bereits um 1864 komponierte Scherzo, das Adagio muß vor dem der offiziellen *ersten Symphonie* (1865/66) komponiert worden sein und reicht bei weitem nicht an die stilistische Qualität der Ecksätze heran. Und ist es nicht bezeichnend, daß Bruckner, als er die *dritte Symphonie* komponierte, der Streicherfigur des Anfangs jenes berühmte Trompetenthema *hinzufügte*, das Wagner, den Widmungsträger der Symphonie, zu höchster Bewunderung veranlaßte?

Dietmar Holland

Symphonie Nr. 1 c-moll (erste Fassung: 1865–1866; zweite Fassung: 1890–1891)

Was Bruckner später das «kecke Beserl» zu nennen beliebte, war nichts weniger als ein musikgeschichtliches Ereignis obersten Ranges und unerhörten Formats. Wo hätte man – abgesehen von Berlioz' Jugendstreich der *Symphonie fantastique* – einen «offiziellen» symphonischen Einstieg solcher Qualität und Originalität erlebt, der mit einem Schlag die musikalische Welt veränderte? Freilich: Es war ja nicht die wirklich «erste» Symphonie, die am 9. Mai 1868 dem verdutzten Linzer Publikum vorgesetzt wurde und denn doch sehr befremdete. Was da dem Provinzpublikum, das sich gerade an Wagners *‹Tannhäuser›* gewöhnt hatte, erschreckend in die Ohren dröhnte, war nichts Geringeres als BRUCKNERS vollständige und endgültige Emanzipation von seiner bisherigen Kirchenmusik, die überhaupt möglich war in diesen Jahren. Eingeklemmt zwischen den beiden *großen Messen* – ihrerseits mit durchaus symphonischem Anspruch geschrieben – in *d-moll* (1864) und *e-moll* (1866, später umgearbeitet), schien sich BRUCKNER in seiner *ersten Symphonie* endlich das vom Herzen zu reden, was außerhalb der musikalischen und vor allem der kirchenmusikalischen Tradition steht. Choralintonationen fehlen, und der Orgelregisterklang wird (noch) nicht in den Orchestersatz eingeführt, statt dessen der Klang WAGNERS, wenn auch – bezeichnenderweise – nicht dessen *Mischungs*technik. Immerhin komponierte BRUCKNER diese Symphonie genau in der Zeit, als WAGNER in München seinen ‹*Tristan*› zur Uraufführung brachte (10. Juni 1865), ebenfalls ein Ereignis von (verhängnisvollem) epochalem Ausmaß. BRUCKNER, seit seinem ‹*Tannhäuser*›-Erlebnis von 1863 ein geradezu fanatischer Anhänger der Musik des «Meisters», war natürlich dabei; und hört man es nicht auch am neuen, zweiten Scherzo für die *erste Symphonie*, das am 23. Januar 1866 beendet wurde? Im Trio erklingt, deutlich genug, das sogenannte ‹*Sehnsuchtsmotiv*› aus ‹*Tristan und Isolde*›, und zwar genau in der Oboe, dem auch bei WAGNER ausdrücklich «klagenden» Instrument. Doch will das nicht so viel besagen. Denn niemals war andererseits BRUCKNER so weit weg von WAGNER als gerade in seiner *ersten Symphonie*, in der er sich von vielem freischwamm. (Zwei Jahre später ging er dann ja auch endgültig nach Wien, gewissermaßen in die «Höhle des Löwen».) BRUCKNER war genuiner Musiker genug, um sich von WAGNER nicht zum Epigonen machen zu lassen.

Schon der Anfang der Symphonie macht stutzig: Der uns heute gewohnte BRUCKNER-Beginn vor dem eigentlichen Anfang, jenes raunende, «atmosphärische» Tremolo, bleibt aus. (Später ist das nur noch beim Beginn der in jedem Betracht singulären *sechsten Symphonie* so.) Es erklingt auch keine WAGNERsche Phantasmagorie, sondern etwas recht Irdisches: ein marschartiges Pochen, das felsenfest von sich überzeugt ist. Es geht vorwärts. Darüber ertönt ein trotziges, kantiges Marschthema im punktierten Rhythmus. Die somit angeschlagene Grundhaltung beherrscht den gesamten ersten Satz und explodiert in der Coda. Die rhythmische Strenge und die Unerbittlichkeit der Bläser-Fanfaren, namentlich in der verfremdeten ‹*Tannhäuser*›-Stelle bei Buchstabe C (dem Schluß des dritten Themas) mit der unbotmäßigen Posaunenthematik, mag dem Uraufführungspublikum Furcht und Schrecken eingejagt haben, ob denn ihr Domorganist nicht womöglich den Verstand verloren habe. Tatsächlich gebietet fortan BRUCKNER nur noch über sein musikalisches Ingenium – und das war gegen alle Konvention gerichtet.

Was wir vom späteren Symphoniker BRUCKNER der Wiener Zeit kennen, zeigt sich in der *ersten Symphonie* im faszinierenden Rohzustand, in gewisser Hinsicht mit einer Frische des zum erstenmal Gesagten, wie nie wieder. Das zuletzt komponierte Adagio (27. Januar bis 12. April 1866) zielt sogar auf die musikalische Freilegung seelischer Innenräume. Als Ausgleich dazu ist der formale Ablauf so sinnfällig wie nur möglich. Es ist eine Kontrastform mit korrespondierenden Außenteilen. Um so ungeheurer der innere Vorgang: Das Hauptthema – sofern von einem «Thema» überhaupt die Rede sein kann – tastet sich zwanzig Takte lang (!) erst vor zur Haupttonart, so daß man den Eindruck gewinnt, der *Weg* dahin sei entscheidender als die thematische *Gestalt* selbst. Eine «Melodie» erscheint dann erst im kontrastierenden, aufblühenden Mittelteil, der auch in der Taktart abweicht (Dreivierteltakt). Hier geschieht das Umgekehrte: Der melodische Einfall wird nicht etwa entwickelt, sondern wirkt so, als betrachte er sich narzißtisch selbst, und das Tasten zu einer Tonartbasis ist nicht notwendig, weil die Tonart in dem Schwelgen und Klingen unmittelbar greifbar ist. Hier ist der Schauplatz dessen, was man das «Österreichische» an BRUCKNERS Musik nennen könnte.

Ähnlich wie in GUSTAV MAHLERS *erster Symphonie* bricht auch in BRUCKNERS Finale die Hölle los und gerät die Musik buchstäblich aus den Fugen. Hier will jemand den strengen Kontrapunkt, den er besser beherrscht als alle anderen, an seine Grenze treiben, ohne daß ihm die musikalische Tradition dafür eine Handhabe liefern könnte. Oder hat man BRUCKNER etwa beigebracht, daß man Rhythmus und Tonhöhen so getrennt verarbeiten könne, ohne auf die Identität von Motiven verzichten zu müssen? In diesem außerordentlichen Finale kümmert sich BRUCKNER, noch wesentlich stärker als im ersten Satz, nicht mehr um irgendwelche Vorschriften, sondern einzig um seine ursprüngliche musikalische Phantasie.

Um so verwunderlicher erscheint uns heute die Tatsache, daß der alte BRUCKNER, als Ehrengabe an die Wiener Universität (an der er jahrelang Lektor für Harmonielehre und Kontrapunkt war) zur Verleihung der Ehrendoktorwürde die «Linzer» Fassung der *ersten Symphonie* seinem überkritischen Blick unterzog und eine erheblich veränderte Neufassung schuf, die sich indessen im heutigen Konzertleben nicht durchgesetzt hat, obwohl sie als erste – zu BRUCKNERS Lebzeiten – im Druck erschien und lange Zeit für die «Originalfassung» gehalten wurde, bis der wahre Sachverhalt in der ersten BRUCKNER-Gesamtausgabe durch Robert Haas (1935) aufgedeckt wurde. Was ist zu der «Wiener» Fassung zu sagen? Die Arbeit daran (12. März 1890 bis 18. April 1891) fällt in die Zeit tiefster Depressionen BRUCKNERS, die durch die Ablehnung der ersten Fassung der *achten Symphonie* (1887) in einer Welle von Umarbeitungen, gespeist durch Selbstzweifel, gipfelte und eben auch vor dem ungestümen Jugendwurf nicht haltmachte. Prekär an der Umarbeitung ist genau der zeitliche Abstand zur Vorlage, denn BRUCKNER war nach der *achten Symphonie* begreiflicherweise ein anderer als 1866 in Linz. Das spricht eigentlich gegen die Neufassung, zumal die «Linzer» Partitur keine spürbaren Mängel aufweist. Die Wahl der «richtigen» Fassung indessen ist Sache der Dirigenten.

Dietmar Holland

Symphonie Nr. 2 c-moll (erste Fassung: 1871–1872; zweite Fassung: 1875–1876, rev. 1877)

Die *zweite Symphonie* ist BRUCKNERS erste in Wien komponierte Symphonie und zugleich der Anlaß für die «wohlmeinenden Ratschläge» Außenstehender, die Eigenart seiner Symphonik der Konvention anzunähern, wie es bis zur *achten Symphonie* immer wieder durch Freunde oder sogar Schüler BRUCKNERS geschah. Nach der Uraufführung der Erstfassung der *zweiten Symphonie* mit den Wiener Philharmonikern unter der Leitung des Komponisten am 26. Oktober 1873 zur Schlußfeier der Wiener Weltausstellung mischten sich in den Chor der begeisterten Stimmen auch bereits die ersten Mißtöne der besserwisserischen Praktiker ein, so etwa des Wiener Kapellmeisters Johann Herbeck, der es tatsächlich fertigbrachte, daß BRUCKNER eingreifend Hand an die Partitur legte und sogar Kürzungen vornahm, die nicht zum Segen des Werkes ausschlugen. (Bei der *dritten Symphonie* kürzte er sogar im Verlauf der Umarbeitungen so viel, daß in der letzten Fassung die Gesamtlänge einer gewöhnlichen Symphonie, etwa von BRAHMS, herauskam.) Nach der Erstaufführung dieser zweiten Fassung, ebenfalls mit den Wiener Philharmonikern unter BRUCKNERS Leitung am 20. Februar 1876, nahm er die Partitur noch einmal vor und gab ihr den letzten Schliff.

Bis heute hat das jedoch für die Rezeption nichts genützt, denn die *zweite Symphonie* ist, neben der *sechsten Symphonie*, die am wenigsten gespielte geblieben. Nach dem unbotmäßigen Wurf der «Sturm-und-Drang»-*Symphonie Nr. 1* wirkt die *zweite* in der Tat wie ein Rückfall, aber das täuscht. Denn andererseits exponiert sie deutlicher als die *erste* den künftig für BRUCKNER kanonischen Formverlauf und vor allem die kahle Zweistimmigkeit des dritten Themas im ersten Satz. Die «Linzer» *c-moll-Symphonie* blieb ein Einzelfall überschäumenden Temperaments und einer kaum wiederholbaren Originalität. BRUCKNERS Weg als Symphoniker war ein anderer: der «dramatische» Zugriff war seine Sache nicht. Zu einem Dirigenten sagte er einmal freimütig auf dessen lobende Bemerkung hin, eine Stelle sei ganz besonders «dramatisch», das sei ganz gleichgültig. BRUCKNER dachte in anderen Dimensionen. Das Herumnörgeln an der *zweiten Symphonie*, sie lasse den Tonfall der ersten vermissen und es wäre schön, wenn sie die Höhe der *dritten Symphonie* erreicht hätte, führt zu nichts, denn ihre Eigenart läßt sich am besten erkennen, wenn man sie so nimmt, wie BRUCKNER sie – in der Erstfassung natürlich – konzipierte.

Allen Ernstes glaubte BRUCKNER, die *zweite Symphonie* sei «wohl die fürs Publikum zuerst verständlichste» (Brief vom 9. Oktober 1878). Der Uraufführungserfolg könnte ihm recht geben, und das Fiasko der Uraufführung der *dritten Symphonie* (am

16. Dezember 1877) steht unmittelbar hinter dem Brief wie ein traumatisches Ereignis, so daß allein daraus BRUCKNERS Wunsch, wenigstens die «zahme» *zweite Symphonie* möge vor dem Publikum Gnade finden, nur allzu verständlich ist. Aber bis heute ist dem nicht so. Der musikalische Tonfall, den BRUCKNER hier anschlägt, ist denn auch befremdlich genug: Man spürt deutlich eine Zurücknahme der vergleichsweise extrovertierten *ersten Symphonie*. BRUCKNER redet plötzlich elegisch – man höre nur das zaghafte, klagende Hauptthema des ersten Satzes! – und gar nicht mitreißend. Aber zugleich greift er erheblich weiter aus, tastet größere Räume ab, ohne diese gleich zu beherrschen. Was ist mit BRUCKNER seit 1868, als er nach Wien übersiedelte, geschehen?

Er selbst hat gesagt, dort habe man ihn gehörig «zusammengeschreckt». Im August 1871 triumphiert er noch als Orgelvirtuose in England. Doch kaum nach Wien zurückgekehrt, wird er in ein ebenso peinliches wie lächerliches Disziplinarverfahren hineingezogen wegen angeblicher «Belästigung» einer Schülerin. Das Ganze erweist sich allerdings als Unfug und führt auch nicht zu der befürchteten Entlassung (vom Posten eines Orgel- und Theorielehrers an der Lehrerinnenbildungsanstalt bei St. Anna). Möglicherweise verfolgten den sensiblen Komponisten diese Kontraste zwischen dem Triumph in London und der Hölle in Wien weiter, als es nötig gewesen wäre. Allein, er begann im Oktober mit der Arbeit an der *zweiten Symphonie*.

Ist ein größerer Gegensatz denkbar, als der zwischen den Anfängen der ersten beiden Symphonien? Dort ein sicheres Pochen und ein fester Marschrhythmus, hier ein tremolierender Klangteppich, auf den eine unruhige, ja gequälte, chromatisch gewundene, keineswegs zielgerichtete Melodie gelegt wird. Ein solcher Anfang macht keinen «Effekt». Aber die später so typische BRUCKNERsche Spannung zu Beginn einer Symphonie wird erstmals hörbar. Der scheinbar so zahme Anfang erweist sich als äußerst folgenreich. Und BRUCKNERS neuartige, dynamische Formvorstellung zeichnet sich bereits deutlich ab: Die Thematik ist jetzt ausdrücklich nur noch der *Anlaß*, nicht mehr die *Absicht* des Musizierens. Die Substanz der Musik – ihr «Inhalt» – geht nicht mehr in der motivisch-thematischen Arbeit auf, sondern ereignet sich in den körperlichgestischen Steigerungsverläufen, deren erdröhnende Zielpunkte in der *zweiten Symphonie* seltsam abgeblendet erscheinen.

Auch das charakteristische Abbrechen von Entwicklungen, wenn es die Innenspannung gerade gebietet, tritt hier zum erstenmal auf: So bricht etwa der erste thematische Komplex im ersten Satz an unvermuteter Stelle ab, weil der Faden später – in der Durchführung nämlich – mühelos wiederaufgenommen werden kann. Und erst dort zeigt übrigens das verwendete Material, was in ihm steckt. Die abgestufte Folge thematisch verschieden konturierter «Blöcke» entwirft BRUCKNER in der *zweiten Symphonie* insofern paradigmatisch, als er sie durch Generalpausen voneinander absetzt, was dem Werk alsbald den Beinamen *‹Pausen-Symphonie›* eintrug. Ein für BRUCKNER wesentlicher Zug macht sich bemerkbar: die epische Breite. Von daher wird auch die erstmalig und konsequent angewandte thematische, obgleich eher äußerliche Verklammerung der Ecksätze verständlich (die im übrigen nicht in allen BRUCKNER-Symphonien voll überzeugt). Sie ist eine «architektonische» Abstützung des «logischen», epischen Flusses. Und das scharf rhythmisierte Trompetenmotiv, das am Ende des Hauptthemas, vor dessen nachdrücklicher erster Kadenz wie von außen kommend, fremd und unerbittlich hineinschallt, ist das Urbild des BRUCKNERschen Komponierens in «Schichten», das weit in die Zukunft weist.

Ebenfalls zum erstenmal intoniert BRUCKNER – im Andante – auch den Choraltonfall, der – wie Polka, Ländler und Tanzcharaktere – zu seiner «katholischen» musikalischen Welt gehört. Bedenkt man, daß während der Arbeit an der *zweiten Symphonie* BRUCKNERS große *dritte Messe in f-moll* in Wien zur Uraufführung gelangte (27. Juni 1872), dann sind die beiden auffälligen Zitate aus dem *‹Benedictus›* (im Andante) und dem *‹Kyrie›* jener Messe (im Finale) wohl kaum erstaunlich. Verblüffend ist dagegen der «mystische» Tonfall, in dem das zweite Thema des Andante erklingt: fremdartig (Tritonusspannung) und zugleich sehr eindringlich, wie von einer Magnetnadel an den Punkt des unmittelbar Einleuchtenden gezogen. Eine unerhörte Stelle ist dann die letzte Wiederkehr des Hauptthemas: Wie von Zauberhand geführt, wird, für nur vier Takte, das Adagio der *neunten Symphonie* antizipiert, jene Stelle dort nach der knirschenden Dissonanz vor Buchstabe R, die wie «Luft von anderem Planeten» klingt, schwerelos und fast schon jenseits der Materie. Die angeblich so «zahme» *zweite Symphonie* erweist sich am Ende als komplexes Terrain, von dem aus Strahlen auf den reifen Symphoniker fallen, die man zunächst gar nicht vermutet.

Dietmar Holland

Symphonie Nr. 3 d-moll (erste Fassung: 1873; zweites Adagio: 1876; zweite Fassung: 1877; dritte Fassung: 1889)

Ähnlich wie BEETHOVENS ‹*Eroica*› markiert BRUCKNERS *dritte Symphonie* einen qualitativen Sprung in der Entwicklung des Komponisten. Sie ist auch die Symphonie, die letzten Endes nie fertig wurde. Innerhalb von sechzehn Jahren, in mehreren Schaffensschüben, quälte sich BRUCKNER mit den Geistern ab, die er selber herbeigerufen hatte, und seien es auch die wohlmeinenden Ratgeber, darunter seine Schüler Franz und Josef Schalk. Als ‹*Wagner-Symphonie*› geplant, endete sie im Format einer handlichen Fassung von etwa einstündiger Aufführungsdauer, und zwar mit einem Finale, das in seiner unbarmherzig verstümmelten Form nur noch den Schatten dessen repräsentiert, was BRUCKNER ursprünglich im Sinn hatte. (Diese letzte Kürzung stammt denn auch nicht in jedem Detail von ihm, sondern von Franz Schalk.) Im Zusammenhang mit der *dritten Symphonie* haben wir es mit dem unlösbaren Problem zu tun, welche Beweggründe bei den verschiedenen Umarbeitungen eine Rolle gespielt haben und wie sie im einzelnen zu bewerten sind. Die BRUCKNER-Forschung hat da bislang wenig Stellung genommen, stellte «nur» die Partituren im Rahmen der zweiten Gesamtausgabe (Leopold Nowak) zur Verfügung, und zwar ausschließlich nach den Autographen BRUCKNERS. Die beiden zu Lebzeiten BRUCKNERS erschienenen Druckfassungen (1878 und 1890) sind daher als nicht authentisch zu betrachten, zumal BRUCKNER, wie wir wissen, sich nicht darum zu kümmern pflegte und auch niemals Korrektur las. Er wußte, daß er seine Autographe für «spätere Zeiten» geschaffen hat. So kommt es zu dem überaus merkwürdigen Sachverhalt, daß die Frühfassungen erst in unseren Tagen zur Uraufführung gebracht werden konnten.

Für die Aufführungspraxis ist jedoch die Beantwortung der Frage, welches denn nun die «optimale» Spielfassung sei, die einzig entscheidende. Bislang hat sich an der alleinigen Durchsetzung der *dritten Fassung* (1889) kaum etwas geändert, obwohl die anderen beiden Fassungen greifbar sind. Die Macht der Gewohnheit ist offensichtlich bei den Dirigenten (und Orchestern) größer, als der Mut zur Wahrheit. Die Wahl der «richtigen» Fassung – in der französischen BRUCKNER-Forschung wird eindeutig die mittlere Fassung von 1877 favorisiert – setzt allerdings auch die genaue Kenntnis der Unterschiede aller drei Fassungen (einschließlich der *Zwischenfassung des Adagios* aus dem Jahre 1876) voraus und vor allem: deren *ästhetische* Bewertung. BRUCKNER selbst unterschied seine Fassungen nach dem pragmatischen Bedürfnis der Aufführbarkeit – dies gilt insbesondere für die Druckfassungen – und seinen eigenen kompositorischen Vorstellungen, die, wie er es selbst formulierte, einer (verständnisvolleren) Zukunft vorbehalten sein sollten. Deshalb vermachte er ausdrücklich, gewissermaßen als stillen Protest gegen den Zeitgeist, die autographen Partituren der Wiener Hofbibliothek (heute: Nationalbibliothek), verstand sich also als einen Komponisten der «Zukunft», jedoch nicht mit dem Anspruch, den WAGNER damit erhob.

BRUCKNER hat aber niemals Auskunft darüber gegeben, welche der Fassungen als definitiv zu betrachten sei. Die *dritte Symphonie* liegt demnach als eine Art *work in progress* vor, dessen letztgültige Formulierung möglicherweise gar nicht zu realisieren war. Das betrifft vor allem das Finale, das von Fassung zu Fassung immer mehr an formaler Konsistenz und logischer Stringenz einbüßte. Hier fällt denn auch die Entscheidung für die am ehesten «ausgewogene» Fassung von 1877 nicht schwer, denn in der verstümmelten Fassung Franz Schalks – teilweise von BRUCKNER, eben aus den erwähnten pragmatischen Gründen, gebilligt – fehlt die wegen des formalen und inhaltlichen Gleichgewichts unverzichtbare Reprise fast vollständig (!), so daß die Coda hier nicht mehr organisch aus dem Satzzusammenhang herauswachsen kann und zum Schlußeffekt regrediert.

Die erste Fassung, als Abschrift in der Widmungspartitur für Richard Wagner zufällig erhalten geblieben, dokumentiert Bruckners ungestört wuchernde musikalische Phantasie, enthält sie doch, namentlich in den Ecksätzen, immer wieder assoziative Freiräume, die teilweise die Form ins Ungebändigte hineintreiben, uns heute aber einen faszinierenden Einblick in Bruckners ursprüngliche Erfindungskraft gewähren. Solche assoziativen Abschnitte versuchte Bruckner in den weiteren Fassungen einem strengeren Verlauf zuliebe durch stärkere thematische Konzentration oder gelegentlich ausgearbeitete motivische Profilierung, besonders bei ursprünglich rein klanglich angelegten Passagen (etwa der Kulmination am Ende des dritten Themas im ersten Satz, deren Choralthema erst 1877 hinzugefügt wird), zu ersetzen, nicht immer mit Erfolg. Oder er entwarf, beispielsweise für das Adagio, von Fassung zu Fassung geänderte Formverläufe, so daß schließlich, in einer Annäherung an die konventionelle Hörgewohnheit, der ursprünglich verwickelte, *fünfteilige* Formplan zum einfachen *dreiteiligen* wurde. Das Adagio von 1889 ist nicht nur erheblich anders und kürzer (wenn auch kaum «geschrumpft») als das früheste, sondern wurde aus dem gleichen Ausgangsmaterial entwickelt. Die beiden unterschiedlichen Formkonzeptionen sind dagegen unvergleichbar. Wer wollte hier die Kategorien «besser» oder «schlechter» anwenden? In der Reprise des Adagios stoßen wir dennoch wieder auf das Problem einer zusätzlichen motivischen Profilierung in der letzten Fassung, die in diesem Fall von recht zweifelhafter Provenienz ist: Es handelt sich um das möglicherweise von Franz Schalk hinzugefügte Trompetenthema in dem Tuttiausbruch vor der Coda, der ursprünglich rein klanglich konzipiert war. Ganz im Sinne der Tendenz Bruckners, bei Umarbeitungen solche Stellen thematisch «anzureichern», griff Schalk zu dem wenig überzeugenden Mittel der banalen Trompetenfanfare. Das Problem der Beurteilung der Fassungen Bruckners wird dadurch noch verwirrender, daß Bruckner keineswegs nur *Kürzungen* vornahm, sondern ebenso *Verdichtungen* und sogar *Erweiterungen*, oft auch *Alternativgestaltungen*. Das war möglich, weil Bruckners Formvorstellung dem nicht widerspricht; er konnte stauchen oder dehnen, ohne daß damit der Formverlauf nachhaltig gestört wurde. Anders steht es dagegen mit den willkürlichen Strichen, die nur in den Druckfassungen erscheinen.

Die Fassung von 1877, die BRUCKNER als einzige auch selbst zur Uraufführung gebracht hat, wenn auch mit dem größten Fiasko seines Lebens (16. Dezember 1877), scheint die Werkkonzeption der *dritten Symphonie* am besten zu repräsentieren; so lautet jedenfalls die Ansicht der derzeitigen BRUCKNER-Forschung. Und es ist kaum verwunderlich, daß es gerade die *‹Wagner-Symphonie›* war, die BRUCKNER so viel Zeit und Skrupel abgefordert hat, denn sie ist die erste vollgültige BRUCKNER-Symphonie von außerordentlichem Format und weiter entfernt von WAGNER, als alle späteren Symphonien. Daran ändern auch die eher rührenden WAGNER-Zitate (*‹Schlafmotiv›* aus der *‹Walküre›*) nichts, die BRUCKNER – als Huldigung an den «Meister» – in die Erstfassung einstreute, und zwar an formalen Angelpunkten des ersten Satzes (kurz vor dem Eintritt der Reprise und vor dem letzten Tuttiausbruch der Coda). Später hat er sie, bis auf die Wiederkehr des Zitats am Schluß des Adagios, selbstverständlich gestrichen. Er wußte genau, wer er war.

Dietmar Holland

Symphonie Nr. 4 Es-dur
‹Romantische›
(erste Fassung: 1874; zweite Fassung mit zweitem Finale: 1878; drittes Finale: 1880; 1886 rev.)

Der Beiname *‹Romantische›*, den ANTON BRUCKNER seiner *vierten Symphonie* mit auf den Weg gab, könnte leicht zu einem Trugschluß verführen; nämlich dann, wenn dieser Titel in Richtung auf eine programmgebundene Musik im Sinne der «Neudeutschen» verstanden würde. Naturschilderung, Adalbert Stifters Beschaulichkeit, die Phantastik Jean Pauls – das wäre solch eine Assoziationskette, mit der BRUCKNERS symphonische Autonomie aber nicht das geringste zu tun hat. Doch zu allem Unglück existieren auch noch poetisierende Erläuterungen des Komponisten selbst zu seiner *Vierten*, die er dem Freund und ersten Biographen August

Göllerich mitteilte: «Mittelalterliche Stadt – Morgendämmerung – von den Stadttürmen ertönen Weckrufe – die Tore öffnen sich – auf stolzen Rossen sprengen die Ritter hinaus ins Freie – Waldesrauschen [...].» Als der listige «halb Gott, halb Trottel», wie GUSTAV MAHLER ihn einmal nannte, das Finale erklären sollte, meinte er: «Ja, da woaß i selber nimmer, was i mir dabei denkt hab'.» Damit, sozusagen durch die Hintertür, weist BRUCKNER selbst den Stellenwert solcher «Abziehbildchen» in die Schranken. Zwar läßt diese Symphonie innerhalb des BRUCKNERschen Gesamtwerkes noch am ehesten außermusikalische Vorstellungen zu, was nicht unerheblich zum immensen Erfolg schon bei der Uraufführung (am 20. Januar 1881 unter Hans Richter in Wien) beigetragen haben dürfte, sie sind von der genuin symphonischen Struktur her aber nicht gemeint. Vergleichbar mit BEETHOVENS ‹*Pastorale*› entwirft BRUCKNER kein Naturgemälde durch die Musik, sondern *als* Musik, als *instrumentale Realität*. Unmißverständlich weist schon der Beginn des Kopfsatzes darauf hin. Der «romantische» Hornruf als Signatur der *Vierten*, als musikalisches Symbol der Natur überhaupt, setzt sich aus den *Natur*-Tönen des Instruments zusammen (also ohne Benutzung der Ventiltasten) und ist im symphonischen Kontext das erste Expositionsthema. Und mehr noch: Das Hornmotiv mit dem charakteristischen Quintintervall repräsentiert eine harmonische wie präthematische Urgestalt, die aus sich selbst heraus die Bewegung des zweiten Themas schafft, die Energie des BRUCKNER-Rhythmus von Duole und Triole. Die Idealgestalt des Hornmotivs wird dann in der Durchführung des Kopfsatzes erreicht mit jenem choralartigen Bläserhymnus (Takte 305 bis 331 der Haas-Fassung), der die letzte melodische Überhöhung des rudimentären Quintintervalls darstellt. So werden wir Zeugen eines Entstehens der Musik selbst, einem steten Wachsen und Ausprägen ihrer Konturen, so daß die Durchführung (im Gegensatz zur Wiener Klassik) dann die ideelle Zusammenführung der zuvor disparaten Materialien ermöglicht.

Dieser Prozeß des Entstehens aber verläuft nicht kontinuierlich, nicht als imaginäres Dauercrescendo wie das ‹*Rheingold*›-*Vorspiel*, sondern in massiven, fast brutal-rohen Steigerungen, jähen Brüchen und Abstürzen in ein nicht mehr nennbares Schweigen.

Die durch keinerlei Konventionen verstellte Sinnlichkeit der Musik, die bis zur kaum mehr verhüllten Gewalttätigkeit reichen kann, wurde von BRUCKNERS Zeitgenossen mit Empörung zurückgewiesen. Man denke (im Fall der *Vierten*) etwa an die gewaltige Entladung in der Coda des Kopfsatzes, die die ganze archaische Kraft des Hornmotivs explodieren läßt.

Im zweiten Satz geht BRUCKNER andere Wege. Das Signalhafte wird aufgegeben zugunsten einer breit ausschwingenden, gleichsam prosaischen Melodik. Aber auch sie verleugnet nicht, aus welcher Quelle sie sich speist. Das erste Thema – in den Celli liegend – beginnt mit jenem Quintintervall des Hornmotivs. Das Melodisch-Gestalthafte steht jetzt am Beginn und wird im Verlauf des Satzes mehr und mehr in seine Bestandteile zerlegt. Ein bis dahin unerhörtes Ereignis: Die Linearität löst sich auf in ein gleichsam räumliches Szenarium. Ist das zweite Thema (eine schier endlos ausschwingende Kantilene in den Bratschen) noch eine «rezitativische» Kommentierung des Urintervalls der Quinte, so steigert sich der dritte Abschnitt in einen grellen Holzbläser-«Chor» hinein, der alptraumhaft das Anfangsthema des Satzes herbeiruft (Takt 105ff). Die Coda dann ordnet versatzstückhaft Floskeln des thematischen Materials an, ehe die Musik im wahrsten Sinne des Wortes versickert. Sie schafft sich nicht selbst ihren Schluß, sie verschwindet.

Die Idee der *vierten Symphonie*, das Entstehen der Musik selbst und ihre Hinführung zu ideeller Einheit sowie der umgekehrte Vorgang im zweiten Satz, der in einem disparaten, floskelhaften «Raum» endet – das alles wirkt als symphonische Realität wie aus einem Guß. Die Vorstellung eines in sich gerundeten, geschlossenen Werkes aber täuscht. BRUCKNERS Arbeitsprozeß zeigt sich den musikalischen Inhalten verwandt. Im Fall der *Vierten* erstreckte sich die Metamorphose ihrer Fassungen über einen Zeitraum von fünfzehn Jahren. Die Urfassung entstand zwischen Januar und November 1874 im unmittelbaren Anschluß an die *dritte Symphonie*. In dieser Gestalt aber wurde das Werk nie aufgeführt. (In jüngster Zeit erst existiert eine Schallplatteneinspielung des RSO Frankfurt unter Eliahu Inbal.) Die zweite Fassung aus den Jahren 1878 bis 1880 umfaßte in der Hauptsache eine völlige Neukomposition des Scherzos (das heute geläufige «Jagd»-Scherzo) sowie zwei neue Fassungen (1878 und 1880) des Finales. Nach der Uraufführung 1881 arbeitete BRUCKNER unvermindert an diesem Werk weiter: So ist eine erneute Durchsicht der zweiten Fassung (mit dem dritten Finale von 1880) überliefert, die BRUCKNER 1886 als Abschrift an Anton Seidl in New York geschickt hat. Sie enthält zahlreiche Änderungen, vor allem den ausdrücklichen Rückgriff auf das Hornthema des ersten Satzes am Schluß der Symphonie.

Die Eigentümlichkeit BRUCKNERS, sozusagen ständig an allen Symphonien gleichzeitig zu arbeiten, weist über schrullige Unsicherheiten des Komponisten weit hinaus. Sie stellt vielmehr die bis dahin strenge Autorität des Werkbegriffs in Frage. Die Vorläufigkeit, die Möglichkeit des Austauschens, das Nicht-zu-Ende-Bringen, symbolisiert den fragmentarischen Charakter, der zum Werk selbst wird. Die extrem verworrene Lage im Fall der *vierten Symphonie* gleicht dem Torso eines Naturgebildes, den BRUCKNER dann im Scherzo der *neunten Symphonie* als «Maschinen-Musik» des frühindustriellen Zeitalters konkretisieren wird.

Bernhard Rzehulka

Symphonie Nr. 5 B-dur (1875–1878)

BRUCKNER nannte die *fünfte Symphonie* sein «kontrapunktisches Meisterstück», auch seine «phantastische». Damit verweist er auf den besonderen Charakter dieser Symphonie, die weder etwas mit der *Symphonie fantastique* von BERLIOZ noch mit kontrapunktischen Spielereien zu tun hat: «Contrapunct ist nicht Genialität, sondern nur Mittel zum Zweck» (BRUCKNER). Aus BRUCKNERS Worten spricht vielmehr das Selbstbewußtsein eines Komponisten, der sich auf der Höhe seiner Schaffenskraft befindet (ähnlich wie GUSTAV MAHLER mit seiner *fünften Symphonie* eine «Symphonie der Realitäten» schuf). In den Jahren 1873 bis 1875 komponierte BRUCKNER hintereinander die Erstfassungen der *dritten, vierten* und *fünften* Symphonie und stieg damit zu unvergleichlichen musikalischen Welten vor, die ihren vorläufigen Höhepunkt in der Konzeption einer ausdrücklichen *Final*-Symphonie erreichten, erstmals wieder nach MOZARTS *letzter Symphonie* und BEETHOVENS *fünfter*. Der häufig geäußerte Vorwurf, BRUCKNER habe sozusagen neunmal die gleiche Symphonie komponiert, läßt sich bei genauerer Betrachtung seiner Symphonien natürlich nicht halten. Allein die Konzeption einer Final-Symphonie, deren dramaturgischer Gipfelpunkt am Schluß des letzten Satzes liegt – in der *achten Symphonie* wird BRUCKNER diese Konzeption, freilich verwandelt und ohne den drastischen Kontrapunkt der *Fünften*, ein weiteres Mal verwenden –, ist ein außerordentlicher Sonderfall bei BRUCKNER; das Gegenteil dazu ist zum Beispiel die «kopflastige» *sechste Symphonie*, deren absoluter Höhepunkt bereits beim Repriseneintritt des ersten Satzes (!) zu finden ist. So hat jede Symphonie BRUCKNERS ihre eigene innere Dramaturgie, ganz abgesehen von der schier unbegreiflichen musikalischen Phantasie, die BRUCKNER jeweils investierte. Die Frage der Gewichtsverteilung innerhalb der zyklischen Anlage jeder seiner Symphonien erhob sich in der Situation nach BEETHOVEN durch den Traditionsverlust geordneter Abstufung der Sätze zueinander. Die innere Dramaturgie war für die Wiener Klassiker keine Sache der kompositorischen Gestaltung, sondern konnte der Konvention entnommen werden. Erst BRUCKNER sah sich genötigt, außer den musikalischen Details auch die *Form* selbst gewissermaßen zu «erfinden» und plante deshalb sorgfältig die Gewichtsverteilung der Sätze untereinander. Für die *fünfte Symphonie* heißt das: Die ersten drei Sätze sind die «Vorbereitung» – allerdings welche Vorbereitung! – zum riesigen Finale, das deshalb auch zu Beginn sowohl auf die – bei BRUCKNER übrigens einmalige – langsame Einleitung der Symphonie als auch auf die Anfänge aller vorhergegangenen Sätze resümierend und atemholend zurückgreift, bevor es in das Dickicht des Kontrapunkts geht.

Doch damit nicht genug: Diesen übergeordneten zyklischen Gedanken ergänzt BRUCKNER mit der konsequenten thematischen Verknüpfung der Sätze, die so weit geht, daß der linearen Steigerung der Gesamtentwicklung bis hin zum absoluten Höhepunkt am Schluß des Finales, wo sich gleichsam der Himmel öffnet, eine Bogenform als architektonische Abstützung entgegengestellt wird: Die Ecksätze beziehen sich aufeinander wie ein äußerer

Kreis, und die beiden Mittelsätze, der innere Kreis, sind sogar direkte Varianten voneinander. Diese doppelte Verzahnung der dramaturgischen Anlage zeigt, daß es Bruckner hier tatsächlich um das «Meisterstück» einer kompositorischen Gestaltung geht, die sich im Inneren der Sätze, ja bis in den Einzeltakt hinein fortsetzt: Bruckner gebietet gerade in dieser Symphonie über eine kombinatorische Phantasie, die – gemessen an dem, was gemeinhin unter Kontrapunkt verstanden (und gelehrt) wird – keine Grenzen kennt, außer der, die durch die tonale Harmonik gesteckt ist.

Das Prinzip der Themenkombination, das in der Durchführung des ersten Satzes exponiert wird, fortgesetzt in der für Bruckner recht lakonischen Coda – Bruckner behält sich den Atem für das Finale vor –, wird in der Doppelfuge des Finales in einen Ablauf gebracht, der noch weitere Themenkombinationen in einem Entwicklungs*prozeß* allmählich enthüllt. Die Formidee des Schlußsatzes ist denn auch überwältigend und von einleuchtender Stringenz: Es sollen die kontrapunktischen Zusammenhänge der Themen schrittweise enthüllt werden; das ist der tiefere Sinn des Rückgriffs auf die früheren Sätze, und das meint Bruckner, wenn er von seinem «kontrapunktischen Meisterstück» spricht. «Phantastisch» daran ist die Dialektik von strengster Konstruktion und scheinbarer Freiheit der kombinatorischen Phantasie. Was Bruckner einst bei Simon Sechter in harter Arbeit erlernt hat, über das gebietet er in der Fuge der *fünften Symphonie* in vollster Souveränität. Die der traditionellen Durchführung entsprechende Mitte des Satzes ist eine Doppelfuge über dessen Haupt- und ein eigens eingeführtes Choralthema (nach dem dritten Thema). Als Resultat dieser Durchführung erscheint die in zwei Unisonoblöcken lapidar hingestellte Kombination der beiden Fugenthemen, ein klangliches «Quod erat demonstrandum». Als nächste Steigerungsstufe – der Satz steigert sich spiralförmig – wird, nach der Reprise, das Hauptthema des *ersten* Satzes in allmählichem Entstehungsprozeß in das Finale mit einbezogen und seine kontrapunktische Verwandtschaft mit dem Hauptthema des *Finales* enthüllt. Die große Synthese und – der äußerlichen, klanglichen Prachtentfaltung nach – den Durchbruch ins Freie bringt der Choraleintritt beim absoluten Höhepunkt in der Coda, neuerlich kombiniert mit dem Hauptthema des Finales (beide in vergrößerten Notenwerten). Der letzte, entscheidende Aufstieg zu diesem Gipfel des Ausdrucks gehört zu BRUCKNERS suggestivsten Steigerungswellen, die den Hörer die darin investierte kompositorische Kunst völlig vergessen lassen.

BRUCKNER arbeitete an seiner *fünften Symphonie* vom 14. Februar 1875 mit Unterbrechungen bis zum 4. Januar 1878. Die erste Partiturniederschrift trägt das Schlußdatum 16. Mai 1876. Ein Jahr später, am 18. Mai, schloß er die erneute Durchsicht des Finales ab, und zwischen dem 19. Mai und dem 11. August (1877) legte er letzte Hand an die restlichen Sätze. BRUCKNER hat die Symphonie im Orchesterklang niemals gehört, und er wäre erstaunt gewesen, was bei der Grazer Uraufführung am 8. April 1894 – der Komponist war damals bereits sterbenskrank –, für die Franz Schalk eine unsägliche Spielfassung mit drastischen Kürzungen der Doppelfuge und der Reprise des Finales sowie zahlreichen Uminstrumentierungen im Sinne des WAGNERschen Mischklangs vorgenommen hatte, von seinem «Meisterstück» übriggeblieben war, damit es dem Publikum überhaupt zugemutet werden konnte. Die echte Uraufführung nach BRUCKNERS autographer Partitur fand erst am 28. Oktober 1935 in München statt: Siegmund von Hausegger dirigierte die Münchner Philharmoniker.

Dietmar Holland

Symphonie Nr. 6 A-dur (1879–1881)

Die *sechste Symphonie* BRUCKNERS entstand in den Jahren 1879 bis 1881; 1883 wurden die beiden Mittelsätze mit geringer Resonanz in Wien uraufgeführt, GUSTAV MAHLER dirigierte 1899, also nach BRUCKNERS Tod, zum erstenmal, ebenfalls in Wien, die gesamte Symphonie, wobei allerdings wiederum Kürzungen vorgenommen wurden. Erst 1901 kam sie in Stuttgart in voller Länge zur Aufführung. BRUCKNER selbst ersparte dem Werk die Umarbeitungen, die er in den früheren Symphonien so oft vornahm. Die *sechste Symphonie* ist reduzierter in den Mitteln als die Kompositionen ihrer Umgebung, sie ist in gewissem Maße kammermusikalischer gedacht, was ihr – völlig zu Unrecht – eine gewisse Zurückstellung einbrachte. BRUCKNER bezeichnete, sicher nicht nur des lapidaren Reimes wegen, seine *sechste Symphonie* als seine «keckste». In der Tat gehört sie zu den avantgardistischsten Ansätzen im kompositorischen Schaffen BRUCKNERS.

Die *sechste Symphonie* beginnt unruhiger als alle anderen Symphonien BRUCKNERS. Zwar wird auch hier das Prinzip der Vorgabe einer Klangfläche, aus der sich dann thematisches Material löst, durchgehalten, doch es waltet nicht die Ruhe, in der sich, dem Schöpfungsprozeß ähnlich, die Kräfte zu formieren beginnen. Sie sind hier gleichsam schon a priori zugegen als gestaute Energie. Die Violinen beginnen mit einem angespannt punktierten Rhythmus auf dem Ton cis. Dieser Ton stellt sich im folgenden dann auch nicht als tragender Grundton heraus, wie das bei den meisten Symphonien BRUCKNERS der Fall ist, sondern als Terz der Haupttonart A-dur. So ist schon beim ersten Ton eine ganz eigentümliche Unruhe auszumachen, die aus der bewußten Setzung von Tonhöhe (nicht Grundton) und Rhythmus (keine gleichmäßige Fläche) erwächst. Die Dialektik von Unruhe und gestauter Kraft wirkt dann schlüssig fort auf die Themenbildung; das Hauptthema des ersten Satzes gehört wohl zu den kraftvollsten Einfällen BRUCKNERS überhaupt. Zum einen stellt die *maestoso* vorgetragene Baßquinte e-a zum pochenden cis die «Absättigung» des Hauptdreiklangs A-dur dar, doch schon die Fortsetzung verläßt kirchentonal (phrygisches A-dur) den eben konsolidierten Tonartenraum (durch die Töne g, b und f). Die Dialektik zwischen Bekräftigung und Verunsicherung, wie sie auf filigrane Art in dieser Themenaufstellung ausgebildet ist, bestimmt den Grundcharakter des ganzen Werkes. BRUCKNERS kompositorisches Denken erweist sich hier gewissermaßen als analytisch, die einzelnen «Parameter» (zum Beispiel Rhythmus, Tonhöhe, Motivbildung oder tonartliche Kraftlinien) werden selektiv behandelt und jeder für sich nach innewohnenden Spannungsmöglichkeiten zwischen Ruhe und Dynamik befragt. Dies aber weist voraus auf kompositorische Verfahren, die erst im 20. Jahrhundert größere Bedeutung erlangten.

Verblüffend wirkt, wie BRUCKNER diese im Anfangsthema aufgestellten Kräfteverhältnisse über die ganze Symphonie hin wirken läßt. Die Mittelsätze, ein Adagio mit der Zusatzbezeichnung «sehr feierlich» und ein Scherzo «ruhig bewegt», richten sich nach dem im ersten Satz Vorgegebenen aus. Auch hier sind gleichsam Irritationen eingebaut. So erhält der getragene Charakter des langsamen Satzes (zunächst in den Streichern) einen unruhig punktierten Kontrapunkt in der Oboe, der schon auf Motive des Finales vorausweist. Wieder also die Dialektik von Bekräftigung und Verstörung, die sich auch in der völlig «unscherzohaften» Aufgebrochenheit des dritten Satzes fortsetzt. Die Musik scheint hier in Distanz zu sich selbst zu stehen, auch das flüchtig anzitierte Hauptthema der *fünften Symphonie* zu Beginn des Trios deutet auf die Uneigentlichkeit der Anlage. Es scheint, als versichere sich der sehr filigrane kammermusikalisch gearbeitete Scherzo-Satz seiner symphonischen Möglichkeiten.

Die über drei Sätze ausgebreitete Anspannung löst sich im Finale. Doch auch hier wird der kompositorische Akt distanzschaffend bewußt gemacht. Nach bedächtigem Anheben wird «zu schnell» ein Durchbruch angesteuert, der in dreifachem Forte in großer Dreiklangsfläche erklingt. Dann aber scheint sich die Musik an den widersprüchlichen Ausgangspunkt zurückzuerinnern, die heterogenen Motive des Beginns werden neu erarbeitet. Stückhaft setzen sie sich zusammen, durch ein Zurechtrücken der thematischen Gestalt in den Bereich eines reinen A-dur (das Ausbrechen daraus setzte ja wesentlich den Anfangswiderspruch) ist Lösung möglich, im «stimmig bereinigten» Klang wirken zugleich die Kräfte als eingeschlossene fort. Die Musik greift zu ihrem Ausgangspunkt zurück und hebt ihn «lösend» im Sinne des Wortes auf.

Reinhard Schulz

Symphonie Nr. 7 E-dur (1881–1883)

Die vom 23. September 1881 bis zum 5. September 1883 komponierte *Symphonie Nr. 7* ist BRUCKNERS Durchbruch als Symphoniker. Als Arthur Nikisch am 30. Dezember 1884 in Leipzig die Uraufführung brachte, war der Erfolg zwar noch gemäßigt, weil das

Leipziger Publikum sehr konservativ war, aber immerhin konnte Bruckner bereits befriedigt feststellen, daß «zum Schluß eine ¼ Stunde applaudiert wurde», obwohl die meisten Zuhörer eher verdutzt als begeistert waren. Bruckner war es gewohnt, daß bei Aufführungen seiner Symphonien die Zuhörer scharenweise den Saal zu verlassen pflegten; da wog der Leipziger Beifall schon viel. Offensichtlich war es selbst den so konservativen Leipziger Zuhörern aufgegangen, daß sie das Werk eines großen Symphonikers vernommen hatten. Den eigentlichen Durchbruch erzielte die Symphonie jedoch erst einige Monate später in München, als Hermann Levi (Wagners ‹*Parsifal*›-Dirigent) am 10. März 1885 die Erstaufführung dort dirigierte. Die kurz darauf bereits erfolgte Drucklegung machte die rasche internationale Reputation des Werkes möglich. Es war aber doch fast ein Wunder, daß die Münchner Erstaufführung so durchschlug, denn Levi schrieb während der Proben an Bruckner: «Das Orchester hat natürlich gestutzt und gar nichts verstanden. Die Leute sind nämlich hier unglaublich reactionär.» Um so erstaunlicher war die grenzenlose Begeisterung bei der Aufführung, die immerhin die Wiener Philharmoniker, sonst auf Bruckner schlecht zu sprechen, nötigte, nicht länger zurückzustehen und – ein Jahr später – die erste Wiener Aufführung unter Hans Richter zu wagen. Gegen den auch dort einhelligen Erfolg stemmte sich nur der Bruckner-Gegner Eduard Hanslick erwartungsgemäß, schrieb einen seiner üblichen Verrisse und hörte nur «unabsehbares Dunkel». Wie war der plötzliche Durchbruch des Symphonikers Bruckner möglich?

Ähnlich wie die beiden vorhergegangenen Symphonien gelang auch die *Siebente* in einem Durchgang, und sie spricht ganz Bruckners eigene Sprache, obwohl die Coda des langsamen Satzes unmittelbar unter dem Eindruck der Nachricht, daß Wagner gestorben sei (13. Februar 1883), komponiert wurde. Von Wagner übernahm Bruckner nur die sogenannten «Wagner»-Tuben, die dem Hörnersatz eine zusätzliche Farbe verleihen, sonst nur noch gewisse chromatische Wendungen. In seiner melodischen Erfindung ist Bruckner gerade in der E-dur-Symphonie ganz bei sich. Die ersten Kritiken lobten denn auch insbesondere den klaren formalen Aufbau, sprachen von formaler Schlüssigkeit und rühmten die

«Klassizität» des Werkes, manche meinten sogar, BRUCKNER sei der größte Symphoniker seit BEETHOVENS Tod. Der dramaturgische Plan der Symphonie ist denn auch überwältigend: Der absolute Höhepunkt liegt genau in der *zeitlichen* Mitte, an jener C-dur-Stelle des Adagios, die durch den bis heute umstrittenen Beckenschlag markiert wird. (Es ist nicht sicher, ob er von BRUCKNER wirklich gebilligt wurde, da er ein «äußerliches» Moment in die Steigerungstechnik hineinbringt.) Vielleicht übte BRUCKNER mit dieser zentralen Position des absoluten Höhepunkts der Werkkonzeption produktive Selbstkritik an der «kopflastigen» *sechsten Symphonie*, bei der sich ja der absolute Höhepunkt bereits mit dem Eintritt der Reprise im ersten Satz ereignet. Zwar ist auch das Finale der *siebenten Symphonie* gegenüber dem ausgedehnten Kopfsatz erheblich gedrängter, aber dafür ist das Adagio ungleich gewichtiger als das der *sechsten Symphonie* und enthält ja das Zentrum des Ganzen, sowohl zeitlich als auch bezüglich der Tonartenfolge der gesamten Symphonie: Die bogenförmig aufeinander bezogenen Ecksätze – die Hauptthemen sind Varianten voneinander – stehen in E-dur, das Adagio in der Moll-Parallele cis-moll, der Höhepunkt in C-dur und das Scherzo in dessen Moll-Parallele a-moll, während das Trio nach F-dur absteigt; es herrschen also absteigende Terzverhältnisse. Außerdem besitzt das Finale, im Gegensatz zu dem der *sechsten Symphonie*, ausdrücklichen, lakonischen Abschlußcharakter. Das ist dem unmittelbaren Hören zugänglicher als der Gang durch die Eiswüste der Fuge im Finale der *fünften* und die gewaltigen Ausbrüche und Raumentfaltungen im Finale der *achten Symphonie*. Eines ist jedenfalls sicher: BRUCKNER hat nicht, wie so oft behauptet wird, schablonenmäßig immer wieder den gleichen symphonischen Aufriß komponiert, sondern, wie allein schon die verschiedenen Formideen der Finalsätze zeigen, stets die innere Dramaturgie neu überdacht.

Das Finale der *E-dur-Symphonie* ist, seinem Abschlußcharakter entsprechend, eher ein Rondo als ein Sonatensatz und überhaupt eine der originellsten Formkonzeptionen BRUCKNERS: Die Reihenfolge der Themen wird in der Reprise umgekehrt, und rondoartig erscheint die Kadenz des Hauptthemas immer wieder, aber nur einmal, nämlich unmittelbar vor der Coda, in der Haupttonart. Der gesamte Satz zielt auf dieses Ereignis hin, ja man könnte sagen, der Satz sei eine einzige riesige Kadenz, die am Ende – in Augmentation – zu sich selbst kommt. Die Kadenz, an sich ein Moment der musikalischen Syntax, erhält die Würde eines Motivs und gewinnt im Satzverlauf allmählich immer mehr die Oberhand, bis sie schließlich als musikalischer Doppelpunkt die Coda herbeiführt, in der die Hauptthemen der Ecksätze kombiniert werden und auf diese Weise ihre Verwandtschaft enthüllen. Der gegensymmetrische Ablauf der beiden Themenblöcke des Finales – Hauptthema, Choralintonation (abgeleitet vom Adagio) und Unisonoeruption – spiegelt sich, und das spricht für BRUCKNERS subtiles Formgefühl, auch in dem Funktionswechsel der Schlußgruppe: In der Exposition ist sie tatsächlich ein Abschluß, in der Reprise dagegen die Rückführung zum Hauptthema. Den Rondocharakter betont BRUCKNER dadurch, daß er, abgesehen von der Kadenz als «heimlichem» Rondothema, die Unisonoeruption des dritten Themas als Variante des Hauptthemas formuliert. Das verleiht dem Satz ein Höchstmaß an Einheit und Konsistenz des Ablaufs, eine zwingende Logik sui generis.

Der erste Satz dagegen ist ein weitausgreifender Sonatensatz mit einem bei BRUCKNER einzigartigen melodischen Hauptthema, das sicher die Zuhörer von jeher in seinen Bann gezogen hat. In zwei jeweils über vierundzwanzig Takte hinwegströmenden Wellen ereignet sich, wie es Max Dehnert ausdrückte, «die Geburt der Melodie aus dem Geiste der Harmonie». Kein anderes Hauptthema BRUCKNERS weist einen solchen Atem auf. Seine Art der «unendlichen Melodie» kann sich, im Gegensatz zu WAGNER, aussingen.

Dietmar Holland

Symphonie Nr. 8 c-moll
(erste Fassung: 1884–1887; zweite Fassung: 1887–1890)

Die *achte Symphonie* ist nicht nur BRUCKNERS gewaltigste, sondern auch diejenige, die ihn in die tiefste Depression seines Lebens stürzte, denn als er die soeben vollendete (erste Fassung der) Symphonie am 19. September 1887 an den Dirigenten Hermann Levi geschickt hatte in der Hoffnung, dieser werde die neue Symphonie ebenso zum Durchbruch des Symphonikers BRUCKNER bringen wie seinerzeit bei der triumphalen Münchner Erstaufführung der *Symphonie Nr. 7*, kam es zur Katastrophe: Levi hatte nämlich mit der Partitur unüberwindliche Schwierigkeiten, glaubte unzulässige Parallelen im Aufbau zur vorhergegangenen Symphonie entdecken zu müssen, beklagte auch das «fast Schablonenmäßige der Form», lobte zwar den Anfang des ersten Satzes – dieser sei einfach «grandios» –, wußte aber wieder mit dessen Durchführung nichts anzufangen und scheiterte vor allem an den ungeheuren und ungewöhnlichen geistigen Ansprüchen des Finales, das ihm wie ein «verschlossenes Buch» erschien, kurz, er wollte das Werk nicht dirigieren. Josef Schalk, an den er sich deshalb gewandt hatte, oblag nun die höchst unangenehme Aufgabe, BRUCKNER davon in Kenntnis zu setzen. Die weiteren Vorgänge, die schließlich zur Abfassung einer zweiten Werkkonzeption, abgeschlossen am 10. März 1890, führten, bieten dem eindringenden Betrachter ein verwirrendes Bild von widersprüchlichen Fakten und unklaren psychologischen Implikationen – es fehlen dokumentarische Belege über BRUCKNERS Geisteszustand insgesamt –, dessen Hintergründe wohl niemals restlos aufgeklärt werden können. Fest steht nur, daß BRUCKNER sich unverzüglich, spätestens jedenfalls im Winter 1887/88, daranmachte, die Umarbeitung im Sinne seines «künstlerischen Vaters» – so bezeichnete er Levi, aus Respekt vor den Praktikern des Musiklebens überhaupt – auszuführen, «nach Ihrem Rat», wie es Schalk an Levi beruhigt schrieb. Bereits am 27. Februar 1888 konnte BRUCKNER an Levi melden: «Freilich habe ich Ursache, mich zu schämen – wenigstens für dieses Mal – wegen der 8. Ich Esel! Jetzt sieht sie schon anders aus.» Die im Oktober 1890 an Levi gesandte neue Partitur war tatsächlich eine zweite Werkfassung geworden, doch damit beginnen auch die ästhetischen Zweifel, ob es denn wirklich die bessere sei. Ihre Uraufführung am 18. Dezember 1892 in Wien, immerhin mit den Wiener Philharmonikern unter Hans Richter, scheint das nahezulegen, denn der Eindruck war überwältigend. HUGO WOLF schrieb damals die Worte: «Diese Symphonie ist die Schöpfung eines

Giganten und überragt an geistiger Dimension, an Fruchtbarkeit und Größe alle anderen Symphonien des Meisters. [...] Es war ein vollständiger Sieg des Lichtes über die Finsternis, und wie mit elementarer Gewalt brach der Sturm der Begeisterung aus, als die einzelnen Sätze verklungen waren.»

Doch wie steht es mit den zahlreichen Kürzungen, die BRUCKNER im Finale vorgenommen hatte? Vergleicht man die Partituren der beiden Fassungen miteinander, was ja heute mit Leichtigkeit möglich ist, da sie beide im Rahmen der zweiten Gesamtausgabe veröffentlicht worden sind, dann stellt sich heraus, daß keine *eindeutige* Entscheidung für die eine oder die andere Fassung getroffen werden kann. Den drakonischen und ästhetisch äußerst fragwürdigen Strichen im Finale stehen zahlreiche Neukompositionen größerer Abschnitte des ersten Satzes (Durchführung, Coda), des gesamten Trios und Teilen des Scherzos und vor allem die gänzlich einleuchtende neue Werkidee des ersten Satzes gegenüber, so daß sich Robert Haas, der (heute verfemte) Herausgeber der ersten Gesamtausgabe, auf deren wesentlichen Ergebnissen übrigens die zweite fußt, sich gedrängt fühlte, die beiden Fassungen in einer Art «Idealfassung» zu vereinigen, was heute die französische BRUCKNER-Forschung (etwa Paul-Gilbert Langevin) als «schöpferische» Musikwissenschaft rühmt und propagiert. Das Vorgehen von Haas ist zwar philologisch durchaus anfechtbar, aber was besagt schon Philologie im Fall BRUCKNERS? Hat doch der Komponist selbst an den Dirigenten Felix Weingartner am 27. Januar 1891 geschrieben: «Wie geht es der achten? Haben Sie schon Proben gehabt? Wie klingt sie? Bitte sehr, das Finale so wie es angezeigt ist, fest zu kürzen; denn es wäre viel zu lange und *gilt nur späteren Zeiten*, und zwar für einen Kreis von Freunden und Kennern» (Hervorhebungen von mir; D. H.). Hier muß demnach der *Komponist* BRUCKNER vor dem *Pragmatiker* verteidigt werden. Die Debatten um eine spielbare und vor allem *ästhetisch* vertretbare Fassung sind noch keineswegs abgeschlossen, wenn auch die zweite Gesamtausgabe durch das *getrennte* Vorlegen der beiden Partituren philologisch ein Machtwort bereits gesprochen hat. Die Ausgabe von Haas spielt dabei gewissermaßen die Rolle des Schiedsrichters zwischen den Fassungen, da sie die Vorzüge der ersten mit den glücklichen Neukompositionen der zweiten überzeugend verbindet.

Die innere Dramaturgie der *achten Symphonie* kommt allerdings in der zweiten Fassung unzweifelhaft besser zum Tragen: Die erste Fassung deutete das nur in der Umstellung der Mittelsätze an – dies ein erstmaliger Fall, der sich in der letzten Symphonie wiederholen wird –, während BRUCKNER in der zweiten Fassung darüber hinaus den Charakter des Kopfsatzes als eines «vorläufigen», freilich gewichtigen Einstiegs in die unfaßbaren Dimensionen der Werkkonzeption insgesamt (mit dem größten Finale, das BRUCKNER jemals vollendet hat) noch dadurch ausdrücklich betont, daß er ihn am Schluß in die Stille zurückfallen, ja regelrecht *zer*fallen läßt. Auch das ist ein einmaliges Ereignis in BRUCKNERS Symphonik und allein von daher der besonderen Aufmerksamkeit würdig. In der ersten Fassung schloß der Satz, nach diesem Zerbröckeln, mit einer jener dröhnenden Klangflächen ab, die sehr typisch sind für BRUCKNERsche Satzschlüsse. Das Hauptthema tritt hier denn auch triumphal in Augmentation auf. Das steht aber der inneren Dramaturgie der gesamten Symphonie entgegen, deren absolute Höhepunkte im Adagio und am Schluß des Finales liegen. Deshalb war es eine geniale Formidee BRUCKNERS, in der zweiten Fassung den Kopfsatz verlöschen zu lassen. Die Triumphgeste in der ersten Fassung wirkt nach dem auskomponierten Zerfall wie aufgesetzt, wenn man will: schematisch. Ob BRUCKNER das auch gespürt hätte, wenn ihm nicht die Kritik Levis zugetragen worden wäre?

BRUCKNER war sich der Ansprüche, die er in der *achten Symphonie* an alle Beteiligten stellt, völlig bewußt, wenn er sagte: «Meine Achte ist ein Mysterium.» Seine absonderlichen «Erklärungen» vom «deutschen Michel» etwa, der durch Scherzo und Finale geistere, während BRUCKNER andernorts «erläuterte», das bockige, barockisierende Hauptthema des Scherzos – eine Baßfigur aus der Generalbaßmusik – charakterisiere seinen Freund Almeroth (!), und die Rede von der «Todverkündung» im ersten Satz (bei Buchstabe V) und dem Erklingen der «Totenuhr» (Coda) – BRUCKNER: «Dös is so, wie wenn einer im Sterben liegt, und gegenüber hängt die Uhr, die, während sein Leben zu Ende geht, immer gleichmäßig fortschlägt: tik, tak, tik, tak...» – oder gar von dem Drei-Kaiser-Treffen in Skiernewice bei Brünn, das der Beginn des freilich wirklich furchterregenden Finales meine und von dem Anlaß des Adagios – er habe «einen Mädchen tief in die Augen geblickt» (!) –, sind allesamt mit Vorsicht zu genießen. Denn es sind doch nur – der Mode der Zeit entsprechende – Versuche, den naturgemäß ungegenständlichen Inhalt der Musik dem konkretisierungsbedürftigen Alltagsverstand nahezubringen. Was in dieser Musik denn auch zum Klingen kommt, und die *achte Symphonie* ist BRUCKNERS umfangreichste und inhaltlich weitgespannteste, sind solche Abgründe, daß die Rede vom «Mysterium» angebracht erscheint.

Welche emotionalen Spannungen sich hinter dem scheinbar so harmlosen, bürgerlichen Menschen BRUCKNER verbergen und vom Komponisten ohne Zensur durch die Musik hindurch preisgegeben werden, das macht in bestürzender Deutlichkeit und Sinnfälligkeit ein Werk wie gerade die *achte Symphonie* erfahrbar: Bereits das zuckende, ja lauernde Hauptthema des ersten Satzes, gleichsam ein sich regendes Ungeheuer, verheißt die riesigen Dimensionen, die der weitere Ablauf der gesamten Symphonie dann auch tatsächlich einlöst. Und der emotionale Weg führt über die trotzig-starrköpfige Beschränktheit des Scherzo-Themas, die Flucht in erträumte Ferne (Trio) und das Bewußtsein von Entfremdung und Isolation (Adagio-Monolog) bis hin zum ohnmächtigen Aufbegehren des Finales (Anfang) und seines höchsten Gipfels, der den Höhepunkt des Adagios, den Durchbruch in einen visionären Freiraum dort, noch übertrifft und so die Symphonie als neuen Entwurf einer Final-Symphonie (nach der *Fünften*) erklärt: durch die Beschwörung einer ganz zu sich selbst gekommenen Musik am Ende, in der Vereinigung der Hauptthemen aller vier Sätze (!), einem Triumph der «metaphorischen» Satztechnik BRUCKNERS.

Dietmar Holland

Symphonie Nr. 9 d-moll (1887–1896)

Obwohl Anton Bruckner fast ein ganzes Jahrzehnt – vom 21. September 1887 bis zu seinem Tod am 11. Oktober 1896 – an seiner *neunten Symphonie* arbeitete, konnte er sie nicht mehr vollenden. Mehr als sieben Jahre, bis zum 30. November 1894, benötigte er davon zur Komposition der ersten drei Sätze; die verbleibenden zwei Lebensjahre reichten dann nicht mehr aus, um den gewaltigen Schlußsatz einer Symphonie, die er, resignierend und hoffend zugleich, «dem lieben Gott» gewidmet hatte, noch in endgültige Gestalt zu bringen. Die von vielen vertretene Ansicht, Bruckner hätte in Vorahnung seines nahen Todes bereits nach dem Adagio, das er selbst für das schönste hielt, das er je geschrieben habe, seine *Neunte* als beendet betrachtet, um so (wie etwa auch Tschaikowsky) sein Lebenswerk mit einer langsamen, verklärenden Musik abzuschließen, läßt sich aber dennoch nicht aufrechterhalten. Mit Bruckners konservativen Formvorstellungen wäre eine solche Lösung unvereinbar gewesen. Außerdem arbeitete er buchstäblich bis zur letzten Stunde mit großer Anstrengung am Finale. Sein Vorschlag, notfalls das *Te deum* aus dem Jahre 1884 als Schlußsatz zu spielen, zeigt deutlich, daß er das Werk so nicht für abgeschlossen hielt.

Daß diese Symphonie aber auch in ihrem Unvollendetsein noch wie eine mächtige Einheit erscheint, dabei selbst den Vergleich mit ihrer vollendeten gigantischen Vorgängerin, der *Achten*, nicht zu scheuen braucht, liegt aber nicht allein daran, daß sie auch als Fragment unbestreitbar den Höhepunkt seines Schaffens darstellt, sondern insbesondere daran, daß das (wie in der *achten Symphonie*) an dritter Stelle stehende Adagio sowohl in Ausdrucksgehalt als auch in kompositorischer Dichte und Kühnheit ein gleichwertiges Gegenüber zum monumentalen Kopfsatz bildet. Dazwischen ein Scherzo, das wohl das seltsamste und zugleich fortschrittlichste Stück Musik ist, das Bruckner geschrieben hat: eine phantastisch-realistische Vorschau auf das 20. Jahrhundert.

Ein eigenartiges Merkmal der drei Sätze dieser Symphonie (und damit auch ihres fragmentarischen Charakters) ist, daß die Grundtonart d-moll eigentlich nirgends deutlich bestätigt wird. Das Adagio pendelt zwischen den entfernten Tonarten E-dur und As-dur, das Trio des zweiten Satzes ist gar in Fis-dur, also noch weiter entfernt, angesiedelt, während im Kopfsatz im Bereich des Hauptthemas Unisono und leere D-Klänge dominieren, so daß der eigentliche, warme Charakter «gefüllter» d-moll-Klänge im ganzen Werk nicht zur Geltung kommt. Selbst an seiner ureigensten Stelle, an jenem Platz, der sonst die Grundtonart der Symphonie bestimmt, am Schluß des Kopfsatzes nämlich, entbehrt der Grundklang eines Tongeschlechts: es erklingt ein leerer D-Klang. Dadurch verliert diese Tonart ihren menschlichen Charakter, den sie im traditionellen Tonartenkreis (bei MOZART und SCHUBERT und selbst noch bei BEETHOVEN) als jene des Todes, des menschlich erfüllten Sterben-Müssens innehatte, sie klingt vielmehr hohl und entseelt. Deshalb stellt das Hauptthema auch nicht einen menschlichen Tod in Aussicht, sondern es droht die totale Vernichtung des Lebens durch elementare Naturkräfte von kosmischer Dimension.

Von allen Symphonikern des 19. Jahrhunderts hat BRUCKNER am radikalsten die Situation des auf sich geworfenen partikularen Individuums in Musik gesetzt, welche bestimmt ist durch Entfremdung, Isolation und der Unvereinbarkeit von Innen- und Außenleben. In sehr plastischer Weise ist dies in den drei Themen des Kopfsatzes eingefangen, die die innere Zerrissenheit des Menschen dokumentieren. Das brutale Unisono des Hauptthemas steht für eine soziale Ohnmacht, das Ausgeliefertsein an undurchschaubar über ihm waltende Mächte, während das zweite Thema schmerzlich-sehnsüchtiger Ausdruck ist des unerfüllten Liebesbedürfnisses. Einen Ausweg daraus glaubt BRUCKNER nur noch in einer gedanklichen Schein-Welt zu finden, in der illusionär anmutenden Vorstellung eines pastoral-befriedeten, antizivilisatorischen Naturidylls im dritten Thema.

Das Adagio befaßt sich noch einmal ganz ausführlich mit den inneren Auswirkungen der sozialen Vereinzelung, es beschreibt eindringlich das unendliche Streben nach Licht in einem vom Dunkel umgebenen Dasein. Dieses bohrend vorwärts drängende Gefühl, diese Erlösungssehnsucht, ist im kleinen selbst im Hauptthema enthalten, das auf engstem Raum (in nur sieben Takten) Welten durchmißt, vom «tristanisch» abwärts gerichteten Dunkel des Anfangs plötzlich umschlägt in eine helle, klare, diatonisch-optimistische Bewegung, um endlich in ein strahlendes E-dur zu münden. Die verschiedenen Schattierungen von Leid, Schmerz, Sehnsucht und Resignation bestimmen aber nicht nur die beiden äußerst eindringlichen Hauptthemen, sondern auch eine Reihe von Nebengedanken und Assoziationen aus früheren Symphonien, deren Häufung am Ende des Adagios wie ein letztes Rückbesinnen BRUCKNERS auf sich selbst wirkt.

Das unfreiwillig ins Zentrum des Werkes geratene Scherzo dagegen steht nicht nur völlig quer zu den Ecksätzen, sondern ist überhaupt einer der uneigentlichsten Sätze BRUCKNERS, wenn nicht der ausgefallenste überhaupt. Hier entpuppt sich der Siebzigjährige plötzlich als purer Realist, der voll bitterer Ironie das künftige Jahrhundert anvisiert. Ohne Spur von Verklärung und Mystik, vielmehr verzerrt und verfremdet dröhnt uns da eine neue Welt entgegen – mit Maschinenlärm und aufstampfenden Dampfhämmern, die jeden menschlichen Laut ersticken. Daneben wirkt die kleine pastorale Oboenmelodie wie ein Stück verlorene Vergangenheit, wie eine verblassende Erinnerung an die besinnliche Fröhlichkeit der BEETHOVENschen *‹Pastorale›*. Auch hier weiß nur noch die Phantasie einen Ausweg, in die wirklich phantastisch-irreale, weit entfernte (Fis-dur!), elfenartige Welt des Trios, das wie ein «Lustgebilde», eine «Fata Morgana» (Max Auer) an uns vorbeihuscht. Das Sehnen nach unbeschwertem, befriedetem Zusammenleben findet jetzt nur noch in der Vorstellung ein Zuhause.

Attila Csampai

Zum unvollendeten Finale der neunten Symphonie

Bekanntlich hat BRUCKNER in seinen beiden letzten Lebensjahren unermüdlich am Finale der *neunten Symphonie* gearbeitet, konnte es aber nicht mehr vollenden. Die erhaltenen zahlreichen Skizzen und Partiturfragmente veröffentlichte Alfred Orel 1934 im Rahmen der ersten kritischen Gesamtausgabe. Sie erlauben immerhin einen, wenn auch recht unterschiedlichen, Einblick in die von BRUCKNER geplante Formanlage, jedoch nur bis zum Beginn der

Coda, die selbst völlig fehlt. Da aber gerade die Coda in BRUCKNERS Formentwicklungen, namentlich in einem Finale, ein besonderes Ereignis ist, wäre das Hinzukomponieren ein fragwürdiges Unterfangen. Mit dem Eintritt des Choral-Themas, umspielt von den Begleitfiguren aus dem *Te deum,* die seinerzeit als Notlösung den Abschluß des Finales mit diesem Chorwerk BRUCKNERS suggerierten, bricht das Skizzenmaterial ab.

Dennoch sind inzwischen vier Komplettierungsversuche bekannt geworden, unter ihnen zwei frühere von Edward D. Neill (in Zusammenarbeit mit Giuseppe Gastaldi) und Ernst Märzendorfer, die jedoch alle nicht voll überzeugen. Die Aufführungsversion von Nicola Samale und Giuseppe Mazzuca, uraufgeführt 1986 in Berlin, bemüht sich zumindest um größtmögliche Authentizität des verwendeten Materials in der Coda, während die Fassung des Amerikaners William Carragan, erstellt in den Jahren 1979 bis 1983 und 1987 sogar auf Platte erschienen, mehr als dubios ist. Carragan gerät nämlich im Verlauf seiner Komplettierung immer mehr in Spekulationen, bis er schließlich in der gänzlich *frei komponierten Coda* nicht nur auf die Hauptthemen der früheren Sätze zurückgreift, was noch mit BRUCKNERS ähnlichen Gepflogenheiten zu rechtfertigen wäre, sondern darüber hinaus noch einen Salto mortale in die Klangwelt von RICHARD STRAUSS veranstalten zu müssen glaubt, um dann sogar bei der Filmmusik Hollywoods zu landen. Das trägt nun nicht dazu bei, die Zweifel an der Vollendbarkeit des Unvollendeten auszuräumen.

Dietmar Holland

Geistliche Chorwerke mit Orchester

Bevor sich BRUCKNER mit der sogenannten *‹Studien-Symphonie› f-moll* von 1863 endgültig dem ihm eigenen Gebiet der großen Symphonik zuwandte, hatte er bereits zahlreiche kirchliche Gebrauchsmusik geschrieben, die ihn als versierten Kirchenmusiker ausweist, darunter ein *Requiem* (1848/49), ein *Magnificat* (1852), die Vertonung des *Psalm 112,* komponiert als Ausdruck der Befreiung von der Studienzeit bei Kitzler und beendet am 5. Juli

1863, und einige *Messen,* von denen die *Missa Solemnis in b-moll* (1854) besonders erwähnenswert ist. Freilich gibt sich der BRUCKNERsche Tonfall doch erst zu erkennen in den *drei großen Messen* der sechziger Jahre, die nichts weniger sind als der entscheidende *Durchbruch,* mit der *ersten* offiziell gezählten *Symphonie* dazwischen. Zwischen 1864 und 1868 bricht es gleichsam aus BRUCKNER heraus, was er so lange hat zurückhalten müssen, und er exponiert immerhin seine symphonische Welt, denn die beiden Orchestermessen – die mittlere (*Nr. 2 e-moll*) verwendet nur ein ausgesuchtes Blasorchester – enthalten Abschnitte symphonischer Steigerungswellen, vor allem in den *‹Kyrie›-*, *‹Gloria›-* und *‹Credo›*-Sätzen, die schon alle wesentlichen Elemente der Steigerungstechnik des späteren BRUCKNER vorwegnehmen. Bereits in der *Missa solemnis,* die kurz vor dem Amtsantritt als Domorganist in Linz (1855 bis 1868) entstand, hatte BRUCKNER seinen musikalischen Umgang mit dem Ordinariumstext in genau den formalen Umrissen entwickelt, die er auch in den *drei großen* (und letzten) *Messen* beibehielt; es ist die *durchkomponierte* Anlage, die Aufteilung der *‹Credo›*-Abschnitte in einzelne, scharf kontrastierende Bilder, die Fuge am Schluß des *‹Gloria›* und die prinzipielle Dreiteiligkeit von *‹Kyrie›* und *‹Gloria›*. Was aber die *drei Messen* der sechziger Jahre von den früher komponierten unterscheidet, ist die deutliche Vertiefung des Ausdrucks, die emotionale Schwere, der Wechsel von demütiger, flehender Gestik und herausfordernden Steigerungen, die in gewaltigen Höhepunkten gipfeln und meist aus den für BRUCKNER typischen Entwicklungszügen ohne thematisches Profil bestehen, einem energetischen Klangprinzip also, das die symphonische Haltung ohne motivisch-thematische Arbeit im Tonfall selbst realisiert. Das war aber nur möglich durch die Anwendung der neuen chromatischen Harmonik, die BRUCKNER durch LISZT und WAGNER kennenlernte und nun auf die Symphonik übertrug. Die *drei großen Messen* waren ihm auch darin eher symphonische Werke als die bisherige kirchliche Gebrauchsmusik. Der Erfolg der *drei Messen* gab ihm denn auch von Anfang an recht, wenn auch immer wieder Erstaunen darüber in Kritiken vermerkt wurde, wie «dramatisch» die «Wiedergabe des heiligen Meßtextes» darin geraten sei und daß BRUCKNER, zum Beispiel in der

Messe Nr. 1 d-moll (1864), «im Ganzen auf dem prononcirten Standpunkte der neueren Musik-Richtung steht» (gemeint ist die «neudeutsche» Richtung LISZTS und WAGNERS). Doch lobte man allenthalben die überaus «concise musikalische Ausdrucksweise» und ließ offensichtlich die musikalischen Kühnheiten, an denen es BRUCKNER keineswegs fehlen läßt, ohne weiteres durchgehen, so daß sich der Komponist nach der Linzer Uraufführung der *d-moll-Messe* (20. November 1864) erstaunt fragte, wie das Werk derart hat ansprechen können, «da die Composition sehr ernst und sehr frei gehalten ist» – tatsächlich mutete er den Zuhörern der Uraufführung einen ganz neuen musikalischen Tonfall in der Kirchenmusik zu: den der echten Inbrunst, der auch keinen Gebrauchscharakter mehr duldete. Es gelang BRUCKNER in den *drei großen Messen* immerhin, selbständige *musikalische* Kunstwerke zu schaffen, die dennoch auch als *religiöse* Aussagen überzeugen können. In der *Messe e-moll* von 1866 versucht er sogar, an liturgische Traditionen anzuknüpfen, schon rein äußerlich durch das kleine Bläserorchester an Stelle der großen symphonischen Besetzung und vor allem durch Rückgriffe auf die Vokalpolyphonie des 16. Jahrhunderts, insbesondere PALESTRINAS, dessen *Missa brevis* er das Soggetto für den Quintkanon des ‹*Sanctus*› entlehnt und dessen motettische Satztechnik er gleich im ‹*Kyrie*› beschwört. Dieses ‹*Kyrie*› gehört zu den eindringlichsten Stücken BRUCKNERS überhaupt, denn es zeigt nicht nur seine verblüffende Beherrschung des PALESTRINA-Satzes, sondern eine durchaus glückliche Verbindung von Vokalpolyphonie mit der dynamischen Grundeinstellung der Spätromantik an Stelle der periodischen Gliederung. Zum ersten und einzigenmal verlegt BRUCKNER den Höhepunkt des ‹*Kyrie*› nicht, wie sonst, in die Wiederkehr des ‹*Kyrie*›-Anrufs, sondern an den Schluß des ‹*Christe*›-Abschnitts, was zu einem unerhörten Aufstau der musikalischen Kräfte führt. Der Satz bleibt hier gleichsam atemlos stehen. Die Feinheiten der ‹*Gloria*›- und ‹*Credo*›-Sätze sind zahlreich und beruhen auf der überaus knapp gefaßten, bildreichen Wortvertonung, teilweise mit ausdrücklichen Anspielungen auf kirchentonartliche Wendungen bis hin zum Tonfall des gregorianischen Chorals. Trotzdem ist es kein Werk des *Cäcilianismus,* der ja bekanntlich das Heil der «wahren» Kirchenmusik in der a-cappella-Polyphonie sehen wollte, sondern es ist ein höchst eigenwilliger Beitrag zur *inneren Erneuerung* der Kirchenmusik aus dem Geist der modernen Musik, in die BRUCKNER archaisierende Wendungen ohne Stilbruch einfügte.

Den Höhepunkt der Messenkomposition bildet natürlich die *Messe Nr. 3 f-moll,* die BRUCKNER nach der (vorläufigen) Ausheilung seiner Nervenkrankheit in den Jahren 1867 und 1868 schrieb, aber erst am 16. Juni 1872 in Wien (Augustinerkirche) uraufführen konnte. Der durchaus «mystische» Tonfall, der schon in der *e-moll-Messe* so deutlich sich bemerkbar machte – etwa in der überirdischen Stelle «et vitam venturi» –, nimmt jetzt einen prinzipiellen Rang ein und stiftet solche Abschnitte wie etwa das von der Solovioline umspielte Anrufen Christi im ‹*Kyrie*›-Satz und das ebenfalls von Solostreichern umhüllte ‹*Et incarnatus est*›, das schon allein durch seine sphärische Tonart E-dur aus dem Kontext herausgehoben ist. Ähnliches gilt auch für den baßlos schwebenden Beginn des ‹*Sanctus*› und den völlig transzendierenden Schluß des ‹*Agnus Dei*›. BRUCKNER gelang es in seinen drei großen Messen, musikalisch den Himmel zu öffnen – bisweilen buchstäblich, wenn man an die Stelle «lumen de lumine» in der *f-moll-Messe* etwa denkt –, und das in einer säkularisierten Zeit, und er vermochte den alten kontrapunktischen Geist der Fuge noch einmal in ganz neuem klanglichen Gewand zu beschwören, und zwar mit einer Kühnheit, die nichts mehr vom Rückgriff auf bewährte, autoritäre Satztechnik hat, sondern der Fuge völlig unbekannte, dynamische Seiten abgewinnt. Die thematischen Engführungen werden umgedeutet zu gewaltigen Steigerungen und dramatischen Zuspitzungen, wie sie BEETHOVEN in den beiden Fugen seiner *Missa Solemnis* zum erstenmal eingeführt hatte. Die symphonische Haltung der beiden Orchestermessen BRUCKNERS zeigt sich nicht zuletzt daran, daß einzelne charakteristische Wendungen später immer wieder in den Symphonien auftauchen, so etwa das ‹*Miserere*› der *d-moll-Messe* in der *dritten Symphonie* oder der Nachsatz des ‹*Benedictus*›-Themas aus der *f-moll-Messe* im Adagio der *zweiten Symphonie.* Es sind die ganz in Musik gefaßten Charaktere solcher Stellen, die das ermöglichen.

In den beiden Chorwerken mit Orchester aus den Wiener Jahren des nun reinen Symphonikers BRUCKNER macht sich die lärmende Diesseitigkeit der Symphonien bemerkbar. Das von 1881 bis 1884 komponierte *Te deum* steht in engstem Zusammenhang mit der gleichzeitig entstandenen *Symphonie Nr. 7,* nämlich mit deren Adagio-Steigerung, die sich auf das ‹*Non confundar in aeternum*› bezieht und wurde, nach BRUCKNERS Worten, «aus Dankbarkeit gegen Gott, weil es meinen Verfolgern noch immer nicht gelungen ist, mich umzubringen», geschrieben. Man gewinnt den Eindruck, daß die barbarischen Schichten der Musik BRUCKNERS sich hier Bahn brechen, denn trotz der Anklänge an Intonationen des liturgischen Gesangs und an kirchentonartliche Wendungen ist der Tonfall geprägt von überschäumendem Triumphgefühl und mystischen Verzückungen (‹*Te ergo quaesumus*›, ‹*Salvum fac populum tuum*›), von dröhnenden Klangflächen, die uns heute wie eine Vorwegnahme der ‹*Glagolitischen Messe*› LEOŠ JANÁČEKS anmuten, von äußerstem Dissonanzgebrauch, vor allem in dem harmonischen Weg, der zum Schlußdurchbruch führt, und von ungeheuren ekstatischen Steigerungen, die an die Grenze der Ausfürbarkeit stoßen. Und vor der großen Steigerungswelle des ‹*Non confundar in aeternum*› verlangt BRUCKNER einen freien Einsatz des höchsten Chorsoprans (elf Takte vor Buchstabe X), der wie aus einer ganz anderen Welt hineintönt und die Kühnheit der vorangegangenen Fuge (‹*In te, Domine speravi*›) noch überbietet. In solchen visionären Ausblicken öffnet BRUCKNER bereits das Tor zum 20. Jahrhundert, in dem die unerhörten Klänge zur Selbstverständlichkeit werden.

Die Tendenz, barbarische, rohe Klangflächen und Passagen innerlicher Mystik gegeneinanderzustellen, setzt sich noch einmal fort in dem 1892 komponierten letzten geistlichen Chorwerk BRUCKNERS, einer außerordentlichen Vertonung des *150. Psalms.* Wie im *Te deum* wird der musikalische Höhepunkt in einer chromatisch entfesselten Fuge erreicht, die in einer Schichtung von übermäßigen Dreiklängen gipfelt (‹*Alles lobe den Herrn*›) und somit an die Grenze der Tonalität stößt. Der Lobgesang wird in BRUCKNERS Komposition zu einer Demonstration geradezu heidnischer Klangentfaltung und gehört zu seinen kühnsten musikalischen Erfindungen überhaupt.

Dietmar Holland

Johannes Brahms

Hamburg, 7. Mai 1833 – Wien, 3. April 1897

Die Bewertung des Brahmsschen Œuvres schwingt auch heute noch hin und her zwischen dem Lordsiegel-Bewahrer des klassischen Erbes einerseits und einer wegweisenden Modernität andererseits, ohne die die serielle Musik des 20. Jahrhunderts undenkbar wäre. Dieser scheinbar unüberbrückbare Gegensatz innerhalb der Rezeption birgt jedoch wie in einem Brennspiegel die Brisanz seines musikalischen Credos in sich. Denn – neben dem Sonderfall Bruckner – war Brahms wie kein anderer seiner Zeit davon überzeugt, daß nach der hermetischen Geschlossenheit der Wiener Klassischen Musik ein Neuansatz im instrumentalen Bereich nur dann überzeugend möglich sei, wenn man sich zu den Wurzeln der abendländischen Musik (im wahrsten Sinn des Wortes) *voran*grabe. So war er nicht nur an der Wiedererweckung der Bachschen und Händelschen Musik erheblich beteiligt (unter anderem als Mitarbeiter der Alten Bach-Gesamtausgabe), seine Studien reichten zurück bis zur Vokalpolyphonie Palestrinas und Lassos. Aus diesem scheinbar so historisierenden Ansatz, den nicht nur Nietzsche gründlich mißverstand («... er geht uns nichts mehr an, sobald er die Classiker beerbt»), kristallisierte sich ein Kompositionsverfahren heraus, das Arnold Schönberg treffend als «entwickelnde Variation» beschrieb; ein Verfahren also, das es gestattete, aus *einem* thematischen Kern durch stete Veränderungen große instrumentale Formen zu gebären. Das im Wiener klassischen Sinn durchstrukturierte Thema, das im Durchführungsteil auf seine Tragfähigkeit hin abgeklopft wird, galt ihm wenig, um so mehr dafür der Keim einer thematischen Substanz. Für den Sonatensatz im Brahmsschen Sinn war nicht mehr die Durchführung der Mittelpunkt der kompositorischen Auseinandersetzung, sondern die Exposition als ständig entstehendes und wachsendes Gebilde. Die genuin instrumentalen Verfahren der *Variation* und (als Sonderfall davon) der *Passacaglia* sind im BRAHMSschen Werk auch dort von entscheidender Bedeutung, wo sie nicht ausdrücklich im Titel vermerkt sind. Niemand anderer hätte auch in einer Zeit, die entschieden die Auflösung der Formen betrieb (WAGNER, LISZT), folgende, fast anachronistische Worte gefunden: «Die Alten behielten durchweg den Baß des Themas, ihr eigentliches Thema [sic! B. R.], streng bei. Wir alle behalten die Melodie ängstlich bei, aber behandeln sie nicht frei, schaffen eigentlich nichts Neues daraus...» Wenn BRAHMS die Baßlinie als «heilig, als festen Grund» bezeichnet, «auf dem ich dann meine Geschichten baue», wenn er erst dann sagen kann: «ich schaffe» (aus einem Brief an J. JOACHIM), dann ist ihm nicht weniger gelungen als die Quadratur des Kreises; durch die Rückbesinnung auf versunkene kompositorische Modelle das Tor zur Musik unseres Jahrhunderts aufzustoßen.

Bernhard Rzehulka

Symphonie Nr. 1 c-moll op. 68

Noch immer geistert das Wort von der «Zehnten Beethoven» durch die Rezeption der *ersten Symphonie* von JOHANNES BRAHMS. Bereits der Komponist selbst reagierte verärgert auf diese ebenso unüberlegte wie gefährliche Äußerung Hans von Bülows, der aus diesem Werk nichts weiter herauslas, als dessen Abhängigkeit vom großen Klassiker und eine Kontinuität der symphonischen Tradition schlechthin. Dabei war sich BRAHMS – neben dem Sonderfall BRUCKNER – wie kein anderer bewußt, daß die symphonische Idee sich in der zweiten Hälfte des 19. Jahrhunderts nur dann als tragfähig erweisen würde, wenn es gelänge, ohne den formalen Kanon zu sprengen, die Gattung als Gegenentwurf zu BEETHOVEN neu zu etablieren. Schon zur Zeit der frühen Orchester-Serenaden äußerte er sich in diesem Sinn, als er meinte, wenn man es wage, nach BEETHOVEN Symphonien zu schreiben, so müßten diese ganz anders aussehen. Genau zwanzig Jahre benötigte BRAHMS, bis er SCHUMANNS überschwengliche Prophetie (‹*Neue Bahnen*›, 1856) einzulösen vermochte; zwanzig Jahre quälenden Experimentierens und Verwerfens. Das schließlich als *Opus 15* publizierte *Klavierkonzert* gibt davon beredtes Zeugnis. Ausgehend von einer Sonate für zwei Klaviere sollte das d-moll-Werk seine erste Symphonie werden. «Ich habe keine Gewalt mehr über das Stück, es wird nie etwas Gescheites daraus», resignierte er schließlich und arbeitet es zum Solokonzert um. Das gestrichene Scherzo verwendet er als zweiten Satz des *‹Deutschen Requiems›*, das Finale wurde gänzlich neu konzipiert. BRAHMS sah sich als Gescheiterten in Sachen Symphonie. Auf zwei verschiedenen Ebenen näherte er sich dann dem symphonischen Ziel. Da waren zum einen die Chorwerke, die die Gewichtigkeit der Einzelstimme als Linienführung im Gesamtkontext erproben sollten, zum anderen Kammermusikwerke, die Sextette, Trios, Klavier- und schließlich Streichquartette (op. 51), die die viersätzige Form strukturell beherrschbar machen sollten. Als Dreiundvierzigjähriger dann legte er 1876 seine *erste Symphonie* vor, die jetzt tatsächlich einen veritablen Gegenentwurf zu den klassischen Vorbildern darstellte.

Der viersätzige symphonische Kanon stellt sich seine eigenen Gewichte auf. BEETHOVENS Konzeption der Steigerungen, die das Finale zum Höhepunkt erklären, war nicht zu überbieten. Es konnte nur aufgefangen werden durch eine andere kompositorische Struktur, aus der dann wie selbstverständlich der Kopfsatz zum Zentrum wird, zumindest aber der begründete Gegenpol zum Finale. Exemplarisch läßt sich dies an der *c-moll-Symphonie* zeigen.

Die ersten Takte des *Kopfsatzes* (die *sostenuto*-Einleitung, die in Wahrheit keine ist) bergen keimhaft das gesamte thematische Material in sich, ohne selbst thematische Gestalt anzunehmen. Zwei chromatisch gefärbte Linienzüge, die aufwärts strebenden Stimmen von Violinen und Celli sowie die gegenläufigen in den Holzbläsern, organisieren sich mit dem Orgelpunkt der Pauken und Bässe zum dreistimmigen kontrapunktischen Geflecht. Nach acht Takten des scheinbaren «Sich-Verströmens» setzt mit den Intervallen der kleinen Sept, die wie eine Überleitung wirken, eine zweite Realität ein. Aus diesem rudimentären Material wird der gesamte Kopfsatz – und nicht nur er – als wachsender Organismus gebaut. Das eigentliche Hauptthema des Allegros (ab Takt 40) stellt damit nur noch eine Ableitung, ein «sekundäres kontrapunktisches Kunstprodukt» (Kretzschmar) dar. Diese Idee symphonischer Entwicklung definiert durch sich selbst die Exposition, also das Aufstellen kompakter Thematik im Wiener klassischen Sinn, nun als Quasi-Durchführung. (Damit ist BRAHMS weit weniger von BRUCKNERS Thematik «aus dem Nichts» entfernt, als die Wagnerianer wahrhaben wollen.) Die Durchführung selbst wird nun eher peripher, ja, sie tendiert sogar zu geschlossenen melodischen Gestalten.

Die Kernsubstanz der Einleitung strahlt auf die beiden Mittelsätze. Der zweite Satz, der wie BEETHOVENS *c-moll-Klavierkonzert* in E-dur steht, weist schon in Takt 5 die chromatische Gegenläufigkeit auf; das Poco Allegretto dann speist daraus seine gesamte thematische Substanz, und selbst in der langsamen Einleitung zum Finale ist sie konkret greifbar. Dann aber geschieht Ungeheuerliches. Dieser Finalsatz zentriert den Gedanken des Gegenentwurfs auf das Werk selbst; er verhält sich gleichsam antithetisch zum Kopfsatz. Was dort nämlich abstrakte Struktur war, wird jetzt vermenschlicht; ein Ereignis, das in mehreren Etappen verwirklicht wird. Nach der pizzicato durchsetzten Einleitung zum Finalsatz erklingt ein Hornmotiv (Takt 30 ff), das konkret auf einer Alphornmelodie basiert, als erste frei einsetzende, melodisch geschlossene Gestalt des Werkes. Ebenso wie der eingeschobene Choralpartikel (Takte 47 bis 50) ist sie nicht als variatives Element ableitbar. Dann, ab Takt 62, setzt jener Streicherhymnus ein, dessen Analogie zum Finale der *Neunten* so oft kritisch vermerkt wurde. Aber hier geht es um anderes. Hornruf, Choral und Hymnus sind Bilder von Natur und dem darin eingebetteten und gleichwohl selbsttätigen Menschen. Gegenüber den komplexen Strukturen des Kopfsatzes stehen sie als Befreiung der Musik selbst; nicht im BEETHOVENschen Sinn einer philosophischen Überwindung, sondern als kompositorische Realität für sich. Zwischen erstem und letztem Satz ergibt sich kein Gefälle, weder nach oben noch nach unten. BRAHMS verweigert den moralischen Appell, die tragödische Steigerung. Er konstatiert, er stellt zwei Welten als eigenständigen instrumentalen Entwurf gegenüber: die kompositorische, gleichsam abstrakte Struktur des Kopfsatzes und die warm atmende melodische Geschlossenheit im Finale. Beide können gegeneinander bestehen.

Bernhard Rzehulka

Symphonie Nr. 2 D-dur op. 73

Nach dem hart errungenen Durchbruch als Symphoniker ganz eigener Qualität in der *ersten Symphonie* schrieb BRAHMS im Sommer 1877 in Pörtschach am Wörthersee binnen kurzer Zeit die Partitur der *zweiten Symphonie*, die noch im selben Jahr ihre begeistert aufgenommene Wiener Uraufführung erlebte. Von da an stand es fest, daß hier BRAHMS sein Gegenstück zu BEETHOVENS ‹*Pastorale*› vorgelegt habe, ein Orchesteridyll der gelösten Heiterkeit und ein glänzendes Zeugnis für die Naturverbundenheit des Komponisten. Tatsächlich aber verschließt sich die Symphonie dem unmittelbaren Hören, wenn man beginnt, in sie einzudringen und mehr wahrzunehmen, als die lyrisch-kantable Grundhaltung. Die kompositorische Dichte der *ersten Symphonie* wird an keiner Stelle aufgegeben, ja es scheint, BRAHMS treibe jetzt die von ihm entwickelte Dialektik von schweifender Melodik und strengster formaler Integration der einzelnen musikalischen Gestalten auf die Spitze, ungeachtet der Lieblichkeit des musikalischen Tonfalls, den er hier zweifellos anschlägt. Und es ist auffällig, daß sich der sonst äußerst wortkarge BRAHMS – «in meinen Tönen spreche ich» – im Fall der *zweiten Symphonie* so bereitwillig und launig äußert. Freilich macht das auch mißtrauisch. Denn BRAHMS verhüllt damit seine wahren Absichten. Immerhin läßt er seinem Verleger Simrock gegenüber die Katze etwas aus dem Sack, wenn er von dem «neuen lieblichen Ungeheuer» spricht und damit andeutet, daß man sich durch den idyllischen Charakter des Stücks nicht täuschen lassen sollte. Über die konkreten Hintergründe indessen verliert er kein Wort. Die paradoxe Formulierung könnte einen Fingerzeig abgeben dafür, daß dem pastoralen Tonfall der Symphonie nicht so ohne weiteres zu trauen ist.

Kritiker wie HUGO WOLF pflegten BRAHMS vorzuwerfen, er komponiere ohne Einfälle, und das im Zeitalter der Inspirationsästhetik, die nichts origineller fand, als ein charakteristisches Thema. BRAHMS dagegen zeigte sich nur interessiert daran, was daraus zu machen sei und schloß sich in dieser Auffassung von kompositorischer Arbeit an die Wiener Klassiker an. Die Idee, aus einem gänzlich unscheinbaren Motiv einen ganzen Satz herauswachsen zu lassen, übernahm er von HAYDN, wenn auch mit völlig anderen Konsequenzen. So beginnt der erste Satz mit einem Baßmotiv, das zunächst nur als Wechselnote erscheint und sich später, vor allem in der zusammenfassenden Coda, als das heimliche Hauptmotiv des Satzes, ja der gesamten Symphonie enthüllt. Doch damit nicht genug: In den ersten Takten wird bereits klar, daß die subtile Phrasenverschiebung zwischen Baß und melodischer Oberstimme metrische Komplikationen verheißt, die auf das Auskomponieren der Möglichkeiten von Takt- und Taktgruppengliederung unter den Bedingungen des Dreivierteltakts hinauslaufen. Geradezu systematisch erprobt BRAHMS die verschiedenen rhythmischen Ausfüllungsmöglichkeiten, die das ungeradtaktige Metrum bietet. Im Verlauf des Satzes werden die Verhältnisse immer differenzierter, besonders in der kontrapunktisch gearbeiteten, hochdramatischen Durchführung, die ausschließlich vom Hauptmotiv beherrscht wird. Das lyrische Seitenthema, ohnehin nur ein Eigenzitat – es handelt sich um das BRAHMS-Lied *‹Guten Abend, gute Nacht› op. 49 Nr. 4* – bleibt Episode in Exposition und Reprise, freilich jeweils zweimal auftretend, indem es das Schlußgruppenthema gewissermaßen einrahmt, das bereits den dramatischen Akzent der Durchführung vorwegnimmt. Die geballte dramatische Dichte der Durchführung, gepanzert mit Engführungen und harten Fügungen, mündet in eine Reprise, die nicht einfach eintritt, sondern in einem Prozeß verwickelt ist, der sich die Grundtonart erst suchen muß. Es ist klar, daß unter diesen Umständen die Reprise selbst keine bloße Wiederholung der Exposition ist, sondern zahlreiche Varianten aufweist. Das Singen wird immer stärker und treibt eine außerordentliche Coda hervor, die – wie so häufig bei MOZART – eine selig-retardierende Erfüllung des Hauptmotivs bringt, gekoppelt mit einem eigens eingeführten, kantablen Coda-Thema (in den Violinen), das den Abgesangscharakter noch unterstreicht.

Vielleicht meinte BRAHMS dieses Thema, wenn er gelegentlich vom «melancholischen» Charakter der *zweiten Symphonie* sprach, denn es wirkt wie ein langer, zögernder, etwas zweifelnder Blick.

Dieser grüblerische Charakter bestimmt den gesamten zweiten Satz, ein äußerst komprimiertes Gebilde – es zählt nur 104 Takte –, das außer der dichten thematischen Arbeit und dem unerschöpflichen harmonischen Reichtum von Nebenstufen und Ausweichungen auch erstaunliche Vorgriffe auf die Krise der Tonalität enthält, wie sie etwa in MAHLERS *vierter Symphonie* greifbar sind. Nirgends wird der janusköpfige Habitus von BRAHMS evidenter als in diesem Satz, der einerseits ganz ausdrücklich auf die Welt BACHS – doppelter Kontrapunkt des Hauptthemas – zurückgreift und zugleich, in der baßlos schwebenden Bläserstelle nach dem Hauptthema, einen jener tastenden Übergänge wagt, der schon die «Luft von anderem Planeten» atmet, die SCHÖNBERG rund dreißig Jahre später in seinem *zweiten Streichquartett* beschwören wird. Wie subtil BRAHMS mit der spätromantischen Harmonik verfährt, zwar nicht so deutlich hörbar wie bei WAGNER, aber dafür um so nachhaltiger, hat gerade die Wiener Schule SCHÖNBERGS verstanden. Der zweite Satz der *zweiten Symphonie* steht dafür beispielhaft ein. Die Bezeichnung der Symphonie als «liebliches Ungeheuer» trifft hier in ganz besonderem Maße zu.

Um so idyllischer geht es im dritten Satz zu, einem bukolischen Tanzsatz mit zwei außerordentlich fremdartigen, schnellen Triovarianten, die wieder erneut die Fähigkeit BRAHMS' unter Beweis stellen, alles Motivische auf einen Grundkern zu beziehen. Abwechslung bietet die höchst subtile Harmonik, die der einfachen Tanzmelodik eine Art Tiefenschärfe verleiht, vor allem bei den Reprisen. Kurz vor Schluß durchbricht BRAHMS ausdrücklich die gewählte Simplizität und schreibt ein großes, wechseldominantisches Fragezeichen, als ob die Musik sagen wollte: Kann das wirklich so sein? Und wie im ersten Satz, so tritt auch hier ein neues, diesmal ausdrücklich melancholisches Coda-Motiv auf, das wie abgeblendet zwei tiefalterierte Töne enthält, die sich wie Säure zusammenziehen. Gerade auf dem Hintergrund der Simplizität der musikalischen Haltung dieses Satzes ist das ein bedeutsames Ereignis.

Im Finale feiert das Hauptmotiv des ersten Satzes wahre Triumphe, bestimmt beide Themen und deren Ableitungen und ist auch verantwortlich für den Durchbruch ins Freie, den die Coda, ähnlich wie in der *fünften Symphonie* MAHLERS, veranstaltet. Überhaupt scheint MAHLER gerade diesen Satz besonders geschätzt zu haben, denn er griff auch in seiner *ersten Symphonie* auf ihn zurück, bezeichnenderweise auf den leisen Übergang zur Reprise. Bei MAHLER wird er zur Einleitung in den ersten Satz. Für uns heute ist der Übergang bei BRAHMS unweigerlich mit der MAHLERschen Verfremdung verknüpft. In der Durchführung begegnet uns der von BRAHMS hochgeschätzte ‹*Don Giovanni*›: es klingen d-moll-Motive aus der Introduktion an. Das mag eine unbewußte Anspielung sein, aber doch eine sehr bezeichnende. Dieselbe Tonart erscheint auch zu Beginn der mehrfach gestaffelten Coda, diesmal aber im Tonfall SCHUBERTS, etwa der *Großen C-dur-Symphonie*. Wieder wird die janusköpfige Stellung des Symphonikers BRAHMS deutlich.

Dietmar Holland

Symphonie Nr. 3 F-dur op. 90

Die Eigenart der *dritten Symphonie* ist, im Unterschied zur ersten, zweiten oder vierten, schwerer zu fassen: fällt uns die *erste Symphonie* mit titanischer Wucht an, ganz in (gewollter) Geistesverwandtschaft zu BEETHOVEN, so bezaubert die heitere Idyllik der *zweiten* und überwältigt die *Vierte* mit ihren monumentalen Ecksätzen. Weil für die *Dritte* kein plakatives Bild greift, ist sie wohl die für BRAHMS typischste. ‹*Eroica*› hat sie Hans Richter, der Dirigent der Wiener Uraufführung vom 2. Dezember 1883, genannt, Clara Schumann assoziiert sie mit dem «Zauber des Waldlebens» und als «Faust-Symphonie» empfindet sie der BRAHMS-Biograph Max Kalbeck. HUGO WOLF, Musikkritiker des *Wiener Salonblattes* und eben bei BRAHMS mit seinen Kompositionen abgeblitzt, verachtet sie dagegen als altmodisch, ja «altfränkisch». Allerdings ist WOLF ein leidenschaftlicher Parteigänger der «Neudeutschen» in jener ideologischen Fehde mit den «Konservativen», in die

Brahms ohne sein Zutun hineingezogen wird. Und wirklich war die Uraufführung der *dritten Symphonie* Anlaß zu den ersten öffentlichen Kundgebungen der Wagner-Bruckner-Partei im Konzertsaal. Während Berlioz' *Symphonie fantastique* und Wagners ‹*Ring*› längst die Bühnen beherrschen, hält Brahms mit einer souveränen Selbstverständlichkeit an Tradition und Formen der «absoluten Musik» fest, die ihm das zweifelhafte Etikett eines «romantischen Klassizisten» bescherte.

Brahms hatte die Symphonie 1883, im Todesjahr Wagners, während eines Sommeraufenthalts in Wiesbaden komponiert. Sie umfaßt vier Sätze: Allegro con brio – Andante – Poco Allegretto und Allegro, un poco sostenuto. Das Hauptthema des ersten Satzes ist ein Terz-Sext-Motiv aus den Tönen f-as-f, das die ganze Symphonie durchdringt. Mit der Entscheidung, den *zweiten Satz* zum langsamen Satz zu machen (im Unterschied zu Schumann oder Mendelssohn), stellt sich Brahms ganz in die symphonische Tradition der Klassik. Auch die Besetzung orientiert sich am klassischen Orchester, im Gegensatz zum farbenprächtigen Apparat des zeitgenössischen Wagner-Orchesters. Typisch für Brahms ist allerdings Umfang und Gewicht des letzten Satzes, der gewissermaßen zum Gravitationszentrum der Symphonie wird. Er hat die Großform eines variierten Sonatenhauptsatzes, in dem das Hauptthema aber nicht in der Reprise, sondern erst in der Coda wieder erscheint. Der *dritte Satz* ist kein echtes Scherzo, sondern allenfalls ein Anklang daran, mit einem liedhaften ersten Thema in c-moll und zwei weiteren Themen im dämmrigen, intimen As-dur-Trio. Auffallend ist der kammermusikalische Habitus der beiden Mittelsätze: die Bläseridyllik zu Beginn des zweiten Satzes und die transparente Besetzung des dritten Satzes mit der Struktur von Streichquartett und Kontrabaß bzw. Holzbläsern und Horn, während Pauken und Trompeten schweigen. Die für viele Binnensätze der Symphonien Brahms' so charakteristische Liedform gewinnt hier fast die Qualität eines ‹*Lieds ohne Worte*›. Sein c-moll-Thema beginnt verhangen in den Celli, wird später von Horn und Flöte übernommen, um schließlich mit all seiner rhapsodischen Süffigkeit im zarten *dolce* abzuebben. Auch die Coda des so markig anbrandenden Schlußsatzes verhaucht sich zuletzt im stillen, doppelten *piano*. Das lyrische Pathos ist der Grundton dieser Symphonie, deren Wesen sich im beständigen Umschlagen von leidenschaftlichem Aufschwung in verinnerlichte Nachdenklichkeit, im Verfall des hochgestimmten Brio zu zarter Intimität am tiefsten auszusprechen scheint. Es ist, als würde sich die heroische Gründerzeitemphase, an der BRAHMS als Verehrer Bismarcks und Zeuge der Einweihung des Niederwalddenkmals durch den deutschen Kaiser während seiner sommerlichen Kompositionsarbeit an der Symphonie sicher zutiefst Anteil genommen hat, in der Musik zu Innerlichkeit und Privatheit wenden, ja zu Reminiszenz und Melancholie. Das musikalische Motto der Symphonie, das Thema f-as-f, erweist sich jedenfalls als Moll-Eintrübung von BRAHMS' jugendlicher Lieblingsdevise f-a-f, für: «Frei und Froh». Aber die Spannung zwischen Pathos und Nachdenklichkeit trägt, weil sie dem Innenbau des musikalischen Satzes entspringt und nicht als äußerlicher Appell der Orchestereffekte an uns herangetragen wird.

Klaus-Peter Richter

Symphonie Nr. 4 e-moll op. 98

Die *vierte Symphonie e-moll op. 98* ist Gipfel und Endpunkt des orchestralen Œuvres von JOHANNES BRAHMS. In ihr kulminieren und verbinden sich noch einmal jene beiden Kompositionsprinzipien, die charakteristisch für sein gesamtes Schaffen sind: BRAHMS' Variationstechnik und seine Rückwendung zu alten Formen, in denen er seine Werke gleichsam verankerte.

BRAHMS' letzte Symphonie entstand in den Sommermonaten der Jahre 1884 und 1885 in Mürzzuschlag am Semmering, wobei – einer Kalendernotiz zufolge – der Schlußsatz dem Scherzo vorausging. Die Uraufführung erfolgte am 25. Oktober 1885 durch das Meininger Hoforchester unter BRAHMS' eigener Leitung.

Wie bestürzend ungewohnt das über alle traditionellen Vorstellungen von Gestalt und Gestus einer Symphonie radikal sich hinwegsetzende Werk für die Zeitgenossen geklungen haben muß, läßt sich aus der zurückhaltenden bis ratlosen Reaktion von

Brahms' Freundeskreis erkennen. So schrieb Elisabeth von Herzogenberg am 30. September 1885 (!) an den Komponisten: «Es ist mir, als wenn eben diese Schöpfung zu sehr auf das Auge des Mikroskopikers berechnet wäre, als wenn nicht für jeden einfachen Liebhaber die Schönheiten alle offen da lägen, und als wäre es eine kleine Welt für die Klugen und Wissenden.» In der Tat sind die gedankliche Konzentration, die Verdichtung der motivisch-thematischen Arbeit, die konstruktive Verklammerung der Sätze untereinander in der *vierten Symphonie* beispiellos und reichen an die Grenzen dessen, was dem 19. Jahrhundert möglich war. Was Arnold Schönberg später in Brahms einen «Fortschrittlichen» erkennen ließ, die «entwickelnde Variation» – in diesem Werk ist sie in reinster Form verwirklicht.

Die Symphonie hebt – völlig unspektakulär, fast beiläufig – in den Violinen mit einer Melodie an, die in ihrer Struktur aus einer Kette von sieben fallenden Terzen besteht. Und die Terz ist denn auch der thematische Kern der ganzen Symphonie, aus der sich nahezu alle wichtigen musikalischen Gestalten entwickeln, auch das Hauptmotiv des Seitenthemas im ersten Satz etwa, das Clara Schumann «so eigensinnig und so gar nicht sich anschmiegend an das Vorhergehende» erschien.

So ist auch der Sonatensatz dieses Allegro non troppo keine Auseinandersetzung zweier gegensätzlicher Themen, die sich in der Reprise löst, sondern eine beständige «entwickelnde Variation» *eines* thematischen Kerns in verschiedenen Gestalten. «Durchführung» ist gewissermaßen der ganze Satz.

An einigen wenigen Stellen jedoch hält die beständige Bewegung, in der sich der Satz befindet, unvermittelt an, bleibt für einen Moment in Entrückung die Zeit stehen. Diese plötzlichen Einbrüche gehören zu den befremdlichsten und zugleich anrührendsten Momenten des Kopfsatzes.

An diese «romantische» Aura knüpft das Andante moderato an. In ruhiger Bewegung und fein differenziert in der Disposition der Klangfarben – das erste, phrygisch anmutende Thema (ebenfalls von der Terz abgeleitet) gehört meist den Bläsern an, das zweite, getragen fließende, den Streichern – entsteht eine sanfte, melancholische Stimmung. Freilich brechen in diese bald mit massiver

Wucht fortissimo die Streicher ein, der Satz steigert sich zu größter Erregtheit, die auch dann noch nachklingt, wenn – wieder beruhigt – das zweite Thema in sattem dunklem Streicherglanz erklingt, ganz Wohlgefühl ausstrahlend. Und auch in der leise verklingenden Coda ist die emotionale Aufwallung des Mittelteils noch nicht ganz vergessen.

Jedoch, vor der romantischen Emphase, vor der Emotion rettet sich Brahms in die sardonische Heiterkeit des dritten Satzes, eines grimmigen Scherzos im Allegro giocoso, das nur ganz selten in lyrische Bahnen gelenkt wird. Schroff platzen die gegen das Metrum verschobenen harten Rhythmen des Themas heraus, starr stehen die Akkordblöcke gegeneinander – eine Maske des Grimms, hinter der Brahms sich verbirgt.

Gebändigt ist die Aufwallung des dritten Satzes in der großartigen und strengen Architektur des vierten. Aus einem achttaktigen Thema, das er (leicht chromatisiert) Bachs Kantate *‹Nach dir, Herr, verlanget mich›* entlieh, entwickelt Brahms eine Passacaglia, deren konstruktive Rigorosität die des Kopfsatzes noch übertrifft. Keine bloße Reihung von Variationen verschiedenen Charakters über einen gleichbleibenden Baß jedoch beabsichtigte Brahms. Und so wölbt sich über die dreißig Variationen der barocken Passacaglia ein Sonatensatz des 19. Jahrhunderts; bildet das durchweg präsente Thema (das lediglich im ruhigen Mittelteil im Gewebe sich verbirgt) das harmonisch-melodische Fundament für einen symphonischen Satz von höchster Ausdrucksdichte und -variabilität. Am Ende schließlich, vor der Schlußstretta, die den angestauten Energien freien Lauf läßt, schlägt der Satz den Bogen zurück zum Anfang. In der Kombination von Passacaglia-Thema und der Terzenkette des Kopfsatzes schließt sich die Symphonie zu einem integralen Ganzen zusammen.

Die Passacaglia der *vierten Symphonie* setzt nicht nur einen Schlußpunkt unter Brahms' symphonisches Werk, auch jener Zweig der Gattung, den im 19. Jahrhundert Schumann, Mendelssohn und Brahms repräsentierten, ist hier an seinem Ende angelangt. In der Verbindung von Vergangenheit und Gegenwart wird die *vierte Symphonie* jedoch zugleich zum Boten der Zukunft.

Rainer Pöllmann

Ouvertüren und Variationen

Neben den Symphonien existieren in BRAHMS' Œuvre zwei in ihrer Charakteristik gegensätzliche Ouvertüren, die beide im Jahre 1880, also zwischen der zweiten und dritten Symphonie, geschrieben wurden und – gewichtiger in der kompositorischen Substanz – die *‹Haydn-Variationen› op. 56 a* aus dem Jahre 1873, die nicht zuletzt als Vorstufe für das erste symphonische Werk konzipiert waren.

Das Thema der *‹Haydn-Variationen›* ist einem *Divertimento* des Wiener Klassikers entnommen, das dort mit *‹Chorale St. Antoni›* überschrieben ist. BRAHMS dürfte besonders die Unregelmäßigkeit der Taktanordnung interessiert haben. Das Thema ist aus zwei fünftaktigen Halbsätzen an Stelle der gewöhnlichen Viertaktigkeit zusammengesetzt, was ihm eine prägnante Struktur verleiht; die denn auch das gesamte Variationenwerk hindurch, in den dem Thema folgenden acht Variationen und im abschließenden Finale, musikalisch wirksam bleibt.

Daß BRAHMS die Variationsform als Vorstufe zur geplanten Symphonie verwendete, lag nahe, spielt doch das Variationsprinzip in allen seinen größeren Kompositionen eine wesentliche Rolle, ja galt für BRAHMS als Inbegriff des Komponierens schlechthin. So sind die *‹Haydn-Variationen›* auch nicht nur ein loser Zyklus verschiedener Charakterstücke, BRAHMS begreift vielmehr die einzelnen Variationsabschnitte als (gegensätzliche oder eine Weiterentwicklung darstellende) Glieder eines Satzes, der insgesamt als große Steigerung angelegt ist; bewirkt wird diese durch die sich zunehmend verdichtende Motivik und das vom Andante des Themas bis zum schattenhaften Presto der achten Variation anwachsende Tempo. Die Lösung stellt das Finale (wieder Andante) dar, das als Passacaglia gleichsam eine Variationsform innerhalb der Variationenreihe darstellt. Ein fünftaktiges Thema, gebildet aus Baß- wie Melodieteilen des *‹Chorale St. Antoni›*, bildet das Gerüst und bringt die HAYDNsche Melodie zu grandioser Entfaltung, deren Vielschichtigkeit in den verschiedenen Charakteren der Variationenfolge zum Ausdruck kam – ein zentrales Anliegen BRAHMSschen Komponierens schlechthin. Schon die Uraufführung in Wien 1873 sicherte dem Werk großen Erfolg.

Die beiden Ouvertüren sind eher als Gelegenheitswerke zu betrachten. Die *‹Akademische Festouvertüre› op. 80* entstand im Zusammenhang mit der Verleihung der Ehrendoktorwürde an BRAHMS durch die Universität Breslau im Jahre 1879. BRAHMS verarbeitete Studentenlieder (etwa *‹Ich hab' mich ergeben›* und *‹Gaudeamus igitur›*) zu einem kontrapunktisch aufbereiteten Potpourri. Auch hier ist das Variationsprinzip allenthalben spürbar, freilich eher als demonstrativ versierter Umgang mit einem allseits vertrauten Material.

Die *‹Tragische Ouvertüre› in d-moll op. 81* entstand in unmittelbarem Zusammenhang mit der *‹Akademischen Festouvertüre›*. BRAHMS folgte damit seinem inneren Drang, deren heiterem Charakter ein ernstes Pendant gegenüberzusetzen. Der herbe Ton der *‹Tragischen Ouvertüre›* weist voraus auf das BRAHMSsche Spätwerk – etwa auf die *vierte Symphonie*. Das Werk ist als Sonatensatz angelegt. BRAHMS äußerte, daß er mit der Ouvertüre «kein bestimmtes Trauerspiel als Sujet im Sinne» gehabt habe. Dargestellt ist also eine abstrakt tragische Vorgabe zu einem Schauspiel, die Charakterisierung des Tragischen auf musikalische Weise. Am bestechendsten gelang dies in der kühnen, zwischen Moll und Dur changierenden Erfindung des Hauptthemas. Die Uraufführung unter Hans Richter im Dezember 1880 fand nur geringe Resonanz.

Reinhard Schulz

Orchester-Serenaden op. 11 und op. 16

Daß eine Serenade nichts als musikalische Plauderei mit Puder und Perücke sei, verbat sich bereits MOZART. Mit seinen großen Werken dieser Gattung (zum Beispiel KV 361 oder KV 388) überschritt er entschieden die Grenzen des gesellschaftlichen Amüsements. Wenn sich dann im 19. Jahrhundert ein so abgründiger, skrupulöser Komponist wie JOHANNES BRAHMS dieses Genres bediente, steht kaum zu erwarten, daß ausgerechnet er der Serenade ihre «Unschuld» zurückgeben würde. Zusammen mit dem *Klavierkonzert op. 15*, einem verkappt symphonischen Koloß, stellen die beiden *Orchester-Serenaden op. 11 und op. 16* gewichtige Etappen auf seinem Weg zur großen Symphonie dar. Zur Zeit ihrer Entstehung, in den Jahren 1857 bzw. 1859, war BRAHMS Leiter des Singvereins am Detmolder Hof. In diese Phase fällt das intensive Studium der Werke HAYDNS und MOZARTS, die ihn zu der Erkenntnis brachten, daß nicht die riesenhafte *Neunte* BEETHOVENS das oberste symphonische Wort wäre, daß vielmehr «die Haydnsche Symphonie keineswegs als bloße Vorstufe zur Mozartschen oder Beethovenschen aufzufassen, sondern ein in seiner Art ebenso vollkommenes, den Namen der Gattung mit demselben Recht führendes Kunstwerk sei, wie die der anderen Meister» (Max Kalbeck). Damit stellte sich BRAHMS gegen die verbreitete musikalische Ästhetik seiner Zeit, die in HAYDN eine veraltete, ja zopfige Spielerei wahrzunehmen beliebte. Zusammen mit den häufigen Aufführungen MOZARTscher Serenaden durch die vorzüglichen Bläser der Detmolder Hofkapelle gaben diese neugewonnenen Überzeugungen für BRAHMS den Anstoß, dort anzuknüpfen, wo die Musik noch nicht durch den enormen Bannstrahl BEETHOVENS beschädigt war. Zunächst konzipierte er die *erste Serenade* (D-dur) als Oktett, also ähnlich zurückhaltend kammermusikalisch, wie es später für das A-dur-Werk realisiert wurde. Doch dann forderte der symphonische Anspruch eine Erweiterung der Form wie der Instrumentation.

Und wirklich scheint die *Serenade op. 11*, zumindest in ihren ersten drei (von sechs) Sätzen, eher zur Symphonie zu tendieren. Es ist gleichsam eine Hommage an die Wiener Klassische Musik, ohne epigonale Haltung allerdings, sondern mit der BRAHMS eigenen Konstruktivität. Das zweite Scherzo (fünfter Satz) nämlich, zitiert, gekoppelt mit einem Gedanken aus BEETHOVENS *zweiter Symphonie*, das Finalthema aus HAYDNS letzter *‹Londoner›* (*Symphonie Nr. 104*), ein Motiv, dessen rhythmische Kontur (kurz–kurz–lang) sich als latentes Zentrum des ganzen Werkes entpuppt. So taucht es gleich zu Beginn des Kopfsatzes im ersten Themenkomplex der Bläser auf und wird zur entscheidenden Keimzelle des ganzen Satzes. Das für BRAHMS später so typische variative Entwicklungsverfahren läßt schon hier das so beschaulich beginnende Allegro molto mehr und mehr in den symphonischen Sog geraten. In dieser ersten vollständig ausgeführten Orchesterpartitur des jungen BRAHMS sind die thematisch-konstruktiven Verknüpfungen für alle Sätze bestimmend. So hat man zwar mit Recht darauf verwiesen, daß das Scherzo-Thema des zweiten Satzes eine Vorform des Allegro appassionato aus dem *Klavierkonzert op. 83* darstellt; da es freilich bereits in der Durchführung des Serenaden-Kopfsatzes erscheint, betont BRAHMS ausdrücklich den Charakter des Organischen, des symphonischen Ganzen. Werden in der ersten Serenade Motive Wiener Klassischer Musik gleichsam zu Wegweisern für ein noch fernes symphonisches Ziel im Sinne BRAHMS', so tritt die *zweite Serenade* als solche im Gewand HAYDNS und vor allem MOZARTS auf. Gegenüber dem symphonisch orientierten Opus 11 ist hier, zumal durch das Übergewicht der Bläser (ein zehnstimmiger Bläsersatz steht einem dreistimmigen Streichersatz gegenüber), die äußere wie innere Dimension auf kammermusikalische Maße zurückgenommen. Der Charakter des «Nachtstücks» wird durch das Fehlen der Violinen geradezu mit einem Ausrufezeichen versehen. BRAHMS wird sich an das dunkle Streichertimbre in seinem *‹Deutschen Requiem›* (erster Satz) eindrucksvoll erinnern. (Vorbild für die Besetzung von Streichinstrumenten – Bratschen, Celli und Kontrabässe – war allerdings die Oper *‹Uthal›* von E. N. MÉHUL, die BRAHMS aufmerksam studiert hatte.)

Auffällig gegenüber der *D-dur-Serenade* aber ist die merkwürdige Unentschiedenheit zwischen der konstruktiven innermusikalischen Logik, wie sie Opus 11 zeigte, und einem melodischen Sich-Verlieren; also das Nebeneinander von gefühlsseliger Substanz und dem geradezu klassisch-formalen Gestaltungswillen. So greift etwa das Adagio non troppo (dritter Satz) fast wörtlich in den Streichern die Intervallstruktur des Hauptthemas im Kopfsatz auf, stellt dadurch Beziehungen zwischen den Sätzen her, um dann aber fast ständchenartig, lyrisch-reihend fortzufahren. Von einem Stilkonflikt indessen zu sprechen, womöglich von einem kompositorischen Reflex ästhetischer Widersprüche, würde an diesem Frühwerk vorbeizielen. Die Phase des Erprobens dagegen ist deutlich spürbar, eine Haltung, der man gerechter wird, wenn man sie als (allerdings weit fortgeschrittene) Studien des Orchestersatzes beschreiben würde. Für BRAHMS ist das Genre der Serenade eine Vorform seines entschiedenen symphonischen Begehrens.

Bernhard Rzehulka

Klavierkonzert Nr. 1 d-moll op. 15

Das *erste Klavierkonzert* ist das zentrale Stück der Sturm-und-Drang-Zeit des Komponisten. Zugleich zeigt seine lange und verwickelte Entstehungsgeschichte, mit welchen künstlerischen Skrupeln bereits der junge BRAHMS zu kämpfen hatte. SCHUMANNS Selbstmordversuch am 27. Februar 1854, die vergebliche, nie erwiderte Zuneigung BRAHMS' zu Clara Schumann und das aufwühlende Erlebnis der *neunten Symphonie* BEETHOVENS, dies alles schmolz in jenem eruptiven, mächtig ausladenden musikalischen Einfall zusammen, mit dem das Konzert auch in der endgültigen Fassung so gänzlich symphonisch beginnt. GUSTAV MAHLER wird sich knapp fünfzig Jahre später im ersten Satz seiner *dritten Symphonie* daran erinnern. Der Einfall des erst einundzwanzigjährigen BRAHMS erwies sich jedoch als derart elementar, als gleichsam «abstrakt», daß seine klangliche Gestalt und formale Entwicklung nicht auf Anhieb gelingen wollte. Erst ein langer, zäher Arbeitsprozeß kristallisierte das Klavierkonzert so heraus, wie wir es heute kennen.

Der erste Ansatz, dem unmittelbaren Einfall klangliches Relief zu geben, war der Entwurf einer – im übrigen verschollenen – *Sonate für zwei Klaviere*, also für das Instrument des Komponisten, der noch keine Erfahrungen mit dem Orchestersatz hatte. Noch im Entstehungsjahr (1854) bemerkte BRAHMS dazu: «Eigentlich genügen mir nicht einmal zwei Klaviere.» Er spürte die unerhörte Expansionskraft, die in dem Einfall steckte. In einem zweiten kompositorischen Ansatz schaltete er zunächst einmal den Klavierklang völlig aus und versuchte, die farbigere Palette des Orchesters einzusetzen. Doch hinderten ihn seine mangelnden Kenntnisse im Umgang mit den großen Orchesterapparat an einem zufriedenstellenden Ergebnis. Deshalb entschloß sich BRAHMS Anfang 1855, den Zwiespalt zwischen dem Ungenügen des reinen Klaviersatzes und den fatalen Folgen einer nachträglichen Instrumentierung dadurch aufzuheben, daß er eine Umarbeitung des bisher Erreichten zu einem Klavierkonzert ins Auge faßte, in dem nun beide Klangbereiche zu höherer und komplexer Einheit verbunden werden konnten. Allerdings begab er sich hiermit in die Gefahr, dem symphonischen Expansionsdrang des Ureinfalls die Gesetze des Konzertprinzips aufzwingen zu müssen. Dies wog um so schwerer, als ja das nachbeethovensche Solokonzert eher virtuos als symphonisch orientiert war, die Artistik des Solisten über dem Orchester brillieren wollte und das Orchester zur reinen Begleitung verkam.

Bis ins Jahr 1856 hinein beschäftigte sich BRAHMS mit dem ersten Satz des großangelegten Klavierkonzerts. Doch erst ein Jahr später, nachdem das Adagio – in BRAHMS' eigenen Worten ein «sanftes Porträt» Clara Schumanns – und die erste Fassung des letzten Satzes fertiggestellt waren, betrachtete er die Arbeit am umfangreichen Kopfsatz als abgeschlossen. Mit dem ausdrücklichen symphonischen Habitus des Finalsatzes, mit seiner Mischung aus Sonaten- und Rondoform, bekundete BRAHMS die deutliche Abkehr vom herrschenden Virtuosenkonzert. Bis zur öffentlichen Uraufführung in Hannover mit BRAHMS als Solisten ging das Ausfeilen der Partitur, namentlich der Instrumentation. Das Ergebnis zeigte denn auch den Lohn der fünfjährigen Mühen: ein in der Konzertliteratur des 19. Jahrhunderts einzigartiges Werk.

Selten hat sich BRAHMS so ungedeckt dem musikalischen Ausdruck überlassen wie hier; der donnernde Triller und die herrisch-pathetische Geste des Anfangs stehen als eindrucksvolle Beispiele dafür ein. Die Gewalt dieses Anfangs ist beispiellos. Die Weite der symphonischen Anlage des Konzerts könnte kaum besser angeschlagen werden. Erstaunlich ist die Fähigkeit des jungen Komponisten, schließlich doch das Prinzip des Konzertierens, den Wechsel von Orchesterritornellen und Soloepisoden, mit der symphonischen Entwicklung zusammenzubringen, ohne daß Brüche hörbar würden. Die thematische Substanz erforderte in diesem Fall, zumindest im ersten Satz, eine symphonisch ausgreifende Orchesterexposition und – als Kontrast – die Ausschweifung der Soloepisoden zu thematischen Abschnitten eigenen Rechts. Denn die formale Schlüssigkeit eines MOZARTschen Konzertsatzes war unwiederbringlich dahin. BRAHMS schuf statt dessen eine Art «Gruppierung melodischer Gedanken um thematische Schwerpunkte» (Carl Dahlhaus). Um die solcherart anvisierte epische Breite nicht gar ins Unermeßliche zerfließen zu lassen, konstruierte

BRAHMS den musikalischen Zusammenhang in größtmöglicher Strenge aus und nahm damit Verfahren vorweg, die ihn später zum Vorläufer SCHÖNBERGS werden ließen. Die wie improvisiert herausgeschleuderte Anfangsgeste wird konstruktiv zusammengehalten durch einen chromatisch absteigenden Baßgang, der die ersten 25 Takte umfaßt; die Grundtonart d-moll wird dabei nicht auskadenziert, sondern nur umschrieben. Das Gefühl des Harmonisch-Vagen, das mit der improvisatorischen Geste übereinstimmt, erhält also seinen Rückhalt durch eine subkutane kompositorische Idee, die an das Baßfundament einer barocken Passacaglia erinnert. Solche Verfahren des musikalischen Zusammenhangs werden später die gesamte Arbeit von BRAHMS wesentlich bestimmen.

Dietmar Holland

Klavierkonzert Nr. 2 B-dur op. 83

Ist das BRAHMSsche *B-dur-Konzert* wirklich ein so sperriger Klotz, «dickflüssig, unelastisch»? Muß der Pianist wirklich sein Virtuosentum verleugnen und «zum Arbeiter des Klavierspiels werden»? Diese – im Jahre 1920 – vom BRAHMS-Biographen Walter Niemann vertretene Auffassung träfe wohl eher den Kern der Klavierkonzerte von REGER oder BUSONI, spricht aber ex negativo einer bis heute verbreiteten Meinung das Wort, die das BRAHMSsche Opus 83 pauschal als «Symphonie mit obligatem Klavier» ausgibt, als spätromantischen Koloß, dessen Bedeutung weit weniger sich in Wirkung und Eleganz offenbare als in schwerblütiger Gedankentiefe.

Das wäre im Hinblick auf den symphonischen Duktus dieses Klavierkonzerts gar nicht so falsch, trifft aber nur einseitig und damit nicht ins Zentrum. Dazu «klingt» das Konzert einfach zu gut. Der Pianist geht nicht unter im spätromantischen Riesenorchester – im Gegenteil, so feinsinnig diffizil hatte BRAHMS nie zuvor die Solo- und Orchesterpartien voneinander getrennt, so sinnvoll nachvollziehbar die gemeinsamen Tutti-Abschnitte (von denen es überraschend wenige gibt) gebaut. Schon der erste Höreindruck etwa des Finalsatzes vermittelt eine für BRAHMS eher untypische, gelassene Heiterkeit des Hauptthemas, die Rahmenabschnitte des langsamen (dritten) Satzes fließen weich dahin ohne spröden Intellektuellenballast. Nein, im Vergleich zu den Symphonien, dem *d-moll-Klavierkonzert* und vielen der Kammermusikwerke gibt BRAHMS sich hier geradezu packend-vielseitig, von gelöster Überlegenheit. Wenn das Konzert dennoch immer wieder als schwere Kost, als vor Anstrengung schwitzende Musik beschrieben wird, so liegt das an dem Anspruch, den die Gattung selbst für BRAHMS besaß. Das im 19. Jahrhundert so verbreitete Virtuosenkonzert als artistischer Selbstzweck mußte ein so skrupulöser, von der Tragfähigkeit klassischer Formen so überzeugter Komponist wie BRAHMS von vornherein ablehnen. Zwar ist unüberhörbare Koketterie im Spiel, als er 1881, dem Jahr der Fertigstellung der Partitur, das Werk als «ganz kleines Klavierkonzert mit einem ganz einem kleinen Scherzo» an Clara Schumann annonciert, die Formulierung betont aber gleichzeitig die Andersartigkeit des Werkes in der Welt epigonaler Virtuosität.

Der Dreh- und Angelpunkt liegt bei BEETHOVENS *Es-dur-Konzert op. 73*, das sich endgültig vom wesenhaften Dualismus MOZARTS verabschiedet hatte und dem symphonischen und damit vereinheitlichenden Charakter sich zuwandte. Diese symphonische Konzeption des Konzertanten hatte nichts damit zu tun, daß etwa das Orchester jetzt einseitig dominieren und der Solist im gleichen Maße zur Nebensache erklärt werden würde; es ging vielmehr darum, beide Partner *einer* kompositorischen Idee zu unterwerfen; die Thematik und ihre Verarbeitung, die Teile und Abschnitte so konstruktiv so miteinander zu verzahnen, daß diese Strukturen ebenso festgefügt und abgesichert waren, wie etwa bei einem Streichquartett oder einer Symphonie. Einer der Indikatoren dafür ist die Solokadenz, die bei MOZART und dem frühen BEETHOVEN der natürliche Raum für die spontane Entfaltung des Protagonisten war; im besten Fall zur gleichsam zweiten Durchführung sich verdichten konnte.

BEETHOVENS *Es-dur-Konzert* läßt die Kadenz zum episodenhaften Moment schrumpfen, das strukturell verankert und bis ins Detail ausformuliert ist. Das Improvisatorische weicht der übergeordneten Gesamtidee. Daran knüpft BRAHMS, «der sich nicht der

Tradition unterwarf, sondern sie weiterdachte» (Carl Dahlhaus), in singulärer Weise an. Der die Solokadenz vertretende Abschnitt im *B-dur-Konzert* steht fast am Beginn (!) des Kopfsatzes (Takte 11 bis 28), also noch vor der ersten Exposition, und greift den wesentlichen Halbtonschritt (es-d) des Hornmottos der ersten Takte auf. Diese so gelöst ausschwingenden Anfangstakte werden in der Solopassage des Klaviers einer ersten Probe unterzogen. Das Halbtonintervall (das durch die Triolenschleife verschleiert war) wird auf seine Tragfähigkeit hin abgeklopft. Erst danach wird die Orchesterexposition Realität, die jetzt den Themenkern des Hornmottos als erstes Thema ausbreiten kann. So ist dieser Soloabschnitt zu Beginn eine entscheidende Markierung der inhaltlichen Balance zwischen Solo und Tutti, zumal er nichts mit dem traditionellen «Eingang» des Solisten im Sinn hat.

Ohne die Bedeutung des Klaviers zu verleugnen, dokumentiert Brahms den symphonischen Charakter der Gattung Konzert als viersätzige formale Anlage, die bereits für das d-moll-Konzert eine Rolle spielte und für das Violinkonzert konkret vorgesehen war. Das «ganz kleine» Scherzo hatte bisher im konzertanten (dreisätzigen) Rahmen nichts zu suchen. Dieser zweite Satz (vgl. die Reihenfolge der Sätze in Beethovens *neunter Symphonie*) findet gleichsam unter der Hand seine eigene Physiognomie. Äußerlich, in Metrum und dreiteiligem Bau, entspricht er dem traditionellen Scherzo mit einem trioähnlichen Teil in der Mitte. Der Satz aber ist förmlich durchtränkt mit der Sonatenform; das Scherzo selbst besteht aus Haupt- und Seitenthema (in der Dominante), das «Trio» wird zur veritablen Durchführung. Der straffe, energische Charakter des Satzes und seine Nähe zur Sonatenform schaffen den notwendigen Ausgleich zwischen dem trotz energischer Episoden ruhigen Kopfsatz und dem wie entrückt scheinenden Andante (dritter Satz). Die kompositorischen Gewichte werden nicht mehr ausschließlich im konzertierenden Ereignis selbst gesucht, sondern ebenso in der Form als solcher, die bei Brahms nie «bloßes Gerüst ist [...], sondern selbst ein musikalischer Gedanke» (Dahlhaus).

Der Einsatz eines weiteren Soloinstruments, des Violoncellos, im Kontext des langsamen Satzes, scheint zunächst befremdend und mit dem Genre des *Klavier*-Konzerts nicht vereinbar. Oder dachte BRAHMS etwa an eine Reminiszenz des alten «Concerto grosso»? Beide Soloinstrumente, Klavier und Cello, begegnen sich konkret erst innerhalb der Reprise des Satzes (Takt 76/77ff). Zuvor – im ersten Teil – waren sie säuberlich voneinander getrennt; im Mittelteil, der durch die energischen Trillerpassagen des Klaviers geprägt ist, schweigt das Cello zur Gänze. Das deutet auf einen «Weg», eine Entwicklung hin. So versucht das Cello als individueller Repräsentant des Orchesterverbundes in eine kammermusikalische Beziehung zum Solisten zu treten, die in der Reprise endlich realisiert werden kann. Es ist wie eine letzte Erinnerung an die Unmittelbarkeit des MOZARTschen Dialogs innerhalb der Gattung Konzert, den BRAHMS freilich verwandelt in ein lyrisches Geflecht des Nebeneinander – eine doppelbödige Musik, die die Trauer über das Unwiederbringliche ebenso in sich birgt wie den Versuch, das Gleichgewicht der Partner (Solo und Orchester) auf kammermusikalischer Ebene noch einmal herzustellen. Kann man da von Zufall sprechen, wenn BRAHMS Jahre später das Thema des Solocellos wörtlich für eine Liedkomposition verwendet, deren Titel *‹Immer leiser wird mein Schlummer›* (*op. 105, 2*) im nachhinein als feinsinnige Anspielung auf die längst vergangene Partnerschaft wirkt? Jedenfalls wird die lyrische Melancholie des Klavierkonzert-Andantes behutsam um einen weiteren Aspekt bereichert.

So vielschichtig also zeigt sich der angebliche «Koloß», der den konzertanten Gedanken ebenso in sich birgt wie den symphonischen Anspruch. Die Wehmut über den Verlust des imaginären Bühnengeschehens im Sinne MOZARTS wird – wenn auch verschlüsselt – benennbar, und doch tritt im selben Moment die BRAHMSsche Realität der souveränen, dichten Konstruktivität in den Vordergrund. Das Klavierkonzert wird zur Synthese der instrumentalen Gattungen schlechthin.

Bernhard Rzehulka

Violinkonzert D-dur op. 77

Das *Violinkonzert D-dur op. 77* von JOHANNES BRAHMS darf mit Recht als *das* Violinkonzert in der zweiten Hälfte des 19. Jahrhunderts bezeichnet werden. Es entstand 1878 in Pörtschach am Wörthersee, wo BRAHMS mehrere Jahre seinen Sommerurlaub verbrachte. Uraufgeführt wurde es am 1. Januar 1879 von dem berühmten Geiger und Freund des Komponisten JOSEPH JOACHIM. Schon bald danach wurde das Werk als «Konzert gegen die Violine» apostrophiert, ein Vorwurf, der sich auf «ungeigerische» Abschnitte im Violinpart, vor allem aber auf den unvirtuosen Charakter des Konzerts bezog, der dem Solisten nicht genügend Freiraum zum effektvollen Brillieren gab. In der Tat stellte sich BRAHMS mit der Konzeption seines *Violinkonzerts* demonstrativ gegen eine Tradition, wie sie im 19. Jahrhundert von PAGANINI bis SARASATE nahezu selbstverständlich war und den Solisten in den Vordergrund rückte. BRAHMS hingegen verstand das Konzertprinzip als ein wesentlich symphonisches. Hierin unterscheidet er sich auch vom augenscheinlichen und oft genannten Vorbild, dem *Violinkonzert* BEETHOVENS, bei dem der Dialog zwischen Solist und Orchester als ein Verhältnis zwischen Individuum und Gesellschaft aufgefaßt wurde. BRAHMS hingegen sucht den Ausgleich zwischen dem Anteil des Orchesters und des Solisten: beide ergänzen sich und steigern sich so gegenseitig in ihrer Wirkung.

Zwar stellte BRAHMS die traditionelle Großform eines Konzerts, namentlich die Dreisätzigkeit mit der Folge schnell–langsam–schnell, nicht in Frage. Gleichwohl weist die konstruktive Anlage des Werkes einige kühne Neuerungen auf, versuchte doch BRAHMS die herkömmlichen Normen auf neue Art auszufüllen. Schon die Exposition des ersten Satzes gehorcht nicht mehr den Gesetzen einer zweimaligen Themenaufstellung durch Tutti und Solo – wie sie freilich schon im Verlauf des 19. Jahrhunderts zunehmend aufgegeben wurde –, der Einsatz der Violine reagiert vielmehr auf den bisherigen Verlauf des Satzes, der vom abgeklärten Dreiklangsthema des Beginns schließlich zu einer trotzig punktierten Moll-Gestalt geführt hatte. Als Folge dieser Entwicklung steht der erste Einsatz des Soloinstruments nun gleichfalls in Moll, von Bruchstücken des scharf punktierten Themas begleitet. Schon hier wird Brahms' grundsätzliche Kompositionsidee deutlich: durch variative Arbeit mit dem aufgestellten thematischen Material eine Vermittlung zwischen den einzelnen Abschnitten zu schaffen. Der Charakter des Verbindlichen, der dieses Konzert auszeichnet, ist – und dies unterscheidet Brahms von den meisten seiner Zeitgenossen – nicht «erfunden», sondern durch den musikalischen Ablauf selbst erzeugt. Die verschiedenen Gestalten gewinnen durch ihre gegenseitige Vermittlung an Selbstverständlichkeit, die Musik ruht gleichsam in sich selbst und erzeugt dadurch den Eindruck gelöster Stimmigkeit. Dieses Verhältnis bestimmt auch das Gegenüber von Solovioline und Orchester. Wenn Pablo de Sarasate es damals als Zumutung verstand, im Adagio «mit der Geige in der Hand zuzuhören, wie die Oboe dem Publikum die einzige Melodie des ganzen Stücks vorspielt», so traf er genau den entscheidenden Punkt, ohne aber Brahms' kompositorisches Prinzip zu begreifen. Dieses zielte auf Integration, nicht auf Demonstration – bis hin zum Schluß des Konzerts, das ruhig ausläuft, anstatt zu einem prunkenden Finale anzuheben.

Reinhard Schulz

Konzert für Violine, Violoncello und Orchester a-moll op. 102

In seinem *Doppelkonzert* (1887) verweigert Brahms ein vordergründig virtuoses Werk, auch bietet er kein wiederbelebtes Concerto grosso oder eine aktualisierte Version des Beethovenschen *Tripelkonzerts* an, sondern er präsentiert die konzertante Erzählung zweier Instrumente. Seine Erzähler sind keine sich produzierenden Selbstdarsteller, die mit Furore die Bühne betreten, nachdem das Orchester den Auftritt vorbereitet hat, sondern unprätentiös, ohne protzige Kadenz stellen sie sich gleich zu Beginn vor. Es wird zu einem spannenden, nicht die Sinne betäubenden Erlebnis, zu verfolgen und zu erfahren, was Orchester und Solisten allein durch das erste Thema mitteilen.

Dieses Thema ist, wenn die Solisten zum erstenmal auftreten in den Erzählfluß des Orchesters, ein anderes geworden: Es wächst um zwei Takte, wird detaillierter, konturierter und damit komplexer. Allein der Gang der Erzählung, des Satzes, vollzieht sich nicht nur an diesem einen Thema. Es wird im harmonischen Bereich nicht von einer oder zwei thematischen Figuren berichtet, wie dies im Andante-Satz geschieht, sondern hier vollzieht sich die Handlung auf der Ebene der formalen Struktur. Der Satz bietet neue Gedanken, neue thematische Kombinationen, die die Frage provozieren: Was ist geschehen? Was hat sich verändert? Was ist neu? Brahms bedient sich differenzierter Erzählstrategien: Er läßt beide Instrumente gleichzeitig reden, erlaubt einmal der Violine, dann dem Cello, das Primat des Vortrags zu übernehmen, verschmilzt beide zu einem einzigen homogenen, wortgewaltigen Erzähler. Daneben steht das Orchester als teils gesonderter, teils miteinbezogener Partner. Als drittes Thema wird das *a-moll-Violinkonzert* von Viotti zitiert: nicht nur eine kurze Reminiszenz, sondern ein gültiger Beweis auch musikalischer Intertextualität.

Brahms gibt während des ganzen Satzes das Prinzip strukturierten Erzählens an keiner Stelle zugunsten bloß tradierter Konvention auf, verzichtet beispielsweise auf eine pompöse Kadenz.

Der langsame Satz verfährt nicht nach den Regeln sukzessiven Erzählens: Er gewinnt die Komplexität seiner Aussage nicht aus der Abfolge formal geschlossener thematischer Gedanken, sondern aus dem immer dichter werdenden Verlauf verschiedener Strömungen, die schließlich in einem Moment der Gleichzeitigkeit zusammenfließen. In dem dreiteilig angelegten Andante mündet am Ende die Melodie der Solisten aus dem Mittelteil in das erste Thema, gleichzeitig verbinden die begleitenden Holzbläser den ersten und den mittleren Teil in ihrer Passage, und zu der abschließenden Solistenkadenz klingt der Quartenruf der Hörner, der in den beiden ersten Takten den Satz eingeleitet hatte. In dieser Engführung werden all die heterogenen Elemente des Satzes verbunden und zusammengeschmolzen zu einer synchronen Aussage. Ein Verfahren, das nur in der Musik, nicht aber in der Sprache möglich ist.

Der dritte Satz entspricht wohl mehr als die beiden vorangegangenen den Vorstellungen eines kunstfertigen, mit Finessen versehenen Solistenkonzerts. Er ist vitaler, schwungvoller, auch leichter eingängig als der gewaltige erste Prosasatz und auch einfacher in der musikalischen Aussage als der verdichtete, konglomerierte Andante-Satz. Und doch oder gerade deshalb bedingt das Konzert als sinnvolle, ökonomisch konzipierte Einheit den Satz. Diese lebhafte Burleske stellt den Ausgleich her zu den beiden schweren Sätzen, vollendet die Erzählung der beiden Instrumente mit einem humorigen Finale, das vor rhythmischer und charakterlicher Pointiertheit strotzt und die Fähigkeiten der Solisten eindeutig unter Beweis stellt.

Irmelin Bürgers

‹Ein deutsches Requiem›

BRAHMS war noch keine dreißig Jahre alt, als er mit der Komposition seines *‹Deutschen Requiems›* – oder zumindest mit Vorarbeiten dazu – begann. Schon 1860 lag dem BRAHMS-Biographen Max Kalbeck zufolge der zweite Satz als Bestandteil einer Trauerkantate vor. Lange zog sich die Arbeit hin, eine erste Aufführung von Teilen des Requiems kam schließlich im Jahre 1867 in Wien zustande.

Nicht die kanonische Form des lateinischen Requiems benutzte BRAHMS für seine Komposition, vielmehr wählte er selbst Texte aus dem Alten und Neuen Testament aus und stellte sie individuell zusammen. In diesem freien Umgang mit der Requiem-Tradition spiegelt sich die Geisteshaltung von BRAHMS' Zeit, die dem Ideal allgemeiner Religiosität anhing, sich nicht auf die Liturgie beschränken ließ. Darüber hinaus aber ist das *‹Deutsche Requiem›* auch ein sehr persönliches Werk, konkreter in der Aussage. Der Mensch begreift die Vergänglichkeit seines Tuns, das gleichwohl nicht sinnlos ist. Das meinen die Schlußsätze des Requiems: «Ja, der Geist spricht, daß sie ruhen von ihrer Arbeit; denn ihre Werke folgen ihnen nach.» BRAHMS suchte sich in der Arbeit an diesem gewichtigen Werk als Komponist zu befreien; immer noch steckte er zu dieser Zeit in Zweifeln über sein Schaffen, die seit Jahren konzipierte (erste) Symphonie etwa wollte nicht geraten. Auch der Tod ROBERT SCHUMANNS, des über alles verehrten Förderers, wirkte wohl bei der Komposition nach.

Das *Requiem* hat sieben Sätze, die sich nicht nur im Charakter, sondern auch in der kompositorischen Technik unterscheiden. Die Zahl «sieben» steht als heilige Zahl für den christlichen Gehalt des Werkes, ermöglicht darüber hinaus aber auch verschiedene formale Strukturierungen. So überlagern sich zwei Anlageprinzipien im ‹*Deutschen Requiem*›, das ungeachtet BRAHMS' Äußerung gegenüber seinem Verleger, jeder Satz könne auch einzeln aufgeführt werden, eine in sich geschlossene Architektur darstellt.

Zum einen ist, wie Kalbeck entdeckt hat, das ‹*Deutsche Requiem*› achsensymmetrisch angelegt, wobei sich erster und siebenter, zweiter und sechster Satz usw. entsprechen. Sichtbar wird dies etwa an den Strophenanfängen. Verschränkt wird diese symmetrische Anlage mit einer zweiten. Darin bilden die Sätze eins bis drei und vier bis sechs zwei jeweils sich steigernde Abschnitte mit dem siebenten Satz als Schlußteil.

Der erste Teil legt dabei das Hauptgewicht auf das irdische Leid, wohingegen der zweite den Ton von jenseitiger Hoffnung anschlägt. Beide Teile beginnen mit einem choralartigen Chorsatz und schließen mit einer groß ausgeführten Fuge. Der Schlußsatz greift nochmals den Choralton auf und verbindet inhaltlich die beiden Sphären des Diesseits und Jenseits.

Ebenso wie die divergierenden Formprinzipien überlagern sich auch die musikalischen Techniken, neuen Ausdrucksmitteln stehen archaische Satzformen gegenüber; wie etwa die Fuge, die eine objektivierte, über das Subjekt erhabene Haltung repräsentiert. Die höchste kontrapunktische Form der Barockzeit nochmals zu bewältigen, das führte freilich auch zu einigen eher zwanghaften kompositorischen Zügen.

Gegenstück hierzu ist der *zweite Satz* «Denn alles Fleisch, es ist wie Gras», ein Herzstück des Requiems, der unmittelbare Ausdruck des Empfindens, das alles Hiesige nichtig sei. BRAHMS komponiert einen Marsch im Dreivierteltakt, und just der ungerade, «falsche» Takt verleiht dem Marschgestus drängenden Nachdruck. Gesteigert erscheint die Gewalt, das als unerbittlich empfundene Schicksal wird direkt in Musik umgesetzt. Trat in den Fugen die Subjektivität der Aussage hinter der Historizität des Verfahrens zurück, so behauptet sie sich hier um so entschiedener.

Die in mehrfacher Hinsieht polartige Anlage ist in einem weiteren Sinn symptomatisch für das Werk selbst. Es ist zwischen die Pole der Vergänglichkeit und der Ewigkeit eingespannt. So spiegelt sich das Requiem letztlich in sich selbst. Und dies ist wohl auch das innerste Zentrum der gewaltigen BRAHMSschen Konzeption.

Reinhard Schulz

‹Altrhapsodie›

BRAHMS' *Rhapsodie für eine Altstimme, Männerchor und Orchester op. 53* aus dem Jahre 1869 ist ein sehr persönlich gefärbtes Werk des Komponisten, in seinem aufbegehrend anklagenden Ton deutlich verschieden von seinem übrigen Schaffen.

Im Sommer 1868 war BRAHMS auf eine Liedersammlung von JOHANN FRIEDRICH REICHARDT aufmerksam geworden, in der er ein mit «Rhapsodie» überschriebenes Lied aus Goethes «Harzreise» fand. Die lange Klage auf den vom Schicksal benachteiligten Menschen entsprach in gewissem Sinn auch der Gemütslage von BRAHMS. Zur Vertonung wählte er die Strophen fünf bis sieben, isolierte sie jedoch voneinander, um so zu einer musikalischen Form zu gelangen, die drei verschiedene Gefühlsebenen vorführt. Die *Altrhapsodie* beginnt in schroffen Dissonanzen, die Tonart c-moll ist kaum erkennbar, rückt schon im zweiten Takt nach es-moll und verbleibt auch weiterhin im Vagen und Ungesicherten. Atmosphärisch wird so der Einsatz der Singstimme vorbereitet, die mit einer (bei Goethe freilich im Gedicht integrierten) Frage die Ungewißheit des Einsamen und Verlassenen in den Raum stellt: «Aber abseits wer ist's?» In der Folge gewinnt der rezitativische Gesangsduktus emphatischere Züge und gipfelt schließlich in einer kleinen None auf dem Schlüsselwort «Öde».

Der zweite Teil des Werkes in c-moll ist der emotionale Höhepunkt der Rhapsodie: eine von extremen Melodieverläufen geprägte Gesangsszene voll von bitterer Anklage, der einsame Mensch wird zum Verächter der Welt.

Im dritten Teil wandelt sich der Ton völlig. Ein vierstimmiger Männerchor tritt als zusätzliche Klangfarbe hinzu, die Harmonik lichtet sich nach C-dur auf. Stärker als dies bei Goethe der Fall ist, verwirklicht sich in der Musik der *Altrhapsodie* der Trost in der Hinwendung zum Schöpfer. Kantilene und Choral suchen das aufgewühlte Innere zu besänftigen und ihm neue Kraft zu geben. Der BRAHMSsche Ausklang besticht durch seine schlichte Eindringlichkeit, die im Kontrast zum aufgewühlten Mittelteil besonders intensiv erscheint. BRAHMS wollte zunächst keine Aufführung dieser «etwas intimen Musik» zulassen; es kam zunächst zu einer privaten Aufführung in Karlsruhe 1869, ein Jahr später zur offiziellen Uraufführung in Jena.

Reinhard Schulz

Hermann Goetz

Königsberg, 7. Dezember 1840 – Hottingen bei Zürich, 3. Dezember 1876

Es ist wohl sein früher Tod, der HERMANN GOETZ auf immer ins Kleingedruckte der Musikgeschichtsbücher verwiesen hat. In den vierzehn Jahren, die ihm nach Abschluß seines Studiums noch blieben, konnte er trotz intensiver, schonungsloser Arbeit nicht genug entfalten, das ihm mehr als freundliche Erwähnungen und jenes billige «zu Unrecht vergessen» eingetragen hätte. Eine einläßliche Studie über seine Musik wird man vergeblich suchen, und die zufällige und vereinzelte Begegnung mit einem seiner Werke reicht nicht aus, um neben den sogleich erkennbaren SCHUMANNschen, MENDELSSOHNschen, BRAHMSschen und sogar WAGNERIschen Zügen die individuelle Physiognomie des HERMANN GOETZ auszumachen.

So erscheint er heute leicht als ein typischer Vertreter der «kleindeutschen Lösung» jener grundsätzlichen Fragen und Zerwürfnisse, die die Romantiker ins Feld der Ästhetik hineingetragen haben: im Gegensatz zur literarisch-weltmännischen Orientierung der Neudeutschen also das zurückgezogene Leben in musikhandwerklichem Brotdienst (GOETZ war Organist in Winterthur), still ausgetragene innere Kämpfe und ihre «Überwindung» in abgeklärten, formal disziplinierten Werken, unter denen das Naive und Kleinformatige (Lieder, Genrestücke, Sonatinen, ein Singspiel) einen festen Platz einnimmt, kontrapunktische Arbeit sich von selbst versteht und lyrische Verinnerlichung den Ton angibt... Aber es muß doch mehr an Hermann Goetz gewesen sein, wenn herausragende Musiker wie Hans von Bülow und JOHANNES BRAHMS ihn so hoch schätzten. Und auch heute, wenn sie dieses oder jenes seiner Werke wirklich kennenlernen, sind Musiker bereit, es weit über jedes Mittelmaß zu heben (Walter Georgii rühmte zum Beispiel die vierhändige *Klaviersonate g-moll op. 17* als die schönste, die im ganzen vorigen Jahrhundert nach SCHUBERT geschrieben wurde).

Seine Ausbildung hätte GOETZ leicht zum Neudeutschen bestimmen können. Ersten Unterricht erhielt er in seiner Heimatstadt Königsberg von LOUIS KÖHLER (einem damals fortschrittlichen Musiker, der mehr komponierte als nur Klavieretüden, so zum Beispiel zwei Opern), ging dann, zwanzigjährig, nach Berlin ans Sternsche Konservatorium, wo er besonders durch Hans von Bülow gefördert wurde. Schon früh kündigte sich die Lungentuberkulose an, diese angeblich «vergeistigende» Krankheit, der er mit sechsunddreißig Jahren erlag; ihretwegen nahm er auch die Organistenstelle in der Schweiz an. In Winterthur war es, wo er Freundschaft mit dem nur sieben Jahre älteren BRAHMS schloß, der ihn zwar nach Kräften förderte, damals aber selbst noch nicht die Autorität war, die ihn später zum WAGNER-Antipoden werden ließ.

GOETZ' Nachruhm knüpft sich vor allem an seine erste Oper, *‹Der Widerspenstigen Zähmung›* (nach Shakespeare vom BRAHMS-Freund Widmann eingerichtet), die nach ihrer Uraufführung 1874 in Mannheim rasch von fast allen bedeutenden deutschen Bühnen übernommen und auch im Ausland gespielt wurde. Dieses Hauptwerk zeigt den denkbar weitesten Abstand zum WAGNERschen Musikdrama; so könnte die Oper ausgesehen haben, die BRAHMS lange schreiben wollte: eine Nummernoper mit Rezitativen, Arien und auf MOZART zurückgehenden Ensembles, die GOETZ für die wirksamste Vereinigung des musikalischen und dramatischen Prinzips hielt. Trotz gewisser WAGNERscher Elemente in der Tonsprache enthält GOETZ sich stets der Formauflösung, sein melodischer Lyrismus bleibt kontrapunktisch gebunden an das klassische Satzbild, in dem die Stimmführung niemals reiner Klangmalerei nachgibt. Auch den programmatischen Tendenzen der Neudeutschen verweigert sich GOETZ in seinen Instumentalwerken. Und so ist sein *Violinkonzert G-dur op. 22* (1868), obwohl einsätzig gestaltet, geeignet, gerade den Willen zur organisch geschlossenen Form in durchaus origineller Fügung zu demonstrieren: Nach der konzertmäßigen Exposition der beiden Themen wird die Durchführung von einer neuen, selbständigen Episode ersetzt, die zugleich den zweiten Satz vertritt. Ein Rezitativ führt zu einer auskomponierten Kadenz, an der auch das Orchester teilhat. Als Schlußsatz folgt dann die Reprise, in der jedoch das Hauptthema in einen neuen Charakter versetzt ist. – Nicht so originell ist das dreisätzige, virtuos-spielerische *Klavierkonzert B-dur op. 18*, das – wie alle Werke seit *op. 14* – postum herausgegeben wurde, dabei jedoch früher entstanden ist als etwa die *Symphonie F-dur op. 9* (1873), das ausgereifteste Orchesterwerk von GOETZ, auffallend durch ein schumannisch-«poetisches» Intermezzo. (Das Manuskript einer früheren *Symphonie in e-moll* ging verloren; die übriggebliebenen Reste und sonstige Quellen lassen aber darauf schließen, daß es sich um ein für GOETZ ungewöhnlich aufgewühltes, bekenntnishaftes Stück gehandelt haben muß.)

Außer der *Frühlingsouvertüre op. 15* liegen noch *drei Konzertkantaten* vor, achtbare Exemplare einer heute kaum mehr beachteten Gattung – der *137. Psalm* für Sopran, Chor und Orchester *op. 14* (1864/78), *‹Es liegt so abendstill der See›* für Tenor, Männerchor und Orchester *op. 11* (1865/78) und schließlich als *Opus 10* (1874) die Vertonung von Schillers *‹Nänie›*, die BRAHMS' spätere Vertonung wohl angeregt haben dürfte und im Vergleich mit ihr sehr wohl bestehen kann. Überhaupt – um HERMANN GOETZ' Leistung richtig einzuschätzen, muß man sich stets vergegenwärtigen, daß seine kurze Werkreihe nur ein *Frühwerk* darstellt, ein Frühwerk aber, das an Vielseitigkeit, Experimentierfreude und Mut zur großen Form die ersten 25 *opera* von BRAHMS allemal in den Schatten stellt.

Michael Querbach

Pjotr Iljitsch Tschaikowsky

Wotkinsk, 25. April (7. Mai) 1840 – St. Petersburg, 25. Oktober (6. November) 1893

Keinem anderen Komponisten hat die außergewöhnliche Popularität zahlreicher Werke insgesamt so geschadet wie PJOTR I. TSCHAIKOWSKY, der – insbesondere hierzulande – in musikalischen Fachkreisen den Ruf des pathologischen Romantikers und parfümierten Salonkomponisten bis heute nicht loswerden konnte. Bei keinem anderen mußten denn auch die angeblichen «Verfehlungen» und «Verirrungen» eines unglücklichen Lebens dazu herhalten, um für die hermeneutische Erkundung seines Instrumentalwerkes ausgeschlachtet zu werden: seine Kompositionen wurden abgestempelt als Seelenergüsse eines paranoiden, schizophrenen, homosexuellen Melancholikers. Außerhalb der Sowjetunion gibt es bislang kaum eine ernst zu nehmende Arbeit, die sich befreit hätte von den unseligen TSCHAIKOWSKY-Klischees, die allenthalben auch in seriösen Kreisen kursieren, wohl um seine unbeliebte Popularität besser ertragen zu können (nach dem Motto: die Massen lieben nur Schlechtes). In dieser Situation erscheint STRAWINSKYS Ausspruch, der TSCHAIKOWSKY als den «von uns allen am meisten russischen» pries, heute widersinniger denn je, zumal das im Westen in den letzten Jahren erwachende Interesse an den Petersburger Kollegen TSCHAIKOWSKYS, dem sogenannten «Mächtigen Häuflein», mit der weiteren Abwertung TSCHAIKOWSKYS verbunden war, den jene ja als abtrünnigen «Westler» tadelten. In Wirklichkeit hat TSCHAIKOWSKY – wenn auch von anderen, traditionellen ästhetischen und musikalischen Grundsätzen ausgehend – genauso intensiv an der Schaffung und Erneuerung der nationalen russischen Musiksprache mitgewirkt wie die Novatoren des *Petersburger Kreises* (BALAKIREW, MUSSORGSKY, CUI, RIMSKIJ-KORSAKOW, BORODIN). Der Unterschied zu diesen besteht aber nicht darin, daß TSCHAIKOWSKY eben uninteressiert gewesen wäre an genuin russischer Musik, sondern darin, daß er den Anti-Akademismus des BALAKIREW-*Kreises*, der auch dilettantische Züge aufwies, als einzig möglichen Ausgangspunkt einer eigenständigen russischen Musikkultur nicht akzeptieren wollte. Er begriff die akademische Ausbildung, also die Kenntnis der europäischen Musikgeschichte und die Beherrschung aller ihrer Formen und Verfahren, als notwendige Voraussetzung zur Entwicklung einer wirklich anspruchsvollen nationalen Kunstmusik. Seine heutzutage kaum einmal gespielte *zweite Symphonie in c-moll* aus dem Jahre 1872 dürfte neben seiner ebenfalls wenig bekannten Volksoper *‹Die Pantöffelchen›* (Tscherewitschki, 1874) das überzeugendste musikalische Resultat dieses eigenen Weges sein, westliche Kompositionstechnik mit neuer bodenständig-russischer Materie verknüpfen zu wollen. Bereits vier Jahre zuvor, im Februar 1868, war seine *erste Symphonie in g-moll* nach einer langwierigen Entstehungszeit in Moskau uraufgeführt worden. In ihr sind alle Merkmale seines symphonischen Stils, wenn auch noch ein wenig kantig und akademisch, so doch deutlich ausgebildet.

Symphonie Nr. 1 g-moll op. 13 (‹Winterträume›)

Ermutigt durch den Erfolg seiner ersten Orchesterkomposition, der *Ouvertüre in F-dur*, die im März 1866 in Moskau von Nikolaj Rubinstein uraufgeführt worden war, entschloß sich der sechsundzwanzigjährige TSCHAIKOWSKY, seine *erste Symphonie* zu komponieren. Da ihn seine Lehrtätigkeit am Moskauer Konservatorium, die er kurz zuvor angenommen hatte, tagsüber voll in Anspruch nahm, war er gezwungen, nachts an seiner Symphonie zu arbeiten, was mit der Zeit übermäßig an seinen Kräften zehrte. Bald litt er an Schlaflosigkeit, Angstzuständen und sogar an Halluzinationen, so daß der behandelnde Arzt ihn bereits «am Rande des Wahnsinns» glaubte und die Nachtarbeit verbot. So vollendete TSCHAIKOWSKY die Symphonie erst in den darauffolgenden Sommerferien, die er auf dem Land in der Nähe von St. Petersburg verbrachte. Die Aufführung der vollständigen Partitur in der ersten Fassung ließ aber noch weitere anderthalb Jahre auf sich warten, da Anton Rubinstein, der frühere Petersburger Lehrer Tschaikowskys, das Werk zunächst für nicht aufführungswürdig hielt. Darum erklangen bei der ersten Petersburger Aufführung am 11. Februar 1867 nur die Mittelsätze der Symphonie, da diese Rubinstein noch am meisten zusagten, und zwar, wie zu erwarten war, ohne jeden Erfolg. Die Premiere der vollständigen Symphonie, die nach weiteren Umänderungen ziemlich genau ein Jahr danach in Moskau erfolgte, wurde dagegen vom Publikum begeistert aufgenommen. Kaschkins Bericht zufolge soll Tschaikowsky auf der anschließenden Feier vor Freude alle Anwesenden abgeküßt und sämtliche Gläser zerschlagen haben.

Bereits dieses Jugendwerk Tschaikowskys ist deutlich geprägt von typisch russischen *‹Intonationen›*, das heißt von Themen und Motiven, die sich in Duktus und Rhythmus am russischen Volkslied orientieren. Alles andere, die eigentliche kompositorische Arbeit, knüpft an westlichen Vorbildern an, an Beethovens thematischer Arbeit, am Orchesterklang, der romantischen Ästhetik Schumanns und Mendelssohns; daneben ist ein direkter russischer Einfluß durch den Orchestersatz in den Opern Glinkas nicht zu leugnen. All diese Einflüsse verarbeitet Tschaikowsky bereits hier zu einer eigenständigen ästhetischen Position, die in einem unverwechselbaren symphonischen «Ton» Klanggestalt annimmt. Seine drei Quellen sind: Strenge, am klassisch-frühromantischen Vorbild orientierte symphonische Form; eine «russisch» gefärbte Thematik und Melodiebildung; eine stark von subjektiven Wahrnehmungen und Gedanken geprägte programmatische Tendenz, die weniger objektivistisch literarische Vorlagen oder Naturereignisse musikalisch nachzuzeichnen versucht, als vielmehr den subjektiven Reflex darauf, die emotionale Wirkung solcher Ereignisse in der Erlebnissphäre des Betrachters musikalisch gestaltet. So tragen die ersten beiden Sätze der Symphonie programmatische Überschriften, die beiden letzten aber die konventionellen Bezeichnungen Scherzo und Finale. Der Kopfsatz, von Tschaikowsky mit *‹Träumerei von einer winterlichen Fahrt›* überschrieben, ist gleichwohl ein nach allen Regeln streng gearbeiteter Symphoniesatz. Die offene, bühnenhafte Konfrontation von Themen und Gestalten im klassischen Satz ist hier aufgegeben zugunsten einer Erzählhaltung, die beinahe wehmütig, bereits Geschehenes aus der Erinnerung einer durch Bilder angeregten Phantasie schildert: hier die Troikafahrt durch eine verschneite russische Winterlandschaft. Manche haben den flimmernden Anfang der Symphonie, die Luftbewegung in den Geigen, mit BRUCKNER verglichen; mit BRUCKNER, dem Mystiker, hat TSCHAIKOWSKY nichts zu tun. BRUCKNERS Anfänge entbehren jenes inneren Antriebs, jener nervigen Gespanntheit und Spannung, die TSCHAIKOWSKYS Musik ständig mit Leben erfüllt und ihr eine Sinnlichkeit verleiht, die weder Depression noch Sentimentalität kennt, sondern nur die pure Lust am Musizieren, die Lust am plastisch geformten, konturierten, *ausgehörten* Klang. Diese dramatisierte Klangvitalität, die sämtliche Parameter des musikalischen Gestaltens dem *Prinzip der Steigerung* unterwirft, sei es Dynamik, Harmonik, Melodie oder Rhythmus, diese lebensbejahende Musik hat nichts zu tun mit der im Grunde *depressiven Ästhetik* BRUCKNERS oder WAGNERS. TSCHAIKOWSKY führt den *dramatischen Erzählstil* in die romantische Symphonie ein, ähnlich verfuhr VERDI in der Oper. TSCHAIKOWSKYS symphonischer Stil ist geprägt von starker *Bildhaftigkeit* und inspiriert von *Bühnenbewegungen*, vom Tanz und vom leidenschaftlichen Monolog.

Attila Csampai

Symphonie Nr. 2 c-moll op. 17 (‹Kleinrussische›)

Seine *zweite Symphonie in c-moll* komponierte TSCHAIKOWSKY im Sommer 1872, kurze Zeit nach dem Abschluß seiner dritten Oper *‹Der Opritschnik›*, während eines Aufenthalts im ukrainischen Dörfchen Kamenka. Zu jener Zeit befaßte sich TSCHAIKOWSKY intensiv mit ukrainischer Volksmusik, die er an Ort und Stelle sammelte und notierte. So finden sich in keinem anderen Orchesterwerk TSCHAIKOWSKYS eine derartige Fülle von russischen Themen – von originalem Volksliedgut und von frei nachempfundenen *volksliedartigen Intonationen*. Das gleich zu Beginn der Symphonie vom ersten Horn vorgetragene Hauptthema des Kopfsatzes etwa stammt aus dem allgemein bekannten *Wolgalied*, während das Variationenthema des Schlußsatzes oder auch die kurze Triomelodie im dritten Satz auf ukrainischen Volksliedern basieren. Im zweiten Satz, einem seltsam verhaltenen Marsch, den Tschaikowsky fast unverändert aus seiner vernichteten Oper ‹*Undine*› herübernahm, hat er im Seitenthema in eigener Invention eine volksliedartige Gestalt nachgebildet. Dieses «Übergewicht» volkstümlicher Thematik und statischer Variationstechnik trug der *Zweiten* von Anfang an den Vorwurf ein, «unsymphonisch» und eben nicht ernst genug zu wirken. Manche meinten sogar, es wäre besser gewesen, wenn der Komponist sie als «Suite» bezeichnet hätte. Andere warfen Tschaikowsky vor, er wolle sich damit beim «Mächtigen Häuflein», dem Petersburger Komponistenkreis um Rimskij-Korsakow, anbiedern. Niemand wollte dem «Westler» Tschaikowsky so recht den «russischen Ton» abnehmen. Gleichwohl verbirgt sich hinter allem volkstümlich-lockeren Gebaren eine nach allen Regeln streng gebaute Symphonie. Der erste Satz enthält sogar drei kontrastierende thematische Gedanken, die alle korrekt symphonisch weiterverarbeitet werden. In den Sätzen zwei bis vier wird die Annäherung Tschaikowskys an klassische Vorbilder sogar konkret greifbar. Alle drei Sätze beziehen sich auf Beethovens ‹*Eroica*›.

Im *zweiten Satz* ist diese Beziehung noch eher vage, beschränkt sich lediglich auf die Vorstellung des Marschierens und einer am Betrachter vorbeiziehenden Menschenmenge. Deutlicher wird das geistige Vorbild ‹*Eroica*› im Scherzo: Hier greift Tschaikowsky nicht nur die mechanisch-gleichförmige, maschinenhafte Bewegung des Beethovenschen Scherzo auf – er notiert in Achtelwerten, was sich bei Beethoven in Viertelnoten genauso schnell ereignet –, sondern auch der Duktus, die rhythmisch-metrischen Finessen des Vorbildes sind in Tschaikowskys eigener Musiksprache kunstvoll nachgebildet. In der harmonischen Gestaltung des Satzes geht Tschaikowsky seine eigenen Wege und sucht die Distanz zu Beethoven. Beethovens diatonische Strenge ist in die labile, stark erweiterte Harmonik des späten 19. Jahrhunderts getaucht. Die markigen, kräftigen, gegenwärtigen Tanzgestalten Beethovens sind in die Vergangenheit einer Erinnerung gerückt, sie existieren, schattenhaften Traumgestalten gleich, nur noch in der Phantasie, sie werden phantastisch, geisterhaft, romantisch.

Und schließlich ist auch der mächtige Finalsatz dem Variationenfinale der ‹*Eroica*› verpflichtet. Auch TSCHAIKOWSKY beginnt diesen Satz mit einer feierlichen Eröffnungsgeste, einem symphonischen Tusch, wobei er das Variationenthema zunächst in seiner authentischen Gestalt, im typisch russischen Choralsatz, vorstellt, um es gleich darauf auf sein absolutes Minimum zu reduzieren und von hier aus durch sukzessives Hinzufügen von neuen Stimmen den Variationenzyklus aufzubauen. Was sich aber bei BEETHOVEN als artifiziell ausgeklügeltes *Baumaterial* darstellt, ist hier von Anfang an lebendige, gewachsene Substanz, eine Volksweise eben, die es weniger zu entwickeln, als kunstvoll auszuschmücken und von verschiedenen Seiten zu beleuchten gilt. Zugleich haben wir es aber auch hier mit einem regelrechten Sonatensatz zu tun, mit einem Seitenthema und einer harmonisch trickreichen Durchführung, die in die Grenzbereiche des damals «Erlaubten» vorstößt: Ja, TSCHAIKOWSKY wagt hier kühn einen Schritt ins 20. Jahrhundert. Die «falschen» Fortschreitungen, die etwa das Seitenthema mehrfach mit sanfter Gewalt in die nächsthöheren Mediante zwingen, sind ihrer Zeit weit voraus: Vierzig bis fünfzig Takte lang meint man eher in einem Stück von PROKOFJEW zu sein als in einer frühen TSCHAIKOWSKY-Symphonie.

Attila Csampai

Symphonie Nr. 3 D-dur op. 29

Der gegen die frühen Symphonien TSCHAIKOWSKYS häufig gerichtete Einwand, sie seien suitenhaft, zu stark von Ballettmusik inspiriert und entbehrten jener symphonischen «Strenge», die etwa die deutsche Tradition kennzeichne, könnte man noch am ehesten an der *dritten Symphonie* verifizieren, die TSCHAIKOWSKY im Sommer 1875, in unmittelbarer Nachbarschaft zum ‹*Schwanensee*›, seinem ersten großen Ballett, komponiert. Als einzige seiner sechs Symphonien ist sie fünfsätzig und steht in einer Dur-Tonart (D-dur), was möglicherweise den Eindruck des Suitenhaft-Unverbindlichen verstärkt hat. Freilich wird man in der *Dritten* die für TSCHAIKOWSKY so typischen plötzlich einbrechenden düsteren oder schmerzlichen Gedanken vergeblich suchen. Die Grundhaltung der *Dritten* ist eher heiter-beschaulich bis festlich-brillant. Die Fünfsätzigkeit gemahnt überdies an berühmte Vorbilder, an BEETHOVENS ‹*Pastorale*› ebenso wie an BERLIOZ' *Symphonie fantastique* oder SCHUMANNS ‹*Rheinische*› *Symphonie*. Am deutlichsten spürt man dies im dritten Satz, einem idyllischen Andante elegiaco, das in Ablehnung an BEETHOVENS ‹*Szene am Bach*› und BERLIOZ' ‹*Scène aux Champs*› die Schilderung einer *russischen* Szene auf dem Land versucht. Die anderen vier Sätze sind eher von tanzartigen Vorstellungen geprägt: Ein lakonischer ‹*Alla Tedesca*›-Walzer mit russisch-dunklem Ton in c-moll an zweiter Stelle und ein märchenhaft verzaubertes Scherzo im Stil MENDELSSOHNS und GLINKAS mit einem militärischen, Aufbruchstimmung verbreitenden *Trio* unterstreichen den suitenartigen Charakter des Werkes ebenso wie die Ecksätze, die festliche, repräsentative Ballettszenerie in symphonisch durchgearbeiteter Form präsentieren. Der stark von *Bühnenbewegungen* geprägte Charakter der *Dritten* zeigt sich bereits in der langsamen Einleitung zum festlich-strahlenden Kopfsatz, die in Anlehnung an zahlreiche Opern- und Ballettszenen TSCHAIKOWSKYS das zeitliche *Vorher*, die spannungsvolle Erwartungshaltung, die Vorfreude vor dem glänzenden Ereignis, nach dem für TSCHAIKOWSKY so typischen soghaften Steigerungsprinzip realisiert: Ein 89 Takte langer riesiger symphonischer Doppelpunkt auf der Dominante A, der den eigentlichen Beginn der Symphonie mit allen Mitteln kunstvoll hinauszögert, zeigt die Gefährdung des romantischen Subjekts durch seine eigenen «Es»-Energien an. Freuds Theorie vom Triebverzicht durch Sublimation wird in TSCHAIKOWSKYS bis zum äußersten hinausgezögerten Steigerungswellen zum kompositorischen Prinzip.

Attila Csampai

Symphonie Nr. 4 f-moll op. 36

Dem Jahr 1877 kommt in TSCHAIKOWSKYS Leben und Schaffen eine entscheidende Bedeutung zu. In diesem Jahr begann zwischen ihm und der vermögenden Witwe Nadjeschda von Meck eine der merkwürdigsten und fruchtbarsten Brieffreundschaften der Musikgeschichte, aus der im Verlauf von vierzehn Jahren mehr als 1200 (!) Briefe hervorgingen, ohne daß die beiden sich jemals begegnet wären. Die musikliebende Frau von Meck hatte selbst die materiellen Voraussetzungen dieser Verbindung geschaffen, indem sie sich entschlossen hatte, den damals noch nicht sehr erfolgreichen TSCHAIKOWSKY jährlich mit 6000 Rubel zu unterstützen. So konnte der seine verhaßte Lehrtätigkeit am Moskauer Konservatorium aufgeben und sich ganz dem Komponieren widmen. Im selben Jahr trat eine weitere Frau, wenn auch nur kurzfristig, in TSCHAIKOWSKYS frauenloses Leben: seine vormalige Schülerin Antonina I. Miljukowa, die er, ohne sie näher zu kennen, unter der Zwangsvorstellung, plötzlich heiraten zu müssen («...wer es auch immer sei...»), am 18. Juli völlig überstürzt ehelichte. Wenige Wochen später ging diese «Verbindung» für immer in die Brüche (auch wenn die Ehe offiziell nie aufgelöst wurde).

Die dramatischen persönlichen Erfahrungen dieser Zeit wirkten sich umgehend auf TSCHAIKOWSKYS Schaffenskraft, aber auch auf seine Karriere aus. Noch im selben Jahr legte er sowohl im symphonischen wie auch im musikdramatischen Bereich den Grundstein zu seinem späteren Weltruhm. Beinahe gleichzeitig entstand die Oper *‹Eugen Onegin›* (vollendet am 23. Januar 1878) und die seiner Gönnerin (*a mon meilleur ami*) gewidmete *Symphonie Nr. 4 in f-moll* (vollendet am 11. Januar 1878), in der, wie er später bekannte, «meine Erinnerungen an die Leidenschaftlichkeit und Trübseligkeit meiner Empfindungen und Erfahrungen [seiner kurzen Ehe; A. C.] Widerhall fanden». Kurz nach der Moskauer Uraufführung «ihrer Symphonie» am 10. (22.) Februar 1878 bat Frau von Meck den in Florenz weilenden Komponisten, ihr das «Programm» der *Vierten* zu erläutern. In seiner berühmt gewordenen Antwort vom 1. März 1878 unternahm TSCHAIKOWSKY dann zum erstenmal den Versuch, den Inhalt eines Instrumentalwerkes begrifflich zu umschreiben, indem er den Themen und Gedanken der Symphonie Begriffe wie «Schicksalsgewalt», «Hoffnungslosigkeit», «Freude», «Glück», «Schwermut» etc. zuordnete, damit aber im Grunde ein konkretes literarisches Programm ebenso ausschloß, wie die Vorstellung außermusikalischer Gegenstandsbeschreibungen (etwa einer Naturschilderung). Und obwohl sich Tschaikowsky später nicht mehr zu einer solch ausführlichen Deutung seiner Musik bewegen ließ, fühlten sich dennoch viele durch diesen Brief angeregt, Tschaikowskys Gesamtwerk zur Spielwiese ihrer Auslegungskünste zu machen. Daß dieser Versuch, lediglich «die unklaren Gefühle zu beschreiben, die einen beim Komponieren bewegen», zu Mißverständnissen führen könnte, ahnte der Komponist bereits bei der Niederschrift seiner Gedanken.

Im Postscriptum desselben Briefes überkommen ihn bereits ernste Zweifel: «Als ich den Brief in den Umschlag stecken wollte, las ich ihn nochmals durch und war entsetzt über die Unklarheit und Mangelhaftigkeit des Programms, das ich Ihnen schicke.» Trotz seiner grundsätzlichen ästhetischen Problematik belegt Tschaikowskys «Programm» eindeutig, daß es ihm nicht darum gegangen ist, *Programmusik* im engeren Sinn zu komponieren, eine Geschichte zu erzählen oder eine Szenerie zu beschreiben, sondern vielmehr den inneren psychisch-emotionalen Reflex auf konkrete Erlebnisse und Erfahrungen, also die Gefühle und Empfindungen, die durch das wirkliche Leben ausgelöst werden, in Töne zu setzen. Einen ähnlichen Weg hatte zu Beginn des Jahrhunderts schon Beethoven in seiner *‹Pastorale›* eingeschlagen, die Existenz eines konkreten «Programms» aber durch den Vermerk «mehr Ausdruck der Empfindung als Mahlerey» entschieden in Abrede gestellt. Hier nun einige zentrale Passagen aus Tschaikowskys detaillierter Inhaltangabe seiner *vierten Symphonie*:

«Die *Introduktion* ist der Kern der ganzen Symphonie und ohne Zweifel deren Hauptgedanke. Es ist das *Fatum*, jene Schicksalsgewalt, die uns hindert, mit Erfolg um unser Glück zu kämpfen, die eifersüchtig darüber wacht, daß Zufriedenheit und Frieden niemals vollständig oder unumwölkt sind, die wie ein Damoklesschwert über unseren Häuptern hängt und unablässig unsere Seele vergiftet. Sie ist unbesiegbar, sie kann nicht überwunden werden. Man muß sich ihr unterwerfen und zu einem unfruchtbaren Sehnen Zuflucht nehmen (Moderato con anima). Das untröstliche, hoffnungslose Gefühl wird stärker und quälender. Wäre es nicht besser, sich von der Wirklichkeit ab und Träumen zuzuwenden (Takt 115ff)? O Freude! Wenigstens ein süßer, zarter Traum ist erschienen. Eine segenbringende, umleuchtete, menschliche Gestalt huscht vorbei und winkt irgendwie (Takt 135ff). Wie wundervoll!! Wieweit weg ist nun das unerwünschte erste Thema! Allmählich haben die Träume die Seele völlig eingewickelt. Alles, was zuerst düster und freudlos schien, ist vergessen. Hier ist es: Das Glück! Aber nein! Es waren nur Träume, und das Schicksal weckt uns davon auf (Takt 193ff). Und so ist das ganze Leben ein nicht endendes Hin und Her zwischen der rauhen Wirklichkeit und flüchtigen Visionen und dem Träumen von Freude...

Der zweite Satz... drückt das schwermütige Gefühl aus, das mich am Abend überkommt, wenn ich müde von der Arbeit allein da sitze... vielerlei jagt durch den Sinn... glückliche Augenblicke... aber auch solche der Niedergeschlagenheit. Alles ist schon wieder weit weg! Es ist traurig und auch wieder süß, sich in der Vergangenheit zu verlieren!

Der dritte Satz... besteht aus launischen Arabesken, flüchtigen Bildern, die die Phantasie durchstreifen, wenn man etwas Wein getrunken hat... Die Seele ist weder glücklich noch traurig. Man denkt an nichts. Man läßt der Phantasie die Zügel schießen, und aus irgendeinem Grund fängt sie an, sonderbare Bilder zu entwerfen... diese unzusammenhängenden Bilder... haben nichts mit der Wirklichkeit zu tun; sie sind fremdartig, wirr und ohne Verbindung miteinander.

Der vierte Satz: Wenn man nicht genügend Grund hat, das Glück bei sich selbst zu finden... mische man sich unter die Menschen, sehe, was für eine gute Zeit sie haben, wie sie sich völlig freudigen Gefühlen überlassen. Ein Bild von volkstümlicher Feiertagsstimmung! ... doch das unerbittliche *Schicksal* erscheint von neuem und erinnert uns an die Gegenwart. Aber den anderen ist man gleichgültig... O wie fröhlich sie sind! Man tadle sich selbst und sage sich, das nicht alles in der Welt traurig ist... Man schöpfe Glück aus den Freuden anderer! So ist das Leben immerhin tragbar!»

Attila Csampai

Symphonie Nr. 5 e-moll op. 64

Die *Symphonie Nr. 5 e-moll*, die TSCHAIKOWSKY nach seiner erfolgreichen Europa-Tournee im Sommer 1888 in seinem Urlaubsdomizil Frolowskoje vollendete, gilt den TSCHAIKOWSKY-Verächtern seit jeher als Negativexempel für unkritische *décadence* und symphonische Effekthascherei. Insbesondere der mächtige Finalsatz wird immer wieder für prätentiöse, aufgedonnert-lärmende Schlußherrlichkeit angeführt, während das berühmte Hornthema des zweiten Satzes als zu vordergründig traurig, zu theatralisch wehmütig und darum zu wenig symphonisch-ernsthaft getadelt wurde (und noch immer wird); Adorno nannte den Satz sogar «Kitsch» und rückte ihn in die Nähe des Kolportagekinos: «Sonnige Mondnacht (!) an der Krim, Garten des Generals, helle Wolken, Bank unter Rosen...» Freilich hatte Adorno damit, wie schon so viele vor ihm, ein weiteres Mal nur die starke Bildhaftigkeit und Assoziationsfülle von TSCHAIKOWSKYS Musik bestätigt. TSCHAIKOWSKY selbst hatte durch einige unbedachte Äußerungen die Vermutungen bestärkt, daß auch der *Fünften* eine Art von Programm zugrunde liegen könnte. In sein Tagebuch schrieb er: «Programm des ersten Satzes der Symphonie, Introduction: Völlige Ergebung in das Schicksal, oder, was dasselbe ist, in den unergründlichen Ratschlag der Vorsehung. Allegro I: Murren, Zweifel, Klagen, Vorwürfe.» Zum zweiten Satz: «Soll ich mich dem Glauben in die Arme werfen???»

Wie dem auch sei: Kompositorisch-formal ist die *Fünfte* eine völlig korrekt gearbeitete «autonome» viersätzige Instrumentalsymphonie, eine der am stärksten durchgeformten Arbeiten TSCHAIKOWSKYS überhaupt, der Kopfsatz das Muster eines nach allen *klassischen* Regeln ausgeführten Sonatensatzes. Das ganze

Werk wirkt wie aus einem Guß, fernab von jedem akademischen Schematismus. TSCHAIKOWSKY-Biograph Richard Stein würdigte zu Recht «die innere Zusammengehörigkeit aller Themen und Motive, die zwingende Logik der gesamten Entwicklung und das Festhalten an einer Grundstimmung, einer nicht weichlich-wehmütigen, sondern herb-stolzen Resignation».

Daß die beiden Binnensätze der Symphonie, das Andante cantabile und der Walzer, zu wenig symphonisch-streng, statt dessen eher statisch und genreartig wirken, liegt nicht an ihrer Faktur, sondern der spezifischen *Haltung* der Musik, die dem lyrischen Element, der Melodie, der *Szenerie*, den Vorzug gibt gegenüber der traditionellen *dramatischen* Symphoniekonzeption: Die *Vorführhaltung* der klassischen Symphonie muß in diesen Sätzen der *Erzählung* TSCHAIKOWSKYS weichen. Die dramatisch-leidvolle Gegenwart der Ecksätze wird hier für kurze Zeit von schönen Erinnerungen an vergangene, teils hoffnungsvoll-beschauliche (zweiter Satz), teils angenehm-heitere (dritter Satz) Situationen überlagert – wenngleich auch hier das unerbittliche Schicksalsmotiv sich mehrmals in den schönen Traum der Vergangenheit drohend einmischt.

Und dann folgt jenes umstrittene Finale, in dem das dunkelbedrohliche Schicksalsthema sich aufdringlich und lärmend, jedoch nicht ungebrochen sieghaft in sein «optimistisches» Gegenteil verwandelt. Lassen wir dieser Musik wirklich Gerechtigkeit widerfahren, wenn wir sie weiterhin nur als blanke Selbstbestätigung, als bombastisch-hohle Triumphgeste, als wüste Kosakenherrlichkeit abtun und wenn wir ihren eigenen inneren Zwiespalt, ihren schmerzlichen Widerspruch, den sie *auch* ertönen läßt, einfach überhören? Ist es denn undenkbar, daß TSCHAIKOWSKY mit der durchaus zwanghaften Wendung des genuinen Moll-Motivs nach Dur nicht auch seine eigene Skepsis ausdrücken wollte gegenüber seinem eigenen, in jener Zeit plötzlich ins Positive umschlagenden Schicksal – und er darum den plötzlich ihn umgebenden Jubel womöglich nur als laute, dröhnende Äußerlichkeit wahrnahm?? Wird so besehen im Allegro vivace-Teil, der eigentlichen Hauptsache des Schlußsatzes, die festliche Fassade des Hauptthemas nicht geradezu «aufgebrochen», um die wahre innere Gefühlswelt, das innere Leid, einer gehetzten, zerrissenen und hoffnungslos verzweifelten Existenz schmerzlich und drastisch vor uns auszubreiten...? Die Mär vom «Salonkomponisten» TSCHAIKOWSKY gehörte schon längst auf den Müllhaufen der Musikgeschichte.

Attila Csampai

Symphonie Nr. 6 h-moll op. 74 (‹Pathétique›)

Mit der *sechsten Symphonie*, der sogenannten *‹Pathétique›*, findet PJOTR ILJITSCH TSCHAIKOWSKYS Schaffen ein jähes Ende: Denn nur drei Wochen nach der von ihm selbst dirigierten Uraufführung – sie fand am 16. Oktober 1893 in St. Petersburg statt – starb TSCHAIKOWSKY an Cholera, nachdem er versehentlich (oder auch nicht) ein Glas ungereinigten Flußwassers getrunken hatte. Es lag nahe, die unglücklichen Umstände seines Todes mit seinem letzten Werk in Verbindung zu bringen: in der «Todestonart» h-moll, im langsamen, verlöschenden Schlußsatz wie überhaupt in der schmerzlich-melancholischen Grundstimmung der *Sechsten* fand man nun plötzlich «eindeutige» musikalische Belege für die prekäre seelische Verfassung und die Leiden des zu Depressionen und Melancholie neigenden Komponisten. Dieser hatte ja selbst während der Komposition mehrfach davon gesprochen, daß ihn die Stimmung des Finales an ein *Requiem* erinnere, was nun die Legendenbildung nachhaltig förderte: Bald war man sich einig, daß diesem gewichtigen symphonischen Schlußwort ein «geheimes Programm» zugrunde liegen müsse, hatte sich doch der stets um verbale Vermittlung seines Œuvres bemühte TSCHAIKOWSKY auch diesmal wieder, wenn auch privat, zu solchen Äußerungen hinreißen lassen. Seinem Neffen gegenüber nennt er sie «eine Programmsymphonie, deren Programm für alle ein Rätsel bleiben soll». Und: «Dieses Programm ist durch und durch von meinem eigensten Sein erfüllt, so daß ich unterwegs in Gedanken komponierend, oft heftig weinte...»

Also doch keine *Programmusik* im herkömmlichen Sinn, kein festumrissenes, außermusikalisches, literarisches Programm im

Sinn der *Neudeutschen*, das der musikalischen Struktur in Ermangelung verbindlicher Formmodelle einen vagen dramaturgischen Verlauf vorgibt? Nein, keineswegs. Wie alle früheren Symphonien TSCHAIKOWSKYS ist auch die *Sechste* eine zwar von persönlichem Empfinden, von bildhaften Vorstellungen stark genährte, aber dennoch «autonome» viersätzige Instrumentalsymphonie. Dennoch folgt die *Sechste* einem von der klassischen Tradition abweichenden *inneren Plan*: Nach außen hin wird dies in der eigenartigen Anordnung der Sätze mit dem «langsamen Satz» am Schluß deutlich, die in der Symphonik kein Vorbild hat. Im Inneren der Symphonie stehen jetzt zwei Tanzsätze, Walzer und Scherzo – beides Nachfahren des Menuetts! –, die aber in ihrer konkreten Gestalt ihre Herkunft kaum noch erkennen lassen. Der Walzer ist zu einem unruhigen Phantasiesatz im 5/4-Takt «gedehnt» worden (Allegro con grazia), das Scherzo (Allegro molto vivace) ist ein nicht weniger phantastisch wirkender Marsch. Wichtigstes inneres Wesensmerkmal von TSCHAIKOWSKYS *symphonischer Ästhetik* ist die subjektive *Erzählhaltung* der Musik, die die *Vorführhaltung* der klassischen Symphonie hier völlig überwunden hat. Dramatische musikalische Auseinandersetzungen finden nur noch im Inneren statt, als leidenschaftliche, nicht lösbare Konflikte der Seele, oder in der historischen Distanz der Erinnerung, als etwas bereits Geschehenes. Wir erleben nicht mehr unmittelbar vor unserem geistigen Auge, sondern erfahren durch die Gedanken, Erinnerungen, Träume eines erzählenden Subjekts *vermittelt*, von Ereignissen, die mitunrer lange zurückliegen. Dennoch schafft es TSCHAIKOWSKY – der genuine Dramatiker –, auch auf dieser Ebene musikalische Spannungsverhältnisse aufzubauen, da er sich nicht nur auf das *zu Erzählende* beschränkt, sondern auch die *Person des Erzählers* in ihrer wirklichen psychischen und geistigen Verfassung in die Komposition miteinbringt.

Besonders sinnfällig und originell ist diese *Zweizeitigkeit* von *Traum* (Objekt) und *Träumendem* (Subjekt) im dritten Satz realisiert, in dem zugleich die Realität des träumenden Subjekts, also eine Fahrt im Eisenbahnwaggon (angezeigt durch das mechanisch bewegte Triolenmotiv) wie auch der Traum selbst, der Traum von einer vergangenen Festlichkeit (im Marschthema) erfaßt ist, und zwar in einer der Wirklichkeit das Tagträumens durchaus entsprechenden Weise: Die äußere Realität der gleichmäßig-monotonen Bewegung des fahrenden Zuges wird im Verlauf des Satzes mehr und mehr von der allmählich stärker ins Bewußtsein dringenden Erinnerung des Festmarsches überdeckt und schließlich von dieser inneren Wirklichkeit ganz verdrängt. Das Ganze ist als schrittweise räumlich-zeitliches *Näherrücken* des Marsches auskomponiert, dessen eigentlichen Beginn TSCHAIKOWSKY mit allen ihm zu Gebote stehenden Mitteln kunstvoll und spannungsträchtig hinauszögert, so daß erst nach 228 Takten (!) der Marsch erstmals in seiner prächtigen Grundgestalt erklingt.

Auch der metrisch eigenartige, zwischen geradem und ungeradem Takt hin und her schwankende zweite Satz der *Sechsten* ist nichts anderes als eine *Erinnerung*, die verzerrte, dunkle und wehmütige Erinnerung an einen längst verklungenen festlichen Walzer, der eben in der verblassenden Erinnerung seine metrisch-rhythmische Identität, den kreisenden Walzerrhythmus, verloren hat und daher bereits in seinen Grundfesten bedroht ist. Siebenundzwanzig Jahre vor RAVELS ‹*La Valse*› kündigen sich hier schon die ersten Signale des Untergangs an, vom *Walzer* und seiner Gesellschaft.

In dem äußerst bewegten Kopfsatz erleben wir zuvor den grandios bis zu seinem bitteren Ende auskomponierten Konflikt zwischen der leidvollen, zur Resignation zwingenden *Gegenwart* (im Hauptthema) und (erneut) der schmerzlich-schönen *Erinnerung* an vergangene, glücklichere Zeiten (im Seitenthema). Da aber die Musik keinerlei in die Zukunft gerichtete Hoffnung ausspricht, keine Utopie mehr kennt, kann es für das innerlich zerrissene, harmonisch labile Hauptthema, das weder Anfang noch Ende besitzt, auch keine befriedete Reprise im Sinn der klassischen Ästhetik mehr geben, zumal auch in der Durchführung dem dreimaligen schmerzlichen Sich-Aufbäumen des Hauptthemas der totale Zusammenbruch folgte; die Reprise bleibt auf das Seitenthema beschränkt, auf das nochmalige Ins-Bewußtsein-Rufen der schönen, aber für immer vergangenen Erinnerung, einer Gestalt, die wie das Ende eines Themas wirkt, dessen Anfang wir nie zu hören bekommen.

Das Finale bringt TSCHAIKOWSKYS neue Konzeption am deutlichsten zum Tragen: Er verzichtet hier zum erstenmal auf die (von ihm selbst bis zur *Fünften* praktizierten) Tradition des optimistisch-triumphierenden Schlusses und entgeht so seiner eigenen Neigung zu bombastischer Schlußherrlichkeit. Statt dessen zwei riesige Steigerungswellen eines unheilvoll abwärts gerichteten Themas (das zuvor in allen Sätzen auftauchte), also zwei vergebliche Versuche, dem drohenden Ende auszuweichen, und schließlich bittere Resignation, die sich auch in häßlichen Tönen (wie dem gestopften tiefen Fis in den Hörnern) äußert und in einem schrägen, nicht sehr christlichen Choral das endgültige Verlöschen des Lebensnervs ankündigt. Damit verzichtet TSCHAIKOWSKY zum erstenmal auf die Restitution des «schönen Scheins», einer fragwürdig gewordenen Heiterkeit, und riskiert ein realistisches, ästhetisch offenes, subjektiv wahrhaftiges Schlußwort.

Attila Csampai

Programmusik

TSCHAIKOWSKY gehört zu den wenigen Komponisten, die sich während ihres ganzen Lebens sowohl mit absoluter wie mit programmatischer Symphonik schöpferisch auseinandergesetzt haben. Er gleicht darin JEAN SIBELIUS, mit dessen Schaffen ihn überdies die Existenz einer poetischen Idee auch in der absoluten Symphonik verbindet. Inspiration durch literarische Stoffe kann bei einem Exponenten des gebildeten Bürgertums nicht verwundern, zumal für den sensiblen TSCHAIKOWSKY «das Lesen zu den größten Glückseligkeiten» gehörte. Illustratives «musikalisches Malen» in der Art von STRAUSS liegt indessen ebensowenig im Interesse des Komponisten wie ein Streben nach plakativem Pathos eines FRANZ LISZT; seelische Vorgänge der jeweils als Angelpunkt fungierenden Gestalten, menschliche Psyche also, ist der Schaffensantrieb, während Schilderungen äußerer Vorgänge sehr selten sind. TSCHAIKOWSKY ist in dieser Hinsicht ein Wegbereiter des musikalischen Symbolismus.

Ouvertüre ‹Das Gewitter› op. 76

Das erste, noch vor dem Studienabschluß geschriebene Orchesterwerk des Komponisten entstand 1864 nach dem vier Jahre zuvor erschienenen Ehedrama Alexander Ostrowskys, das als Stoff von Janáčeks Oper *‹Katia Kabánova›* bekannt ist. Hinsichtlich der Form bewegt sich Tschaikowsky noch etwas unsicher, besonders die Übergänge der einzelnen Teile wirken oft unvermittelt; die musikalische Sprache insgesamt jedoch, vor allem das geradezu traumwandlerische Gespür für Klangfarben, ist schon hier unverwechselbar. Die Kritik seines Lehrers Anton Rubinstein, der «Wagnersche Einflüsse» rügte, veranlaßte den Autor, die Partitur zu vernichten; sie konnte erst nach seinem Tode aus den erhaltenen Stimmen rekonstruiert werden.

Symphonische Dichtung ‹Fatum› op. 77

Durch die erfolgreiche Uraufführung seiner 1866 geschriebenen *ersten Symphonie* war Tschaikowsky zu einer bekannten Persönlichkeit des russischen Musiklebens avanciert. Als er 1868 Mili Balakirew, den führenden Kopf der national-russischen Komponistengruppe («Mächtiges Häuflein»), kennenlernte, versuchte dieser, ihn für seine Ideen und Ziele zu gewinnen. Gelang dies auch nicht in dem von Balakirew erstrebten Umfang, so stand Tschaikowsky doch von nun an zwei Jahrzehnte mit ihm in Kontakt und war von dem Ideenreichtum und der Persönlichkeit des Älteren sehr beeindruckt. Man kritisierte sich gewiß gegenseitig, doch von einer Feindschaft Tschaikowskys zum «Mächtigen Häuflein» kann keine Rede sein. Die Schicksalsgläubigkeit des Komponisten fand hier zum erstenmal eine musikalische Ausformung, ein detailliertes Programm existiert nicht. Das Stück wirkt wie ein Experimentierfeld für Modulationen, Instrumentationseffekte und symphonische Verarbeitungsweisen, ist formal recht unausgewogen; die Partitur erlitt das Schicksal des Opus 76.

Hartmut Becker

Ouvertüre-Fantaisie ‹Romeo und Julia›

Auf seiner zweiten und letzten Rußland-Reise (1867/68) hatte HECTOR BERLIOZ auch BALAKIREW kennengelernt, der sich für die Idee des *drame instrumental* begeisterte. Er schlug 1869 den von BERLIOZ zu einer «Symphonie dramatique» verarbeiteten Shakespeare-Stoff dem jungen TSCHAIKOWSKY zur Gestaltung vor. Die doppelte Gattungsbezeichnung weist hier einerseits auf die Form, andererseits auf den Gehalt hin. Gleichzeitig werden die Einflüsse und Ideen des «Mächtigen Häufleins» in dem stark folkloristischen Einschlag der Themen ebenso greifbar wie in der choralartigen Einleitung, die Elemente des russischen Kirchengesangs aufnimmt. Zur Uraufführung im März 1870 strich der Komponist den ursprünglichen Schluß (Trauermarsch) und ersetzte ihn durch die bekannte, mit wuchtigen Schlägen endende Coda. Eine letzte Revision nahm TSCHAIKOWSKY 1880 vor.

Fantaisie ‹Der Sturm› op. 18

Nachdem sich TSCHAIKOWSKY mit seiner 1872 vollendeten *zweiten Symphonie* durch ausgiebige Verarbeitung ukrainischer Volkslieder sehr weit an die künstlerischen Bestrebungen des BALAKIREW-Kreises angenähert hatte, schlug dessen Propagandist Wladimir Stassow ihm einen eigenen Programmentwurf nach dem Shakespearschen Märchendrama vor. Anders als in *‹Romeo und Julia›* war die Vorlage hier nicht auf die beiden Hauptpersonen konzentriert, so daß der Komponist sich nicht mehr an eine traditionelle Form halten konnte, sondern die Grundzüge der Handlung nachzeichnen mußte. Dadurch kommen unweigerlich despriktive Züge in die Musik, die die tonmalerische Schilderung des Meeres, des Sturms und das Zerschellen des Schiffes an einem Riff der Zauberinsel. TSCHAIKOWSKY ist hier in Einzelheiten von RIMSKIJ-KORSAKOWS Tondichtung *‹Sadko›* (*op. 5*, 1867) angeregt, wie er selbst wiederum auf RIMSKIJS *‹Schéhérazade›* (*op. 35*, 1888) gewirkt hat. *‹Der Sturm›* machte erstmals Nadjeschda von Meck, die spätere Gönnerin, auf den Komponisten aufmerksam. *Hartmut Becker*

Fantaisie ‹Francesca da Rimini› op. 32

Mit diesem Werk erreichte TSCHAIKOWSKY – noch vor der Niederschrift der *vierten Symphonie* – seinen Reifestil; die angeblichen Einflüsse von WAGNERS ‹*Ring*›, dessen erste zyklische Aufführung in Bayreuth der Komponist unmittelbar vor der Skizzierung des Werkes erlebt hatte, treten angesichts einer ganz individuellen Prägung dieser Musik in den Hintergrund. Die Partitur der ‹*Francesca*› weist mit ihrem rhythmischen Raffinement, ihren oft erschreckend fahlen Klangfarben und ihrer schonungslosen subjektiven Offenheit des Ausdrucks weit in die Zukunft, hat noch den jungen ARNOLD SCHÖNBERG merklich beeinflußt. Anders als die bisher geschriebenen programmatischen Werke, war diese musikalische Umsetzung einer Episode aus Dantes «Divina commedia» der eigene Entschluß TSCHAIKOWSKYS und – Ergebnis der Dante-Lektüre.

Die Werke des Jahres 1880

In der schöpferischen Pause zwischen Vollendung der *vierten* und Skizzierung der *fünften Symphonie* schrieb TSCHAIKOWSKY im Jahre 1880 neben seinem *zweiten Klavierkonzert* drei Werke, die nicht eigentlich als Programmusik bezeichnet werden können. Während des Rom-Aufenthalts im Winter 1879/80 entwarf er ein ‹*Capriccio italien*› (*op. 45*), dessen Kopfmotiv den Zapfenstreich der italienischen Armee benutzt – eine Komposition leichterer, unbeschwerterer Art im Vergleich mit den bisherigen, bestrebt, die südländische Atmosphäre einzufangen. Der Titel (*capriccio* bedeutet «Laune») weist deutlich genug auf diesen Charakter hin.

Als Auftragswerk für die Eröffnung der Moskauer Weltausstellung des Jahres 1882 entstand die ‹*Ouverture solennelle ‚1812‘*›, in der die Ereignisse des Napoleonischen Feldzugs gegen Rußland plastisch, ja geradezu drastisch in Erinnerung gerufen werden: Geläut großer Kirchenglocken (nicht etwa der zum Schlagwerk großer Orchester gehörender Röhrenglocken!) gehört ebenso zum Inventar wie der Einsatz von realem Kanonendonner. Die ursprüngliche Gestalt der Ouvertüre verlangt für die langsame Einleitung (Gebet um Befreiung vom napoleonischen Joch) wie für die Zarenhymne der Coda einen großen Chor; für rein orchestrale Aufführungen instrumentierte der Komponist dessen Stimmen. Die Verwendung von Kanonen hat übrigens seit dem *Te Deum*, das GIUSEPPE SARTI (1729–1802) 1789 für den Fürsten Potemkin schrieb, in Rußland Tradition. TSCHAIKOWSKY selbst nannte sein Gegenstück zu BEETHOVENS *Schlachtensymphonie* «sehr laut und geräuschvoll», sie habe «wohl nur geringen künstlerischen Wert». Die in unmittelbarer zeitlicher Nachbarschaft geschriebene *‹Serenade›* (*op. 48*) für Streicher bildet einen intimen, beinahe kammermusikalischen Kontrast zu diesem enormen Aufwand; die Zurücknahme der Mittel bis hin zum Verzicht auf die Bläser macht deutlich, zu welcher Poesie und Intensität des Ausdrucks der Komponist fähig ist.

Symphonie in vier Bildern ‹Manfred› op. 58

MILI BALAKIREW trat 1885 mit einem ausführlichen, auf Byrons dramatischem Gedicht basierenden Programm an den Komponisten heran. Vorbild für diese Konzeption war BERLIOZ' *‹Harold in Italien›*. TSCHAIKOWSKY hielt sich diesmal nur an die Umrisse des vorgeschlagenen Sujets, teilte selbst nur mottoartige Überschriften der Sätze mit und enthielt sich – wie schon in der *‹Francesca›* – aller folkloristischer Tendenzen. Der dreiteilige Kopfsatz (Lento lugubre) ist überschrieben: «Manfred irrt in den Alpen umher. Gefoltert von unheilvollen Qualen des Zweifels, zerrissen von Reue und Verzweiflung, ist seine Seele Opfer namenloser Leiden.» Durchführungsarbeit ist hier durch das harte Gegeneinandersetzen von Kontrastblöcken ersetzt. Das Scherzo (Vivace con spirito), duftig wie eine Ballettmusik, schildert einen «sprühenden Wasserfall», unter dessen Regenbogen die Alpenfee vor Manfred erscheint (in der ruhigen, harfebegleiteten Melodie des Trios); der Satz ist ein Meisterwerk farbig oszillierenden Klangs. Das folgende Andante con moto («Pastorale: Schlichtes, freies und friedliches Leben der Bergbewohner») steht BERLIOZ am nächsten, während das furiose Finale (Allegro con fuoco), die Schilderung eines Bacchanals im «unterirdischen Palast des Ariman», ein Gegenstück zu BERLIOZ' *‹Orgie de Brigands›* darstellt. Die instrumentalen Mittel (dreifache Holzbläser mit Piccoloflöte, Englischhorn und Baßklarinette, vierfache Blechbläser, zwei Harfen und umfangreiches Schlagzeug sowie Harmonium) sind vielfältiger als in jedem anderen Werk TSCHAIKOWSKYS. Leider zerstört eine aufgesetzt wirkende Orgel-Apotheose *à la Liszt* einen guten Teil der Wirkung des Finales (und damit des ganzen symphonischen Organismus).

Hartmut Becker

Fantaisie-Ouvertüre ‹Hamlet› op. 67

Gleichzeitig mit der Instrumentationsarbeit an der *fünften Symphonie* schuf der Komponist sein *drittes programmatisches Werk* nach einem Shakespeare-Sujet. Wie im Fall von *‹Romeo und Julia›* ist auch dieses instrumentale Drama auf die Charaktere der Hauptgestalten konzentriert, und wie in dem älteren Werk wird das Sonatensatzschema auch hier modifiziert: Eine regelrechte Durchführung fehlt an der erwarteten Position, wird dafür mit der Reprise verquickt.

Symphonische Ballade ‹Der Wojwode› op. 78

TSCHAIKOWSKYS letzte Orchesterkomposition programmatischen Charakters greift einen Stoff seiner Heimat auf, schließt damit den Kreis zu der *‹Gewitter›-Ouvertüre* nach Ostrowsky; diesmal liegt eine Ballade von Alexander Puschkin der Musik zugrunde. Ein Wojwode (Heerführer) findet seine Frau nicht im Schloß vor, wähnt sich betrogen. Er entdeckt sie mit ihrem Jugendfreund im Garten, der ihr die Kränkung vorhält, statt seiner den reichen Wojwoden geheiratet zu haben und beteuert ihr seine unveränderte Liebe. In der Ansicht, die Untreue der Gattin sei erwiesen, befiehlt der Wojwode seinem Diener, die Gattin zu erschießen;

dessen Kugel aber trifft den Wojwoden selbst. Das in dreiteiliger Liedform gestaltete Stück gehört zu den Meisterwerken des Komponisten und weist mit seinen erschreckend dunklen, schattenhaften Klangfarben auf die frühe Moderne voraus.

Hartmut Becker

Die vier Orchestersuiten

Von den *vier Orchestersuiten*, die TSCHAIKOWSKY zwischen 1878 und 1887, in der symphonischen Schaffenspause zwischen der *Vierten* und der *Fünften*, komponierte, konnte sich lediglich die letzte, die sogenannte *‹Mozartiana›*, im Repertoire einen bescheidenen Platz ergattern. Die ersten drei Suiten, die auf keinerlei musikalische Vorbilder zurückgreifen, sind heute so gut wie vergessen. Dabei sind sie alles andere als Lückenbüßer, sondern das Experimentierfeld, auf dem TSCHAIKOWSKY die besonderen Merkmale und den Charakter seines symphonischen Spätwerks vorbereitet. Zugleich unternimmt TSCHAIKOWSKY hier den eigenwilligen Versuch, die Konzeption der spätbarocken Suite mit der entwickelten symphonischen Satztechnik seiner Zeit zu kombinieren, also eine auf stilisierten Tanztypen basierende alte musikalische Form zu aktualisieren, indem er sie mit romantischem Geist, mit russischem Lokalkolorit und natürlich dem Walzer, dem führenden bürgerlichen Tanz, anreichert. Das Resultat könnte man als geglückte Melange aus Symphonie und Ballettmusik bezeichnen, als *symphonische Ballette ohne Handlung*, die, wie schon die früheren Symphonien TSCHAIKOWSKYS, von außermusikalischen Assoziationen, von Bildern, Gedanken, Erinnerungen geprägt sind.

Die sechssätzige *erste Suite in d-moll op. 43* (1878/79) orientiert sich neben konkreten barocken Vorbildern der Fuge und der Gavotte auch am klassischen Modell des MOZARTschen *Divertimento*, wobei TSCHAIKOWSKY nur dessen zyklische Grundidee übernimmt, mit zwei Menuettsätzen, Kopfsatz und Schlußrondo und – freilich nur *einem* langsamen Satz. Und auch diese Grundgestalt ist den aktuellen musikalischen Verhältnissen angepaßt. Im *Divertimento*-Satz hat ein bürgerlicher *Walzer* den Platz des ehemaligen höfischen Menuetts eingenommen, während an Stelle des zweiten Menuetts ein geradtaktiges *russisches Scherzo* tritt. Der mit einer langsamen Einleitung versehene Kopfsatz weckt eher allgemeine Assoziationen an die Barocksuite, da Tschaikowsky hier, ganz entgegen seiner sonstigen Art, den Satz Bachscher Fugen nachahmt. Bei der *Gavotte*, dem Schlußsatz, mag Tschaikowsky ebenfalls an Bach gedacht haben und an dessen berühmte *G-dur-Gavotte* aus der *fünften Französischen Suite*: er trifft genau den Giocoso-Charakter des alten französischen Springtanzes. Zugleich ist dieser Satz auch eine der modernsten Kompositionen Tschaikowskys und gibt einen Vorgeschmak auf den späteren Neoklassizismus. Es ist der würdige Vorfahr (und wohl auch das geheime Vorbild) des vierzig Jahre später komponierten *Gavota* in Prokofjews ‹*Symphonie classique*›.

Anordnung und Charakter der fünfsätzigen *zweiten Suite op. 53* aus dem Jahre 1883 sind der ersten Suite ähnlich, wenngleich sich Tschaikowsky hier von der älteren Suiten-Tradition vollends gelöst hat. Das belegt bereits der Kopfsatz mit dem schönen Titel *Jeu de sons*, der trotz seines stark fugierten Hauptteils eindeutig *Entwicklungs*charakter aufweist, also romantischen Ideen folgt *statt* dem Abwicklungsprinzip der alten Fuge, einem dramatischen Höhepunkt zusteuert und auf diesem plötzlich abbricht. Im Scherzo burlesque, dem Mittelsatz, schlägt Tschaikowsky wiederum einen bäuerlich-volkstümlichen Ton an. Diesmal ist eine feucht-fröhliche Wirtshausszene im Gange, die im ungewohnten Auftritt von *vier Akkordeons* gipfelt, die der Komponist ganz ungeniert mit dem ernsthaften Symphonieorchester koppelt. Das Trio dagegen, das mit Mussorgskyscher Vehemenz in den Hauptsatz einbricht, gleicht einer Szene auf einem russischen Bauernhof. Betont «russisch» geht es auch im Schlußsatz weiter, der Alexander Dargomyschsky gewidmet ist, einem der Väter der nationalrussischen Kunstmusik. Gleichwohl hielt ihn Tschaikowsky für einen Dilettanten.

Bei der *dritten Suite in G-dur op. 55* (1884) treten Charakteristika und Machart einer «Symphonie» immer deutlicher in den Vordergrund. Gleichzeitig findet auch in der *musikalischen Haltung* ein deutlicher Sinnenwandel statt, da Trauer, Resignation und Depression sich in allen (vier) Sätzen ausbreiten und den gedämpften Optimismus der beiden ersten Suiten vergessen lassen. Beim Valse mélancholique, dem zweiten Satz, ist die Gattung kaum noch wiederzuerkennen, denn dieser Walzer ist so verstört, daß er nicht einmal zu seinem eigenen wiegenden Grundrhythmus findet. Das Scherzo gleicht einer verzerrten italienischen *Tarantella*, in die Bruchstücke eines entfernt erklingenden *Marsches* eingestreut sind. Die Mittelsätze der *sechsten Symphonie* kündigen sich hier bereits an.

Die *vierte Orchestersuite op. 61 in G-dur*, komponiert im Herbst 1887, anläßlich der hundertjährigen Wiederkehr der Prager Uraufführung von *‹Don Giovanni›* ist TSCHAIKOWSKYS Huldigung an MOZART. Die Besonderheit der *‹Mozartiana›* liegt darin, daß TSCHAIKOWSKY hier lediglich MOZARTsche Klavierstücke instrumentierte. Mit Ausnahme der *Preghiera*, der FRANZ LISZTS Klaviertranskription der Motette *‹Ave verum corpus›* zugrunde liegt, verwendete TSCHAIKOWSKY originalen Notentext von MOZART und ließ ihn kompositorisch unangetastet. *Gigue* und *Menuet* basieren auf zwei gleichnamigen späten Klavierstücken MOZARTS, die TSCHAIKOWSKY wegen ihrer Brillanz und Modernität besonders schätzte, dem abschließenden Variationensatz liegen die Klaviervariationen *‹Unser dummer Pöbel meint›* (*KV 455*) nach einem Thema von GLUCK zugrunde. Außer einigen wenigen klanglichen Füllseln hat TSCHAIKOWSKY auch hier nicht in die Komposition eingegriffen, sondern sie nur in seine orchestrale Farbenpracht getaucht. Und dennoch gibt es eine Reihe von Stellen, die so «romantisch» klingen, daß man zweifeln möchte, ob das alles wirklich so von MOZART gesetzt wurde. Aber gerade der Eindruck, es könnte etwas von TSCHAIKOWSKY sein, was dann doch purer MOZART ist, spricht *für* die Qualität der Bearbeitung. Es gibt wenige vergleichbare Beispiele einer derart geglückten romantischen Aneignung von klassischer Musik.

Attila Csampai

Ballettsuiten

Zu allen drei «klassischen» Handlungsballetten Tschaikowskys, also sowohl zu *‹Schwanensee› op. 20* (1876), *‹Dornröschen› op. 66* (1889) und *‹Der Nußknacker› op. 71* (1892) gibt es Orchestersuiten, die der Komponist nach rein musikalischen Gesichtspunkten: des Effekts, der Instrumentationsvielfalt, des Kontrastes, zusammenstellte. In allen drei Fällen geben die Suiten freilich nur einen Bruchteil der umfänglichen Ballettpartituren wieder, so daß man sie bestenfalls als musikalische Appetitanreger zu den Balletten bezeichnen könnte. Gleichwohl haben sich die drei Suiten inzwischen einen so festen Platz im Konzertrepertoire sichern können, daß man sie zu den Standardwerken zählen muß, den Balletten an Breitenwirkung weit überlegen. Während die *Orchestersuiten* aus ‹Schwanensee› und *‹Dornröschen›*, wie üblich, erst nach der Premiere des jeweiligen Balletts in den Konzertsaal gelangten, erklang die *‹Nußknacker-Suite›* bereits neun Monate vor der (erfolglosen) Ballettpremiere im März 1892 erstmals im Konzert und verbuchte auf Anhieb einen überwältigenden Erfolg: Fast alle Sätze der Suite mußten wiederholt werden. Und bis heute hat die instrumentale Kurzfassung das gesamte Bühnenwerk, daß freilich schwierig zu realisieren ist wegen zahlreicher Kinderrollen, in den Hintergrund gedrängt. Sie ist in der Tat ein höchst gelungener Extrakt der mitunter recht bizarren Märchenromantik der Balletthandlung und auch des zugrunde liegenden Stoffs, der von E. T. A. Hoffmann stammt. Darüber hinaus belegt sie eindringlich das hohe Niveau von Tschaikowskys Instrumentationskunst in jenem vorletzten Jahr seines Lebens, seinen Geschmack und seine Sensibilität für ungewöhnliche Mischungen. So ist bereits die Suite (und Ballett) eröffnende *Miniatur-Ouvertüre* ein Meisterstück Tschaikowskyscher Finesse und der geglückte Versuch, das Instrumentarium eines Symphonieorchesters in eine Spieldose zu stecken, so wie es Tschaikowsky schon einmal früher, im *‹Miniatur-Marsch›* seiner *ersten Orchestersuite* exerzierte. Das Ganze ist eine brillante Diskantstudie eines kindlichen, noch vor dem Stimmbruch befindlichen Symphonieorchesters. Nach einem schneidigen *Marsch*, der das Orchester wieder in Normalstimmung zurückführt, folgt, mit dem *Tanz der Fee Dragée*, eine weitere raffinierte Miniatur TSCHAIKOWSKYS. Die bukolisch-abgründigen Tiefen einer Baßklarinette sind hier mit dem himmlischen Glöckchenzauber einer Celesta, eines damals gerade neu entwikkelten Instruments, gekoppelt. Danach geht es in die weite Welt fremdartiger Tänze der Russen, Araber und Chinesen, den ein exotischer *Tanz der Rohrflöten* – mit einem akkordisch gesetzten Flöten-Terzett – abschließt. Am Ende der berühmte *Blumenwalzer*, eine sanft wiegende und doch leidenschaftliche Hommage TSCHAIKOWSKYS an den Wiener Walzer.

Attila Csampai

Klavierkonzert Nr. 1 b-moll op. 23

Als sich TSCHAIKOWSKY im Winter 1874 kurzerhand entschloß, sein *erstes Klavierkonzert* zu komponieren, hatte er sich mit Klaviermusik noch wenig beschäftigt. Es gibt auch kaum eine schriftliche Notiz TSCHAIKOWSKYS über das wohl wichtigste Instrument des 19. Jahrhunderts. Über die Gattung Klavierkonzert äußert er sich nur ein einziges Mal in einem Brief an Nadjeschda von Meck und erklärt, daß er das Verhältnis von Klavier und Orchester als «Kampf zweier ebenbürtiger Kräfte» sehe. Es handle sich um ein «gewaltiges, an Farbenreichtum so unerschöpfliches Orchester, mit dem sich der kleine, unscheinbare, doch geistesstarke Gegner auseinandersetzt und auch siegt, wenn der Pianist begabt ist. In diesem Ringen steckt viel Poesie und eine Unmenge verführerischer Kombinationsmöglichkeiten.»

Das *erste Klavierkonzert in b-moll* ist – wiewohl es bereits fünf Jahre vor diesem Ausspruch entstand – ganz von dieser kämpferischen Konzeption geprägt. TSCHAIKOWSKY wollte es zunächst seinem Freund, dem Pianisten Nikolaj Rubinstein widmen. Als er ihm den Klavierpart vorspielte, erregte er aber derart Rubinsteins Mißfallen, daß dieser sich weigerte, das Konzert zu spielen. Enttäuscht änderte TSCHAIKOWSKY daraufhin die Widmung zugunsten eines anderen von ihm hochgeschätzten Virtuosen, Hans von Bülow, der schon vorher öffentlich Partei für ihn genommen hatte.

Bülow war hocherfreut: «Die Ideen sind so originell, so edel, so kraftvoll, die Details so interessant. Die Form ist so vollendet, so reif, so stilvoll – in dem Sinne, daß sich Absicht und Ausführung überall decken.» Im Herbst 1875 führte er das Konzert in Boston zum erstenmal auf.

Der endgültige Durchbruch des *b-moll-Konzerts* beim europäischen Publikum ließ indes noch drei Jahre auf sich warten. Und es war ausgerechnet Nikolaj Rubinstein, der den bis heute andauernden Erfolg des Werkes bei der Pariser Weltausstellung von 1878 einleitete. Von dieser umjubelten Pariser Erstaufführung an hat es sich bis heute, allen Veränderungen des Publikumsgeschmacks zum Trotz, in geradezu phänomenaler Kontinuität am höchsten Punkt der Beliebtheitsskala gehalten und so nicht nur den Konzerten anderer Komponisten, sondern auch TSCHAIKOWSKYS eigenen Geschöpfen dieses Typs eindeutig den Rang abgelaufen. Dabei hat es trotz millionenfacher Reproduktion auf Schallplatte, trotz einer fast schon lästigen Allgegenwart, bis heute nichts von seiner Wirkung, seiner Kraft und Frische eingebüßt. Daher erübrigt es sich auch, ausführlich auf formale Einzelheiten einzugehen und Dinge erklären zu wollen, die den meisten von uns längst in Fleisch und Blut übergegangen sind. So ist etwa die Auftaktfloskel, mit der die Hörner drohend das Konzert eröffnen, dieses viertönige vom Thema der Einleitung abgespaltene Etwas, das von dazwischenfahrenden Akkorden im Orchester kontrastiert wird, ein musikalischer Topos geworden, der an Eindringlichkeit seinesgleichen in der Musikgeschichte sucht – an Bekanntheit dürfte ihm nur BEETHOVENS «Schicksalsmotiv» aus der *Fünften* überlegen sein. Und die unbehagliche Spannung setzt sich sogleich fort, wenn das vom Orchester vorgetragene Des-dur-Thema in seiner Entfaltung vom donnernd einsetzenden Soloinstrument gestört wird. Gerade die unruhige, nervös-vorwärts drängende Haltung der Musik, die unentwegt nach einem Ruhepunkt sucht, ihn aber nie findet, dürfte die Quelle der starken Ausstrahlung, der enormen Suggestion dieses Konzerts sein. Dieses Prinzip wird besonders im ersten Satz deutlich, wenn TSCHAIKOWSKY die langsame Einleitung in b-moll, in der Haupttonart, beginnt, um sofort nach Des-dur zu modulieren oder, wenn das SCHUMANNeske zweite Thema – das wie der

Schluß einer wesentlich längeren Melodie wirkt, da es auf einem *schwachen*, darum vorwärts weisenden Akkord, einem Sekundakkord, beginnt – seine eigentliche Tonika As-dur nie erreicht, sondern daran vorbeimoduliert, also seinem Ende, seinem Schicksal auszuweichen versucht.

Attila Csampai

Klavierkonzert Nr. 2 G-dur op. 44 und Nr. 3 Es-dur op. 75

Die große Popularität des *b-moll-Konzerts* hat die bieden anderen Klavierkonzerte TSCHAIKOWSKYS weitgehend in den Hintergrund gedrängt. Nur selten sind sie im Konzertsaal zu hören; was insofern nicht recht verständlich erscheint, als zumal das *zweite Konzert für Klavier und Orchester G-dur op. 44* – in den Jahren 1879 und 1880 entstanden – durchaus «Effect macht».

Der Kopfsatz ist weiträumig dimensioniert und von ungewöhnlicher Länge, gekennzeichnet durch einen kraftvollen und munteren Ton des Hauptthemas, dem ein kantabler Seitensatz gegenübersteht, sowie durch die Farbenpracht des Orchesters. Der Klavierpart, wiewohl nicht ausgesprochen virtuos, bietet dem Solisten reiche Gelegenheit zu brillieren – zumal in der 130 Takte umfassenden Kadenz am Ende der Durchführung, die in ihrer scharf umrissenen rhythmischen Prägnanz und dem mitreißenden Schwung ihrer Akkordketten fast schon an GERSHWINS Konzert gemahnt.

Wenn dennoch Nikolaj Rubinstein, dem das Werk auch gewidmet ist, bemängelte, «daß die Solostimme episodisch und meist in Dialog mit dem Orchester ist und zu wenig im Vordergrund über der Begleitung des Orchesters», so bezog er sich dabei wohl vor allem auf den zweiten Satz.

In diesem lyrisch dahinfließenden Andante non troppo hat das Klavier nur begleitende Funktion, fügt sich mit arpeggierenden Akkorden als zusätzliche Klangfarbe ins Orchester ein, ohne ein ausgeprägtes Eigenleben zu entfalten. Getragen wird der Satz hingegen von langen, weit ausholenden Zwiegesprächen der Violine und des Violoncellos. Zum im fünffachen Piano verklingenden

Mittelsatz steht das abschließende Allegro con fuoco in scharfem Kontrast. Frisch zupackend, vom synkopisch drängenden Hauptthema und dem tänzerischen Seitensatz angetrieben, strebt es ohne lange zu verweilen dem Ende zu und bildet einen mitreißenden Abschluß für dieses große Konzert. Das dritte *Klavierkonzert Es-dur op. 75* entstand 1893 aus Skizzen zu einer Symphonie, die TSCHAIKOWSKY dann nicht mehr weiterverfolgte. Nur der erste Satz wurde von ihm vollendet, die beiden restlichen gab SERGEJ TANEJEW überarbeitet und orchestriert als «Andante und Finale» postum heraus. Vermutlich war das Werk jedoch nur einsätzig konzipiert.

Die symphonische Anlage scheint auch in der Fassung des Klavierkonzerts noch durch, eher ist das Werk eine Symphonie mit obligatem Klavier. Beeindruckend ist der volle und warme Klang des Orchesters und des Klaviers, in dessen großer Kadenz mit der Vielfalt ihrer Charaktere und der Tiefe des Ausdrucks TSCHAIKOWSKYS künstlerische Grundveranlagung noch einmal voll zum Erklingen kommt.

Rainer Pöllmann

Variationen über ein Rokokothema für Violoncello und Orchester

PJOTR ILJITSCH TSCHAIKOWSKY komponierte seine *‹Variationen über ein Rokokothema für Violoncello und Orchester›* bereits im Winter 1876, als er noch am Moskauer Konservatorium Musiktheorie lehrte. Im Unterschied etwa zu der elf Jahre später entstandenen *vierten Orchestersuite*, der sogenannten *‹Mozartiana›*, in der TSCHAIKOWSKY MOZARTsche Originalkompositionen bearbeitete, handelt es sich bei dem vorliegenden Werk um eine vollständige Eigenkomposition TSCHAIKOWSKYS. Selbst das authentisch klingende Variationsthema ist eine eigene Invention des Komponisten in Rokokomanier, das trotz seines strengen metrisch-harmonischen Baus alle typischen Merkmale der modernen musikalischen Sprache TSCHAIKOWSKYS aufweist. Die Variationen bestätigen dann vollends, daß wir es hier mit einem virtuosen romantischen Konzertstück zu tun haben. Nur die erste Diminuendo-Variation verbleibt dabei innerhalb des traditionellen Rahmens und hält sich streng an die Gliederung des Themas, während alle folgenden Variationen reine Charakterstücke sind, die das Thema völlig frei motivisch weiterverarbeiten. Ebenso entspricht die Behandlung des Soloinstruments nicht der klassischen Tradition, sondern spiegelt vielmehr den aktuellen Stand instrumentaler Virtuosität und der extrem erweiterten Ausdrucksmöglichkeiten wider. Technisch gehört der Solopart zum Diffizilsten, was für das Violoncello jemals geschrieben wurde.

Dieses Werk ist also keine Stilkopie, sondern ein modernes einsätziges Cellokonzert, das die Variationenform, den Rondogedanken und die Technik der monothematischen Entwicklung zu neuartiger, eigenständiger Gestalt verbindet. Und immer wieder durchbricht die starke lyrische Kraft des Opernkomponisten TSCHAIKOWSKY den konzertant-virtuosen, lockeren Grundzug der Komposition. Dann vernehmen wir die ersten musikalischen Vorzeichen einer neuen Oper, des ‹*Eugen Onegin*›.

Attila Csampai

Violinkonzert D-dur op. 35 und die Kompositionen für Violine und Orchester op. 26 und op. 34

Ist es Zufall oder hängt es mit der singulären Strahlkraft des Geigenwunders PAGANINI zusammen, daß gerade von der Gattung des Violinkonzerts in der zweiten Hälfte des 19. Jahrhunderts schier Übermenschliches erwartet wurde? Der virtuose «Drahtseilakt» des Solisten wurde ebenso vorausgesetzt wie die dichte Konstruktivität der Komposition in der Folge des Wiener klassischen Erbes. Dieser Quadratur des Kreises konnten innerhalb der zeitgenössischen Ästhetik auch jene beiden Violinkonzerte nicht gerecht werden, die sich mittlerweile zeitlos durchgesetzt haben. Warf man dem strukturell gewichtigen Werk von JOHANNES BRAHMS vor, es sei ein «Konzert *gegen* die Violine» (SARASATE), so hatte TSCHAIKOWSKYS *Violinkonzert D-dur op. 35* noch ganz andere Tiefschläge auszuhalten. Nach der für das Werk bedeutsamen europäischen

Erstaufführung am 4. Dezember 1881 (noch nicht verifizierbaren Quellen zufolge soll die Uraufführung im Jahre 1879 mit dem Geiger Leopold Damrosch in New York stattgefunden haben) schrieb der damalige Kritikerpapst Eduard Hanslick: «Friedrich Vischer behauptete einmal bei einer Besprechung lasziver Schilderungen, es gäbe Bilder, die man stinken sieht. Tschaikowsky bringt uns zum ersten Male auf die schauerliche Idee, ob es nicht auch Musikstücke geben könne, die man stinken hört!» Diese schlimme Entgleisung kann kaum damit gerechtfertigt werden, daß das musikalische Wien dieser Zeit nicht eben viel von russischer Musik hielt, sie als entweder roh oder sentimental abqualifizierte. Es ist vielmehr eine unhaltbare Polemik gegen ein Werk, das zwar seine eminente Virtuosität nicht verleugnet, doch in jedem Moment die Aufrichtigkeit des Melos, das Seelentiefe offenbart.

TSCHAIKOWSKY schrieb dieses Konzert kurz nach der Vollendung seiner Oper *‹Eugen Onegin›* und der *vierten Symphonie* im Frühjahr 1878 in Clarens am Genfersee. Die Anwesenheit eines früheren Schülers, des Geigers Iosef I. Kotek, war insofern von großem Nutzen, als TSCHAIKOWSKY fertiggestellte Passagen des Konzerts sofort auf spieltechnische Fragen hin überprüfen konnte, Varianten erproben und mit dem Praktiker besprechen konnte. Hierin ist sicher ein Grund zu sehen für die überraschend kurze Entstehungszeit von nur drei Wochen; bereits im April des Jahres war auch die Instrumentation abgeschlossen. Dann aber entschloß sich TSCHAIKOWSKY, einen neuen langsamen Satz zu schreiben. Der ursprüngliche Mittelsatz wurde zum ersten, *‹Méditation›* genannten Stück von drei Kompositionen für Violine und Klavier (*‹Souvenir d'un lieu cher› op. 42*) umgearbeitet. Über den nachkomponierten Mittelsatz, die *‹Canzonetta›*, schrieb kurz darauf seine Freundin und Gönnerin Frau von Meck: «...die Canzonetta ist geradezu herrlich. Wieviel Poesie und welche Sehnsucht in diesen Sons voilés, den geheimnisvollen Tönen!» Tatsächlich schloß TSCHAIKOWSKY mit diesem Satz unmittelbar an die Sphäre des *‹Eugen Onegin›* an, namentlich an die Gefühlswelt des Melancholischen, wie sie die Figur des Lenski in sich trägt. Es ist wie ein «Lied ohne Worte», zärtlich, schwermütig, aber gänzlich ohne jedes kitschige

«Fett», ohne Pathos, wie Hanslicks üble Worte erwarten ließen. Seelentiefe hat nichts mit Parfum zu tun! Zumal dann nicht, wenn der extrem schnelle, tänzerische Finalsatz wie mit einem Peitschenhieb übergangslos in die Gefühlsidylle einbricht. Wenn TSCHAIKOWSKY selbst das Werk (in einem Brief vom Januar 1882) als «russisch» kennzeichnet, eine Charakterisierung, die die Substanz des Werkes meint, dann zielt das nicht nur auf die Melancholie der *‹Canzonetta›*, sondern ebenso auf die rhythmischen Härten des Finalsatzes und vor allem auf den schroffen Gegensatz zwischen beiden.

Die extremen musikalischen Haltungen sind im Kopfsatz selbst bereits angelegt. Zwischen dem massiven Orchestertutti, das den ersten Teil der Durchführung beherrscht, und der verhaltenen, über weite Strecken sich piano artikulierenden Exposition scheinen Welten zu liegen. Kein anderes Konzert in dieser Zeit führt sich so gelassen und ruhig atmend ein. Die kompositorische Konstruktivität, die meisterhaft gehandhabt ist, ist in TSCHAIKOWSKYS Werken nicht das entscheidende Moment, vielmehr die Ebene der emotionalen Zwischentöne und Gegensätze. So kann der Kopfsatz mit einer kurzen Orchestereinleitung beginnen, die nur assoziativ das Hauptthema berührt, nicht eigentlich artikuliert. Das bleibt dem Solisten vorbehalten.

Ursprünglich plante TSCHAIKOWSKY die Uraufführung seines *Opus 35* für den 10. März 1879 in Petersburg mit dem Solisten Leopold Auer. Der jedoch hielt das Werk für unspielbar. Erst der Geiger Adolf D. Brodskij (der spätere Widmungsträger) wagte die erwähnte Wiener Aufführung unter Hans Richter und bestritt am 8. August 1882 ebenfalls die russische Erstaufführung in Moskau. TSCHAIKOWKSY war, wie er in einem Brief bekannte, «gerührt durch Brodskys Kühnheit, sich zum erstenmal mit einem so schwierigen, neuartigen [...] Werke hervorzuwagen».

Neben dem grandiosen Violinkonzert existieren nur noch zwei kurze einsätzige Werke für die Besetzung von Violine und Orchester: das eminent schwierige *‹Valse-Scherzo› op. 34* (Anfang 1877 komponiert und dem erwähnten Kotek gewidmet) sowie die *‹Sérénade mélancholique› b-moll op. 26*.

Bernhard Rzehulka

Nikolaj Rimskij-Korsakow

Tichwin, 6.(18.) März 1844 – Ljubensk, 8.(21.) Juni 1908

Unter den Mitgliedern des einstigen «Mächtigen Häufleins» jener Petersburger Komponisten zwischen 1860 und 1870, die sich um eine nationalrussische Musiksprache ernsthaft bemühten und den kompositorischen Dilettantismus zum ästhetischen Prinzip erhoben, nimmt NIKOLAJ RIMSKIJ-KORSAKOW eine Ausnahmestellung ein: Er wurde ab 1871, als er zum Konservatoriumsprofessor aufstieg, der Abtrünnige des Kreises um MILI BALAKIREW und avancierte allmählich zum blendendsten Orchestertechniker der neueren Musik. (IGOR STRAWINSKY, sein Schüler, profitierte später davon, etwa in seinem ‹*Feuervogel*›.) Seiner klanglichen Begabung gemäß zog es ihn – vor allem in seinen Märchenopern der späteren Jahre – zu exotischen und übersinnlichen Stoffen, nachdem er in den ersten Jahren von BALAKIREW als Symphoniker eingeschätzt und dementsprechend zur Komposition von drei Symphonien angehalten worden war. Als ANTON RUBINSTEIN im Oktober 1861 das Petersburger Konservatorium eröffnete, empfand das der Kopf des «Mächtigen Häufleins», MILI BALAKIREW, als offenen Affront gegen seine eigenen Bestrebungen, die geniale Ursprünglichkeit dem Joch der «deutschen Musikgeneräle» zu entziehen. Er witterte die Ausbildung der jungen russischen Musiker zu Musikbeamten, die ebensolche lederne Symphonien schrieben wie RUBINSTEIN selbst. BALAKIREWS prinzipielle Ablehnung jeglicher akademischer Satzlehre – sei es Formen-, Harmonie- oder Kontrapunkttechnik – machte es indessen seinen eifrigen Schülern sehr schwer, sich in den satztechnischen Problemen, die unausweichlich immer wieder auftauchten, zurechtzufinden. Mit Intuition allein konnte man gewiß keine Symphonien oder gar Opern komponieren! RIMSKIJ-KORSAKOW schildert in seiner «Autobiographie» – teilweise erst nach der Jahrhundertwende geschrieben – höchst anschaulich die unerschrockene Art Balakirews, die Schüler ohne viel Umschweife an die großen Gegenstände, und zwar je nach Talent an die Symphonie oder an die Oper, heranzulassen. So glaubte Balakirew, daß Rimskij-Korsakow der geborene Symphoniker sei – er wurde jedoch zum fruchtbarsten Opernkomponisten der russischen Musikgeschichte – und ließ ihn sogleich eine Symphonie in der verwegenen Tonart es-moll schreiben. Rimskij-Korsakow quälte sich von 1861 bis 1865 damit herum, unterbrochen von der täglichen Brotarbeit – alle Mitglieder des «Mächtigen Häufleins» waren im Hauptberuf keine Musiker – und brachte die *Symphonie* als *op. 1* tatsächlich zu einem guten Ende. Doch er sagt später einschränkend über diese Zeit: «Es wäre Balakirews Aufgabe gewesen, mir ein paar Harmonie- und Kontrapunktstunden zu geben, mich einige Fugen schreiben zu lassen und mir die Syntax der musikalischen Formen beizubringen. Dazu war er nicht in der Lage, denn er hatte diese Fächer ja selbst nie systematisch betrieben und hielt sie für entbehrlich.» Aus diesen Worten spricht natürlich der Akademiker, der die Rolle der authentischen kompositorischen Phantasie unterschlägt. Wie hätte er aber ohne sie die *erste Symphonie* schreiben können? Als Vorbilder gibt er selbst Schumanns *‹Manfred›*-Ouvertüre und *dritte Symphonie* an, ferner Glinkas *‹Jota aragonese›* und Balakirews Musik zu *‹König Lear›* und verweist darüber hinaus auf seine «gute Beobachtungs- und Auffassungsgabe». Dennoch nahm er sich im Frühjahr 1884 das Erstlingswerk mit dem kritischen Blick des Kompositionslehrers noch einmal gründlich vor und unterwarf die *erste russische Symphonie*, wie man sie immerhin nach der 1865 erfolgten Uraufführung nannte, einer grundlegenden Umgestaltung. Bei dieser Gelegenheit änderte er auch die Grundtonart von es-moll nach e-moll.

Der Balakirew-Kreis hatte an Stelle der akademischen Kompositionslehre das Modell der kollektiven Kritik eingeführt, dem Rimskij-Korsakow, als Konservatoriumsprofessor, satztechnische Unzuständigkeit vorwarf. Das ist denn auch durchaus berechtigt, aber doch nicht die ganze Wahrheit. Balakirew muß gespürt haben, daß die Beherrschung der technischen «Tricks» es einem Komponisten erlaubt, auch *ohne Phantasie* einen anständig klingenden Satz zusammenzubringen, dem aber eines fehlt: die wahre

Inspiration. Vorerst schuf denn auch RIMSKIJ-KORSAKOW Orchesterwerke in diesem Geiste, die er aber später allesamt, zum Teil mehrfach (!), umarbeitete. Darunter befinden sich noch zwei weitere Symphonien, die eher als mehrsätzige symphonische Dichtung angelegte *zweite Symphonie* nach dem Märchen *‹Antar› op. 9* (1868, umgearbeitet 1876) und die *dritte Symphonie*, in der «rationalen» Tonart *C-dur op. 32* (1866 bis 1873, revidiert in den Jahren 1885 bis 1886) und eine *Sinfonietta in a-moll über russische Themen op. 31* (1879, umgearbeitet 1880 bis 1884) als Nachzügler gewissermaßen. Die Komposition der *dritten Symphonie* fällt genau in den Übertritt vom Dilettantismus zum Ideal der akademischen Disziplin. So ist es nicht verwunderlich, daß die ehemaligen Komponistenkollegen des BALAKIREW-Kreises die Komposition der *dritten Symphonie* als Affront gegen die Ästhetik des genialen Realismus, wie ihn schließlich ohnehin nur noch MUSSORGSKY als einziger vertrat, verstanden. Die abfällige Bemerkung MUSSORGSKYS, die Musiker ergötzten sich nur am Wechsel der Harmonien und erblickten ihr Gewerbe in der Handhabung technischer Spitzfindigkeiten, paßt genau auf die *Symphonie C-dur*, an der RIMSKIJ-KORSAKOW gerade arbeitete. Die Uraufführung am 18. Februar 1874 war denn auch ein Mißerfolg, nicht nur bei den Freunden. RIMSKIJ-KORSAKOW berichtet darüber in seiner «Autobiographie»: «Meine musikalischen Freunde nahmen die Symphonie sehr zurückhaltend auf. Sie fanden sie, mit Ausnahme des Scherzos, allgemein etwas trocken, mit der reichen Kontrapunktik waren sie nicht einverstanden, und vielen war sogar die Instrumentation zu alltäglich. Borodin war offensichtlich der einzige, dem das Werk wirklich gefiel, wenn er auch bemerkte, ich hätte ihn aus meiner Symphonie angeschaut wie ein bebrillter Professor, der soeben eine große Symphonie in C geschaffen habe.» Auch TSCHAIKOWSKY – sonst ein eher wohlwollender Kritiker der Musik RIMSKIJ-KORSAKOWS – äußerte sich einigermaßen negativ; er warf der Symphonie ein Dominieren der Kompositions*technik* über die Qualität der Gedanken vor (!), ferner Mangel an Einfällen, ja, er meinte sogar, Details seien auf Kosten der Gesamtwirkung unzulässig ausgeschmückt, obwohl er im gleichen Atemzug die «betörende Fülle und Ausgesuchtheit der *koloristischen* Details» rückhaltlos bewunderte. Hier liegt denn wohl auch der Widerspruch in der Erscheinung der Musik Rimskij-Korsakows begründet. Die blendend instrumentierten Orchesterwerke der späteren achtziger Jahre stellen das ohne Ausnahme unter Beweis.

Im Sommer 1887 komponierte Rimskij-Korsakow ein fünfsätziges Orchesterwerk auf original spanische Themen (*‹Capriccio espagnol› op. 34*), die er nicht, wie Glinka, im Land selbst gehört hatte, sondern einer Sammlung spanischer Lieder und Tänze, regional geordnet, entnahm. Der Meister des virtuosen, glänzenden Orchestersatzes verwirklicht hier seine ursprüngliche Idee, eine *spanische Phantasie für Violine und Orchester* zu schreiben, übrigens analog zu der 1886 komponierten *Phantasie über russische Themen*, indem er die Solovioline mehrfach aus dem Orchester hervortreten läßt, obwohl es ein reines Orchesterwerk ist: «Meine Absicht war, das Capriccio sollte glänzen durch die virtuosen Farben des Orchesters», so schreibt er in seiner «Autobiographie», und an anderer Stelle gibt er sogar zu, daß die spanischen Themen ihm Material geliefert hätten für «Orchester-Effekte»; das Stück sei «ohne Zweifel ein oberflächliches», aber immerhin ein «wirkungsvolles». Die Ästhetik des «Mächtigen Häufleins» ist der Demonstration kompositorischen Könnens gewichen. Tschaikowsky gratulierte dem Komponisten zu «einem großen Meisterwerk der Orchestrierung», dem Rimskij-Korsakow alsbald ein weiteres folgen ließ, denn bereits im Frühjahr 1888 skizzierte er seine Ouvertüre *‹Russische Ostern› op. 36*. Hier verwendet er als Material für seine klanglichen Phantasien Themen der russisch-orthodoxen Liturgie, freilich wieder nur als Anlaß sorgfältig «inszenierter» Orchester-Effekte, nicht im Sinne Mussorgskys, der solches Material begriff als das «Vergangene im Gegenwärtigen», als historisch getreues, musikalisches Ambiente. Rimskij-Korsakow hatte dagegen anderes im Sinn, er wollte «diese legendären und heidnischen Züge des Festes, diesen Stimmungsumschlag vom düster-geheimnisvollen Karfreitag in die ungebändigte heidnisch-religiöse Fröhlichkeit des Ostermorgens [...] zum Ausdruck bringen». Es ging ihm um eine «allgemeine Darstellung des Ostergottesdienstes», wie ihn die russisch-orthodoxe Kirche mit großem Gepränge zu begehen pflegt. An der Partitur arbeitete er im Sommer 1888, gleichzeitig mit seinem heute bekanntesten Orchesterwerk, der *symphonischen Suite ‹Schéhérazade› op. 35*, die seinen Hang zu musikalischen Orientalismen zeigt. Das Sujet der vier Sätze ist den Märchen aus «Tausendundeiner Nacht» entnommen, freilich in rein musikalisches Material verwandelt, das RIMSKIJ-KORSAKOW einem komplizierten Motivspiel durch alle vier Sätze hindurch unterwirft: «Indem diese Motive und Themen jedesmal in verschiedenen Farben, Formen oder Stimmungen erscheinen, entsprechen sie immer verschiedenen Vorstellungen, Handlungen oder Bildern» («Autobiographie»). Mit anderen Worten: RIMSKIJ-KORSAKOW will die Phantasie des Hörers nicht konkret einengen, sondern ihm die Möglichkeit geben, der Phantasie des Komponisten mit eigenen, freien Assoziationen zu folgen. Deshalb ließ er bei der Veröffentlichung der Partitur auch alle Satztitel weg, damit die einzelnen Episoden ganz für sich sprechen können. Den roten Faden des Ganzen bildet das Thema der Solovioline, mit dem Scheherazade selbst sich darstellt, wie sie dem Sultan ihre wundersamen Geschichten erzählt. Wir hören sie in der dekorativen Virtuosität RIMSKIJ-KOSAKOWS, die im russischen Orientalismus des *‹Antar›* so verheißungsvoll begonnen hatte.

Dietmar Holland

Das «Mächtige Häuflein»

MILI BALAKIREW (1837–1910)
CÉSAR A. CUI (1835–1918)
MODEST P. MUSSORGSKIJ (1839–1881)
ALEXANDER P. BORODIN (1834–1887)

Die Entstehung der nationalen russischen Musik im 19. Jahrhundert ist untrennbar mit dem Namen MICHAIL GLINKA (1804–1857) verknüpft; seine beiden Opern und die Orchesterwerke markieren das Ende einer langen «musikalischen Fremdherrschaft» in der kulturellen Entwicklung des riesigen Reiches. GLINKAS Neubeginn war allerdings mit einer Hypothek belastet, die sich auf seine Gefolgsleute übertrug und in den sechziger und siebziger Jahren zu teilweise heftigen Fraktionskämpfen in der Musikszene des Landes führten: Die Ablehnung einer regelrechten musikalisch-theoretischen Ausbildung und – damit verbunden – das Berufsmusikertum. Im Gegensatz zu Musikern wie etwa LOUIS SPOHR, der als Komponist Autodidakt war, liegt bei der nationalen russischen Schule dadurch das Reizwort «Dilettantismus» nahe. Drei ihrer Mitglieder übten tatsächlich ihr Leben lang bürgerliche Berufe aus, lediglich das musikalische Haupt der Schule, MILI BALAKIREW (1837–1910), war – allerdings mit einer elfjährigen Unterbrechung – als Pianist, Dirigent und Organisator tätig.

BALAKIREW, der als junger Mann dem Freundeskreis des alternden GLINKA angehört hatte, lernte in dessen Todesjahr den Militär-Ingenieur CÉSAR ANTONOWITSCH CUI (1835–1918) und den Gardeoffizier MODEST PETROWITSCH MUSSORGSKIJ (1839–1881) bei Hausmusik-Soireen des Komponisten ALEXANDER DARGOMYSCHSKY (1813–1869) kennen. Bis auf die Tatsache, daß sowohl BALAKIREW wie MUSSORGSKY pianistische Wunderkinder gewesen waren, besaß keiner von ihnen eine fundierte musikalische Ausbildung. Balakirew, voll Energie und Temperament, wußte beide für die Ideen Glinkas zu begeistern, erhob allerdings auch gelegentliche Äußerungen des «Vaters» der russischen Nationalmusik zum Postulat, insbesondere die Ablehnung jeglicher «akademischen» Ausbildung. Grundlage der nationalen Tonkunst sollte ausschließlich die Volksmusik sein. Diese Ablehnung richtete sich vor allem gegen Anton Rubinstein und dessen Bestrebungen, mit Hilfe seiner Kontakte zu Hofkreisen in Rußland Ausbildungsstätten für Musiker einzurichten. Rubinsteins Orientierung an der deutschen Romantik und seine Pläne, deutsche und tschechische Lehrer an solche Institute zu holen, da Russen für diese Aufgaben nicht zur Verfügung standen, empfand Balakirew als Verrat an der nationalen Sache; sowohl er wie der Bibliothekar und Kunsthistoriker Wladimir Stassow (1824–1906) und der eine polemischspitze Feder führende Cui befehdeten den als «Westler» diffamierten Kreis der Musiker um Rubinstein. Während diese Kämpfe begannen, stieß der junge Marineoffizier Nikolaj Rimskij-Korsakow (1844–1908) zu den «Balakirews»; seine Entwicklung verlief allerdings seit Beginn der 1870er Jahre nicht mehr nach der von Balakirew vorgegebenen Richtung: Er holte im reifen Alter jene Versäumnisse an theoretischer Ausbildung nach, die Balakirew gerade als schädlich so sehr ablehnte, wurde also – wenngleich relativ spät – zu einem Berufsmusiker, dessen pädagogisches Können mehrere Generationen russischer Musikschöpfer bis zu Strawinsky entscheidend formte. Rimskij nimmt damit eine Sonderstellung ein, gehört nur bedingt zu jener Komponistengruppe um Balakirew, die Stassow 1867 mit dem noch heute geläufigen Namen «Mächtiges Häuflein» bezeichnete; er bleibt aus dieser Betrachtung ausgespart. Als letztes bedeutendes Mitglied stieß 1862 der Chemiker Alexander Porfirjewitsch Borodin (1834–1887) zum Balakirew-Kreis. Er hatte zunächst Medizin studiert, war dann 1859 für drei Jahre nach Heidelberg gegangen, um sich bei Erlenmeyer als Chemiker ausbilden zu lassen. Während seiner Studienjahre hatte Borodin, der eine der großen Hoffnungen der russischen Akademie war und tatsächlich ein bedeutender Wissenschaftler wurde, schon in der Heimat seine Freizeit in Konzerten und mit Kammermusikspiel verbracht; während seines Aufenthalts in Deutschland, also noch vor seinem Zusammentreffen mit den Mitgliedern des BALAKIREW-Kreises, hatte er die Musik der Klassik und Romantik kennengelernt und selbst einiges an Kammermusik geschrieben, darunter ein Klaviertrio, ein Klavierquintett, ein Streichquintett und ein nicht vollendetes Streichsextett.

BALAKIREW war als musikalischer Kopf des «Mächtigen Häufleins» gewiß ein Anreger, der – voll origineller Ideen und Temperament – seinen Gefolgsleuten den Anstoß für bedeutende Werke geben konnte; zugleich war er mit genügend analytischem Verstand begabt, Fehler und Schwächen erkennen zu können. Seine despotische Art jedoch und vor allem die Unfähigkeit, pädagogisch zu reagieren, das heißt einer meist scharfen Kritik das Aufzeigen eines besseren Weges folgen zu lassen, haben der Gruppe geschadet. Er hat zum Beispiel nicht erkannt oder erkennen wollen, daß MUSSORGSKY besonders theoretische Kenntnisse fehlten, um seine musikalischen Gedanken in adäquater Art auszudrücken.

Das orchestrale Schaffen der Mitglieder des «Mächtigen Häufleins» ist schmal, dabei in der Ausrichtung und Qualität durchaus unterschiedlich. Größere Werke haben oft sehr lange Entstehungszeiten, da der bürgerliche Beruf meist wenig Zeit zu kontinuierlicher kompositorischer Arbeit ließ. Das schöpferische Interesse MUSSORGSKYS und CUIS war außerdem auf die musikdramatischen Formen gerichtet, so daß an deren Œuvre die Orchesterkompositionen nur eine untergeordnete Rolle spielen. CUI hinterließ – nach zwei frühen *Scherzi* (*op. 1* und *op. 2*, 1857) und einer *‹Tarantelle›* (*op. 12*, 1859), vier *Suiten* (*op. 20, 38, 40* und *43*, entstanden in den 1880er Jahren), die im heutigen Konzertbetrieb merkwürdigerweise keinerlei Beachtung mehr finden; nicht besser ergeht es seiner *‹Suite concertante› für Violine und Orchester* (*op. 25*, 1883), die eigentlich als ein in der Tradition formaler Experimente eines BRUCH und LALO stehendes Konzert anzusehen ist. Noch der TSCHAIKOWSKY-Schüler SERGEJ TANEJEW (1856–1915) schrieb 1909 ein solches fünfsätziges Konzert, das als *‹Suite›* bezeichnet ist (*op. 28*). Auch das dürftige Repertoire der Violoncellisten bereicherte CUI mit zwei orchesterbegleitenden Stücken (*op. 36*, 1886).

Modest Mussorgsky hinterließ nur ein größeres Orchesterwerk, und auch dieses wird heute in der von Rimskij-Korsakow überarbeiteten Fassung aufgeführt: Die Phantasie ‹*Eine Nacht auf dem Kahlen Berge*›. Ursprünglich 1860 bis 1862 für Orchester geschrieben, arbeitete Mussorgsky sie – unter dem Eindruck des ‹*Totentanzes*› von Franz Liszt – 1867 für Klavier und Orchester um; zwei weitere Fassungen als Opernszenen können hier außer acht bleiben. Rimskij griff auf die zweite Fassung zurück, entfernte das Soloklavier, retuschierte die Instrumentation und fügte den heutigen ruhigen Schluß an, der allerdings musikalisches Material von Mussorgsky (die *Dumka* des Gritzko aus dem ‹*Jahrmarkt von Sorotschinzij*›) benutzt. Formal wie inhaltlich reflektiert dieses Werk die Einflüsse von Berlioz und Liszt auf das «Mächtige Häuflein». Die drei anderen kurzen Orchestersätze des Komponisten, ein *Scherzo* (*B-dur*, 1858), ‹*Alla marcia notturna*› (1861) und ‹*Intermezzo symphonique in modo classico*› (1867) spielen leider im Konzertleben ebensowenig eine Rolle wie die Kantate ‹*Die Niederlage Sennacheribs*› (nach Byron, 1867) für gemischten Chor und Orchester.

Dasjenige Werk, das Mussorgskys Namen im Konzertsaal am nachhaltigsten bekannt gehalten hat, ist der suitenartig angelegte *Zyklus ‹Bilder einer Ausstellung›*, der 1874 als Komposition für Klavier solo entstanden ist. Im Sommer des Vorjahres war der Maler Victor Alexandrowitsch Hartmann, ein enger Freund des Komponisten, im Alter von 39 Jahren in Moskau an einem Herzanfall gestorben. Zu Beginn des Jahres 1874 arrangierte Wladimir Stassow in St. Petersburg eine Gedächtnis-Ausstellung für den verstorbenen Maler, zu der übrigens Mussorgsky selbst – laut Katalog – das Bild der beiden polnischen Juden Samuel Goldenberg und Schmuyle aus seinem privaten Besitz beisteuerte. Die Umsetzung von zehn Bildern Hartmanns in Musik gelang dem Komponisten im Juni 1874 binnen weniger Wochen. Der hochvirtuose, an Liszt orientierte Klaviersatz ist über weite Strecken von einer orchestralen Dichte und Monumentalität. Bindendes Element des Zyklus ist die jeweilige «Promenade», eine Art musikalisches Selbstportrait Mussorgskys, der in wechselnden Stimmungen die Ausstellung durchschreitet; einleitend und anfangs als Intermezzo nach jedem Bild, verbindet sie schließlich kontrastierende Bildpaare, taucht schließlich in das Bild ‹*Cum mortuis in lingua mortua*› selbst ein, um im pompösen Finale, dem ‹*Großen Tor von Kiew*›, regelrecht verarbeitet zu werden. Die Affinität des Werkes zu orchestraler Gestaltung reizte nicht wenige Komponisten und Dirigenten zur Ausarbeitung instrumentierter Fassungen; die bekannteste, erfolgreichste und gewiß raffinierteste Fassung für Orchester stammt aus der Feder von MAURICE RAVEL, der sie 1922 im Auftrag von Sergej Koussewitzky, des berühmten russischen Dirigenten, ausführte. RAVEL hat in seiner Fassung die letzte, separat stehende Promenade des Originals (nach dem Bild ‹*Samuel Goldenberg und Schmuyle*›) gestrichen.

ALEXANDER BORODIN darf als bedeutendster Symphoniker des «Mächtigen Häufleins» angesehen werden. Schon seine *erste Symphonie* (*Es-dur*, 1862 bis 1867) zeigt zugleich Orientierungen an der deutschen Klassik und Romantik wie andererseits große Originalität in der Verarbeitung solcher Anregungen. Schon von diesem symphonischen Erstling sind Anregungen und Einflüsse ausgegangen, die bis in die frühen Symphonien von ALEXANDER SKRJABIN und JEAN SIBELIUS hinein nachweisbar sind. Noch bedeutender und bekannter ist die *zweite Symphonie* (*h-moll*, 1871 bis 1876), in der sich der Komponist von fremden Einflüssen ganz frei gemacht hat. MUSSORGSKY nannte das Werk ‹*Sklavische heroische Symphonie*› und setzte es BEETHOVENS ‹*Eroica*› gleich. Urwüchsig und kraftvoll in den raschen Sätzen, voller Poesie in dem kantablen Andante, wurde diese Symphonie bald als Verherrlichung der Heimat und ihrer Menschen verstanden – eine poetische Idee, der man in JANÁČEKS ‹*Taras Bulba*› wiederbegegnet. Die 1879 ausgeführten Retuschen der Instrumentation führte BORODIN selbst aus, nicht etwa – wie später oft vom Verleger behauptet – RIMSKIJ-KORSAKOW oder ALEXANDER GLASUNOW. FRANZ LISZT, den BORODIN 1877 in Weimar kennenlernte, setzte sich in Deutschland für die beiden Symphonien des Russen ein; der bedankte sich 1880 mit einer kurzen symphonischen Dichtung, ‹*Eine Steppenskizze in Mittelasien*›, die er LISZT widmete. Den hier geschilderten Vorgang, das Vorüberziehen einer orientalischen Karawane, die von russischen Soldaten eskortiert wird, gibt dem

Komponisten die Möglichkeit, die beiden hier repräsentierten Kulturkreise durch entsprechende Thematik zu charakterisieren, zunächst getrennt und im Wechsel, schließlich in Engführung. Von der 1886 begonnenen *dritten Symphonie* (*a-moll*) sind nur die ersten beiden Sätze erhalten, deren erster von GLASUNOW nach BORODINS Skizzen und dank eines phänomenalen Gedächtnisses ausgeschrieben wurde; zusammen mit einem einzelnen Satz für Streichquartett (den BORODIN als Scherzo vorgesehen hatte) instrumentierte GLASUNOW dieses fragmentarische Werk, dessen Ausreifen der plötzliche Tod des Autors verhinderte.

MILI BALAKIREW hat sich als einziger Komponist des «Mächtigen Häufleins» nicht mit musikdramatischen Formen schöpferisch auseinandergesetzt; dafür nimmt die programmatische Symphonik in seinem Œuvre breiteren Raum ein. Er ging – wie LISZT und GLINKA – von der Form der Konzertouvertüre aus (alle seine symphonischen Dichtungen waren in den Erstfassungen so betitelt). Die meisten seiner Werke erfuhren mindestens eine Umarbeitung, die BALAKIREW manchmal noch zwei Jahrzehnte nach der Entstehung vornahm. Der kritische, analytische Scharfblick hemmte oft die eigene Schaffenskraft des Komponisten, so im Fall der 1866 begonnenen, aber erst zweiunddreißig Jahre später vollendeten *ersten Symphonie* (*C-dur*), oder des 1861 mit viel Elan begonnenen *zweiten Klavierkonzerts* (*Es-dur*), welches das erste Werk dieser Gattung in der national-russischen Schule hätte werden können, aber erst nach BALAKIREWS Tod von seinem Schüler SERGEJ LJAPUNOW fertiggestellt wurde. Solche langen Entstehungszeiten hatten zur Folge, daß diese eigentlich sehr originellen und auch technisch gediegen gearbeiteten Kompositionen bei ihrem schließlichen Erscheinen konservativ, wenn nicht gar veraltet wirkten, da BALAKIREW ihre ursprüngliche Konzeption nicht veränderte. Die Bedeutung BALAKIREWS wird auf diese Art nur zu oft unterschätzt. Konservativ war er erst am Ende seines Lebens, wovon die *zweite Symphonie* (*d-moll*, 1807/08) Zeugnis ablegt. Von den pianistischen Fähigkeiten des jungen BALAKIREW überzeugt das 1855 entstandene *erste Klavierkonzert* (*fis-moll*), das CHOPINsche Eleganz, LISZTsche Bravour und eigenwüchsige Thematik in einem einzigen Satz zur Synthese bringt. *Hartmut Becker*

Antonín Dvořák

Nelahoževeš, 8. September 1841 – Prag, 1. Mai 1904

Gilt SMETANA zu Recht als Schöpfer des tschechischen Nationalstils in der Musik des 19. Jahrhunderts, so war es erst seinem fast zwanzig Jahre jüngeren Landsmann ANTONÍN DVOŘÁK vorbehalten, diesem Stil aus gattungsbedingter und ethnischer Enge zu europäischer und schließlich zu Weltgeltung zu entwickeln. Die Unterschiede in Naturell und Zielsetzung beider Komponisten resultieren schon aus ihrer ganz andersartigen Herkunft: Der am 8. September 1841 in dem Moldau-Dorf Nelahoževeš (nördlich von Prag) als Sohn eines Gastwirts und Metzgers geborene DVOŘÁK mußte zunächst den väterlichen Beruf erlernen, ehe dem begabten Jüngling der Besuch der Prager Orgelschule (1857 bis 1859) gestattet wurde. Auch die folgenden Jahre als Organist, privater Musiklehrer und Bratscher des Theaterorchesters (unter SMETANAS Leitung) waren äußerst karg; DVOŘÁKS Weg zum Berufsmusiker und Komponisten vollzog sich weit langsamer und entschieden schwerer als der des von LISZT so bald geförderten SMETANA. Dafür lernte der jüngere die Musik als Orchestermitglied sozusagen «von innen» kennen, nicht aus der Perspektive des Pianisten. War SMETANA äußerst lebhaft, leicht reizbar und ebenso temperamentvoll wie unduldsam, so DVOŘÁK ruhiger, ausgeglichener. Völlig verfehlt ist allerdings, aus seiner – im Vergleich zu dem großbürgerlichen SMETANA – ehrlichen, aufrichtigen, ein wenig «bäuerisch» rechtschaffenen Wesensart auf einen naiven «Musikanten» zu schließen, der unreflektiert drauflosschreibt; Komponieren bedeutete ihm gründliche, verantwortungsbewußte Arbeit, die sich der Inspiration – für den gläubigen Katholiken ein Geschenk von oben – als würdig erweisen mußte. Zahlreiche Frühwerke vernichtete DVOŘÁK – Zeugnis strenger Selbstkritik; langsames, schwer erkämpftes Reifen verhinderte zeitlebens einen engeren Anschluß an Vorbilder, der die eigene Individualität hätte gefährden können. Als Antonín Dvořák am 1. Mai 1904 in Prag starb, war er längst weltberühmt, und das Musikleben verlor einen Meister, dessen Biographie, Bedeutung und Persönlichkeit bis in einzelne Wesenszüge an Joseph Haydn gemahnt.

Symphonien Nr. 1–5

Das früheste erhaltene Werk absoluter Symphonik schrieb Dvořák 1865; es blieb, da er selbst die Partitur nicht mehr besaß und verloren glaubte, von den Revisionen verschont, denen der Autor die drei folgenden Symphonien in den achtziger Jahren auf Wunsch seines Verlegers unterzog. Die heute als *op. 3* bezeichnete *erste Symphonie* (*c-moll*) ist gewiß formal noch unproportioniert, offenbart jedoch bereits erstaunliche Sicherheit in der Handhabung des großen Apparats und der symphonischen Verarbeitungsweisen. Ihre Ausdruckssphäre ist deutlich an der Klassik und frühen Romantik, besonders an Beethoven, orientiert, ohne allerdings zur Kopie zu entarten; schon der Vierundzwanzigjährige findet in diesem Werk voller Leidenschaft und dramatischer Spannung unverwechselbar eigene Töne. Mit der *zweiten Symphonie* (*B-dur op. 4*) aus dem gleichen Jahr beginnt sich Dvořáks Wagner-Erlebnis auszuwirken; er hatte 1863 beim Prager Konzert des Musikdramatikers Teile aus dessen Kompositionen mitgespielt. Überborden melodiöser, lyrischer Einfälle charakterisiert diese «Zweite», in deren Scherzo sich erstmals, wenngleich noch schüchtern, Elemente des Volkstanzes zu Wort melden. Wie sehr der Autor selbst dieses Werk schätzte, erhellt aus der Verwendung einer Sequenz des Finales im Schluß des dritten Aktes der ‹*Rusalka*› (1900). Die *Symphonien Nr. 3* (*Es-dur op. 10*, 1873) und *Nr. 4* (*d-moll op. 13*, 1874) zeigen Dvořák im Ringen mit den Einflüssen Wagners und der Neudeutschen Schule; in beiden Werken kommt es zu deutlichen Anklängen an Opern des Bayreuther Meisters, so im Mittelsatz der Nr. 3 an ‹*Lohengrin*›, im Andante der Nr. 4 an ‹*Tannhäuser*› und im Trio von deren Scherzo an die ‹*Meistersinger von Nürnberg*›. Das Durchschlagen dieser «Wagner-Krise» auf eine

Gattung, die WAGNER selbst für abgestorben erklärt hatte, sowie auch deren Meisterung und Überwindung sind für DVOŘÁK gleichermaßen charakteristisch: Die Programmatik der Neudeutschen spielt keine Rolle, dafür experimentiert er in der dritten Symphonie mit einer Verbindung aus langsamem Satz und darin «eingebautem» Scherzo (dessen Thematik in der Coda wiederkehrt) – eine Konstellation, die in absoluter Symphonik erst CÉSAR FRANCK aufgenommen hat. Die Instrumentation beider Werke fordert charakteristische Instrumente des Opernorchesters: Englischhorn (3.), Harfe (3. und 4.), Schlagzeug (4.). Mit den von SMETANA geleiteten Aufführungen der dritten sowie des Scherzos der vierten Symphonie (Frühjahr 1874) machte DVOŘÁK in seiner Heimat zum erstenmal als Symphoniker von sich reden; beide Werke reichte er im gleichen Jahr zur Erlangung eines staatlichen Stipendiums nach Wien ein. Die Regierungskommission, der JOHANNES BRAHMS, Eduard Hanslick und JOSEPH HELLMESBERGER angehörten, entschied positiv, was – bei allen zitierten Einflüssen der Neudeutschen Schule – für das Durchschlagen einer starken Individualität auch in diesen Werken zu werten ist. Unmittelbare Auswirkungen des Stipendiums war die im Sommer 1875 entstandene *fünfte Symphonie* (*F-dur op. 76*), in der DVOŘÁK im Umgang mit den formalen Proportionen nochmals einen großen Schritt voran geht. Der Prozeß stilistischer Klärung findet mit diesem Werk seinen Abschluß; nur noch wenige fremde Einflüsse sind wahrnehmbar, so der modulatorische, an den langsamen Satz anknüpfende Scherzo-Beginn. In der Dumka des Andante und der pikanten Rhythmik des Scherzos meldet sich bereits der Habitus der *‹Slavischen Tänze›*.

Hartmut Becker

Symphonie Nr. 6 D-dur op. 60

Die Gewährung des Stipendiums und die Einreichung weiterer Werke für dessen Verlängerung hatten den Komponisten in engeren Kontakt mit JOHANNES BRAHMS gebracht, der ihm in den folgenden Jahren ein wohlwollender Mentor und schließlich lebenslanger Freund wurde, ihm mit Ermunterung und praktischem Rat zur Seite stand. Durch seine Empfehlung fand Dvořák nicht nur einen Verleger für seine Werke (Simrock in Berlin), er erreichte – der bisher nur in Böhmen bekannt war – auch zum erstenmal ein internationales Publikum und konnte Kontakte zu bedeutenden Dirigenten, wie Hans Richter und Hans von Bülow, knüpfen. So ist die *sechste Symphonie* als Auftragswerk für die Wiener Philharmoniker auf Anregung Richters im Jahre 1880 entstanden. Sie gehört zur sogenannten «Slavischen Periode» in Dvořáks Schaffen, in der der Komponist betont national orientierte Werke (die *Slavischen Rhapsodien, Slavischen Tänze, Tschechische Suite*) schrieb. In gewisser Weise ist dies eine Reaktion des aufrechten, allerdings nie chauvinistisch denkenden Patrioten, der gerade in einer eher kosmopolitisch orientierten Umgebung seine ethnischen Wurzeln und damit seine individuelle Art bekräftigt. Das bedeutet nicht, daß diese Symphonie einem vordergründigen «Folklorismus» verpflichtet wäre, der Originalmaterial verwenden oder kopieren würde; dessen Eigenarten sind in Melodik, Harmonik, Rhythmik und Klangfarbe statt dessen sublimiert, treten nur in dem als «Furiant» (böhmischer Tanz mit charakteristischen Synkopen) gearbeiteten Scherzo deutlich in den Vordergrund. Ansonsten bewegt sich Dvořák in einer Tonsprache, die geistig der zweiten Symphonie von Brahms nahesteht. Mit dieser verbindet ihn hier die meisterhafte Klarheit in Form, Aufbau und musikalischem Satz und das Vermeiden aller instrumentaler Experimente. Die *Symphonie Nr. 6* trug den Namen des Komponisten als Symphoniker erstmals über die Grenzen des europäischen Kontinents: Schon im April 1882 erklang sie in London und nur ein Jahr darauf – ein volles Jahrzehnt, ehe Dvořák amerikanischen Boden betrat – stellte Theodor Thomas mit dem Orchester der New York Philharmonic Society sie dem Publikum in der Neuen Welt vor.

Hartmut Becker

Symphonie Nr. 7 d-moll op. 70

Strahlt die D-dur-Symphonie Optimismus, Kraft und Lebensfreude aus, so erscheint die im Winter 1884/85 im Auftrag der Londoner Philharmonischen Gesellschaft geschriebene *Siebente* als deren tragisch-pathetisches Gegenstück. Mit Ausnahme des langsamen Satzes enthält dieses Werk kaum freundliche, helle Momente; die Seitenthemen der Ecksätze erhalten geringen Entfaltungsspielraum. Die 1883 entstandene *dritte Symphonie* von Brahms hat hier deutliche Spuren hinterlassen, doch sind es gerade nicht deren resignative Züge, sondern das dämonische Finale, dessen Tonfall Dvořák aufgreift. Die Affinität zur Volksmusik tritt ganz in den Hintergrund: Selbst das Scherzo, das als stilisierter Tanz anhebt, ist mit seinen Synkopen und teilweise geradezu «knirschenden» Figuren sowie der oft schneidend scharfen Instrumentation seltsam widerborstig. Vollends ein Abbild unbeugsamen Trotzes ist das kämpferische Finale, dessen Hauptthema mit seinem Oktavsprung ohne jede Einleitung den Satz eröffnet. Die für den Dvořákschen Orchestersatz sonst typische «runde» Klangfarbe fehlt in diesem Werk beinahe gänzlich; strukturelle Deutlichkeit der Linienführung läßt den Komponisten sogar auf die Tuba verzichten, was den Blechbläserklang merklich abkühlt. Geistiger Hintergrund dieser an Dramatik so reichen Partitur sind sowohl die ständigen Kämpfe Dvořáks mit seinem Verleger (der gehaltvolle Werke aus kommerziellen Gründen meist nicht akzeptieren wollte) wie auch die Offerte der Wiener Hofoper, ein musikdramatisches Werk Dvořáks herauszubringen, vorausgesetzt, es sei auf einen deutschsprachigen Text komponiert. Der Komponist, wiewohl bestrebt, sich aus politischen Tagesfragen herauszuhalten und ein Feind allen Intrigantentums, empfand dieses Angebot als Verführung zum Verrat an Heimat und Menschen; er reagierte – sehr charakteristisch und seiner besonderen schöpferischen Qualitäten eingedenk – als Symphoniker mit einem Werk, das «fähig war, die Welt zu bewegen» und zu den besten der Gattung überhaupt gehört.

Hartmut Becker

Symphonie Nr. 8 G-dur op. 88

Bewunderer von Brahms, als dessen Gefolgsmann Dvořák in seiner *Siebten* erscheinen muß, haben in dem folgenden Werk einen Rückschritt erkennen wollen. Sehr zu Unrecht! Markiert die *G-dur-Symphonie* zwar einerseits eine Abwendung von der streng gearbeiteten und zugleich kosmopolitisch orientierten Art des vorhergehenden Werkes, so zeigt sie den Autor erstmals völlig frei von äußeren wie inneren Prätentionen, die seine Phantasie hätten lenken oder gar einengen können. Die «nationale» Komponente von Dvořáks Schaffen, die in der *d-moll-Symphonie* so stark zurückgedrängt war, erscheint hier auf einer anderen, höheren Ebene: Eigenarten der Volksmusik – in der *fünften und sechsten Symphonie* noch regelrecht «greifbar» – sind vollkommen verinnerlicht, durchdringen die Substanz des Werkes als eine nicht mehr isolierbare tiefere Schicht seines Wesens. Die gestalterische Seite offenbart, daß der Komponist sich auch mit dem hohen Niveau des in der *Siebten* Erreichten nicht zufriedengab; nur äußerlich hält er sich an die überkommenen Schemata der Sätze, die in ihrer inneren Organisation höchst individuelle Anlage haben. Das verrät schon das in g-moll den Kopfsatz eröffnende «Motto», dem im Satzverlauf gliedernde Funktion zukommt. Das Adagio verbindet Elemente der Lied- und der Sonatenform, der dritte Satz ist ein stilisierter Walzer in g-moll. Dvořák hatte in halbes Jahr vor der Niederschrift des Werkes, im Herbst 1888, in Prag mit Tschaikowsky Freundschaft geschlossen, als dieser in der böhmischen Hauptstadt unter anderem seine *fünfte Symphonie* dirigierte; Tschaikowskys Walzer-Intermezzo (der dritte Satz von dessen e-moll-Symphonie) und Dvořáks «Reagieren» darauf bedeuten nicht etwa Beeinflussung (dazu war der Stil des Böhmen längst zu sehr in sich gefestigt), sondern – im Offensein für Anregungen – auch einen unerwarteten Wendepunkt, die Abkehr von Brahmsschen Gestaltungsprinzipien. *Hartmut Becker*

Symphonie Nr. 9 e-moll op. 95, ‹Aus der Neuen Welt›

Die zahllosen Spekulationen, in diesem Werk seien «indianische» Motive verarbeitet, hat der Komponist selbst für Unsinn erklärt; dennoch ist gerade darüber immer wieder geschrieben worden. Die oft als Beweis zitierte Pentatonik einzelner Themen (vor allem der Englischhorn-Melodie des Adagios) ist in der slavischen Volksmusik aber gleichfalls anzutreffen, die Synkopen des ersten und dritten Themas im Kopfsatz reflektieren böhmische Folklore ebenso wie Negro-Spirituals, und das Hauptthema des Scherzos kann ebensogut als schöpferischer Reflex auf das Scherzo der *neunten Symphonie* BEETHOVENS verstanden werden wie – und dies ist gewiß die primitivere Deutung! – als stilisierter «Indianer-Tanz». Viel wesentlicher als solche Äußerlichkeiten ist DVOŘÁKS Hinwendung zum zyklischen Gestaltungsprinzip, das in diesem Werk die einzelnen Sätze nicht nur geistig, sondern auch substantiell greifbar miteinander verbindet. Der Komponist hat nicht verschwiegen, durch die Lektüre von Henry Wadsworth Longfellows Indianer-Epos «Song of Hiawatha» während der Arbeit an der Symphonie angeregt worden zu sein (ursprünglich wollte er diesen Stoff für eine Oper nutzen); solche literarischen Anregungen dürfen indessen nicht zu der Annahme verleiten, die Symphonie sei deskriptive Programmusik. Sehr wohl aber ist sie nicht nur Abschluß der Reihe der Symphonien, sondern deutet zugleich auf DVOŘÁKS eigentliche Programmusik voraus. *Hartmut Becker*

Symphonische Dichtungen

Nach der Rückkehr aus Amerika schloß ANTONÍN DVOŘÁK sein symphonisches Œevre mit fünf in den Jahren 1896/97 geschriebenen programmatischen Werken ab, die zunächst wie eine Rückwendung zu den in den siebziger Jahren überwundene Tendenzen der Neudeutschen Schule wirken: Vier von ihnen entstanden nach Balladen aus der Sammlung *‹Kytice›* (Blumenstrauß) des Dichters Karel Jaromír Erben (1811–1870), die alte Volksmärchen verarbeiten. Großbürgerlicher Bildungsanspruch und herrisch-auftrumpfendes Pathos eines Franz Liszt standen dem Komponisten allerdings denkbar fern, zu fern, um von Hinneigen zur Neudeutschen Schule im eigentlichen Sinn sprechen zu dürfen. Alle fünf symphonischen Dichtungen (die Dvořák selbst als «Balladen» betitelte) fordern einen größeren Apparat als die Symphonien, oft dreifache Holzbläser (mit Piccoloflöte, Englischhorn, Baßklarinette, Kontrafagott), gelegentlich zweite Baßtuba, Harfe sowie umfangreiches Schlagzeug; der Umgang mit dieser reichen orchestralen Farbpalette ist von reifer Meisterschaft, führt – wie einige Werke Tschaikowskys – unmittelbar zu Klangphänomenen der frühen Moderne.

‹Vodník› (*‹Der Wassermann›*) *op. 107* erzählt die Geschichte des von einem Elementarwesen geraubten Mädchens; nach der Geburt eines von dem Geist empfangenen Kindes erlaubt dieser dem Mädchen für kurze Zeit die Rückkehr zu ihrer Mutter. Als das Mädchen nach der gesetzten Frist nicht ins Wasserreich zurückkehrt und der Wassermann auf sein Klopfen an die Tür der Hütte, in der des Mädchens Mutter wohnt, keine Antwort erhält, entfacht er in seinem Zorn einen gewaltigen Sturm, auf dessen Höhepunkt er dem Kind den Kopf abreißt und diesen mit fürchterlichem Krachen gegen die Hüttentür schleudert. Formal gestaltete Dvořák das Werk als großes Rondo, dessen Coupletteile aber durchführungsartig gearbeitet sind; sämtliche Themen sind aus dem Motivkern des Anfangs ableitbar. Die dumpfe, lastende Atmosphäre weiter Teile der Komposition wird wohl durch das lange Festhalten an der Haupttonart h-moll wie auch durch die Omnipräsenz von der Titelgestalt zugeordneten Motiven erreicht.

‹Polednice› (*‹Die Mittagshexe›*) *op. 108* schildert die Geschichte des unartigen Kindes, das seine Mutter bei der Arbeit stört; als diese nach wiederholtem Ermahnen dem Kind mit der Hexe droht, die in der Mittagsstunde umherschleicht und ungehorsame Kinder mit sich fortschleppt, erscheint die Hexe leibhaftig und fordert das Kind. Auf die ängstliche Weigerung der Mutter beginnt die Unholdin einen gespenstischen Tanz, bei dessen Höhepunkt die Glocke zwölf Uhr schlägt und die Hexe verschwindet. Der

heimkehrende Vater aber findet seine Frau ohnmächtig am Herd vor: Das Kind hat sie in ihrer angstvollen Umarmung selbst erstickt. Dvořák hat dem eigentlichen Balladenbeginn (der Schilderung des schreienden Kindes) eine kurze Idylle vorangestellt und schließt die Komposition mit einer Wiederaufnahme beider Hexen-Themen, die wie ein höllisches Hohngelächter im donnernden Fortissimo des Tutti erklingen; er verfährt also hier relativ frei mit der dichterischen Vorlage zugunsten rein musikalischer Kriterien. Das Werk ist als komprimierte viersätzige Symphonie angelegt.

‹Zlatý kolovrat› (*‹Das goldene Spinnrad›*) *op. 109* ist die Vertonung des Märchens von dem Mädchen Dornička, das – in einer Hütte im Wald am Spinnrand sitzend – vom König zur Frau begehrt wird. Die Stiefmutter und deren Tochter töten und verstümmeln jedoch Dornička auf dem Weg zum Schloß; dem König wird die Stiefschwester Dorničkas als Frau zugeführt. Dieser ahnt nicht den Betrug, vollzieht die Hochzeit und muß in den Krieg reiten. Ein Zauberer entdeckt im Wald den Leichnam des Mädchens, dem Augen, Arme und Beine fehlen. Er sendet seinen Knaben aufs Schloß, der der jungen Königin gegen menschliche Augen, Arme und Beine ein goldenes Spinnrad anbietet; diese geht bereitwillig auf den Tausch ein, worauf der Zauberer Dornička zu neuem Leben erweckt. Der aus dem Krieg heimkehrende König bittet seine Frau, etwas auf dem goldenen Spinnrad zu spinnen – da entdeckt ihm eine Stimme aus diesem den Betrug und den Mord an Dornička. Sofort reitet er in den Wald, findet dort seine wahre Geliebte und führt sie als Königin heim, während die Stiefmutter und deren Tochter von den Wölfen zerrissen werden. Die musikalische Gestaltung dieses Stoffs nahm Dvořák – der leichteren Verständlichkeit der Einzelheiten wegen – in enger Anlehnung an die Ballade Erbens vor; die Aneinanderreihung von Liedformen enthält durch die Rekapitulation der eröffnenden Abschnitte am Schluß des Werkes eine gewisse Geschlossenheit, die jedoch entschieden schwächer wirkt als in den mehr musikalisch autonom gestalteten vier anderen symphonischen Dichtungen. Der etwas mangelnden Übersicht beim Hören versuchte Josef Suk (Dvořáks Schwiegersohn, 1874–1935) durch einige Kürzungen abzuhelfen.

‹Holoubek› (*‹Die Waldtaube›*) *op. 110* erzählt die Geschichte der jungen Witwe, die ihren Mann vergiftet hat und in geheuchelter Trauer hinter seinem Sarg herschreitet. Schnell aber ist alle Trauer vergessen, als sie einem stattlichen Burschen begegnet und ihn bald zum Traualtar führt. Über dem Grab des ermordeten ersten Gatten sitzt indessen die Waldtaube in einer Eiche, deren klagendes Gurren der Mörderin bald Gewissensqualen bereitet, die sie den Tod in den Wellen suchen lassen. Ähnlich wie in der *‹Mittagshexe›* verfuhr Dvořák auch hier freier mit der literarischen Vorlage, indem er ihr einen Epilog anfügte, der die fluchbelastete Seele durch den Tod entsühnt erscheinen läßt. Die als durchkomponierte fünfsätzige Symphonie gestaltete Komposition basiert auf den beiden Grundmotiven des einleitenden Trauermarsches, die sich in variierter Gestalt durch das ganze Werk ziehen.

‹Píseń bohatýrská› (*‹Heroisches Lied›*) *op. 111* ist Dvořáks letzte symphonische und zugleich letzte Komposition für Orchester überhaupt. Ihr liegt kein literarischer Vorwurf zugrunde, sondern eine poetische Idee. Über die Deutung des Werkes hat sich der Komponist nirgend geäußert; lediglich die verschiedenen Titel «Heldenlied», «Heldenfeier», «Siegeslied» und «Leben eines Helden» sind bekannt, die Dvořák vor dem Definitiven erwogen hatte. Der Annahme eines musikalischen Selbstporträts widerspricht die bescheidene, zurückhaltende Art des Komponisten, der nie gern über sich sprach; will man dieses – merkwürdigerweise trotz seiner musikalischen Qualitäten so gut wie nie gespielte – Werk dennoch auf eine Person beziehen, so läge die Annahme weit näher, darin einen musikalischen Nachruf auf den vier Monate vor Kompositionsbeginn verstorbenen Johannes Brahms erblicken zu können.

Hartmut Becker

Ouvertüren

Der Weg zur symphonischen Dichtung ist im Schaffen Antonín Dvořáks nicht nur durch die *neunte Symphonie* gewiesen, sondern auch durch die Gattung der Ouvertüre. Deren erste Beiträge sind allerdings ursprünglich Opern- und Schauspielouvertüren, also Musik für das Theater, gewesen. Dies gilt für die *‹Dramatische Ouvertüre›* (ursprünglich zu DVOŘÁKS Opernerstling *‹Alfred der Große›* gehörend, 1870) wie für die Ouvertüre *‹Dimitrij›* (zur gleichnamigen Oper, einer Art Fortsetzung des Stoffs von MUSSORGSKYS *‹Boris Godunow›*, 1882), die es – nach Art der BEETHOVENschen *‹Leonoren›*-Ouvertüren – unternehmen, die wesentlichen Gestalten und Geschehnisse des Dramas in einem rein instrumentalen Vorspiel zu konzentrieren. Von leichterer Art ist die *Ouvertüre op. 62, ‹Domov muj›* (Mein Heim), ursprünglich zur Musik für das Schauspiel *‹Josef Kajetán Tyl›* gehörig; der Dichter und Schauspieler dieses Namens (1808–1856) gehört zu den Begründern der tschechischen Nationalliteratur im 19. Jahrhundert und schrieb den Text der Nationalhymne *‹Kde demov muj›* (Wo ist mein Heim), auf den der Titel der Ouvertüre zu Recht anspielt: Hier übernimmt DVOŘÁK tatsächlich einmal ein Liedthema direkt. Ist das Sujet dieses Werkes patriotisch zu nennen, so steigert sich der Ausdruck dessen noch in der nur ein Jahr später, 1883, geschriebenen *‹Dramatischen Ouvertüre ‚Husitska'› op. 67*: Geplant für eine nie zustande gekommene Schauspieltrilogie, löst sich dieses gewichtige Werk bereits aus dem Bannkreis des Theaters – ein monumentales Gegenstück zu SMETANAS *‹Tábor›*, das diesem an Ausdruckskraft ebenbürtig ist. Zugleich aber wird der Unterschied in der Haltung wie im Naturell beider Meister deutlich: SMETANAS monothematischer, ganz und ausschließlich auf dem Hussiten-Choral basierender Arbeit steht bei DVOŘÁK ein Sonatensatz gegenüber, dessen langsame Einleitung schon sowohl das Hussitenlied wie auch den St. Wenzels-Choral einführt (also gewissermaßen die «katholische» und die «protestantische» Seite), die als verwendete Themensubstanzen zu einem «klingenden Nationaldenkmal» verarbeitet werden. Die hochgespannte, pathetische Atmosphäre dieser Ouvertüre verrät die zeitliche Nähe zur *siebten Symphonie*.

Im unmittelbaren Vorfeld der symphonischen Dichtung bewegen sich die als Trias geplanten drei Ouvertüren *‹In der Natur› op. 91, ‹Carneval› op. 92* und *‹Othello› op. 93*. In der musikalischen wie inhaltlichen Konzeption bilden diese Werke einen Zyklus, der durch thematische Verknüpfungen zusammengehalten wird. Detaillierte literarische Programme liegen ihnen nicht zugrunde, auch *‹Othello›* nimmt auf das Shakespearesche Drama nur in Umrissen Bezug; DVOŘÁKS Absicht erhellt aus dem gemeinsamen Titel des Zyklus *‹Natur, Leben und Liebe›*, wobei mit «Liebe» auch und gerade die zerstörerische Leidenschaft der Eifersucht gemeint ist. Die Sonatenform (mit langsamen Einleitungen) wird jeweils individuell behandelt: *‹Carneval›* enthält vor der Durchführung einen ausgedehnten langsamen Einschub, *‹Othello›* arbeitet mit Themengruppen statt jeweils nur einem Haupt- und Seitenthema; das musikalische Seelendrama dieses letzten der drei 1891 komponierten Werke gemahnt mit seinem grellen, tragischen Schluß an TSCHAIKOWSKYS *‹Francesca da Rimini›* (*op. 32*).

Hartmut Becker

Rhapsodien, Variationen, Scherzo

Zu den während der Auseinandersetzung mit WAGNER und der Neudeutschen Schule geschriebenen Werken gehört die *Rhapsodie in a-moll op. 15*, ein Werk, dessen heroische Ausdruckssphäre wie formale Anlage an die letzte der symphonischen Dichtungen des Jahres 1897 denken läßt; mit dieser teilt die 1874 geschriebene Rhapsodie bis heute das Schicksal, im Musikbetrieb übergangen zu werden.

Von den drei *‹Slavischen Rhapsodien› op. 45/1–3* ist nur die erste (D-dur) häufiger zu hören. Die 1878 geschriebenen Werke haben sämtlich Rondoform, die jedoch in jeder Rhapsodie im Detail anders gebaut ist. Kann die Haltung der ersten mit dem Begriff «idyllisch» beschrieben werden, so schlägt die Nr. 2 (g-moll) leidenschaftliche Töne an. Die dritte (As-dur) verrät spürbare Affinität zur Klangwelt von SMETANAS *‹Vyšehrad›*, an den nicht nur die einleitenden Harfenakkorde gemahnen; ihre Uraufführung fand in einem Konzert der Berliner Hofkapelle statt, und sie war das erste Orchesterwerk DVOŘÁKS, das Hans Richter in Wien dirigierte.

Fallen die Rhapsodien noch in die «Slavische Periode» von Dvořáks Schaffen, so ist das einzelne ‹*Scherzo capriccioso*› *op. 66* ein direkter Vorbote der *siebten Symphonie*, deren Leidenschaft und Trotz hier schon anklingen. Der für sich stehende Satz hat symphonische Dimensionen, verlangt eine Besetzung ungewöhnlicher Größe (bis auf Fagotte dreifache Holzbläser, Harfe und Schlagzeug) und vereinigt Element der Sonatenform mit der üblichen dreiteiligen Scherzo-Anlage. Das als wiegender Walzer angelegte Seitenthema, das immer wieder von dem ungestüm dazwischenfahrenden Hauptgedanken unterbrochen wird, läßt schon durch seine Harmonisierung keine Ruhe aufkommen.

Noch vor den ‹*Slavischen Rhapsodien*› waren 1877 die ‹*Symphonischen Variationen über ein Originalthema*› *op. 78* entstanden (die Werkzahl war ursprünglich 24, wurde dann vom Verleger aus kommerziellen Gründen geändert). Die Ansicht, musikalische Einfälle könne sich ein Komponist erst durch «Arbeit», das heißt deren Verarbeitung, legitim erwerben (Dvořák teilte diese Ansicht mit Brahms), wie auch die meisterlichen Variationskünste seines damaligen Mentors Brahms ließen den Böhmen auch in dieser Gattung Bewährung suchen. Er wählte die C-dur-Melodie aus einem seiner Männerchöre, durchsetzt mit charakteristischen chromatischen Schritten und von unregelmäßiger Periodizität (22 Takte) als Themen; dessen Linie wird bald immer stärkeren melodischen und rhythmischen Veränderungen unterworfen, von der achtzehnten Variation ab ändert sich auch die Tonalität (zu D- und B-dur, b-moll und Ges-dur) kehrt erst in der vorletzten 27. Variation zur Ausgangstonart zurück. Die gestalterische Phantasie des Komponisten brachte hier ihr erstes Meisterwerk der Orchestermusik hervor.

Hartmut Becker

Serenaden, Suiten, Legenden, Tänze

Zu den selten gespielten Werken Dvořáks gehören die beiden *Suiten op. 39* und *op 98b*; beide sind fünfsätzig, unterscheiden sich aber sonst in fast allen Wesenszügen. Die Benennung ‹*Tschechische Suite*› für *Opus 39* deutet schon auf Charakter und geistige

Haltung; die 1879 geschriebene Komposition in einer Pastorale, einer Polka, einer Sousedská, einer Romanze und einem Furiant verschiedene Seiten des Nationalcharakters. Ist diese Suite in Ausdruck, Feinheit der thematischen Arbeit und Instrumentation beinahe kammermusikalisch, so verlangt das erst 1894 in New York entworfene Schwesterwerk (A-dur) große symphonische Besetzung (mit Schlagzeug); die verwendeten Tanztypen (Gavotte und Polonaise) vermeiden betont nationalen Charakter.

Die beiden *Serenaden op. 22* (E-dur, für Streichorchester) und *op. 44* (d-moll, für Blasinstrumente, Violoncello und Kontrabaß) entstanden 1875 bzw. 1878; anknüpfend an die aus dem späten 18. Jahrhundert stammende Gattungstradition lieferte DVOŘÁK damit zwei originelle Beiträge zum Typus der Streicher- bzw. der ursprünglich als Freiluftmusik gedachten Bläserserenade (letztere sogar mit dem im 18. Jahrhundert üblichen Einzugsmarsch). Beide Werke sind eher als größer besetzte Kammermusiken denn als Orchesterwerke anzusehen. Die beiden Reihen von je *acht ‹Slavischen Tänzen›, op. 46* und *72*, entstanden 1878 und 1886, machen einmal mehr deutlich, daß DVOŘÁK sich – bei allem Patriotismus – nie als Musiker verstand, der ausschließlich für seine Heimat und sein Volk wirken und dort verstanden sein wollte. Auch SMETANA hat stilisierte Tänze (allerdings nur für Klavier solo) hinterlassen, doch nennt er diese völlig zu Recht *‹Böhmische Tänze›*. DVOŘÁKS erste Sammlung enthält gleich an zweiter Stelle eine – in der Ukraine beheimatete – Dumka, die Nr. 1 der zweiten Sammlung ist ein stilisierter slovakischer Odzemek, die Nr. 6 eine Polonaise, die Nr. 7 schließlich ein serbischer Kolo; nicht Abgrenzung gegen die musikalische Kultur der Nachbarvölker, sondern das Gegenteil, wechselseitige Durchdringung und Befruchtung ist das Ziel. Die für Klavier zu vier Händen komponierten Tanzserien sind äußerst wirkungsvoll und konstrastreich instrumentiert; sie gehören nicht umsonst zu den populärsten Werken des Komponisten.

Ein intimes Gegenstück zu den Tanzserien bildet der Zyklus der *zehn Legenden op. 59*, wie die Tänze zunächst für Klavier vierhändig geschrieben (1881) und erst nachträglich instrumentiert. Nur das vierte Stück verlangt Trompeten und Pauken, das fünfte und sechste eine Harfe; der Klang ist sonst ganz auf die

Farbe der Holzbläser, Hörner und Streicher gestellt. Die Legenden sind, wie die Tänze, musikalische Charakterbilder, deren epischer Ernst, Feinheit der Arbeit und Originalität BRAHMS begeisterten.

Hartmut Becker

Konzerte

Nach dem frühen, nur in einer Klavierfassung erhaltenen Versuch eines *Violoncellokonzerts* (*A-dur,* 1865), setzte sich DVOŘÁK erstmals 1876 mit der konzertanten Gattung auseinander. Das *Klavierkonzert op. 33* (*g-moll*) steht bis heute im Schatten der beiden Streicherkonzerte; gewiß war der Komponist kein Klaviervirtuose wie die meisten Schöpfer von Klavierkonzerten im 19. Jahrhundert. Es wäre indessen fahrlässig, die mangelnde Brillanz des Soloparts zur Grundlage einer Abwertung dieser primär symphonischen Komposition zu machen. Die eindeutig symphonische Konzeption des Kopfsatzes, der eine der längsten Durchführungen von DVOŘÁKS gesamtem Schaffen enthält, rückt das Werk strukturell in die Nähe des *d-moll-Konzerts* von BRAHMS. Voll Anmut und Poesie ist das Andante, dem ein Finale vom Charakter eines humorvollen, im Hauptthema ein wenig derben Capriccios folgt. Das Klavier ist durchweg als Dialogpartner des Orchesters behandelt.

Mit dem 1879 geschriebenen, 1880 und 1882 jeweils überarbeiteten *Violinkonzert op. 53* (*a-moll*) betrat der vom Streichinstrument kommende DVOŘÁK Bahnen, in denen er sich ungleich sicherer fühlen konnte als beim Klavierkonzert, zumal die inzwischen gewonnene stilistische Reife dem späteren Werk zugute kam. Das Ringen um die endgültige Gestaltung ist dieser Komposition ebensowenig anzumerken wie dem *Violinkonzert* MENDELSSOHNS; Lied (in den beiden ersten Sätzen) und Tanz (im Finale) bestimmen die Empfindungswelt des Werkes, für dessen Form der Komponist ganz individuelle Lösungen fand. Er entwickelt die formalen Experimente SPOHRS und MENDELSSOHNS weiter, läßt in dem sonatenförmigen Kopfsatz nach der Durchführung statt der Reprise eine kurze Überleitung folgen, die nahtlos in das Adagio mündet. Das Finale ist ein feuriger Furiant, in dessen Mittelteil eine Dumka eingebaut ist; klingt diese zunächst – ihrem Wesen gemäß – melancholisch, so wird sie in der Stretta-Coda vom Temperament des Hauptthemas mitgerissen.

Das Violoncellokonzert op. 104 (*h-moll*) entstand im Winter 1894/95 als letztes Orchesterwerk Dvořáks während seines Amerika-Aufenthalts. Im Vergleich zu der nach neuen Bahnen suchenden und Anregungen aufnehmenden *e-moll-Symphonie* wirkt dieses Konzert eher als Bekenntnis von Sehnsucht nach der Heimat. Formal wieder der konservativen Dreisätzigkeit verpflichtet, verlangt die Partitur eine starke symphonische Blechbläsergruppe (mit übrigens nur drei Hörnern), die ihren Teil zu dem sehr runden, vollen Klang beiträgt. Die selbst für Dvořák ungewöhnliche Ausdruckstiefe des Adagios mit seinem überschatteten Mittelteil ist ein Reflex auf die schwere Erkrankung der Schwägerin des Komponisten, die dieser in jungen Jahren sehr verehrt hatte; sie starb kurz nach der Vollendung des Konzerts, woraufhin Dvořák dem Schluß des Finales die jetzige Fassung gab: An Stelle einer konventionellen Kadenz folgt dem kraftvollen Satz ein zarter, wehmütiger Epilog mit Zitaten einzelner Themen – ein Nachruf in Tönen –, ehe das Soloinstrument das Orchester zu der kurzen Schlußstretta mitreißen kann.

Hartmut Becker

Chorwerke mit Orchester

Von den drei weltlichen Chorwerken mit Orchester ist außerhalb von Dvořáks Heimat nur die dramatische Kantate *‹Die Geisterbraut› op. 69* gelegentlich zu hören; der zugrunde liegende Text ist eine Ballade aus der gleichen Sammlung *‹Kytice›* von Karel Jaromír Erben, der der Komponist ein Jahrzehnt später die Vorlagen für vier der symponischen Dichtungen entnahm. Der Stoff, die Heimführung eines Mädchens durch den toten Bräutigam, ist in Deutschland durch Gottfried August Bürgers «Leonore» bekannt. Erbens Fassung des Stoffs hat allerdings einen glücklichen Ausgang, was der Lebensbejahung des Komponisten entgegenkam. Das wirkungsvolle, dramatische Werk verrät deutlich seine Nähe zur *siebten Symphonie*, es wurde unmittelbar vor dieser vollendet.

Eines der wenigen «nur nationalen» Werke Dvořáks ist der 1872 entstandene *Hymnus op. 30 ‹Die Erben des Weißen Berges›*, die erste Kantate des Komponisten; sie gehörte zu den Schöpfungen, die ihm zuerst in seiner Heimat einen Ruf als nationaler Tondichter verschafften. Ihre mangelnde Bekanntheit erklärt sich durch die im Ausland kaum verständlichen Zusammenhänge des Textes.

Gleiches gilt für das Oratorium *‹Die heilige Ludmilla› op. 71*, ist allerdings bei diesem Werk aus der Reifezeit des Komponisten (geschrieben 1885/86) sehr zu bedauern, denn es ist das oratorische Gegenstück zu Smetanas Nationaloper *‹Libussa›*.

Die erste Beschäftigung mit einem geistlich-liturgischen Werk hatte für Dvořák einen traurigen Anlaß: Innerhalb von weniger als zwei Jahren verstarben seine drei Kinder Josefa, Ružena und Otakar. Mit dem 1876 entworfenen, im Herbst 1877 instrumentierten *Stabat Mater op. 58* versuchte er sein Leid über diesen schmerzlichen Verlust zu bannen. Das in zehn Abschnitte gegliederte Werk gilt als erstes Oratorium der neueren tschechischen Musik, ist aber in der Eindringlichkeit und Plastizität seiner musikalischen Bilder überall von außerordentlicher Wirkung: Dvořáks Erfolge in England (ab 1884) gingen wesentlich von dem Eindruck dieses Werkes aus. Die Abrundung des ansonsten aus selbständigen Teilen bestehenden Werkes zu einem Zyklus wird durch Rekapitulation von Teilen des Anfangssatzes im Finale erreicht – erstes Anzeichen für spätere Gestaltungsarten, die die Sätze enger verbinden.

Dies geschieht noch nicht in der *Messe op. 86* (*D-dur*), die 1887 zunächst nur mit Orgelbegleitung für die Hauskapelle eines mit dem Komponisten befreundeten Architekten geschrieben wurde und deren intimer Stil auch in der instrumentierten Fassung sie abseits der großen repräsentativen Chorwerke stellt.

In dem 1890 für ein Musikfest in Birmingham komponierten *Requiem op. 89* macht Dvořák dafür ausgiebigen Gebrauch von der Verwendung eines Leitmotivs, einer chromatischen Umspielung des Grundtons b, rhythmisiert mit einer charakteristischen Synkope (Josef Suk und noch Bohuslav Martinů haben dieses Tonsymbol wiederverwendet). Der Gefahr theatralischer Wirkungen erliegt der Komponist nicht, doch gelingen ihm – mit weit geringeren äußeren Mitteln – in der Sequenz Klangvisionen von aufwühlender Dramatik, die denen von Berlioz und Verdi nicht nachstehen, wenngleich der ganze zweite Teil des Werkes auf den lyrischen Grundton stiller Trauer gestellt ist.

Das *Te Deum op. 103* schließlich schrieb der Komponist im Sommer 1892, unmittelbar vor seiner Abreise nach New York, für die dortigen Columbus-Feiern. In der formalen Gestaltung der vier Abschnitte ist leicht der Satzzyklus der Symphonie zu erkennen. Slavisch ist an diesem festlichen Werk nicht allein die oft folkoristische Melodik, sondern auch die in sich bewegten, harmonisch statischen Klangflächen der Rahmenteile des ersten Satzes, die so deutlich an Glockengeläut erinnern.

Hartmut Becker

Edvard Grieg

Bergen, 15. Juni 1843 – Bergen, 4. September 1907

Daß er in Leipzig schlechterdings nichts gelernt, daß er – nach eigenen Angaben – das dortige Konservatorium «fast ebenso dumm» wie er es betreten, wieder verlassen habe, mag den vielen populär gewordenen negativen Urteilen, die der Musik Edvard Griegs schon zu Lebzeiten angelastet wurden, zu einer gewissen Berechtigung verhelfen. Zwar würde jeder Gegner dem Generalkonsens zustimmen (nach dem es Grieg verstand, in der Verschmelzung norwegischer Volksmusik mit europäischer Kunstmusik eine national eigenständige Tonsprache zu entwickeln), darin aber nach früher Überschätzung den Makel einseitiger Erstarrung erkennen, die Regellosigkeit (im Sinne geltender Kunstregeln der Romantik) monieren, dem äußerlichen Reiz technisch virtuoser Kniffe den Mangel an straffer Durchführung und formaler Eleganz entgegenhalten, Griegs Stimmungsmalerei und Charakterisierungskunst, die Stilisierung norwegischer Volksmusik als beklagenswerte Beschränkung auf Kunstgewerbliches kritisieren und die Einzigartigkeit des Ausdrucks nationalen Kolorits Griegscher Musik im Nachzeichnen der in der einfachen Volksmusik seiner Heimat verborgenen Gegebenheiten als immergleiche skandinavische Mätzchen abtun. Der *Dialekt*-Künstler als Künstler zweiten Ranges ist eine Wertung des 20. Jahrhunderts und liegt jenseits der Vorstellungen von Griegs Lehrern und Befürwortern seiner Wende zur Heimatkunst (N. W. Gade, O. Bull, R. Nordraak). Die bewußte Gestaltung norwegischer Musik in einfachsten Formen, die impressionistische Tendenz zu differenziertesten Klangfärbungen, die Nobilitierung des *norwegischen Tons* in der Grieg eigenen Adaption nationaler musikalischer Requisiten auf der Grundlage seiner Unterweisung in der deutsch-romantischen Schule Schumannscher Nuance, begründet sowohl den Kunstanspruch seiner Musik als auch gleichzeitig ihre Eigenart; GRIEG über GRIEG formuliert das etwa so: «Ich habe die Volksmusik meines Landes aufgezeichnet. In Stil und Formgebung bin ich ein deutscher Romantiker der Schumannschen Schule geblieben; aber zugleich habe ich den reichen Schatz der Volkslieder meines Landes ausgeschöpft und habe aus dieser bisher noch unerforschten Emanation der norwegischen Volksseele eine nationale Kunst zu schaffen versucht.»

Klavierkonzert a-moll op. 16

Gleich das erste herausragende Werk GRIEGS, das *Klavierkonzert a-moll op. 16*, werten Kritiker als unbefriedigendes Durcheinander musikalischer Gedanken, volkstümlicher (An-)Klänge und instrumentaler Effekte. Ohne innere Einheit sehen sie es reichlich im Fahrwasser des SCHUMANNschen Klavierkonzerts gleicher Tonart schwimmen, und tatsächlich bezeichnet das Etikett von der «Phantasie für Klavier und Orchester» das Werk treffender als sein eigentlicher normativer Titel.

Das 1868 entstandene, dem deutschstämmigen Pianisten Edmund Neupert gewidmete dreisätzige Konzert (Allegro molto moderato, a-moll; Adagio, Des-dur; Allegro moderato molto e marcato, a-moll/A-dur) leugnet sowohl in der Tonartenfolge als auch in der Binnenstruktur der einzelnen Sätze einen eventuellen Vorbildcharakter des klassischen Solokonzerts deutscher Provenienz.

Die um zwei kontrastierende Themen kreisende formale Anlage des ersten Satzes erscheint durch die sehr eigenständige Klavierarabeske (Animato, nicht selten als zweites Thema bezeichnet) gespreizt und gestattet in der knappen, durch harmonisch kühnste Konstellationen angereicherten Durchführung nurmehr die Behandlung des kantablen Nachsatzes des ersten Themas. Einer vollständigen Reprise folgt vor der auf thematisches Material bezogenen Coda eine an LISZTsche Virtuosität gemahnende Kadenz. Dem hymnisch anmutenden, harmonisch facettenreichen und klanglich weit aufgefächerten streicherbetonten (*con sordini*-)

Zwischensatz schließt sich GRIEGS eigenem Willen folgend der dritte Satz *attacca* mit einem tänzerisch inspirierten, vom Klavier exponierten Thema an, das je nach seiner Stellung in dem unentschieden zwischen Sonaten- und Rondoform anzusiedelnden Satz sowohl in Moll als auch in Dur harmonisiert, im Vierviertel- oder Dreivierteltakt rhythmisiert erscheint, im Andante maestoso des Schlusses aber der martialischen Argumentation des rhythmisch schwebenden, lyrisch gehaltenen Seitenthemas weichen muß.

Charakteristisch erscheint neben abwärts geführten Leittönen die aus kurzgliedrigen Folgen von kleinen und großen Sekundenschritten akkordisch gestützte Themenbildung, die ihren elegischen Widerpart in einer aus Sekund-Quart-Anstiegen gestalteten kantablen Melodik findet. Wechselvolle Harmonisierung, entweder durch die latente Harmonik des Themas oder frei untermalend durch häufige Motivwiederholung gefordert, sowie die Vorliebe für eine mit komponierten Rubati kontrastierende rhythmische Skandierung konstituieren die typischen Elemente des unverwechselbaren GRIEGschen Tons dieses Konzerts.

Norbert Bolin

Peer Gynt-Suiten op. 46 und op. 55

Aus den vierundzwanzig zu Ibsens Drama «Peer Gynt» in den Jahren 1874 bis 1876 entstandenen Schauspielmusiken (*op. 23*) faßte GRIEG 1888 die *‹Erste Orchester-Suite aus der Musik zu Peer Gynt›* als *op. 46* (Morgenstimmung, Aases Tod, Anitras Tanz, In der Halle des Bergkönigs) zusammen; auf Grund des Erfolgs der ersten Suite erschien 1891 als *op. 55 eine ‹Zweite Orchester-Suite aus der Musik zu Peer Gynt›* (Der Brautraub – Ingrids Klage, Arabischer Tanz, Peer Gynts Heimkehr – Stürmischer Abend an der Küste, Solveigs Lied).

Der visionäre Realismus des Dramatikers Ibsen hatte für die Darbietung des «Peer Gynt» Filmszenen ersonnen, die, wenn sie sich schon nicht mit bühnentechnischen Mitteln seinen Vorstellungen entsprechend umsetzen ließen, so doch zumindest akustisch imaginiert werden sollten. Die der dramatischen Anlage des fünfaktigen Schauspiels entsprechende Reihung der einzelnen Kompositionen wurde für die Suiten aufgegeben, so daß der Vorwurf, hier seien mit entzückender Skrupellosigkeit, ohne dramatisches Kalkül, die heterogensten Dinge vermischt worden, sehr bald und laut erhoben wurde, wobei nicht vergessen werden darf, daß GRIEG grundsätzlich in der Vertonung die autoritativen Maßgaben Ibsens für die Abbildung der von ihm ausgewählten dramatischen Momente der Dichtung mißachtet und – gerade auch in den für die Suiten ausgewählten Stücke – eine Grundstimmung musikalisiert!

Auf den pastoralen Zauber friedvoller Idylle (‹*Morgenstimmung*›) folgt zum Tod der Mutter Aase nicht die dramatische Schilderung des von Peer in der Szene fiktiv entworfenen Himmelsrittes, sondern in einfachster Faktur die musikalische Analogie zum qualvollen Sterben (‹*Aases Tod*›). Der dynamischen und sequenzierten Steigerung der Quart-Sekund-Motivik im sordinierten Streichersatz im ersten Teil steht entgegengesetzt der aus elysischen Höhen beginnende beständige Morendo-Abstieg – fast wie ein letztes großes Ein- und Ausatmen. Der Versuch, mit dramatischen Mitteln und Nonenharmonik, Pizzicato-Technik, frei eintretenden Orgelpunkten und Triangelklängen für ‹*Anitras Tanz*› ein orientalisches Kolorit zu gestalten, das nicht norwegischer hätte ausfallen können, wurde zu Lebzeiten GRIEGS als gescheitert erklärt (nordisch-polnisch-maurisch-chromatisch-kanonische Mazurka). Ganz anders dagegen der gespensterhafte Schlußsatz der ersten Suite ‹*In der Halle des Bergkönigs*›. Peer Gynt, der sich nicht entscheiden kann, im Reich des Dovre-Alten zu bleiben, wird von Hexen und Trollen – in rauschafter Steigerung von Tempo (*stringendo al finde*) und Dynamik – gejagt; erst vor der Gestalt des Todes «flüchten die Trolle laut heulend und schreiend. Die Halle stürzt krachend zusammen, alles verschwindet.»

Dem Kontrast zwischen der wilden Szene des Brautraubes (Allegro furioso) und der Klage Ingrids (Andante doloroso) im Eingangssatz der *zweiten Suite op. 55* schließt sich mit dem ‹*Arabischen Tanz*› der eher gelungene Versuch an, mit reichem Schlagwerk und entsprechender Instrumentation orientalischen Klangzauber zu entfalten. Das Schlagwort vom «Holländer-Motiv aus der fis-moll-Perspektive» charakterisiert treffend den dritten Satz (*‹Peer Gynts Heimkehr – Stürmischer Abend auf dem Meer›*), an dessen verhauchenden Ausklang sich *attacca* das wohl ausdrucksvollste Wahrzeichen skandinavischer Musik anschließt, die instrumentale Fassung von *‹Solveigs Lied›*. Hier scheint zum Ende noch einmal alles vereint, was den norwegischen Ton in der Musik EDVARD GRIEGS auszeichnet: die einrahmende melancholische Moll-Monodie der Streicher, eine in Quart- und Sekund-Schritten langsam auf- und absteigende Melodie mit abwärts aufgelösten Leittönen in der Solovioline, kontrastiert von weit ausschwingenden Cello-Kantilenen mit elegischem Reiz in alterierter Harmonik, die bedächtige, über Bordun-Quinten und -Akkorden sich nur gering um ihren Mittelton punktiert schlängelnde stilisierte Tanzmelodik (Hardangerfiedel), der Ausklang in aufwärts geführten, oktavversetzten Quarten...

Seinem anläßlich Ludvig Holbergs 200. Geburtstag für Streicherorchester komponierten *Perückenstück*, der *Suite im alten Stil: Aus Holbergs Zeit op. 40*, wie GADES auf einzelne Bühnenwerke Holbergs bezogene Suite *‹Holbergiana›* 1884 entstanden, vermochte GRIEG selbst niemals die Wertschätzung wie sein Publikum entgegenzubringen. Die historische Perspektive (Preludium, Sarabande, Gavotte, Air, Rigaudon) verleugnet nicht in dem vom Komponisten behaupteten Maße den norwegischen Grundstrom musikalischer Substanz. Wenngleich die GRIEG eigene Idiomatik in letzter Ausprägung fehlen mag, geht GRIEG in seiner Enttäuschung über den Erfolg des Werkes auf Grund der von ihm empfundenen Entpersönlichung des Stils sicherlich zu weit: «Es ist leider nicht sehr schmeichelhaft für meine Kunst, daß gerade der Holberg-Suite dieser Erfolg zu Theil wurde, denn meine eigene Persönlichkeit habe ich darin ganz verleugnet, um längst verblichene Zeiten für einen Augenblick aus dem Grab zu werfen.»

Norbert Bolin

Edward Elgar

Broadheath bei Worcester, 2. Juni 1857 – Worcester, 23. Februar 1934

Es ist durchaus ein Rätsel, warum eine große, reiche und mächtige Nation wie England fast zweihundert Jahre lang (seit dem Tod von HENRY PURCELL, 1695) keine Komponisten von Rang hervorbrachte. Nicht nur, daß in diesem Zeitraum andere Künste blühten – auch das Musikleben war, der bürgerlichen und imperialen Prosperität entsprechend, auf hohem Niveau; daß es zeitweise von italienischen oder deutschen Künstlern beherrscht wurde, hätte die Durchsetzung eines ingeniösen englischen Tonsetzers, hätte es ihn gegeben, gewiß nicht verhindert. So erschien es gewissermaßen als ein Novum, als sich mit ELGAR (der die nationale Achtung seiner älteren Kollegen PARRY, STANFORD und MACKENZIE bald erreichte und überflügelte) eine Persönlichkeit anschickte, zum glanzvollen, weit über die Landesgrenzen hinaus bekannten musikalischen Repräsentanten zu werden. ELGAR, im wesentlichen Autodidakt, wendete seine Aufmerksamkeit den als «fortschrittlich» geltenden Richtungen auf dem Kontinent zu und wurde zu einem Form-, Klang- und Satzkünstler, der es an Avanciertheit und Raffinement mit dem etwas jüngeren RICHARD STRAUSS aufnehmen konnte. Obgleich seine Musik in ihren strahlenden Gründerzeit-Aspekten einiges vom weltläufig-grandiosen Lebensgefühl der viktorianischen Epoche widerspiegelt, darf man auch nicht vergessen, daß ELGAR als Katholik im anglikanischen England auch etwas Außenseiterisches hatte. In vielen Werken (nicht nur den subtilen Oratorien) manifestieren sich auch Züge von Verinnerlichung und aristokratischer Zurückgezogenheit.

1899 veröffentlichte ELGAR seine ‹*Enigma-Variationen*› für Orchester, die sein meistgespieltes Werk wurden (wenn man von den effektvollen ‹*Pomp and Circumstance*›-Märschen absieht). Der Autor porträtierte in diesen musikalischen Charakterbildern einige Zeitgenossen und Personen seiner Umgebung, deren Identität niemals sicher festgestellt wurde. Das (eigene) Thema ist von HÄNDELscher Feierlichkeit. Zarte, filigran instrumentierte Episoden wechseln mit schwungvollen, brillanten Tableaus und auch die Schlußwirkung, mit dem choralhaft vergrößerten Thema, ist von größter Eindringlichkeit. BRAHMSsche Kontrapunkttugenden sind in diesem Werk mit STRAUSSschem Orchesterkolorit verbunden; das Ganze wirkt aber dennoch ungeheim «englisch» in seiner Noblesse und Dithyrambik.

Die Vortragsbezeichnung «nobilmente» spielt auch in der 1901 beendeten *‹Cockaigne›-Orchesterouvertüre* (wie später noch häufig bei ELGAR) eine große Rolle und charakterisiert eine Gesangsperiode, die sich mit weiteren plastisch-scherzosen Themen zu einer «meistersingerlichen» Orchesterstudie in Sonatensatzform vereinigt. Die *Ouvertüre ‹In the South›* wurde 1903 komponiert und ist eine Tondichtung en miniature, inspiriert von einem Aufenthalt an der italienischen Riviera.

Die *erste Symphonie As-dur* entstand 1908 und besticht durch Formsinn ebenso wie sie durch Monumentalität beeindruckt. Die langsame Einleitung (Andante. Nobilmente e semplice) bringt, zunächst zart und tastend in den Holzbläsern und Bratschen, dann im Tutti, ein choralartiges Thema, das dem ganzen Werk als Motto dient und in seinem weiteren Verlauf immer wieder bedeutsam hervortritt. Es ist kein «Fatum» wie bei TSCHAIKOWSKY, sondern ein Thema der Selbstgewißheit und -bestätigung. Es steht vielleicht für einen bejahenden, affirmativen Impetus, der die ELGARsche Musik überhaupt weithin imprägniert. Im folgenden Allegro-Hauptthema wird die zunächst angeschlagene Grundtonart As-dur verlassen und ins weit entfernte d-moll hinübergelenkt; die aufgewühlte, melodisch weit ausgreifende, chromatisch reich durchsetzte, wellenförmig aufrauschende und abebbende Episode (*appassionato*) wird von einem F-dur-Thema «beantwortet», das seine aufsteigende Energie in eine lyrische Abwärtsbewegung umdeutet. An formalen Nahtstellen wie dem Durchführungs- und dem Coda-Beginn meldet sich wieder das «Motto». Im Scherzo verwischt ELGAR kunstvoll die Kontraste zum schwebenden verklanglichten Trio-Element. Das gesangvolle Adagio, das später immer deutlicher an die «Motto»-Melodie anspielt, schließt sich mit einem ausgehaltenen Fis der Geigen und Bratschen unmittelbar an. Das nach einer schmerzlichen Lento-Einleitung markig und rhythmisch prononciert einsetzende Final-Allegro mündet, wie nicht anders zu erwarten, in eine triumphalistische Wiederkehr des Mottos, dem noch ein kleiner, brillanter Stringendo-Kehraus folgt.

An Grandeur und nimmermüder Klangberedtheit scheint die *zweite Symphonie* (1910) der *ersten* noch überlegen. Dem Werk, *‹dedicated to the Memory of His late Majesty King Edward VII.›*, steht ein Shelley-Zitat voran: «Selten, selten nahst du dich, Geist der Seligkeit.» ELGAR versucht, diesen Geist mittels einer in dauernder Selbstüberbietung sich übenden überschwenglichen Tonsprache zu beschwören; die Musik gibt sich noch schweifender im Harmonischen, gegensätzlicher in der Dynamik und zerklüfteter zwischen Klanggewalt und flehender Zartheit im orchestralen Satz. Nach dem teils sublim gespinstigen, teils gewaltig aufrauschenden Larghetto und dem rhythmisch verqueren Presto-Rondo hebt der letzte Satz mit einem typisch ELGARschen Nobilmente-Charakter (Moderato e maestoso) an, der, verglichen mit dem Kopfsatz, ein moderateres Ausdrucksklima signalisiert; gegen Satzende verstärkt sich die Tendenz zu nachdenklichen Tranquillo-Charakteren.

Im Harmonischen war ELGAR niemals fortgeschrittener als in der großen *symphonischen Dichtung ‹Fallstaff›* (*‹Symphonic study in C minor›*) aus dem Jahre 1913. Elgar scheint hier meilenweit entfernt vom Humor und der Gemütlichkeit, mit der STRAUSS literarische Helden tonmalerisch illustrierte. In spröden, chromatischen Themenbildungen und einer auffällig kantigen, auf «Pedal»-Wirkungen verzichtenden Instrumentation zeichnet der Komponist mehr eine tragisch-bizarre Figur als den geläufigen komischen Saufaus. So ist auch der Schluß des Werkes nicht heiter-versöhnlich, sondern eher befremdlich in seiner gleichsam grotesk-verbogenen ritterlichen Abschiedsgeste, die von einem leisen Pizzicato «besiegelt» wird.

Hans-Klaus Jungheinrich

Frederick Delius

Bradford, 29. Januar 1862 – Grez-sur-Loing, 10. Juni 1934

FREDERICK DELIUS wurde in Bradford, Yorkshire, geboren, wohin seine Eltern erst wenige Jahre zuvor aus Deutschland eingewandert waren. In jungen Jahren hielt er sich längere Zeit als Orangenpflanzer in Florida auf. Hier kam er, früher als andere europäische Künstler, mit der Musik der Neger in Berührung, der er aufs feinfühligste Eingang verschaffte in seiner bedeutenden Oper ‹*Koanga*›. Sie wurde 1904 in Elberfeld uraufgeführt. Auch viele andere Kompositionen von DELIUS erlebten in Deutschland ihre ersten Aufführungen (zum Beispiel seine bekannteste Oper, ‹*Romeo und Julia auf dem Dorfe*›, nach Gottfried Keller, 1907 in Berlin). Einen erheblichen Einfluß hatte auf ihn die Stimmungskunst EDVARD GRIEGS, den er bei seinen Studien in Leipzig (1886 bis 1888) kennengelernt hatte. Auch BUSONI gehörte zu seinen Förderern. Er lebte später überwiegend in Frankreich. Sein vielleicht gewichtigstes Werk ist die ‹*Mass of Life*› nach Texten aus Nietzsches «Zarathustra» (1909).

Trotz seiner Affinität zu Deutschland (das Nietzsche-Werk benutzt selbstverständlich die originale Sprachgestalt des Dichterphilosophen) kam es hierzulande niemals zu einer breiteren Rezeption dieses in seiner Art singulären Œuvres. Einer der wenigen deutschen Musikologen, die sich eingehender mit DELIUS beschäftigten, war Hans F. Redlich. Eine Passage aus einem seiner DELIUS-Aufsätze verdient es insbesondere, zitiert zu werden: «Schon in Delius' Frühwerken macht sich der Wille, die klassische Kadenz aufzugeben und dem klassischen Sonatenschema in die schöne Wildnis einer thematisch freien, modulatorisch ruhelosen Musik zu entrinnen, bemerkbar. Diese formaufhebende Tendenz scheint durch die Eigenart der Deliusschen Tonsprache bedingt, die sich durch einen harmonischen Ur-Instinkt auszeichnet und hemmungsloses Schwelgen in chromatischen Vorhaltsharmonien klarer kontrapunktischer Disposition vorzieht. Delius' eigentümlich gleitende, irisierende Harmonien und Modulationsspannungen grundieren meist einfache, volksliedhafte repetitive Themen. Delius' musikalisches Idiom mit seiner Vorliebe für Dämmerfarben, Mitteltinten und unmerklich zarte Übergänge, aber auch mit seiner Atmosphäre des naturnahen Volkslieds, eignet sich vor allem zu stimmungshafter Naturschilderung und zu koloristischer Finesse. Diese Musik ist aber keine vage Stimmungskunst wie manches schwächere Produkt des gleichzeitigen französischen Impressionismus, sondern der tönende Reflex neuartiger Stoffbezirke.» Was bei Delius mithin als gefilterter, verfeinerter Wagner-Nachklang daherkommt, hat dennoch nicht nur eine rückwärts gewandte Seite, sondern führt auch in Neuland – Klangfarbenkunst ist hier, wie etwa im Orchestersatz der Schrekerschen Opern, nicht die nachträgliche Kolorierung einer Zeichnung, vielmehr originäre Kompositionsidee. Gewiß geht es dabei auch um eine Schwächung, ja ein Außerkraftsetzen der klassischen Kadenz, der hierarchischen Funktionen in den Tonbeziehungen untereinander. Die Verunklärung solcher Hierarchien tendiert zur Gleichberechtigung der Akkorde, die nun nicht mehr unbedingt nach Auflösung, nach klärender Herausstellung der Herrschaftsverhältnisse drängen. Spannung und Entspannung gestalten sich zwangloser; Dissonanz und Konsonanz nähern sich einander an; Autoritäten werden eingeebnet. Der «normale» Dreiklang wird gern verfärbt, etwa durch Hinzufügung der Sext; diese *sixte ajoutée* ist später zum beliebten Gewürz von Unterhaltungsmusik geworden, was sie aber nicht prinzipiell desavouiert; am Schluß von Mahlers *‹Lied von der Erde›* ist sie eine ebenso faszinierende Klangchiffre wie in der Deliusschen Harmonik.

An Mahler gemahnt die Chorbehandlung in *‹Appalachia›*, einer Komposition, die Delius 1896 zunächst in einer rein orchestralen Fassung vorlegte und dann 1902 um einen Schlußchor bereicherte. Es handelt sich um Variationen über ein altes Negersklavenlied aus dem Appalachia-Gebirge an Nordamerikas Ostküste. Die Deliussche Variationskunst, die in diesem gut halbstündigen Werk besonders gut zur Geltung kommt, unterscheidet sich stark von den Charaktervariationen klassisch-romantischer Prägung mit ihrer überwiegend strengen thematisch-motivischen Arbeit. DELIUS verwischt die Kontrastspannungen zwischen den variierten Themenprofilen fast völlig; unmerklich gleitet eine Variation in die andere über, ein niemals abreißender Gesang mit immer neuen Valeurs. Das motivische Material wird nicht eigentlich analytisch zerlegt und neu kombiniert, sondern in einem beschwörenden flutenden Erinnerungsstrom zu immer neuen Bildern umgefärbt.

Eine Reihe kleinerer Orchesterstücke weist eine enge Geistesverwandtschaft zum malerischen Impressionismus auf (DELIUS war befreundet mit Alfred Sisley), so die *Rhapsodie ‹Brigg Fair›* (1910), die Tonbilder *‹Summernight on the River›* (1911), *‹In a Summer Garden›, ‹On Hearing the First Cuckoo in Spring›* (1912) oder *‹Song before Sunrise›* (1917). Hier begegnen wir einer durchweg verhaltenen, pastellfarbenen, mildgetönten, in zartes Licht getauchten Kunst, die zweifellos mehr Malerei als Ausdruck ist. Die Kürze all dieser Stücke scheint von einer formalen Empfindlichkeit diktiert, die sich der Krisenhaftigkeit einer den Funktionalismus (wenn auch auf denkbar sanfte Weise) außer Kraft setzenden Harmonik inne geworden ist. Hier hat sich DELIUS auch weit von den simplen Formvorbildern eines GRIEG entfernt. Es sind zwar Welten, die DELIUS von den etwa gleichzeitigen atonalen Miniaturen WEBERNS, BERGS sowie den *Fünf Orchesterstücken op. 16* von SCHÖNBERG trennen – doch hinsichtlich der Formproblematik der verselbständigten Valeurs und vereinzelten Timbres liegen die Korrespondenzen auf der Hand. Natürlich wurden diese DELIUS-Orchesterminiaturen in erster Linie als so etwas wie eine *five-o'clock-tea*-Untermalung rezipiert, also als eine frühe Spielart von *Muzak*. Das hindert nicht, sie mit neuen Ohren zu hören, ihre Originalität, Würde und *nouveauté* ernst zu nehmen.

Hans-Klaus Jungheinrich

Giacomo Puccini

Lucca, 22. September 1858 – Brüssel, 29. September 1924

Giacomo Puccini, fraglos der letzte italienische Opernkomponist von Weltgeltung, hat neben seinen zwölf Bühnenwerken auch einige Orchesterkompositionen hinterlassen, die alle verhältnismäßig früh entstanden sind, aber erst im letzten Jahrzehnt des 19. Jahrhunderts der Öffentlichkeit zugänglich gemacht wurden. Das *Preludio sinfonico*, komponiert 1876 in Lucca, tendiert ungeachtet seiner rein instrumentalen Konzeption bereits unverkennbar zum Theatralischen: in den weitgeschwungenen, emphatischen Streicherkantilenen, die nicht selten in Oktavparallelen aufscheinen, zeigt sich ebenso wie in den effektvollen Steigerungen und überraschenden dynamischen Kontrastierungen der künftige Opernkomponist.

Im Juli 1883 beendete Puccini seine Studien am Mailänder Konservatorium mit dem *Capriccio sinfonico*. Jener unverwechselbare Tonfall, der in fast allen seinen Opern wahrzunehmen ist, seine *vena malinconica*, begegnet bereits in diesem Werk: Deszendenzmelos, sanft dissonierende Vierklänge und eine füllige, auf Verschmelzung abzielende Instrumentation sind die wesentlichen Charakteristika dieses Stils. Darüber hinaus zeigt sich, daß die seit Jahrhunderten geübte kompositorische Praxis, musikalisches Material in verschiedenen Kontexten zu verwenden, bei Puccini noch lebendig ist: So wird der Hauptgedanke der langsamen Einleitung später die musikalische Substanz für das Requiem im dritten Akt des *‹Edgar›* (1889) abgeben, während der Anfang des Mittelteils mit dem Beginn von *‹La Bohème›* (1896) identisch ist. Der Schlußteil stellt eine erweiterte Reprise der Introduktion unter Einbeziehung einiger Reminiszenzen der Mittelpartie dar. Übrigens zielt der Terminus *sinfonico*, wie er im Italien des späten 19. Jahrhunderts verwendet wurde, lediglich auf eine rein orchestrale Komposition mit größerer Besetzung ab, nicht jedoch auf jene durch die Wiener Klassik entwickelte Durchführungs- und Verarbeitungstechnik, die in Deutschland und Österreich für die verschiedenen Gattungen der Instrumentalmusik obligatorisch wurde.

Auf der Grenze zwischen Streichquartett und Streichorchester stehen jene *drei Menuette* (alle in A-dur), die zwar erst 1892 publiziert wurden, mit Sicherheit aber zu PUCCINIS Frühwerken zählen. Sind aus ihnen nur einige wenige Phrasen in die *‹Manon Lescaut›* (1892) eingeflossen, so finden sich die *‹Crisantemi›*, ein einsätziges Werk, entstanden 1892 anläßlich des Todes von Herzog Amedeo di Aosta, fast vollständig in der genannten Oper wieder, und zwar in derselben Tonart fis-moll. Ein verbindungstiftendes Moment zwischen diesen beiden Werken liegt im semantischen Bezug: Es handelt sich hierbei um ein Lamento, um einen Klagegesang über den in dem einen Fall tatsächlichen, in dem anderen Fall drohenden Verlust eines geliebten Menschen.

Norbert Christen

Hugo Wolf

Windischgrätz, 13. März 1860 – Wien, 22. Februar 1903

HUGO WOLFS kompositorischer Rang gründet sich vor allem auf seine Klavierlieder. Die Orchesterwerke hingegen haben in seinem Schaffen eher eine untergeordnete Bedeutung. Dennoch sind auch sie nicht ohne Reiz, sind bisweilen auch im Konzertsaal zu hören.

Das bedeudendste instrumentale Werk WOLFS ist die in den Jahren 1883 bis 1885 entstandene *symphonische Dichtung ‹Penthesilea›* nach dem Trauerspiel Heinrich von Kleists. WOLF fühlte sich von dem hitzig-überspannten Ton des immer zwischen Liebe und Tod pendelnden und vom Irrsinn der Gefühle angetriebenen Drama Kleists besonders angezogen. Zudem berührte ihn auf Grund eigener traumatischer Erfahrungen die Verletzbarkeit des liebenden Mannes, wie sie das Ende der Penthesilea zeigt, in starkem Maße.

Das einsätzige Werk, deutlich von FRANZ LISTZS *symphonischen Dichtungen* beeinflußt, gliedert sich in drei zusammenhängende, dabei jedoch unterschiedlich lange Teile. Zwei kürzere einleitende Abschnitte schildern den Aufbruch der Amazonen nach Troja und Penthesileas Traum vom Rosenfest. Indem die beiden kontrastierenden Teile sich auf ein gemeinsames Grundmotiv beziehen, wird die ambivalente und zerrissene Natur Penthesileas als kriegerische Amazone und liebende Frau musikalisch genau ausgedrückt. Der dritte, weitaus längste Teil ist mit *‹Kämpfe, Leidenschaften, Wahnsinn, Vernichtung›* bezeichnet. Er stellt gleichsam den Durchführungsteil des Werkes dar, in dem alle Motive verarbeitet, miteinander konfrontiert und variativ verändert werden. Die wildbewegte, materialische Musik – WOLF verwendet eine vierfach besetzte Blechbläsergruppe und großes Schlagzeug – entwirft illustrativ ein plastisches Schlachtengemälde. Beide Parteien sind Trompetensignale zugeordnet, extreme Lautstärken und Tonhöhen stehen für die Leidenschaften und den Wahnsinn dieses Kampfes und dieser Liebe.

WOLFS ‹*Penthesilea*› ist mehr eine Oper ohne Szene und Sänger als ein symphonisches Werk, und dieser Charakter mag – neben einigen instrumentationstechnischen Schwächen, die der Komponist in den neunziger Jahren in seiner Revision noch ausbessern wollte – nicht zuletzt zur Zurückweisung der Partitur durch Hans Richter geführt haben. Uraufgeführt wurde die ‹*Penthesilea*› in einer geglätteten Fassung im Jahre 1903.

Selten zu hören ist heute die ‹*Christnacht*› *für Soli, Chor und Orchester* nach August von Platen, an der WOLF von 1886 bis 1889 arbeitete. Das Werk sollte die Dualität der Menschwerdung Christi, das unschuldige Kind und den triumphierenden Helden, musikalisch symbolisieren. In ihrer Verbindung von Feierlichkeit und Einfachheit ist die ‹*Christnacht*› durchaus gelungen; die instrumentationstechnischen Probleme einer großen Chor- und Orchesterbesetzung konnte WOLF freilich nicht lösen. So erschien auch diese Partitur nach seinem Tod zunächst in einer Bearbeitung von MAX REGER und Ferdinand Foll.

Im Frühjahr 1892 unterzog WOLF die fünf Jahre vorher entstandene ‹*Italienische Serenade*› *für Streichquartett* einer Bearbeitung für kleines Orchester. Dabei beabsichtigte er zunächst, das einsätzige Werk durch weitere Sätze zu ergänzen, die jedoch über das Stadium von Skizzen und Entwürfen nicht hinausgelangten.

Obwohl ohne explizites Programm, bezieht sich die ‹*Italienische Serenade*› auf Eichendorffs «Leben eines Taugenichts», zumal im Zentrum der Erzählung tatsächlich eine Serenade steht. So ist denn auch diesem instrumentalen Werk WOLFS ein fast dramatisch anmutender Gestus zu eigen, scheinen die Motive und ihre Verarbeitung geradezu Personen und Szenen zu beschreiben. In ihrer für WOLF seltenen emotionalen Ausgeglichenheit, ihrer leichten Ironie, gehört es zu den «leichtesten» Werken des Komponisten.

Rainer Pöllmann

Gustav Mahler

Kalischt, 7. Juli 1860 – Wien, 18. Mai 1911

Nach seinen eigenen Worten fühlte sich GUSTAV MAHLER in dreifacher Hinsicht heimatlos: als Böhme in Österreich, als Österreicher in Deutschland und als Jude in der Welt. Er ist der zweite bedeutende Weltschmerz-Komponist nach jenem FRANZ SCHUBERT, der ja als erster behauptet hat, es gebe keine «fröhliche» Musik mehr. Aus kleinbürgerlichem Muff heraus, mit einem gewalttätigen Vater und einer still erduldenden Mutter, versuchte MAHLER das Leiden an der Bitterkeit des Lebens in Musik zu setzen, machte seine eigene Heimatlosigkeit zu ihrem Grundprinzip. Parallel dazu eroberte er sich in zäher Zielstrebigkeit den in damaliger Zeit begehrtesten Posten, den die Musikwelt zu vergeben hatte: die Stelle des Hofoperndirektors in Wien. MAHLER gehörte, neben WAGNER und RICHARD STRAUSS, zu den großen Komponisten, die zugleich Kapellmeister obersten Niveaus waren, ja er, der als Kind auf die Frage, was er einmal werden wolle, geantwortet haben soll: «Märtyrer», verstand sich als unerbittlicher Sachwalter des in den Partituren nur notdürftig niedergelegten Komponistenwillens – «das Beste der Musik steht nicht in den Noten» – und pflegte zu sagen: «Andere pflegen sich und ruinieren das Theater. Ich pflege das Theater und ruiniere mich.»

Seine Musik, die er sich in den Ferienmonaten mit äußerster Konzentration abzwang und während der Saison in Partitur brachte, spricht wie kaum eine andere davon, daß der Bruch zwischen der Kunst und der gesellschaftlichen Realität des bürgerlichen Zeitalters nicht mehr aufzuheben ist. Wenn MAHLER die Natur oder die künstliche Naivität von Texten aus «Des Knaben Wunderhorn» musikalisch beschwört, dann weiß er genau, daß das mit dem Makel des Unwiederbringlichen behaftet ist. Doch hat die Kategorie des «guten Geschmacks» bei MAHLER keine Autorität mehr. Seit der kongenialen MAHLER-Deutung Theodor W. Adornos – er selbst nennt sie eine «Musikalische Physiognomik», was also weit mehr heißt als bloße Notentext-Analyse –, erschienen rechtzeitig zum hundertsten Geburtstag MAHLERS und bisher nicht übertroffen, besitzen wir das hermeneutische Werkzeug, um die unverwechselbare Haltung dieser Musik wirklich verstehen zu können. Der früher weitverbreitete Vorwurf, MAHLER habe «Kapellmeistermusik» großen Stils geschrieben und mehr gewollt als er tatsächlich kompositorisch realisiert habe, ist zwar so falsch nicht, aber Adorno wies mit Recht darauf hin, daß der Riß, der MAHLERS Musik durchfurcht, gerade ihre Redlichkeit sei, nämlich nicht den Bruch zwischen dem «Weltlauf» und dem, «was anders wäre» zu verkleistern, sondern ihn bewußt auszutragen.

MAHLER selbst sprach von dem «Sehnen über die Dinge dieser Welt hinaus», das die Musik enthalten müsse, um nicht zur «dekorativen Rechtfertigung des Weltlaufs» (Adorno) zu mißraten, und plädierte in seiner eigenen dafür, den objektiv gegebenen Bruch zwischen Kunst und Leben in dem «Antagonismus zwischen der Musik und ihrer Sprache» (Adorno) zu gestalten. Trennte er bereits biographisch sein Leben auf in die unversöhnlichen Bereiche der «äußeren» Dirigiertätigkeit und der «inneren» Kompositionsarbeit, dann war er sich als Komponist eines bewußten Konflikts sicher: Der Künstler, sagt MAHLER (in einem Brief an Bruno Walter vom 18. Dezember 1909), «ist zu einem Doppelleben verurteilt und wehe, wenn ihm Leben und Träumen einmal zusammenfließt – so daß er die Gesetze der einen Welt in der anderen schauerlich büßen muß.» Gleich den bedeutenden Romanciers seines Jahrhunderts – zu denken wäre an Flaubert oder an Dostojewskij, den MAHLER überaus schätzte –, schuf er in seinen riesigen Symphonien die Widersprüche der Welt noch einmal, als «brennende Anklage an den Schöpfer», in einem Erzählstrom, der in nichts der Romanform mit ihren Spannungskurven und Zusammenbrüchen nachsteht. Er fühlte sich dabei als Sprachrohr einer Welt, die «solche Klänge und Gestalten als Widerbild auswirft», und verfügte über den authentischen epischen Gestus des «paßt auf, jetzt will ich euch etwas erzählen, was ihr noch nie gehört habt». (MAHLER wehrte sich übrigens gegen die Verdunklung des Konzertsaals mit den Worten, man müsse so Musik machen, daß den Leuten Hören und Sehen vergehe.) Der epische Gestus prägt MAHLERS gesamte Musik, nicht nur die Lieder. Von ihm lassen sich alle Eigenarten des MAHLERschen Komponierens ableiten.

Eine Symphonie zu schreiben hieß für MAHLER, «mit allen Mitteln der vorhandenen Technik eine Welt aufbauen», und das ist im wörtlichen Sinn zu nehmen, denn es sind wirklich *alle* musikalischen Mittel, die MAHLER zum Aufbau einer symphonischen Bilderwelt nachdrücklich mobilisierte. Er frevelte insbesondere gegen die bereits zu seiner Zeit voll etablierte, unversöhnliche Spaltung der Musik in die säuberlich getrennten, wenn man will: klassenspezifischen Sphären der «hohen» Kunstmusik, die sich als Ersatzreligion geriert, und dem Schund für die Massen, der die Droge für die Ablenkung von der Realität bereithält. MAHLER mochte das nicht dulden. Sein Verhältnis zum Abhub der Kunst wurde, im Sinne der späteren Bemerkung von Karl Kraus, ein gut gemalter Rinnstein sei mehr als ein gut gemalter Palast, durch und durch dialektisch: MAHLER schürft – so Adorno – gerade im «erniedrigten und beleidigten Musikstoff nach unerlaubtem Glück» und dreht bisweilen dem verkehrten Weltlauf, den das Liedfinale der *vierten Symphonie* das «weltlich' Getümmel» nennt und den die unablässig sich drehenden Scherzo-Sätze «nachahmen, um ihn zu verklagen» (Adorno), eine Nase, gaukelt aber niemals ein falsches Glücksversprechen vor.

MAHLERS Verhältnis zum Glück ist völlig gebrochen. Er hält es mit den Deserteuren und den von aller Liebe Verlassenen und setzt die List der Vernunft gegen den selbstgefälligen Kunstverstand, der in dem *Wunderhorn-Lied* vom «Lob des hohen Verstandes» denunziert wird. Das Finale der *vierten Symphonie*, jener Traum aus Gewalt, Blut und Schlaraffenland, meldet deutlich genug an, daß das alles gar nicht wahr ist, was die Metaphysik uns vorgaukelt. Deshalb redet MAHLERS Musik entweder in Anführungszeichen oder, wenn es sein muß, mit donnernder Stimme und niederschmetternder Gewalt (Schluß der *sechsten Symphonie*). Und dem aberwitzigen Weltlauf stellt sie sich mit einer neuartigen Formidee entgegen, die ein Sonderfall des Transzendierens ist: mit der kompositorischen Idee des «Durchbruchs» aus der Formimmanenz heraus (Adorno).

Wir sollten aber doch nicht vergessen, daß MAHLERS Musik auch ein Abgesang auf das 19. Jahrhundert ist und dessen Schwächen nicht immer ausweichen konnte: Das Adagietto der *fünften Symphonie* bewegt sich in gefährlicher Nähe zur ungebrochenen, sentimentalen Salonmusik, und der hybride Versuch der *achten Symphonie*, den affirmativen Gestus des «Veni creator spiritus» mit Goethes «Faust» zusammenzuzwingen, zahlt schließlich doch noch der bürgerlichen Kunstreligion seinen zwiespältigen Tribut, indem die Hinfälligkeit von Beschwörung in säkularisierten Zeiten mißbraucht wird dort, wo es nichts mehr zu beschwören gibt. Der optimistisch aufgeplusterte Schlußsatz der *siebten Symphonie* schließlich ist ein Tiefpunkt im Schaffen MAHLERS, der auch nicht dadurch wegerklärt werden kann, daß MAHLER hier das *‹Meistersinger›*-Pathos uneigentlich gebrauche. Der magere Gehalt des Ganzen bietet dafür keine Handhabe.

Das alles widerspricht der prinzipiellen Gebrochenheit des MAHLERschen «Tons», die im «langen Blick» des Spätwerkes zum auskomponierten Zerfall wird. Das *‹Lied von der Erde›* ist die Zurücknahme der *dritten Symphonie* (vgl. S. 641), und die *neunte Symphonie* ein Seitenstück zur *vierten*, freilich «ganz anders» (MAHLER) als diese. Eine *zehnte Symphonie* blieb ohnehin nur Fragment. Auch MAHLER vermochte die ominöse, seit BEETHOVEN verbindliche, schicksalhafte Neunzahl von Symphonien nicht zu überschreiten.

Dietmar Holland

Symphonie Nr. 1 D-dur (1884–1888; rev. 1906)

Die Schichten der Musiksprache MAHLERS werden in der *ersten Symphonie* exponiert. Zunächst als *‹Symphonische Dichtungen in zwei Teilen›* (!) in Budapest am 20. November 1889 uraufgeführt, damals übrigens noch fünfsätzig, mit dem später getilgten, recht harmlosen *‹Blumine›-Satz*, rückte MAHLER sie bis zum Erstdruck (zehn Jahre später) in die Sphäre, der sie auch angehört und nannte sie einfach «erste Symphonie», ungeachtet dessen, daß hier verschiedene äußere Anregungen – aber eben nur Anregungen –

zu einem ganz voraussetzungslos neuen musikalischen «Ton» geführt haben. Es genügt zu wissen, daß es MAHLER gelungen ist, persönliche und literarische Erlebnisse ins Typische, Allgemeine (wie er es selbst formulierte) zu übersetzen: «Die Komposition hat das Programm verschluckt; die Charaktere sind seine Denkmäler» (Adorno). Das ästhetische Subjekt, der «Erzähler» der Symphonie, ist nicht MAHLER selbst, sondern, worauf der ursprüngliche Titel nach Jean Pauls Roman «Titan» anspielt, eine Fiktion. Wir sind dazu angehalten, diese in der Musik selbst aufzuspüren.

Seltsam genug: Da beginnt ein Orchester zu tönen, als stimme es sich ein. Es ist nur der Kammerton «a» zu hören, aber unangenehm pfeifend und gar nicht einladend. So läßt MAHLER seine *erste Symphonie* gleichsam programmatisch mit genau dem verstörten Klang beginnen, der fortan für seine gesamte Musik gilt. Bei ihr will der Klang über sein So-sein hinaus, will mehr bedeuten, als er sagt. Und MAHLER schrieb über die erste Partiturseite die Vortragsanweisung «wie ein Naturlaut», meint damit aber nicht etwa den Naturlaut selbst, sondern dessen künstliche Hervorbringung («*wie* ein Naturlaut»). Die Differenz zwischen dem unwillkürlichen Erklingen und dem bewußt Veranstalteten ist es, auf die es ankommt. Damit wird MAHLERS Verhältnis zum musikalischen Material als *dialektisches* deutlich: Alles ist gebrandmarkt von einer Erfahrung, die nur noch Vermitteltes kennt. Der verstörte Klang zu Beginn der *ersten Symphonie* ist die ausdrückliche Differenz zum reinen Naturklang einerseits und zum offiziellen Instrumentationsideal andererseits. Die Heimatlosigkeit MAHLERS wird hier konkret-musikalisch greifbar. Gleich zu Beginn seiner Laufbahn als Symphoniker stellt der junge MAHLER ein für allemal klar, daß fortan nicht mehr unverdrossen weiterkomponiert werden kann: «Mahler stachelt die mit der Welt Einverstandenen zur Wut auf, weil er an das erinnert, was jene sich selbst austreiben müssen» (Adorno). MAHLER öffnet den Konzertsaal für die sonst gemiedenen undomestizierten Laute, aber für den Preis, daß die erste Natur nur noch als zweite, gebrochene, also als verlorene beschworen werden kann.

Deshalb vielleicht greift MAHLER im schnelleren Hauptteil des ersten Satzes auf sein eigenes Lied eines fahrenden, heimatlosen

Gesellen zurück (‹*Ging heut' morgen übers Feld*›). Das Lied als Symphoniesatz: ein unerhörter Vorgang. An dieser Stelle tritt der Mensch in die Natur ein, und zwar als Wanderer, dem Urbild der Heimatlosigkeit schon bei SCHUBERT. Vorher, in der seltsamen Einleitung, standen wir vor dem undurchdringlichen *Vorhang* und den «aus der Ferne» hereinschallenden *Fanfaren*, die ein «Vorwärts» andeuteten. Auch sie waren verfremdet: Es waren, beim erstenmal, Klarinetten, die wie Trompeten klangen, beim zweitenmal Trompeten mit Hornquinten und erst beim drittenmal «richtige» Trompeten-Fanfaren, jedoch umrahmt von einer Hornmelodie in Terzen, die eigentlich auf Klarinetten geblasen werden müßte. Dazwischen schallen seltsame Kuckucksrufe der Klarinette, die wie aus Alpträumen klingen, denn es sind Quart- statt der natürlichen Terzrufe. Mit der Quart regt sich dann auch nach den ersten beiden Takten motivisches Leben, das aber in die falsche Richtung führt: Die absteigenden, zögernden Quarten bleiben auf genau dem Ton hängen, der die schärfste Dissonanz zu dem Flageolett-Vorhang der Streicher (auf dem Ton a) bildet, nämlich auf b, der Tonart der ersten Fanfare. Nichts will sich hier den Vorstellungen angenehmer Stimmigkeit fügen. Aus den Fragmenten von Vorhang und Fanfare, von unangenehmem Geräusch und verzerrten Signalen, fügt sich eine musikalische Welt, in der sich niemand wohl fühlen kann; am wenigsten der Komponist selber.

Er tritt in der langsamen Einleitung nicht als «Erfinder» auf, was man sehr wohl von ihm erwartet, sondern als «Komponist» im wörtlichen Sinn, als jemand, der vorhandene musikalische «Materialien» in einer ganz bestimmten Weise anordnet. Die «Erfindung», mindestens eine faßliche Melodie, tritt erst mit dem Liedthema auf. Aber auch das ist wieder eine Täuschung. Das Thema ist kein MAHLERsches «Eigentum», sondern kommt aus dem Fundus solcher Volkslieder wie etwa ‹*Ein Männlein steht im Walde*› oder ‹*Horch, was kommt von draußen rein*›. Läßt sich daraus ein ganzer Symphoniesatz machen? Aber den will MAHLER auch gar nicht. Die Formenlehre, derzufolge ein solcher Satz mindestens zwei kontrastierende Themen haben und sich einem schematisch-übersichtlichen Aufbau fügen muß, mißachtet MAHLER, weil er aus dem Gestus des Wanderns etwas anderes herausliest: Er will den Immanenzzusammenhang, den die schematische Form suggeriert, als scheinhaft entlarven und durchschlägt ihn deshalb mit der neuartigen kompositorischen Idee des «Durchbruchs» (Adorno). Man bedenke: Der erste Satz trug ursprünglich die Bezeichnung *‹Frühling ohne Ende›*. Solcher Vorstellung fügt sich keine herkömmliche Reprisenform. Statt dessen spitzt sich bei MAHLER der musikalische Ablauf immer mehr zu. Nach der Wiederkehr der noch weiter verfremdeten Naturklang-Einleitung versucht die Musik zu ihrer Identität doch noch zu finden. Dem gilt die Inszenierung des nicht ganz geglaubten Durchbruchs am Ende der Durchführung. Vorbereitet ist das in den anfänglichen Fanfaren, die, in ihrer dritten Form, in Takt 352 auf einem Quartsext-Akkord der Haupttonart von außen in den Satz eingreifen, so als sei die Fanfare das eigentliche Hauptthema. Die Veranstaltung des Durchbruchs zerschlägt den Formablauf so sehr, daß die Reprise zum «hastigen Epilog» (Adorno) schrumpft. Das Wandern wird jetzt zum atemlosen Vornüberstürzen und spielt schließlich, in den Schlußtakten, wo man erfährt, was es heißt, wenn «auf die Pauke gehauen» wird, auf den Anfang der Leporello-Arie *‹Keine Ruh' bei Tag und Nacht›* an, so als sei am Ende nur noch Selbstironie möglich.

Der wandernde Gestus wird im zweiten Satz, bei gleichbleibender Quart-Motivik, zur drehenden Tanzbewegung. Wie in einer Collage werden verschiedene Walzer und Ländler zu derber, stampfender Lebensfreude gemischt. (Der ursprüngliche Satztitel lautete: *‹Mit vollen Segeln›*.) Eine ganz andere Seite des Wanderns zeigt dagegen der dritte Satz: Es wird hier zum skurrilen Schleichen umgedeutet, einem Kanon ohne Ende, wieder mit einem fremden Thema, dem volkstümlichen Kanon *‹Bruder Jakob, schläfst du noch?›*, der aber in Moll erklingt und ins ganz Gespenstisch-Makabre versetzt ist. Ihn stimmt ein Solokontrabaß in gequält hoher Lage näselnd an, so daß man glaubt, es spiele ein altes, gambenartiges Instrument. In diesem Satz ist nichts mehr «echt». Selbst der episodische Einschub der «Volksweise» MAHLERS, wiederum aus den *‹Liedern eines fahrenden Gesellen›*, ist bloße Phantasmagorie. Die Wiederholung des gespenstischen Kanons verstärkt den zwangshaften Charakter noch und setzt, wie es bei

Schlagern üblich ist, um den Fortgang *äußerlich* zu motivieren, um einen Halbton höher an. Tatsächlich ist die Ebene der «niederen» Musik auch vertreten, in der ordinären Blaskapelle, die in das Schleichen schrill hineintönt. MAHLER bezieht sich ja bei diesem Satz auf das parodistische Bild «Des Jägers Leichenbegängnis» und will hier eine Kindheitserinnerung, den scharfen Kontrast zwischen Trauer und Ironie, mitteilen: Die Welterfahrung von Gebrochenheit findet hier ihren drastischen Niederschlag.

Der letzte Satz beginnt wie ein Blitz aus dunkler Wolke (MAHLER: «Es ist einfach der Aufschrei eines im Tiefsten verwundeten Herzens») und verheißt Durchbrüche, die dann aber gar nicht eintreten. Das Final-Problem, wie denn eine solche Symphonie zu schließen sei, wird hier (noch) nicht gelöst. Zwar gibt es die gewaltigen Zusammenbrüche und die daraus wie Phönix aus der Asche aufsteigenden Neuansätze in romanhafter Haltung, aber die zum pathetischen Trara um-formulierte Quart-Motivik führt nicht zum glaubwürdigen Ziel: «Mahler war ein schlechter Jasager» (Adorno).

Dietmar Holland

Symphonie Nr. 2 c-moll (1888–1894)

Die Frage nach musikalischer Programmatik stellt sich innerhalb des Œuvres von GUSTAV MAHLER wohl am entschiedensten bei dessen *zweiter Symphonie*. Gleichzeitig ist sie ein Beweis dafür, wie kurz Deutungsversuche greifen, die in einer Verlagerung des musikalischen Inhalts ins Semantische ihr Heil suchen. Die scheinbar klare Anlage von der Totenfeier über Antwort des Lebens bis hin zur Auferstehung stellt sich letztlich gegenüber dem musikalischen Ereignis als irrelevant heraus. Freilich wäre es ebenso falsch, die hautnahe Konkretheit des Tons bei MAHLER zu leugnen; wirklich gelang es ihm wohl am umfassendsten, das Dilemma des späten 19. Jahrhunderts zwischen Inhalts- und Formästhetik zu lösen, auf ein anderes Niveau zu heben. Die *zweite Symphonie*, komponiert zwischen 1888 und 1894, nimmt hierbei eine Schlüsselfunktion ein, Otto Klemperer gab ihr – als das Werk MAHLERS im

Repertoire noch nicht gesichert war – gerade wegen ihrer Plastizität die größten Überlebenschancen, Adorno hingegen sah darin, in einer «zu großen Redseligkeit» und in dem banalen Entwicklungsgang, die größten Schwächen.

Von Mahler selbst wurden Programmentwürfe *nach* Vollendung des Werkes angefertigt. Sie waren als Hörhilfen gedacht, wurden aber später wieder zurückgezogen. Gerade diese Dichotomie, diese Dialektik von «faßlich» und «unfaßlich», benennt ein Spezifikum seiner Musik.

Kurz sei ein Programmentwurf Mahlers wiedergegeben:

«1. Satz. Am Grabe eines geliebten Menschen. Sein Kampf, sein Leiden und Wollen zieht am geistigen Auge vorüber. Fragen drängen sich auf: ‹Was bedeutet der Tod – gibt es Fortdauer?›

Die nächsten drei Sätze sind als Intermezzi vor dem ‹antwortenden› Schlußsatz eingefügt.

2. Satz. Ein seliger Augenblick aus dem Leben des Toten, wehmütige Erinnerungen.

3. Satz. Der Geist der Verneinung hat sich seiner bemächtigt. Die Welt erscheint ihm als sinnloses Treiben. Aufschrei der Verzweiflung.

4. Satz. Rührende Stimme des ‹naiven› Glaubens: Vertonung eines Volksliedtextes aus ‹Des Knaben Wunderhorn›.

5. Satz. Die Fragen des ersten Satzes drängen sich erneut auf. Apokalyptische Visionen: der große Appell; schließlich der Ausblick auf Erlösung: ‹Und siehe da: es ist kein Gericht, es ist kein Sünder, kein Gerechter – kein Großer und kein Kleiner –, es ist nicht Strafe und nicht Lohn! Ein allmächtiges Liebesgefühl durchdringt uns mit seligem Wissen und Sein.›»

Soweit ein programmatischer Entwurf Mahlers (zur Münchner Aufführung 1900), der freilich nie konkret festgeschrieben, sondern häufig modifiziert wurde. Dies macht (wenn nicht schon die Heterogenität des Entwurfs selbst) klar, wie peripher Deutungsmuster dieser Art zum Gehalt der Symphonie stehen. Denn dieser verlangt die Fähigkeit zum Hören auf verschiedenen Ebenen. Mahler komponiert gleichsam Unschärfen, verschiedene Deutlichkeitsgrade und Stufen der Konkretheit. Im Klang selbst schwingt die Möglichkeit seines Gegenteils mit, die Musik blickt über ihre tönende Realität hinaus, das Verschwiegene wird essentieller Pol, der Hörer wird gewissermaßen gezwungen, am real Erklingenden vorbeizuhören. In dieser Dialektik ruht der musikalische Gehalt.

Der erste Satz – ursprünglich als *symphonische Dichtung ‹Totenfeier›* komponiert – ist Bild musikalischer Bewegungslosigkeit. Es ist ein erbittertes Festhalten auf einem Ton, das drastisch schon in den «wild» gerissenen Sechzehntelläufen der Einleitung gezeichnet wird. Trotz immer wieder demonstrativ beschworener Dominant-Tonika-Fortschreitungen scheint alles in flächige Klanglichkeit eingebettet, die die tonalen Funktionen außer Kraft setzt. Die Tonart selbst hat gewissermaßen die Orientierung verloren.

Die drei Mittelsätze sind – auch dies ein wesentliches kompositorisches Mittel Mahlers – «uneigentliche» Musik: Musikalische Gesten werden aufgegriffen und als Zitat hingestellt. Wirklichkeit und Scheinwelt vermischen sich. So im prätentiösen zweiten Satz, wo mit betontem Nachdruck «Behaglichkeit» mit einem Vokabular angesteuert wird, das in seinen Möglichkeiten beschnitten scheint. Der dritte Satz auf der Grundlage von Mahlers *‹Des Antonius von Padua Fischpredigt›* ist eine Collage aus verstellten Tanzfiguren, ein Zerrbild festlichen Treibens. Im Schwung enthüllt sich die Ziel- und Nutzlosigkeit. Der vierte Satz, *‹Urlicht›* aus des «Knaben Wunderhorn» für Altsolo, zielt auf eine naive Glaubenshaltung, auf einen Glauben in «Volksfassung».

Der letzte Satz kehrt auf die kompositorische Ebene des ersten zurück und kehrt diesen um. Marschmotivik und Fanfare werden «refunktionalisiert», sie treiben nach vorn, hin zur klanglich großdimensionierten (mit Chor) Statik der Schlußfläche. Die Auferstehung ist ein Eintauchen.

Reinhard Schulz

Symphonie Nr. 3 d-moll (1895–1896)

In den Sommern 1895 und 1896 komponierte Mahler eine Symphonie von bis dahin unerhörtem Ausmaß und inhaltlichem Reichtum. Er war, fünfunddreißigjährig, auf dem ersten Gipfelpunkt seiner kompositorischen Entwicklung angelangt und warf nun, jenseits der jugendlichen Weltschmerzproblematik der *ersten Symphonie* und der säkularisierten Erlösungsthematik der *zweiten*, einen Blick auf die Welt als Ganzes, als Natur und Leben, betrachtete sie «nicht mehr vom Standpunkt des ringenden und leidenden Menschen aus», sondern fühlte sich «in ihr eigenstes Wesen hinein versetzt» (MAHLER im Gespräch mit Natalie Bauer-Lechner), kurz, die Darstellung der unbelebten und belebten Natur und die Vielfalt des Weltgetümmels selbst mit all seinen Widersprüchen rückten ins Zentrum einer neuartigen Evolutions-Symphonie, die Ernst machte mit MAHLERS Vorhaben, ihm bedeute das Komponieren einer Symphonie das Aufbauen einer ganzen Welt. Zunächst konzipierte er sieben Sätze, verzichtete aber schließlich auf den letzten, das bereits 1892 geschriebene Lied *‹Das himmlische Leben›*, das später zum Ausgangspunkt der *vierten Symphonie* wurde.

Den endgültigen Stufenplan der *dritten Symphonie* verglich MAHLER in einem Brief vom 6. August 1896 an Max Marschalk, unmittelbar nach Fertigstellung des Werkes, mit einem *‹Sommermittagstraum›*, der in sechs Stationen (*‹Pan erwacht – Der Sommer marschiert ein›*; *‹Was mir die Blumen auf der Wiese erzählen›*; *‹Was mir die Tiere im Wald erzählen›*; *‹Was mir der Mensch erzählt›*; *‹Was mir die Engel erzählen›* und schließlich *‹Was mir die Liebe erzählt›*) die Totalität der Welt einzufangen sucht oder, wie MAHLER andernorts erläutert, «die stetig sich steigernde Artikulation der Empfindung vom dumpfen starren, bloß elementaren Sein (der Naturgewalten) bis zum zarten Gebilde des menschlichen Herzens, welches wiederum über dieses hinaus (zu Gott) weist und reicht», zur Darstellung bringt, freilich nicht im deskriptiven, programmatischen Sinn, sondern als für sich sprechende Musik. Im Gegensatz zu den erst nachträglich, dem Gebot der Zeit gehorchend, formulierten Programmen der ersten beiden Symphonien (in den Druckausgaben jedoch wieder getilgt) gehören die insgesamt acht (!) Titelskizzen der *dritten Symphonie* und weitere Eintragungen in die handschriftliche Partitur zunächst zur Werkkonzeption dazu, aber nur als Anregungen, nicht etwa als Inhalt der Musik. Daß die Titelskizzen etwas von dem verraten, was MAHLER während der Komposition bewegte – Mahler: «Man ist sozusagen selbst nur ein Instrument, auf dem das Universum spielt» –, dürfte unbestreitbar sein, doch sie konnten, wie es Bruno Walter formulierte, genausogut wieder fortgelassen werden, «wie man ein Gerüst entfernt, wenn das Haus fertig ist». Dem Assoziationsfeld der Phantasie des Zuhörers wollte Mahler auch nirgends eine Grenze setzen und empfand schließlich alle programmatischen Wegweiser als überflüssig, ja unzulässig. Und es ist durchaus legitim, daß Richard Strauss beim ersten Satz, entgegen Mahlers ursprünglichen Programmintentionen, die Vorstellungen von «unübersehbaren Arbeiterbataillonen» haben konnte.

Einer der Werktitel lautete, in scheinbarem Anklang an Nietzsche, *‹Meine fröhliche Wissenschaft›*, und der vierte Satz, bei dem der Mensch, als Stufe der mit Bewußtsein versehenen, belebten Natur verstanden, in die Entwicklung der Symphonie eintritt, ist sogar die Vertonung von Worten Nietzsches aus «Also sprach Zarathustra» («Das andere Tanzlied»), aber in der eigenwilligen musikalischen Sicht Mahlers, die man als *Kritik* an Nietzsche auffassen könnte. Verständlich wird dieser Vorgang jedoch erst im Zusammenhang mit dem fünften Satz, einer Vertonung des naivfrommen *‹Armer Kinder Bettlerlied›* aus «Des Knaben Wunderhorn», das im musikalischen Kindertonfall vorgetragen wird: «Mahler drehte den Spieß um, gab Nietzsche eine christliche Musik und säkularisierte das gläubige Wunderhornlied» (Wolf Rosenberg); Musik und Text verhalten sich paradox zueinander. Die *dritte Symphonie* hat demnach weder etwas mit naiver Frömmigkeit zu tun noch mit Nietzsches Philosophie. Mahlers *‹Fröhliche Wissenschaft›* zielt auf die Zusammenfassung der unversöhnten Bereiche des Weltlaufs, musikalisch gesprochen: der Musikarten in ihrer klassenspezifischen Zuordnung, von denen nur eine, die sogenannte «hohe», bürgerliche Kunstmusik, die im vierten Satz zur Anwendung kommt, Eingang in den Konzertsaal findet.

Das gleichrangige Nebeneinander *aller* Musikarten in der *dritten Symphonie* empfand ein Kritiker bei einer Wiener Aufführung (1904) als skandalös und empörte sich: «Für so was verdient der Mann ein paar Jahre Gefängnis.» Tatsächlich enthält der riesige Kopfsatz in der Hauptsache den Jargon von Militärmärschen, der zweite nostalgische Konzertsaalmusik, der dritte so etwas wie «Arme-Leute-Musik» (Dieter Schnebel), in die als starker Kontrast eine «skandalös gewagte» (Adorno), biedermeierlich idyllische Posthorn-Melodie (von außen) hineinklingt, der vierte Satz wortgebundene Musik artifizieller Innerlichkeit mit einer Annäherung an den Tonfall von Kirchenmusik, der fünfte eine musikalische Kindersprache, die den hohen Kunstverstand provoziert, und der sechste eine Vermittlung zwischen den Musikarten.

Das gleichsam «demokratische» Nebeneinander der verschiedenen Musikarten wird gerechtfertigt durch den inneren Stufenplan der Werkkonzeption: Die sechs Sätze sind verteilt auf zwei Abteilungen, deren erste allein der überdimensionale erste Satz umfaßt. Diese Aufteilung hat einen inhaltlichen Grund: Der Kopfsatz ist der dynamische Hauptsatz der Symphonie, von dem aus strahlenförmig die statischen Genrebilder der anderen, wesentlich kürzeren Sätze (zwei bis fünf) sich abheben, während der Schlußsatz – freilich auf höchster Bewußtseinsstufe angelangt – den ersten Satz wieder aufgreift und gewissermaßen den Fächer wieder zusammenfaltet. Auf den verborgenen Zusammenhang zwischen erstem und letztem Satz hat Mahler ausdrücklich hingewiesen: «Was dort dumpf und starr –» Mahler meint die trauermarschartige Einleitung des ersten Satzes – «ist hier zum höchsten Bewußtsein gediehen, die unartikulierten Laute zur höchsten Artikulation geworden.» Im Schlußsatz deutet Mahler den höchst heterogenen und diskontinuierlichen ersten Satz um zu einem homogenen, «geläuterten» Klangstrom der höchsten Erfüllung, virtuell zu einem riesigen Einzeltakt. (Das *‹Lied von der Erde›*, über zehn Jahre später komponiert, ist das genaue, resignative Gegenbild, ja die Zurücknahme der optimistischen *dritten Symphonie*, denn hier stehen nun die ersten fünf kürzeren Sätze zentripetal dem großen Schlußsatz gegenüber, der nicht, wie in der *dritten Symphonie*, das Geschehen zusammenfaltet, sondern selber ins Amorphe zerfällt.)

Ursprünglich wollte Mahler die Geschlossenheit des Gesamtaufbaus noch durch unterirdische thematische Beziehungen vertiefen, verzichtete aber doch darauf, sich dadurch in einen Systemzwang bringen zu lassen und wob statt dessen bemerkenswerte Bezüge ein, die über das Verhältnis der Ecksätze noch hinausgehen. Bedeutsam ist dabei der Schluß des dritten Satzes, der Welt der belebten, aber noch ohne Bewußtsein existierenden Natur (Tiere): Hier befindet sich nämlich der *innere Drehpunkt* der gesamten Symphonie, vor dem entscheidenden Aufstieg in das Reich der Menschen, der ersten Bewußtseinsstufe (wenn man in der Sprache der Programmskizzen MAHLERS bleiben will). Nach dem Verklingen der (von außen hereinschallenden) Posthorn-Melodie, also der (fernen) Menschenwelt ins Tierreich, entsteht unvermittelt eine Art «panischer Epiphanie» (Adorno) der dumpfen Einleitung des ersten Satzes, so als ob sich die Erde selbst regte. Das ist aber nur ein außerordentlicher Augenblick, denn der Satz endet, ebenfalls unvermittelt, mit dem rasselnd-ordinären Tonfall der Arme-Leute-Musik. Im folgenden Satz steht dann kaum eine Phrase, die nicht aus dem ersten Satz stammt: der Mensch – nicht etwa Nietzsches «Übermensch» – erhebt die Stimme der Natur, bezieht sich in seinem Leiden und Sehnen auf die im ersten Satz noch unartikulierten, vorbewußten Laute, um sie zu verinnerlichen. Ist es nicht geradezu symbolisch zu verstehen, daß MAHLER für das Herauswachsen des Menschen aus der Erde eine Altstimme wählte, die ja auch bei WAGNER (Erda) den Bereich des Chtonischen vertritt? Es ist die tiefere Absicht des Satzes, daß nun der *Mensch* innerhalb der Naturevolution ins Geschehen tritt, um die Geschicke in die Hand zu nehmen; daher der Rückgriff auf die elementare Einleitung des ersten Satzes.

Der teleologische Charakter des ersten Satzes (man vergleiche die Titel: «Pan *erwacht*» und «Der Sommer *marschiert ein*») steht den Zustandsschilderungen der episodischen übrigen Sätze gegenüber. Mit Bedacht nennt MAHLER sie *‹Erzählungen›*, was auch bedeutet, daß es Spiegelungen im Bewußtsein des Komponisten sind («Was *mir* die Blumen» etc. «erzählen»). Die Evolution, der MAHLERsche «Schöpfungsmythos», hat ein Sprachrohr gefunden: den Komponisten, der sich als Medium, nicht mehr als herrisches Subjekt begreift. Im ersten Satz hat man stellenweise den Eindruck, er schaue dem wilden Treiben wie ein unbekümmerter Beobachter zu, der sich ebenso wie wir über die «Bocksprünge der Natur» wundert. Und es ist nicht zufällig, daß die Titelskizzen auf die konkreten Beschreibungen verzichten, wie sie in der Programmusik der Jahrhundertwende üblich waren, statt dessen jeweils wie ein *Motto* über den Sätzen stehen?

Während die kleineren Sätze kaum waghalsige Formen entwerfen, geht es genau darum im ersten Satz, dessen unbotmäßige Länge – Adorno meint, hier würde «Form selber schreckhaft-ungeheuerlich» – übereinstimmt mit ebensolchem Inhalt. Die Musik gerät hier in eine abenteuerliche Ausfahrtdimension, von der niemand weiß, *wohin* sie führt und *wie* sie einmal enden wird. (MAHLER sprach gelegentlich davon, daß hier die Natur *dionysisch* aufgefaßt würde, nicht idyllisch.) Doch gerade der Schluß ist ingeniös auskomponiert: Der gesamte Satz ist in drei große Teile gegliedert, die nur noch entfernt an die Umrisse der Sonatenform erinnern, und besteht aus dem Wechsel von dumpfen, starren Trauermarsch- und vitalen, humoristischen Militärmarschstrophen, die ein räumliches Vorbeimarschieren mehrerer Marsch-Kapellen, und zwar aus durchaus gegensätzlichen Richtungen kommend, suggerieren. Erst ganz am Ende stoßen sie alle zusammen, bleiben stehen und schmettern ihre *Ankunft* in einem gewaltigen Tusch heraus. (Die Ankunftsstimmung kündigt sich übrigens während des gesamten reprisenartigen Teils immer wieder und stets stärker werdend an.) Diese an sich schon höchst originelle und neuartige Formidee wird noch überlagert von der internen «Geschichte» des anfänglichen, von MAHLER in der handschriftlichen Partitur so bezeichneten «Weckrufs», dessen Vorder- und Nachsatz zwei getrennte Geschichten erzählen.

Das Verhältnis der Trauermarscheinleitung zu den Militärmärschen ist der elementare Gegensatz von *Sein* und *Werden*, in ein denkbar sinnfälliges musikalisches Bild gefaßt. Und die drei großen Teile des ersten Satzes produzieren – wie Hermann Danuser erkannte – drei verschiedene Erscheinungsweisen des gleichen Inhalts: Der erste Teil unterliegt dabei den (logischen) Gesetzen der *Realität*, da er sich linear vom Sein zum Werden entfaltet und die Raum- und Zeitkontinuität wahrt (trotz aller diskontinuierlichen Bewegungen der verschiedenen Marschkapellen); der zweite, durchführungsartige Teil integriert zwar zuvor Disparates, untersteht aber den Eigentümlichkeiten des *Traumes*, also der Zeit- und Raumverschiebung, so daß es mitunter äußerst merkwürdig tönt, und der dritte, reprisenartige Teil schließlich bringt die große *Synthese*, die in der erwähnten Ankunftsstimmung gipfelt. Wie der dritte Teil jedoch eingeführt wird, ist schier unglaublich: Nach dem immer wilderen Treiben der Durchführung ruft ein Trommelrhythmus, die reale Zeitvorstellung selber, den außer Rand und Band geratenen Satz gewissermaßen zur Ordnung, und dann enthüllt der anfängliche «Weckruf» überhaupt erst seinen tieferen Sinn: das *Aufwecken* aus seltsamen *Träumen*. Danach wird der Sog hin zur Ankunft der Marschkapellen immer stärker durch den kompositorischen Kunstgriff, den Marschstrophen mit reicherer Harmonik und wärmerer Instrumentation einen *Resultats*charakter zu verleihen, der den Schluß zwingend herbeiführt.

Mahler selbst dirigierte am 9. Juni 1902 in Krefeld anläßlich des Tonkünstlerfestes des Allgemeinen Deutschen Musikvereins die triumphale Uraufführung.

Dietmar Holland

Symphonie Nr. 4 G-dur (1899–1900)

Nach dem hochfliegend-pathetischen Grundton seiner ersten drei Symphonien, die er selbst gelegentlich als seine «Trilogie der Leidenschaft» bezeichnete, folgte Mahler einem idyllisch-humoresken Impuls, schlüpfte unter die Narrenkappe und entwarf eine aufreizend naive musikalische Bilderwelt, die von Anfang an die Zuhörer befremdete. Ursprünglich als Schlußsatz der *dritten Symphonie* unter dem programmatischen Vermerk «Was mir das Kind erzählt» geplant, wurde ein bereits 1892 komponiertes Lied, die Humoreske ‹*Das himmlische Leben*›, ein bayerisches Kinderlied vom himmlischen Schlaraffenland, das in «Des Knaben Wunderhorn» unter dem Titel «Der Himmel hängt voller Geigen» zu finden ist, zum Ausgangspunkt einer neuen Symphonie. Stieg die *dritte Symphonie* gewissermaßen vom Urgestein zur höchsten Bewußtseinsstufe auf, so setzt die *vierte* jenseits solcher Reflexionsstufen an, bei der «Heiterkeit einer höheren, uns fremden Welt, die für uns etwas Schauerlich-Grauenvolles hat» (Mahler), die aber dem Kind, «welches im Puppenstand dieser höheren Welt schon angehört» (MAHLER) durchaus zugänglich ist. Das Lied ist die Keimzelle der gesamten Symphonie: MAHLER komponierte gleichsam von rückwärts. Ein Liedfinale in einer Symphonie, das kam allerdings bisher nicht vor. Und mehr noch: In ihm verbirgt sich der Schlüssel zum Verständnis der Symphonie: «Im letzten Satz erklärt das Kind [...], wie alles gemeint sei» (MAHLER).

Der gewöhnliche Konzertgänger dürfte sich noch heute irritiert fühlen von der Art, wie hier der symphonische Anspruch, gegen die Erwartung, durchgesetzt wird mit einem musikalischen Tonfall, der eher an Kindermusik erinnert, als daß er etwas gemein hat mit der «hohen» Musik, die sonst im Konzertsaal erklingt. Wie kann denn ein anspruchsvolles symphonisches Werk mit Schellengeklingel beginnen und obendrein mit einem Thema, das gar keines ist, sondern montiert wurde aus zwei SCHUBERTschen Motiven und wie HAYDN klingt? Die Narrenschelle des Anfangs scheint zwar ein Signal zur Schlittenfahrt zu sein, möglicherweise in ein musikalisches Märchenland, aber die ersten Motivfloskeln vor dem seltsamen «Thema» stehen befremdlich in der «falschen» Tonart h-moll. Heißt es nicht, die Symphonie gehe aus G-dur? Das erste Thema steht dann auch tatsächlich in dieser Tonart, aber erst müssen wir selber unter die Narrenkappe, um uns in die fremde und doch auch wieder eigenartig vertrauliche musikalische Welt einführen lassen zu können. Nach einem solchen Anfang sollten wir jedoch auf alles gefaßt sein.

Mit einem Kunstgriff hat MAHLER alles verkleinert und dadurch in Distanz zu uns gerückt, ja, die Narrenkappe, die er sich aufgesetzt hat, bedeutet auch die Stilmaske, hinter der die Wahrheit – jedenfalls vorerst – verborgen bleibt. Gerade das Vertraute an der Musik befremdet hier; die Musik redet in Anführungsstrichen. Gleichzeitig erinnert sie uns ans eigene Kindergefühl vor dem Unbekannten, an den Reiz des Fremdartigen. Es klingt weder echt noch gar falsch, eher so, wie Kinder die Musik der Erwachsenen hören. Daß es hier kaum kindisch zugeht, macht der weitere Verlauf des Satzes deutlich: «Der erste Satz beginnt, als ob er nicht bis drei zählen könnte, dann aber geht es gleich ins große Einmaleins und zuletzt wird schwindelnd mit Millionen und aber Millionen gerechnet» (MAHLER). Die Musik steht von Anfang an auf doppeltem Boden, und die Narrenschellen sind ihre Anführungszeichen. Der mit Mahler befreundete Dirigent Willem Mengelberg hat Mahlers Probenanweisung zum Auftakt des Hauptthemas – wenn es denn eines ist – überliefert: «Bitte spielen Sie das so, als ob wir in Wien einen Wienerwalzer anfangen.» Dabei ist die Taktart des Satzes gerade kein Walzertakt, sondern ein Viervierteltakt! Es kommt also auf das «Als ob» dieses scheinbaren Walzeranfangs an; so subtil ist Mahlers Verfremdungstechnik in seiner seraphischen Symphonie.

Sie «schüttelt nichtexistente Kinderlieder durcheinander», meint Adorno und hüllt sich in den Schein von Simplizität, der sich als «Spiel im Spiel» entpuppt. Nichts ist buchstäblich zu nehmen in diesem verkleinerten musikalischen Welttheater, einem merkwürdigen Spiel von Leben und Tod oder von Wirklichem und Möglichem, unter der Maske des Naiven, wie etwa im Bauerntheater oder in der Kinderphantasie. Der erste Satz hieß denn auch ursprünglich *‹Die Welt als ewige Jetztzeit›*, der das «himmlische Leben» des Liedfinales als Deutung gegenübergestellt wird. Der zweite Satz verwandelt die gebrochene Serenität des ersten in schier haarsträubend Sinistres: Nach Mahlers eigener Aussage spielt hier der Tod auf. Um den Effekt des Schauerlich-Fremdartigen erreichen zu können, schreibt Mahler vor, daß die Solovioline um einen Ton höher als normal gestimmt werden müsse, damit sie «schreiend und roh» klinge, eben wie wenn der Knochenmann zum makabren Tanz aufspielt. Der angstvoll gepreßte Ton von Straßenfiedeln ist es, den Mahler im Ohr hatte und in die Konzertsaalmusik einführte.

Der langsame Satz (*‹Ruhevoll›*) richtet sich an den hohen Kunstverstand und liefert, wie Paul Bekker erkannte, die «Entscheidung über den Gesamtcharakter des Werkes: über die Frage, ob das Spiel der beiden ersten Sätze eben nur unterhaltsames Spiel sei oder ob ihm eine in der Maske der Heiterkeit verborgene Tiefe des Lebens- und Weltgefühls zugrunde liege». Die kunstvolle Metamorphosentechnik des ersten Satzes führt hier zu einem Variationssatz über zwei auseinander hervorgehende Themen, die sich nur dem Tongeschlecht nach unterscheiden. Doch der Schlüssel zur Werkkonzeption wird auch hier noch nicht geliefert. Einzig kurz vor dem ätherischen Schluß (auf der Dominante, also «offen») leuchtet, in einem unbeschreiblichen Salto mortale ästhetisch sehr gewagter Art, als *Vision* die mögliche Wahrheit auf, jenes Motiv aus dem Liedfinale, das bereits die Durchführung des ersten Satzes bestimmte, dort freilich fratzenhaft verzerrt oder mit übertriebener, lärmender Lustigkeit das Ende der Durchführung herbeizwingend, während es jetzt wie ein deus ex machina, als *Epiphanie* unvermittelt ins Geschehen einbricht.

Nach dem musikalischen Doppelpunkt, den der «offene» Schluß des langsamen Satzes erreicht hat, enthüllt eine Frauenstimme mit «kindlich heiterem Ausdruck» (MAHLERS Partituranweisung), daß das «himmlische Leben» *nur die Fortsetzung des irdischen* sei. Hintergründiger hätte der Verlust an positiven Jenseits-Vorstellungen nicht ausgedrückt werden können. Dieses Schlaraffenland hält zwar alle Speisen bereit, aber auch genau die Gewalt und das Blutvergießen, das im «weltlich' Getümmel» seine profunde Rolle spielt. Und die «himmlische» Musik ist zwar mit der «irdischen» unvergleichbar, aber wir können sie nicht hören. Am Ende schläft die Musik so paradox zum Textinhalt («daß alles für Freuden erwacht») ein, daß niemand glaubt, sie würde jemals wieder erwachen.

Dietmar Holland

Symphonie Nr. 5 (1901–1903)

Was veranlaßte GUSTAV MAHLER, diesen *Symphoniker des Lieds*, nach seinen ersten vier liedgetränkten *‹Wunderhorn›-Symphonien* und just an der Schwelle zum neuen, lauten, nervösen 20. Jahrhundert wieder eine scheinbar «normale» Symphonie zu komponieren, als wäre dies so ohne weiteres noch möglich nach BERLIOZ', LISZTS, WAGNERS und STRAUSS' erfolgreicher Liquidation des klassizistischen Formtypus, was mochte MAHLER, den viele fortschrittlich gesonnene für einen «Brückenbauer zur Musik der Zukunft» hielten, dazu gebracht haben, just im ersten Jahr des neuen Jahrhunderts ein merkwürdig unentschiedenes, die klassische Viersätzigkeit zweifach leugnendes, tonartlich schwebendes, schizophrenes Werk zu komponieren... eine Symphonie in fünf Sätzen, drei Abschnitten und vier Tonarten: nämlich cis-moll, a-moll, D-dur, F-dur und wieder D-dur? Die vermeintliche «Haupttonart» cis-moll gilt nämlich nur für den ersten Satz. Dieser jedoch, ein von leidenschaftlichen Gefühlsausbrüchen mehrfach durchbrochener *Trauermarsch*, ist nur der erste Teil, die langsame Einleitung und das erste Thema eines zweiteiligen Satzkomplexes, der mit dem folgenden zweiten Satz thematisch und formal untrennbar verbunden ist, eine dialektische Einheit bildet, so wie etwa die langsamen Einleitungen HAYDNS und BEETHOVENS sich zu den nachfolgenden Symphoniesätzen verhalten. Der eigentliche erste Satz also, wie MAHLER selbst bekräftigt hat, ist erst der zweite. Wozu dient dann der erste? Zur Rechtfertigung des Komponisten, des Komponierens um 1900. Es gibt kein verbindliches musikalisches Vokabular mehr. Das Arsenal von Floskeln und Wendungen, das bis zum Beginn des 19. Jahrhunderts jedem Komponisten gleichsam als Grundvokabular, als Ausgangsmaterial, zur Verfügung stand, hatte infolge des romantischen Gedächtnis- und Traditionsverlustes und der Literarisierung der Musik im 19. Jahrhundert seine sinnstiftende Kraft verloren und war vom musikalischen *Einfall*, der kapitalisierten musikalischen Wendung und der *Melodie* verdrängt, überwuchert worden. MAHLER, der weder Melodiker noch Apologet des Einfalls war (auch wenn er beides exzellent «nachahmen» konnte), mußte nun, um die Objektivität seines Ausgangsmaterials zu sichern, auf Gebrauchsmusik seiner Zeit, die inzwischen in die Niederungen des Vulgären hinabgesunken war, zurückgreifen, um sein kompositorisches Arbeiten vor sich selbst, vor der Welt rechtfertigen zu können, als «dreifach heimatloser» Jude: So bediente er sich mit Vorliebe ausgehöhlter musikalischer Formen und Gattungen seiner unmittelbaren Umgebung, und das waren Märsche, Ländler, Walzer, Zigeunermusik, Volkslieder, Kuhglocken und Trauermärsche, Typen und Signale einer weitgehend beschädigten musikalischen Welt. Der Trauermarsch wird also im ersten Satz der *Fünften* zitiert, um im zweiten verarbeitet, «komponiert» zu werden: «Weltlauf und Durchbruch» (Th. W. Adorno).

Das Scherzo: Abkömmling des HAYDNschen Menuetts, Stellvertreter des höfischen Tanzes, das späte Überbleibsel der barocken *Suite*, heiteres Zwischenspiel vor dem Kehraus, gerät hier, mehr als hundert Jahre später, in MAHLERS zeitgemäßer Aufbereitung zur apokalyptischen Vision, zum Alptraum und zum Hauptsatz, zur Hauptsache der ganzen Symphonie. MAHLER erreicht hier in achthundert Takten (!) eine weitere Steigerung der Komplexität der musikalischen Struktur und die Aufhebung der Schizophrenie des zweigeteilten ersten Satzkomplexes durch Lebenskraft, durch gedankliche Stärke. Der seelische Zwiespalt des Subjekts wird hier, nicht ohne Gewalt, zur symphonischen Identität gezwungen; dies ist möglich, weil beide Themen – ein «wild übermütiges Scherzo-Thema» und «ein wienerisch verträumter Walzer» (W. Dömling) – von vornherein Zitatcharakter, Weltcharakter haben. MAHLER selbst hielt das Scherzo für den wichtigsten Satz der Symphonie: «Das Scherzo ist ein verdammter Satz! Der wird eine lange Leidensgeschichte haben! Die Dirigenten werden ihn fünfzig Jahre lang zu schnell nehmen und einen Unsinn daraus machen, das Publikum – o Himmel – was soll es zu diesem Chaos, das ewig auf's Neue eine Welt gebärt, die im nächsten Moment wieder zu Grunde geht, zu diesen Urweltsklängen, zu diesem sausenden, brüllenden, tosenden Meer, zu diesen tanzenden Sternen, zu diesen verathmenden, schillernden, blitzenden Wellen für ein Gesicht machen? ... O, könnt ich meine Symphonien fünfzig Jahre nach meinem Tode uraufführen!»

«Die menschliche Stimme», die MAHLER im Scherzo absichtlich ausklammerte, kehrt vermittelt im anschließenden Adagietto, dem berühmtesten Satz der Symphonie, wieder, das den denkbar größten Kontrast zu den Kraftausbrüchen des Scherzos bringt. Es ist die kleine Hintertür für MAHLERS Weltflucht, idyllisch, friedlich, schön *und* sentimental wie kein anderer Symphoniesatz MAHLERS (darum konnte er trotz Adornos Einspruch nicht vor dem Schicksal bewahrt werden, ein Hit, vielleicht sogar *der* Hit MAHLERS zu werden).

Mit dieser sanft über der Grundtonart (D-dur!) schwebenden F-dur-Idylle aus puren Saitenklängen hat MAHLER doch seinen Liedsatz in die Symphonie eingeschmuggelt. Es ist ein Lied ohne Worte, das stellvertretend für ein anderes richtiges Lied, das zur selben Zeit entstand, den Platz einnimmt: *‹Ich bin der Welt abhanden gekommen›* aus dem Zyklus der *‹Rückert-Lieder›* hätte ebenso gut an dieser Stelle von MAHLER eingefügt werden können, und auch die *Fünfte* wäre eine Liedsymphonie geworden. Dieselbe Tonart, das gleiche Bild, eine ganz ähnliche Melodie, die Harfe, die sanften, behutsamen, ausweichenden Baßschritte. Wozu aber dieser Rückzug? Ist es die depressive Melancholie des Erfolgreichen oder einfach nur die Sehnsucht nach ein wenig Ruhe und Frieden, das Ausruhen-Wollen einer bedrängten, zerrissenen, heimatlosen Seele? Und wo befindet sich dieser Ort des Friedens, der Idylle, wenn nicht mehr in der wirklichen Welt? In der Phantasie flüchtiger Tagträume oder doch schon in Hollywood? Nein. Es ist der Blick auf die Welt aus der Höhe der Berge. Eine Wiese, ganz hoch oben in den Alpen, menschenleer. Das Liegen im Gras. Das Flimmern der Luft. Eins mit der Natur. Die kurze Rast der Seele. Die Nähe der Geliebten. Die Wärme. Das Schweben im Traum. Das Fallen. Und das sanfte Erwachen. Und dann, im letzten Satz, die wiedergewonnene Kraft, Heiterkeit, Lebenslust. Der fröhliche Abstieg ins Tal, Rückkehr ins Leben, seelisch gestärkt und musikalisch eingerahmt von einem Konzert der Natur. Zum Schluß also: ein Kehraus im Freien. Was man auf dem Berg hört oder: was da alles kreucht und fleucht in Wiese, Fluß und Wald. Der Einklang mit der Natur als höchste Form menschlicher Erfüllung? MAHLER als ein früher Prophet «grüner» Weltanschauung? Warum nicht. Auch darin zeigt sich MAHLERS unverbrauchte Modernität.

Attila Csampai

Symphonie Nr. 6 a-moll ‹Die Tragische› (1903–1905)

Konnte MAHLERS «symphonisches Ich» in der *Fünften* den kräftezehrenden Auseinandersetzungen mit der harten Lebensrealität, dem «Ringen mit der Welt» noch einmal entfliehen, um in der entrückten Höhenidylle der letzten beiden Sätze Ruhe und Trost zu finden und neue Lebenskraft zu schöpfen, so endet dieser Lebenskampf, der in der *Sechsten* erneut und noch heftiger aufflammt, hier hoffnungslos und katastrophal, mit dem Untergang des Helden. Mahler selbst nannte seine *sechste Symphonie* «tragisch» und ließ sie als einzige seiner Symphonien im düsteren Moll der Haupttonart enden, wobei die dunkle Vorsehung dem verzweifelt um sein Glück ringenden «Helden-Ich» ganz am Ende einen letzten entscheidenden Schicksalsschlag versetzt, der, erschreckend und sensationell zugleich, auch den unvorbereiteten Zuhörer trifft, als wolle ihm Mahler diese Erkenntnis mit allem Nachdruck mit auf den Weg geben. Zuvor schon hat in diesem grandiosen Finale, dem konzentriertesten, aussagestärksten Schlußsatz Mahlers, das unerbittliche Schicksal dreimal zugeschlagen und den «Helden» «wie einen Baum... gefällt» (so Alma Mahler über Mahlers eigene Deutung); angezeigt durch drei brutale Hammerschläge, von denen der abergläubische Mahler nach der Essener Uraufführung im Jahre 1906 den entscheidenden dritten wieder wegließ, wohl um nicht sein eigenes Unglück heraufzubeschwören. Wenn das minuziös auskomponierte dreimalige Scheitern des Helden die Vorahnung eigenen Loses gewesen sein soll, wie viele mutmaßten, so hat Mahler die späte Streichung des dritten Hammerschlags (in Takt 783 des Finales) in Wirklichkeit wenig genützt. Denn bereits ein Jahr darauf trafen den Komponisten drei herbe Schicksalsschläge, von denen er sich nicht mehr erholen sollte: Das unrühmliche Ende als Wiener Hofoperndirektor, der Tod seiner vierjährigen Tochter Anna und die Diagnose seiner schweren Herzkrankheit. Dennoch sollte man sich davor hüten, in der *Sechsten* wie auch in den anderen Symphonien Mahlers lediglich wüste Selbstbespiegelungen eines seelisch Zerrissenen, Verzweifelten zu sehen, auch wenn Mahler uns hier wieder, auf dem vergleichsweise strengen, kanonischen Boden klassischer Viersätzigkeit eine Geschichte erzählt, ein neues, düsteres Kapitel seines gewaltigen symphonischen Epos aufschlägt. Aber was er uns da erzählt, in grellsten Tönen und unter Zuhilfenahme des größten Orchesterapparats, den er je gebrauchte, hat mehr denn je objektiv-musikalischen Charakter, findet weitab von programmatischen oder literarischen Vorbildern ausschließlich in der Komposition statt, als rein musikalischer Konflikt auf satztechnischer Ebene. Deutlicher denn je wird in der *Sechsten* die autonome symphonische Tradition, das viersätzige klassische Modell mit Kopfsatz, Scherzo, langsamem Satz und Finale, zur Grundlage und zum Thema einer Symphonie MAHLERS. Das Resultat kann als geglückter Versuch bezeichnet werden, das eigene, epische, erzählerisch-visionäre Konzept mit der strengen, abstrakten Vorgabe des klassischen Typus zu konfrontieren und beides ästhetisch zusammenzuzwingen, dem Vorbild BRUCKNERS nacheifernd – daher der Eindruck von geballter, wuchtiger Geschlossenheit.

Die *Sechste* ist MAHLERS realistischste Symphonie, sie ist der brutalen Lebenswirklichkeit, der sich MAHLER ausgeliefert sah, näher als die anderen Symphonien, und sie gewährt der imaginären Weltflucht MAHLERS wenig Raum. Lediglich im ersten Satz kehrt die Alpenidylle mit Herdenglocken und Höhenluft eine Weile wieder, doch wirkt dies, wie auch der entrückte, schwerelose Schwebezustand des langsamen Satzes, bereits wie der Traum, die Sehnsucht eines im Strudel des rauhen (Großstadt-)Lebens aussichtslos Gefangenen. Das Glück ist nur herbeigeträumt, ebenso wie das leidenschaftliche Seelenporträt Alma Mahlers im Seitenthema des ersten Satzes, das schließlich der Realität des allen verschlingenden starren Marschrhythmus (des Hauptthemas) weichen muß. Hier, im Kopfsatz von MAHLERS *Sechster*, kündigen sich die ersten Signale jenes Marsches an, der acht Jahre später ganz Europa in einen der verheerendsten Kriege seiner Geschichte führen wird.

Attila Csampai

Symphonie Nr. 7 (1904–1905)

MAHLERS *siebente Symphonie*, die 1905 vollendet wurde, war selbst unter seinen treuesten Anhängern von Anfang an umstritten. Den Anlaß zu diesem Disput, der heute noch die MAHLER-Gemeinde beschäftigt, gab die – nach der wuchtigen Geschlossenheit der *Sechsten* – so unentschiedene Haltung der *Siebenten*, die eigenartig zum Positiven, zur versöhnlichen Dur-Seligkeit hinstrebende Tendenz aller fünf Sätze, insbesondere aber die Jubelstimmung des Finales, das unvermittelt und recht aufdringlich theatralisch dröhnende Freude mit Hilfe «strahlender», aber platter C-dur-Fanfaren zu verbreiten sucht und unbekümmert hohler Diatonik frönt. Den meisten kritischen Bewunderern MAHLERS erschien dies wie ein «Rückfall in längst überwunden geglaubte tonale Kraftmeierei» (H.-K. Jungheinrich). Gerade von MAHLER, dessen Musik alle traditionellen Ideale von Homogenität, Ausgewogenheit, Schönheit radikal zu brechen wagte und bei der selbst das Positive stets zugleich die Negation seiner selbst beinhaltet, hatte man einen kritischeren Umgang mit der «affirmativen» Tonart C-dur erwartet, ein C-dur etwa, das weniger Assoziationen weckte an ‹*Meistersinger*›-Fröhlichkeit und ‹*Zarathustra*›-Gigantomanie.

Paul Bekker, der große MAHLER-Deuter der ersten Stunde, versuchte das unbequem bequeme Finale der *Siebenten* in eine programmatische Konzeption zu integrieren, welche, von offensichtlichen musikalischen Beziehungen ausgehend, die Zusammengehörigkeit der drei instrumentalen Symphonien MAHLERS, also der *Fünften, Sechsten* und *Siebenten*, propagierte. «Vom cis-moll-Trauermarsch der Fünften bis zu dem C-dur-Dithyrambus der Siebenten führte der Weg ... Die Hammerschläge [der *Sechsten*; A. C.] haben nicht zerschmettert, sie haben gestählt. Ein neuer Kreis ist durchschritten, die Jubelfanfaren des Schlusses verkünden einen neuen Sieg.» Dagegen stand Otto Klemperer, der zu den wichtigsten Wegbereitern MAHLERS zählte, auch 1960, als die MAHLER-Renaissance bereits voll im Gange war, zu seiner Auffassung, daß das Werk «auch heute noch namentlich im ersten und letzten Teil sehr problematisch ist». Und auch Theodor W. Adorno, der große philosophierende Apologet MAHLERS, wandte sich in seinem MAHLER-Buch gegen «jenes ominös Positive» der *Siebenten* und bemängelte vor allem das Finale, das «auch den in Verlegenheit bringt, der Mahler alles vorgibt». Und weiter heißt es: «Ein ohnmächtiges Mißverhältnis zwischen der prunkvollen Erscheinung und dem mageren Gehalt des Ganzen wird man auch bei angestrengter Versenkung kaum sich ausreden lassen. Technisch trägt Schuld die unentwegte Diatonik, deren Monotonie bei so ausgiebigen Dimensionen kaum zu verhindern war. Der Satz ist theatralisch: so blau ist nur der Bühnenhimmel über der allzu benachbarten Festwiese.» Jedoch weder dieses breitangelegte Jubelfinale noch der ganz anders sich gebende, konzentrierte, ernste, vielschichtige Kopfsatz, der noch ganz der *Sechsten* verhaftet ist, sind die eigentlichen «Ereignisse» der *Siebenten*, sondern ihre drei dunklen Mittelsätze: die beiden *Nachtmusiken* und das schattenhafte Scherzo.

In der ersten Nachtmusik mischen sich in einem zwischen C-dur und c-moll schwankenden, gedämpften Marsch, der wie eine Geisterschar an uns vorüberzieht, eine Menge verschiedenartiger Naturlaute, die wie eine dunkle Erinnerung an eine weit entfernte, weit zurückliegende Realität wirken. Weniger unheimlich ist die zweite Nachtmusik, die im leichten Andante amoroso-Schritt daherkommt und mit Hilfe eigenartiger Soloinstrumente, nämlich Harfe, Gitarre, Mandoline und Violine, einen träumerischen Serenadenton anschlägt. Ein zutiefst romantisches, idyllisches Bild von einem nächtlichen Ständchen. Äußerlich ist alles ruhig, doch unter der Erde brodelt es bereits mächtig: Bedrohung, Angst und Schrecken kündigen sich an. Endzeitstimmung. Die Ruhe vor dem großen Sturm – der jedoch im fünften Satz ausbleibt. Eingerahmt und geschützt von diesen ruhigen Nachtstücken steht das Scherzo als «schwärzester» Satz von allen in der Mitte der Symphonie. Es ist nur noch das verzerrte, schattenhafte, bizarre Abbild, die dunkle Vorstellung, der Alptraum von einem Scherzo, gleich einem unheimlichen mitternächtlichen Spuk, der – mitten in Wien stattfindet. Die Geister der Nacht tanzen einen Walzer, einen nicht mehr ganz intakten Walzer, dessen Melodie nach einem herrlichen Anfangsschwung plötzlich ganz platt abklingt.

Vielleicht ist die *siebente Symphonie* gerade in ihrer Zerrissenheit, ihrer kritisch-unkritischen Doppeldeutigkeit ein besonders typisches Werk GUSTAV MAHLERS, typischer als manch andere geschlossener wirkende Symphonie. Denn MAHLERS Musik kennt nicht nur den dialektischen Widerspruch, die reflektierte Distanz zu allem Seichten und Hohlen, sondern sie produziert in demselben Maße auch Kontradiktorisches, das krasse Gegeneinander von höchster kritischer Qualität und gefährlicher Naivität, ernst gemeinter Banalität, billigem Pathos. Diese zerrissene Welthaftigkeit, die teuer bezahlt ist um den Preis von Zerstörung, Gebrochenheit und auch des Widersinns, ist das eigentlich Bedeutende an MAHLER, weist ihn als einen der aufrichtigsten Gestalter der Widersprüche seiner Zeit, seiner Gesellschaft aus.

Attila Csampai

Symphonie Nr. 8 (1906–1907)

Die *achte Symphonie* ist MAHLERS erklärtes Hauptwerk. Alle seine anderen Symphonien seien nur Präludien zu dieser. Denn in den anderen, sagt MAHLER, «ist noch subjektive Tragik», hier dagegen beginnt «das Universum zu tönen und zu klingen... Es sind nicht mehr menschliche Stimmen, sondern Planeten und Sonnen, welche kreisen.»

Heute erscheint uns dieses Hauptwerk als das fernste Werk MAHLERS, als dasjenige, dem der größte historische «Erdenrest» anhaftet. Was MAHLER im Sommer 1906 bei der Komposition (die nach eigenem Zeugnis wie unter höherem inspirierten Diktat vonstatten ging) und dem Publikum der Münchner Uraufführung von 1910 zum *unmittelbar* bezwingenden Erlebnis wurde, das zerfällt heute weithin in vernutzte spätromantische Ausdrucks*mittel*, die damals schon zu ziehen waren wie Register. Die suggestive Oberfläche der Musik ist stellenweise trotz des Massenklangs fadenscheinig geworden; man hört MAHLERS Willensanstrengung, statt «jenseitiger» Objektivität oft nurmehr Überredungskunst.

So bei der Verwendung des vollen Orgelwerkes, wo immer hochamtliche Weihe angezeigt schien. Durch den Chorsatz besonders im ersten Teil, auch durch die Orchesterbehandlung, tönt immer wieder die zweifelhafte Tradition der angestrengten «heiligen Tonkunst» des 19. Jahrhunderts durch – von der *Missa Solemnis* bis zu BRUCKNER. Die vielfältigen Fugati in Chor- und Solostimmen, von je her mit der Aura strengen Kirchenstils umgeben, tun ein übriges, um dem Eröffnungssatz den Hochamtston zu verleihen (tatsächlich nannte MAHLER die *Achte* seine «Messe»).

Im zweiten Teil sind es, neben einigen unmotivierten archaisierenden Bläserchorälen, vor allem die süßlichen Stellen von «entmaterialisierter» Musik, die für das heutige Ohr eher gewöhnlich klingen: das sattsam bekannte Register «Engelsmusik» mit üppigem Harfenrauschen, Flötentönen, Violingewoge und jenen notorischen WAGNERischen Schwellern, die sich regelmäßig im piano subito in einen Trugschluß auflösen, um erneut einzusetzen... (Dagegen wirkt die kindlich-scherzhafte Himmelsmusik der Seligen Knaben und des Büßerinnenterzetts, die auf die Wunderhorn-Sphäre der *dritten* und *vierten Symphonie* zurückgeht, unverbraucht; auch deckt sie den latenten Humor der bewußt naiv gehaltenen Anachoretenszene sehr sinnfällig auf.) Das Aufgreifen standardisierten Materials ist zwar für MAHLER insgesamt charakteristisch, nur daß hier die parodistische oder tragische «Gebrochenheit» fehlt; alle genannten Mittel sind ernst gemeint, als Non plus ultra von jenseitiger Musik. Doch gerade dieser Wille zur metaphysischen Erlesenheit entgeht dem Eklektizismus am wenigsten.

Eklektizistisch und Autorität heischend ist auch die Zusammenstellung des Pfingsthymnus *‹Veni creator spiritus›* und der Schlußszene des «Faust», doch hier hatte MAHLER eine glückliche Hand. Denn der Goethe-Text ist ja in sich bereits ein Synkretismus von Heidnischem und Christlichem, die Figuren des katholischen Volksglaubens werden unterwandert von einer neuplatonischen Kosmosvorstellung, die «Mater Gloriosa» ist insgeheim zum griechischen Liebesdämon umgedeutet (doch konnte Goethe sich bei dieser «Unterwanderung» auf eine gut katholische und bis zu den Kirchenvätern zurückreichende Tradition stützen). MAHLER seinerseits weiß seine Vertonungen durch vielfältige Verweise zum symphonischen Ganzen zu verbinden: das *‹Accende lumen›*-Thema, in der Durchführung des ersten Satzes als «Durchbruch» exponiert, geht in den zweiten Teil ein als allgegenwärtiger Baustoff und Erinnerungsmotiv und weist so die übereinkommende Lichtmetaphorik in beiden Texten nach. Aber es kehren auch ganze Satzteile fast wörtlich wieder – am deutlichsten bei der Stelle *‹Uns bleibt ein Erdenrest zu tragen peinlich›*, der das *‹Infirma nostri corporis›* aus dem Pfingsthymnus musikalisch einkopiert.

MAHLER schaltet mit den Texten im übrigen auf seine gewohnte herrische Weise. In beiden streicht er Unbrauchbares, und den Hymnus stellt er nach den Bedürfnissen der musikalischen Form um. Es handelt sich hier um eine – bei aller Breite sehr faßliche und bezwingende – Sonatenform: deren erster Teil exponiert den Themengegensatz lapidar; nach dem von den Solisten beherrschten, gehaltenen Seitensatz kehrt das ‹*Veni*›-Thema wieder, und ein kurzes Zwischenspiel leitet den Nachsatz ein (‹*Infirma nostri corporis*›), der zugleich auch Durchführungsbeginn ist. Mit dem ‹*Accende lumen*› schwingt die Durchführung sich zu einem beispiellosen Triumphzug auf – ein riesiger Spannungsbogen, der ungebrochen bis in die Wiederaufnahme des ‹*Veni*› reicht. Nur die Coda (‹*Gloria Patri*›) überbietet die Durchführung noch an Emphase. – Das alles ist, wie gesagt, bezwingend. Nur ist das herrscherliche ‹*Veni*›-Thema ein Mißgriff. Es setzt zwar die Vers*struktur* meisterlich um, verkehrt aber die darin ausgesprochene Bitte zum Triumph: Der Geist, der doch erst kommen soll, ist bereits da, die Chormassen posaunen es aus. So ist auch die Höhe des Geistes längst im Sturm gewonnen, wenn der zweite Teil sich zur mählichen Erhebung noch einmal anschickt. Und die Wiederkehr des ‹*Veni*›-Themas in seinem gestuften Verlauf (den man sich nach Rudolf Stephan als simultane Entwicklung verschiedener Stränge auf das *Eine Ziel* hin vorzustellen hat) behalten etwas Indezentes, Hereinplatzendes. Vollends aber seine Apotheose am Ende des «Chorus Mysticus» mit schwerem Blech und Paukengedröhn will in seiner groben Stofflichkeit nicht in die ätherische Geistessphäre hineinpassen. ‹*Das Ewig-Weibliche zieht uns hinan*› – aber was da inszeniert wird, ist der Sieg des Ewig-Männlichen …

Ein kleines Detail aus der Entstehungsgeschichte sollte der Hörer von heute, den der Andrang dieser Musik wegzuschwemmen droht, nicht übersehen. Alma Mahler plaudert es naiv aus, während sie den wundersamen Inspirationsprozeß der Werkentstehung erzählt. Der Einfall zum ersten Satz habe MAHLER «überfallen», er schrieb den ganzen Anfangschor mit halbvergessenem Text aus dem Gedächtnis nieder. Da sich aber Text und Musik nicht recht ineinanderfügen wollen, geriet MAHLER in «rasende Aufregung, depeschierte nach Wien und ließ sich *den ganzen alten lateinischen Hymnus telegraphieren* …»

Michael Querbach

‹Das Lied von der Erde›. Eine Symphonie für eine Tenor- und eine Alt-(oder Bariton-)Stimme und großes Orchester nach Hans Bethges ‹Die chinesische Flöte› (1907–1909)

Alma Mahler berichtet von der abergläubischen Furcht, die MAHLER nach der *achten Symphonie* ergriff, eine neunte Symphonie sei – nach BEETHOVENS Vorbild – zugleich die letzte. Deshalb überlistete MAHLER das Schicksal und schaltete eine Symphonie ein, die ein Kompromiß zwischen Lied und Symphonie ist: das *‹Lied von der Erde›*, ausdrücklich als «Symphonie» bezeichnet, wenn auch ohne Nummer. Vom bloßen Liederzyklus trennt sie die konsequente motivisch-thematische Arbeit und die Verwendung der Gesangstimme als einer besonderen Klangfarbe im orchestralen Gewebe an Stelle der sonst bei Orchesterliedern üblichen, durchgängigen Hauptstimme. Die Orchesterzwischenspiele rücken, als eigenständiger Kommentar, stark in den Vordergrund und bestätigen die symphonische Haltung. Insgesamt ist das *‹Lied von der Erde›* ein Gegenentwurf zur *dritten Symphonie*, denn es gipfelt, nach fünf kürzeren Sätzen, in einem riesigen Finale (*‹Der Abschied›*), das ein auskomponierter Zerfall ist. (Das Finale der *dritten Symphonie* dagegen ist die höchste Steigerung und subtile Erfüllung der Werkidee.) Überhaupt verschärft sich der gebrochene Tonfall MAHLERS im Spätwerk, nach der affirmativen *achten Symphonie*, zu tödlicher Resignation, gewinnt Schönheit nur noch aus dem Untergang, im langen Blick der Erinnerung. Dem entspricht der kammermusikalisch aufgebrochene Orchestersatz, der verstörte Einzelstimmen hörbar werden läßt. Nackte, holzschnittartige Linien treten an die Stelle der früheren perspektivischen Klangkomplexe, die vor allem in den mittleren Symphonien ihren Platz fanden. Die MAHLERsche Auseinandersetzung zwischen Subjekt und Weltlauf ist im Spätwerk entschieden: Das Subjekt streicht vor der übermächtigen Realität die Segel. MAHLER sucht im *‹Lied von der Erde›* Zuflucht im Exotismus, greift also in die Ferne und zugleich in die Vergangenheit.

Das *‹Lied von der Erde›* hieß denn auch zunächst «Das Lied vom *Jammer* der Erde». Damit wollte MAHLER offensichtlich seine Haltung des Weltschmerzes zum Ausdruck bringen und seine Einsicht in die notwendige Vereinsamung, die hier zum Stilprinzip wurde. Warum aber griff er gerade zu Hans Bethges kunstgewerblichen Nachempfindungen altchinesischer Lyrik, zu einem Jugendstil aus zweiter Hand? Die Literaturwissenschaft kann leicht die Texte Bethges als sentimentale Verschnitte einer uns fernen und fremden Kultur entlarven, doch für MAHLERS Verhältnis zum Text besagt das wenig. Ihn interessierten die Gedichte nicht als «Literatur», sondern als «Material» zum Komponieren. Unter seinen Händen wurden sie zur Gebrauchsliteratur, zu reinen Assoziationsgebilden für die musikalische Phantasie, zur Folie des musikalischen Ausdruckswillens, «Vorwand für musikalische Bauformen» (Hans Mayer). Mit der «hohen» Literatur hätte MAHLER nicht so umspringen können; das war das Dilemma der *achten Symphonie*. Ungeniert änderte er die Textvorlagen, seinen musikalischen Bedürfnissen entsprechend, indem er Zeilen wegließ, umstellte oder, wie im letzten Satz, durchaus Eigenes hinzufügte. Ein Gedicht des jungen MAHLER aus dem Jahre 1884 enthält eine Verszeile, die im *‹Abschied›* kurzerhand in den Text Bethges eingefügt wird: Die Worte «Und müde Menschen schließen ihre Lider im Schlaf, aufs neu vergessenes Glück zu lernen» werden dabei zu «Die müden Menschen geh'n heimwärts, um im Schlaf vergess'nes Glück und Jugend neu zu lernen». Außerdem verschränkt MAHLER ohnehin im *‹Abschied›* zwei völlig verschiedene Gedichte Bethges miteinander. Die Texte sind kaum mehr als Notbehelfe; im Vordergrund steht die Musik MAHLERS.

Der tiefere Grund, warum MAHLER überhaupt das *‹Lied von der Erde›* komponierte, ist biographischer Natur: Die Komposition erfolgte, nach ersten Anfängen im Sommer 1907, in den Sommermonaten der Jahre 1908 und 1909. Drei Schicksalsschläge hatten ihn 1907, wie die drei Hammerschläge den musikalischen «Helden» der *sechsten Symphonie*, getroffen: Der Tod seiner älteren Tochter, der Rücktritt als Wiener Hofoperndirektor und seine schwere Herzerkrankung. Doch auch diese biographischen Umstände reichen allein noch nicht hin, die besondere Werkidee des *‹Lieds von der Erde›* zu erklären. MAHLER spürte, wie so viele Künstler im Fin de siècle, die Untergangsstimmung, speziell: den in der Luft liegenden Zusammenbruch der österreichischen Monarchie. Immerhin formulierte bereits im Jahre 1888 der Kronprinz Rudolf von Österreich: «Unheimlich ist die Stille, wie die Stille vor einem Gewitter...» MAHLER war ein viel zu sensibler Künstler, um das nicht auch in seiner Musik zum Ausdruck zu bringen. Er wußte genau, daß er im *‹Lied von der Erde›* seine persönlichste Aussage treffen würde: «Ist das überhaupt auszuhalten? Werden sich die Menschen nicht darnach umbringen?» (MAHLER zu Bruno Walter). MAHLER spricht darin aber nicht unvermittelt selber, sondern schaltet, als lyrisches Ich, die Texte dazwischen und betont etwa im ersten Satz ausdrücklich den Gestus des balladenhaften *Vortrags* («...sing ich euch ein Lied»), und der Titel des Werkes – «Das Lied *von*...» – verweist auf den epischen Tonfall des Ganzen. Mit gebrochener Stimme wird von den Erscheinungen des Lebens berichtet, aber nicht – wie in der *dritten Symphonie* – als Vergegenwärtigung und Stufenaufbau, sondern als wehmütige Erinnerung und Zerfall.

Der erste Satz (*‹Das Trinklied vom Jammer der Erde›*) exponiert den Balladenton und die symphonische Grundhaltung (das große Orchesterzwischenspiel nach dem zweiten Refrain «Dunkel ist das Leben, ist der Tod» ist gewissermaßen die Durchführung) und das Finale verschränkt emotionale Ausbrüche, rezitativischen Tonfall und resignative Ergebung des Erzählers mit weit ausgreifenden durchführungsartigen Orchesterkommentaren und endet im Zustand der Schwerelosigkeit, auf einem unaufgelösten Klang. Die Mittelsätze, Genrebilder ähnlich wie in der *dritten Symphonie*, korrespondieren bogenförmig miteinander: Der zweite (*‹Der Einsame im Herbst›*) und fünfte (*‹Der Trunkene im Frühling›*) lassen den Einzelmenschen von sich erzählen, der dritte (*‹Von der Jugend›*) und vierte (*‹Von der Schönheit›*) berichten von der unwiederbringlichen Vergangenheit. Der *‹Abschied›* ist dazu das resignative Fazit, freilich mit dem Ausblick auf eine Erlösungsvision am Ende, die aber ein Rätselbild formuliert, ohne den Satz zum Abschluß zu bringen. Man weiß nicht recht, ob es ein Verstummen im Tod ist oder der Übergang in ein anderes Leben.

Dietmar Holland

Symphonie Nr. 9 (1909–1910)

«Tradition ist Schlamperei.» Wir wissen, daß hinter Mahlers apodiktischer Verurteilung jeglicher Routine eine Not stand, daß Mahler sich, wie er mehrfach äußerte, als ein «ewiger Anfänger» fühlte, dem keine musikalisch-technische Errungenschaft, kein äußerer Erfolg, keine einmal gewonnene Erkenntnis anhaltende Gewißheit verlieh. Das mag seine unablässig bohrende Intensität in jedem neuen Werk, aber auch die vielzitierte «Gebrochenheit» seines Tons mit erklären. Zwar fand Mahler unter der Hand dennoch zu einem unverwechselbaren Stil, dessen konsequente Entwicklung wir überschauen können, aber dieser «Stil» ist mehr eine Rinden- oder Ablagerungsschicht, die wie eine Spur Zeugnis ablegt von den inneren Verwerfungen. Die Abfolge von Mahlers Symphonien sind nicht als stetige Entfaltung einer musikalischen «Weltanschauung» zu verstehen – stetig ist bei Mahler nur die suchende Weltentzweiung –, sondern als diskontinuierliche «Entwürfe», die der bleibenden Ungewißheit zu entspringen suchen. So erklärt es sich, daß der Ton kosmischer Bejahung, mit dem die *achte Symphonie* schließt, bei der *neunten Symphonie* nicht mehr zu Gebote stand. Die *Neunte* ist wieder eine «Untergangs- und Auferstehungs»-Symphonie, derart aber, daß die Untergangsvisionen den nachhaltigeren Eindruck hinterlassen.

Kenntlich wird das Programm in dem ungeheuren Sprung vom dritten Satz, der Rondoburleske, zum Finale. Die Burleske ist ein mephistophelisches Stück Musik, eines der schwärzesten, die Mahler geschrieben hat: ein manisches Perpetuum mobile in höhnisch-polyphonischer Verrenkung wechselnd mit Partien, die der Caféhaus-, Kurkonzert- und «Blasmusi»-Sphäre entstammen und die für Mahler stets den innersten der Höllenkreise zu vertreten scheinen. Dieses infernalische Treiben wird jedoch stillgelegt in einer langen «exterritorialen» Partie; Bestandteile der Fugenthematik finden sich jäh umgedeutet zu einer ätherischen Gegenwelt. Eine neue Themengestalt wird breit exponiert (kurz vorher im Fugato-Teil hatte sie sich unauffällig angekündigt, Takte 320ff), zentriert um eine gedehnte Doppelschlagfigur von pathetischem Ausdruckswert. Die Stelle ist als sehnsüchtiger Ausblick gemeint in ein – noch unerreichbares – Jenseits. Aber während hier das Doppelschlagthema sich nicht gegen die alsbald einsetzende Verspottung und Verzerrung behaupten kann, tritt es dann im Finale von Anfang an in ungebrochener Präsenz auf; es durchdringt die weit ausholende, gestische Polyphonie des ganzen Schlußsatzes (die Urgestalt erscheint indessen nur ein einziges Mal und ebenso beiläufig, wie sie im Allegro der Burleske sich ankündigte, so die zwei Violinen in Takt 24). Eine jenseitige Polyphonie, die bei aller Expressivität das Volumen jeder «Einfühlung» übersteigt. Dabei sind es einfachste musikalische Elemente, längst ausgebrannte Floskeln (wie der Doppelschlag), die in gigantischer Langsamkeit noch einmal zum Glühen gebracht werden.

Mahlers durchgängiges Verfahren der Ausschlachtung von musiksprachlichen Elementarteilen – sei es zur pathetischen Überhöhung wie im Finale, sei es zum Zweck dämonischer Parodie – hängt untergründig zusammen mit seiner Erfahrung «ewigen Anfängertums». Denn es scheint, als sei diese subjektive Erfahrung nur die Kehrseite eines geschichtlichen Zwangs, Spiegelung des Zerfalls der Musiksprache. Mahler konnte ihn nicht aufhalten, obwohl gerade er auf das, was jene «Sprache» leistete – Allgemeingeltung und -verständlichkeit – nicht verzichten wollte. So versammelte er im Register seines Werkes Elemente aus der ganzen Breite des Musiklebens, versichert sich derart der versiegenden Quellen der «Sprache», aber er komponiert gleichzeitig den Zerfall, das Entgleiten aller gesicherten «Intonationen» mit hinein: im Scherzo mit einer montageartigen Schärfe, die auf Strawinskys verkantete Dekonstruktionstechnik vorausweist. So banal die Motive der drei zugrunde liegenden Charaktere des gemächlichen Ländlers, des Walzers und des sehr langsamen Ländlers sind, so komplex ist die syntaktische Schachtelung. Aber der langsame Ländler, der eine tänzerische Neuprägung des Hauptthemas aus dem Eröffnungssatz ist und sich als wehmütiges Rückerinnern zwischen das ungute Walzertreiben schiebt, beherrscht den Satz immer mehr. Aus dem kläglich zerstückten Tanz weicht am Ende jede Aggressivität; der Verfall wird zum Ausdruck rückhaltloser Trauer.

Im großen Andante, dem überragenden Eröffnungssatz, gewinnt der Sprachverfall die Macht einer höheren, ins musikalische Geschehen eingreifenden Gesetzlichkeit. – Diese Gesetzlichkeit überformt das Geschehen des Sonatenschemas. Ein Dualismus von Themenvarianten – Dur und Moll – lagert sich in die drei großen Formenabschnitte ein. Die energische Moll-Variante ist es, aus der die großen Steigerungen hervorgehen, die mit Regelmäßigkeit auf ihrem Höhepunkt zum Einsturz gebracht werden. Die Durchführung wird beherrscht vom Bewegungsgesetz des Ganzen «Auflösung/Sammlung – Steigerung/Zusammenbruch», das getrennt je einmal an der Dur- und Moll-Gruppe vollstreckt wird, dann, bei der Kulmination des Satzes insgesamt, an beiden Themengruppen gemeinsam. Die «Reprise» bedeutet hier endgültige Auflösung; der energische Aufstieg des zweiten Themas bleibt im sich verheddernden Stimmengeflecht stecken, mit zögernder Fragmentarisierung des ersten schließt der Satz, rückblickend, Abschied nehmend. – Ist MAHLERS *neunte Symphonie*, wie ALBAN BERG schrieb, «ganz auf Todesahnung gestellt», so sollten wir uns hüten, die gewaltige symphonische Inszenierung dieser Ahnung biographisch zu verkürzen. Denn MAHLERS Symphonik erhebt Anspruch auf äußerste Allgemeinheit, Komponieren hieß ihm bekanntlich: «mit allen zur Verfügung stehenden Mitteln eine Welt bauen». Die große Vision des Scheiterns, die hier heraufbeschworen wird, betrifft folglich ebenfalls diese «Welt», und das «Subjekt» der Symphonie ist nicht das Individuum des Komponisten, sondern die Gattung Mensch. So berühren MAHLERS Todesahnungen – obwohl noch nicht in ihrer Sprache abgefaßt – mit den apokalyptischen Visionen der jungen Expressionisten, die mit seismographischer Empfindlichkeit Jahre vor dem Krieg die Entfesselung der Menschheit ins Auge faßten. Nur fehlt bei MAHLER jene latente Bejahung des Untergangs, die viele Expressionisten später jubelnd in den Krieg ziehen ließ...

Michael Querbach

Symphonie Nr. 10

Daß Gustav Mahler seine 1910 begonnene *zehnte Symphonie* nicht mehr vollenden konnte, weil – wie Arnold Schönberg meinte –, wer die Grenze der *Neunten* überschritten habe, «fort» müsse, ist zwar eher als romantische Zahlenmystik zu verstehen, wenngleich Mahler solche Gedanken nicht ganz fremd waren. Wohl aber ist sein letztes Werk von der Stimmung des Abschieds, der Resignation und der Auflösung beherrscht, stand Mahler wirklich bereits «dem Jenseits zu nahe». Die innere Erschütterung und Todesahnung, mit der Mahler die *zehnte Symphonie* komponierte, haben auch Spuren in den Ausrufen hinterlassen, die sich in den hinterlassenen Skizzen finden: «Erbarmen: O Gott, warum hast du mich verlassen!» oder «Der Teufel tanzt es mit mir! Wahnsinn faßt mich an Verfluchten! Vernichte mich, daß ich vergesse, daß ich bin!» – schließlich der Abschied «Leb wohl, mein Saitenspiel!»

Nur der erste Satz der *zehnten Symphonie*, ein Adagio, ist bis zu einem ausgearbeiteten, wenngleich sicherlich nicht endgültigen Partiturentwurf gediehen. Von den übrigen Sätzen existieren lediglich Skizzen, Particelle und unvollständige Partiturentwürfe, die jedoch einen ungefähren Verlauf der Symphonie in diesem Frühstadium geben können, wobei Mahler sicherlich noch entscheidende Änderungen vorgenommen hätte. Die großformale Anlage der *zehnten Symphonie* ist in ihrer Fünfsätzigkeit nicht unähnlich der *siebten*: Zwei Scherzi umschließen als zweiter und vierter Satz einen mit «Purgatorio» überschriebenen Mittelsatz, der das geheime Zentrum der ganzen Symphonie darstellt. Indem der Satz Motive des Wunderhorn-Lieds ‹*Das Irdische Leben*› aufnimmt, ist er ein Gleichnis der menschlichen Existenz schlechthin.

Nachdem schon 1924 Ernst Křenek eine Rekonstruktion bzw. Einrichtung des Adagios und des ‹*Purgatorios*› unternommen hatte, gab es nach dem Zweiten Weltkrieg einige Versuche, eine aufführungsreife «Konzertfassung» der *zehnten Symphonie* zu erstellen. Die heute am weitesten verbreitete Fassung ist die Deryck Cookes. Sie ist im philologischen Sinn natürlich äußerst zweifelhaft, bietet aber immerhin die Möglichkeit, einen Eindruck von Mahlers Gesamtkonzeption zu erhalten. Ihr Behelfscharakter sollte freilich ebensowenig in Vergessenheit geraten wie die Tatsache, daß es sich bei Mahlers Skizzen um die ersten Kompositionsentwürfe handelt, denen ein langer Prozeß der Ausarbeitung gefolgt wäre, in dem sich noch vieles geändert hätte.

Meist jedoch wird heute das Adagio allein aufgeführt – ein Satz, der in seiner unverstellten Ausdruckshaftigkeit, in seiner alle traditionellen Grenzen überschreitenden emotionalen Radikalität den Gipfel in Mahlers Spätwerk darstellt. Mehr noch als der *‹Abschied›* im *‹Lied von der Erde›* oder das Finale der *neunten Symphonie* ist das Adagio der *zehnten Symphonie* eine auskomponierte Auflösung, ein Abschied. Bereits zu Beginn, im Thema der Andante-Einleitung, scheint der Ton des ganzen Satzes auf: Unentschlossen, zögernd, rhythmisch und metrisch instabil führt das auch motivisch amorphe Bratschensolo nirgendwo hin, bleibt im tonalen Schwebezustand, entwicklungslos nur in sich selbst sich bewegend. Das Adagio-Thema, rhythmisch und melodisch konkreter, kündet sehnsuchtsvoll in weiten Bögen sich aufschwingend ebenfalls von Vergeblichkeit. Amorph wie das Adagio-Thema ist auch der ganze Satz: Verschiedene Formen durchdringen einander und lösen sich dabei gleichsam gegenseitig auf. In einer Art Doppelvariation mit Sonatensatz-Einflüssen durchziehen die beiden Themen den Satz – ein «Netzwerk von Ähnlichkeiten» (Martin Zenck). In immer neuen Ansätzen, in stetigen Versuchen, die von Zäsuren immer wieder unterbrochen werden, steigert er sich allmählich, nicht durch Verdichtung der motivischen Arbeit, sondern gleichsam negativ durch Auflösung und die destruktive Kraft der Zäsuren. Die gestaute Energie bricht schließlich durch in einem clusterartigen Neunton-Akkord, grell und den tonalen Rahmen sprengend: die Katastrophe. Wie eine tönende Materialisation von Verzweiflung wirkt dieser Akkord, in dem – vorbereitet von einem as-moll-Choral – zwei tonale Zentren (cis und ais) gegeneinander stehen, weit gespreizt den ganzen Tonraum umfassend. Aus den höchsten Lagen fällt die Streichermelodie zurück in die Mittellage, erschöpft und doch zugleich auch gelöst erklingen in der langen Coda Varianten der beiden Themen, die sich langsam im Verstummen auflösen.

Rainer Pöllmann

‹Das klagende Lied› und Orchesterlieder

Als *Opus 1*, als erstes gültiges, von ihm selbst anerkanntes Werk bezeichnet Gustav Mahler das 1880 vollendete *‹Klagende Lied›* für Sopran-, Alt- und Tenorstimme, gemischten Chor und großes Orchester. Den Text hat sich Mahler nach verschiedenen Märchenvorlagen, so unter anderem von Ludwig Bechstein und den Gebrüdern Grimm, selbst geschrieben und dabei höchst sensibel den scheinbar authentischen altertümlichen Märchenton, die balladeske Haltung zwischen Erzählung, Bericht und Kommentar genau getroffen. Die drei Abschnitte, *‹Waldmärchen›*, *‹Der Spielmann›* und *‹Hochzeitsstück›*, spiegeln die drei Phasen des Handlungsablaufs wider. Ausgehend von dem weitverbreiteten Sagenstoff vom «singenden Knochen» formte Mahler die Geschichte eines Brüderpaars, das für eine schöne, stolze Königin eine seltene Blume finden soll, die von ihr – sie könnte eine Schwester der dämonischen Turandot sein – als Hochzeitsbedingung gefordert wird. Einer der Brüder findet die Blume, der andere Bruder erschlägt ihn, um selbst in den Besitz der Blume zu kommen. Im zweiten Teil findet ein Spielmann einen Knochen, schnitzt sich eine Flöte daraus, die ihm, als er darauf zu spielen beginnt, die Kain-und-Abel-Geschichte verrät. Der Spielmann macht sich im dritten Teil auf zum Königsschloß, weil er weiß, daß er nur dort die richtigen Zuhörer findet: Die Königin feiert gerade Hochzeit mit dem Ritter, der ihr die Blume gebracht hat. Die Knochenflöte singt ihr Lied, wiederholt es, als der Bräutigam selbst auf ihr spielt – die Geschichte wird zur Anklage. Da stürzen die alten Mauern des Schlosses ein und begraben alles unter sich. Die Zwiespältigkeit zwischen Märchennaivität und Weltschmerztragik ist ein konstituierendes Merkmal des Stücks, das sich in keine Gattung einordnen läßt, es ist keine Kantate, kein Oratorium, keine konzertante Oper. Mahler ging alldem bewußt aus dem Weg, tilgte vor der späten Uraufführung 1901 einen letzten Rest dramatischer Handlung, nämlich die Exposition der Mordgeschichte, *‹Das Waldmärchen›*, die im Verlauf der beiden anderen Teile aufgerollt wird. Und so schuf Mahler ein weiteres Widerspruchspaar, das von Wiederholung und Andeutung: Wiederholt wird dreimal das

Lied der Flöte, wiederholt wird als verbales, nicht als musikalisches Leitmotiv «Leide, oh Leide», angedeutet aber bleibt in der endgültigen Fassung die Vorgeschichte, der Brudermord und seine Voraussetzungen, die erst im Verlauf erschlossen werden können. Aus dem Drama wird so seine lyrisch-epische Schilderung. MAHLER reduzierte nicht nur seine kompositorischen Mittel – nur an wenigen Stellen macht er Gebrauch von seinem «großen Orchester» und überlädt den Satz in WAGNERhafter Manier, was ihm von der zeitgenössischen Kritik als epigonal verübelt wurde –, sondern arbeitete meist nur in Andeutungen. Außerdem eliminierte MAHLER auch alle dramatischen Elemente in der musikalischen Umsetzung: So gibt es keine Figurenzuteilung an einzelne Stimmen, alle drei Solisten erzählen in durchbrochenem Satz, nur der Gesang der Flöte wird einheitlich und in expressiver Haltung von der Altistin dargestellt. Der Titel des Stücks selbst rückt um eine Dimension weiter von dramatischen Ereignissen ab und ist wiederum ambivalent: ‹*Das klagende Lied*› ist zunächst eine indifferente, mehrdeutige Überschrift (auch hier schon: Andeutung und Wiederholung), die noch offen läßt, wer hier und warum Klage erhebt – Anklage oder Wehklage. Parallel zu dieser Mehrdeutigkeit ist auch der Gesang der Flöte funktionalisiert: Zunächst *beklagt* sie sich beim Spielmann über ihr Schicksal, dann *erhebt sie Klage* gegen den Mord und in der Konfrontation mit dem Bruder *klagt sie ihn direkt an*. Auch der Ausgang, den MAHLER bewußt umgestaltete, zeigt, wie deutlich er die Distanz zu den ursprünglichen Intentionen des Märchens sieht. Während bei Grimm beispielsweise der böse Bruder mit dem Tode bestraft wird und das Skelett ein ordentliches Grab erhält, die Geschichte also ihr gutbürgerliches Ende findet, läßt MAHLER die «alten Mauern» der Märchenwelt endgültig zusammenstürzen. Auch der Spielmann geht zugrunde, er, der sich um der Wahrheit willen aufgemacht hat, wird so zum Märtyrer (ein Zug, der auch MAHLER nach eigenen Aussagen nicht fremd war). Es gibt kein Überleben, keine märchenhafte Wiederbelebung des Toten, es gibt nur den Untergang einer vergangenen Welt, deren Chronist MAHLER ist.

Schon die Konzeption des Textes und erste Hinweise auf die musikalische Umsetzung weisen darauf hin, daß ‹*Das klagende*

Lied› kein erster, unbeholfener Versuch MAHLERS ist, seine kompositorischen Intentionen umzusetzen, im Gegenteil: Es ist frappierend, wie deutlich sich hier schon die ganze musikalische Welt der Lieder und Symphonien, die Spezifika MAHLERscher Musik in nuce finden. Es sind nicht nur differenzierteste Instrumentationsnuancen, heftige, unvermittelte Kontraste im Ausdruck, sondern auch die Doppelgesichtigkeit von Vergangenem und Zukünftigem, die individuell verarbeiteten Einflüsse von WEBER und WAGNER und vor allem die musikalische Darstellung des MAHLERschen Kosmos aus Heiterkeit und Ernst, aus Poesie und Volkston, aus tragischem Ton und Ironie, die aus dem *‹Klagenden Lied›* weit mehr als ein Erstlingswerk machen.

Wie auch *‹Das klagende Lied›* basieren die *Orchesterlieder* MAHLERS auf dem Boden der Volkslieddichtung der Frühromantik; in erster Linie ist hier «Des Knaben Wunderhorn» zu nennen, das MAHLER tief bis in sein symphonisches Schaffen beeindruckt und beeinflußt hat. Hier fand MAHLER «seinen» Ton, der ihm so sehr entsprach, daß er in dieser Haltung eigene Liedtexte dichtete, so beispielsweise in den *‹Liedern eines fahrenden Gesellen›* (1883/84), dem ersten der vier Zyklen von Orchesterliedern, die vor und während der Arbeit an den ersten *fünf Symphonien* nach und nach entstanden sind. Daß es MAHLER von Anfang an um den subjektiven Ton, nicht um objektive Liedvertonung zu tun war, belegen seine Worte: «Die Lieder sind so zusammengedacht, als ob ein fahrender Gesell, der ein Schicksal gehabt, nun in die Welt hinauszieht, und so vor sich hin wandert.» Die Haltung des «als ob», wie sie in dem Zitat angesprochen wird, steht auch im Zentrum der anderen Zyklen, den *‹Zwölf Liedern aus ‚Des Knaben Wunderhorn'›* (1888 bis 1901), den *‹Kindertotenliedern›* (1901 bis 1904) nach Texten von Friedrich Rückert und den *‹Sieben Liedern aus letzter Zeit›* (1889 bis 1903), ebenfalls nach Gedichten von Rückert und «Des Knaben Wunderhorn». Es ist immer ein subjektives Ich, das in erzählender Haltung die Lieder vorträgt, in einer distanzierten und damit auch in einer – im eigentlichen Sinne des Wortes – ironischen. Das Nebeneinander heiterer, unbeschwerter und tragischer, düsterer Lieder bekommt durch MAHLERS Musik Sinn: Durch die Gebrochenheit weist MAHLER die altertümliche, volksliednahe, romantisch übersteigerte Poesie voller Metaphorik als Kunstsprache aus, als traditionelles Idiom, das zu seinen Zwecken benutzt werden kann, ohne die vermeintliche Zeitgebundenheit beachten zu müssen. Die Gedichte dienen MAHLER als Folie für seine Musik. Ihre Einfachheit erlaubt ihm höchste Expression, und in der Konfrontation von komponierter Agogik und dem Klischee des heruntergeleierten Volkslieds bricht die Ambivalenz von MAHLERS musikalischer Haltung auf. In der Verschmelzung von Singstimme und Instrumentalbegleitung nicht nur über motivisch-thematische Bezüge erreicht MAHLER ein Niveau, das konsequenterweise dazu führen mußte, daß er einige der Lieder als allgemeingültige Aussagen ohne Wortgebundenheit in seine Symphonien übernommen hat. So aus den ‹*Wunderhornliedern*› «Urlicht» und «Es sungen drei Engel» in die *zweite* bzw. *dritte Symphonie*. Dabei handelt es sich nicht um einen simplen Zitateffekt, sondern vielmehr um einen Verdichtungsvorgang, der aus den Liedern «absolute» Musik werden läßt; so gesehen stellen die Orchesterlieder die Antizipation von MAHLERS Symphonien dar.

Irmelin Bürgers

Richard Strauss

München, 11. Juni 1864 – Garmisch, 8. September 1949

Als Generationsgenosse und zugleich Antipode von MAHLER, DEBUSSY, SIBELIUS und PFITZNER setzte RICHARD STRAUSS die von BERLIOZ und LISZT entwickelte Tradition der symphonischen Programmusik auf eine eigene, ihm gemäße Art fort. Der Schwerpunkt seiner symphonischen Produktion liegt in dem Jahrzehnt zwischen 1889 und 1899; vor den großen Erfolgen als Bühnendramatiker schuf er sich zunächst einen Ruf als Instrumentalkomponist.

Das Musikverständnis des am 11. Juni 1864 als Sohn des Solohornisten der Hofkapelle in München geborenen STRAUSS war anfangs von der konservativen Einstellung des Vaters geprägt, der nur die Klassik und die frühe Romantik gelten ließ; Werke von BERLIOZ, LISZT und WAGNER nannte er «Verrücktheiten», vor denen er den Sohn nachdrücklich warnte. Der entwickelte sich anfangs wie gewünscht, schrieb seit seinen Kindertagen Kammermusik, Lieder und Klavierstücke und konnte als fünfzehnjähriger Gymnasiast das Publikum seiner Vaterstadt mit einer *Symphonie in d-moll* überraschen. Der Kontakt zu Hans von Bülow (ab 1883) und dem WAGNER-Enthusiasten Alexander Ritter (ab 1885, Ritter war mit einer Nichte WAGNERS verheiratet) brachten den kompositionstechnisch bereits sehr versierten jungen STRAUSS zum Umdenken, eröffneten ihm die Welt der Neudeutschen Schule. Von nun an suchte und fand er sehr rasch den Weg zu einem eigenen Stil, der ästhetisch auf dem BEETHOVEN-Bild WAGNERS und LISZTS (BEETHOVEN als «Ausdrucksmusiker») fußt, jedoch nicht in die Gefahr epigonaler Nähe zu LISZT gerät.

Symphonie f-moll op. 12

Dieses 1883/84 entstandene Werk repräsentiert noch die eher epigonale Frühphase von STRAUSS' Schaffen; es knüpft in seiner Frische und Musizierfreude bei der frühen Romantik an und verbindet Gefälligkeit, Eingängigkeit der Einfälle mit einer schon damals geradezu spielerischen Leichtigkeit in der Meisterung des Handwerks. Vorzüge wie auch Gefahren solcher «technischer Virtuosität» des Komponierens sind bereits erkennbar, dem Werk haftet eine Art «musikalische Redseligkeit» an. Das noch ganz traditionell besetzte Orchester ist mit einem sicheren Gespür für Klangfarben eingesetzt. Noch haben die Themen – wie für die absolute Symphonik erforderlich – innere Entwicklungskräfte, zeigen ihren Sinn erst in der Verarbeitung; das Kopfmotiv durchzieht alle Sätze, und das Finale verarbeitet noch einmal alle wesentlichen Themen des Werkes.

Hartmut Becker

Symphonische Phantasie ‹Aus Italien› op. 16

Der Ästhetik der Neudeutschen Schule näherte sich STRAUSS nicht abrupt, sondern auf einer Art «Umweg» über das Genre der sogenannten «malenden» Instrumentalmusik. Die während seines ersten Italien-Aufenthalts entworfene *Phantasie op. 16* wahrt äußerlich die Viersätzigkeit, kehrt lediglich die Positionen der beiden ersten Sätze des großformalen Baus um; im Inneren dieser Sätze aber geschieht etwas mit der Symphonie nicht mehr vereinbares, was STRAUSS selbst bereits in den Überschriften andeutet: Die Eindrücke und Erlebnisse des Aufenthalts im Süden werden regelrecht musikalisch «abgemalt». Die Fähigkeit, Landschaften, Stimmungen und Vorgänge auf sehr prägnante, geradezu handgreiflich-illustrative Weise in Musik umsetzen zu können, sollte ein Charakteristikum aller STRAUSSschen Musik bleiben. In den einzelnen Sätzen scheinen bereits viele typische Details des Reifestils auf: *‹In der Campagna›* (Andante) enthält ein den *‹Zarathustra›* antizipierendes Trompetenmotiv, *‹In Roms Ruinen›* (Allegro molto con brio) basiert auf einem Hauptgedanken, der auf die «Heldenthemen» der späteren Werke verweist. *‹Am Strande von Sorrent›* (Andantino) zeigt bereits den Klangzauberer STRAUSS, und *‹Neapolitanisches Volksleben›* (Allegro molto) mit der Verarbeitung des Gassenhauers «Funiculi-Funicula» nimmt mit seiner Darstellung geschäftigen Durcheinanders Züge des *‹Till Eulenspiegel›* vorweg. Die deskriptive Art dieser Musik wurde von den Kritikern der Münchner Uraufführung (2. März 1887) sogleich erkannt und – gerügt. STRAUSS verwahrte sich dagegen, einen «musikalischen Baedecker Süditaliens» geliefert zu haben, nannte den «poetischen Gehalt» das Wesentliche; von diesem Credo ist er zwar zeitlebens nie abgewichen, andererseits wirft die spätere Äußerung, er könne auch «eine Speisekarte komponieren», ein deutliches Licht auf seine ästhetische Position. Wichtig ist auch die schon hier postulierte Distanz zu LISZT: Mit «Poesie» als Gehalt meint STRAUSS – im Gegensatz zu LISZT – nicht Literatur. Ebensowenig ist *‹Aus Italien›* BERLIOZ verpflichtet, der in seinen Instrumentalwerken stets symphonische Struktur im Sinne BEETHOVENS anstrebte, die auch aus sich selbst heraus sinnvoll und verständlich sein mußte.

Hartmut Becker

‹Macbeth›, Tondichtung op. 23

Trotz der höheren Opuszahl ist dieses Werk vor dem *‹Don Juan›* entstanden und markiert eine wichtige Etappe in der stilistischen Entwicklung des Komponisten. Er selbst nannte *‹Macbeth›* in einem Brief «eine Art symphonischer Dichtung, aber nicht nach Liszt», wählte folgerichtig eine fortan stets benutzte Gattungsbezeichnung, die schon vor LISZT existiert hat und wohl erstmals 1830 von CARL LOEWE (1796–1869, der berühmte Balladen-Meister) für sein Klavierwerk *‹Mazeppa›* (nach Byron), *op. 27*, verwendet. Der zum Vorwurf gewählte Stoff freilich ist sehr «nach Liszt»; STRAUSS bemüht sich, in dem auf rein musikalische Wirkung angelegten Stück, nach der Art TSCHAIKOWSKYS (in dessen *‹Romeo und Julia›*, *‹Francesca da Rimini›* und *‹Hamlet›*) die Emotionen der beiden Hauptfiguren des Dramas darzustellen. In der 1886/87 geschriebenen ersten Fassung mißlingt dieses Vorhaben nicht allein wegen des von Bülow gerügten Schlusses (eines *‹Triumphmarsches des Macduff›*); in der 1890 erfolgten Umarbeitung, die außer einem neu komponierten Schluß lediglich Neuinstrumentieren bedeutete (die Partitur verlangt nun dreifache Holzbläser mit Piccoloflöte, Englischhorn, Baßklarinette und Kontrafagott, vierfache Blechbläser mit Baßtrompete und Tuba sowie Schlagzeug), wird deutlich, daß musikalische Darstellung von Seelenkämpfen, noch dazu ohne ein detailliertes Programm, nicht STRAUSS' stärkste Seite war. Das formal als großer Sonatensatz gearbeitete Werk ist voll von schier knirschenden Dissonanzen – HUGO WOLF bezeichnete es als «schauderhaft» – und hat nichts von dem natürlichen Fluß und der Lebendigkeit der *Phantasie op. 16*. Bis heute gehört *‹Macbeth›* zu dem am seltensten erklingenden Werken von STRAUSS, nicht zuletzt wohl auch deshalb, weil es dem so betont lebensbejahenden Naturell seines Komponisten denkbar fern steht.

Hartmut Becker

‹Don Juan›, Tondichtung nach Nicolaus Lenau, op. 20

Mit diesem Werk ist seinem vierundzwanzigjährigen Schöpfer im wahrsten Sinne des Wortes ein «Wurf» gelungen, der in seinem gesamten orchestralen Œuvre einzig dasteht; der endgültige Durchbruch zum Reifestil der Gattung und das Selbstbewußtsein des Komponisten werden hier zum Ausdruck eines Lebensgefühls der damals jungen Generation. Die kraftvolle, in Sinnenfreude schwelgende Diesseitigkeit steht in scharfem Kontrast zu der problembeladenen, um letzte Geheimnisse ringenden Symphonik MAHLERS. Der Don Juan des Gedichtfragments von Lenau (entstanden 1843) hat keinerlei metaphysische Dimension und sieht dem Tod mit Gleichmut entgegen. Das Werk ist voll von Schwung und schier schäumendem Temperament, offenbart gleichwohl, um wieviel näher STRAUSS sich an WAGNER als an LISZT oder BERLIOZ anschließt: Orchestrale Polyphonie und Harmonik verraten mit ihrem ständigen Weiterfließen, das kaum Ruhelagen kennt, deutlich dem Einfluß des *‹Tristan›*; ein entscheidender Unterschied in der Geisteshaltung aber wird am Schluß deutlich – statt WAGNERscher Verklärung beendet STRAUSS, nach einer letzten großen Steigerung, sein Werk mit einer beinahe lakonisch-kurzen Coda, die Don Juans Ende gleichsam nur «mitteilt». Solche persönlichen Züge wie überhaupt die Tatsache, daß STRAUSS seinen Stil zunächst in Instrumentalwerken entwickelte, statt sich früh an Musikdramen zu versuchen, bewahrten ihn vor WAGNER-Epigonentum. Die farbige Leuchtkraft des Orchesterklangs und die bereits in den Tondichtungen entwickelte psychologische Differenzierung werden indessen zu wichtigen stilistischen Voraussetzungen für das Bühnenschaffen des Komponisten. Auch in *‹Don Juan›*, formal als Rondosatz mit durchführungsartigen Abschnitten angelegt, sind diese Eigenarten schon aus geprägt.

Hartmut Becker

‹Tod und Verklärung›, Tondichtung, op. 24

Die immer noch verbreitete Ansicht, diese Komposition reflektiere eigenes Erleben, ist irrig, ebenso wie die Meinung des gefürchteten Kritikers Eduard Hanslick, STRAUSS habe das in der Partitur dem Werk vorangestellte Gedicht Alexander Ritters Zeile für Zeile in Musik umgesetzt; die Tondichtung ist unmittelbar nach Beendigung des *‹Don Juan›*, noch während der Revision des *‹Macbeth›*, begonnen worden, die beiden lebensgefährlichen Lungenerkrankungen des Komponisten trafen diesen erst 1891/1892. Das Rittersche Gedicht ist – gerade umgekehrt – erst als Reaktion auf das fertige Werk entstanden. STRAUSS selbst, der bis dahin weder selbst je in Todesnähe war noch am Bett eines Sterbenden gestanden hatte, nannte Jahre später die Idee zu *‹Tod und Verklärung›* einen «Einfall wie ein anderer, wahrscheinlich letzten Endes das muskalische Bedürfnis, nach Macbeth (beginnt und schließt in d-moll) Don Juan (beginnt in E-dur und schließt in e-moll) ein Stück zu schreiben, das in c-moll anfängt und in C-dur aufhört!» Ein Glied in der ohnehin langen Reihe der «per-aspera-ad-astra-Kompositionen», zeigt diese Tondichtung freilich noch einen neuen Zug: Die beklemmend suggestive Wirkung ist Folge einer Detailschilderung, die ein scharfes, kaltes Auge und einen wachen, ungetrübten Verstand voraussetzen. Strauss schildert den physischen Tod mit einer geradezu klinischen Genauigkeit ohne emotionale Anteilnahme. Was die Coda des ‹*Don Juan*› schon andeutete, wird hier in aller Breite ausgeführt; Hanslick hat diese Art von «Naturalismus» bei der Wiener Erstaufführung des Werkes richtig erkannt und über Strauss den prophetischen Satz geschrieben: «Die Art seines Talentes weist den Komponisten eigentlich auf den Weg des Musikdramas.»

Nach ‹*Tod und Verklärung*› trat hinsichtlich der symphonischen Gattung in Strauss' Œuvre eine fünfjährige schöpferische Pause ein, die sowohl mit den genannten schweren Erkrankungen und dem in Ägypten und Sizilien verbrachten Winteraufenthalt 1892/1893 zusammenhängt, wie mit Plan und Ausführung von ‹*Guntram*›, dem ersten Bühnenwerk des Komponisten. Der Versuch einer Annäherung an die Wagnersche Gattung unter Wahrung der eigenen Individualität mißlang, und Strauss wandte sich erneut dem symphonischen Genre zu. Waren bereits die vier vorangegangenen programmatischen Werke wie nach dem Prinzip eines Hell-Dunkel-Wechsels entstanden, so bilden die vier nach dem ‹*Guntram*› komponierten Tondichtungen regelrechte Kontrastpaare; die beiden letzten, ‹*Don Quixote*› und ‹*Ein Heldenleben*› sind gar gleichzeitig, nebeneinander entworfen worden. In allen kommt zu den bis hierher genannten Charakteristika ein deutlicher antibürgerlicher Zug, eine bisweilen zur Schau gestellte Verachtung des Gestrigen, der Pedanten und Philister. Auch im ‹*Don Juan*› begegnet diese Haltung, doch sie ist dort im Selbstverständnis des «Helden» angelegt, ist nicht Hauptziel des Strebens. Die Tendenz zur musikalischen Satire gewinnt Raum und deutet erneut auf die kommenden Bühnenwerke voraus. Solche Züge dürfen heute, da Strauss – gewiß zu Recht – als musikalischer Exponent eines saturierten Großbürgertums erscheint, nicht achtlos übersehen werden: Der stilistische Umschlag von avantgardistischer Klangmagie in die kulinarischen Gefilde einer heilen Welt erfolgte erst 1909/10 mit dem ‹*Rosenkavalier*›. Die

Tondichtungen der Jahre 1894 bis 1899 wirken dagegen wie orchestrale Experimente mit den gigantischen Besetzungen der Musikdramen ‹*Salome*› und ‹*Elektra*›.

Hartmut Becker

‹Till Eulenspiegels lustige Streiche› op. 28

Bezeichnenderweise trägt diese Komposition nicht die Bezeichnung «Tondichtung», sondern – nach dem Titel – die Überschrift: «Nach alter Schelmenweise – in Rondeauform – für großes Orchester gesetzt». Schon dieser Titel mit der altertümelnden Formenangabe «Rondeau» und dem gestelzt wirkenden Ausdruck «gesetzt» kündet von den Grimassen des Schalks Till, der hier nicht nur mit seinen Mitmenschen, sondern – in Gestalt des Komponisten – auch mit den Hörern seine Possen spielt. Ursprünglich wollte STRAUSS seine Titelfigur zum Mittelpunkt einer Oper machen, die dem ‹*Guntram*› als komisch-satirisches Gegenstück folgen sollte. Nachdem ‹*Tod und Verklärung*› formal als modifizierte Sonatenform gestaltet war, griff der Komponist, wie schon der Titel anzeigt, hier auf das im ‹*Don Juan*› mit Erfolg zugrunde gelegte Rondoprinzip mit durchführungsartigen Teilen zurück; umrahmt wird das Werk von einem Prolog und einem Epilog, in denen das Orchester die Rolle eines Erzählers übernimmt. Die Instrumentation des ‹*Till*› arbeitet erstmals bei STRAUSS mit vierfachen Holzbläsern, vier zusätzlichen Hörnern und drei zusätzlichen Trompeten (diese jeweils noch ad libitum) und einer genau in Anzahl und Disposition vorgeschriebenen Streichergruppe (64 Instrumente!). Das Orchester ist nunmehr aller Nuancen vom zartesten Hauch bis zum gellenden Aufschrei fähig, und STRAUSS zögert nicht, sie einzusetzen. Das Schicksal Tills, den der Komponist einen die Natur vergötternden Menschenverächter genannt hat, scheint sich zu erfüllen, nachdem er seine derben Späße nicht nur mit den Marktweibern, Philistern und Spießbürgern getrieben hat, sondern auch als salbadernder Pfarrer verkleidet die Religion verspottete: Das Gericht verurteilt ihn zum Tode durch den Strang, der auch sofort vollzogen wird (beides musikalisch ungemein deutliche, geradezu «handgreiflich» deskriptive Szenen); der Geist des Schalks jedoch triumphiert über seine Widersacher – ähnlich Petruschka –, wie aus der hohnlachenden Fratze erhellt, die, an den Epilog angehängt, das Werk beendet. Waren schon die vier früheren Werke von beträchtlichen technischen Ansprüchen für die Ausführenden gewesen, so steigert STRAUSS diese von *‹Till›* ab in die Region instrumentaler Virtuosität.

Hartmut Becker

‹Also sprach Zarathustra›, Tondichtung frei nach Friedrich Nietzsche, op. 30

Die ersten Gedanken zu einer Tondichtung *‹Zarathustra›* notiert STRAUSS noch vor Beginn der Arbeit am *‹Till›* (1894/95) und beginnt unmittelbar nach dessen Uraufführung mit ausführlichen Entwürfen. Schon während des Kompositionsvorgangs instrumentiert er die fertigen Teile. Ursprünglich sollte das Werk den Untertitel tragen «symphonischer Optimismus in Fin de siècle-Form, dem 20. Jahrhundert gewidmet»; statt seiner trägt die Partitur «Zarathustras Vorrede» aus Nietzsches philosophischem Gedicht, allerdings lediglich als eine Art Einstimmung für den Hörer. Eigentliche Bedeutung als «Programm» kommt ihr nicht zu. Ebensowenig hält sich STRAUSS bei den die einzelnen Abschnitte markierenden Überschriften zwar an den Wortlaut der Kapitelüberschriften Nietzsches, nicht aber an deren Reihenfolge. In dem Werk musikalisierte Philosophie sehen zu wollen wäre verfehlt, zumal der Komponist zu dem Philosophen wegen dessen Ausfällen gegen WAGNER ein eher gespaltenes Verhältnis hatte. Zarathustra ist – nicht nur für STRAUSS – eher eine Symbolfigur für die neu errungene Freiheit des Individuums (daher heißt es im Titel «frei nach Nietzsche»), das geistig seiner Zeit voraus ist. Musikalisch ruht das Werk auf der Konfrontation zweier weit entfernter Tonarten, C-dur und H-dur. Ihre tonalen Komplexe beherrschen nicht nur für sich einzelne Teile des Verlaufs, sondern werden in vielfältiger Art verknüpft: Am interessantesten wohl in jenem Fugen-Thema, das dem Abschnitt «Von der Wissenschaft» zugrunde liegt

– nacheinander erklingen in den tiefen Streichern die Akkorde von C-, H-, Es-, A- und Des-dur. In seiner Anlage ist dieses Thema ein Vorläufer der überwiegend aus Akkordtönen bestehenden Grundreihe des *Violinkonzerts* von ALBAN BERG (1935), doch geht es STRAUSS nicht um lineare Entwicklung, sondern um Konfrontation harmonischer Komplexe. Das Orchester ist hier – bis auf kleine Abweichungen – bereits auf die Stärke der ‹*Salome*›-Besetzung gewachsen (mit sechs Hörnern und vier Trompeten), verlangt zusätzlich eine zweite Tuba sowie Orgel; dies alles freilich nicht zur reinen Massierung physischer Klanggewalt, sondern zugunsten einer Differenzierung des Klangbildes, die bis dahin nur BERLIOZ (etwa in der «Scène d'amour» von ‹*Romeo et Juliette*›) zustande gebracht hatte. Ohne den ‹*Zarathustra*› und sein vielfaches Teilen der Streicher und seine delikate Holzbläserbehandlung wären Partituren wie die genialen ‹*Gurre-Lieder*› SCHÖNBERGS kaum denkbar. STRAUSS hat hier – mehr noch als im ‹*Don Juan*› – eine Musik geschaffen, deren optimistische, ja, euphorische Züge der Seelenlage seiner Generation entsprachen; es ist kaum zu verwundern, daß gerade dieses Werk bei seiner ungarischen Premiere in Budapest den jungen BÉLA BARTÓK aus einer tiefen Schaffenskrise riß.

‹Don Quixote›, phantastische Variationen über ein Thema ritterlichen Charakters, op. 35

Der volle Wortlaut des Titels enthält noch die Bezeichnungen ‹*Introduzione, Tema con variazioni e Finale*›, die ebenso ironisch gemeint sind wie der Untertitel des ‹*Till*›; STRAUSS' Absicht war nicht, sich etwa der durch BRAHMS und REGER repräsentierten Tradition zu nähern, sondern – gerade im Gegenteil – die Variationsform ad absurdum zu führen und «tragikomisch» zu persiflieren. Was die Fuge («Von der Wissenschaft») des ‹*Zarathustra*› als Teil eines Werkes ausdrückte, wird hier auf die Kompositionstechnik eines ganzen Werkorganismus ausgedehnt. Im Vergleich zu den vorhergehenden Tondichtungen ist ‹*Don Quixote*› von episch-resignierender Haltung und – dadurch – von einer Breite der Darstellung, die seinem Erfolg bis heute im Weg stehen; die Feinheiten des Orchestersatzes, der unter anderem für das erste Violoncello und die erste Viola ungewöhnlich lange, schwierige Soli enthält, erschließen sich im Grunde erst aus dem Studium der Partitur. Obwohl die Besetzung gegenüber dem ‹*Zarathustra*› reduziert ist (nur dreifache Holzbläser), scheint STRAUSS hier an eine Grenze gestoßen zu sein, jenseits derer ein rein auditives Nachvollziehen nicht mehr möglich ist. Überschreitet der ‹*Zarathustra*› als erste STRAUSSsche Tondichtung die Spieldauer von einer halben Stunde, so wirkt die ähnlich lange Dauer des ‹*Don Quixote*› auf Grund der ganz anderen, kontrastärmeren Anlage demgegenüber leicht ermüdend. Das als burleskes Gegenstück zu dem folgenden und parallel entworfenen ‹*Heldenleben*› gedachte Werk sollte nach dem Willen des Autors möglichst in Verbindung mit seinem Pendant gespielt werden – eine Forderung, die sich sehr selten realisieren läßt. Zu den einzelnen Abenteuern des Titelhelden und seines Knappen Sancho Pansa aus dem berühmten Roman von Cervantes hat sich STRAUSS zwar in den Skizzenbüchern ausführliche Notizen gemacht, jedoch kein detailliertes Programm entworfen; in der Partitur deuten gelegentlich Ausdrucksbezeichnungen wie «wütend», «sehnsüchtig», «sentimental» oder «entrüstet» auf die avisierten Episoden der Vorlage. Für die Uraufführung verfaßte er zum leichteren Verständnis kurze Erläuterungen.

Hartmut Becker

‹Ein Heldenleben›, Tondichtung, op. 40

Man hat in dieser Komposition ein musikalisches Selbstporträt sehen wollen, in dem der Komponist, nach mehr oder weniger maskierten «Vorstufen», hier in besonders aufdringlicher Weise «eitle Selbstbespiegelung» betrieben habe. Galt STRAUSS den Konservativen noch immer als «Verderber» geheiligter Traditionen, so wurde er der jüngeren Generation schon zum Exponenten bürgerlich-reaktionären Etabliertseins, eines «musikalischen Wilhelminismus»; IGOR STRAWINSKY prägte das Wort von der «triumphierenden Banalität» STRAUSSscher Musik. Wenig bekannt ist indessen, daß zwei Generationsgenossen des Russen vom *‹Heldenleben›* tief beeinflußt wurden: ARNOLD SCHÖNBERG in seiner 1903 vollendeten *symphonischen Dichtung ‹Pelleas und Melisande› op. 5* und BÉLA BARTÓK in seiner zur gleichen Zeit entstandenen *symphonischen Dichtung ‹Kossuth›*. Gewiß sind beide Werke noch während der Entwicklungsjahre der beiden Jüngeren komponiert worden, doch gibt solche Anregerfunktion des *‹Heldenleben›* Anlaß zu Zweifeln, ob es mit der eingangs genannten Charakterisierung sein Bewenden haben dürfte. Möglicherweise hatte die Entstehungszeit am Ende des «romantischen» Jahrhunderts STRAUSS veranlaßt, Bilanz des bis hierher Erreichten zu ziehen; das *‹Heldenleben›* resümiert die gewonnenen Erfahrungen der formalen Gestaltung, integriert diesmal auch die Groteske als Teil in den Gesamtablauf und zitiert aus allen älteren Tondichtungen einzelne Themen. Programmatische Hinweise existieren nur in Form von Überschriften der einzelnen Abschnitte, ähnlich wie im *‹Zarathustra›*. Andererseits sind es stets Vorstellungen dramatischer Vorgänge, an denen sich die Phantasie des Komponisten entzündet; gerade beim *‹Heldenleben›* ist dies aus den Skizzenbüchern deutlich zu ersehen. Die Affinität dieser Musik zu den bald darauf komponierten Musikdramen wird zum Beispiel an dem expressiven Liebesthema deutlich, das auf die *‹Salome›*-Musik vorausweist. Die geforderte Stärke des Orchesters entspricht weitgehend der *‹Elektra›*-Besetzung mit ihren acht Waldhörnern. Mit dem *‹Heldenleben›* schließt sich im Schaffen von RICHARD STRAUSS ein Kreis, dessen innere Möglichkeiten – das zeigte schon die Problematik des *‹Don Quixote›* an – ausgeschöpft erschienen; rein äußerlich wird diese Abrundung auch durch den, im Vergleich zu allen anderen Tondichtungen für STRAUSS ungewöhnlichen, Schluß des Werkes: Endeten die vorhergehenden Tondichtungen (abgesehen von der Schlußgrimasse des *‹Till›*) im verklingenden Pianissimo, so beschließt eine große crescendierende Akkordfolge dieses letzte Werk, allerdings ist dies eine nachträgliche Änderung. Die Frage nach autobiographischen Zügen des Werkes kommt hier einem Qualitätsurteil gleich – im Kampf des Helden mit seinen Widersachern und der Liebesszene darf man sicher solche Züge erkennen, und hier hält die Musik durchaus das Niveau des *‹Don Juan›*; auch ästhetisch fragwürdig dagegen sind die Partien, in denen eine Analogie zwischen «Held» und Komponist ausgeschlossen ist, vor allem der Schlachtenpomp («Des Helden Walstatt») und der Schluß («Des Helden Weltflucht und Vollendung»).

Hartmut Becker

‹Symphonia domestica› op. 53

Nach Abschluß der zweiten Reihe der Tondichtungen widmete sich Richard Strauss zunächst der Vokalkomposition; als er im Jahre 1903, unmittelbar vor der Arbeit an der ‹*Salome*›, nochmals zur Symphonik zurückkehrt, entsteht ein Werk, daß zwar die überkommene Viersätzigkeit einer Symphonie erkennen läßt, in seiner ganzen Art jedoch zu den Tondichtungen zu rechnen ist. Erschrekkend an diesem Werk ist der programmatische Angelpunkt: Hier soll häusliche Familienidylle in Musik gefaßt werden, doch der Komponist bedient sich für die Darstellung so privater, intimer Sphäre der Mittel eines Orchester-Giganten, fordert noch größere Besetzung als im ‹*Heldenleben*›. Muß schon dies ästhetisch fragwürdig erscheinen, da Strauss hier keinerlei parodistische Absichten hat, so erschreckt die ‹*Symphonia domestica*› an vielen Stellen durch ihre oft kleingliedrige Gestaltung, Selbstwiederholungen und Trivialität mancher Gedanken. Die Meisterschaft des Handwerklichen vermag nicht die Schwächen zu verdecken. Ferruccio Busoni hat in einem Brief an seine Frau eine höchst treffende Charakterisierung dieses Werkes gegeben: «Eine bewundersswürdige Leichtigkeit, zu komplizieren und Kleines auszubreiten. Strauss muß die beiden Hauptstimmen, dann die Hauptmittelstimme ausschreiben, und hinterher alles, was noch dazwischen Platz hat, hineinstopfen. Man kann das ja immer weiter, aber er hört nicht rechtzeitig auf. Er kennt nicht die *Meisterschaft des Unvollendeten.*» Die Widmung «Meiner lieben Frau und unserem Jungen» muß vor dem Hintergrund dessen geradezu peinlich wirken.

Hartmut Becker

‹Eine Alpensymphonie› op. 64

Nach der Uraufführung des *‹Rosenkavalier›*, als der Komponist auf Hofmannsthals Ausarbeitung des Librettos zur Oper *‹Die Frau ohne Schatten›* wartete, begann er in seiner Garmischer Villa mit der Skizzierung seines letzten großen symphonischen Werkes, das erst im Winter 1914/15 innerhalb von drei Monaten ausgeführt wurde. Dem Naturliebhaber und begeisterten Bergsteiger Strauss mußte ein Sujet naheliegen, das sich auf die Berge seiner bayrischen Heimat bezog; es ist indessen erschütternd, feststellen zu müssen, daß reines Nachbilden sicht- und hörbarer äußerer Sinneseindrücke das Wesen dieser Musik bestimmt. Von der erhabenen Ursprünglichkeit und Unberührtheit der Bergwelt ist unter aller instrumentaler Raffinesse nichts mehr zu spüren, die Klanggesten des ins Groteske angewachsenen Apparats (einschließlich der Orgel mindestens 125 Musiker!) wirken – sobald die Empfindungen ausdrücken sollen, seltsam abgegriffen, verbraucht. Die kontrapunktischen und instrumentatorischen Künste dieser Riesenpartitur können nicht über die erschreckende Wahrheit hinwegtäuschen, die sich in jenem Satz des Komponisten über sein Werk spiegelt: «Jetzt endlich hab ich instrumentieren gelernt!» – in der *‹Alpensymphonie›* ist die technische Seite des Komponierens zum Selbstzweck entartet.

Hartmut Becker

Spätere Bearbeitungen

Die letzten fünf Lebensjahre des Komponisten brachten nicht nur die späten, an den Klassizismus der Jugendzeit anknüpfenden Solokonzerte, sondern waren zugleich eine Zeit des Sichtens, Einrichtens und Bearbeitens mit dem Ziel, einiges an Musik für die Bühne auch für den Konzertsaal nutzbar zu machen. So hatte Strauss schon 1911, unmittelbar nach der Uraufführung des *‹Rosenkavalier›*, aus dessen dritten Akt eine Walzerfolge für den Konzertgebrauch zusammengestellt, der er 1944 eine weitere (mit Material der ersten beiden Akte) hinzufügte; sie wurde als *‹Erste*

Walzerfolge› bezeichnet, die Zusammenstellung der Walzer aus dem dritten Akt heißt seit 1944 *‹Zweite Walzerfolge›*. Zu unterscheiden sind diese beiden Reihen von der 1945 erstellten *‹Rosenkavalier-Suite›*.

Einen Extrakt aus der Musik des symbolistischen Musikdramas *‹Die Frau ohne Schatten›* (1914 bis 1917) bildet die 1946 geschriebene *Symphonische Phantasie* des gleichen Titels. Durch gleichartige Bearbeitungen versuchte STRAUSS die Musik seiner beiden wenig erfolgreichen Ballette *‹Josephslegende›* (geschrieben 1913) und *‹Schlagobers›* (1921) wenigstens für konzertante Aufführungen zu retten; das *‹Symphonische Fragment ‚Josephslegende'›* (1947) und die Suite aus dem Ballett *‹Schlagobers›* sind die Ergebnisse seiner Bemühungen.

Hartmut Becker

Instrumentalkonzerte

Die Kompositionen für ein Soloinstrument und Orchesterbegleitung, die Konzerte also, sind im Œuvre von RICHARD STRAUSS eher an die *Peripherie* gedrängt, ähnlich wie auch die Kammermusik, und wurden auch ihrer Bedeutung nach eher *am Rande* bemerkt und beurteilt. Bezeichnenderweise *umrahmen* sie auch von der Entstehungszeit her gesehen das STRAUSSsche Hauptwerk der Opern und symphonischen Werke, denn zu Beginn seiner Komponistenkarriere stehen Konzerte, das *Violinkonzert* (1881/82), das *erste Hornkonzert* (1883) und die *‹Burleske› für Klavier und Orchester* aus dem Jahre 1885 – STRAUSS war gerade einundzwanzig Jahre alt – und nach einem Zeitraum von immerhin sechzig Jahren wandte sich der alte RICHARD STRAUSS wieder der konzertanten Gattung zu, komponierte sein *zweites Hornkonzert* (1942) und schließlich das *Oboenkonzert* (1945). Diese Randstellung hatte freilich bei STRAUSS musikästhetische Gründe: Die programmmusikalische Konkretheit, wie sie der junge STRAUSS in seinen symphonischen Dichtungen anstrebte, war mittels der tradierten und erstarrten formalen Anlage des Konzerts nur schwer umzusetzen, da die Konzertform ursprünglich einer klassischen Musizierhaltung entsprungen war und dann in der Romantik umgeformt worden war zu einem musikalischen Mittel der virtuosen Selbstdarstellung. Erst im hohen Alter, als wiederum die symphonische Dichtung als überlebt galt, konnte sich STRAUSS wieder der Konzertgattung – durchaus im neoklassizistischen Geiste, der hoffähig geworden war – zuwenden. Die frühen Kompositionen stehen deutlich im Zeichen einer unbändigen, teils auch noch ungebändigten Musizierfreude. An Ungezwungenheit und Frische besticht am ehesten das *erste Hornkonzert in Es-dur* (1883), das RICHARD STRAUSS wohl als Huldigungswerk für seinen Vater Franz Strauss schrieb, der Hornist im Münchner Hoforchester war. Einfach und eingängig ist der musikalische Ton, geprägt von einer dem Horn gemäßen signalartigen Thematik, deren Ungebrochenheit und Vitalität das ganze relativ unproblematische Werk durchzieht. Das Rondothema des Finalsatzes verarbeitet Motivmaterial des ersten Satzes, was das konstruktive Verknüpfungsdenken assoziieren läßt, das für spätere Arbeiten von STRAUSS immer wieder eine wesentliche Rolle spielt.

Vom kompositorischen Anspruch her schwergewichtiger ist das *d-moll-Violinkonzert* angelegt, das ein Jahr vor dem *Hornkonzert* entstand. Schon die Tonart d-moll, mit der auch der junge BRAHMS sein Konzertschaffen eröffnete, weist auf diesen selbstbehauptenden Charakter hin. Der Violinpart ist technisch anspruchsvoll und orientiert sich an den großen romantischen Konzertwerken. Ebenso erweist sich STRAUSS als ausgesprochen versiert in einer erweiterten, spätromantischen harmonischen Musiksprache, die besonders im ersten Satz überraschende Wendungen demonstriert, wobei einige schablonenhafte Fortschreitungen nicht gänzlich vermieden werden können. Überzeugend selbstbewußt und gleichermaßen eingängig wirkt das Prestissimo-Rondo des Finales mit seinem flüssig durchchromatisierten Achtelthema.

Die *‹Burleske› für Klavier und Orchester* aus dem Jahre 1885, die ebenfalls in d-moll steht, ist unter den frühen Konzertwerken zweifelsohne die reifste Komposition. Sie ist gewissermaßen ein Kompendium der musikalischen Techniken auf der Höhe der Zeit. Die Arbeiten von STRAUSS standen davor immer wieder noch spürbar unter dem Einfluß von JOHANNES BRAHMS. In der *‹Burleske›*, drei Jahre vor dem *‹Don Juan›*, der endgültig die gefundene eigene musikalische Sprache markiert, gelingt STRAUSS auf dem Wege einer verfremdenden Ironie die Loslösung von seinen Vorbildern. Schon beim Beginn, wo ein Grundmotiv allein von vier Pauken gespielt wird, kündigt sich die Ambivalenz des ganzen Werkes durch die merkwürdige Instrumentation an. Ein für das weitere musikalische Schaffen kennzeichnender Humor ist auszumachen: So etwa schon beim ersten Einsatz des Klaviers, das punktiert gewichtig – durchaus im Stil von BRAHMS – beginnt, nach vier Takten aber eine chromatische Abwärtslinie in dissonierenden Klangkombinationen einschiebt, die unschwer als musikalische Metapher spitzen Lachens deutbar ist. Distanz zum kompositorischen Ereignis kündigt sich an, sie geht einher mit einer stupenden Beherrschung des Materials, mit dem STRAUSS in kaum einem anderen Werk so virtuos und zugleich unbefangen spielt, wie in der *‹Burleske›*. Divergierende Charaktere werden «herbeikomponiert», und es spricht für das überlegene Formgefühl von RICHARD STRAUSS, daß alles zu einem stimmigen Ganzen zusammenläuft. Der burlesk rüde Ton als Basis, in den immer wieder «beseelte Inseln» eingelagert werden, ohne dessen vorantreibende Dynamik vergessen zu machen, erweist sich hierfür als probates kompositorisches Mittel. Die stets spürbare kritische Distanz zum Erklingenden, die noch im lapidaren Pianissimoschluß hörbar bleibt, verhindert hierbei die Penetranz eines allzu derben Humors.

Die beiden letzten Konzertkompositionen haben den herrisch, von sich selbst überzeugten Gestus der frühen Werke nicht mehr nötig. Sie können auf eine gewaltige kompositorische Erfahrung zurückblicken – und sie setzen diese mit sparsamsten Mitteln um. Auf diese Weise gelingt STRAUSS ein filigran durchgehörter Ton, der trotz der nie in Frage gestellten Tonalität an keiner Stelle den Charakter des Antiquierten annimmt. Schon im *zweiten Hornkonzert* (1942) ist die Verliebtheit in weit ausschwingende Melodien, auch die sanfte Wehmut nach tonaler Stimmigkeit deutlich zu hören. Die kammermusikalische Dichte und das Sich-Ergehen in durchsichtigem Zierwerk, das freilich ganz entschieden Eigenqualität beansprucht, sind im *Oboenkonzert* (1945) noch schlüssiger weiterentwickelt. Stets herrscht eine rhapsodische Leichtigkeit und zurückhaltende Noblesse. Sie suchen gleichsam Momente des Bukolischen und des sanft Burlesken (im Finale) in eine Zeit zu retten, die diese Kategorien längst getilgt hat. So wirkt das *Oboenkonzert* wie ein großer, aber unpathetischer Abgesang auf eine zerstörte Musiksprache. Die Intensität, mit der dies gelang, macht das *Oboenkonzert* zu einer der zentralen Kompositionen des späten RICHARD STRAUSS.

Reinhard Schulz

‹Der Bürger als Edelmann› op. 60 und Tanzsuite nach Couperin

Während RICHARD STRAUSS, der Meister der Programmusik, für seine symphonischen Dichtungen außermusikalische Anregungen und Vorlagen aufnahm und verarbeitete, stellen die *Orchestersuiten ‹Der Bürger als Edelmann› op. 60* (1918) und die *‹Tanzsuite nach Couperin›* (1923) gewissermaßen innermusikalisch motivierte Werke dar, die jedoch nicht minder dem Bereich programmatischer Musik zuzurechnen sind. In beiden Fällen stammt der in diesem Fall nicht literarische, sondern musikalische Stoff, der den Anlaß zur Komposition bietet, aus dem späten 17. bzw. frühen 18. Jahrhundert: Für den *‹Bürger als Edelmann›* ist es die Musik LULLYS, für die *‹Couperin›*-Suite eine Anzahl aus den *‹Pièces de clavecin›* von FRANÇOIS COUPERIN. STRAUSS benutzt diese höfische Unterhaltungsmusik als Rohstoff, als nacktes Material, das er mit seinen kompositorischen und instrumentalen Mitteln einkleidet, so daß hier von wirklicher *Bearbeitung* gesprochen werden kann, die mehr ist als musikalische Kolorierung eines vorgegebenen Objekts. STRAUSS illustriert die alte Musik mit Techniken des 20. Jahrhunderts.

Die *Suite ‹Der Bürger als Edelmann›* ist das Überbleibsel des ersten Teils aus der ursprünglichen Fassung der *‹Ariadne auf Naxos›*. STRAUSS hatte zu der Hofmannsthalschen Bearbeitung des Molière-Stücks mehrere Nummern einer Schauspielmusik geschrieben und diese nach der Trennung von Schauspiel und Oper noch erweitert. Neun dieser Stücke faßte er 1918 außerdem in einer Orchestersuite zusammen, die den Hintergrund der Schauspielhandlung in den einzelnen Überschriften noch erkennen lassen. Die *Ouvertüre* zeigt die Gestelztheit des Bürgers Jourdain, der um vornehmes, adliges Benehmen bemüht ist. Im *‹Menuett›* und beim *‹Fechtmeister›* konkretisieren sich diese Bemühungen, im *‹Tanz der Schneider›*, einer Polonaise, dem *‹Menuett des Lully›* und der folgenden *‹Courante›* arbeitet STRAUSS mit den Mustern der zugrunde liegenden Tänze und Bestandteilen LULLYscher Kompositionen, wie auch im *‹Auftritt des Cleonte›*. Im *‹Intermezzo›* und abschließenden Finale, dem *‹Diner›*, läßt STRAUSS den Musikantenhumor eines Spätgeborenen spielen, er zitiert aus dem *‹Rheingold›*, einer italienischen Elegie und die Tonmalereimuster des 17. und 18. Jahrhunderts. Wie in den acht Tänzen der *‹Couperin›-Suite* (Einzug und feierlicher Reigen, Courante, Carillon, Sarabande, Gavotte, Wirbeltanz, Allemande und Marsch) will STRAUSS kein Pasticcio aus dem späten 17. oder frühen 18. Jahrhundert abliefern, es geht ihm auch nicht um eine Auferstehung der Musik von LULLY oder COUPERIN durch einen Komponisten des 20. Jahrhunderts, sondern er setzt die Vorlagen um, transformiert sie wie eine außermusikalische Quelle in seine Musiksprache.

Irmelin Bürgers

‹Metamorphosen›

Tief deprimiert von der Zerstörung des kulturellen Lebens durch den Zweiten Weltkrieg, die sich für ihn im Bombardement des Münchner Nationaltheaters am 2. Oktober 1943 manifestierte, zog sich RICHARD STRAUSS gänzlich zurück, gestattete sich nach der Uraufführung von *‹Capriccio›* 1942 keine weiteren Kompositionen, betrachtete sein Werk als abgeschlossen. Als ihn Paul Sacher jedoch im August 1944 um ein halbstündiges Werk für Streichorchester bat, nahm STRAUSS die Gelegenheit wahr, seiner «Trauer um München» – so das Motto zu Beginn der Partitur – Ausdruck zu verleihen. Aus seiner Introvertiertheit und seiner Beschäftigung mit den späten Werken Goethes heraus entstanden die *‹Metamorphosen›, Studie für 23 Solostreicher*, die 1945, wenige Wochen vor Kriegsende, vollendet waren.

Zehn Violinen, fünf Bratschen, fünf Celli und drei Kontrabässe setzen in varianten Kombinationen zu einem Adagio-Spannungsbogen an, der sich unter steter Beibehaltung höchster Ökonomie und gleichzeitiger Intensität zu einem Agitato verdichtet, um schließlich wieder im Molto lento zusammenzusinken.

Die musikalische Haltung von Wehmut und Resignation wird assoziativ gebunden durch WAGNER-Zitate und vor allem durch den Trauermarsch aus BEETHOVENS ‹*Eroica*›; der Titel als strukturelles Programm wird verwirklicht, indem thematische Andeutungen ständigen Umgestaltungen unterworfen werden, die Substanz jedoch unberührt bleibt. Das eigentliche Thema, das sich aus den Andeutungen herauskristallisiert, bleibt bis zum Ende unausgesprochen, konstituiert sich erst aus den Metamorphosen des musikalischen Verlaufs. STRAUSS erfüllt so den antiken Begriff mit musikalischem Leben, die äußeren Gestalten ändern sich, das immanente Wesen bleibt unangetastet, unveränderlich und kann erst durch seine Verwandlungen erkannt werden.

Irmelin Bürgers

‹Vier letzte Lieder›

Die Gattung Lied zieht sich wie ein roter Faden durch das Werk von RICHARD STRAUSS. Oft entstanden solche Kompositionen, wie er selbst bekannte, um der Langeweile zu entkommen, als «Öl zur Verhinderung des Einrostens der Phantasie» (aus einem Brief an Hofmannsthal). In seiner Frau Pauline de Ahna hatte er zudem eine kompetente, kongeniale Interpretin. Der großen Opernsängerin sind denn auch viele Liederzyklen gewidmet, als teils offene, teils versteckte Liebeserklärungen. STRAUSS scheute sich nie, Privat-Direktes in Musik zu setzen, und dies nicht nur in der ‹*Sinfonia domestica*› oder in ‹*Intermezzo*›. Die Auswahl der Liedtexte, die er erstaunlich unbekümmert traf, ist oft nur aus unmittelbar persönlichen Umständen heraus zu verstehen. Der Charakter vieler Vertonungen weist weniger auf Bekenntnislyrik hin als auf kulinarische Repräsentationskunst. Dieser Zug zum Privat-Persönlichen ist auch den letzten *Orchesterliedern* von 1948 eigen, eine demutsvolle Huldigung an die Gattin. Noch einmal zog der Vierundachtzigjährige in diesen letzten vollendeten Kompositionen nach Gedichten von Hermann Hesse und Joseph von Eichendorff alle Register seines souveränen Könnens der Stimmführung und Orchestrierung.

In allen Texten ist das Motiv des Abschiednehmens, des mildeverklärten Müde-Werdens vom Leben die beherrschende Aussage. Nicht einmal ein Ansatz von Schmerz und quälender Trauer ist in ihnen zu spüren. Und wenn im Eichendorffschen «Abendrot» die bang fragende Schlußzeile («Ist dies etwa der Tod?») Beklemmung verrät, dann wird dies im Orchesternachspiel wieder aufgelöst durch das leise verhallende Vogelgezwitscher der Piccoloflöten. Nichts soll die abgeklärte Ruhe, das Friedvoll-Idyllische der Lebensvollendung stören. Und als zarte programmatische Andeutung zieht in den Streichern nach den letzten Versen noch einmal das geliebte Hauptthema der symphonischen Dichtung *‹Tod und Verklärung›* vorüber, doch jetzt ohne die dichte Emotion, sondern in ergreifender Stille.

Dieser Charakter ist allen vier Kompositionen durchgehend zu eigen. Die formal greifbare, gegenständliche Melodie wird aufgelöst in ein fließendes Melisma, in ornamentales Parlando. Dies hat zur Folge, daß die Gedichtstrukturen, ihr metrischer Bau, bei der Vertonung keine Rolle mehr spielen. Allein der Inhalt wird atmosphärisch ausgetastet. Aus der lyrischen Textanlage wird musikalische Prosa, eine engelsgleiche Erzählung, die schwebend bei der Schönheit einzelner Worte verweilen kann, sie sanft wogend musikalisch ausziert. Der Verlauf der Singstimme wird so zu einer Verzahnung einzelner Partikel und melodischer Elemente, die durch die enorme Melismatik ihre Ausdehnung spontan zu bestimmen scheinen. Der überwältigende Eindruck breitangelegter Bögen ergibt sich allein durch das Klang-Fließen des Orchesters, eine bis ins feinste durchkalkulierte Wirkung der harmonischen Fortschreitungen und Umwendungen.

So ist zu Beginn des ersten Lieds «Frühling» zunächst ein Pendeln zwischen c-moll und as-moll bestimmend, auch nach dem Eintritt der Singstimme. In weniger als vier Takten wendet sich die Musik ins extrem entfernte H-dur und cis-moll, um dann, am

Schluß der ersten Strophe, Es-dur zu erreichen. Die Wirkung des folgenden Zwischenspiels ist ganz darauf angelegt, die Grundtonart C-dur, wie aus dem Nichts aufblühend, zu präsentieren. Dieser Prozeß ereignet sich innerhalb von fünfundzwanzig Takten, und doch hat man den Eindruck eines völlig eingängigen, selbstverständlichen Verlaufs, der uns nicht quasi mathematisch fordert, sondern genußvoll in uns einfließt.

Den Mangel an musikalischen Kontrasten, der durch die charakteristische Auswahl der Texte gleichsam schon vorgegeben ist und der auch zu einer Eindimensionalität des wehmütigen Gefühls führt, löst die geradezu unheimliche Perfektion der Instrumentierung auf. Zwar werden die Texte, die – zumal bei Hesse – durchaus über den verklärten Altersabschied hinausgehen, mehr oder weniger biographisch auf das eigene – das STRAUSSsche – Schicksal bezogen; was ihnen die Transparenz entzieht. Sie erfahren jedoch eine so betörend gelassene Umsetzung in die Musik des kalkulierten Gefühls, daß man als Hörer nur schwer die Distanz wahren kann. Die souveräne Art, in der sich STRAUSS im Jahre 1948, über dreißig Jahre nach der Uraufführung von *‹Le Sacre du Printemps›* und den revolutionären Errungenschaften der «Neuen Wiener Schule», in der reinen Tonalität bewegt, im ästhetisch unerschütterlich Schönen, ist kaum faßbar. Denn hier ist nichts von Epigonentum zu spüren. Die *‹Vier letzten Lieder›* hinterlassen den Eindruck des Originären, des überzeugten Bekenntnisses zur Tragfähigkeit der musikalisch-zentrierbaren Sprache. Wie mögen wohl die Zuhörer der Uraufführung, die am 22. Mai 1950 in London unter Furtwängler mit der Solistin Kirsten Flagstad stattfand, auf diese Musik des seligen Klangs, wenige Jahre nach Kriegsende, reagiert haben?

Bernhard Rzehulka

Hans Pfitzner

Moskau, 5. Mai 1869 – Salzburg, 22. Mai 1949

Trotzig, reizbar, gallig und polemisch empfand sich HANS PFITZNER als der in seiner herben, schwerblütigen Innerlichkeit zu wenig gewürdigte Platzhalter einer Tradition, die sich von SCHUMANN wie WAGNER herleitet und dem antiromantischen Affekt einer neuen Musik vergangenheitstrunken entgegenstemmt. Ohne es zu beabsichtigen, steht PFITZNERS Musik mit Tendenzen des 20. Jahrhunderts in Beziehung: mit dem Expressionismus durch ihren lastenden, linearen Satz, mit den Vorstößen an den Rand der Tonalität, mit der strikten Abkehr vom Wohlklang und mit der Betonung der «absolut-musikalischen» Logik der formalen Entwicklung. Durch PFITZNERS Werk zieht sich ein Bruch: Die nach der sozusagen expressionistischen Phase geschriebenen Partituren des Alternden neigen sich einem vorsichtigen Klassizismus zu, wobei Qualität wie Fülle des Einfalls nicht durchweg den Rang besitzen, wie ihn PFITZNERS theoretische Schriften der melodischen Intuition zuschreiben.

PFITZNER ist vorab dramatischer Komponist. Die Vorspiele zu den drei Aufzügen der musikalischen Legende ‹*Palestrina*› (1917) werden mitunter als symphonische Trilogie aufgeführt. Die archaisierenden Quinten und Quarten wie die spröde, ätherische Instrumentierung beziehen sich auf die introvertierte Wesensart des zu einer Symbolgestalt abstrahierten Renaissance-Komponisten. Das tumultuarische Vorspiel zum zweiten Aufzug bezieht sich auf das blinde Wüten des Schopenhauerschen «Willens», des bloßen Behauptungsdrangs der Erscheinungswelt. Das dritte Vorspiel, mit der Einleitung zum letzten Aufzug des ‹*Parsifal*› sympathisierend, ist eine verhaltene, von einer rührenden Klarinettenmelodie durchzogene Elegie. Für die Bühne bestimmt ist auch die im schmetternden C-dur auftrumpfende, von lyrischen Seitenthemen durchzogene *Ouvertüre* zu Kleists «Das Käthchen von Heilbronn», Eröffnungsstück einer Schauspielmusik von 1905, in mancherlei Betracht eine neo-romantische Variante der *‹Euryanthe›-Ouvertüre* des PFITZNER besonders lieben WEBER.

Die Gattung Symphonie hat PFITZNER lange ausgespart, obgleich seine Bühnenwerke und auch seine Kammermusik sich nicht genug tun können in thematischer Arbeit und symphonischer Logik. Die *Symphonie cis-moll op. 36a* ist die Orchesterfassung eines 1922 geschriebenen Streichquartetts, das die üblichen vier Abschnitte in einen riesigen Satz bindet und kantig-lineare Stimmführung im expressionistischen Sinn aufbietet. Die *‹kleine Symphonie› in G-dur* von 1939, gesetzt für doppeltes Holz, Trompete, Harfe und Streicher, charakterisiert in vier kurzen Sätzen PFITZNERS späte Sympathie für aufgehellten Satz und frühklassische Formen – ein Phänomen, wie es sich auch in manchen Partituren des PFITZNER im übrigen konträren STRAUSS beobachten läßt und wohl ein Alterssymptom der vormals so aufwendig musizierenden Neuromantiker war. Prägnanter in der Thematik und frischer in der Diktion ist die *C-dur-Symphonie op. 46* von 1940: drei ineinander übergehende Sätze, deren erster von einem ritterlichen, im Blech exponierten Allegro-Thema von rhythmischer Energie getragen wird, deren Adagio vom Englischhorn ausgeht und einen Kanon zwischen Oboe und Klarinette bringt und deren letzter sich in flinken Triolen bewegt. Zyklisch verklammernd steht am Ende das ritterliche Eingangsmotiv.

Die beiden Instrumentalkonzerte sind ungefähr gleichzeitig entstanden und fassen mehrere Sätze in einen pausenlos ablaufenden Komplex *des Klavierkonzerts Es-dur op. 31* im Jahre 1922, das *Violinkonzert h-moll op. 34* ein Jahr später. Romantischer, auftrumpfender Elan trägt das *Klavierkonzert*, das *Violinkonzert* gibt sich so spartanisch in sich gekehrt, daß das Soloinstrument im langsamen Satz schweigt, was ein Unikum in der gesamten Streicherliteratur darstellt. Die strahlkräftige Tonart Es-dur spielt das *Klavierkonzert* mit herausfordernder, ja bravouröser Geste aus, zumal in dem kurz von einem Gesangsthema unterbrochenen Allegro-Abschnitt, in dem aus einem Jagdmotiv im Sechsachteltakt wirbelnd entfalteten Scherzo und zumal in dem aggressiv und derb losbrechenden Finale, dessen Kadenz in fugierter Form gehalten ist. An dritter Stelle steht ein meditatives Andante. Das *Violinkonzert* zeigt den «expressionistischen» PFITZNER. Drei Themengruppen – ein pathetischer Hauptgedanke, ein kantabler Seitensatz und ein vom Blech eingeführtes, markantes Motiv – werden im Verlauf des gesamten Konzerts gleichsam durchgeführt, das *marcato* des Blechs sogleich in sieben Variationen, deren Tempo sich von Abwandlung zu Abwandlung steigert und zum wilden Prestissimo wird. Der langsame, auf die Solovioline verzichtende Teil verdunkelt das Gesangsthema zu düsterer, resignatorischer Herbheit. Mit der Wiederkehr des ausgesparten Soloinstruments beginnt die Reprise, die sich durch neue Nebenthemen zu einem Rondo weitet. Beide Instrumentalkonzerte PFITZNERS strapazieren auf gegensätzliche Weise die manuellen und intellektuellen Fähigkeiten der Solisten.

‹Von deutscher Seele› – der aufdringliche Titel der romantischen, abendfüllenden *Kantate nach Eichendorff op. 26* verstellt im Verein mit einigen, aus PFITZNERS deutschnationaler Haltung zu erklärenden, äußerlich patriotischen Effekten den Blick auf ein 1921 entstandenes Hauptwerk PFITZNERS. Eichendorff, den der Liedkomponist PFITZNER bevorzugte, gibt in Gedichten und Sprüchen dem Ausdruck, was für PFITZNER, gut romantisch, den Kern der «deutschen Seele» ausmacht: Naturverbundenheit, Phantastik, Idealismus, Selbstzweifel, Resignation, Todesmystik, stille Heiterkeit usw. *Mensch und Natur* stehen obenan in den zwei Blöcken der von Soloquartett, Chor und großem Orchester getragenen, sich in manchen Passagen mit HINDEMITHS Oratorium *‹Das Unaufhörliche›* (1931) berührenden Fantasie über das Deutsche schlechthin. Was Eichendorffs Verse auf knappe Zeilen zusammendrängen, führt PFITZNER mit der Sensibilität des Nachgeborenen breit und grüblerisch aus.

«Mensch und Natur» ist der elfteilige erste Abschnitt überschrieben, dessen Kernstück das furios an die Grenzen der Tonalität drängende, nächtlich-dämonische Orchesterscherzo *‹Der Tod als Postillon›* ist. «Leben und Singen» heißt der zweite Teil, wobei der erste Abschnitt die Vergänglichkeit des Irdischen betrachtet, während der Schlußteil Lieder aneinanderreiht und am Ende ausbricht in den Chorsatz «Wenn die Wogen unten toben», dessen aufbegehrendes nationales Pathos aus der politischen Situation der Entstehungszeit wie aus Pfitzners konservativer Gesinnung verstanden werden muß.

Der Tod der ersten Frau Mimi (1926) brachte einen Bruch in Pfitzners Leben. Schopenhauerisch verfinstert klingt die *Chorfantasie* mit Orchester, Orgel, Sopran- und Baritonsolo *‹Das dunkle Reich› op. 38* (1929): acht Stationen der Reflexion über die Wechselbeziehung von Leben und Tod, an Hand von Gedichten von Michelangelo, Goethe, Richard Dehmel und Conrad Ferdinand Meyer. Die spätromantische «Sympathie mit dem Tode» begegnet sich mit geballtem expressionistischen Ausdruck und spiegelt sich in einer schmerzlich dissonanten, kaum noch tonalen Harmonik. Die Chöre der Toten und der Schnitter, der Tanz des Lebens und die «Faust»-Szene des Gretchens vor der Mater dolorosa verbinden sich im Zeichen des Schicksalsspruchs «Alles endet, was entstehet». Die Komposition ist eine ausgedehnte Fantasie mit vokalen Passagen, kein weltliches Requiem.

Karl Schumann

Franz Schmidt

Pozcony, 22. Dezember 1874 – Perchtoldsdorf bei Wien, 11. Februar 1939

In Preßburg, einem Knotenpunkt österreichischer, böhmischer und ungarischer Musikkultur, geboren, wuchs FRANZ SCHMIDT in einer musikalisch geprägten Umgebung auf, als Kind hörte er noch FRANZ LISZT in einem Konzert spielen. Seine Preßburger Lehrer waren der Domorganist Rudolf Mader und später Ludwig Burger. Nach der Übersiedlung nach Wien studierte SCHMIDT bei JOSEPH HELLMESBERGER und trat 1896 in das Hoforchester als Cellist ein. Er wirkte am Konservatorium, 1925 bis 1927 war er Direktor an der Staatsakademie und in den folgenden vier Jahren bekleidete er das Amt des Rektors an der Wiener Hochschule für Musik. Neben diesen offiziellen Ämtern gab er unzählige Privatstunden und fand Zeit, im Freundeskreis als Pianist und Cellist zu musizieren.

Unter diesen Lebensumständen stand FRANZ SCHMIDTS kompositorisches Schaffen anfangs noch eher im Hintergrund und entwickelte sich erst langsam. SCHMIDT, obwohl im selben Jahr wie ARNOLD SCHÖNBERG geboren, war als Komponist ein «Meister nach Brahms und Bruckner» (Carl Nemeth) – besonders ersterem fühlte er sich stilistisch hingezogen – und schlug nicht den avantgardistischen Weg in Richtung Atonalität und Zwölftonmusik ein, sondern blieb auf den konservativen Pfaden des späten 19. Jahrhunderts.

Die Nähe zu BRAHMS spiegelt sich auch in den *vier Symphonien* wider, deren *erste in E-dur* SCHMIDT 1896 geschrieben hat. Sechs Jahre später begann er mit seiner ersten Oper *‹Notre Dame›* (vollendet 1914), die das Stück enthält, das heute noch am engsten mit dem Namen FRANZ SCHMIDT in Verbindung gebracht wird, das *‹Intermezzo›*. Etwa parallel zur letzten Arbeitsphase an *‹Notre Dame›* entstand die *zweite Symphonie in Es-dur* (1911 bis 1913), und in den zwanziger und dreißiger Jahren nahm die kompositorische Tätigkeit einen immer weiteren Raum ein. SCHMIDT entwickelte seinen eigenständigen Stil; eine ausgeprägt komplexe Harmonik, eine individuelle Mischung von Mediantenharmonik, chromatischen Akkordparallelen und ungarischem Kolorit sind ihre hervorstechendsten Merkmale. Aber auch formal erweist sich SCHMIDT als Schüler im Geiste von JOHANNES BRAHMS: In der *zweiten Symphonie* beispielsweise verbindet er alle vier Sätze durch ein latentes Netz thematischer Bezüge, die aber selten an der Oberfläche greifbar werden, der zweite und dritte Satz sind in einem zusammengefaßt und erwachsen aus einer Themenandeutung des ersten Satzes.

Die *dritte Symphonie in As-dur* (1927/28) zeigt SCHMIDTS schon fast ans Impressionistische grenzende Instrumentation und Klangtechnik. Wie auch in der *zweiten Symphonie* erweist sich SCHMIDT als Meister der Mittelstimmen, dem es gelingt, formale, harmonische und instrumentale Strukturen miteinander zu verschränken, einen komprimierten Spätstil zu entwickeln, sich immer auf große Vorbilder der symphonischen Musik wie BEETHOVEN, SCHUMANN, BRUCKNER und BRAHMS berufend. Und so ist es nicht verwunderlich, daß auch FRANZ SCHMIDTS reifstes Werk die *vierte Symphonie* ist, die 1932/33 entstanden ist und in C-dur steht. Schmidts einzige Tochter war kurz vorher gestorben, er selbst schwer krank. So sind denn die requiemhaften Züge dieser tragisch gefärbten Musik unüberhörbar. Aber neben emotional-biographischen Motiven steht auch hier das Bemühen um eine Lösung der formalen Probleme der Symphonie im Vordergrund: SCHMIDT erreicht eine Verschmelzung des Variationsprinzips mit der Sonatenform, leitet die ganze Symphonie von einem einzigen Hauptgedanken der Trompeten ab. Über der Mikrostruktur der einzelnen Sätze legt SCHMIDT eine Anlage im großen, die aus den vier Sätzen die Abschnitte einer monumentalen Sonatensatzform macht: Erster Satz – Exposition, zweiter und dritter Satz – Durchführung, vierter Satz – Reprise und Coda.

Neben den Symphonien hat SCHMIDT 1930/31 die *‹Variationen über ein Husarenlied› für großes Orchester*, gewidmet Clemens Krauss, und eine *Orchestration* für seine *Orgel-Chaconne in cis-*

moll geschrieben, ferner zwei konzertante Kompositionen für Klavier und Orchester: 1923 entstanden die *‹Konzertanten Variationen› für Klavier und Orchester* über ein Thema aus BEETHOVENS *‹Frühlingssonate›*, geschrieben waren sie ebenso wie SCHMIDTS *Klavierquintett* für den Pianisten Paul Wittgenstein, der im Ersten Weltkrieg seinen rechten Arm verloren hatte.

Das *Klavierkonzert in Es-dur* (1934) steht zwischen der *vierten Symphonie* und SCHMIDTS letztem Werk *‹Das Buch mit sieben Siegeln›*, auch dieses Konzert war ursprünglich für Wittgenstein geschrieben, Franz Wührer stellte später eine Fassung für zwei Hände her, die aber immer umstritten blieb und der Durchsetzung des *Klavierkonzerts* als Werk mehr geschadet als genützt hat.

Irmelin Bürgers

Carl August Nielsen

Nørre Lyndelse bei Odense, 9. Juni 1865 – Kopenhagen, 3. Oktober 1931

In der Retrospektive scheint es, als sei es Carl Nielsens vornehmste Aufgabe gewesen, das symphonische Erbe der nationalromantischen Ära N. W. Gades anzutreten und mit neuem, von nationaler Ästhetik unabhängigem Ausdruck zu erfüllen. Bereits in den frühen Werken, die für den vorsichtigen Entzug vom mächtigen Einfluß einer jeweils durch Gade, Grieg und Svendsen exemplarisch für den skandinavischen Raum propagierten musikalischen Ästhetik stehen, ist Nielsens symphonischer Satz mit konzisen persönlichen Stilelementen durchsetzt. Die konsequente Entwicklung der eigenen Musiksprache im Entwachsen aus der Schülerschaft der erwähnten Lehrer und Vorbilder – die allerdings den Bruch mit der Tradition einschließt – erklärt die solitäre Stellung des dänischen Komponisten unter den Symphonikern des späten 19. und frühen 20. Jahrhunderts.

Die weitreichende Verselbständigung kontrapunktischer Satzweise und der durch sie regierten Konzentration auf die motivische Arbeit bei gleichzeitiger Plastizität der Rhythmik bedingen die allmähliche Lösung von formalen Idealen klassisch-romantischer Provenienz. Dem melodischen Postulat der Romantik, der *unendlichen Melodie*, steht Nielsens knappe und oft streng diatonische, an gregorianischen, pentatonischen und spätmittelalterlichen Modellen orientierte Melodik entgegen. Die Dominanz der melodischen Linie fordert im Gegensatz zu klanghysterischen Wirkungen spätromantischer Orchestration eine schlanke Harmonisierung; ein extrapoliertes historisches Präparat zu Melodik und Kontrapunkt eröffnet sich für Nielsen in der Anwendung modaler Tonalität. Das Zusammenspiel von emanzipierter Melodik und bruitistischen Elementen (in den letzten *vier Symphonien*) mit dem Ergebnis von Klangflächenstruktur und -dynamik, suspendiert die

Harmonik von ihrer ordnenden Wirkung im musikalischen Gewebe – sie gerät zum sekundären Faktor. Über das Stadium von erweiterter Tonalität und Polytonalität hinaus hat NIELSEN allerdings, von einigen Passagen abgesehen, den konsequenten Schritt zur Dodekaphonie verweigert. Jeglichem Anflug von Sentimentalität, jeder Versuchung zur Klangseligkeit begegnet die Strenge des Satzes mit eigentümlicher Spröde; NIELSEN kleidet durch die Prägnanz seiner Instrumentation und die Intensität thematisch-motivischer Arbeit seine Symphonik in distanzierte Herbheit, die die Grenze zu berechnender Kühle auch überschreiten kann.

Dem Versuch einer objektiven Beschreibung der Kriterien in der Rezeptionsgeschichte schließt sich eine betrogene Bewertung der Symphonik NIELSENS an. Selbst unter der Berücksichtigung von NIELSENS eigener ästhetischen Prämisse (eine Musik zu schreiben, «die wie ein reines, scharfes Schwert ist, schneidend und leicht faßlich»), wird auch heutzutage das gesamte Spektrum der Einschätzung zwischen Anerkennung und Ablehnung bemüht, das sich zwischen den Extremen von Mittelmaß (*Mangel an Reflexion*) und Genialität (*bedeutendster skandinavischer Komponist*) bewegt.

Erste Symphonie op. 7

Die in den Jahren 1891/92 entstandene *erste Symphonie* ist ganz aus der Spannung zwischen Tradition und Progression heraus gestaltet. Dem Eröffnungsakkord des ersten Satzes im Orchestertutti (C-dur) folgt die Vorstellung, im weiteren Verlauf die harmonisch konturierte Entwicklung des Hauptmotivs in g-moll. Dem im ersten Takt exponierten harmonischen Kontrast unterliegt der ganze erste Satz (Andante orgoglioso); das gestalterische Prinzip einer an BRAHMS erinnernden kontrapunktischen Gewandheit und abrupte Zäsuren zwischen formbildenden Abschnitten entrücken den Kopfsatz einer allzu eindeutigen romantischen Atmosphäre. Eine einfache, aus sich selbst heraus erneuerte, den ganzen Satz überspannende Melodie im Sechsachteltakt, prägt den zweiten

Satz (Andante). Gegenüber traditionsverbundenen Instrumentalkombinationen vermeiden progressive Elemente wie reiche Chromatik der Mittelstimmen, alterierte Harmonik und häufige Unisonowendungen einen sentimentalen Anstrich dieser im Ausdruck unendlicher Weite einzigartigen romantischen Reminiszenz, die überdeutlich in der Schlußbildung (Quart-Aufstiege im liegenden Akkord) dem Zeitgenossen JEAN SIBELIUS Reverenz erweist. Für die progressive Tendenz des Werkes bürgt der dritte Satz (Allegro comodo), ein in der Aufgabe rhythmischer Eindeutigkeit (Vierviertelmotivik im Sechsvierteltakt) und mit Moll-Eintrübungen zu dramatischer Wirkung gesteigertes Scherzo.

NIELSENS persönlichem Gusto entspricht hier die Ebene der Reflexion, indem die konstituierende Motivik (jeweils als Andante sostenuto zeitlich gedehnt, harmonisch bereichert und choralartig) unter einer akustischen Lupe betrachtet in nur einer Instrumentalgruppe gespreizt erklingt, ein Verfahren, das – als Zeitkomposition apostrophiert – ein frühes Exemplar kompositorischer Gestaltung darstellt, wie es erst in den fünfziger Jahren unseres Jahrhunderts in den Blick gekommen ist.

Reminiszenen an vorangegangene Sätze prägen beim Hörer, nicht zuletzt auch in der Beibehaltung des Prinzips harmonischer Flexion, einen deutlichen Finaleffekt für den letzten Satz aus (Allegro con fuoco).

Norbert Bolin

Zweite Symphonie op. 16 (‹Die vier Temperamente›)

Inspiriert von einem alten Holzschnitt, auf dem nach hippokratischer Lehre die menschlichen Leidenschaften verschiedenen Personen zugeordnet waren, entsteht NIELSENS wohl populärste Symphonie, *‹Die vier Temperamente›* (Uraufführung 1902). Trotz der Titelgebung darf sie nicht als Programmsymphonie verstanden werden, vielmehr ist unter dem Diktat der Satzbezeichnung jedem Satz die allgemeine Charakteristik eines Zustands aufgegeben. Konträr zum Allegro collerico, in dem rhythmische Variabilität und emotionale Spannweite individueller als noch für die *erste*

Symphonie beschrieben, zornig und aufbrausend den Satz prägen, vermittelt der zweite Satz (Allegro comodo e flemmatico) den Eindruck unerschütterlicher Contenance – Inaktivität durch die Klänge von pastoraler Schönheit. Der sich mit gemächlich-ruhiger Schichtung zu pathetischer Größe steigernde melancholische Ton des Andante malincolico scheint durch die blutvolle instrumentale Schlagkraft des letzten Satzes (Allegro sanguineo) und dessen Marzialeschluß fast weggewischt.

Norbert Bolin

Dritte Symphonie op. 27 (‹Sinfonia espansiva›)

Freiere Rhythmisierung kombiniert mit melodischen Steigerungsmomenten, extremer Einsatz der ganzen Palette orchestraler Mittel ohne damit vordergründige Effekte zu erzielen, andauernder Wechsel des Führungsanspruchs im Orchestersatz und in der Folge die eingeschränkte Vorherrschaft der Streicher, ein Walzer mit polytonaler Tendenz – all das kennzeichnet den Eingangssatz der 1912 uraufgeführten *dritten Symphonie* (Allegro espansivo). Gleichzeitig sind dies alles Wegemarken auf dem konsequenten Pfad zum Bruch mit der Tradition. Das Aufbrechen der vokalen Latenz in der Melodik NIELSENS durch die Integration zweier auf Vokalisen singenden Stimmen (Andante pastorale), die Konstruktion einer Art *harmonisches Niemandsland*, in dem eine gewöhnliche Sequenz wie ein Fremdkörper klingt (Allegretto un poco), letztlich ein an die Symphonik MAHLERS gemahnendes orchestrales Idiom verdeutlichen die errungene Sicherheit NIELSENS im symphonischen Kalkül. (Vieles davon mußte der Partiturrevision Fritz Buschs 1939 weichen, der die Originalität der Instrumentation, damit die Fremdheit des Klangkolorits unter das Primat spätromantischer Idealvorstellungen zwang und die Partitur «bereinigte».)

Norbert Bolin

Vierte Symphonie op. 29 (‹Das Unauslöschliche›)

Wie zuvor alle Symphonien, beginnt auch die *vierte*: Fortissimo, Allegro, Tutti; an Stelle eines ersten Satzes bildet sich eine Sonatenhauptsatzform aus und erst nach dem letzten Formteil wird die Absicht deutlich, alle Sätze *attacca* anzuschließen, fällt die Entscheidung zugunsten des zweiten Themas als Hauptgedanken der ganzen Symphonie. Was dieses, unter dem aktuellen Eindruck des Kriegs (Uraufführung 1916) synonym für die beständige Urkraft des Lebens *‹Das Unauslöschliche›* bezeichnete, konzentrierteste Werk NIELSENS von anderen unterscheidet, ist die kalkulierte Zerfahrenheit der Satzgebilde: Streichergruppen breiten aus langgedehnten Triolen- und Trillerketten Klangteppiche, dialogische Elemente (zwischen Flöte und Pauke, Celli und Pauke) kommen zum Tragen, Formteile werden durch Einbrüche und Einwürfe im Aufbau zerschlissen. In der großen Partie des klassischen Holzbläsersatzes sind die Streicher zu rhythmischer, klangfärbender Stütze relegiert, ist der Blechbläsersatz mit solistischen Violinen infiltriert, wie sich umgekehrt vorsichtig Holz- und Blechbläser dem Streichersatz beifügen. Oft unvermittelt in einen solchen langgedehnten organischen Aufbau (der Idylle) bricht eine andere, musikalisch schrille Welt (des Marsches) ein, und wer mag entscheiden, ob mit dem «Glorioso»-Schluß der Klangmassen das evolutionäre Prinzip gesiegt hat? Wenn der Satz gegen Ende zu ersterben droht, fahren die Pauken brutal und laut dazwischen, treiben den erschöpften Spiritus rector zur Fortsetzung an; impulsiv und drängend geben sie bis zum Ende den Ton an (zwei Paar Pauken, rechts und links *vor* dem Orchester aufgestellt, «müssen... bis zum Schluß, auch wenn sie piano spielen, einen gewissen drohenden Charakter behalten»). Als diskursiv-epische Methode interpretiert, den Satz durch gestaffelte Polyphonie, Fugato-Technik und Heterophonie des harmonischen Gerüsts zu strukturieren, um damit ein lyrisch-dramatisches Zyklorama zu entwerfen, steht das Verfahren BRUCKNER wie MAHLER nahe.

Norbert Bolin

Fünfte Symphonie op. 50

Dem Gedanken unter Vorbehalt Raum gewährt, daß MAHLERS *dritte Symphonie* sein persönlichstes Werk sei, eröffnet sich die Parallele zur Person NIELSENS und dessen *fünfte Symphonie*. Und wie jene ist diese in zwei Abteilungen organisiert, von denen die erste (Tempo giusto, Adagio) durchaus als Exposition zur zweiten (Presto, Andante poco tranquillo, Allegro) sich verhält. Die Schockwirkung der Geräuschkomponente erregte zur Zeit der Uraufführung (1922) sicherlich mehr Aufmerksamkeit als heutzutage; eher dagegen wird mit der zeitlichen Distanz zur Entstehung der Umstand Beachtung finden, daß neben impressionistischen Klangflächen der gesamte spätromantische Orchesterapparat auch perkussiv genutzt ist, so daß am Ende Melodik, Harmonik und Rhythmik zu einer höheren Einheit verschmolzen sind.

Norbert Bolin

Sechste Symphonie WoO (‹Sinfonia semplice›)

In einem Schreiben an seine Tochter äußert NIELSEN vor der Entstehung der *‹Semplice›* den Gedanken, dieses Werk «mit derselben unkomplizierten Freude am reinen Klang wie die alten a cappella-Komponisten» zu schreiben – ein ästhetisches Postulat, das in seiner Umsetzung einer rigorosen Kehrtwendung gleichkommt. Und tatsächlich ist der große Ton geschwunden: Komplexe Strukturen und differenzierte Konstruktionen weichen einem alles beherrschenden Prinzip der Einfachheit, das zwar noch alle probaten Mittel kennt, in deren Anwendung aber den Eindruck vermittelt, NIELSEN sei zu einem Anfang zurückgekehrt, von dem er nicht ausging. Unverblümter nie als im Violinsolo zum Ende des ersten Satzes wandte sich NIELSEN der Tonsprache GRIEGS zu. Der Rückgriff auf überkommene Formen für die letzte Symphonie mutet seltsam an: Neben der offensichtlich als Karikatur dodekaphoner Methode gedachten *‹Humoreske›* stehen Kanon (Proposta seria) und Variation (Tema con variazioni). Der für dieses Werk zusätzlich theoretisch formulierten Betonung instrumentaler Spezifika entspricht die kammermusikalische Faktur. Letztendlich bleibt der übermächtige Eindruck, daß das Suchen NIELSENS nach neuen Inhalten und Ausdrucksformen nach einer Phase relativer Konsolidierung wieder begonnen hat.

Norbert Bolin

Jean Sibelius

Hämeenlinna, 8. Dezember 1865 – Järvenpää, 20. September 1957

Johan Julius Christian (Jean) Sibelius, der in einer schwedischsprachigen Familie aufwuchs und später erst das Finnische lernte, erhielt zunächst Klavier-, mit fünfzehn Jahren Geigenunterricht; die ersten Kompositionen datieren aus dem Jahre 1876. Von 1885 bis 1889 studierte er bei Wegelius am Konservatorium zu Helsinki; später setzte er mit Hilfe eines Stipendiums seine Studien in Berlin, dann in Wien (Robert Fuchs, Karl Goldmark) fort. 1892 erhielt er am Konservatorium Helsinkis eine Stelle als Lehrer für Theorie, Komposition und Violine, 1897 ermöglichte ihm eine Staatsrente, sich in der Folgezeit ganz seinem Schaffen zu widmen. 1904 zog er sich in die Einsamkeit von Järvenpää zurück, wo er sein Leben, abgesehen von einigen Reisen nach England und Amerika, bis zu seinem Tode verbrachte.

Finnland, seit dem 13. Jahrhundert ein ständiger Spielball zwischen Schweden und Rußland, lange Zeit kulturell beeinflußt durch Deutschland, begann erst im 19. Jahrhundert zu seiner Identität zu finden, gelangte erst 1917 zu politischer Unabhängigkeit. Bahnbrechend für diese kulturelle Selbstfindung war die Veröffentlichung des Nationalepos «Kalevala» (1835) durch den Arzt Elias Lönnrot (1802–1884), der unzählige Runengesänge seines Landes gesammelt und zu einem Kunstwerk verdichtet hat; er wurde damit zum Wegbereiter der finnischen Literatursprache. Während die finnischen Komponisten des frühen 19. Jahrhunderts noch in der Tradition Mitteleuropas standen, begann Robert Kajanus (1856–1933) als erster finnische Volksmelodien zu verwenden, ließ sich von dem «Kalevala»-Mythos inspirieren. Ihren alles überragenden Repräsentanten aber erhielt die finnische Musik in Sibelius. Was damals als typisch finnisch empfunden wurde, liegt primär in der individuell schöpferischen Physiognomie Sibelius' begründet; auch für Finnland gilt, daß ein Nationalstil sich weniger kompositorisch dingfest machen läßt, als daß er durch Akklamation erhoben wird. Fraglos hat sich SIBELIUS in vielen seiner Werke vom Nationalepos inspirieren lassen, doch finden sich nirgends genuin folkloristische Elemente. Zweifellos blieb die finnische Landschaft mit ihrer Monotonie und ihrer unendlichen Weite nicht ohne Einfluß auf die psychische Disposition und musikalische Empfindung SIBELIUS', gleichwohl wäre es verfehlt, in seinen Kompositionen den direkten, ungefilterten Reflex des «Landes der tausend Seen» erblicken zu wollen; er war, was besonders in seinen Symphonien zutage tritt, ein in hohem Maße reflektierender Musiker, der im Spannungsfeld der unterschiedlichen musikalischen Zeitströmungen von der Spätromantik über Impressionismus und Neoklassizismus bis zur Atonalität einen individuellen, freilich sich wandelnden Stil entwickelt hat, der im Reigen seiner Kollegen eine singuläre Erscheinung geblieben ist. Seine Bedeutung wurde außerhalb seiner Heimat im angelsächsischen Raum früh erkannt, während seine Musik in Deutschland auf mannigfaltige Vorurteile stieß – erinnert sei an die ebenso vernichtenden wie teils fragwürdigen Verdikte von Adorno und Leibowitz – und immer noch stößt.

Die Tatsache, daß SIBELIUS nahezu durch seine gesamte Schaffenszeit hindurch Symphonien und Tondichtungen schrieb, also gleichermaßen zwei Positionen vertrat, die zu jener Zeit als miteinander unvereinbar galten, hat in der Literatur immer wieder zu der Annahme geführt, daß letztlich auch seinen Symphonien Programme zugrunde lägen, die nur nicht explizit dargelegt, sondern verschwiegen seien. Eine solche Auffassung steht jedoch im klaren Widerspruch zu den wenigen Verlautbarungen, die SIBELIUS über seine Musik gab: «Meine Symphonien sind Musik, die als musikalischer Ausdruck ohne jedwede literarische Grundlage erdacht und ausgedrückt worden ist. Ich bin kein Literaturmusiker. Für mich fängt die Musik dort an, wo das Wort aufhört.» Bei aller zeitlichen und damit stilistischen Differenz orientierte sich SIBELIUS, wie er selbst betonte, an der musikalischen Denkweise BEETHOVENS, betrachtete das Verhältnis von Form und Inhalt als dialektisch: Der Inhalt gestaltet aus sich heraus die adäquate Form, während andererseits durch die Form erst sich der musikalische Inhalt erkennen läßt.

Mit der *ersten Symphonie e-moll op. 39* (1899) knüpft SIBELIUS an die spätromantische Tradition an: Die hochpathetische Sprache, seine Vorliebe für expressive Melodik, für die Emphase des schweren Blechs, verweisen vor allem auf TSCHAIKOWSKY, dessen *sechste Symphonie* bereits 1894 in Helsinki aufgeführt wurde. Symptomatisch ist auch die thematische Verklammerung der Sätze: Das Finale, das bereits durch das Scherzo vorbereitet wird, beginnt mit der einleitenden Klarinettenmelodie des Kopfsatzes. Unverkennbar sind die Fortschritte in der symphonischen Faktur, gemessen etwa an der *‹Kullervo›-Symphonie op. 7*: Die Themen sind auf Verarbeitung angelegt, der Tonsatz erscheint strukturierter. Ein Charakteristikum der Melodik SIBELIUS' ist das extrem lange Festhalten am ersten Ton und das Auslaufen in eine Triolenbewegung, wofür das Hauptthema des ersten Satzes als paradigmatisch gelten kann.

Die *zweite Symphonie D-dur op. 43* (1901) gilt allgemein als die populärste des finnischen Komponisten. Im Rahmen der traditionellen Satzformen und -charaktere arbeitet SIBELIUS mit einprägsamen Themen und Motiven, mitreißenden Rhythmen und einem emphatischen Orchesterklang. Gleichwohl wird die Form nicht als vorgegebenes Schema verstanden: Im ersten Satz tritt an die Stelle des strengen thematischen Dualismus eine Vielfalt von musikalischen Gedanken. Der eher locker gefügte Aufbau der Exposition erfährt seine Kompensation durch eine intensive Verdichtung des Materials in der Durchführung, während die Reprise verkürzt wird: SIBELIUS' Abneigung gegen die wörtliche Wiederholung, gegen das unreflektierte zweimal Sagen, wird uns auch in späteren Werken immer wieder begegnen. Im Kontrast zu diesem dynamischen Prinzip steht seine ausgeprägte Vorliebe für Orgelpunkte, Liegeklänge, in sich rotierende Ostinati, von denen im Finale geradezu exzessiver Gebrauch gemacht wird.

Mit der *dritten Symphonie C-dur op. 52* (1904 bis 1907) vollzieht sich ein Wandel, nimmt Sibelius Abschied von der subjektiven Bekenntnismusik spätromantischer Prägung, indem er sich der neoklassizistischen Richtung zuwendet. An die Stelle der um 1800 zur Norm erhobenen Viersätzigkeit tritt die frühklassische Dreisätzigkeit der Sonate; das klangliche Moment verliert an Bedeutung, die Instrumentation erscheint geradezu ökonomisch gehandhabt, obwohl die Besetzung sich nur unwesentlich von jenen der vorangegangenen Symphonien unterscheidet; mit einer über weite Strecken von quasi barocker Motorik geprägten Thematik verbindet sich eine bewußt einfach gehaltene Satzstruktur. Während der Mittelsatz an die Klassik anknüpft – das einzige Thema wird harmonisch und klangfarblich abgewandelt –, verweigert sich das Finale einem traditionellen Formschema: Aus einer Vielzahl von Motiven schält sich, zunächst vage, ein Gedanke heraus, der im weiteren Verlauf schärfere Konturen annimmt, bis er am Schluß im vollen Orchester die Apotheose herbeiführt.

Tendiert die *dritte Symphonie* zum Klassizismus, so stößt die *vierte Symphonie a-moll op. 63* (1910 bis 1911) in die Moderne vor. Die Frage, was Sibelius bewogen hat, die etablierten Normen der Symphonik derart radikal in Frage zu stellen, läßt sich kaum schlüssig beantworten; daß manche Sibelius-Experten die Ursache im persönlichen Bereich vermuten, macht die kompositorische Komplexität nicht begreifbarer. An die Stelle geprägter, endgültig geformter Themen tritt die Entwicklung von Motiven; die Harmonik wird ihrer Funktionalität entkleidet, tendiert zum Vagen. Erstmals gewinnt ein einziges Intervall konstitutive Bedeutung für die gesamte Struktur: der Tritonus. Während das Phänomen der Thementransformation bereits bei Liszt bekannt ist, verdient ein anderer Aspekt Beachtung, der weit progressiver ist: der Übergang von der motivischen zur strukturellen Denkweise. Die verschiedenen Momente des gleich zu Beginn exponierten Hauptthemas – der Tritonus einerseits, der melodische Umriß andererseits – werden voneinander abstrahiert und im folgenden getrennt weiterentwickelt, ebenso wird der ursprünglich feste Konnex zwischen Diastematik und Rhythmik aufgebrochen: Das Seitenthema leitet sich aus dem Intervall, seine Fortsetzung aus den Synkopen des Hauptthemas her. Dieses Abstraktionsverfahren, das als das entscheidende Moment des strukturellen Denkens gilt, verleiht der *vierten Symphonie* das Signum des Avantgardistischen.

Die *fünfte Symphonie Es-dur op. 82* (1915, revidiert 1916, endgültige Fassung 1919) belegt einmal mehr die Auffassung, daß SIBELIUS zu jenen Komponisten zählt, bei denen die so beliebte biographische Methode, das Aufschlüsseln eines Werkes aus den jeweiligen Lebensumständen, für das nähere Verständnis der Musik keine wesentlichen Erkenntnisse liefert: Die extrovertierte, unbekümmerten Optimismus ausstrahlende Symphonie entstand in der bedrückenden Zeit des Ersten Weltkriegs, die auch an SIBELIUS nicht spurlos vorüberging, ja, ihn zur zeitweiligen Aufgabe seines Wohnsitzes zwang. Der erste Satz wartet mit einem ungewohnten Formenkonzept auf: Auf die vier Themen aufstellende Exposition folgt unmittelbar ihre variierte Wiederholung, also gewissermaßen die Reprise, worauf der Satz mit einem scherzoartigen Teil abschließt, der die Funktion einer Durchführung übernimmt; die traditionell eigenständigen Satzcharaktere werden hier also miteinander kombiniert, verschiedene Funktionen miteinander verschränkt. Auch der letzte Satz zeigt eine Abweichung von der Norm: Die übliche Trennung von Aufstellung und Verarbeitung der Themen wird aufgehoben; Exposition und Durchführung erscheinen innerhalb eines Abschnitts miteinander verwoben.

Die *sechste Symphonie d-moll op. 104* (1923) besitzt zwar nicht den Bekenntnischarakter der ersten beiden Symphonien, ist auch nicht mit jener Aura des Avantgardismus umgeben wie die *vierte*, verfügt nicht über den unwiderstehlichen Elan der *fünften Symphonie*, was die Gründe dafür sind, daß sie im Schatten ihrer Schwesterwerke steht. Was sie jedoch auszeichnet, liegt in der Abkehr vom äußeren Effekt, in der Tendenz zur Verinnerlichung. Herausragendes Merkmal ist die Synthese zwischen dem Dur-Moll-System und den Kirchentonarten: Zwar zählen modale Einfärbungen generell zu den bevorzugten Stilmitteln von SIBELIUS, doch nirgends sind sie für die Bildung der Melodik und Harmonik derart konstitutiv wie hier. Durch die Verwendung von archaisierender Harmonik und polyphoner Satztechnik nimmt der erste Satz geradezu palestrinahafte Züge an. Auf die beiden Mittelsätze, die in ihrer knappen Diktion ohne Gegenbeispiel im Œuvre SIBELIUS' dastehen, folgt ein rondoartiges Finale mit einem ambivalenten Hauptthema, das Züge des Chorals mit denen des Marsches verbindet. Eine bereits im ersten Satz exponierte aufsteigende Skala bildet für den weiteren Verlauf die thematische Grundsubstanz, aus der alle weiteren Gebilde abgeleitet werden.

Die *siebte Symphonie C-dur op. 105* (1924) stellt den Endpunkt einer Entwicklung im Schaffen von SIBELIUS dar, die in der Verzahnung der traditionellen Satzcharaktere besteht und bereits in der *dritten Symphonie* zu beobachten ist. SIBELIUS' überliefertes symphonisches Schlußwort – eine *achte Symphonie* hat der Autor angeblich vernichtet – wurde zunächst unter dem Titel *‹Fantasia sinfonica›* veröffentlicht, erst nach der Uraufführung als Symphonie bezeichnet, was nicht zuletzt als Absichtserklärung des Komponisten zu deuten ist, das Werk von den ebenfalls einsätzigen Tondichtungen abzugrenzen. Der exzeptionelle Rang dieser höchst unkonventionellen einsätzigen Symphonie manifestiert sich in der formalen Vielfalt wie in der Komplexität der thematischen Beziehungen: Der Aspekt der dreiteiligen Sonatenform mit ihren nach Funktionen unterschiedenen Abschnitten läßt sich ebenso rechtfertigen wie jener der traditionellen Viersätzigkeit; beide sind hier zu einer Einheit verschmolzen. Dieser Zusammenhang wird durch ein Gewebe von aufeinander bezogenen Themen und Motiven gestiftet, unter denen ein feierliches Posaunenthema das Rückgrat des Geflechtes abgibt.

SIBELIUS, der mit den klanglichen und technischen Möglichkeiten der Violine sehr vertraut war, schrieb einige *Werke für Violine und Orchester*: die *Serenaden D-dur und g-moll op. 69* (1912/13), die *Humoresken op. 87* und *89* (1917) und das *Violinkonzert d-moll op. 47* (1903, revidiert 1905), das vor allem auf Grund des dankbaren virtuosen Soloparts immer noch seinen festen Platz im Repertoire hat. In der dreisätzigen Anlage folgt das Konzert der

Tradition, während im Aufbau der einzelnen Sätze SIBELIUS überwiegend eigene Wege geht: Der Kopfsatz, der mit drei Themen arbeitet, ist weitestgehend rhapsodisch gehalten – charakteristischerweise tritt an die Stelle der obligaten Durchführung eine auskomponierte Kadenz –, während das Finale, das in der Art eines stilisierten Nationaltanzes gehalten ist, mit zwei kontrastierenden Themen nach dem Schema: Einleitung-A-B-A'-B'-Coda verfährt; statt einer Durchführung erscheint also wieder die variierte Wiederholung der beiden Themen. Dunkles Kolorit, modale Einfärbungen und schwerblütiges Melos sind auch für dieses Werk symptomatisch, das man damit der spätromantischen Phase der ersten beiden Symphonien zurechnen muß.

Im Gegensatz zu BERLIOZ, LISZT oder STRAUSS hat SIBELIUS bei seinen Tondichtungen nicht auf die Weltliteratur zurückgegriffen; von wenigen Ausnahmen abgesehen, diente ihm das finnische Nationalepos als alleinige Inspirationsquelle. In den seltensten Fällen ging es dem Komponisten um die musikalische Schilderung von Vorgängen oder Handlungen; insofern spielt die musikalische Deskription eine untergeordnete Rolle; an die Stelle der Illustration tritt die Reflexion. Diese Ästhetik mag auch der Grund dafür sein, daß die Programme fast immer vage gehalten, gelegentlich sogar unterdrückt sind. Schon die erste *symphonische Dichtung ‹En Saga› op. 9* (1892) entbehrt eines konkreten programmatischen Bezugs; man darf lediglich annehmen, daß SIBELIUS ganz allgemein durch den «Kalevala»-Mythos zu dieser Komposition angeregt wurde. Auf Grund der schlechten Kritik zog er die Partitur zurück und publizierte zehn Jahre später eine revidierte Fassung. Einige typische Stilmerkmale haben sich bereits herausgebildet: breitangelegte Entwicklungen, Reperkussionsmelos, Ostinati, Monorhythmik, dunkel timbriertes Kolorit. Von den vier Legenden der *‹Lemminkäinen›-Suite op. 22* (1893 bis 1895) gehen drei Stücke, nämlich «Lemminkäinen und die Mädchen auf Saari», «Lemminkäinen in Tuonela» und «Lemminkäinen zieht heimwärts» auf verschiedene Runen des «Kalevala» zurück, in denen die Abenteuer Lemminkäinens, des Siegfrieds der finnischen Mythologie, geschildert werden. *‹Der Schwan von Tuonela›*, fraglos die bekannteste der vier Legenden und ursprünglich als Vorspiel zu der Oper *‹Der Bootsbau›* geplant, ist hingegen als klangliche Vision vom Totenreich der finnischen Mythologie zu begreifen, wobei das Singen des Schwans durch ein expressives Englischhornsolo verkörpert wird. Die Tondichtung *‹Finlandia› op. 26* (1899, revidiert 1900) verdankt ihre Entstehung jener patriotischen Bewegung, die 1899 ihre Proteste gegen die von Zar Nikolaus II. forcierte Russifizierung Finnlands unter dem Deckmantel sogenannter «Pressefeiern» artikulierte. Das Stück, das gewissermaßen den Rang einer inoffiziellen Nationalhymne einnimmt, enthält alle für dieses Genre typischen Topoi: erhabene Choralklänge, schmetternde Fanfaren, hymnische Melodien, so daß es sich rasch in der ganzen Welt verbreitete. In den Tondichtungen *‹Die Dryade› op. 45 Nr. 1* (1910) und *‹Die Okeaniden› op. 73* (1913) hat SIBELIUS einige bekannte Gestalten der griechischen Mythologie porträtiert, ohne daß ein konkretes Programm zugrunde läge. *‹Pohjolas Tochter› op. 49* (1906) hingegen geht auf die Runen 6 bis 8 des «Kalevala» zurück, in denen die Abenteuer des Sängers Wäinamöinen auf seiner Reise nach Lappland erzählt werden; eine Verbindung zu den eben genannten Tondichtungen besteht insofern, als in *‹Pohjolas Tochter›* die Parallelen zum Orpheus-Mythos offenkundig sind. Die *symphonische Dichtung ‹Nächtlicher Ritt und Sonnenaufgang› op. 55* (1909), die wiederum keine literarische Grundlage hat, zählt zu den wenigen Werken SIBELIUS', in denen die musikalische Deskription einen breiten Raum einnimmt; trotz stilistischer Differenzen gerät hier SIBELIUS in die Nähe von RESPIGHI. In der germanischen Welt angesiedelt, ist die Tondichtung *‹Der Barde› op. 64* (1913, revidiert 1914), ein kurzes introvertiertes Stück, das überwiegend akkordisch strukturiert ist, auf größere Melodien verzichtet und statt dessen die Klangfarbe, besonders die der Harfe, hervortreten läßt.

Mit *‹Tapiola› op. 112* (1925), einem Auftragswerk für die New York Symphony Society, setzt SIBELIUS den Schlußpunkt in seinen Tondichtungen. Das vom «Kalevala» inspirierte Stück – Tapio gilt in der finnischen Mythologie als der Gott des Waldes – zeigt exemplarisch SIBELIUS' Meisterschaft in der Kunst des phantasievollen

Abwandelns: Sämtliche Themen und Motive, so gegensätzliche Charaktere sie auch annehmen können, lassen sich aus einer einzigen Keimzelle herleiten. Architektonisch ist das Werk der Variationsform (Introduktion, Thema und sieben Variationen, Coda) verpflichtet; zugleich weist *‹Tapiola›* eine übergeordnete vierteilige Form auf, so daß sich eine in ihrer Schlüssigkeit bislang nicht gekannte Beziehung zwischen der Musik und jenem das Programm umreißenden Vierzeiler ergibt, der in drei Sprachen der Partitur vorangestellt ist.

Durch die Einbeziehung des Wortes nehmen zwei Werke eine Sonderstellung im orchestralen Œuvre SIBELIUS' ein: die *‹Kullervo›-Symphonie op. 7* für Sopran, Bariton, Männerchor und Orchester ist das erste Werk SIBELIUS', das auf dem «Kalevala»-Epos basiert: die Runen 31 bis 36 berichten vom tragischen Schicksal Kullervos, der im Hause seines Onkels eine freudlose Jugend verbringt, unwissentlich seine eigene Schwester verführt, aus Verzweiflung darüber in den Kampf zieht und schließlich den Tod findet. Das in riesigen Dimensionen angelegte Werk wurde trotz allgemeiner Zustimmung nach der Uraufführung zurückgezogen, vermutlich weil SIBELIUS sich der Schwächen bewußt war: Neben vielen inspirierten Momenten, die das Idiom SIBELIUS bereits erkennen lassen, krankt die Partitur an etlichen Längen, nur rudimentärer thematischer Verarbeitung und teilweise simpler Satzstruktur – das Ergebnis einer noch mangelnden Vertrautheit mit den Möglichkeiten des großen symphonischen Orchesters. Andererseits begründet SIBELIUS einen Vokalstil, der streng auf der Silbenqualität der finnischen Sprache basiert – die stets auf der ersten Silbe betont – und für die weitere Entwicklung der finnischen Vokalkunst das Vorbild abgeben sollte. Im anderen Werk, der Tondichtung *‹Luonnotar›* (*‹Die Tochter der Natur›*) *op. 70* (1913) für Sopran und Orchester, liegen 133 Verse der ersten Rune des «Kalevala» zugrunde, in der von der Entstehung der Welt aus einem Entenei erzählt wird. Das höchst individuell gestaltete Werk, durch das sich ein einziges Thema in mannigfaltiger Abwandlung zieht, hat, wie SIBELIUS selbst prophezeite, kaum Verbreitung gefunden, nicht zuletzt auf Grund der enormen vokalen Anforderungen.

Wie seine Zeitgenossen hat auch Sibelius die verschiedenen Genres dramatischer Musik mit eigenen Beiträgen versehen. Für eine patriotische Veranstaltung schrieb er 1893 zu den «Sieben lebenden Bildern» aus der Geschichte Kareliens eine *Bühnenmusik*, aus der dann drei Stücke zu der *‹Karelia-Suite› op. 11* zusammengestellt wurden, die auf Grund ihrer eingängigen Marschmelodik zu den beliebtesten Stücken Sibelius' zählt. Auch die *Scènes historiques op. 25* (1899) verdanken ihre Entstehung der nationalen Bewegung. 1898 entstand die *Musik* zum Schauspiel «König Kristian II.» des deutsch-schwedischen Dichters Adolf Paul, deren *Suite* (*op. 27*) als erste Komposition den Namen Sibelius' im Ausland bekannt machte. Aus der *Bühnenmusik* zu «Kuolema» (1903) von Arvid Järnevelt hat nur die *Valse triste op. 44* überlebt – die Vision der sterbenden Mutter von einer Ballszene – sowie die 1906 nachkomponierte *Szene mit Kranichen*. Die *Schauspielmusik* zu Maeterlincks symbolistischem Drama ‹Pelleas et Melisande› *op. 46* (1905) verrät erstmals Sibelius' ausgeprägten Sinn für dramatische Charakteristik; als paradigmatisch hierfür darf die zweite Nummer der achtsätzigen *Suite* gelten, in der mit wenigen, aber ausgesuchten Farben ein Porträt der fragilen Gestalt Melisandes gezeichnet wird. 1906 folgte die Musik zu Hjalmar Procopés Drama «Belsazars Gastmahl» (*Suite op. 51*, 1907) – das einzige Werk Sibelius', das ein ausgeprägt orientalisches Kolorit aufweist –, 1908 zu August Strindbergs «Schwanenweiß» (*Suite op. 54*, 1909). Bei einer Aufführung des Schauspiels «Der Sturm» von William Shakespeare am Königlichen Theater in Kopenhagen schrieb Sibelius seine umfangreichste und zugleich interessanteste *Bühnenmusik*. Das achtzehn, höchst individuell gestaltete Nummern (*Ouvertüre, zwei Suiten, op. 109,* 1926) umfassende Werk wartet mit ungewöhnlichen harmonischen Kühnheiten auf, mit extremer Chromatik, Ganztonstrukturen und Dissonanzballungen, während die Satztechnik ein weites Spektrum von rhapsodischer Freiheit bis zur strengen Kontrapunktik umfaßt.

Die übrigen Orchesterwerke sind von peripherer Bedeutung: die *‹Rakastava›-Suite op. 14* (1911), eine Bearbeitung von Vertonungen des «Kanteletar», die *Romanze in C op. 42* (1904) für

Streicher, das *Tanzintermezzo ‹Pan und Echo› op. 53* (1903), die *‹Scènes historiques› II op. 66* (1912), die *‹Suite mignonne› op. 98 a* für zwei Flöten und Streicher sowie die *‹Suite champêtre› op. 98 b* für Streicher, beide 1921 entstanden.

Norbert Christen

Alexander Glasunow

St. Petersburg, 29. Juli (10. August) 1865 – Neuilly, 21. März 1936

ALEXANDER KONSTANTINOWITSCH GLASUNOW galt schon zu seinen Lebzeiten als «letzter Klassiker» der russischen nationalen Schule und war in anderer Hinsicht ihr erster Klassizist, den man in Stil und Bedeutung gelegentlich mit JOHANNES BRAHMS verglich. Einer traditionsreichen Petersburger Verlegerfamilie entstammend, konnte er seine musikalische Begabung früh entfalten und erregte als Sechzehnjähriger – nach anderthalbjährigen Studien bei NIKOLAJ RIMSKIJ-KORSAKOW – mit seiner *ersten Sinfonie* 1882 als «Wunderkind» Aufsehen: Sie wurde von den führenden Vertretern des russischen Musiklebens – MILI BALAKIREW, WLADIMIR STASSOW, CÉSAR CUI und ANATOLIJ LJADOW – als Fortsetzung ihrer eigenen Bestrebungen spontan akzeptiert und zwei Jahre später von FRANZ LISZT auf das Programm der Jubiläumskonzerte des «Allgemeinen Deutschen Musikvereins» in Weimar gesetzt. LISZT hat für GLASUNOW seither immer eine starke Autoriät verkörpert, wogegen sein Verhältnis zu WAGNER und DEBUSSY distanzierter, zu RICHARD STRAUSS bisweilen geradezu feindselig war.

Die Linie dieser Symphonie – ein Romantismus in klassizistisch geglätteten, ausgeglichenen Formen – hat GLASUNOW in seinen folgenden *Symphonien* (insgesamt *acht*, eine *neunte* gedieh nur bis zu einer später von G. JUDIN instrumentierten Klavierskizze) ohne einschneidende Veränderungen fortgeführt. Einem MOZARTschen Schönheitsideal erklärtermaßen verpflichtet, hat er seine Aufgabe kaum in aufwühlenden Neuerungen, sondern mehr in einer Intensivierung der hier entwickelten Gefühlswerte gesehen – Intensivierung auch in einem technisch-handwerklichen Sinn. In diesem Sinn wurde sein Werk als Ausdruck großer Meisterschaft betrachtet; es galt zu seiner Zeit mehr noch denn das TSCHAIKOWSKYS als maßstabsetzend: etwa für den jungen STRAWINSKY, nicht ohne von nachfolgenden Generationen kritischer betrachtet zu werden.

GLASUNOW, der mit RIMSKIJ-KORSAKOW befreundet war, von ihm gefördert wurde und in mancher Hinsicht zeitlebens im Fahrwasser seiner Anschauungen und Orientierungen blieb, verkörpert die «russische nationale Schule» nicht in jenem urwüchsigen, von mitteleuropäischen Mustern abstechenden Sinn wie MUSSORGSKY oder STRAWINSKY, sondern eher auf jene «westlich» orientierte Weise wie TSCHAIKOWSKY, mit dem er sich befreundete und sogar eine Versöhnung herstellte: Versöhnung der rivalisierenden Petersburger und Moskauer Schulen, von denen die eine der anderen mangelndes Nationalgefühl, die andere der einen handwerklichen Dilettantismus vorwarf. Eben dieser vorgebliche Mangel findet sich im Werk GLASUNOWS (wie auch RIMSKIJ-KORSAKOWS) in einer technischen Perfektionierung geradezu überkompensiert, so daß ein Kritiker wie Wjatscheslaw Karatygin – anläßlich seiner *achten Symphonie* – das Wesen der GLASUNOWschen Musik geradezu in einer alles durchdringenden Technik erblickte: «... die Außenseite der Glasunowschen Musik ist mit allen Eigenschaften ausgestattet, um dem Ohr zu schmeicheln, selbst dem des Liebhabers. Alles bei Glasunow ist so elegant gemacht, alles klingt so hell und saftig, daß sogar allein bezüglich des ‹Ohrenschmauses›, wie Serow äußerliche Üppigkeit und Pracht bezeichnete, die Achte Sinfonie eine herausragende Komposition ist. Aber ihre künstlerische Würdigung kann im Grunde erst dort beginnen, wo man ihren technischen ‹Panzer› überwindet, wo es einem gelingt, ins Herzstück der Glasunowschen Sinfonik einzudringen. Dieses Vordringen ergibt völlig unerwartete Resultate. Vielleicht denken Sie, es eröffnen sich nun unerwartete Tiefen eines ‹pathetischen Inhalts› ...? Nichts von alldem, statt dessen: Technik, Technik und nochmals Technik. Unter der Hülle erstaunlicher Schönheiten und reiner Architektonik – eine Schicht kontrapunktischer Gebilde. Über ihnen die Plastik der thematischen Gestalten. Ein kompaktes Massiv an Technik. Aber – und darin besteht eben die doppelte Überraschung, die sich bei unserer Erkundungsreise ins Innere der Glasunowschen Sinfonik auftut: sobald wir zum inneren Kern ihrer ‹technischen Inspiration› vorstoßen, sobald es uns gelingt, sozusagen von innen her ihre technische Schale zu betrachten, da bemerken wir mit einemmal, daß dies nicht nur eine Schale, nicht nur eine Hülle ist, sondern von innen her stellt sich dasselbe dar und bildet gewissermaßen den wirklichen Inhalt dieser Musik... Daß der Inhalt dieser Kunst noch und noch von Technik durchdrungen sei, ist eine nicht nur allgemein verbreitete, sondern oft bis ins Extrem vertretene Meinung. Ich bin bereit, mich dieser Position bis zur letzten Konsequenz anzuschließen – unter einer unerläßlichen Bedingung: daß man diese Identität nicht so sehr als Ergebnis einer völligen Durchdringung des Inhalts mit Technik betrachtet als vielmehr die Technik Glasunows selbst als eine Sache von tiefem Inhalt» (W. Karatygin: Ausgewählte Aufsätze).

Mit solchem Ausmaß allgemeineuropäisch orientierter kompositorischer Technik verstand es GLASUNOW, eigene Farben und Stimmungen der russischen Musik im Konzert der europäischen Völker einzuordnen, das ihn andererseits nicht unbeeindruckt ließ: Er verarbeitete ungarische, griechische, tscherkessische, spanische, polnische, orientalische, finnische und mittelalterliche Melodien und Motive in seinen Klavierminiaturen und symphonischen Dichtungen ebenso wie russische Volksthemen.

So hat sein von dem legendären Ballettmeister Marius Petipa beauftragtes Ballett ‹*Raymonda*› (1897), das er als einen Höhepunkt seines Schaffens betrachtete, ein mittelalterliches französisches Sujet: Die junge Raymonda, Nichte der französischen Gräfin Sibylla de Doris, ist mit dem Ritter Jean de Brienne verlobt, der aber unter Führung von König Andreas II. von Ungarn ins Feld ziehen muß. In seiner Abwesenheit erscheint Raymonda ein sarazenischer Ritter, Abderachman, zunächst im Traum und später leibhaftig bei einem Fest im Hause Doris, der leidenschaftlich um ihre Liebe wirbt und versucht, sie zu entführen. Vom zurückkehrenden Jean de Brienne wird er im Duell besiegt. Das Ballett endet in einem großen ungarischen Hochzeitsfest.

In diesem dreieinhalbstündigen Bühnenwerk, das auf dem Konzertpodium gewöhnlich in Form der daraus entstandenen *Suite op. 57a* zu hören ist, begegnet eine Fülle von Tanzmodellen nicht nur russischer oder ungarischer Herkunft, sondern es kommen Mazurken vor, ein Cancan, WAGNERS Tonfall wird im Schlußbild imitiert, und im Klaviersolo des dritten Aktes glaubt man sogar Anspielungen an Erik Saties Stil des antiemotionalen, im Ausdruck reduzierten «Néo-Grec» zu hören. Diese Zitate sind Grimassen, aber nicht bösartig, sondern eher von freiwilliger oder unfreiwilliger Komik: Glasunow ist hier auch ein Humorist, auf jeden Fall aber Techniker einer international orientierten, neugierig alles aufgreifenden und im Interesse des Fortschritts ausprobierenden Belle Époque.

Dieses Interesse kann vergangenheitsbezogen sein: Glasunow dringt gelegentlich dieses Balletts in die französische Musik des 18. Jahrhunderts tiefer ein – in seinen späteren Werken, besonders in der Pariser Emigration seit 1928, dringt er in seinen *Präludien* und *Fugen* und seiner Marcel Dupré gewidmeten *Orgelfantasie* tief in den Stil von Johann Sebastian Bach ein. Seine Studenten am Petersburger Konservatorium, wo er seit 1898 Spezielle Instrumentation lehrte und seit 1905 bis 1928 Direktor war – darunter Prokofjew und Schostakowitsch –, bewunderten nicht zuletzt seinen fundierten historischen Weitblick und seine Beschlagenheit in der mittelalterlichen Musik, von der zum Beispiel sein 1932 entstandenes *Saxophonquartett* mit Choralmodellen und leittonarmer Harmonik zeugt.

Sein Romantismus entbehrt – abgesehen vielleicht von seiner *siebenten Symphonie* (1902) – der dämonischen Dimensionen; er ist – im Sinne des ausgehenden 19. Jahrhunderts – eher aufgeklärt und positivistisch, bei aller formalen Strenge, die die Zeitgenossen bewunderten, aus der Perspektive unseres Hörens eher unterhaltsam und problemlos. Aus dieser Perspektive erscheint er eher als liebenswürdiger Miniaturist, und es rücken seine Ballettkompositionen (neben ‹*Raymonda*› ‹*Die Jahreszeiten*›, 1899; ‹*Ruses d'amour*› nach Watteau, 1898) wieder in den Vordergrund des Interesses.

Auf dem Konzertpodium behauptet sich als Standardstück des Geigerrepertoires sein 1904 – in Gemeinschaft mit dem Widmungsträger Leopold Auer erarbeitetes – *Violinkonzert op. 82* als ein konzentrierter Höhepunkt an romantischem Ausdruck, in dessen Strukturen allenthalben eine latente Dreiteiligkeit verwirklicht ist.

Nicht unbedeutend ist sein kammermusikalisches Werk, das seit früher Jugend einen Teil seines Schaffens ausmachte (und ihm die Protektion des Holzindustriellen und späteren Verlegers Mitrofan Belaieff verschaffte, der – um ihn zu fördern – 1885 in Leipzig jenen bis heute existierenden, speziell russische Musiker publizierenden Verlag gründete). Hier erweist sich GLASUNOW als jener Verfechter von Polyphonie – und damit Vorreiter der russischen BACH-Adaption –, die auch in seinem pädagogischen Wirken eine bestimmende Rolle spielen sollte; eine Orientierung, mit der er letztendlich entscheidende Weichen für die russische und sowjetische Musik stellte.

Detlef Gojowy

Sergej Rachmaninow

Oneg, 20. März (1. April) 1873 – Beverly Hills, 28. März 1943

Symphonien, Orchesterstücke und Vokalwerke

«In jedem Museum gibt es die verbrecherischen Bilder, die mörderischen Bilder, die alle anderen umbringen.» Gleich diesen Bildern, wie sie der französische Schriftsteller Jean Cocteau beschrieben hat, gibt es auch im Schaffen manches Komponisten ein Werk, das man nicht anders als «mörderisch» nennen kann. Wie eine Schlingpflanze rankt es sich um alle übrigen Partituren seines Schöpfers, entzieht ihnen Saft und Kraft, überwuchert sie und erstickt sie schließlich. Nichts bleibt vom Ruhm eines Komponisten als dieses eine Werk, das sich satt und behäbig in die Musikgeschichte einnistet, aus der es sämtliche Geschwister verdrängt hat: *das* Adagio von ALBINONI; *das* Menuett von BOCCHERINI; *das* Prélude von RACHMANINOW. Die Tatsache, daß SERGEJ RACHMANINOWS Klavier-*Prélude cis-moll op. 3 Nr. 2* eine derart «mörderische» Kraft entfaltete, ist um so tragischer, als dieses Stück RACHMANINOWS Ruf und Rang als Komponist ein für allemal korrumpierte und den unbefangenen Blick auf seine anderen Werke – vor allem auf die *Symphonien*, *symphonischen Dichtungen* und *Kantaten* – bis heute verstellt.

Zu den gängigen (Vor-)Urteilen über RACHMANINOWS Musik gehört die Behauptung, sie sei allzu «hollywood-like». Sicher, RACHMANINOW war vor den Wirren der Oktoberrevolution zunächst nach Stockholm und dann in die Vereinigten Staaten übersiedelt, aber er hat (im Gegensatz zu anderen russischen Emigranten wie Vladimir Horowitz, Sergej Koussewitzky, Nathan Milstein oder IGOR STRAWINSKY) nie die amerikanische Staatsbürgerschaft beantragt und ist seinem Wesen, seinem Status und seiner Musik nach Russe geblieben, wie er es noch 1941 in einem Interview bestätigt hat: «Ich habe mich in meinen Kompositionen nie darum bemüht, originell, romantisch, national oder irgend etwas anderes zu sein. Ich bringe das, was ich in mir höre, so getreu wie möglich zu Papier. Ich bin ein russischer Komponist, und meine Heimat hat mein Temperament und meine Anschauungen geprägt. Meine Musik ist Ausdruck meines Temperaments, und also ist sie russische Musik.» In der Sowjetunion hat man ihm seine Übersiedlung in die Vereinigten Staaten lange nicht verziehen, ihn als Abtrünnigen und Dissidenten verunglimpft und sein kompositorisches Schaffen nach 1917 mit Verachtung gestraft. In Amerika dagegen wurde RACHMANINOW zwar mit offenen Armen empfangen, und er feierte als Pianist, Komponist und Dirigent gleich spektakuläre Erfolge, doch die amerikanische Musik hat ihn nie wirklich als «einen der Ihren» betrachtet; seine Podiumsangst, seine strenge Selbstkritik, sein asketisches Auftreten, seine Wortkargheit und sein distanzierter, gewissermaßen «sachlicher» Interpretationsstil entsprachen so gar nicht dem Glanz- und Glamourimage des Künstlers, das in Amerika favorisiert wurde.

Auf Grund des *cis-moll-Préludes* kam RACHMANINOW in Amerika bald zu dem zweifelhaften Ruf eines virtuosen Salonromantikers. Werke, in denen er dem Sprachmuster des *Préludes* folgte, wurden mit demselben Fanatismus gefeiert; so errangen zum Beispiel das *zweite Klavierkonzert* oder die *‹Vocalise›* aus dem *Liederzyklus op. 34* eine Popularität, die von den Puritanern der sogenannten «ernsten» Musik mit Mißtrauen und Neid konstatiert wurde (und wird). Die *drei Symphonien* oder die *‹Sinfonischen Tänze›* dagegen wurden von der amerikanischen Musiköffentlichkeit entweder gar nicht zur Kenntnis genommen oder sie stießen auf kühles, gleichgültiges Desinteresse, wenn nicht sogar auf Ablehnung.

Diese Haltung der Amerikaner übertrug sich auch auf Westeuropa; die *dritte Symphonie* zum Beispiel – ein Werk, das genügen würde, um das Zerrbild des «Salonromantikers» zu korrigieren – war im November 1936 bei ihrer Uraufführung in Philadelphia (unter der Leitung von Leopold Stokowski) als «enttäuschend» und «steril» abgelehnt worden. Ein Jahr später dirigierte Sir Thomas Beecham in London die europäische Erstaufführung und fand damit beim Publikum und bei der Presse ähnliches Unverständnis; «man beklagte das völlige Fehlen jener schmelzenden Melodien, die in Rachmaninows früheren Werken so reizvoll waren», hieß es in einem Korrespondentenbericht der *New York Times*.

Will man Sergej Rachmaninow und seiner Musik gerecht werden, so muß man zu ihren Ursprüngen zurückkehren – nach Rußland. Seit der Moskauer Uraufführung des ersten Satzes seines *Opus 1* – des *Klavierkonzerts fis-moll* – am 17. März 1892 und der glänzend aufgenommenen Premiere seiner preisgekrönten Oper *‹Aleko›* am 27. April 1893 war Rachmaninow nicht etwa als Traditionalist, sondern als eigenständige, zukunftweisende Komponistenpersönlichkeit begrüßt worden.

Vier, fünf Jahre lang verfolgte er seinen Weg als Komponist äußerst geradlinig und schien alle Erwartungen zu bestätigen, die man auf ihn gesetzt hatte. Werke wie die *Orchesterfantasie ‹Der Fels› op. 7* (1893, nach einem Gedicht von Michail Lermontow) oder das *‹Capriccio bohémien› op. 12* (1892/94) entsprachen durchaus der schwerblütigen russischen Fin de siècle-Ästhetik, der auch die frühen Orchesterkompositionen Strawinskys und Prokofjews noch verpflichtet sind. Dann aber fand (am 15. März 1897) in Petersburg die von Alexander Glasunow dirigierte Uraufführung der *ersten*, nach Themen der russisch-orthodoxen Liturgie komponierten *Symphonie* (*d-moll op. 13*) Rachmaninows statt, die einen katastrophalen Mißerfolg erlebte; das Werk wurde als «modernistisch, banal, armselig in seiner thematischen Erfindung und krankhaft pervers in seiner Harmonik» radikal abgelehnt. (Wohlgemerkt: Die Kritik richtete sich gegen den «Modernismus» der Symphonie, nicht gegen irgendwelche konservativen oder gar eklektizistischen Elemente!)

Rachmaninow war über diesen Mißerfolg so enttäuscht, daß er in Depressionen verfiel und mehrere Jahre lang zu jeder schöpferischen Arbeit unfähig war. Im Sommer 1900 konnte er durch die Hypnosebehandlung des Psychiaters Nikolai Dahl diese Krise zwar überwinden, doch sie hatte sein Wesen grundlegend verändert; abgesehen von der glücklichen, unbeschwerten und kompositorisch überaus fruchtbaren Zeit, die Rachmaninow von 1906 bis 1908 in Dresden verlebte, wo unter anderem seine *zweite Sympho-*

nie (*e-moll op. 27*), die *symphonische Dichtung ‹Die Toteninsel›* (*op. 29*, nach dem gleichnamigen Gemälde von Arnold Böcklin) und das *dritte Klavierkonzert* entstanden, überschattete der Mißerfolg der *ersten Symphonie* sein ganzes Leben.

Er spiegelt sich ebenso in seiner Musik wider, deren moll-betonte Düsterkeit sich nur gelegentlich aufhellt, wie in seinen Interviews und Briefen. «Ich habe kein Selbstvertrauen mehr», schreibt er etwa am 8. Mai 1912 an Marietta Schaginjan. «Wenn es je eine Zeit gab, in der ich Selbstvertrauen hatte, so liegt sie lange zurück – lange, sehr lange – in meiner Jugend. Seit zwanzig Jahren bin ich in der Behandlung von Doktor Dahl, der mich immer wieder anregt, Mut zu fassen. Aber die Krankheit hat mich ein für allemal gepackt und ist, fürchte ich, in den letzten Jahren eher schlimmer geworden. Irgendwann werde ich wohl das Komponieren ganz aufgeben...»

So gibt es zum einen in der Biographie RACHMANINOWS verschiedene mehr oder weniger lange Phasen, in denen kaum ein Werk entstand; zwischen 1919 und 1925, zwischen 1927 und 1930, zwischen 1931 und 1934, zwischen 1941 und seinen Tod am 28. März 1943. Zum anderen war er auch mit abgeschlossenen und erfolgreich aufgeführten Arbeiten nie zufrieden und hat ältere Partituren immer wieder vorgenommen und revidiert. «Ich wollte, ich könnte die ganze Orchestration neu schreiben», äußerte er zum Beispiel über seine *Kantate ‹Frühling› op. 20* (1902, nach einem Gedicht von Nikolaj Nekrassow); und die viersätzige *Kantate ‹Die Glocken› op. 35* (1913, nach der russischen Übertragung von Edgar Allan Poes Verspoem «The Bells») hat RACHMANINOW noch 1936 überarbeitet.

Der Russe, den man in seiner Heimat als Amerikaner behandelte, während er in Amerika nur als russischer Emigrant galt – ein Entwurzelter. Tatsächlich ist SERGEJ RACHMANINOW ein russischer Komponist: Von seinen fünfundvierzig Werken mit Opuszahlen sind neununddreißig vor 1917 entstanden, bevor er Rußland für immer verließ. Mehr noch: Es sind ihrem Wesen nach «nationale» Werke, in denen RACHMANINOW an die Ästhetik des «Mächtigen Häufleins» anschließt und sich mehr als irgendein anderer Komponist seiner Generation darum bemüht, das Erbe der originär russischen Musik zu pflegen und fortzusetzen. Auch (und vielleicht gerade) während der Jahre des amerikanischen Exils ist RACHMANINOW dem «russischen Temperament» seiner musikalischen Sprache treu geblieben; die *drei russischen Volkslieder für Chor und Orchester* bezeugen es ebenso wie seine *dritte Symphonie* oder die *drei ‹Sinfonischen Tänze›*, die von dem Freundeskreis russischer Emigranten als «Klänge der Heimat» angesehen wurden, als durch und durch russische Werke. Und als die amerikanische Presse RACHMANINOW heftig kritisierte, weil er im Sommer 1942 mehrere Benefizkonzerte zugunsten des sowjetischen Kriegsfonds gegeben hatte, verwehrte er sich entschieden dagegen: «Ich bin immer noch Russe, und es ist für mich selbstverständlich, Rußland zu unterstützen.»

Michael Stegemann

Klavierkonzerte op. 1, 18, 30, 40 – Rhapsodie über ein Thema von Paganini op. 43

Die Musik SERGEJ RACHMANINOWS birgt bis heute genügend Zündstoff, intellektuelle Hochnäsigkeit zu zelebrieren. Allenfalls das gemeine Volk könne sich an solch poliertem Schönklang ergötzen, an der aufgeputzten Selbstdarstellung virtuoser Sentimentalität. Der Musik-«Kenner» jedenfalls, zumal der deutsche, wandte (und wendet sich) mit Grausen. Dabei kann er sich in erlauchter Gesellschaft fühlen. Denn auch RACHMANINOWS Kollegen waren rasch bei der Hand, wenn es um die Etikettierung seines Œuvres ging. Der Befund war angesiedelt zwischen Salon und Cinemascopeepik. So entgegengesetzte Künstlernaturen wie IGOR STRAWINSKY («Ich schätze diesen Mann außerordentlich, er hat grandiose Filmmusik geschrieben») oder RICHARD STRAUSS («Gefühlvolle Jauche») waren sich in ihrer rüden Polemik seltsam einig. Und die Musikwissenschaft hält es ohnehin unter ihrer Würde, sich mit diesem «Vulgär-Töner» (G. B. Shaw) zu befassen. Der Vorwurf der «Kapellmeistermusik» aber wurde nie erhoben – RACHMANINOW war ein glänzender Dirigent und der beherrschende Pianist seiner Zeit –, ein Vorwurf, der sehr wohl etwa Klemperer oder Furtwängler in ihrer Eigenschaft als Komponisten traf. Im Gegensatz dazu aber lebt RACHMANINOWS Werk ungebrochen, trotz aller höhnischen Verunglimpfungen. Selbst der impertinenteste Schlag unter die Gürtellinie kann seinen Respekt vor der in sich stimmigen kompositorischen Umsetzung der musikalisch-schöpferischen Ideen nicht versagen. RACHMANINOW selbst beschrieb sie – immerhin im Jahre 1941 – folgendermaßen: «Beim Niederschreiben meiner Musik versuche ich ständig, so einfach und direkt das zu sagen, was mir am Herzen liegt. Sei es Liebe, Bitterkeit, Trauer oder Religion; diese Gefühle werden Teil meiner Musik, und sie wird entweder schön, bitter, traurig oder religiös.»

Das muß provozieren, zumal in einer Zeit, in der SCHÖNBERGS Zwölftonphilosophie bereits ebenso Geschichte war wie STRAWINSKYS knochenharte Perspektive. RACHMANINOW hingegen greift überzeugend das auf, was in der Ära der neuen Sachlichkeit zwar verpönt war, aber immer begehrt wird: das Bekenntnis zum intakten Gefühl. Emotion, Schönheit und Leidenschaft – all das, was vorschnell als Kitsch und Trivialität gilt, kommt hier noch einmal zum Vorschein. Seine Musik wendet sich an den Unterleib, sie verströmt Sinnlichkeit und Erotik und weigert sich, zur musikphilosophischen Kopfnuß zu werden.

Die *vier Klavierkonzerte*, die einen zentralen Teil des RACHMANINOWschen Werkes ausmachen, zeigen bestechend dieses ästhetische Credo. Sie nur mit dem Begriff des «Virtuosenkonzerts» zu belegen, wäre ebenso kurzsichtig, wie es zuvor bei CHOPIN, TSCHAIKOWSKY oder LISZT der Fall war. Natürlich ist der Klaviersatz immens schwer zu bewältigen; natürlich sind die Konzerte in Aufbau und Form überaus traditionell, fast schablonenhaft angelegt – Indizien des virtuosen *l'art pour l'art*. Die jeweiligen Kopfsätze sind zwar als Sonatensätze geformt, die dialektische Auseinandersetzung in der Durchführung aber wird nicht einmal ansatzweise betont. Die Binnenstrukturen verharren meist in regelmäßigen Perioden, die reihend aneinandergefügt werden. Beileibe keine aufregenden Neuerungen, kein Feld für die akademischen Musikanalytiker! Aber darum ging es RACHMANINOW auch nicht. Die formalen Gerüste sind kaum mehr als Raster für die alles beherrschende Ausdrucksfähigkeit seiner Musik, für die Suggestivität des melodischen Einfalls.

Schon im *Klavierkonzert fis-moll*, dem RACHMANINOW die Ehre des offiziellen *Opus 1* gab, ist der unverwechselbare Tonfall «da». Es wird nicht viel Federlesens gemacht: Ein kurzes markantes Bläsersignal spannt alle Konzentration, ein explosiver Fortissimo-Schlag folgt gleich einem Startschuß, und im selben Moment eröffnet der Solist die virtuose Attacke. Aber nach vierzehn Takten ist das pianistische Feuerwerk abgebrannt, der Satz mündet in eine nachdenklich verhaltene Kadenzierung und öffnet den Raum für das kantabel-weiche erste Thema. So komponiert niemand, dem es allein um den äußeren Effekt geht. Mit diesem 1891 entstandenen Werk riskiert der Achtzehnjährige den großen Sprung in seine eigene musikalische Sprache. Das Modell für diesen Anfang war GRIEGS *Klavierkonzert*, das zu dieser Zeit in Rußland und besonders bei RACHMANINOWS Lehrer Alexander Siloti hoch im Kurs stand. Gegenüber den nebulös-vagen Paukenwirbeln bei GRIEG aber schneiden RACHMANINOWS Bläser scharf in den musikalischen Raum ein und geben diesem klangliches und rhythmisches Relief. Die Vorbilder beherrscht der Moskauer Konservatoriumsschüler perfekt; ihre Materialien behandelt er oft intelligenter, zielstrebiger als sie selbst.

Für die Musik RACHMANINOWS sind die dynamischen Verlaufskurven und Steigerungen von entscheidender Bedeutung. Die Höhepunkte sind präzise kalkuliert. Davon wird noch die Rede sein. Der Kopfsatz von *Opus 1* jedenfalls kulminiert in der Solokadenz (!), die weitab jedes improvisierenden Elements im Satzganzen verankert ist. Das Klavier nimmt sich hier nichts Geringeres vor, als den orchestralen Klang auf sich zu konzentrieren. Man glaubt, ein halbes Dutzend Flügel zu hören. Mit der Betonung der Solokadenz als Gipfelpunkt des Satzes aber wird ebenso unzweideutig auf die bescheidene, untergeordnete Rolle des Orchesters verwiesen, das wohl begleitet oder verstärkt, nie aber einen eigenständigen Part zu übernehmen in der Lage ist. Das hätte den ohnehin grandiosen Wurf des *ersten Konzerts* überfordert, den auch der reife Komponist noch zu würdigen weiß. Sonst hätte RACHMANINOW wohl kaum sein *Opus 1* einer Überarbeitung (1917) für wert befunden.

Neben dem legendären *cis-moll-Prélude* (*op. 3, Nr. 2*) war es vor allem das *c-moll-Konzert op. 18*, das RACHMANINOW weltweite Anerkennung eintrug, gleichzeitig aber auch die erwähnten Spottorgien entscheidend herausforderte. Zwischen Herbst 1900 und April 1901 komponiert, führte er selbst es erstmals (vollständig) am 27. Oktober 1901 in Moskau unter Alexander Siloti auf. Gleichermaßen geliebt und gehaßt, was meist ein Gütemerkmal zu sein pflegt, in unsäglichen Unterhaltungsarrangements verballhornt, hat es heute einen schweren Stand. Man glaubt es nicht mehr hören zu können. Doch die Schuld hierfür tragen wir, nicht RACHMANINOW und nicht dieses Wunder eines spätromantischen Klavierkonzerts. Zwar wird durchgehend ein elegisch-dunkler Tonfall angeschlagen, der aber nie in jene seichten Gewässer abgleitet, die oft besserwisserisch angemahnt werden. Dafür sorgt eine überlegen disponierte kompositorische Struktur, die zumindest kurz skizziert werden soll.

Das ganze Geschehen ist um drei emphatisch formulierte Höhepunkte herum gebaut, die so beschaffen sind, daß kein Bruch im Kontext entsteht, sondern eine wellenartige Folge von Anspannung und Entspannung. Der Höhepunkt des Kopfsatzes liegt exakt in der Mitte der Durchführung. Nicht diese Tatsache ist besonders originell, sondern der Weg, der dorthin führt. Nach den beiden, in ihrem Charakter sich nur unwesentlich unterscheidenden Themen der Exposition zerbröckelt gleichsam die melodische Substanz. Ein frei assoziierender Zug setzt ein, Partikel des Thematischen werden nach und nach wie von einem Magneten angezogen und in eine aufwärts gerichtete Linie konzentriert. Am entscheidenden Punkt (sechzehn Takte nach Ziffer 9) rastet die Musik gleichsam ein. Das Hauptthema liegt jetzt in den tiefen Streichern, darüber trimphieren freie Akkordfolgen des Klaviers; eine Zusammenfassung, die auf die Kraft der weit ausschwingenden Melodie setzt. Gerade durch die geduldige und exakt ausgehörte Vorbereitung ist diese Stelle von unerhörter Suggestivität. Eine Werkstattäußerung RACHMANINOWS gibt darüber nähere Auskunft:

«Jedes Stück ist um einen Höhepunkt herum aufgebaut: die ganze Flut von Tönen muß so bemessen sein, Inhalt und Kraft jedes Klanges so deutlich abgestuft werden, daß der Höhepunkt mit dem Anschein der größten Natürlichkeit erreicht wird. [...]

Dieser Moment muß eintreten wie das Klicken und Sprühen des zerreißenden Zielbandes am Ende eines Rennens; es muß wie die Befreiung vor dem letzten materiellen Hindernis wirken, die letzte Schranke zwischen der Wahrheit und ihrer Formulierung überwinden.» Selten hat eine Beschreibung der eigenen kompositorischen Ästhetik so exakt das Wesentliche getroffen.

Im langsamen Satz von *Opus 18*, einer Art lyrischen Nachtmusik in dreiteiligem Bau, bleibt das Thema bis zu seiner ideellen Realisierung (Ziffer 22) kontinuierlich fließend vorhanden, ehe es im schnellen Mittelteil von solistisch brillanten Passagen zurückgedrängt wird. Es ist der umgekehrte Vorgang zum Kopfsatz, ein Höhepunkt «vor der Zeit». Diese Verschiebung der inneren Balance benötigt RACHMANINOW, um die Wirkung des Finales sinnfällig zu machen. Dort plaziert er den Kulminationspunkt an das Ende des Satzes (Takt 431 ff, nach Ziffer 39) als emotionale wie strukturelle Zusammenfassung des ganzen Werkes. Dieser zum Gassenhauer verkommene Schlußteil kann sich nur dann tatsächlich entfalten, wenn die Umfelder, die ihn vorbereiten (oder ausklingen lassen), erkennbar bleiben und nicht als Potpourri der «schönen Stellen» amputiert werden.

Mit dem *dritten Klavierkonzert d-moll op. 30* erreichte RACHMANINOW dann die wohl diffizilste Ausprägung seiner Kunst. Artur Rubinstein nannte es einmal ein «Elefantenkonzert», auf Grund der extremen technischen Schwierigkeiten. Deshalb aber ein pompöses Nur-Virtuosen-Gebaren zu erwarten wäre abwegig. Im Gegenteil, die Anhänger zirzensischer Akrobatik werden enttäuscht. Es ist gleichsam eine Virtuosität der Stille. RACHMANINOW schrieb das Konzert im Sommer 1909 auf seinem Landsitz in Ivanovka für seine bevorstehende Welttournee als Pianist und führte es am 28. November 1909 in New York mit Walter Damrosch als Dirigenten erstmals auf.

Wie entscheidend die Ebenen der leisen Zwischentöne in diesem Werk sind, jene Augenblicke einer kontemplativen Versenkung, macht der Anfang des Kopfsatzes unmißverständlich klar. Über dem pulsierenden Rhythmus des Orchesters etabliert sich eine einstimmige Melodie des Solos, fernab jeder virtuosen Pranke; eine Linie im Quartraum, der sich nach und nach weitet;

ein rezitativischer Monolog, der an längst versunkene Zeiten gemahnt. Aus dieser Schicht heraus entwickelt sich das reale Geschehen, das mehrmals an diese Urzelle zurückgebunden wird. Ein Bekenntnis der Trauer wird spürbar, die aus der Wechselbeziehung zwischen dem quasi rituellen Rezitativ und dem aktuellen virtuosen Zugriff entsteht. Noch deutlicher wird dieser Zusammenhang im langsamen Satz, der mit einem elegischen Orchestervorspiel anhebt, von fast zärtlicher Morbidität, während der Solist dieser Introduktion ungewöhnlich grelle, chromatisch dissonante Akkordgänge entgegenstellt, aus denen im weiteren Verlauf gedankenverlorene Klaviermonologe entwachsen. Das ist RACHMANINOWS subtile Dialektik, die ihren Sinn nicht aus formalen Prozessen erfährt, sondern aus emotionalen Schwankungen, die, jenseits jedes Salons, seismographisch den Tiefen des aufrichtigen Gefühls nachspüren.

Mit dem *vierten* und letzten *Klavierkonzert g-moll op. 40* beginnt RACHMANINOWS Wendung zum Artifiziellen. Die geradlinige Emotion, die Ehrlichkeit seines Bekenntnisses werden reflektiert. Das führt zu einer Verkomplizierung des Partitursatzes, zu einer filigranen Farbigkeit des Orchestergewebes, während die Dominanz des Klaviers zurücktritt. Es ist der späte Reflex RACHMANINOWS auf die Emigration. Im Jahre 1917 verließ er auf Grund der Revolutionswirren seine Heimat und übersiedelte nach New York. Die Produktivität als Komponist mußte zurückgestellt werden, der Gelderwerb als Pianist war oberstes Gebot. Zwischen 1920 und 1925 weist der Werkkatalog nicht eine einzige Komposition auf. Dann, wie aus dem Nichts, entstand zwischen Januar und August 1926 das *g-moll-Konzert,* das sich allerdings nie so recht durchsetzen konnte. Schon bei der Uraufführung am 18. März 1927 mit RACHMANINOW als Solisten und Leopold Stokowski als Dirigenten war der Erfolg so gering, daß der Komponist später (1938) sich zur Umarbeitung entschloß. Bis heute haben nur wenige Pianisten (darunter allerdings Arturo Benedetti-Michelangeli!) das Werk in ihrem Repertoire. Vor allem die wesensfremden Jazzeinflüsse – eine Reaktion auf das Exil – gaben Rätsel auf. Schon der Pianist Joseph Hofmann, der das Werk noch vor der Uraufführung kennenlernte, schrieb an RACHMANINOW: «... trotzdem scheint es mir ziemlich kompliziert zu sein, das Werk zusammen mit dem Orchester aufzuführen; hauptsächlich wegen der ständigen Rhythmus-Wechsel.» So spiegelt dieses Konzert, trotz (oder wegen) der fast RAVELschen intellektuellen Raffinesse, die Tragik RACHMANINOWS wider. Er stand zu dieser Zeit zwischen den Welten. Er komponierte als Weltmann, bezeichnete seine Musik aber als originär russisch. So ist es auch erklärbar, daß er, der noch im *dritten Konzert* die liturgische Tiefe russischer Gläubigkeit einfangen konnte, für den Mittelsatz von *Opus 40* ein englisches *Kinderlied*, *‹Three blind Mice›*, aufgriff. Durch das Largo-Tempo und die stets sich verschiebenden chromatischen Harmonien wird die Melodie zwar seinem musikalischen Fühlen angenähert, die Differenz aber bleibt bestehen. Daran kann auch der glänzend zupackende Schlußsatz nichts mehr ändern.

RACHMANINOW muß sich der Zerbrechlichkeit dieses Werkes bewußt gewesen sein. Im Sommer 1934 komponierte er ein letztes Mal für die Besetzung Klavier und Orchester: die *‹Rhapsodie über ein Thema von Paganini› op. 43*. Ist es Zufall, daß er sich auf dieses «klassische», abgesicherte Thema zurückzog, jene PAGANINI-*Caprice* (*op. 1, Nr. 24*), die schon geraume Zeit in den Köpfen der Komponisten spukte? BRAHMS, LISZT und andere hatten sie als Variationsideal sanktioniert. In einem Brief an seine Schwester schreibt RACHMANINOW am 19. August 1934: «Das Werk ist ziemlich umfangreich, und gestern, spät nachts, habe ich es vollendet. [...] Das Stück ist für Klavier und Orchester geschrieben und dauert zwischen zwanzig und fünfundzwanzig Minuten. Aber es ist kein ‹Konzert›!» Die Betonung, die *Paganini-Rhapsodie* gehöre nicht der Gattung Konzert an, wirkt wie ein Stoßseufzer der Erleichterung. Und das Freie, Ungebundene der Form scheint RACHMANINOWS schöpferischen Geist noch einmal zu beflügeln. In vierundzwanzig Variationen leuchtet er das Capricen-Thema bis in die letzten Winkel aus und zieht einen Bogen von extremer Prestissimo-Virtuosität bis hin zum Rituellen. Das liturgische *‹Dies irae›*-Motiv erscheint erstmals in Variation VII, begegnet uns in Variation X wieder und bildet dann den Höhepunkt in der Finalvariation XXIV. Dieses *‹Dies irae›* ist nicht der einzige Moment der Partitur, der an LISZTS *‹Totentanz›* gemahnt, eine Konzertparaphrase über die einstimmige mittelalterliche Sequenz – mit diesem Werk als Ganzem hat Liszt seine eigentliche Nachfolge gefunden. Sinnlichkeit der Orchesterfarben, Poesie und Elegie im Ausdruck, Vitalität des kompositorischen Zugriffs – zwischen diesen Polen wird der wohl phantasievollste und zugleich geistsprühende Beitrag in Sachen Paganini-Variationen Realität. Mit diesem Werk, das weit über das nationalrussische Idiom hinausragt, ohne es zu verleugnen, erhält Rachmaninows Kunst tatsächlich den Status des Weltbürgerlichen. Von dieser Ebene aus konnte er noch 1943 sagen: «Meine Musik ist das Produkt meines Temperaments – und daher russisch.»

Bernhard Rzehulka

Gabriel Fauré

Pamiess, 12. Mai 1845 – Paris, 4. November 1924

Man kommt schwerlich umhin, sich der Kunst Gabriel Faurés auf assoziativen Wegen zu nähern, denn immer wieder drängen sich Begriffe wie Ruhe, Gelassenheit und heitere Eleganz auf, wenn wir seiner Musik begegnen. Da gibt es nichts Eruptives, keinen Weltschmerz, keine romantischen Verzückungen und Seelenlasten. Selbst innerhalb der französischen Sphäre sucht diese gelöste Haltung ihresgleichen. Debussy sprach von Fauré als dem «Meister des Anmutigen» und verglich den Charakter der Musik mit einer Pianistin, «die mit charmanter Bewegung einen Träger hochzog, der bei jeder schnelleren Tonleiter verrutschte. Ich weiß nicht», fährt Debussy fort, «warum sich bei mir eine Gedankenverbindung eingestellt hat zwischen dem Charme dieser Geste und der Musik von Fauré. Vielleicht liegt es daran, daß man das graziös flüchtige Linienspiel von Faurés Musik mit der Gebärde einer hübschen Frau vergleichen kann, ohne einer von beiden zu nahezutreten ...» Man hätte Debussys Äußerung indes mißverstanden, wenn man aus ihr den musikalischen Luftikus herauslesen würde, der gleich einem Bohemien sein Leben lang dieselben kompositorischen Boulevards entlangflaniert.

Denn Fauré wollte nie äußerliche Effekte erzielen. Er war im Gegenteil davon überzeugt, daß nur die Klavier- und Kammermusik (einschließlich des für ihn so bedeutsamen Liedgenres) von der Aufrichtigkeit der kompositorischen Formung zeugen würden, die Verwendung des Orchesters hingegen ein gefährliches Mittel sei, die Dürftigkeit musikalischer Einfälle zu vertuschen. Und gerade in den intimen musikalischen Gattungen muß man das Zentrum des Fauréschen Schaffens erblicken. So liegt etwa zwischen dem frühen *Klavierquartett op. 15* und dem *Streichquartett op. 121* aus seinem Todesjahr eine enorme Wegstrecke; es ereignet sich nichts Geringeres als das Voranschreiten von der romantisch-schwärmerischen Eleganz hin zur freien Form und Tonalität. Der skrupulösen Haltung gegenüber dem Orchester – und das inmitten der WAGNERschen Tumulte in Paris (!) – entsprach sein verhältnismäßig schmales Œuvre auf diesem Gebiet, dessen Akzent noch dazu auf der *Bühnenmusik* lag. Diese für den Selbstdarstellungsdrang eines Komponisten undankbare Gattung hat sich dem Schauspiel unterzuordnen, überbrückt Pausen, untermalt Szenen, verstärkt Situationen und Gefühle und läßt sie im besten Fall zu sich selbst kommen. Die dienende Funktion der Bühnenmusik zeigt bestechend FAURÉs musikalische Ästhetik, nicht im Sinne des Programmatischen – das war ihm zeitlebens fremd –, sondern in Hinblick auf eine Ausdruckshaltung, die gleichsam inwendig sich Raum verschafft und sich der großen Attitüde verweigert.

Bemerkenswert spät legte FAURÉ im Jahre 1888 sein erstes Werk dieser Gattung vor; *‹Caligula›* (für Chor und Orchester) zur Tragödie von Alexandre Dumas. Nach *‹Shylok›* (1889) und *‹La Passion›* (1890) zu den Dramen von E. Haraucourt gelang 1898 mit der *Bühnenmusik ‹Pelléas et Mélisande›* zum Stück von Maurice Maeterlinck der erste bedeutende Wurf. Noch im selben Jahr filterte FAURÉ eine *Orchestersuite* für den Konzertgebrauch heraus, ein viersätziges Werk, das aus den Vorspielen zu vier der fünf Akte bestand: Prélude, Andantino, Sicilienne und Molto Adagio. Nur die Puristen können angesichts einer Musik, die weich dahinströmt, sich nobel beschränkt und nie redselig ist, einen Widerspruch zu FAURÉs Ressentiments gegenüber dem Orchester erblicken. Denn selbst über dem letzten Abschnitt, der den Tod der Mélisande ankündigt, herrscht im Orchestergewebe eine so tränenlose, distanzierte Wehmut, die jede Sentimentalität beschämt. Als kompositorisches Mittel verwendet FAURÉ den streng punktierten Rhythmus der alten französischen Ouvertüre (der in seinen Werken oft zu beobachten ist), der den ästhetischen Kontrapunkt zu den milden harmonischen Moll-Farben bildet. Die Mischung von althergebrachtem Modell, klanglichem Vexierspiel und chromatisch-melodischen Wendungen (vgl. die Soloflöte mit ihrer merkwürdig verschobenen d-moll-Skala in den letzten vier Takten) schafft exakt jene Entfernung vom «Programmcharakter», die die Musik benötigt, um in jedem Moment für sich zu bestehen. Sie bejaht die Poesie und verneint gleichzeitig die Identifikation mit ihr.

FAURÉS spätes und gleichwohl bekanntestes Stück *‹Masques et Bergamasques›,* das im Auftrag des Opernhauses von Monte Carlo Anfang des Jahres 1919 entstand, hat kaum etwas mit einem Alterswerk zu tun. Für diese Mischung aus Ballettmusik und Divertimento-Charakter (nach der Dichtung von R. Fauchois) verwandte er hauptsächlich lang zurückliegende eigene Kompositionen (meist Klavierstücke), die er für diesen Anlaß zusammenstellte und orchestrierte. So basiert etwa die Ouvertüre des insgesamt achtsätzigen Werkes auf einem *‹Intermède symphonique›* von 1869, Menuett und Gavotte stammen aus demselben Jahr, und der letzte Satz ist die instrumentierte *‹Pavane› op. 50.* Nur der zweite Satz, die Pastorale, ist eine Originalkomposition von 1919, mit der FAURÉ auch das Substrat der viersätzigen Orchestersuite (ebenfalls 1919) beschließt. *‹Masques et Bergamasques›* ist FAURÉS späte Verneigung vor der *comedia dell'arte,* vor Harlequin und Colombine und ihrem quirligen Liebestreiben, mit den genuin musikalischen Mitteln der alten Tanzmodelle. Dem Lehrer des wesensverwandten MAURICE RAVEL gelingt hier eine doppelbödige, kunstvolle Stilisierung, die sich sowohl auf den musikalischen Inhalt bezieht als auch auf die mosaikartige Zusammenstellung des Werkes selbst, das einer «Re-vue» (im wörtlichen Sinn) seines musikalischen Schaffens gleicht.

So komponiert niemand, der um jeden Preis Furore machen will. Dem entspricht ein geradezu antikonzertanter Charakter der Musik auch dort, wo er eigentlich gefordert wäre. Nach einem frühen *Violinkonzert op. 14* (1878) greift FAURÉ noch zweimal die Besetzung von Solo und Orchester auf; in der *‹Ballade› op. 19* (1881) und der späten *‹Phantasie› op. 111* (1918), beide für *Klavier und Orchester.* Jeder Bezug zur Gattung Konzert, die ja eminente Öffentlichkeit verheißt, ist schon im Titel getilgt. Die *‹Ballade›* – ursprünglich für Klavier solo geschrieben – könnte eigentlich «Berceuse» oder «Barcarolle» heißen, da sie sich von jedem Kontrast zwischen Epischem und Dramatischem, wie ihn CHOPIN so unvergleichlich darzustellen vermochte, weit entfernt. Das zieht Konsequenzen für die innermusikalischen Bedingungen von Solo und Ensemble nach sich, die einander nicht im konzertanten Sinn gegenübergestellt werden, sondern (nach der Soloeinleitung) zu einem filigranen, duftigen Geflecht verwoben werden; eine Ballade in Pastellfarben.

Eine solche Formulierung könnte mit vollem Recht auch die Kirchenmusik FAURÉS überschreiben, deren Hauptwerk, die *‹Messe de Requiem› op. 48* (1887/88) wie ein idyllischer Garten inmitten der zerklüfteten Felsmassive sich ausnimmt. Den emphatischen Vertonungen der katholischen Totenliturgie von BERLIOZ oder VERDI, die zwischen Rache-Utopie und dem glutvollen Plädoyer für den Menschen angesiedelt sind, setzt FAURÉ seine eigene Sicht auf die «Letzten Dinge» entgegen. Die Musik seines Requiems verheißt eine gelassene Erwartung, einen süßen Weg ins Paradies, gerade so, als wäre es ein Glück, das Gebrechen der irdischen Tage abzustreifen. Die gewaltige Sequenz des *‹Dies irae›,* sonst das Zentralstück der Vertonungen des 19. Jahrhunderts, hat in FAURÉS Überzeugung keinen Platz; sie bleibt unberücksichtigt. Statt dessen werden die Worte «Dona eis requiem» so häufig und gleichzeitig eindringlich zart vertont wie in keiner anderen Totenmesse.

Wer die Bitte um den ewigen Frieden so ausschließlich zu seiner (musikalischen) Philosophie erklärt und seiner Zuversicht so überzeugend Ausdruck verleihen kann, benötigt nicht die große kompositorische Dimension. Ein vierstimmiger Chor und zwei Solisten (Sopran und Bariton) bilden die vokale Ebene, der Orchesterapparat nimmt sich de facto bescheiden aus. Die Basis stellen Orgel und Streicher (mit nur partiell eingesetzten Violinen) dar. Harfe und eine zwar reichlich angekündigte Bläserformation, deren Hauptfunktion jedoch in der Farbenverstärkung des Orgelklangs besteht, gesellen sich dazu. Die Reduktion der äußeren Mittel und der vergleichsweise geringe Umfang des Werkes unterstreichen die Absicht FAURÉS, zunächst einmal eine Requiem-Komposition zu schaffen, die liturgisch verwendbar ist. Bewußt distanziert er sich von den alle Kräfte entfesselnden Totenklagen seiner Vorgänger und Zeitgenossen, doch nicht, um dem kirchlichen Ansinnen Tribut zu zollen. Denn gleichsam unterirdisch setzt er den kirchlichen Moralkodex außer Kraft, der das Wohlverhalten der Gläubigen durch die Androhung der Höllenqualen zu erreichen sucht. Nichts davon ist bei FAURÉ zu spüren. So beschließt er sein Werk auch nicht mit jener ängstlichen Bitte des *Libera me*, sondern mit dem jenseits jeder Liturgie stehenden Text «In Paradisum deducant Angeli», der die Ankunft der Seele im Jenseits schildert. Die Schlußworte «...und mit Lazarus mögest Du ewige Ruhe haben» stehen pardigmatisch für das FAURÉsche Bekenntnis. Das Gegenstück dazu bildet die gelassene Eleganz seines gesamten kompositorischen Schaffens.

Bernhard Rzehulka

Claude Debussy

St.-Germain-en-Laye, 22. August 1862 – Paris, 25. März 1918

«Ich wagte einzuwerfen, daß manche Dichter und Maler (ich hatte alle Mühe, auch ein paar Musiker zu nennen) versucht hätten, den alten Staub der Traditionen abzuschütteln, mit dem einzigen Ergebnis allerdings, daß man sie Symbolisten oder Impressionisten nennt; bequeme Begriffe, um seinesgleichen zu beschimpfen... ‹Journalisten und Fachleute sind es, die sie so nennen›, fuhr Monsieur Croche ungerührt fort, ‹das hat nichts zu sagen. Eine wunderbare Idee, die im Entstehen ist, hat für Dummköpfe immer etwas Lächerliches... Glauben Sie mir: von den Menschen, über die man lacht, läßt sich sehr viel eher Schönheit erhoffen als von dieser Hammelherde, die gehorsam zu den Schlachthöfen trottet, die ihnen das Schicksal in seiner Voraussicht bestimmt hat.›»

Eigentlich sollte dieses Zitat aus CLAUDE DEBUSSYS Gespräch mit seinem Alter ego Monsieur Croche genügen, um den Komponisten ein für allemal von dem Etikett des «Impressionisten» zu befreien. Die Ästhetik der *clarté* und der *mathématiques musicales,* die DEBUSSY vertritt, hat mit der des «Impressionismus» (soweit sie überhaupt definiert ist) nicht das geringste zu tun. Aber selbst für seine Zeitgenossen war dieses Etikett zu griffig, als daß sie darauf verzichtet hätten; so konstatiert zum Beispiel Lucien Chevaillier 1911: «Bei Monsieur Debussy hat jeder einzelne Abschnitt kaum eine Verbindung zum vorausgehenden oder folgenden: seine einzige Funktion besteht darin, einen Eindruck –» *une impression* – «wiederzugeben. Zwischen den einzelnen Teilen des Ganzen besteht keinerlei tonaler oder melodischer Zusammenhang; es sind Klangtupfer, die exakt den Farbtupfern der impressionistischen Malerei entsprechen.» Und bereits im Dezember 1887 findet sich im Jahresbericht der Académie des Beaux-Arts der Begriff «Impressionismus» auf ein Werk CLAUDE DEBUSSYS angewandt, und zwar auf die symphonische *Suite ‹Printemps›*, die der Komponist als Rompreisträger aus der Villa Medici eingesandt hatte. «Man kann der Partitur Monsieur Debussys zweifellos weder Platitüden noch Banalität vorwerfen. Sie zeigt im Gegenteil eine ausgeprägte – vielleicht zu ausgeprägte – Neigung, Fremdartiges und Ungewöhnliches zu kultivieren. Deutlich ist ein großer Sinn für musikalische Farben, der ihn aber, wenn er ihn übertreibt, die Wichtigkeit einer klaren Zeichnung und Form vergessen läßt. Es ist sehr zu hoffen, daß er nicht vom Strom des ‹Impressionismus› mitgerissen wird, der einer der gefährlichsten Feinde der künstlerischen Wahrheit ist.»

Ausgehend vom «Impressionismus»-Begriff gelangte man zu einem der *l'art pour l'art*-Ästhetik verwandten «Sensualismus», dessen Gegner die Musik zu einem dekorativen, «ganz und gar oberflächlichen Vergnügen», zu einem «raffinierten Ohrenschmaus» degradierten; «sowohl in der Musik als auch in der Malerei war der Impressionismus eine Reaktion gegen die Wucherungen des Symbolismus, gegen die ganze Metaphysik und Philosophie, die sich in diesen Kunstformen ausgebreitet hatten; leider scheint die Reaktion über das Ziel hinauszuschießen und ins gegenteilige Extrem zu verfallen» (A. Guiramand: L'Impressionisme en musique et le décadentisme litéraire. 1907).

Nein, Claude Debussy ist kein «Impressionist».

Frühe Werke 1880–1891

Die ersten anderthalb Jahrzehnte seines Schaffens – zwischen 1879 und dem Abschluß der Arbeit am *Prélude ‹à l'après-midi d'un faune›* im September 1894 – stehen ganz im Zeichen der Spätromantik und des *wagnérisme.* Die (nur im vierhändigen Klavierauszug skizzierte) *Symphonie h-moll* von 1880 unterscheidet sich in nichts von anderen französischen Symphonien der Zeit – von denen Chaussons, Faurés, Francks, Lalos oder Saint-Saëns'. So offenkundig hier und in anderen Werken die Verwurzelung Debussys in der romantischen Tradition hervortritt, so verzweifelt hat er sich gegen sie gewehrt und sich von ihrem Ruch zu befreien versucht.

Die *‹Fantaisie› für Klavier und Orchester* (1889/90) zum Beispiel, deren zyklische Form das Vorbild FRANCKS, D'INDYS und SAINT-SAËNS' nicht verleugnen kann, zog DEBUSSY unmittelbar vor ihrer Premiere zurück; erst im November 1919 spielte Alfred Cortot die postume Uraufführung des Werkes. «Debussy beschuldigte sich selbst eines unüberlegten Fehlgriffs. Er stellte fest, daß sein Stil seinen Glauben zu verraten drohte, und distanzierte sich von der Fantaisie; sie schien ihm wegen ihrer traditionellen Themen-Durchführungen und ihres kontrapunktischen Gerüsts nach Schulmäßigkeit zu riechen» (Maurice Emmanuel).

Auch in der Wahl seiner Texte und im Gestus ihrer Vertonung bleibt DEBUSSY lange Zeit Romantiker. *‹Printemps›* (*‹Frühling›*, für Frauenchor und Orchester, nach einer Pastorale des Comte de Ségur) und *‹Invocation›* (*‹Anrufung›*, für Männerchor und Orchester nach Alphonse de Lamartine) – zwei Arbeiten, mit denen sich DEBUSSY 1882 und 1883 um die Vorausscheidung des Prix de Rome bewarb – sind in ihrem bald naiven, bald emphatischen Ton kaum mehr als harmlose «Schularbeiten»; lediglich in manchen Instrumentationswendungen (wie die beiden Harfen in *‹Printemps›*) läßt sich der spätere DEBUSSY vorausahnen.

In jenen Jahren hatte DEBUSSY engste Kontakte zum Kreis der Symbolisten, die – in Anlehnung an Charles Baudelaire und in einer übersteigerten Verehrung für WAGNER – die literarische Avantgarde bildeten. Der *wagnérisme* hatte in den 1870er Jahren die gesamte französische Literatur erfaßt, während sich die Musiker zunächst nur zögernd der Strömung anschlossen. 1876, im Jahr der Bayreuther *‹Ring›*-Premiere, wurden Stéphane Mallarmé und Paul Verlaine als *poètes maudits,* als «geächtete Dichter», von der offiziellen Schule des *Parnasse* verstoßen; rund ein Jahrzehnt später druckte die neugegründete *Revue wagnérienne* Mallarmés «Hommage» ab, Huldigung an den «Gott Richard Wagner», und Verlaines Sonett «Parsifal», Hymnus auf die Verschmelzung von Kunst und Religion in der Musik. Im selben Jahr 1886 rief Jean Moréas die erste «Ecole symboliste» ins Leben, deren ästhetisches Manifest im *Figaro* veröffentlicht wurde. Der Symbolismus verstand sich als eine Kunst der Einsamkeit, eine Kunst, die keines Publikums mehr bedarf, weil sie sich selbst genügt. Der «geächtete» Künstler steht in seinem Streben nach dem Ideal (der Schönheit) außerhalb der Gesellschaft, sein Werk ist dem sozialen Engagement der Naturalisten – in Frankreich vor allem durch Émile Zola repräsentiert – diametral entgegengesetzt. Kunst hat keine Aufgabe, keinen außerhalb ihrer selbst liegenden Zweck – sie ist *l'art pour l'art,* Kunst um der Kunst willen. Schon 1835 hatte Théophile Gautier verkündet: «Nur das, was zu nichts nütze ist, ist wahrhaft schön; alles verwendbare ist häßlich.»

Diese Maximen lassen sich ungebrochen auch auf die Ästhetik DEBUSSYS übertragen, der sich in den 1880er Jahren zunehmend vom spätromantischen Stilideal löste und dem WAGNERgläubigen Symbolismus zuwandte. In der Rompreis-*Kantate ‹L'Enfant prodigue›* (*‹Der verlorene Sohn›,* 1884) ist die überladene Alterationschromatik WAGNERS mit ihrer Vorliebe für die *‹Tristan›*-Tonarten H-dur und Fis-dur ebenso eklatant wie in der *Kantate ‹La Damoiselle élue›* (*‹Die auserwählte Jungfrau›,* 1887/88). Der Text des englischen Präraffaeliten Dante Gabriel Rossetti, den DEBUSSY für Sopransolo, Frauenchor und Orchester vertont hat, ist in seiner religiös verbrämten Erotik und Schwülstigkeit charakteristisch für die morbide *décadence* der an sich selbst krankenden europäischen Kultur am Vorabend des Ersten Weltkriegs, zu der sich DEBUSSY auch in seiner Oper *‹Pelléas et Mélisande›* und im *‹Martyre de Saint-Sébastien›* bekannt hat. Die Académie des Beaux-Arts, der der Komponist seine Partitur vorlegte, gab sich skeptisch: «Die Musik entbehrt nicht der Poesie und des Zaubers, wenn sie auch immer noch jenen systematischen Hang zur Verschwommenheit in Ausdruck und Form erkennen läßt, den die Akademie schon früher dem Komponisten vorzuwerfen hatte.» Deutlicher als in allen vorausgegangenen Werken zeigt *‹La Damoiselle élue›* Stilelemente des späteren DEBUSSY: Abgesehen vom Gestus des Anfangs, der die *‹Nuages›* der zehn Jahre später komponierten *‹Nocturnes›* antizipiert, finden sich hier bereits die Akkordrückungen und Intervall-Parallelen, die rezitativische Vokalbehandlung und die Transparenz der Instrumentation und der Harmonik, deren «offenen Farben», «Setzungsfarben» und «Gegenfarben» (Albert Jakobik) die Eigenständigkeit und Faszination der Musiksprache DEBUSSYS ausmachen, wenn sie nicht dem «impressionistischen» Interpretationsklischee zum Opfer fallen und in einem heillos diffusen Klangbrei versinken...

Daneben entstanden in diesen Jahren vor dem *Prélude ‹à l'après-midi d'un faune›* und dem *‹Pelléas›* die (1907 von HENRI BUSSER orchestrierte) *‹Petite Suite›* für Klavier zu vier Händen, in der sich – ähnlich wie in den Verlaine-*Liederzyklen ‹Ariettes oubliées›* und *‹Fêtes galantes›* – die Schäferidyllen des französischen Rokoko widerspiegeln, die (1923 von MAURICE RAVEL orchestrierte) *‹Tarantelle styrienne›* und die (1908 von DEBUSSY selbst orchestrierte) *‹Marche écossaise sur un thème populaire›* für Klavier zu vier Händen: kleine, postromantische Stücke in weitgehend traditioneller Manier, ein Atemholen vor dem großen Wurf des *‹Pelléas›*.

Michael Stegemann

Prélude ‹à l'après-midi d'un faune› d'après une églogue de Stéphane Mallarmé (1892–1894)

Die Uraufführung am 22. Dezember 1894 bei der Société Nationale unter dem Schweizer Dirigenten Gustave Doret war nichts weniger als einer der großen Wendepunkte in der Geschichte der Musik. MAURICE RAVEL bekannte später sogar: «Erst seit ich zum erstenmal ‹L'après-midi d'un faune› gehört hatte, wußte ich, was Musik ist.» DEBUSSY hatte nicht nur sein erstes Meisterwerk komponiert, sondern jene unaufdringliche Revolution des Klangs und der Form, die einen neuen Begriff von Musik in die Welt setzte. Fortan gab es nicht nur die symphonische (motivisch-thematische) Arbeit, sondern die Musik wurde unter DEBUSSYS Händen zu einem «geheimnisvollen, rätselhaften Universum, das sich aus sich selbst erzeugt und wieder zerstört» (Jean Barraqué). Die Nuancen des Klangs, der Farben und der Akkorde und die völlig unschematische Form, die nur noch als Überlagerung mehrerer Formideen verstanden werden kann, ferner der neuartige Gebrauch der einzelnen Instrumente und überhaupt die Transparenz des Orchestersatzes – das alles verblüffte und begeisterte die Zuhörer der Uraufführung des *Prélude ‹à l'après-midi d'un faune* derart, daß es sofort wiederholt werden mußte. «Ist Prélude ‹à l'après-midi d'un faune›, geehrter Herr, nicht vielleicht das, was in der Flöte vom Traum des Fauns zurückgeblieben ist?» – so schrieb der Komponist damals an einen Kritiker, und was sagte Mallarmé dazu? Er hatte zunächst befürchtet, daß DEBUSSY seine 110 Verse von den Begierden und Träumen eines Fauns in der Hitze des Nachmittags einfach nur wiederholen würde, ließ sich aber dann doch davon überzeugen, daß die Musik «keine Dissonanz zu meinem Text ergab, sondern wahrhaftig noch viel weiter darin ging, die Sehnsucht und das Licht –» beides ist der Musik unmittelbar zugänglich – «mit Feinheit, Melancholie und Reichtum wiederzugeben.» Das ist es: Die Kunst der musikalischen Nuance hatte das Gedicht hinter sich gelassen, aber ist es nicht seltsam, daß sie genauso viele Takte umfaßt, wie das Gedicht Verse hat? «Genauer ausgedrückt ist es der allgemeine Eindruck der Dichtung», meinte DEBUSSY über seine Musik, die sich aus dem Flötensolo des Anfangs heraus buchstäblich entfaltet. Natürlich klingt es nach WAGNER, vor allem der Mittelteil, aber ins Französische übersetzt. Und die Flöte, bei WAGNER tabuisiert, wird bei DEBUSSY zum metaphorischen Instrument: Nach der antiken Mythologie ist sie das lockende und sehnsüchtige Instrument (Syrinx) als solches. In ihr verdichten sich die «Rufe ins Entbehrte» (Ernst Bloch), einer der Ursprünge von Musik überhaupt. Das wird in DEBUSSYS *Prélude* wieder hörbar.

Die Form des *Prélude* ist eine Art «Improvisation um ein Kernthema» (Barraqué), um das (viertaktige, aber unsymmetrische) Flötensolo, das im Keim den Materialbestand des *gesamten* Stücks enthält: die absteigende Chromatik, den Tritonusabstand der beiden ersten konträren Motive und (im dritten Takt) die Diatonik des wollüstigen Mittelteils. Taktart und Tonart sind in diesem Flötensolo noch unklar; das teilt sich dem Gestus mit, der wirklich ein Abbild der Sehnsüchte des Fauns ist. Der Eindruck einer freien, schwebenden Form des Ganzen entsteht durch die Überlagerung von mindestens drei Formprinzipien: DEBUSSY verschmilzt, nahezu ununterscheidbar, die Errungenschaften der Sonatenform (in den durchführungsartigen Zwischenpartien), der dreiteiligen Bogenform (ein stark kontrastierender, emotional aufgeladener und primär harmonisch konzipierter Mittelteil steht der Improvisation um das Kernthema des Flötensolos gegenüber) und der Variation (das Kernthema tritt in zehn verschiedenen Varianten auf, ist dabei immer wieder anders harmonisch belichtet). Die Geschmeidigkeit der Harmonik, über die bereits der junge DEBUSSY gegen alle Regeln des Conservatoire verfügte, kommt einer Neuordnung des Klangbewußtseins gleich, denn sie vermag auch die entferntesten Bereiche unmittelbar zu verbinden. So wird etwa das Kernthema, das zu Beginn unbegleitet, dann «falsch» harmonisiert auftrat, zu Beginn des eigentlichen Hauptteils (Takt 21), also bei seiner dritten Variante, «richtig» harmonisiert, der Melodieführung entsprechend, die durch den Tritonusabstand der ersten beiden Motive zueinander impliziert, daß die Tonika (E-dur, mit *sixte ajoutée*) umgedeutet wird zur neapolitanischen Sext der Dominante (also C-dur). In den letzten Takten des Stücks erscheint dann das Kernthema auf seine Haupttöne reduziert, nachdem zuvor seine eigentlich gemeinte, innere Symmetrie (des ersten Taktes), die am Anfang noch gestört war, enthüllt wurde, klanglich übrigens ausdrücklich hervorgehoben durch die gewagte Mischung von gedämpften Hörnern und Violinen auf der G-Saite; es ist die wiedergefundene Ruhe des Fauns und sein Versinken in Schlaf.

Dietmar Holland

‹Nocturnes› (1897–1899)

Die traumhafte Szenerie und magische Beleuchtung der «Studien in Grau» von James Whistler, eines Freundes von Mallarmé übrigens, zogen DEBUSSYS musikalische Phantasie mehr an als die taghellen Gemälde der «Impressionisten»; luzide Klarheit war nicht DEBUSSYS Sache, noch weniger jene Verschwommenheit, die ihm oft unterstellt wird. Die drei *‹Nocturnes› für Orchester* (und textlosen Chor von Frauenstimmen im dritten Stück) geben darüber genauer Auskunft: Es sind natürlich allesamt Nachtbilder, aber mit scharfem Blick für die Nuancen von Licht und Schatten gesehen, zwei optischen Gegebenheiten, die sich auf die Musik analog übertragen lassen. DEBUSSY hatte eine Musik von gewissermaßen naturhafter Konsistenz im Sinn, wollte drei Arten von Bewegungen – wieder handelt es sich um ein auch der Musik zugängliches Element – darstellen: im ersten Stück (*‹Nuages›*) das Ziehen der Wolken am nächtlichen Himmel (und das gelegentliche Durchscheinen des Mondes auch), im zweiten (*‹Fêtes›*) diffuse Lichtbewegungen in der Atmosphäre (festliches Treiben auf nächtlicher Straße) und im dritten Stück (*‹Sirènes›*) Licht- und Wellenbewegungen auf der flimmernden Oberfläche des mondbeschienenen Meeres, eines mythologischen freilich – die Sirenen sind bekanntlich jene lockenden Frauengestalten, deretwegen sich Odysseus am Mast seines Schiffes festbinden ließ, um von ihnen nicht verführt zu werden –, denn das echte wird DEBUSSY erst sechs Jahre später musikalisch darstellen. Von den drei *‹Nocturnes›* fallen denn auch Strahlen auf die späteren Orchesterwerke DEBUSSYS: Das mythologische Meer der *‹Nocturnes›* kehrt, gewissermaßen entmythologisiert, wieder in *‹La mer›*, das großstädtische Treiben der *‹Fêtes›* verwandelt sich im Schlußteil von *‹Ibéria›* (*‹Le matin d'un jour de fête›*) zum ländlichen Fest mit unüberhörbarem folkloristischen Akzent, und die *‹Nuages›* verflüchtigen sich zu den schweren, sinnlichen Düften spanischer Nächte im Mittelteil von *‹Ibéria›* (*‹Les parfums de la nuit›*). Die Bewegungen setzt DEBUSSY in Klangfarben und in Rhythmik um, entfaltet dabei drei verschiedene Formideen: Im ersten Stück geht es um den Wechsel von Dynamik und Statik der Farbe selbst, konzentriert auf ein fixiertes klangliches Zentrum, im zweiten Stück um die grelle, bunte Fülle – das Stück steht im Tritonusabstand zum ersten, also dem am weitesten möglichen – wechselnder Tempi und Dynamik in einem Tarantellawirbel, der auf ein pointiertes Marsch-Thema zusteuert, das seinerseits eine riesige dynamische Steigerung hervorruft, und das dritte Stück bringt durch ausgedehnte Farbbewegungen eine bisher nicht aufgetretene Profilierung der Thematik über den gesamten Ablauf hinweg mit sich. (In den ersten beiden Stücken stechen nur einzelne, charakteristische Themen aus dem Ablauf heraus.) Man fühlt sich genötigt, die Partitur nicht mit musikalischen Fachbegriffen zu erklären, sondern wie ein Bild anzuschauen, denn es gibt nicht mehr die klassische Dialektik von Themenmaterial und seiner Entwicklung im Form*prozeß*, sondern nur noch Reihungen oder Wiederholungen, freilich stets als Umbelichtungen. Die Form ist nichts Gegebenes mehr; sie muß ausgedacht werden, wie die neuartige Syntax auch. Debussys Abneigung gegen die herkömmliche Durchführungstechnik nahm in den *‹Nocturnes›* erstmals konkrete Gestalt an.

An deren Stelle tritt die sorgfältige und ausgesuchte instrumentale Koloristik, und zwar keine verschwommene, aber auch nicht die distinkt abgesetzte Ravels, sondern eine unmerklich abgetönte. In den *‹Nuages›* sind es die kühleren Farben, in den *‹Fêtes›* natürlich die gleißenden und in den *‹Sirènes›* die warmen Farben (Fis-dur!), Farbe immer doppeldeutig verstanden, als Klang- und Akkord- bzw. Tonartfarbe. Dadurch wird Debussys neuartige musikalische Syntax möglich. Selbst eine einzelne Instrumentalfarbe bekommt Bedeutung: «Das Englischhorn in ‹Nuages› setzt jenes neue Atmen der Musik fort, das der Komponist mit der Flöte des ‹Fauns› zum Leben erweckt hatte» (Pierre Boulez).

Dietmar Holland

‹Chansons de Bilitis›

Mit *‹Pelléas et Mélisande›* löste sich Debussy zwar endgültig von der romantischen Tradition, *wagnérisme* und Symbolismus aber sind in diesem Werk deutlicher denn je zu spüren. So wie er sich früher (vergeblich) bemüht hatte, alle Romantik aus seiner Musik zu verbannen, so bemühte er sich hier (ebenso vergeblich), seine Anleihen bei Wagner zu verschleiern; «als ich um die Ecke eines Taktes bog, tauchte plötzlich das Gespenst des alten Klingsor (alias R. Wagner) vor mir auf, so daß ich alles zerrissen und wieder von vorn angefangen habe», gesteht er in einem Brief an Ernest Chausson. Andererseits war der *‹Pelléas›* das erste bedeutende Werk des französischen Musiktheaters, das Wagner (wenn auch mit Wagner) überwand und Neuland betrat; gleichsam über Nacht war Debussy zum Exponenten der neuen französischen Musik geworden, und der *debussysme* breitete sich wie eine Epidemie unter der jüngeren Komponistengeneration aus. Seine Adepten, die Jean Lorrain im *Journal* «Pelléastres» getauft hatte, lebten nur für «die Erregung dieser ausgehaltenen Akkorde, diese unendlichen

Anfänge einer hundertfach angekündigten Phrase, dieses lustvolle, sich bis an die Grenzen des Schmerzes steigernde Prickeln eines Themas, dessen Aufschwung hundertmal unterbrochen wird, und das zu keinem Ende kommt». DEBUSSY hatte die spektakuläre Wirkung seines *‹Pelléas›* kaum vorausgesehen und war ganz und gar nicht glücklich darüber, sich plötzlich als Kopf einer Schule zu sehen, nachdem er sich immer wieder dagegen gewehrt hatte, selbst irgendeiner Schule zugerechnet zu werden. So wurde der Erfolg der Oper sozusagen ein heilsamer Schock für ihn, der ihn veranlaßte, sich von der Tonsprache des *‹Pelléas›* baldmöglichst zu distanzieren. Schon in den *‹Chansons de Bilitis›* (1900/01) – einer zwölfteiligen *Bühnenmusik* nach Texten von Pierre Louÿs für Sprecher, zwei Flöten und zwei Harfen (denen PIERRE BOULEZ 1954 einen Celestapart hinzugefügt hat) – zeichnet sich eine «neue Einfachheit» DEBUSSYS ab, die sich auf spätantike und mittelalterliche Vorbilder beruft. Um etwa dieselbe Zeit proklamiert DEBUSSY immer nachdrücklicher sein Postulat einer nationalen Eigenständigkeit der französischen Musik. «Wollten Sie nicht dem Einfluß Wagners entgegenwirken, indem Sie etwas grundsätzlich anderes suchten?» wurde er 1909 in einem Interview befragt. «Nein – ich habe einfach meine Natur und mein Temperament sprechen lassen. Vor allem habe ich versucht, wieder Franzose zu werden. Allzugern vergessen die Franzosen die ihnen eigene *clarté* und Eleganz, um sich von der germanischen Langatmigkeit und Schwerfälligkeit beeinflussen zu lassen.»

Aus dem *wagnériste* DEBUSSY ist ein *musicien français* geworden, als der er nun immer häufiger seine Werke und Briefe signiert. Die Presse rechnet ihm sein Bekenntnis zur französischen Musik hoch an (auch wenn es zunächst eher ein Lippenbekenntnis ist, während in den Partituren DEBUSSYS nach wie vor «das Gespenst des alten Klingsor» herumspukt) und verleiht ihm den Ehrentitel «Claude de France». Um WAGNER zu entkommen, tritt DEBUSSY eine «Flucht zurück nach vorn» an: Die prätonale Modalität, die starre, von ERIK SATIES *néo-grec* und *néo-gothique* beeinflußte Harmonik, die monodische Linearität und das spröde Kolorit einer immer weiter ausgedünnten Instrumentation greifen zurück auf eine Vergangenheit, die den Keim der Zukunft in sich trägt; nicht lange, und man wird auch den letzten Rest *sensualité* ausmerzen, den DEBUSSYS Musik noch in sich trägt, um zu einem archaischen «Primitivismus» zu gelangen, der die französische Musik nach dem Ersten Weltkrieg kennzeichnet.

Michael Stegemann

‹La mer›, Trois esquisses symphoniques (1903–1905)

Natürlich hat DEBUSSY hier keine «Symphonie» in drei Sätzen geschrieben, aber der Untertitel «Trois esquisses *symphoniques*» macht denn doch stutzig. Es handelt sich um «Skizzen», weil es keine symphonischen Formen mehr sind, und um «symphonische» Skizzen insofern, als in ihnen sich fester gefügte Themen als sonst bei DEBUSSY finden, die zudem zirkulieren und sogar Entwicklungen verursachen, ohne aber die Formentfaltung festzulegen. Immerhin machen sie ein formales Ereignis möglich, das sonst bei DEBUSSY nicht vorkommt: Sie setzen, in der Coda der Ecksätze, einen auskomponierten «springenden Punkt» (BOULEZ). Aber weder drücken sie eine «Idee» aus, noch werden sie der traditionellen symphonischen Durchführungstechnik unterworfen, die DEBUSSY als «Metaphysik» der Musik zutiefst verachtete. Sie sind auch nur selten tonmalerisch, so etwa in den Klangwogen des scherzoartigen Mittelsatzes (*‹Jeux de vagues›*), der übrigens das formale Gegengewicht bildet zu den mehr «dramatischen» Außensätzen, oder auch in dem Gegensatz von Wind und Wellenspiel des dritten Satzes, der schon bereits im Titel (*‹Dialogue du vent et de la mer›*) verheißt, daß es nach der *Entwicklung* des ersten und dem aufgelösten *Spielzustand* des zweiten Satzes nun um eine *dialektische Synthese* geht. Das musikalische Material des Dialogsatzes ist denn auch selber konträr: Es stehen sich chromatische Wind-Themen und diatonische Meer-Themen gegenüber, wobei die letzteren aus dem ersten Satz stammen, derart die Synthese auch thematisch bestätigt wird. Hier haben wir das «Symphonische», freilich umgedacht für die Bedürfnisse der Musik DEBUSSYS.

Es geht ihm nicht um ein *Abbild* des Meeres – das hätte er als lächerlich empfunden, denn er überließ das den «Programm»-Musikern –, sondern, ganz im Gegenteil, das reale Meer ist der Anlaß, eine Musik zu schreiben, die allerdings die Bewegungen des Meeres in klangliche Äquivalente umzusetzen versteht (nämlich in Klang und Rhythmus) und zugleich selbst wie das Meer, also als naturhaftes *Bild*, erscheint. Einzig auf eine solche Umsetzung optischer Eindrücke in musikalische Gestalten kam es DEBUSSY dabei an. Die Form wird ihm hier zu einem proteushaften Gebilde, das sich gewissermaßen aus sich selber heraus erzeugt und nichts anderes ist, als ein Ausdruck der «geheimnisvollen Übereinstimmung von Natur und Imagination» (DEBUSSY).

Das vielberedete und überdies als Vorwurf gegen DEBUSSYS Musik gemeinte «Sfumato» des Orchesterklangs findet in ‹*La mer*› – und auch sonst kaum bei DEBUSSY – nicht statt; es gibt nur klare Linien und Formen, denn die Musik ist ihm ein Phänomen, das genau meß- und kalkulierbar ist. Über alldem steht jedoch der *Klang*, der die Tendenz hat, sich zu verflüchtigen, Gestalten auszuwerfen, die keine Themen mehr sind. Tatsächlich ist der Mittelsatz von ‹*La mer*›, und nicht nur im Titel, eine Art Vorstudie zu dem späteren Ballett ‹*Jeux*› (1913), das dann wirklich Ernst macht mit dem a-thematischen Komponieren. (Von entgegengesetzter Richtung kommend stößt DEBUSSY damit auf SCHÖNBERG.) Die Aufsplitterung des Klangs und die rhythmische Freiheit, ja Schwerelosigkeit, auch die nicht mehr faßbare Form sind in beiden Stücken unerhört.

In ‹*La mer*› ist, zum erstenmal bei DEBUSSY, die Natur selbst «Gegenstand» der Musik, und zwar ohne den Menschen darin und auch ohne die mythologischen *Sirènes*, die noch in den früheren ‹*Nocturnes*› den Charakter des Meeres bestimmten, doch die Natur veranlaßt die Musik, so zu erscheinen, als sei sie nicht «gemacht» worden, sondern einfach «da». Anders gesagt: Alle musikalischen Mittel – und DEBUSSY differenziert sie unablässig – verfolgen den einzigen Zweck, eine ungreifbare Distanz herzustellen. So beginnt der erste Satz, dessen Titel (‹*De l'aube à midi sur la mer*›) eine Entwicklung der Musik verspricht (‹*Vom Morgengrauen bis zum Mittag auf dem Meer*›), sozusagen als die Geburt der Musik aus dem Geiste des Klangs, genauer: ihrer einzelnen, nacheinander eintretenden Elemente und Dimensionen (Einzelton, Klangfarbe, Taktart, Motiv, Tonalität, Thema, Entwicklung, Form), und das alles ohne «symphonische» Kompositionstechnik. Die Apotheose, die als «springender Punkt» in der Coda eintritt, ist eine der Musik selber.

Dietmar Holland

‹Images› pour orchestre (1906–1912)

Die drei *‹Images›* für Orchester (Nr. 1: *‹Gigues›*, vollendet und von ANDRÉ CAPLET instrumentiert 1912; Nr. 2: *‹Ibéria›*, vollendet 1908, und Nr. 3: *‹Rondes de Printemps›*, abgeschlossen 1909) überraschten sogar die betonten Anhänger DEBUSSYS, denn sie hatten vermutlich eine Fortsetzung von *‹La mer›* erwartet, aber bestimmt nicht solche auf die Musik übertragene «Landschaftsmalerei», musikalische «Bilder», die mit folkloristischen Akzenten versehen sind. DEBUSSY wußte, daß er dabei war, «Dinge zu schreiben, die ganz bestimmt die Welt revolutionieren» und entgegnete den Kritikern der *‹Images›*, er habe versucht, «etwas ‹anderes› zu machen, in gewisser Weise: Bilder der Wirklichkeit». Befand sich der Meister der klanglichen Nuancen etwa auf Abwegen? Die Objekte waren: eine englische Herbstlandschaft in den *‹Gigues›* (ursprünglich: *‹Gigues tristes›*), der Aufbruch des französischen Frühlings in den *‹Rondes de Printemps›* (mit dem Motto eines volkstümlichen Mailieds versehen, das zur Zeit Dantes in der Toskana gesungen wurde) und in den drei Teilen *‹Par les rues et par les chemins›* (*‹Auf den Straßen und Wegen›*), *‹Les parfums de la nuit›* (*‹Die Düfte der Nacht›*) und *‹Le matin d'un jour de fête›* (*‹Der Morgen eines Festtages›*) die «Vision spanischer Landschaft, spanischen Treibens, spanischer Atmosphäre» (Heinrich Strobel), und das alles ohne Tonmalerei, ohne die gewohnten ungreifbaren, stimmungshaften Klänge, dafür mit einem Orchester, das klingt «wie ein Kristall» (DEBUSSY) und «leicht wie eine Frauenhand» (DEBUSSY) daherkommt. Die Klänge sind jetzt das Ergebnis einer präzisen Einzelcharakteristik der Instrumente, je nach Eigenart. Tänzerische Rhythmik ist vorherrschend, und es bilden sich härtere Konturen, die manche Anhänger DEBUSSYS dazu veranlaßten, ihm vorzuwerfen, er ahme RAVEL nach; ja DEBUSSY übertrifft an thematischer Konzentration alles, was die symphonische Technik hervorgebracht hat, ohne daß er sich ihrer bedient hätte. Das führt zu einer Art epischer Ruhe – daher wohl auch der Titel *‹Bilder›*, der auf die Zustandsschilderungen abzielt.

Die drei *‹Images›* sind zudem völlig verschieden; im *zweiten* überträgt DEBUSSY dieses Prinzip sogar noch auf die interne Gliederung: Die beiden hellen Außenteile, der erste im Bolero-Rhythmus, der letzte als näherrückender Marsch gestaltet, stehen einem atmosphärischen Mittelteil gegenüber, bei dem eine zeitlupenartig gedehnte Habanera die Zeit anhält und die «Düfte der Nacht» Spaniens einsaugt, freilich – wie stets bei DEBUSSY und in striktem Gegensatz zu RAVEL (*‹Rapsodie espagnole›*, 1907) – ohne den Menschen als Spiegel. Eine undurchdringliche Distanz ist auskomponiert: Alle drei Teile gehen auch ineinander über. War DEBUSSY zum musikalischen Naturalisten geworden? Was meint er damit, wenn er von seinen «Bildern der Wirklichkeit» spricht? Er fährt aber fort: «Die Dummköpfe nennen das ‹Impressionismus› – ein Begriff, der so schlecht angewandt ist wie nur irgend möglich, besonders von den Kunstkritikern, die sogar Turner damit belegen, den größten Mystiker, den es im Bereich der Kunst gibt.» Da haben wir es: Es geht wieder nicht um *Abbildung*, sondern um *évocation*; das folkloristische Lokalkolorit ist kaum entscheidend, auch wenn DEBUSSY – wiederum im Gegensatz zu RAVEL – auf bewußte (oder unbewußte) Melodiezitate nicht verzichten mochte (oder konnte). In den *‹Rondes de Printemps›* etwa zitiert er ausdrücklich das französische *Volkslied ‹Nous n'irons plus au bois›*, das er sogar als Hauptthema behandelt, oder in den *‹Gigues›* bringt er eine unbewußte Erinnerung an ein *Lied* von Charles Bordes (einem Gründer der Pariser «Schola cantorum» für alte Musik) mit dem Titel *‹Dansos la gigue›* an. Doch wir wissen nicht, ob die Anfangsmelodie der Oboe d'amore in den *‹Gigues›* englischen Ursprungs ist, aber es ist auch nicht wichtig.

Die *‹Rondes de Printemps›* zeigen die Kehrseite der thematischen Konzentration: Sie schlägt hier um in einen «immateriellen Charakter» (DEBUSSY), in dem das zitierte Volkslied immer neuen Verwandlungen unterworfen wird. Die *‹Gigues›* sind ein Wechselspiel zwischen dem melancholischen Anfangsthema der Oboe d'amore und einem marionettenartigen, straff rhythmisierten Motiv, später auch einer phlegmatischen Melodie. ANDRÉ CAPLET, Schüler DEBUSSYS, der die Instrumentation der *‹Gigues›* vollendete, schrieb später über dieses von den Dirigenten als Stiefkind behandelte erste Stück der *‹Images›*: «Bild einer schmerzerfüllten Seele, die, um ihre schleppende Klage und Unlust auszusingen, zur Schalmei einer Liebes-Oboe greift. Gequälte Seele, die jedoch aus Scham verstört und mit wildem Trotz vor dem Lyrismus freier Ergießung zurückschreckt.» Die stilisierten Tanzhaltungen der *‹Gigues›*, vor allem das Moment der Groteske, verweisen bereits auf das Ballett *‹Jeux›*, das ein Jahr später komponiert und uraufgeführt wurde.

Das Mittelstück dagegen, das spanische Triptychon, wird heute von den Dirigenten für Aufführungen favorisiert, nicht zuletzt wohl wegen seiner mitreißenden rhythmischen Verve und dem Übergang von den schweren «Düften der Nacht» zum folgenden Festtag, über den DEBUSSY selber gesagt hat: «Das wirkt nicht, als ob es komponiert wäre... Und die ganze Steigerung, das Erwachen der Leute und der Dinge... ein Melonenverkäufer, Kinder, die pfeifen: ich sehe sie ganz deutlich.»

Dietmar Holland

‹Danses›, ‹Martyre de Saint-Sébastien›, Rapsodies, Chorwerke, ‹Children's Corner›, ‹La Boîte à joujoux› und ‹Khamma›

Die Archaik und Statik, zu der sich DEBUSSY in den *‹Chansons de Bilitis›* erstmals bekannt hat, bestimmt fortan viele seiner Partituren. Sie ist in der Kargheit der beiden *‹Danses›*, die er 1904 im Auftrag des Pariser Verlages Pleyel für chromatische Harfe und Streicher komponiert hat, ebenso zu spüren wie in der Umarbeitung einiger der *‹Chansons de Bilitis›* zu den *‹Six Epigraphes antiques›* für Klavier zu zwei oder zu vier Händen von 1914, die der Dirigent Ernest Ansermet 1939 für Streichorchester gesetzt hat. Am deutlichsten aber tritt sie in dem fünfaktigen *‹Martyre de Saint-Sébastien›* zutage; das 1911 für die Tänzerin Ida Rubinstein komponierte Werk, an dessen Orchestration vermutlich Debussys Schüler und Freund André Caplet maßgeblichen Anteil hatte, wird heute fast nur noch in Form der drei ‹*Fragments symphoniques*› aufgeführt. Der Text Gabriele d'Annunzios ist in der Verknüpfung von Religion und Erotik (das Martyrium als Lustprinzip...) womöglich noch ungenießbarer als der Rossettis für die ‹*Damoiselle élue*›. Debussys Musik aber geht in ihrer mit geringsten Mitteln erreichten Spannung – etwa in den a capella-Sätzen des Vokalterzetts (Sopran, Mezzosopran und Alt), in den knappen Ostinati oder in den harmonisch kaum mehr gestützten, weit ausladenden Bläsersoli – weit über die ästhetischen Grenzen der ‹*Damoiselle*› und des ‹*Pelléas*› hinaus. Das Prinzip der *clarté,* der Durchhörbarkeit aller simultan oder sukzessiv ablaufenden musikalischen Ereignisse, ist hier beispielhaft realisiert, was den Kontrast zwischen der Überladenheit des Textes und der archaischen Strenge der Musik um so stärker (und störender) hervortreten läßt.

Aus dem Jahrzehnt zwischen ‹*Pelléas*› und dem ‹*Martyre*› stammen auch einige kleinere Werke, die Debussy zum Teil nur widerwillig auf sich genommen hatte. An der *Rapsodie* (ursprünglich ‹*Rapsodie mauresque*›) für Saxophon, einem Auftrag der amerikanischen Saxophonistin Elisa Hall, arbeitete der Komponist zehn Jahre lang, ohne das Werk zu beenden; erst 1919 realisierte Jean-Jules Roger-Ducasse an Hand des Klavierauszugs und einiger Skizzen die Partitur, die mit ihrer Mischung aus arabesken Orientalismen und Jazzeinflüssen einen merkwürdig zwiespältigen Eindruck hinterläßt. Auch die beiden Sätze einer Bühnenmusik zu Shakespeares «King Lear», die Debussy 1904 begonnen hatte, blieben Fragment und wurden 1926 von Roger-Ducasse orchestriert. Die 1909/10 für einen Wettbewerb des Conservatoires komponierte *Rapsodie* für Klarinette gehört ebenso zu den kleineren Gelegenheitswerken wie der *Klavierwalzer ‹La Plus que lente›* von 1910, in dessen Orchesterfassung (1912) Debussy ein Solocymbal verwendet, das die träumerische Schwerblütigkeit des Stücks noch unterstreicht.

Schon in den drei Chor-‹*Chansons de Charles d'Orléans*› (1898 und 1908) und in den ‹*Trois Chansons de France*› (1904) für Gesang und Klavier hatte sich DEBUSSY – wie es sich für einen *musicien français* jenseits des *wagnérisme* geziemt – mit der französischen Dichtung des 15. Jahrhunderts auseinandergesetzt. 1910 ließ er diesen beiden Triptychen die *‹Trois Ballades de François Villon›* folgen, die er noch im selben Jahr orchestrierte. Asketische Dreiklangs- und Quintfolgen zum einen und – in der mittleren *‹Ballade que Villon feit à la requeste de sa mère pour prier Nostre-Dame›* (*‹Ballade, die Villon auf Bitten seiner Mutter als Gebet zur Jungfrau Maria verfaßte›*) – kirchentonale Gesangsmelodien mit psalmodierenden Tonrepetitionen entwickeln den Satzstil des *‹Pelléas›* konsequent weiter; dabei ging es DEBUSSY vor allem darum, «nahe am Wort zu bleiben und die Rhythmen der Sprache genau nachzubilden, ohne der Inspiration Fesseln anzulegen». Die Orchesterfassung mit ihrer effektvollen, aber etwas massiven Instrumentation entspricht dieser Idee freilich weniger als die ursprüngliche Version des Zyklus für Bariton und Klavier.

1906 bis 1908 war für DEBUSSYS Tochter Chouchou der sechsteilige *Klavierzyklus ‹Children's Corner›* entstanden, den ANDRÉ CAPLET (mit dem Einverständnis DEBUSSYS) 1910 orchestrierte; auch das Kinderballett *‹La Boîte à joujoux›*, das DEBUSSY 1913 nach einem Libretto des Malers André Hellé im Klavierauszug skizziert hatte, wurde 1918/19 von CAPLET vollendet, nachdem der Komponist über die Arbeit an der Partitur gestorben war. Hier findet sich auch der schon 1909 komponierte *Cake-Walk ‹The Little Nigar›* wieder – eines der berühmtesten und meistbearbeiteten Stücke DEBUSSYS. Die Kinderwelt, die diese beiden Werke musikalisch evozieren, ist freilich alles andere als unschuldig oder naiv; die CLEMENTI-Parodie im *‹Doctor Gradus ad Parnassum›* und das verzerrte Zitat des *‹Tristan›*-Akkords in *‹Golliwogg's Cake-Walk›* genügen, um die Doppelbödigkeit dieser Miniaturen zu entlarven.

Eines der erstaunlichsten Werke des späten DEBUSSY ist die «ägyptische Tanzlegende» *‹Khamma›*, die er 1911/12 im Auftrag der kanadischen Primadonna Maud Allan entwarf und die – nach einigen Skizzen und Anweisungen des Komponisten – von CHARLES KOECHLIN orchestriert wurde. Ähnlich wie in der Tanzdichtung *‹Jeux›* ist die rhythmische Textur des Werkes über weite

Strecken der Partitur amelodisch, eindeutig erkennbare thematische Abschnitte werden mehrfach wiederholt (anstatt sich zu entwickeln), die Kontraste der Klangfarben und der (oft unaufgelöst dissonanten) Harmonien sind extrem scharf gezeichnet. Die Nähe zu STRAWINSKY und zur Ästhetik der «Groupe des Six» ist evident.

Michael Stegemann

‹Jeux›, Poème dansé (1912–1913)

Mit *‹Jeux›*, einem Auftragswerk für Diaghilews «Ballets russes», die das Ballett am 15. Mai 1913, zwei Wochen vor der stürmischen Premiere von STRAWINSKYS *‹Le Sacre du Printemps›*, im Théâtre des Champs-Élysées zur Uraufführung brachten, schrieb DEBUSSY seine modernste, kühnste, ja avancierteste Partitur. Das legte ihm nicht nur das Sujet nahe, von dem Vaclav Nijinsky sagte, es sei eine «plastische Apologie des Menschen von 1913», sondern DEBUSSY vollstreckte hier das, was er in den *‹Jeux de vagues›* aus *‹La mer›* bereits intendiert hatte: die kalkulierte Auflösung aller musikalischen Elemente einschließlich des thematischen Komponierens und die Erfindung der Form als einem perspektivischen Labyrinth mit permanentem Tempowechsel und einem fluktuierenden Ablauf, der verschiedene Grade von Präsenz aufweist, so als würden vielfache Fäden gesponnen, die an den verschiedensten Stellen fallengelassen und später unvermutet wiederaufgenommen werden. Nach Jean Barraqué hat hier das Genie der Form und der Formung seinen absoluten Höhepunkt erreicht: Die Form wirkt nach außen hin völlig diskontinuierlich, prägt aber im Inneren eine «alternative Kontinuität» aus, einen vielschichtigen Ablauf, bei dem es sogar Entwicklungen gibt, die gar nicht direkt hörbar werden, sondern hinter der Szene gleichsam unbemerkt weiterlaufen, sich gleichsam wie «in Abwesenheit» vollziehen und plötzlich mit ihrem Ergebnis wieder ins Geschehen eintreten. Die proteusartigen Verwandlungen aus *‹La mer›*, speziell aus dem Mittelsatz, stiften jetzt den gesamten Ablauf. PIERRE BOULEZ spricht daher von einer äußerst flexiblen Form, die sich «von Augenblick zu Augenblick» erneuere. Die Musik wird wirklich zu dem (abstrakten) «Spiel», das der schlichte, sachliche Titel andeutet, und gebärdet sich selbst wie der hüpfende Tennisball, der die Balletthandlung auslöst (und abschließt):

«Nach einem sehr langsamen, sanften und träumerischen Vorspiel von wenigen Takten, in dem über der gehaltenen Tonika ‹h› der Violinen der Akkord aus allen Tönen der Ganztonleiter in seinen verschiedenen Umkehrungen auftritt –» wer denkt da nicht an SCHÖNBERGS spätere Reihentechnik? – «erscheint ein erstes Motiv ‹scherzando› im Dreivierteltakt. Sehr bald wird es unterbrochen durch die Rückkehr der Anfangstakte, dieses Mal vom Summen tiefer Streicher getragen; dann wird das Scherzando mit einem zweiten Motiv wiederaufgenommen. In diesem Augenblick beginnt die Handlung: Der Ball fällt auf die Bühne; ein junger Mann im Tennisdress springt mit erhobenem Racket über die Szene. Er verschwindet... Dann kommen zwei junge Mädchen, furchtsam und neugierig. Sie scheinen nur einen geeigneten Platz für vertrauliche Mitteilungen zu suchen. Eine nach der anderen beginnt zu tanzen. Plötzlich halten sie inne, durch ein Blätterrascheln stutzig gemacht. Durch die Zweige sieht man den jungen Mann, der ihre Bewegungen mit den Blicken verfolgt. Sie wollen weglaufen. Aber er führt sie sanft zurück und überredet eine von ihnen, mit ihm zu tanzen, er küßt sie sogar. Unwille oder Eifersucht –» die Ambivalenz der Gefühle ist überaus charakteristisch, vor allem in DEBUSSYS Musik – «des anderen jungen Mädchens, die einen ironischen und spöttischen Tanz im Zweivierteltakt beginnt und dadurch die Aufmerksamkeit des jungen Mannes auf sich lenkt: er fordert sie zu einem Walzer im Dreiachteltakt auf, in dem er die Schritte angibt; das junge Mädchen wiederholt sie zuerst wie zum Hohn, läßt sich dann aber vom Zauber des Tanzes mitreißen. Die andere hält sie zärtlich immer wieder davon ab, und nun entwickelt sich ein Tanz zu Dreien, der immer lebhafter wird bis zu einem ekstatischen Höhepunkt; ihn unterbricht das Aufspringen eines neuen verirrten Tennisballs, das die drei jungen Leute weglaufen läßt; die Akkorde des Vorspiels kommen wieder, dann noch ein paar verstohlen gleitende Töne – das ist alles.» So steht es im Programmheft zur *konzertanten* Erstaufführung am 1. März 1914, möglicherweise unter Mitarbeit des Komponisten formuliert.

Das Stück ist gewissermaßen Debussys ‹*La Valse*›, denn es ist eine Walzermelodie, die allmählich aus den zahlreichen und vor allem zwielichtigen tänzerischen Gesten erst herausgefiltert wird: Bei diesem Vorgang ergeben sich geradezu surrealistische Wirkungen, so «als ob man hinter der verschlossenen Tür eines Ballsaals Undeutliches hört, das sich beim sekundenlangen Öffnen der Tür zum buchstäblichen Walzer verdichtet» (Albert Jakobik). Die Form der Musik und die poetische Idee der Balletthandlung sind kongruent.

Die Auflösung des Klangbildes ist ohne Beispiel; Debussy gebietet hier über eine Freiheit der musikalischen Gestaltung, die sich von der Tonalität und vom thematischen Komponieren so weit entfernt, daß es kaum übertrieben scheint, von einer Grenzüberschreitung zu sprechen. An Stelle festgefügter Themen oder zumindest Motive treten ostinatoartige Gestalten auf, die aber den Ablauf nur davor bewahren, sich ins Amorphe zu verflüchtigen. Abgesehen von der durch die Rahmenhandlung des Balletts vorgegebenen Bogenform gibt es keine Wiederholungen (außer den unmittelbaren) und keine architektonischen Symmetrien. Alles ist «Erfindung» im buchstäblichen Sinn, sogar der Orchesterklang, denn der kompakte Tutti-Klang ist aufgegeben; statt dessen gibt es eine ganze Skala von Farbwerten, deren Modernität unbeschreiblich ist. Debussy sprach selbst von «orchestralen Farben, die von rückwärts erleuchtet sind» (!). Und er verfügte auch über die Polarität der harmonischen Farben, die er dem Wechsel von einfachen (Diatonik) und gemischten, zwielichtigen Gefühlen (Poly- und A-Tonalität) zuordnete. Die Hintergründigkeit und Ambivalenz der Gefühle, die bereits in der Balletthandlung aufscheinen, hätte kaum treffender ins Werk gesetzt werden können.

Dietmar Holland

‹Berceuse héroïque›, ‹Ode à la France›

Unter dem Eindruck des Ersten Weltkriegs nahm das Nationalbewußtsein Debussys immer radikalere Formen an. «Dank unserer Gutmütigkeit und Unbedarftheit haben wir unseren Geist nur schlecht gegen andersartige Lehren geschützt», schreibt er im Dezember 1916 – vor dem Hintergrund der sich ihrem Ende zuneigenden Schlacht von Verdun – im Vorwort zu der von Paul Huvelin herausgegebenen Aufsatz-Sammlung *‹Pour la musique française›*; «selbst in diesem Augenblick, da Frankreich seine besten Söhne ohne Unterschied von Stand und Namen opfert, hört man in gewissen Kreisen merkwürdige Ansichten über Beethoven, der – sei er nun Flame oder Deutscher – ein großer Musiker sei, und über Wagner, der als Künstler noch größer sei denn als Musiker». Dieser verderbliche Einfluß der deutschen auf die französische Musik sei ein «Unkraut, das man ohne Mitleid ausrotten muß, so wie ein Chirurg ein vom Brand befallenes Bein amputieren muß». In diesem Geist des Nationalismus entstanden die beiden letzten Orchesterwerke DEBUSSYS: die *‹Berceuse héroïque›* «zu Ehren König Alberts des Ersten von Belgien und seiner Soldaten», und die *‹Ode à la France›* für Solo, Chor und Orchester, die postum von MARIUS-FRANÇOIS GAILLARD vollendet wurde.

Nach dem Ersten Weltkrieg trat eine neue Komponistengeneration auf, die alles Vorausgegangene (und also auch die Musik DEBUSSYS) vehement ablehnte. So hat DEBUSSY keine unmittelbaren Nachfolger gehabt, auch wenn sein Einfluß auf OLIVIER MESSIAEN und andere Exponenten der französischen Moderne immens war (und immer noch ist). Vielleicht wäre es anders gewesen, wenn DEBUSSY nach dem *‹Pelléas›* seinem Stil treu geblieben wäre und sich damit abgefunden hätte, «Schule zu machen». Aber «es gibt keinen Debussysmus. Ich habe keine Schüler. Ich bin ich.»

Michael Stegemann

Maurice Ravel

Ciboure, 7. März 1875 – Paris, 28. Dezember 1937

Im Mai 1922 bezog MAURICE RAVEL die Villa Le Belvédère in Montfort l'Amaury, einem kleinen Dorf westlich von Paris. Das Interieur des Hauses: phantastische, ebenso wie die Ornamente auf dem Marmor des Kamins vom Komponisten selbst entworfene Tapeten, zierliche Möbel im Stil der *arts décoratifs* des Fin de siècle, und eine immer größer werdende «Sammlung von Fälschungen» (Hélène Jourdan-Morhange) über alle Räume verteilt: gotische Aschenbecher, Nippesfiguren und imitiertes chinesisches Porzellan, eine mechanische Nachtigall mit Spielwerk, Chinoiserien, auf dem Flügel – von zwei schweren Metallampen mit ziselierten Milchglaskugeln in diffuses Licht getaucht – ein Glassturz, unter dem Schiffe sich auf einem Meer von Muscheln, Blumen und Seesternen zu wiegen schienen.

Nicht anders der Garten dieser gewaltigen Spielzeugschachtel: ein mit Bonsais und ähnlichen Zwergpflanzen kunstvoll hergerichteter Mikrokosmos, in dem sich der nur einen Meter achtundfünfzig große Komponist wie ein neuzeitlicher Gulliver vorgekommen sein mag, ein geheimnisvoller *Jardin féerique* – ein Zaubergarten, wie ihn das Finale der *Suite ‹Ma mère l'oye›* beschwört. In dieser Zauberwelt von Le Belvédère liegt der Schlüssel zu RAVELS Wesen verborgen. Scheu und hpyersensibel, fernab von der Klarheit und Kraft eines DEBUSSY, schuf sich RAVEL ein mystisches Reich, in dessen Schutz er in den Träumen eines Kindes versank, aus denen seine Musik entspringt.

Die reale Welt, die Welt tradierter musikalischer Formen und Sprachen, erfährt in den Spiegeln dieses «künstlichen Paradieses» zahllose prismatische Brechungen. Wenn zum Beispiel VINCENT D'INDY – der Doyen des französischen Klassizismus – in seine *‹Suite dans le style ancien› op. 24* (1886) ein Menuett einfügt, so ist dieses

Menuett ein Menuett, nichts weiter. Wenn aber Ravel (in Anlehnung an Emanuel Chabriers *‹Menuet pompeux›* von 1881, das er 1919 orchestriert hat) ein *‹Menuet antique›* komponiert (1895 für Klavier, 1929 für Orchester bearbeitet), so ist es nur mehr das Zerrbild eines Menuetts: scharfe Dissonanzen, überzeichnete Akzentuierungen, abbröckelnde Phrasen, «falsche» Harmonien; die klar gegliederte ABA-Form und die pseudo-antike Klangwelt des natürlichen Moll sind bloße Fassade.

Ebenso «falsch» ist die Archaik der *‹Pavane pour une infante défunte›*, die Ravel 1899 im Auftrag der Fürstin Edmond de Polignac komponiert und 1910 orchestriert hatte. Mit ihren flüchtigen Harfenglissandi, ihren verhaltenen Akzenten, ihren Akkorden und Harmonien ohne grelle Reibungen ist die *‹Pavane›* in das Halbdunkel einer vagen Erinnerung an eine längst versunkene Welt getaucht: das musikalische Spiegelbild der Jahrhundertwende. Der sensationelle Erfolg, den dieses kleine Stück mit seiner etwas morbiden Melancholie «in den Salons und bei allen jungen Mädchen hatte, die es auch mit ihrem bescheidenen pianistischen Können zu spielen vermochten» (Roland-Manuel), war freilich für Ravel ganz und gar kein Grund zur Freude, und er sagte sich ganz entschieden von ihm los. «Das Stück ist inzwischen so alt, daß ich als Komponist es längst den Kritikern preisgegeben habe, und es macht mir nichts aus, darüber zu sprechen. Aus der zeitlichen Distanz sehe ich nicht mehr, was den Wert der ‹Pavane› ausmachen könnte; um so deutlicher erkenne ich leider ihre Mängel: sie ist allzu offenkundig von Chabrier beeinflußt und ziemlich armselig in ihrer Form.» Besonders deutlich wird diese ablehnende Haltung Ravels in der Aufnahme der *‹Pavane›* die er selbst 1922 für die Duo-Art-Klavierwalzen eingespielt hat: Das Stück ist bis zur Unkenntlichkeit verzerrt, eckig und ohne den «Charme» und die «Eleganz», die die Presse bei der Uraufführung so gelobt hatten, als leidiges Muß im schlimmsten Sinne des Wortes heruntergehaspelt.

Es bleibt die Frage nach dem Titel: «Pavane für eine verstorbene Prinzessin». Ravel selbst hat zwar stets erklärt, er habe dabei lediglich an den Klangreiz der Alliterationen gedacht und keinerleit Text oder Programm im Sinn gehabt, doch um so mehr hat man post festum versucht, das Stück zu «literarisieren»: So regte es 1910 den Dichter Raymond Schwab zu einem Märchen an, und 1930 schrieb P. Henry Proust eine Novelle nach Ravels Musik. Wollte man schließlich noch der Bearbeitungen gedenken, die die *‹Pavane pour une infante défunte›* von fremder Hand erfahren hat, man käme zu keinem Ende; als besondere Merkwürdigkeit sei hier immerhin das Arrangement erwähnt, das der amerikanische Bandleader Tommy Dorsey 1939 unter dem Titel *‹The Lamp Is Low›* für die Schallplatte einspielte.

Dem imaginären Märchen der *‹Pavane›* steht die Märchenwelt der Erzählungen aus Tausendundeiner Nacht gegenüber, mit der sich Ravel zweimal auseinandergesetzt hat: 1898 in der *‹Ouverture de Shéhérazade›* und fünf Jahre später in der *Orchesterliedtrilogie ‹Shéhérazade›* nach Gedichten von Tristan Klingsor (Arthur Justin Léon Leclère). Die *Ouvertüre* – Ravels erstes Orchesterwerk, das als Vorspiel einer nie komponierten Märchenoper dienen sollte – wurde bei ihrer Uraufführung am 27. Mai 1899 vom Publikum ausgebuht und von der Presse in Grund und Boden gestampft: «Ein unbeholfenes Plagiat der russischen Schule», schrieb etwa Henry Gauthier-Villars (alias «Willy»); «Rimskij verfälscht von einem Debussyaner, der darauf aus ist, es Erik Satie gleichzutun.» Diese Kritik ist insofern interessant, als sie tatsächlich drei der vier Grundströmungen erfaßt, die in Ravels Frühwerk zusammenfließen: die unorthodoxe Ruppigkeit der nationalrussischen Musik des «Mächtigen Häufleins», die zerbrechliche *décadence* Debussys, und die fast minimalistische Statik Saties. Die vierte Strömung aber, der *wagnérisme,* tritt in dem *Liederzyklus ‹Shéhérazade-Asie›* (*‹Asien›*), *‹La Flûte enchantée›* (*‹Die Zauberflöte›*) und *‹L'Indifférent›* (*‹Der Gleichgültige›*) – hinzu.

Auch in diesen beiden Werken ist der Geist von Le Belvédère allgegenwärtig. Sie sind – wie eigentlich alle Kompositionen Ravels – Teil seiner «Sammlung von Fälschungen», die der (stilisierten) Kopie größeren Wert zumißt als dem Original. Das orientalische Kolorit – Schlagzeugeffekte, pentatonische Melodielinien, Ganztonleitern, «offene» Harmonien aus leeren Quinten, Quint- und Quartparallelen – ist alles andere als authentisch; die Klangwelt, die Ravel in seinen beiden *‹Shéhérazades›* verwirklicht, ist eine Phantasmagorie, die von dem Anspruch des getreuen Abbildens folkloristischer Modelle denkbar weit entfernt ist. Diese Charakteristik der Musiksprache RAVELS ist so dominant, daß sie sich sogar auf ein Werk wie die ‹*Cinq Mélodies populaires grecques*› auswirkt. RAVEL hatte die fünf Volkslieder – ‹*Chanson de la mariée*› (‹*Lied der Braut*›), ‹*Là-bas, vers l'église*› (‹*Dort bei der Kirche*›), ‹*Quel galant m'est comparable*› (‹*Welcher Freier kann sich mit mir messen*›), ‹*Chanson des cueilleuses de lentisques*› (‹*Lied der Mastixsammlerinnen*›) und ‹*Tout gai!*› (‹*Seid fröhlich!*›) – zwischen 1904 und 1906 harmonisiert, ohne an der melodischen Substanz auch nur ein Deut zu ändern; und doch scheint es, als habe er diesen Liedern durch seine Akkorde und Figurationen die Unschuld geraubt, als habe er sie – wie die Zwergpflanzen im Garten von Le Belvédère – so lange beschnitten und gestutzt, bis sie in seine «Sammlung von Fälschungen» paßten. 1906 hat RAVEL das erste und fünfte Lied selbst für Orchester bearbeitet, 1918 instrumentierte der Dirigent Manuel Rosenthal die Nummern zwei bis vier.

Die prismatischen Brechungen der Realität im Spiegel des Traums finden in dem fünfteiligen *Klavierzyklus* ‹*Miroirs*› (‹*Spiegel*›) ihren Höhepunkt. «Die Stücke bedeuteten einen ziemlich beträchtlichen Wandel in meiner harmonischen Entwicklung, der auch die Musiker irritierte, die an meinen Stil gewöhnt waren.» Deutlicher als je zuvor tritt hier der grundlegende Unterschied zwischen RAVEL und DEBUSSY zutage, der von der Musikgeschichte freilich immer wieder nivelliert oder sogar geleugnet wird. Vergleicht man zum Beispiel DEBUSSYS ‹*La mer*› und RAVELS ‹*Une Barque sur l'océan*› – das *dritte*, 1906 orchestrierte Stück der ‹*Miroirs*› –, so geht es DEBUSSY (trotz der scheinbar «abstrakten» musikalischen Sprache) um eine «Abbildung» des Meeres, während RAVEL (trotz des scheinbar «tonmalerischen» Wogens der Musik) das Meer «erfindet»; Naturalismus und Irrealismus trennen die äußere von der inneren Welt. Und auch ‹*Alborada del gracioso*›, das RAVEL 1918 orchestriert hat, ist keine Evokation Spaniens, wie sie DEBUSSY in seiner ‹*Ibéria*› oder der ‹*Soirée dans Grenade*› aus den ‹*Estampes*› vorführt, sondern eine geniale «Fälschung» spanischer Metaphern, die freilich das Original an «Originalität» bei weitem übertrifft. Die musikalische Welt Ravels ist der Traum eines Kindes:

«In den Aufzeichnungen, die sich auf die Kindheit beziehen, werden wir den Keim zu den seltsamen Träumereien des Mannes und, besser gesagt, zu seinem Genie finden. Wäre es nicht ein leichtes, durch einen philosophischen Vergleich der Werke eines gereiften Künstlers mit dem Kindheitszustand seiner Seele zu beweisen, daß das Genie nichts anderes ist als die wiedergefundene Kindheit, die nun, um sich Ausdruck zu verschaffen, begabt ist mit mannbaren Organen und mit dem analytischen Geist, der es ihr erlaubt, die Gesamtheit des willkürlich aufgespeicherten Materials zu ordnen» (Charles Baudelaire).

Michael Stegemann

‹Rapsodie espagnole› (1907)

Die viersätzige, aber dennoch durchkomponierte *‹Rapsodie espagnole›* ist das erste wichtige Orchesterwerk Ravels. Sie entstand in dem Jahr, das man als das «spanische» Jahr des Komponisten bezeichnen könnte, denn gleichzeitig komponierte er auch die als Wiedererweckung der *opera buffa* gemeinte musikalische Komödie (in einem Akt) *‹L'Heure espagnole›* und die *‹Vocalise-Etude en forme de Habanera›* für Gesang und Klavier, die später in instrumentaler Fassung als *‹Pièce en forme de Habanera›* sehr bekannt wurde. Eine *‹Habanera›* enthält auch die *‹Rapsodie espagnole›* (als dritten Satz), und sie ist das einzige Stück daraus, das bereits wesentlich früher, 1895, komponiert wurde, und zwar als erstes Stück der *‹Sites auriculaires›* für zwei Klaviere zu vier Händen. (Der Titel wäre in etwa zu übersetzen mit «gehörte Landschaften» oder «Landschaften fürs Ohr».) Es ist erstaunlich, daß sie keineswegs aus dem musikalischen Zusammenhang durch eklatanten Stilbruch herausfällt; ganz im Gegenteil. Das zeigt, wie sich bereits der junge Ravel seiner musikalischen Sprache sicher war, so daß er solche Stücke bruchlos in später komponierte einfügen konnte. Hinzu kommt bei der *‹Rapsodie espagnole›* die Klangsprache des Orchesters, die gerade in der *‹Habanera›* die ungreifbare, schwebende und rhythmisch sehr raffinierte Atmosphäre eines etwas «verruchten» Charakters in ein überzeugendes klangliches Gewand hüllt. Die *‹Habanera›* unterscheidet sich aber trotzdem dadurch von den anderen drei Sätzen (*‹Prélude à la nuit›, ‹Malagueña›* und *‹Feria›*), daß in ihr das anfängliche, viertönig schleichende, absteigende Ostinato-Motiv völlig fehlt.

Die musikalische Beschwörung des geheimnisvollen und zugleich eminent sinnlichen Spanien war nichts Neues in der französischen Musik, ja selbst bei NIKOLAI RIMSKIJ-KORSAKOW gibt es ein orchestertechnisch brillantes *‹Capriccio espagnol›* (1888), sogar auf originale spanische Themen. Seit EMANUEL CHABRIERS Orchesterstück *‹España›* (1883), über das sich später ERIK SATIE in seinem Klavierstück *‹Españaña›* lustig machte, gab es eine Fülle von «spanischen» Orchesterwerken, die mit viel Aufwand einen musikalischen Eindruck spanischen Lokalkolorits zu geben versuchten. Aus ihnen ragen zwei konträre, beide gleichermaßen singuläre Beschwörungen Spaniens heraus: RAVELS *‹Rapsodie espagnole›* und CLAUDE DEBUSSYS *‹Ibéria›*, der Mittelteil seines Orchester-Triptychons *‹Images›* (1906 bis 1912). Beide verzichten, DEBUSSY freilich nicht ganz, bezeichnenderweise auf direkte Melodiezitate spanischer Volksmusik, die denn auch allein nicht genügten, um den musikalischen Eindruck von Spanien erwecken zu können. Doch unterscheiden sie sich schroff in der Auffassung der spanischen Sinnlichkeit: RAVEL, der als Baske eher eine Affinität zu Spanien besaß als der Franzose DEBUSSY, der auch niemals dort war, entwirft ein dialektisches Spanien-Bild mit ebenso grellen Farben wie auch untergründigen Zügen – das schleichende Anfangsmotiv läßt kaum Gutes ahnen –, während DEBUSSY die *évocation* selbst betreibt und sich mit den rein äußeren Erscheinungen, in Klang «übersetzt» – allerdings in einen ganz ungewöhnlichen –, zufriedengibt. RAVEL dagegen dringt weiter vor: Er zielt ab auf die gleichsam katastrophische Sinnlichkeit Spaniens und dringt in das *Wesen* der Musik Spaniens (nicht der spanischen Musik) ein; deshalb kann er auf jenen «andalusischen Tingeltangel» (Konrad Boehmer), den so viele Spanien-Stücke aufbereiten, völlig verzichten. (Das tut DEBUSSY freilich auch.) Die bedrohlichen musikalischen Visionen RAVELS tragen die ganze Gefährlichkeit einer unbezähmbaren Sinnlichkeit, die auch unberechenbar ist, in sich, mit «einem Orchester, das in seiner Gewalt einmal die elektrische Geschmeidigkeit einer Katze, bald die Wildheit einer Naturkraft hat, einem rasenden, hüpfenden, elastischen Orchester, das grausam zu stechen, aber auch sanft zu streicheln vermag» (Vladimir Jankélévitch). Der *Mensch,* der bei Debussy fehlt, ist bei Ravel der Spiegel der Eindrücke, die er als Hintergründigkeit zurückwirft. Und der orgiastische Schluß – bei Ravel gibt es fast nur orgiastische, chaotische Abschlüsse – des *‹Feria›*-Satzes bricht einfach ab, als er sich seines zerstörerischen Taumels bewußt wird.

Dietmar Holland

‹Ma mère l'oye› (1910; orch. 1911)

«‹Ma mère l'oye›, Kinderstücke für Klavier zu vier Händen, stammen aus dem Jahre 1908. Die Absicht, in diesen Stücken die Poesie der Kindheit wachzurufen, hat mich dazu geführt, meine Art zu vereinfachen und meine Schreibweise durchsichtiger zu machen. Ich habe aus diesem Werk ein Ballett gemacht, das vom Théâtre des Arts einstudiert wurde. Das Werk wurde in Valvins für meine jungen Freunde Mimie und Jean Godebski geschrieben» (Ravel in seiner «Esquisse autobiographique»). Die Uraufführung der Ballettfassung von *‹Ma mère l'oye›*, für die Ravel die Klavierversion nicht nur orchestrierte, sondern auch zwei neue Stücke sowie vier Zwischenspiele hinzufügte, fand am 21. Januar 1912 in Paris statt, in der Choreographie von Jeanne Hugard, und wurde vom Publikum begeistert aufgenommen. Gleichzeitig fertigte Ravel eine zweite Orchesterfassung für den Konzertsaal an, die auf die Zusätze des Balletts verzichtet: eine Instrumentation der ursprünglichen fünfteiligen Klavierkomposition.

Den eigenartigen Titel *‹Ma mère l'oye›* (wörtlich: «Geschichten der Mutter Gans», sinngemäß am besten «Ammenmärchen») übernahm Ravel – seinem ausgeprägten Hang zur Kopie, Travestie und Fälschung folgend – ungeniert von der literarischen Vorlage seiner Märchensuite, von der gleichnamigen Märchensammlung des berühmten Charles Perrault (1628–1703) aus dem Jahre 1695. (Perrault ist der Schöpfer vieler bekannter Märchenfiguren wie des Rotkäppchens, des gestiefelten Katers, des Aschenputtels oder des Blaubarts.) In Ravels Suite beziehen sich dennoch nur zwei der fünf Stücke auf Perraultsche Märchen, nämlich die am Anfang stehende «Pavane der schlafenden Schönen im Wald», bei uns besser bekannt als «Dornröschen», sowie «Der kleine Däumling», dessen Vorlage dem «Hänsel und Gretel»-Stoff der Gebrüder Grimm stark ähnelt. Die Titelfigur des dritten Satzes «Laideronette, Kaiserin der Pagoden», ist eine Schöpfung der Gräfin Marie Cathérine d'Aulnoy (1605–1705), während das traurige Märchen von der «Schönen und dem Tier» aus der Feder der Gräfin Leprince de Beaumont (1711–1780) stammt.

Die *‹Pavane des Dornröschens›* (*‹Pavane de la Belle au bois dormant›*) ist eine der zartesten, eindringlichsten und wohl auch kürzesten Schöpfungen Ravels. Mit einfachsten Mitteln, einer kindlichen, friedlich in sich kreisenden Melodie gelingt es Ravel, sowohl die verzauberte Stimmung des ruhenden Märchenwaldes in seiner Unberührtheit als auch die magisch-morbide Aura der schlafenden Prinzessin einzufangen, in deren Antlitz sich Schönheit und Blässe, Kindheit und Tod, Vergangenheit und Ewigkeit, Traum und Hoffnung auf wundersame Weise durchdringen.

Der *‹Kleine Däumling›* (*‹Petit Poucet›*) ist von einer eigenartigen, fahlen und bohrenden Achtelbewegung stufenweise ansteigender und mehrmals plötzlich abbrechender Terzen geprägt, die sich dann mit der Oberstimme zu altertümlicher, *fauxbourdon*artiger Parallelakkordik ausweiten. Die durch ständige Taktwechsel angezeigten unterschiedlich langen Terzenketten stehen für das ängstliche und ziellose Umherirren der im dunklen Wald ausgesetzten Geschwister, die, händchenhaltend und sich beschützend, verzweifelt immer wieder die Richtung ändern, um dem bedrohlichen Dunkel zu entfliehen.

Der chinesische Schauplatz des dritten Satzes (*‹Laideronette, Impératrice des Pagodes›*) regte Ravel zu einer Fälschung chinesischer Musik an; den Größenverhältnissen des Märchens gemäß komponierte er «chinesische» Spieldosenmusik, ein heiteres Miniatur-Märschchen in Diskantlage, in dem das ganze Arsenal chinesischer Schlaginstrumente aufgeboten ist. Die Oberstimme verwendet nur Töne, die denen der schwarzen Klaviertasten entsprechen, und macht so auf originelle Weise die chinesische Fünftonleiter deutlich.

‹Die Gespräche zwischen der Schönen und dem Tier› (*‹Les entretiens de la Belle et de la Bête›*) schildern in gedrängter Form den Hauptstrang der Märchenhandlung: Die Begegnung, der Konflikt und die Vereinigung des ungleichen Paars. Zunächst erklingt der auf milde weiße Klänge gebettete mädchenhaftscheue, aber tief erotische Walzer der Schönen, dem das in extremer Tiefe grunzende, düstere, häßliche Thema der Bestie folgt. Eine lebhafte Unterhaltung entspinnt sich zwischen ihnen, in deren Verlauf das erregt immer höher steigende Motiv der Bestie bis in die «menschlichen» Bereiche der Schönen (g') vordringt. Ihre seelische Vereinigung vollzieht der Komponist durch die kontrapunktische Zusammenführung ihrer grundverschiedenen Themen zu einer neuartigen, erotischen Melodie-Baß-Beziehung. Ein Harfenglissando kündigt die Rückverwandlung der Bestie in den Prinzen an, indem es das Motiv der Bestie aus den Tiefen des bösen Zaubers in die höchsten sphärischen Höhen emporhebt, wo es sich im hellsten Licht in den süßesten Engelsgesang verwandelt.

‹Der Feengarten› (*‹Le jardin féerique›*), als einziger Satz ohne Märchenprogramm, bildet die feierliche Schlußapotheose des Märchenreigens. Es ist Ravels besinnlicher, sanft-melancholischer Hymnus an die unbeschädigte, humane, verzauberte Seele des Kindes, die er selbst sein Leben lang sich zu bewahren suchte, ein friedlicher Abschluß in Güte, und darin eines Sinnes mit dem wunderbaren Schlußchor seiner späteren Oper *‹L'Enfant et les Sortilèges›*, in dem die Tiere die Güte des Menschenkindes preisen, zu folgenden Worten Colettes: «Es ist gut, das Kind, es ist weise. Es ist so sanft.»

Attila Csampai

‹Daphnis et Chloé›, Symphonie choréographique (Ballettfassung: 1909–1912; Suite Nr. 1: 1911, Suite Nr. 2: 1913)

Als Sergej Diaghilew im Jahre 1909 RAVEL mit der Komposition einer Ballettmusik für seine «Ballets russes» beauftragte und als Stoff des Handlungsballetts den Roman «Daphnis und Chloë» von (dem nicht näher bekannten) spätantiken Dichter Longos vorschlug, stieß er bei dem Komponisten, der den Roman überaus schätzte, sofort auf starkes Interesse. Die Arbeit an der Komposition zog sich allerdings über den Zeitraum von mehreren Jahren hin, weil RAVEL etwas ganz Neues im Sinn hatte: einen Orchesterklang, wie es ihn bisher, trotz DEBUSSY, noch nicht gab. Seltsam ist dabei, daß RAVEL, angesichts seiner größtbesetzten und umfangreichsten Orchesterpartitur, zunächst, und zwar bereits 1910, eine Klavierfassung schuf und sie auch unverzüglich zum Druck gab. Das heißt also: Er brauchte für die spezielle Klangdramaturgie des neuartigen Orchestersatzes eine ganz eigene Arbeitsphase, die unabhängig von der Klavierfassung war. Vom Klavier aus hatte er nur die Komposition selbst zu Papier gebracht; das entsprach seiner Vorstellung, daß eine Musik ihre Qualität unabhängig vom bestimmten Klanggewand erweisen müsse. (Bekanntlich gibt es kaum von einem anderen Komponisten so viele Mehrfachversionen seiner Stücke wie gerade von RAVEL.) Dennoch bot die Klavierfassung nur eine Vorstufe des späteren Werkes. Die *‹Danse générale›* etwa, die das Ballett (und die *zweite Suite*) so überaus wirkungsvoll abschließt, war zu dieser Zeit noch keineswegs in dem Fünfvierteltakt geschrieben, der später bei den Proben den Tänzern so zu schaffen machte, und sie war auch noch wesentlich kürzer als in der Orchesterfassung. Erst dort erhielt sie ihre charakteristische metrische Ambivalenz und die Länge, die ihr als Abschluß eines Balletts von immerhin fast einstündiger Dauer auch zukam. Die Schwierigkeiten, mit denen die Tänzer bei den Proben zur Uraufführung zu kämpfen hatten, wurden freilich noch dadurch gesteigert, daß der Choreograph Michail Fokine eine äußerst komplizierte Choreographie entworfen hatte. Die Ballettpremiere fand am 8. Juni 1912 im Pariser Châtelet-Theater statt und errang kaum mehr als einen Achtungserfolg. Möglicherweise lag das daran, daß an diesem Abend noch weitere Ballette gegeben wurden, unter anderem Vaclav Nijinskys gewagte, erotische Deutung von Debussys *Prélude ‹à l'après-midi d'un faune›*, die einen heftigen Presseskandal hervorrief und von der Ravel-Uraufführung ablenkte. Die Schlüsselstellung der Partitur zu *‹Daphnis et Chloé›* in Ravels Orchesterschaffen wurde nur von wenigen erkannt. Strawinsky meinte immerhin, die Musik sei «eines der schönsten Produkte in der gesamten französischen Musik».

Der Roman des Longos, der in Grundzügen auch die Handlung des Balletts bestimmt, fußt auf der mythischen Gestalt eines sizilianischen Schäfers, der bereits in der Antike als Erfinder der bukolischen Dichtung angesehen wurde. Longos schildert «ein bukolisches Hellas, in dessen Frieden Piraten einbrechen. Sie rauben die Mädchen, die im Heiligtum des Pan Schutz suchen, darunter Chloë, die Geliebte des Daphnis. Bei der Freudenfeier der Frevler, wenn Chloë für den Räuberhauptmann Byraxis tanzt, schickt der Gott Pan Erdflammen Satyrn und Fabelwesen in die Felsenbucht mit dem Versteck der Piraten. Diese fliehen und lassen Chloë zurück, die zu dem Geliebten heimkehrt» (H. H. Stuckenschmidt). Michail Fokine zog, im Sinne seiner Ästhetik des Handlungsballetts, in seinem Szenarium den Roman auf wenige, sehr geschickt ausgewählte und vor allem szenisch anschauliche Momente zusammen. Die Bedeutung der Errettung Chloës durch Pan rückt dadurch in den Vordergrund. In seiner «Autobiographischen Skizze» teilt Ravel mit, warum ihn der Stoff so stark angeregt hat, dazu ein Ballett zu komponieren: «Meine Absicht, als ich es schrieb, war, ein großes musikalisches Freskogemälde zu komponieren, weniger auf Archaik bedacht als auf Treue zu dem Griechenland meiner Träume, das sich gern verwandt fühlt einem Griechenland, wie es die französischen Künstler zu Ende des 18. Jahrhunderts sich vorgestellt und geschildert haben.» Es war also eine Art idealisierter Traum-Antike, gebrochen durch die Sicht Watteaus etwa – man denke nur an dessen Gemälde «L'embarquement pour Cythère» –, die Ravel im Auge hatte und die überaus charakteristisch ist für seine Ästhetik der Verstellung, die der Kopie einer bloß vorgestellten Wirklichkeit den Vorrang einräumt vor jeglichem blassen Naturalismus. Er macht in der «Autobiographischen Skizze» aber auch noch auf eine Eigentümlichkeit der Musik zu *‹Daphnis et Chloé›* aufmerksam, die eine Erklärung für den Untertitel der Ballettpartitur (*‹Symphonie choréographique›*) abgibt: «Das Werk ist symphonisch gebaut, nach einem sehr strengen tonalen Plan und mittels einer kleinen Anzahl von Motiven, deren Durchführungen die symphonische Einheit sichern.»

Trotzdem schuf er zwei symphonische Auszüge in Form von *Konzertsuiten,* die er 1911 (*Fragments symphoniques, première série*: *‹Nocturne›*, *‹Interlude›*, *‹Danse guerrière›*) und 1913 (*Fragments symphoniques, deuxième série*: *‹Lever du jour›*, *‹Pantomime›*, *‹Danse générale›*) veröffentlichte und unabhängig von der Uraufführung des Balletts in Konzerten aufführen ließ. Das *‹Nocturne›* bezieht sich auf den Schluß der ersten Ballettszene (Daphnis fleht Pan um Hilfe für die entführte Chloë an), das *‹Interlude›* bildet den Übergang zur *‹Danse guerrière›* (Siegestanz der Piraten), der Satz *‹Lever du jour›* schildert in suggestiven und üppigen Klangfarben des riesigen Orchesterapparats die Stimmung des Tagesanbruchs und das Erwachen der Natur mit Vogelstimmen, dem Rieseln der Quellen und dem zunehmenden Licht, ist aber zugleich auch ein Abbild der seelischen Situation des Daphnis, der seine Geliebte ersehnt, die ihm Hirten schließlich zuführen (*‹Pantomime›*). Den Übergang zur *‹Pantomime›* bildet die Erzählung des alten Hirten Lamon von der Nymphe Syrinx (Flötensolo!), die sich, vor Pan fliehend, in ein Schilfrohr verwandelt. Als Symbol der Liebesentbehrung fügt Pan das Schilfrohr mit einem zweiten zusammen, und so wird die Nymphe zum tönenden Instrument. Die eigentliche *‹Pantomime›* stellt die glückliche Vereinigung von Daphnis und Chloë dar. Die *‹Danse générale›* bildet den orgiastischen Abschluß wie in dem Ballett auch.

Ein Wort noch zum Orchesterklang, den Ravel hier entwickelt: Im Gegensatz zu demjenigen Debussys, der sich mehr an Wagners Mischklang, wenn auch nicht ausschließlich, orientiert, geht es Ravel, bei aller Klangfülle im einzelnen, um distinkt voneinander abgesetzte, scharfe Konturen, so daß in der *‹Daphnis›*-Partitur ein Klang entsteht, der sowohl von Debussy als auch von Richard Strauss weit entfernt ist. Die solistische Verwendung der vielfachen Holzbläser ist ohne Beispiel, und die große Besetzung dient nicht nur der Üppigkeit, sondern vor allem der Erzielung eines homogen instrumentierten Klangspektrums. Das gilt auch für die (nach dem Vorbild von DEBUSSYS *‹Sirènes›* aus den *‹Nocturnes›* für Orchester) eingeführten *textlosen* Chorstimmen, die als Klangfarbe verwendet werden, nicht als Menschenstimmen. Das «paradis artificiel» (Baudelaire), das RAVEL in der Musik zu *‹Daphnis et Chloé›* hervorzaubert, erweist sich, bei genauerem Blick in die Partitur, als präzis ausgehörter Klang, der nur wesentlich heller leuchtet als alles, was man vorher vernahm.

Dietmar Holland

‹Valses nobles et sentimentales› (1912)

In den *‹Valses nobles et sentimentales›*, zunächst für Klavier (1911), dann für Orchester (1912), schließlich sogar als Ballett (*‹Adélaïde, ou le langage des fleurs›*, 1912) geschrieben, setzt sich RAVEL gleich mehrere Stilmasken auf. Der Titel spielt auf SCHUBERT an, der zwischen 1823 und 1827 zahlreiche *‹Valses nobles›* und *‹Valses sentimentales›* komponiert hat. Es handelt sich um zwei soziologisch verschiedene Grundtypen des Walzers, die einmal der gesellschaftlichen Repräsentation dienen (*‹Valses nobles›*) und zum anderen sich im intimen Rahmen bewegen, auch einen weichen melodischen Charme entfalten (*‹Valses sentimentales›*). RAVEL geht aber noch weiter: Er schafft eine Art Kompendium des Walzer-Tonfalls von SCHUBERT über WEBER und CHOPIN bis hin zu JOHANN STRAUSS und schließlich sogar zur Andeutung des endgültigen Walzeruntergangs, den er dann im eigenen, späteren *‹La Valse›* vollziehen wird. Mit dieser Walzerfolge, die ebenso wie WEBERS *‹Aufforderung zum Tanz›* durchkomponiert ist und verhalten schließt (*‹Epilogue›*), trennen sich endgültig die Wege DEBUSSYS und RAVELS, denn die ätzende Freisetzung der Dissonanz und die Schärfe der motivischen Konturen, auch der bewußt verfremdende Gebrauch der unterschiedlichen Walzer-Tonfälle und die neuartige harmonische Technik der stellvertretenden Akkorde, die sich einfacher geben, als sie tatsächlich sind – das alles hebt RAVELS Musik von derjenigen DEBUSSYS ab. RAVEL gefällt sich nun darin, unter dem Motto aus Henri de Régniers Roman «Les Rencontres de Monsieur de Bréot» (1904) zu komponieren: «Das köstliche und stets neue Vergnügen einer nutzlosen Beschäftigung» – eine jener Untertreibungen, deren Attitüde darauf hinweist, daß Ravel etwas verbergen will. Das Motto spielt aber auch auf den Zug lustvoller Kultiviertheit an, der für Ravel der einzige Daseinsgrund seiner Musik überhaupt ist. Sie ist ihm keine metaphysische Offenbarung, sondern ein kostbares Stück Handwerk, nichts mehr, aber auch nichts weniger. Die *‹Valses nobles et sentimentales›* spüren, so besehen, dem Wesen der verschiedenen Walzer-Tonfälle nach, ohne die Last dieser Arbeit dem Hörer aufzubürden. Dennoch befremdete das Werk; man stieß sich an der Kühnheit, ja an gewissen unzugänglichen Eigentümlichkeiten der neuen Musiksprache Ravels, an dem preziösen Gebrauch der Dissonanz und an dem flüchtigen Charakter mancher Walzer, was aber dem Grundgedanken des Kaleidoskops nahesteht: Es geht Ravel um Walzer-Belichtungen, um die Antwort auf die Frage, was denn eigentlich ein Walzer sei. So kommen sie alle in Masken daher: zunächst, als Entree, Schubert, dann der Typus des langsamen, «schmachtenden» Walzers mit einer an Schönbergs *erstem Klavierstück* aus *Opus 11* orientierten harmonischen Schärfe, darauf ein kapriziöser Walzer (die Balletthandlung *‹Adélaïde›* erklärt das genauer) und dann jener Vorgriff auf *‹La Valse›*, der Typus des Walzers von Johann Strauss, dem «Walzerkönig»; es folgt ein Ländler-Charakter, allerdings in höchst modernem Gewand und ein Kampf der Metren gegen die Eigenwilligkeit des Basses im sechsten Walzer, schließlich noch ein Wiener Walzer mit «poetischer» Einleitung, der den großen Tanzwalzer evoziert und im Trio die aristokratische Blässe des Chopinschen Walzer-Tonfalls streift. Der verlöschende *‹Epilogue›* zitiert, wie bereits aus fernen Erinnerungsspuren, Bruchstücke der Walzerfolge, eigentümlich verzerrt und wie in einen Traum versetzt. Die kühle Sinnlichkeit der Walzerfolge geht am Schluß auf in einer vagen Atmosphäre, die dennoch genau auskonstruiert ist. Man tat recht daran, dem Tonfall von Anfang an nicht ganz zu trauen. Und die (nachgearbeitete) Balletthandlung bringt es ohnehin an den Tag, was gemeint sein könnte. Die Handlung spielt in der Zeit der Restauration, in der ein Metternich die

Ablenkungsfunktion der Musik propagierte; wir befinden uns im Salon einer spröden Schönen, wo sich amouröse Affären und kleine, lächerliche Frivolitäten abspielen. Adélaïde ist natürlich Kurtisane: «Auf beiden Seiten der Bühne befinden sich Vasen voller Blumen, beim Aufgehen des Vorhangs sieht man Paare tanzen oder sich ruhig unterhalten. Im Mittelpunkt der Geschichte steht die wankelmütige Adélaïde mit ihren rivalisierenden Freiern, Lorédan und dem Herzog. Die verschiedenen Gefühle von Liebe, Hoffnung, Zurückgewiesensein werden durch die Blumen symbolisiert, welche die Tänzer miteinander tauschen. In der letzten Szene gibt Adélaïde dem Herzog einen Akazienzweig (platonische Liebe), während Lorédan zunächst eine Mohnblume (Vergessen) erhält. Erst als er mit Selbstmord droht, bekommt er eine rote Rose, und Adélaïde fällt ihm in die Arme» (Arbie Orenstein).

Dietmar Holland

‹Le Tombeau de Couperin›, Suite d'orchestre (1919)

Mit der Klaviersuite *‹Le Tombeau de Couperin›*, komponiert 1914 bis 1917, zwei Jahre später (unter Fortlassen der Sätze *Fugue* und *Toccata*) orchestriert, endet RAVELS zweite Schaffensperiode, die im Jahre 1905 begonnen hat und, durch den Ersten Weltkrieg (und den Tod der Mutter, 1918) verursacht, abbricht. Bereits in *‹Le Tombeau de Couperin›* kündigt sich die neue, «klassizistische» Richtung des RAVELschen Komponierens an, die erstmals im *Klaviertrio* (1914) anklang und später zum *stile dépouillé* der *Violinsonate* (1923 bis 1927) und der *Duo-Sonate für Violine und Violoncello* (1920 bis 1922) führen sollte. Der Meister der klingenden Masken und der musikalischen Künstlichkeit begibt sich auf das Terrain des von ihm ohnehin in jeder Hinsicht geschätzten 18. Jahrhunderts, im Fall des *‹Tombeau›* jedoch nicht auf das der Wiener Klassiker, sondern – ganz im Gegensatz zu den «Neoklassizisten» der zwanziger Jahre – auf das der französischen Clavecinisten (COUPERIN, RAMEAU). Ihn lockte der fremdartige Reiz ihrer Strenge, die seinem eigenen Hang, Gefühle zu verbergen und sie in der Musik nur vermittelt (oder sogar durchs Gegenteil) aufscheinen zu lassen, so vollkommen entspricht. Außerdem liebte Ravel kompositorische Zwänge, komponierte eigentlich immer «A la manière de...», nicht nur in den beiden Stücken *‹A la manière de Borodine›* und *‹Chabrier›* (beide 1913 komponiert). Der Vorwurf des «Stilplagiats» dagegen kann ihn nicht treffen, denn seine kompositorische Künstlichkeit ist darüber weit erhaben. So greift er in dem sechssätzigen Epitaph – «Tombeau» bedeutet ja «Grabmal» – auf Formen (*Prélude, Fugue, Toccata*) und Tänze (*Forlane, Rigaudon, Menuet*) des 17. und 18. Jahrhundert zurück, um sie in einem kompositorischen Läuterungsprozeß von raffinierter Preziosität und ausgesuchtester Künstlichkeit sozusagen gleichzeitig «archaisch» – durch den Gebrauch kirchentonartlicher melodischer und harmonischer Wendungen – und «modern» – in der differenzierten, chromatischen Durchsäuerung der Klänge – erscheinen lassen. Der Titel, der eine bewußte künstlerische Idee verspricht, und die befremdliche Anwendung von Tänzen für eine Komposition, die ein «Grabmal» sein soll, sind paradox miteinander verschränkt: «Es entspricht Ravels Ästhetik der Stellvertretung, wenn er seine dunkelsten Empfindungen in Formen gießt, die einmal der Geselligkeit und der Erotik gedient haben» (Stuckenschmidt). Doch um welche «dunklen Empfindungen» mag es sich hier handeln?

Ravel sprach von einer Huldigung an die französische Musik des 18. Jahrhunderts, an ihre Klarheit und gemeißelte Form, die keinen sentimentalen Ausdruck kennt. Denn die Gefühle sind vergänglich, dem flüchtigen Augenblick unterworfen, die Form nicht. Immerhin war, nach Wanda Landowskas Zeugnis, das Clavecinstück *‹Arlequine›* von François Couperin das Lieblingsstück Ravels. Der Titel *‹Tombeau›* wäre zu deuten als wehmütige Erinnerung (und Beschwörung) einer unwiederbringlichen musikalischen Welt und als unmittelbares Gedenken an die im Ersten Weltkrieg gefallenen Freunde, denen die einzelnen Stücke gewidmet sind. Die hintergründige Trauer, die sich hinter der hellen, fast spielerischen Oberfläche der Tänze versteckt und nur bei genauerem Hören in den harmonischen Brechungen aufscheint, läßt die Deutung zu, daß Ravel eine in Tanzhaltungen objektivierte Trauer zum Ausdruck bringen wollte, eine paradoxe Idee zwar, aber ganz im Sinne der Abscheu Ravels vor Wehleidigkeit und unvermittelten Gefühlsausbrüchen; er vertrat den Standpunkt der Kaltblütigkeit: «Man muß Kopf und Unterleib haben, aber kein Herz», mit anderen Worten: Die Gefühle dürfen sich nicht preisgeben, sondern müssen zur Gestalt finden. Die *Suite* ist deshalb aus dem Geist äußerster Verfeinerung und Sublimierung der musikalischen Mittel und Wirkungen geschrieben, um eine «rätselhafte und schmerzliche Aura» (Stuckenschmidt) zu beschwören, die eigentlich ein Abschied ist.

Dietmar Holland

‹La Valse› – Poème choréographique pour orchestre (1920)

Was GUSTAV MAHLER im nächtlichen Scherzo seiner *siebten Symphonie,* einem *Walzer,* zehn Jahre vor Kriegsausbruch als düstere Vorahnung des kommenden Unheils niederlegte, ist in RAVELS ‹*La Valse*› von 1920 als bereits Geschehenes, als grauenvolle, eben erlebte Wirklichkeit eingegangen: der totale blutige Zusammenbruch des alten Europa. Den Plan, eine symphonische Dichtung zu Ehren Wiens zu komponieren, hatte RAVEL zwar schon vierzehn Jahre zuvor, im Jahre 1906, gefaßt, aber erst nach dem Untergang der Wiener Monarchie, der zugleich das Ende des Wiener Walzers besiegelte, konnte RAVEL, der unverbesserliche Perfektionist, nunmehr aus der kritischen Distanz eines Überlebenden ein endgültiges Werk über den Wiener Walzer schreiben und sich ein abschließendes Urteil erlauben über *den* Tanz des 19. Jahrhunderts. «Ich habe dieses Werk als eine Art Apotheose auf den Wiener Walzer aufgefaßt, mit dem sich in meinem Geiste die Vorstellung eines phantastischen und unentrinnbaren Wirbelns verbindet», schreibt RAVEL später in seiner «Autobiographischen Skizze» und verweist auf den tragischen Aspekt der Komposition, die dem Prinzip des Walzers nachspürt. Strukturell ist es lediglich ein mächtiges, durch eine Reprise unterbrochenes Crescendo, eine nach einem simplen Steigerungsprinzip angelegte Folge von Walzermelodien, die – so ROLAND-MANUEL – «in ihrer Mannigfaltigkeit alle Nuancen des Wiener Walzers widerspiegelt: seine

Schmeicheleien und seine Härten, seinen sinnlichen Elan, ebenso seine Noblesse und seine Prachtentfaltung». Dennoch: Was hier zunächst, einem nächtlichen Schauspiel gleichend, hinter Nebelschwaden dem bebenden Erdboden zu entweichen scheint und sich nach und nach in manischer Drehbewegung zu höchster Raserei und Ekstase steigert, um schließlich in sich zusammenzubrechen, das bedeutet auch musikalisch mehr als nur die originelle Bestätigung der Regel: Hier sprengt einer mit voller Absicht den musikalischen Rahmen der Gattung.

Im Vorwort zur Partitur hat Ravel selbst die Szenerie seines Walzers beschrieben: «Herumwirbelnde Wolkenschwärme geben an den lichten Stellen den Blick frei auf walzertanzende Paare. Allmählich zerstreuen sich die Wolken: Man gewahrt bei A [Beginn des Hauptthemas; A. C.] einen riesigen, von einer drehenden Menge bevölkerten Saal. Die Szene erhellt sich zunehmend. Beim Fortissimo bei B erstrahlen die Kronleuchter. Ein kaiserlicher Hof, um 1855.» Und man hat wirklich das Gefühl, als sei hier der Hofstaat Franz Josephs von den Toten auferstanden, um noch einmal, Gespenstern gleich, einen Walzer über den Leichen des Ersten Weltkriegs zu tanzen. Bald werden auch wir von dem narkotisierenden Sog des ewigen Kreisens mitgerissen, von der morbiden Süße dieses Walzers, in dem Lebenslust und Todestrieb sich untrennbar durchdringen. Doch dann, nach dem ersten Durchlauf des todestrunkenen Melodienreigens, kann der morsche Unterbau dem zunehmenden Druck der immer mehr außer sich geratenden Masse nicht mehr standhalten: Die mit Kostbarkeiten sinnlos überladenen Fassaden brechen dröhnend in sich zusammen und begraben die gespenstische Gesellschaft für immer unter sich. Ähnlich muß es beim Untergang der ‹Titanic› gewesen sein. Während im Maschinenraum bereits das Feuer wütete und gleichzeitig der Eisberg sich in den Bauch des Luxusdampfers fraß, wurde auf den oberen Etagen weitergetanzt, bis die Wassermassen die Wände einbrachen und die Tanzenden in ihrem tödlichen Strudel in die Tiefe rissen.

‹La Valse› ist nicht nur Ravels bittersüße Huldigung an die erotischen und erotisierenden Kräfte des Wiener Walzers, es ist auch seine ironisch-schmeichelnde Abrechnung mit dem 19. Jahrhun-

dert und ist in erster Linie *gegen* die bürgerliche Oberschicht gerichtet, aus der RAVEL selber kam und die nicht nur in Wien herrschte, sondern in ganz Europa im Bündnis mit der untergehenden Aristokratie noch ein ganzes Jahrhundert lang die Restauration vorrevolutionärer Verhältnisse recht erfolgreich betrieb und sich dazu – auch des Walzers bediente. Adorno beklagte freilich schon 1930, daß «jene Gesellschaft» RAVELS Botschaft offenbar nicht verstanden habe und konstatierte, «daß sie nämlich gar nicht so wissend existiert, wie sie bei Ravel vorkommt, oder daß ihr bereits nicht mehr die ästhetische Kraft innewohnt, das Porträt zu erkennen, das Ravels Musik schmeichlerisch genug ihr vorhält».

Attila Csampai

‹Tzigane›, Rapsodie de concert pour violon et orchestre (1924)

Die Bravour instrumentaler Virtuosität reizte RAVELS Phantasie ebenso wie die Modelle musikalischer Haltungen oder kompositorischer Verfahren. So nahm er sich für die Komposition der Konzertrhapsodie *‹Tzigane›* (mit Klavier- oder Orchesterbegleitung) vor, das Modell der *‹Ungarischen Rhapsodien›* LISZTS zu wählen und die Spieltechnik des Soloinstruments zu transzendieren. Er tat so, als schlüpfe er in die Rolle eines Zigeunerprimas, ließ sich aber während der Kompositionsarbeit jene *‹Ventiquattro capricci›* PAGANINIS vorspielen, die, wie es ROBERT SCHUMANN seinerzeit ausgedrückt hat, den «Wendepunkt der Virtuosität» darstellen. Was er dann komponierte, überbot alle anderen Virtuosenstücke für Violine, denn es dürfte keines geben, das auf so kurzem Raum – das Stück dauert kaum eine Viertelstunde – so viele spieltechnische Finessen zusammendrängt und zugleich den zigeunerhaften Improvisationsgestus derart auf eine strenge Konstruktion festnagelt, daß er unter seinen Händen echter klingt als in Natur. Mit der Lässigkeit eines Zigeunerprimas, die man wegen des Titels erwarten könnte, hat das nichts mehr zu tun, sehr viel aber mit der Künstlichkeit RAVELS, die man nicht unmittelbar merkt. Zwar übernimmt Ravel die besondere Art des Vortrags, überführt jedoch das Prinzip der «freien» Assimilation völlig heterogener Materialien, wie es in der Zigeunermusik üblich ist, der Täuschung, indem er es auf zweiter, bewußter Ebene nachdrücklich auskomponiert und künstlich herstellt. Er vertraute darauf, daß seine kompositorische Assimilationsfähigkeit nachweisen könne, wie sehr gerade Improvisatorisches unfrei sei.

Der Aufbau der *Rhapsodie* folgt dem Schema der Vorlage: Auf einen langsamen, rezitativischen und einleitenden Teil (*‹Lassan›*), der hier allein dem Solisten vorbehalten ist, folgen die variationsartigen, scheinbar frei gestalteten, schnelleren Abschnitte (*‹Friska›* und *‹Csardas›*), die, wie immer bei Ravel, in einer panikartigen Stretta gipfeln. Der improvisatorische Charakter der Variationen, den Ravel auskonstruiert hat, erscheint als vorgetäuschte Unmittelbarkeit des Vortrags, so daß die Künstlichkeit der kompositorischen Arbeit dem Hörer verborgen bleibt. Das ist Ravels Ästhetik der Verstellung: Sie entzieht sich unseren neugierigen Fragen.

Dietmar Holland

‹Boléro› (1928)

Ravels *‹Boléro›*, heute eines der meistgespielten Stücke des Konzertrepertoires, war zunächst als Ballettmusik konzipiert worden. Seine Entstehung hat es dem ungewöhnlichen Umstand zu verdanken, daß die Erben Isaac Albeniz' die Bearbeitungsrechte an dessen Werken ausschließlich dem Komponisten Enrique Fernández Arbós zusprachen. So konnte Ravel seinen ursprünglichen Plan, für ein von der berühmten Tänzerin Ida Rubinstein bei ihm in Auftrag gegebenes Ballettprojekt lediglich einige Stücke aus Albéniz' Klaviersuite *‹Iberia›* zu instrumentieren, nicht verwirklichen und sah sich kurzfristig gezwungen, «ein eigenes Thema zu orchestrieren». Es entstand ein im Titel wie in der Idee Albéniz' und der spanischen Musik – die Ravel besonders schätzte – verpflichtetes Werk, das man durchaus als Instrumentationsstudie über ein eigenes iberisches Thema bezeichnen könnte. Unter Walther Strarams

Leitung ging dann das von Bronislava Nijinska für «eine Tänzerin» (*‹La Danseuse›*), nämlich die Rubinstein, und zwanzig Tänzer eingerichtete Ballett am 11. November 1928 über die Bühne der Pariser Oper – zusammen mit der ersten Ballettversion von *‹La Valse›*.

Der *‹Boléro›* ist bis heute RAVELS populärstes Werk geblieben, RAVEL selbst war dieser Ruhm ein wenig unheimlich. So soll er einmal zu HONEGGER gesagt haben: «Ich habe nur ein Meisterwerk gemacht, das ist der ‹Boléro›, leider enthält er keine Musik.»

Und strenggenommen verstößt dieses «Experiment», wie RAVEL es einmal nannte, in seiner Monotonie und Monomanie, seiner Starrheit, unerbittlichen Mechanik und einzigartigen Gleichförmigkeit tatsächlich gegen alle Errungenschaften der europäisch-abendländischen Kunstmusik, insbesondere gegen ihr mehrstimmig-kontrapunktisches Wesen, und dennoch verwirklicht es in radikaler Einseitigkeit das jeder Musik zugrunde liegende Prinzip der *Variation,* das sich hier nur auf eine Dimension, die *Klangfarbe,* bezieht. Die formale Gliederung ist klar und einfach: Über einem ostinaten zweitaktigen *‹Boléro›*-Rhythmus und einer in Vierteln voranschreitenden Einfachst-Baß-Formel entfalten sich zwei ähnliche sechzehntaktige Melodieabschnitte nach dem Schema AABB. Vom Beginn des Stücks an wechselt die Melodie (später auch der *‹Boléro›*-Rhythmus) mit jedem neuen Abschnitt ihre Klangfarbe. Zunächst wird sie von verschiedenen Holzbläsern, vom achten Abschnitt an in immer größeren Mixturen, vorgetragen, wobei mit Ausnahme der tiefsten Instrumente jedes Instrument des umfangreichen Orchesterapparats mindestens einmal für die Melodieführung verwendet wird. 328 Takte lang, bis das riesige Orchestercrescendo seinen Höhepunkt erreicht, wird dieses variative Prinzip beibehalten, dann «springt» der Satz unversehens aus seiner Grundtonart C-dur und moduliert nach E-dur, wie ein Eisenbahnzug, der infolge zu schneller Fahrt entgleist. Nur durch diesen Tonartenwechsel kann das «Perpetuum mobile», so Vladimir Jankélévitch, «zu seinem Ende kommen; sonst würde der Boléro immer wieder mechanisch aus sich selbst entstehen und bis zum Ende aller Zeiten fortkreisen».

Im *‹Boléro›* durchdringen sich die Triebkräfte der Musik RAVELS in einzigartiger Weise. Mechanische, maschinenhafte Motorik,

Automatenmusik, verschmilzt im ‹*Boléro*› mit ungebändigten Naturkräften, mit jenen manischen, triebhaften Energien, die auch in ‹*La Valse*› oder ‹*Daphnis et Chloé*› zur Entladung drängen. Daß der Siedepunkt mit mathematischer Genauigkeit, mit der Präzision eines Uhrwerks, erreicht wird, verrät den kühlen Kopf des Feinmechanikers Ravel. Am Schluß wird die aus den Fugen geratene Maschinerie einfach abgestellt: «Organische Wesen verlöschen stufenweise», schreibt Jankélévitch, «aber Automaten stehen mit einemmal still.» Mit einer einzigen, synkopisch eingeschobenen Subdominante werden die gewaltigen Energien des wieder nach C-dur «zurückgefallenen» Satzes abgebremst: Ravel, im weißen Kittel eines Ingenieurs, dem die Kontrolle über seinen Apparat zu entgleiten droht, zieht kurzerhand den Stecker aus der Wand.

Attila Csampai

Concerto pour la main gauche pour piano et orchestre (1929–1930)

Zwischen 1929 und 1931, nach seiner Amerika-Tournee, bei der er auch die Musik George Gershwins kennenlernte, arbeitete Ravel an zwei Klavierkonzerten gleichzeitig; eines davon hat der einarmige Pianist Paul Wittgenstein – übrigens der Bruder des Philosophen – in Auftrag gegeben. Die mächtige Gebärde, mit der das *Konzert in D-dur ‹für die linke Hand›* anhebt, steht in paradoxem Kontrast zu der tragischen Reduktion der Spieltechnik. Der stolze Sarabanden-Rhythmus des ersten Themas soll darüber hinwegtäuschen: Nach dem Orchestergemurmel des Anfangs und dem ersten Tutti-Ausbruch danach greift ein Pianist mit großer Geste in die Tasten und intoniert ein kompaktes, gravitätisches Thema, und mit Entsetzen nimmt der Zuhörer wahr, daß es ja nur *eine* Hand ist, die da so mächtige Klänge hervorzaubert. Wir stoßen auf Ravels Ästhetik der Verstellung, denn ist es nicht eigenartig, daß das *andere Klavierkonzert* für beide Hände gerade das hellere ist? Im *linkshändigen Konzert* geht es dagegen von Anfang an nicht mit rechten Dingen zu.

Jenes Gemurmel der ersten Takte entläßt aus den Tiefen ein knarrendes Kontrafagott-Thema, das fast unhörbar ist und dennoch das spätere, triumphale Sarabanden-Thema vorstellt. Der merkwürdige Anfang erinnert übrigens an den des Balletts ‹*Daphnis et Chloé*› (1912), allerdings wie eingefroren oder wie unter Glas. Fängt so ein (virtuoses) Klavierkonzert an? Und es ist tatsächlich ein Virtuosenstück par excellence, denn die Phantasie RAVELS entzündete sich gerade an dem verlockenden Gedanken, das Paradoxon eines einhändigen Virtuosenstücks zu wagen. (Manche glaubten sogar die Stelle ausfindig machen zu können, an der Wittgensteins rechter Arm abgeschossen wird.) Selbstauferlegte Zwänge beim Komponieren gehören ohnehin zu RAVELS Arbeitsweise, zu seiner Ästhetik der Uneigentlichkeit. Seine Musik denkt denn auch stets etwas anderes, als sie faktisch sagt, oder: Sie sagt es nicht durch die Blume, sondern durchs Gegenteil. Also ist das zweihändige *G-dur-Konzert* spielerisch, locker und frech, das einhändige dagegen vergrübelt, stolz und einsätzig – allerdings in deutlich erkennbarer Dreiteiligkeit –, ja von pompöser Melancholie und grandioser Verzweiflung. Die Aura des großartigen, aber einsamen Virtuosen wird beschworen und zugleich der Klaviersatz LISZTS, der ja bekanntlich auch der linken Hand den Vorzug gab.

Diese Aura ist aber nicht einladend, sondern befremdlich und gepreßt. Im mittleren (Scherzo-)Teil soll es deswegen hoch hergehen: Der ‹*Boléro*›-Rhythmus und präzise Erinnerungen an Jazzidiome erproben den lockeren Tonfall. Um so verzweifelter, ja depressiv fällt er – in der Durchführung des Scherzos – zurück auf jenes düstere Motiv, das erstmals, zu Beginn des Werkes, nach dem ächzenden Kontrafagott-Thema, in den Hörnern erklang (zwischen Studienziffer 1 und 2). Und mehr noch: Der Tonfall wird jetzt makaber und das hurtige Achtelmotiv des Solisten von den Streichern mit *dirty tones* begleitet, die so knirschen «wie eine Nachtigall, die Zahnschmerzen hat» (ERIK SATIE). Das Ergebnis davon ist die Reprise des Scherzos, so als sei nichts gewesen. RAVEL will nicht «tief» sein. Dem *Hörer* werden die Rätsel aufgegeben.

Die einsätzige Form, die RAVEL wählte, ist zwar nicht ungewöhnlich – wir kennen sie aus LISZTS *A-dur-Konzert,* und SCHU-

MANNS (ursprünglich einsätziges) *Klavierkonzert* versteckt die (gemeinte) Einsätzigkeit hinter scheinbarer (thematisch unterirdisch verbundener) Dreisätzigkeit –, sehr wohl aber deren innere Dramaturgie: «Nach einem ersten Teil erscheint eine Episode im Charakter einer Improvisation, die einer Jazzmusik Raum gibt. Erst allmählich macht sich klar, daß diese Episode im Jazzstil in Wirklichkeit auf den Themen des ersten Teils aufgebaut ist» (RAVEL). Das Konzert ist strikt monothematisch konzipiert und zudem völlig symmetrisch angelegt. Auf das erste Tutti folgt eine reine Solopassage (der traditionelle Solo-«Eingang»), und zwar nur mit dem Hauptthema, das dann sofort vom Orchester (ohne Solist) aufgegriffen wird und jenen Tonfall tragischen Ungestüms annimmt, der das jähe Ende des Werkes vorausahnt. Nach einem episodischen, unsäglich traurigen, kantablen Seitenthema schließt das Sarabanden-Thema – zum erstenmal in der Kombination von Solist und Orchester – diesen Teil ab. Das dreiteilige Scherzo (mit zwei Trios) ist thematisch mit dem Hauptteil verknüpft, dient als Scharnier zwischen den beiden korrespondierenden Außenteilen und ist in sich ähnlich symmetrisch gebaut wie das Verhältnis der beiden Außenteile zueinander. Denn nach dem Scherzo geht es in umgekehrter Reihenfolge mit dem Hauptteil weiter wie in einem Sog, der unwiderruflich alles verschlingt. Die große Solokadenz korrespondiert dabei mit dem Soloeingang, indem sie ihn an der Stelle weiterführt, wo er früher abbrach. So spannt sich der Bogen, bis die Sehne reißt.

In die Kadenz fällt das anfängliche Orchestergemurmel ein, und in panischer Eile zieht die magnetische Kraft des Ziels alles in die Tiefe. Der rätselhafte, urplötzliche, haarsträubende Eintritt der Tonika (auf der vorletzten Partiturseite) klingt nämlich nicht wie ein Abschluß oder gar «glänzend», sondern wie ein Würgegriff, wie eine ungestüme, fiebrige Epiphanie von etwas Furchtbarem, das sofort verschwindet, wenn man es greifen will. Die aufpeitschenden Schlußtakte im aufgegriffenen Scherzo-Tonfall antworten darauf mit Destruktion (wie immer bei RAVELS Schlüssen). Die Spannung zwischen kaltblütiger Konstruktion und ihrem vollständigen Zerfall am Ende ist das Grundelement der Musik RAVELS.

Dietmar Holland

Concerto pour piano et orchestre (1929–1931)

Auf seiner Amerika-Tournee lernte Ravel den frühen Jazz und die Musik Gershwins kennen. Als er sein *zweites Klavierkonzert in G-dur* schrieb, erinnerte er sich an die gebrochene Heiterkeit der *blue notes,* an den rhythmischen Schmiß und an die unbotmäßige Artikulation, die ihm der Jazz zugetragen hatte. Aber das *G-dur-Konzert* enthält noch weitere Elemente, etwa aus der baskischen oder der spanischen Musik. Ist ein größerer Gegensatz denkbar, als der zwischen dem pompösen *Konzert für die linke Hand* und dem hellen Konzert in der normalen Besetzung? Kurz vor der Vollendung des *Konzerts in G-dur* schrieb Ravel, es sei ein Konzert «im echten Sinne des Wortes: ich meine damit, daß es im Geiste der Konzerte von Mozart und Saint-Saëns geschrieben ist». Das ist eine charakteristische, paradoxe Äußerung Ravels, denn wer würde es im Ernst wagen, die *Klavierkonzerte* Mozarts und eines Saint-Saëns in einem Atemzug zu nennen? Ravel fügte noch hinzu: «Eine solche Musik sollte meiner Meinung nach aufgelockert und brillant sein und nicht auf Tiefe und dramatische Effekte abzielen.» Auch das ist eine Untertreibung, denn niemals hätte Ravel eine oberflächliche Musik ohne doppelten Boden komponiert. Er betrieb eine Ästhetik des Verzichts, trug die Maske eines Spielers, der es faustdick hinter den Ohren hat. Er nahm sich also bei der Komposition des zweihändigen Konzerts die Form und Gattung des klassischen Klavierkonzerts vor, aber was wurde daraus?

Nicht nur der differenzierte Orchestersatz mit seiner heterogenen, solistisch aufgebrochenen Instrumentation verstößt gegen den gewohnten Klang und ist alles andere als «klassisch», sondern auch das Übergreifen des Konzertierens auf die einzelnen Instrumente des Orchesters, die somit dem Solisten den Rang streitig machen. Das führt so weit, daß erst die Harfe, gewissermaßen als zartere Ausgabe des Klaviers, eine Solokadenz bekommt, bevor der eigentliche Solist brillieren darf. (Bei Mozart sind es nur die Holzbläser, die als eigene Gruppe konzertant hervortreten.) Und der erste Satz beginnt als Bläserkonzert, das eher wie Zirkusmusik klingt. Angetrieben wird es mit einem Peitschenknall, wie man einen Kreisel in Bewegung bringt. Und Bewegung ist eines der Grundelemente der Ecksätze, ganz im schärfsten Kontrast zum langsamen Satz, der in jeder Hinsicht aus der Reihe fällt. Denn er hat nichts mit der rhythmischen Verve und dem Jazzstil der Außensätze zu tun. Im ersten Satz *begleitet* der Solist zunächst das Orchester; das baskische Hauptthema, eckig und aufreizend primitiv, trägt die schneidende Piccoloflöte vor, später eine schmetternde Solotrompete. Erst mit dem spanischen zweiten Thema und dem im Jazzidiom gehaltenen dritten kommt der Solist zu Wort.

Es geht hier um den Gegensatz von Traum und Realität, von Innen- und Außenleben: Draußen herrscht die Hektik der zwanziger Jahre, innen schlägt das zarte Herz Ravels, der sich dem Getriebe mit der Unschuld des Magiers nähert und durchschaut hat, daß in dieser Welt keine Echtheit mehr möglich ist. Er gibt die Kopie als das eigentlich «Echte» aus. Er weiß, daß die Erfahrung der Realität nur noch vermittelt möglich ist: als entfremdete. Vielleicht liebte er deshalb den berühmten Stummfilm «Das Kabinett des Dr. Caligari», dessen stilisierte Kinematographie und Verzicht auf rechte Winkel und überhaupt auf jeglichen Naturalismus. Ravels Plagiate sind aber stets traurig oder ironisch. Von Inspiration will er nichts wissen und behauptet, das sei Arbeit am Schreibtisch, nichts weiter. Um so bedeutsamer sind die Stellen, an denen, für einen Moment wenigstens, das Geheimnis des Spielers gelüftet wird, so etwa in der ‹*Quasi cadenza*› des ersten Satzes, einer seltsamen Verschiebung von Realität (Klavier) und Traum (Soloharfe): Die Zeit bleibt stehen (liegender Klang der tiefen Streicher), die Musik horcht sich selber nach und ein Traumklavier erklingt, denn was sind Flageolett-Töne einer Harfe anderes? Darauf folgt ein weiterer Blick hinter die Kulissen: Wir hören eine zweite Vorkadenz, diesmal von den Holzbläsern vorgetragen. Dann erst tritt der eigentliche Magier auf mit der Hauptkadenz, die sich in einem rhythmischen Stampfen in der Tiefe verliert und damit den Übergang in die harte Realität markiert.

Was Ravel im ersten Satz für einen kurzen Moment zuließ, die Transzendierung des Spiels mit den Masken, das bestimmt den gesamten zweiten Satz, der allerdings die Ästhetik der Uneigentlichkeit und des Verzichts auf die Spitze treibt. Er setzt den denkbar schärfsten Kontrast zu den Ecksätzen und verbreitet eine gläserne, fremdartige Innigkeit, die an ERIK SATIES *‹Gymnopédies›* erinnert oder an gewisse Wendungen der diskreten Melancholie von RAVELS Lehrer GABRIEL FAURÉ. RAVELS Künstlichkeit äußert sich in E-dur und in den ersten dreiunddreißig Takten ganz monologisch. Die so homogen erscheinende Melodie, die der einsame Solist da vorträgt, klingt nicht nur gebrochen, sondern ist es auch wirklich, denn die Begleitung der linken Hand widerspricht metrisch der lang ausgesponnenen Melodie, die ihrerseits, wie sich RAVEL einmal ausdrückte, zusammengestückelt ist aus lauter Einzeltakten. Das Modell dazu ist der langsame Satz aus MOZARTS *Klarinettenquintett*. Der künstliche Fluß der Melodie, im *Dreiviertel*takt phrasiert, wird durchkreuzt von der Walzerbegleitung der linken Hand im *Dreiachtel*takt, so daß sich subtile Schwerpunktverschiebungen zwischen Melodie und «Begleitung» ergeben. Gefällig ist das nicht. Später läßt dann der Solist, ebenfalls in der Manier MOZARTS, den Bläsern den Vortritt und zieht sich mit Figurationen zurück, die direkt aus MOZARTS *Klavierkonzert KV 503* stammen. Der Satz endet mit der Walzerbegleitung.

An Stelle des Peitschenknalls, der den ersten Satz antrieb, beginnt das Finale mit fünf brutalen Schlägen in metrischer Verzerrung, die ebenso an STRAWINSKY erinnern wie das schiefe Hauptthema, das überdies wie eine Grimasse wirkt und das Jazzprinzip der *dirty tones* auf den Gesamtgestus überträgt. Stuckenschmidt spricht treffend vom «Reflex des turbulenten Daseinsstils», ja man könnte ergänzen, so reagierte RAVEL eben darauf, daß er die Turbulenz verfremdete. Das perkussive Element des Klavierklangs, das Hämmern, wird zum Ferment des Satzes; alles stürzt den fünf Schlägen des Schlusses entgegen, die das einlösen, was die ersten fünf bereits angekündigt haben: daß alles nur Schein und Spiel war.

Dietmar Holland

Albert Roussel

Tourcoing, 5. April 1869 – Royan, 23. August 1937

Erst als 25jähriger hatte ALBERT ROUSSEL zur Musik gefunden. Diese späte Karriere scheint ihn vor dem so gefährlichen Gift des *wagnérisme* bewahrt zu haben, dem er als Schüler D'INDYS an der Pariser Schola Cantorum eigentlich hätte verfallen müssen; nur in der *symphonischen Dichtung op. 4* nach Tolstois «Auferstehung» oder der *ersten Symphonie* finden sich ‹*Tristan*›-Nachklänge. (Von 1902 bis 1913 unterrichtete ROUSSEL selbst an der Schola Cantorum, wo unter anderem SATIE, VARÈSE, MARTINON und MARTINŮ zu seinen Studenten zählten.) Die mittlere Schaffensphase ROUSSELS – vom *symphonischen Triptychon ‹Evocations›* über die Ballett-Oper ‹*Padmâvatî*› *op. 18* bis zur *zweiten Symphonie* – steht ganz im Zeichen fernöstlicher Einflüsse, die der Komponist auf mehreren Reisen aufgenommen hatte. Mit der *Suite en fa op. 33* wendet sich ROUSSEL vom Genre der deskriptiven, wenn man so will ‹impressionistischen› Musik ab: «Ich strebe danach, in meinem Denken jegliche Erinnerung an Gegenstände und Formen auszulöschen, die den Verdacht erwecken könnten, in musikalische Effekte verwandelt zu werden.» Dieses Bekenntnis zur absoluten Musik äußert sich ebenso in der BARTÓK, PROKOFJEW und STRAWINSKY nahestehenden Motorik des *Klavierkonzerts* und der *dritten Symphonie* wie in manchen neoklassizistischen Wendungen der *Petite Suite*, der *Sinfonietta* oder des *Cello-Concertinos*. Mit dem Ballett ‹*Bacchus et Ariane*›, deren beide Akte der Komponist als *erste* und *zweite Orchestersuite* auch für den Konzertsaal einrichtete, und mit der kraftvollen *vierten Symphonie* erreicht das Orchesterwerk Roussels seinen Höhepunkt: ein absolut eigenständiger Personalstil, der neben der «Groupe des Six» und dem Œuvre RAVELS größte Beachtung verdient.

Michael Stegemann

Paul Dukas
(1865–1935)

Erik Satie
(1866–1925)

Jacques Ibert
(1890–1962)

Eine entschieden aus dem Kleinmeisterkreis herausragende Gestalt ist PAUL DUKAS (1865–1935). Er war ein äußerst selbstkritischer Musiker – noch in reifen Jahren vernichtete er eine Reihe bereits fertiggestellter Werke, darunter eine *zweite Symphonie* und eine *symphonische Dichtung*. Die wenigen von ihm erhaltenen Stücke sind von einer nahezu beispiellosen Perfektion. Stilistisch geht DUKAS ganz eigene Wege. Einflüsse von FRANCK, LISZT und WAGNER sind zwar unverkennbar, aber die melodische Originalität sowie ein geheimer klassizistischer Unterstrom geben seiner Tonsprache ein unverwechselbar individuelles Gepräge.

Neben der Maeterlinck-Oper *‹Ariane et Barbe-Bleu›* sind die *Klaviersonate es-moll* und die *erste Symphonie C-dur* (1897) die ausgedehntesten Werke von DUKAS. Die Symphonie knüpft auch formal an FRANCKS *Symphonie d-moll* an – die beiden Binnensätze sind zu einem Satz zusammengezogen, der Elemente des Adagios mit Scherzo-Charakteren verschränkt. Die Hauptthemen der Ecksätze gemahnen in ihrem impetuosen Zuschnitt an LISZT. Diesem zumindest ebenbürtig ist auch der Reichtum an kontrapunktischer Arbeit, während die Harmonik – Bevorzugung des übermäßigen Dreiklangs, Ganztonskalen – über LISZT (wenn man von dessen spätesten Klavierwerken absieht) hinausgeht. Die Symphonie von DUKAS ist nach der FRANCKschen die gewichtigste französische Symphonie des späten 19. Jahrhunderts.

Ein noch größerer Geniestreich war das ebenfalls 1897 an die Öffentlichkeit gebrachte Orchesterscherzo *‹L'apprenti sorcier›* nach Goethes «Zauberlehrling». Die Atmosphäre der Zauberwerkstatt wird imaginiert durch die langsamen Eingangspassagen mit ihren «magisch» verketteten übermäßigen Dreiklängen, die der Partitur ein impressionistisches Flair geben, wenngleich die Instrumentation stets konturenscharf, gleichsam «gestochen» erscheint. Auf den Befehl des Zauberlehrlings setzt sich der Besen in Bewegung, um mit einem Eimer Wasser zu schöpfen – das Fagott stimmt eine leicht grotesk getönte, hüpfende Melodie an. Sie wächst sich, in immer neuen Verwandlungen, Steigerungen und Abspaltungen, zu einem Furioso des entfesselten Orchesterkontrapunkts aus, geht es doch darum zu schildern, wie der Lehrling, der die Zauberformel vergessen hat, dem immer wilderen Treiben des Besens vergeblich Einhalt zu gebieten versucht, wobei es nur zu noch größeren Turbulenzen kommt. Endlich, auf dem Höhepunkt des orkanhaften Spuks, kommt der Hexer zurück und setzt dem wüsten Treiben mit einer autoritativen Gebärde ein Ende. Die «Musikalität» der Goethe-Ballade wird von DUKAS so prägnant umgesetzt, daß ein Stück entsteht, das ebenso tonmalerisch präzis wie genuin aus dem musikalischen Material heraus entwikkelt anmutet, was auch daher kommt, daß DUKAS mit ganz wenigen, unendlich phantasievoll variierten und «durchgeführten» motivischen Bausteinen auskommt. Aus einem kleinen Kern einen großen Zusammenhang zu bauen (man darf nicht nur die nicht sehr beträchtliche zeitliche Ausdehnung des Scherzos beachten, sondern muß sich vor allem die «Vertikale», die Vielfalt des gleichzeitig Erklingenden, vergegenwärtigen), in dieser Kunst übertraf DUKAS hier noch seinen Lehrmeister LISZT und erreichte Komplexitätsgrade wie BEETHOVEN oder der WAGNER des *‹Meistersinger›-Vorspiels* und des ersten *‹Siegfried›*-Aktes. Der komische Elan und der handliche Schwung machten den DUKASschen *‹Zauberlehrling›* zu einem der beliebtesten Virtuosenstücke der Orchesterliteratur; auch Walt Disney «verewigte» ihn in naturalistischer Zeichentrick-Interpretation in seiner filmischen Anthologie musikalischer Klassiker («Fantasia»).

Die im Jahre 1912 für die russische Tänzerin Trouhanova komponierte choreographische Dichtung ‹*La Péri*› führt stilistisch wieder in eine andere Richtung. Das orientalische Kolorit des Sujets macht sich bis in die feinsten Verästelungen der Melodiebildung und im rhythmischen Impakt bemerkbar. Die Musik folgt der Legende vom König Iskander, der sich, als er sein Ende nahen fühlt, zum Ormuzd-Tempel ans Ende der Welt begibt, um die Blume der Unsterblichkeit zu finden. Er nimmt sie der auf den Stufen des Tempels schlafenden Péri aus der Hand (man kennt diese mythologische Frauengestalt vielleicht aus SCHUMANNS Oratorium ‹*Das Paradies und die Peri*›). Die erwachende Péri führt, um die Blume wiederzuerlangen, vor dem König einen ekstatischen Tanz auf. Iskander verzichtet, bezaubert von diesem Tanz, auf die Blume und stirbt. Im Zentrum der Partitur steht der rauschhafte Tanz des Mädchens, der in immer glühenderen Orchesterfarben imaginiert wird; der tragische Schluß wird nur knapp angedeutet im verlöschenden Pianissimo-Klang. Obgleich die DUKASsche Orchesterpalette in einem unendlichen Farbenreichtum aufleuchtet, herrscht dank der motivischen Ökonomie auch wieder eine äußerst klare Strukturierung, die der formalen Stringenz des Werkes zugute kommt. DUKAS findet hier, auf andere Weise als DEBUSSY und RAVEL, bei aller harmonischen Vielfalt und Aufgelöstheit der «integralen», die Klanggruppen durchmischenden Satzweise, eine ähnlich «gebändigte» Formgestalt – strukturelle Luzidität jenseits klassizistischer Muster. Ebenfalls häufiger zu hören ist die frühe *Ouvertüre* zu Corneilles Tragödie «Polyeucte» (1892), ein fünfteiliges Werk, das die Harmonik und Klangalchemie des späten WAGNER zum Ausgangspunkt nimmt und eigenständig umformt.

ERIK SATIE (1866–1925) ist nur ein Jahr jünger als DUKAS, aber mit allen Fibern ein Mann der künstlerischen Moderne, ein Zeitgenosse der um eine Generation (oder deren mehrere) Jüngeren. Er fand in seiner Jugend keinen Geschmack am Unterricht des Conservatoire, den er abbrach, um sich lieber mit den mystischen Lehren der Rosenkreuzer zu beschäftigen. Das brachte ihn dazu, die Musik des Mittelalters (insbesondere den gregorianischen Choral) schätzenzulernen, was auch für sein spätes Komponieren noch von Bedeutung war. Als Vierzigjähriger (1905–1908) unterzog er sich noch ernsthaften Kontrapunktexerzitien an der Schola

Cantorum bei D'INDY und ROUSSEL. Freilich veränderte sich dadurch seine unkonventionelle musikalische Haltung nicht. SATIE ist das lebende Exempel dafür, daß sich auch die Musikgeschichte in Sprüngen entwickelt und von einer evolutionär-kontinuierlichen Prozeßhaftigkeit kaum die Rede sein kann. SATIE hatte ein Gespür für die Verbrauchtheit des musikalischen Materials in der nachWAGNERischen Periode. Eine weitere Verfeinerung, Ausdifferenzierung oder Ausdrucks- und Aufwandssteigerung dünkten ihn unergiebig; er setzte einen radikalen Neuanfang. Seine Musik kann nicht nur als «Zurücknahme» der Spätromantik begriffen werden, sondern als Absage an eine jahrhundertelange Entwicklung. Was als provokativer Unernst oder versponnene Kauzigkeit erscheinen mochte, enthielt den Keim zahlreicher Innovationen des 20. Jahrhunderts (vom Dadaismus bis zur Popart). Während spätere Tendenzen oft nur einzelne Linien des im SATIEschen Werk Angelegten produktiv weiterverfolgten, war SATIE selbst immer in vielerlei Richtungen unterwegs, ein gewaltfreier Revolutionär ohne Systematik, der die Ausbeutung der von ihm gemachten Entdeckungen anderen überließ – in vielem JOHN CAGE verwandt (der übrigens eine Orchesterbearbeitung des SATIEschen Kammeroratoriums ‹*Socrate*› herstellte). Die Simplizität der Musik SATIES konnte einem geschworenen WAGNERianer in der Tat als infantiler Rückzug vorkommen, wenn nicht als unerhebliche dilettantische Hobby-Komponiererei. Statt verhundertfachter Ausdrucksnuancen schrieb SATIE schlichte Viertelnoten, bevorzugte einfache oder archaische Zusammenklänge, schätzte ein ruhiges, gleichmäßiges, unaufgeregtes musikalisches Fließen. Er liebte es zwar, Werke mit witzigen Titeln zu schreiben (‹*Trois morceaux en forme de poire*›, das heißt ‹*Drei Stücke in Birnenform*›), achtete andererseits aber auch auf Zurückhaltung und propagierte eine *musique d'ameublement*, worunter man sich freilich keine Muzak-Antizipation vorstellen darf, sondern so etwas wie die bestimmte Negation der auf total(itär)e Hörerüberrumpelung insistierenden WAGNER-Ästhetik. (Zuzugeben ist, daß der WAGNER des ‹*Parsifal*› auch schon zu harmonischen Vereinfachungen tendierte, was freilich durch ein erhöhtes Klangraffinement kompensiert wurde.)

Es versteht sich, daß SATIE dem spätromantischen Orchesterklang abhold war. Seine musikalischen Gedanken schienen beim Klavier besser aufgehoben, das er, wie der späte LISZT, seines Virtuosennimbus entkleidete und mit großer Nüchternheit handhabte. (Einige Klavierstücke wie ‹*Jack in the Box*› und ‹*Cinq grimaces pour le Songe d'une nuit d'été*› wurden von DARIUS MILHAUD orchestriert.) Die 1892 komponierten ‹*Sonneries de la Rose-Croix*› gefielen SATIE in der ursprünglichen Orchestergestalt nicht recht, weshalb er sie für Klavier umsetzte. Seit 1898 lebte SATIE in Arcueil bei Paris. Von der Öffentlichkeit als Sonderling kaum beachtet, wurde er für die fortschrittlichen Künstler unseres ersten Jahrhundertviertels eine Kultfigur. Die 1918 gegründete Komponistengruppe der «Six» (ihr gehörten MILHAUD, HONEGGER, AURIC, TAILLEFERE, POULENC und DUREY an) verehrten ihn als oberste Autorität. Die Ballette ‹*Mercure*› und ‹*Relâche*› (beide 1924) sind Beispiele einer unverwässerten individuellen Schnoddrigkeit der Tonsprache und einer den Neoklassizismus weit hinter sich lassenden orchestralen Kargheit und Aggressivität.

Nach dem sehr viel bedeutenderen Symphoniker ALBERT ROUSSEL (1869–1937) etablierte sich mit JACQUES IBERT (1890–1962) neben FRANCIS POULENC und JEAN FRANÇAIX ein Angehöriger einer bewußt traditionalistisch empfindenden, im Neoklassizismus verhafteten Komponistengeneration. Vielen Werken IBERTS ist ein giocoser Zug eigen, eine elegante und formal geglättete Unterhaltsamkeit, die sich mitunter der rhythmischen Pikanterien und des harmonischen Pfeffers von STRAWINSKY versichert, aber alles in allem eine gefälligere Eloquenz anstrebt. Zu IBERTS brillantesten Orchesterarbeiten gehört das Orchestertriptychon ‹*Escales*› (1922). Bekannter geworden ist das ‹*Scherzo féerique*› von 1925. Es folgte die symphonische Studie ‹*Jeux*› (1926) – nicht zu verwechseln mit dem gleichnamigen Tanzpoem von DEBUSSY. In seinen letzten Jahren komponierte er noch ein ‹*Bacchanale*› (1956) sowie, im Auftrag des Boston Symphonie Orchestra, seine ‹*Bostoniana*› (mit eingearbeiteten Volksmelodien aus der Pionierzeit), die postum 1963 uraufgeführt wurde.

Hans-Klaus Jungheinrich

Manuel de Falla

Cádiz, 23. November 1876 – Alta Cracia, 14. November 1946

DE FALLA wuchs in seiner Geburtsstadt Cádiz im Süden Andalusiens auf, wo er auch seinen ersten Musikunterricht erhielt und seine ersten Kompositionsversuche machte. In den neunziger Jahren studierte er in Madrid bei einem CHOPIN-Schüler; hier dürfte er seine besondere Liebe zu CHOPIN entwickelt haben, die ihn später eine *Oper* auf Themen CHOPINS und ein *Chorwerk* über eine *Ballade* CHOPINS schreiben ließ. Als Komponist erhielt er seine Prägung durch die Ästhetik des französischen Theoretikers Louis Lucas und den Madrider Kompositionslehrer FELIPE PEDRELL, den Begründer einer neuen, bewußt national-spanischen Musikkultur. 1905 gewann DE FALLA in Madrid einen Klavierwettbewerb und zugleich mit seiner dem Verismo nahestehenden Oper *‹La vida breve›* (*‹Ein kurzes Leben›*) den ersten Preis in einem Kompositionswettstreit. Unter anderem, weil sich der Erfolg dennoch nicht einstellte (die Oper wurde nicht aufgeführt), ging DE FALLA 1907 nach Paris, wo er bald die Freundschaft und das Ansehen von PAUL DUKAS und CLAUDE DEBUSSY gewann und nahezu alle zu jener Zeit in Paris lebenden bedeutenden Künstler kennenlernte. Bis 1914 blieb er in Paris; dann trieb ihn der Ausbruch des Ersten Weltkriegs nach Spanien zurück. 1919 ließ er sich in Granada nieder. Hier bildete sich ein kleiner exklusiver Freundeskreis um DE FALLA, zu dem als – aus mitteleuropäischer Sicht – Prominentester Federico García Lorca gehörte, dessen brutale Ermordung durch die Franco-Faschisten DE FALLA zutiefst erschütterte. 1939 ging er nach Argentinien. Immer wieder krank und überdies zu Depressionen neigend, starb er 1946 in Alta Gracia in der Nähe des argentinischen Córdoba.

Der Weg, den DE FALLA geographisch zurücklegte, nämlich von Cádiz nach Madrid, dann nach Paris und schließlich wieder zurück nach Andalusien, ist ein anschauliches Bild für die künstlerische und stilistische Entwicklung des Komponisten. Aus einer Randzone der abendländischen Kunst und Kultur begab er sich in deren Zentrum, als das Paris bis zum Beginn des Ersten Weltkriegs zu gelten hat, um sich mit der Rückkehr nach Spanien den eigenen Ursprüngen wieder zuzuwenden, die er freilich auch zuvor nie aus den Augen verloren hatte. Man kann DE FALLAS künstlerisches Ziel als den Versuch beschreiben, eine moderne, spezifisch spanische Hochkunst in der Musik zu schaffen und zugleich die Randzone Spanien, die zur Zeit von CABEZÓN und Vittoria schon einmal europäischen Rang besessen hatte, erneut in die abendländische Kunst einzubringen. Es wäre falsch zu meinen, DE FALLA habe sich der Folklore zugewandt, um sich eines probaten Mittels gegen die Schwierigkeiten des Komponierens im 20. Jahrhundert zu versichern. DE FALLA war sich der Problematik seines Versuchs, die Authentizität der genuin spanischen Musik nicht aufzugeben und zugleich doch Hochkunst von europäisch-abendländischer Geltung zu schaffen, sehr wohl bewußt, wie seine rigide Selbstkritik zeigt, die lange Schaffensprozesse bewirkte und ihn nur wenige Werke publizieren ließ. Die Gratwanderung, auf die er sich begab, hat ihre außerordentlichen Probleme, die auch in den Werken spürbar sind. Einfachheit ist stets in Gefahr, in Trivialität umzuschlagen, eingängiger lyrischer Ausdruck gleitet leicht in Sentimentalität ab. DE FALLA hat sich davor zunehmend zu hüten gewußt, indem er seine Musik mehr und mehr mit Ecken und Kanten versah und ihr eine Sprödigkeit verlieh, die sogar ihre Verbreitung behindert haben dürfte. Jedenfalls ist DE FALLAS Musik von der meist leichteren Eingängigkeit der Werke seiner Vorgänger und Zeitgenossen ALBÉNIZ und GRANADOS weit entfernt und hat mit «Postkarten-Folklorismus» nichts zu tun. Allerdings neigt die Aufführungspraxis in Mitteleuropa dazu, die Ecken und Kanten einzuebnen und DE FALLAS Musik so zu spielen, als habe sie mit Spanien nicht viel mehr zu tun als BIZETS ‹*Carmen*›. Das Anschauungsmodell für die Interpretation ist eben nicht nur die abendländische Hochkunst, sondern ebenso sehr die spanische, insbesondere die andalusische Volksmusik mit ihren archaischen Wurzeln, erblicke man diese nun mehr bei den Zigeunern, den Mauren oder in Byzanz. In einer Zeit freilich, in der das, was man gemeinhin Flamenco nennt, immer mehr der Kommerzialisierung verfällt, verschwindet das authentische Anschauungsmodell für die Musik DE FALLAS mehr und mehr. Am Ende wird man die Spuren wahrhaft authentischen Flamencos nur noch in DE FALLAS Musik finden.

DE FALLA komponierte anfangs nicht anders als ALBÉNIZ und GRANADOS, wurde in seiner Pariser Zeit, wie nicht anders zu erwarten, vom Impressionismus beeinflußt und entwickelte ab 1920 einen asketischen Altersstil. Während er auf den Bezug zur andalusischen Volksmusik nie verzichtete, behandelte er die beiden anderen Stile, den spätromantisch-impressionistischen und den karg-asketischen, fast im Sinne MONTEVERDIS wie eine *prima* und *seconda prattica*. Nur so ist zu begreifen, daß er ziemlich gleichzeitig Werke der einen wie der anderen Stilrichtung schrieb.

DE FALLAS Verständnis der abendländischen Musik, geprägt vor allem durch seinen Aufenthalt in Paris, war französisch bestimmt; die österreichisch-deutsche Musik war für sein Schaffen demgegenüber bedeutungslos. So nimmt es nicht wunder, daß er vornehmlich Vokal- und Bühnenkomponist war und seine Instrumentalkompositionen fast ausnahmslos programmusikalischen Charakter tragen. An Kompositionen für großes Orchester hinterließ DE FALLA ‹*Homenajes*› (1938), eine Suite von vier Gedenk- und Erinnerungskompositionen, unter anderem an PEDRELL, DUKAS und DEBUSSY, sowie ‹*Noches en los jardines de Espana*› (‹*Nächte in spanischen Gärten*›). Diese ‹*symphonischen Impressionen*› für Klavier und Orchester, geschrieben zwischen 1909 und 1915, erscheinen äußerlich als ein dreisätziges Klavierkonzert, sind jedoch nach Satzanlage und Verhältnis zwischen Klavier und Orchester eher eine symphonische Dichtung, in der Elemente der spanischen Volksmusik den Widerpart zur spätromantisch-impressionistischen Grundhaltung bilden.

Das einzige Werk absoluter Musik, das DE FALLA schrieb, ist das *Konzert für Cembalo und fünf Soloinstrumente* (1923 bis 1926), nach RAVEL «das vollendetste Dokument zeitgenössischer Kammermusik», nach Gestus und Stil jedoch eindeutig ein Konzert. Das dreisätzige Werk ist vom Neoklassizismus beeinflußt; es verwendet altspanische Lied- und Kirchenmusik und spielt, vor allem im letzten Satz, immer wieder auf die Klaviermusik DOMENICO SCARLATTIS an, die bekanntlich zu einem großen Teil in Spanien entstand. Das *Cembalokonzert* dokumentiert DE FALLAS asketischen Stil wie kein zweites seiner Werke.

Am bekanntesten ist DE FALLA durch seine beiden Ballette *‹El amor brujo›* (*‹Der Liebeszauber›*) und *‹El sombrero de tres picos›* (*‹Der Dreispitz›*). Sie haben als Ganzes oder in Suitenform auch Eingang in die Konzertprogramme gefunden. Im Vergleich zum *Cembalokonzert* wirken sie üppig-sinnlich; andererseits stehen sie aber auch dem weichen Klang, den verfließenden Konturen und dem französischen Sentiment der *‹Nächte in spanischen Gärten›* fern. Spätromantik und Impressionismus sind hier gänzlich der Stilisierung der andalusischen Volksmusik gewichen, deren wesentlichstes Merkmal die Raffinesse ihrer Einfachheit ist. DE FALLA zitiert weder reale Volksmusik, noch verwendet er deren Instrumente wie die Gitarre; sein Orchester ist jedoch geprägt von Gitarrenklang und Flamenco-Gesang. In der ausgeklügelten Balance zwischen den Elementen andalusischer Volksmusik und jenen der abendländischen Hochkunst, wie sie hier erreicht wird, gewinnt die Ursprünglichkeit des Flamenco ein zweites Dasein.

Egon Voss

Spanische nationale Schule

JUAN CRISÓSTOMO DE ARRIAGA (1806–1826)
FELIPE PEDRELL (1841–1922)
ISAAC ALBÉNIZ (1860–1909)
ENRIQUE GRANADOS (1867–1916)
JOAQUÍN TURINA (1882–1949)
JOAQUÍN RODRIGO (geb. 1902)

Die Herausbildung einer spanischen nationalen Tonkunst im 19. Jahrhundert erfolgte relativ spät. Gegen Ende des 18. Jahrhunderts war das Musikleben des Landes – nach einer langen Blütezeit – ganz von der italienischen Oper beherrscht, was auch die Bildung eines eigenwüchsigen Instrumentalstils verhinderte. Die in den 1820er Jahren auf den genial begabten JUAN CRISÓSTOMO DE ARRIAGA (1806–1826) gegründeten Hoffnungen zerschlugen sich durch dessen frühen Tod. Die Gründung des Konservatoriums in Madrid im Jahre 1830 erfolgte auf Initiative der Bourbonen-Königin Maria Cristina, welche die italienische Orientierung noch stärkte. Auf den reichen Schatz spanischer Volksmusik machten zuerst ausländische Komponisten wie LISZT und GLINKA mit Verarbeitung von originalen Themen aufmerksam.

In FELIPE PEDRELL (1841–1922) erwuchs dem Land schließlich jene pädagogische und wissenschaftliche Kapazität, die Grundlagen für eine neuere nationale Tonkunst Spaniens schaffen konnte: Er begann mit systematischer Sammlung und Bearbeitung von Volksmelodien und edierte die Werke der klassischen Vokalpolyphonie seines Landes. Drei führende Komponisten der folgenden Generation waren seine Schüler: Die Katalanen ISAAC ALBÉNIZ und ENRIQUE GRANADOS sowie der Andalusier MANUEL DE FALLA. Geboten sie alle über beachtliche pianistische Virtuosität, so präsentiert sich ihr Schaffen bezüglich Breite, Ausrichtung und Qualität durchaus unterschiedlich.

Isaac Albéniz (1860–1909) begann als pianistisches Wunderkind, holte sich bei Liszt in Weimar den letzten Schliff. Seine Instrumentalkompositionen sind fast ausnahmslos für Klavier bestimmt. Schuf er mit diesen Werken den spanischen Nationalstil, der nicht nur auf das Musikleben des Landes selbst, sondern auch auf Debussy und Ravel wirkte, so zeigt sich das als *Opus 78* gedruckte frühe *Klavierkonzert* noch ganz frei von solchen Einflüssen, ebenso das Oratorium *‹El Cristo›*. Von den gelegentlich zu hörenden Orchesterwerken ist lediglich *‹Catalonia›* ein Original, die übrigen sind orchestrierte Fassungen von *Klavierwerken*, die erst nach Albéniz' Tod von anderen spanischen Komponisten hergestellt worden sind. Die Virtuosität dieser Musik ist ohne Zweifel an Liszt orientiert und dem pianistischen Salonstil verwandt, doch ist das eigentlich Neue an Albéniz' reifen Werken die genaue Kenntnis und der Folklore seiner Heimat und deren Verwendung.

Enrique Granados (1867–1916) bildet in der Entwicklung gleichsam den lyrischen Gegenpol zu dem temperamentvollen Albéniz, doch nicht allein dies: Mit seiner Erscheinung ist die Anwendung der neuen stilistischen Errungenschaften auf die Orchester- wie auch die Kammermusik verbunden. Die Tondichtung *‹Divina commedia›* (nach Dante) und die *symphonische Dichtung ‹La nit del mort›* sind als erste symphonische Kompositionen der nationalen spanischen Schule anzusehen. Neben diesen hinterließ Granados *‹Esenas poéticas›*, eine *‹Serenata›* und *drei Suiten für Orchester (S. arabe, S. gallega, S. Navidad)*; zu den konzertanten Gattungen steuerte er eine *Suite ‹Elisenda›* (nach einem Gedicht von Mestre) für Klavier und kleines Orchester bei. Stilistisch ist er der Spätromantik verhaftet, für seine Zeit eher retrospektiv als aktuell, dies jedoch auf höchstem Niveau; Rhythmik, Harmonik und Klangkolorit seiner Partituren zeigen die aus der Volksmusik stammenden nationalen Eigenarten, doch läßt sich Granados nirgends auf Nachahmungen ein. Bei aller noblen Zurückhaltung ist seine musikalische Sprache von höchster Originalität.

Erst Manuel de Falla (1876–1946) freilich sollte der neueren spanischen Musik zu Weltgeltung verhelfen (vgl S. 775ff).

Andalusier wie de Falla war Joaquín Turina (1882–1949). Auch in seinem schöpferischen Weg spielte Paris eine zentrale Rolle, jedoch als Stätte seiner kompositorischen Meisterstudien, denen er an der Schola Cantorum bei Vincent d' Indy oblag. Die *symphonische Dichtung ‹La procesión del Rocîo› op. 9* bildete sein «Meisterstück». Ein Werk gleicher Gattung, *‹Evangelio de Navidad› op. 12* und die *‹Danzas fantásticas› op. 22*, führen zu seinem bedeutendsten Orchesterwerk, der *‹Sinfonia Sevillana› op. 23*; diese die Geburtsstadt Turinas verherrlichende Komposition ist nicht etwa illustrative Programmusik im Sinne von Strauss oder Respighi, ihre formale Strenge und Ausgeglichenheit erinnert eher an die *d-moll-Symphonie* César Francks. Gleichwohl trifft sich das ganz verschiedene Naturell Turinas hier mit Albéniz und de Falla in dem Bestreben, nach Pedrells Forderung einen spanischen Nationalstil in der Musik zu schaffen, der aus volksmusikalischen Quellen schöpft, aber von universeller, übernationaler Prägung sei. Die choreographische Phantasie *‹Ritmos› op. 43* und die *‹Rapsodia sinfónica› für Klavier und Orchester op. 66* verbinden die Farbigkeit andalusischer Folklore mit formaler Disziplin symphonisch-konzertanten Gestaltens.

Der Name des 1902 in Valencia geborenen Joaquín Rodrigo schließlich ist untrennbar mit dem *‹Concierto de Aranjuez› für Gitarre und Orchester* verbunden; tatsächlich ist er der erste der neueren spanischen Komponisten, der sich in besonderem Maße der konzertanten Gattung gewidmet hat: Je ein Werk für Klavier (*‹Concierto Heroico›*), Violine (*‹Concierto de Estio›*), Violoncello (*‹Concierto Galante›*) und Flöte (*‹Concierto Pastoral›*) sowie zwei für Harfe (*Concierto-Serenata* und *‹Sones en la Giralda›*) und fünf für Gitarren mit Orchester (außer *‹Aranjuez›* die Konzerte *‹Andaluz›* für vier Gitarren, *‹Madrigal›* für zwei Gitarren sowie *‹Para una fiesta›* und die *‹Fantasia para un gentilhombre›* für eine Gitarre). Eine Meisterausbildung bei Paul Dukas und die Freundschaft und Mentorschaft de Fallas ließen Rodrigo zu einem Stil finden, dessen Kennzeichen formale Könnerschaft, transparente Instrumentation, melodische Geschmeidigkeit und pikante Harmonik sind.

Hartmut Becker

Alexander Skrjabin

Moskau, 6. (10.) Januar 1872 – Moskau, 14. (27.) April 1915

Alexander Skrjabin zählt zu den exaltiertesten Komponisten der Musikgeschichte. Ein zum Solipsismus übersteigerter Individualismus ließ ihn fernab von den musikalischen Strömungen seiner Zeit zu Ergebnissen kompositorischen Schaffens gelangen, die sich mehr und mehr als Bausteine eines neuen rhythmischen und vor allem harmonischen Bewußtseins erwiesen haben. Skrjabin war von einem mythischen Sendungsauftrag der Kunst und der Musik im besonderen überzeugt. Philosophische Gedanken bestimmen etwa ab der Jahrhundertwende seine Werkkonzeptionen, immer stärker überlagern Ideen, die die Befreiung des Geistes im ekstatischen Erleben, im «Mysterium» suchen, die einzelnen Kompositionen, die sich gleichsam als eine große Vorbereitung zu einem einzigen Komplex zusammenschließen. In seinen letzten Jahren arbeitet Skrjabin immer intensiver an diesem Projekt.

Tonale Ausdrucksmittel genügten hierfür nicht mehr, ein den Dur-Moll-Rahmen sprengender, sogenannter «mystischer Akkord» (mit den Tönen c-fis-b-e-a-d) diente im Spätwerk als Basis für die harmonischen wie melodischen Erfindungen. Wenngleich der Schaffensschwerpunkt Skrjabins, der ein hervorragender Pianist war, eher auf dem Gebiet der Klavierkompositionen lag, so strebte sein universaler Geist doch immer wieder hin zum Orchesterwerk. Gerade die orchestralen Arbeiten sind es, die die philosophisch-theosophischen Überlegungen Skrjabins umfassend und konkret umsetzen.

Skrjabins erste Kompositionen zeigen noch deutliche Einflüsse Chopins, als Klavierkomponist sah er im Werk des polnischen Klavierheros ein großes Vorbild für die formale Gestaltung und das harmonische Denken. Vor allem das *Klavierkonzert fis-moll op. 20* (1896/97) ist davon spürbar geprägt. In dem formal konventionellen, dreisätzigen Werk (der zweite Satz ist eine Variationenfolge) fällt besonders die frei wuchernde Harmonik als ein unstetes Moment ins Auge. Skrjabin verleiht ihr in dem frühen Stück freilich noch keine philosophisch-inhaltliche oder konstruktiv-formale Absicherung.

Mit der *ersten Symphonie E-dur op. 26* (1899/1900) tritt Skrjabins musikalischer Wille plastischer hervor, die Konturen eines kompositorischen Gesamtplans werden deutlicher. Die Symphonie ist sechssätzig, im Finale sind eigene Verszeilen für Mezzosopran, Tenor und Chor einbezogen.

Aber nicht nur die Textvertonung bezeugt eine individuelle Auseinandersetzung mit der symphonischen Form: Skrjabin sprengt bereits mit seinem symphonischen Erstling den konventionellen Rahmen, um seiner eigenen Aussage Gewicht zu verleihen. Im letzten Satz führt er aus, was er mit seiner Musik generell bewirken wollte: Der Text ist eine emphatische Hymne an die Musik, die kraft ihrer berauschenden Harmonien dem Menschen Linderung oder neue Zuversicht verleiht. Diese textlich fast trivial erscheinende Vorstufe deutet jedoch bereits in nuce an, was für Skrjabin und sein Werk fortan in den Mittelpunkt rückte: Es ist der Wille zu unbedingter Wirkung, die die gewöhnlichen Sinneserfahrungen des Menschen weit hinter sich läßt und in Regionen eines gestärkten Ich-Bewußtseins führt. Skrjabin setzt auf die mentalen Kräfte seiner Musik. In der *ersten Symphonie* freilich bleibt das Erklingende noch hinter diesen Prämissen zurück. Denn im Grunde richtet sich das Werk an der normalen Viersätzigkeit aus, der erste Satz fungiert als selbständige, langsame Einleitung, dann folgen ein Sonatensatz, ein Lento, ein Scherzo, ein Allegro und schließlich das Finale, auf dem die Hauptlast der Programmatik ruht, wiederum in Sonatensatzform. Doch der Schlußsatz wirkt bei aller Bedeutungsschwere des Textes nicht nur unter formalen Gesichtspunkten, sondern auch in seiner klanglichen Gestalt mit Choral- und Fugenpathos eher an das Werk angeklebt als zwingend aus dem vorangegangenen musikalischen Geschehen herauswachsend.

Die *zweite Symphonie c-moll op. 29* (1901) weist mit ihren fünf Sätzen einen wesentlichen Schritt weiter: Skrjabin benötigt nun nicht mehr das erklärende Wort wie im Schlußsatz der *ersten*, die musikalischen Gestalten selbst sind plastischer, sprechender geworden. Sie fungieren nicht mehr als abstrakte Themen, sondern sind im wesentlichen Nachschriften von Bewegungsenergien. Immer mehr wird das Offenlegen dieser Aspekte der Musik zur kompositorischen Hauptaufgabe. Die *zweite Symphonie* ist keine Programmusik im eigentlichen Sinne, dennoch kann man die Musik als «konkretistisch» bezeichnen. Die beiden *attacca* zusammengeschlossenen ersten Sätze wären mit «Agonie» und «Auflehnung» zu überschreiben, die letzten beiden, die ebenfalls ohne Pause ineinander übergehen, mit «Kampf» und «Durchbruch». Der dritte Satz in entlegenem H-dur schildert naturhafte Entrückung mit ausschweifenden Vogelstimmenzitaten. Die Zeilen aus den «Prometheischen Phantasien» SKRJABINS geben den Gedankenverlauf der *zweiten Symphonie* wieder: «Das Leben eines Individuums ist Leiden, wovon sich der Starke durch Tätigkeit, durch den Kampf mit diesem Hindernis befreit, der Schwache aber zugrunde geht. Das Leben überhaupt ist Befreiung durch Kampf, durch Tätigkeit.» Freilich wirkt in dieser Symphonie das auftrumpfende Finale, das den Moll-Gedanken des ersten Satzes in ein blankes C-dur rückt, problematisch, SKRJABIN erkannte selbst, daß dieser fast mechanischen Vereinfachung das Moment einer pathetischen Trivialisierung anhaftet.

Die *dritte Symphonie c-moll op. 43* (1902 bis 1904), überschrieben mit *‹Le divin Poème›*, wiederholt den Entwicklungsgang der *zweiten*, differenziert aber zugleich die harmonische und motivische Arbeit. Ablesbar wird dies aus der Schilderung des programmatischen Ablaufs, der überliefert ist: Der erste Satz *‹Luttes›* schildert den Kampf zwischen einem durch eine personifizierte Gottheit versklavten Menschen und einem freien Menschen, der die Göttlichkeit in sich trägt, aber noch zu schwach ist, die eigene Göttlichkeit zu verkünden. Er nimmt teil an den Wonnen der sinnlichen Welt (zweiter Satz: *‹Voluptés›*), gewinnt Kraft durch diese Erlebnisse und gewinnt sich die vollkommene Freiheit des Geistes (dritter Satz: *‹Jeu divin›*). Deutlich wird, daß dieser Entwurf kein inhaltliches Programm darstellt, sondern eine Forderung an die musikalische Wirksamkeit selbst ist. Denn die Musik hat bei

Skrjabin die Aufgabe, durch das Erklingen Befreiung und Bewußtseinssteigerung zu verwirklichen, wie es sich bereits in der *ersten Symphonie* angedeutet hatte. Zwar lebt auch die *dritte Symphonie* noch aus der Polarität zwischen Moll und Dur, von der Auflichtung dissonanten Gewebes hin zu überstrahlenden Dreiklangsklärungen; doch gerade die harmonischen Grenzüberschreitungen, die eine Entwicklung zu atonalen Strukturen ankündigen, schaffen einen weiten Raum des musikalischen Empfindens und verwirklichen die programmatische Konzeption auf schlüssige Weise. Wie konkret und komplex zugleich Skrjabin in dieser Symphonie die einzelnen thematischen Gedanken einsetzt und wie er sie verstanden haben will, beweisen die zahlreichen verbalen Zusätze. Eine relativ kurze Sequenz im ersten Satz ist zum Beispiel mit folgenden Zusätzen charakterisiert: «Mystisch – mehr und mehr triumphal – furchtbar zusammenstürzend – ernst, erhaben – stürmisch – tief tragisch – romantisch – legendenhaft.» Die plastische Konkretisierung der Motive, ihre gleichsam energetische Existenz werden durch diese Anmerkungen noch unterstrichen.

Zu einer vollkommen eigenständigen musikalischen Sprache, die auch alle konventionellen formalen Zwänge abschüttelt (diese waren in allen drei vorigen Symphonien zumindest noch rudimentär existent), gelangt Skrjabin im Orchesterwerk *‹Le Poème de l'Extase› op. 54*. Zwischen 1905 und 1908 arbeitete er an dieser Komposition, unter rein musikalischen Gesichtspunkten (Skrjabin unterwarf darüber hinaus, wie bereits erwähnt, sein gesamtes Werk dem Aspekt der Vorbereitung des «Mysteriums») sein geschlossenstes, klanglich überzeugendstes und weit in die Zukunft weisendes Orchesterwerk. Skrjabin schrieb zu der Musik ein Gedicht, das er freilich nicht als Programm verstanden wissen wollte. Es wurde unabhängig von der Partitur herausgegeben und beginnt mit den Worten: «Der Geist, / Vom Lebensdurst beflügelt, / Schwingt sich auf zum kühnen Flug / In die Höhen der Verneinung. / Dort im Lichte seines Träumens / Formt sich eine Zauberwelt / Wundersamer Gestalten und Gefühle.» Wiederum also die Thematik des sieghaften Geistes, der im ekstatischen Erleben zur eigenen Vollkommenheit gelangt. Die Musik bildet diese Aussage nicht ab, sondern sie setzt das Empfinden in Aktion. Impressionistische Einflüsse bestimmen die Komposition, schnell und souverän eigenständig griff Skrjabin diese Techniken auf und setzte sie in der von ihm beabsichtigten Funktion ein. Dadurch fehlt dem *‹Poème de l'Extase›* jegliche formale Schwere, die die Symphonien immer wieder gewissermaßen als traditionelle Relikte aufweisen. Die Themen, vor allem ein Fanfarenmotiv mit anschließend absteigender Chromatik, stehen in freiem Kräftespiel zueinander, das tonale Gefüge ist vollkommen aufgelockert. Das Stück endet in C-dur und macht somit Tonartvorzeichen überflüssig, die sowieso keinen rechten Sinn mehr ergeben. Im *‹Poème de l'Extase›* gelang Skrjabin die weitestgehende Kongruenz seines Konzepts geistiger Befreiung mit der freien Handhabung des musikalischen Materials.

Im nächsten Orchesterwerk *‹Prometheus› op. 60* (1908 bis 1910) schreitet Skrjabin über Anklänge an den Impressionismus wesentlich hinaus. Die große Besetzung des Orchesters ist durch einen Chor, der keine Worte, nur Vokalisen singt, verstärkt; vorgeschrieben ist zudem ein Farbenklavier, für das Skrjabin in die Partitur normale Noten notierte, die in Entsprechung zu bestimmten Farben stehen. Skrjabin legte diesen Akt seines «Mysteriums» in Richtung des Gesamtkunstwerks an, für das er zu dieser Zeit in messianischer Besessenheit gültige Grundlagen schaffen wollte. Skrjabin zählt somit zu den ersten Komponisten, die mittels eines Systems die bindende Ordnung der Tonalität zu ersetzen suchten. Die Grundlage des Werkes bildet der erwähnte «mystische Akkord», der konstitutiv sowohl in der Vertikalen (Harmonik) als auch in der Horizontalen (Melodie) wirkt. Skalen sind ebenso von ihm ableitbar und über alle Stufen der chromatischen Leiter transponierbar. Manche Elemente scheinen bei Skrjabin bereits vorweggenommen, die später in Schönbergs «Zwölftonlehre» bestimmend werden. Trotz dieser revolutionären Neuerungen bleibt auch *‹Prometheus›* letzten Resten formaler Grundstrukturen verhaftet, wie sie sich seit der *ersten Symphonie* abzeichneten. Wieder geben eine Vielzahl schriftlicher Randbemerkungen die abrupten Stimmungsumschwünge wieder, Gestalten liegen im Widerstreit, lösen sich zu Beginn aus einem nebulösen Dunkel und führen schließlich – analog zum Feuerbringer Prometheus aus der antiken

Sage – unter quasi instrumentaler Einbeziehung des Chors (er singt zunächst mit geschlossenem Mund, dann auf verschiedenen Vokalen) zum emphatischen Durchbruch. Das von SKRJABIN propagierte freie und phantastische Spiel des Geistes erhält durch die endgültige Loslösung von der Tonalität noch mehr Raum und Überzeugungskraft als im *‹Poème de l'Extase›*. Dadurch wirkt *‹Prometheus›* etwas weniger kompakt im Klang, dafür entschädigt das Werk durch eine flackernde Vielfalt orchestraler Farben. Nicht zu Unrecht trägt es den Untertitel *‹Poème du feu›*, noch einmal ein Hinweis auf den sagenhaften Kulturbringer und das übermusikalische Programm, das SKRJABIN mit seinem Werk verwirklichen wollte.

Reinhard Schulz

Charles Ives

Danbury / Connecticut, 20. Oktober 1874 – New York, 19. Mai 1954

Charles Ives ist in nahezu jeder Beziehung ein Sonderfall der Musikgeschichte. 1874 geboren, wurde er nach einer musikalischen Ausbildung am Konservatorium Versicherungsmakler, um nur noch nebenbei zu komponieren. Gleichwohl ist sein immenses Werk – er schrieb *sechs Symphonien*, daneben zahlreiche andere *Orchesterwerke*, Hunderte von *Liedern*, viele *Klavierwerke* – in seiner historischen Bedeutung kaum zu unterschätzen. Zumal für die amerikanische Musik war er eine Vaterfigur, der Begründer einer eigenständigen Musikkultur. Und nicht nur nahm er viele der für die fünfziger Jahre revolutionären Errungenschaften der Avantgarde bereits Anfang des Jahrhunderts vorweg – etwa Polyrhythmik, Atonalität, serielle Verfahrensweisen –, in seinen um Stillagen und ideologische Etiketten unbekümmerten Collagen eröffnete er der «ernsten» Musik auch die Welt des Populären, des Schlagers, Marsches, Gospelsongs.

Oft wurde er seiner Einbeziehung des Trivialen wegen mit Gustav Mahler verglichen, der ihn hoch schätzte. Aber mögen sich die beiden Komponisten hierin auch scheinbar ähneln, so verbleibt doch ein fundamentaler Unterschied. Ist Gustav Mahlers Gebrochenheit Resultat eines langen historischen Prozesses, ist bei ihm das Triviale ein – wenn auch in die Faktur integriertes – Fremdes, so verhält es sich bei Ives grundlegend anders: Unbelastet von der jahrhundertealten europäischen Musiktradition war für ihn die Einbeziehung der Unterhaltungsmusik eine pure Selbstverständlichkeit, die gleichsam kindlich-naiver Neugier entsprang, aber nichts von Mahlers Skrupeln wußte. Es bleiben denn auch die unterschiedlichen Sphären unverbunden und widersprüchlich nebeneinander stehen, ohne daß die eine in die andere integriert würde. In dieser Pluralität äußert sich nicht zuletzt der amerikanische Transzendentalismus, der Ives stark beeinflußte und der sich im utopischen Charakter von Ives' Musik zeigt. Die Utopie einer repressionsfreien Gesellschaft ohne Schranken und Abgrenzungen spiegelt sich in der Utopie von Ives' allumfassender, humanitär geprägter Musik.

Ives' *erste Symphonie* ist die Abschlußarbeit seiner Konservatoriumsausbildung und entstand 1897/98. Sie ist noch hörbar von den akademischen Idealen seines Lehrers Horatio Parker beeinflußt. Allerdings ist uns nur eine spätere Überarbeitung überliefert, in der Ives auf Verlangen Parkers die polytonalen Stellen des ersten und vierten Satzes entschärfte. Von größerem Gewicht ist die *zweite Symphonie*, die Ives' ausgedehntestes symphonisches Werk darstellt. Weist ihre formale Anlage noch auf die romantische Symphonietradition, so benutzt Ives hier doch zum erstenmal in größerem Umfang auch Zitate aus patriotischen Gesängen und religiösen Hymnen, auch aus Werken europäischer Komponisten, Beethovens *fünfter Symphonie* etwa. Zudem sind der erste und dritte Satz aus zwei frühen Orgelstücken von Ives entwickelt – ein Verfahren, das der Komponist so häufig anwandte, daß die meisten seiner Werke in thematischem Zusammenhang mit anderen stehen. Denn auch der Originalästhetik des 19. Jahrhunderts konnte Ives nichts abgewinnen, eher wollte er originell sein als original.

Die *zweite Symphonie*, die in den Jahren 1897 bis 1902 entstand (wobei sich die Orchestrierung noch bis 1909 hinzog), ist geprägt durch den Kontrast zwischen den einzelnen Sätzen. So steht der feierliche, fast barock anmutende erste Satz, der als lange, von einer modalen Klausel beschlossene, Steigerung angelegt ist, in schroffem Gegensatz zum munter-lebendigen Allegro des zweiten, während der dritte Satz, ein Adagio, wieder in gebetsähnliche Ruhe zurückgenommen wird. Der fünfte Satz Allegro vivace – der vierte ist nur ein kurzes Intermezzo – stellt den kompositorisch avanciertesten Teil der Symphonie dar. In mitunter chaotisch wirkender Weise, jedoch streng geregelt, werden eine Vielzahl an Volksliedern, Hymnen und Militärmusikstücken verarbeitet – eine wahre «Fundgrube an Klischees» (Hans G Helms), die sich zunehmend steigert und schließlich in Ives' Lieblingsmelodie ‹*Columbia*

Gem of the Ocean› gipfelt. Die Symphonie endet in einem hochgradig dissonanten Cluster, mit dem, wie ein Interpret meinte, IVES' Bindungen an das 19. Jahrhundert endgültig vernichtet wurden.

Die *zweite Symphonie* ist eines der wenigen Werke, die IVES selbst hören konnte. Seit der Uraufführung am 22. Februar 1951 unter der Leitung von Leonard Bernstein ist das Werk eine seiner bekanntesten Kompositionen. Als eine Art «Brückenschlag zwischen den älteren und den neueren Werken» betrachtete IVES seine *dritte Symphonie ‹The Camp Meeting›*, die in den Jahren 1902 bis 1904 entstand, jedoch wie die *zweite Symphonie* auf älteren Werken basiert: die beiden Ecksätze auf Orgelwerken von 1901, der mittlere auf einem *‹Children's Day Parade›* überschriebenen Stück für Streichquartett und Orgel. Die Uraufführung sollte ursprünglich GUSTAV MAHLER leiten, der sich zu diesem Zweck die Partitur mit nach Europa genommen hatte, wo sie nach seinem Tod in Verschollenheit geriet. Die aus den Skizzen rekonstruierte Symphonie wurde dann am 5. Mai 1947 uraufgeführt und brachte IVES den Pulitzer-Preis ein.

In fast nostalgischer Weise schildert *‹The Camp Meeting›* das religiöse Treffen von Mitgliedern der Presbyterianer in der Nähe seines Heimatortes Danbury. Thematisches Grundmaterial des Werkes sind ausschließlich Gesänge und Hymnen dieser Kirche. Trotz der eher die Vergangenheit beschwörenden Aura der Symphonie und IVES' eigenen Vorbehalten, er habe in religiösen Werken nie so frei und ungebunden schreiben können wie er gewollt habe, weist die Partitur einige kühne Neuerungen auf, deren Konsequenzen erst von der Avantgarde nach 1945 voll erkannt wurden. Vor allem die durch Überlagerung verschiedener Rhythmen zustande kommenden «Unschärferelationen» weisen auf spätere kompositorische Überlegungen voraus. Die Titel der Symphonie sollen gleichsam dem Hörer eine gewisse Atmosphäre vermitteln, sind jedoch nicht als programmatische «Handlung» zu verstehen. Die einzelnen Sätze sind überschrieben mit *‹Old Folks Gatherin'›*, *‹Children's Day›* und *‹Communion›*.

Die metaphysische Dimension in IVES' Denken und Komponieren, deren religiöse Seite in der *dritten Symphonie* zum Ausdruck kommt, rückt vollends ins Zentrum in zwei Werken, die ursprünglich aufeinander bezogene Teile einer Komposition waren, heute jedoch meist getrennt voneinander aufgeführt werden: *‹The Unanswered Question›* und *‹Central Park in the Dark›*. *‹The Unanswered Question›*, zunächst *‹A Contemplation of a Serious Manner›* überschrieben, behandelt die «ewige Frage nach der Existenz». Der Dramaturgie des Werkes gemäß ist das Orchester in drei voneinander getrennte Instrumentengruppen aufgeteilt. Die Streicher stehen mit weiten, konsonanten Akkorden für die Stille, in die hinein die Solotrompete die «ewigen Fragen» stellt, auf die ein Flötenquartett vergeblich eine Antwort zu finden sucht. Immer drängender und dissonanter werden die Fragen im Verlauf des Werkes, auch die Antworten fallen zunehmend erregter aus, bis am Ende die Frage ein letztes Mal unbeantwortet verhallt, grundiert von der «Stille» der Streicher.

Der Frage nach den letzten Dingen stellt Ives mit *‹Central Park in the Dark›* das pulsierende Leben der modernen Großstadt entgegen, eine Contemplation of Nothing Serious. Es ist ein «Porträt in Klängen, und zwar derjenigen Klänge der Natur und der Ereignisse, die man vor dreißig Jahren hören konnte, wenn man in einer heißen Sommernacht auf einer Bank im Central Park saß». So hört man denn Casinogeräusche, Straßensänger mit den neuesten Schlagern, die sich vorbeidrängenden Menschen, eine Hochbahn... und wiederum die «Stille» der Streicher. Den verschiedenen Geschehnissen entsprechen in der Partitur bis zu einem Dutzend unterschiedlicher Ebenen, die unbeeinflußt voneinander – und doch von Ives sehr genau organisiert – gleichzeitig ablaufen; ein für das Entstehungsjahr 1898 revolutionäres kompositorisches Verfahren.

So erschöpft sich *‹Central Park in the Dark›* nicht in der bloßen Illustration des farbigen und von Ives ausführlich erläuterten Vorwurfs, sondern entwickelt, angeregt von der Atmosphäre der Großstadt, durchaus musikalische Autonomie. Freilich ist das Werk keine «absolute Musik», ein Begriff, der Ives' Denken ohnehin fern lag, ist er doch mit der abendländischen Trennung von E- und U-Musik aufs engste verbunden.

In den Jahren nach 1900 plante Ives eine Reihe von musikalischen Porträts englischer und amerikanischer Dichter. Vollständig ausgeführt wurde jedoch nur die ‹*Robert Browning*›-*Ouvertüre* im Jahre 1912. Verschiedene Skizzen fanden später vor allem in der ‹*Concord-Sonate*› für Klavier Verwendung. An Robert Browning, einem Dichter des viktorianischen England, faszinierte IVES wohl vor allem dessen experimentelle Neugierde; er versuchte «das Hineinstürmen in die verwirrenden Regionen des Unerschließbaren zu erfassen, ohne Furcht vor unbekannten Bereichen, ohne Rücksicht auf die konventionellen Mittel und ohne Bindung oder Begrenzung durch eine Tonart». In ihrer Komplexität ist denn auch die ‹*Robert Browning*›-*Ouvertüre* IVES' vielleicht am schwersten zugängliche Komposition.

Das etwa fünfundzwanzigminütige Werk ist achsensymmetrisch angelegt, das Zentrum bildet ein Adagio-Teil, der von zwei marschartigen Sätzen umrahmt wird. Zwei langsame Sätze wiederum bilden Anfang und Ende. Alle Teile jedoch sind in vielfacher Weise miteinander verschränkt, so daß sich eine eindeutige formale Gestalt nicht ergibt, wie denn überhaupt die ‹*Robert Browning*›-*Ouvertüre* jeder eindimensional «logischen» Analyse sich versperrt. Zumal die Marschteile setzen sich in ihrer überaus komplexen kontrapunktischen Struktur radikal über die Aufnahmefähigkeit des Hörers hinweg. Demgegenüber betont das Adagio eher die kantablen Momente und bildet einen Ruhepunkt im Verlauf des Werkes, geprägt von einem farbenreichen brillanten Klang. Die folgende Wiederholung des Marschteils verkompliziert noch einmal dessen Faktur, mündet dann in ein Fugato ein, das sich zu einem Cluster im dreifachen Forte verdichtet und umschlägt in den Anfang des Adagio-Teils, der pianissimo und motivisch offen nach nur einem Takt endet – und so das Ungewisse, Vieldeutige ungelöst im Raum stehen läßt.

IVES' heute bekanntestes Werk sind die in den Jahren 1912 bis 1914 entstandenen ‹*Three Places in New England*›. Sie stehen für drei Orte in IVES' Heimat, ebenso aber auch für drei unterschiedliche historische und soziale Situationen, die IVES wiederum in ausführlichen Texten verbal erläutert, ohne daß die Musik ins nur Deskriptive abgleiten würde.

Der erste Satz handelt von ‹*Oberst Shaw und seinem Farbigen-*

Regiment in den St. Gaudens in Boston Common›, einer Episode aus dem Unabhängigkeitskrieg der USA also, dessen Atmosphäre der Komponist in einer Fülle alter Märsche wieder heraufbeschwört.

Komplexer aufgebaut ist der zweite Satz *‹Putnam's Camp in Redding, Connecticut›*. Der Zeitebene des Unabhängigkeitskriegs wird eine zweite gegenübergestellt, in der die Wachträume eines Jungen aus späterer Zeit geschildert werden, der von der damals mißachteten «Göttin der Freiheit» träumt. Beide Ebenen werden überwölbt von den Reflexionen Ives'. Die Musik vollzieht diesen Aufbau nach: Ohne sich zu vermischen, steht musikalisches Material verschiedener Epochen unverbunden nebeneinander. Zugleich jedoch bewirkt die Musik auch, wie Ives selbst betont, eine Perspektivenverschiebung: zeitlich Nahes entfernt sich, Abgelegenes rückt näher heran, die Musik offenbart so gleichsam die Tiefenstruktur der Ereignisse. Der dritte Satz schließlich schildert einen Morgenspaziergang des Ehepaars Ives an den Ufern des Flusses Housatonic. In lyrischer Entrücktheit erweckt die Musik den Eindruck von unberührter Natur und völliger Ruhe. Aus dem «Nebel» eines amorphen musikalischen Gewebes schälen sich langsam festumrissene Motive heraus, so die allmähliche Auflichtung des Morgens künstlerisch nachzeichnend.

1913 faßte Ives eine Reihe von einzelnen Orchesterstücken zur *‹Holidays›-Symphonie* zusammen, deren Sätze jedoch auch weiterhin einzeln aufgeführt werden können. Sie schildern nach Ives' Worten «Erinnerungen an die Festtage eines Jungen in einer Kleinstadt Connecticuts», wobei die vier Festtage jeweils eine Jahreszeit repräsentieren.

‹Washington's Birthday› feiert die Bevölkerung mit einem Tanz in der Scheune, den Ives in einem bunten Kaleidoskop von populären Melodien ausdrückt, die immer nur kurz angespielt werden, um sofort wieder im allgemeinen Getümmel unterzugehen und in die höhere «Einheit des sozialen Geschehens» (Hans G Helms) integriert zu werden. Unterlegt ist dieses Melodienpotpourri mit fast impressionistischen Klängen, die die Atmosphäre einer kalten Winternacht evozieren sollen. *‹Washington's Birthday›* entstand 1909, vier Jahre später revidierte Ives das Werk noch einmal.

‹*Decoration Day*›, 1912 geschrieben, ist IVES' vielleicht populärstes Werk, wozu nicht zuletzt die Anekdote beigetragen haben dürfte, die in Verbindung mit dieser Komposition von seinem Vater erzählt wird. Dieser hatte nämlich in Danbury mehrere Blasorchester mit verschiedenen Stücken in unterschiedlichen Tonarten und Tempi im Dorf umherziehen lassen, während er und CHARLES IVES auf dem Kirchturm sitzend die entstehenden Klangmischungen verfolgten. In der Tat mischen sich in ‹*Decoration Day*› zur großen Parade mehrere Märsche, ohne miteinander zu verschmelzen. Auf ihrem Höhepunkt mündet die Parade in einen von IVES' Lieblingschorälen: ‹*Adeste fideles*›. Und wie der erste Satz mit der lyrischen Schilderung einer Winternacht endet, so schließt hier der Satz in der Atmosphäre eines linden Frühlingstages.

Von sehr gegensätzlichem Charakter sind die beiden abschließenden Sätze der ‹*Holidays*›-*Symphonie*. Ist ‹*Fourth of July*›, entstanden 1912/13, von einem wilden, aufgeregten Ton geprägt, der die hitzige Sommerstimmung des Unabhängigkeitstages widerspiegelt, einschließlich des obligatorischen Feuerwerks, so zeichnet ‹*Thanksgiving and/or Forefather's Day*›, 1904 als erstes der Orchesterstücke entstanden, die – wie es IVES selbst ausdrückte – «Strenge und Kargheit des puritanischen Charakters». CHARLES IVES' orchestrales Werk kulminiert in der *vierten Symphonie*, an der er von 1909 bis 1916 arbeitete und die vollständig erst im Jahre 1965 von Leopold Stokowski uraufgeführt wurde. In ihr verbinden sich noch einmal auf höchstem Niveau alle für IVES typischen kompositorischen Merkmale, und auch der utopische Charakter seines Werkes kommt noch einmal deutlich zum Ausdruck.

Dem ersten Satz ‹*Prelude*› liegt das geistliche Lied ‹*Watchman*› zugrunde, das mit seinen Fragen nach dem gelobten Land, nach der Verheißung auch das Thema der Symphonie anreißt. Antwort, so sagt IVES, gäben die drei folgenden Sätze. Der riesige Orchesterapparat der *vierten Symphonie* ist aufgeteilt in Hauptorchester, Fernorchester und einen ad libitum zu verwendenden Chor. Schon nach wenigen Takten jedoch laufen diese drei Schichten des Werkes auseinander, verschieben sich gegeneinander und erzeugen so jene für IVES so typischen und für die Zukunft so folgenreichen «Unschärfen».

Komplexer noch ist der zweite Satz: Sechs Orchestergruppen, die frei im Raum verteilt sind und völlig unabhängig voneinander sich zu immer wechselnden Konstellationen verbinden, die von zwei Dirigenten geleitet werden, bilden ein polyphones Geflecht von höchster Komplexität aus. Die vielen Zitate, die IVES collagenartig in den Satz einbaut, werden von einer entwickelten Ostinatotechnik, der die einzelnen Stimmen unterworfen sind, zusammengehalten.

Der dritte Satz ist eine Fuge, die – obwohl feierlich und ruhiggetragen – durch ihre Banalität erstaunt.

Sie ist denn auch «Ausdruck der Antwort des Lebens auf den Formalismus und Ritualismus», Kritik IVES' am überkommenen Formenkanon der Musiktradition, am «Stil» auch, gegen den sich seine Musik immer gerichtet hatte und dem er im vorhergehenden Satz seinen individuell entwickelten Kontrapunkt gegenübergestellt hatte.

Der letzte Satz schließlich baut über einem – vom Orchester rhythmisch und metrisch unabhängigen – Schlagzeugostinato eine riesige polyphone Steigerung auf, an der alle Orchestergruppen und ein vokalisierender Chor Anteil haben. Das Thema des vierten Satzes ist auch das Thema der Symphonie, freilich in eher säkularisiert-humanistischem Sinn: «Näher mein Gott, zu dir.»

Die Utopie einer völlig befreiten Welt, in der auch die Arbeitsteilung zwischen Musikproduzent und -hörer aufgehoben ist, konnte IVES nicht mehr verwirklichen, obwohl er über vierzig Jahre an diesem Projekt arbeitete. Seine *‹Universal Symphony›* ist geplant als ein Werk für über ein Dutzend Orchester der unterschiedlichsten Besetzungen, das im Freien aufgeführt werden sollte, in einem Park, worin die Zuhörer während der Aufführung hätten wandeln können, zwischen ständig sich verändernden Klängen. *Diese* Utopie freilich war selbst CHARLES IVES verschlossen.

Rainer Pöllmann

Max Reger

Brand / Oberpfalz, 19. März 1873 – Leipzig, 11. Mai 1916

Der hektisch produktive MAX REGER hat erst im letzten Viertel seines kurzen Lebens Orchestermusik geschrieben, darunter jedoch, ungeachtet mehrerer Anläufe, keine Symphonie. Ausgangspunkte waren zwei um die Jahrhundertwende zurückgedrängte Gattungen: von BACHS Polyphonie wie vom Chromatismus der gelockerten Tonalität bestimmte Orgelmusik – sie drang, im Gegensatz zu REGERS übrigen Werken, über das deutsche Sprachgebiet hinaus – und Kammermusik von der mit BRAHMS-Reminiszenzen wie mit Jugendstilelementen durchsetzten Klavierminiatur bis hin zu ausladenden *Streichquartetten*, *Solo-* wie *Duosonaten*, *Liedern* usw. Der Lehrerssohn – Lebensstationen: die damalige Kleinstadt Weiden, Wiesbaden, München und ab 1907 Mitteldeutschland – fühlte sich, in Opposition zu LISZT und STRAUSS, als legitimer Vollstrecker einer von BACH, BEETHOVEN und BRAHMS hergeleiteten Tradition der «absoluten Musik», weitete durch ausufernde Phantastik die überkommenen Schemata, komplizierte den dichten, von Vortragsanweisungen schier überfrachteten Satz durch eine unablässig modulierende Harmonik wie durch nicht minder verwickelte Kontrapunktik und entfaltete einen Artismus des kompositorischen Handwerks, der sich nicht selten zum Selbstzweck zu übersteigern scheint.

REGERS erste Orchesterpartitur, die *Sinfonietta A-dur op. 90* von 1905, ein viersätziges, deutlich mit BRAHMS sympathisierendes Fünfzig-Minuten-Opus, empfanden die Zeitgenossen als Schrecknis, wohl wegen ihrer Länge und wuchtigen Besetzung. Zwei Jahre später begab sich REGER auf ein virtuos beherrschtes Terrain: zu Variationsreihen für großes Orchester. Die auf BEETHOVEN und BRAHMS basierende Fertigkeit REGERS, ein Thema in allen Möglichkeiten abzuwandeln, im Charakter zu verändern, schier von

Takt zu Takt in wechselndem Licht erscheinen zu lassen und am Ende in eine riesige Fuge einzubinden, bestimmte 1907 die *elf Variationen und Fuge* über ein simples E-dur-Thema des Singspielkomponisten und Thomaskantors JOHANN ADAM HILLER, der am Ende des 18. Jahrhunderts so etwas wie eine «neue Einfachheit» in Oper und Lied verfochten hatte. Die naive Melodie aus dem Singspiel *‹Der Erntekranz›* wird rhythmisch und harmonisch verändert, erscheint als Menuett wie als furioses Allegro, als Scherzo wie als Elegie, bleibt aber in allen kompositorischen Winkelzügen erkennbar. Am Schluß der bravourös aufgetürmten Fuge intonieren die Posaunen das Liedchen. Die *Variationen und Fuge über ein Thema von Beethoven* stellen die 1916 zu Papier gebrachte Orchesterfassung des 1904 für zwei Klaviere gesetzten Zyklus dar. Abgewandelt wird die *letzte Bagatelle* in B-dur aus BEETHOVENS *Opus 119*. Die Orchesterversion ändert die Reihenfolge der Variationen und läßt vier Abschnitte beiseite.

REGERS bevorzugtes Orchesterwerk sind die *acht Variationen und Fuge über ein Thema von Mozart op. 132* von 1914. Hochgreifend wählte REGER ein Thema, A-dur, das MOZART selbst im Kopfsatz der *Klaviersonate KV 331* variiert hat. Das Grazioso-Thema wird von den Holzbläsern und dann von den Streichern exponiert. Die erste Variation behält das Andante-Tempo bei und gibt sich rein figurativ. Nr. 2 bringt die erste Steigerungswelle, während Rhythmus und Themenkern beibehalten werden. Nr. 3 beschleunigt das Tempo, vereinfacht die rhythmische Gestalt des Themas und versetzt das Geschehen nach Moll. Nr. 4 ist ein Scherzo im Zweivierteltakt; Nr. 5 ein dahinhuschendes Presto, vergleichbar manchen Passagen bei BRAHMS. Nachdem Charakter und Rhythmus des MOZARTschen Andante weitgehend verändert worden sind, nähern sich die drei letzten Variationen wieder dem Thema. Nr. 6, Sostenuto, verbreitert den Ablauf und vereinfacht den Rhythmus. Nr. 7 greift auf die Originalgestalt zurück; Violoncelli und Hörner übernehmen das Thema, während Geigen und Soloflöte zarte Schlußwendungen setzen.

Die letzte Variation im Adagio-Tempo meditiert in elegischen Farben frei über Elemente des MOZARTschen Themas. Neue Gedanken treten hinzu; es ergibt sich eine großangelegte Fantasie als

Ruhepunkt vor der ausgedehnten Schlußfuge, die Allegretto grazioso in Ausgangstonart und Grundrhythmus in den ersten Geigen einsetzt und dann von den Streichergruppen aufgegriffen wird. Die Flöte bringt ein weiteres, lyrisches Thema ins Spiel. Nach kontrapunktischen Winkelzügen aller Art steigert sich das Fugenthema, bis zum Schluß die Trompeten im Fortissimo die MOZART-Melodie dramatisieren.

Kaum aufgeführt wird das schwierigste und düsterste von REGERS Orchesterwerken, der *Symphonische Prolog zu einer Tragödie op. 108*, komponiert 1908 als eine überdimensionale Fortsetzung des Pathos der *Tragischen Ouvertüre* von BRAHMS.

Verhältnismäßig viel beachtet wurden in der wilhelminischen Zeit, deren Lebensgefühl sie spiegeln, die Orchesterwerke, in denen sich REGER der ihm sonst suspekten Programmatik nähert, mehr um seine kompositorische Bravour auch auf diesem Terrain zu beweisen, als aus Affinität zu LISZT oder STRAUSS. *‹Eine romantische Suite› op. 125* (1912) reflektiert in vier Sätzen Gedichte von Eichendorff. «Hörst du nicht die Quellen gehen» gab den Anstoß zu dem eröffnenden, weichen Notturno. Das Scherzo (Vivace) setzt MENDELSSOHNS Elfenmusiken fort und nimmt zum Motto «Bleib bei uns, wir haben den Tanzplan im Tal bedeckt mit Mondesglanze». Eine langsame Einleitung führt in das Finale: «Steig' nur, Sonne, auf die Höh'n.» Während die *Romantische Suite* Liedmeditationen ohne Wort und bloße Stimmungsreflexe beinhaltet, werden die *vier Tondichtungen nach Arnold Böcklin op. 128* (1913) durchaus konkret und spiegeln vier der damals in Buntdrucken in jedem Bürgerhaus anzutreffenden Gemälde des Schweizer Spätromantikers in tonmalerischer Ausführlichkeit. *‹Der geigende Eremit›* bedient sich einer instrumentatorischen Finesse: Zwei Streichorchester, eines mit, eines ohne Dämpfer, treten der Solovioline gegenüber. *‹Im Spiel der Wellen›* ist ein Scherzo, *‹Die Toteninsel›* ein fahler, langsamer Satz mit differenziertem Streicherklang. *‹Bacchanale›* gibt sich dionysisch und vital.

In den Umkreis der Tondichtungen gehört die sechsteilige *Ballettsuite op. 130* (1913) mit ihren vom Geist des Rokoko angehauchten Porträts der Lustspieltypen Colombine, Harlequin,

Pierrot und Pierrette, ihrem Presto-Finale und ihrer Valse d'amour in E-dur, die den üppigen Tonfall der Konzertwalzer der Jahrhundertwende aufgreift und zu parodieren scheint.

Dem *Violinkonzert A-dur op. 101* (1907/08) und dem *Klavierkonzert f-moll op. 114* (1910) liegt die Absicht zugrunde, den Typus des hochromantischen symphonischen Instrumentalkonzerts in jeweils drei Sätzen auf Überlänge auszudehnen, mit harmonischen wie kontrapunktischen Künsten schier zu überfrachten und mit spieltechnischen Schwierigkeiten auszustatten.

Puristischer Eifer unterdrückt neuerdings jene Orchesterwerke, in denen Reger zumal für Hindemith zu einer Ausgangsposition und für das Neobarock der zwanziger und dreißiger Jahre zum freilich noch durchaus spätromantisch gefärbten Wegbereiter wurde: das *Konzert im alten Stil op. 123* (1912), wo in zwei Soloviolinen der barocke Concerto-Typus anklingt, und die 1916 orchestrierte, 1906 für Violine und Klavier komponierte *Suite im alten Stil*. Der Tonfall Bachs und Händels spiegelt sich in Regers Kontrapunkt und in seiner weichen, fortwährend modulierenden Harmonik. Zusammen mit der späten Kammermusik, zumal mit den Solosonaten für Streichinstrumente, bereiten diese Partituren ein neues Formgefühl, ein lineares Musizieren nach Hindemiths Art und sogar expressionistische Praktiken vor. Noch eindeutiger tut dies die zentrale Werkgruppe: Regers Orgelmusik mit ihrer strikten Berufung auf Bach.

Karl Schumann

Alexander Zemlinsky

Wien, 4. Oktober 1872 – Larchmont (New York), 16. März 1942

Lange Zeit kannte man ALEXANDER ZEMLINSKY nur als den einzigen Lehrer und späteren Schwager ARNOLD SCHÖNBERGS. Erst in jüngster Zeit ist er aus dem Schatten der Wiener Schule ein wenig herausgetreten, sind vor allem seine Streichquartette und Opern, aber auch manche der Orchesterwerke einer breiteren Öffentlichkeit bekannt geworden.

Mit der Musik von JOHANNES BRAHMS und GUSTAV MAHLERS aufgewachsen, zeitlebens sich für SCHÖNBERG einsetzend, stand ZEMLINSKY gleichsam auf der Nahtstelle der Musikgeschichte, zwischen der romantischen Tradition und der Avantgarde des SCHÖNBERG-Kreises, dessen Schritt in die Atonalität er nicht mehr mitvollziehen konnte. Sein kompositorisches Schaffen – ZEMLINSKY war darüber hinaus auch ein hochgerühmter Dirigent – spiegelt wie kaum ein anderes die vielfältigen Strömungen des Fin de siècle. Die starke Orientierung am Geist der Epoche, auch die Tatsache, daß manche seiner Werke ihre Vorbilder nicht verbergen, hat denn auch dazu geführt, daß man ZEMLINSKY eine eklektizistische Kompositionshaltung vorgeworfen hat, die immer nur fremde Einflüsse willig aufnehme, ohne doch zu einem eigenen Ton zu finden. Sein Rang im Spannungsfeld der Zeitströmungen gründet sich jedoch darauf, daß – wie Theodor W. Adorno in seiner Rede auf ZEMLINSKY 1959 es formulierte – «in seinem Werk jene Kräfte aufs produktivste aneinander sich abarbeiteten». Und wenn auch ZEMLINSKY eher als ein «retrospektiver Komponist» (Horst Weber) sich darstellt, so ist er doch in der Musikgeschichte der Jahrhundertwende ein wichtiger Mittler zwischen MAHLER und SCHÖNBERG, der in seinen besten Werken zu einem ganz eigenen, persönlich gefärbten Stil gelangte.

Aus den frühen Jahren ist außer einer *Symphonie d-moll*, die

ZEMLINSKY als Abschlußarbeit seines Kompositionsstudiums am Wiener Konservatorium einreichte, die *Symphonie B-dur* erhalten. 1897 entstanden, kündet sie noch deutlich hörbar vom übermächtigen Einfluß JOHANNES BRAHMS', der überragenden Komponistengestalt jener Zeit und ZEMLINSKYS Protektor in Wien. Auch das Vorbild ANTONÍN DVOŘÁKS ist, vor allem im tänzerisch-unbeschwerten Gestus der Schlußgruppen, nicht zu verkennen.

Der erste Satz beginnt mit einer langsamen Einleitung, die bereits den Themenkern – eine fallende signalartige Quint – enthält, den der Allegro-Hauptteil dann voll entfaltet und der auch in den übrigen Sätzen der Symphonie eine gewichtige Rolle spielt. Dem rhythmisch markanten Hauptthema steht ein gesangliches Seitenthema gegenüber, die Schlußgruppe hat tänzerischen Charakter. Werden in der Durchführung noch alle drei Themengruppen gleichwertig behandelt, so verkürzt die Reprise das Hauptthema.

Der zweite Satz ist geprägt vom scharfen Kontrast zwischen dem akzentuierten Thema der Scherzo-Teile – mit seiner steigenden Quint eine Art Umkehrung des Hauptthemas aus dem ersten Satz – und den chromatisch-entrückten Klängen des Trio-Teils, in denen ZEMLINSKYS späterer Stil schon ein wenig anklingt, wie auch in den von WAGNERscher Harmonik bestimmten Einleitungstakten des Adagios, die freilich auf den weiteren Verlauf des dreiteiligen Satzes ohne Auswirkungen bleiben.

Der vierte Satz ist als Passacaglia konzipiert, eine postume Ehrbezeugung an den kurz vorher verstorbenen BRAHMS. Und wie in dessen *vierter Symphonie* bezieht sich auch hier die letzte Variation auf das Hauptthema des ersten Satzes zurück, ohne daß jedoch eine so enge konstruktive Verknüpfung der einzelnen Sätze erreicht worden wäre wie bei dem großem Vorbild.

Stilistisch völlig anders geartet sind die *sechs Gesänge für mittlere Stimme und Orchester op. 13* nach Texten von Maurice Maeterlinck. 1913 bzw. 1924 als (bisweilen abweichende) Orchesterfassung der Klavierlieder von 1910 bis 1913 entstanden, sind sie ein Hauptwerk ZEMLINSKYS und des musikalischen Fin de siècle gleichermaßen. Mit seinen dunklen, symbolbeladenen Gedichten und Dramen gehört der frühe Maeterlinck zu den bedeutendsten Poeten der Jahrhundertwende, dessen Werke unter anderem auch

SCHÖNBERG vertonte. Die Texte seiner *sechs Gesänge* entnahm ZEMLINSKY Maeterlincks «15 Liedern», stellte die dort voneinander unabhängigen Gedichte jedoch so zusammen, daß sich ein kontinuierlicher Handlungsverlauf ergab. Beherrschendes Thema des Zyklus ist der Tod, den *‹Die drei Schwestern›* des ersten Lieds zu suchen sich aufmachen und der, nachdem die einzelnen Lieder in einer «Sequenz von Szenen» (Horst Weber) auf ihn zuführen, am Ende steht.

Diese Entwicklung vollzieht ZEMLINSKY in seiner Vertonung nach. Beginnt das erste Lied seltsam unbestimmt, vage, ohne thematische Prägnanz und eindeutige tonartliche Fixierung, so verfestigen sich im Verlauf des Zyklus die musikalischen Formen wie auch das harmonische Fundament um so mehr, je näher der Tod rückt, für dessen Unausweichlichkeit besonders die Kadenz steht, deren starke Zielgerichtetheit Erfüllung und Ende zugleich bedeutet.

Die Maeterlinck-*Lieder* stehen hörbar in der Tradition der Orchesterlieder GUSTAV MAHLERS, vor allem der *‹Lieder eines fahrenden Gesellen›*, gehen jedoch in ihrem entwickelten klanglichen Raffinement, dem morbiden Glanz der ausgefeilten Instrumentation, die etwa Harmonium und Celesta miteinbezieht, noch über diese hinaus. Charakteristisch für das Werk ist vor allem, wie Adorno es ausdrückte, «Zemlinskys Fähigkeit, kondensierteste Melismen zu formulieren, in welche die lyrische Süße wie in Waben sich zusammendrängt». Über Fin de siècle-Klangreize hinaus weisen jedoch der reduzierte Orchestersatz und der lakonisch-schlichte, am natürlichen Sprachrhythmus sich orientierende Ton der Gesangstimme – Tendenzen, die auf KURT WEILLS Songstil vorausdeuten.

Das erste Lied *‹Die drei Schwestern›* bildet gleichsam die Exposition des ganzen Zyklus. In drei Strophen bitten die Schwestern den Wald, das Meer und die Stadt, ihnen den Tod zu schenken. Ist der erste Teil jeder Strophe, sozusagen der Refrain, eher schlicht-erzählend vertont, so untermalt der zweite den Todeswunsch der Schwestern mit impressionistischen Kaskaden. Durchaus deskriptiv sind im dritten Teil jeder Strophe die Antworten von Wald und Wind geschildert; die Antwort der Stadt, die offenbar den Schwestern die Erfüllung bringt, führt zu einem großen leidenschaftlichen Höhepunkt des Satzes, mit dem er schließt.

Die beiden nächsten Lieder verbleiben ganz in einem ruhigen, sanft fließenden Ton, im dritten Lied, das den Trost der Jungfrau (Maria?) enthält, erweckt zusätzlich zum Text auch das Harmonium den Anklang an Sakrales.

Das vierte Lied handelt von den Fragen des heimkehrenden Mannes nach seiner in den Tod entschwundenen Geliebten. Der dialogisch angelegte Text spiegelt sich auch in der Musik wider: Die Frage stellt jeweils den Vordersatz einer Phrase dar, die Antwort den Nachsatz.

Schildert das fünfte Lied in festen, das Metrum betonenden Akkorden den Eindruck des nahenden Todes, so bringt das letzte dessen Erfüllung. Noch einmal greift die Musik Motive der vorangegangenen Lieder auf und rekapituliert so die Entwicklung auf den Tod zu. Der Zyklus endet zart in einem dissonanten Akkord.

Die *Lyrische Symphonie op. 18* nach Gedichten von Rabindranath Tagore, in den Jahren 1922/23 entstanden, ist ALEXANDER ZEMLINSKYS bekanntestes Werk; nicht zuletzt deshalb, weil ALBAN BERG in seiner *Lyrischen Suite* sich darauf bezog und das Thema des dritten Lieds wörtlich zitierte.

Als eine Verbindung der Gattungen Lied und Symphonie ist die *Lyrische Symphonie* vor allem GUSTAV MAHLERS *‹Lied von der Erde›* weitgehend verpflichtet, mit dem sie auch die exotisierenden, die Ferne beschwörenden Texte gemein hat. Auch ZEMLINSKY selbst verwies auf MAHLER, als er seinem Verleger Emil Hertzka mitteilte, er habe «etwas geschrieben, in der Art des Lied von der Erde». Gleichwohl sind auch die Differenzen zwischen den beiden Werken nicht zu übersehen. Stellen, worauf Monika Lichtenfeld hingewiesen hat, die Alt- und Tenorstimme in MAHLERS Konzeption lediglich verschiedene Ausformungen desselben lyrischen Subjekts dar, so verkörpern Sopran und Bariton in der *Lyrischen Symphonie* tatsächlich Mann und Frau, konstituieren einen, wenn auch vergeblichen und ins Leere laufenden Dialog. Auch sind die einzelnen Lieder der *Lyrischen Symphonie* im Gegensatz zum *‹Lied von der Erde›* durch Zwischenspiele miteinander verbunden, so die durchgehende Handlung betonend. Denn wie bei den Maeterlinck-*Gesängen* wählte ZEMLINSKY auch hier aus Tagores Gedichtsammlung «Der Gärtner», die 1914 in deutscher Übersetzung erschienen war, einzelne, zunächst unverbundene Gedichte aus, die er dann in einen kontinuierlichen Zusammenhang brachte. Die Einheitlichkeit der Stimmung lag ZEMLINSKY dabei offenbar sehr am Herzen, betonte er doch 1924 in der Zeitschrift *Pult und Taktstock* die «innere Zusammengehörigkeit der sieben Gesänge mit ihren Vor- und Zwischenspielen, die alle ein und denselben tiefernsten, leidenschaftlichen Grundton haben», wie er sich im Vorspiel und im ersten Lied aufbaue.

In der *Lyrischen Symphonie* kommt ZEMLINSKYS Stil am reichsten zur Entfaltung: in der meisterhaft gehandhabten Variantenbildung, der nahezu expressionistischen Ausdruckskraft seiner betörenden Klänge, der Harmonik, die sich – vage und vieldeutig – hier am weitesten vom sicheren tonalen Fundament entfernt. Und auch die Melodik weist nirgends so sehr wie in der *Lyrischen Symphonie* jenen Tonfall auf, den Adorno rühmte als «Tonfall im wörtlichen Verstande, ein ausdrucksvolles Senken der Stimme, melancholisch vorweg; die Linie ahmt das kompositorische Temperament nach».

Im Zentrum der *Lyrischen Symphonie* steht das «Verhältnis von Kunst und Leben» (Horst Weber) und damit eine, wenn nicht *die* zentrale Frage der Kunst im Ästhetizismus des Fin de siècle. In der – nur in der Vorstellungswelt und den Träumen sich abspielenden – Liebe zwischen dem Mann, durch Flügel und Roß als Dichter gekennzeichnet, und der Frau – in dieser Liebe, die in der Erinnerung aufbewahrt und in der Kunst sublimiert und *so* recht eigentlich erst *erlebt* wird, faßt ZEMLINSKY die Gedankenwelt der Jahrhundertwende geradezu exemplarisch in Musik. Freilich, und dies ist für den retrospektiven Komponisten ZEMLINSKY bezeichnend: zwanzig Jahre «zu spät», in einer Zeit, als diese Welt längst untergegangen war. Dem künstlerischen Rang seines *opus magnum* tut dies jedoch keinen Abbruch.

Das Vorspiel der *Lyrischen Symphonie* hebt an mit mächtigen, parallel verschobenen Akkorden, die die schicksalschwangere Atmosphäre bedrohlich verkörpern, bald jedoch aufgelöst werden in ein Gespinst aus Einzelstimmen, das ungeduldig drängend im ersten Lied auch die Sehnsucht des Mannes nach dem Fernen widerspiegelt. Tendiert die Musik in diesen Abschnitten auch harmonisch ins Fremde, die Atonalität, so zieht sie sich im zweiten Teil einer jeden Strophe, in der der Mann seiner Grenzen inne wird, auf feste tonale Bindungen zurück, sich so ebenfalls Fesseln anlegend.

Zwischen Phantasie und Realität wird im zweiten Lied auch die Frau hin- und hergerissen. Ihre Träume vom «jungen Prinzen» begleitet eine munter-frische, tänzerische Musik, die melodisch und rhythmisch gleichsam von der Begeisterung mitgerissen wird und über ihr reguläres Maß hinausschießt. Wird sich die Frau aber bewußt, daß ihr Werben und Lieben unerhört bleibt, verliert auch die Musik an Reiz, wird einfacher, metrisch gebundener. Der Satz mündet ein in die leitmotivischen Anfangsakkorde, die überleiten zum dritten Lied, dem Gipfel der Leidenschaft in der *Lyrischen Symphonie*.

Die Erfüllung, die der Mann in der Liebe zu jener – irrealen, fernen – Frau seiner «unsterblichen Träume» findet, schildert die Musik in wild bewegtem, geradezu schmachtendem Ton. Das Thema des jede Strophe abschließenden Refrains *‹Du bist mein eigen›* übernahm ALBAN BERG in die *Lyrische Suite*. Höhepunkt des Satzes sind die Worte «habe dich eingesponnen, Geliebte, in das Netz meiner Musik», also die geglückte Transformation des Lebens in die Kunst. Danach klingt das Lied in fallenden Melodien ruhig aus.

Der hitzigen Emphase des dritten Lieds steht im vierten die ätherische Entrücktheit eines Nachtgesangs gegenüber, in dem sich die imaginäre Liebe der Frau erfüllt. Über einem durchgehaltenen Orchesterpedal entfaltet sich ein flirrender, zauberischer Klang, gelöst von allen tonartlichen Bindungen, weit ausholende Melodien scheinen wie in Trance zu sprechen. Eine zeitlose Traumwelt, in die mit dem fünften Lied «feurig und kraftvoll», in schroffstem Gegensatz, das Verlangen des Mannes nach Befreiung von den «Banden der Süße» einbricht, untermalt von einer laut auftrumpfenden, äußerlich wirkenden Musik. Das sechste Lied stößt am weitesten in musikalisches Neuland vor. ZEMLINSKY verwendet Ausdrucksmittel, die denen des atonalen Expressionismus nicht nachstehen, die resignative Entsagung der Frau ist ein «Rezitativ in musikalischer Prosa atonaler Tendenz» (Horst Weber). Der Schwebezustand mündet ein in eine Rekapitulation der Themen des ersten und dritten Lieds, bis sich der Satz am Ende ins Dur lichtet.

Im letzten Lied, dessen Hauptmotiv ZEMLINSKY MAHLERS ‹*Einsamen im Herbst*› entnahm, herrscht eine gelöst-melancholische Stimmung vor. Lange, ruhige Akkorde stehen für die «Vollendung», die geglückte Transformation von Liebe in Kunst. Traumversunken endet die *Lyrische Symphonie*.

Vom reifen Stil, wie ihn die *Lyrische Symphonie* repräsentiert, unterscheidet sich die *Sinfonietta für Orchester op. 23* merklich. Sie entstand 1934 und ist somit eines der letzten Werke, die ZEMLINSKY noch in Europa komponierte, bevor er vor dem Nationalsozialismus nach Amerika emigrierte, wo er 1942 vereinsamt starb. Schon im Titel vermeidet die *Sinfonietta* die große Emphase der Romantik, knüpft in der Reduktion der Mittel, dem klassizistischen Zuschnitt der Sätze, den konzertanten Momenten eher an die Spielmusik an, wie sie in den zwanziger und dreißiger Jahren in der «Neuen Sachlichkeit» in hoher Blüte stand. Der flirrende Klangsensualismus der *Lyrischen Symphonie* ist weitgehend verschwunden, die Musik gewinnt klare und einprägsame Konturen, einen prägnanten Rhythmus, entgeht freilich nicht immer der Gefahr bloßen mechanistischen Leerlaufs. Der Kopfsatz stellt ein rhythmisch prägnantes Auftaktmotiv von drängendem Charakter – «eine Fanfare auf dem Rückzug» (Horst Weber) – einem lyrischen, in weitem Bogen abfallenden Thema gegenüber. Kein Sonatensatz ist dieser «sehr lebhafte» Satz jedoch, vielmehr reihen sich variativ Abschnitte größerer Dramatik und packenden Zugriffs wechselnd mit Momenten des ruhigen Innehaltens.

Der Mittelsatz, eine wehmütige *Ballade* in b-moll, steht der spätromantischen Ausdruckswelt noch am nächsten. Das Thema, ein Zitat aus dem letzten der Maeterlinck-*Gesänge*, hebt zögernd, tastend an, immer wieder schnell zum Ende kommend. Die Instrumentation (gedämpfte Trompeten und Tamtam) erinnern an einen Trauermarsch. Langsam entwickelt sich der Satz, baut aus tremolierenden Terzbewegungen dissonante Klangflächen auf, die sich gleichsam hochschaukeln zu einem prunkenden Höhepunkt, der jedoch schnell wieder zurückgenommen wird. Das Ende nimmt auf den Anfang des Satzes Bezug, der fahl vergeht.

Das Thema des abschließenden Rondos ist von heiter-witziger Unbeschwertheit. Ihm stehen in den Couplets konstrastierend schwelgerische Passagen gegenüber, die einzelne Motive der vorangegangenen Sätze nochmals aufnehmen. Die *Sinfonietta* schließt stürmisch.

ZEMLINSKYS letztes Orchesterwerk gehört schon einer anderen Zeit an, nur noch von Ferne scheint – vor allem im zweiten Satz – das Fin de siècle auf.

Rainer Pöllmann

Franz Schreker

Monaco, 23. März 1878 – Berlin, 21. März 1934

«Von allen schöpferischen Potenzen der Zeit vor 1933 weiß ich nur eine einzige, der man bisher die Chance einer Renaissance verwehrt hat: Franz Schreker» (Stuckenschmidt, 1970). Seit Mitte der siebziger Jahre, zumal dem Grazer SCHREKER-Symposion 1976, ist das Interesse an der Figur und der Musik FRANZ SCHREKERS gewachsen. Vor allem die expressionistischen Opernwerke des Komponisten mit ihren instrumentalen Farbreizen und der Harmonik zwischen Chromatik und Modalität, mit ihren zuweilen kafkaesken Märchensujets im Spannungsfeld von Eros und Geist, haben in den letzten Jahren manche Neugier wiedererweckt. Aber dennoch sind *‹Der ferne Klang›* und *‹Die Gezeichneten›*, *‹Der Schatzgräber›* und *‹Irrelohe›*, die in den zwanziger Jahren in Europa so erfolgreich waren wie die Opern von RICHARD STRAUSS und von Künstlern wie Klemperer, Kleiber oder Walter dirigiert wurden, nicht regulär ins Repertoire zurückgekehrt, es blieb bei tastenden Versuchen.

Ähnlich unbehaust, eigentlich unbeachtet ist SCHREKERS sehr schmales Orchesterschaffen im heutigen Konzertbetrieb. Der Opernkomponist schrieb mindestens drei orchestrale Werke, die mehr Aufmerksamkeit als bisher verdienten. An der Spitze steht die *Kammersymphonie* in einem Satz (1916), die durchaus ein Hauptwerk SCHREKERS, wohl das einzige symphonisch konzipierte, ist. In den Skizzen hatte der Komponist sie «Tondichtung» genannt, und zugleich ist sie auch, so wie Adorno ALBAN BERGS *Lyrische Suite* einschätzte – eine «latente Oper.» Auch für die *Kammersymphonie*, die ihren typischen SCHREKER-Klang durch Instrumente wie Triangel, Becken, kleine Trommel, Xylophon, Glockenspiel, Harfe, Celesta, Harmonium und Klavier (neben Holz, Blech und Streichern) erhält, gilt die Charakterisierung des

SCHREKER-Forschers Gösta Neuwirth: «In ihrer unmittelbaren Erscheinung, dem verführerischen, sinnlichen Reichtum von Klang und melodischem Fließen, meidet die Musik Schrekers den offenen Bruch mit der Tradition; um so gründlicher hebt sie deren Wirksamkeit im Innern der Werke auf.» SCHREKERS *Kammersymphonie* folgt dem LISZTschen Modell der Raffung von vier Sätzen zu einem einzigen Verlauf, wobei eine gewisse Hörirritation dadurch entstehen könnte, daß die Abschnitte mehr statisch additiv als dialektisch in thematischer Entwicklung konzipiert sind. Einer in mysteriösen Klang getauchten Einleitung in wechselndem Dur und Moll folgt der zweiteilige Hauptsatz mit einer Art Durchführung, sodann ein Adagio. Das Scherzo bringt tänzerisch bewegte Elemente ins Spiel, der finale Satz scheint Reprise und Coda zu enthalten, doch weicht SCHREKER von der Schulmanier bedeutsam ab: wiederaufgenommen werden Exposition und Adagio. Ein Epilog hält das Geschehen noch einmal lange zauberisch fest.

In seinem SCHREKER-Vortrag (1959) spricht Theodor W. Adorno ausführlich über die *Kammersymphonie*, die er der SCHÖNBERGschen *Kammersymphonie op. 9* gegenüberstellt: «In äußerstem Gegensatz zu Schönbergs Stück ist die Faktur durchweg homophon, zuweilen unverkennbar Wienerisch getönt. Das Orchester wirkt keineswegs solistisch, sondern wie ein umfangreicher Klangkörper; besonders dank der ebenso kunstvollen wie diskreten Benutzung des Harmoniums, das der Komponist studiert haben muß wie Strawinsky sein Schlagzeug.»

Musik bedeutete FRANZ SCHREKER wohl entscheidend – Klang! So wie sie für SCHÖNBERG – Gedanke war. Der Klang des SCHREKERschen Orchesters ist unverwechselbar, der Harmonie ist aufgegeben, «den farbreichen, farblich unendlich differenzierten Klang zu realisieren und möglichst wirkungsvoll zur Geltung zu bringen» (Rudolf Stephan). Die Melodie hingegen steht eindeutig im Dienst der harmonischen Bewegungen, nicht umgekehrt. «Dabei wird viel melodisiert, weil dies eben der sicherste Weg ist, den Klang zu bereichern und weiter zu differenzieren. In der ständig wechselnden klanglichen Differenzierung hat keiner Schreker übertroffen, ist er wohl überhaupt unübertrefflich; die Musik fließt, modifiziert ihren Aggregatzustand und verändert sich dauernd. So wird der Klang wirklich zum Selbstzweck, dem alles andere dient» (Stephan).

Neben den *fünf Gesängen für tiefe Stimme* (1909, 1920 instrumentiert), komplexen Gebilden einer zwischen SCHÖNBERGS Ungebundenheit und WEBERNS Strenge angesiedelten Deklamations- und Farbkunst, ist vor allem das *Vorspiel zu einem Drama* zu nennen. Es steht in engem Zusammenhang mit der *Ouvertüre* zu SCHREKERS wichtigster Oper (*‹Die Gezeichneten›*), wobei nicht geklärt ist, ob die spätere Ouvertüre durch Kürzung des konzertanten Vorspiels oder ob dieses durch Erweiterung der Ouvertüre entstand. Die Prägnanz der drei Leitthemen, die den drei morbiden Schlüsselfiguren der Oper entsprechen, die orchestrale Farbenmischung der ganzen symphonischen Anlage dieser «Tragödie des häßlichen Mannes», die insgeheim zugrunde liegende Sonatenform des Stücks, das alles macht das *Vorspiel* zum ebenso formvollendeten wie rauschhaft gespannten Werk einer betonten Fin de siècle-Kunst. Für dieses, wie auch zum *Vorspiel zu einer großen Oper* (*‹Memnon›*), 1933 entstanden (erst 1958 durch Hans Rosbaud uraufgeführt) und Teil eines nicht mehr ausgeführten Opernprojekts, gilt: «Die unmittelbare sinnliche Erfahrung, die dem Hörer der zentralen Werke Schrekers zuteil wird, bleibt auch heute noch wesentlich und unvergleichlich. Es scheint unmöglich, daß das musikalische Bewußtsein im Hören des Schrekerschen Klanges keine Prägung erfahren haben könnte. Die Emphase und Leuchtkraft dieser Musik ist in der Tat einzigartig» (Peter Ruzicka, 1983).

Wolfgang Schreiber

Erich Wolfgang Korngold

Brünn, 29. März 1897 – Hollywood, 29. November 1957

Erich Wolfgang Korngold, Sohn des Juristen Julius Korngold, der Nachfolger von Eduard Hanslick bei der *Neuen Freien Presse* in Wien wurde und zu den gefürchtetsten Musikkritikern seiner Zeit zählte, galt als Wunderkind: Ein Werk des Dreizehnjährigen – die Pantomime ‹*Der Schneemann*› – wurde an der Wiener Hofoper unter Franz Schalk aufgeführt. 1917 erregte er mit seinen beiden Einaktern ‹*Der Ring des Polykrates*› und ‹*Violanta*› Aufsehen. Weltweiten Erfolg erzielte seine Oper ‹*Die tote Stadt*›, die 1920 ihre Doppelpremiere in Hamburg und in Köln hatte. 1934 folgte Korngold einer Einladung von Max Reinhardt in die USA; der Anschluß an Österreich verhinderte seine Rückkehr nach Wien. Kurze Zeit später nahm er die amerikanische Staatsbürgerschaft an.

Während Korngold bei der Pantomime ‹*Der Schneemann*› die Instrumentation noch seinem Lehrer Alexander Zemlinsky überlassen mußte, stammt die *Schauspielouvertüre op. 4* ausschließlich aus seiner Feder. Sie wurde 1911 im Leipziger Gewandhaus unter der Leitung von Artur Nikisch uraufgeführt, dem das Werk auch gewidmet ist. Unklar ist, ob die *Schauspielouvertüre* auf ein konkretes Drama Bezug nimmt oder ob sie als unabhängiges Orchesterstück konzipiert ist, wobei die Bezeichnung lediglich eine Verlegenheitslösung darstellt. Die langsame Einleitung dieser in Sonaten-Hauptsatzform geschriebenen Ouvertüre läßt bereits Korngolds herausragendes Sensorium für klangliche Valeurs, seine erstaunlichen Kenntnisse von den Möglichkeiten des großen symphonischen Orchesters erkennen, während zwischen der Vielfalt der Erfindung und dem Grad ihrer Verarbeitung noch eine deutliche Diskrepanz besteht; symptomatisch hierfür ist die Tatsache, daß der Durchführungsteil erheblich kürzer geraten ist als die Exposition.

Auch die *Sinfonietta in B op. 5* (1912), wurde durch Nikisch, diesmal jedoch in Berlin, aus der Taufe gehoben; ihr durchschlagender Erfolg erweckte das Interesse von RICHARD STRAUSS, der das Werk in der ehemaligen Reichshauptstadt mehrfach aufführte. 1918 komponierte KORNGOLD eine Schaupielmusik zum Drama «Viel Lärm um nichts» (Uraufführung 1919). Das sich in vierzehn Abschnitte gliedernde und für Kammerorchester geschriebene Werk wurde später vom Komponisten für Violine und Klavier arrangiert und sollte sich in dieser Version zu einem der populärsten Stücke KORNGOLDS entwickeln; berühmte Geiger wie Kreisler, Heifetz und Elman nahmen dies Stück in ihr Repertoire.

Es folgten die *symphonische Ouvertüre ‹Sursum corda›* (*‹Empor die Herzen›*) *op. 13* (1921), das *Klavierkonzert in Cis op. 17 für die linke Hand* (1923) und die *Babyserenade op. 24* für kleines Orchester (1928). Das *Klavierkonzert* war ein Auftragswerk des einarmigen Pianisten Paul Wittgenstein, der verschiedene namhafte Komponisten wie MAURICE RAVEL, RICHARD STRAUSS, BENJAMIN BRITTEN und SERGEJ PROKOFJEW mit Klavierkompositionen für die linke Hand beauftragte. KORNGOLDS Konzert spiegelt in frappierender Weise die virtuosen Fähigkeiten Wittgensteins wider, vor allem dessen stupende Sprungtechnik: Der Klavierpart, der vollgriffige Akkorde ebenso einbezieht wie rasantes Passagenwerk, läßt stellenweise vergessen, daß er lediglich für die linke Hand konzipiert ist.

Von 1934 an war KORNGOLD längere Zeit fast ausschließlich für die Filmbranche tätig. Von den zwanzig *Filmmusiken*, die er überwiegend für Warner Brothers geschrieben hat, ragen die mit dem Oscar ausgezeichneten Partituren für «Anthony Adverse» (1936) und «The Adventures of Robin Hood» (1938) heraus, Filme, die Michael Curtiz drehte, der später mit «Casablanca» Weltruhm erlangen sollte. Am Ende des Zweiten Weltkriegs wandte sich KORNGOLD wieder den klassischen Gattungen zu. 1945 entstand auf Anregung von Bronislaw Huberman das *Violinkonzert in D op. 35*, das aber zwei Jahre später durch Jascha Heifetz und das St. Louis Orchestra unter Vladimir Golschman aus der Taufe gehoben wurde. Das dreisätzige Werk ist dem Typus des spätromantischen Violinkonzerts verpflichtet: Der Orchesterpart gibt über weite

Strecken lediglich die Folie für die Solovioline ab. Ein Jahr später folgte das *Cellokonzert in C op. 37*. Mit seiner *Symphonie in Fis op. 40*, komponiert 1951/52 und uraufgeführt 1954 in Wien, knüpfte KORNGOLD an die Tradition an, was die Anzahl und Charaktere der einzelnen Sätze deutlich erkennen lassen. Gleichwohl ist die Akzentverschiebung unübersehbar: An die Stelle der thematisch-motivischen Arbeit ist einerseits die schlichte Wiederholung musikalischer Gestalten, andererseits eine Aufsplitterung in pittoreske Einzelmomente getreten. Dieser Sachverhalt steht in engstem Zusammenhang mit der Beobachtung, daß der Symphoniker KORNGOLD den Filmmusiker doch nicht so ganz vergessen hat, wie es ursprünglich wohl die Intention des Autors war. Zum einen wird thematisches Material aus verschiedenen Filmmusiken übernommen: macht das *Cellokonzert* lediglich einige Anleihen bei der zur gleichen Zeit entstandenen Filmmusik zu «Deception», so nährt sich das *Violinkonzert* fast ausschließlich von Filmmusik: Die beiden Themen des ersten Satzes entstammen aus «Another Dawn» (1937) und «Juarez» (1939), der Hauptgedanke des Mittelsatzes aus «Anthony Adverse» (1936), während sich durch das ganze Finale ein einziges Thema zieht, das aus dem Film «The Prince and the Pauper» (1937) entnommen ist; die *Symphonie* wiederum stützt sich auf die Musik zu «The private lives of Elizabeth and Essex» (1939).

Gravierender ist ein weiteres Moment: Während in der autonomen Kunst der Symphonik die Beziehungen von Form und Inhalt dialektisch geprägt sind, wird beim Film die Musik als Funktion der Handlung begriffen, können sich also musikalische Formen nur in Abhängigkeit vom Bildverlauf herausbilden. In seinen letzten Orchesterwerken tendiert KORNGOLD unverkennbar dazu, die symphonische Form als groben Raster, als vorgegebenen Rahmen zu verstehen, innerhalb dessen die Kompositionsprinzipien der Filmmusik wie etwa die Reihung von kontrastierenden Einzelmomenten zur Anwendung kommen; hier wird der Versuch unternommen, den Geist traditioneller Symphonik mit der Ästhetik eines neuen Mediums zu einer Synthese zu bringen, die jedoch durchaus fragwürdig ist.

Und schließlich sei noch die Vorliebe des Komponisten für jene

Al-fresco-Partien erwähnt, die sich durch eine glänzende klangliche Oberfläche und durch mitreißende Rhythmik auszeichnen. So ist es symptomatisch, daß KORNGOLD Instrumente miteinbezieht, die außerhalb der Tradition deutsch-österreichischer Symphonik stehen: Celesta, Xylophon, Marimbaphon, Vibraphon, Cymbal und Klavier. Diese Partien verraten KORNGOLDS untrügliches Gespür für den sicheren Effekt, entbehren aber häufig ihrer individuellen Physiognomie und erscheinen daher austauschbar. Vielleicht ist darin der Grund zu sehen, daß es um fast alle nach 1945 entstandenen Orchesterwerke KORNGOLDS, einschließlich der von Wilhelm Furtwängler 1947 uraufgeführten *Symphonischen Serenade für Streichorchester in B op. 39* und der 1953 entstandenen Komposition *Thema und Variationen op. 42*, ziemlich still geworden ist; lediglich das *Violinkonzert*, das vielleicht am reinsten KORNGOLDS nostalgisch gefärbten spätromantischen Stil ausprägte, hat in letzter Zeit einige bedeutende Interpreten gefunden.

Norbert Christen

Arnold Schönberg

Wien, 13. September 1874 – Los Angeles, 13. Juli 1951

Wie Karl Kraus einen lebenslangen Kampf gegen die «Phrase» in Wort und Schrift führte, so wollte auch ARNOLD SCHÖNBERG die Musik vom Floskelwesen befreien und ihr wieder die *Gedankenarbeit* zumuten, die sie bei BACH, den Wiener Klassikern und später auch bei BRAHMS hatte. Die Auffassung der Musik als tönender Denkvorgang, an sich nicht neu, war von SCHÖNBERG als Polemik gegen die akademische Formenlehre gemeint, der er mit Recht vorwarf, daß sie nur vom Anfang und Ende eines Stücks rede, aber nicht davon, was der musikalische Zusammenhang sei. Und der bestand für SCHÖNBERG in der «Geschichte» der Themen, in der «logischen» Entwicklung musikalischer Gedanken im Kraftfeld einer Form, die er als «Ruhezustand zwischen aufeinander einwirkenden Kräften» verstand. Musikalische Gedankenarbeit war demnach für SCHÖNBERG keine Spielerei mit Tönen, sondern diente dazu, den Erkenntnischarakter der Kunst auch in der Musik durchzusetzen; sie solle nicht mehr erbaulich sein und «schmükken», sondern «wahr» sein und endlich ernst genommen werden. Tatsächlich hört, wie es Adorno ausdrückte, bei SCHÖNBERG die Gemütlichkeit auf, denn er verstößt ausdrücklich gegen die «Erwartung, daß Musik als eine Folge gefälliger sinnlicher Reize dem bequemen Hören sich präsentiere» (Adorno). SCHÖNBERGS Musik mutet dem Hörer zu, sich auf einen tönenden Diskurs einstellen zu müssen, der sich als Fortsetzung der «richtig verstandenen musikalischen Tradition» (SCHÖNBERG) mit der Problemgeschichte des Komponierens befaßt und zu immer wieder neuen Lösungen gelangt. Deshalb kann man bei SCHÖNBERG auch nicht mehr von Schaffens- oder gar Stilphasen sprechen, sondern muß sich von Stück zu Stück auf Neues gefaßt machen.

Darin hat SCHÖNBERGS Komponieren, in Analogie zur philosophischen «Anstrengung des Begriffs» (Hegel), gewisse Ähnlichkeit mit der Art BEETHOVENS, in seinem Gesamtwerk stets aufs neue kompositorische Fragen aufzuwerfen und sie auch zu beantworten. Was SCHÖNBERG von BEETHOVEN unterscheidet, ist der primäre Ausdruckszwang, unter dem er sich fühlte, wenn er komponierte, und darin war er ein Musiker des Expressionismus, genau der neuen Kunstrichtung des beginnenden 20. Jahrhunderts, die den modernen Menschen im Auge hatte, und zwar dessen Psychogramm, die Ängste und traumatischen Schocks, die sich hinter der Fassade des Alltagslebens verbergen und bisher noch nicht in Musik gesetzt worden waren. Das war SCHÖNBERGS historische Aufgabe: musikalisch gewissermaßen psychoanalytische Traumprotokolle zu entwerfen, das reale Leiden zur Darstellung zu bringen, auch auf die Gefahr hin, das mit dem hohen Preis der Unverständlichkeit bezahlen zu müssen. Die musikalischen Entdeckungen und zahlreichen Innovationen SCHÖNBERGS sind nicht das Produkt künstlerischer Willkür, sondern einem genialen Formwillen entsprungen, auf den sich SCHÖNBERG, der Autodidakt und Kenner der Problemgeschichte des Komponierens von Grund auf, mit Recht berufen konnte, denn es dürfte kaum einen anderen Komponisten des 20. Jahrhunderts geben, der so konsequent wie er eine kopernikanische Wende des musikalischen Bewußtseins verursacht hätte, sei es im Denken über Musik, sei es in der Lösung kompositorischer Probleme. Das Buch SCHÖNBERGS über die «Lehre vom musikalischen Zusammenhang» blieb zwar (leider) ungeschrieben, aber sein Wirken als Lehrer und Komponist reicht so weit, daß seine musikalische Poetik schon fast zum musikalischen Gemeinplatz gehört. Wer heute verbindlich komponieren will, stößt unweigerlich auf seine Musik, auch und gerade im Widerspruch.

Wenn SCHÖNBERG zeitlebens betonte, Kunst komme nicht von «Können», sondern von «Müssen», dann wandte er sich damit genau gegen den Vorwurf der Willkür beim Erreichen von musikalischem Neuland und pochte zugleich auf die Vollstreckung von Tendenzen, die ihm das Ausdrucksbedürfnis beim Komponieren auferlegte. In durchaus dialektischem Verhältnis zum musikalischen Material sah sich SCHÖNBERG als kompositorisches Subjekt, das dem «Triebleben der Klänge» so weit nachgab, daß es gewissermaßen zum Ende der Tonalität kommen *mußte* und zum Aufbau einer neuen klanglichen Welt, die als «Emanzipation der Dissonanz» – analog zum Verlassen des Gegenständlichen in der abstrakten Malerei Kandinskys – Geschichte gemacht hat. Damit zog SCHÖNBERG die kompositorischen Konsequenzen aus eben der Erweiterung der tonalen Harmonik um die Wende zum 20. Jahrhundert, an der er selbst in seinen ersten Werken mitgearbeitet hatte. Der Weg zur sogenannten «Atonalität» und später dann zu deren Systematisierung in der «Komposition mit zwölf nur aufeinander bezogenen Tönen» seit Beginn der zwanziger Jahre, einem Verfahren, die freie Komplementärharmonik chromatischer Akkorde durch Zwölftonreihen zu regulieren, die im Hintergrund der Komposition wirksam sind, spiegelt seine Absicht wider, das Innere der Musik nach außen treten zu lassen, den Kompositionsprozeß vor den Ohren des Hörers auszubreiten und die Spannungen der neuen Klänge abzuhorchen nach dem, wohin es sie treibt, ohne dabei auf den kompositorischen Zugriff zu verzichten. Die Dialektik der musikalischen Freiheit unter den Bedingungen der «Emanzipation der Dissonanz» durchschaut und kompositorisch ausgetragen zu haben, macht SCHÖNBERGS historischen Rang aus, und sein Radikalisieren der musikalischen Gedankenarbeit, bei der er sich in Gesellschaft von BACH, BEETHOVEN oder BRAHMS fühlte, ist nichts anderes, als die Erweiterung der traditionellen motivisch-thematischen Arbeit mit einem Ausgangsmaterial zum Prinzip der «entwickelnden Variation», das erst überhaupt die «Geschichte eines Themas» zum ausdrücklichen musikalischen Diskurs erhebt. Damit zog SCHÖNBERG die Folgerung aus dem allmählichen und unaufhaltsamen Zerfall der übergeordneten musiksprachlichen Konvention seit dem Ende der Wiener Klassiker und schuf das «voraussetzungslose» Komponieren um des höheren musikalischen Formniveaus willen. Überspitzt formuliert mußte er für jedes Stück die musikalische Sprache überhaupt erst erfinden.

Der vielfach geäußerte Vorwurf, SCHÖNBERGS Musik sei reine Gehirnakrobatik, klinge spröde, ja häßlich und sei nicht durchhörbar, ist indessen wohl mehr den unzulänglichen Aufführungen anzulasten, denn es dürfte einleuchten, daß eine so komplexe Musik eine ebenbürtige Sorgfalt bei der Wiedergabe erfordert. Nichts war Schönberg wichtiger, als die faßliche Organisation seiner Formverläufe, die er genauso deutlich abzustufen wußte nach Haupt- und Nebensache wie das oft tatsächlich komplexe Verhältnis der Stimmen zueinander. Er war, das zeigen bereits seine Frühwerke, der geborene Kontrapunktiker, und er zielte letztlich ab auf die *Einheit* von zwingender Expressivität und lückenlosem Zusammenhang der musikalischen Ereignisse, die sich dem bequemen Hören verweigert. Der gelegentlich advokatorisch rechthaberische Tonfall, namentlich der großen Zwölftonwerke der zwanziger Jahre (*Bläserquintett op. 26* oder *Orchestervariationen op. 31*), ist freilich unleidlich, aber doch verständlich aus der Situation der unbedingten Wahrheitssuche eines Komponisten, dessen Stilprinzip die Einsamkeit war und der sich stets quer gegen alle Moden gestellt hat.

Zunächst entwarf Schönberg seine Vorstellung vom musikalischen Zusammenhang programmusikalisch, noch ganz in der Tradition der Spätromantik, in der die «Programmusik», von der übrigens nicht feststeht, was sie ästhetisch eigentlich sei, als Ausdruck fortschrittlicher Modernität empfunden wurde. Doch bereits hier folgte er keiner Mode, sondern seiner eigenen Tendenz, Formenreichtum und Charaktere als Resultat der musikalischen Gedankenarbeit zu begreifen. Die programmatische Einkleidung war nur die äußere Hülle, unter der sich bereits Schönbergs Ziel abzeichnete, der Musik durch radikales Auskomponieren ihrer inneren Widersprüche auf den Grund zu gehen. Die Stoffe, die er wählte, bilden also nicht den Inhalt seiner Musik, sondern sind lediglich deren Voraussetzung. In dem 1899 komponierten *Streichsextett ‹Verklärte Nacht› op. 4*, später (1917 und 1943) auch für Streichorchester bearbeitet, wagte er es sogar, die Idee der «Programmusik» erstmalig auf den Bereich der Kammermusik anzuwenden. Ausgangspunkt ist das gleichnamige Gedicht Richard Dehmels aus dessen Zyklus «Weib und Welt», das durch die Musik auf eine neue Ebene gehoben wird. Dehmel galt seinerzeit als einer der herausragenden Vertreter des neuen «Zeitgeistes», da er gesellschaftliche Tabuisierungen wie zum Beispiel der freien Liebe zu brechen wagte, doch heute ist das von Schönberg als Sujet der Komposition gewählte Gedicht vom Schuldbekenntnis einer Frau, sie trage in sich ein ungewolltes Kind, und der heroischen Antwort eines nun von ihr geliebten Mannes, er werde großmütig das Kind als eigenes annehmen, kaum noch erträglich. SCHÖNBERGS Musik dagegen kann als Vorstufe seines späteren Komponierens erhöhte Aufmerksamkeit beanspruchen, denn sie läßt sich auch ohne Kenntnis des Sujets als sinnvollen Zusammenhang hören, ja erst dann überhaupt erweist sich ihre innere Konsistenz. Sie ist keine Illustration des Gedichtinhalts, sondern das Gedicht bildet, umgekehrt, in seinem Wechsel zwischen der Rahmenerzählung – Gang der beiden Menschen durch die Mondnacht – und den beiden konträren Dialogstrophen – das Schuldbekenntnis der Frau und die versöhnliche Antwort des Mannes – die Richtschnur für die Formidee, in der SCHÖNBERG ein immer dichter geknüpftes Netz thematischer Beziehungen ausbreitet. Das Gedicht lieferte darüber hinaus zahlreiche Anregungen für die Ausdruckscharaktere, an deren Erfindung sich eine wesentliche ästhetische Funktion des «Programms» erweist, nämlich die Erweiterung der musikalischen Ausdrucksmöglichkeiten, und es ist auch verantwortlich für gewisse naturhafte Stimmungen (Mondlicht, Flimmern etc.), an denen sich SCHÖNBERGS eminente Klangfarbenphantasie zeigt. Aber es schreibt der Musik kaum mehr als den formalen Umriß vor: eine Art Rondoform nach dem Schema der fünf Strophen, mit der Rahmenerzählung als drei Varianten eines festen Bezugspunkts und den beiden kontrastierenden Dialogteilen als durchführungsartigen Couplets, die im übrigen analog aufgebaut sind. Zwei thesenartige Außenabschnitte umgreifen einen erregten Mittelteil, der bei dem Schuldbekenntnis der Frau einer Fieberkurve gleichkommt und bei der Antwort des Mannes jene hochfahrenden, pathetischen Gesten aufweist, die SCHÖNBERG später ins Schockartige umdeuten wird. Die kontrapunktischen Themenverwicklungen und drastischen Verzerrungen des Ausdrucks in den Partien, die dem Bekenntnis der Frau gewidmet sind, weisen nicht nur weit über das Zeitübliche hinaus, sondern enthalten bereits den musikalischen Sprengstoff, mit dem SCHÖNBERG knapp zehn Jahre später die «Schranken der alten Ästhetik» ausdrücklich durchbrechen wird.

Ähnliches gilt für SCHÖNBERGS erstes Orchesterwerk überhaupt, die *symphonische Dichtung ‹Pelleas und Melisande› op. 5*, entstanden 1902/03, nach Maurice Maeterlincks symbolistischem Drama, das Claude Debussy etwa zur gleichen Zeit als Stoff für eine Oper benutzt hat. Noch stärker als in dem *Sextett* greift hier die autonome musikalische Form über das Sujet hinaus. Und wieder stiften die literarischen Anregungen musikalische Gestaltungen, die von außerordentlicher Tragweite sind. Das Dreiecksdrama, entfernt an Wagners *‹Tristan und Isolde›* erinnernd, vollstreckt Schönberg sozusagen innenmusikalisch, saugt das Sujet in der Musik auf. Alban Berg erkannte in seiner instruktiven Analyse des Werkes die für Schönberg überaus bezeichnende, mehrfache Absicherung der Form, die das Netz der auch hier wirksamen thematischen Beziehungen – jetzt sogar noch zusätzlich durch Wagnersche Leitmotivtechnik gestützt – bis auf die Gliederung ausdehnt: Nicht nur ist die Szenenfolge des Dramas in Grundzügen erkennbar, sondern die Gesamtanlage des rund fünfzig Minuten dauernden, durchkomponierten Stücks kann ebensogut als *Symphonie in vier Sätzen* aufgefaßt werden wie als riesiger *Sonatensatz*. Ein dichtes Geflecht von Aktion, Reflexion und Kommentar einerseits, von epischem Erzählfluß und Partien rein symphonischer, durchführungsartiger Entwicklung andererseits breitet sich aus, durch das die Szenenfolge des Dramas zwar hindurchscheint, aber so, daß sie in der Partitur nicht eigens kenntlich gemacht werden müßte. Die Musik fährt nicht den Handlungsmomenten nach, sondern folgt ihrer eigenen Logik, der musikalischen Gedankenentwicklung, die Schönberg hier noch als Synthese der beiden wichtigsten Innovationen des 19. Jahrhunderts auskomponierte: der Erweiterung des Ausdrucks durch die Wagnersche Opernsymphonie («Anwendung der Musik auf das Drama») und die «Programmusik» und der von Brahms eingeführten Technik der «entwickelnden Variation», die verantwortlich ist dafür, daß die musikalische Gedankenarbeit entsteht. In der Mischung aus Pathos und Zerfall (Sterbeszene Melisandes, Ziffer 59), dem Spannungsfeld zwischen autonomer Formgestaltung und programmatischen Zusammenbrüchen, teilweise kurz und heftig dazwischenfahrend, und in den Extremen des Ausdrucks, mitunter in jähem Kontrast aufeinanderprallend, ereignet sich das, was

SCHÖNBERG ein Jahr später an GUSTAV MAHLER schrieb: «Mittlere Empfindungen gibt es bei mir nicht.» Das war sein *kompositorisches* Programm.

Der hypertrophe Ausdruck der Tondichtung findet jedoch seine Grenze in den erstmalig verwendeten Quartklängen, die das Ende der Tonalität ankündigen, in der Dichte des thematischen Gewebes, das hindrängt zu freier, «absoluter» Gestaltung der Form und in den, lange vor BARTÓKS *‹Wunderbarem Mandarin›* eingeführten, unheimlichen Posaunen-Glissandi bei der Anspielung auf die Szene Maeterlincks in den Gewölben unter dem Schloß, einer Metapher der Angst. Hier zeigen sich bereits die Abgründe, auf die SCHÖNBERGS Musik unweigerlich zusteuert. Doch zunächst verwirklicht er noch seine Loslösung von der musikalischen Spätromantik in der Riesenpartitur der *‹Gurrelieder›*, die alles übertrifft, was um die Jahrhundertwende an Steigerung des Orchesterklangs ausgedacht wurde. SCHÖNBERG arbeitete an der Partitur, mit Unterbrechungen, vom Frühjahr 1900 bis ins Jahr 1911 (!), so daß der zuletzt instrumentierte Teil einen erheblich späteren Stand der Beherrschung des Orchestersatzes repräsentiert als etwa der erste Teil, der die Abenddämmerung in suggestiven Klangfarben schildert. Die *‹Gurrelieder›* nach Jens Peter Jacobsen erzählen in drei Teilen die Geschichte von der Liebe des Königs Waldemar zu der kleinen Tove, deren gewaltsamer Tod (durch die Eifersucht der Königin Helvig) ihn, im zweiten Teil, zu einer Auflehnung gegen Gott veranlaßt und, im dritten Teil, zu einer *‹Wilden Jagd›* mit seinen Mannen, die in dem großen Melodram (*‹Des Sommerwindes wilde Jagd›*) sich in genialer Weise musikalisch verflüchtigt, ja entmaterialisiert. Einen breiten Raum nehmen die Naturschilderungen ein, die von der anfänglichen Abenddämmerung über die Nachtbilder bis hin zu dem gleißenden Licht des Sommertages reichen und SCHÖNBERG als Meister der Beherrschung der spätromantischen Orchesterpalette ausweisen. Die vielfache Besetzung dient nur dazu, jeden Akkord in einer Klanggruppe vollständig setzen zu können und damit einen Abfärbungsreichtum zu erreichen, der einzigartig ist. Damit schließt SCHÖNBERG seine Erfahrungen mit dem unmittelbaren «Zeitgeist» ab und wendet sich neuen Bereichen zu.

Das Melodram, in dem die ‹*Gurrelieder*› als dem ganz anderen gipfeln, ist ein Schlüssel für den späteren SCHÖNBERG: «Hier ist die Natur durch das seelische Erlebnis geschaut; Waldemars Gefühl, das ist auch das des Zuhörers, dem aus den Naturklängen überall Toves Stimme entgegentönt» (Egon Wellesz). Es ist der Ausgangspunkt für SCHÖNBERGS expressionistische Traumprotokolle. Vorerst jedoch war die Konsequenz zu ziehen aus den autonomen Gestaltungsbestrebungen der beiden programmusikalischen Stücke. In den Jahren 1905 und 1906 komponierte SCHÖNBERG das jeweilige Pendant dazu: das *Streichquartett d-moll op. 7* und die *Kammersymphonie E-dur op. 9*, zwei ähnlich geartete Werke, die den absoluten Anspruch der musikalischen Gedankenentwicklung paradigmatisch umsetzen. Sie sind darin die Grundlage für SCHÖNBERGS gesamtes weiteres Schaffen. Wieder ist es die Idee der mehrfachen Bestimmung der musikalischen Form, die ihn zur übergeordneten Einsätzigkeit führt, aber diesmal geht es wirklich ums Ganze. Die außermusikalischen Hüllen werden völlig abgestreift, und die musikalische Gedankenarbeit kann für sich sprechen. Obwohl noch tonal konzipiert, richtet sie sich jetzt ausdrücklich gegen die Hörgewohnheiten. Eine Uraufführungskritik (1907) zur *Kammersymphonie* macht das sehr deutlich: «Er –» SCHÖNBERG – «macht wilde, ungepflegte Demokratengeräusche, die kein vornehmer Mensch mit Musik verwechseln kann.» Solche Angriffe gehörten fortan zu SCHÖNBERGS Leben. Die raketenhaft aufsteigende Quartenfanfare nach den zögernden Einleitungsakkorden – heute als Beginn der «neuen Musik» aufgefaßt – macht sogleich deutlich, daß sich eine neue klangliche Welt öffnet: «Erfunden an einem stürmisch aufwärts strebenden Hornthema, breiten sich die Quartenakkorde architektonisch über das ganze Werk aus und geben allem, was vorkommt, ihr Gepräge. So kommt es, daß sie dann hier auch nicht bloß mehr als Melodie oder als rein impressionistische Akkordwirkung auftreten, sondern ihre Eigentümlichkeit durchdringt die gesamte harmonische Konstruktion, sie sind Akkorde wie alle andern» (SCHÖNBERG). Die «Emanzipation der Dissonanz» als Gleichberechtigung *aller* Akkorde zeichnet sich ab. Es ist klar, daß damit die Grenze der Tonalität erreicht war. Daß die *Kammersymphonie* mit dem Grundklang von E-dur schließt, ist ein gesteuerter Zufall. Wie im *ersten Streichquartett op. 7* ist die Formidee eine Überlagerung von vier Sätzen – auf den Kopfsatz folgen Scherzo (mit Trio), langsamer Satz und Finale – mit der durchkomponierten, übergeordneten Gesamtform. Die einzelnen Sätze bilden im Dickicht der thematischen Entwicklungen lediglich Gliederungspunkte. Zwischen Scherzo und langsamem Satz ist eine zentrale, äußerst komplexe Durchführung eingeschaltet, die in der Aufbietung des mehrfachen Kontrapunkts ihrem Namen alle Ehre macht und als Drehpunkt der Gesamtentwicklung aufzufassen ist. Dem übergeordneten Gesamtverlauf zuliebe nimmt der erste Satz die Stelle einer Exposition ein, die im zusammenfassenden Finale – die Funktion fällt also mit dem Inhalt zusammen – als (veränderte) Reprise wiederkehrt. Nur am Rande sei erwähnt, daß SCHÖNBERG im Jahre 1935, nach seiner Emigration in die Vereinigten Staaten, eine Orchesterfassung für «normale» Besetzung schuf (*op. 9 B*), da sich herausstellte, daß die originale Kammerbesetzung für größere Säle ungeeignet war. So kompromißlos SCHÖNBERG im Inneren seiner Werke verfuhr, so konziliant konnte er den Aufführungsbedingungen gegenüber sein; daher die Bearbeitungen, die als Parerga sein gesamtes Schaffen begleiteten.

In den außerordentlichen *Fünf Orchesterstücken op. 16* ist der Schritt zur sogenannten «Atonalität» bereits vollzogen. Sie entstanden im Sommer 1909 und sind das zentrale Orchesterwerk des SCHÖNBERGschen Expressionismus, der in dem zur gleichen Zeit komponierten *Monodram* (eigentlich ein Psychogramm) *‹Erwartung› op. 17* gipfelt, bei dem, wie es Adorno ausdrückte, die isolierte Heldin, die nachts ihren Geliebten sucht und ihn ermordet auffindet, «der Musik gleichsam als analytische Patientin überantwortet» wird. Die Einsamkeit wird zum traumatischen Stilprinzip. Das zeigen die, freilich erst 1922 hinzugefügten, Überschriften der ersten beiden Stücke aus *Opus 16* an (*‹Vorgefühle›*, *‹Vergangenes›*), während die anderen drei auf Technisches hindeuten (*‹Farben›*, *‹Peripetie›* und *‹Das obligate Rezitativ›*). Die Titel erschienen SCHÖNBERG zunächst als Rückfall in die für ihn längst überwundene Ästhetik der «Programmusik», wie eine Notiz in seinem «Berliner Tagebuch» beweist: «Der Verleger will Titel für die Orchesterstücke; aus verlagstechnischen Gründen. Werde vielleicht nachgeben, da ich Titel gefunden habe, die immerhin möglich sind. Im ganzen die Idee nicht sympathisch. Denn Musik ist darin wunderbar, daß man alles sagen kann, so daß der Wissende alles versteht und trotzdem hat man seine Geheimnisse [...] Titel aber plaudern aus [...] Die Titel, die ich vielleicht geben werde, plaudern nun, da sie teils höchst dunkel sind, teils Technisches sagen, nichts aus.» Es ist bezeichnend, daß SCHÖNBERG sich genau in dem Moment von der «Programmusik» abwandte, als er die Grenze der Tonalität endgültig überschritt. Die namenlose, panische Angst, die im ersten Stück zum Ausdruck kommt, spricht ganz für sich. Der für die erst 1950 eingerichtete, reduzierte Orchesterfassung gewählte Titel des dritten Stücks *‹Sommermorgen an einem See›* (!) ist eine assoziative Ergänzung, die sich SCHÖNBERG erlaubte, weil er «jetzt alt genug sei, sich die Anklage, romantisch genannt zu werden», leisten könne. Tatsächlich berichtet aber Egon Wellesz bereits 1921, SCHÖNBERG sei dazu angeregt worden durch das Flimmern des Lichts auf der Wasserfläche des Traunsees. Entscheidend ist dennoch die Umsetzung ins *Technische*: in die erstmalige Verwendung der «Klangfarbenmelodie», an deren Möglichkeit MAHLER im Gespräch mit SCHÖNBERG noch gezweifelt hatte. Max Deutsch hat das dritte Stück sogar als verdeckte Fuge identifiziert auf der Basis der wechselnden Akkordbeleuchtungen durch subtile Klangfarben, die um fünfzig Jahre die Klangtechnik GYÖRGY LIGETIS vorwegnehmen. Das vierte Stück führt paradigmatisch die zentrale Kategorie der Musik SCHÖNBERGS ein: den jäh wechselnden Umschlag. Und im fünften Stück, das Carl Dahlhaus treffend als «Kommentar zur ‹Erwartung›» bezeichnet hat, gebietet SCHÖNBERG über die erreichte Freiheit von der traditionellen Phrasen- und Periodenbildung und realisiert den ungebundenen Verlauf einer «musikalischen Prosa», die sich keinem Schema mehr fügt: «Das Unaussprechliche sagt man in der freien Form» («Berliner Tagebuch»). Der Titel ist doppeldeutig: «obligat» ist das Rezitativ, weil es auf die für diese Gattung typischen Formeln verzichtet, und das obligate, also verbindliche Komponieren orientiert sich am «Rezitativ», um die Musik «sprechend» zu machen. SCHÖNBERGS lebenslanger Kampf gegen Floskeln und Füllwerk findet hier seinen konzentrierten Niederschlag: «Zum Wesen des Rezitativs gehört, daß es ständig Neues sagt, und zu dem des obligaten, daß es Gedanken statt bloßer Redensarten ausdrückt» (Dahlhaus). Die Dialektik dieses erstaunlichen Stücks besteht darin, daß sich komplexe Polyphonie mit völlig aufgelöster Form verbindet, die dennoch streng gefügt ist.

In SCHÖNBERGS Nachlaß entdeckte JOSEF RUFER das Fragment der *Drei Stücke für Kammerorchester* aus dem Jahre 1910, Miniaturen, die in nuce die gesamte Aphoristik ANTON WEBERNS enthalten (ähnlich wie das vorletzte Lied aus dem George-*Zyklus op. 15*). Das dritte Stück bricht plötzlich ab; ungewiß auch, ob SCHÖNBERG es hätte mit drei Stücken bewenden lassen, wenn er weiterkomponiert hätte. Trotz ihres fragmentarischen Charakters gehören sie zu SCHÖNBERGS wichtigsten Arbeiten.

Nach den frühen (tonalen) *Sechs Orchesterliedern op. 8* (1904) auf Texte aus «Des Knaben Wunderhorn» (Nr. 2: *‹Das Wappenschild›* und Nr. 3: *‹Sehnsucht›*), von Heinrich Hart (Nr. 1: *‹Natur›*) und von Petrarca (Nr. 4: *‹Nie ward ich, Herrin, müd'›*, Nr. 5: *‹Voll jener Süße›* und Nr. 6: *‹Wenn Vöglein klagen›*) schrieb SCHÖNBERG kurz vor und während des Ersten Weltkriegs *Vier Lieder für Gesang und Orchester op. 22*, die den paradoxen Abschluß der «Atonalität» bilden, bevor er sich vorerst für rund sieben Jahre in Schweigen hüllte. Dieser Abschluß ist deshalb paradox, weil er einerseits der Endpunkt einer kompositorischen Entwicklung bis hin zum athematischen Komponieren ist, gewissermaßen die extreme Konsequenz aus dem Prinzip der «musikalischen Prosa» zieht, und andererseits den Anfang von etwas völlig Neuem darstellt, das dann aber gar nicht eintritt. Die Perspektive des völlig freien, ja chaotischen Komponierens, die sich hier abzeichnete, mag SCHÖNBERG dazu bewogen haben, solcher Tendenz Einhalt zu gebieten, die ihn möglicherweise lawinenartig unter sich begraben hätte. Die kompositorische Pause danach war geradezu notwendig, um sich Rechenschaft darüber ablegen zu können, wie es weitergehen müßte. Die vier Lieder zeichnen sich, wie es Heinz-Klaus Metzger ausdrückte, dadurch aus, was sie *abschaffen*, nicht was sie *schaffen*. Das beginnt bereits mit der von Lied zu Lied wechselnden Orchesterbesetzung, die niemals das gewohnte Orchester verlangt, sondern stets überaus merkwürdige Ensemblezusammenstellungen, die es so weder vorher noch nachher gibt. Die Neuartigkeit der Lieder greift bis in die Notation hinein: SCHÖNBERG veröffentlichte eine Art Particell, das er im Vorwort ausführlich begründet und das der speziellen klanglichen Organisation gezielt Rechnung trägt. Statt der üblichen Formschemata und Themen oder Motiven gibt es nur exaltierten, sprunghaften musikalischen Ausdruck und eine explosive oder sehr verhaltene Wortvertonung, die einzelne, bildhafte Wendungen oder Worte eigens hervorhebt. (Man fühlt sich an BACHS «Tongraphik» erinnert, wie Ernst Bloch sie nannte.) Das erste Lied (‹*Seraphita*›, nach Ernest Dowson in der Übertragung von Stefan George, komponiert 1913) exponiert dieses Verfahren, das in den drei anderen Liedern nach Texten Rainer Maria Rilkes (Nr. 2: ‹*Alle, welche dich suchen*›, Nr. 3: ‹*Mach mich zum Wächter deiner Weiten*›, aus dem «Stunden-Buch», und Nr. 4: ‹*Vorgefühl*› aus dem «Buch der Bilder») in je verschiedenen Charakteren erscheint (komponiert 1914 bis 1916), wobei das letzte Lied mit den beziehungsvollen Worten schließt: «Und bin ganz allein in dem großen Sturm»; danach verstummte SCHÖNBERG, bis er zu Beginn der zwanziger Jahre mit der Idee der Zwölftontechnik wieder hervortrat, die als Konsolidierung neuer musikalischer «Ordnung» gemeint war und größere Formkonzeptionen ermöglichte. Das «stillstrenge» (Bloch) Spiel der Reihen im Hintergrund und der wieder thematisch gefestigte Vordergrund der großen Zwölftonwerke SCHÖNBERGS – zunächst, bis *Opus 30*, nur Kammer- und Klaviermusik in den Hauptwerken dieser Jahre – wirft erhebliche ästhetische Probleme auf, die denn auch SCHÖNBERG länger davon abhielten, ein Orchesterwerk in der neuen Technik zu komponieren.

In den Jahren des offiziellen Schweigens experimentierte er freilich unermüdlich weiter und schuf, unter anderem, den Text und einen Teil der Musik zu einem Oratorium ‹*Die Jakobsleiter*›, das ebenso Fragment geblieben ist wie die spätere Oper ‹*Moses und Aron*› (1930 bis 1932). Die Konzeption der ‹*Jakobsleiter*›, ihre zukunftweisende Tragweite und esoterische Werkidee, wurde der Öffentlichkeit erst zehn Jahre nach SCHÖNBERGS Tod bekannt. Die Uraufführung (Wien 1961) ermöglichte der SCHÖNBERG-Schüler

Winfried Zillig (1905–1963), der das Fragment nach den vorhandenen Skizzen in eine aufführbare, wenn auch nicht vollendete Fassung brachte. Die Musik Schönbergs reicht nur bis in das Zwischenspiel, das beide Teile verbinden soll, hinein und bricht bei Takt 700 ab. Nach Intention und Gehalt gehört jedoch die *‹Jakobsleiter›* zu Schönbergs Hauptwerken. Der Idee nach greifen sowohl dieses Oratorium wie auch die Oper *‹Moses und Aron›* ins Unerreichbare, treiben die Dialektik von Bild und Gedanke (nach alter jüdischer Tradition) auf die Spitze und thematisieren den von Schönberg unablässig verfolgten Konflikt zwischen Idee und Materialisation. In der *‹Jakobsleiter›* geht es um den Aufstieg der Seelen zu Gott. Im ersten Teil sind es noch einzelne, um die Wahrheit ringende Menschen, im zweiten dagegen die Seelen Verstorbener, denen durch den Erzengel Gabriel der Sinn ihres Weges enthüllt wird. Musikalisch enthält das Fragment neben Ansätzen zur späteren Zwölftontechnik die am weitesten in die Zukunft weisende, von Schönberg nicht mehr konkret realisierte Vorstellung von Schallquellen, die im Raum schweben, eine kühne Klangphantasie, die heute etwa Luigi Nono in die Tat umsetzt. Eindrucksvoll ist der Schluß des Torsos: Das Abbrechen wirkt seltsamerweise gar nicht als Mangel, sondern «wie ein in jenseitige Bezirke entschwebender Schluß» (Zillig). Die unerreichbare Antwort auf die letzten Fragen, die Schönberg hier aufwirft, hätte nicht zwingender ausgedrückt werden können.

Vom April bis zum Juni 1922 beschäftigte sich Schönberg eingehend mit Choralvorspielen Bachs und legte als Ergebnis zwei Instrumentationen vor (*‹Schmücke Dich, o liebe Seele› BWV 654* und *‹Komm, Gott, Schöpfer, Heiliger Geist› BWV 667*), die nichts Geringeres sind als eine Interpretation: «Für Schönberg sind alle Weisungen in den Noten selbst enthalten, die man nur richtig lesen können muß» (Rudolf Kolisch). Die Tendenz, in älteren Notentexten bisher Unentdecktes zur Erscheinung zu bringen, verfolgte er sechs Jahre später, als er gleichzeitig mit den *Variationen für Orchester op. 31* seine erste zwölftönige Orchesterkomposition und zugleich eine versteckte Hommage an Bach schrieb, noch weiter, indem er das *Präludium* und die *Tripelfuge* aus Bachs sogenannter *‹Orgelmesse›* (*BWV 552*) für Orchester setzte und dabei, vor allem in der Fuge, die implizit enthaltene «entwickelnde Variation» entdeckte und durch die Art der Instrumentation zur Darstellung brachte. Solche «Parerga» gehören ebenso zu SCHÖNBERGS Kompositionsprinzipien wie die eigenen Werke, unter denen die *Orchestervariationen op. 31* eine besondere Stellung einnehmen. Hiermit legte er das Kompendium der von ihm entwickelten zwölftönigen Reihentechnik vor. Das ist insofern von grundlegender Bedeutung, als eine der historischen Wurzeln der Reihentechnik im Verfahren der «entwickelnden Variation» zu finden ist. Diesen Sachverhalt komponierte SCHÖNBERG in seinen *Orchestervariationen* aus. Die Variation als Verfahren ist, spätestens seit BEETHOVEN, Ausdruck des Strebens nach musikalischem Zusammenhang. In BEETHOVENS *‹Diabelli-Variationen›* etwa ist das (im übrigen vorgegebene) Thema «als Inbegriff oder Komplex von Eigenschaften zu verstehen, die in den Variationen einzeln hervorgekehrt und entwickelt werden» (Dahlhaus). Der entscheidende Schritt zur «Vorordnung» des Materials in den Reihenformen selbst, also jenseits eines vorgegebenen «Themas», und zwar in Reihen, die sämtliche musikalischen Ereignisse bestimmen, vom einzelnen Akkord bis hin zum komplexen Stimmengewebe, ist nur die radikale Konsequenz daraus. So sind die vier Phrasen des *‹Themas›* aus SCHÖNBERGS *Orchestervariationen* durch kontrastierende Ableitung gewonnen, denn sie werden einerseits reguliert durch die im Hintergrund ablaufenden Umkehrungen und Spiegelungen der Ausgangsreihe und andererseits entwickelt durch planvolle rhythmische Modifikationen. Dadurch entsteht eine Dialektik von Identität – es gibt nur eine Ausgangsreihe – und Nichtidentität – die musikalischen Gestalten sind voneinander abgeleitet –, die in der Folge der (neun) Variationen alle Wandlungen der musikalischen Charaktere bestimmt. Der thematische Vordergrund und der reihentechnische Hintergrund werden gleichermaßen variiert und sind stets auf den Ausgangspunkt bezogen, den die *‹Introduktion›* (vor dem Thema) in allmählichem Entstehungsprozeß bereitgestellt hat. Die einzelnen Variationen unterscheiden sich schroff voneinander hinsichtlich Ausdruck, Orchestergrundklang und in der Anwendung kompositorischer Verfahren (Kanon und andere). Im Gesamtablauf des Werkes steigern sie sich nach Extremen: Die fünfte Variation ist der vorläufige Höhepunkt der Folge, die siebte ein völlig aufgelöstes Adagio-Klangfeld als Gegensatz zum Tutti-Klang, die achte ein wilder Ausbruch mit heftigem Höhepunkt im dreifachen Forte, und die neunte Variation dient als Überleitung zum Finale, das eine stufenweise Integration aller thematischen Gestalten enthält und dabei auch das bereits in der Introduktion als Nebenprodukt von Reihenkombinationen entstandene B-A-C-H-Motiv ausdrücklich einbezieht.

Die im Winter 1929/30 komponierte *‹Begleitungsmusik zu einer Lichtspielszene› op. 34* ist das Paradoxon eines Stücks «Programmmusik» ohne konkreten Anlaß, denn der Stummfilm (*‹Drohende Gefahr, ‹Angst›* und *‹Katastrophe›*) existiert gar nicht. Das streng zwölftönige Werk ist eine fiktive «Gebrauchsmusik», die ihren Gegenstand in sich selbst trägt. SCHÖNBERG greift, in der Rückschau aus dem erreichten Stand der Zwölftontechnik heraus, auf die Angstvisionen der *‹Erwartung›* und des *ersten Orchesterstücks* aus *op. 16* zurück, also auf seine expressionistische Musiksprache. Es ist sein einziger Beitrag, wenn auch eben nur ein fiktiver, zum Genre der Filmmusik, einem Spezialfall angewandter Musik. Das prägt auch die musikalische Haltung. Die Angstvisionen sind in eine merkwürdige Distanz gerückt, vermittelt durch die stilisierende Zwölftontechnik: «Der Hörer fühlt sich in die Rolle eines Zuschauers versetzt, statt selbst –» wie in der *‹Erwartung›* oder dem Orchesterstück *‹Vorgefühle›* – «betroffen zu sein» (Dahlhaus).

Kurz vor seiner (erzwungenen) Emigration in die USA am 25. Oktober 1933 – er war als unerwünschte Person seines Postens an der Berliner Akademie der Künste fristlos enthoben worden – schrieb SCHÖNBERG zwei Gelegenheitsarbeiten, in denen er sich mit der bisher gemiedenen Konzertform auseinandersetzte, freilich vorerst nur in Gestalt von Bearbeitungen, die er selbst «freie Umgestaltungen» nannte (im Gegensatz zu den BACH-Instrumentationen). Es handelt sich dabei um ein *Cembalokonzert* des Wiener Vorklassikers MATTHIAS GEORG MONN, das SCHÖNBERG zu einem höchst virtuosen *Violoncellokonzert* (für Pablo Casals gedacht, der es aber niemals spielte) umgestaltete, und um eines der *Concerti grossi op. 6* von HÄNDEL, das zu einem *Konzert für* (virtuoses) *Streichquartett und Orchester* verwandelt wurde. Bezeichnenderweise ist aber das gewählte *Concerto grosso op. 6 Nr. 7* das einzige der Reihe, das ein reines Tutti-Konzert ist, und dementsprechend verfuhr Schönberg bei seiner Bearbeitung: Er schuf für das Solostreichquartett außerordentlich schwierige und stilistisch gewagte Interpolationen, besonders in der abschließenden *‹Hornpipe›,* und begründete sein Verfahren insgesamt mit der Bemerkung, er habe die Sequenztechnik gemildert, indem er sie durch «echte Substanz» ersetzt habe. Das Verfahren ist indessen nicht ganz überzeugend, während der Anlaß einleuchtet: Schönberg wollte für das Kolisch-Quartett ein dankbares Repertoirestück schreiben. (Das Ensemble spielte dann auch die Prager Uraufführung am 26. September 1934.) Die beiden Umarbeitungen nach Monn und Händel stehen insgesamt nicht auf der Höhe der Instrumentationen, die Schönberg an Werken vornahm, die von oberster Qualität sind. Dennoch sind auch sie ein charakteristischer Zug seines kompositorischen Denkens.

In den amerikanischen Jahren machte sich bei Schönberg ein Zug bemerkbar, der nur den erstaunt, der die trotz aller Vielfalt der kompositorischen Lösungen letztliche Einheit des Schönbergschen Gesamtschaffens nicht beachtet: das Nebeneinander von tonalen und zwölftönigen Kompositionen und die Existenz von Auftrags-, ja sogar Gebrauchswerken (für amerikanische Hochschulorchester) neben solchen, die dem Ausdruckszwang entsprungen sind und sich in der Spätzeit zu politischen Manifesten verdichten, wie man sie gerade von Schönberg nicht erwartet hätte (*‹Ode an Napoleon› op. 41,* Orchesterbearbeitung *op. 41 b* und *‹Ein Überlebender aus Warschau› op. 46*). So komponierte er gleich zu Beginn seines Wirkens in den Vereinigten Staaten eine *‹Suite im alten Stile für Streichorchester›* (in G-dur) mit den Sätzen Ouvertüre (G-dur), Adagio (e-moll), Gavotte (B-dur), Menuett und Gigue (beide wieder in G-dur), die mit Stilkopien allerdings nichts zu tun haben; eher klingt es, wie Winfried Zillig meinte, nach einem «unbekannten Brahms». Schönberg spricht hier seine eigene Musiksprache gleichsam in didaktisch verkürzter Absicht: «Ohne die Schüler vorläufig einer Schädigung durch das ‹Gift der Atonalität› auszusetzen, sollte hier in einer Harmonik, die zu modernen Empfindungen leitet, auf moderne Spieltechnik vorbereitet werden» (Schönberg). Diese Absicht vergeistigt er in der *zweiten Kammersymphonie op. 38* (1939), die er im Auftrag des Dirigenten Fritz Stiedry schrieb, genauer: zu Ende komponierte, denn der erste Satz (in es-moll) war im Jahre 1906 liegengeblieben, ohne zum Werk ergänzt worden zu sein. Das wurde nun ausdrücklich nachgeholt in einer Weise, die zum Erstaunlichsten gehört, was Schönbergs Arbeitsweise zutage förderte: Es ist die Rückübertragung des integralen Denkens der Reihentechnik auf den tonalen Bereich. Adorno beschrieb den nachkomponierten zweiten Satz so: «Das Stück setzt spielerisch wie eine Serenade ein, aber je mehr es kontrapunktisch sich verdichtet, um so mehr schürzt sich der tragische Knoten, bis es am Ende bestätigend in den düsteren Ton des ersten Satzes mündet.» Wer da noch von der Gehirnakrobatik Schönbergs redet, muß vor der Gewalt des Ausdrucks an diesem Schluß verstummen.

Der Vorwurf fände eher seinen Gegenstand an dem 1934 bis 1936 komponierten *Violinkonzert op. 36,* der ersten Auseinandersetzung Schönbergs mit der zwölftönigen Konzert- und zugleich Sonatenform im Bereich der Orchestermusik. Abgesehen davon, daß der Solopart einen Geiger verlangt, der eigentlich über sechs Finger der Griffhand verfügen müßte, ist die Unvereinbarkeit von polyphoner Satztechnik und dem virtuosen Zweck für Schönberg ein kompositorischer Anreiz gewesen, der angespannteste Kräfte verlangte, und das hört man dem Werk auch an. Rudolf Stephan spricht von der «Strenge mit knirschendem Prunk», die hier beide eine paradoxe Einheit bilden, und tatsächlich gibt es kaum ein Werk Schönbergs, das dem Hörer soviel an Eigeninitiative zumutet wie das *Violinkonzert.* Freilich ist die virtuose Haltung völlig durch die unerbittliche thematische Gedankenarbeit verfremdet, ja sie richtet sich sogar in vielen Details ausdrücklich gegen das Instrument, obwohl es keine unspielbaren Stellen gibt. Und das thematische Geflecht gerät zu einem Extrem klanglicher Härten, die sich an der Grenze des Ausdrucks bewegen. Stellenweise schlägt es sogar um in reines Geräusch. Aber auch eine andere Tendenz des späten Schönberg macht sich bemerkbar: das Operieren mit einer formelhaften Rhythmik, die in wunderlichem Kontrast steht zu der Höhe des musikalischen Denkvorgangs, vor allem im marschartigen Finale. (Ähnliches läßt sich auch am *vierten Streichquartett op. 37,* komponiert 1936, beobachten.) Das *Violinkonzert* hat auch bis heute seinen Platz im Repertoire noch nicht gefunden.

Das *Klavierkonzert op. 42* dagegen, entstanden 1942 (Schlußdatum: 30. Dezember), ist auf ganz andere Weise befremdlich: durch das, was an ihm vertraut anmutet. Es beginnt mit einem sehr weichen, melodischen BRAHMS-Tonfall und ist insgesamt ein Werk der Rückschau auf der Ebene des souveränen Verfügens über die (Zwänge der) Zwölftontechnik. Selbst harmonische Kadenzwirkungen, freilich polytonaler Art, tauchen auf, allerdings nur an den Scharnieren der Form und insbesondere am Schluß des viersätzig durchkomponierten Werkes. Was den Hörern der Uraufführung (6. Februar 1944 unter Leopold Stokowski mit dem Solisten Eduard Steuermann) vorenthalten wurde (und auch heute in den Ausgaben fehlt) sind merkwürdige Titelskizzen, die auf einen latent autobiographischen Charakter der vier Sätze hindeuten. Man bedenke: SCHÖNBERG spricht hier als Emigrant, erinnert sich früherer Tonfälle und formuliert so etwas wie eine programmatische Standortbestimmung. Die Überschriften geben eine innere Entwicklung wieder: Der erste, wienerische Satz heißt da *‹Das Leben war so leicht›*, das ins Bedrohliche gewendete Scherzo *‹... aber plötzlich brach Haß aus›*, das Adagio *‹Es ergab sich eine ernste Lage›,* was dann mit dem *‹... aber das Leben geht weiter›* des Finales (Charaktervorschrift: Giocoso!) zurückgenommen wird. Aber: «Es gibt kein richtiges Leben im falschen» (Adorno). Die seltsame Heiterkeit des Rondofinales zeigt, daß SCHÖNBERG, wie auch MAHLER, ein schlechter Jasager war. So bewundernswert die Fähigkeit SCHÖNBERGS auch ist, aus einer Zwölftonreihe vier konträre Satztypen und -charaktere herauszuholen, so problematisch bleibt trotzdem eine chromatische Serenität. Im Finale treten denn auch die tonalen Klänge und Kadenzen am häufigsten auf. Schon das Rondothema wird auf den Zentralton fis fixiert. Sollte die kurz vorher komponierte *zweite Kammersymphonie* nachgewirkt haben? Oder jenes tonale Pendant zu den *Orchestervariationen op. 31,* das in zwei Fassungen gedruckte *Thema und Variationen op. 43 a* (für Blasorchester) und *op. 43 b* (für Symphonieorchester) aus dem Jahre 1943, das erneut ein Gebrauchswerk ist? SCHÖNBERG hat auch (1937) das *Klavierquartett op. 25* von BRAHMS zu einer Art Orchestersymphonie instrumentiert und damit sein intimes Verhältnis zu dem Komponisten, den er den «Fortschrittlichen» nannte, ausdrücklich bekundet. (Scherzhaft nannte er die Bearbeitung die «fünfte Symphonie» von BRAHMS.) Das *Klavierkonzert* faßt alle diese Tendenzen zusammen und schließt den Weg der Rückschau ab. Was folgt, ist ein ganz neuer Ansatz: Das in jeder Hinsicht verblüffende *Streichtrio op. 45,* komponiert 1946 als Reflex auf den kurzzeitigen klinischen Tod, aus dem nur eine Injektion mitten ins Herz SCHÖNBERG ins Leben zurückholen konnte, muß für den Komponisten der Katalysator gewesen sein für die Öffnung zur unmittelbaren politischen Realität, die er, als der geborene Kleinbürger und überzeugter Monarchist, bisher ausdrücklich gemieden hatte: Bereits 1942 hatte er zwar Lord Byrons Haßode gegen Napoleon uminterpretiert zu einem Manifest gegen den Hitler-Faschismus, aber erst im politischen Hauptwerk *‹Ein Überlebender aus Warschau› op. 46* (1947) geht es nicht mehr um ein Bild, sondern einmal um die nackte Realität selber. Das Stück fußt auf dem Bericht eines Juden, der die Vorgänge im Warschauer Getto mit- und zufällig überlebt hat. SCHÖNBERG greift noch einmal auf seine bereits in den *‹Gurreliedern›* exponierte Technik des Melodrama zurück und komponiert den Bericht als schockierende Sprecherpartie mit drastisch illustrierendem Orchester, doch so, daß das Entsetzen selber zum Klang wird. SCHÖNBERG bewegt sich hier auf der äußersten ästhetischen Spitze, setzt das ins Bild, was sich eigentlich künstlerischem Ausdruck versagt: «Tapfere sind solche, die Taten vollbringen, an die ihr Mut nicht heranreicht» (Anfang der *Chorstücke op. 27*).

Dietmar Holland

Leoš Janáček

Hukvaldy, 3. Juli 1854 – Ostrava, 12. August 1928

Wie ein erratischer Block steht sein Schaffen in der Musiklandschaft. Er hatte keine Vorgänger und eigentlich keine Nachfolger. Wenig beachtete Werke im Geist der Spätromantik füllten sein Schaffen, bis er im Alter von fünfzig Jahren in seiner Oper *‹Jenufa›* mit einer neuen Tonsprache von explosiver dramatischer Kraft, die der lyrischen Innigkeit einer völlig anders und lange kaum begriffenen Melodik nicht im Wege stand, plötzlich überraschte. Janáček gewann sein Idiom aus der «Sprachmelodie», die er beim Sammeln von Volksliedern aufgespürt und sich zunutze gemacht hatte, indem er die emotionell persönlichen, sachlich bedingten und örtlich verschiedenen Metamorphosen der Sprache in allen Lebenslagen zum Baustein musikalischer Form und des Ausdrucks machte. Gegen Konvention hatte er schon während seiner Studien in Prag, Leipzig und Wien revoltiert, einengende Familienbande wußte er später schnell abzustreifen. Als Sängerknabe des Augustinerstifts war er aus ärmlichen Verhältnissen in Hukvaldy, einem Bergdorf der Beskiden mit trotziger Burgruine, nach Brünn gekommen, wo er zeitlebens in provinzieller Enge unermüdlich arbeitete und als immerhin geschätzter Pädagoge auf den erhofften Ruhm als Komponist lange warten mußte.

Janáček griff Anregungen des kritischen Realismus in der Literatur auf, gegenüber den verschiedenen neuen Phasen der Musikentwicklung, die er miterlebte, zeigte er sich resistent. Besondere Bedeutung für die sehr persönliche Prägung seiner Musik hatten immer innere Beweggründe, so um 1900 der Tod seiner beiden Kinder, von 1917 bis zu seinem Tod dann die enge emotionelle Bindung an die achtunddreißig Jahre jüngere Kamilla Stösslová, deren – ungewollten – Impulsen wir die meisten der in unglaublich schneller Folge entstandenen Meisterwerke zu verdanken haben. Ein unwandelbarer Glaube an den «Funken Gottes in jedem Menschen» und eine tiefe Verbundenheit mit der Natur verwandelten JANÁČEKS Mikrokosmos mit der Hand des Midas zu einem allumfassenden Makrokosmos.

Historisch ist JANÁČEK einer der Klassiker der Moderne mit eigenständiger Wechselwirkung beider Begriffe. Stilistisch blieb er ein Einzelgänger, dessen ästhetisches Credo er selbst so formulierte: «Ich dringe mit der Wahrheit durch. Bis ans Äußerste. Wahrheit schließt Schönheit nicht aus. Im Gegenteil: von beidem immer mehr. Vor allem aber Leben, ständige ewige Jugend!»

Die dauernde Bedeutung JANÁČEKS und seine wachsende Anziehungskraft gründet sich vor allem auf die Opern *‹Jenufa›, ‹Katja Kabanowa›, ‹Das schlaue Füchslein›, ‹Die Sache Makropulos›* und *‹Aus einem Totenhaus›*. Neben den beiden *Streichquartetten*, dem *‹Tagebuch eines Verschollenen›* und weiteren Werken der Kammermusik haben von den für symphonische Konzerte gedachten Kompositionen drei eine den Opern ebenbürtigen Rang. Ihnen widmen wir zunächst unsere Aufmerksamkeit.

‹Taras Bulba›, symphonische Rhapsodie in drei Sätzen

Die steigende Hoffnung des tschechischen Volkes auf staatliche Selbständigkeit, die Ende Oktober 1918 zur Wirklichkeit wurde, war für JANÁČEK ein mächtiger Schaffensimpuls. In patriotischer Begeisterung verfaßte er während des Krieges seinen *‹Taras Bulba›*, in dem er mit rhapsodischer Freiheit und der Großzügigkeit einer neuzeitlichen Freske Inhalt und Geist der gleichnamigen Novelle von Nikolaj Gogol beschwört, ohne sich allzusehr mit programmatischer Kleinmalerei zu belasten.

Im ersten Satz werden wir mit dem *‹Tod Andrijs›* – so der Titel – konfrontiert. Der Sohn des Kosakenhauptmanns Taras Bulba ist aus Liebe zur Tochter des polnischen gegnerischen Heerführers vor der Schlacht bei Dubno – im 17. Jahrhundert – zum Feind übergelaufen. Der ihm das Leben gab, tötet ihn nun mit eigener Hand. Verrat kann Taras nicht dulden. Die kantable Süße erotischer Verführung und Hingabe findet in den harten Tönen der Verurteilung durch den Vater und dessen Abwendung in wildem Ritt durch die Steppe der Ukraine ihr Ende. Im zweiten Satz – *‹Ostaps Tod›* – hören wir des zweiten Sohnes Klagen nach dessen Gefangennahme. Das wilde Treiben polnischer Soldaten und Ostaps hingebungsvolle Erinnerung an Heim und Familie geraten an- und ineinander. Vor seiner Hinrichtung durch die Feinde ruft Ostap in seiner Verzweiflung den Vater. Und dieser antwortet – unverhofft für alle – aus der Menge, um dann spurlos zu verschwinden. Der dritte Satz – *‹Prophezeiung und Tod des Taras›* – gelangt im von den Posaunen getragenen Schluß zu einem eindrucksvollen Höhepunkt, den nur noch die mit Orgelklängen ausgestattete musikalische Apotheose übertrifft. Sie überhöht noch die stolze Prophezeiung des Taras, der im Feuer des Scheiterhaufens seinem Volk eine ruhmvolle Zukunft voraussagt. JANÁČEK hat sich in schweren Zeiten auch für die tschechische Nation dieser Weissagung angeschlossen und sich mit ihr vor allem durch die Überzeugungskraft seiner Musik voll identifiziert.

JANÁČEK hat sein spannungsgeladenes, unmittelbar ansprechendes, keinem starren Schema zuzuordnendes Werk, das ein Bindeglied zwischen den Früh- und Spätwerken des neuen Stils bildet, am 29. März 1918 beendet. Der Uraufführung konnte er erst am 9. Oktober 1921 in Brünn beiwohnen. Prag lernte das Werk weitere drei Jahre später kennen.

Pavel Eckstein

Sinfonietta

Den Anstoß zur Entstehung dieses Werkes gab ein großes nationales Turnfest in Prag, für dessen festlichen Bedarf die Musik des ersten Satzes ursprünglich als selbständige Fanfare gedacht war. Geschrieben für neun Trompeten, zwei Tenortuben, zwei Baßtrompeten – also lauter Blechbläser, zu denen sich zwei Paare von Kesselpauken zugesellen –, bildet sie den überaus ungewöhnlichen, sehr glanzvollen Beginn eines verhältnismäßig kurzen Musikstücks, dessen nächster Satz für Streicher, Holzbläser und vier

Posaunen seine Inspiration unverkennbar aus den reichen Quellen mährischer Volksmusik zu schöpfen weiß. Für das wunderbare Moderato des dritten Teils mit seiner strömenden Melodik können wir wohl Erinnerungen an schwärmerische, auch schmerzliche Episoden aus dem Leben des Komponisten als Inspiration heranziehen. Allerdings hat sich der Komponist in einem erst später erstellten und veröffentlichten «Programm» der *Sinfonietta* bemüht, seine Invention zu versachlichen und auf tragischere allgemeine Momente – die Gefängnisse im Brünner Spielberg und deren nächtliche Schatten und Seufzer – hinzuweisen. Im vierten Satz haben wir es mit Variationen auf ein von der Eingangsfanfare abgeleitetes Thema zu tun, das von den Trompeten vorgestellt wird. Die Atmosphäre tänzerischer Ausgelassenheit ist nicht wegzudenken und ihr Temperament war wohl JANÁČEK nicht nur in seiner Musik zu eigen. Das Blatt wendet sich – der fünfte Satz beginnt mit ernsten Gedanken, die nach geballter Steigerung der Musik einer freudigeren Stimmung weichen, um schließlich nach der bei vielen Komponisten so beliebten Überwindung der letzten Krise wiederum der vom Unisono der zwölf Trompeten eingeführten martialischen Fanfare des Anfangs Platz zu machen.

JANÁČEK hat sein Werk der tschechoslowakischen Armee gewidmet, zur definitiven Bezeichnung als «Militärsinfonietta» kam es jedoch nicht. Der Autor, der oft nach literarischer Begründung seiner kompositorischen Erfindung suchte, hat über dieses Werk – wiederum mit zeitlichem Abstand – geschrieben, daß er hier den «freien tschechischen Menschen, die Freude und Schönheit seiner Seele, auch seine Kraft und den Mut, durch Kampf zu siegen» besingen wollte und betonte ein anderes Mal, daß er hier wohl «am besten traf, den einfachen tschechischen Menschen nahe zu sein».

In einem Brief vom 29. März 1926 an Kamilla Stösslová erwähnte JANÁČEK, daß er soeben «eine gar nette Sinfonietta mit Fanfaren» beende, und schon am 26. Juni 1926 kann er sein neues Opus in einem Konzert der Tschechischen Philharmonie im Rahmen des Prager Turnerfests unter der Leitung von Václav Talich hören.

Pavel Eckstein

‹Glagolitische Messe›

Am Beginn seiner Laufbahn hat JANÁČEK, der Klosterzögling und Regens chori einer Brünner Kirche, auch geistliche Kompositionen geschrieben. Bedeutet also die *‹Glagolitische Messe›* eine Rückkehr zu Gott? Nein, so kann man dieses Werk nicht auslegen. Schon im *‹Schlauen Füchslein›* war JANÁČEKS Pantheismus, zu dem er sich durchgerungen hatte, unverkennbar. In der *‹Glagolitischen Messe›* aber ging es dem Komponisten darum, an einem kirchlichen Text seine geistige Haltung zu demonstrieren. Bezeichnend ist schon, daß JANÁČEK den altslawischen und nicht den gängigen lateinischen Messetext wählte. Die Musik zeugt davon, daß JANÁČEK nicht im Bann des kirchlichen Dogmas stand. Wenn im *‹Věruju›* (*‹Credo›*) weltliches Leben und die Natur in den geistlich-geistigen Raum einbrechen, versteht man, daß hier der Mensch mit Gott als Gleicher mit Gleichem spricht, ja sogar wagt, eine Messe gegen Gott zu schreiben – anders läßt sich die stürmische, sich aufbäumende, völlig unorthodoxe Passacaglia der Orgel am Schluß der gesungenen Messe – der das Benedictus fehlt – gar nicht deuten. Unkonventionell für unsere Zeit und die ihr vorangehenden Perioden der Musikgeschichte schließt dann diese Messe wieder im Sinn sehr alter Tradition mit den Klängen der Fanfarenintrada.

Mit der Wahl des Textes bekundete JANÁČEK wiederum seine besondere Vorliebe für alles Slawische, das ihm mit Rücksicht auf die geographischen Gegebenheiten seiner engeren Heimat, aber auch aus nationaler Gesinnung, die damals mit dem politischen Denken aufgeklärter Tschechen Hand in Hand ging, besonders nahelag, wie die Stoffwahl auch auf dem Gebiet der Oper, ja der Kammermusik belegt. Nicht minder groß war auch hier der Einfluß der Natur als unendlicher Schöpferkraft («Die Kirche wuchs mir zu der riesenhaften Größe des Waldes und des hochgewölbten Himmels in vernebelnde Weiten»), der patriotischen Vision («...in der Zeremonie die fürstliche Gestalt des heiligen Wenzel und die Sprache der Glaubensapostel») und des Glaubens an die Sendung seines Volkes («Ich wollte hier die immerwährende Existenz der Nation nicht auf religiöser Grundlage, sondern auf der felsenfesten sittlichen Basis festhalten, die Gott als Zeugen anruft»). Und schließlich hat er nicht versäumt, in einem Brief an die geliebte Kamilla darauf hinzuweisen, daß der Dom dieser Messe auch der geistige Ort ihrer Verbindung sei.

JANÁČEK hat die *Messe* in kürzester Zeit – er spricht von drei Tagen, andernorts von drei Wochen –, wahrscheinlich von Mitte August bis in die ersten Oktobertage 1926 niedergeschrieben. Nicht lange vorher war er von seiner ersten Reise nach England zurückgekommen. Zum erstenmal erklang die *‹Glagolitische Messe›* in Brünn unter der Leitung seines Schülers Jaroslav Kvapil. Bald folgten Aufführungen in Berlin, Genf und New York.

Die meisten seiner restlichen Kompositionen für Orchester und Chor hat JANÁČEK in der ersten, weniger bedeutenden Phase seines Schaffens geschrieben; sechs bis zur Uraufführung der *‹Jenufa›*, drei bis Kriegsende und nur zwei in seiner reifsten Periode. Eine kurze Charakterisierung erfolgt hier nicht nach der chronologischen Abfolge, sondern dem Genre entsprechend.

Pavel Eckstein

Suiten

Nach Rückkehr von der Prager Orgelschule versuchte sich JANÁČEK im Jahre 1877 an einer *Suite*, deren Satzbezeichnungen (Andante – Allemande – Sarabande – Scherzo – Adagio – Andante) zwar Interesse für alte Musik verrät, deren Faktur und Geist wir aber hier weniger finden als Einflüsse etwa von SMETANA und WAGNER, denen JANÁČEK im weiteren Leben heftigst abschwor.

Etwas später ist die *Idylle,* ebenfalls nur für Streicher, entstanden. Entgegen dem auf ein ungeteiltes Ganzes hinweisenden Titel hat die Komposition sieben Sätze, die deutlich den starken Einfluß von ANTONÍN DVOŘÁK, dem JANÁČEK auch persönlich sehr zugetan war, verraten, obwohl sie in der Verwendung unregelmäßiger Rhythmen über das Vorbild hinausgeht.

Die als *Suite op. 3* bezeichnete Komposition (die einzige, die vom Autor eine – übrigens unzutreffende – Werkzahl erhielt) stammt aus den frühen neunziger Jahren, also aus der Zeit, in der sich JANÁČEK besonders intensiv mit der mährischen Volksmusik beschäftigte. Deshalb finden wir in ihren vier Sätzen für das gesamte Orchester Gemeinsamkeiten mit den *‹Lachischen Tänzen›* und dem folkloristischen Ballett *‹Rákos Rakóczy›* sowie direkte Zitate aus der frühen einaktigen Oper *‹Der Anfang eines Romans›*.

Pavel Eckstein

Tänze

Als Partitur voll von «flimmernden Noten, schäkernden, schwirrenden, aber auch nachdenklichen Melodien», als Erinnerung «an warme Sommernächte unter klarem Sternenhimmel mit dem Murmeln des Flusses und Liebesgeflüster», als «Lob der Heimat» bezeichnete JANÁČEK die *‹Lachischen Tänze›*. Lachei wird die Gegend im nordöstlichen Zipfel Mährens und des östlichen Schlesien am Fluß Ostravice, in der JANÁČEKS Geburtsort liegt und wo er sich oft und gern in den letzten Lebensjahren aufhielt, genannt. Wir finden diese Tänze im schon genannten Ballett, es gibt sie nach DVOŘÁKS Muster für Klavier, eine vom Autor getroffene Auswahl (1893) lebt als selbständige Orchestersuite in der Folge der *‹Slawischen Tänze.›* Eröffnet wird die *Suite* mit dem *‹Altvätertanz› Nr. 1* (*‹Starodávný›*), ein feierlich schreitendes Andante, das bald in ein ausgelassenes Allegro übergeht. Es folgt ein Tanz mit dem Namen *‹Der Gesegnete›* (*‹Požehnaný›*) in reizvollem Allegro, dann der *‹Rauchtanz›* (*‹Dymák›*) mit scharfen Rhythmen, wie vom Feuer der Esse angefacht, und *‹Der Gesegnete› Nr. 2*, schließlich der variationsreiche *Tanz aus Čeladná* (*‹Čeladenský›*) und als Abschluß der nach einem Volkslied geformte *‹Sägetanz›* (*‹Pilky›*), dessen prägnantes Motiv sich größter Popularität erfreut.

JANÁČEK hat noch eine *Suite ‹Mährischer Tänze›* hinterlassen, die allerdings im Konzertrepertoire keinen Platz gefunden hat.

Pavel Eckstein

Symphonische Dichtungen

‹Des Spielmanns Kind› (*‹Šumařovo dítě›*) aus dem Jahre 1912 versucht, eine Ballade des von Janáček geschätzten Svatopluk Čech (1846–1908) in Töne umzusetzen. Ihr soziales Moment war für den Komponisten ausschlaggebend. Ein armer Spielmann ist gestorben. Im Traum erscheint er der alten Frau, die sich um sein kleines Kind kümmert. Er bringt aus dem Himmel eine Einladung, die sein Kind von aller Not und dem «Frost menschlicher Herzen» befreien soll. Am Morgen ist des Spielmanns Kind tot und auch seine der Gemeinde vermachte Geige ist verschwunden. Die alte Frau fällt in Ungnade. In drei, voneinander nicht abgesetzten Abschnitten können wir die musikalische Charakterisierung des schweren Lebens auf Erden, in ausführlicher Steigerung das Versprechen auf himmlische Freuden und Linderung der Not sowie die folgende harte Wirklichkeit, der allerdings ein ruhiger, versöhnlicher Schluß folgt, finden.

‹Die Ballade vom Berg Blaník› (*‹Balada blanická›*) hält sich an die literarische Verarbeitung zweier hier miteinander verquickter Volkslegenden durch den bedeutenden Dichter und Dramatiker Jaroslav Vrchlický (1852–1912). Am Karfreitag öffnen sich die Berge, um ihre Schätze preiszugeben. Ein belesener Dorfbewohner betritt den sagenumwobenen Berg Blaník, wo sich bewaffnete Ritter aufhalten, um im Notfall ihrem Volk zu helfen. Jíra schläft ein und wacht erst nach hundert Jahren wieder auf. Inzwischen haben die Ritter anstatt Schwerter und Schilder Hauen und Pflüge in ihren Händen. Auch diese sind der Hilfe für das Volk zugedacht. In seiner Komposition aus dem Jahre 1920 baut Janáček aus vier kurzen Motiven, mit denen er wirkungsvoll arbeitet, die patriotische Idee der Vorlage aus, ohne in pathetische Töne zu verfallen.

‹Die Donau› (*‹Dunaj›*), in die Sätze Adagio – Allegro moderato, ma impeto – Allegro – Allegro vivo gegliedert, ist unvollendet geblieben. Einander widersprechend sind des Autors Ideen zur Konzeption. Sollte es eine Apotheose des Flusses werden? Dachte Janáček an seine im Schrifttum belegte schicksalhafte Tragik? Wohl nicht an ein Gegenstück zu Smetanas *‹Die Moldau›*? Überliefert

ist, daß hier Janáček das «Weib mit all seinen Leidenschaften und Trieben» darstellen wollte. Inspirationsgrundlage des zweiten Satzes ist das Motiv freiwilligen Ertrinkens. Beim Scherzo des dritten Satzes soll er wohl an Wien, wo er Förderer gefunden hatte, gedacht haben. Ab 1923 beschäftigte sich der Komponist geraume Zeit mit den Gedanken an die Donau als symphonische Dichtung oder gar als Symphonie, aber schließlich hatte er es mit der Beendigung des Stücks nicht eilig. Es wurde 1948 von Janáčeks Schüler Osvald Chlubna durch eine Bearbeitung, die Ergänzungen mit einschließt, aufführungsreif gemacht.

Pavel Eckstein

Kantaten

‹Amarus› auf einen Text von Jaroslav Vrchlický für Sopran, Tenor, Bariton, gemischten Chor und Orchester entstammt noch der Zeit vor der Jahrhundertwende. Später äußerte sich Janáček zu seinen damaligen Beweggründen: «Das Kloster in Brünn, mein armes dort verbrachtes Jünglingsdasein, die Einsamkeit und bangende Sehnsucht, dies alles brachte mir Amarus nahe. Mein Jugendsehnen fand Vrchlickýs Text. Auch Jugend und Frühling begegneten hier einander.» Konkret geht es in dem fünfteiligen Stück (Moderato – Andante – Moderato – Adagio – Tempo di marcia funebre) um das Schicksal eines Mönchs, dessen Aufgabe es ist, täglich Öl ins ewige Licht zu gießen. Eines Tages erblickt er in der Kirche ein Liebespaar, folgt ihm auf den nahen Friedhof, um es dort in zärtlicher Umarmung zu entdecken. Er vergißt seine Pflicht – am nächsten Morgen ist die Lampe vor dem Altar erloschen und Amarus tot am Grab seiner Mutter, deren einstigem Fehltritt er Leben und hartes Schicksal verdankt. In der Musik dieser Kantate ist Janáček erst auf dem Weg zur Eigenständigkeit, trotzdem erreicht er in der musikalischen Charakteristik, besonders im Mittelteil – das Liebespaar –, einen sehr persönlichen, fesselnden Ausdruck.

‹Das Gasthaus am Berg Solán› (*‹Na Soláni čarták›*) für Tenorsolo, Männerchor und Orchester hat einen Text von Martin Kurt

(Max Kunert). Auf dem Weg aus der Ebene auf den Berg sehnt sich der Jüngling nach seinem bleichen Mädchen. Aus der Schenke am Berggipfel locken Tanzweisen und innen des Gastwirts schönes Töchterlein. Erst in ausgelassenem Tanz, dann im Sternenzauber über den Baumkronen finden die beiden jungen Leute zueinander und alle Vergangenheit ist vergessen. Das von Leidenschaft durchpulste Werk wird wohl wegen seiner Kürze (sieben Minuten!) nur selten aufgeführt, aber JANÁČEK hat hier (1911) Milieukenntnis, Vertrautheit mit der Volksmusik seiner weiteren Heimat und seine ewige Liebessehnsucht mit Temperament und inniger Melodik in meisterhafter Kürze wirkungsvoll gestaltet.

‹Das ewige Evangelium› (*‹Věčné evangelium›*), wiederum auf einen Text von Jaroslav Vrchlický, verlangt Sopran- und Tenorsolo, gemischten Chor und Orchester. Das Gedicht schildert die Vision des Zisterzienserabts Joachim von Fiore (gest. 1202), dem ein Engel mit dem «ewigen Evangelium» das Reich der Liebe zu aller Kreatur voraussagt, in dem Franz von Assisi der Hohepriester sein wird. Vrchlický hat diese Vision stark ausgeschmückt und deren Vertonung nicht gerade erleichtert. Die Grundidee war aber JANÁČEK so wichtig und nah, daß er durch seine Kunst und geschickte Eingriffe in die Vorlage die meisten Hürden überwand. Interessant, daß er hier – im Jahre 1914 – von seinem mit der «Sprachmelodie» verbundenen Kompositionsprinzip abließ und mit eher traditionellen charakteristischen Motiven arbeitet, denen er allerdings immer wieder Anklänge an aus dem Tonfall gewonnene Floskeln als motivisches Kleinwerk zugesellt. Das Werk zerfällt in einen aus drei Abschnitten bestehenden Hauptteil und einen Epilog. Mit dem Motiv der «Sehnsucht, die die ganze Welt umarmen will», beginnt die Kantate in großen Oktavschritten. Zum dunklen Gesang der Mönche bilden drei Soloviolinen mit dem Engelsmotiv einen wirkungsvollen Kontrast. Die Vision Joachims (gebildet aus dem Liebesthema und dem Engelsgesang in verkürzter Form) füllt den zweiten Abschnitt aus, während der dritte direkt der Prophezeiung des Engels («Des Geistes Reich, es kommt») mit krönendem Chorschluß vorbehalten ist. Der Epilog beginnt nachdenklich, um dann Joachim mit seiner Vision bedeutungsvoll zu Wort kommen zu lassen, der wiederum nur noch der

hoffende Schluß des Chors folgt. Nach der Uraufführung am 5. Februar 1917 in Prag konstatierte ein renommierter Rezensent: «Es ist eine eigentümliche Komposition von ungewohnter Tönung, aber es ist etwas Atemberaubendes in ihr.»

Pavel Eckstein

Ferruccio Busoni

Empoli bei Florenz, 1. April 1866 – Berlin, 27. Juli 1924

Zeitgenosse der Zukunft hätte er sein wollen, aber er war nur ihr Prophet: «Ich möchte noch gern ein Zipfel der neuen Tonkunst erwischen und womöglich selbst einen Saum daran nähen.» FERRUCCIO BUSONI, der Pianist und Komponist, der Schriftsteller und Bearbeiter, Wissenschaftler und Pädagoge, nimmt eine besonders markante Position unter jenen schöpferischen Musikern ein, die einer neuen musikalischen Entwicklung um die Jahrhundertwende den Weg bahnten. Er war fast gleichaltrig mit MAHLER und PFITZNER, REGER und STRAUSS und DEBUSSY, aber wagemutiger suchend als diese schaute er in die kommende Zeit. Mit seinem «Entwurf einer neuen Ästhetik der Tonkunst» (1906), der bis heute in ihrem Potential nicht ausgenutzten Sammlung von Überlegungen zur Musik und Musikgeschichte, und mit dem Gedanken von der «Jungen Klassizität» (1920) erhob BUSONI die Forderung nach Einheit der musikalischen Empfindung und Sprache – in einer Zeit, die die endgültige Trennung von alt und neu, Experiment und Tradition, neuer Musik und Publikum bereits besiegelt zu haben schien. «Unter einer ‹jungen Klassizität› verstehe ich die Meisterung, die Sichtung und Ausbeutung aller Errungenschaften vorausgegangener Experimente: ihre Hineintragung in feste und schöne Formen. Diese Kunst wird alt und neu zugleich sein...» Sprach so der heimliche Prophet der «Postmoderne»?

Als Komponist war FERRUCCIO BUSONI, anders als SCHÖNBERG, der den «Entwurf» mit kritisch-zustimmenden Randglossen versah, kein Erneuerer, sondern eher Traditionalist, der dem musikalischen Erbe der Vergangenheit zugetan blieb, ohne sich ihm sklavisch zu überantworten. Aber es fehlt in BUSONIS Musik der Ausdrucksfuror, der Klangrausch, das heißt der Einfluß RICHARD WAGNERS; statt dessen wirken LISZT und VERDI, MOZART und BACH auf ihn ein. BUSONIS Musik ist von seiner Doppelnatur geprägt, der italienischen und der deutschen Herkunft und Existenz, dem romanischen Formgefühl und dem sich allzu gern in Tiefe und Grenzenlosigkeit verströmenden deutschen Empfinden. Dagegen drangen seine Versuche und Anregungen zur Weiterentwicklung, Differenzierung des Halbtonsystems nicht in die kompositorische Praxis ein – die «Dritteltöne» hat er nicht komponiert. Aber er wurde ab 1920 zum Spiritus rector einer Gruppe junger Musiker, die mit dem eingebürgerten Tonsystem experimentell umgingen: der Tscheche ALOIS HÁBA, der Mexikaner JULIÁN CARILLO, der Russe IWAN WYSCHNEGRADSKY. BUSONIS Gedanken hierüber waren Anlaß zu der damals berühmten Polemik, die HANS PFITZNER unter dem Stichwort der «Futuristengefahr» vom Zaun brach.

BUSONIS Musik fehlt die Herausforderung des Neuen, der Schock des Komplizierten oder Skandalösen. In ihr herrschen formale Ordnung, seelisches Gleichgewicht, Spannungsausgleich zwischen Momenten der Irritation und des schönen und ruhigen Spiels. Diese Tugenden haben allerdings nicht zur Popularität seiner Musik geführt, wenngleich die späte unvollendete Oper ‹*Doktor Faust*› neuerdings wieder Aufmerksamkeit beansprucht. BUSONIS symphonische und kammermusikalische Werke indes fristen heute in den Konzertsälen durchaus ein Schattendasein, während Teile der Klaviermusik sich noch am stärksten behaupten konnten. Unter den Orchesterwerken überwiegen die (teilweise aus Opern zusammengezogenen) Suiten und Elegien, aus denen das kurze Tongedicht ‹*Berceuse élégiaque*› (1909) deutlich herausragt. Die Trauermusik mit dem Untertitel ‹*Des Mannes Wiegenlied am Sarge seiner Mutter*›, von GUSTAV MAHLER 1911 in New York, kurz vor seinem Tode, uraufgeführt, ist von suggestivem Klang: Zur kleinen Streicherbesetzung *con sordino* und wenigen Bläsern treten Gong, Harfe und Celesta hinzu. BUSONI meinte, es sei ihm hier zum erstenmal gelungen, «einen eigenen Klang zu treffen und die Form in Empfindung aufzulösen». Das Werk kann in seiner dichterischen Thematik, auch in seiner musikalischen Symbolsprache, durchaus in die Nähe von STRAUSS' ‹*Tod und Verklärung*› gerückt werden. Und das melodische Material scheint aus einer Vorwegnahme der Beschäftigung mit jener Indianermusik gewonnen, der

BUSONI später in Amerika nahekam. Dur und Moll, Konsonanz und Dissonanz mischen sich wie das Dämmerlicht von Tag und Nacht, die schwere körperliche Atembewegung spielt als rhythmisches Agens eine Rolle, totale Chromatisierung verleiht der Berceuse einen entmaterialisierten, verschwimmenden Charakter – der frühe SCHÖNBERG, der späte MAHLER scheinen zum Greifen nahe. Noch radikaler im Umgang mit Dissonanzen und neuen Klängen ist das *‹Nocturne symphonique›* (1912), eines von BUSONIS großartigsten Orchesterwerken. Die *‹Indianische Phantasie›* vertieft die musikalische Beziehung BUSONIS zu den nordamerikanischen Indianern. Das 1913/14 entstandene Werk für Klavier und Orchester benutzt Melodien der «lieben Rothäute», wie BUSONI die aussterbenden Völker Amerikas in der Widmung nennt. Im übrigen sind die Einflüsse von BACH, LISZT und DEBUSSY in dieser Partitur nicht zu überhören. Das *Klavierkonzert op. 39* in fünf Sätzen ragt allein durch seinen Umfang, auch durch die dramaturgische Mischung von Instrumentalkonzert und Kantate aus BUSONIS konzertantem Schaffen heraus. Im Schlußsatz verwendet der Komponist von einem (unsichtbar aufgestellten) Männerchor gesungene Verse des dänischen Dichters Adam Oehlenschläger. Der symphonische Charakter des Konzerts ist unverkennbar, aber im Hintergrund des virtuosen Klavierstils und der programmusikalischen Konzeption steht die Figur FRANZ LISZTS; die mystisch-symbolische Bedeutung allerdings sowie das Entstehungsdatum (1903/04) deuten auf Einflüsse durch den Jugendstil. «Es lebt ein Zug von Gigantomanie, ein beinahe Wilhelminischer, neudeutscher Hang zum Overstatement in dieser Partitur» (Hans Heinz Stuckenschmidt). Die angestrengte, der Materialfülle huldigende Tendenz des mittleren BUSONI wird später deutlich zugunsten einer neuen musikalischen Durchsichtigkeit, den Idealen der «Jungen Klassizität» aufgegeben. BUSONI schreibt ein Klavier-Orchesterstück mit dem Titel *‹Romanza e Scherzoso›*, er komponiert das *Concertino für Klarinette und kleines Orchester* sowie das *Divertimento für Flöte und Orchester.* Hier ist MOZART die Leitfigur.

Es ist unmöglich, das kompositorische Schaffen dieses rastlosen, in vielen Tätigkeiten, vielfältiger Kreativität sich buchstäblich erschöpfenden Künstlers auf einen Nenner zu bringen. Ein durchaus «faustischer», metaphysischer wie rationalistischer Zug gleichermaßen war ihm zu eigen, dazu grenzenlose Offenheit in der Aneignung divergentester Phänomene, ein vielschichtiges Denken, ein wahrhaft kosmopolitischer Geist von großer Leuchtkraft. Worin liegt die Ursache der heute offenbar mangelnden Aktualität dieses Œuvres? Hat Busoni sie selbst erkannt? In einem «Selbst-Rezension» betitelten Aufsatz schrieb er 1912: «Das Alte fällt nicht vor dem Neueren, wohl aber vor dem Besseren.» Das sollte aber nicht das letzte Wort der Geschichte über Busonis Musik sein, in der es noch manche Facetten zu entdecken gibt.

Wolfgang Schreiber

Ottorino Respighi

Bologna, 9. Juli 1879 – Rom, 18. April 1936

Respighi erhielt seine Ausbildung zunächst am Liceo musicale (dem späteren Conservatorio) seiner Heimatstadt, danach in St. Petersburg bei Rimskij-Korsakow. 1913 wurde er zum Professor für Komposition an Santa Cecilia in Rom ernannt; in der Folgezeit war er neben seiner kompositorischen Tätigkeit als Dirigent eigener Werke im In- und Ausland tätig.

Respighis Frühwerke (bis 1913) stehen unter dem Einfluß von Giovanni Sgambati (1841–1914) und Giuseppe Martucci (1856–1909) – dem Lehrer Respighis –, die als erste den Primat des *melodramma* in Frage stellten und eine Rückbesinnung auf die reine Instrumentalmusik anstrebten. Zu den ersten Kompositionen Respighis zählen die *‹Variazioni sinfoniche›* (1900) sowie das *Klavierkonzert a-moll* (1902). Mit *‹Preludio, Corale e Fuga›* – die Zusammenstellung dieser Formen verweist direkt auf César Franck – erregt er bei der Erstaufführung in Bologna Aufsehen (1901) und erhält hierfür das Diplom in Komposition. Die *‹Sinfonia drammatica›* (1913), die im Orchestersatz deutlich an Richard Strauss gemahnt, bildet den Schlußstein der Frühphase Respighis.

Mit den *‹Fontane di Roma›* (*‹Römische Brunnen›*, 1914 bis 1916) hat Respighi ein nach Form und Stil ihm gemäßes Genre gefunden: eine Programmusik, in der sich seine Vorliebe für naturalistische Tonmalerei mit der Neigung zum «Ausdruck der Empfindung» verschränkt. Stets gibt der Autor am Anfang der Partitur programmatische Hinweise, um die Phantasie des Hörers in die von ihm gewünschte Richtung zu lenken, wobei es unerheblich ist, ob die Musik wie im Fall der *‹Fontane›* die Empfindungen des Komponisten beim Anblick der vier römischen Brunnen widerspiegelt, und zwar zu jenen Tageszeiten, die von dem jeweiligen Brunnen einen besonders charakteristischen Eindruck vermitteln oder ob die programmatische Idee nachgeliefert wird wie bei den *‹Vetrate di Chiesa›* (*‹Kirchenfenster›*).

Es hat nicht an Stimmen gefehlt, die Respighi als Eklektiker abqualifizierten, seine Orchesterpoeme als Imitationen der *symphonischen Dichtungen* Liszts und Strauss' denunzierten. Wenn auch nicht zu leugnen ist, daß einige gemeinsame Momente existieren, etwa in den ästhetischen Voraussetzungen oder in den technischen Verfahrensweisen, so sind die Unterschiede doch gravierend genug, um Respighi künstlerische Eigenständigkeit zu attestieren. Der von ihm bevorzugte Typus des *poema sinfonico* ist nicht einsätzig, sondern viersätzig, wobei die einzelnen Sätze ineinander übergehen und hinsichtlich ihrer Form und ihres Charakters keine Anlehnung an die deutsch-österreichische Tradition der Symphonik erkennen lassen. Was die einzelnen Sätze zu einem Ganzen verbindet, ist eine poetische Idee, die jedoch ohne ein kompositionstechnisches Korrelat auskommt; als zusammenhangstiftend erweist sich also nicht das thematische Material, sondern ein außermusikalisches Moment. Die Satztechnik Respighis zeigt, daß das Modell des vierstimmigen Satzes, das jahrhundertelang die Norm abgegeben hatte, nur noch eingeschränkte Gültigkeit besitzt: An die Stelle getreten sind, ähnlich wie bei Ravel, der hier zum Vorbild geworden ist, Schichten und Klangflächen, wobei die Kategorien «statisch» und «dynamisch» einen neuen Stellenwert gewonnen haben.

Mit den *‹Pini di Roma›* (*‹Römische Pinien›*, 1923/24) setzt Respighi seine *‹Römische Trilogie›* fort. Der Aufbau und die zur Anwendung kommenden stilistischen Mittel sind im wesentlichen die gleichen wie bei den *‹Fontane›*: vier ineinander übergehende Stimmungsbilder, die inhaltlich kontrastierend angelegt sind. Die stilistische Palette weist einige Erweiterungen auf: Durch modale Harmonik, gregorianisches Melos und mittelalterliche Organumtechniken wird die Vergangenheit im zweiten Satz beschworen, während sich im dritten Satz durch Einbeziehung der Schallkonserve mit dem Gesang einer echten Nachtigall ein Wandel der Klangmalerei zur Klangphotographie vollzieht.

Die *‹Feste romane›* (*‹Römische Feste›*, 1928) stehen in ihrer musikalischen Substanz nicht mehr auf der Höhe der beiden anderen symphonischen Dichtungen: Über weite Strecken prägen sie jenen Monumentalstil aus, der sich bereits im Schlußsatz der ‹*Pini*› angekündigt hat und eine fatale Nähe zum offiziellen «Kunstgeschmack» des Faschimus erkennen läßt. Unüberhörbar ist eine Tendenz zum Lärmend-Banalen, zum hohlen Pathos; das poetische Moment, der inspirierte Augenblick tritt in den Hintergrund. Darüber hinaus läuft die Musik Gefahr, durch die teilweise ungehemmte Deskription von Vorgängen und Abläufen zu einer formlosen Ansammlung von Einzelmomenten zu verkommen und damit ihre Autonomie aufzugeben. Von den ‹*Feste romane*› ist es nur noch ein kleiner Schritt zur Filmmusik: Die symphonische Dichtung hat Ende der zwanziger Jahre nicht nur längst ihren *kairos* überschritten, sondern auch ihre künstlerische *raison d'être* verloren.

Auf Betreiben seiner Frau Elsa Olivieri Sangiacomo, einer ehemaligen Schülerin, setzt sich RESPIGHI intensiv mit der Welt des gregorianischen Chorals auseinander, aus der er Anregungen für eine Reihe neuer Kompositionen schöpft, wobei seine Intentionen darauf abzielen, die Gregorianik aus ihrer starren liturgischen Bindung zu befreien und das Melos in einen neuen klanglichen Kontext einzubetten. Es entstehen das ‹*Concerto gregoriano*› *für Violine und Orchester* (1921), die *symphonischen Impressionen* ‹*Vetrate di Chiesa*› (1922), die auf drei Klavierpräludien über gregorianische Melodien zurückgehen, ferner das ‹*Concerto in modo misolidio*› *für Klavier und Orchester* (1925) sowie die ‹*Metamorphosen über 12 Modi*› (1930); in gewissem Sinn zählt zu dieser Gruppe auch die *Toccata für Klavier und Orchester* (1928) – Werke, die aus der Verbindung von archaisch anmutendem Kolorit und RESPIGHIS eigenem Idiom ihren besonderen Reiz ziehen.

Noch einmal werden subjektive Eindrücke und persönliche Erlebnisse in Musik gesetzt: das ‹*Trittico botticelliano*› (1927) liegt auf der Linie der ‹*Pini di Roma*› und ist zugleich als Huldigung an den großen Maler des Quattrocento, Sandro Botticelli, zu begreifen, während die ‹*Impressioni brasiliane*› (1928) RESPIGHIS Erfahrungen und Eindrücke reflektieren, die dieser auf seiner ersten Brasilien-Reise gewonnen hat: Charakteristisch ist die Einbeziehung folkloristischer Elemente, so die Sambarhythmen im dritten Satz.

Einen wesentlichen Aspekt im orchestralen Schaffen RESPIGHIS stellen die zahlreichen Bearbeitungen dar, seine schöpferische Auseinandersetzung mit der italienischen Musik der Vergangenheit: Das Spektrum reicht von MONTEVERDI – 1908 wird seine Version des *‹Lamento d'Arianna›* in Berlin durch Arthur Nikisch erstmals aufgeführt – bis hin zu ROSSINI, der zweimal das Material aus einigen seiner Gelegenheitskompositionen liefert: im Auftrag von Diaghilew entsteht das Ballett *‹La Boutique fantasque›* (*‹Der Zauberladen›*, 1919), sechs Jahre später die Orchestersuite *‹Rossiniana›* (1925), in welcher der Süden Italiens durch Verwendung verschiedener Tänze wie Barcarole, Siciliana und Tarantella porträtiert wird. Unter den zahlreichen Bearbeitungen ragen zwei heraus: die *‹Antiche Danze ed Arie› per liuto* (*‹Alte Tänze und Weisen› für Laute*), zusammengefaßt in *drei Suiten* (1917, 1923, 1931), die neben den drei römischen Tonpoemen zu den bekanntesten Werken RESPIGHIS zählen und auf Lautenstücken des 16. und 17. Jahrhunderts basieren und die *Suite für kleines Orchester ‹Gli Uccelli›* (*‹Die Vögel›*, 1927), in der RESPIGHI auch französische Vorlagen aus dem 17. Jahrhundert miteinbezieht und auf höchst subtile Weise verschiedene Vogellaute imitiert. Bei diesen Bearbeitungen ist der schöpferische Eigenanteil RESPIGHIS höchst unterschiedlich: Die Spanne reicht hierbei von der schlichten Instrumentierung eines ansonsten unveränderten Tonsatzes bis hin zur völligen Neugestaltung des Ausgangsmaterials.

Norbert Christen

Alfredo Casella

Turin, 25. Juli 1883 – Rom, 5. März 1947

Frühzeitig wurde seine pianistische Begabung erkannt und gefördert. Von 1896 bis 1902 studierte er am Pariser Conservatoire, erhielt 1915 eine Professur für Komposition am Liceo (später Conservatorio) di Santa Cecilia in Rom und entfaltete ab 1923 eine weitgespannte Tätigkeit als Pianist, Dirigent, Essayist und Organisator. Zusammen mit anderen Komponisten seiner Generation (unter anderen GIAN FRANCESCO MALIPIERO) setzte er sich für die Verbreitung der zeitgenössischen und Pflege der alten italienischen Musik ein.

In CASELLAS Schaffen lassen sich drei Phasen unterscheiden: Die erste, die von etwa 1901 bis 1913 reicht, ist geprägt durch eine intensive Auseinandersetzung mit den verschiedenen Strömungen der Spätromantik und des Impressionismus. Verraten seine frühen Klavierstücke den Einfluß seines Lehrers FAURÉ, so sind die beiden *Symphonien Nr. 1 b-moll op. 5* und *Nr. 2 c-moll op. 12* dem Geist GUSTAV MAHLERS verpflichtet. Als CASELLAS bedeutendstes Orchesterwerk dieser Periode gilt die *Rhapsodie ‹Italia› op. 11*, zu der er durch das Vorbild von RAVEL und ALBÉNIZ inspiriert wurde. Seine Intentionen zielen darauf ab, ein farbiges Gemälde des sizilianischen wie neapolitanischen Lebens zu entwerfen, ohne daß jedoch ein Programm im engeren Sinne zugrunde gelegt wird. Die musikalische Substanz geben einige süditalienische Canzonen ab, unter anderem das *‹Funiculì-Funiculà›* von LUIGI DENZA.

Ausgelöst durch die Uraufführung von STRAWINSKYS *‹Sacre du printemps›*, vollzieht sich eine abrupte Wende in CASELLAS musikalischem Denken: Die neuen Leitbilder sind nun STRAWINSKY, SCHÖNBERG und BARTÓK, erkennbar in der *‹Elegia eroica›* (*op. 29*, 1916), einem überaus expressiven Werk, das die tragischen Ereignisse des Ersten Weltkriegs reflektiert sowie in *‹A notte alta›* (*op. 30*, 1917), einer Komposition, die zwischen Postimpressionismus und Polytonalität steht.

Gegen 1920 erfolgt eine stilistische Neuorientierung, die sich in einer Akzentuierung von Linearität, diatonischer, gleichwohl mit Reizdissonanzen versehener Harmonik und motorischer Rhythmik äußert. Bewußt werden Formen und Techniken vergangener Epochen, vor allem des 18. Jahrhunderts, in das eigene Schaffen miteinbezogen (Neoklassizismus). Als paradigmatisch für den *terzo stile* sind die *Partita op. 42 für Klavier und Orchester* (1925) sowie das *‹Concerto romano› op. 43 für Orgel, Blechbläser, Pauken und Streicher* (1926) zu nennen. Mit der *‹Scarlattiana› op. 44*, einem *Divertimento für Klavier und kleines Orchester* (1926), verfolgt CASELLA das Ziel, «eine harmonische Übereinkunft zwischen dem 18. und 20. Jahrhundert zu erzielen» (Autobiographie: «I segreti della giara»). Das fünfsätzige Werk verarbeitet nicht weniger als achtzig Themen aus den *545 Klaviersonaten* DOMENICO SCARLATTIS und gemahnt in Faktur und Ausdruck an STRAWINSKYS *‹Pulcinella›*. Sechzehn Jahre später, 1942, nimmt CASELLA das Verfahren der kompositorischen Aneignung noch einmal auf: seiner *‹Paganiniana› op. 65*, entstanden zum hundertjährigen Bestehen der Wiener Philharmoniker, liegen einige Capricen sowie bis dato unveröffentlichte Kompositionen des genialen Geigers zugrunde, die CASELLA selbst in einer privaten Sammlung entdeckt hat, wobei das Ausgangsmaterial eine wesentlich radikalere Umformung erfährt als im Fall der *‹Scarlattiana›*. Zu den herausragenden Werken dieser dritten Schaffensperiode zählen *‹Notturno und Tarantella› op. 54 für Violoncello und Orchester* (1934), das *Tripelkonzert op. 56 für Klavier, Violine, Violoncello und Orchester* (1933), das *Violinkonzert op. 58* (1935) sowie das *Concerto für Orchester op. 61* (1937). In den vierziger Jahren lassen sich Tendenzen zu einem vierten Stil erkennen, etwa im *Concerto op. 69 für Klavier, Pauken, Schlagzeug und Streicher* (1943), in dem verschiedentlich Zwölftonkonstellationen auftreten, ohne daß es jedoch zur Ausbildung eines konsequent dodekaphonen Systems gekommen wäre.

Norbert Christen

Gian Francesco Malipiero

Venedig, 18. März 1882 – Treviso, 1. August 1973

MALIPIERO erhielt seine Ausbildung in Wien, Venedig, Bologna und Paris. Zusammen mit CASELLA und anderen Komponisten war er maßgeblich am Aufbau verschiedener Organisationen zur Verbreitung der zeitgenössischen italienischen Musik beteiligt. 1923 begann er mit der Edition des Gesamtwerkes von CLAUDIO MONTEVERDI (abgeschlossen 1942), später wurde er mit der Publizierung des Œuvres von ANTONIO VIVALDI betraut. 1932 erhielt er eine Professur für Komposition in Venedig, von 1939 bis 1952 hatte er auch die Leitung des Conservatorio inne.

MALIPIEROS frühestes Schaffen liegt weitestgehend im dunkeln: Zahlreiche Kompositionen werden vom Autor vernichtet, andere bleiben unveröffentlicht. Eines der ersten Werke, die von MALIPIERO selbst akzeptiert werden, sind die *‹Impressioni dal vero›*, vom Komponisten als Reaktion gegen die Programmusik herkömmlicher Prägung verstanden: Natur soll nicht mit musikalischen Mitteln imitiert werden, sondern musikalische Ideen suggerieren. Teil I dieser Sammlung (1910/11) läßt unmittelbar den Einfluß DEBUSSYS erkennen, und zwar in Harmonik und Instrumentation, während der 1914/15 entstandene Teil II offensichtlich an STRAWINSKY orientiert ist. Die *‹Pause del Silenzio›, sette espressioni sinfoniche* (Teil I, 1917), eines der herausragenden Werke MALIPIEROS aus jener Zeit, sind überwiegend improvisatorischen Charakters: Jeder der sieben Abschnitte wird mit einer Variante derselben Fanfare eröffnet, ein Verfahren, das an JANÁČEK gemahnt. Mit den *Concerti per orchestra* (1931) opponiert MALIPIERO gegen die exzessive Orchestervirtuosität der Nachfolger und Nachahmer DEBUSSYS, gegen ein Phänomen, dem er ablehnend gegenübersteht und das er als Gefahr für den Organismus des Orchesters ansieht; die Ausdrucksmöglichkeiten des einzelnen wie auch des gesamten Klangkörpers sind für MALIPIERO wichtiger als die Virtuosität.

Gegen jegliche Prinzipien oder gar Schemata zeigt MALIPIERO eine ausgeprägte Aversion. So ist seiner musikalischen Denkungsweise das dialektische Sonatenprinzip zutiefst suspekt, was sich paradigmatisch an seinen *elf Symphonien* erkennen läßt: Das Prinzip der thematisch-motivischen Arbeit wird kategorisch abgelehnt, an ihre Stelle tritt das freie, quasi improvisatorische Spiel der verschiedenen musikalischen Gedanken, deren Abfolge vom «kompositorischen Instinkt» festgelegt wird. Aus dieser Anschauung resultiert die in fast allen Werken MALIPIEROS zu beobachtende Tendenz zur Vereinfachung, erklärt sich die Tatsache, daß sich der Komponist allen atonalen, dodekaphonen oder gar seriellen Strömungen verweigert hat. Die einzelnen *Symphonien* sind höchst individuell gestaltet; sie tragen fast alle Zusatzbezeichnungen, die jedoch nicht auf eine bestimmte Programmatik abzielen. Aus dem umfangreichen Œuvre ragen heraus: *Violinkonzert Nr. 1* (1932), *Violoncellokonzert* (1937), die *Fantasie di ogni giorno* (1953), die *Fantasie concertanti für Klaviertrio und Orchester* (1954) sowie die *Dialoghi* (1955 bis 1957), acht Stücke konzertanten Charakters, in denen der Komponist Zwiesprache hält mit jenen Verstorbenen, zu denen er eine geistige Affinität empfindet: Platon, Jacopone da Todi, MONTEVERDI, VIVALDI, DE FALLA. MALIPIERO hat eine Reihe von Bearbeitungen hinterlassen, unter ihnen ‹*La Cimarosiana*› (1921) und ‹*Vivaldiana*›, in denen sich sein künstlerisches Credo am unmittelbarsten äußert: daß nämlich eine Erneuerung der italienischen Musik nicht vom *melodramma* des 19. Jahrhunderts zu erwarten, sondern nur durch Rückbesinnung auf die italienische Musik des 16. bis 18. Jahrhunderts zu erzielen ist.

Norbert Christen

Rudi Stephan

Worms, 29. Juli 1887 – Tarnopol, 29. September 1915

Das kompositorische Werk RUDI STEPHANS einzuordnen, fällt in mancherlei Hinsicht schwer. Denn bevor sich ein deutlich erkennbarer Individualstil ausgebildet hatte, fiel STEPHAN, 1887 in Worms geboren, 1915 im Ersten Weltkrieg. Gleichwohl sprechen seine wenigen Kompositionen, darunter als Hauptwerke die *Musik für Orchester* von 1912 und die Oper *‹Die ersten Menschen›* eine musikalische Sprache, die in ihrer Eigentümlichkeit kaum an direkten Vorbildern gemessen werden kann.

Im Jahre 1905 war STEPHAN nach Frankfurt gezogen, um dort bei BERNHARD SEKLES zu studieren. 1906 kam er nach München, wo er bei dem Musikkritiker Rudolf Louis seine Studien fortsetzte. Die von Louis protegierte und mitgetragene «Münchner Schule» beeinflußte zwar das Werk STEPHANS, doch blieb ihre Wirkung, wie auch die MAX REGERS oder RICHARD STRAUSS', eher peripher. Darauf deuten äußerlich schon die schlichten Titel seiner Werke. 1908 entsteht ein *Opus 1 für Orchester,* 1912 eine *Musik für Orchester.* «Keinen poetischen Titel, nicht die Benennung Tondichtung und gar nichts», notierte STEPHAN erläuternd zu diesen Werkbezeichnungen, deren Objektiviertheit auf die zwanziger und dreißiger Jahre vorausweist, aber auch Brücken schlägt zu Werktiteln, wie sie die Wiener Schule gleichzeitig verwendete (*Stücke für...*).

Im Konzertsaal treffen wir heute in erster Linie die *Musik für Orchester* aus dem Jahre 1912 und die *Musik für Geige und Orester* von 1913 an. Beide sind einsätzige Kompositionen von knapp zwanzig Minuten Dauer. Eine Tonartbezeichnung fehlt, sie wäre bei der ausufernden Harmonik auch nicht mehr begründbar. Gleichwohl weicht STEPHAN tonalen Wendungen durchaus nicht aus, ja die spürbare Plastizität der Musik rührt daher, daß ein tonaler Gestus geradezu gesucht wird. Leider verhinderte der frühe

Tod STEPHANS, daß dieser weithin eigenständige kompositorische Ansatz (er ist weder mit der fließenden Durchchromatisierung REGERS noch mit dem harmonischen Vagieren von RICHARD STRAUSS zu vergleichen) fruchtbar ausgebaut wurde.

Das bei weitem meistgespielte Werk STEPHANS ist seine *Musik für Orchester*. Die Partitur zählt nicht nur zu den inspiriertesten und formal überzeugendsten Werken des Komponisten, sondern ist darüber hinaus eines der wichtigsten deutschen Orchesterwerke aus der Zeit vor dem Ersten Weltkrieg. Auf eine langsame Einleitung folgt ein rhythmisch impulsives Hauptthema, dessen synkopisches Drängen zur Leitidee des ganzen Werkes wird. Diesem einheitsbildenden Moment stellt STEPHAN ein kontrastierendes gegenüber: schroff aufeinanderprallende Blöcke, von bizarrer Grellheit bis zu ermattet abgedämpften Klängen, in denen sich verschiedene Energie- und Emotionsebenen treffen. Die Breite symphonischen Erlebens wird gleichsam auf gedrängtem Raum, in «einem Zuge» eingebracht. Die verwendeten Techniken weisen auf eine eingehende Vertrautheit mit den zeitgenössischen Kompositionen von MAHLER bis DEBUSSY. Die *Musik für Orchester* profitierte nicht zuletzt auch von der brodelnden Umbruchsituation jener Jahre. Die *Musik für Geige und Orchester* aus dem Jahre 1913 ist heute seltener zu hören. STEPHAN versuchte hier sein Prinzip blockhaften Komponierens noch zu verdichten. Es entstand seine wohl komplizierteste Partitur, die ahnen läßt, wozu seine weitere Entwicklung noch hätte führen können. An spontaner Wirkung freilich bleibt dieses Werk – wohl nicht zuletzt wegen seiner differenzierten Struktur – hinter der *Musik für Orchester* zurück.

Reinhard Schulz

Igor Strawinsky

Oranienbaum bei St. Petersburg, 18. Juni 1882 – New York, 6. April 1971

Daß «jede Aufgabe ihre eigenen Lösungen» habe, meinte IGOR STRAWINSKY, als er mit Hilfe unzähliger Noten schon zahllose Formulierungen gefunden hatte für das, was musikalisch mitzuteilen ihm wichtig gewesen war, STRAWINSKY, der so oft gesagt hatte, daß seine «Werke ‹gelesen›, ‹ausgeführt›, aber nicht ‹interpretiert› werden» sollten, denn «nichts findet sich in ihnen, was eine Interpretation erfordern würde». Unbescheiden wie IGOR STRAWINSKY nun einmal war, als weltläufiges Genie, als Repräsentant von Musik pur, ist es ihm selbst wohl doch entgangen, daß er als Dirigent nicht immer der beste Realisierer dessen war, was er «nicht als Symbol für irgend etwas, sondern für Musik» begriff. Noten eben, die «immer unfaßbar sind. Komponieren bedeutet für mich, eine gewisse Zahl von Tönen nach gewissen Intervallbeziehungen zu ordnen.» So spröde, schier technokratisch gar, wie dieser kesse Spruch sich liest, ist STRAWINSKYS Musik über lange Strecken hin bekanntlich nicht formuliert. Und ein (bißchen) Bürgerschreck zu sein, das war ihm durchaus Herzensangelegenheit. Auch wenn es (nur) darum ging, das Dösen im Konzertsaal zu verhindern, gefühlsduselige, bewußt(seins)lose Gefühlsorgien, Dunst und Nebel im musikalischen Wahrnehmungsporzeß aufzulösen. In seinen Charles Eliot Norton Lectures, die er im Winter 1939/40 in Harvard gehalten hatte und die als seine «Poetics of Music» («Musikalische Poetik») öffentlich geworden sind, hat STRAWINSKY bekannt: «Da ich nicht das dem Akademismus eigene Temperament habe, so bediene ich mich stets wissenschaftlich und freiwillig seiner Formen. Ich bediene mich ihrer ebenso gewissenhaft wie der Folklore.» Die Rohmaterialien seiner Arbeit sind denn auch Folklore, Rhythmus, Form, Beziehung zwischen Intervallen, Einheit in der Vielfalt. Diese Elemente kennzeichnen STRAWINSKYS Gesamtwerk, begleiteten ihn sein fast neun Jahrzehnte umspannendes Leben. Der Rhythmus freilich zieht sich als permanenter roter Faden auch durch seine äußeren Lebensstationen, deren geographische Fixpunkte in Rußland wie in der Schweiz, in Frankreich und in den Vereinigten Staaten von Nordamerika Spuren hinterlassen haben. Eine dazu gewissermaßen parallel verschobene, dennoch nicht aufgesetzte, sondern einzig aus dem Œuvre ziemlich klar ablesbare Dreisätzigkeit kann eine russische von einer neoklassizistischen und diese von einer an Reihentechniken orientierte kompositorische Periode unterscheiden.

Wolf Loeckle

«Russische» Phase

Ungefähr bis zum Ende des Ersten Weltkriegs läßt sich die «russische Phase» datieren, deren Höhepunkte *‹L'oiseau de feu›, ‹Pétrouchka›, ‹Le sacre du printemps›* und *‹Les noces›* STRAWINSKYS Weltruhm begründeten. Dessen erste Höhenflüge starteten von der Basis *Mir iskusstwa* (Welt der Kunst), jener Zeitschrift des Kreises um Sergej Diaghilew, die speziell in den Regionen der Bildenden Kunst eine Synthese des altrussischen Erbes und der westeuropäischen Avantgarde erstrebte. Dazu kamen Überlegungen aus dem Beljajev-Kreis, die STRAWINSKY in erster Linie von seinem Lehrer NIKOLAJ RIMSKIJ-KORSAKOW übermittelt wurden. STRAWINSKYS Eintauchen in die russische Folklore und seine Auswertungen diverser Sammlungen gingen jedoch weit über das hinaus, was das «Mächtige Häuflein» (der Zirkel um BALAKIREW, RIMSKIJ-KORSAKOW, MUSSORGSKY, CUI und BORODIN) geplant hatte, aus der russischen Folklore nämlich eine nationale Kunstmusik zu entwickeln. STRAWINSKY mochte Folkloristisches nur als Rohstoff für seine Inspiration akzeptieren. Und auch der Ballettreformer Michail Fokin ebenso wie der Maler Leon Bakst hatten ihn früh schon angeregt, Augen, Ohren, Sinne gen Westen geöffnet zu halten.

Dennoch, STRAWINSKYS *Opus 1*, die *Symphonie Es-dur*, mit drei- bis vierfach besetzten Bläsern, geteilten Streicherchören und einer mit Pauken, Becken, Großer Trommel wie Triangel voluminös bestückten Schlagzeuggruppe zeigt eher klassizistische Züge denn solche der Klangschrift des Lehrers Rimskij-Korsakow. So traditionsbezogen der viermal dreiteilige Formverlauf des Allegro-Kopfsatzes als Sonatensatz, der des vorgezogenen Scherzo-Allegretto, des Largos und des Allegro-Finales angelegt sein mag, so persönlich-heimatverbunden stellt sich doch der Grundton des Scherzo-Satzes ein, mit einem episodischen Volkstanzthema, das als ‹*Ammentanz*› später in ‹*Pétrouchka*› wiederkehrt. Strawinsky hat sein *Opus 1* nach Abschluß der Studien bei Rimskij-Korsakow in den Jahren 1905 bis 1907 geschrieben und es dem Lehrer gewidmet. Die (nichtöffentliche) Uraufführung war am 27. April 1907 in St. Petersburg, später hat Strawinsky seine *Es-dur-Symphonie* wiederholt selbst dirigiert. Amüsant ist eine Episode von der ersten außerrussischen Aufführung am 2. April 1914 im Rahmen der Kursaalkonzerte von Montreux. Es war damals – und dortselbst – nicht unüblich, auch zwischen den Sätzen einer Symphonie zu applaudieren. Ernest Ansermet, der Dirigent, rief den Komponisten zur Entgegennahme des Beifalls nach dem ausgedehnten Eingangssatz aufs Podium. Unversehens drückte der musikalische Leiter dem Autor den Dirigentenstab in die Hand – und Strawinsky leitete, zustimmend von Orchester und Auditorium bedacht, den Scherzo-Satz. Dieses Scherzo scheint nach Ansermets Herauslösung aus dem Gesamtzusammenhang auch als selbständiger Tanzsatz in Ballettprogrammen auf.

Überhaupt haben Scherzi in Rußland eine spezifische symphonische Tradition, von Tschaikowsky bis selbst hin zu Schostakowitsch. Strawinsky konfrontierte sich mit diesem auf Kontrastwirkung angelegten Tanzsatztypus auf zwei Ebenen, im Kontext seiner *Symphonien* nämlich und in drei speziellen Stücken: im ‹*Scherzo fantastique*› *op. 3* (1908) und in ‹*Feu d'artifice*› *op. 4* (1908) sowie im ‹*Scherzo à la Russe*› (1942). Das ‹*Scherzo fantastique*›, nach Strawinskys Einschätzung «rein sinfonische Musik auf der Linie Mendelssohn–Tschaikowsky», verlangt einen beachtlich voluminösen Orchesterapparat: vierfach besetzte Bläser, drei Harfen, Celesta, Becken, geteilte Streicher. Eine 1917 von Léo Staats nach Maurice Maeterlincks «Les Abeilles» choreographierte Version zum Leben der Bienen hatte den Komponisten erheitert, im Gegensatz zu Maeterlinck, der sich von «solchen Machenschaften» distanzierte. Ebenso wie das *‹Scherzo fantastique›* wurde auch *‹Feu d'artifice›* in einem der St. Petersburger Siloti-Konzerte des Jahres 1909 uraufgeführt. *Opus 3* ist Siloti, *Opus 4* Studienfreunden zur Hochzeit gewidmet: Nadjeschda (Tochter von Rimskij-Korsakow) und Maximilian Steinberg (später ein Lehrer Dimitri Schostakowitschs). Ein durchaus folgenreiches Ergebnis dieser von Kennern positiv aufgenommenen Uraufführungen war Sergej Diaghilews intensivierte Kontaktaufnahme mit dem Komponisten, eine Verbindung, ohne die Strawinskys nicht nur kompositorisches Leben anders verlaufen wäre und ohne die der Ballettszene in Ost wie in West entscheidende Impulse im ersten Drittel des 20. Jahrhunderts entgangen wären.

Witzig, wenig zurückhaltend, temperamentvoll wie Strawinsky eben war, hatte er sich beizeiten schon – den Lehrer Rimskij-Korsakow gleichwohl achtend – von dessen Musikanschauung distanziert. Mit einer, von ihm als «Hummelflug-Ästhetik» ironisierten Konzeption wollte er nichts zu schaffen haben. So mag sein *‹Feu d'artifice›* durchaus als kritischer Kommentar zur Programmusik verstanden werden. Und rückblickend von der *‹Circus-Polka›* (1942) sowie vom *‹Scherzo à la Russe›* (1942) sind hier schon Stilelemente grundiert, die, durch zahllose Wandlungen hindurch, den typischen Strawinsky ausmachen, mit all den rhythmischen Asymmetrien, explosiven Klangfarben und dynamischen Terrassierungen. Es waren also Scherzi, mit denen der junge Strawinsky überregionale Resonanz einheimste. Als er zwischen 1929 und 1933 Transkriptionen der Erfolgsnummern wie *‹Reigen der Prinzessinnen›*, *‹Berceuse›* und des Scherzo aus dem *‹Feuervogel›* veröffentlichte, war er ein weltberühmter Mann, hatte er Riesenerfolge und einen der größten Skandale der Musikgeschichte in Szene gehen lassen.

‹L'oiseau de feu› (*‹Der Feuervogel›*) darf wohl als Strawinskys erfolgreichste Partitur gelten. Das kontrastreiche Ballett in einem Akt mit zwei Szenen begründete seinen Weltruhm als Komponist. Es entwickelt sich über neunzehn Musiknummern hin nach dem Libretto des Michail Fokin und basiert auf dem Märchen vom standhaften Zarewitsch und der schönen, verzauberten Zarewna sowie der Erzählung vom wundertätigen Feuervogel und der Le-

gende vom bösen Zauberer Kaschtschej. Es zielt auf den Sieg der «Guten Mächte» (Zarewitsch, Feuervogel) über die «Kräfte des Bösen» (Kaschtschej). STRAWINSKYS musikalischem Design stand ein Vorbild RIMSKIJ-KORSAKOWS Pate, der in seiner Oper vom *‹Goldenen Hahn›* zwecks Typisierung mit Diatonik und Chromatik experimentiert hatte. Im *‹Feuervogel›* sind Prinzen und Prinzessinnen akustisch durchs rein Diatonische präsent, Kaschtschej bewegt sich in der schillernden Chromatik, und der rätselvolle Feuervogel changiert zwischen allen Möglichkeiten. Diaghilew hatte das Opus in Auftrag gegeben und damit endgültig eine kreativ-freundschaftliche Beziehung zu dem Komponisten initiiert, die über zwei Jahrzehnte lang, von 1909 bis 1929, äußerst erfolgreich operierte. Vera Strawinsky, des Musikers zweite Frau, meinte später, daß, «bevor das Alter und Amerika Strawinskys Charakter verändert hatten», er nur Diaghilew sein Herz geöffnet habe. Und daß Diaghilew der einzige gewesen sei, dessen Kritik er ernst genommen habe. Mit Diaghilews Tod war, wie DARIUS MILHAUD anno 1929 formulierte, «ein Laboratorium für moderne Kunst verloren»-gegangen. Denn dessen «Ballets Russes» hatten damit ebenfalls aufgehört zu existieren, jene Institution, die sich ums Zusammengehörige von Musik, Tanz, Bildender Kunst, Dichtung ein überzeitliches Verdienst erworben hatte. Daß STRAWINSKY zweiundvierzig Jahre später auf dem russisch-orthodoxen Teil des venezianischen Inselfriedhofs San Michele beigesetzt wurde, in unmittelbarer Nähe von Diaghilews Grab, war kein Zufall. Das war STRAWINSKYS Wunsch. *‹Der Feuervogel›* also war am 25. Juni 1910 zu Paris uraufgeführt worden, in der Choreographie von Michail Fokin, musikalisch betreut von Gabriel Pierné. Diese Premiere war der erste gemeinsame Triumph. 1911 arrangierte STRAWINSKY eine *Suite* für sehr groß besetztes Orchester, 1919 folgte eine *Suite* für mittelgroßen Apparat und 1945 eine dritte *Suite*, die – was Besetzungsfragen angeht – weithin identisch ist mit der am meisten gespielten *Suite* von 1919. Hier taucht erstmals ein Problem für die Überschaubarkeit des STRAWINSKYschen Gesamtwerkes auf: die große Anzahl der Bearbeitungen, Umarbeitungen, Transpositionen, Versionen. Daß Erfolge aus dem groß-symphonischen Umfeld auch der kleineren Besetzung zugänglich sein sollen, das hat historische Tradition und Legitimation. Für STRAWINSKY freilich, den Multinationalisten (Russe, Franzose, US-Amerikaner), war, nachdem er sein Heimatland verlassen hatte und die weltpolitischen Konstellationen ihm den musikmarkttechnischen Zugriff auf Einnahmen von dorther unmöglich machten, das Umarbeiten (auch und nicht zuletzt) ein überlebensnotwendiges Verfahren urheberrechtlicher Provenienz. Obendrein transportierte es viel von seiner Musik dorthin, wo es in aller Unverwechselbarkeit nicht so schnell angekommen wäre – in den Konzertsaal.

‹Pétrouchka›, burleske Szene in vier Bildern, war Diaghilews zweiter Ballettauftrag an STRAWINSKY, diesmal für die Pariser «Saisons Russes» vom Sommer des Jahres 1911. Uraufgeführt wurden die Szenen am 13. Juni im Théâtre du Châtelet, am Pult stand Pierre Monteux, die Choreographie hatte wieder Michail Fokin entwickelt, dem Tanzlibretto hatten er und der Komponist Form und Inhalt gegeben, das szenische Ambiente stammte von Alexandre Benois. (Eine revidierte Fassung erschien 1946.) Schauplatz des Spektakels sollte ein Marktplatz sein, mit seiner Menschenmenge, mit seinen Buden und den Zauberkünsten der Taschenspieler. Petruschka, der ewig unglückliche Held auf den Jahrmärkten in allen Ländern, diese Gliederpuppe sollte ursprünglich zu einer konzertanten Groteske für Klavier mit einem Karussell aus Blas- und Schlaginstrumenten entwickelt werden. Die Schärfe der musikalischen Typisierung ist freilich nicht vordergründig, das kontrastreiche musikalische Geschehen macht Puppenballettmusiken früherer Zeiten vergessen. STRAWINSKYS Klangstrukturen, seine kurzgliedrigen rhythmischen Ostinatomodelle, die Reihung der Klangformeln für seine drei Prototypen lassen ein Eifersuchtsdrama um die seelenlose Ballerina zwischen dem lüsternen Mohren und dem melancholischen Petruschka, jenem Mitleidshelden der russischen Jahrmärkte, ablaufen, das auf einer höheren Ebene Rustikales und Urbanes vereint. Die Dynamik der *‹Pétrouchka›*-Musik war anno 1911 neu auf der Ballettbühne – und entsprechend provozierend.

Ungleich umstrittener war die Ballettpremiere eines Stücks vom 29. Mai 1913 im Pariser Théâtre des Champs-Élysées. Es handelt sich um einen der größten Skandale aus der Geschichte Neuer Musik, um die Uraufführung des ‹*Sacre*›. Aber nicht STRAWINSKYS Musik war dafür in erster Linie ursächlich, sondern des Choreographen Vaclav Nijinskijs platte Verdoppelung der Musik. ‹*Le sacre du printemps*› (‹*Das Frühlingsopfer*›), Bilder aus dem heidnischen Rußland, ist das dritte für Diaghilew gelieferte Ballett, Uraufführungsdirigent war Pierre Monteux. Anläßlich der Konzertpremiere vom April 1914 umriß STRAWINSKY die Grundidee des ‹*Sacre*›: «In diesem Frühlingsopfer habe ich den panischen Schrecken der Natur vor der ewigen Schönheit darstellen wollen. Und so muß das ganze Orchester die Geburt des Frühlings wiedergeben.» Das geschieht *in stile barbaro* gewissermaßen. Die Vitalität, die Aussage stimmt bis heute. Hier hat STRAWINSKY die ausgeprägteste musikalische Identität seiner «russischen Periode» festgeschrieben. Das Elementare wird gebändigt von seinem Gestaltungswillen, in einem rhythmischen Reihungsprinzip, in kurzgliedrig-engintervalliger Motivbildung als einer kirchentonal orientierten Zellteilung, in Dur-Moll-Mischklängen, in einer durch Ostinati und Orgelpunkte gebundenen Grundierung des Gesamtklangs. Wie STRAWINSKY mitteilt, «geht nur die einleitende Fagottmelodie auf musikalisches Volksgut zurück, auf eine damals neue Anthologie litauischer Volksweisen, die mir in Warschau in die Hände gekommen war». Worauf aber in des jungen STRAWINSKY revolutionärstem Werk der zwingend spürbare innere Zusammenhang des Ganzen beruhe, das galt jahrzehntelang als Rätsel. Manche leugneten überhaupt einen konstruktiven Zusammenhang. Der Mailänder STRAWINSKY-Kongreß 1982 schien mit einer Sensation dann endgültig Klarheit zu bringen: Roman Vlad wies nach, daß den vielfältigen, meist sogar diatonischen und scheinbar unverbundenen musikalischen Gestalten und Texturen des ‹*Sacre*› insgeheim eine Zwölftonreihe zugrunde liege – und das ein Jahrzehnt vor SCHÖNBERGS systematischer Entwicklung seiner «Methode der Komposition mit zwölf nur aufeinander bezogenen Tönen». Ob es nach SCHÖNBERGS Meinung «keine sackere Sackgasse als den ‹*Sacre*›» gibt – hätte er damals die Mailänder Einsichten gehabt, wäre diese Polemik überflüssig gewesen –, diese Frage ist längst beantwortet: ‹*Sacre*› ist eines der Spitzenwerke aus der Musik des 20. Jahrhunderts.

In den Schweizer Jahren 1914 bis 1920 hatte STRAWINSKY noch

begonnen, an *‹Les Noces›* (*‹Die Bauernhochzeit›, russische choreographische Szenen*) zu arbeiten. 1923 aber erst konnte er das Bühnenwerk abschließen. Die Texte zu den heidnisch-christlich verschränkten vier Teilen stellte er aus Volksdichtungen zusammen. Die Partitur schreibt vierstimmigen gemischten Chor mit Soloquartett und ein umfangreiches Perkussionsensemble vor. Inhaltlich-dramaturgisch sind die vier Szenen nicht als ein psychologisch differenzierender Handlungsablauf zu begreifen. Es entfalten sich hier keine klaren Charaktere in einem dramatischen Sinn. Vielmehr führt STRAWINSKY eine Aufreihung typischer Ereignisse im Zeremoniell der altrussischen ländlichen Hochzeitsfeiern vor. Das Glockenklangmotiv, ein aufsteigend in Kleinterz und Großsekund gespaltener Quartschritt bildet die musikalische Keimzelle der *‹Bauernhochzeit›*. Sie wird ständig permutiert und erzielt damit eine magische Starre. Das Instrumentarium kontrapunktiert die Vokalstimmen so, daß aus den Abwandlungen des Glockenklangmotivs bitonale Schichtungen entstehen. Die Vokalpartien basieren auf russisch-orthodoxen Leiterbildungen. *‹Les Noces›* wurde am 13. Juni 1923 im Pariser Théâtre de la Gaité Lyrique uraufgeführt. Dirigent war Ernest Ansermet. In konzertanten Aufführungen hat sich STRAWINSKYS *‹Bauernhochzeit›* über die Zeiten und ihre Umbrüche hinweg eine faszinierte und faszinierende Aura bewahrt. *Wolf Loeckle*

«Neoklassizismus»

Die Frage wäre zu stellen, wo STRAWINSKYS Musik einmal vollständig «bei sich selbst» ist. Denn in nahezu allen seiner Werke greift er auf Vorhandenes zurück, sei es auf das russische Volksliedgut in den früheren Kompositionen, auf Drehorgelklang oder Schlagermotivik, dann – und diese Periode wird wegen der Ausdrücklichkeit der Zitate als «Neoklassizismus» bezeichnet – auf den Fundus der abendländischen Musikgeschichte, schließlich «erreicht» er im Spätwerk die Musik der Gegenwart, das Komponieren auf der Basis von Zwölftonreihen. STRAWINSKYS musikalische Entwicklung ist der eines Embryos zu vergleichen, der die ganze Menschheitsgeschichte noch einmal im Kern nachvollzieht und bei dem einzelne Merkmale sich deutlicher ausprägen, als dies dann beim entwickelten Wesen kenntlich ist. Freilich ist es gerade die Phase des «Neoklassizismus», also etwa zwischen 1920 und 1950, wo sich die Musik dieser Eigenschaften am deutlichsten versichert. Sie trägt am stärksten Züge des Uneigentlichen, die Züge STRAWINSKYS scheinen hier von einer Maske verdeckt. Die Musik wirkt massiv, introvertiert, klappernd, gewichtig, lyrisch, polternd, steif, geschmeidig und vieles mehr, sie tut als ob und bringt über die Vorstellung ein dialektisches Verhältnis zwischen Komponist und seiner Genesis ein. Die Tatsache, daß STRAWINSKY als Karikatur immer zu grinsen scheint, fängt den Charakter der Musik am deutlichsten ein. Die Werke bleiben verschmitzt selbst da, wo durch den Mantel der Stilisierung eindeutig eine persönliche und emphatische Anteilnahme durchschimmert.

Das Ballett *‹Pulcinella›* (1919/20) setzte einen Anfang, zwar nicht ohne Vorläufer und Vorausahnungen, wenn man auf Teile in *‹Pétrouschka›* oder in der *‹Geschichte vom Soldaten›* blickt, dennoch aber so überraschend, daß Verrat am bisherigen Weg gewittert wurde. Es ist bezeichnend, daß die Commedia dell'arte-Figur Pulcinella und ihre burlesken Verwandlungskünste den Gedanken an eine Musik der Verstellung gebar. STRAWINSKY griff auf Vorlagen des italienischen Barock zurück, zumeist auf Werke von PERGOLESI. Diese Einzelteile montiert er übergangslos zusammen, er färbt sie bunt ein, setzt behutsam an markanten Stellen eine schärfende Dissonanz hinzu oder bricht das Metrum auf. Dies wirkt so, als wolle STRAWINSKY immer wieder auf die Beobachterrolle verweisen, so als wenn kurz die Maske zum Verrat der Identität gelüpft würde. Im Jahre 1922 stellte STRAWINSKY elf Sätze aus dem Ballett zu einer *Suite* zusammen.

Das *Konzert für Klavier und Bläser* entstand 1923/24 und zählte bald zu den meistgespielten Kompositionen STRAWINSKYS. Vorbild ist die barocke Concerto-Form als Abstraktum. Die Haltung und die Gesten dieser Musik werden aufgegriffen (etwa der langsame Ouvertürencharakter des Beginns, die Geläufigkeit des Allegro-Teils im ersten Satz, die langgezogen ausgesungenen Töne in den Oberstimmen bei gravitätischer Baßfortschreitung im Largo usw.). Doch ebenso bricht die Musik aus diesem Rahmen aus, schon in der Kadenz des zweiten Satzes, vollends schließlich im dritten. Er gerät zur Stilcollage mit Jazzelementen, wirbelnden Zitaten und vielfach aufgebrochener Form. Das Konzert gab nicht zuletzt eine Klangvorlage, die dann später von KURT WEILL (zum Beispiel in der ‹*Dreigroschenmusik*›) aufgegriffen wurde.

Viele Arbeiten STRAWINSKYS nahmen auf ähnliche Weise Modellcharakter für andere Komponisten an. Das szenische Oratorium ‹*Oedipus Rex*› (nach Sophokles, von Jean Cocteau und ins Lateinische übertragen von Abbé Jean Daniélou) stellte das Rüstzeug für das ORFFsche Musiktheater. STRAWINSKY arbeitete zwischen 1926 und 1927 an dem Werk, in dem ein Sprecher die Handlungsabschnitte erläutert, während die Musik nicht zuletzt wegen der lateinischen Sprache archaische, gleichsam statuarisch festgeschriebene Züge annimmt. Der Ton dieses Opernoratoriums ist blockhaft starr, vor allem in den zahlreichen Chorpartien. In den Solopartien hingegen eignet sie sich eine Zitathaltung an, die die Charaktere der Personen überzeichnend herausstellt (so etwa das betont gewichtige C-dur bei Créons erstem Auftritt). So spielt sich das Geschehen auf drei Ebenen ab, auf der neuzeitlich rationalen des Sprechers, auf der emotional anteilnehmenden beim Auftreten der Personen (Oedipus, Jocaste, Créon, Tirésias, ein Hirte, ein Bote) und schließlich auf einer gesetzesartig starren in den Partien des Männerchors.

Nach dem ‹*Oedipus*› entstand 1927/28 das Ballett ‹*Apollon musagète*›. STRAWINSKYS chamäleonartige Wandlungsfähigkeit muß überraschen. Er schrieb für das Stück, das weitgehend handlungslos bleibt (‹*Geburt Apolls*›, ‹*Tänze der Musen Calliope, Polyhymnia und Terpsichore*›, zum Schluß eine Apotheose ‹*Apoll führt die Musen in den Parnaß ein*›), eine zurückgenommen weiche und vollklingende Musik nur für Streichorchester.

STRAWINSKY gab an, das Ballett aus «Bewunderung für die lineare Schönheit des klassischen Tanzes» komponiert zu haben. «Es lockte mich, eine Musik zu komponieren, bei der das melodische Prinzip im Mittelpunkt steht. Welche Freude, sich wieder dem vielstimmigen Wohllaut der Saiten hinzugeben und aus ihm das polyphone Gewebe zu wirken, denn durch nichts wird man dem Geist des klassischen Tanzes besser gerecht, als wenn man die Flut der Melodie in den getragenen Gesang der Saiten ausströmen läßt.» *‹Apollon musagète›* ist ein terzen- und durseliges Stück von äußerster Zurückhaltung. Nicht die Musik ist hier Zitat, sondern die von ihr evozierten Vorstellungen einer getragen abgeklärten Bewegung.

Die folgende Komposition, das Ballett *‹Der Kuß der Fee›* nach einem Märchen von Christian Andersen, ist eine Hommage an TSCHAIKOWSKY. Der Komponist faßt die Handlung so zusammen: «Ein Kind wird bei seiner Geburt durch den Kuß einer Fee gezeichnet; sie trennt es dadurch von seiner Mutter. Zwanzig Jahre später, als der junge Mann den Augenblick des höchsten Glücks erlebt, gibt sie ihm wieder den Schicksalskuß und entzieht ihn so dem irdischen Dasein, um ihn auf ewig in höchster Glückseligkeit zu besitzen.» Ausschnitte aus *Klavierstücken* und *Liedern* von TSCHAIKOWSKY bilden das Gerüst der Partitur. Sie werden überblendet und teilweise rhythmisch und harmonisch geschärft. Ihre Auswahl nach thematisch-motivischer Vermittelbarkeit verhindert den Eindruck einer potpourriartigen Zusammenstellung. Eindringlich erfaßt STRAWINSKY den Orchesterklang TSCHAIKOWSKYS, ja er überspitzt ihn und führt ihn dadurch zugleich auf seine wesentlichen Merkmale zurück. Das zumeist intim einfache Material der Lieder wird betont symphonisch aufgebauscht, es erhält dadurch eine Bedeutungsschwere, die mit sich selbst im Ungleichgewicht ist. Dies aber steht in genauer Analogie zum Märchen Andersens, das harmlos tut und zugleich abgründig in die Tiefe blickt.

Das *‹Capriccio› für Klavier und Orchester* (1928/29) holte sich, so STRAWINSKY selbst, Anregungen bei CARL MARIA VON WEBER. Seine Musik wird aber nicht wörtlich zitiert, vielmehr sucht STRAWINSKY eine Annäherung an das freie Formempfinden WEBERS, an dessen Verzierungstechniken und vor allem am Gestus brillanter Läufer oder nachdrücklicher Umspielungen. Kapriziöses Auftreten, das einhergeht mit überspitzter Eleganz, mit einem Schleiervorhang aus launisch aufgesetzter Motivik, drängt sich nach vorn, als habe die Musik Schminke aufgelegt. Sie changiert zwischen Reiz und Durchschaubarkeit, das Falsche versöhnt sich mit dem Betörenden. Die Lust am frei und bunt gesetzten Grellen nimmt narzißtische Züge der Selbstdarstellung an. Auch die Tempobezeichnungen der letzten beiden Sätze, nach einem einleitenden Presto, unterstreichen die freie Gestaltung: Andante rapsodico und Allegro capriccioso ma tempo giusto.

Mit dem nächsten Werk, der ‹*Psalmensymphonie*› (1930), wendet STRAWINSKY den Blick erneut, wie schon im ‹*Oedipus*›, in archaische Vergangenheit, hier in die alttestamentarische. Eigenartig wirkt die Besetzung, in der STRAWINSKY auf die hohen Streicher (Geigen und Bratschen) verzichtet, dafür aber den Bläserapparat, vor allem in den hohen Lagen, stark besetzt. Dazu tritt ein Chor, nach Möglichkeit mit Kinderstimmen (Sopran und Alt). Die Musik rückt hörbar ab vom filigran aufgebrochenen Romantizismus der vorangegangenen Arbeiten, sie nimmt eine merkwürdig kahle Gestalt an. Im ersten Satz bestimmen immer wieder aussagelos und antiemotional starre Klangbrechungen das Bild, ein deklamierender Chor tritt hinzu. STRAWINSKY beschwört den Glauben nicht, vielmehr setzt er eine gleichsam unverrückbare Glaubenshaltung, die keine Beweise und keine sinnlichen Anreize benötigt, direkt in musikalische Gestalt. Die drei Sätze, die unmittelbar ineinander übergehen, sind mit Anrufung – Zuversicht – Lobpreisung zu charakterisieren. Der Mittelsatz lockert die Statik barockisierend auf (Fuge), der dritte führt kultische Ekstase durch beschwörende Tonwiederholungsfloskeln vor. Am Schluß ist abgeklärte Lösung erreicht, weitflächig und still, wie ein erschöpfter Körper, der das kultisch Erlebte in sich nachzittern fühlt.

Das *Violinkonzert,* komponiert 1931, steht «in D». Dieser im Titel vermerkte Zusatz deutet auf größte tonale Eingebundenheit des Werkes, freilich auch auf die Geigentonart schlechthin. Musterartiges Vorbild sind wiederum barocke Formen, was schon die Satzüberschriften (Toccata – Aria I und II – Capriccio) andeuten. Im Vordergrund aber steht noch mehr das Bild des geigenspielenden Virtuosen, die Musik schreibt gleichsam seine technischen Eskapaden nach und überspreizt sie ins Uneigentliche bis hin zur Selbstkarikatur. Das heißt für den musikalischen Satz eine Verliebtheit in Drehwendungen, die blechern improvisatorisch das metrische Gefüge aufbrechen, Spiel mit Skalen, die rhythmisch nicht aufgehen, Vorliebe für Motivwiederholungen und für markante Einschnitte. Als Signal des ganzen Werkes ist ein «überdehnter» Quintklang anzusehen, gewissermaßen als virtuose Überhöhung der leeren Saiten. Er steht am Beginn jeden Satzes und setzt jeweils wie ein Startschuß die Musik in Gang, die dann in virtuoser Mechanik fast eigenmächtig weiterläuft.

1933/34 arbeitete STRAWINSKY, einer Bitte von Ida Rubinstein nachkommend, an dem *Melodram ‹Perséphone›* nach einem Text von André Gide. Es ist das einzige Mal, daß STRAWINSKY in größerem Umfang die französische Sprache verwendet. Das etwa fünfundvierzig Minuten beanspruchende Werk hat drei Teile (*‹Die Entführung der Persephone›* – *‹Persephone in der Unterwelt›* – *‹Die Wiedergeburt der Persephone›*). Die Musik sucht, wohl in Angleichung an das französische Wort, impressionistische Ausdrucksmittel einzubringen und nimmt hierbei wie auch vor allem in der Textbehandlung gewisse schematische Züge an. Bezeichnenderweise blieb Gide der Uraufführung fern.

Auch das Ballett *‹Jeu de cartes›* (1938) – STRAWINSKY hat die Szenenfolge in Zusammenarbeit mit Malaieff selbst entworfen – weist auf eine Krise der STRAWINSKYschen «Porträttechniken» (so hat er selbst einmal seine Aneignungsmethoden fremder Stilmittel bezeichnet). Der Joker als Störenfried, als «Verwandlungskünster» glaubt immer zu siegen und unterliegt schließlich in der dritten Runde. Die Musik scheint mit leichter, ja lässiger Hand geschrieben, so als versichere sich STRAWINSKY spielerisch prüfend des Angeeigneten. Komponisten wie BEETHOVEN, ROSSINI, JOHANN STRAUSS und MAURICE RAVEL treten gewissermaßen zur Parade an. *‹Jeu de cartes›* ist eine der am leichtesten zu hörenden Partituren STRAWINSKYS, da der kritische Unterton hier eher ins Humoristische umgebogen scheint.

Auch das *Concerto in Es ‹Dumbarton Oaks›* behält die in den dreißiger Jahren festzustellende Reduzierung der Sprachmittel weitgehend bei. Doch die polyphone Dichte und zugleich die Klarheit der Komposition weisen dieses Werk als eines der wesentlichsten aus dieser Periode aus. Gleich zu Beginn wird ausdrücklich auf die *‹Brandenburgischen Konzerte›* BACHS verwiesen, die auch in der formalen Anlage (schnell–langsam–schnell mit *attacca*-Anschlüssen) als Bezugspunkt gesehen werden. Der Name BACH steht darüber hinaus auch für die Intensität der kontrapunktischen

Arbeit in ‹*Dumbarton Oaks*›. Wie in nur wenig anderen «neoklassizistischen» Werken gelingt hier die Überblendung zweier Stilarten, die Spiegelung von STRAWINSKY in BACH. Metrische Brüche sind wie selbstverständlich in den Fluß der Musik eingebaut, ohne daß dabei die harmonische Fortschreitung aus dem Gleichgewicht gerät. Ja, es scheint so, als würde die musikalische Welt von JOHANN SEBASTIAN BACH auch den rhythmischen Verzerrungen schadlos standhalten, als wären die STRAWINSKYschen Verfremdungen in ihr potentiell angelegt.

Der Epoche der Klassik, nach eigenen Angaben HAYDN und BEETHOVEN, wendet sich STRAWINSKY in der ‹*Symphonie in C*› zu. Sie entstand zwischen 1938 und 1940 als Auftragswerk für das Chicago Symphony Orchestra. Es ist aufschlußreich zu beobachten, was sich bei STRAWINSKY je nach stilistischem Vorbild ändert und was sich als «eigener Faden» durch alle Werke zieht. Selbstverständlich eignet er sich die klassische Viersätzigkeit an, mit einer Larghetto-Kantilene im zweiten Satz und mit einem rhythmisch wie von der Konstruktion her komplizierten dritten Satz. Im vierten wird am Schluß das «Hauptthema» der Symphonie formschließend wieder herbeigeführt. Der erste Satz richtet sich an der Sonatensatzform aus, mehr aber vielleicht an den Prinzipien der Durchführung, der motivischen Arbeit. STRAWINSKY erfindet ein plastisch durchgeformtes Thema, das besondere Prägnanz durch sein Kopfmotiv erhält. Dies zieht sich in mannigfaltigen Abwandlungen durch den ganzen Satz und zwingt ihm eine eigene Logik der Entwicklung auf. STRAWINSKY verzichtet hier bezeichnenderweise auf die in anderen Werken so häufigen Taktwechsel, da er als wesentliches Merkmal der klassischen Musiksprache den Widerspruch zwischen Motivstruktur und festgefügtem Metrum erkannte. So wird das Kopfmotiv teils gegen das Metrum gesetzt, dann wieder mit ihm versöhnt. Sehr subtil ist in der widersprüchlichen Setzung von Rhythmus und Metrum eine klassische Kompositionshaltung erfaßt.

Nach zwei weniger zentralen Werken, den ‹*Danses concertantes*› von 1941/42 und den ‹*Scènes de Ballet*› von 1944, entsteht im Zeitraum von 1942 und 1945 die *Symphonie in drei Sätzen.* Schwerer als bei ‹*Dumbarton Oaks*› oder bei der *Symphonie in C* ist hier von einer Stilaneignung zu sprechen. «Neoklassizistische» Kompositionsprinzipien, vor allem der uneigentliche Ton, treten zurück. Freilich sind Bezüge zur romantischen Symphonie auszumachen, doch sind dies eher rudimentäre Verwandtschaften. Symphonische Dichte selbst wird zur Aufgabe. Es scheint, als seien hier rhythmische Permutationstechniken STRAWINSKYS komprimiert herausgefiltert, angereichert durch ein strenges thematisches Denken, wie es zuvor (mit Ausnahme des ersten Satzes der *Symphonie in C*) kaum der Fall war. Ein dreitöniges Motiv strukturiert den ganzen ersten Satz und wirkt auch auf die folgenden ein. Dieses wird in ständiger Drehung und Umgewichtung einer Art «rhythmischer Arbeit» unterworfen. Das bewirkt scharfe Reibestellen, läßt sich nicht fließend integrieren, wie dies in den *‹Dumbarton Oaks›* der Fall war. STRAWINSKYS Musik gewinnt in der *Symphonie in drei Sätzen* an Schwere, es macht den Eindruck, als sei Gewichtung des Ausdrucks selbst der kompositorisch abgehandelte Gegenstand. Hier freilich verwischen sich die Ebenen von Stilübernahme und kompositorischer Eigenständigkeit.

Die folgenden Werke, die *Messe* (1944 bis 1947), das *‹Ebony Concerto›* (1945), das *Concerto en ré* (1945) und schließlich das Ballett *‹Orpheus›* (1947) kehren endgültig den «neoklassizistischen» Techniken den Rücken zu. Das *Concerto en ré,* das STRAWINSKY auf Bestellung für das Basler Kammerorchester und seinen Leiter Paul Sacher schrieb, sieht als Besetzung ein reines Streichorchester vor. Es knüpft noch einmal an den barocken Concerto-Typus an. Die Tendenz zu einer kargeren und herberen Linienführung ist unverkennbar. Resultat ist ein sperriger Ton, der auf die herben Strukturen des späten STRAWINSKY vorausweist.

Das *‹Ebony Concerto›* ist für Woody Herman und seine Jazzcombo geschrieben. STRAWINSKY stellt hier seine außerordentliche musikalische Aneignungsfähigkeit schlagend unter Beweis. Drei knappe Sätze greifen diverse Jazzwendungen auf und setzen sie virtuos gegeneinander. Es ist das letzte Werk STRAWINSKYS, in dem die spielerische Freude im Umgang mit fremdem musikalischen Material zentrales Anliegen ist.

Ganz anders gearbeitet sind die *Messe* und das Ballett *‹Orpheus›,* die ausgesprochen linear gedacht sind. Angeknüpft wird an Satzweisen, die sich an der niederländischen Polyphonie des 15. Jahrhunderts orientieren, daneben an noch davor liegende Musizierformen, wie zum Beispiel an den gregorianischen Choral. Kaum aber kann man hier mehr von kompositorischer Reflexion alter Stilmittel sprechen, vielmehr repräsentieren diese Arbeiten, vor allem die *Messe*, an der STRAWINSKY mit Unterbrechungen außergewöhnlich lang arbeitete, die Suche nach einer persönlichen Form des Ausdrucks fernab von einer romantischen Empfindungswelt. Klarheit der Linien, die hart gegeneinander gesetzt sind, bestimmt maßgeblich das weitere kompositorische Denken STRAWINSKYS, der Weg hin zur Reihentechnik ist besonders in der *Messe* deutlich vorgezeichnet.

Reinhard Schulz

Die Spätwerke

‹Canticum Sacrum›

Seine *‹Markus-Kantate›* für Tenor und Bariton solo, gemischten Chor und Orchester mit Orgel *‹Ad honorem Sancti Marci nominis›* komponierte STRAWINSKY 1955 auf lateinische Texte des Alten und Neuen Testaments (Markus-Evangelium, Hohes Lied, Psalmen). Sie ist eine Huldigung an die Stadt Venedig, den Markusdom und seinen Patriarchen und wurde am 13. September 1956 im Markusdom unter Leitung des Komponisten uraufgeführt.

In keinem Werk STRAWINSKYS sind Kompositionsaufbau und Gebäudestruktur so eng miteinander verflochten. Entsprechend den fünf Kuppeln des Markusdoms ist das *‹Canticum Sacrum›* fünfteilig angelegt; die einleitende *‹Dedicatio›* entspricht architektonisch dem Porticus. Erster und letzter Satz handeln vom apostolischen Verkündigungsauftrag, sind für Chor und Orchester gesetzt und entsprechen der Ost- und Westapsis. Solistisch angelegt sind der zweite und vierte Teil (östliches und westliches Zwischenjoch), während der zentrale dritte Teil (gemäß der dreigeteilten Vierung des Markusdoms) in sich wiederum drei Teile (Preisung der christlichen Tugenden *Caritas, Spes* und *Fides*) aufweist.

Hervorstechende Merkmale der Komposition sind ihre eigentümlich archaisierende modale Tonalität und Bitonalität in den Anfangssteilen; die zerbrechliche, an WEBERN orientierte Instrumentation im zwölftönig angelegten zweiten; die Legierung der drei Innensatzteile mittels instrumentaler Zwischenspiele; ferner die echoisierenden Chorabschnitte sowie das zur besten Vokalmusik STRAWINSKYS zählende Baritonsolo im vierten Teil; und schließlich die Krebsumkehrung des gesamten ersten Teils einschließlich der Orgelritornelli im Schlußteil.

Zum Thema Reihentechnik und Tonalität äußerte STRAWINSKY in dieser Zeit: «Die Intervalle meiner Reihen sind von Tonalität angezogen; ich komponiere vertikal, und das ist, wenigstens in einem Sinne, tonal zu komponieren [...] Ich höre bestimmte Möglichkeiten und wähle. Ich kann meine Auswahl in der Reihentechnik ebenso treffen wie in irgendeiner tonalen kontrapunktischen Form. Ich höre harmonisch, natürlich, und ich komponiere, wie ich es immer getan habe.»

Manfred Karallus

‹Agon›

Ein Wettspiel von Bewegungsabläufen in Konstellationen von einem bis zwölf Tänzern, bestehend aus zwölf Sätzen mit vier, durch *‹Prelude›* und *‹Interlude›* getrennten Teilen zu je drei Nummern. Erste und letzte Nummer sind ebenso wie *‹Prelude›* und *‹Interlude›* nahezu identisch. Das Werk verbindet moderne Instrumentations- und Satztechnik mit frühbarocken Tanzschrittmustern nach den Vorschriften von Mersenne und de Lauze («Apologie de la Danse», 1623).

STRAWINSKY verwendet ein durchaus großes Instrumentarium mit dreifach besetztem Holz, vier Hörner und Trompeten, drei Posaunen, Harfe, Mandoline, Klavier, Pauken, Tamtams (oder hohe Pauken in Es-Ges-B), Xylophon, Kastagnetten und Streicherquintett, das aber nirgendwo zum vollen Einsatz kommt. Jede Nummer hat ihre eigene Besetzung. Instrumentationstechnische Besonderheiten sind im *‹Saraband-Step›* die gleichzeitige Verwendung von Solovioline, Xylophon, zwei Baßposaunen; in der *‹Gailliarde›* ein Kanon zwischen Harfe und Mandoline; in der *‹Coda›* die Zusammensetzung von Flöten, Mandoline und Solovioline; in der *‹Bransle Gay›* Holzbläser und Kastagnetten.

Läßt sich in *‹Canticum Sacrum›* der sakrale Ort des Werkes eindeutig determinieren, so handelt es sich bei *‹Agon›* (im Unterschied zu STRAWINSKYS voraufgegangenen Balletten) um eine Komposition «ohne Ort», «ohne Geschichte». Dabei schien es George Balanchine, dem Choreographen der Uraufführung, festgefügter und präziser als gewöhnlich, «wie wenn das Ganze von einem Elektronenhirn kontrolliert würde». (STRAWINSKY wiederum verglich dessen abstrakte Choreographie mit Gemälden von Mondrian.)

Technisch gesehen erreicht das Werk seine Zwölftönigkeit (nicht anders als *‹Canticum Sacrum›*) auf dem Umweg einer zunächst klar definierten Diatonik. So sind erst die drei zentralen Kettenglieder *‹Sarabande›, ‹Gailliarde›, ‹Bransle›* mitsamt den diversen *‹Pas›* (*seul, deux, trois, quatre*) mit ihren sechs- bis zwölftönigen Gebilden nach den Gesetzen der Reihentechnik gebaut. Polyrhythmische Eigenarten wie die Kastagnettenpassage in der *‹Bransle Gay›* (an deren verquerer Metrik sich Ernest Ansermet stieß) sowie der *‹Pas-de-deux›* (Teil 4) stellen die am strengsten organisierten Abschnitte der Partitur dar (letzterer mit einer gänzlich neuen Reihe). *‹Agon›* liefert unter allen Werken STRAWINSKYS den besten Beweis für die relative Bedeutung der «Technik» in der Auseinandersetzung mit dem musikalischen Material. Jeder Technik zwingt STRAWINSKY seinen Stempel auf.

Die Komposition des *‹Agon›*, zu der STRAWINSKY 1952 beauftragt wurde und die er im Dezember 1953 aufnahm, wurde zweimal unterbrochen: 1954 durch *‹In Memoriam Dylan Thomas›* und 1955 durch *‹Canticum Sacrum›*. 1956 nahm STRAWINSKY die Arbeit wieder auf, am 27. April 1957 wurde sie abgeschlossen. Gewidmet ist sie den Ballettmeistern Lincoln Kirstein und George Balanchine. Die Uraufführung fand an STRAWINSKYS 75. Geburtstag, dem 17. Juni 1957, unter Leitung von Robert Craft statt.

Manfred Karallus

‹Threni: Id est Lamentationes Jeremiae Prophetae›

Die in Venedig begonnene und dort uraufgeführte lateinische *‹Threni›* für sechs Gesangssolisten, gemischten Chor und Orchester auf die alttestamentarischen Klagegesänge des Propheten Jeremias, komponiert 1957/58, ist STRAWINSKYS erste vollständig zwölftönige Komposition. Sie ist zudem sowohl die umfangreichste Partitur seiner letzten Schaffensperiode als auch seine aufwendigste Sakralkomposition überhaupt.

Die *‹Lamentationen des Jeremias›* sind Teil des Rituals sowohl der jüdischen als auch römisch-katholischen Kirche. STRAWINSKY verwendet daraus die erste, dritte und fünfte Elegie: die Elegie von der Erniedrigung Jerusalems; der Klage, Hoffnung und Tröstung des Propheten; dem Bittgesang um Erneuerung. Gemeinsamkeiten mit *‹Canticum Sacrum›* sind die Verwendung einer Einleitung und eines dreigeteilten Mittelabschnitts: *‹Incipit lamentatio Jeremiae Prophetae›*; *‹De Elegia Prima›*, *‹De Elegia Tertia›* (*‹Querimonia›*, *‹Sensus Spei›*, *‹Solacium›*); *‹De Elegia Quinta*. Die Außenteile sind für Chor und Solisten gesetzt, die Innenteile ausschließlich den Solisten vorbehalten.

Ein Hauptmerkmal des Werkes ist die litaneiartige Intonation hebräischer Buchstaben vor jedem Vers der Solisten in den Teilen *‹De Elegia Prima›* und *‹De Tertia›*. Sie haben kadenzielle Wirkung und sind vergleichbar den illuminierten Buchstaben etwa eines spätmittelalterlichen Manuskripts. Diese nach frühbarockem Oratorien-, Vespern- und Motettenbrauch aufgegriffene alphabetische «Interpunktion» erinnert an synagogale Aufführungsgebräuche, aber auch an die Chorresponsorien der östlichen Liturgie. Ferner genannt sei der von ROMAN VLAD als «tonale Polarisation der Zwölftonskala» gekennzeichnete Schluß, wo die Singstimmen zusammen mit zunächst zwei, dann vier Hörnern die dem Werk zugrunde liegende Zwölftonreihe mitsamt Krebs, Umkehrung und Krebsumkehrung gleichzeitig vortragen. Eine instrumentationstechnische Eigenart betrifft die Verwendung von Sarrusophon und Flügelhorn. Zu den verschiedentlichen Reihenpermutationen, zu denen es vor allem im *‹Solacium›*-Abschnitt mit seinen taktstrichlos notierten Kanons kommt, bemerkt STRAWINSKY: «Die

Stimmen sind nicht ständig rhythmisch unisono. [...] Es gibt jedenfalls keine starken Taktteile in diesen Kanons, und der Dirigent muß sie lediglich auszählen, wie er eine Motette von Josquin auszählt.»

Manfred Karallus

‹Movements›

Zunächst als *Konzert für Klavier und Instrumentalgruppen* geplant, erhielt das 1958 begonnene, am 30. Juli 1959 beendete Werk seinen Namen auf Grund der Tatsache, daß kein «konzertanter» Klavierpart, kein eigentlicher Kontrast zwischen Klavier und Instrumentarium vorlag. Tatsächlich ist wohl am ehesten von einer fünfsätzigen Kammerorchesterkomposition mit obligatem Klavier zu sprechen.

Es handelt sich um die dichteste, strengste und hermetischste aller Kompositionen Strawinskys. Fünf Sätze mit klavierlosen Zwischenspielen, in denen serielle Prozeduren mit bemerkenswerter Freiheit angewendet werden. Strawinsky gab an, daß «die Komposition von jedem Gesichtspunkt aus mit ihren Sechser-, Vierer- und Dreierformen usw. seriell bedingt ist. [...] Meine polyrhythmischen Kombinationen sind indessen so zu verstehen, daß sie, ungleich denen einiger meiner Kollegen, vertikal gehört werden sollten. [...] Jeder Satz hat seinen besonderen Instrumentalcharakter [...], aber die Sätze sind mehr durch Tempo miteinander verbunden als durch Unterscheidung von Farbe, ‹Stimmung› [mood], Charakter und dergleichen. Die wichtigste Neuerung in den *‹Movements›* besteht aber wohl in der Tendenz zur Antitonalität.»

Es dürfte eine interessante und lohnende, zur Präzisierung des Tonalitätsbegriffs vielleicht sogar bedeutsame Aufgabe sein zu ermitteln, ob und inwieweit sich in Anbetracht von Strawinskys letztgenannter Äußerung das Korrelationsprinzip anwenden ließe, im Sinne etwa der Frage: Wie hoch sind die *‹Movements›* als ein antitonales und nicht nur nichttonales Werk negativ korreliert mit tonaler Musik, indem sie ganz bestimmte überkommene Gesetzmäßigkeiten und Regeln, Konventionen, die selber Tonalität implizieren, bewußt vermeidet. Stellen die *‹Movements›* so etwas wie ein Negativbild von Tonalität dar? Und ergäben sich aus einem solchen Befund nicht möglicherweise weitere Aufschlüsse über den Inhalt von STRAWINSKYS «positivem» Tonalitätsbegriff? Der entscheidende Gewinn einer solchen Studie läge nämlich in der Feststellung, daß eine derartige «negative» Tonalität qualitativ nicht zu unterscheiden wäre von ihrem Kehrbild in anderen Werken STRAWINSKYS und darum die ästhetische Wirkung der *‹Movements›* nicht notwendig aus ihrer «Tendenz zur Antitonalität» herrührt. Das wäre allerdings etwas Neues, zumal in bezug auf Adornos Äußerung von 1962: «Die Spätwerke seit dem Septett [...] sind – mit der Ausnahme der extremen fünfsätzigen Movements für Klavier und Orchester – gegenüber dem übrigen Œuvre nicht qualitativ neu.»

Manfred Karallus

‹A Sermon, a Narrative and a Prayer›

Diese englische Kantate für Alt, Tenor, Sprecher, vierstimmigen gemischten Chor und Orchester (mit drei Tamtams) komponierte STRAWINSKY zwischen März 1960 und Januar 1961 in Hollywood. Sie ist, nach dem alttestamentarischen Sujet der *‹Threni›*, eine Kantate des Neuen Testaments und besteht aus drei Teilen: der *Predigt* (*Sermon*) aus den Briefen des Apostels Paulus, dem *Bericht* (*Narrative*) aus der Apostelgeschichte – der Steinigung des ersten christlichen Märtyrers, des heiligen Stephanus –, und dem *Gebet* (*Prayer*) aus der Schrift «Vier Vögel aus Noahs Arche» von Thomas Dekker. STRAWINSKY: «Im Glauben und in der Barmherzigkeit führt die Tugend der Hoffnung, dieser neutestamentliche Weg zur Wahrheit, den ersten christlichen Märtyrer, den heiligen Stephanus, dazu, für seine Peiniger zu beten und so die Tat seines Meisters zu wiederholen.»

Auffallend an der Komposition ist die vielseitige Verwendung der Gesangsstimme: solistisch, chorisch, melodramatisch, gemessen in der (gesungenen wie gesprochenen) Deklamation bis zum normalen Belcanto. Einen Höhepunkt der Koordination von Sprecherdeklamation und Alt- und Tenorrezitativ bietet das «Poco meno» des Abschnitts ‹*Narrative*› (*Steinigung des Stephanus*). Die Ecksätze sind chorisch, der Mittelteil solistisch besetzt. Auffallend sind die Klarheit der Klangraumgliederung, die Durchhörbarkeit des Stimmliniengeflechts, das ausgesparte Instrumentalkolorit. ‹*A Sermon, a Narrative and a Prayer*›, von Paul Sacher beauftragt, wurde am 23. Februar 1962 von diesem in Basel uraufgeführt.

Manfred Karallus

‹The Flood› (‹Die Sintflut›)

In der biblischen Sintflut sah STRAWINSKY das Sinnbild der Katastrophe, weniger das des Dramas einer vorgeschichtlichen Menschheit. Er nannte sein Werk darum auch nicht «Noah», da Noah lediglich eine historische Figur darstelle. «Sogar als ‹ewiger Mann›, als zweiter Adam, als das – für Augustinianer – alttestamentarische Vor-Bild eines Christen hat er weniger zu bedeuten als die Ewige Katastrophe. Die Sintflut, das ist auch ‹Die Bombe›.»

STRAWINSKYS *Biblische Allegorie für Tenor solo* (Luzifer/Satan), *zwei Bässe soli* (die Stimme des nicht darstellbaren Gottes ist auf zwei Sänger verteilt), Chor und Orchester entstand 1961 und Anfang 1962. Die Textauswahl nach der Schöpfungsgeschichte des Alten Testaments und nach Zwischenstücken mittelenglischer Mysterienspiele der York- und Chester-Zyklen des 15. Jahrhunderts besorgte Robert Craft. Das Werk ist eine Mischung aus Genesis, englischem Miracle Play und Kirchenliturgie, spielt in zwei Sphären: der weltlichen (mit Sprechern, Ausrufer, Noah und seiner Familie) und der himmlischen (mit Gott und Satan bzw. Luzifer).

Das Publikum gewahrt in dieser ca. vierundzwanzig Minuten langen Fernsehoper zunächst lediglich Tänzer, die als Schiffsbauer unsichtbare Balken und Bretter tragen und Nägel hämmern. STRAWINSKY vor der Erstsendung am 14. Juni 1962: «Ich habe bereits einige Tanzbewegungen visualisiert – imaginäre Seile über die

Schultern ziehende Männer, bückende, ziehende, schleppende Frauen –, und ich denke, daß die Tänzer während der musikalischen Pausen im Rhythmus der Musik fortfahren sollten. Die Flut selbst darf nicht fortissimo, sondern muß altissimo sein, randvoll und hoch, gedrosselt, erstickend, aber nicht laut.» (Ausgelöst hatte diese Vision STRAWINSKYS Erlebnis einer Hochwasserkatastrophe in Venedig am 15. Oktober 1960.)

Ein außergewöhnlicher technischer Aspekt des Werkes betrifft den als Sinnbild des organisierten Chaos vielzitierten Zwölftonakkord der instrumentalen Einleitung mit seinen sforzato vorgetragenen Quintpaaren (einer Art musikalische Jakobsleiter); die vorwiegend einstimmig geführten Chorabschnitte und darin die wiederholten Wechselnotenbildungen («weniger gregorianisch als igorianisch», wie STRAWINSKY bemerkte); die fugierte Zwölftonreihen-Umkehrung als Vertreibung aus dem Paradies; der Befehl zum Bau der Arche als ein vorwärts treibendes perkussives Ostinato; die Sintflut als steigend-fallendes Zwölftonreihen-Palindrom mit dem «Strangualtionsakkord» Dis-D-C-Fis-F-H-E; das abschließende Regenbogen-Friedensbündnis als ansteigende Zwölftöneskala für den Heilsanstieg des Neuen Bundes.

STRAWINSKY: «Die Musik imitiert weder Wellen noch Wind, sondern die Zeit. Die Unterbrechungen in der Violine / Flöte-Linie besagen: ‹Nein, es ist noch nicht vorüber.› Wie die Haut der Sonne aus Feuer besteht, so stellen Violine und Flöte hier die Haut dar, die über den Körper des Klangs gezogen ist. Dieses *‹La Mer›* besitzt kein *de l'aube à midi*, sondern nur eine Zeit-Erfahrung von etwas, das schrecklich ist und anhält. [...] Während etwa die Musik zu *‹Pétrouschka›* Wirklichkeitsnähe schaffen will, ist die Musik zur *‹Sintflut›* ganz und gar gleichnishaft.»

Manfred Karallus

‹Abraham und Isaak›

STRAWINSKYS geistliche Ballade *‹Abraham und Isaak›* für Bariton und Kammerorchester, komponiert 1962 und Anfang 1963, baut sich aus fünf nahtlos ineinander übergehenden Teilen zusammen, die einzig durch Tempo voneinander unterschieden sind. Als Text werden neunzehn hebräischsprachige Verse des Alten Testaments verwendet, die zu zehn musikalischen Einheiten zusammengefaßt sind. Die als Dialog geführten Bibelverse der Opferung Isaaks durch Abraham werden auf den Baritonerzähler vereinigt, wobei die Dialogwechsel durch wechselnde Dynamik hervorgehoben sind. Eine Übersetzung aus dem Hebräischen solle, so der Komponist, vermieden werden, «da die einzelnen Silben in ihrer Betonung und Klangfarbe ein genau fixiertes und wesentliches Element der Musik sind. Die sprachliche und musikalische Betonung sind übrigens identisch, was in meiner Musik selten vorkommt.» Das am häufigsten wiederholte Wort, Abraham, wird stets ohne Instrument gesungen. Die Vokalstimme wird teils gesprochen, teils gesungen.

Nach der russischen, italienischen, slawischen, französischen, lateinischen und englischen ist die hebräische die siebente und letzte Sprache, die STRAWINSKY vertont hat. «Obwohl ich Hebräisch nicht verstehe, habe ich mich in die Sprache verliebt. Dies übertrug sich musikalisch auf ‹*Abraham und Isaak*›. Das einzige hebräische Wort, das ich kenne, ist ‹Shalom›, und es ist die Idee, die sich in diesem Wort verbirgt, die mein neues Werk ausdrücken will.» ‹*Abraham und Isaak*› ist «dem Volk des Staates Israel gewidmet» zum Zeichen der «Dankbarkeit für Großzügigkeit und Gastfreundschaft während meines dortigen Besuchs im Jahre 1962».

Manfred Karallus

‹Variations› (Aldous Huxley in memoriam)

Mit diesen Orchestervariationen schuf STRAWINSKY sein erstes vollständig nach postwebernschen seriellen Prinzipien konstruiertes Werk. Er begann mit der Komposition im Juli 1963 in Santa Fé (vor dem Tod des Widmungsträgers Huxley am 22. November) und beendete das Werk am 28. Oktober 1964 in Hollywood.

Die Variationen sind zwölfteilig, bestehen aus einer zwölfteiligen Invention, die in ein regelmäßiges metrisches Korsett $4/8 + 3/8 +$

⅝ (= ¹²⁄₈) eingearbeitet ist. Zu unterscheiden sind vier Formteile mit instrumentalen Zwischenspielen nach jeweils vier dieser rhythmischen Grundeinheiten (das erste für zwölf Soloviolinen, das zweite für zehn Solobratschen und zwei Solokontrabässe, das dritte für zwölf Bläser).

STRAWINSKY nannte die Variationen «Veränderungen» im Sinne von BACHS Bezeichnung der Goldberg-Variationen, bis auf die Tatsache, daß er an Stelle eines Themas oder Subjekts eine Reihe verändert habe. «In meinen Variationen stellt das Tempo eine Variable und die Pulsation eine Konstante dar. Die hauptsächliche Neuerung in dem Werk betrifft die Dichte der zwölfteiligen Variationen. Man kann sich diese Konstruktionen als musikalische Mobiles denken, insofern die Muster, die sie bilden, sich bei wiederholtem Anhören perspektivisch ändern.» Auf Hörhilfen angesprochen, antwortete der Komponist: «Ich wüßte nicht, wie man den Hörer anders an die Musik heranführen sollte, als dadurch, daß er sie sich nicht ein-, sondern mehrere Male anhöre [...] daß er nicht nach Trennungslinien zwischen den einzelnen Variationen suche, sondern vielmehr das Stück als Ganzes auf sich wirken lasse.» Obwohl bei aller Transparenz der statischen Klangschichtungen von Klangfarbenkomposition im Sinne der Neuen Wiener Schule nicht die Rede sein kann, stellt STRAWINSKY («bei zweitem Nachdenken») die Rolle des Orchesters als Hörhilfe deutlich heraus: «Der Kontrast zwischen Instrumentenfamilien und Individuen stellt ein wichtiges Element der Form, vor allem seiner Symmetrien und Spiegelungsmöglichkeiten, dar. Die führenden Solopartien sind den Flöten, Fagotten und Posaunen zugeteilt; vielleicht, daß meine Ökonomie Ungereimtheiten aufweist, indem die Trompeten- und Hornfamilien relativ kurz kommen. Doch ich brauchte nur einen Tupfer Rot und einen Tupfer Blau.»

Die Uraufführung der *‹Variations›* fand am 17. April 1965 in Chicago zusammen mit STRAWINSKYS *‹Introitus›* statt. Die Leitung hatte Robert Craft.

Manfred Karallus

‹Introitus›

Für Chor (Tenöre und Bässe), Harfe, Klavier, zwei Pauken, zwei Tamtams, Soloviola und Kontrabaß, komponiert in Hollywood Januar bis 17. Februar 1965 nach demTod (am 4. Januar 1965) vom T. S. Eliot in London.

Schon gegen Ende 1964 dürfte STRAWINSKY den Plan eines Requiems gefaßt haben. Der Tod des Freundes Thomas Stearns Eliot beschleunigte möglicherweise die Entscheidung zur Veröffentlichung des ersten Satzes, des *‹Introitus›* auf den Eingangstext. Mit dem Widmungsvermerk «T. S. Eliot in memoriam» schließt die lange Liste von Kompositionen STRAWINSKYS zum Gedenken an Freunde: RIMSKIJ-KORSAKOW, DEBUSSY, Natalia Kussewitzky, Alphonse Onnou, Dylan Thomas, Prinz Max Egon zu Fürstenberg, Raoul Dufy, Präsident John F. Kennedy, Aldous Huxley.

STRAWINSKY schreibt das erste Zeilenpaar einstimmig den Tenören zu und läßt es hierauf von den Tenören und Bässen gemeinsam mit gedämpften Stimmen in rhythmisiertem Sprechton (*tonus currens*) vortragen. Das zweite Zeilenpaar ist, ebenfalls einstimmig, den Bässen zugeteilt. Das dritte wird, wie das erste, rezitiert. Zum Abschluß greift STRAWINSKY wieder auf das erste Zeilenpaar zurück, das er nunmehr zweistimmig, gemeinsam von Tenören und Bässen, vortragen läßt.

In Anlehnung an die Verteilung der Stimme Gottes auf zwei Sänger in STRAWINSKYS *‹Sintflut›* führen Soloviola und Kontrabässe eine zweistimmige Baßlinie aus, die von zwei Paukisten nahezu imitiert wird. Weitere Eigentümlichkeiten sind das *parlando sotto voce* der Stimme; die auf Nebentaktteilen ausgeführten Tamtamschläge; die berückenden harmonischen Wendungen der Schlußkadenzen; die Umwandlung des *dona eis* ins Singular *dona ei* als Hommage an den verstorbenen Freund. Nach Heinrich Lindlar besitzt das Werk die «Ausdrucksstrenge einer Kult-Ikone». Die Uraufführung des *‹Introitus›* besorgte Robert Craft am 17. April 1965 in Chicago zusammen mit STRAWINSKYS *‹Variations›*.

Manfred Karallus

‹Requiem Canticles›

Strawinsky: «Das schwierigste geistige Problem für einen Fünfundachtzigjährigen ist, obwohl intelligente Menschen schon mit 25 darunter leiden, die Erkenntnis, daß man machtlos sein könnte, die Qualität seiner Arbeit zu verändern. Die Quantität kann man steigern, sogar mit 85, aber kann man das Ganze verändern? Jedenfalls bin ich sicher, daß meine *Variations* für Orchester und meine *‹Requiem Canticles›* das Bild meiner ganzen Arbeit verändert haben, und ich begehre jetzt die Kraft, jenes veränderte Bild nur noch einmal zu verändern.»

Sein letztes Hauptwerk komponierte Strawinsky 1965 und 1966 auf Fragmente der römisch-katholischen Requiemsliturgie. Wie in allen seinen Spätwerken faßte er sich auch hier kurz: von den neun Sätzen der *‹Requiem Canticles›* sprach Strawinsky als von seinem «Taschen-Requiem». Der Text besteht im wesentlichen aus abgerissenen Sätzen aus der Totenmesse, die auf sechs symmetrisch um ein *‹Interlude›* gruppierte Abschnitte verteilt und zwischen *‹Prelude›* und *‹Postlude›* eingebunden sind.

Neuartig an dem Werk ist die Verwendung von zwei Reihen bei gleichzeitiger Wahrung jener am Quintenzirkel orientierten Tonalität, die Strawinskys gesamtes Spätwerk bestimmt. Besondere Bedeutung fällt den instrumentalen Zwischenspielen zu. Das *‹Prelude›* mit seinen scharfen, metrisch gegeneinander agierenden Vierer- und Fünfergruppen bestreiten die Streicher. Das vom Komponisten als «formales Lamento» bezeichnete *‹Interlude›* zehrt von einem Tonvorrat, der einen Quintkörper von sechs Tönen (as, es, b, f, c, g) umfaßt, wobei das Material der Flöten und Pauken die vier «oberen», das der Hörner die vier «unteren» Töne umfaßt. Das *‹Postludium›* besteht aus einer Folge von fünf isolierten Akkorden (Flöten, Klavier, Harfe) über der Baßnote F (Horn), die von dreiunddreißig in sich unterschiedlich geschlagenen Akkorden unterbrochen werden (Celesta, Glocken und – zum erstenmal in Strawinskys Leben – ein Vibraphon). Ein einziger Akkord – der letzte – wird wiederholt. Als der Philosoph Theodor W. Adorno vom geschichtlichen Auftrag Strawinskys sprach und von dem, was nach seiner Sicht aus dessen Musik hätte werden können, fand er den Ausdruck «negative Ewigkeit». Wenn es je eine Musik gäbe, die diesem Bild irgend nahekäme, so wäre es keine andere als diese.

Zum Gedenken an den im April 1968 ermordeten Dr. Martin Luther King wurden die *‹Requiem Canticles›* am 2. Mai von George Balanchine in New York choreographiert. STRAWINSKY, der zu diesem Anlaß ein neues Instrumentalvorspiel komponieren wollte, es aber nicht mehr konnte (Craft: «Er vermochte nur noch im Geist zu komponieren»), sandte eine Mitteilung aus Hollywood: «Ich fühle mich geehrt, daß meine Musik zum Gedenken an einen Mann Gottes gespielt wird, einen Mann der Armen, einen Mann des Friedens.»

Manfred Karallus

Béla Bartók

Nagyszentmiklós, 25. März 1881 – New York, 26. September 1945

Wenn es stimmt, daß die seelischen und geistigen Wurzeln der Individualität und der künstlerischen Kreativität in der Kindheit gelegt werden, von den Erfahrungen und Lebensumständen der ersten Jahre gespeist sind, dann dürfte das besondere Merkmal von BÉLA BARTÓKS musikalischer Physiognomie, nämlich eine auf eine dialektische Synthese aller seriösen musikalischen Tendenzen und Quellen, auf das Vereinigen-Wollen der verschiedenen Stile und Richtungen ausgerichtete pazifistisch-pantheistische Grundtendenz, zurückzuführen sein auf die Erfahrungen einer unruhigen, früh des Vaters beraubten, von zahlreichen Ortswechseln geprägten Jugend: Deren weit auseinanderliegende Stationen stecken zudem einen kulturellen Raum ab, der für BARTÓK zunächst noch mit dem Begriff *Heimat* – freilich schon einer ungarisch-slawischen Mischkultur im auseinanderbröckelnden Vielvölkerstaat – belegt werden konnte, der heute aber längst das Staatsgebiet von fünf souveränen Staaten umfaßt (Ungarn, ČSSR, Jugoslawien, Rumänien und UdSSR). Hier, in der frühen Erkenntnis eines ungesicherten, von politischen Wirren und Kämpfen ständig in Frage gestellten Heimatbegriffs, welcher stets völlig frei war von nationalistischen Gefühlen, liegt wohl auch eine der psychologischen Wurzeln für BARTÓKS tiefsitzendes Gefühl von Heimatlosigkeit, das seinen Lebensweg schließlich auch in die Emigration – eines unglücklich in die Neue Welt Verbannten – lenkte. In der zunehmend durch Einzelpersönlichkeiten geprägten musikalischen Entwicklung des 20. Jahrhunderts zählt BARTÓKS Versuch, die Zerrissenheit, den Zerfall, das Auseinanderdriften der musikalischen Stile und Kulturen bewußt zu gestalten, in komplexer Weise zusammenzwingen, zu den aufrichtigsten, schwierigsten und am meisten angefochtenen Standpunkten. Sein unbestreitbares, wenngleich noch immer zu wenig anerkanntes Verdienst ist es, den aus der konkreten politisch-sozialen Wirklichkeit abgeleiteten musikalischen Widerspruch seiner Zeit global erfaßt und ins Auge gesehen zu haben und sich diesem zerstörerischen Antagonismus rückhaltlos ausgeliefert zu haben, im unerschütterlichen Glauben an die Möglichkeit eines weltweit befriedeten Zusammenlebens, einer allgemeinen Völkerfreundschaft. Hierin, in der persönlichen Integrität seines musikalischen Weges, zeigt er sich seinen beiden schulemachenden Konkurrenten STRAWINSKY und SCHÖNBERG überlegen. Sein Ringen um eine in letzter Instanz verständliche, historisch gewachsene und doch zeitgemäße, die Realität mitreflektierende Musiksprache entbehrt der snobistischen Distanz STRAWINSKYS ebenso wie des elitär theoretisierenden, destruktiven Konstruktivismus der Schule SCHÖNBERGS.

Geboren 1881 in Nagyszentmiklós, einem Ort, der heute auf rumänischem Staatsgebiet liegt, erhielt BARTÓK durch ein musikliebendes Elternhaus früh Klavierunterricht und so Kenntnisse der volkstümlichen und seriösen Klavierliteratur. Nach dem Tod des Vaters, BARTÓK war gerade acht Jahre alt, zog er mit seiner Mutter Paula, die als Lehrerin fortan den Lebensunterhalt der Familie bestreiten mußte, mehrmals von einer Ecke in die andere des damals recht weitläufigen ungarischen Königreichs, bis er 1894 in Preßburg (heute: Bratislava, ČSSR) eine Bleibe fand. Hier besuchte er das Gymnasium und setzte seine musikalischen Studien in Klavier und Harmonielehre bei László Erkel, dem Sohn des berühmten FERENC ERKEL, fort. Er komponierte eifrig Klavierstücke, spielte Kammermusik, besuchte Orchesterkonzerte und studierte die Musikliteratur von BACH bis BRAHMS und WAGNER. Seinen weiteren Weg skizzierte er in seiner Autobiographie:

«Nachdem ich das Gymnasium absolviert hatte, drängte sich die große Frage auf, welche Musikschule ich besuchen sollte. Damals galt das Wiener Konservatorium allgemein als einzige Stätte gediegenen Musikstudiums. Trotzdem folgte ich schließlich dem Rate Dohnányis und kam nach Budapest, wo ich in der Königlich Ungarischen Musikakademie Schüler Prof. István Thománs (Klavier) und János Koesslers (Komposition) wurde. Hier blieb ich von 1899 bis 1903.

Gleich nach meiner Ankunft warf ich mich mit großem Eifer auf das Studium der mir noch unbekannten Werke Richard Wagners (Tetralogie, ‹Tristan›, ‹Meistersinger›) sowie der Orchesterwerke Liszts. Mein eigenes Schaffen jedoch lag in dieser Periode völlig brach. Nunmehr losgelöst vom Brahmsschen Stil, konnte ich auch über Wagner und Liszt den ersehnten neuen Weg nicht finden. (Liszts Bedeutung für die Weiterentwicklung der Tonkunst erfaßte ich damals noch nicht; ich sah in seinen Werken nur die Äußerlichkeiten.) Infolgedessen arbeitete ich etwa zwei Jahre hindurch beinahe gar nichts und galt eigentlich in der Musikakademie nur als brillanter Klavierspieler.

Aus dieser Stagnation riß mich wie ein Blitzschlag die erste Aufführung von ‹Also sprach Zarathustra› in Budapest (1902); das von den meisten dortigen Musikern mit Entsetzen angehörte Werk erfüllte mich mit dem größten Enthusiasmus; endlich erblickte ich eine Richtung, die Neues barg. Ich stürzte mich auf das Studium der Straussschen Partituren und begann wieder zu komponieren. Noch ein anderer Umstand war von entscheidender Bedeutung für meine Entwicklung: Zu jener Zeit entstand in Ungarn jene bekannte chauvinistische Strömung, welche sich auch auf künstlerischem Gebiete fühlbar machte. Es galt, in der Musik etwas spezifisch Ungarisches zu schaffen. Diese Gedankenrichtung erfaßte auch mich und lenkte meine Aufmerksamkeit auf das Studium unserer Volksmusik, das heißt dessen, was man damals für ungarische Volksmusik hielt.

Unter diesen Einflüssen komponierte ich im Jahre 1903 eine symphonische Dichtung, betitelt ‹Kossuth›, welche Hans Richter sofort zu Aufführung in Manchester annahm (Februar 1904).»

Attila Csampai

Die frühen Orchesterwerke

‹Kossuth› – Rhapsodie für Klavier und Orchester (op. 1) – Scherzo für Klavier und Orchester (op. 2) – erste Suite (op. 3) – zweite Suite (op. 4)

Die *symphonische Dichtung ‹Kossuth›*, komponiert 1903, uraufgeführt am 13. Januar 1904 von der renommierten Philharmonischen Gesellschaft, brachte dem zweiundzwanzigjährigen BARTÓK unverhofft Ruhm und Anerkennung in ganz Ungarn ein. Der Kritiker Pongrácz Kacsóh stellte BARTÓK auf eine Stufe mit STRAUSS, D'INDY, TSCHAIKOWSKY und BRUCKNER (!) und pries ihn «als ersten rein ungarischen Symphoniker». Doch damit nicht genug: «Seit der Aufführung der Oper ‹Bank Bán› ist die Kossuth-Symphonie das bedeutendste kulturelle Ereignis der ungarischen Musikgeschichte. Was einst Ferenc Erkel auf dem Gebiet der Oper vollbrachte, vollbringt nun Bartók auf dem Gebiet der symphonischen Dichtung, die er auf ein noch höheres Niveau als Liszt in seinen Dichtungen Hungaria und Hunnenschlacht zu heben weiß.» Mit *‹Kossuth›* hatte BARTÓK nicht nur eine musikalische Lücke in Ungarns Kulturgeschichte geschlossen, er traf auch mitten ins Zentrum des zu jener Zeit in Ungarn – aber bei den anderen Völkern der untergehenden Habsburger Monarchie – aufwallenden Patriotismus und Chauvinismus, der sich besonders an Stoffen nährte, die den Freiheitskampf des eigenen Volkes in Geschichte und Gegenwart behandelten. Und wer war besser geeignet, Nationalbewußtsein und Freiheitsliebe der Ungarn zu symbolisieren als der legendäre Lajos Kossuth, einer der der Führer der gescheiterten 48er Revolution und später einer der fähigsten ungarischen Politiker der Doppelmonarchie. Musikalisch ist *‹Kossuth›* – das leidenschaftlich und pathetisch dem Kampf und die Niederlage der ungarischen Truppen gegen die Habsburger schildert – eine ungarische Variante des STRAUSSschen *‹Heldenlebens›*. Auch in *‹Kossuth›* gibt es ein konkretes literarisches Programm, das in Form von Überschriften den neun musikalischen Abschnitten der Partitur charakterisierend vorangestellt ist: «Welcher Kummer belastet deine Seele, mein lieber Gemahl?» läßt da der Komponist die fiktive Gattin des Titelhelden zu Beginn des zweiten Abschnitts fragen oder «Kommt, kommt, schöne ungarische Helden, schöne ungarische Ritter» über dem siebenten Teil, wenn acht Hörner zur Entscheidungsschlacht rufen: Das ist die pure STRAUSSsche Konzeption, angereichert mit ungarischen Idiomen, soweit sie BARTÓK damals aus der volkstümlichen Kunstmusik bekannt waren: RICHARD STRAUSS im Land der Magyaren. Im Unterschied zum ‹*Heldenleben*› geht der Freiheitskampf der ungarischen Helden gegen die Habsburger tragisch aus, endet mit der Niederlage der Aufständischen. Die gleich einer rohen Dampfwalze anrollende Übermacht der Österreicher – BARTÓK charakterisiert sie durch eine fratzenhafte Abwandlung der ersten Takte des HAYDNschen Kaiserhymnus «Gott erhalte...» – bezwingt schließlich ungarischen Heldenmut und läßt das Stück in einem klagenden Adagio ausklingen. Kein Wunder, daß die Budapester Kritiker von diesem Manifest ungarischer Musik zu einem noch immer aktuellen, schmerzlichen ungarischen Thema hingerissen waren.

Auch in den nachfolgenden vier Orchesterkompositionen, die BARTÓK in dieser frühen Phase seines Schaffens bis 1907 schreibt und die er erstmals mit Opuszahlen (*Opus 1–4*) versieht, geht es in erster Linie um das Verarbeiten des starken Einflusses, den STRAUSS und LISZT auf BARTÓK ausüben, und das Herausbilden eines eigenen, national geprägten Stils, der die Linie ERKEL–MOSONYI–LISZT fortführt. Während in den beiden konzertanten Stükken mit Soloklavier – in der *Rhapsodie op. 1* (1904) und im *Scherzo op. 2* (1904) – der brillante Pianist BARTÓK ganz in romantischer Tradition an das Erbe des brillanten Pianisten LISZT anzuknüpfen versucht, natürlich wieder auf der Basis magyarisch-rhapsodischer Intonationen, treten in der *ersten Suite* (*für Orchester op. 3*; 1905 bis 1920) die Tanztypen der volkstümlichen großstädtischen Kunstmusik, also des *verbunkos* und des *csárdás*, bestimmend in den Vordergrund. Es ist schon verblüffend zu erleben, wie affirmativ BARTÓK hier mit der zigeunerisch angehauchten Unterhaltungsmusik seiner Zeit umgeht, wenn man weiß, wie radikal und konsequent er sich nur kurze Zeit später von dieser großstädtischen Kunstform abgewandt hat. Kein anderer ungarischer Komponist hat den betörenden Zauber und den mitreißenden Schwung von *verbunkos* und *csárdás* so gefühlssicher und treffend ins Instrumentarium eines Symphonieorchesters zu transformieren verstanden wie BARTÓK hier in seiner *ersten Suite*. Es ist, auf seine Weise, ein überzeugendes Plädoyer *für* die musikalischen Qualitäten dieser bald zu Unrecht in Verruf geratenen Tradition. (In Wirklichkeit hat sich selbst BARTÓK nie ganz vom *verbunkos* lösen können.) Daß der affirmative Weg der *ersten Suite* nicht sehr weit führen würde, das wird bereits in der nur kurze Zeit später begonnenen, aber erst im Frühsommer 1907 abgeschlossenen *zweiten Suite* (*op. 4*) deutlich, in der BARTÓK dem rhapsodisch-magyarischen Erbe LISZTS erstmals konsequent ernste, seriöse Züge abzugewinnen versucht – und damit scheitert. Hier in der *zweiten Suite* wird die mangelnde Tauglichkeit des *csárdás* für weitergehende symphonische Konzeptionen offenkundig. Was LISZT in seinen späten Klavierstücken dem volkstümlichen Tanztypus abzutrotzen versuchte, nämlich kritische Aussagekraft, dies führt BARTÓK in seiner *zweiten Suite* in die Krise. Erst die Begegnung mit der alten Schicht «echter» ungarischer Bauernmusik auf seinen Forschungsreisen der darauffolgenden Jahre wird BARTÓK aus dieser Krise herausführen.

Attila Csampai

‹Zwei Porträts› op. 5 und erstes Violinkonzert

Im Jahre 1908 hatte der junge BARTÓK zwei wesentliche Werke seiner bald darauf überwundenen spätromantischen Schaffensphase beendet: ein (unveröffentlichtes) *Violinkonzert* für die von ihm leidenschaftlich geliebte Geigerin Stefi Geyer und *vierzehn Bagatellen für Klavier.* Beide Werke wurden zum Ausgangspunkt der erst 1914 gedruckten *‹Zwei Porträts› op. 5.* Der erste Satz des *Violinkonzerts,* dessen Manuskript Stefi Geyer bis zu ihrem Tode (1956) bewahrte, aber niemals gespielt hat, ist, nach den Worten des Komponisten, «das musikalische Bild der idealisierten Stefi Geyer, überirdisch und innig», der zweite Satz dagegen «das Porträt der lebhaften Stefi Geyer, ein fröhliches, geistreiches, amüsantes»; und in einem Brief an die Geigerin erwähnt BARTÓK den

Plan zu einem dritten Satz, der «die gleichgültige, kühle und stumme Stefi Geyer» in Musik setzen sollte. (Die Liebe des Komponisten zu der Geigerin blieb unerfüllt.) Er findet sich aber nur als letztes Stück in jenem Bagatellen-Zyklus für Klavier, und zwar mit der bezeichnenden Überschrift *‹Ma mie qui danse›* (*‹Meine Geliebte tanzt›*). Es handelt sich um eine Art Hexensabbat, eine groteske Walzerverzerrung des der Geigerin zugedachten «Leitmotivs» (so BARTÓKS eigene Bezeichnung) aus dem ersten Satz des *Violinkonzerts*. Diese *vierzehnte Bagatelle* stellt bereits einen künstlerischen Reflex auf die vollzogene Trennung von der vergeblich geliebten Stefi Geyer dar. Und dieses «Leitmotiv», das gleich zu Beginn des *Violinkonzerts* von der Solovioline unbegleitet intoniert wird, findet sich in zahlreichen Stücken BARTÓKS aus dieser Zeit. Es zeigt also, wie stark BARTÓKS frühe Musik von unmittelbarem persönlichen Erleben bestimmt wurde. Das Ende der Liebesaffäre brachte BARTÓK auf den Gedanken, ein Werk von allgemeiner Gültigkeit zu schaffen. So kombinierte er den ersten Satz des *Violinkonzerts* mit einer eigens angefertigten Orchesterversion der *vierzehnten Bagatelle* – instrumentiert um 1911 – (ohne Solovioline!) und nannte das motivisch zwar verzahnte, aber im Charakter kraß divergierende Satzpaar (*op.* 5) *‹Ein Ideal›* und *‹Ein Zerrbild›*. Der autobiographische Hintergrund trat jetzt zurück. Möglicherweise sind es genau diese Züge, die BARTÓK davon abhielten, den ursprünglichen zweiten Satz des *Violinkonzerts* zu veröffentlichen, denn er enthält Anspielungen auf Erlebnisse mit Stefi Geyer, die einem Außenstehenden nicht unmittelbar verständlich sind. Immerhin besaß BARTÓK eine Abschrift davon, hätte also das *Violinkonzert*, unabhängig von der Geigerin, aufführen und drucken lassen können.

Auch die Charaktere der beiden Sätze des *Violinkonzerts* sind kontrastierend. Ganz im Gegensatz zur Ruhe und innigen Kantabilität des ersten Satzes bietet der zweite eine äußerst virtuose Haltung und eine aufgebrochene Faktur, die durchsetzt ist mit allerlei Anspielungen auf fremde Musik, die ein Geheimnis zwischen Stefi Geyer und dem Komponisten bleiben müssen. Dennoch ist dieser Satz eine der interessantesten und gewichtigsten musikalischen Äußerungen des jungen BARTÓK und zeigt ihn bereits auf dem Weg zu der umfassenden Variationskunst der späteren großen Instrumentalwerke, vor allem des *zweiten Violinkonzerts*.

Die Welt der beiden *‹Porträts›* dagegen entstammt ganz dem 19. Jahrhundert: Das erste Bild klingt unverhohlen nach WAGNERS *‹Tristan›*, das zweite läßt an LISZTS *‹Mephisto›-Walzer* etwa oder auch an RICHARD STRAUSS denken. Die Idee, gegensätzliche Charaktere zu entwerfen, die im Verhältnis von Original und Verzerrung zueinander stehen, geht auf die *Symphonie fantastique* von BERLIOZ und insbesondere auf die Ecksätze der *‹Faust-Symphonie›* von LISZT zurück (der dritte Satz, die musikalische Darstellung des Mephisto, ist eine verzerrte, höhnische Variante des Faust-Satzes). Mit den beiden *‹Porträts› op. 5* schließt denn auch BARTÓK seine kompositorische Aufarbeitung der musikalisch entscheidenden Innovationen der Musik des 19. Jahrhunderts ab und erschließt der Musik neue Ausdrucksbereiche.

Dietmar Holland

‹Zwei Bilder› (‹Deux images›) op. 10
Siebenbürgische Tänze, Rumänische Volkstänze

In den 1910 komponierten und im Februar 1913 in Budapest uraufgeführten Orchesterstücken mit großer Besetzung – Holz je zwei- bis dreifach, Blech drei- bis vierfach besetzt, dazu umfängliches Schlagzeug, zwei Harfen und Celesta – läßt sich die Schnittstelle zwischen den beiden großen Inspirationslinien für BARTÓK dingfest machen. Es ist einmal, schon der Titel weist auf DEBUSSY hin, die Ganztonharmonik des *Claude de France*: weniger die seiner *‹Images›* für Klavier als die des ersten seiner *‹Trois Nocturnes›*, dessen Instrumentation BARTÓK in seinem ersten Bild getreu folgt. Sie wird in «Klangfarbenflecke» (BARTÓK) umgesetzt, wobei chromatische Linien, Orchesterpedaleffekte und Harfenglissandi einen irisierenden Naturklang durch das Riesenorchester beschwören (*‹In voller Blüte›* – Poco adagio). Zum anderen, hauptsächlich im zweiten Satz (*‹Der Dorftanz›* – Allegro), hören wir BARTÓKS Anverwandlung rumänischer Tanzmusik, wobei BARTÓKS Einfall, aneinandergereihte Viertaktgruppen unisono zu wiederholen, keineswegs der Volksmusik entstammt, sondern seine eigene Erfindung ist. Daß sie «authentisch» klingt, macht den hohen Grad der geistigen Anverwandlung deutlich. Formal ist der zweite Satz ein Rondo mit wirkungsvollen Steigerungen. Eine trioartige Sequenz nimmt als lyrische Einlage eine Motivvariante aus dem ersten Satz auf. – Urbildern aus der rumänischen Volksmusik ist auch BARTÓKS 1915 geschriebene *Sonatine für Klavier* verpflichtet. Ihre auf fünf Originalmelodien zurückgehenden drei Sätze hat BARTÓK 1931, angeregt durch eine von André Gertler arrangierte Fassung für Violine und Klavier, orchestriert. Die Satzfolge lautet: *‹Dudelsackpfeifer›* (Allegretto) *‹Bärentanz›* (Moderato), *Finale* (Allegro vivace). Der Titel der 1932 in Budapest uraufgeführten Orchesterversion lautet *Siebenbürgische Tänze.* – Bescheidener instrumentiert hat BARTÓK die ebenfalls 1915 für Klavier komponierten *Rumänischen Volkstänze* im Jahre 1917. Es handelt sich um sieben Originalmelodien aus BARTÓKS Sammlung von insgesamt 1115 Instrumentalmelodien, die 1967 aus seinem Nachlaß ediert wurden. Die Uraufführung der Fassung für kleines Orchester (Holz je zweifach, ohne Oboen, zwei Hörner, Streicher) fand 1932 in Budapest statt.

Ulrich Schreiber

Vier Orchesterstücke op. 12

Die lange Zeitspanne, die zwischen der Fertigstellung der Komposition im Jahre 1912 und ihrer Orchestrierung im Oktober 1921 liegt, wurde von ZOLTÁN KODÁLY als Experimentierfeld BARTÓKS zwischen der Oper *‹Herzog Blaubarts Burg›* und dem Tanzspiel *‹Der holzgeschnitzte Prinz›* interpretiert: «Der Trauermarsch kann als tragisches Nachwort zur Blaubart-Oper, das Intermezzo als sein elegischer Widerhall gelten, Preludio und Scherzo beschwören dagegen das sonnigere Reich des Prinzen herauf.» Dieses Bezugsfeld kann aber mühelos ausgeweitet werden. So beginnt das *Preludio* (Moderato) mit der Evozierung einer Frühlingslandschaft wie im ersten der *‹Zwei Bilder› op. 10*, ehe der große Klageton das bukolische Lied von innen auflöst, wobei BARTÓK schon jene Glissando- und Col-legno-Effekte der Streicher einsetzt, die auf die Pantomime *‹Der wunderbare Mandarin›* vorausweisen. Das folgende *Scherzo* nimmt in seiner dämonischen Gestik schon den Tanz der Bäume im *‹Holzgeschnitzten Prinzen›* vorweg, das anschließende *Intermezzo* erinnert an das altitalienische Siciliano. Seinem elegischen Grundton ist als *Trio* ein heftiges Motiv entgegengesetzt, das von der Reprise des Siciliano-Teils allmählich aufgesaugt wird. Am Ende das *Maestoso* der Marcia funebre, das motivisch an den elegischen Ton des Preludio anknüpft. Die Uraufführung der *vier Orchesterstücke* fand 1922 in Budapest statt.

Ulrich Schreiber

‹Der holzgeschnitzte Prinz›, Tanzspiel in einem Akt op. 13

Nach der vorerst für die Aufführung abgelehnten einaktigen Oper *‹Herzog Blaubarts Burg›*, komponiert 1911, griff Bartók die Anregung des Budapester Opernhauses auf, ein Tanzspiel zu schreiben. Wieder war es ein Libretto von Béla Balázs, das Bartók für sein zweites Bühnenwerk heranzog. Ähnlich wie in der einaktigen Oper kleidet Balázs den Stoff in eine symbolistische, märchenhafte Fabel: «Ein Prinz trifft im Wald auf eine Prinzessin, die gerade von der Fee der Natur zurück auf ihr eigenes Schloß geschickt wurde, weil sie in ihrem Übermut die Bäume und Blumen des Waldes zerzaust hatte. Der Prinz versucht, zu der Prinzessin zu gelangen, wird aber von den Bäumen und dem Bach daran gehindert. Um die Prinzessin, die nun an einem Fenster im Schloß am Spinnrad sitzt, auf sich aufmerksam zu machen, schnitzt er eine Holzpuppe, die er mit seinen Kleidern, seiner Krone und sogar mit seinen Haaren schmückt. Die Prinzessin bemerkt die Puppe, sie gefällt ihr, und sie eilt schnell vom Schloß herunter. Aber sie beschäftigt sich nur mit der Holzpuppe, die auf Geheiß der Fee lebendig wird und mit der Prinzessin einen Tanz beginnt. Der Prinz bleibt voller Verzweiflung allein zurück. Doch die Natur erbarmt sich seiner, schmückt ihn mit einem Blumenkranz und einem Blumenmantel und krönt ihn zum ‹Waldkönig›. Unterdessen ist die Prinzessin der Holzpuppe überdrüssig geworden und bemerkt nun voll Staunen den neugeschmückten Prinzen. Als sie zu ihm will, wird sie von den Kräften der Natur daran gehindert. Erst als sie ihre Verfehlung ehrlich bereut, ist sie seiner Liebe würdig» (Christian Ehwald). BARTÓK arbeitete an der Partitur, die von Anfang an als komplementäres Gegenstück zu *‹Herzog Blaubarts Burg›* geplant war, vom April 1914 mit Unterbrechungen bis zum Sommer 1916 und vollendete die Orchestrierung im Januar 1917, im Jahr der Budapester Uraufführung (17. Mai), die jedoch ohne die Oper stattfand. Erst bei deren Uraufführung (Budapest, 24. Mai 1918) wurde BARTÓKS Idee Wirklichkeit, beide Bühnenwerke an einem Abend zu geben.

Das Ballett bildet, als spielerisches Allegro, den Gegensatz zum trostlosen Adagio der Oper, ähnelt ihr aber im Aufbau: Beide Werke kehren am Schluß zu ihrem Ausgangspunkt zurück, unterscheiden sich darin grundlegend von BARTÓKS drittem Bühnenwerk, der Pantomime *‹Der wunderbare Mandarin›* (1919), die auf ein nicht vorhersehbares Ziel zusteuert. Doch die Wege der beiden früheren Handlungen verlaufen genau umgekehrt zueinander: In der Oper entwickelt sich die Handlung aus der Nacht bis hin zum strahlenden Glanz der geöffneten fünften Tür zur Seele des Mannes und versinkt wieder in der Nacht. Das Tanzspiel dagegen beginnt mit einer eindrucksvollen musikalischen Schilderung des Sonnenaufgangs, verfinstert sich alsbald bis hin zum Leid des Prinzen und schließt mit dem Naturbild des Anfangs. Umgekehrt wie in der Oper bildet die Tonart C-dur in dem Ballett den Rahmen, während sie beim Öffnen der (innersten) fünften Tür in der Oper den Gegenpol bildet zu der nächtlichen Tonart fis, also im Tritonus-Abstand, dem weitesten, der möglich ist (man vergleiche dazu dieselben Tonartverhältnisse in WAGNERS *‹Lohengrin›*)! In jedem Werk BARTÓKS, auch in der Instrumentalmusik, lassen sich solche bewußten dramaturgischen Aufbauprinzipien nachweisen. BARTÓK selbst machte sogar auf sein Prinzip der «Brückenform» aufmerksam, das in der Musik zum *‹Holzgeschnitzten Prinzen›* zum Tragen kommt: «Die Musik des Balletts ist sinfonieartig ausgearbeitet, ein sinfonisches Gedicht, auf das getanzt wird. Drei Teile sind darin klar erkennbar. [...] Der erste Teil endet mit dem Tanz der Prinzessin und der Holzpuppe. Der zweite Teil, viel ruhiger gehalten, gilt als typischer Mittelsatz und dauert bis zum erneuten Auftritt der Holzpuppe. Der dritte Teil ist eigentlich eine Wiederholung des ersten, aber in verkehrter Reihenfolge, wie das sinngemäß aus dem Text folgt.» Dahinter verbirgt sich eine Fünfteiligkeit mit bogenförmigen Entsprechungen: Die beiden Tänze der Holzpuppe stehen im Umkehrungsverhältnis zueinander, die Eckteile entsprechen sich, und der Mittelteil enthält die lyrischen Szenen des Prinzen, die eine mächtige Steigerung bilden. Im Sujet ist das so ausgeführt: «Die im ersten Satz erwachende Sehnsucht wird im Schlußteil erfüllt, die unsinnige Eitelkeit der Prinzessin im zweiten erhält ihre Strafe im vierten Teil, und die Seele des Prinzen entfaltet ihre Schwingen im Mittelpunkt zwischen diesen Teilen, auf dem Gipfel der Form» (Antal Molnár).

Der große Tanz der Holzpuppe ist musikalisch eine Steigerung der Groteske bis ins Dämonische hinein und geht darin weit über den dichterischen Vorwurf von Balázs hinaus, ähnlich wie Bartók im ‹*Wunderbaren Mandarin*› die stoffliche Farce musikalisch mit einer unerhörten Tiefendimension versieht (vgl. S. 900). Die Holzpuppe wird in Bartóks Musik zum echten *Gegenspieler* des Prinzen. Was ist aber damit gemeint? Béla Balázs enthüllte selbst die verborgene Symbolik: «Die Holzpuppe, die mein Königssohn anfertigt, damit sie ihn der Königstochter ankündigt, ist die Schöpfung des Künstlers. Für sie gibt er alles hin, bis das Werk strahlend und vollkommen ist und er selbst arm und ausgeraubt dasteht. Ich dachte an jene tiefe Künstlertragödie, die so häufig vorkommt: Das Werk wird zum Rivalen seines Schöpfers, der Frau gefällt das Gedicht besser als der Dichter, das Gemälde besser als der Maler.» Es ist im Kern eine subjektive, romantisch pantheistische Vorwegnahme der auf die reale gesellschaftliche Ebene versetzten Handlung des darauffolgenden dritten und letzten Bühnenwerkes von Bartók. Die Musik des Tanzspiels ist denn auch ungleich gefälliger mit ihrem Wechsel von musikalischen Naturbildern, farbenreicher Phantastik, Groteskem und Dämonischem als die unerbittlich brutale Härte im ‹*Wunderbaren Mandarin*›.

Dietmar Holland

‹Der wunderbare Mandarin›, Pantomime in einem Akt, op. 19

Mit seinem dritten Bühnenwerk verläßt BARTÓK die Welt des Symbolismus seiner einzigen Oper *‹Herzog Blaubarts Burg›* und des Märchens in dem ersten Ballett *‹Der holzgeschnitzte Prinz›* und wendet sich der unverhüllten Realität zu, konkret: der verhaßten Großstadtwelt mit ihren Gemeinheiten und Geräuschpegeln, so wie sie im 20. Jahrhundert beschaffen ist. Erste Skizzen zu der Pantomime *‹Der wunderbare Mandarin›* datieren vom August 1917, eine erste Fassung ist im Mai 1919 fertiggestellt, doch die Arbeit an der Instrumentation zieht sich noch jahrelang hin, ja sogar noch bis nach der heftig umstrittenen Kölner Uraufführung am 27. November 1926, deren Mißerfolg dem «unmoralischen» Sujet angelastet wurde. Der damalige Oberbürgermeister Konrad Adenauer (!) ließ das Stück unverzüglich vom Spielplan absetzen; was der Bürger selbst praktiziert, darf ihm auf der Bühne nicht als Spiegel vorgehalten werden, so lautet das ungeschriebene Gesetz der bürgerlichen Doppelmoral. BARTÓK ließ, um wenigstens die Musik für den Konzertsaal zu retten, ein Jahr später eine *Suite* drucken, die im wesentlichen das originale Material enthält. Lediglich der Schluß der Pantomime fehlt.

Der Stoff der Pantomime stammt von Menyhért Lengyel, einem ungarischen Bühnenautor (geb. 1880), fast gleichaltrig mit BARTÓK und ebenso kompromißlos. Die Handlung hat den Vorzug der dramatischen *Steigerung* und steht damit in krassem Gegensatz zu BARTÓKS anderen beiden Bühnenwerken. Aber nicht nur das: BARTÓK fühlte sich von dem Sujet angeregt, seine härteste, brutalste und kompromißloseste Partitur zu schreiben, und schätzte, gerade wegen mangelnder Aufführungen auf der Bühne, diese Musik ganz außerordentlich. Wenn man bedenkt, daß sie noch vor den zwanziger Jahren, dem Jahrzehnt der größten künstlerischen Experimente und Widersprüche, geschrieben wurde, dann erst läßt sich überhaupt ermessen, welch avantgardistische Position BARTÓK einzunehmen wußte. In einem Interview für die ungarische Theaterzeitung *Szinházi Élet* (Theaterleben) faßte er die Handlung der Pantomime in die folgenden, unmißverständlichen Worte:

«In ihrem Unterschlupf –» es handelt sich um ein heruntergekommenes Vorstadtzimmer – «zwingen drei Apachen –» gemeint sind Strolche – «ein schönes junges Mädchen, Männer zu sich auf die Stube zu locken, die dann die drei vereint ausrauben. Der erste ist ein armer Bursche –» im Libretto ist von einem «schäbigen Kavalier» die Rede –, «der zweite auch nicht viel besser –» es ist ein «schüchterner Jüngling» – «jedoch der dritte, ein reicher Chinese, verspricht einen guten Fang. Das Mädchen tanzt für den Mandarin und erweckt seine heftige Begierde. Er ist in Liebe entbrannt, dem Mädchen graut es jedoch vor ihm. Die Apachen überfallen den Chinesen, rauben ihn aus, ersticken ihn in den Kissen, durchstechen ihn mit dem Degen, können aber mit ihm nicht fertig werden: er wendet die sehnsuchtsvoll verliebten Augen nicht von dem Mädchen. Endlich folgt das Mädchen seinen weiblichen Instinkten, ist ihm zu Willen, und der Mandarin sinkt leblos zu Boden.»

Handelt es sich gar um eine moderne Variante des Wagnerschen «Liebestodes»? Was bei Wagner höchste Erfüllung bedeutet, ist hier jedoch zur bluttriefenden Farce herabgesunken, und die führt nicht zum tieferen Verständnis der Handlung. Bartók hat das Libretto Lengyels allerdings auch energisch uminterpretiert, indem er die exotische (= fremdartig abweisende) Gestalt des Mandarins als Verbergung des neuen Menschen mit echter Humanität in einem verzerrten Äußeren auffaßte. Die von Lengyel geübte scharfe, ätzend-satirische Kritik an der modernen Gesellschaft – die «Tätigkeiten» der drei Strolche stehen paradigmatisch dafür ein – verfolgt Bartók bis auf den Grund, denn er deckt die hinter der Großstadtfassade lauernde Unmenschlichkeit auf. Das Mädchen wählt schließlich aus zwischen der Unmoral und der noch nicht lebensfähigen Moralität des von Bartók zeitlebens herbeigesehnten «natürlichen Menschen». Es ist auch die am meisten ausdifferenzierte Gestalt der Handlung; in ihr verdichtet sich Bartóks ganze Hoffnung. So erhält die brutale Pantomimenhandlung Tiefenschärfe, verliert den vordergründigen Schauereffekt, auf den Lengyel offensichtlich nicht verzichten mochte. Das war im Sujet der Preis für die naturalistische Genauigkeit.

Die nervöse Monotonie der Großstadtwelt ist suggestiv eingefangen in dem Ostinatogewebe des Anfangs, einer in unerbittlicher Härte sich Klang verschaffenden Welt des Lärms und der Entfremdung. Den physischen Schmerz der Dissonanzen kostet Bartók in der gesamten Partitur bis aufs äußerste aus und geht damit an die Grenze des überhaupt noch Auffaßbaren. Die Ästhetik des «Schönen» hat nun endgültig abgedankt, und diente sie nicht doch nur der «dekorativen Rechtfertigung des Weltlaufs» (Th. W. Adorno)? Die unbarmherzige Welt der modernen Großstadt – die der Ort ist, an dem die Tendenzen von Gewalt, Entfremdung und falschen Gefühlen geballt zusammentreffen – verlangt von der Musik, daß sie endlich ihre Unschuld abstreift und Stellung nimmt zum Schrecken der Realität des 20. Jahrhunderts. Bartók geriert sich keineswegs als zynischer Beobachter des Weltlaufs, sondern läßt seine eigenen Wunden musikalisch bluten.

Dennoch faßt er das Ganze in eine äußerst strenge, wie immer bei ihm symmetrische Form, mit den beiden Scherzo-Teilen im Zentrum, die sich auf den Mandarin und das Mädchen, also die beiden Hauptpersonen (die «Außenseiter»), beziehen. Um sie herum gruppieren sich konzentrisch die jeweils dreifachen Episoden der Strolche, des Mädchens (das erzwungene Herauflocken der «Kunden») und der Morde an den «Freiern». Die Gesamtanlage, die innere Dramaturgie also, beschreitet den Weg vom Allegro-Getöse des Anfangs bis hin zum schmerzlichen Lento, dem Tod des Mandarins. Das tragische Ende ist aber eine Katharsis, die Erfüllung der alles überragenden Hetzjagd zwischen dem Mandarin und dem Mädchen, dem äußeren Höhepunkt der Musik.

Dietmar Holland

Tanzsuite (1923)

Die *Tanzsuite* komponierte Bartók im Sommer 1923 als Auftragsarbeit des Budapester Magistrats zum 50. Jahrestag der Vereinigung von Buda und Pest zur neuen Hauptstadt Ungarns. Neben Bartók erhielten auch Zoltán Kodály und Ernö von Dohnányi gleichlautende Aufträge, eine Ehre, mit der alle drei nicht gerechnet hatten: «Pikanterie dieser Geschichte ist», schreibt Bartók an seinen Verleger, «daß das jetzige ultra-christlich-nazionale Stadt-Magistrat jene 3 ungarischen Komponisten wählte, die während der bolschevistischen Regierung das Musik-Direktorium gebildet haben.» Während KODÁLY den *Psalmus hungaricus* beisteuerte, das grandioseste Chorwerk der ungarischen Musik überhaupt, um die verlogene Moral der neuen Herren mit den eindringlichen Worten des Psalmendichters Sándor Vég aus dem 16. Jahrhundert anzuprangern, begegnete BARTÓK dem ultra-rechten Chauvinismus der neuen politischen Führung mit einer Musik, die vehement die «Verbrüderung der Völker» – so BARTÓKS eigene Worte – proklamierte, indem sie die enge Verwandtschaft der südosteuropäischen und vorderasiatischen Volksmusik-Idiome demonstrativ herausstellte. BARTÓK unternimmt da, in fünf Tänzen und einem Finale, die durch ein mehrfach wiederkehrendes besinnliches Ritornell zusammengehalten werden, eine musikalische Reise durch die Gegenden seiner Forschungs- und Sammlertätigkeit, ohne auch nur ein einziges originales Volksmusik-Zitat zu verwenden. Zum *Charakter* der einzelnen Sätze schreibt BARTÓK im Jahre 1931: «No. 1 hat teilweise, No. 4 gänzlich orientalischen Charakter, Ritornell und No. 2 ist ungarischen Charakters, in No. 3 wechseln ungarische, rumänische, sogar arabische Einflüsse; von No. 5 ist das Thema derart primitiv, dass man blos von einer primitiv-bäuerlichen Art sprechen kann, und auf die Klassifizierung nach Nationalität verzichten muß.»

Neben diesen dem archaischen Stil der ursprünglichen Bauernmusik nachempfundenen Charakteren taucht im lyrischen Ritornell zum erstenmal seit langer Zeit eine *verbunkos*artige Melodie auf, die ihre Quellen ja eher in der volkstümlichen Kunstmusik hat, die BARTÓK ja zunächst bekämpfte, um an die tieferen Schichten der eigentlichen Bauernmusik heranzukommen. Der *verbunkos* ist hier aber, so BARTÓK-Forscher Jozsef Ujfalussy, «mit eindeutig positiver, sympathischer Auslegung zitiert». Dies kennzeichnet zum einen die zunehmende Offenheit und Universalität, die pantheistische Toleranz von BARTÓKS reifer Musiksprache, zum anderen aber seine «Rückkehr zu einer geschlosseneren, festeren tonalen Struktur» (J. Ujfalussy). «Eine atonale Volksmusik ist meiner Ansicht nach ganz unvorstellbar», schreibt BARTÓK einige Jahre später. «Da unsere schöpferische Arbeit auf einer tonalen Basis ruht, haben natürlicherweise auch unsere Werke einen ausgesprochen tonalen Charakter.» In der *Tanzsuite* vollzieht BARTÓK die ersten Schritte seiner späteren Abwendung vom ästhetischen Rigorismus ARNOLD SCHÖNBERGS und seiner Schule.

Attila Csampai

Klavierkonzert Nr. 1

Nach dem ersten internationalen Durchbruch mit der 1923 komponierten *Tanzsuite für Orchester* schwieg BARTÓKS kompositorische Arbeit für einige Zeit. BARTÓK beschäftigte sich nun mit Partituren der Zeitgenossen und beabsichtigte, in dem vielstimmigen Chor gerade der zwanziger Jahre ein eigenes, gewichtiges Wort mitzusprechen. Das Schlagwort war die «Neue Sachlichkeit», eine antiromantische Attitüde, für die etwa ARNOLD SCHÖNBERG nichts als Hohn und Spott übrig hatte, die aber BARTÓK zu interessieren begann, wenn er sich auch niemals mit ihr identifizierte. Auf keinen Fall kümmerte er sich um die «neoklassizistischen» Tendenzen dieser Zeit, jenes Operieren mit vergangenen Floskeln und «falschen» Bässen bei ansonsten tonaler Grundlage. Mit solch vordergründigen Neuerungen des musikalischen Satzes hat BARTÓK nichts zu tun. Er ging viel tiefer: Die erste größere Komposition nach der *Tanzsuite* war die *Klaviersonate,* die im Juni 1926 beendet wurde. Hier kündigt sich bereits das an, was einige Monate später im *ersten Klavierkonzert* als dem repäsentativen, umfangreichen Werk schlechthin ausgeschöpft erscheint: Der Rückgriff auf die musikalischen Urkräfte des Rhythmus und des Geräusches, beides Elemente, die zugleich hervorragend geeignet waren, den Zeitgeist der – von BARTÓK übrigens ausdrücklich verabscheuten – modernen Großstädte mit ihrem Maschinentakt wie auch das menschliche Grundbedürfnis nach Bewegung und Körperempfindung musikalisch zu erfassen. Die Musik der Großstädte hatte BARTÓK zwar bereits in seiner unerhörten Ballettpantomime *‹Der wunderbare Mandarin›* zu dröhnendem Klang gebracht, aber den Schritt zur konsequenten Erfüllung der rhythmischen Urkraft vollzog er doch erst in seinem *ersten Klavierkonzert.* Hier kommt er zum Kern der Sache.

Das Klavier wird jetzt in seiner Tonerzeugung selbst ernst genommen: als Perkussionsinstrument. Schließlich schlagen ja Hämmer auf die Saiten. Das wiegt mehr, als das heute bereits vergessene Hantieren mit «falschen» Bässen zur Erzielung antiromantischer «Modernität». Es ist auch ein Zwang in der Sache, daß BARTÓK, dem Schlagzeugcharakter des Soloklaviers zuliebe, dem Orchester eine Schlagwerkgruppe hinzufügt, die «womöglich unmittelbar hinter dem Klavier aufgestellt» werden soll; so lautet immerhin die Partiturangabe. Genaugenommen ist das *erste Klavierkonzert* eines für Klavier, Schlagzeug und Orchester. Ein Jahrzehnt später wird BARTÓK dann eine *Sonate für zwei Klaviere und Schlagzeug* schreiben, deren Vorgeschichte mit dem *ersten Klavierkonzert* beginnt.

Die Behandlung des Klaviers als primär rhythmisches Instrument prägt den musikalischen Ausdruck des gesamten Konzerts. Alle drei Sätze wachsen aus einer rhythmischen Zelle heraus, aus derselben energischen, absichtlich hohlen, ja fast barbarischen, trommelnden Achtelbewegung, die gleich zu Beginn von der Pauke intoniert wird. Die Vereinheitlichung der drei Sätze geschieht also nicht durch motivisch-thematische Vermittlung, wie das in der Musik des 19. Jahrhunderts üblich war, sondern auf ganz elementarer Stufe: «Hier sprechen nicht Harmonien, Akkordfolgen und feine Zusammenhänge, sondern rhythmische Kraft, die Energie der Bewegung, die Dynamik terrassenartiger Wiederholungen, der geometrische Effekt gerader Themenzüge und die Konfrontation großer Blöcke charakterisieren den Stil» (György Kroó). Dem rhythmischen Impetus entspricht denn auch die Art der Melodik und Thematik. An die Stelle von «Themen» und von «motivisch-thematischer» Entwicklung tritt eine absichtlich primitive, aber rhythmisch um so schärfer konturierte Kurzmotivik, die mit kontrapunktischer Kombinatorik verarbeitet, aber nicht entfaltet wird. Trotz der ausdrücklichen Sonatenform der Ecksätze greift BARTÓK, allerdings auf sehr originelle Weise, zur barocken Konzertform zurück, zu deren hervorstechendsten Eigenschaften es gehört, Formteile parataktisch gegeneinander zu stellen, ganz im Gegensatz zum klassisch-romantischen Konzertprinzip mit seiner dynamischen Formvorstellung. Der parataktische Bau verträgt sich gut mit der von Bartók verwendeten Motorik des Ablaufs, wenn auch dadurch keineswegs eine seelenlose Maschinenmusik entsteht. Es handelt sich vielmehr um eine bewußte Negation der modernen technisierten und entfremdeten Großstadtwelt durch wilde, barbarische, klangliche Ausbrüche.

Klang versteht Bartók hier auch als *Geräusch*; das ist der zweite Grund, warum das Schlagzeug so eine eminent wichtige Rolle spielt und weshalb das Klavier als eine besondere Geräuschfarbe innerhalb der Schlagzeugwelt eingesetzt wird. Die Kleinsekundreibungen im Klavierpart sind die Male der schlagzeughaften, geräuschvollen Anwendung des Klaviertons. Das berührt auch die Melodik: Es waltet Ostinatomotivik vor. Längere melodische Bögen gibt es nicht, dafür zahlreiche Tonwiederholungen. Alles ist dem Rhythmus untergeordnet. Der Anteil des Geräuschhaften am Gesamtklang dieses Konzerts ist sehr genau ausgehört: Bartók schreibt etwa den verschiedenen Schlagzeuginstrumenten präzise Angaben für die Benutzung und vor allem den Wechsel der Schlägel, der Anschlagsart oder der Artikulationsweise vor. Im Mittelsatz, einem Dialog hauptsächlich zwischen Klavier und Schlagwerk, kommt diese Differenzierung der geräuschhaften Tongebung zum Tragen. Der Satz gehört zu Bartóks typischen «Notturno»-Haltungen, hier aber in der besonderen Art eines metaphorischen Dialogs zwischen der unbeseelten und der beseelten Natur. Im Mittelteil übernimmt das Klavier die Trommelbegleitung – der Geräuschanteil des Tons wird durch clusterartige Klangblöcke angedeutet –, und den Holzbläsern ist die Melodie zugewiesen. Das vollzieht sich zudem in einer drohenden, immer lauter werdenden Steigerung.

Die unerhörteste Stelle der Partitur ist aber der schnelle Übergang vom Mittelsatz zum Finale: Schlagzeugrhythmen und unartikuliertes Brüllen der Posaunenglissandi weisen auf der Ebene des nackten Geräusches den Weg von der Natur zur taghellen Maschinenmusik des letzten Satzes, dessen musikalische Haltung noch barbarischer, härter und unerbittlicher erdröhnt als im ersten Satz. Über einem fast sechzig Takte währenden Ostinato erscheint dort das Thema. Und noch konsequenter als im Kopfsatz sind die Motive melodisch kaum konturiert; sie zucken als rhythmische Floskeln auf. Klavier und Orchester verschmelzen in dem gewaltigen Stampfen und Dröhnen.

Dietmar Holland

Rhapsodien Nr. 1 und 2 für Violine und Orchester

Wie das *erste Violinkonzert* für die Geigerin Stefi Geyer geschrieben wurde, so widmete BARTÓK seine beiden *Rhapsodien* (in Klavier- und Orchesterfassung erschienen) den Geigern Joseph Szigeti und Zoltán Székely, die auch beide jeweils die Uraufführung spielten (*Nr. 1:* 22. Oktober 1929 in der Fassung für Violine und Klavier und am 1. November in der Orchesterfassung; *Nr. 2:* 19. November 1928 in der Klavier- und 26. November 1929 in der Orchesterfassung). BARTÓK komponierte beide Stücke im Sommer und Herbst 1928, gleichsam als Ruhepause nach den konzentrierten und überaus avantgardistischen *Streichquartetten Nr. 3* (1927) und *Nr. 4* (1928), in denen er sich sehr stark an der Wiener Schule SCHÖNBERGS orientiert hat. Die *Rhapsodien* dagegen sind wieder Früchte seiner Volksmusik-Studien, wenn auch keinesfalls Nebenwerke. Es ging ihm vielmehr darum, darin unterstützt von seinem Verleger, den Erfolg der *‹Tanzsuite›* in konzertanter Weise zu wiederholen. Was lag also näher, als das mit zwei verschiedenen Arten des Arrangements von siebenbürgischen, ungarischen und rumänischen Volksweisen zu tun? Und die Satzordnung der *Rhapsodie* (langsam–schnell) entsprach ohnehin seinen Neigungen zu musikalischen Kontrasttypen, wie ja die Beispiele der *‹Deux portraits› op. 5*, der *‹Deux images› op. 10* und der *Sonate Nr. 2 für Violine und Klavier* hinreichend beweisen. Die beiden *Rhapsodien* unterscheiden sich darüber hinaus in der Art der Klavier- (bzw. Orchester-) Begleitung und in dem unterschiedlichen Verfahren, die Volksmusik umzusetzen in künstlerische Struktur.

Die *erste Rhapsodie* verwendet die musikalische Folklore fast blank, und das Orchester (oder das Klavier) hält sich begleitend zurück. Allerdings führte BARTÓK die außerordentliche Nähe zu den originalen Melodien in der Orchesterfassung dazu, ein Zimbal zu verwenden, auf das er sonst nirgends zurückkam. (Bei KODÁLY spielt es eine wichtigere Rolle.) Und die Klarinettenstimme ist mit reichen Verzierungen versehen, wie es in der Tradition der echten ungarischen Volksmusik üblich ist. Bei aller virtuosen Schreibweise für das Soloinstrument bewahrt BARTÓK dennoch den charakteristischen rustikalen Vortragsstil, wie er sich besonders im Presto-Teil bemerkbar macht. Er enthält auch einen Tanz mit Dudelsackbegleitung, bei dessen Wiederholung die Solovioline mit Flageolettönen eine Hirtenflöte nachahmt. Den Höhepunkt bildet ein «Vivacissimo», ein Tanzwirbel von wildem Gestus, der aber plötzlich abbricht und der Wiederkehr des anfänglichen Lento-Satzes Platz macht.

Die *zweite Rhapsodie* ist kompositorisch um einiges anspruchsvoller, läßt auch die Begleitung dem Soloinstrument gegenüber als ebenbürtig hervortreten. Die neun herangezogenen Melodien schmilzt BARTÓK in seine eigene Sprache um; auch die virtuose Haltung ist stärker. Die Tanzfolge des schnellen Teils erscheint als kunstvolles Geflecht von Dorfgeigerszenen und phantastischen Höhenflügen der Konzertsaalvirtuosität. Die folkloristischen Elemente sind vielfach gebrochen durch BARTÓKS kompositorisches Temperament, und es herrscht in dieser *Rhapsodie* eine durchgehende Spannung, die an die Ausführenden höchste Ansprüche stellt.

Dietmar Holland

‹Cantata profana›
(‹A kilenc csodaszarvas› – ‹Die Zauberhirsche›)

Der Titel des etwa siebzehnminütigen, für Tenor- und Baritonsolo sowie zwei gemischte Chöre und großes Orchester (drei- bis vierfache Bläserbesetzung) geschriebenen Werkes ist im Sinne von «heidnisch-antisakral» zu verstehen. Während seiner Tätigkeit als Sammler authentischer Volkskunst war BARTÓK 1910 unter siebenbürgischen Bauern auf sogenannte «Colinden» gestoßen: rumänische Weihnachtslieder aus vorchristlicher Zeit. 1915 verarbeitete er sie in zwei Folgen von *colinde*-Melodien für Klavier, die Texte bot er 1926 dem rumänischen Staat an – vergebens. Übersetzungsversuche ins Deutsche und Englische erregten das Mißfallen des Komponisten. So übertrug er die *colinde* von dem Vater und seinen neun Söhnen, die während einer Jagd im Wald in Hirsche verwandelt werden, selbst ins Ungarische. Das war die Basis für die *Kantate*, die laut Eintrag auf dem Autograph am 8. September 1930 fertiggestellt wurde. Daß BARTÓK diesem auf rumänischem Volkskunstgut beruhenden Werk eine ungarisch und slowakisch inspirierte Kantate an die Seite stellen wollte, ist aus dem Quellenmaterial nicht klar ersichtlich. Selbst wenn der Komponist diese Absicht ernsthaft verfolgt haben sollte, darf sie nicht im Sinne eines politischen Panbalkanismus verstanden werden: BARTÓK ging es in der ‹*Cantata profana*› um eine Vereinigung der Gegensätze im pantheistisch-pazifistischen Sinn. Gestaltet wird sie indes nicht als eingelöste Utopie: Die Gegensätze bleiben unaufgehoben. Es sind die zwischen Natur und Zivilisation, zwischen kulturellem Erbe und bedrohter Gegenwartskultur im Zeitalter des aufkommenden Faschismus. Das Vorspiel im Orchester intoniert die Gesamtproblematik. Es erklingt eine auf alte Kirchentöne zurückgehende Siebentonreihe als Urbild einer naturhaften Obertonreihe. Zugleich wird diese Beschwörung reiner Naturhaftigkeit durch die spiegelbildliche Umkehrung der Siebentonreihe ins Hochartifizielle gewendet: Eins ist mit dem anderen verschränkt, simplen ideologischen Zuweisungen für musikmateriale Sachverhalte verweigert sich BARTÓK. So ist die folgende Jagdszene, der *caccia* barocker Musik nachgebildet, durchaus nicht negativ besetzt. Es handelt sich um ein vierstimmiges Chorfugato über ostinatohaft rotierenden Quartakkorden im Orchester. Die Verwandlung der Jünglinge in Naturwesen wird durch Streichertremoli, Harfenglissandi und siebentönige Bläserakkorde suggestiv gestaltet. Nun verändert sich die dramaturgische Funktion des Chors. Bisher war er, da lehnt BARTÓK sich an die Turbae in BACHS *Passionen* an, direkt an der Handlung beteiligt, nun – da der Vater sich auf die Suche nach den verlorenen Söhnen begibt – ist er im Sinne des Chors in der attischen Tragödie kommentierender Berichterstatter. Entscheidend die Begegnung des Vaters (Bariton) mit seinem Lieblingssohn (Tenor). Die Versuche des Alten, seine Söhne in die Ordnung der heimischen Welt zurückzuholen, scheitern. Der Sohn begegnet ihnen mit einem in der Geschichte der Vokalmusik einzigartigen Tenorsolo voller Glissandi und Fiorituren, die den verbalen Sinntransport in die reine Arabeske umwandeln: Naturverfallenheit erklingt hier als Kunsttriumph. Der Vater antwortet im Dolcestil des seinen verflossenen Geliebten nachsinnenden Herzog Blaubart in BARTÓKS Oper, doch sein Werben bleibt fruchtlos. Die Reprise des Kantatenbeginns bis zur Jagd beschließt die rätselhafte Komposition. In ihrer Hermetik der konstruktiven Sinnlichkeit ist die *Kantate* ein Schlüsselwerk BÉLA BARTÓKS. Die Uraufführung fand 1934 in London statt.

Ulrich Schreiber

Bilder aus Ungarn

Nach dem großen Erfolg seiner *Tanzsuite für Orchester*, die BARTÓK anläßlich der Vereinigung der Städte Buda und Pest im Jahre 1923 geschrieben hatte, bat die Universal Edition den Komponisten um weitere, zumal leichter spielbare, Tanzweisen für Orchester. Zu dem Zweck wählte BARTÓK aus vier verschiedenen Klavierzyklen insgesamt fünf Stücke aus und instrumentierte sie für ein in den Bläsern je zweifach besetztes, vor allem im Schlagwerk reiches Orchester. Die Uraufführung dieser Fassung fand 1934 in Budapest statt. Die Satzfolge der 1931 instrumentierten Tänze ist symmetrisch: im Zentrum ein Liedsatz (*Melodie*), um ihn gruppiert zwei Scherzi (*‹Bärentanz›* und *‹etwas angeheitert›*), in den Eckteilen ein besinnliches Vorspiel (*‹Auf dem Lande›*) und ein heiteres Finale (*‹Hirtentanz aus Ürög›*). Die Spieldauer der fünf Bilder beträgt etwa elf Minuten.

Ulrich Schreiber

Klavierkonzert Nr. 2

Sein *zweites Klavierkonzert* komponierte Bartók vom Oktober 1930 bis zum Oktober des folgenden Jahres als «Gegenstück zum ersten», das bislang kaum mehr als einen Achtungserfolg erzielt hatte wegen seiner unerbittlichen Härte. Bartók wollte nun eine «thematisch gefälligere» Musiksprache anschlagen und entschloß sich deshalb, im *zweiten Klavierkonzert* die thematische Profilierung gegenüber dem Rhythmus in den Vordergrund zu stellen und das Soloinstrument nicht allein als interessante Art von Schlagzeug zu behandeln, sondern als Akkordinstrument. Er näherte sich bewußt den «neoklassizistischen» Tendenzen, freilich auf ganz eigene Weise. Er faßte nämlich jetzt das Prinzip des Konzertierens als spielerisches Moment auf. Der primär rhythmische Impetus des *ersten Konzerts* dringt in den Charakter der Themen ein, die auch jetzt ebensowenig länger ausgesponnen sind wie dort. Nur orientieren sie sich deutlich an erkennbaren Stilmodellen: So beginnt der erste Satz sogleich mit einer von Strawinsky abgelauschten lustigen Trompeten-Fanfare – man denkt sofort an *‹Pétrouschka›* –, deren hervorstechende, prägnante Diatonik den Charakter des gesamten Satzes bestimmt. Und in den Solo-Episoden, die im übrigen als Concertino-Episoden wie ein «Konzert im Konzert» gestaltet sind (das Klavier konzertiert mit den Klanggruppen), machen sich Anklänge an Bachs *Inventionen* hörbar. Die primitive Fanfaren-Motivik unterwirft Bartók im Verlauf des Satzes jedoch einer äußerst kunstvollen und kompakten kontrapunktischen Arbeit, die trotz aller Kompliziertheit und Dichte doch stets den einmal angeschlagenen, spielerisch-konzertanten Grundton des Konzerts wahrt. Es scheint, als habe Bartók nur die «neoklassizistische» Attitüde übernehmen wollen und gehe ansonsten eigene Wege.

Der im ersten Satz vorherrschenden Fanfaren-Motivik entspricht die hier gewählte Orchesterbesetzung: Die Streicher schweigen völlig, und die virtuosen Blechbläser treten mit dem Klavier in einen Wettstreit, zu dem die Holzbläser einen eigenen Kommentar abgeben, während das Schlagzeug in den Solo-Episoden mitwirkt. Die stets wechselnden Besetzungen der drei Sätze verweisen auf die innere Dramaturgie des Werkes: Die im ersten

Satz ausgesparten Streicher eröffnen allein den langsamen Teil des Mittelsatzes – der Mittelteil ist ein huschendes, geisterhaftes Scherzo, bei dem auch die Bläser hinzutreten – und alternieren mit einem seltsamen Dolce-Thema des Solisten, das wie eine Frage an die undurchdringliche Klangfassade der (vibratolosen) hohlen Streicherquinten wirkt. Die Antwort darauf bringt erst das Finale, das alle Extreme – etwa den Tempokontrast des Mittelsatzes – auflöst, die Klanggruppen vereinigt – erst jetzt ist die Besetzung wirklich komplett – und gegeneinander wirken läßt, die Thematik des ersten Satzes und den Wechsel von Tutti- und Solo-Episoden in die Umkehrung übersetzt und schließlich die befreiende Synthese bringt, indem es «kalte und warme Farben, hohe und tiefe, enge und weite Linienführung» zusammenfaßt (György Kroó).

Die dialogartige Struktur des Adagios, einer Musik unergründlicher, in Worten kaum faßbarer Tiefe in scharfem Kontrast zum spielerisch-lockeren Zug der Ecksätze, erinnert an den langsamen Satz aus BEETHOVENS *viertem Klavierkonzert,* an dessen unausgesprochenen Dialog zwischen Orpheus und den Mächten des Totenreichs. Auch bei BEETHOVEN sind es die Streicher, die sich der subjektiven Klage des Solisten unerbittlich entgegenstellen. Nur kommt es bei BARTÓK nicht zu jener versöhnlichen Schlußgeste, die BEETHOVENS Dialog so einmalig macht, wenn schließlich die moralische Kraft des Solisten das Orchester in seinen Bann schlägt und beruhigt. Dafür erhebt bei BARTÓK der Scherzo-Mittelteil Einspruch gegen die mythische Verschlossenheit des Dialogs zwischen Mensch und Natur mit einer phantastischen Klangvision, die Naturlaute und kunstvolle Clusterbildung, Assoziationen und neuartige Klangbereiche in ein Nachtstück von faszinierender Modernität verwandelt.

Dietmar Holland

Musik für Saiteninstrumente, Schlagzeug und Celesta

Die *Musik für Saiteninstrumente, Schlagzeug und Celesta* entstand im Sommer 1936 als erstes von drei Auftragswerken für Paul Sachers Basler Kammerorchester und wurde am 21. Januar 1937 in

Basel uraufgeführt. Der merkwürdige (und eigentlich unvollständige) Titel der Komposition rührt von deren ungewöhnlicher Besetzung her, die ein doppeltes «stereophon» placiertes Streichorchester plus Schlagzeug, Celesta, Xylophon, Harfe, Klavier und Pedalpauken vorsieht. Die *Musik* ist das zentrale Orchesterwerk von Bartóks mittlerer Schaffensphase, jener Zeit zwischen den Weltkriegen, in der Bartók aus zahlreichen Einflüssen und Quellen seinen eigenen Weg in komplexer Weise formt: Hier, in Bartóks *Musik,* wird sowohl die historische Tradition westeuropäischer Kunstmusik, also die Vorbilder Bachs und Beethovens, als auch die Einflüsse zeitgenössischer Komponisten, so Strauss' «optimistische» Instrumentation, Debussys luzide, synkretistische Harmonik, Strawinskys barbarische Rhythmen und Schönbergs Atonalität, angereichert mit Bartóks ureigenem aus der Volks- und Bauernmusik gewonnenen musikalischen Wissen zu einem formal strengen, bekenntnishaften Credo zusammengefügt. Er hätte die *Musik* auch «Symphonie» oder «Sinfonia» nennen können, wäre da nicht die Einschränkung auf Streicher und Schlagzeug, denn kein weiteres Mal hat Bartók die klassische Viersätzigkeit so reflektiert gehandhabt wie in diesem Werk. Das letzte viersätzige Orchesterwerk liegt fünfundzwanzig Jahre zurück, und es sollte kein weiteres mehr folgen.

Im ersten Satz, der von vielen Fachleuten als eine der konzentriertesten Schöpfungen Bartóks angesehen wurde, entfaltet sich über der Spannungsachse a–es–a eine überaus streng gebaute monothematische Fuge, deren chromatisches Thema als «Lebensraum» lediglich das Quintintervall beansprucht, so daß die weiteren zwölf Fugeneinsätze bis zum Wendepunkt jeweils einen neuen Quintenraum über (oder unter) die bereits vorhandenen aufschichten. Das streng kanonische Verfahren ist aber in eine der Natur nachempfundene blattähnliche Großform eingearbeitet, die den doppelten eruptiven Höhepunkt des Satzes nach dem Prinzip des *goldenen Schnitts* (in Takt 56 von 89 Takten) setzt. So haben wir es mit einem höchst komplexen Gebilde zu tun, das den Bachschen Kontrapunkt mit «natürlichen» Zahlenverhältnissen, Schönbergsche Chromatik mit archaischen Intonationen, eine schwebende, bitonale Harmonik mit höchster Expressivität verknüpft. Des Rätsels Lösung erfährt man erst im letzten Satz, wo BARTÓK die «natürliche» diatonische Grundgestalt des nunmehr auf den «normalen» Oktavraum gedehnten Fugenthemas präsentiert, als wolle er dessen chromatische Deformation zu Beginn wieder rückgängig machen und uns demonstrieren, daß die natürlich gewachsene musikalische Gestalt den abstrakten Gedankenspielereien irgendwelcher musikalischer «Objektivisten» stets überlegen ist. Hierin aber, im Nicht-Verhehlen auch des eigenen kompositorischen Dilemmas, zeigt sich die Aufrichtigkeit von BARTÓKS diffizilem eigenen Weg innerhalb der Musik des 20. Jahrhunderts, die Janusköpfigkeit seiner Position. Die chromatisch-diatonische bzw. tonal-atonale Doppelgeschlechtlichkeit seiner Musiksprache hat aber nichts mit Unentschiedenheit oder Opportunismus zu tun, wie ihm von den Parteigängern der *Zweiten Wiener Schule* vielfach vorgeworfen wurde, sondern ist eine Konsequenz aus BARTÓKS pantheistischer, universalistischer und in letzter Instanz naturhaft-organischer Weltanschauung.

Über den zweiten Satz, ein 520 Takte langes «Scherzo» (Allegro) über der bitonalen Achse c–fis–c schreibt BARTÓK in seiner eher nüchternen Art: «2. Satz. Sonaten-Form. Haupttonart C, Seitensatz in G; in der Durchführung erscheint das Fugenthema des 1. Satzes stark verändert (pizz. Akkorde der Streicher + Klaviers), dem anschließend ein, das Hauptthema des IV. Satzes antizipierendes neues Thema, imitatorisch durchgeführt. Die Wiederkehr ändert den 2/4-Rhythmus der Exposition in 3/8.» Das kecke, peitschenknallende, durch Pauken und perkussives Klavier unterstützte Hauptthema imitiert den Bau eines typischen ungarischen Volkslieds, zugleich ist es die tänzerische Metamorphose des abstrakten Fugenthemas: Die Substanz des Fugenthemas ist in ein heiter-derbes bäuerliches Ambiente verpflanzt. Klavier und Pauken nehmen den Platz des Schlagzeugs ein, jedoch natürlich beseelter, intonationsfähiger, menschlich sprechender Schlaginstrumente. In der Mitte des durch harte synkopierte Rhythmen beherrschten Satzes leistet sich BARTÓK eine eigenartige Pizzicato-Anspielung auf das Scherzo in TSCHAIKOWSKYS *vierter Symphonie*, die ohne größere Folgen bleibt. Ansonsten kennzeichnet eine eher «rustikale» Wildheit die Atmosphäre des Satzes, «der Wirbel» ist aber «voller Leben, und noch die unbändigsten Augenblicke sind von Lebensbejahung durchtränkt» (György Kroó).

Danach, an dritter Stelle und noch immer dem Bauplan einer Symphonie folgend, erklingt die vielleicht schönste, geheimnisvollste, rätselhafteste Nachtmusik, die Bartók je schuf, eine nächtliche Naturschilderung von Shakespearescher Gedankentiefe und Poesie, und dabei ganz unromantisch, denn das nächtliche Wechselspiel der Lüfte, der Vögel, Insekten, Blumen, Sträucher und Bäume findet in einer vom Menschen unberührten Natur statt, die geschützt ist vor zivilisatorischer Bedrohung und nur so ihre rätselhafte Schönheit entfalten kann.

Und endlich, zum Schluß, die fröhliche, ausgelassene, heitere Rückkehr ins menschliche Leben, ein Gedanke, der auch in der symphonischen Tradition seine Vorbilder hat, hier auf dem für Bartók typischen Boden archaischer Tanztypen, die ein wenig auch die allgemeine Welt-Bedrohung jener Tage spüren lassen. Die Wiederkehr des nunmehr diatonisch geweiteten Fugenthemas hat darum etwas Beschwörendes, «schwillt zu einem breiten Hymnus an: Die einzig mögliche Lösung, die höhere Einheit von Mensch und Natur [und die Abwendung der sich anbahnenden Katastrophe; A. C.] kann nur in der Praxis des gesellschaftlichen Zusammenlebens verwirklicht werden» (J. Ujfalussy).

Attila Csampai

Zweites Violinkonzert

Vom August 1937 bis zum 31. Dezember des folgenden Jahres arbeitete Bartók an einer seiner letzten Kompositionen vor der Emigration in die Vereinigten Staaten, an dem großen (*zweiten*) *Violinkonzert*. Diesmal war der Auftrag nicht, wie im Fall des frühen Konzerts für Stefi Geyer, ein «innerer», sondern ein «äußerer»: Der Violinvirtuose Zoltán Székely hatte es für sich bestellt und spielte auch die – übrigens auf Schallplatte festgehaltene – Uraufführung in Amsterdam mit dem Concertgebouw-Orchester unter Willem Mengelberg am 23. März 1939, bei der Bartók jedoch nicht anwesend sein konnte. Die kompositorische Idee, gegensätzliche musikalische Charaktere aus einem Grundmaterial heraus zu entwickeln, hatte Bartók ja bereits in seinem *ersten Violinkonzert* und den beiden *‹Porträts› op. 5* realisiert, aber jetzt ging es ihm um größere Verhältnisse. Die objektive Struktur der Musik sollte allein verantwortlich sein für die Variationskunst. Bereits die traditionelle Satzfolge verweist darauf, daß es Bartók in seinem großen Violinkonzert darum ging, sich in die Tradition der Gattung einzufügen; die Dreisätzigkeit, mit langsamem Mittelsatz, war vorgegeben, wenn sie Bartók auch ursprünglich noch gar nicht im Auge hatte. Ihm schwebte nämlich zunächst eine ganz neuartige, eben nicht der Konzerttradition verpflichtete variationsartige Form vor, als er den Auftrag von Székely erhielt. Wohl aus Gründen der Publikumswirksamkeit und vielleicht auch, um dem Konzert von vornherein ein gewisses Maß an «Klassizität» zu sichern, bestand der Auftraggeber auf der herkömmlichen Dreisätzigkeit. Bartók – auf der Höhe seiner Meisterschaft – gab indessen nur scheinbar nach, indem er zwar äußerlich den gewohnten Rahmen wahrte, aber unter dieser konventionellen Hülle dennoch seine ursprüngliche kompositorische Idee durchsetzte. Die Idee der permanenten Variation unterhöhlt gewissermaßen den äußeren Rahmen, denn die gewünschte Dreisätzigkeit bleibt bestehen, obwohl die Ecksätze insgesamt – und zwar bis in Details und in die Gliederung in je vierzehn Abschnitte hinein – Varianten ein und desselben Grundmaterials sind. Und der Mittelsatz gar ist selbst eine (übrigens bei Bartók einmalige) Folge von sechs Variationen über ein eigenes Thema, das nichts mit den Ecksätzen zu tun hat. Das kompositorische Prinzip der Variation wird also wirksam in der motivischen Detailarbeit und in der Gesamtform, denn der erste, vorwiegend kantable und melodisch ausströmende Satz erscheint im dritten völlig ins Tänzerische, ja sogar «Reißerische» übersetzt. Außerdem zollt Bartók in diesem Finale der erwarteten virtuosen Schlußwirkung seinen Tribut, ohne im mindesten von der dichten motivischen Arbeit abzulassen.

Ebenso wie Brahms mit dem Geiger Joseph Joachim, so arbeitete auch Bartók mit seinem Auftraggeber spieltechnische Details der Solostimme aus. Noch kurz vor der Uraufführung traf man sich in Paris, um die restlichen Fragen, vor allem auch zur Interpretation, zu klären. Die Amsterdamer Uraufführung kann von daher gesehen durchaus als «authentische» Darstellung des Werkes gelten. Die Führung der Solovioline verrät BARTÓKS intime, umfassende Kenntnis der Spieltechnik dieses Instruments. Doch mag Székely gerade bei der auskomponierten Solokadenz des ersten Satzes wertvolle Detailhinweise gegeben haben.

Bereits das Publikum der Uraufführung spürte unmittelbar die «klassische» Ausstrahlung des Werkes, aber in Fachkreisen meldete sich alsbald Skepsis und Unbehagen. Böse Zungen behaupten auch heute noch, mit dem (*zweiten*) *Violinkonzert* beginne BARTÓKS Wendung zu einem versöhnlichen, milden Spätstil. Tatsächlich befand sich BARTÓK jedoch auf der Suche nach einer Synthese seiner bisherigen kompositorischen Erfahrungen; er wollte das erreichen, was er zu dieser Zeit als «geniale Schlichtheit» bezeichnete. Dichte musikalische Struktur sollte sich mit sinnlich einleuchtender Erscheinung verbinden in einer kompositorischen Dialektik fortschrittlicher Verfahren und traditioneller Momente. So ist etwa der erste Satz ein äußerst streng durchgeführter Konzertsatz in Sonatenform mit einer Fülle motivischer und kontrapunktischer Arbeit, während die melodische Erfindung in ihrer rhapsodisch wirkenden Freiheit des Gestus ein wirksames Gegengewicht dazu bildet. Der dritte Satz überführt dann diese Strenge in eine freie Rondoform.

Trotz gelegentlicher Romantizismen – entsprechende Horneinsätze oder das Einschwingen des G-dur-Klangs zu Beginn des Mittelsatzes – verfügt BARTÓK hier über eine große stilistische Vielfalt. Die drei Themen des ersten Satzes sind denn auch völlig verschieden im Charakter, ja, das Calmo-Thema ist sogar zwölftönig, aber nicht im Sinne der SCHÖNBERGschen Reihentechnik, sondern wie BARTÓK es selbst nannte, «eine Art von Zwölf-Ton-Thema, aber mit ausgesprochener Tonalität». Die tonale Bindung war für BARTÓK unverzichtbar. Dort verlief für ihn die Grenze des musikalischen Fortschritts.

Dietmar Holland

Divertimento für Streichorchester

Bartók komponierte sein letztes vor der Emigration in die Vereinigten Staaten in Europa fertiggestelltes und uraufgeführtes Werk im Auftrag Paul Sachers. Der leitete die Uraufführung mit seinem Basler Kammerorchester im Juni 1940 in Basel. Entstanden ist das für je sechs erste und zweite Violinen, vier Bratschen, vier Violoncelli und zwei Kontrabässe konzipierte *Divertimento* zwischen dem 2. und 17. August 1939 in Saanen, wo Bartók Sachers Ferienhaus im Berner Oberland bewohnte. Ähnlich wie in der *‹Cantata profana›* lehnt sich Bartók im Divertimento an barocke Formmuster an. So hat er selbst gegenüber dem Auftraggeber von der «Idee eines Concerto grosso» gesprochen und den tradierten Wechsel von Concertino und Ripieno virtuos angewandt. Das gilt für die beiden Ecksätze des dreisätzigen, knapp fünfundzwanzig Minuten dauernden Werkes. Im Kopfsatz (Allegro non troppo) lassen sich aber auch Bestandteile des Sonatenhauptsatzes ausmachen: Dualismus der Themen, Exposition, Durchführung und Reprise. Verwoben mit diesen klassizistischen Momenten ist Bartóks ureigene Anverwandlung heimatlicher Volkskunst: die kirchentonharmonische Melodie des Kopfthemas, der nach Art der rumänischen Hora rhythmisierte Seitensatz mit seiner romantischen Terzenseligkeit. Dieser Idyllik stellt sich immer wieder eine rhythmische Querläufigkeit entgegen, die Harmonie mündet jeweils in eine Dissonanz, ein Spannungsfeld baut sich unterhalb der Oberfläche auf. Im Mittelsatz (Molto adagio) erhebt sich über dem gedämpften Streicherklang ein eindringlicher Klagegesang: eine von Bartóks unvergeßlichen Nachtmelodien. Sie versinkt im Nichts, über dumpfen Baßostinati steigen die ersten Violinen mit schneidenden Quintklängen in ein verzerrtes Trillerfeld. Es ist eine Vision unheilvoll drohender Schärfe: ein Klangblick voraus in die Greuelwelt des Zweiten Weltkriegs. Der helle Schlußsatz (Allegro assai) begehrt dagegen auf: Es ist ein schwungvoller Tanz als weltliches Gebet um die Vermeidung allen Krieges.

Ulrich Schreiber

Konzert für Orchester

Ende Oktober 1940 verließ BARTÓK Ungarn und emigrierte nach New York. Es gab für ihn keine Verbindungen zur Heimat mehr; der Tod der Mutter im Dezember 1939 und der Beginn des Zweiten Weltkriegs, ferner die faschistische Besetzung der Tschechoslowakei hatten die Auswanderungsideen konkretisiert. BARTÓK war aber keineswegs glücklich in seiner neuen Heimat. Zwischen 1940 und 1942 komponierte er keine einzige Note; existentielle Sorgen standen im Vordergrund. Und die Krankheit, die bald zum Tode führen sollte, griff immer mehr durch. Bereits im Frühjahr 1939 hatte BARTÓK den Plan geäußert, eine Art «symphonisches Ballett» für Orchester zu schreiben. Daraus wurde zunächst nichts, und wir haben Grund zu der Annahme, daß dieser Gedanke in das 1943 komponierte *Konzert für Orchester* einging, das der bereits schwerkranke Komponist im Auftrag der Koussevitzky Foundation für das Bostoner Orchester und seinen Dirigenten Sergej Koussevitzky schrieb. Der Dirigent suchte eigens den Komponisten am Krankenbett auf und überreichte ihm den Vorschuß, den der fast Mittellose auch dringend nötig hatte. Zwischen dem 15. August und dem 8. Oktober 1943 arbeitete BARTÓK fieberhaft an dem Werk, das zu seinen umfangreichsten Kompositionen für Orchester gehört (Spieldauer rund vierzig Minuten).

Es scheint, als hätten sich die über zwei Jahre lang aufgestauten musikalischen Kräfte energisch Bahn gebrochen, so unaufhaltsam floß der Strom der Einfälle und der Formideen. BARTÓK schrieb nichts Geringeres als die Summe seiner kompositorischen Erfahrungen, und zwar in einer seltsam ironischen Distanz, die bis heute mißdeutet wird als Anbequemen an den amerikanischen Publikumsgeschmack. Das ist jedoch nur die äußere Seite des Werkes. Die scheinbare Einfachheit des Ausdrucks kann beim genaueren Hören nicht darüber hinwegtäuschen, daß es mehrere Ebenen gibt. Wer wollte es dem emigrierten Komponisten verargen, daß er diese Situation ausdrücklich in seiner Musik mitreflektierte? Immerhin hatte BARTÓK den Hauptteil seines Lebens der Erforschung und künstlerischen Aneignung der echten Volksmusik seiner Heimat bzw. des gesamten Balkanraumes gewidmet und begriff seine Emigration ohnehin nur als Intermezzo auf der Flucht vor dem verhaßten Faschismus. So ist es nicht verwunderlich, daß im Zentrum des fünfsätzigen *Konzerts für Orchester* ein mit ‹*Elegia*› bezeichneter langsamer Satz steht, der nicht nur auf die langsame Einleitung des ersten Satzes zurückgreift – es gibt in diesem Werk vielfache unterirdische Querverbindungen –, sondern innerhalb der Satzfolge, die György Kroó treffend als «Fresko des Lebens» bezeichnet, die Funktion einnimmt, die dem Tränensee in der einaktigen Oper BARTÓKS ‹*Herzog Blaubarts Burg*› zukommt.

Um den Satz herum gruppieren sich (bogenförmig) die «verschiedenen Aspekte des Lebens – Bilder des Kampfes, des Spieles, der Sehnsucht und der Ironie, zuletzt der Sieg oder, da wir 1943 schreiben, die Vision einer Befreiung» (G. Kroó). Die Ecksätze sind die beiden großen Tutti-Ausbrüche, und den zweiten, inneren Bogen bilden die Intermezzi des zweiten und vierten Satzes mit konzertierenden Gruppen, besonders in dem ausdrücklich auf die ursprüngliche Ballettidee hinweisenden zweiten Satz, der als ‹*Giuoco delle coppie*› (‹*Tanz der Paare*›) bezeichnet ist und eine Art musikalischer Choreographie ausprägt. Den zentralen, innerlichen Satz ‹*Elegia*› nannte BARTÓK selbst «das herzzerreißende Klagelied» des Werkes.

Geht man von dem «Fresko des Lebens» aus, das BARTÓK in seinem *Konzert für Orchester* gestaltet habe, dann wird auch verständlich, warum er es gerade «Konzert» genannt hat. Es ging ja nicht nur darum, dem Bostoner Orchester Stoff zur virtuosen Entfaltung der einzelnen Instrumente und Gruppen zu liefern – darauf braucht nicht eigens hingewiesen zu werden –, BARTÓK hatte vielmehr die Vielfalt und vor allem die Widersprüchlichkeit der Bereiche des Lebens im Auge. Das Konzertieren ereignet sich deshalb auf zwei Bühnen: einer Vorder- und einer Hinterbühne. Anders gesagt: Es müssen verschiedene Schichten des musikalischen Verstehens angenommen werden. Eine davon ist BARTÓKS Kunst des mehrdeutigen musikalischen Zitats. In keinem seiner großen Werke hat er so viele Zitate, Anspielungen und heterogene stilistische Ebenen mit seiner eigenen Musiksprache gemischt, wie im *Konzert für Orchester.* So klang ihm eben seine Musik unter den

Bedingungen, in einem fremden, hektischen Land leben zu müssen, zu dem er nie einen tieferen Kontakt bekam.

Mit bitterer Ironie entwirft BARTÓK in dem ‹*Intermezzo interrotto*› – der Titel verweist natürlich auf DEBUSSYS ‹*Sérénade interrompue*› – einen rondoartigen Zusammenstoß höchst konträrer Charaktere, um ein dialektisches Bild der durchaus vergeblichen Sehnsucht nach der wahren Heimat beschwören zu können: Auf ein simples Serenaden-Thema folgt eine sentimentale Melodie, die so klischeehaft ungarisch klingt, wie man sich gemeinhin ungarische Musik vorstellt. BARTÓK zitiert hier, als scharfen Kontrast zu der echten Volksmusik, ein populäres Operettenlied aus der Zeit zwischen den beiden Weltkriegen (‹*Schön, wunderschön bist du, Ungarland*›). Die Sehnsucht wird also enthüllt als schöner Schein. In die Wiederkehr des Serenaden-Themas bricht dann höchst drastisch und illustrativ ein roher Gassenhauer ein, der in grotesker Verzerrung das frivole Couplet ‹*Heut geh ich ins Maxim*› aus LEHÁRS ‹*Lustiger Witwe*› herbeizitiert, übrigens eines Komponisten, den BARTÓK sehr gehaßt hat. Die Fortsetzung jenes Couplettextes («da kann man leicht vergessen das teure Vaterland») mag BARTÓK mitgedacht haben, ganz sicher aber die kleinbürgerliche Banalität, die bei ihm zur brutalen «Stiefelmusik» (Kroó) wird und den Übergriff der Faschisten auf Ungarn darstellt. Die falsche Idylle wird von der gnadenlosen Realität überrollt.

BARTÓKS eigene Antwort darauf ist die Utopie der Völkerverbrüderung in dem großen Volkstanz-Finale, in dem sich orchestrale Virtuosität, die Fülle kompositorischer Verfahren und die verschiedenartigsten musikalischen Tonfälle die Hand reichen zu einer überschäumenden synthetischen Geste.

Dietmar Holland

Klavierkonzert Nr. 3

Mit der Emigration in die Vereinigten Staaten hatte BARTÓK seine Karriere als Konzertpianist aufgegeben. Dennoch schlug ihm der Verleger Ralph Hawkes im Jahre 1940 die Komposition eines neuen Klavierkonzerts vor, das zur Zentenarfeier der New Yorker

Philharmoniker in der Saison 1941/42 mit dem Komponisten als Solist zur Uraufführung gebracht werden könnte. Bartók litt aber so sehr unter den Bedingungen der Emigration, war derart depressiv, daß er bis 1942 gar nichts komponierte. Schließlich machte er sich im Sommer 1945, kurz vor seinem Tod (26. September), aus eigenem Antrieb doch noch an die Arbeit und schrieb für seine Frau, die Pianistin Ditta Pásztory, sein *drittes Klavierkonzert,* konnte es aber nicht ganz vollenden. Die letzten siebzehn Takte blieben uninstrumentiert. Tibor Serly, der auch das Fragment des *Bratschenkonzerts* zu vollenden hatte, vervollständigte die Partitur. Das *dritte Klavierkonzert* ist also das letzte fast vollendete Werk Bartóks und ein ergreifendes Zeugnis für seinen luziden Spätstil.

Manche Betrachter meinen, der weiche, lyrische Grundcharakter des Werkes rühre daher, daß es ein Konzert für eine Pianistin sei. Tatsächlich behandelt Bartók den Solopart weder schlagzeugartig wie im *ersten Konzert* noch kompakt wie im *zweiten*, sondern er verzichtet auf allen spieltechnischen Prunk zugunsten einer überaus melodischen, kantablen Grundhaltung, die dem Klavier außerordentliche Feinheit und Geschmeidigkeit abgewinnt. Das Konzert beginnt denn auch mit einem Solothema auf einem summenden Untergrund der Streicher, das in schlichter Einstimmigkeit (mit Oktavverdoppelung der linken Hand) erklingt. Es stammt aus der rumänischen Volksmusik, aber wie aus ferner Erinnerung heraufgeholt. Der damit angeschlagene leichte Parlandostil prägt das gesamte Konzert; es gibt nicht mehr das Hämmern des *ersten* und die Kraftentfaltungen des *zweiten Konzerts*. Es scheint, als beginne die Stimme der Natur selber zu klingen. Plastische und helle Klangfarben herrschen vor, und die von Bartók immer wieder beschworenen Vogelrufe schallen in das luftige Tongewebe hinein. Es gibt auch keine Konflikte mehr; der Satz kennt keine scharfen Kontraste. Der Vorwurf, Bartóks schöpferische Kräfte hätten ihn im Angesicht des Todes verlassen, ist unhaltbar. Die Einfachheit der Faktur und die Schlichtheit des Tonfalls sind die Essenz einer langen kompositorischen Erfahrung. Ob Bartók in diesem Konzert bewußt Abschied von der Welt nehmen wollte, wissen wir nicht, aber der fast «verklärte»

Tonfall könnte einen Hinweis darauf geben, ohne die «Weihe» des «letzten Werkes» überstrapazieren zu müssen. Möglicherweise machte sich Bartók auch (verständliche) Illusionen über seine Genesung und dachte sogar an eine Rückkehr in die Heimat. Der sanfte Charakter des Werkes ist jedenfalls unzweifelhaft eine musikalische Huldigung, ein künstlerisches Vermächtnis an Ditta Pásztory.

Beschwört die Schwerelosigkeit des ersten Satzes eine Idylle von Kindheitserinnerungen herauf, dann führt der langsame Mittelsatz in so geheimnisvolle, fremdartige Bereiche, daß Bartók, der überzeugte Atheist, für diesmal die bei ihm singuläre Bezeichnung *religioso* wählte, um den Charakter des Satzes zu umreißen. Ungreifbare, gläserne Klänge entfalten eine Tonsprache, die sich von Beethovens *‹Dankgesang eines Genesenen an die Gottheit›* aus dem *Streichquartett op. 132* unmittelbar herleiten läßt. Hier wie dort steht ein akkordischer Choral – bei Bartók dem Klavier zugewiesen – fließenden, kanonischen Streicherlinien gegenüber, und das Choral-Thema ist in archaisch wirkende Harmonik gekleidet, die abweisend und vertraut zugleich erscheint, wie eine Tonalität auf zweiter, unwirklicher Ebene. In dem schnelleren Mittelteil ertönen wieder, als Stimme der Natur, die Vogelrufe, wie sie Bartók bei einem Erholungsaufenthalt in North Carolina gehört und aufgeschrieben hat. György Kroó meint, hier habe Bartók die Vision des «Frühlings» vor Augen gehabt und deshalb ein «Vogelkonzert» geschrieben. Die Natur ertönt hier tatsächlich nicht als bedrohliches Nachtstück, wie sonst so häufig bei Bartók, sondern taghell und sorglos. Dann kehrt der Choral wieder, jetzt von den Holzbläsern intoniert und vom Klavier in der Art einer Bachschen *zweistimmigen Invention* begleitet. Die frühere Anspielung auf Beethovens *‹Dankgesang›* weicht jetzt der Annäherung an den Geist eines Choralvorspiels aus der Zeit Bachs. Der unbeschreibliche Schluß greift jedoch wieder auf die Beethoven-Anspielung zurück und sucht in seinem Tonfall der Weltentrücktheit seinesgleichen.

Das Rondo-Finale mit seinem «euphorischen Schweben» (G. Kroó) besteht aus einem rhythmisch profilierten Tanzthema und einer durchsichtigen, ja «ätherischen» Fugen-Episode, in der Bar-

TÓK zum letztenmal alle Register seiner kontrapunktischen Kunst zieht. Wenn auch dem *dritten Klavierkonzert* die stählerne Härte des *ersten* und die konzertierende Bravour des *zweiten Konzerts* fehlen, so entschädigt es dafür mit einer unvergleichlichen musikalischen Reife und menschlichen Wärme, die jenseits von Kategorien wie Reaktion oder Fortschritt stehen.

Dietmar Holland

Konzert für Viola und Orchester

Im Todesjahr 1945 erreichten den schwerkranken BARTÓK mehrere Kompositionsaufträge, von denen er jedoch nur noch zwei in Angriff nehmen konnte, darunter das von dem bedeutenden Bratschenvirtuosen William Primrose bestellte Solokonzert für das so selten solistisch eingesetzte dunkle Instrument aus der Geigenfamilie. BARTÓK vermochte jedoch das Werk nur noch zu skizzieren. Der mit seiner Arbeitsweise vertraute TIBOR SERLY machte sich nach dem Tod des Komponisten an die undankbare Aufgabe, die Skizzen zu einem spielbaren Werk herzurichten, ein vollendetes Fragment zu schaffen. Die Sachlage war schwierig genug: Als im Jahre 1950, kurz nach der Uraufführung, auch die Partitur des vollendeten Werkes erschien, konnte das darin abgedruckte Rechtfertigungsvorwort des Bearbeiters kaum darüber hinwegtäuschen, daß es sich in Wahrheit, wie es der ungarische Musikwissenschaftler und BARTÓK-Forscher György Kroó später formulierte, um eine «Komposition von Tibor Serly» handelt, «geschrieben auf Grund von Themen, Skizzen und Ideen Béla Bartóks» – also strenggenommen um gar kein genuines Werk BARTÓKS.

Zwar sprach der Komponist in einem Brief an Primrose, etwa zwei Wochen vor seinem Tod, immerhin davon, daß das geplante Konzert «im Entwurf fertig» sei «und nur noch die Partitur niedergeschrieben» werden müsse, was «sozusagen lediglich mechanische Arbeit» bedeute, doch in Wahrheit war der Befund des nachgelassenen Skizzenmaterials, das man TIBOR SERLY 1947 zur Ausarbeitung übergab, ganz anders. BARTÓKS Manuskript, dreizehn Blätter mit fortlaufendem, teilweise nur stenogrammartig aufgezeichnetem Notentext der drei Sätze, enthält die Werkidee gewissermaßen im Rohzustand, aus dem sich wohl kaum jemals die endgültig gemeinte Werk*gestalt* im konkreten Sinn wird ermitteln lassen. Berücksichtigt man zudem die eigenartige Arbeitsweise Bartóks, während der endgültigen Ausarbeitung der Partitur noch einschneidende Veränderungen, ja sogar erhebliche Eingriffe in den ursprünglichen Formplan vorzunehmen – in diesem Zusammenhang verweist György Kroó mit Recht auf die Tatsache, daß Bartók so während der Arbeit an seinem *sechsten Streichquartett* (1939) verfuhr, indem er das Finale-Konzept änderte (!) –, dann stellt sich die – im übrigen nicht zu beantwortende – Frage, ob eine Werkidentität des *Bratschenkonzerts* überhaupt ernsthaft angenommen werden kann oder ob vielleicht die Komposition, die Serly daraus schuf, am besten gar nicht aufgeführt würde, da es sich ja um keine «authentische» Aussage des Komponisten handelt. Serly mußte jedenfalls den Skizzen nicht nur kompositorisches Leben einzuhauchen versuchen, sondern ihm oblag noch ein zusätzlicher, wichtiger Arbeitsgang: die Anfertigung der Instrumentation, des klanglichen Gewandes und damit der sinnlichen Erscheinung der Werkidee, und zwar in selbständigen Entscheidungen, weil darüber Bartóks hinterlassenes Material so gut wie überhaupt keine Auskünfte erteilt. Immerhin konnte sich Serly auf eine briefliche Bemerkung des Komponisten stützen (wiederum in einem Brief an William Primrose): «Während der Kompositionsarbeit ergaben sich viele interessante Probleme. Die Instrumentation wird ziemlich transparent werden, mehr als die des Violinkonzerts. Auch der dunklere, maskuline Charakter Ihres Instruments hat das Werk mit geprägt.» Das ist allerdings alles, was Tibor Serly zur Instrumentation vorfand.

Was in den Skizzen fehlt, sind genauere Angaben über den Aufbau, über Details der verwendeten Tonsprache und über die Atmosphäre des Werkes. Soll man einen solchen Torso vollenden? Es gibt ja die fortlaufend notierte Solostimme, nach Bartóks Worten, «in einem virtuosen Stil formuliert», und es sind bereits in der Skizze wesentliche musikalische Charaktere festgehalten, so insbesondere die Absicht Bartóks, im Finale, bei dem im strengen Sinne gar nichts «hinzukomponiert» werden mußte, wieder einmal die Sprache der rumänischen Volksmusik mit der Zunge der Kunstmusik zu sprechen und damit, wie so oft, die höhere Synthese beider Bereiche zu realisieren. Der «Ton» der Volksmusik im Finale ist so stark, daß er über den Fragmentcharakter des Werkes hinweghilft.

Den am meisten fragmentarischen Eindruck macht der langsame Mittelsatz, der durch Überleitungen mit den Ecksätzen verbunden ist. Die formale Idee dieses Satzes ist es offensichtlich, neben der dreiteiligen Liedform (mit kontrastierendem Mittelteil) eine organische Verbindung zum Tanz-Finale zu schaffen. TIBOR SERLYS Entscheidung, die Wiederholung des ersten Teils in Kurzform zu belassen, was BARTÓK vermutlich geändert hätte, und die Überleitung zum Finale in ihrem halbfertigen Zustand nicht anzutasten, kann die Formidee des Satzes nicht retten.

In der Reprise des ersten Satzes hat BARTÓK die Stellen, die analog zur Exposition zu gestalten wären, einfach freigelassen, was SERLY dazu veranlaßte – wie das Bearbeiter in solchen Fällen gern zu tun pflegen, man denke nur an SÜSSMAYRS «Vollendung» des MOZART-*Requiems* –, eine simple Analogie durchzuführen, die BARTÓK mit untrüglicher Sicherheit verschmäht hätte zugunsten seiner unerschöpflichen Phantasie im Variieren analoger Stellen. Auffällig ist an dem ersten Satz, der ja immerhin in Sonatenform entworfen ist, die Kürze. Wie man sieht, es bleibt vieles rätselhaft an BARTÓKS letzter Komposition. BARTÓK selbst sagte über das Werk: «Es ist fertig und auch nicht...», und diesen Widerspruch trägt auch die heute bekannte Gestalt.

Dietmar Holland

Zoltán Kodály

Kecskemét, 16. Dezember 1882 – Budapest, 6. März 1967

Entscheidende Bedeutung für die ungarische Musik und für deren hohe Einschätzung innerhalb des jüngeren Repertoires haben die Werke ZOLTÁN KODÁLYS erlangt. Die Eltern, Frigyes Kodály und Paulina Jaloveczky, hatten 1879 geheiratet und waren beide musisch veranlagt. Der Vater, der als Bediensteter der Staatsbahnen als Stationsvorstand für den Lebensunterhalt sorgte, wurde kurz nach der Geburt des Sohnes Zoltán nach Szob, dann nach Galánta und später nach Nagyszomat (Tyrnau, dem heutigen Trnava in der Tschechoslowakei) versetzt. In Galánta verlebte der kleine KODÁLY «die sieben schönsten Jahre seiner Kindheit», wie im Vorwort zu den ‹*Tänzen aus Galánta*› aus dem Jahre 1934 zu lesen ist. In Tyrnau besuchte er das Gymnasium und lernte – praktisch als Autodidakt – Klavier, Geige, Bratsche und Cello, wodurch er sich im Rahmen der häuslichen Kammermusik und im Schulorchester betätigen konnte. Überliefert ist jedoch, daß ZOLTÁN KODÁLY sich bereits in diesen Jahren mit Eifer dem Komponieren zuwandte. Seine Vorbilder: HAYDN und MOZART.

Die Aufführung seiner *Ouvertüre in d-moll* fand mit dem Orchester des Gymnasiums im Februar 1898 statt. Der Komponist spielte in der Cellogruppe mit und bediente die Trommel. Sprachbegabt und allem Geistigen aufgeschlossen, studierte KODÁLY seinen Eltern zuliebe nach dem Abitur in Budapest an der philosophischen Fakultät, hegte indes nie Zweifel daran, daß er sich «hauptberuflich» musikalischen Fragen widmen würde. Bei HANS KOESSLER studierte KODÁLY Komposition, bei Viktor Herzfeld Musikgeschichte und -theorie. Unter ihrem Einfluß, aber auf Eigenständigkeit der Urteilsfindung bedacht, dürfte KODÁLY in diesen Jahren mit der Problematik des ungarischen Elements in der europäischen Kunstmusik konfrontiert worden sein. Während jedoch KOESSLER die Integration des Ungarischen in die «höhere Musik» als behutsam angewandte koloristischen Kunstkniff – wie etwa im Finale des *Klavierquartetts in g-moll* von JOHANNES BRAHMS – akzeptierte, befaßte sich sein Schüler mehr und mehr mit den Wurzeln der ungarischen Volksmusik und mit der Vision einer neuen, das Althergebrachte ebenso wie aktuelle Strömungen verarbeitenden nationalen Musiksprache, vergleichbar mit anerkannten Ausdrucksformen, wie sie sich unter unterschiedlichsten musikhistorischen und kompositionspsychologischen Bedingungen in Deutschland, Italien oder Frankreich herausgebildet hatten.

Die Bekanntschaft und Freundschaft mit BÉLA BARTÓK bedeutet für KODÁLY Anregung und Bestätigung zugleich. 1905 beginnt er Volkslieder zu sammeln und das schier unübersehbare Material zu systematisieren. Sein Dissertationsthema behandelte folgerichtig den «Strophenbau im ungarischen Volkslied». Mehr als 3500 Volkslieder trägt der musikpädagogisch engagierte und in vielen didaktischen Grundsatzentscheidungen immer noch vorbildliche Wissenschaftler zusammen, der ab 1907 als Lehrer an der Budapester Musikhochschule wirkt und als Komponist einen stilistisch vorsichtigeren, traditionsbewußteren Weg beschreitet als BÉLA BARTÓK. Beiden geben die volkstümlichen Materialien Anlaß, sich auf die Werte bäuerlicher Kunst zu besinnen, um – in Distanz zu BRAHMS, dem auch BARTÓKS frühe Stücke verpflichtet sind – eine vertretbare, zukunftsträchtige Form der rhythmischen und klanglichen Definition zu finden.

Neben der Volksmusik haben zahlreiche andere musikalische Elemente das Schaffen KODÁLYS beeinflußt, geprägt und gefärbt: mittelalterliche Einstimmigkeit, polyphone Vernetzung, wie sie für PALESTRINA charakteristisch ist, barocke Auszierung des Wortgehalts und harmonische Kühnheiten der französischen Impressionisten, von denen CLAUDE DEBUSSY bei KODÁLY den größten Eindruck hinterlassen hat. 1907 hatte der Komponist Paris besucht und dort auch Werke von DEBUSSY kennengelernt. KODÁLYS Verdienst ist es jedoch nicht, sozusagen die akustische Scholle seiner Heimat durchpflügt und neu bestellt zu haben, um die Früchte dieser Arbeit mit den Anleihen aus der abendländischen Musikgeschichte zu einem folkloristisch durchsetzten Globaleklektizismus zu veredeln. In seinen großen und richtunggebenden Werken ist es ihm gelungen, eine dem Stoff angemessene Synthese zu finden, der es trotz bildungsbürgerlichem Ballast und Kunstfertigkeit in Satz und Harmonie nicht an Ursprünglichkeit, ja Wucht der Mitteilung mangelt – Qualitäten, die heute nicht mehr altväterlich mit «Größe» umschrieben werden, aber doch dem aufgeschlossenen Hörer eine Ahnung von den Kräften elementaren musikalischen Ausdrucks vermitteln. Insofern steht heute ZOLTÁN KODÁLY für künstlerischen Nationalismus ohne begrenzten Echtheitsfanatismus – ein Klassiker der Moderne, der mit dem Ungarischen konfrontiert, nicht aber mit völkischer Betriebsamkeit das Bodenständige gegen das Auswärtige ausspielt.

KODÁLYS ehrgeizigstes und zweifellos auch substanzreichstes Werk ist der *‹Psalmus Hungaricus›* für Tenorsolo, Chor und Orchester, dessen Uraufführung anläßlich der Fünfzig-Jahr-Feier der Städteverbindung Buda und Pest im Jahre 1923 eine längere Phase des kompositorischen Stillhaltens beendete. KODÁLY war sich bewußt geworden, daß im Anschluß an die großen weltpolitischen Erschütterungen – Weltkrieg, Revolution (und Gegenrevolution) – altes, aber in der Botschaft und Essenz zeitloses Textmaterial die beste Grundlage für eine aufrüttelnde, zugleich aber auch kontemplative Musik sein würde. Hier kam ihm die freie ungarische Übersetzung des 25. Psalms von Mihály Vég (16. Jahrhundert) entgegen: Leid und Schicksal in alttestamentarischer Sprache vor dem historischen Hintergrund der Türkenherrschaft, unter deren Auswirkungen auch dieser dichtende Prediger zu leiden hatte.

Das Werk ist zweiteilig und besteht aus einer *‹Klage›*, deren Höhepunkt der (unbegleitete) Fluch des Dichters ist, und aus einem Gebet, in dessen dramaturgischem Zentrum ein Hymnus des Chors mit Begleitung des Orchesters für formale Ausgewogenheit und emotionale Erhitzung sorgt. KODÁLY greift am Ende des weitgespannten lyrisch-dramatischen Spannungsbogens den Tonfall verhaltenen Psalmodierens, wie er in der Introduktion angeschlagen wird, wieder auf. Eine riskante Schlußlösung, für die sich ein weniger selbstsicherer Autor wohl kaum entschlossen hätte. In diesem Zusammenhang aber trägt die dynamische Zurücknahme zur Suggestivwirkung des Werkes bei, dessen besondere Stellung im Musikschaffen nicht nur des 20. Jahrhunderts auch von jenen Musikologen und Musiksoziologen anerkannt wird, die sich bei ihren Recherchen mit parteilichem Eifer auf die Versuchsanordnungen in den Kompositionslabors der Neuen Wiener Schule konzentriert haben.

Im Konzertrepertoire der siebziger und achtziger Jahre konnten sich nicht nur die beliebtesten KODÁLY-Werke auf Grund ihrer attraktiven Mischung aus Gefühlswärme, Gedankenschärfe und «musikantischem» Schwung behaupten, sondern – nicht zuletzt mit publizistischer Rückendeckung durch die Schallplatte – auch einige bisher weniger bekannte oder unterschätzte Stücke. Zu den bewährten, gewissermaßen unverwüstlichen Werkreihen sind die im Volkstümlichen wurzelnden *‹Marosszéker Tänze›* (1930) und die *‹Tänze aus Galánta›* (1933) zu rechnen. Beide *opera* liegen auch in Klavierfassungen vor, haben sich jedoch in der Konzertpraxis in den prächtig instrumentierten, intelligent mit slawischen Klischees operierenden (und ihnen auch opponierenden) Orchesterfassungen durchgesetzt. In der ersten der beiden *‹Tanzdichtungen in Rondoform›* mit dankbaren quasi-solistischen Aufgabenstellungen hat KODÁLY siebenbürgische Volkstänze verknüpft, während in den *‹Tänzen aus Galánta›* die Musik der Zigeuner im 18. Jahrhundert aufgearbeitet wird.

Kurz vor dem Zweiten Weltkrieg vollendete KODÁLY die *Variationen* über das ungarische Volkslied *‹Der Pfau›* und das *‹Concerto› für Orchester.* Um sich ein persönliches Urteil über KODÁLYS Zielsetzungen und satztechnisches Vermögen zu bilden, empfiehlt es sich, diese im Vergleich zu den erwähnten Tanzserien unbequemeren Stücke in jede Analyse miteinzubeziehen. In den *‹Pfau›-Variationen*, deren thematische Kernsubstanz auf die älteste «Schicht» der fünfstufig eingeteilten ungarischen Volksmusik zurückgeht, versucht KODÁLY die mannigfaltigen Verarbeitungsmöglichkeiten der Melodik mit den Mitteln des fortgeschrittenen Orchesters unter Beweis zu stellen. Eine Rückwendung anderen Typus beschwert das *‹Concerto›*, dessen dreisätzige Concerti grosso-Anlage die Inspiration durch barocke Formenpraxis nicht verleugnet. Hier jedoch tritt der volkstümliche Aspekt in den Hintergrund – eine für KODÁLY seltene Abstinenz.

Im Anschluß an die sehr beifällig aufgenommenen Erstaufführungen des *‹Psalmus Hungaricus›* in Budapest und Zürich wurde 1926 in Budapest das Singspiel *‹Háry János›* uraufgeführt. Ein Novum war es, ungarische Volkslieder – bald kantig und schlicht, bald aufwendig instrumentiert – im Opernhaus vorzutragen. Das Stück mit einem auf skurrile Weise Märchen, Fiktion und Wahrheit verwebenden Veteran der napoleonischen Kriege als Hauptdarsteller, fand beim Publikum großen Anklang, so daß es fast als logisch erscheinen muß, daß KODÁLY eine knapp fünfundzwanzig Minuten dauernde *Suite für großes Orchester* (mit Glockenspiel, Celesta, Klavier und Zymbal) anfertigte, die in grellen und zarten Valeurs die wahren und erträumten Begebenheiten zusammenfaßt.

Nicht durchsetzen konnte sich KODÁLYS *Symphonie in C-dur* aus dem Jahre 1961. Es handelte sich, sechs Jahre vor dem Tod des mittlerweile weltweit gerühmten und für das ungarische Ausbildungssystem (samt Früherkennung von musikalischen Begabungen) wortführenden Meister, um den großangelegten Versuch, klassische Tradition und volkstümliches Melodiengut noch einmal in einen symphonischen Rahmen zu zwingen. Die drei inhaltlich zum Teil verwandten Sätze belegen ein letztes Mal, wie unbeirrt KODÁLY an seinen ästhetischen Grundsätzen festgehalten hat, auch wenn sich diese Überzeugungen an Hand der früheren Werke leichter nachweisen und körperlicher nachfühlen lassen.

Peter Cossé

George Enescu

Liveni, 19. August 1881 – Paris, 5. Mai 1955

Die Gestalt GEORGE ENESCUS und ihr Wirken als Komponist, Violinvirtuose, Pädagoge und Organisator markiert den Beginn und eine erste glanzvolle Entwicklungszeit des nationalen Musiklebens in Rumänien. Am 19. August 1881, wenige Monate nach der Proklamation des Königreiches Rumänien als Nationalstaat geboren, gehörte er der Generation SCHÖNBERGS, BARTÓKS, STRAWINSKYS, RAVELS und DE FALLAS an. Schon als Fünfjähriger fiel er durch ungewöhnliche musikalische Begabung auf, und es bedurfte nur zweier Ausbildungsjahre, um ihn auf das Wiener Konservatorium schicken zu können. Dort nahm sich besonders JOSEPH HELLMESBERGER seiner an; schon mit dreizehn Jahren examinierte er mit Auszeichnung. Im gleichen Jahr begegnete er JOHANNES BRAHMS, erlebte Aufführungen von dessen Werken (zum Teil als Mitwirkender) in Anwesenheit des Komponisten. Dieser Kontakt war ausschlaggebend für die gleichermaßen hervorragende BRAHMS-Interpretation des Geigers wie des Dirigenten ENESCU in späteren Jahren. Noch nicht zufrieden mit dem erreichten Niveau, siedelte der Vierundzwanzigjährige 1895 nach Paris über, um seine Violinstudien bei MARSICK zu vervollkommnen und bei MASSENET und FAURÉ Komposition zu studieren. Nach Abschluß der Studienzeit (1899) entfaltete er zunächst eine ausgedehnte Tätigkeit als reisender Geigenvirtuose und Kammermusiker (seit 1904 auch Primarius eines eigenen Streichquartetts). Reproduktive künstlerische Aktivitäten betrachtete ENESCU indessen – ähnlich SERGEJ RACHMANINOW – beinahe als «notwendiges Übel» zur Finanzierung seines Lebensunterhalts, das ihn die so dringend benötigte Zeit zum Komponieren teilweise kostete.

Musikalisch wie biographisch verlief das Dasein ENESCUS in Spannungsfeldern, deren Zentren der Interpret und der Komponist einerseits, Paris und die rumänische Heimat andererseits waren. Die Wahrung der Loyalität beiden Kulturen gegenüber komplizierten seine schöpferische Entwicklung – ähnlich wie die BUSONIS – in nicht unerheblichem Maße. Einflüsse der Volksmusik seines Geburtslandes, also einer nationalen Musikkultur, und eher kosmopolitische Tendenzen stehen anfangs unverbunden nebeneinander. Zu keiner Zeit jedoch war ENESCU in Gefahr, ein Epigone des Impressionismus oder der modernen französischen Schule zu werden; der an BRAHMS und der deutschen Romantik geschulte Sinn für klassische Architektonik wies ihn in eine andere Richtung. Ähnlich wie im Fall von DE FALLA und MARTINŮ war auch für den Rumänen die Pariser Atmosphäre das geeignete Umfeld, das seinem eigentlichen Personalstil zum Durchbruch verhalf.

Die ersten Kompositionen, die ENESCU selbst ernst nahm, stammen aus den ersten Pariser Studienjahren, darunter vier *‹Schulsymphonien›* und zwei *Ouvertüren* (als «tragische» und «triumphale» bezeichnet, eine deutliche Verbeugung vor BRAHMS). Noch vor Abschluß der Studien brachte er sein *Opus 1,* die symphonische *Orchestersuite ‹Poème roumain›*, heraus. Dieses Werk sowie besonders die 1901 folgenden beiden *‹Rhapsodies roumaine›* (*A-* und *D-dur*) *op.11* machten ENESCU schlagartig bekannt. Die *doina,* ein aus Siebenbürgen stammendes, schwermütiges Volkslied hat mit seiner freien Tempogestaltung und reichen ornamentalen Einschüben in die Melodielinie jenes für ENESCUS Musik charakteristische «Parlando-Rubato» angeregt. Noch deutlicher wird die Übertragung folkloristischer Besonderheiten auf die Orchestermusik in der 1903 entstandenen, CAMILLE SAINT-SAËNS gewidmeten *Suite C-dur op. 9*, deren erster Satz mit seinem konsequenten Unisono eine Art «Monodiestudie» darstellt. Doch ist dies nur die eine Seite von ENESCUS Stil in jenen Jahren; ganz kosmopolitisch und der deutschen Spätromantik verpflichtet gibt sich die *erste Symphonie Es-dur op. 13* aus dem Jahre 1905. Die zehn Jahre später vollendete *zweite Suite op.20* steht in ihrer komplizierten Chromatik und der Dichte der orchestralen Polyphonie eher REGER nahe. Seine Bewunderung für JOHANN SEBASTIAN BACH ließ ENESCU offenbar zeitweise solche stilistischen Tendenzen verfolgen, bis schließlich in der *dritten Symphonie* (*C-dur*, 1918) die Synthese aus «nationalen» und «kosmopolitischen» Elementen gelang. Im Aufwand des geforderten Apparats – zum großen Orchester treten Klavier, Celesta, Harmonium und Chor – bildet dieses *Opus 21* ein rumänisches Gegenstück zu Werken wie der *dritten Symphonie* von KAROL SZYMANOWSKI und dem *‹Prométhée›* von ALEXANDER SKRJABIN.

In den zwanziger und dreißiger Jahren nahmen Kammermusikwerke sowie die sich über siebzehn Jahre hinziehende Arbeit an der lyrischen Tragödie *‹Oedipe› op. 23* die schöpferische Energie des Komponisten voll in Anspruch. Solistische, pädagogische und organisatorische Aktivitäten im Dienste des Musiklebens seiner Heimat ließen darüber hinaus die Inangriffnahme größerer Orchesterwerke in jenen Jahren nicht zu. Erst mit einer *dritten Suite* (*villageoise, D-dur*) *op. 27,* vollendet 1938, wandte sich ENESCU wieder jener Gattung zu, die am Beginn seiner Karriere als Komponist gestanden hatte. Sein Stil hatte freilich mit jenen folkloristischen Anfängen kaum mehr etwas zu tun; in der 1948 als *Opus 32* erschienenen *‹Ouverture sur des thèmes dans le caractère populaire roumain›* (*A-dur*) haben die Elemente der Volksmusik in bezug auf Harmonik, Rhythmik und Instrumentation schließlich einen Grad der Abstraktion erreicht, der mit den reifen Werken BÉLA BARTÓKS durchaus auf einer Stufe steht. Mit dem Ungarn teilte der gealterte, kranke ENESCU das Schicksal, am 5. Mai 1955 im Exil zu sterben, als das er Paris nach dem Verlust der Heimat 1947 nun empfinden mußte.

Hartmut Becker

Karol Szymanowski

Tymoschówka, 24. September (6. Oktober) 1882
– Lausanne, 29. März 1937

Das Aufblühen der nationalen musikalischen Schulen im Osteuropa des 19. Jahrhunderts ging Hand in Hand mit dem Erwachen des politischen Nationalbewußtseins. In Polen etwa ist die Musik STANISŁAW MONIUSZKOS oder FRÉDÉRIC CHOPINS untrennbar mit der Revolution von 1830 verbunden, die unter der Führung des Leutnants Wysocki versuchte, den regierenden Großfürsten Konstantin – den Bruder und mutmaßlichen Nachfolger des russischen Zaren Alexander I. – zu stürzen und das Moskauer Joch abzuschütteln. Wenn auch Wysockis Aufstand niedergeschlagen wurde, gab er doch mittelbar Anlaß zur Befreiung von der «Fremdherrschaft» im Bereich der Tonkunst, zur Emanzipation der polnischen Musik von west- und mitteleuropäischen Vorbildern. Gegen Ende des 19. Jahrhunderts aber war das nationalmusikalische Idiom zur Schablone verkommen, «war die musikalische Atmosphäre des Landes vergiftet von einem ungesunden Eklektizismus und von dem völligen Fehlen einer eigenständigen Sprache» (Alexandre Tansman). «Es bedarf einer kühnen und starken Persönlichkeit, die eine universelle musikalische Sprache spricht, um den notwendigen Umschwung herbeizuführen und die Säulen einer wahrhaft nationalen Kunst zu errichten. Es bedarf eines Mannes, der in Polen einen eigenständigen Stil kreiert und dem es gelingt, alle Welt darauf aufmerksam zu machen.» Diese «kühne und starke Persönlichkeit» war KAROL SZYMANOWSKI.

SZYMANOWSKI kam am 24. September (6. Oktober) 1882 in dem ukrainischen Dorf Tymoschówka zur Welt und war also bis zum Untergang der österreichischen Monarchie russischer Staatsbürger. Seine frühen Werke – zumeist hochvirtuose Klavierkompositionen – verraten entsprechend deutlich den Einfluß russischer Musik, vor allem den ALEXANDER SKRJABINS. Die von Fürst Władysław Lubormirski protegierte Gründung des Komponistenbundes «Junges Polen», dem sich auch SZYMANOWSKI im Herbst 1905 anschließt, bedeutet zwar eine Rückbesinnung auf die nationale Eigenständigkeit der polnischen Musik, doch Werke wie die *Konzertouvertüre E-dur op. 12* (1904/05) oder die *beiden* ersten *Symphonien f-moll op. 15* (1906/07) und *B-dur op. 19* (1909/10) finden in Polen selbst nur wenig Verständnis; anders als zum Beispiel BÉLA BARTÓK oder LEOŠ JANÁČEK verwendete SZYMANOWSKI folkloristische Vorlagen zunächst nur sporadisch und paßte sie so sehr seinem Personalstil an, daß man ihm vorwarf, die Ideale der nationalen Kunst verraten zu haben. Tatsächlich tritt in seiner Musik erst in den zwanziger Jahren das polnische Idiom deutlich und unverfälscht zutage: In mehreren Klaviersammlungen von Mazurken und anderen Nationaltänzen, in dem polnischen *Stabat Mater op. 53* (1925/26), in der Ballettpantomime *‹Harnasie› op. 55* (1923 bis 1931) nach Themen der Volksmusik der Goralen – der polnischen Bergbewohner der westlichen Karpaten – oder in der *vierten, ‹Sinfonia concertante›* intitulierten *Symphonie* – für Klavier und Orchester – *op. 60* (1932), die «im Grundcharakter sehr polnisch» sei, wie SZYMANOWSKI erklärte.

Aus dieser letzten Schaffensperiode des Komponisten stammen auch eine Reihe von Aufsätzen, in denen SZYMANOWSKI einer «Neuen» polnischen Musik das Wort redet und dabei so weit geht, den nationalen Stil MONIUSZKOS, CHOPINS und vieler ihrer Epigonen als engstirnigen, bloß imitativen «Salon-Folklorismus» heftig zu kritisieren: «Unsere Musik muß ihre uralten Rechte wiedergewinnen: unbedingte Freiheit, völlige Loslösung von der Herrschaft der ‹gestern› geschaffenen Normen. Möge sie ‹national› in ihrer volkstümlichen Eigenständigkeit sein, jedoch ohne Furcht dorthin streben, wo die von ihr geschaffenen Werte zu allgemeinmenschlichen Werten werden; möge sie ‹national› sein, aber nicht ‹provinziell›. Zerstören wir die ‹gestrigen Dämme›, die aus Trotz errichtet wurden, um die besagte Eigenständigkeit gegen fremde Einflüsse zu schützen. Fürchten wir das Heute› nicht, denn wir haben eiserne Muskeln und harte Fäuste...» (Karol Szymanowski: Bemerkungen zu zeitgenössischen Auffassungen über die polnische Musik. 1920).

Vorerst aber stößt Szymanowski mit seiner «heutigen» Musik bei dem «gestrigen» polnischen Publikum auf solchen Widerstand, daß er 1911 nach Wien übersiedelt; hier findet am 18. Januar 1912 ein ausschließlich seinen Werken gewidmetes Konzert statt – unter anderem stehen die *zweite*, von Grzegorz Fitelberg dirigierte *Symphonie* und die *zweite Klaviersonate A-dur op. 21* auf dem Programm, die Artur Rubinstein spielt –, das Szymanowski quasi über Nacht berühmt macht und ihm einen (später verlängerten) Zehn-Jahres-Vertrag mit der Wiener Universal-Edition vermittelt: Das vorläufige Ende der materiellen Sorgen. Aber auch in anderer Hinsicht ist die Zeit in Wien überaus fruchtbar: Szymanowski kommt mit der Musik Strawinskys, Mahlers, Debussys, Ravels, Schrekers und des Schönberg-Kreises in Berührung, unter deren Eindruck er sich mehr und mehr dem «Internationalismus» öffnet. Außerdem entdeckt er den Zauber der Kultur und Philosophie des Orients, der in mehreren Werken seinen Niederschlag findet: In den Zyklen *‹Des Hafis Liebeslieder› op. 24* (1911) und *op. 26* (1914), in dem Opern-Einakter *‹Hagith› op. 25* (1912/13) und vor allem in der *dritten Symphonie – ‹Das Lied der Nacht› – op. 27,* nach Gedichten von Mevlan Dschelaleddin Rumi (1914). Der arabeske Stil jenseits des traditionellen tonalen Gefüges, zu dem Szymanowski hier auf Grund außermusikalischer Anregungen gefunden hat, bestimmt auch weiterhin seine Tonsprache; die beiden Klaviertriptychen *‹Metopen› op. 29* (1915) und *‹Masken› op. 34* (1915/16) und die *dritte Klaviersonate op. 36* (1917) arbeiten mit pentatonischen und sogar ansatzweise seriellen Konstellationen des Tonmaterials, die dem Zeitgeist einer (wie auch immer verstandenen) Avantgarde durchaus entsprechen.

Als Szymanowski im Dezember 1919 nach Warschau zurückkehrt, sind die «gestrigen Dämme» endgültig abgetragen, durch die sich die polnische Kultur gegen alle Fremdeinflüsse schützen zu müssen geglaubt hatte. Der Rang des Komponisten als weltweit bedeutendster Repräsentant der polnischen Moderne – gefördert durch zwei ausgedehnte Konzertreisen Szymanowskis (1920/21 und 1921/22), die seine Musik in den USA, in London und in Paris vorstellen – wird nun auch in seiner Heimat erkannt und anerkannt, und die Warschauer Uraufführung seiner Oper *‹König Roger› op. 46* am 12. Juni 1926 gestaltet sich zu einem wahren Triumph. 1927 wird SZYMANOWSKI daraufhin die Leitung der Warschauer Musikakademie angetragen, die er freilich erst nach langem Zögern akzeptiert; und wirklich soll er diesen Schritt bitter bereuen: Seine Bemühungen, das Unterrichtssystem und die Musikausbildung zu reformieren, stoßen bei den erzkonservativen Köpfen des polnischen Musiklebens auf so heftige Widerstände, daß er im Sommer 1929 resigniert sein Amt niederlegt, und auch ein zweiter Versuch (1930 bis 1932) hat nur ein neuerliches Scheitern zur Folge. Was bleibt, ist eine Abhandlung über «Die erzieherische Rolle der Musikkultur in der Gesellschaft», in der SZYMANOWSKI die Grundlagen seiner Reformidee zusammenfaßt; sie gipfelt in der Forderung nach einer Rückbesinnung auf die ethische Kraft der Musik als «Geistesnahrung im Kampf gegen die Unwissenheit und Barbarei der Massen».

Trotz internationaler Anerkennung belasten nun wieder materielle Sorgen so sehr das Leben des Komponisten, daß er in den Jahren 1933 bis 1935 zahlreiche Konzertreisen kreuz und quer durch Europa unternehmen muß, um existieren zu können. Damit bleibt auch für neue Werke nur wenig Zeit; die beiden 1933 und 1934 entstandenen *Klavier-Mazurken op. 62* beschließen SZYMANOWSKIS Œuvre. Die Strapazen der Tourneen untergraben überdies zunehmend seine ohnehin (seit einer frühen Tuberkulose) labile Gesundheit, und auch ein Kuraufenthalt in Grasses in Südfrankreich kann nur Linderung und keine Heilung mehr bringen: Vom Knochenmark greift die Krankheit auf den Kehlkopf, dann auf das Lungengewebe über. «Ich kann gar nicht mehr sprechen, das Essen fällt mir sehr schwer und ich nehme immer mehr ab», schrcibt der Komponist in einem seiner letzten Briefe. SZYMANOWSKI stirbt am 29. März 1937 in einem Sanatorium in Lausanne.

Er sei «eine nicht gerade energische Natur», schreibt KAROL SZYMANOWSKI in einem seiner Briefe über sich selbst. Ein Einzelgänger, der keiner musikalischen Schule, keinem Stil anzugehören scheint. Zahllose Facetten, die doch kein geschlossenes Bild ergeben, die sich auf verschiedenste Weise interpretieren lassen; kurz vor seinem Tod skizzierte Szymanowski ein autobiographisches Tagebuch – kein «Seelenbekenntnis», sondern ein erschreckend distanzierter Versuch der Selbstfindung: «Innerhalb des Komplexes der Ereignisse, die mein Leben bilden, muß ich eine der ‹Interpretationen› wählen und mich bei ihrer Wahl von einem gewissen Nützlichkeitsstandpunkt leiten lassen, von der Frage, was in meinem Wesen den entscheidenden dynamischen und aktiven Faktor bildet.» Doch die Wahl ist unmöglich: «Ich stehe einigermaßen ratlos vor dem gewaltigen Reichtum meines inneren und äußeren Lebens und weiß im voraus, daß ich jene ‹magische Formel› nicht finden werde.» Szymanowski ist und bleibt sich selbst ein Fremder, so wie er immer und überall – künstlerisch und politisch – in die Rolle eines Entwurzelten, Heimatlosen, Vertriebenen gedrängt wird. Im ständigen Kampf um das Überleben und Bewahren des Eigenen (so fremd es auch sein mag) wird Szymanowski zum egozentrischen, verschlossenen Hypochonder: Photos, auf denen er lächelt, gibt es kaum, der Tonfall seiner Briefe ist freundlich, aber letzthin unverbindlich. Das Wesen erschöpft sich im Werk.

Die Evolution seiner Musiksprache spiegelt sich vielleicht am deutlichsten in Szymanowskis *Violinkompositionen* wider: Die frühe *Sonate d-moll op. 9* (1904) und die *Romanze D-dur op. 23* (1910) stehen noch ganz in der Tradition der russischen und deutschen Spätromantik. *‹Notturno und Tarantella› op. 28* (1915) und die *drei* für Violine und Klavier eingerichteten Paganini-Capricen op. 40 (1918) zeigen eine extrovertierte Virtuosität, wie sie auch in zahlreichen Klavierwerken zu finden ist, während in den drei *‹Mythen› op. 30* (1915) und in der *‹Berceuse d'Aïtacho Enia› op. 52* (1925) antike und orientalische Parameter ihren Niederschlag finden. In den beiden *Violinkonzerten op. 35* (1916, angeregt von dem Poem «Die Mainacht» des polnischen Dichters Tadeusz Miciński) und *op. 61* (1932/33) aber verschmelzen alle diese Strömungen zu einer großartigen Einheit, zur «magischen Formel» eines unverwechselbaren Personalstils: Eine bei aller Dichte und Farbigkeit überaus durchsichtige Orchestration; expressive rhythmische Ostinati unter ständig wechselnden Melodie- und Harmoniestrukturen, in denen immer wieder rudimentär folkloristische

Sekund-, Quart- und Quintparallelen dominieren; phrasenübergreifende Synkopenschichtungen, die auch die geschlossene Form der beiden einsätzigen Konzerte prägen. Eine Musik außerhalb aller Traditionen, «die Improvisation eines Wanderers, der immer weiter zu neuen Ufern und neuen Kontinenten strebt» (KAROL SZYMANOWSKI).

Michael Stegemann

Bohuslav Martinů

Polivčka, 8. Dezember 1890 – Liestal bei Basel, 28. August 1959

Außerhalb seiner tschechischen Heimat wird Bohuslav Martinů bis heute kaum seiner Bedeutung entsprechend gewürdigt; sein umfangreiches und höchst vielseitiges Œuvre – nahezu vierhundert Werke fast aller instrumentaler und vokalen Gattungen – ist im deutschen Musikleben noch weitgehend unbekannt. Dabei ist die Stellung des Komponisten Martinů durchaus mit der seines Generationsgenossen Prokofjew zu vergleichen: Beide nehmen die großen musikalischen Traditionen ihres Landes in eigenwilliger Weise auf und führen sie selbständig weiter. Martinů steht in dieser Hinsicht in jener Entwicklung, die mit Smetana beginnt und sich mit Dvořák, Janáček, Fibich und Suk fortsetzt.

Martinů stammte – wie Dvořák – aus einfacher Familie; sein Vater war Schuhmacher und versah zusätzlich das Amt des Türmers. Seine Studien am Prager Konservatorium widmete der junge Martinů dem Violinspiel (1906 bis 1913), komponierte daneben freilich schon seit Kindertagen. Als Komponist blieb er indessen weitgehend Autodidakt. Bis zu seinem Eintritt als Geiger in die Tschechische Philharmonie (1918) waren schon über hundert Werke verschiedenster Art entstanden: *symphonische Dichtungen, Ballette, Schauspielmusiken, Kammermusik, Klavierwerke, Lieder* und *Chöre*. Der Eintritt in das bedeutendste Orchester seines Landes weitete Martinůs musikalischen Horizont bedeutend: Václav Talich, einer der berühmtesten Dirigenten des 20. Jahrhunderts, der das Orchester im Jahr von Martinůs Dienstantritt übernommen hatte, führte nun in Prag all jene Werke der damals neuesten Musik auf, die in den Jahren der Habsburger Herrschaft dort kaum je erklungen waren: Kompositionen von Janáček, Debussy, Ravel, Strawinsky, Dukas und Roussel. Das Erlebnis der Musik Debussys wurde dem jungen Geiger zu einem ähnlichen Erlebnis wie seinerzeit für DE FALLA, BARTÓK und KODÁLY, zumal er schon 1919 auf einer Tournee nach London und Paris die neuesten musikalischen Strömungen des westlichen Auslands sozusagen «vor Ort» hatte in sich aufnehmen können.

Ballett ‹Istar›

Das umfangreichste und bedeutendste Werk aus MARTINŮS «impressionistischer» Schaffensphase ist das dreiaktige Ballett *‹Istar›*, aus dem der Autor nach Abschluß der Gesamtpartitur *zwei dreisätzige Suiten* zusammenstellte. Stofflich ist das Libretto nach einem Ausschnitt des babylonischen «Gilgamesch»-Epos gestaltet, auf das MARTINŮ 1955, gegen Ende seines Lebens, mit der Gestaltung einer großen dreiteiligen *Kantate* nochmals zurückgreifen sollte. Hält sich dieses späte, einstündige Werk an den authentischen Text des Epos, so zeigt die Ballettversion noch jene von der spätromantischen Ästhetik beeinflußten Retuschen der Handlungsmotivationen und das regelrechte «Umkehren» des Schlusses zu einem harmonischen Ausklang. Hochgespannte Empfindsamkeit und zarte, melancholische Poesie kennzeichnen den Ausdruck der *‹Istar›*-Musik und geben unschwer die Einflüsse DEBUSSYS, aber auch JOSEF SUKS zu erkennen; bewundernswert ist schon hier die Meisterschaft, mit der der Autodidakt MARTINŮ einen so großen Orchesterapparat handhabt.

Weniger als ein Jahr des Studiums bei SUK in dessen Kompositionsklasse des Prager Konservatoriums (1922/23) überzeugte BOHUSLAV MARTINŮ, daß sein Weg nicht der einer wie auch immer gearteten «Nachfolge» der SUKschen Intentionen sein könne; in der *‹Istar›*-Musik, also noch *vor* jedem persönlichen Kontakt, standen sich beide am nächsten. Vorzugsweise mißfiel MARTINŮ die Art und Weise des schulmäßigen Kontrapunktunterrichts, den er als völlig theoretisch und praxisfern empfand. In diese Studienzeit bei SUK fallen zwei für die folgende Entwicklung des Komponisten sehr wesentliche Ereignisse: Václav Talich, immer an neuen Werken interessiert, wird auf den pausenlos komponierenden MARTINŮ aufmerksam und befreundet sich bald mit ihm; von 1923 bis zur Besetzung der Tschechoslowakei verging keine philharmonische Saison in Prag, in der nicht mindestens ein neues Werk MARTINŮs seine Premiere erlebt hätte. Vor allem aber kommt der Komponist im Jahre 1922 durch Zufall in Kontakt mit einer Art Musik, die sein Schaffen so nachhaltig und stetig beeinflussen sollte wie nichts anderes: Er hört in verschiedenen Konzerten des Vokalensembles «The English Singers» altenglische Madrigale, die ihn zum Studium der Werke PALESTRINAS und LASSOS anregen. Die natürliche (weil vokale) Polyphonie dieser Musik, deren Akkorde sich frei, nicht nach den Regeln einer theoretischen «Harmonielehre» bilden, wurde fortan in immer steigendem Maße zum Vorbild für MARTINŮS Komponieren, das nun die bindenden Kräfte der harmonischen Struktur des 19. Jahrhunderts abzustreifen beginnt.

Mit einem Reisestipendium der Regierung ausgestattet, kann sich der Komponist im Sommer 1923 einen Traum erfüllen: Nach Paris, der «musikalischen Hauptstadt Europas» zu fahren, um den von ihm sehr verehrten ALBERT ROUSSEL um Rat in kompositorischen Fragen anzugehen. Man darf diesen Kontakt nicht als ein Lehrer-Schüler-Verhältnis mißverstehen; rein technische Dinge brauchte der Franzose dem Böhmen ohnehin nicht mehr beizubringen. ROUSSEL schärfte seinen Sinn für Klarheit, Präzision und inneres Gleichgewicht, lenkte MARTINŮS Entwicklung in die rechten Bahnen, ohne ihn zu beeinflussen. Schon ein Jahr nach der Ankunft in Paris kam der persönliche Stil zum Durchbruch.

Hartmut Becker

Rondo für Orchester ‹Half-Time›

Dieses zehnminütige Werk, das Talich am 12. Juli 1924 aus der Taufe hob, hat die gespannte Erwartung einer Menschenmenge, die auf die zweite Halbzeit eines Fußballspiels wartet, zum Vorwurf; diese in nur einer Woche skizzierte Partitur ist frei von allen impressionistischen Schleiern, atmet Spontaneität und Frische; der von der Schwerkraft der Taktzelle losgelöste, federnde Rhythmus, der dem Stück seine vitale, dynamische Spannung verleiht, ist fortan ein wichtiger Bestandteil des MARTINŮschen Stils. Auch die Einbeziehung des Klaviers in die Orchesterbesetzung gehört von nun an zu den Kennzeichen des Orchesterklangs in den meisten Werken des Komponisten. Einflüsse STRAWINSKYS hat MARTINŮ selbst nicht geleugnet, doch beziehen sie sich lediglich auf einzelne Züge des Werkes; eine Abhängigkeit von dem damals ebenfalls in Paris lebenden Russen besteht nicht.

Die Kompositionen der folgenden Jahre zeugen von MARTINŮS Auseinandersetzung mit den Elementen des Jazz (*‹Jazz-Suite›*, 1928, Ballett *‹Echec au Roi›*, 1930) wie auch den Ideen der Komponistengruppe «Les Six», ohne daß sich der Böhme deren Zielen angeschlossen hätte. Trotz der bald geschlossenen engen Freundschaft mit ARTHUR HONEGGER nannte MARTINŮ die Kompositionen der «Six» «eine Reihe von Versuchen», von denen «vieles auf das Moderne und nicht selten geradezu auf Sensationen spekuliert»; hier klingt das an, was Ernest Ansermet, der berühmte Schweizer Dirigent, ausdrückte, als er schrieb, MARTINŮS Musik gründe sich «auf Geist und Wahrheit». Wahrheit des künstlerischen Ausdrucks bestimmte das schöpferische Streben des Komponisten, dessen Entwicklung – wie die aller großen Meister – keinerlei Stagnation kannte.

Einen weiteren Markstein auf diesem Weg bildet die 1930 entwickelte «Zellentechnik» sowie die Hinwendung zum Concerto grosso-Prinzip; unter «Zellentechnik» verstand MARTINŮ das Arbeiten mit kurzen rhythmisch-melodischen Bausteinen, die durch allmähliche Entfaltung und Entwicklung die Substanz ganzer Sätze bestimmen und deren Verlauf tragen. Im Vergleich zur prinzipiell sehr ähnlichen Arbeitsweise LEOŠ JANÁČEKS, dessen Motive ganz von der Sprachstruktur geprägt sind, stellen MARTINŮS «Zellen» rein musikalische Bausteine dar, aus denen sich ein frei polyphones, harmonisch ungemein farbenreiches Stimmengeflecht entfaltet. Das Concerto grosso-Prinzip verstand MARTINŮ als Gegensatz zum symphonischen Prinzip, das Emotionen, dynamische Kulmination und schließliche Katharsis fordere; das Concerto grosso kennzeichnete er dagegen mit «Einschränken und Ausgleichen der emotionalen Elemente, [...] von Klangvolumen und Dynamik, einen gänzlich unterschiedlichen, strengen Aufbau der thematischen Anordnung». In einer Reihe von konzertanten Werken rang er im Laufe der dreißiger Jahre um die Gestaltung solcher Prinzipien in seiner Musik (*Violoncellokonzert,* 1930, *Streichquartett mit Orchester,* 1931, *Sinfonia concertante für zwei Orchester* und *Violinkonzert,* 1932, *Concerto grosso* und *Doppelkonzert für zwei Streichorchester, Klavier und Pauken,* 1938). Diese Werke mit dem auf STRAWINSKY zielenden Begriff «Neoklassizismus» bezeichnen zu wollen, wäre zu summarisch und ungenau; MARTINŮ ist in diesen Werken ein ganz Eigener geworden, steht gleichberechtigt neben STRAWINSKY, längst viel zu sehr «er selbst», um sich noch fremden Einflüssen gegenüber zu öffnen.

Hartmut Becker

Streichquartett mit Orchester

Die Tradition des «Concertant-Konzerts» aus dem frühen 19. Jahrhundert – Beispiele sind etwa BEETHOVENS *Tripelkonzert op. 56* oder SPOHRS *Quartettkonzert op. 131* – wird hier in einer ganz anders gearbeiteten Form wiederaufgenommen. Der erste Satz basiert auf einer «Zelle», die sowohl für die vier Solisten wie auch für das Tutti die alleinige Basis der musikalischen Entwicklung bildet; sie wird in ihrer Urform, nach einem einleitenden Tutti-Akkord, vom Quartett vorgestellt. Im Verlauf des Satzes treten Partien mit Durchführungscharakter auf, die – über die Entfaltung der «Zelle» hinaus – deren verschiedene Varianten zusammenführen; die übliche dreiteilige Sonatenform ist aufgegeben. Ähnliches gilt für das zweiteilige Adagio, dessen «Zelle» eine chromatische Skalenbewegung ist. Nur der Schlußsatz hat eine überkommene Form: Ein Rondo mit drei Couplets, dessen Hauptthema jeweils wiederkehrt; es wird zu Beginn von den Holzbläsern intoniert.

Die Pariser Jahre brachten MARTINŮ nicht nur die volle Entfaltung seiner schöpferischen Kräfte, sondern auch Anerkennung in ganz Europa. Der Ausbruch des Zweiten Weltkriegs schien zunächst aber alles Erreichte in Frage zu stellen: Als sich im Juni 1940 deutsche Truppen Paris näherten, verließ der Komponist eilends die französische Hauptstadt und gelangte im März 1941 schließlich – unter Zurücklassung beinahe sämtlicher Manuskripte – in die USA. Hier hatte ihn der Chef des Boston Symphony Orchestra, der aus Rußland stammende Sergej Koussewitzky, bereits Ende der zwanziger Jahre bekannt gemacht, so daß sich MARTINŮS Sorgen um die Zukunft bald als unbegründet herausstellten. Koussewitzkys Auftrag zur Komposition eines Orchesterwerkes wurde zum Anstoß der von 1942 an in jährlichem Abstand geschriebenen *Symphonien Nr. 1–5*.

Hartmut Becker

Symphonien Nr. 1–5

Selten hat ein Komponist so spät zu dieser zentralen Gattung gefunden und selten gelang eine so bündige und gänzlich neuartige Handhabung der Form. Äußerlich scheint sich MARTINŮ eher in konventionellen Bahnen zu bewegen: Die *Symphonien* haben drei bis vier Sätze, die *dreisätzigen* stets einen langsamen Mittelsatz, während die *viersätzigen* (*Nr. 1, 2* und *4*) darüber hinaus einen raschen Satz des Scherzo-Typus enthalten (der freilich nie so benannt ist). Diese Musik tendiert weder zu instrumentatorischen Effekten noch zu dynamischen Exzessen; sie ist – wenngleich nicht mehr tonal geschlossen – nirgends «atonal». Der Versuch einer Analyse nach traditionellen Maßstäben aber versagt völlig wegen des ganz anderen Arbeitsverfahrens, der beschriebenen «Zellentechnik», die – nach der Erprobung im Concerto grosso-Prinzip – hier erstmals eine Anwendung auf die Symphonik erfährt. MARTINŮ unterschied zwischen «Struktur» eines Werkes als etwas «Festgesetzem und Bestimmtem» und «Form», die er als «lebendig» auffaßte, als «plastisch ereignete Empfindung», die dem Zuhörer bei aktiver Annäherung an das Werk «im Laufe [...] der Aufführung, des Anvertrauens, an das Gedächtnis und der Aufnahme in das geistige Innere» sich erschließt. Geistiges Nachvollziehen ist freilich vonnöten, um die dem organischen Wachstum so verwandte «klingende Biologie» dieser Werke begreifen zu können. Wiederholungen und Symmetrien der Sonatensatzform existieren hier nicht, lediglich die Scherzi halten sich an den üblichen

A-B-A-Aufbau. Die Ausdruckssphäre der fünf Werke reicht von der lichten, pastoralen Heiterkeit der *Symphonien Nr. 2* und *4* über die epische Breite der *Symphonie Nr. 1* mit ihrem feierlich-monumentalen Largo bis zu den emotionalen Ausbrüchen der *Symphonien Nr. 3* und *5*. Deutlich knüpft MARTINŮ in diesen Werken auf seine ganz persönliche Art an die symphonische Tradition seines Landsmanns ANTONÍN DVOŘÁK an: Stilisierte Elemente der heimatlichen Volksmusik durchdringen den Stil von den amerikanischen Jahren an. Im Gegensatz zu JANÁČEK hatte sich MARTINŮ nach Westen orientiert, darin STRAWINSKY verwandt; während sich in dessen Œuvre aber die spezifisch «russischen» Elemente im Laufe der Exiljahre mehr und mehr verloren, verstärkte sich in MARTINŮS Tonsprache – wie bei DVOŘÁK – ein «heimatlicher» Zug, je länger er sich im Ausland aufhielt.

Die amerikanischen Jahre brachten – neben den *Symphonien* – eine reiche Ernte auf dem konzertanten Sektor: *Acht* große *Konzerte* entstanden zwischen 1941 und 1953, darunter das *zweite Violinkonzert* und das zweisätzige *‹Rhapsodie-Konzert› für Viola und Orchester*; an Qualität den *Symphonien* ebenbürtig, teilen diese Werke die Tendenz zu betont tschechischer Atmosphäre. Nicht nur Sehnsucht nach der Heimat, sondern bald nach Kriegsende auch die schmerzliche Erkenntnis, diese Heimat wohl nie wiedersehen zu können, haben solche Haltung mitbestimmt; so wie der Patriot MARTINŮ den Faschismus abgelehnt hatte, war ihm auch ein Leben und Schaffen unter der Gewalt von dessen Gegensatz unmöglich. Die erneute Kontaktaufnahme mit Europa erfolgte auf zwei Reisen (1948 und 1949), ehe sich der Komponist zur endgültigen Rückkehr in die Alte Welt entschloß. Von 1953 an verbrachte BOHUSLAV MARTINŮ seine letzten Lebensjahre in Nizza, Rom und der Schweiz, besuchte die USA ein letztes Mal 1955/56. Nahe bei Basel, in Schönenberg, auf dem Anwesen seines Freundes und Gönners Paul Sacher, erlag der Komponist am 28. August 1959 einem unheilbaren Leiden; wie BARTÓK, DE FALLA und ENESCU starb er, der aufrechte Patriot, für dessen Schaffen die Volksmusik seiner Heimat so viel bedeutete, im Exil.

Diese letzten Lebens- und Schaffensjahre brachten nochmals eine Wandlung des Stils, die bereits in der 1953 in New York und

Paris entstandenen *sechsten Symphonie* zu beobachten ist; sie setzte sich fort in den letzten beiden großen Orchesterwerken, den *‹Fresques de Piero della Francesca›* (1955) und den *‹Parabeln›* (1957/58).

Hartmut Becker

Symphonie Nr. 6 ‹Symphonische Phantasien›

Die kompositorischen Verfahrensweisen dieses Werkes sind denen der *Symphonien Nr. 1–5* sehr verwandt, die Ausdruckssphäre dagegen hat sich gewandelt; der Orchestersatz verzichtet auf das Klavier und die Harfe, verfügt dafür über sehr viel umfangreicheres und differenzierter eingesetztes Schlagzeug als in den vorhergehenden Symphonien. Die eigentümlich zwischen hell und dunkel schwankende *Fünfte* bildet eine Art Übergang zu dieser gespenstischen, spukhaften *Symphonie Nr. 6.* Martinů selbst hat dieses Werk eigentlich als *‹Phantastische Symphonie›* bezeichnen wollen, diesen Titel aber wegen der Reminiszenz an Berlioz in die heutige Form geändert; zu dem Hexenspuk und der alptraumhaften Atmosphäre in dem *drame instrumentale* des Franzosen weist die *sechste Symphonie* Martinůs deutliche Affinitäten auf. Die Freiheit der konstruktiven Anlage wird durch die völlige Asymmetrie und die häufigen Tempowechsel deutlich. Der erste Satz – besser gesagt: die erste Phantasie – beginnt mit einem seltseltsam diffusen Brausen der Holzbläser und eines solistischen Streichtrios, aus dem sich ein rhythmisches Motiv der Trompete löst; die eigentliche «Urzelle» des Werkes erklingt darauf im Violoncello: Jene chromatische Umspielung eines Tones, die bereits 1890 Antonín Dvořák als Leitmotiv seines *Requiems* verwendet hatte und die seitdem in der tschechischen Musik häufiger aufgetaucht war (zum Beispiel in der *‹Asrael-Symphonie› op. 27*, 1906, und auch in Martinůs eigener *dritten Symphonie,* 1944). Dieser geheimnisvolle, verhaltene Beginn korrespondiert mit dem ruhigen, gelösten Schluß; das Innere des Satzes aber ist von Ausbrüchen ungestümer Wildheit gekennzeichnet, die nur selten von kurzen lyrischen Episoden unterbrochen werden. Gleiches gilt für die zweite und dritte Phantasie, die die Funktionen des Scherzos und des Finales vertreten. Die elementare Wucht und Kraft vieler Stellen gemahnt – bei aller sonstigen Verschiedenheit der beiden Komponisten – an den ‹*Taras Bulba*› von LEOŠ JANÁČEK, mit dem MARTINŮS *sechste Symphonie* nicht die Dreiteiligkeit und die stilistische Grundhaltung, sondern auch strukturelle Details, wie die häufige Verwendung der sogenannten «mährischen Kadenz» (einer bestimmten plagalen harmonischen Wirkung) verbindet.

Von den letzten drei konzertanten Werken (*Oboenkonzert,* 1955; *Fantasia concertante für Klavier und Orchester,* 1957) weichen die 1956 in New York entstandenen ‹*Incantations*› *für Klavier und Orchester* von der üblichen dreisätzigen Anlage ab, stehen der gespenstischen *sechsten Symphonie* am nächsten.

Hartmut Becker

George Gershwin

New York, 26. September 1898 – Los Angeles, 11. Juli 1938

Geboren im New Yorker Stadtteil Brooklyn als Sohn russisch-jüdischer Emigranten wuchs GERSHWIN, der eigentlich Jacob hieß, immer aber nur George genannt wurde, in der Stadt auf, die man mit Sicherheit als das kulturelle Zentrum des *melting-pot,* des Schmelztiegels Amerikas, bezeichnen kann. Und daß er New York und damit auch amerikanisches Wesen genau kannte, beweist nicht zuletzt die Tatsache, daß GEORGE GERSHWIN und seine Familie bis zu seinem achtzehnten Lebensjahr New York kreuz und quer durchzogen, daß sie nicht weniger als fünfundzwanzigmal in dieser Zeit die Wohnung wechselten. Sicherlich hing das auch mit den vielfältigen Berufen, Beschäftigungen und Unternehmungen seines im besten Sinne «geschäftigen» Vaters und dessen Allroundtalent zusammen. Von ihm lernte GERSHWIN den *american way of life,* das Durchhalten, das zähe und unerschrokkene Verfolgen des einmal gesetzten Ziels, das für ihn von frühester Jugend an «Musik» hieß. Klavierspielen hatte er durch Zuhören und Nachspielen von klassischer Musik, von Schlagern, Ragtimes und Jazz gelernt, nicht zuletzt deshalb war und blieb Improvisation ein zentrales Merkmal seines Kompositionsstils.

Seinen Ruhm begründet hat GERSHWIN als «Songschreiber» für Musicals, Comedies und Revuen mit Liedern wie ‹*Swanee*› für Al Jolson beispielsweise. Popularität und eigene musikalische Aussage, Überwindung stilistischer Grenzen und das Schaffen einer originär amerikanischen Kunstmusik, die alle Wurzeln aufgenommen hat und sich nicht in den elitären Sphären unverstandener Elfenbeinturmregionen verliert, das war GERSHWINS kompositorisches Ziel, zumindest seit seinem Durchbruch in die Gefilde der sogenannten Ernsten Musik, den er 1924 mit der ‹*Rhapsody in Blue*› erzielte.

Paul Whiteman hatte Gershwin gebeten, für sein dreißigköpfiges Jazzorchester ein symphonisches Werk zu schreiben. In der relativ freien, uneingeengten Form der Rhapsodie entwarf Gershwin zunächst eine Fassung für zwei Klaviere, dreiteilig in der Anlage mit einem melodisch betonten Mittelteil und rhythmisch pointierten Eck-«Sätzen». Für die Besetzung dachte sich Gershwin ein Klavier und ein symphonisch besetztes Jazzorchester, die Instrumentation selbst war nicht seine Aufgabe, das besorgte Whitmans Pianist und Arrangeur Ferde Grofé. Die *blue notes,* der erniedrigte dritte und siebte Ton der Tonleiter, die die charakteristischen Merkmale des Blues sind und dieser Musik die typische melancholische Moll-Färbung verleihen, prägen vor allem den Mittelteil und korrespondieren auch mit den ausgedehnten Solopassagen des Klaviers, die in ihrer Unmittelbarkeit wie improvisiert klingen. (Auch der Titel des Werkes bezieht sich auf die *blue notes* und zeigt Gershwins enge Beziehung zum Jazz und der volkstümlichen Kunstmusik der Schwarzen.) Die Synkopierungen und energischen Repetitionen machen einen Hauptteil der Faszination aus, den die rhythmisch durchgefeilten raschen Abschnitte ausstrahlen. Das rastlose, pulsierende Großstadtleben, der Lärm und die Hektik des New York der zwanziger Jahre scheinen bis heute in dieser Musik verkörpert.

Der Erfolg, den die *‹Rhapsody in Blue›* hatte und an den auch die *‹Second Rhapsody›* für Klavier und Orchester (1932) nicht heranreichen konnte, hatten unter anderen Sergej Rachmaninow, Igor Strawinsky, Jascha Heifetz, Mischa Elman, Fritz Kreisler, Leopold Stokowski und Walter Damrosch bei der Uraufführung in der Aeolian Hall in New York miterlebt. Damrosch gab ihm den nächsten Auftrag für ein großes Orchesterwerk im Namen der New York Symphony Society, obwohl Gershwin weiterhin zahlreiche Musiknummern für Musical Comedies schrieb. Gershwin entschloß sich zu einem regulären Klavierkonzert, dem *‹Concerto in F›* (1925), das er nun selbst orchestrierte und dadurch alle Vorurteile ausräumte, die sich bei der *‹Rhapsody in Blue›* eingestellt hatten, Gershwin sei Unterhaltungskomponist und wisse nicht, klassische Werke zu instrumentieren. Die traditionelle Form des Klavierkonzerts ist aufgebrochen, obwohl im ersten Satz die Sonatenform erkennbar bleibt. Rhythmische Akzentuierung und differenziert eingesetzte Instrumente verleihen dem Allegro einen aggressiven Impetus, der an den vehementen Beginn von TSCHAIKOWSKYS *b-moll-Konzert* erinnert. Einzelne Motive werden aufgegriffen und weitergeführt, entwickelt im Wechselspiel zwischen virtuos angelegtem Klavier und dem Orchester. Der dreiteilige Andante-Satz setzt die Qualitäten des Mittelteils der ‹*Rhapsody*› fort: Ausdrucksstärke, sehnsuchtsvolle Melodik und «komponierte Improvisation» treten zusammen und belegen den hohen kompositorischen Rang, den ARNOLD SCHÖNBERG seinem Freund und Tennispartner GERSHWIN attestierte. Das Finale in freier Rondoform greift den Kopfsatz wieder auf, indem es das Paukenmotiv des Anfangs in die Coda integriert und durch motorisch pochende Klavierrepetitionen dem Allegro ein vital-kraftvolles Pendant voller Elan entgegensetzt.

Das Ergebnis einer Europareise im Jahre 1928 war eine Tondichtung für großes Orchester im autobiographischen Gewand: ‹*An American in Paris*›, nach GERSHWIN selbst ein «rhapsodisches Ballett». GERSHWINS Absicht war es, «die Eindrücke eines amerikanischen Besuchers wiederzugeben, der in der Hauptstadt herumstrolcht und die fremdartige Atmosphäre aufnimmt»: Dazu gehören originale Pariser Taxihupen, authentisch anmutende Pariser Tanzsaalmusik und schließlich die bereits erprobten Jazz- und Blues-Elemente. Inmitten dieser «bisher modernsten Musik, die ich geschrieben habe» (GERSHWIN), geprägt von «allgemein impressionistischer Art», platzt plötzlich eine Charleston-Melodie, die nichts mehr mit Paris zu tun hat, sondern Amerika wieder ins Gedächtnis ruft. Karl Schumann deutete diese amerikanische Reminiszenz in treffender Weise: «Die Musik von ‹An American in Paris› hat ein wichtiges Erlebnis des Yankee zum Gegenstand: den Eindruck eines Besuchs in Europa. Doch überantwortet sich der Amerikaner nicht mehr rückhaltlos den europäischen Eindrücken. Er fühlt Heimweh nach den Staaten. Und das ist am Ende ein Zeichen seines erstarkten Selbstgefühls. Er weiß sich Europa nicht mehr unterlegen.» GERSHWIN wird zum Komponisten Amerikas, nachdem er sich von Europa emanzipiert hat, und so schreibt er 1932 ein weiteres amerikanisches Stück, in das musikalische Fremdeinflüsse eingegangen sind, diesmal kubanische Rumba-Rhythmen und mittelamerikanische Instrumentation: die *‹Cuban Ouverture›*.

Ein Denkmal seinen hinreißenden Songs, von denen einige zu Evergreens, zu amerikanischen Volksliedern geworden sind, setzt GERSHWIN mit den *Variationen über ‹I got rhythm›* für Klavier und Orchester (1934). Ein Jahr später dann wird das Werk uraufgeführt, das GERSHWINS Ruf als der erste national-amerikanische Komponist zementiert: *‹Porgy and Bess›*, die Oper, die in den Südstaaten, in den Slums der Schwarzen von Harleston spielt, die Spirituals und Bluesgesänge mit GERSHWINS eigenem musikalischen Idiom zu *der* amerikanischen Oper vor der *‹West Side Story›* verschmilzt. Noch vor seinem frühen Tod im Jahre 1938 faßte GERSHWIN fünf Nummern aus der Oper zu einer *Suite* zusammen, die er nach dem Handlungsort der Oper *‹Catfish Row›* nannte (1936). Es ist die einzige von GERSHWIN selbst autorisierte Suite, die neben den anderen nach seinem Tod flink zusammengeschusterten bis 1958 völlig in Vergessenheit geraten war.

«The only real american music» sei GERSHWINS Werk für ihn, meinte Arturo Toscanini, der entscheidend dazu beitrug, daß sich GERSHWINS Musik endgültig den «seriösen» klassischen Konzertsaal eroberte, wo sie heute jedoch – leider – viel zu selten zu hören ist.

Irmelin Bürgers

Anton Webern

Wien, 3. Dezember 1883 – Mittersill bei Salzburg, 15. September 1945

Anton Weberns kompositorisches Schaffen bedeutete für das 20. Jahrhundert eine Revolution des musikalischen Denkens, deren Tragweite auch heute noch kaum abzuschätzen ist. Er wurde 1883 in Wien geboren, studierte Musikwissenschaft bei Guido Adler und zwischen 1904 und 1908 Komposition bei Arnold Schönberg. Er avancierte zum konsequentesten und radikalsten Vertreter der von Schönberg entwickelten Reihentechnik. 1945 fiel er einem irrtümlich abgefeuerten Schuß eines amerikanischen Besatzungssoldaten zum Opfer. – Auf seinen Namen beriefen sich in den folgenden Jahren die meisten jungen Komponisten, auf ihn wurde verwiesen, wenn es um neue Techniken, etwa das serielle Komponieren, ging. Dieser außerordentlichen Wirkung widerspricht die heute nur geringe Verbreitung Webernscher Musik im Konzertsaal. Ihre unerbittliche Radikalität – vieles klingt «moderner» als manches zeitgenössische Schaffen – verwehrt nach einem aufkeimenden Interesse in den fünfziger und sechziger Jahren immer noch eine umfassende Publikumsanteilnahme.

Webern begann im spätromantischen Stil, an Wagner, Mahler oder Strauss orientiert, zu komponieren. Hinzuweisen wäre auf das Idyll *‹Im Sommerwind›* aus dem Jahre 1904. Weberns Musik beweist hier eine umfassende Fähigkeit zum Sanglichen und zu spätromantisch differenzierter Harmonik. Sie braucht den Vergleich zu anderen Tondichtungen dieser Zeit nicht zu scheuen, sie erweist sich sogar als intimer und filigraner in der Anlage.

Weberns Unterricht bei Schönberg weitete das Blickfeld, eine konstruktive Eindämmung der ausufernden Gedanken wurde als notwendig empfunden. So entstand als Abschlußarbeit im Jahre 1908 die *Passacaglia op.1 in d-moll.* Die strenge Form der Passacaglia (der musikalische Bau entsteht durch ständige Variation der

Begleitstimmen über einem festen Grundthema) galt als Nachweis kompositorischer Reife. Freilich ist das Werk mehr als dies. Es macht die Grenzen tonalen Komponierens kenntlich und entwikkelt trotz der streng gebundenen Anlage ein Höchstmaß an Expressivität. Zugleich macht der Themenbau, seine skeletthafte Gestalt, verblüffend deutlich, wie genau motivisch kontrolliert WEBERN schon zu dieser Zeit dachte. Im Passacaglia-Thema ist schon einiges vom späteren Reihendenken zu ahnen, zugleich gelingt hiermit noch ein in sich stimmiges spätromantisches Tonwerk in großangelegter Bogenform.

Das nächste Orchesterwerk, die *Sechs Stücke für Orchester op. 6,* entstand nur ein Jahr später. Doch es lebt in einer völlig neuen Welt. In keinem anderen Werk WEBERNS gelang die Vermittlung von äußerster, anklagender Vehemenz auf ganz engem Raum so drastisch wie in diesen Orchesterstücken. Jedes hat bei einem vorwaltend langsamen Tempo, mit Ausnahme des etwas längeren vierten Stücks, eine zeitliche Ausdehnung von etwa ein bis zwei Minuten. Um in diesem Raum höchste emotionale Anspannung zu komprimieren, wird der Rahmen der Tonalität gesprengt. Spannungsreiche Intervalle wie Septen oder Nonen bestimmen sowohl Melodik als auch die Harmonik, die Stücke erhalten dadurch einen schroffen und zugleich zerbrechlichen Charakter. Nichts mehr wirkt als Beiwerk, klangliche Raumwirkungen werden ausgelotet (etwa in der abschließenden Klangfläche des fünften Stücks), die instrumentalen Einzelfarben erlangen strukturelle Bedeutung. Melodische Linien blühen auf und verlöschen nach wenigen Tönen. Die Musik scheint vom eigenen Erklingen geschockt; dieser Eindruck des Schrecks überträgt sich ganz unmittelbar auf den Hörer. Am konkretesten ist dies wohl am Trauermarsch (viertes Stück) erfahrbar. Hier lösen sich aus einem tiefen Klanggemurmel aus Trommel, Tamtam und Glocken schwer identifizierbare Klänge, dann Ansätze einer Melodie. Nach deren Verlöschen bricht ein überdimensionierter Aufschrei des ganzen Orchesters herein, der wiederum ins Geräusch, diesmal im dreifachen Forte, mündet. Die Wucht des Ereignisses steht im Widerspruch zur Dimension des Stücks, wirkt aber dennoch auf der Basis einer extrem verdichteten Anlage «logisch».

Im nächsten Orchesterwerk, den *Fünf Stücken für Orchester op. 10* aus den Jahren 1911 bis 1913 (Webern schrieb in dieser Zeit noch weitere Orchesterstücke, die er nicht in das *Opus 10* integrierte; sie sind heute auch veröffentlicht), treibt Webern die Tendenz zu zeitlicher Komprimierung noch weiter voran. Das kürzeste Stück ist gerade fünfzehn Sekunden lang, das ausgedehnteste keine zwei Minuten. Die angespannte Expressivität der vorangegangenen *Orchesterstücke* mit der Tendenz zum eruptiven Aufschrei wirkt hier zurückgenommen und intimer. Noch behutsamer sind die Orchesterfarben eingesetzt, zumeist in äußerst zarten Regionen (Vortragsbezeichnungen wie dolcissimo, sehr zart, verklingend oder «wie ein Hauch» charakterisieren diese Stücke). Die Musik scheint gleichsam überempfindlich, sie läßt ihr Erklingen nur am Rande der Stille zu. Tradierte Formkonzeptionen, wie sie noch in *Opus 6* angedeutet waren, sind weitgehend getilgt. Auch sie täten den musikalischen Gebilden, dem filigranen Bau Gewalt an. Am frappierendsten mag vielleicht das nur sechs Takte lange vierte Stück wirken, das allein aus drei melodischen Ansätzen mit zunehmend verlöschender Tendenz und einigen bruchstückartigen Tonwiederholungen als Relikt vormaliger Begleitung besteht. Mit den *Orchesterstücken op. 10* und drei Kammermusikwerken aus der Umgebung (*Violinstücke op. 7, Bagatellen für Streichquartett op. 9* und *Cellostücke op. 11*) war ein musikalischer Extremzustand erreicht, dessen konsequente Entwicklung nichts weniger als das totale Verstummen bedeutet hätte.

Wie schon beim Eintritt in die tonartfreie Musiksprache (mit den *Liedern op. 3*) zog Webern auch nun wieder das Wort als formale Abstützung der Musik heran. Es entstanden über einen Zeitraum von mehr als zehn Jahren ausschließlich Vokalwerke, zumeist Lieder mit genau differenzierter kammermusikalischer Begleitung. Mit den *Vier Liedern op. 13* (komponiert zwischen 1914 und 1918) ist auch die Gattung des Orchesterlieds vertreten, wobei freilich die einzelnen Instrumente, auch die Streicher, solistisch besetzt sind. Die einzelnen Lieder tragen die Titel: *‹Wiese im Park›* (Karl Kraus), *‹Der Einsame›* (Wang-Seng-Yu), *‹In der Fremde›* (Li-Tai-Po) und *‹Ein Winterabend›* (Georg Trakl). Durch die Wortvertonung wurde die Entwicklung hin zu musikalischer

Atomisierung aufgehalten, die Erfahrungen im Umgang mit orchestralen Sprachmitteln, wie sie in den *Orchesterstücken op. 10* gewonnen wurden, wirken in den Liedern fort. Hier freilich stehen sie in verdichteter Form im Dienste expressiver Wortausdeutung.

In der Liedgruppe zwischen *op. 12* und *op. 19* wurde (in *Opus 17*) die von SCHÖNBERG um das Jahr 1920 entwickelte Methode der Komposition mit Zwölftonreihen, kurz «Zwölftontechnik», übernommen. WEBERN sollte in den folgenden Jahren zum konsequentesten und rigorosesten Vertreter dieser Technik werden, die ein konstruktives Gerüst zur Herstellung motivischen Zusammenhangs unter Ausschaltung der Tonalität erstellte. Die *Symphonie op. 21* ist das erste Orchesterwerk WEBERNS auf dieser Basis. Sie wurde 1928 geschrieben. Schlagartig wurde mit diesem Werk eine neue und völlig fremde Klangwelt erschlossen, die scheinbar nichts mehr zu tun hatte mit den expressiven Verdichtungen der vorangegangenen Orchesterwerke. Nackte Tonlinien, meist nur zwei oder drei Töne von einem Instrument gespielt, punktuelle Ereignisse, durchsetzt von Pausen, kennzeichnen die Partitur, die den Anschein erweckt, als sei ein feines Netzwerk über die Notensysteme gespannt. Die *Symphonie* ist zweisätzig und erinnert kaum an die im Titel angesprochene Gattung. Tradierte Formprinzipien, etwa der Sonatensatz, werden so verschlüsselt in den ersten Satz eingebracht, daß sie beim Hören kaum wahrnehmbar sind, sondern nur noch als gleichsam historisches Gedächtnis in der Anlage fortwirken. Zu vernehmen ist im ersten Satz eine Zweiteiligkeit mit jeweils wiederholten Abschnitten. Die Teile entsprechen sich durch Analogien der Reihenanordnung, vergleichbar mit Exposition und Reprise. Unterschiedliche Tonspiegelverfahren, die den ganzen Satz in der Vertikalen genau festlegen, sorgen jedoch dafür, daß im zweiten Teil die Töne in wesentlich extremere Lagen rücken. So wird der Eindruck erweckt, als löse sich die Musik selbst auf. Dies aber erscheint nicht als willkürlicher Akt des Komponisten, sondern gleichsam als Eigengesetzlichkeit des musikalischen Materials, das notwendig zu dieser Form der klanglichen Erscheinung drängt. – Der zweite Satz dürfte leichter zu hören sein; es ist ein Variationssatz über das Reihenthema mit charakterlich klar getrennten Variationsabschnitten. Die Variationsform ist das dem Zwölftonkomponieren gemäßeste musikalische Verfahren. WEBERN reflektiert in diesem Satz nicht zuletzt deren geschichtliche Genesis. Die *Symphonie* leitet die Periode im Schaffen WEBERNS ein, die die avantgardistische Musik nach dem Zweiten Weltkrieg am nachdrücklichsten beeinflussen wird.

Sechs Jahre später (1934) entstand das *Konzert op. 24.* Die Besetzung ist kammermusikalisch karg, ein Klavier und acht Soloinstrumente. Wieder meint die Benennung weniger eine musikalische Gattung (wenn auch vom Konzert her die Dreisätzigkeit mit der Folge schnell–langsam–schnell abgeleitet sein dürfte), sondern weit eher die Form konzertierenden Zusammenspielens. Das *Konzert* zählt zu den abstraktesten und komprimiertesten WEBERNS. Er teilt die zwölftönige Reihe in vier Dreitonmotive, die in ihrer Gestalt identisch sind (freilich unter der Einbeziehung der Möglichkeiten, das Motiv in der Umkehrung oder im Krebs zu lesen). Alle drei Sätze des Konzerts basieren also auf einem einzigen Dreitonmotiv, das ständig in anderer Rhythmisierung, mit anderer Klangfarbe, mit anderem Gestus aufscheint. Der Gedanke, daß sich Vielfalt aus einem einzigen Kern heraus entwickeln kann, liegt dem Konzert rigoros wie bei kaum einem anderen Werk WEBERNS zugrunde. Der Reichtum liegt in der Askese, die einhergeht mit absoluter Klarheit der Erscheinung. Und es gelingt WEBERN durchaus, musikalische Formkonzeptionen, wie etwa die Verarbeitungstechniken des ersten Satzes, den «Adagio-Bogen» des zweiten oder die Steigerungsanlage des dritten, neu mit Inhalt zu füllen.

1935 arbeitete WEBERN an der Komposition *‹Das Augenlicht› für Chor und Orchester op. 26.* Der Text stammt – wie auch für die beiden späteren *Kantaten* – von Hildegard Jone; WEBERN hatte das Ehepaar Humplik-Jone 1926 kennengelernt und war mit den beiden bis zu seinem Tode eng befreundet. Trotz genauer Detailkonstruktion der Reihe wird auch hier wieder über das Wort (die Qualität der Texte Jones ist zumindest fragwürdig) versucht, zerfließende Ausdruckskategorien neu zu beleben. Allein schon der romantisierende Ton eines häufig rhythmisch parallel geführten Chorsatzes (dies auch bei vorwaltend hohem Dissonanzgrad) bringt diesen emotionalen Aspekt, von dem sich WEBERN entgegen dem Bild, das in den fünfziger Jahren von ihm erstellt wurde, nie ganz löste, hörbar ein.

Die beiden *Kantaten op. 29* und *op. 31* (die letzte vollendete Komposition Weberns) setzen den im *‹Augenlicht›* angeschlagenen Ton fort. Die *erste Kantate* entstand in den Jahren 1938/39 und ist für Sopransolo, gemischten Chor und Orchester geschrieben. Weberns Versuche, den Textgehalten ein Äquivalent in der Reihenbehandlung entgegenzusetzen, kommen hier deutlich zum Ausdruck. Musik und Text werden als zwei wesensunabhängige Gebilde betrachtet, die aber über gemeinsame semantische wie formale Strukturen miteinander in Verbindung stehen. Die *Kantate* hat drei Sätze, zunächst einen Chorsatz, der auf Grund parallel geführter Reihenstränge permanent einen hohen Dissonanzgrad aufweist, dann eine Sopranarie mit fein durchbrochener Orchesterbegleitung (*‹Kleiner Flügel Ahornsamen›*), schließlich als Kombination ein Chorsatz in polyphoner Ausführung (*‹Tönen die seligen Saiten Apolls›*), zu dem später der Solosopran hinzutritt. Markant wirkt der erste Choreinsatz, der gleichsam lautmalerisch auf die Worte *‹Zündender Lichtblitz›* mit einer Dissonanz von vier nebeneinanderliegenden Halbtönen (fis-g-as-a) beginnt. Dieser inhaltlich motivierte Klang setzt zugleich die Anfangstöne von vier Reihensträngen, die dann «automatisiert» ablaufen. Immer wieder sind in den Vokalwerken Weberns, die mit Zwölftonreihen arbeiten, ähnliche Verknüpfungspunkte zwischen Sprache und Musik festzumachen. Sie wirken als Auslöser für dann selbständig ablaufende Reihenkonstruktionen. Auf diese Weise werden konventionelle Ausdruckskategorien in die zwölftönigen Konstruktionen integriert.

Noch entschiedener ist dieses Moment in der *zweiten Kantate* (komponiert 1941 bis 1943) ausgeprägt. Sie ist sechsteilig, beginnt mit zwei Baßsoli mit Orchesterbegleitung, der dritte Satz kombiniert einen Solosopran mit einem dreistimmigen Frauenchor, eine Sopranarie schließt sich an, im fünften Satz stehen sich Sopran und gemischter Chor gegenüber, der Schlußsatz, ein reiner, vom Orchester nur verdoppelter Chorsatz, weist schon vom Schriftbild her auf die Musik der «Niederländer». Die Auflistung macht deutlich, auf welche Weise Webern in der *zweiten Kantate* eine große

Weite der Darstellungsmöglichkeiten zu erzeugen sucht. Der Kompositionsansatz WEBERNS scheint sich umzuorientieren, hin auf dichtere Klänge, auf massive Setzung der Klangfarben. Auch die Reihe selbst ist als ganze erfunden und nicht mehr, wie in den voraufgegangenen Werken, in Binnenstrukturen untergliedert. Zugleich wird, besonders im «Niederländer-Satz» am Schluß, ein geschichtsumfassender Anspruch eingebracht. Die *zweite Kantate* ist eine der klanglich opulentesten Partituren WEBERNS – und mit fünfzehn Minuten Dauer auch die umfangreichste.

Zwischen den beiden *Kantaten* entstanden im Jahre 1940 die *Variationen für Orchester op. 30.* Es erscheint wesentlich, auf die Differenz von instrumentalem und vokalem Denken bei WEBERN zu verweisen. Die *Variationen* sind WEBERNS reifste Orchesterkomposition. Hier gelingt auf der einen Seite ein großes Maß an autonomer konstruktiver Absicherung, wobei auch die rhythmische Anlage einer der Reihe entsprechenden Struktur unterworfen ist. Auch der Parameter «Klangfarbe» ist dem Bau der Reihe (Dreiteiligkeit mit diversen symmetrischen Eigenschaften) über Analogien angepaßt. Trotz dieser scheinbar übermächtigen strukturellen Implikationen gelingt es WEBERN, einen durchlebten und – für einen mit der Musik WEBERNS vertrauten Hörer – außerordentlich warmen Orchesterklang zu erzeugen. Jede der sechs Variationen, und genauso schon das «Thema» als eigentlich erste Variation, gehorchen einer anderen Idee der Reihenbelichtung. Daraus resultiert die charakterliche Eigenständigkeit jedes musikalischen Abschnitts; jeder erfährt dadurch eine genuin eigene Ausdrucksspezifik. Die *Variationen für Orchester* zählen zweifelsohne zu den wichtigsten Arbeiten WEBERNS überhaupt.

Neben diesen Werken sind im Konzertsaal auch manchmal *Bearbeitungen* WEBERNS zu hören. Hinzuweisen wäre auf die Fassung der *Fünf Sätze für Streichquartett op. 5 für Streichorchester*, die WEBERN 1930 (das Quartett entstand 1909) erstellte. Die Eingriffe WEBERNS sind eher peripher, in erster Linie wurden Möglichkeiten der Ausdifferenzierung der Besetzungsdichte ausgenutzt. Die Streichquartettsätze markieren in ihrer hochexpressiv gespannten Anlage den Übergang zwischen tradierten Formvorstellungen zur schattenhaften Kürze der folgenden Werke. Sie wirken wie Konzentrate von Stücken, die im Grunde in imaginäre Großräume ausgreifen.

Auch Werke anderer Komponisten wurden von WEBERN orchestriert. Heute trifft man hauptsächlich auf die *Bearbeitungen* von *Deutschen Tänzen* SCHUBERTS und vor allem von JOHANN SEBASTIAN BACHS *‹Ricercare a 6 voci›* aus dem *‹Musikalischen Opfer›*. Letztere *Bearbeitung* entstand in den Jahren 1934/35. Sie ist ein beeindruckendes Beispiel dafür, wie sehr WEBERN das analytisch aufspaltende Kompositionsdenken auf Musik der Vergangenheit bezog. Die thematischen Linien BACHS sind in kleine Partikel von nur wenigen Tönen aufgespalten. Die wechselnden Klangfarben mit pointiert ausgehörten Differenzierungen fordern analytisches Hören, ohne daß dadurch der Eindruck entstünde, der Musik sei ein ungemäßes Verfahren aufgepfropft worden. Die BACH-*Bearbeitung* ist nicht zuletzt ein Nachweis dafür, wie sensibel, ja schüchtern WEBERN mit dem Material des Komponisten, mit den *Tönen*, umgeht.

Reinhard Schulz

Alban Berg

Wien, 9. Februar 1885 – Wien, 23. Dezember 1935

Der Musik ALBAN BERGS ist es zu verdanken, daß die Wiener Schule ARNOLD SCHÖNBERGS keine Sache von Eingeweihten geblieben ist. Freilich wurde BERG unter dem mehr als zweifelhaften Begriff des «letzten Romantikers» gehandelt und gilt heute als ein «Klassiker» der Neuen Musik. Mit beidem hat er indessen nichts zu tun. Um als «letzter Romantiker» gelten zu können, hat er viel zu konstruktiv komponiert, und für einen «Klassiker» war er zu ketzerisch in seiner Grundhaltung. Er verschmähte es, einen ein für allemal gültigen, konsistenten «Stil» auszubilden und ließ lieber um des Ausdrucks willen allen klanglichen Anstand fahren. Systemzwänge mochte er nicht, oder er versuchte, sie, wenn er sich ihrer bediente – so etwa der von SCHÖNBERG entwickelten «Komposition mit zwölf nur aufeinander bezogenen Tönen» –, noch zu übertreffen, indem er die Dialektik zwischen der Freiheit der musikalischen Erscheinung und ihrer äußersten konstruktiven Bindung auf die Spitze trieb. BERGS Vorstellung von Musik ist selber höchst paradox: Es ist die Antwort auf die Frage, wie aus der Spannung zwischen dem Einzelton und der chaotisch wuchernden, ja durchaus anarchischen Vielfalt ein musikalischer Organismus entstehen könnte, der sich von der musikalischen Tradition durch drastische Erweiterung der Mittel abhebt und dennoch keine neuen, von außen herangetragenen Ordnungszwänge benötigt. Der Beginn des *‹Präludiums›* aus den um 1914 komponierten *Orchesterstücken op. 6* etwa läßt Musik aus dem Geräusch heraus sich entfalten, zerstört sie aber alsbald wieder durch einen brutalen, fünfstimmigen Posaunenakkord, der als unmittelbare klangliche Gewalt dazwischenfährt und sich nicht den Bedingungen gereinigter Musiksprache fügt. So komponiert gewiß kein «Klassiker» der Neuen Musik. Außerdem sind die kompositorischen Probleme, die Berg in seiner Musik anschneidet, in der heutigen Produktion noch so wenig aktuell, daß es allein von daher völlig unzulässig ist, seine kompositorischen Funde in die historische Nische abzuschieben. Bergs Musik verlangt aber auch ein ganz bestimmtes Hören: die Fähigkeit abzuwarten, was da kommt, was sich entwickelt, wie aus dem Nichts ein kompliziertes und überreich artikuliertes musikalisches Gebilde herauswächst. Komponieren heißt für Berg in erster Linie: organisieren und übereinanderschichten, außerdem große, weiträumige Formen entwerfen, die mit architektonischem Blick geplant werden. Unter den Komponisten der Musik unseres Jahrhunderts ist Berg derjenige, der sich buchstäblich Formideen «einfallen» ließ und deshalb langsam und bedächtig an seinen Partituren arbeitete. Andererseits gebot er wie kaum ein zweiter über die Fähigkeit des geborenen Opernkomponisten, musikalische Gestalten nicht als abstrakte Tonfolgen zu betrachten, sondern als greifbare Situationen, als Atmosphäre, als besondere Form der Menschendarstellung. Sinnlichkeit war für ihn kein bloßes Schlagwort, sondern ein künstlerisches Prinzip.

Gemeinsam mit seinem Freund Anton Webern vollzog er die Wandlung seines Lehrers Arnold Schönberg von der Spätphase der Tonalität zum Aufbruch in das sogenannte «atonale» – besser: a-tonikale – Komponieren natürlich mit, denn sie bot ihm genau die Möglichkeiten zur Erweiterung des musikalischen Ausdrucks, die er brauchte. Freilich erwies er sich auch hier wiederum als Ketzer, denn er verzichtete nicht auf traditionelle musiksprachliche Mittel, etwa aus der Musik des von ihm verehrten Mahler, auch nicht auf gelegentliche tonale Ausflüge, selbst nicht in den späten Werken, die – allerdings sehr eigenwillig – Schönbergs sogenannte «Zwölftontechnik» zur Anwendung bringen. Der Begriff der «Atonalität» wurde seinerzeit gern als Schimpfwort für alles das gebraucht, was übel klinge und angeblich unverständlich sei. Berg, der übrigens als Schriftsteller ebenso genial war wie als Komponist und in seiner Jugend sich gar nicht sicher war, welche von beiden Professionen er bevorzugen solle, betonte in einer Rundfunkdiskussion im Jahre 1930, daß alle «atonalen» Klänge, auch die komplexesten, «der schärfsten Kontrolle des Gehörs, des äußeren und des inneren» unterworfen seien und einzig dem Gebot der zwingenden, einleuchtenden und vor allem: *sinnlichen* musikalischen Erscheinung gehorchten. BERG spricht auch von der Verantwortung solchen Klängen gegenüber, wenn er und seine Freunde WEBERN und SCHÖNBERG sich in dem Meer der neuen Möglichkeiten bewegten. Solche Selbstrechtfertigungen sind natürlich heute nicht mehr notwendig, aber sie zeigen immerhin, mit welcher Sorgfalt BERG seine Kunst des Komponierens dem Prinzip der objektiven Verbindlichkeit unterwarf.

Naturgemäß hinterließ BERG, der mit außerordentlichen Skrupeln an seine Werke ging, keinen allzu großen Werkkatalog, aber was besagen schon Zahlen? Nach der Partitur der Oper ‹*Wozzeck*› (1917 bis 1922) verzichtete er völlig auf Opuszahlen, weil er sich schämte, in so langer Zeit so wenig Werke hervorgebracht zu haben. Aber: Das Komponieren war schwer geworden, zumal wenn man es mit solcher Akribie betrieb, wie es BERG tat. Er schuf denn auch lauter Meisterwerke, darunter zwei Opern, die bis heute die meistgespielten Opern des 20. Jahrhunderts – sieht man einmal von RICHARD STRAUSS ab, der eigentlich ins 19. Jahrhundert gehört – geblieben sind. Und Werke BERGS wie die ‹*Lyrische Suite*› oder das *Violinkonzert*, weniger jedoch die bereits erwähnten *Orchesterstücke op. 6* oder gar das unmittelbare nach dem ‹*Wozzeck*› komponierte *Kammerkonzert*, gehören heute zum unverrückbaren Bestand des Repertoires. Sie sind, wie es heißt, «durchgesetzt». Ihre Rezeptionsgeschichte kann beginnen.

Fünf Orchesterlieder nach Ansichtskarten-Texten von Peter Altenberg op. 4 (1912)

Das erste Orchesterwerk BERGS, zwei Jahre nach dem Ende der Lehrzeit bei SCHÖNBERG geschrieben, war sogleich ein Skandal, und das nicht erst bei der (Teil-)Uraufführung. Der einstige Lehrer selbst fühlte sich provoziert von der Art, wie der «schüchterne» BERG mit den aphoristischen Tendenzen, derer sich SCHÖNBERG und vor allem WEBERN in dieser Zeit bedienten, umging. Schon die Wahl der Texte war unorthodox: Der SCHÖNBERG-Kreis hielt es mit dem aristokratischen Habitus der Lyrik Georges oder Rilkes, im

Falle WEBERNS auch noch mit dem esoterischen Sprachklang Georg Trakls, aber niemals mit Peter Altenberg. SCHÖNBERG stieß sich ja sogar an BERGS Wahl von Büchners gerade erst (nach fast hundert Jahren) uraufgeführtem Dramenfragment «Woyzeck» zum Opernlibretto mit der Bemerkung, eine Oper habe nichts zu tun mit Offiziersdienern. Und der Stoff der zweiten Oper BERGS nach Wedekinds Lulu-Tragödien war im SCHÖNBERG-Kreis noch weniger beliebt. Allein durch seine literarischen Vorlieben stand BERG quer zu SCHÖNBERG, denn er vertonte genau das, was dieser verachtete: kritische Literatur. Die Texte des Wiener Bohemiens Peter Altenberg, der eigentlich Richard Engländer hieß und mit BERG befreundet war, stammen aus einem Gedichtband, dem Altenberg den Titel «Altes Neues» gegeben hat. Darin befinden sich auch die aphoristischen Kommentare zu Ansichtskarten, die Altenbergs unkonventionellen Umgang mit der Sprache zeigen. Es sind halb tiefgründig psychologische, halb lyrisch aperçuhafte, an Nonsens grenzende Aussagen, die BERG bezeichnenderweise sehr beeindruckten, da sie ihm die Möglichkeit eröffneten, musikalisch ganz neuartige Wege zu gehen. Er schrieb die fünf Lieder für Gesang und ein überdimensional besetztes Orchester, das jedoch mit der spätromantischen Klangfülle überhaupt nichts mehr zu tun hat. Es klingt an keiner Stelle massiv. BERG nützt die Möglichkeiten neuer, differenzierter Klangmischungen. SCHÖNBERG, der immerhin selbst (am 31. März 1913) die Uraufführung zweier dieser Lieder wagte, war mit BERGS Absichten nicht einverstanden und meinte: «Vor allem scheinen sie –» die *Altenberg-Lieder* – «merkwürdig gut und schön instrumentiert zu sein. Einiges ist mir zunächst nicht angenehm: nämlich das etwas zu offenkundige Streben, neue Mittel anzuwenden.» Dieser Meinung waren wohl auch die Wiener Zuhörer bei der Uraufführung (des *zweiten* und *vierten* Lieds), denn nur eines der beiden ausgewählten Lieder konnte überhaupt vernommen werden, das andere ging im allgemeinen Tumult unter. Schuld daran trug gewiß auch der schlechte Ruf der Texte und der Person Altenbergs, aber auch der experimentelle «Ton», den BERG hier musikalisch anschlägt, vor allem die extreme Kürze. Nur das nicht aufgeführte letzte Lied ist umfangreicher, dafür aber eine strenge Form (Passacaglia). Abohrfeigungen und

Polizeieinsatz, gerichtliche Nachspiele und das Verschwinden der Partitur in der Schublade Bergs waren die Folge der mißglückten Uraufführung. Berg hat sein erstes Orchesterwerk selbst nie mehr zu Gehör bekommen; erst lange nach Bergs Tod, im Jahre 1953, holte Jascha Horenstein die noch ungedruckte Partitur wieder hervor und dirigierte die vollständige Uraufführung aller fünf Lieder.

Die scheinbare Nichtigkeit der Texte Altenbergs korrespondiert aufs genaueste mit der aus dem Nichts kommenden und ebenso wieder verschwindenden Musik Bergs, die so weit in die Zukunft schaut, daß es eben selbst Schönberg nicht geheuer war. Altenbergs «niedere» Literatur reizte aber gerade Bergs musikalische Phantasie: So genügte im dritten Lied bereits der Textanfang «Über die Grenzen des All blicktest du sinnend hinaus», um in Berg den ketzerischen Gedanken hervorzurufen, wie es klänge, wenn er dazu im Orchester einen vollständigen chromatischen Cluster (!) brächte, der zu Beginn direkt eintritt (Bläser) und am Schluß, bei der Textwiederholung des Anfangs, sukzessive (in den hohen Flageoletts der Streicher) aufgebaut wird, und das rund fünfzig Jahre vor György Ligetis diesbezüglichen Klangkompositionen. Der angeblich «letzte Romantiker» Berg verfügte über eine erstaunliche prophetische Gabe. Die aphoristische Kürze der beiden für die Uraufführung ausgewählten Lieder bedeutet für den Hörer eine Dimensionierung: Die Assoziationen dürfen im Kopf weiterklingen. Im fünften Lied entwirft Berg dann Schönbergs Zwölftontechnik im Rohzustand, unterwirft sich außerdem der Passacaglia-Form, deren Aufgabe es hier ist, das in sich Kreisende des Altenbergschen Textes («Hier ist Friede») zum Ausdruck zu bringen und dazu den Naturfrieden außerhalb der Menschen, der in dem letzten Bild vom leise in Wasserlachen tropfenden Schnee mündet. Berg mochte sich mit der hiermit ausgesprochenen Einsamkeit besonders identifiziert haben.

Dietmar Holland

Drei Orchesterstücke op. 6 (1914, Neufassung 1929)

Nach den Aphorismen der *Altenberg-Lieder* und der kurz darauf komponierten *vier* kurzen *Stücke für Klarinette und Klavier op. 5*, die Heinz-Klaus Metzger einmal «Embryonen potentieller Opern» genannt hat, plante BERG, eine Symphonie zu komponieren. Und er wäre in der Tat, hätte er sie wirklich geschrieben, der einzige Komponist der Wiener Schule gewesen, der das legitime Erbe GUSTAV MAHLERS hätte antreten können. Die postumen Uraufführungen von MAHLERS *neunter Symphonie* und des *‹Lieds von der Erde›* gehörten zu BERGS stärksten künstlerischen Eindrücken am Vorabend der Katastrophe des Ersten Weltkriegs. Der Symphonieplan ging schließlich auf in zwei Werken, die im «Ton» viel gemeinsam haben: in den *Drei Orchesterstücken op. 6* und in der Büchner-Oper *‹Wozzeck›*. BERG wendet sich nun der expansiven Form zu, wenn auch die Breite nicht zeitlich gemeint ist, sondern stilistisch. BERGS Hang zum Vermischen heterogener Stilbereiche macht sich in den *Orchesterstücken* ausdrücklich hörbar. Bereits die Titel deuten das an: Es handelt sich um drei *Charakterstücke*, nicht um *symphonische* Zusammenhänge. Am ehesten kommt noch das dritte Stück, ein *‹Marsch›*, in die Nähe eines MAHLERschen Symphoniesatzes (man denkt unwillkürlich an die *sechste Symphonie*). Die anderen beiden Stücke, das *‹Präludium›* und das mittlere mit dem Titel *‹Reigen›*, sind zwar ausladender intendiert als die Aphorismen der *Altenberg-Lieder*, dauern aber zusammen kaum länger als der *‹Marsch›*, in dem die bevorstehende welthistorische Katastrophe thematisch wird. Hier findet BERGS Bewunderung für gerade die Symphonien MAHLERS, die als die unzugänglichsten gelten, nämlich die *dritte* und namentlich die *sechste* mit ihrem Marschtonfall am Rande des Abgrunds, ihre konkrete kompositorische Einlösung. Nirgends sonst hat sich BERG unbotmäßiger dem wuchernden Chaos eines gleichwohl höchst planvoll organisierten Riesenorchesters überlassen, das, wie unter einem Vergrößerungsglas, wild verzweigte Dichte musikalischer Strukturen und Charaktere hervortreibt. BERGS Hang zum Anarchischen schafft völlig neue Formideen; Farbe und Vielstimmigkeit sind die kompositorischen Mittel: «Das erste Orchesterstück ist aus einer Klangidee erzeugt; das letzte hämmert mit dröhnenden Schlägen ausschweifende Vielstimmigkeit zusammen» (Adorno). Es herrscht eine Auffassung musikalischen Formens, die statt der *Entwicklung* von Themen deren *vorzeitliche Geburt* aus dem Geräusch heraus (im ‹*Präludium*›) oder aus abgestandenem Floskelmaterial (im ‹*Marsch*›) darstellt. Formen heißt bei Berg seit den *Orchesterstücken*: Übereinandertürmen, auch wenn es die Apperzeption sprengt. Mit Recht bezeichnete Berg die Partitur seiner *Orchesterstücke* als die komplizierteste aller je geschriebenen – und das gilt übrigens auch noch heute. Was er den Hörern da zumutet, wußte er selber nur zu genau: «Als er mir die Partitur zeigte und erläuterte, meinte ich, unterm ersten graphischen Eindruck: ‹Das muß klingen, wie wenn man Schönbergs Orchesterstücke und Mahlers neunte Symphonie zugleich spielt.› Nie werde ich das Bild der Freude vergessen, die das für jedes Kulturohr bedenkliche Kompliment auf seinem Gesicht entzündete. Mit einer Wildheit, die alle johanneische Sanftmut lawinengleich unter sich begrub, sagte er: ‹Ja, da müßte man einmal hören, wie ein Blechbläserakkord von acht verschiedenen Tönen wirklich klingt›, so als wäre er gewiß, daß kein Publikum solche Akkorde überleben dürfte» (Adorno). Die katastrophische Selbstbefreiung der Musik, von der seit John Cage soviel Aufhebens gemacht wird, ist in Bergs *Drei Orchesterstücken*, aus dem Zwang des Ausdrucksbedürfnisses heraus, Klang geworden.

Das ‹*Präludium*› ist weder bloße «Einleitung» noch gar locker gestaltet, wie man es von solcher Form erwarten könnte; es realisiert eine singuläre Formidee: wie sich Musik aus dem Geräusch heraus zu regen beginnt, sich allmählich motivisch und thematisch bis hin zum Auftürmen thematischer Kombinationen (Höhepunkt Takt 36) entfaltet, dabei ihre eigene Analyse gleich mitvollzieht, um dann wieder ins Geräusch zurückzusinken. So faßt Berg den Charakter des Präludierenden auf.

Der ‹*Reigen*› darauf bietet dann keine bequemen Tanzcharaktere, die der harmlose Titel untertreibend erwarten lassen könnte, sondern eine unersättliche Fülle von Walzer- und Ländlergestalten, eine trauriger als die andere, die zu künstlichem Leben erweckt werden. Stellenweise klingt es wie in Alpträumen, wie sonst nirgends in der Musik. Immer wieder bricht die Entwicklung ab, gerät die Musik in ein sonderbares Brüten, rafft sich dann «schwungvoll» (Bergs Partituranweisung), ja «fast roh» (Takt 50) auf, vermag aber die Vergeblichkeit solcher Aufschwünge nicht zu mildern. Die Auflösungsfelder, in die sich der Reigen von Walzergestalten immer wieder verliert, sind die charakteristischen Stellen des Stücks. Schließlich bleibt die Musik auf einem zehnstimmigen Akkord regelrecht stehen, in den – ähnlich wie so oft bei Mahler – eine Hörner-Fanfare «wie aus der Ferne» hereintönt, aber nicht als zitierte Uneigentlichkeit, sondern vielmehr als störende Verfremdung: Die Fanfare enthält weder den gewohnten Quartauftakt noch den Dreiklangsruf, statt dessen ist sie schief montiert aus verschränkten Quart- und Tritonusgebilden. Und der zehnstimmige Akkord, in den sie hineintönt, wird in dem stockenden Rhythmus vorgetragen, der das ‹*Präludium*› beherrschte. Die unterirdische Verknüpfung der beiden ersten Stücke, die, laut Bergs Anweisung, auch allein, ohne den ‹*Marsch*›, aufgeführt werden können, ist hier offen auskomponiert.

Der ‹*Marsch*›, das ungeheuerlichste Stück in der Musik des 20. Jahrhunderts, vollstreckt Bergs Idee des musikalischen Formens als Fülle nichtiger Gestalten, die zu einem Sinnzusammenhang zusammenschießen. So beginnt er gleich mit vier versprengten Marschfloskeln aus alter Zeit oder wie aus Träumen. Aus solchem Material fügt Berg den blinden Vollzug der Marschstrophen, die – im Gegensatz zur Kreisform des ‹*Präludiums*› – nur noch zur Katastrophe führen können. Unablässig geht es vorwärts. Es gibt keine Reprisen mehr, nur den Sog ins Niemandsland: «Das Gedächtnis an die herkömmliche Marscharchitektur, an Marschstrophen, Trios, Wiederkehr der Strophen, ist traumhaft verschoben und verblaßt» (Adorno). Wie in beklemmenden Angstträumen werden Fluchträume übereinandergetürmt, erscheinen trügerische Flächen der Beruhigung, aus denen es um so heftiger wieder ausbricht. Es gibt kein Entrinnen. In panischem Schreck landet der Marsch in einer keuchenden Coda (Takt 155), aus der sich der zwölfte Takt des ‹*Präludiums*› und der Takt 115 des ‹*Reigens*› buchstäblich herausquälen. Ein letztes *subito a tempo* ist dann zugleich das Ende: Ein erneuter Marschansatz wird von einem Mahlerschen Hammerschlag – Erinnerung an die drei Hammerschläge aus dem Finale der *sechsten Symphonie*? – zertrümmert. Danach wird wohl kein authentischer Marsch mehr geschrieben werden können.

Dietmar Holland

Drei Bruchstücke für Gesang und Orchester aus der Oper ‹Wozzeck› (1924)

Die Fratzen, die der *‹Marsch›* der *drei Orchesterstücke* musikalisch heraufbeschwört, nehmen leibhaftige Gestalt an in der Büchner-Oper *‹Wozzeck›*, in den Peinigern des erniedrigten und beleidigten Soldaten Wozzeck, der aus verzweifelter Eifersucht seine Geliebte ersticht und danach ins Wasser geht. Die sozialkritische Durchschlagskraft der Oper ist bis heute lebendig geblieben. Noch vor der erfolgreichen Berliner Uraufführung, die Erich Kleiber am 14. Dezember 1925 in Berlin dirigierte, regte Hermann Scherchen, der sehr an dem Werk interessiert war, Berg dazu an, Teile der Oper für eine konzertante Aufführung einzurichten und gesondert zu veröffentlichen. Das geschah ziemlich bald: Im August 1923 schickte Berg die drei *‹Bruchstücke›* an Scherchen, der am 15. Juni 1924 in Frankfurt im Rahmen des Musikfestes des Allgemeinen Deutschen Musikvereins die Uraufführung dieser Auszüge dirigierte. Die Partitur erschien ebenfalls im Druck.

Berg hatte aus der Oper folgende Szenen ausgewählt: *‹Militärmarsch und Wiegenlied der Marie›* (das ist die Überleitungsmusik von der zweiten zur dritten Szene des ersten Aktes und die Szene selbst in der Stube der Marie bis zum Auftritt Wozzecks), *‹Thema mit Variationen›* (die ganze erste Szene des dritten Aktes) und den Schluß der Oper, genauer: aus dem dritten Akt den letzten Teil der vierten Szene, vom Ertrinken Wozzecks an (aber ohne Dialog), das symphonische Zwischenspiel (die Verwandlungsmusik) und die Schlußszene. Im Gegensatz zur Oper sind die drei *‹Bruchstücke›* auf die Person der Marie konzentriert. Das erkannte bereits Bergs Freund und Kollege Anton Webern: «Weißt du, daß diese *‹Bruchstücke›* zusammen ein einheitliches Ganzes ausmachen? Daß sie ein selbständig geschlossenes Werk für sich bilden? Als mir das bewußt wurde, was war das für ein Moment! Ja, die ganze Tragödie dieser Frau ist damit gegeben. Und wiewohl die zwei Männer gar nicht vorkommen, weiß man alles.»

Der Titel ‹*Bruchstücke*› ist natürlich eine Untertreibung, denn weder handelt es sich um fragmentarische oder gar unfertige Passagen der Oper noch um «Nebenwerke». Ganz im Gegenteil: Berg machte aus der Not der Auswahl eine Tugend und wählte ganz bewußt bestimmte Stellen und Szenen aus, die charakteristisch sind für die innere Haltung und äußere Atmosphäre des Armeleutestücks. Außerdem sind es sämtlich Adagio-Stücke mit Ausnahme des Militärmarsches, der ja auch paradigmatisch für das Milieu steht, für den Druck, der auf Wozzeck und Marie lastet. Mit Bedacht schuf Berg für die Dramaturgie der ‹*Bruchstücke*› ein Pendant zu dem gar nicht herangezogenen zweiten Akt, der ja den zentralen Konflikt enthält: An seiner Stelle fügte er die Bibelszene der Marie ein, deren innere Zerrissenheit und trostloser Tonfall in einer ähnlich strengen Form (siebentaktiges Thema mit sieben Variationen und abschließender Fuge) abläuft wie der als fünfsätzige Symphonie gearbeitete zweite Akt. Die spezielle Anordnung der drei ‹*Bruchstücke*› hat eigenen Werkcharakter.

Dietmar Holland

Kammerkonzert für Klavier und Geige mit dreizehn Bläsern (1923–1925)

Mag sein, daß Berg nach der erfolgreichen Uraufführung des ‹*Wozzeck*› fürchtete, auf den «Stil» dieser Oper, sofern davon überhaupt sinnvoll die Rede sein kann, festgelegt zu werden, jedenfalls beginnt mit dem *Kammerkonzert* eine völlig neue Stufe seines Komponierens. Schönberg hatte inzwischen seine neue Methode der «Komposition mit zwölf nur aufeinander bezogenen Tönen», kurz «Zwölftontechnik» genannt, entwickelt und damit die Basis für umfangreichere Formen in der Instrumentalmusik nach dem Ende der Tonalität bereitgestellt. Berg zögerte noch, diese Technik, ein System der Tonbeziehungen unter den Bedingungen der emanzipierten Dissonanz und der entfesselten Chromatik, anzuwenden, aber was ihn daran zunächst lockte, war die Möglichkeit, größere Formen *konstruktiv* abzusichern. Und darin ging er in seiner strengsten Partitur, die er jemals schrieb, noch viel weiter als SCHÖNBERG. Gedacht war das *Kammerkonzert* ohnehin als Hommage an SCHÖNBERG, ja an das Triumvirat der Wiener Schule insgesamt. BERG wollte ein einziges Mal den Artisten spielen und legte eine musikalische Vergeistigung des Spieltriebs vor, deren Hintergründigkeit fast unausschöpflich ist. Nicht die Instrumente konzertieren hier, sondern, wie sich BERG in dem berühmten «Offenen Brief» an SCHÖNBERG – er enthält die Mitteilung der Widmung und zugleich eine Kurzanalyse des Werkes – ausdrückt, «auch einmal der Autor», und das ist mehr als nur ein Bonmot. Wer sich allen Ernstes in die Partitur vertieft, wird bemerken, was das konkret bedeutet: Es ist hier eine kompositorische Virtuosität am Werk, die wie in einem Brennspiegel alle nur irgend denkbaren Kombinationskünste, Anspielungen, Tonfälle, Formideen und satztechnische Verfahren bündelt, die in der Wiener Schule und in der Tradition der bedeutenden Instrumentalmusik eine Rolle spielen. Es ist tatsächlich eine Art «Denkmal» der Wiener Schule SCHÖNBERGS, besessen von der «Dreiheit der Ereignisse» (BERG), die von dem Motto «Aller guten Dinge... (die *Musik* ergänzt: «sind drei») bis hin zu den drei verschiedenen Instrumentengruppen (zwei konträre Soloinstrumente und die Bläsergruppe) reicht und auf allen kompositorischen Ebenen gegenwärtig ist. Wer hier Zahlensymbolik oder kabbalistische Geheimnisse vermutet, sieht sich getäuscht: Dem aufmerksamen Blick ist die verwirrende Artistik stets durchschaubar, wenn auch bisweilen sehr sonderbar. Dem Hörer dagegen wird höchste Aufmerksamkeit abverlangt, denn es ist bereits äußerst schwierig, überhaupt den «roten Faden» des eng und vor allem komplex konstruierten Ablaufs zu verfolgen.

Die Dialektik des BERGschen Komponierens, die Freiheit der sinnlichen musikalischen Erscheinung sorgfältig zu planen, ist im *Kammerkonzert* auf die Spitze getrieben. Das bedrohliche Übereinandertürmen aus den *Drei Orchesterstücken* weicht hier der spielerischen, aber niemals oberflächlichen Lust am Kombinieren, und zwar sowohl auf der Ebene des Kontrapunkts als auch des Formniveaus. Das heißt: Außer dem Stimmengeflecht, das an sich schon eine kompositorische Leistung obersten Ranges wäre, realisiert Berg eine schier unfaßbare Formidee. Er entwirft den letzten Satz, der zum erstenmal alle *drei* Instrumentengruppen zusammenfaßt und mit- oder gegeneinander konzertieren läßt, als *Synthese der ersten beiden*, die ihrerseits als *These* und *Antithese* – der erste ist ein Klavier- und der zweite ein Violinkonzert – zu verstehen sind. Das geschieht nicht als bloßes Übereinanderblenden der ersten beiden Sätze, sondern in ebenfalls *dreifacher* Weise: als «freie Kontrapunktierung der jeweils korrespondierenden Teile» (Berg), als sukzessive «Gegenüberstellung einzelner wörtlich übernommener Phrasen [...], also quasi duettierend» (Berg) und als tatsächliche Addition. Mit anderen Worten: Die beiden kombinierten Sätze laufen in verschiedenen Zeitschichten, wie im Film – entweder simultan, im Zeitraffer oder in Zeitlupe – übereinander ab, ohne daß auch nur ein Takt ausbliebe; ein Triumph der kombinatorischen Phantasie Bergs, wenn man bedenkt, daß der erste Satz bereits eine Verschränkung von Sonaten- und Variationsform ist – Thema und erste Variation sind die Exposition, die Variationen zwei bis vier die Durchführung und die letzte Variation die Reprise – und der zweite Satz, als Kontrast zu den Walzer- und Ländlercharakteren des ersten, eine Art Nachtstück mit vier Themen in gerader Taktart und schleichendem Tempo ist, der überdies in sich *rückläufig* gearbeitet ist, also vom Ablauf her die *Umkehrung der Zeit* und buchstäblich aller Töne bedeutet. Diese beiden, in jeder Hinsicht konträren Sätze blendet nun Berg in einer Form übereinander, die eine dritte Möglichkeit der Zeitgestaltung eröffnet: das Rondo. Aber damit noch nicht genug: Im Gegensatz zu den ersten beiden Sätzen unterwirft Berg das «Material» einer streng konstruierten, aber höchst «choreographisch» wirkenden Rhythmik – das Rondo heißt ja auch ausdrücklich *‹Rondo ritmico›* –, die es ihm ermöglicht, aus den ersten beiden Sätzen etwas scheinbar völlig Neues – eben eine Synthese im dialektischen Sinn des Aufhebens *und* Bewahrens früherer musikalischer Substanz – zu schaffen. Das ist mit dem «konzertierenden» Komponisten gemeint: Er spielt auf der Klaviatur seines kombinatorischen Gehirns.

Aber das *Kammerkonzert* ist noch weit mehr als ein Akt verwirrender Gehirnakrobatik, denn BERG hat in die «Dreiheit der Ereignisse» auch *biographische* Momente hineingeheimnist, die manche Betrachter dazu veranlaßt haben anzunehmen, er habe hier ein Stück «Programmusik» geschrieben. Doch das ist ein ästhetischer Irrtum. So platt hätte BERG niemals komponiert. Es geht ihm vielmehr um *Anspielungen*, eben um «Geheimnisse», die eine eigene – aber nicht wesentliche – Deutungsschicht seines Komponierens ausmachen. Im Falle des *Kammerkonzerts* handelt es sich dabei um die Rolle, die SCHÖNBERG in Gestalt seiner Tonbuchstaben darin spielt. Das bereits erwähnte Motto des Werkes («Aller guten Dinge...»), das – bezeichnenderweise – von der Musik ergänzt wird, besteht an Stelle der Worte «sind drei» aus drei Motiven vor dem eigentlichen Beginn des ersten Satzes, die nichts anderes sind als die Tonbuchstaben der drei Mitglieder der Wiener Schule, und zwar in der entscheidenden Reihenfolge: SCHÖNBERG, WEBERN und BERG. Das ist nicht nur ein Akt der Höflichkeit von BERG, sich selbst zuletzt zu nennen, sondern das SCHÖNBERG-Anagramm steht, quasi als Autorität und als längstes der drei Motive, am Anfang. Und es ist auch genau das Anagramm, das sich im Verlauf des – übrigens durchkomponierten – Werkes immer wieder, und zwar an entscheidenden Stellen, an «kritischen» Augenblicken des Verlaufs, recht autoritär geltend macht. Sollte das etwa ein versteckter Hinweis BERGS auf SCHÖNBERGS Art, mit den Schülern umzugehen, sein? Die Anspielungen, die das *Kammerkonzert* in dieser Hinsicht – und in vielem anderen Betracht – bietet, sprengen den Rahmen unserer Betrachtung, aber es sei wenigstens noch darauf hingewiesen, daß das plötzliche, unwirsche Auftreten gerade des SCHÖNBERG-Motivs am Schluß des Adagios, immerhin an einer Stelle des völligen Verlöschens und darüber hinaus in der Klaviertiefe polternd, obwohl das Violinkonzert des zweiten Satzes noch gar nicht beendet ist, in Abgründe hineinreicht, von denen man nicht recht zu sagen weiß, ob sie Spiel oder Ernst sind. Das prägt den Charakter des *Kammerkonzerts* insgesamt.

Auf eine Stelle sei noch eigens aufmerksam gemacht: die beispiellose Gewalt des Schlusses. In den aufgetürmten Akkord des Klaviers, der mit großer Geste über mehrere Oktaven reicht und bis zum letzten Takt ausklingt (so heftig wurde er angeschlagen), fahren, wie Fetzen, die drei Anagramme hinein und Motivreste des Satzes, aber durch stets länger werdende Fermaten voneinander getrennt, bis schließlich das Pizzicato der Violine den Zerfall besiegelt, denn diese Schlußgeste enthält wieder die Töne des vorher so dramatisch aufgetürmten Klavierakkords, auf dem die Entwicklung des Rondos gleichsam wie auf ein Riff aufgefahren war. Wenn ein Schluß dialektisch genannt werden darf, dann dieser.

Dietmar Holland

Drei Stücke aus der ‹Lyrischen Suite› für Streichorchester (1928)

Im Auftrag seines Verlegers fertigte Berg von der 1926 komponierten sechssätzigen *‹Lyrischen Suite› für Streichquartett* eine Fassung der Sätze zwei bis vier für Streichorchester an. In der Wiener Schule waren solche «Bearbeitungen» durchaus üblich, und auch Berg unterzog sich diesem Auftrag mit der ihm gewohnten Akribie, handelt es sich doch um eines seiner Meisterwerke, vielleicht dem aufregendsten überhaupt. Viel Aufhebens wurde in letzter Zeit davon gemacht, daß Berg in der *‹Lyrischen Suite›* seine heimliche Liebe zu Hanna Fuchs, einer Schwester Franz Werfels, in Musik gesetzt habe. Ähnlich wie im Fall des *Kammerkonzerts* (und später des *Violinkonzerts*) handelt es sich natürlich nicht um «Programmusik», sondern der private Anlaß ist für Berg, so verwunderlich das erscheinen mag, ebenso künstlerisches «Material» wie die Tonbeziehungen im einzelnen. Die innere Dramaturgie der *Suite*, die Adorno als «latente Oper» bezeichnet hat, spricht eine genügend deutliche Sprache: Die sechs Charakterstücke sind keine lose Folge, sondern fächerförmig angeordnet, und zwar in der Weise, daß die schnelleren Sätze immer noch schneller werden und umgekehrt die langsameren immer langsamer, so daß zwischen den letzten beiden Sätzen der schärfste Kontrast herrscht. Auf den in den sechs Sätzen ausgebreiteten Ausdrucksreichtum verweisen die Doppelbezeichnungen: Jeder Satz ist mit Tempo- *und* Charakterbezeichnung versehen. Zum erstenmal verwendet Berg, wenn auch noch nicht in allen Sätzen, die von Schönberg übernommene «Zwölftontechnik», die er jedoch so frei handhabt, daß darin sogar das Zitat des ‹*Tristan*›-Anfangs möglich ist. Diese Art des Umgangs ist sehr bezeichnend für Berg, denn es ist wieder der Ketzer bemerkbar. Nicht zufällig sind es gerade die beiden lyrischen Sätze zwei und vier, die in freier Atonalität komponiert wurden, während die quasi geflüsterte Szene der Außenteile des dritten Satzes (Allegro misterioso) streng zwölftönig gehalten ist; wieder ein treffendes Beispiel für Bergs Dialektik, daß er genau das Aufgelöste und in eine kreisende Form Eingesperrte – die Außenteile stehen im Krebsverhältnis zueinander, deren Tonverhältnisse die Reihentechnik reguliert –, zugleich das Geheimnisvolle, nicht Mitteilbare in die strengste Technik zwingt, während der Mittelteil (Trio estatico) ein freier, atonaler Ausbruch ist im Sinne des früheren Expressionismus und völlig ungedeckt im Ausdruck. Der vierte Satz ist dann der Kontrast zum zweiten, ein Adagio appassionato gegen das Andante amoroso zuvor und das emotionale Zentrum der gesamten Suite. Adorno meint sogar, hier käme das zur Sprache, was der dritte Satz verschwieg (und der zweite als harmlose Idylle vortäuschte, so könnte man ergänzen). Außerdem bildet der vierte Satz die Durchführung des Vorhergegangenen; daher auch die Selbstzitate aus den früheren Sätzen. Das Fremdzitat hingegen – eine Stelle aus Alexander Zemlinskys ‹*Lyrischer Symphonie*› (die Vertonung der Worte «Du bist mein eigen, mein Eigen») – verweist auf die biographische Schicht des Werkes, die zu enthüllen einer voyeuristischen Neugier gleichkäme. Das ‹*Presto delirando*› und das ‹*Largo desolato*› bringen dann (nur in der Streichquartettfassung) Katastrophe und Epilog.

Dietmar Holland

Sieben frühe Lieder für Gesang und Orchester (1928)

Während des Studiums bei Schönberg, teilweise auch schon früher, hat Berg rund 140 Lieder für Gesang und Klavier komponiert, aus denen er in der Reifezeit sieben herausgriff und sie mit Orchesterbegleitung versah. Damit schließt sich der Kreis seines Schaffens. Die Anordnung der Lieder verrät den Hang, eine zyklische Idee zu realisieren: Die inhaltlich mehr allgemein gehaltenen beiden äußeren Lieder (‹*Nacht*›, Text von Carl Hauptmann, und ‹*Sommertage*›, Text von Paul Hohenberg) bilden den Rahmen. Sie haben das größte inhaltliche Gewicht und sind auch die am spätesten komponierten Stücke der Gruppe (1908). Das früheste Lied (‹*Im Zimmer*›, Text von Johannes Schlaf, komponiert 1905) rückt ins Zentrum, ist auch das kürzeste von allen. Der stets wechselnde Grundklang der Orchesterbesetzung bildet eine zusätzliche dramaturgische Idee: Die beiden äußeren Lieder verwenden als einzige, da sie den Rahmen des Zyklus einnehmen, die volle Besetzung, das dritte (‹*Die Nachtigall*›, Text von Theodor Storm) nur die Streicher, das fünfte, zentrale ist nur mit Bläsern und Harfe besetzt, und die übrigen (Nr. 2: ‹*Schilflied*›, Text von Nikolaus Lenau; Nr. 4: ‹*Traumgekrönt*›, Text von Rainer Maria Rilke; Nr. 6: ‹*Liebesode*›, Text von Otto Erich Hartleben) enthalten im Orchester verschiedene solistisch aufgebrochene Klangbildungen. Aber nicht allein der wechselnde Grundklang, sondern vor allem die analytische Instrumentation verdeutlicht die Struktur und Haltung der ursprünglichen Klavierlieder, rückt sie dadurch in ein ganz neues Licht. Berg hebt an den Jugendwerken hervor, was er später kompositorisch konsequent daraus weiterentwickelt hat. So macht er verborgenes Stimmengeflecht hörbar oder bringt feinsinnige Zutaten an, wie etwa am Schluß des fünften Lieds, nach der Textzeile «wie leise die Minuten zieh'n», wo ein zartes Ticken der Celesta das verwirklicht, was der Text andeutet und die Klavierfassung noch nicht enthielt. Das Ausinstrumentieren des Klangs, ja von dessen Zusammensetzung, ist eine kompositorische Erfahrung der freien Atonalität, bei der die komplexen, dissonanten und schwer durchhörbaren Akkorde um der notwendigen Deutlichkeit willen aus einzelnen, heterogenen Klangfarben zusammengesetzt werden. Diese Kunst kommt auch der Orchesterfassung der ‹*Sieben frühen Lieder*› zugute und führt schließlich zu dem leibhaftig durchdringend instrumentierten Zwölfton-Todesakkord der Lulu in Bergs zweiter, unvollendeter Oper.

Dietmar Holland

‹Der Wein›, Konzertarie mit Orchester (1929)

Die erfolgreichen Aufführungen der Orchesterfassung der *‹Sieben frühen Lieder›* im Winter 1928/29 brachten die Sängerin Růžena Herlinger dazu, bei Berg «eine große Arie oder Kantate im modernen Stil, wie Mozart so viele hatte» zu bestellen. Berg war im Frühjahr 1929 mit der Texteinrichtung seiner Wedekind-Oper *‹Lulu›* fertig geworden und wollte im Sommer mit der Komposition beginnen. Nun kam, wie später im Fall des *Violinkonzerts*, der Auftrag dazwischen, aber er war Berg gar nicht so unrecht, denn so konnte er eine Art Vorstudie zur *‹Lulu›* komponieren, und das in doppelter Hinsicht: Die Kompositionstechnik und die musikalische Haltung der Oper war geplant als konsequente, wenn auch sehr eigenwillige Anwendung der Schönbergschen Zwölftontechnik und der verschiedensten Stillagen bis hin zur Sphäre des «Banalen». Bergs stilistischer Synkretismus griff nun ins Grundsätzliche. Um das realisieren zu können, wählte er für die *Konzertarie* einen Text aus dem Ursprung der literarischen Moderne, von Charles Baudelaire, allerdings in der etwas gespreizten Übersetzung Stefan Georges. Bereits in dieser Textwahl setzte sich Berg deutlich von Schönberg und Webern ab, die sich niemals mit dem Problem der phantasmagorischen Erscheinung der Warenwelt in der gebrochenen Assimilierung der Banalität abgegeben haben. Und es ist erstaunlich genug, daß Berg in seiner ersten Zwölftonkomposition größeren Umfangs – die *‹Lyrische Suite›* war ja nur zum Teil zwölftönig komponiert – gleich die Stilpalette differenzierter mischte und die Schönbergsche Technik gewissermaßen uneigentlich handhabte, indem er bereits die Reihe selbst als Kombination von d-moll und Ges-dur anlegte, was ihm die Möglichkeit gab, tonale Akkorde zu bilden, allerdings auf künstlicher Ebene. Ebenso künstlich wirkt der Gebrauch der Unterhaltungsmusik jener Zeit: Tango-Rhythmen und gewisse schwüle Nonenakkorde, die auch an Debussy erinnern, wie überhaupt die ganze Arie eher aus der französischen als aus der Schönbergschen Musik zu kommen scheint. Die tonalen und sogar polytonalen Einschläge stehen quer zu der strengen Zwölftontechnik, aber diese Gebrochenheit stiftet den besonderen «Ton» der Arie. Wie die Koloraturpartie der Lulu, die ein «Ballett der Stimme» (Adorno) aufzuführen hat, so ist auch die Gesangstimme der *Weinarie* kunstvoll verfremdet zu einem virtuosen Instrument. Die Künstlichkeit steigerte Berg noch dadurch, daß er die gesamte Partie als eine «Ossia»-Vertonung anlegte; der Text kann sowohl in der Originalsprache als auch in Georges Übertragung gesungen werden. Dem Wunsch der Auftraggeberin, eine «Konzertarie» zu erhalten, kam Berg mit einer produktiven Umdeutung der alten Dacapo-Anlage nach: Die drei Gedichte aus dem fünfteiligen Zyklus «Le vin», erstmals 1857 in Baudelaires «Fleurs du mal» erschienen und 1901 von George übertragen, bilden den Ausgangspunkt für eine große dreiteilige Reprisenform – die Reprise im Mahlerschen Sinn als Variante des ersten Teils ausgeführt –, deren Mittelteil (*‹Der Wein der Liebenden›*) ein Scherzo mit zwei Trios ist und die Stelle der Durchführung vertritt. Das zweite Trio («Wir lehnen uns weich auf den Flügel des Windes») und die Scherzo-Wiederholung («Beide voll gleicher Lust laß Schwester uns Brust an Brust fliehn ohne Rast und Stand in meiner Träume Land!») sind auf zwei spiegelbildlich angelegte Abschnitte verteilt. Der erste enthält die Wortvertonung, der zweite das instrumentale Nachspiel als deren getreue Krebsform mit der Singstimmenmelodie in der Trompete. Diese Spiegelungsidee ist sicher ein Reflex Bergs auf die im Text angesprochene Phantasmagorie, im Sinne einer Luftspiegelung etwa. Die verkürzte Reprise (*‹Der Wein des Einsamen›*) stellt eine bemerkenswerte textliche Beziehung her zur musikalischen Exposition (*‹Die Seele des Weines›*), die sich allein der Textwahl und -zusammenstellung Bergs verdankt: Da Berg das fünfte Gedicht Baudelaires als Scherzo vor das vierte gesetzt hat, ergibt sich eine Parallele des vierten Gedichts zum ersten, indem die Anspielungen auf die Verführungen durch Wein, Weib und Kartenspiel eine Reprise zum Realismus der Exposition, inhaltlich: der Vorstellung des Weines selbst, bilden. Wie immer bei Bergs Textvertonungen gehen dramaturgische Überlegungen von textlichen und musikalischen Bedürfnissen in dialektischer Weise aus und führen so zu einer doppelten Bestimmung der Form, in der sich genau geplanter Ablauf und inhaltliche Konkretion ununterscheidbar vermischen. In der *Weinarie* legte Baudelaires «tödliche Melancholie»

(Adorno) eine Reprisenform nahe, die mit dem künstlich hervorgezauberten d-moll des Anfangs auch ihr verlöschendes Ende findet.

Dietmar Holland

Symphonische Stücke aus der Oper ‹Lulu› (1934)

Im Vorfeld der für Berlin geplanten Uraufführung von BERGS zweiter Oper, die wieder Erich Kleiber dirigieren sollte wie 1925 den *‹Wozzeck›* und die nicht mehr stattfinden konnte, weil BERG über der Vollendung starb und seine Musik von den Nazis verboten wurde, kam es, als Parallelfall zu den *‹Bruchstücken aus der Oper ‚Wozzeck'›*, auch zu einer Konzertfassung von Teilen der gerade entstehenden *‹Lulu›*-Musik, freilich diesmal in symphonischem Gewand. Im Sommer 1934 stellte BERG fünf Sätze zusammen und nannte sie *‹Symphonische Stücke aus der Oper ‚Lulu'›*; gedacht war diese Art Symphonie als «Propaganda» für die künftige Uraufführung der Oper. Am 30. November 1934 dirigierte Erich Kleiber in Berlin die Uraufführung der *‹Symphonischen Stücke›*, die für ihn ein solches politisches Wagnis war, daß er kurz darauf emigrieren mußte. Die Nazi-Presse veröffentlichte heftige Angriffe gegen Werk und Aufführung. Es hieß, BERGS Musik sei dem Machwerk Wedekinds ebenbürtig und eine Schande für deutsche Ohren etc. Das war das Ende. BERG zog sich völlig zurück und hörte von seiner Musik keine Note mehr.

Im Gegensatz zu den *‹Wozzeck›-Bruchstücken* ist die sogenannte *‹Lulu-Suite›* (wie die *‹Symphonischen Stücke›* ursprünglich genannt waren) eine Art fünfsätzige, ausgewachsene Symphonie mit einem Vokalsatz in der Mitte und einem Schluß-Adagio, die beide an MAHLERS symphonische Dramaturgie erinnern. Und der erste Satz ist zugleich der umfangreichste. Er enthält die Musik der beiden Szenen zwischen Lulu und Alwa aus dem zweiten Akt (ohne die rezitativischen Einschübe), mit Alwas *‹Hymne›* als Höhepunkt wie dort auch. Der zweite Satz ist das unveränderte *Ostinato*-Zwischenspiel zu dem Stummfilm, der die beiden Szenen des zweiten Aktes überbrückt (Lulus Gefangennahme und Befreiung), der

Vokalsatz ist identisch mit dem ‹*Lied der Lulu*› aus der ersten Szene des zweiten Aktes, als Lulu mit vorgehaltenem Revolver von sich selber singt (im Tempo des Pulsschlags!), und die beiden letzten Sätze sind dem (unvollendeten) dritten Akt entnommen: die *Variationen* (über das Lautenlied ‹*Konfession*› von Wedekind), die Adorno als «authentischen musikalischen Surrealismus» bezeichnet hat, und das *Adagio*, der Schluß der Oper, mit Lulus zwölftönigem Todesakkord und dem Liebestod der Gräfin Geschwitz. Die *Variationen* sind das Zwischenspiel, das von der Pariser Spielhölle in die Londoner Dachkammer führt, in der sich Lulu zur Straßendirne degradieren lassen muß.

Daß es sich bei den ‹*Symphonischen Stücken*› um eine Symphonie im Sinne Mahlers handelt, darauf hat Adorno seinerzeit als erster aufmerksam gemacht: «Nirgends ist die Beziehung zum späten Mahler deutlicher als hier. Fünf Sätze: die außen stehenden, durchaus symphonischer Art wie etwa in Mahlers Neunter, schließen drei kurze Mittelsätze von bestimmten ‹Charakteren› – vielleicht ähnlich der Siebenten – zusammen.» Der erste, reichste Satz ist ein umfangreiches Rondo und das Schluß-Adagio nichts weniger als die auskomponierte Logik des Zerfalls, wie im Adagio der *zehnten Symphonie* Mahlers. Die Mittelsätze realisieren jeweils eine bestimmte Formidee: die *Filmmusik* die Umkehrbarkeit des Ablaufs, gemäß der krebsgängigen Handlung des Films, das ‹*Lied der Lulu*› die musikalische Spiegelung der dialektischen Textstruktur in einem Strophenlied mit Gegenphrasen im Umkehrungsverhältnis, und die *Variationen* über Wedekinds Bänkellied (in C-dur!) die Verzerrung der Tonalität als besondere Art von Collage, denn die Liedmelodie wird selbst nicht eigentlich «variiert», sondern mit fremden Stimmen überklebt.

Als Essenz der Oper sind die ‹*Symphonischen Stücke*› vorab hervorragend geeignet, ein Bild davon zu geben, wie die gesamte Oper klänge, wenn Berg sie vollendet hätte. Noch weit mehr als in der *Weinarie* changiert die ‹*Lulu*›-Musik zwischen Schönbergs Zwölftontechnik, Zirkusmusik, Modetänzen der zwanziger Jahre, Drehorgelzitaten (als Ferment der zweiten Szene des dritten Aktes) und Abgründen der einstigen tonalen Musiksprache, die nun, gebrochen durch die Reihentechnik, wie aus zweiter Hand noch einmal aufleuchtet, ähnlich den Verfremdungen, die MAHLER *innerhalb* der Tonalität als Masken der künftigen Dissonanzen schuf. BERG benutzt in der ‹*Lulu*› die Reihentechnik, um mit ihrer Hilfe, auf zweiter Ebene, das zu restituieren, was bislang in der Musik der Wiener Schule einzig Produkt der durch die Reihen gerechtfertigten Tonbeziehungen war: die Dimension der *Harmonik*. Und der Orchesterklang der ‹*Lulu*›-Musik verfügt über die ganze Spannweite von der luxuriösen Sinnlichkeit in den Alwa-Partien (erster Satz der ‹*Symphonischen Stücke*›), über die Fratzen der Tonalität in den Bänkellied-*Variationen* bis hin zu der trostlosen Atmosphäre der Londoner Dachkammer, einer Musik unbeschreiblichen Grauens, in die der durchdringend instrumentierte Todesakkord Lulus hineingellt.

Dietmar Holland

Violinkonzert (1935)

Mit seinem *Violinkonzert*, dem ersten zwölftönigen überhaupt, ist es BERG – als einzigem Mitglied der Wiener Schule – gelungen, so etwas wie ein «populäres» Werk zu schreiben. Doch ist das eine Täuschung. Tatsächlich ist die Partitur zwar eine seiner «einfachsten», sofern bei BERG diese zweifelhafte Kategorie überhaupt zutrifft, aber an der Schwierigkeit, sie adäquat aufzuführen, zeigt sich deutlich genug, was in ihr steckt: Nachdrücklich bestätigt sie BERGS musikalische Eigenart, die Analyse gleichsam mitzuvollstrecken, und so ist der Orchestersatz keine bloße «Begleitung», sondern ein vielfach abgestuftes Stimmengewebe, zu dem die Solovioline, als «prima inter pares», nicht in glänzender Virtuosität, hinzutritt und auch nicht an jeder Stelle die Hauptstimme hat. Dies gilt es zu bedenken, wenn da behauptet wird, das äußerst feingewobene Stück sei einfach zu hören, da es ja auch in für BERGS Verhältnisse sehr schneller Zeit (April bis August 1935) entstanden sei.

Nun war es ja immerhin eine Auftragskomposition, unterbrach ebenso die Arbeit an der Oper ‹*Lulu*› wie sechs Jahre früher der andere Konzertauftrag der *Weinarie*. Und wie in tragischer Ironie des Schicksals sollte es Bergs letzte vollendete Komposition werden, eine Art Requiem für ihn selber, obwohl das natürlich gar nicht so geplant war, sondern als Requiem für Manon Gropius, die am 22. April 1935 an Kinderlähmung gestorbene Tochter aus Alma Mahlers zweiter Ehe mit dem Architekten Walter Gropius (daher der Untertitel des Werkes: ‹*Dem Andenken eines Engels*›). Den «äußeren» Auftrag erteilte der Geiger Louis Krasner, der auch die postume Uraufführung in Barcelona am 19. April 1936 spielte. In fieberhafter Eile entwarf Berg die Partitur, da er so schnell wie möglich wieder an die Vollendung der ‹*Lulu*› zurückgehen wollte. Doch dem *Violinkonzert* haftet das nicht als Makel an. Ganz im Gegenteil: Berg hat seinen Hang zur *Stilsynthese* nirgends so weit vorangetrieben wie gerade hier. Die Werkidee ist denn auch ebenso klar wie sinnfällig: Es ist der Versuch, das Leben, Sterben und die Verklärung der engelhaft schönen Manon Gropius – die Solovioline ist dabei die *dramatis persona* – musikalisch darzustellen, freilich nicht abzukonterfeien, wie es «Programmusik» täte, bemächtigte sie sich eines solchen «Stoffs». Es handelt sich nicht um eine Art symphonischer Dichtung im Sinne von ‹*Tod und Verklärung*› eines Richard Strauss, sondern um den höchst originellen Entwurf eines *dramatischen* Konzerts. Der aristotelischen Dramaturgie folgend enthält das vierteilige, in zwei Sätze gegliederte musikalische Drama Bergs «Exposition», «Peripetie», «Katastrophe» und verklärenden «Epilog». Die dramatische Exposition, freilich in epischer Haltung, ist der erste zweiteilige Satz, der aus zwei Charakterbildern besteht (Andante und Allegretto), einem melancholischen Vorspiel und einem Scherzo in der Art Mahlers. Als retadierendes Moment fügt Berg in den Scherzo-Ablauf das rührende Zitat einer unschuldigen Kärntner Volksweise ein (‹*Ein Vogerl auf'm Zwetschgenbaum*›), offenbar eine hintergründige Charakterisierung des jungen Mädchens am Rande des Abgrunds, der sich in der Katastrophe des zweiten Satzes auftut. Der Tonfall des Scherzos ist so nahe an Mahler wie sonst keine Musik Bergs; es enthält drei Charaktere, ein Ländlerthema, einen mit «wienerisch» bezeichneten Gestus und eine «Rustico»-Gestalt, ferner zwei Trios, das erste zufahrend, das zweite von blasser Trauer erfüllt, Sehnsucht und Verfallenheit in eins setzend.

Diese dramaturgische Werkidee war der eigentliche «innere» Anlaß, zu dem der «äußere» Auftrag hinzukam. Adorno machte darauf aufmerksam, daß der überaus seltsame Anfang des Werkes, gleichsam ein absichtsloser Beginn vor dem eigentlichen Anfang des ersten Satzes, so klinge, als ob sich der Komponist, da es sich um ein Auftragswerk handelt, gewissermaßen selbst erst «in Stimmung» bringen müßte, bevor im elften Takt das Hauptthema beginnt. In der Tat: Der Sologeiger fährt zu Beginn zögernd mit dem Bogen über die leeren Saiten, als ob er sich einspielte oder gar das Instrument ausprobierte. Diese Art des musikalischen Realismus setzt sich fort auf der Ebene des verwendeten musikalischen Materials. Die Zwölftonreihe ist nicht nach abstrakten Intervallverhältnissen entworfen, sondern von den leeren Saiten des Soloinstruments her: Abwechselnd mit kleinen und großen Terzen ausgefüllt bilden sie die Eckpfeiler der Reihe, ergänzt von einer viertönigen Ganztonfolge, die BERG als identisch mit dem Anfang des BACH-Chorals *‹Es ist genug›* aus der *Kantate 60* enthüllt, und zwar im zweiten Teil des zweiten Satzes. Dort erscheint der Choral zunächst leibhaftig in BACHS Harmonisierung, dann in Form von Choralvariationen, die den Choral zwölftönig aktualisieren und wie ein Blick hinter den Tod klingen. Vorausgegangen war die Katastrophe in Form einer großen Kadenz für Violine und Orchester (erster Teil des zweiten Satzes). Am Schluß entschwebt die Solovioline in höchste Höhen, und das Konzert endet in dem polytonalen Mischklang aus g-moll und B-dur.

Dietmar Holland

Die Komponistengruppe «Les Six» und Umfeld

LOUIS DUREY (1888–1979)
GERMAINE TAILLEFERRE (1892–1983)
FRANCIS POULENC (1899–1963)
GEORGES AURIC (1899–1983
DARIUS MILHAUD (1892–1974)
ANDRÉ JOLIVET (1905–1974)
JEAN FRANÇAIX (geb. 1912)

«Ich wünsche mir von Frankreich französische Musik» – diesen Satz schrieb Jean Cocteau, der geistreiche Dichter und vielseitig-rührige Künstler 1918 in seiner programmatischen Schrift «Le Coq et l'Arlequin». Er forderte eine nationale Rekreation der Tonkunst aus dem Geiste der Klarheit. Damit wurde er unversehens zum Programmatiker und Sprachrohr einer ganzen Komponistengeneration, die sowohl impressionistischer Klangnebel und pointillistischer Stimmungsbilder als auch jeglichem metaphysischen Tiefsinns germanischer Provenienz überdrüssig geworden war. WAGNER und seinen Epigonen wurde der Kampf angesagt; DEBUSSY war passé. Ein Freundeskreis lose verbundener Komponisten, die «Groupe de Six» (DARIUS MILHAUD, ARTHUR HONEGGER, GEORGES AURIC, FRANCIS POULENC, LOUIS DUREY, GERMAINE TAILLEFERRE), und andere Musiker aus dem geistigen Umfeld orientierten sich an klassizistischen Postulaten: Gemäß der echten, aber verschütteten französischen Tradition sollte in der Musik wieder ein Gleichgewicht von Vernunft und Gefühl, jeder Emphase abhold, Vorrang haben. Die charakteristischen Ausdrucksmittel der Romantik – wuchernde Formen, chromatische Stimmführung und Harmonik – gehörten nunmehr ersetzt durch nüchterne Diatonik, maßvoll-klare Satzarchitektur und festen Strich der melodischen

Zeichnung. Fortan galten als Leitbilder die Linearität Bachscher und Rameauscher Musik, rhythmisch-eruptive Primitivismen, wie sie Strawinsky in seinen ‹*Sacre du printemps*› vorgeführt hatte, die ironische Anspruchslosigkeit eines Erik Satie, schließlich Zirkusmusik, Varietémusik und – nicht zuletzt – der Jazz. Mehr als nur vordergründig fanden gewisse Momente des Jazz Eingang in die artifizielle Musik der zwanziger Jahre, bildete doch seine gleichförmig durchgehaltene rhythmische Spannung ein Analogon zum federnden Impulsfluß der Barockmusik. Auch die Bedeutung des Schlagzeugs fügte sich zum allenthalben virulenten Emanzipationsprozeß des Geräuschs. Schließlich wurde die Dominanz der Bläser im Jazz und die perkussive Art, das Klavier zu traktieren, stilbildend für die Musik des französischen Neoklassizismus. Wie alles «Sublime» bekämpft und einer intendierten *simplicité* (Cocteau) gewichen war, so hatte man auch den Erhabenheitsanspruch bestimmter Gattungen (wie Symphonie, Streichquartett oder Sonate) einer nachhaltigen Revision unterzogen und pflegte zuweilen spontan-heitere Erfindungen. Jeder seinem Naturell gemäß, schrieben die einzelnen Komponisten der «Six» einen eigenen Stil, der sich im Laufe der späteren Jahre immer weiter individualisierte. Es entstanden jedoch einige Kollektivkompositionen, deren bekannteste das Ballett ‹*Les Mariées de la Tour Eiffel*› (1921), angeregt von Cocteau, sein dürfte.

Einer der wenigen älteren Komponisten, die sich nach dem Ersten Weltkrieg den neuen Tendenzen der französischen Musik nicht verschlossen haben, ist Albert Roussel (1869–1937). Der Schüler d' Indys fühlte sich nie einer Schule oder Gruppe verpflichtet. Er schrieb einen ausgeprägt eigenständigen, zuweilen hitzig-erregten und herben Stil. Polyphonie und Zeichnung waren ihm stets wichtiger als Klang und Farbe.

Zusammen mit Satie, Auric und Honegger gründete Louis Durey (1888–1979) im Jahre 1918 die Vereinigung der «Nouveaux Jeunes», aus der dann zwei Jahre später die «Groupe de Six» hervorgehen sollte.

Neben Arthur Honegger der bedeutendste Komponist der «Six» ist zweifellos sein Altersgenosse Darius Milhaud (1892–1974). Der Südfranzose studierte am Pariser Conservatoire unter anderem bei Paul Dukas und Charles Marie Widor. Nach einer diplomatischen Tätigkeit in Rio de Janeiro, die ihm der Dichter Paul Claudel vermittelt hatte, schloß er sich, 1918 in Paris zurück, dem Kreis um Cocteau an. 1940 emigrierte er in die USA. Darius Milhaud arbeitete mit einer souveränen Leichtigkeit. Handwerk war ihm Virtuosität. Scheinbar ohne Mühe schuf er ein riesenhaftes Œuvre. Von allen Komponisten seiner Gruppe lieferte er sich am nachhaltigsten den Einflüssen des Jazz und der lateinamerikanischen Folklore aus. Der Titel seiner *Cinéma-Fantasie ‹Le bœuf sur le toit›* (1919) geht auf ein populäres brasilianisches Lied zurück. Tangos, Sambas und andere rhythmisch pointierte Tänze des Karnevals von Rio sind packend verarbeitet und problemlos faßlich, weil ihr einfacher harmonischer Hintergrund beibehalten wurde. Daß Milhaud sein von ihm besonders kultiviertes Stilmittel der Polytonalität hier geradezu exemplarisch einsetzt, erhöht den exotischen Reiz der Partitur. Die fünfteilige Ballettmusik *‹La création du monde›* (1923) beruht auf afrikanischen Mythen. Jazzinstrumentation und ausgeprägte Schlagzeugpartien sind die Mittel, um «ein rein archaisches Gefühl zu vermitteln». Wie alle Kompositionen Milhauds sind auch seine *sechs symphonischen Miniaturen* (1917 bis 1923) für verschiedene Besetzungen, deren keine länger als sechs Minuten dauert, von heiterer mediterraner Stimmung durchdrungen. Selten finden sich düstere Töne. Über *zwanzig Konzerte für Soloinstrumente und Orchester*, *dreizehn* große *Symphonien* und viele andere Werke zeugen vom unerschöpflichen Ideenreichtum des Franzosen. Zur Einhundert-Jahr-Feier der Revolution von 1848 schrieb er seine *vierte Symphonie*. Ihr zweiter Satz gilt *‹Den Toten der Republik›*, das Finale, das Themen des ersten Satzes wiederaufnimmt, schildert – durchaus auch gegenwartsbezogen – «Die Freuden der wiedererreichten Republik».

Obwohl Mitglied der «Groupe de Six», löste sich Germaine Tailleferre (1892–1983) in ihrem musikalischen Empfinden nie ganz von der Klangsprache des Impressionismus. Sie schrieb einen frischen, phantasiereichen, durchaus femininen Stil, dem Fauré und Ravel, aber auch Domenico Scarlatti Pate gestanden haben könnten. Von ihren *Opern*, den *Orchester-* und *Konzertstücken* ist außerhalb Frankreichs nichts richtig bekannt geworden.

Bevor er sich dem Neoklassizismus zuwandte, schrieb auch Francis Poulenc (1899–1963) impressionistisch orientierte Stücke. Als typischer *musicien français* gelang ihm dann eine geistreich-elegante weltliche Musik, die auf jegliche Schnörkel verzichtet. Ihre lyrische und sehr humorvolle Natur kommt in den kleinen Formen zu besonders klarem Ausdruck. Sein reizvolles *‹Concert champêtre› für Cembalo und Orchester* (1927/28) erfreut sich auch heute noch großer Beliebtheit. Ebenso das *Concerto choréographique ‹Aubade›* (*‹Morgenständchen›*) *für Klavier und 18 Instrumente* (1929). Mit süffisantem Humor sind hier Szenen aus dem Leben Dianas, der Göttin der Jagd, beschrieben. Nach 1935 schrieb Poulenc vermehrt sakrale Musik, die eine innige Vertrautheit mit den Kompositionsverfahren der franko-flämischen Meister des 16. Jahrhunderts bezeugt. Neben der Seele des Lausbuben wohnte – wie ein Kritiker trefflich geschrieben hat – auch die Seele des Mönchs in Francis Poulenc.

Sein Altersgenosse Georges Auric (1899–1983) wird mit seinem dissonanzreichen, lebendigen Stil seit der Mitte der zwanziger Jahre zu Frankreichs gefragtestem Filmkomponisten (*‹La Belle et la Bête›*, 1946). Der Schüler d'Indys hat die Prinzipien der «Six» in seinen frühen Balletten *‹Les Fâcheux›* (1924) und *‹Les Matelots›* (1925) verfolgt. Später fand er zu einer eher expressionistisch geprägten Schreibweise.

André Jolivet (1905–1974) ist neben Olivier Messiaen der bedeutendste Repräsentant der Komponistengruppe «Le jeune France›, die sich 1936 zusammengefunden hat und sich anschickte, den Neoklassizismus zu überwinden. Bei Paul Le Flem erwarb er die handwerkliche Meisterschaft und bei Edgard Varèse, seinem radikalen Lehrer, den Impuls zur eigenen musikalischen Vision. Jolivets Musik ist durchwoben von einer mystisch-kosmisch ausgerichteten Geistigkeit, die teils durch magisch-rituelle Formeln, teils durch exotische Instrumente und Klangkombinationen zum Ausdruck kommen soll. Wichtig im umfangreichen Werk des Komponisten ist sein *Konzert für Ondes Martenot und Orchester* (1947), ferner seine *Ballettmusiken, Solokonzerte* und die *drei Symphonien*.

Weniger tiefschürfend, sondern anmutig und originell gibt sich die musikalische Handschrift von Jean Françaix (geb. 1912). Viele seiner Kompositionen aller Gattungen sind verspielt, agil und von typisch gallischem Esprit beseelt. Zwanzigjährig schrieb der Schüler Nadja Boulangers sein auch heute noch aufgeführtes *Concertino für Klavier und Orchester*. Unbefangenheit und virtuose Meisterschaft der Schreibweise zeichnet alle seine problemlos verständlichen Orchester- und Kammermusikstücke aus. Jean Cocteaus Wunsch nach französischer Musik wurde nicht zuletzt von Jean Françaix beispielhaft erfüllt.

Helmut Rohm

George Antheil

Trenton, 8. Juli 1900 – New York, 12. Februar 1959

Der Amerikaner GEORGE ANTHEIL, Schüler von ERNEST BLOCH in New York, gilt als klassisches Enfant terrible der neuen Musik. Kompositorische Begabung, Provokationslust und Entertainment wußte er überzeugend miteinander zu verbinden und bemühte sich selbst nach Kräften, diesem Markenzeichen gerecht zu werden. In seinen 1945 unter dem Titel «Bad Boy of Music» erschienenen Lebenserinnerungen (deutsch: «Enfant terrible der Musik», München 1960) schildert er mit einer amüsanten und geistreichen Mischung von Dichtung und Wahrheit den Lebensweg eines Pianisten und Komponisten, der mit zweiundzwanzig Jahren nach Europa übersiedelt, um hier das bürgerliche Publikum der Nachkriegszeit mit Konzertskandalen aus dem Häuschen zu bringen. Schauplätze seiner musikalischen Bilderstürmerei waren vor allem Berlin, wo er sich 1923 der «Novembergruppe» um KURT WEILL, Jascha Horenstein und Hans Heinz Stuckenschmidt anschloß, und das Paris der Surrealisten. Von den einen wurde er als Inkarnation des Amerikanismus in der Kunst belächelt und beschimpft, von den anderen als Herold einer neuen Musik des technischen Zeitalters gefeiert. Die Stücke, die er als Solist oder im Duo spielte, trugen Titel wie *‹Airplane› Sonata, Sonatina ‹Death of the Machines›, Sonata ‹Sauvage›* und *Jazz Sonata*. Synkopen, gehämmerte Ostinati, gehetzte Tempi, Jazzeinflüsse und ein montageähnliches Formprinzip waren ihre Merkmale.

Von seinen Bühnenwerken ist seine 1930 in Frankfurt uraufgeführte Oper *‹Transatlantic›* jüngst wieder der Vergessenheit entrissen worden. In Erinnerung bleibt ANTHEIL jedoch vor allem als Komponist des *Ballet mécanique*. Das Stück entstand 1924/25 zum gleichnamigen Film von Fernand Léger und vereinigt die harte, trockene Klangsprache von acht Klavieren mit Schlagzeugklängen und Maschinengeräuschen im Stil der futuristischen Geräuschexperimente. Die konzertante amerikanische Erstaufführung fand 1927 in New York nach einer reißerischen Vorauspropaganda statt. Die differenzierteren strukturellen und formalen Aspekte wurden im Konzert einer showähnlichen Inszenierung geopfert; unter anderem setzten die Veranstalter während der Aufführung einen richtigen Flugzeugpropeller in Gang. Das Spiel mit der Provokation und dem Skandal schlug auf ANTHEIL und sein Werk zurück und prägte die Rezeption jahrzehntelang in einer für den Komponisten unerwünschten Weise. Erst 1954, bei einer zweiten, in den Mitteln reduzierten Aufführung, gelang ANTHEIL die Rehabilitierung.

Aus dem gleichen Geist wie das *Ballet mécanique* geboren ist *A Jazz Symphony*, ebenfalls 1925 entstanden und zwei Jahre später in New York uraufgeführt. In ihr faßte ANTHEIL seine Erfahrungen mit der «Negermusik», wie man damals sagte, zusammen. Im Vergleich zu europäischen Kollgen wie HINDEMITH, WEILL oder KŘENEK ist ANTHEIL auch hier direkter, frecher, witziger und weniger belastet von Verpflichtungen gegenüber der «ernsten» Tradition. Das burleske, rund siebenminütige Stück für Bläser, Streicher, Klavier und Schlagzeug mündet zum Schluß in eine parodistische tonale Wendung.

Schon vor der endgültigen Rückkehr ANTHEILS in die USA im Jahre 1936 ließ die Resonanz seiner Werke in Europa nach. Die Provokationsstrategie der *roaring twenties* verpuffte zunehmend, zumal manche Widerhaken in ANTHEILS Musik doch eher auf vordergründiger Wirkung beruhen. Es wäre gewiß interessant, diesen Sachverhalt an Titeln wie der *Sinfonia Zingareska* (Uraufführung 1922 in Berlin), der *Symphonie in F* (1926, Paris) und dem *Klavierkonzert* (1927, Paris), die heute praktisch vergessen sind, zu überprüfen. In den USA widmete sich ANTHEIL – eine Parallele zu KURT WEILL – der Komposition von *Filmmusik*. Daneben schrieb er weiter für den Konzertsaal, allerdings nun in einer gemäßigten Handschrift. An Orchesterwerken, die in den USA uraufgeführt wurden, entstanden unter anderem *Capriccio* (1934), *Archipelago* (1935), *American Symphony* (1937) und die *Symphonien Nr. 4 und 5* (1943 bis 1945).

Max Nyffeler

Heitor Villa-Lobos

Rio de Janeiro, 5. März 1887 – Rio de Janeiro 17. November 1959

Als «schillernden Urwaldvogel aus dem Amazonas» bezeichnete er sich trefflich selbst: HEITOR VILLA-LOBOS, der bedeutendste Komponist des lateinamerikanischen Kontinents, ein rhapsodisch-vitaler Charakter. Nachdem er im Alter von zwölf Jahren den introvertierten, literarisch und musikalisch gebildeten Vater verloren hatte, durchlebte VILLA-LOBOS in seiner Heimatstadt Rio de Janeiro eine entbehrungsreiche und unstete Jugend. Von der Mutter ließ sich der junge Bohemien nicht bändigen. Er floh jede regelmäßige Arbeit, trieb sich mit Freunden herum und brachte sich selbst bei, die Gitarre zu spielen. All die ungestümen Tänze und melancholischen Lieder der Straßenmusikanten faszinierten ihn, ihre Tangos, Mazurkas und Chôros. Um die Jahrhundertwende schlug sich VILLA-LOBOS als Cellist in Kaffeehäusern und Varietés durch und begann zu komponieren. Etliche Versuche mit systematischem Unterricht schlugen freilich fehl. Doch studierte der Autodidakt bald intensiv Partituren aus Europa (WAGNER, VERDI, RIMSKIJ-KORSAKOW, DEBUSSY) und verarbeitete rastlos schreibend die verschiedensten Eindrücke so unbeholfen wie kühn. Auf einer weiten Reise durch Brasilien lernte er den Reichtum der Folklore seiner Heimat kennen. Langsam wurde ihm sein Ziel als Komponist klar: eine brasilianische Nationalmusik. DARIUS MILHAUD, von 1917 bis 1919 in Rio, wird auf ihn aufmerksam, Arthur Rubinstein verbreitet erste gültige Klavierminiaturen. Schließlich finden sich Mäzene, die es dem jungen Komponisten 1923 ermöglichen, ins Mekka der damaligen Kunstwelt, nach Paris zu gehen. Angekommen, erklärt VILLA-LOBOS selbstbewußt: «Ich bin nicht gekommen, um bei Ihnen zu studieren. Vielmehr bin ich gekommen, um Ihnen zu zeigen, was ich getan habe!» Der schwadronierende Exot aus Brasilien wird in

Frankreichs Metropole bald beliebt. Seine fruchtbarste Schaffensperiode beginnt. Nach einem zweiten Paris-Aufenthalt 1927 wird VILLA-LOBOS 1930 Direktor der Academia Brasileira de musica in seiner Heimat und gründet 1942 das Conservatorio Nacional de Canto Orfeônico. Nicht alles in seinem über tausend Werke sämtlicher Gattungen umfassenden Œuvre ist von gleich hohem Wert. Neben den vielen spielfreudigen *Solokonzerten* (*für Klavier, Cello, Gitare, Harfe*) gibt es *sieben Symphonien* mit meist programmatischen Titeln. VILLA-LOBOS versuchte sich hier mit unterschiedlichem Erfolg an einer Form, die nicht die seine war und sammelte Erfahrungen mit ausgefallenen, an RICHARD STRAUSS orientierten Instrumentationen. Der *symphonischen Dichtung ‹Amazonas›* (1917) liegt eine brasilianische Legende zugrunde. Klänge des Urwalds sind hier musikalisch möglichst getreu wiedergegeben, Vogelrufe, unheimliches Weben der Natur. Im Zentrum seines Schaffens stehen seine fünfzehn *‹Chôros›*, die für ganz unterschiedliche Kombinationen von Instrumenten und Stimmen geschrieben sind. Der Komponist schreibt aus der Tradition der Chôroensembles, knüpft an die rhapsodische Straßenmusik seiner Heimatstadt an. Hier läßt er seiner reichen Phantasie freien Lauf. *Chôro Nr. 10 für Chor und Orchester* (1926), das bekannteste und formal überzeugendste symphonische Werk, versucht die Reaktion des zivilisierten Menschen auf die Natur zu deuten. Packende, ekstatische Rhythmen sind organisch von einer volkstümlichen Melodie durchwirkt, die ihre feine Melancholie nicht zu verbergen vermag. «Im selben Augenblick, in dem dieses Lied einsetzt», schreibt VILLA-LOBOS, «wird das brasilianische Herz eins mit dem brasilianischen Land.» Daß der Autodidakt gelernt hat, lebendige und äußerst kunstvolle Polyphonien zu schreiben, verdankt er auch seiner wohl schon vom Vater inspirierten Liebe zu JOHANN SEBASTIAN BACH. Die neun in Besetzung und Form sehr unterschiedlichen *‹Bachianas Brasileiras›* gehören zum Besten, was VILLA-LOBOS geschaffen hat. Hier versuchte er, den universalen Charakter BACHscher Musik mit dem Idiom seiner heimatlichen Klänge zu verschmelzen. Für jeden Satz sind deshalb zwei Titel gewählt: ein vorklassischer und ein brasilianischer. Die *‹Bachiana Brasileira› Nr. 5 für Sopran und Violoncelloorchester* (1938 bis 1945) ist das berühmteste Stück des Komponisten. Intensiv und wehmütig die weitgespannte Gesangslinie der Singstimme in der ‹*Aria*› (bzw. ‹*Cantilena*›). Die Würde und Klarheit einer BACHschen Melodie scheint durchdrungen von tropischem Sentiment. Im zweiten Satz ‹*Dansa*› (oder ‹*Martelo*›) folgt der Komponist den rhythmischen Impulsen seines lateinamerikanischen Lebensgefühls. Für HEITOR VILLA-LOBOS, dem Komponieren «biologische Notwendigkeit» war, bestand die Rolle des Schöpfers darin, «dem Volke die Musik zu nehmen, sie in seinem Herzen und seiner Seele wirken zu lassen und sie anschließend demselben Volke wiederzugeben».

Helmut Rohm

Frank Martin

Eaux Vives (Genf), 15. September 1890 – Naarden, 21. November 1974

Frank Martin, als Sohn eines Pfarrers aus alter Hugenottenfamilie geboren, vereinigt in seinem Werk die Einflüsse zweier Kulturen. Obwohl seine Heimatstadt traditionell nach Frankreich orientiert ist, prägte ihn, nicht zuletzt auf Grund des calvinistischen Milieus, die deutsche Musiktradition nachhaltig. Eine Aufführung von Bachs *Matthäus-Passion* hinterließ im Zehnjährigen bleibenden Eindruck. Auf Wunsch der Eltern studierte Martin Mathematik und Physik, fühlte sich aber stets zum Musiker berufen. Ernest Ansermet, der 1918 erstmals ein Werk von ihm (das Oratorium *‹Les dithyrambes›*) dirigierte, brachte ihm in der Folge die Musik von Ravel und Debussy nahe. Nach Aufenthalten in Zürich, Rom und Paris arbeitete Martin in den späten zwanziger Jahren in Genf zusammen mit Emile Jaques-Dalcroze an dessen Institut für rhythmische Erziehung und studierte indische und osteuropäische Musik. Neben dem Komponieren unterrichtete er Theorie, Kammermusik und konzertierte als Pianist und Cembalist. 1946 übersiedelte Martin in die Niederlande, 1950 bis 1957 leitete er an der Kölner Musikhochschule eine Kompositionsklasse. Er starb 1974 in Naarden (Niederlande).

Biographie und Werk Martins tragen die Spuren weltbürgerlichen Denkens; einer bestimmten ästhetischen Richtung oder gar nationalen Schule läßt er sich nicht zuordnen. In den zwanziger Jahren neigte er dem französischen «Neoklassizismus» zu. Ab 1930 beschäftigte er sich mit der Dodekaphonie; eines der ersten Werke, die daraus hervorgingen, ist das von Gieseking uraufgeführte *erste Klavierkonzert* (1934). Er übernahm diese Technik jedoch in sehr undogmatischer Weise; die ästhetischen Auffassungen des Schönberg-Kreises waren ihm fremd. In der Harmonik sah er stets ein grundlegendes Element für Formbildung und Ausdruck, allerdings nicht im Sinn der klassisch-romantischen Funktionstheorie. Die Fähigkeit zur Assimilation unterschiedlicher stilistischer und kompositionstechnischer Einflüsse verband sich bei MARTIN mit einer ausgeprägten persönlichen Handschrift. Zu deren Eigenschaften gehören harmonischer Reichtum, melodische Eleganz und ein feines Gespür für klangsinnliche Wirkungen, die indes die Transparenz des oft kammermusikalisch leichten Orchestersatzes nie gefährden.

International bekannt wurde MARTIN mit seinem auch heute noch viel gespielten Kammeroratorium *‹Le vin herbé›* (*‹Der Zaubertrank›*, 1941) nach dem Tristan-Stoff. Er schrieb unter anderem zwei Opern: *‹Der Sturm›* (1955) nach Shakespeare und *‹Monsieur de Pourceaugnac›* (1962) nach Molière. Unter den zahlreichen großen *Vokalwerken* sind hervorzuheben: Das Oratorium *‹In terra pax›* (1944), das in der Tradition der Passionen BACHS stehende Oratorium *‹Golgatha›* (1948), und die *Sechs Monologe aus ‹Jedermann› von Hofmannsthal für Alt/Bariton und Klavier* (1943; orchestriert 1949).

Die Liste der *Orchesterwerke* MARTINS umfaßt über dreißig Werke. Darunter befinden sich *eine Symphonie* (1937), die Jazzelemente verwendet, *zwei Klavierkonzerte* (1934 und 1969), je ein *Solokonzert für Violine* (1951), *Cembalo* (1952) und *Violoncello* (1966), ein *Konzert für Violine und zwei Streichorchester*, betitelt mit *‹Polyptichon – Sechs Bilder aus der Passion Christi›* (1973) und *sechs ‹Balladen›*, einsätzige kürzere Stücke *für diverse Soloinstrumente und Orchester*, entstanden zwischen 1938 und 1972. Das *Konzert für sieben Blasinstrumente, Schlagzeug und Streichorchester* (1949) weitet das konzertante Prinzip virtuos auf eine ganze Gruppe von Instrumenten aus.

Die Solostimmen der *Konzerte* sind klangvoll-virtuos gehalten; sie verlassen nie den Rahmen der herkömmlichen Spieltechniken und sind oft symphonisch in den Orchestersatz eingearbeitet. Dreisätzigkeit ist die Regel. Die Schlußsätze mit ihren motorischen Rhythmen nähern sich neoklassizistischen Vitalitätsmustern an, was jedoch nie auf Kosten der klanglichen Differenzierung geht. Im *Cellokonzert*, das besonders farbig instrumentiert ist und in den ersten zwei Sätzen die kantablen Eigenschaften des Soloinstruments schön zur Geltung bringt, erfährt die Motorik des Finales durch dissonante Bläsersätze eine groteske Zuspitzung.

Die *‹Petite symphonie concertante› für Harfe, Cembalo, Klavier und zwei Streichorchester* (1945), komponiert im Auftrag des Dirigenten Paul Sacher, konfrontiert verschiedene Arten von Saiteninstrumenten miteinander: Die Streicher des Tutti und die Soloinstrumente, bei denen die Saiten gezupft bzw. angeschlagen werden. Das Stück besteht aus zwei Teilen. Der erste (Allegro) folgt dem Concerto-Prinzip mit Orchestertutti und Soli, in denen sich die drei konzertierenden Instrumente wechselseitig begleiten. Im zweiten Teil hat sich der Komponist nach eigenen Worten «dem spontanen musikalischen Bewegungsausdruck hingegeben». Das erst langsam von der Harfe vorgetragene Thema wird vom Klavier übernommen und entwickelt sich plötzlich zu einem munteren Marschthema. Der Komponist befürchtete erst, daß das Werk wegen der ungewohnten Besetzung nur selten gespielt würde und arbeitete es zu einer *‹Konzertanten Symphonie› für großes Orchester* um. Entgegen seinen Erwartungen setzte sich aber doch die geistreiche, im besten Sinn unterhaltsame Originalfassung durch.

Max Nyffeler

Arthur Honegger

Le Havre, 10. März 1892 – Paris, 27. November 1955

ARTHUR HONEGGER erhielt seinen ersten Musikunterricht in seiner Heimatstadt, mit fünfzehn Jahren besuchte er für zwei Jahre das Konservatorium in Zürich, 1913 wurde er Schüler von VINCENT D' INDY und CHARLES MARIE WIDOR am Pariser Conservatoire. In der französischen Hauptstadt begegnete er Künstlern wie Picasso und Braque, Max Jacob und Blaise Cendrars und schloß sich dem Kreis von Musikern um Jean Cocteau an, die ab 1920 als «Gruppe der Six» an die Öffentlichkeit traten. In diese Zeit fallen – nach einer bereits ansehnlichen Zahl von *Kammermusikwerken* und *Liedern* – seine ersten größeren Kompositionen, die ihn bekannt machen sollten: Das Orchesterstück ‹*Pastorale d'été*› (1920), das Marionettenballett ‹*Vérité-Mensonge*› (1920) und die Programmsymphonie ‹*Horace victorieux*› (1921). Das für seine weitere Entwicklung wegweisende Werk jener Zeit ist jedoch ‹*Le roi David*›, ein «dramatischer Psalm» (Text René Morax), der 1921 auf der schweizerischen Volkstheaterbühne von Mézières bei Lausanne uraufgeführt wurde. Es war das erste einer Reihe von Bühnenwerken, mit denen HONEGGER der Gattung des Musiktheaters neue Impulse gab. Dem ‹*König David*› folgten später unter anderem das biblische Drama ‹*Judith*›, ebenfalls nach einem Text von Morax (1925), die dreiaktige Tragödie ‹*Antigone*› nach Sophokles/Cocteau (1924 bis 1927), ‹*Amphion*› (Paul Valéry, 1929), ‹*Jeanne d'Arc au bûcher*› (‹*Johanna auf dem Scheiterhaufen*›) über einen Text von Paul Claudel (1935), ‹*La danse des morts*› (‹*Totentanz*›) ebenfalls nach Claudel (1938) und die dramatische Legende ‹*Nicolas de Flue*›, ein patriotisches Schweizer Oratorium über einen Text von Denis de Rougemont (1939).

Leistete HONEGGER Originäres vor allem auf dem Gebiet des Musiktheaters, so ist er beim breiten Publikum doch in erster Linie bekannt geworden als der Komponist des Orchesterstücks ‹*Pacific 231*› (1923). Nach seiner Beeinflussung durch Jazz und Music-Hall begeisterte sich HONEGGER wie viele andere seiner Zeitgenossen in den frühen zwanziger Jahren für die Bewegung, die Schnelligkeit, den Sport, die Welt der Maschinen, die neuen technischen Möglichkeiten ganz allgemein. Ihren Niederschlag fanden diese Neigungen unter anderem im Rollschuhballett ‹*Skating-Rink*› (1922), in ‹*Rugby*›, dem Schwesterwerk zu ‹*Pacific*›, in der *ersten Symphonie* mit ihren motorisch bewegten Klangmassen sowie – nicht zu vergessen – in der Hinwendung zur Filmkomposition: HONEGGER komponierte über vierzig *Filmmusiken*, die meisten zwischen 1934 und 1945.

In den dreißiger und vierziger Jahren entwickelte HONEGGER eine zunehmende Skepsis gegenüber dem Musikbetrieb und, was ihn zunehmend belastete, gegenüber der künstlerischen Produktion überhaupt. Für den überzeugten Humanisten stellte sich die Sinnfrage vollends mit dem Erlebnis des europäischen Faschismus und des Zweiten Weltkriegs. Resignation und Verzweiflung sind denn auch von da an vielen seiner Werke anzuhören. Sie werden auch durch eine unverkennbare Zuflucht zur Religiosität nicht gebannt. Im Bogen der *fünf* zwischen 1930 und 1950 entstandenen *Symphonien* spiegelt sich diese zunehmend pessimistische Weltsicht exemplarisch. In seinen 1948 unter dem Titel «Incantations aux fossiles» erschienenen Reflexionen, Konzertkritiken und Glossen aus den vorangegangenen Jahren (deutsch: «Beschwörungen», 1955) hat der sprachgewandte Komponist seine Überzeugungen auch verbal zum Ausdruck gebracht. In polemischer Schärfe kritisiert er die Verkümmerung des Repertoires auf eine Handvoll Standardwerke aus Klassik und Romantik; die Ursache sieht er in ökonomischen Zwängen einerseits und in der Trägheit von Veranstaltern, Interpreten und Publikum andererseits – ein Teufelskreis, in dem die zeitgenössische Musik, wie er resigniert feststellt, überhaupt keine Chance habe.

HONEGGERS Produktivität ließ nach dem Krieg keineswegs nach; es entstanden unter anderem noch die letzten *beiden Symphonien* (1946 und 1950), die ‹*Suite archaïque*› und die ‹*Monopartita*› (beide 1951) für Orchester, die ‹*Weihnachtskantate*› (1953) sowie zahlreiche *Bühnen-, Film- und Radiomusiken.* Er war international bekannt und wurde gefördert, unter anderem von Paul Sacher, der sich als Dirigent und Mäzen mit Nachdruck für ihn einsetzte. Seine innere Vereinsamung nahm jedoch zu, verstärkt durch eine 1947 beginnende Herzkrankheit. 1955, im Alter von dreiundsechzig Jahren, starb HONEGGER in seiner Pariser Wohnung an einem Herzschlag.

In den frühen Orchesterwerken HONEGGERS sind die Einflüsse des Impressionismus hörbar oder, wie in der Bühnenmusik zum Mysterienspiel *‹Le dit du jeu du monde›* nach Paul Méral (1918), auch Anklänge an die Instrumentationstechnik von RICHARD STRAUSS. *‹Pastorale d'été›* (1920) für Streicher und einfach besetzte Bläser reduziert die Orchestertechnik der Impressionisten auf einen einfachen, in Linienführung und Tonalität übersichtlichen Satz von volkstümlich-heiterer Grundstimmung. Das gefällige kleine Werk mit dem Rimbaud-Zitat «J'ai embrassé l'aube d'été» («Ich habe des Sommers Morgenröte umschlungen») als Motto erhielt 1921 den Verley-Preis, bei dem die Zuhörer selbst die Preisrichter waren. In hartem Kontrast zu dieser freundlichen Naturimpression steht das kurz darauf (1921) entstandene Orchesterpoem *‹Horace victorieux›*, eine «mimische Symphonie» über die Eroberung Roms in sieben Szenen nach Titus Livius. Die Bezeichnung «Programmusik» lehnte HONEGGER ab, obwohl das Kampfgetümmel zwischen Horatiern und Kuratiern, in das noch eine tragische Liebesgeschichte hineingewoben ist, mit einer Bildkraft geschildert wird, die manchmal beinahe an Filmmusik erinnert. Mit schrillen Dissonanzen, aggressiven Rhythmen und einem aufgewühlten Orchestersatz ist es eine der radikalsten Partituren HONEGGERS, in der die zentrifugalen Kräfte über jede formale Ausgewogenheit triumphieren.

In *‹Pacific 231›* (1923) werden diese eruptiven Kräfte konstruktiv gebändigt. Das Stück ist konzipiert als figurierter Choral über einen Cantus firmus. Die Nummer des Lokomotivtyps verweist zugleich auf den konstruktiven Motivkern, die Tonstufen 1–2–3. Als klingende Metapher für das Erlebnis der Geschwindigkeit, für den Triumph der – noch stets vom Menschen beherrschten – Maschine und für das technische Zeitalter überhaupt ist diese musikalische Bewegungsstudie weltbekannt geworden. Der Faszination des mit großer Stringenz und Ökonomie der Mittel ausgeführten Komposition kann man sich bis heute nicht entziehen. HONEGGER schrieb dazu: «In ‹Pacific 231› wollte ich nicht den Lärm der Lokomotive nachahmen, sondern einen visuellen Eindruck und einen physischen Genuß ins Musikalische übersetzen. Das Werk geht von der objektiven Anschauung aus: Das ruhige Atemschöpfen der Maschine im Stillstand, die Anstrengung beim Anziehen, das allmähliche Anwachsen der Schnelligkeit – bis zum lyrisch-pathetischen Zustand eines Zuges von dreihundert Tonnen, der mit 120 km/h durch die tiefe Nacht stürmt.» Diesen Beschleunigungs- und Verdichtungsprozeß erreicht HONEGGER durch eine sukzessive Verkürzung der rhythmischen Proportionen, verbunden mit einer raffinierten Polyphonie von musikalischen Schichten mit unterschiedlicher Zeitstruktur. Das Ernest Ansermet gewidmete Stück erinnert an die Bilderwelt von Fernand Léger; in seiner Nachfolge entstanden unter anderem PROKOFJEWS Ballett *‹Les pas d'acier›* und ALEXANDER MOSSOLOWS kurzes Orchesterstück *‹Die Eisengießer›*. Die mit *‹Pacific 231›* eingeschlagene Linie führte HONEGGER später in zwei Kompositionen weiter. Die erste ist *‹Rugby›* (1928), zu der er schrieb, er wolle darin «die Angriffe und Gegenangriffe während des Spiels, die Bewegung und Vielfalt eines Matches» in seiner musikalischen Sprache ausdrücken; zugleich verwahrte er sich aber auch hier wieder gegen den Ausdruck «Programmusik». Als später Nachklang entstand 1932, für Furtwängler und die Berliner Philharmoniker geschrieben, noch ein Orchesterstück, das HONEGGER einfach *‹Mouvement symphonique No. 3›* nannte, um programmatische Festlegungen zu vermeiden – ein schweres, pathetisches Allegro marcato von monumentaler Wucht.

In den *fünf Symphonien* erreicht HONEGGERS orchestrale Kompositionstechnik einen Höhepunkt, stößt aber zugleich an die Grenzen ihrer Möglichkeiten. Die *erste Symphonie* (1929/30), Sergej Koussevitsky und dem Bostoner Orchester gewidmet, folgt noch ganz der Linie der massiven, konstruktiv gebändigten Klangentfaltung, wie sie durch *‹Pacific›* vorgegeben wurde. In dem tonal auf C zentrierten Kopfsatz kontrastieren harte maschinelle Achtelrhythmen mit chromatisch gleitenden Blechbläserchören und synkopierten Akkordblöcken. Der Adagio-Mittelsatz exponiert eine weiträumige, rhythmisch präzis artikulierte Streichermelodie, die sich bis zum klanggewaltigen Tutti verdichtet. Zu Beginn des Schlußsatzes (Presto) wird durch sukzessive Hinzufügung von Kontrabaß/Kontrafagott, vier Hörnern, Fagotten, Baßklarinette, Englischhorn, Trompete und schließlich Streichern die rhythmisch-klangliche Gestalt des Themas schrittweise synthetisiert. Es handelt sich um ein Additions- und Überlagerungsprinzip, das im Grunde genommen schon ROSSINI in seinen großen orchestralen Steigerungen praktizierte und das bei HONEGGER zu einem oft benutzten Grundmuster des formalen Aufbaus wird. Das Presto mündet zum Schluß überraschend in ein harmonisch geglättetes, von Bläserlyrik dominiertes Andante tranquillo.

Über ein Jahrzehnt später, im Kriegsjahr 1941, entstand die *zweite Symphonie*, eine Streichersymphonie mit Trompete ad libitum. Im ersten Satz ist ein mehrmals wiederkehrendes, dreitöniges Lamento-Motiv der Bratsche einem Allegro im *tempo giusto*-Charakter gegenübergestellt. Die klagende Geste dieses Bratschenmotivs kehrt im Mittelsatz, Adagio mesto, als ein Hauptgedanke wieder. Die über dem Werk lastende Düsterkeit weicht im virtuosen dritten Satz nicht. Das musikalische Geschehen verknäuelt sich zusehends, bis die Peripherie erreicht wird: Der Einsatz der Solotrompete, die nach BACHscher Cantus firmus-Art eine Choralmelodie über dem bewegten Streichersatz bläst, hat eine wahrhaft befreiende Wirkung, die Spannung löst sich. In dieser Dramaturgie des Werkes tritt ein bekenntnishafter Zug zutage, der für viele rein instrumentale Werke HONEGGERS charakteristisch ist.

Besonders deutlich wird dies in der *dritten Symphonie* (1945/46). Sie trägt den Beinamen *‹Liturgique›* – ihre drei Sätze sind überschrieben mit *‹Dies irae›*, *‹De profundis clamavi›* und *‹Dona nobis pacem›*. Mit dreifachem Holz, vier Hörnern, Klavier und Schlagzeug nebst den Streichern läßt HONEGGER im ersten Satz eine klangmächtige Vision des Jüngsten Gerichts erstehen. Im zweiten, sehr langen Satz werden durch Verwendung extremer Lagen (zum Beispiel Violoncello in Sopranlage; instrumentales Skandieren von Text aus dem *‹De profundis›* mit Kontrabaß, Kontrafagott und Klavier) und durch eine entfaltete Orchesterpolyphonie ungewöhnliche Ausdrucksqualitäten freigesetzt. Der dritte Satz mit seinem düsteren Grundton kippt gegen Ende in ein Adagio um, das mit Streichersoli und hohen Piccolofigurationen Utopie und Friede signalisiert – eine Wendung, die nach dem Vorangegangenen wegen ihrer einfachen Machart nicht unbedingt überzeugt, aber vielleicht gerade in diesem Nichtgelingen eine tiefere geschichtliche Wahrheit enthält.

In der *vierten Symphonie* (1946) versucht HONEGGER zu einer mehr heiteren Ausdruckshaltung zurückzukehren. Technisch geschieht das durch eine erstaunliche Vielfalt an melodischen Gestalten und eine für ihn ungewöhnliche kammermusikalische Auflichtung des Satzes. Helle Klangfarben dominieren, die sonst üblichen Klangmassierungen fehlen weitgehend (die Bläser sind nur doppelt besetzt). Der Schlußsatz baut sich wieder nach dem Überlagerungsprinzip auf; sein Scherzo-Charakter wird durch einen stark diskontinuierlichen Verlauf und sogar einen Adagio-Einschub gebrochen. Mit dem Zitat eines Fasnachtsmarsches aus Basel unter Verwendung der charakteristischen «Basler Trommel» (Rührtrommel) und der Piccoloflöte endet diese Paul Sacher gewidmete Symphonie mit dem Beinamen *‹Deliciae Basiliensis›* doch noch in einem burlesken Kehraus.

Die *fünfte Symphonie* (1950) verwendet wieder große Besetzung. Der erste Satz setzt mit einem Klang wie einer brausenden Orgelmixtur ein, der ins Mystische umgefärbt wird und am Schluß in einem tiefen Pizzicato versackt. Die resignativ absinkende Kadenzwendung wiederholt sich in allen drei Sätzen. Wegen dieses dreimaligen Endes auf dem Ton d trägt die Symphonie den Titel *‹di tre re›*. Während der zweite Satz (Allegretto) kammermusikalisch locker und farbig instrumentiert ist, greift HONEGGER im Allegro marcato des Finales auf die aggressive Marschgestik der früheren Werke zurück. Der Klang ist durch Flatterzunge, Martellato und dissonante Harmonik grell und scharf, die Form verknappt. Mit der ausweglos pessimistischen Grundstimmung besitzt diese *letzte Symphonie* HONEGGERS die Merkmale einer negativen Utopie.

HONEGGER, zwischen den Kulturen aufgewachsen, vereint in seinem Werk deutsche und französische Einflüsse. BACHS Musik prägte ihn früh, Beethoven und Wagner bedeuteten ihm viel. Auf der anderen Seite schrieb er mit ‹*Johanna auf dem Scheiterhaufen*› ein Werk, das nicht nur vom Thema, sondern auch von der Behandlung der Sprache und des musikalischen Materials her «französischer» nicht sein könnte. In der «Gruppe der Six» galt er wiederum eher als Außenseiter. Es war ohnehin ein sehr heterogenes Häufchen. Milhaud bemerkte: «Auric und Poulenc waren Anhänger von Cocteau, Honegger der deutschen Romantik und ich der südländischen Melodik.»

Im undogmatischen Umgang Honeggers mit den überlieferten musikalischen Gattungen und im Interesse für die «angewandte Musik» von der Volkstheaterbühne bis zu den neuen Medien Film und Radio zeigt sich sowohl pragmatische Aufgeschlossenheit gegenüber dem gesellschaftlich Neuen als auch die Suche nach einer neuen sozialen Verantwortung von Musik und Musiker. Seine zivilisationskritischen Gedanken und seine Auffassungen von einer neuen musikalischen Ethik berühren sich in manchen Punkten mit denjenigen des um drei Jahre jüngeren Paul Hindemith. Auch seine musikalische Reaktion auf die Konflikte der Epoche: Bei aller Radikalität in den frühen zwanziger Jahren löste sich Honegger nie ganz von der tonalen Harmonik. Die Dodekaphonie verwarf er als dogmatisches Regelwerk, die daraus entstehende Musik war für ihn blutleerer Intellektualismus. Im Bemühen um «gesellschaftliche Nützlichkeit» und um Klarheit der inhaltlichen Botschaft praktizierte er nach seiner radikalen Phase sogar das, was Hanns Eisler als «Zurücknahme» bezeichnet hat, wenn auch ohne dessen politische Stoßrichtung: eine gleichsam operationelle Einfachheit, zugeschnitten auf die Aufführungs- und Rezeptionsbedingungen eines Werkes. Das geht bis zur Mitwirkung von Laienchören und zur Verwendung von Volkslied-Zitaten und einstimmigen tonalen Melodien. Diese Einfachheitskonzepte sind ohne den Einfluß des Neoklassizismus kaum denkbar. Charakteristisch für Honeggers Musiksprache sind komplexe Mixturklänge, Quartenharmonik und durch Sekunden und Septen dissonant geschärfte Terzenakkorde sowie die polyphone Führung ganzer musikalischer Schichten. Diese technischen Verfahren sind bei ihm indes nicht immer frei von der Gefahr der Hypertrophie. Ausdruckssteigerung erscheint oft als Resultat einer quantitativen Steigerung der Mittel – durch Vervielfachung der Stimmen und damit Massierung des Klangs – und weniger als Produkt einer Differenzierung im Innern des Materials.

Max Nyffeler

Sergej Prokofjew

Sonzowka/Jekaterinoslaw, 11. (23.) April 1891 – Moskau, 5. März 1953

Sergej Prokofjew ist der wohl populärste russische Komponist im 20. Jahrhundert. Nicht ohne Grund, hat er sich von der radikalen Avantgarde kaum anstecken lassen, hielt er immer an der Tonalität und klar umrissenen musikalischen Formen fest. Die optimistische Kraft und Lebensfreude, ihre Eleganz und lyrisch-kantable Schönheit haben ihr zu großer Beliebtheit und weiter Verbreitung verholfen. Doch war der Weg des 1891 geborenen Sergej Prokofjew nicht frei von Brüchen, Irritationen und – zumindest für den heutigen Hörer – manch Fragwürdigem.

Wurde Prokofjew während der ersten Jahre als Komponist im zaristischen Rußland wegen seiner wilden, grotesk verzerrenden und exzentrischen Musik zum Teil scharf angegriffen, so fand er sich – nach Paris emigriert – von der dortigen Avantgarde als Epigone und Konservativer bezeichnet – ein Vorwurf, den er mit seinen wohl aufwühlendsten und «modernsten» Werken beantwortete. In die stalinistische Sowjetunion zurückgekehrt, glättete sich sein Stil, wurde volkstümlicher und dem breiten Publikum verständlicher. Prokofjew suchte und fand den Ausgleich mit den Normen des «sozialistischen Realismus», die er freilich nicht bedingungslos befolgte. Die Verurteilung manches seiner Werke kündet davon. Denn zum Propagandisten des Regimes hat er sich nicht machen lassen, ungeachtet der (obligatorischen) Kantaten zum Jahrestag der Revolution und des Kriegsendes. Seine späten Werke sind von humanistischem Geist durchdrungen, bestimmt von seiner – vielleicht doch etwas naiven – Theorie einer einfachen und doch qualitativ hochstehenden Musik.

Sinfonietta A-dur op. 5 (op. 48), Symphonie Nr. 1 D-dur op. 25, Symphonie Nr. 2 d-moll op. 40

Das erste wichtige symphonische Werk PROKOFJEWS ist – nach zwei eher mißglückten *Symphonien* – die *Sinfonietta A-dur op. 5.* Der Achtzehnjährige schrieb sie nach seinem Kompositionsexamen im Sommer 1909. Die *Sinfonietta* dokumentiert in ihren fünf knappen Sätzen die Auseinandersetzung des jungen Komponisten mit der musikalischen Vergangenheit, zumal des 18. Jahrhunderts, wie er sie am Konservatorium kennengelernt hatte. Dabei bilden die Ecksätze im Allegro giocoso mit ihrer transparenten, einfachen Faktur einen gewissen Kontrast zu den harmonisch und rhythmisch komplexeren Mittelsätzen. Leidenschaftlichen Charakter hat besonders das Scherzo. Der zweite Satz, das Andante, weist zudem mit seinem ostinanten Baß eine kompositorische Eigenart auf, die PROKOFJEWS Stil zeitlebens kennzeichnen sollte.

PROKOFJEW selbst war mit seinem Jugendwerk nicht zufrieden, bemängelte vor allem seine zu dicke Instrumentation. 1914 erfolgte die erste Revision, in deren Gefolge es auch zur Uraufführung am 6. November 1915 kam. Noch einmal revidierte PROKOFJEW die *Sinfonietta* im Jahre 1929; so umfassend, daß das Werk die neue Opuszahl 48 erhielt.

Die Beschäftigung mit der Musik des späten 18. Jahrhunderts – in der *Sinfonietta* schon unverkennbar, aber gleichsam unausgegoren – kulminiert in der 1916/17 entstandenen *Symphonie classique D-dur op. 25*, PROKOFJEWS *erste Symphonie*. Sie ist heute sein weitaus bekanntestes Werk, ist als Ganzes eine reflektierte Auseinandersetzung mit dem «klassischen» Stil, besonders des späten HAYDN. «Es schien mir», so schreibt PROKOFJEW, «daß Haydn, wenn er bis in unser Jahrhundert gelebt hätte, seinen eigenen Kompositionsstil behalten, aber bestimmte Momente der neueren Musik absorbiert hätte. Ich wollte eine Symphonie schreiben, die einen solchen Stil hätte.» So entstand denn keine bloße Kopie der klassischen Symphonie, vielmehr reichert PROKOFJEW das historische Modell mit kompositorischen Mitteln des 20. Jahrhunderts an: mit unvermittelten harmonischen Rückungen (etwa im Hauptthema des ersten Satzes), verschobenen Rhythmen und ironisch «verfremdeten» Melodien. Nicht naive Nachahmung historischer Techniken, sondern die distanziert-gebrochene Anverwandlung der Vergangenheit ist das Anliegen der *Symphonie classique*. Mit ihr erweist sich PROKOFJEW als einer der herausragenden Vertreter des Neoklassizismus, weitaus mehr als etwa IGOR STRAWINSKY, dessen Werke sich eher an BACH und dem Barock orientieren. Als Wiederaufnahme der Wiener Klassik hingegen ist die *Symphonie classique* im 20. Jahrhundert ein singuläres Werk, das selbst – wie es wohl PROKOFJEW nicht ohne Hintersinn beabsichtigte – zu einem «Klassiker des Konzertsaals» wurde.

Die vier Sätze der Symphonie orientieren sich an den Satzcharakteren der klassischen Symphonie, mit zwei tanzartigen Mittelsätzen. Der erste Satz, ein traditioneller Sonatensatz, stellt ein quirliges, von gebrochenen Dreiklängen und (figurierten) Skalen geprägtes Hauptthema einem tänzerisch-leichten Seitenthema gegenüber. Die Durchführung, auch sie sehr einfach und klar konzipiert, verarbeitet abwechselnd beide Themen, transformiert vor allem den Seitensatz in die «rumpelnden Schritte eines Riesen», so der PROKOFJEW-Biograph Israil Nestjew.

Ein wundervoll zartes Menuett ist der zweite Satz. Das Thema wird von den Violinen in höchsten Lagen vorgetragen – wie die kleinen kapriziösen Einsprengsel wohl eine ironische Distanzierung vom Zitierten, zugleich die Markierung historischer Distanz.

Bereits im Jahre 1916 entstand die Gavotte. Typisch für PROKOFJEWS Stil sind darin vor allem die unbekümmerten Rückungen und Reibungen zwischen nebeneinandergesetzten Dur-Akkorden sowie die häufigen Trugschlüsse. Der Mittelteil ist eher volkstümlich; er greift ein russisches Volkslied auf.

Der Schlußsatz bezieht sich thematisch auf den Kopfsatz und schließt das Werk so zu einem Ganzen zusammen. In raschem Tempo und mit frisch-lebendigem Tonfall schließt munter das Werk.

Die *zweite Symphonie d-moll op. 40* könnte in ihrem bruitistischen Charakter zur *Symphonie classique* nicht gegensätzlicher sein. Mit ihr wehrte sich PROKOFJEW, der nach seiner Emigration und einigen Wanderjahren sich in Paris niedergelassen hatte, gegen den von der dortigen Avantgarde erhobenen Vorwurf des Epigonentums. ARTHUR HONEGGERS *‹Pacific 231›* vor Augen, komponierte er ebenfalls ein Werk «aus Eisen und Stahl»: modern, laut und schockierend.

Die Anstrengungen und Mühen, die PROKOFJEW die Kompositionsarbeiten in einem ihm letztlich fremden Stil kosteten, scheinen gewissermaßen im Werk selbst auf: in den artifiziellen, künstlich wirkenden Melodien, den übereinandergeschichteten Ostinati des ersten Satzes, die die Faktur überfrachten, einer harten gewollten Atonalität. Selten bricht die Gewalt bruitistischer Klänge und großer Lautstärken in PROKOFJEWS Werk unvermittelter durch als in diesem Satz.

Der zweite Satz – nach dem Vorbild von BEETHOVENS *Klaviersonate c-moll op. 111* als Variationensatz konzipiert – sollte nach PROKOFJEWS Willen Ruhe und Entspannung bringen, doch vermag sich seine lyrische Veranlagung unter den gewählten ästhetischen Prämissen nicht recht zu entfalten. Wenn auch das Urteil Israel Nestjews, im Ganzen sei die Symphonie «eine befremdliche Kombination von chaotischer Barbarei und dem *style mécanique*», vornehmlich der Apologie des späten PROKOFJEW dienen soll – im Œuvre des Komponisten stellt die *zweite Symphonie* eher einen Fremdkörper dar. Sie ist denn auch heute nur sehr selten im Konzertsaal zu hören.

Rainer Pöllmann

Symphonien Nr. 3–5

SERGEJ PROKOFJEWS *dritte Symphonie c-moll op. 44* entstand im Jahre 1928, als der Komponist in Frankreich lebte (er kehrte 1932 in die Sowjetunion zurück). Die Symphonie ist kein völlig neues Werk, sondern entstand im Kontext der Oper *‹Der feurige Engel›*, einer «Hexenoper», die im mittelalterlichen Köln spielt und deren Handlung und Musik von äußerster Drastik geprägt ist. Da die Uraufführung der Oper inszenatorische Schwierigkeiten bereitete, beschloß PROKOFJEW, aus dem musikalischen Material eine Suite zu erstellen, ein Plan, der sich schließlich, unabhängig vom Opernstoff, zu symphonischen Dimensionen ausweitete. In seiner

Autobiographie schreibt PROKOFJEW über das Werk: «Die so entstandene dritte Symphonie halte ich für eine meiner wesentlichsten Kompositionen. Ich habe es nicht gern, wenn sie die ‹Symphonie des Feurigen Engels› genannt wird. Das hauptsächliche thematische Material wurde vielmehr unabhängig vom ‹Feurigen Engel› komponiert. Als es in die Oper einging, nahm es natürlicherweise eine Färbung vom Stoff an, die es beim Übergang von der Oper zur Symphonie wieder verlor, so daß ich möchte, der Hörer nähme die dritte Symphonie einfach als Symphonie ohne jede gegenständliche Vorstellung.»

Wenn PROKOFJEW einmal unterschied zwischen Musik, «die fähig ist, sogar den führenden Musikern Aufgaben zu stellen» und «ernsthaft leichter Musik», so ist die *dritte Symphonie* eindeutig dem ersten Typus zuzurechnen, ist sie doch eine der experimentellsten und kühnsten Arbeiten des Komponisten. Abgesehen vom Ruhepol des zweiten Satzes entwickelt sie dynamische Energien nahe an der Grenze zur Brutalität. Darin zeigt sich nicht zuletzt der szenische Charakter der Symphonie, dem Hörer drängen sich Bilder auf; zugleich aber bewahren sich die musikalischen Strukturen auch ihre Autonomie als ein Experiment mit Formen grenzüberschreitender Dynamik. Als der Pianist Swjatoslaw Richter das Werk zum erstenmal hörte, schrieb er: «Nichts Ähnliches hatte ich im Leben beim Hören von Musik empfunden. Sie wirkte auf mich wie ein Weltuntergang.»

Im ersten Satz dominieren herbe Marschmotive und dunkel instrumentierte choralartige Melodien. Sie wirken fetzenhaft zusammengestellt, grelle Farben prallen aufeinander. Am Schluß versinkt der Satz brodelnd in tiefsten Orchesterregionen.

Der zweite Satz ist der konventionellste der Symphonie, gleichsam ein sakraler Ruhepol vor dem Hexenritt des Scherzos, dessen Streicherglissandi und flirrende Motivbruchstücke jeglichen thematischen Charakter abgestreift haben. Lediglich im Trioteil gibt es konkrete melodische Gestalten, doch schnell kehrt der Satz wieder zum grellen Flackern des Scherzos zurück.

Das Finale hat resümierenden Charakter: Es verarbeitet collagenartig Thementeile der vorangegangenen Sätze, wodurch sich letztlich ein noch schrofferer Eindruck als im ersten Satz ergibt. In die wegen der Überlagerungen bisweilen chaotisch anmutenden Abschnitte sind dabei gleichsam ruhigere «Ermattungspartien» eingeschoben. Am Schluß steht ein letztes ungewöhnliches Aufbäumen mit nahezu gewaltsamen Zügen. Die Konsequenz, mit der PROKOFJEW diese in seinem Werk durchführt, mag dazu beigetragen haben, daß die *dritte Symphonie* heute selten in Konzerten zu hören ist.

In der Entstehungsgeschichte vergleichbar, im Charakter jedoch diametral entgegengesetzt ist die *vierte Symphonie C-dur op. 47* (nach Umarbeitung *op. 112*). Auch dieser Symphonie liegt ein Bühnenwerk zugrunde, das 1928 geschriebene Ballett *‹Der verlorene Sohn›*. In die neue Symphonie, an der PROKOFJEW in den Jahren 1929/30 arbeitete, floß vor allem musikalisches Material ein, das im Ballett keine Verwendung mehr fand. Obwohl PROKOFJEW das Werk sehr schätzte, fand es kaum Anklang beim sowjetischen Publikum. So erstellte der Komponist 1947 eine Neufassung, die hauptsächlich im ersten Satz wichtige Ergänzungen aufweist. Heute ist fast ausschließlich diese zweite Version zu hören.

Die *vierte Symphonie* ist sehr ausgeglichen im Charakter, sie wirkt moderat und zurückgezogen. Das drei Sätze lang vorherrschende gemäßigte Tempo (Andante – Andante tranquillo – Moderato quasi allegretto) wird bewegter erst im vierten, einem zunächst etwas verhetzt scheinenden, dann jedoch sich zuversichtlich lösenden Satz. Die ganze Symphonie ist geprägt von einer Fülle an thematischen Einfällen, fast einem Übermaß an Ideen. Charakteristisch für den ersten Satz ist ein feierlicher bis hymnischer Ton mit lyrischen Einschüben, der zweite besticht durch seine in mildes Licht getauchte Anmut, formal durch einen zwingenden Bogenbau. Nach dem verhaltenen dritten Satz führt das Finale schließlich zu einem freudigen, wenngleich (dem Grundcharakter der Symphonie gemäß) nicht überschwenglichen Durchbruch.

Die *fünfte Symphonie B-dur op. 100* entstand fast fünfzehn Jahre später, im Kriegsjahr 1944. PROKOFJEW war seit einem Jahrzehnt wieder Bürger der Sowjetunion, eine Zeit, in der sich auch sein Kompositionsstil beträchtlich gewandelt hatte. Nicht mehr Provokation stand im Zentrum seiner Musiksprache, sondern ein

Zug zu breiterer Verständlichkeit. PROKOFJEW hat diesen Wandel auch theoretisch begründet und – in Anlehnung an die Maximen des «sozialistischen Realismus» – die Notwendigkeit von leichterer Musik betont, ohne die kompositorische Qualität zu vernachlässigen oder gar ins Triviale abzugleiten.

Die *fünfte Symphonie* ist ein Hauptwerk dieses neuen Stils, der PROKOFJEWS Spätwerk kennzeichnet. Sie ist ganz spontan zugänglich und wahrt doch in ihrer Fülle des melodischen Einfalls höchstes kompositorisches Niveau. Charakteristisch für das Werk ist die eigenwillige Harmonik, die durch Tonartenwechsel innerhalb der Themen und geschärfte Intervalle eine eindeutige tonale Zuordnung erschwert. Die Symphonie ist sehr durchsichtig instrumentiert, geprägt von häufigen Farbwechseln; der formale Aufbau entspricht den klassizistischen Normen. Seit der Uraufführung im Jahre 1945 zählt die *fünfte Symphonie* zu PROKOFJEWS meistgespielten Werken.

Schon das erste Thema deutet gleichsam programmatisch an, wie PROKOFJEW mit Intervallrückungen arbeitet. Zunächst nämlich erscheint es in Flöten und Fagott, dann in «ungebrochener Gestalt» in B-dur, bei der Wiederholung in den Streichern, um einen Halbton gestaucht, so daß das Thema in A-dur schließt. Wie ein Motto durchzieht dieses Verfahren die ganze Symphonie.

Der erste Satz (Andante) bleibt relativ verhalten, bestimmend ist das Moment des Diskursiven, des abwägenden Arbeitens mit Instrumentalfarben, Harmonien und Kontrapunktik. Eine ähnliche Ruhe herrscht auch im dritten Satz (Adagio), wo – wie es der PROKOFJEW-Biograph Israil Nestjew einmal beschrieben hat – ein getragen «betrachtendes» Thema an konflikthaften und tragischen Situationen vorbeiführt.

Im zweiten und vierten Satz, einem Scherzo und einem Rondofinale, tritt der melodische Witz PROKOFJEWS wohl am stärksten in Erscheinung. Vielgestaltig ist der zweite Satz angelegt, in immer neuen Perspektiven und Klangfarben tauchen die Themen über einem *marcato* gespielten Begleitmotiv auf, auch das Klavier wird als neue Klangfarbe einbezogen. Ähnliche Prinzipien kennzeichnen auch den vierten Satz. Das Hauptthema ist spontan eingänglich trotz des komplexen harmonischen Aufbaus mit Wechsel zwischen B-dur- und G-dur-Bereichen. Der Satz beeindruckt durch die Fülle der musikalischen Gedanken wie durch seine rhythmische Vielfalt. Gerade das unkompliziert Wirkende ist dabei außerordentlich differenziert ausgearbeitet; tänzerischer Elan und künstlerisches Vermögen gehen eine glückliche Verbindung ein.

Reinhard Schulz

Symphonie Nr. 6 es-moll op. 111 (1945/46)

Die dreisätzige, am 10. Oktober 1947 in Leningrad uraufgeführte *Symphonie Nr. 6 es-moll op. 111* (1945/46) könnte man – in ihrem absurden Gegen- und Ineinander von Lyrischem und Skurrilem – als ein Beispiel «sozialistischen Surrealismus» bezeichnen, wenn es diesen Begriff gäbe. Als ein großer ironischer Aufzug scheint sie in ihrer Theatralik der *vierten Symphonie* von SCHOSTAKOWITSCH verwandt. Sie greift die erwünschten Gestalten und Gesten musikalischen Realismus auf und verfremdet sie in ungewöhnlichen Instrumentationen. Melodisches erscheint in kantigen Mixturen, der revolutionäre Schwung von Tumultuoso-Szenen wird auf absurde Weise gebremst und mündet in eine pessimistische Aussage. Die Stalin-Zeit brachte auf diese Weise düstere Karikaturen hervor – als wenn der Komponist auf Gogolsche Weise die Strukturen einer Bürokratie beschriebe. Die sieghaften Aufbrüche in Traditionen der plastischen russischen Ballett- und Opernsprache enden immer irgendwie perplex.

Diese Düsternis erscheint im zweiten Satz (Largo), noch potenziert: Jubelnde Melodie wird von minder jubelnden Stimmen und Farben desavouiert. Mittel der (klagenden) Verfremdung sind außer harmonischen Querständen vor allem ungewöhnliche Lagen und Farbkompositionen, krasse Themen und Rhythmen. Das Arsenal russischer Instrumentationslehre wird auf absurde Weise ausgeschöpft, BORODINS ‹*Polowetzer Tänze*› werden surrealistisch imitiert.

Im dritten Satz (Vivace) bricht endlich «das Positive» durch, aber auf welche Weise: in einer quasi polizeilich geregelten, grellen Plakativität. Wenn man diese Musik in ihrer Aussage über

Zustände ernst nimmt, begreift man, warum sich die politische Führung in den ZK-Beschlüssen von 1948 dagegen wehren mußte. Das Positive gerät zu einer *Karikatur* des Positiven, das in seiner Dummheit gezeigt wird. Ein Geschwindmarsch, dem die Mittelstimmen fehlen, offenbart die alberne Würde eines Potemkinschen Dorfes. Ein plastischer, ballettmäßiger Schluß ist wieder von Schwermut durchzogen – im bombastischen Ausklang werden alle Theatermittel massiert. In der Hintergründigkeit und Skurrilität ihrer Darstellung und der Skepsis ihrer Aussage tritt diese Symphonie die Nachfolge von Gogol und Tschechow an.

PROKOFJEW hatte diese Symphonie während der Kriegsjahre parallel zu seiner Arbeit an dem Sergej Eisenstein-Film «Iwan der Schreckliche» konzipiert, der später in Ungnade fiel. Er hatte die Absicht, sie dem Andenken BEETHOVENS zu widmen. Die offizielle Kritik bezeichnete sie als «widersprüchlich» und «eigenartig», wich aber einer Auseinandersetzung mit ihr eher aus.

Detlef Gojowy

Symphonie Nr. 7 cis-moll op. 131 (1952)

Im Unterschied zur *sechsten Symphonie* ist diese – ein Jahr vor PROKOFJEWS Tod – nach dem großen Donnerwetter entstanden, das die Partei in den Jahren 1946 bis 1948 den selbständig schaffenden Künstlern bereitete; PROKOFJEW hatte Sünden der «Atonalität» öffentlich bereuen müssen und sich zum Prinzip der Melodie bekannt, das er hier auf extensive Weise praktiziert. Im Hintergrund ausgedehnter Melosflächen steht TSCHAIKOWSKY als Vorbild; Tonalitätsflächen erhalten irisierende Ajoutationen, und die bizarren Instrumentalfarben aus der traditionellen russischen Palette sind genutzt. Eine Art großer, gebremster Csárdás gerät zu erzählender Breite; die Musik deutet an, als wenn sie einiges nicht zu sagen wagte.

In die Idylle des zweiten Satzes bricht Triviales ein, das symphonisch montiert wird; die Ereignisse spielen sich in mikroskopischer Vergrößerung ab. Der dritte Satz wirkt wieder wie eine unterdrückte Aussage – auch hier wird ein triviales Motiv zergliedert, und gegen die herrschende Romantik sind kleine rhythmische Verstöße gerichtet, wie es denn auch durch klassische Zergliederung seiner Illusionswirkung beraubt wird. Der vierte Satz bringt wieder einen theatralischen, «sozialistischen Surrealismus» in einer akademisch entwickelten Zirkusmusik und einem parodistisch notierten Galopp auf – Erinnerungen an die dreißiger Jahre (*‹Die Liebe zu den drei Orangen›*) erscheinen in neuen Brechungen.

Der Zeitablauf der Symphonie ist ausladend, von epischer Breite, resümierend, ein Bericht über Erfahrungen, der Bombast und Pathos vermeidet. Die zeitgenössische Kritik registrierte eine «beschauliche und abgeklärte Ausdrucksweise», kritisierte «Konfliktlosigkeit» und den Mangel an Zusammenprall positiver und negativer Gestalten. Den lyrischen Schluß mußte der Komponist im Sinne eines Höhepunkts abändern, doch wurde später die ursprüngliche Version wiederhergestellt.

Detlef Gojowy

Suiten

‹Skythische Suite› (‹Ala und Lolli›) für großes Orchester op. 20 (1914)

Von Diaghilew als Ballettmusik inspiriert, kann die viersätzige Komposition (I: *‹Die Anbetung Weles' und Alas›*, II: *‹Der Götze und der Tanz der bösen Geister›*, III: *‹Nacht›*, IV: *‹Der Zug Lollis und der Sonnenaufgang›*) als Pendant zu STRAWINSKYS *‹Sacre du printemps›* gelten – es ist in seinen barbaristischen Akzenten ein extremes Werk der «wilden» Periode PROKOFJEWS. Bei seiner vom Komponisten dirigierten Uraufführung im Januar 1916 gab es einen Skandal: PROKOFJEWS Lehrer und Rektor des Petrograder Konservatoriums, ALEXANDER GLASUNOW, verließ unter Protest den Saal. Der Paukist hatte das Fell seiner Pauke durchschlagen.

Im Sinne der futuristischen Idee von der «Substantialität der Elemente» in der Musik sind hier die motorischen Partikel – Rhythmen, Impulse, Figuren – zu formaler Selbständigkeit erwacht: eine Entwicklung, die sich in den «Maschinenmusiken» der zwanziger Jahre fortsetzen wird, unter dem Vorzeichen des «Objektiven» und «Industriellen». Andererseits steht das Stück nicht außerhalb russischer, romantischer Traditionen, wie sie etwa in MUSSORGSKIJS gleichfalls wildwüchsiger *‹Nacht auf dem kahlen Berge›* vertreten sind. In seiner Wirkung auf die Zeitgenossen muß man sich das Stück in seinem ästhetisch schroffen Gegensatz zur hochdifferenzierten, spätromantischen Klangkultur etwa ALEXANDER SKRJABINS vergegenwärtigen, als eine «Ohrfeige dem öffentlichen Geschmack», wie sie Majakowski, wie sie die Futuristen gegenüber den Symbolisten formulierten.

Nicht Klänge, sondern die linearen Strukturen spielen in dieser Komposition bereits eine entscheidende Rolle.

‹Leutnant Kische›

Symphonische Suite in fünf Sätzen aus der Musik zum gleichnamigen Film nach Juri Tynjanow (1934).

Das Sujet des Films, zu dem die Musik entstand, ist eine Bürokratie-Satire: Leutnant Kische ist nicht in Wirklichkeit existent, sondern Resultat eines Lesefehlers, das als solches aber ein zähes, unausrottbares Leben führt (I: *‹Geburt Kisches›*, II: *‹Romanze›*, III: *‹Hochzeit Kisches›*, IV: *‹Troika›*, V: *‹Begräbnis Kisches›*). Dementsprechend parodistisch ist die Musik angelegt: im Stil der Filmkomödien der frühen dreißiger Jahre – ein buntes Mixtum compositum mit Elementen von exotischer Volksmusik und Trivialmusik. Eine plakative Primitivität mit hintergründigen Akzenten ist beabsichtigt. Zu den Sätzen II und IV existiert eine Textversion («Meine schöne graue Taube...» und «Ein Frauenherz ist immer frei...»). Formal herrscht ein sich ständig erneuernder Fluß des Erzählens mit nur losen Verklammerungen durch Wiederholungen von Elementen.

Detlef Gojowy

‹Romeo und Julia›

Ballett in vier Akten, neun Bildern und einem Prolog nach Shakespeare, Libretto: S. Radlow, A. Piotrowski, L. Lawrowski und der Komponist op. 64 (1935/36).

Aus dem abendfüllenden Ballett, das PROKOFJEW für das Leningrader Kirow-Theater schrieb und das dort zunächst als untänzerisch abgelehnt und verschoben wurde, so daß seine Uraufführung 1938 in Brünn stattfand, bevor es – nach Änderungen – 1940 in Leningrad inszeniert wurde, hat PROKOFJEW selbst insgesamt *drei Suiten* destilliert: die *erste* (*op. 64a*, 1936) in sieben Sätzen (*‹Volkstanz›, ‹Szene›, ‹Madrigal›, ‹Menuett›, ‹Masken›, ‹Romeo und Julia›, ‹Tod Tybalts›*), die *zweite* (*op. 64b*, 1936) in sieben Sätzen (*‹Montecchi und Capuletti›, ‹Julia als Mädchen›, ‹Pater Lorenzo›, ‹Tanz›, ‹Romeo und Julia vor der Trennung›, ‹Tanz der Antillenmädchen›, ‹Romeo am Grab Julias›*), um das Werk zu popularisieren, und schließlich eine *dritte* in sechs Sätzen (*‹Romeo am Brunnen›, ‹Morgentanz›, ‹Giulietta›, ‹Die Amme›, ‹Aubade›, ‹Julias Tod›*) 1944 (*op. 101*). Darüber hinaus treffen die verschiedenen *‹Romeo und Julia›-Suiten*, die auf Platten angeboten oder in Rundfunkaufnahmen eingespielt wurden, eine eigene, abweichende Auswahl aus der Ballettmusik.

Wie SCHOSTAKOWITSCH so hat auch PROKOFJEW hier zu einem typischen Stil des sowjetischen Klassizismus gefunden – ungeachtet der Vorwürfe des «Formalismus», die auch seine Musik später treffen sollten: eine Musik mit lyrischen und dramatischen Qualitäten, der kaum noch plakative oder groteske Züge anhafteten, «große Musik» nach PROKOFJEWS Vorstellungen, «in der sowohl die Idee als auch die technische Gestaltung der Größe unserer Epoche angemessen sind», mit der sich eine introvertierte Gesellschaft identifizieren konnte, in der das ruhelose Experimentieren bereits in Mißkredit gekommen war. Ihren Siegeszug trat diese Musik dann aber vor allem durch angelsächsische Länder an.

Detlef Gojowy

Die fünf Klavierkonzerte

Wie sein Antipode SCHOSTAKOWITSCH war auch SERGEJ PROKOFJEW ein hervorragender Pianist. Was die beiden aber wesentlich unterscheidet, ist die musikalische Grundhaltung: PROKOFJEW war, ähnlich wie IGOR STRAWINSKY auch, ein musikalischer Weltbürger, während SCHOSTAKOWITSCH im Bereich der russischen Tradition blieb und dabei in ungeahnte Tiefen vordrang. PROKOFJEW dagegen nahm die Haltung des komponierenden Virtuosen an und wurde zu einem der wichtigsten Klavierkomponisten nach SKRJABIN, mit dessen glühend-ekstatischer Musiksprache er indessen überhaupt nichts gemeinsam hat. Ein Drittel des Gesamtwerkes von PROKOFJEW besteht aus *Klaviermusik*, darunter *neun Sonaten* und *fünf Konzerte*. Damit hat er mehr für das Klavier komponiert, als irgendein anderer Komponist nach SKRJABIN und DEBUSSY. Einige Werke aus dieser erstaunlich großen Produktion gehören – wie etwa das *dritte Klavierkonzert* oder die *siebente Klaviersonate* – zu den meistgespielten des Repertoires überhaupt. Seine *Klavierwerke* schrieb PROKOFJEW allerdings auch in erster Linie als Kenner des Instruments, also für seine eigenen, entdeckungsfreudigen Finger, und er führte sie meist auch selbst auf. So brachte er sein *erstes, zweites, drittes* und *fünftes Klavierkonzert* selbst zur Uraufführung; das *vierte* indessen, *für die linke Hand allein* geschrieben, wurde erst drei Jahre nach seinem Tod uraufgeführt.

Aus PROKOFJEWS pianistisch-virtuosen Fähigkeiten resultiert seine besondere musikalische Sprache. Sie vereinigt eine Lust am Erfinden neuartiger Fingersätze und an der Erweiterung der Klaviertechnik insgesamt mit dem Hang zu kraftvoller Gestik, robustem Optimismus und vor allem zur eigenwilligen, äußerst feinfühligen Rhythmik, ferner einer farbigen Orchesterpalette im Fall der *Klavierkonzerte*. Die Haltung des Virtuosen prägt allenthalben PROKOFJEWS musikalische Satztechnik: Der Zwiespalt zwischen Interpret und Komponist, den die musikalische Entwicklung seit BEETHOVEN etabliert hat, ist hier aufgehoben. Im Gegensatz zu STRAWINSKY oder gar der Wiener Schule SCHÖNBERGS war PROKOFJEW nicht an neuartiger Kompositionstechnik interessiert, sondern in erster Linie an der Wirkung, die sie auf das Publikum ausübt. So war es nur folgerichtig, daß der junge Prokofjew, der Zeittendenz getreu, zunächst das Publikum bewußt zu schockieren suchte, um dann später über «neoklassizistische» Töne (*drittes Klavierkonzert*) zu einer Art «neuen Einfachheit» vorzudringen (so geschieht es im *fünften Klavierkonzert*, in der *fünften Symphonie* und vor allem in dem Ballett *‹Romeo und Julia›*). Sein musikalischer Stil pendelt also zwischen Extravaganz und gesuchter, bewußter Simplizität. Konservativ dagegen komponierte er freilich nie. Es wäre ungerecht, den jungen Prokofjew, wie es so oft – gerade hierzulande – geschieht, gegen den späten, «einfachen» auszuspielen, denn wie wollte man einem Komponisten den berechtigten Hang zu Verständlichkeit und Klarheit seiner Tonsprache verübeln? Und Prokofjew blieb zeitlebens der Tonalität treu; «atonale» Ausflüge unternahm er nur zu pittoresken Zwecken, sah sie als provozierenden Kontrast (*zweites Klavierkonzert*), als Erweiterung des musiksprachlichen Radius an.

Gewöhnlich teilt man Prokofjews Schaffen in drei Perioden ein. Für die *Klavierkonzerte* heißt das: Die «russische» Periode umfaßt die ersten beiden Konzerte, die nach 1918 einsetzende «westliche» Periode alle anderen, während die «sowjetische», nach der endgültigen Rückkehr des Komponisten in seine Heimat im Jahre 1935, keine Klavierkonzerte mehr hervorgebracht hat. Die *fünf Klavierkonzerte* umspannen den Zeitraum von rund zwanzig Jahren. In ihnen vollzieht sich eine erstaunliche kompositorische Entwicklung. Noch als Schüler des Petersburger Konservatoriums schrieb der junge Komponist im Jahre 1911 sein *erstes Klavierkonzert Des-dur op. 10* (*in einem Satz*), mit dem er sogleich unter Beweis stellte, daß er dem akademischen Kompositionsunterricht längst entwachsen war und seine eigenen Vorstellungen von Musik realisieren konnte. In seiner Autobiographie nennt er das Konzert «das erste mehr oder weniger reife Werk, insofern es sich darin um eine neue Klangidee und um eine Formänderung handelt». Er spricht auch von «neuen Zusammenklängen von Klavier und Orchester» und beschreibt die neuartige, einsätzige Form des Konzerts als «Folge von einzelnen Episoden», die aber «untereinander in einem ziemlich engen Zusammenhang» stünden. Das Verhältnis von Klavier und Orchester ist ganz elementar bestimmt durch den auskomponierten klanglichen Gegensatz zwischen dem harten Metallklang und dem vollen Orchesterklang. Vom Pianisten verlangt PROKOFJEW eine gleichsam stählerne Fingerakrobatik, die neben der Schlag- und Hämmertechnik auch noch über gerissene, gewissermaßen «gezupfte» Anschläge verfügen muß. Der «moderne» Ton, der sich hier Bahn bricht, entspringt ganz unmittelbar der Mechanik des Klavierspiels. Das Konzert beginnt mit jenem berühmt gewordenen, kraftvollen, ja mitreißenden Thema, das FRANCIS POULENC «eine Art athletischen Jubelgesang» genannt hat, der charakteristisch sei für dieses von PROKOFJEW für sein eigenes, «präzises, makelloses, muskulöses» Klavierspiel konzipierte Stück. Eine Tendenz der russischen Musik, wie sie MUSSORGSKIJ als erster entwickelt hat, kommt hier zu gewaltigem Durchbruch: die Tendenz nämlich, buchstäblich handgreifliche, körpernah-gestische Musik zu schaffen, der so etwas wie verinnerlichter Ausdruck fremd ist. Deshalb sind denn auch die lyrischen Episoden entweder tiefsinnig-phantastisch (im Fall der ersten) gehalten, freilich mit nervös-gespanntem Ausdruck oder, wie im Fall der zweiten Episode (Andante assai), ruhig und nachdenklich, jedenfalls an keiner Stelle sentimental.

Die formale Anlage wird bestimmt von der refrainartigen Wiederkehr des einleitenden Themas mitsamt dem nachfolgenden Sonaten-Allegro. Die langsamen Episoden vertreten den Seitensatz und die Position des langsamen Satzes. Die Durchführung ist als Scherzo gestaltet. Mit einer solchen komplexen Formkonzeption, bei der mehrere Sätze in einem zusammengefaßt sind, stand PROKOFJEW ganz auf der Höhe der Zeit, obwohl es fraglich erscheint, daß er SCHÖNBERGS einsätzige Großformen der *ersten Kammersymphonie* oder des *ersten Streichquartetts* gekannt haben könnte.

Zwei Jahre später schrieb PROKOFJEW, ebenfalls noch als Konservatoriumsschüler, das *zweite Klavierkonzert g-moll op. 16* (*in vier Sätzen*), arbeitete es jedoch 1923 für eine Aufführung in Paris unter Sergej Koussevitzky einschneidend um, insbesondere den Orchestersatz, den er jetzt klanglich erheblich zu verfeinern verstand. Die kompositorischen Probleme waren eben hier ganz andere als im *ersten Konzert*, an dem das *zweite* in der ursprünglichen Fassung gewissermaßen Kritik üben wollte: «Die Vorwürfe des

Haschens nach äußerem Glanz und eines gewissen Jonglierens im ersten Konzert führten mich dazu, im zweiten größere Tiefe zu suchen.»

Die Uraufführung dieser ersten Fassung im Jahr der Komposition schockierte das Publikum so sehr, daß viele Zuhörer bereits während der Aufführung protestierend den Saal verließen. Den jungen Komponisten rührte das indessen wenig. Er wußte genau, daß die vermeintlich extravagante Musiksprache des *zweiten Konzerts* ihre klassischen Momente nur hinter rauher Schale verbarg. Die ungewöhnliche, viersätzige Anlage und der strenge thematische Aufbau sind das Gegengewicht zu der überaus kühnen Harmonik. Die dissonanten Kräfte, die PROKOFJEW hier mobilisiert, gehen allerdings auch stark an die Grenzen der Tonalität, aber weiter auch wiederum nicht. Und der erste Satz ist nicht nur einer der besten Konzertsätze PROKOFJEWS überhaupt, sondern enthält auch die Neuerung, daß die *Durchführung* der Kadenz des Solisten vorbehalten ist, die zudem auch noch eine geradezu exzessive Ausdehnung aufweist. Der zweite Satz ist eines jener «motorischen» Scherzi, die so typisch für PROKOFJEW sind. Der Hörer wird ständig in Atem gehalten von lauter überraschenden, teilweise witzigen harmonischen Wendungen, die sogar ins Makabre hinüberreichen. Der eigentliche Stein des Anstoßes war bei der Uraufführung der dritte Satz (Intermezzo) mit seinen drohenden, kantigen Baßsprüngen und dem nahezu barbarischen Kolorit, das bereits Eigenarten der späteren *‹Skythischen Suite›* vorwegnimmt. Ebenso ungehemmt, wenn auch diesmal formal streng gezügelt, verhält sich das Finale, in dessen Coda die Lust an der Dissonanz ihre höchsten Triumphe feiert. Als scharfer stilistischer Kontrast dazu wirkt das melodische Thema im russischen Volkston, das den Mittelteil des äußerst gewichtigen Finalsatzes beherrscht. Über dem ganzen Konzert liegt schwer und drohend der dunkle Schatten MUSSORGSKIJS und verwehrt ihm eine unmittelbare, «eingängige» Publikumswirkung. Aber es zeigt, wie weit die Spannweite der Phantasie PROKOFJEWS reichen kann.

Ganz andere Töne schlägt PROKOFJEW dagegen in dem «neoklassizistischen» *dritten Klavierkonzert C-dur op. 26* (*in drei Sätzen*) an, das bis heute das meistgespielte seiner Klavierkonzerte geblieben ist. Skizzen stammen aus der Zeit der *Symphonie classique* (1917), einer Art Hommage à HAYDN (durch TSCHAIKOWSKYS Brille hindurch) mit lustigem Augenzwinkern und hoher kompositorischer Qualität, was sich auch auf das *dritte Klavierkonzert* überträgt. Vollendet wurde es 1921, als sich der Komponist in der Bretagne aufhielt. Die Uraufführung spielte er wieder selbst, diesmal freilich nicht mehr in Rußland, sondern in der «Neuen Welt», in Chicago (am 16. Oktober 1921).

Der unerhörte Erfolg blieb dem Werk auch ein halbes Jahr später bei der Pariser Erstaufführung und weiterhin erhalten. Damals traten Kollegen wie RAVEL, HONEGGER und POULENC an PROKOFJEW heran und gratulierten ihm zu dieser überragenden kompositorischen Leistung. Nicht zufällig ist das Konzert in der «weißen», rationalen, klaren Tonart C-dur geschrieben und damit ein Gegenpol zum finsteren *zweiten Konzert*. Das ästhetische Ideal der *clarté*, das die jungen französischen Musiker im Gefolge ERIK SATIES vertraten, wird hier ausdrücklich ins Werk gesetzt und mit dem unverwechselbaren PROKOFJEWschen Witz ausgespielt. Strenge Diatonik löst die chromatisch-dissonante Schreibweise des *zweiten Konzerts* wirkungsvoll ab. Was aber weit über die «neoklassizistische» Haltung hinausweist, ist genau der Humor, mit dem das geschieht. Der komponierende Virtuose ist in seinem Element, wirbelt alles durcheinander und behält doch die Fäden hinter den Kulissen sorgsam in der prüfenden Hand. Dem Zuhörer wird es leichter gemacht als in den früheren Konzerten, aber auch nicht zu leicht. Die Eleganz und Lockerheit der Faktur ist bloßer Schein, ähnlich wie in RAVELS späterem *Klavierkonzert G-dur*. Die Variationen des zweiten Satzes zeigen teilweise sehr wohl die Zähne; man tut gut daran, beim Hören auf der Hut zu sein. Im Schlußsatz spielen auffällige bitonale Wendungen eine wichtige Rolle. Der russische Musikwissenschaftler Boris Assafjew charakterisierte das *dritte Klavierkonzert* als ein Stück, das die kompositorische Idee austrage, «C-dur zu bekräftigen und zu verherrlichen, nicht als eine Tonart unter vielen, sondern als ganz spezifischen Modus, als ganz eigene Sphäre, die völlig sich selber genügt». Und es ist das einzige Klavierkonzert PROKOFJEWS in der «klassischen» dreisätzigen Anlage geblieben.

Mit dem *vierten Klavierkonzert B-dur op. 53 für die linke Hand* (*in vier Sätzen*) tritt wieder PROKOFJEWS experimentelle Haltung auf den Plan. Mit diesem Konzert hatte er aber Pech. Der einarmige Wiener Pianist Paul Wittgenstein – Bruder des berühmten Philosophen – hatte es in Auftrag gegeben und wollte es dann doch nicht spielen. (RAVEL schrieb ebenfalls für ihn das *Konzert D-dur für die linke Hand.*) So kam es erst drei Jahre nach PROKOFJEWS Tod, also 1956, in Ost-Berlin zur Uraufführung. Die erste sowjetische Aufführung erlebte es sogar erst 1959 (Leningrad). Die Komposition entstand 1931, und Wittgenstein schrieb damals an den Komponisten: «Ich danke Ihnen für Ihr Konzert, aber ich begreife nicht eine einzige Note davon und werde es nicht spielen.» PROKOFJEW plante daraufhin sogar eine Umarbeitung für zwei Hände, um das Konzert für eine Aufführung in regulärer Besetzung wenigstens zu retten, doch er kam nicht dazu, den Plan auszuführen. Wittgensteins Ablehnung ist erstaunlich genug, ebenso die Tagebuchnotiz des Komponisten NIKOLAJ MJASKOWSKY, immerhin einer der betonten Anhänger PROKOFJEWS, das *vierte Klavierkonzert* sei «erwähnenswert, aber etwas trocken», doch sollte hier etwa ein Mißverständnis vorliegen? Es handelt sich nämlich um eine Art Kammerkonzert; das Orchester beschränkt sich auf kleine Besetzung. Doch weder diese Beschränkung, sofern es überhaupt eine ist, noch der Zwang, den Solopart für die linke Hand allein zu entwerfen, hinderten PROKOFJEWS musikalische Phantasie daran, eine ungewöhnliche Vielfalt von Themen, Stillagen, Anspielungen und Assoziationen in dieses Konzert einzubringen, einen Reichtum also, der tatsächlich auf den ersten Blick verwirren könnte. Mit Recht sagt PROKOFJEW selbst darüber: «Der erste Satz jagt rasch dahin und ist in seiner Anlage hauptsächlich auf die Fingertechnik ausgerichtet –» es handelt sich um ein toccatahaftes Perpetuum mobile – «der zweite (Andante) entfaltet sich nicht ohne einen gelassenen Stolz; der dritte hat die Funktion eines Sonaten-Allegros (obwohl er von dieser Form abweicht); der vierte ist eine Reminiszenz an den ersten Satz, schnell, aber knapp zusammengedrängt und mit der dynamischen Vorschrift *piano* versehen.» Die Sonderstellung des *vierten Klavierkonzerts* hat es nicht verdient, im Schatten des *Klavierkonzerts für die linke Hand* von RAVEL zu stehen.

Das *fünfte Klavierkonzert G-dur op. 55* (*in fünf Sätzen*) sprengt das übliche Maß. Die Fingerakrobatik des Solisten wird aufs äußerste herausgefordert und die normative Form endgültig und für immer verlassen: Es gibt fünf miniaturhafte Sätze an Stelle der sonst üblichen drei großen Konzertsätze. Zugleich ist das *fünfte Konzert* eine gelassene Rückschau auf das bisher (das heißt: bis 1932) Erreichte und ein bemerkenswerter Übergang zum Spätstil PROKOFJEWS, der sich durch die Idee einer «neuen Einfachheit» auszeichnet. So schreibt der Komponist in seinen autobiographischen Aufzeichnungen: «Ich hatte neue Vorstellungen entwickelt [...], hatte über gewisse Techniken nachgedacht [...] und schließlich hatte sich in meinen Skizzenheften auch eine Fülle bezaubernder Hauptthemen angesammelt [...] Ich strebte einerseits nach Einfachheit, aber andererseits fürchtete ich auch und vor allem, daß diese Einfachheit unversehens in eine bloße Wiederholung abgestandener Formeln umschlagen könnte, in einer Art ‹altersklapprige, baufällige Einfachheit›, die ja bei einem modernen Komponisten wenig wünschenswert ist.»

Mit unverhohlener Ironie weist PROKOFJEW hiermit auf den Zwiespalt zwischen der Publikumswirksamkeit einerseits und den Forderungen, die das «moderne» Komponieren andererseits an den Komponisten stellt. Seine praktische Antwort darauf war dann eben das *fünfte Klavierkonzert*. Fünf kurze, aber inhaltsreiche Sätze, davon drei in toccatahafter, virtuoser Ausgestaltung und zwei – der zweite und vierte Satz – von betont lyrischer Grundhaltung, treten zu einem Ganzen zusammen. Die höchst verschiedenen musikalischen Inhalte sind so vielgestaltig, daß man dieses Konzert als eines der spannendsten überhaupt bezeichnen könnte. Häufige Stimmungs- und Haltungswechsel, bizarre Gedanken und ein stets geistreiches Konzertieren zwischen Solist und Orchester zeigen PROKOFJEWS Kunst auf souveräner Höhe. Er spielte die Uraufführung am 31. Oktober 1932 mit den Berliner Philharmonikern unter der Leitung von Wilhelm Furtwängler und kurz darauf auch die Erstaufführungen in Moskau und Leningrad.

Dietmar Holland

Violinkonzerte

Violinkonzert Nr. 1 D-dur op. 19 (1916/17)

PROKOFJEW hat an diesem dreisätzigen Konzert neben seiner ‹*Klassischen Symphonie*› gearbeitet, in unbeschwerten Jugendtagen auf dem Gut Sonzowka, das seine Eltern verwalteten, und es in seiner Autobiographie als ein «lyrisches» Werk den «grotesken» Schöpfungen jener Schaffensepoche gegenübergestellt. Der vorgesehenen Petrograder Uraufführung kam die Revolution dazwischen, und es erklang erst am 21. Oktober 1923 in Paris – mit Marcel Darrieux unter Sergej Koussevitzky; PROKOFJEW lebte inzwischen im Westen.

Seine Jugendwerke der russischen Zeit haben – ob grotesk oder lyrisch – mehr noch als spätere Kompositionen viel von der unbekümmerten Unkonventionalität der zeitgenössischen «Wilden» Malerei (ein Begriff, der in bezug auf die russische Kunst 1912 im «Blauen Reiter» Wassily Kandinskys und Franz Marcs geprägt wurde): im Sinne einer die Zeitgenossen verblüffenden, Geschmacksregeln mißachtenden Suche nach künstlerischer Wahrhaftigkeit auf neuen, aber mitunter auch archaischen Wegen. Obschon Kontakte zu den russischen Futuristen nicht belegt sind, hat PROKOFJEW viele von deren Ideen in seiner Musik realisiert. Der Schlußsatz mit der immer höher klimmenden Solovioline entbehrt nicht der grotesken Übersteigerung; jedoch sind in diesem Konzert viele Töne seines späteren «neuen Romantismus», einer introvertierten «Märchenhaftigkeit», vorweggenommen. Andererseits konnte er sich dem Denken der Epoche nicht entziehen: Seine Musik hatte schon sehr früh den Charakter einer motorischen, antiemotionalen «Neuen Sachlichkeit» und jene Tendenz, der PROKOFJEW selbst in den dreißiger Jahren die Bezeichnung «neue Einfachheit» geben sollte: eine theatralische, inszenierte Rückkehr zu den klassischen Formen und Ausdrucksmitteln, deren Verfremdungen sich mikroskopisch aus winzigen Verschiebungen und Schräglagen der harmonischen Strukturen ergeben.

Detlef Gojowy

Violinkonzert Nr. 2 g-moll op. 63 (1935)

Das dreisätzige Konzert komponierte PROKOFJEW in jenem Jahr, in dem er sich zur Rückkehr nach Rußland entschloß (mit dem er auch in den Exiljahren den Kontakt nie verloren hatte), im Auftrag für den französischen Geiger R. Soëtan, der es am 1. Dezember 1935 in Madrid uraufführte; Stationen seines Entstehens waren – auf Konzertreisen PROKOFJEWS – Paris, Woronesch und Baku, Stationen seiner ersten Präsentation Spanien, Portugal, Marokko, Algier und Tunis. Der Stil des Konzerts steht im Banne jener Ideen, die man als «Neue Sachlichkeit» und PROKOFJEW selbst als «Neue Einfachheit» bezeichnete: einer objektiven, energischen, motorischen und optimistischen Musik, in der man Individuelles und Psychologisches überwunden glaubte. Die frühen dreißiger Jahre – vor der Katastrophe der Stalinschen «Säuberungen» und Künstlerverfolgungen – hatten die Utopie einer kollektivistischen, Kunst und Leben vereinigenden Musik noch nicht desavouiert, sie in keine «innere Emigration» getrieben (in der sich dann auch PROKOFJEW wiederfinden sollte). Das Hauptthema des ersten Satzes begegnet – im Geist der Zeit – in kontrapunktischen Verschränkungen. Die Lyrik des zweiten Satzes hat etwas von inszenierter Geste, läuft nicht ohne PROKOFJEWsche Groteske ab; gleiches gilt vom dritten Satz: Elemente des herkömmlichen, romantischen Konzertierens sind – wie in der Dramaturgie Bertolt Brechts – in ihrem «Materialwert» betrachtet, in neuen Sichtweisen gebrochen und «objektiviert», jedenfalls mit neuen Akzenten ausgestattet.

Detlef Gojowy

Kompositionen für Violoncello und Orchester

Gemessen an den Klavier- und Violinkonzerten stehen die drei *Kompositionen für Violoncello und Orchester* von PROKOFJEW eher im Hintergrund, das mag auch an den Entstehungsumständen liegen, vor allem wohl aber daran, daß sie PROKOFJEW letztendlich auf einen bestimmten Instrumentalisten zugeschnitten hat, so gänzlich dessen technischen Fähigkeiten und individueller Meisterschaft gefolgt ist, daß sich kaum andere Interpreten – trotz vereinfachender Alternativangebote innerhalb der Solopassagen – an die drei Stücke heranwagen. Der Instrumentalist, der selbst auch mit in die Kompositionen eingegriffen hat, ist Mstislaw Rostropowitsch, und die drei Werke sind im einzelnen: das *Konzert für Violoncello e-moll op. 58*, das *Symphonische Konzert für Violoncello und Orchester e-moll op. 125* und das *Concertino für Violoncello und Orchester g-moll op. 132*.

Die größte und entscheidenste Rolle hat Rostropowitsch bei diesem letztgenannten Stück gespielt, das zu den letzten Kompositionen PROKOFJEWS überhaupt gehört. Bei seinem Tod am 5. März 1953 lag nur der zweite Satz im Klavierauszug fertig vor, die beiden Ecksätze in mehr oder weniger ausführlichen Skizzen, die Rostropowitsch im Klavierauszug ergänzte. Der Komponist DMITRI KABALEWSKY instrumentierte alle drei Sätze nach den detaillierten Notizen, die PROKOFJEW hinterlassen hatte, und so wurde das *Concertino* am 18. März 1960 mit Rostropowitsch als Solisten uraufgeführt. Das kurze Stück – es dauert etwa eine Viertelstunde – fordert alles, was der Instrumentalist geben kann. Bereits im eröffnenden Andante mosso findet sich eine genau fixierte Kadenz, die fast ausschließlich im Violinschlüssel notiert ist, mit Doppelgriffen und Flageolett-Tönen und höchsten grifftechnischen Finessen aufwartet. Dennoch gibt sich das *Concertino* nicht bedenkenlos blendender Virtuosität hin. Der Orchestersatz weist ähnliche Transparenz und klare, ja abgeklärte Schlichtheit auf, die sich etwa auch in der *siebenten Symphonie* finden. Lyrischer Ton und melodiöse Kantilenen zeichnen den Mittelsatz, abermals ein Andante, aus, bevor das Schluß-Allegretto dann noch einmal den großen, dramatischen Auftritt des Soloinstruments bringt.

Das *erste Violoncellokonzert* hatte PROKOFJEW 1933 noch in Paris begonnen, es dann aber erst, wieder nach Moskau zurückgekehrt, 1938 vollendet. Nach dem Uraufführungsmißerfolg überarbeitete er das Stück, so daß 1940 eine zweite Fassung fertig war, die PROKOFJEW aber immer noch nicht zufriedenstellte. Nach der Bekanntschaft mit Rostropowitsch machte sich PROKOFJEW 1950 an eine weitere Überarbeitung, entschloß sich aber dann zu einem ganz neuen Stück aus dem Material des ersten Konzerts, dem *Symphonischen Konzert op. 125*, das in Zusammenarbeit mit seinem Cellistenfreund 1950 bis 1952 entstand.

Er übernahm die ungewöhnliche formale Anlage mit einem Andante als Kopfsatz, einem schnellen Mittelsatz und wiederum einem getragenen Finale. Auch die Tonart e-moll und Teile des thematischen und motivischen Fundus bezog er aus dem früheren Konzert. Während das *Violoncellokonzert* von 1933/38 unter den Einfluß des Mißerfolgs des *Symphonischen Lieds op. 57* nicht nur in der Form, sondern auch in Melodiegebung und musikalischer Ausgestaltung etwas verkrampft und starr geraten wirkt, ist das *Symphonische Konzert* tatsächlich beinahe zu einer Symphonie mit obligatem Cello angewachsen. PROKOFJEW hat reicher instrumentiert, geht freier mit der Form um: Im dritten Satz wird aus dem ursprünglich deutlich konturierten Thema mit Variationen ein uneingeschränkter, fließender Variationssatz, der sich organisch entwickelt. Das Zusammentreffen von alt und neu im *Symphonischen Konzert* entspricht PROKOFJEWS damaliger Arbeitsphase der *sechsten Symphonie* und der *letzten Klaviersonaten*. Was im *Violoncellokonzert* fast verknöchert, steif und gewollt klingt, ist in der Metamorphose des *Symphonischen Konzerts* zu einer Komposition mit Biß und Elan geworden. PROKOFJEW findet zu einem originellen Orchestertimbre zurück durch die differenziertere Instrumentation, er ergibt sich auch nicht den konventionellen Vorstellungen von Virtuosität, und doch ist das *Symphonische Konzert* – vielleicht nicht zuletzt durch die Zusammenarbeit mit Rostropowitsch – zu einem musikantischen und gleichzeitig hochanspruchsvollen Werk der Konzertliteratur für Violoncello geworden, das das ursprüngliche *Konzert op. 58* nicht nur verdrängt, sondern mehr als ebenbürtig ersetzt hat.

Irmelin Bürgers

‹Peter und der Wolf› op. 67

Als Prokofjew 1934 nach sechzehnjähriger Abwesenheit nach Rußland zurückkehrte, war da einiges Heimweh im Spiel, zugleich aber wollte er dem jungen Sowjetstaat nicht länger seine künstlerische Gefolgschaft verweigern. Das tiefsitzende Mißtrauen der ansässigen stalinistischen Kulturhüter, die in ihm nach wie vor einen abtrünnigen Apologeten bürgerlicher Dekadenz sahen, konnte er durch seine Rückkehr freilich nicht auf Anhieb zerstreuen. Also bemühte er sich verstärkt um offizielle Aufträge und schrieb politisch engagierte Musik wie etwa die *‹Massenlieder›* (*op. 66*) oder die *‹Kantate zum 20. Jahrestag der Großen Sozialistischen Oktoberrevolution›* (*op. 74*), die natürlich im Westen als Machwerke kleinmütiger Anpassung gescholten wurden. In dieser Zeit entstand auch das «unpolitische» *musikalische Märchen ‹Peter und der Wolf›* im Auftrag einer staatlichen Kulturinstitution, des Zentralen Moskauer Kindertheaters, und wurde dort am 2. Mai 1936 uraufgeführt. Obwohl Prokofjew mit diesem ausdrücklich «für Kinder» komponierten Stück primär musikpädagogische Ziele verfolgte, war er auch hier bemüht, im Geiste des Sozialismus auf seine jungen Zuhörer einzuwirken, indem er sie zu solidarischem Verhalten und kollektivem Handeln aufforderte. Zugleich zeichnete er die Handlung und die Figuren auch musikalisch im Orchestersatz gestisch-atmosphärisch nach. So konnten die Kinder, sich an den charakterisierenden Leitthemen der Märchenfiguren orientierend, die im Text geschilderten Ereignisse in der Komposition emotional nacherleben. Auf diese unterhaltende Weise machte sie der Komponist nebenbei auch mit dem Instrumentarium des Symphonieorchesters vertraut und schulte das Differenzierungsvermögen ihres Gehörs. Die klare, verständliche, einfache Diktion von Prokofjews sozialistischer Kindermusik hat *‹Peter und der Wolf›* bald zu einem der populärsten Kompositionen des 20. Jahrhunderts werden lassen.

Attila Csampai

‹Alexander Newski› und ‹Iwan der Schreckliche›

Auf der Suche nach dem, was man unter dem Begriff des «sozialistischen Realismus», insbesondere in Rußland unter der Ära Stalins, zu verstehen habe, wird man immer wieder auf die Kompositionen PROKOFJEWS zu den Filmen «Alexander Newski» und «Iwan der Schreckliche» von Sergej Eisenstein stoßen. In der Tat verkörpern diese Werke nahezu alles, was darunter verstanden wird: Plakativität, klare Parteinahme, Simplizität der Strukturen, tableauartige Aufrisse, Pauschalisierung an Stelle von Differenzierung. PROKOFJEWS Musik glich sich ab Mitte der dreißiger Jahre deutlich den kulturpolitischen Vorstellungen der kommunistischen Partei an – beinahe nahtlos, so möchte es scheinen. Diese Beurteilung läuft freilich Gefahr, allzuleicht zu einer vorschnell endgültigen zu werden.

Im Jahre 1938 traf PROKOFJEW mit Eisenstein zusammen: Eine gegenseitige aufrichtige Bewunderung ließ das Projekt zum Film «Alexander Newski» reifen. Thema war der Zusammenschluß des russischen Volks gegen ausländische Aggressoren unter der Anführung des Volkshelden Newski. Die einzelnen filmischen Episoden waren großflächig angelegt; PROKOFJEWS Musik hatte viel Spielraum, konnte sich ausbreiten wie in Massenszenen einer Oper. Ein Jahr nach dem Film, 1939, stellte PROKOFJEW Teile der Filmmusik zu einer großen *Kantate* zusammen.

Die Musik zu «Iwan der Schreckliche» aus den Jahren 1942 bis 1944, die noch mehr russisches Kolorit einbringt und individualpsychologisch eindringlicher gestaltet wurde, ist im Konzertsaal kaum anzutreffen, da ihr eine konzertgemäße Umarbeitung versagt blieb. In seiner Autobiographie berichtet PROKOFJEW über die Zusammenarbeit mit dem Regisseur: «Eisenstein bereitete gerade den Film ‹Iwan der Schreckliche› vor. Er führte mich sogleich in dessen Szenarium ein. Dann gingen wir das Ganze noch einmal gemeinsam durch, wobei er eine genaue, sehr lebendige Schilderung gab, wie er sich in allen Einzelheiten die Musik dachte. Wir arbeiteten dann auf zwei Geleisen. Teile der Musik mußten fertig sein, ehe der Film gedreht wurde, andere Teile wurden erst geschaffen, nachdem der ganze Film schon fertig war. Sobald ich etwas fertig hatte, spielte ich es Eisenstein vor, und dann wurde es sogleich aufgenommen.»

Die Bearbeitung der Filmmusik von «Alexander Newski» zu einer konzertgemäßen *Kantate* bereitete über weite Strecken hin wenig Schwierigkeiten. Szenenaufrisse waren meist ganz zu übernehmen oder bedurften nur einer geringen Modifikation. Das Herzstück der siebenteiligen Kantate, überschrieben mit *‹Die Schlacht auf dem Eis›*, wurde allerdings in der Konzertfassung wesentlich verdichtet, die Themen wurden kontrapunktisch verarbeitet (im Unterschied zur entsprechenden Filmszene). Aus einer fesselnd illustrativen Musik entstand eine vom Bild unabhängige Komposition mit ganz spontan zwingenden Konturen. Das Hämmern des Schlagzeugs, das an ein sich beschleunigendes Fahren eines Eisenbahnwaggons erinnert, dazu eine grelle und harte Instrumentierung schaffen trotz ihrer unmittelbaren Plastik und Wirksamkeit Distanz zum Hörer. Ihm wird nicht Vertrautes vorgesetzt, sondern eine Musik, an der man sich reiben muß, die neues Hören abfordert. Freilich bleiben dennoch diese breitflächig und heroisierend angelegten Musikwerke PROKOFJEWS fragwürdig. Mehr als andere Arbeiten sind sie aus den nationalen Problemen der Zeit heraus entstanden. Dennoch aber geht eine unreflektierte Gleichsetzung mit Kunstformen im Hitler-Deutschland fehl. Stets nämlich bleibt in Kompositionen PROKOFJEWS wie *‹Alexander Newski›* die Kraft einer ganz unmittelbar empfundenen Notwendigkeit und eine klare Bewußtheit über die eingesetzten Mittel spürbar.

Reinhard Schulz

Aram Chatschaturjan

Kodschori bei Tiflis, 24. Mai (6. Juni) 1903 – Moskau, 1. Mai 1978

Der sowjetisch-armenische Komponist studierte seit 1921 in Moskau, unter anderem bei MICHAIL GNESSIN, NIKOLAJ MJASKOWSKY, REINHOLD GLIÈRE und SERGEJ WASSILENKO war 1934 bis 1936 Aspirant bei MJASKOWSKY. Etappen seiner Durchsetzung und Bekanntheit waren seine *Toccata für Klavier*, 1932, und seine *erste Symphonie* anläßlich des fünfzehnten Jahrestages der Sowjetrepublik Armenien (1934). Weltweit bekannt wurde durch Lew Oborin sein *Klavierkonzert* (1936) und durch David Oistrach sein *Violinkonzert* (1940), während der ‹*Säbeltanz*› aus seinem Ballett ‹*Gajaneh*› bis in die Niederungen der Werbung drang; sein *Violoncellokonzert* (1946) vollendete die Triade seiner Instrumentalkonzerte.

Die Musik CHATSCHATURJANS spielt sich sozusagen im Dreieck dreier Einflußsphären ab. Da sind einmal seine tiefen Wurzeln in der Musikkultur seiner armenischen Heimat, der er sich auch in Moskau verbunden fühlte, wenn er für das dortige Haus der Armenischen Kultur arbeitete – aus dieser Sphäre dringen Melodien, Skalen und Rhythmen auch in seine Symphonik, freilich nicht ungebrochen.

Denn deren Sphäre ist grundlegend von einer zweiten Einflußsphäre geprägt: der der klassisch-romantischen russischen Symphonik in Traditionen TSCHAIKOWSKYS und GLASUNOWS mit eigenen, ausgeprägten Handwerksregeln, mit eigenen Stimmungswerten lyrischer Impressionen und gestischer Erzählung. Anklänge an TSCHAIKOWSKYsche Themen und Techniken sind in seinen Orchesterwerken immer wieder zu finden, während die heimatlichen «Orientalismen» in dieser Sprache durchaus nicht stilfremd sind, denn die russische nationale Schule hat sich seit der Romantik für die Musik der angrenzenden asiatischen Völkerschaften interessiert.

Für die russische Musik sellte sich schließlich – über diese Grenzen hinausdenkend – die Frage ihrer Einordnung im europäischen Kulturkreis: ihr Verhältnis zu Beethoven, Mozart, zu Schubert und zu Bach, deren Werk gerade in den zwanziger und dreißiger Jahren Gegenstand neuer Diskussionen war. Die russischen Musiker haben ihren Begriff der «Meisterschaft» nie ohne Rückbezug zu den westlichen Klassikern gedacht und sie immer als eigenen Anspruch und eigene Verpflichtung empfunden.

In diesem Sinn partizipiert Chatschaturjan, der seinen Weg hauptsächlich in den dreißiger Jahren machte, an einem internationalen Stil, für den eine verbindliche Benennung noch nicht gefunden wurde, obschon er in verhältnismäßig ähnlichen Ausdrucksformen im Osten wie im Westen zu beobachten ist: «Vitalismus», «Populismus» wie auch «energetischer Neoklassizismus» waren Versuche seiner Definition. Die dreißiger Jahre hatten sich von den psychologischen Problemen und avantgardistischen Konstruktionen der zehner und frühen zwanziger Jahre abgewandt; Volkstümlichkeit, Monumentalität und zuweilen eine hektische Motorik huldigten einem Ideal neuer Verständlichkeit, des Optimismus und der Lebensnähe im Sinne der alten Futuristenidee, die Grenzen zwischen Kunst und Leben zu beseitigen. Die Musik Chatschaturjans ist in diesem Sinne fast immer ruhelos und von virtuoser Beweglichkeit und behält andererseits selbst in ihren beschaulich-illustrativen Episoden einen Zug zur Objektivität. Diese Sprache, wenn man so will, als «sozialistisch-realistisch» zu bezeichnen, fand auch im ähnlich orientierten Amerika entsprechenden Anklang.

Zukunftsträchtig im Sinne einer Einschmelzung und Neuformulierung eines gesamt-abendländischen Musikerbes erscheint seine *zweite Symphonie*, 1943 im Krieg entstanden und seine Tragik in Zitaten der Sequenz *‹Dies irae›* aus der lateinischen Totenmesse beschwörend – Wegweiser zu einer «Polystilistik», wie sie von sowjetischen Komponisten in den siebziger Jahren als Programm formuliert wurde.

Ungeachtet dieser Orientierungen entging neben Schostakowitsch und Prokofjew in den 1948er Kampagnen auch Chatschaturjan nicht dem Vorwurf, «volksfremd und formalistisch» zu komponieren; auch er mußte sich in den folgenden Jahren hauptsächlich mit Bühnen- und Filmmusiken über Wasser halten. Aus dieser Schaffensperiode wurde sein Ballett *‹Spartakus›* (1954) berühmt. Anknüpfend an seine *Konzerte* komponierte er in den siebziger Jahren in freieren Formen, mit raffinierten impressionistischen Farbwirkungen *‹Konzert-Rhapsodien› für Violine* (1961), *Violoncello* (1963) und *Klavier* (1968) *mit Orchester*.

Detlef Gojowy

Dimitri Schostakowitsch

St. Petersburg, 12. (25.) September 1906 – Moskau, 9. August 1975

So weltweit anerkannt die Musik von SCHOSTAKOWITSCH auch ist, so sehr war sie gebunden an die kulturpolitischen Entwicklungen der Sowjetunion. SCHOSTAKOWITSCH ist kein musikalischer Weltbürger gewesen wie etwa PROKOFJEW oder gar STRAWINSKY; er wollte von Anfang an die musikalische Tradition MUSSORGSKIJS, dessen Realismus vor allem und die Körperhaftigkeit der Musik, auch – im Bereich der Symphonik – den «Ton» TSCHAIKOWSKYS und insbesondere GUSTAV MAHLERS fortsetzen und dabei ein neuartiges, aber trotzdem spezifisch russisches Idiom sprechen, das bei aller Kühnheit stets verständlich bleiben sollte. Daß der junge SCHOSTAKOWITSCH in den zwanziger Jahren, als die westlichen Strömungen der Avantgarde noch nicht in der Sowjetunion per Dekret verboten waren, sich an Werken wie BERGS Oper *‹Wozzeck›*, die damals im Beisein des Komponisten in Leningrad erstaufgeführt wurde, orientierte, um daraus eigenwillige kompositorische Konsequenzen zu ziehen, hörbar in der Gogol-Oper *‹Die Nase›*, war am Ende doch nur eine bloße Zeiterscheinung der «experimentellen» Jahre des jungen Komponisten. Freilich hat der spätere SCHOSTAKOWITSCH seine frühe Phase nie ganz verleugnet, denn seine überragende Begabung hatte sich gerade dort am deutlichsten gezeigt. Ein Werk wie die *zweite Symphonie* geht immerhin so weit, eine Art Klangfarbentextur zu entwerfen, die ähnliche Verfahren wie die von GYÖRGY LIGETI etwa bereits dreißig Jahre früher ausprobiert. Die konsequent wiederholungslose Form der Symphonie ist dabei der zugrunde liegenden Idee verpflichtet, eine musikalische Zehn-Jahres-Feier der Oktoberrevolution zu geben. (Das Jahr 1905 folgte später in der *Symphonie Nr. 11* nach.) Es ist denn auch immer charakteristisch für SCHOSTAKOWITSCH geblieben, seinen Weg stets funktionsgebunden zu gehen, auch auf die Gefahr hin, von Leuten gemaßregelt zu werden, die dafür letztlich gar nicht kompetent sind. Denn wie läßt sich Kunst vom Bürokratentisch aus beurteilen? Die Vorgänge in der Stalin-Ära sprechen eine deutliche Sprache. Zweimal mußte sich SCHOSTAKOWITSCH vor dem Scherbengericht verantworten (1936 und 1948). Für einen westlichen Betrachter ist es kaum nachvollziehbar, wie SCHOSTAKOWITSCH in seinen «öffentlichen» Verlautbarungen, besonders nach der zweiten Maßregelung, den Kopf aus der Schlinge zog, indem er nach außen hin reine Lippenbekenntnisse ablegte und ansonsten in die innere Emigration ging. Was er wirklich dachte, vertraute er seiner Musik an. (So mochte sich auch BEETHOVEN unter den Bedingungen der Metternichschen Zensur verhalten haben, jedenfalls was seine Musik betrifft.) SCHOSTAKOWITSCH spielte bis etwa 1962 (politisches Tauwetter unter Chruschtschow) die Rolle des «Gottesnarren» aus der Zarenzeit, der hinter der Maske der Einfältigkeit die Wahrheit verbirgt. Schließlich wollte er überleben.

Am politischen System Kritik zu üben wäre ihm nicht eingefallen. Aber die Antwort auf eine «berechtigte» (!) Kritik sah im Fall der *fünften Symphonie* alles andere als positiv aus, denn das erwartete dröhnend-optimistische Finale, das später die *zwölfte Symphonie* so verunstaltet, blieb aus. Es klang vielmehr so, wie es der Schriftsteller Alexander Fadejew ausdrückte, als wenn an jemandem eine Bestrafung oder eine Rache verübt wird. Nach den Experimenten der *zweiten* bis *vierten Symphonie* folgen die weiteren bis zur *neunten*, zumindest äußerlich, dem klassischen Muster, allerdings um es mit neuem Inhalt zu erfüllen. Die nach Stalins Tod komponierte *zehnte Symphonie* stieß dann wieder die Mitglieder des Komponistenverbands vor den Kopf. Dabei hatte sich SCHOSTAKOWITSCH gerade hier um größtmögliche Klarheit bemüht. Freilich fordert der grüblerische erste Satz in seiner Länge eine unendliche Geduld des Hörers heraus. Und sollten die Parteibürokraten etwa gemerkt haben, daß im zweiten, drastisch verzerrten und brutalen Scherzo-Satz Stalin porträtiert wird? SCHOSTAKOWITSCH verstand sich ja, und zwar je länger, desto intensiver, als musikalischen Anwalt von Ungerechtigkeit, sei es diktatorische Gewalt oder so etwas wie der Antisemitismus. Diese Haltung prägt seine Musik bis zum letzten Ton. *Dietmar Holland*

Symphonien Nr. 1–5

Die *Symphonien Nr. 1–5* von DIMITRI SCHOSTAKOWITSCH, komponiert zwischen 1923 und 1937, spiegeln eine Entwicklung, die mit den Begriffen *Aufbruch – Experiment – Verunsicherung* und *scheinbare Versöhnung* zu beschreiben wäre. Sie umspannen hierbei nicht allein eine individuelle Entwicklung, sondern auch die des jungen Sowjetstaates, dessen Kulturpolitik nicht selten die Konturen für musikalische Stilistik vorgab. SCHOSTAKOWITSCH konnte sich dem nicht immer vollständig entziehen, freilich stellte er sich stets auf ganz individuelle Weise den kulturpolitischen Ansichten und Ausrichtungen der Partei.

Der Schwerpunkt der Arbeit an der *ersten Symphonie in f-moll op. 10*, dem ersten großen Orchesterwerk SCHOSTAKOWITSCHS, lag in den Jahren 1924/25, erste Skizzen gehen auf das Jahr 1923 zurück. Die Uraufführung fand am 12. Mai 1926 in Leningrad statt. SCHOSTAKOWITSCH war gerade zwanzig Jahre alt, die Symphonie hatte er als Abschlußarbeit am Konservatorium geschrieben; daß sie diese Aufgabe übererfüllte, war sofort klar. Sie verblüfft in ihrer Anlage durch eine merkwürdige Verschränkung tradierter Formschemata – und durch beständigen Ausbruch daraus. Gleichsam Übermut im Umgang mit dem musikalischen Material, zur Schau gestellte Souveränität, kennzeichnen den Charakter. In die hergebrachte Form einer Symphonie mit Sonatensatz, Scherzo, langsamem Satz und Finale in freier Sonatensatzanlage sind stilistische Mittel eingebracht, die für die weitere Musiksprache von SCHOSTAKOWITSCH kennzeichnend bleiben: Zitattechnik, skurriler bzw. lakonischer Ton, überraschende Verknüpfungen, Plastik der Erfindung bis hin zur demonstrativen Überzeichnung. Schon am ersten Satz ist dies alles festzustellen. Die langsame Einleitung hat nichts von der hier sonst üblichen Schwere und Nachdrücklichkeit, sondern rückt eine vorwitzig lapidare Fanfarenwendung, zunächst in gedämpften Trompeten, ins Zentrum. Und auch die Themen des Hauptsatzes, ein «verborgener Marsch» und ein pfauenhaft gezierter Walzer, karikieren im Grunde das Prinzip polarer Themensetzung. Der Satz benutzt gewissermaßen die tradierte Formvorgabe, biegt diese aber zugleich um zu einer Collage bizarrer

Bilder. Es ist bezeichnend für die Überlegenheit des jungen SCHOSTAKOWITSCH, daß er scheinbar das mühelos einbrachte, worum sich neoklassizistische Ansätze im Westen oft mit hörbarer Anstrengung bemühten.

Die ganze Symphonie wahrt diesen Ton. Am überzeugendsten vielleicht gelang dies im Scherzo mit einem bestechenden instrumentalen Erfindungsreichtum. Das Klavier wird hier – wie dann auch im vierten Satz – zur klänglichen Schärfung einbezogen. Die melodischen Einfälle wirbeln gleichsam durch die Musikgeschichte, das Scherzo-Thema weist in seiner frech-rhythmischen Prägnanz auf PROKOFJEW, das Thema des Trios mit betonter Quinten-Harmonisierung läßt russische Kompositionstechniken des späten 19. Jahrhunderts anklingen. Emphatisch überlagern sich beide Charaktere gegen Schluß des Satzes. Das Bild eines revolutionär geeinten Rußland mag hier mitschwingen.

Lyrische Besinnlichkeit kennzeichnet den dritten Satz: Holzbläsermelodik, espressivo ausgesungen und mit schillernder Begleitung der Streicher. Der Mittelteil fügt Trauermarschelemente ein, die auf melodisches Material aus der Zeit der gescheiterten Revolution von 1905 anspielen.

Im Finale bilden Themenfetzen, häufig lapidar aus der chromatischen Skala gebildet, einen Reigen, der gleichsam mit Überschwang durch extreme Register des Orchesters führt. Wieder scheint es so, als wolle SCHOSTAKOWITSCH ausbrechen aus vorgegebenen Begrenzungen, hinaus ins Freie. Das pathetische Ende der Symphonie unterstreicht dies. – Die *erste Symphonie* machte SCHOSTAKOWITSCH schlagartig bekannt. Noch in den zwanziger Jahren wurde das Werk im Westen von Dirigenten wie Walter, Stokowski oder auch Toscanini vorgestellt. Auch heute noch zählt sie zu den meistgespielten Symphonien von SCHOSTAKOWITSCH.

Die *zweite Symphonie B-dur op. 14* ist hingegen bei uns so gut wie nie zu hören. Der Grund ist klar, denn diese einsätzige Chorsymphonie besingt in emphatischem Ton Errungenschaften der russischen Revolution (die Worte stammen von Alexander I. Besymenski): Choralpathos, das mit den Worten «Die Losung für die kommenden Generationen: Oktober, Kommune und Lenin» endet. Wie dieser Durchbruch jedoch zustande kommt, das beweist, wie vertraut SCHOSTAKOWITSCH mit den avantgardistischen Sprachmitteln dieser Zeit umging. Diese standen für ihn in keinerlei Widerspruch zum feierlichen Inhalt der Musik. SCHOSTAKOWITSCH erhielt den Auftrag im März 1927, das Werk sollte zum zehnten Jahrestag der Revolution erklingen. Am 5. November dieses Jahres fand die Uraufführung statt. Die Symphonie steht in H-dur, schon zu Beginn aber verschlingen sich die Linien zu einem polytonalen und polyrhythmischen Klanggemisch, in das verhaltene Fanfarenmotivik hineinklingt. Daraus lösen sich ein grell durchbrechender Marsch, dann ein von surrealen Elementen durchzogener Tanz. Exponierte Überlagerungstechniken führen zu tumultartigen Partien von ganz unmittelbarer Bildhaftigkeit. Hier tritt dann der Chor ein, lösend und klärend. Ein hymnischer Ton entsteht, abgelöst von aggressiven, parolenartigen Einwürfen. Diese avancierten Sprachmittel bilden den Widerpart zum hymnischen Ton, sie verhindern Wehleidigkeit. Die *zweite Symphonie* SCHOSTAKOWITSCHS spiegelt wie kaum ein anderes Werk den überschäumenden Aufbruchcharakter der jungen Sowjetunion in den zwanziger Jahren.

Ein merkwürdiges Gegenstück hierzu bildet die *dritte Symphonie in Es-dur op. 20*. Auch sie ist nur einsätzig und endet ebenfalls mit einem hymnischen Chorfinale. Der Untertitel *‹Zum ersten Mai›* kennzeichnet ihre politische wie agitatorische Ausrichtung. Doch schon gleich zu Beginn wird klar, daß SCHOSTAKOWITSCH hier einen ganz anderen Ton anschlägt. Es scheint, als würde das Steuer gleich mehrfach herumgerissen. Zum einen strebt SCHOSTAKOWITSCH einen entschieden faßlicheren, das heißt volkstümlicheren oder schlichteren Gestus an. Das extrem experimentelle Moment der *zweiten Symphonie* ist entschieden zurückgedrängt. Zum anderen scheint die Musik auch Einspruch zu erheben gegen inzwischen schon lauter werdende ästhetische Ausrichtungen in der Sowjetunion. Zwar wirkt der Chorteil der 1929 komponierten Symphonie apotheotisch, doch die vorangegangenen Abschnitte zitieren eine Heiterkeit herbei, die nichts mit angespannt pathetischer Festtagsfeierlichkeit zu tun hat. Ja, die Musik ist gewissermaßen eine Parodie solcher Feierlichkeit. Sie schlägt skurrile Wendungen an, sucht extreme und bizarr wirkende Lagen, überdehnt den Gestus der Festlichkeit zur Ausgelassenheit, zum

Mummenschanz. Die siebenteilige Symphonie entwirft gewissermaßen das Bild eines vorbeiziehenden Aufmarsches mit immer neuen kapriolenartigen Eindrücken. So erklärt sich auch ihr Bauprinzip, über das SCHOSTAKOWITSCH einmal sagte: «Es wäre interessant, eine Symphonie zu komponieren, in der sich kein Thema wiederholt.» Nicht immer freilich gelingt dabei ein in allem stimmiger Aufbau, wichtiger aber erscheint, daß SCHOSTAKOWITSCH hier eine musikalische Charakteristik in Szene setzt, die sich verfestigenden Kunstvorstellungen in der Partei zu widersetzen sucht.

Die Partitur zur *vierten Symphonie c-moll op. 43* entstand in den Jahren 1935 und 1936. Der kompositorische Anspruch ist merklich gestiegen, was schon aus der zeitlichen Ausdehnung des dreisätzigen Werkes auf etwa eine Stunde Spieldauer hervorgeht. Doch auch die musikalische Sprache entfernt sich weitgehend von der bildhaften Plastik der früheren Werke. SCHOSTAKOWITSCH geriet zu dieser Zeit wegen seiner Oper *‹Lady Macbeth von Mzensk›* in die Mühlen einer immer trivialeren Idealen nachhängenden Kulturkritik. Dies scheint im zerrissenen Ton der Musik widergespiegelt, gleichzeitig schlug die Symphonie hiermit eine Sprache an, die immer schwerer durchsetzbar war. Nach einigen Proben zog SCHOSTAKOWITSCH selbst das Werk zurück, es wurde erst 1961 uraufgeführt. Auch heute noch erweckt es einen zwiespältigen Eindruck. Deutlich vernehmbar ist der Einfluß MAHLERS in Steigerungsfeldern und Zusammenbruchsstellen, in surrealen Einsprengseln und in scheinbar trivialen Tanz- oder Marschmotiven. Freilich geht SCHOSTAKOWITSCH in der Materialbehandlung, auch im Umgang mit der Tonalität, über MAHLER hinaus, was den Eindruck gleichsam bezugsloser Abschnitte, die sich merkwürdig im Gesamtprozeß verlieren, noch unterstreicht. Schief scheinen auch die Sätze zueinander zu stehen. Zwei großdimensionierte Ecksätze, wobci im dritten Satz Largo und Allegro gekoppelt sind, umfassen ein lakonisch knappes Intermezzo.

Die Randsätze entwickeln gewaltige Energien mit ungeschlachten Flächenwirkungen. Der Schluß der Symphonie gibt die inhaltliche Ausrichtung an: Ein großangelegter Durchbruch wird angesteuert, er bleibt in einer tosenden Akkordballung hängen. Dann folgt ein über hunderttaktiger Orgelpunkt auf dem Ton C, über dem Motive wie zerplatztes Material verklingen – eine Antiapotheose. Die geistige Entwicklung in der Sowjetunion schlug auf den Ton der Symphonie merklich zurück.

Schon ein Jahr später schrieb SCHOSTAKOWITSCH 1937 seine *fünfte Symphonie op. 47 in d-moll.* Er selbst bezeichnete sie als «schöpferische Antwort eines sowjetischen Künstlers auf eine berechtigte Kritik». Beim Hören fallen zwei Aspekte sofort auf. Die Struktur der Symphonie ist entschieden reduzierter und verknappter als die der vorangegangenen Symphonien. SCHOSTAKOWITSCH greift auf Sprachmittel mit spätromantischem Gestus zurück. Doch die gewissermaßen erzwungene Änderung des Stils wurde auf hintersinnige Weise positiv gewendet. Verwirklicht wurde äußerlich ein «Durch-Nacht-zum-Licht»-Prinzip, gleichzeitig integriert die Musik unverhohlen eine Haltung der Trauer, ja der Depression. Das wird schon im Hauptthema des ersten Satzes deutlich: Es ist eine Mischung aus energischem Aufbäumen und abflauender Kraft. Dazu tritt eine gegenüber den symphonischen Vorgängern entschieden verdichtete thematische Arbeit, die konzise zu musikalischen Kraftentladungen und danach zwingend logisch zum Verlöschen (etwa am Schluß des ersten Satzes) führt. Die Sätze zwei und drei, ein bizarr doppelbödiges Scherzo und ein emphatisches Largo, unterstreichen die Dichotomie der Anlage. Und über das Finale soll SCHOSTAKOWITSCH später geäußert haben (in den «Memoiren» nach Volkow): «Das ist doch keine Apotheose. Man muß schon ein kompletter Trottel sein, um das nicht zu hören.» In der Tat ist hier ein «Durchbruch» herbeigeführt, der schon durch die grob ungeschlachte Instrumentierung des Hauptthemas zu Beginn des Finales immer das Moment des Erzwungenen, des Gemachten mitschwingen läßt. Die *fünfte Symphonie* wäre demnach «auf verschiedenen Ebenen» zu hören, als Stück einer äußerlichen Anpassung und «Läuterung» und zugleich als Werk inneren Widerstands und empfundener Tragik.

Reinhard Schulz

Symphonie Nr. 6 B-dur op. 54 (1939)

Nach der erpreßten Versöhnung mit der Parteibürokratie, die sich in der Partitur der *fünften Symphonie* niedergeschlagen hatte, verstummte SCHOSTAKOWITSCH für ein Jahr und entwarf dann den großangelegten Plan zu einer Symphonie mit vokalen Teilen, die dem Andenken Lenins gewidmet sein sollte und nie vollendet wurde. Einige musikalische Gedanken daraus flossen indessen in die im Herbst 1939 komponierte *sechste Symphonie*, die seit ihrer Uraufführung am 3. Dezember 1939 in der Leningrader Philharmonie unter der Leitung von Jewgenij Mrawinskij die Gemüter erhitzte. Sogleich nach der Uraufführung entbrannte ein Sturm der Entrüstung in Diskussionen und Kritiken darüber, wie SCHOSTAKOWITSCH es hätte wagen können, die Erwartungen des Publikums, mindestens die musikalische Ebene der *fünften Symphonie* einzuhalten, wenn nicht gar zu überbieten, derart zu enttäuschen und eine dreisätzige (!) Symphonie zu schreiben, die ein Rumpf ohne Kopf sei oder zumindest schizophrenen Charakter habe. Der Streitpunkt war die gewiß völlig unorthodoxe Form der Symphonie: Auf einen sehr ausgedehnten Largo-Satz folgen zwei – zusammen übrigens zeitlich genauso umfangreich wie der gesamte Kopfsatz – unverschämt aufreizend-freche Allegro-Sätze, die dem traurigen, ja trübsinnigen Charakter des ersten Satzes direkt ins Gesicht schlagen. Man bemängelte das Fehlen einer übergeordneten «Idee», etwa nach dem bewährten Schema «durch Nacht zum Licht», und man glaubte, die erwünschte heroisch-optimistische Haltung vermissen zu müssen. SCHOSTAKOWITSCH spielte statt dessen wieder einmal den «Gottesnarren», der nur verschlüsselt sagt, was gesagt werden muß. Er setzte sich also die Stilmaske auf und komponierte – jedenfalls in den beiden schnellen, brillanten Sätzen – eine Musik in der Nähe STRAWINSKYS.

Was das heißt, wird erst klar, wenn man sich vergegenwärtigt, in welcher Situation sich der Komponist damals befand: Im Januar 1936 wurde er offiziell wegen seiner Oper *‹Lady Macbeth von Mzensk›* gebrandmarkt und der westlichen musikalischen Dekadenz mitsamt der formalistischen Gesinnung bezichtigt. Das hatte zur Folge: Innere Emigration und – nach außen hin – erpreßte

Versöhnung, freilich in doppelbödiger Musik, was den Parteibürokraten jedoch verborgen blieb. Der «Jubel» des Finales der *fünften Symphonie* von 1937 ist der Jubel eines Geschlagenen, kein blanker Optimismus, vorausgesetzt, man ist gewillt, um die Ecke zu hören. Diese Dialektik des Ausdrucks gebrochener Positivität entfaltete SCHOSTAKOWITSCH ausdrücklich in der *sechsten Symphonie*, indem er kraß völlig konträre Sätze gegeneinanderstellte, wenn auch dem Prinzip der Steigerung unterworfen. (Die fortschreitend schneller werdenden Tempi sind: Largo, Allegro, Presto.) Der Bogen spannt sich vom Pathos der spätromantischen Symphonie – man denkt etwa an MAHLER und wohl auch an die *vierte Symphonie* von SIBELIUS – über STRAWINSKYS «schnöde Finten» (Adorno) bis hin zum «niederen» Genre der Unterhaltungsmusik am Schluß des Presto-Finales – eine Drehung um 180 Grad immerhin.

Wenn allerdings der Komponist MARIAN KOWAL und auch andere meinten, SCHOSTAKOWITSCH dokumentiere hier sein angeblich «optimistisches» Talent (das er übrigens in zahlreichen *Filmmusiken* durchaus zur Schau gestellt hat), dann liegt die Vermutung nahe, daß sie nicht genau hingehört haben. Sonst wäre ihnen nämlich das Behagen an der vermeintlichen Lebensfreude des Komponisten dubios geworden. Gerade der janusköpfige Charakter der Gesamtkonzeption der *sechsten Symphonie* verbietet eine solche Annahme. Es gibt keinen Grundcharakter dieser Symphonie, und das ist ihre Stärke. Immerhin sagte SCHOSTAKOWITSCH später: «Wahrscheinlich glaubten viele, ich sei nach meiner Fünften wieder aufgelebt. Nein, erst mit der Siebten begann ich wieder zu leben.» Das besagt doch wohl für die *sechste Symphonie*, daß sie ein Werk zwischen Leben und Tod ist. Schließlich entstand sie ja in einer Periode der akuten Lebensangst des Komponisten: «In der Periode [...] war ich dem Selbstmord nahe. Die Gefahr schreckte mich. Ich sah keinen Ausweg. Ich war ganz und gar von Furcht beherrscht. War nicht Herr meines eigenen Lebens. Meine Vergangenheit war ausgestrichen. Meine Arbeit, meine Fähigkeiten – all das brauchte niemand.» Selbstverständlich verschmähte es SCHOSTAKOWITSCH, sich selbst in seiner Musik zum Gegenstand zu machen. Er schaute lieber in den musikalischen Zerrspiegel, und der dünkte ihn wahrhaftiger als das offiziell verordnete, geschwollene Pathos.

Der sarkastischen Heiterkeit der beiden schnellen Sätze stellt er ein grüblerisches, statisch verhangenes Largo voran, das gewissermaßen auf der Stelle tritt. Zeit wird hier zum quälend langsamen Alptraum. Selbst die Themen drehen sich im Kreis, finden zu keiner endgültigen, abgesangsartigen Gestalt. Das erste Thema beispielsweise ist wie ein Kaleidoskop. Seine drei Motive erscheinen ständig abgewandelt und anders kombiniert, so als gäbe es keine Identität des Themas. Es ist eine Musik aus dem Niemandsland, von namenloser Trauer erfüllt, die nicht einmal sich traut, vor sich hinzusingen. Die eingestreuten rezitativischen Passagen der Solobläser klingen wie die Stimme des einsamen Rufers aus der Wüste. Die bleierne Gedrücktheit weicht nicht bis zum Ende des Satzes, obwohl die Musik immer wieder auszubrechen versucht. Es bleibt beim bloßen Abtasten der Fluchtmöglichkeiten, doch die definitive Gestalt, das Ziel, wenn man will: die Wahrheit, die niemand kennt, die Antwort auf die ewige Frage – alles das bleibt aus.

Mit dem grotesk-gespenstischen Scherzo lebt der Spuk des «Sommernachtstraums» wieder auf, freilich einer anderen Art als bei Shakespeare. Der Musik sitzt gewissermaßen die Angst im Nacken. Die Auffächerung der Orchesterfarben ist dabei unerhört und will darüber hinwegtäuschen. Die Partitur blitzt wirklich wie bei Strawinsky. Der Tanzcharakter ist nicht nur geistvoll und «spritzig» erfunden, sondern steigert sich bis zum Paroxysmus, der mit einem Salto mortale endet: Am Schluß fährt die Kamera davon.

Die Dynamik des Scherzos überschlägt sich im Aufgalopp des Presto-Finales, das – oberflächlich gehört – eine Art blendend übertriebener Daseinsfreude ausstrahlt, in Wahrheit aber eine bösartige Burleske, eine paradoxe *tour de force* ist, die jedoch nirgendwohin führt außer ans falsche Tor des Coda-Taumels, bei dem virtuell die Instrumente zerschlagen werden. Es ist sicher keine Apotheose ungehemmter Fröhlichkeit, sondern ein Ritt über den Bodensee – die Kehrseite des Grübelns.

Dietmar Holland

Symphonie Nr. 7 C-dur op. 60 (‹Leningrader›)

Mit der *‹Leningrader Symphonie›* begründete SCHOSTAKOWITSCH seinen Weltruhm als Symphoniker. Zumindest die ersten Sätze komponierte er im belagerten, von deutschen Truppen eingeschlossenen Leningrad. Die Stadt lag unter ständigem Beschuß, was SCHOSTAKOWITSCH in der Episode des ersten Satzes, die er *‹Die Invasion›* betitelte, musiksymbolisch in einen ostinaten Trommelwirbel umsetzte. Im Oktober wurde er mit seiner Frau und seinen Kindern aus der belagerten Stadt ausgeflogen; nach Kuibysche evakuiert, komponierte er die Symphonie dort am 27. Dezember zu Ende. Hier wurde sie am 5. März 1942 unter Samuil Samossud uraufgeführt, später in Moskau, selbst im blockierten Leningrad, in Nowosibirsk, Jerewan, Orenburg und Baku – wo immer sich die evakuierten sowjetischen Orchester befanden – und nahm von hier ihren Siegeszug um die Welt: Auf Mikrofilm über Persien und Ägypten in den verbündeten Westen ausgeflogen, wurde sie zum Symbol des Widerstandswillens, in England, Nord- und Südamerika von den namhaftesten Dirigenten als «Kriegssymphonie» präsentiert.

Eben die Etikettierung des ersten Satzes als *‹Die Invasion›* sollte in den 1948er Kampagnen gegen die Neue Musik ideologische Verurteilungen sogar dieser Symphonie bewirken – ein Mißverständnis, welches seinen Grund in Interpretationsmechanismen des «sozialistischen Realismus» hat. Nach diesen haben in der Symphonik positive und negative Gestalten miteinander zu ringen (und die positiven den Sieg davongetragen); ein Thema muß immer «etwas» verkörpern, und nach solchem Allegorismus hatte also der erste Satz mit seinem ostinaten, von Trommelwirbeln untermalten und elfmal wiederholten Thema «die häßliche Fratze des Faschismus» zu repräsentieren. Eifrige Autoren haben sich immer wieder nachzuweisen bemüht, wie satirisch und grotesk SCHOSTAKOWITSCH dessen Bild gezeichnet habe; andererseits setzten auch hier die Argumente von SCHOSTAKOWITSCHS Gegnern wie TICHON CHRENNIKOW an: Er habe sich «viel tüchtiger erwiesen, um die unheildrohenden Gestalten des Faschismus und eine Welt subjektiver Reflexionen auszudrücken, als die heroischen Vorbilder unserer Gegenwart zu verkörpern». Wirklich kann man bezweifeln, ob Schostakowitsch, der in seinem Leben viel satirische und groteske Musik geschrieben hat, ausgerechnet hier auf ein satirisches Porträt des Faschismus aus war, denn das Mitreißende des Satzes besteht unter anderem eben in der ostinaten, elfmaligen Wiederholung des Themas in immer neuen Facetten der Instrumentation, Kontrastierung mit Gegenstimmen und Tonhöhenlage. Da es absolut unsinnig wäre, Schostakowitschs Patriotismus in Zweifel zu ziehen, scheint vielmehr die gängige Identifizierung dieses Themas als eine Verkörperung des Faschistenheeres nicht zu stimmen, zumal auch seine Ähnlichkeit mit dem Hauptthema von Tschaikowskys *fünfter Symphonie* gewöhnlich oder geflissentlich übersehen wird. Eben hier dürfen für Schostakowitsch, der sein eigenes Verhalten und Werk durchaus an den Größen des russischen Geistes zu messen gewohnt war, die entscheidenen Anregungen gelegen haben, und es wäre vorstellbar, daß Schostakowitsch mit diesem befeuernden, ostinaten Thema der kämpferischen Konsequenz seiner Landsleute ein Denkmal setzen wollte, wie es Tschaikowsky in seiner *Ouvertüre ‹1812›* getan hat.

Unter seinen Anregungen nannte Schostakowitsch selbst – in Gesprächen mit Solomon Volkow – den 79. Psalm, die «Klage wider die Zerstörer Jerusalems» – und hatte hierbei nicht nur seine gegenwärtigen, sondern auch seine bisherigen Zerstörer und Unterdrücker im Sinn. Als Vorbild besagter Variationsreihe im ersten Satz hat er den *‹Boléro›* Ravels nie verleugnet.

Detlef Gojowy

Symphonie Nr. 8 c-moll op. 65 (1943)

Die 1943 in Moskau uraufgeführte fünfsätzige Symphonie führt einerseits die Nachfolge der *Symphonie Nr. 7* in ihrem Pathos einstimmiger Linien, in ihrer Dramatik großer Zeiträume fort, ist auf ihre Weise ein Vorläufer der *zehnten Symphonie* in ihrer verbissenen Kontrapunktik, und allgemein bahnt sich in ihr Schostakowitschs reduktiver Spätstil an, in dem sich der Satz in bedeutungsschwere Elemente auflöst. Schostakowitschs Schachspielergehirn bewährt sich in der scharfsinnigen, phantasiereichen Entwicklung melodischer Einzellinien. In dieser Weise spielt er mit den Modellen seiner *Symphonie Nr. 7* weiter, die oft auf theatralische Weise (wie in seiner *vierten Symphonie*) funktioniert und geschaltet werden: ein Marschmodell hierbei einigermaßen grotesk. Überhaupt werden melodische Elemente durch Konstellationen dramatisch eingesetzt, Idyllen mitunter durchbrochen. Steigerungen und Turbae kommen durch Häufungen des Materials zustande.

Im zweiten Satz treffen wir die – aus der *Filmmusik* zum «Neuen Babylon», dem *ersten Klavierkonzert* oder dem *Märchen vom Popen* – vertraute Solotrompete in ähnlich parodistischer Funktion innerhalb eines phantastisch montierten Satzes, der dritte Satz hat einen – im orchestralen Bereich völlig ungewöhnlichen – Etüdencharakter im souveränen Umgang mit dem zeitlichen Raum und einem sophistischen Spiel mit zwei Modellen. Wenn es in zeitgenössischen Vorwürfen heißt, SCHOSTAKOWITSCH habe Musterbeispiele nihilistischer, zynischer Grotesken geliefert, könnte dies, ohne ein Vorwurf zu sein, für diesen Satz gelten. Im vierten Satz entwickelt sich wieder gedehnte Melodik in Halbtönen und leittonarmer Diatonik, die auch sonst der Symphonie eine eigentümliche Schwerelosigkeit gibt. Im fünften Satz inkarniert sich die Idee der Symphonik abseits von aller Programmatik, als «autonome» Musik im Sinne BACHscher *Inventionen* – die zu ihrer Zeit als verachtenswürdig und «formalistisch» galt; formal ereignet sich eine theatralische Episodenreihung. Letztendlich ist die Themeneinteilung dieser Symphonie eine oberflächliche Gegebenheit: Sie entwickelt sich in ständiger «epischer» Erneuerung des Materials wie seine *Jugendsymphonien Nr. 2* und *3*. Es gibt bombastische Aus- und Einbrüche im Inneren, sogar hochdramatische Steigerungen, dafür aber keinen monumentalen, apotheotischen Schluß: Das Werk endet in resignierendem «Morendo» (ähnlich der *vierten Symphonie*).

SCHOSTAKOWITSCHS Freund, der Musikwissenschaftler Iwan Sollertinski, sah in der *achten Symphonie* (der letzten, die er erlebte) überhaupt den Höhepunkt seines Schaffens. Wenn der Begriff existierte, könnte man bei dieser Symphonie von einem «sozialistischen Surrealismus» sprechen.

Detlef Gojowy

Symphonie Nr. 9 Es-dur op. 70 (1945)

Bei dieser am 3. November 1945 in Leningrad unter Mrawinskij uraufgeführten fünfsätzigen Symphonie wurde gerade das Nicht-Monumentale, unbeschwert Heitere, Unbombastische SCHOSTAKOWITSCH zum Vorwurf gemacht. Eine pathetische Apotheose zur Feier des Sieges wäre gerade von einer «Neunten Symphonie» erwartet worden, und SCHOSTAKOWITSCH enttäuschte diese Erwartung mit einem Stück von stellenweise ausgelassenem Mutwillen, der auch Ausflüge ins Triviale nicht scheut. Die Symphonie reiht sich so an seine theatralischen Eskapaden der frühen dreißiger Jahre (wir finden hier wieder die parodistisch zeichnende Solotrompete); dies alles profitiert aber von der Seriosität und der strengen Form seines neugewonnenen Klassizismus.

Zu den parodistischen Mitteln gehört – hier besonders ausgeprägt – eine harmonische Technik der «eristischen Modulationen», des willkürlich rückenden Melodieniveaus und der unvermuteten melodischen Wendungen. Der Rückgriff auf Triviales ist keineswegs ein Zugeständnis an «Realismus»-Forderungen, sondern geschieht mit souveräner Freude am Spott. Tatsächlich scheint die Düsternis seiner sonstigen Schöpfungen hier zurückgedrängt, fast völlig überwunden in einer an HAYDN erinnernden, naiven Heiterkeit.

Detlef Gojowy

Symphonie Nr. 10 e-moll op. 93 (1953)

Unter einer Reihe von Filmmusiken und Gelegenheitskompositionen, auf die sich SCHOSTAKOWITSCH nach den 1948er ZK-Beschlüssen zurückziehen mußte, steht dieses symphonische Werk, dessen Uraufführung Jewgenij Mrawinskij am 17. Dezember 1953 ermöglichte, für sich da. Die Uraufführung löste eine dreitägige Debatte im Komponistenverband sowie eine Serie von Diskussionen in der verbandsoffiziösen Zeitschrift *Sowjetskaja Musyka* aus, die sich bis 1957 hinzog. Erst die hohe Anerkennung, die das Werk im Westen – nicht zuletzt durch Herbert von Karajan – erfuhr, ließ seine Verurteilungen schließlich verstummen.

Im Unterschied zur kurzgefaßten, grotesken *neunten Symphonie* ist hier wieder die großräumige, dramatische Konzeption der *Symphonien Nr. 7* und *8* verfolgt, allerdings nicht ohne groteske Exkurse: Im zweiten Satz hat SCHOSTAKOWITSCH, nach dem Zeugnis seines Sohnes, «das schreckliche Gesicht von Stalin beschrieben». Überhaupt muß man die Symphonie wohl als autobiographisches Zeugnis aus seiner schwersten Zeit verstehen: Aller Lehrämter enthoben und Aufführungsverboten ausgesetzt, litt er sogar wirtschaftliche Not, mußte wieder als Pianist Konzerte geben, und seine Frau war gezwungen, im entfernten Kaukasus Arbeit zu suchen – wo sie starb. Die gedehnten, ausgesponnenen Linien erzählen in klassischer Klarheit auch von persönlichem Leid. Der Ton dieser Symphonie hat nichts mehr von Leichtigkeit und Spott, sondern ist der Ton der Trauer und der Klage oder vielleicht der Hoffnung. Hier rückt – namentlich im letzten Satz – die Symphonik TSCHAIKOWSKYS wie ein Vermächtnis in stilistische Nähe. Auch der Surrealismus der *achten Symphonie* ist aufgegeben: Karikaturen erfolgen, wo überhaupt, zornig. Das Initial «D-Es-C-H» (der Name des Komponisten) spielt, wie in vielen Werken, auch hier im Schlußsatz eine Rolle.

Detlef Gojowy

Symphonie Nr. 11 g-moll, ‹Das Jahr 1905›, op. 103 (1957)

Im Unterschied zur *achten* bis *zehnten Symphonie* hat diese, am 30. Oktober 1957 unter Nikolaj Rachlin uraufgeführte Symphonie ein konkret bezeichnetes, programmatisches Subjekt: den «Petersburger Blutsonntag» am 9. November 1905, als der Zar auf eine unbewaffnete Menge Demonstranten schießen ließ, die unter Anführung des Priesters Gapon eine Bittschrift überreichen wollten. Es hatte über tausend Tote gegeben – anschließend Unruhen und Plünderungen und halbherzige Ansätze zu demokratischen Verfassungsreformen. Diese revolutionäre Situation beschwor SCHOSTAKOWITSCH in den vier Sätzen des Werkes: *‹Der Platz vor dem Palast›* – *‹Der 9. Januar›* – *‹Ewiges Angedenken›* und *‹Sturmläuten›* – nicht ohne aktuellen Anlaß: Der Komposition vorangegangen waren die parallelen Ereignisse des Herbstes 1956, als der Volksaufstand in Ungarn von sowjetischen Truppen niedergeschlagen worden war. Auch hier hatte ein aufbegehrendes Volk schutzlos einer gerüsteten Macht gegenübergestanden – diese geschichtliche Ur-Erfahrung gestaltet SCHOSTAKOWITSCH in einer kaum noch symphonisch-abstrakten Sprache: Grundmaterial einer gestisch-gegenständlichen musikalischen Darstellung (SCHOSTAKOWITSCHS Meisterschaft als Filmkomponist ist hier nicht zu verkennen) bilden ein halbes Dutzend traditioneller *Revolutionslieder* wie *‹Unsterbliche Opfer›* oder die *‹Warszawianka›*, Zitate aus seinen eigenen *‹Liedern auf Texte revolutionärer Dichter› op. 88* und aus einer Operette *‹Ogonki›* seines Schülers GEORGI SWIRIDOW. (Hiermit knüpfte er auch an die Strukturen seiner *dritten Symphonie* an, die sich aus solchen «Massenliedern» entwikkelt.) SCHOSTAKOWITSCH vollendete die Symphonie in Nachtarbeit während des Weltjugendfestes im Sommer 1957, bei dem er als musikalischer Juror tätig war; für das Werk erhielt er 1958 den Lenin-Preis. Das war die Zeit, als – unter der Regierung Chruschtschows – die Angriffe gegen ihn verstummten und er durch aktive Teilhabe zumal am kulturpolitischen Geschehen wieder Einfluß zur Besserung der Verhältnisse nehmen zu können glaubte.

Detlef Gojowy

Symphonie Nr. 12 d-moll, ‹1917›, op. 112 (1961)

In dieser zu Ehren des XXII. Parteitages der KPdSU entstandenen, am 15. Oktober 1961 unter Kyrill Kondraschin uraufgeführten Symphonie SCHOSTAKOWITSCHS wollte selbst sein ihm freundschaftlich verbundener polnischer Biograph Krzysztof Meyer eines seiner schwächsten Werke erblicken; er fand sich hier enttäuscht durch «Banalität, übertriebenes Pathos und Schwülstigkeit» und, im Vergleich zur *Symphonie Nr. 11*, durch Mangel an «Unmittelbarkeit des Ausdrucks». Wirklich hat SCHOSTAKOWITSCH hier – namentlich im letzten Satz (*‹Morgenröte der Menschheit›*) der Partei jenen Tribut an feierlichem Bombast entrichtet, den er ihr in der *Neunten* verweigerte. Andererseits sieht Meyer in gewisser Weise in ihr eine Fortsetzung der *elften Symphonie* hinsichtlich der Programmatik ihrer Sätze (die ersten drei lauten: *‹Das revolutionäre Petrograd›*, *‹Hochwasser›* und *‹Aurora›*) – nur daß er hier keine fremden Themen zitiert.

Dieses Fortsetzungsverhältnis läßt sich dem zwischen den *Symphonien Nr. 7* und *8* vergleichen: zunächst eine Symphonie von programmatischem Inhalt und emotionalem Ausdruck – ihr folgend eine Symphonie, die deren Ideen und Stimmungen wohl im großen Bogen, aber auf eine abstraktere Weise aufgreift und neu faßt, im Sinne musikalischer Zergliederung, kontrapunktischer Verarbeitung und motivischer Entwicklung. Dies gilt mindestens für die ersten drei Sätze, die im Grunde in einer sehr dichten Faktur um wenige melodische Modelle kreisen und «Etüdenarbeit» leisten. Im zweiten Satz sieht Meyer den Einfluß MAHLERscher Adagios; unverkennbar ist in der Symphonie aber auch das Abbild BEETHOVENscher Melodiegestalten und – neu für SCHOSTAKOWITSCH – WAGNERscher Intonationen, wie sie später in der *Symphonie Nr. 15* zum sinntragenden Element werden sollten. Die *zwölfte Symphonie* wurde selten – meist zu offiziellen Anlässen – aufgeführt und wurde wenig populär.

Detlef Gojowy

Symphonie Nr. 13 b-moll, ‹Babij Jar›, op. 113 (1962)

Als am 15. Oktober 1961 in Moskau anläßlich der Festkonzerte zum XXII. Parteitag der KPdSU die dem Andenken Lenins gewidmete *zwölfte Symphonie* mit ihrer dröhnend-affirmativen Schlußapotheose erklang, ahnte niemand, daß SCHOSTAKOWITSCH hiermit den Schlußstrich unter die kompositorische Phase seit den Vorgängen um die *fünfte Symphonie* gezogen hatte. Eine neue kulturpolitische Situation zeichnete sich ab: Die Öffnung zur Musik des westlichen Auslands – IGOR STRAWINSKYS Moskauer Besuch im Jahre 1962 war geradezu symbolisch dafür – schien ein politisches «Tauwetter» anzudeuten. Im Dezember 1961 entschloß sich SCHOSTAKOWITSCH denn auch, die lange zurückgehaltene *vierte Symphonie* endlich zur Uraufführung freizugeben und begann die *drei-*

zehnte Symphonie zu schreiben, mit der sein kompromißloser Spätstil eingeleitet wird. SCHOSTAKOWITSCH nimmt jetzt kein Blatt mehr vor den Mund. Er wagt es, Tabus der sowjetischen Gesellschaft aufzubrechen, ja sogar anzuklagen. Um sich eindeutig verständlich zu machen, greift er zu Texten und komponiert eine Vokalsymphonie, und zwar auf Gedichte des jungen Jewgenij Jewtuschenko: «Die Zuhörer können Musik nicht bis ins letzte verstehen, mit Worten geht es eher» (SCHOSTAKOWITSCH). Die Auswahl der fünf Gedichte – eines davon, mit dem Titel «Ängste», schrieb Jewtuschenko eigens für den Kontext der Symphonie dazu – rief, noch vor der Uraufführung am 18. Dezember 1962 in Moskau unter Kyrill Kondraschin, Proteste der Parteispitze hervor. Die Uraufführung wurde denn auch insofern boykottiert, als – entgegen den Gepflogenheiten – die Texte in den Programmheften fehlten. Und nach der Uraufführung, die bei allen Zuhörern größte Erschütterung hervorgerufen hatte, erschien auch keine Kritik. Statt dessen zwang die Parteibürokratie Jewtuschenko und den Komponisten zu Textänderungen, ohne die weitere Aufführungen ab sofort verboten waren. Hauptangriffspunkt war das erste Gedicht «Babij Jar», in dem es Jewtuschenko wagt, schonungslos die Geschichte der Judenverfolgungen von der Dreyfus-Affäre bis hin zu Anne Frank mit dem zeitgenössischen sowjetrussischen Antisemitismus auf eine Ebene zu bringen. SCHOSTAKOWITSCH wußte natürlich genau, wie gefährlich es war, gerade dieses Gedicht zu vertonen und auch noch an die Spitze der Symphonie zu stellen. Offenbar wollte er nun die Maske des «offiziellen» Parteitagskomponisten endgültig ablegen und statt dessen die letzte Karte, die der persönlichen, moralischen Freiheit nämlich, ausspielen. Um also weitere Aufführungen der Symphonie nicht zu blockieren, änderten Jewtuschenko und SCHOSTAKOWITSCH die beanstandeten Zeilen. Der Sachverhalt ist folgender: Die mutige Verquickung der Nazi-Greueltat in Babij Jar, einer Schlucht bei Kiew, in der im September 1941 die größte dokumentarisch belegte Mordaktion der Geschichte stattfand – ein SS-Sonderkommando erschoß innerhalb von 36 Stunden mehr als 34000 jüdische Männer, Frauen und Kinder –, mit dem auch noch heute in der Sowjetunion herrschenden Antisemitismus rührte an eine Wunde der Parteiideologie und konnte natürlich nicht geduldet werden. Die entsprechenden Zeilen mußten ersetzt werden durch die affirmative Beschwörung sowjetischer Brüderlichkeit während der Bedrohung durch den Faschismus. In dieser Gestalt erklang die Symphonie fortan – wenn auch selten – auch auf der ersten Schallplattenaufnahme (ebenfalls unter Kondraschin). Inzwischen ist man zur ursprünglichen Fassung zurückgekehrt.

Ist es nun aber gerechtfertigt, den Autoren Schwäche vorzuwerfen, weil sie sich der Partei beugten? Der Anklagecharakter der Symphonie ist davon nicht betroffen. Ihre Aussage, den Antisemitismus aller Zeiten und Erscheinungsformen mit größter Härte zu verurteilen – «heutzutage kann kein Mensch, der den Anspruch auf Anständigkeit erhebt, Antisemit sein» (SCHOSTAKOWITSCH) –, steht trotzdem fanalartig am Beginn des Werkes. Die anderen Sätze fächern das Bekenntnis zur Freiheit des Geistes, zur Menschlichkeit unter unmenschlichen Bedingungen und zur Kritik an bestehenden gesellschaftlichen Mißständen in einzelne, scharf konturierte Bilder auf, über die SCHOSTAKOWITSCH sagte: «Die Gedichte waren zu verschiedenen Zeiten veröffentlicht worden und sind unterschiedlichen Themen gewidmet. Ich wollte sie durch die Musik miteinander verbinden. Ich schrieb also eine Symphonie und nicht eine Reihe einzelner Bilder.» Tatsächlich gehen die letzten drei Sätze, die musikalisch unterirdische Verknüpfungen aufweisen, ineinander über, und die musikalische Haltung des Finales mit einem Text, in dem es um echte und falsche Karrieren unter verschiedenen gesellschaftlichen Bedingungen geht, schlägt einen vorsichtigen, utopischen Ton an auf dem Hintergrund der angstbeklommenen früheren Sätze. Die Ausnahme bildet der zynische zweite Satz, der jegliche bürokratische Repression verspottet und den «Witz» als politisches Instrument begreift. Den beklemmenden Gegenpol bildet der vierte Satz (*‹Ängste›*), die Schilderung der stalinistischen Verfolgungen und die bange Frage, ob diese für immer verschwunden seien.

Mit MUSSORGSKIJ war sich SCHOSTAKOWITSCH darüber einig, daß die Kunst nicht der Schönheit, sondern der Wahrheit zu dienen habe. Und die Musik, die SCHOSTAKOWITSCH zu «Babij Jar» schrieb, erinnert an MUSSORGSKIJ in ihrer Mischung aus modaler

Thematik, jüdischer Volksmusik und grundierendem Grauen. Von MUSSORGSKIJ übernimmt er auch die gestische Musiksprache, so etwa, wenn der konduktartige Beginn den Charakter eines Trauermarsches – man beachte die Baßschritte! – zusammenfaltet mit dem alptraumhaften Schauer darüber (Bläserchromatik). Kennzeichnend für die gesamte Symphonie ist die lapidare Einfachheit der musikalischen Satztechnik, die gleichsam holzschnittartig und zugleich unerbittlich ernsthaft dem Geschehen nachfährt, ohne es zu illustrieren.

Die Wahl der musikalischen Mittel scheut dabei auch nicht vor drastischen Wirkungen zurück, etwa wenn der Triumph des politischen Witzes in das grelle Licht eines MAHLERschen Scherzos gerückt wird oder die alten und neuen Formen politischer Bespitzelung in fahlem, atonalen Licht erscheinen wie zu Beginn des vierten Satzes mit der unerhörten elftönigen, chromatischen Melodie der Solotuba, die, wie kaum sonst, Angst zu Musik werden läßt. Der sanfte B-dur-Klang der beiden Soloflöten zu Beginn des Finales wirkt daraufhin wie die Befreiung aus dem schwarzen Tunnel, wie eine Utopie ohne Affirmation. Diese Symphonie kennt am Schluß kein dröhnendes Pathos mehr. Sie vertraut einer besseren Zukunft, ohne sie auszumalen.

Dietmar Holland

Symphonie Nr. 14 op. 135 (1969)

Die Tendenz, auf stilistische Eigenarten seiner früheren Musik zurück- und zugleich westliche, avantgardistische Techniken aufzugreifen, wenn auch in ganz unerwartet origineller Weise, prägt den Charakter der in jeder Hinsicht außerordentlichen *vierzehnten Symphonie*, die im Frühjahr 1969 entstand. Bereits sieben Jahre früher, als er MUSSORGSKIJS ‹*Lieder und Tänze des Todes*› instrumentierte, trug sich SCHOSTAKOWITSCH mit dem Gedanken, eine Art Fortsetzung dieses Zyklus zu schreiben, allerdings auf symphonischer Basis. Hatte MUSSORGSKIJ den Tod als «talentlosen Tor» bezeichnet, der alles niedermäht, so wollte SCHOSTAKOWITSCH seinen Protest gegen ihn im Namen des Lebens zum Ausdruck bringen. Und mehr noch: Er faßt den Tod in seiner greifbaren, physischen Härte, und das bis in den durchdringend körperlichen Klang der Musik hinein. Trost auf ein Leben nach dem Tode gibt es hier nicht. Es handelt sich um ein atheistisches «Requiem» mit dem ‹*Dies irae*› zwar, aber ohne Transzendenz. SCHOSTAKOWITSCH nahm jetzt auf niemanden mehr Rücksicht. Alles, was er seit der *dreizehnten Symphonie* komponierte, verrät die Haltung resignativen Aufruhrs und einer Abrechnung mit der eigenen Vergangenheit. Die *vierzehnte Symphonie* steht denn auch völlig quer zur Gattung: Sie ist elfsätzig, ohne deswegen miniaturistisch zu sein, sie enthält ausschließlich Textvertonungen und sie bewegt sich nicht mehr im gewohnten Terrain der Tonalität. Klangliche Härten und schroffer Dissonanzgebrauch (einschließlich modernster Clusterbildungen) stehen ganz im Vordergrund. SCHOSTAKOWITSCH spricht nun das aus, was er so lange verstecken mußte und was doch einzig sein Anliegen war: die Liebe zur Wahrheit.

Der elfteilige Zyklus ist keine lockere Folge heterogener Gesänge über das Phänomen des Todes, sondern – wie die Textwahl zeigt – eine durchreflektierte Anlage. Die äußere Gliederung ließe sich wie folgt vornehmen: Auf die ersten beiden Gedichte Lorcas folgen sieben von Apollinaire, eines von dem Dekabristen Wilhelm Karlowitsch Küchelbeker und zwei abschließende Rilke-Gedichte. Das ist freilich nur der Rahmen; bei genauerer Betrachtung ergeben sich weitere Gruppierungen, vielschichtige Beziehungen, inhaltliche Verbindungen und schließlich sogar ein dichtes Netz unterirdischer Wechselwirkungen, die das Werk wahrhaft «symphonisch» im Innersten zusammenhalten. Abgesehen von der Rahmenfunktion der beiden Lorca- und Rilke-Gedichte, die den Tod in vergleichsweise grundsätzlicher Weise behandeln, allerdings mit höchst unterschiedlichen lyrischen Mitteln, und dem eher konkreten, «szenischen» Mittelteil, der einzelne Episoden scharf ins Auge faßt, und zwar ohne jede Wehleidigkeit, reicht der inhaltliche Bogen von der bloßen Konstatierung des Todes über Selbstmordsituationen hin zum extremen subjektiven Reflex im neunten Gesang auf ein Gedicht Küchelbekers über den Tod seines Freundes Delwig, der am Aufstand der Dekabristen beteiligt und in Kerkerhaft geraten war. Hier erreicht der von

SCHOSTAKOWITSCH gehandhabte musikalische Kosmos die Nähe zum traditionellen Ausdruck, jedoch ohne die Tendenz zur «Verklärung», die der Text hätte nahelegen können. («Was zählt Verfolgung? Unsterblichkeit ist doch der Lohn erhabener und kühner Taten, der Preis für des Gesanges süßen Ton.»)

Der Beginn des, durch eine Zäsur abgesetzten, zehnten Gesangs führt auch abrupt zurück zur harten Realität des Todes: Kahle Einstimmigkeit begleitet den rezitativischen Gesang, unterbrochen von einem fahlen Choral, der aber völlig unkirchlich wirkt. Die einstimmige Linie der Violinen greift ausdrücklich auf den Anfang der Symphonie zurück und erinnert deutlich an die Intonation des gregorianischen ‹*Dies irae*› – ein überaus seltsamer, verfremdeter Anklang an archaische Musik einer ganz anderen Sphäre und zugleich ein Zeugnis für den unorthodoxen Gebrauch der musikalischen Tradition beim späten SCHOSTAKOWITSCH.

Die stilistische Vielfalt zeigt sich nicht allein bei der Wahl der Texte, sondern ebenso im Gebrauch der musikalischen Mittel: Nie zuvor hat SCHOSTAKOWITSCH eine solche Orchesterbesetzung gewählt wie hier. Es fehlen völlig die Bläser; statt dessen tritt den Streichern ein genau ausgehörtes Ensemble von Schlaginstrumenten gegenüber, das im Wortsinn des tatsächlichen «Schlagens» verwendet wird. Das ist eine neue klangliche Erfahrung. Niemals treten alle Schlaginstrumente gleichzeitig auf, sondern jeweils einen Aspekt charakterisierend. Manche Sätze werden sogar ganz vom Schlagzeugklang bestimmt, etwa der fünfte mit der refrainartigen Wiederkehr einer fanfarenartig rhythmisierten Zwölftonmelodie, einer makabren Realisierung und Umdeutung der SCHÖNBERGschen Reihentechnik. Vorgetragen wird sie vom klappernden Xylophon, das an den Satz Adornos denken läßt: «Verblichene Knochen machen die bunteste Musik.» Drei Tamtams schlagen dazu einen Marschrhythmus; damit ist die «Szene» aufs knappste umrissen. Ein ähnlich «atmosphärischer» Gebrauch des Schlagzeugs bestimmt den Charakter des zweiten Satzes (‹*Malagueña*›): Das Orchesternachspiel, ein wilder Ausbruch, schildert den Tod in der Taverne mit Kastagnettengeklapper. Gespenstische Züge nimmt der Gebrauch von Holzstäben in der Kerkerszene des siebenten

Satzes an. Das unerträgliche Warten auf die Exekution wird dabei noch gesteigert durch den geräuschhaft verfremdeten Einsatz der Streicher, die gezupft und mit der Bogenstange geschlagen werden.

Der achte Gesang erhebt Protest «gegen die Henker, die an Menschen die Todesstrafe vollziehen» (SCHOSTAKOWITSCH). Apollinaires Gedicht «Antwort der Zaporoger Kosaken an den Sultan von Konstantinopel» bezieht sich auf Ilja Repins bekanntes Gemälde, aber SCHOSTAKOWITSCH geht weit darüber hinaus. Seine Musik ist mehr als das Gelächter. Der Satz gipfelt in einem flirrenden, in sich genau strukturierten Cluster der hohen Streicher, grundiert von dem brutalen Anfangsmotiv in den tiefen Stimmen. Hier wird deutlich, daß SCHOSTAKOWITSCH sich der avantgardistischen Technik aus *inhaltlichen* Gründen bedient. Damit steht er in der Tradition der Ästhetik MUSSORGSKIJS. Das gilt auch für die beiden Peitschenschläge (!) zu Beginn des dritten Gesangs *‹Loreley›* und für die synästhetische Vision des Spiegelbildes durch den Klang der gläsernen Celesta in dessen zweitem Teil. Und weil SCHOSTAKOWITSCH, wie auch MUSSORGSKIJ, den Tod nicht tragisch oder pessimistisch sieht, sondern nüchtern-realistisch, schreibt er kein tröstliches Ende, sondern einen offenen, herausfordernden Schlußgestus in den letzten Takten der Symphonie, der sich an die Lebenden richtet.

Dietmar Holland

Symphonie Nr. 15 op. 141 (1971)

Mit seinem symphonischen Schlußwort kehrt SCHOSTAKOWITSCH äußerlich in die Umrisse der «klassischen», normativen Viersätzigkeit und zum reinen Spiel der Töne zurück. Aber der Schein trügt. Sogleich das Hauptmotiv stammt zwar aus der ironischen *neunten Symphonie* (und zwar aus dem Seitenthema des ersten Satzes), aber es unterliegt jetzt der *Dialektik* des Trivialen, an der sich die gesamte letzte Symphonie abarbeitet. Nichts ist mehr selbstverständlich, vor allem nicht die Tonalität. Alles klingt wie in Anführungszeichen, ähnlich wie oft bei MAHLER, aber viel gespenstischer und noch skurriler als bei diesem. Die Floskeln der Tonalität scheinen sich noch einmal, obwohl sie längst gestorben sind, zum Leben aus zweiter Hand zu versammeln, und seien es nur Zitate. In das Spiel der Töne mischen sich fremde Stimmen ein, die indessen merkwürdigerweise gar nicht fremd wirken, so etwa das Zitat aus ROSSINIS *‹Wilhelm Tell›* im ersten Satz, geblasen wie eine Feuerwehrkapelle aus Träumen Kafkas, oder das mahnende Nornenmotiv aus WAGNERS *‹Ring›* (*‹Weißt du, wie das wird?›*) im Finale, das zum Auslöser einer thematischen Entwicklung wird, die überdies als Grundlage die SCHÖNBERGsche Zwölftontechnik hat, wie überhaupt alles thematische Geschehen dieser Symphonie hintersinnig die beiden konträren Welten der Tonalitätsgravitation und der entfalteten Chromatik im Sinne SCHÖNBERGS miteinander verknüpft. Das Scherzo – ein Gespinst aus ehemals lebendiger Musik, die jetzt nur noch als Skelett erklingt – beginnt mit einer auf- und absteigenden Zwölftonmelodie, die gewissermaßen tonal festgenagelt wird durch obsessive Fagottquinten. Und der erste Satz schließt mit drei Sequenzen des aus der *neunten Symphonie* herausgenommenen und zugleich verfremdeten Hauptmotivs, das sich auf diese Weise zu einer kompletten Zwölftonreihe fügt, obwohl der Schlußton sich eindeutig auf das tonale Zentrum A bezieht. SCHOSTAKOWITSCH komponierte die Symphonie im Sommer 1971, also vier Jahre vor seinem Tod. Dem früheren Pathos stellt er jetzt einen überlegenen Humor gegenüber, dem aber nicht zu trauen ist. Fremdartig klingt auch seine frühere Musik an: im ersten Satz der aufgebrochene, ätzend satirische Ton der Jugendoper *‹Die Nase›* und im Mittelteil des langsamen zweiten Satzes der erste Satz der *sechsten Symphonie*. SCHOSTAKOWITSCH destilliert die neuen Ausdruckscharaktere aus einer ihm selbst fremd gewordenen musikalischen Welt. Das Spiel der Töne ist dabei, wie die Symphonie am Schluß zeigt, eine Methode, musikalischen Sarkasmus auszudrücken. Ohne das WAGNER-Zitat, mit dem das Finale so bedeutungsvoll beginnt (einschließlich der typischen auskomponierten Stille der WAGNERschen Solopauke!), semantisch überstrapazieren zu wollen, könnte es doch seltsam erscheinen, daß der Komponist sich – sei es selbstironisch oder ernsthaft – die Frage nach dem Sinn und Zweck seines Tuns und möglicherweise der

Musik als solcher stellt. Jedenfalls gibt er eine verblüffende Antwort: Der quälende Weg, den die Passacaglia des Durchführungsteils beschreitet, gipfelt im völligen Zusammenbruch, aus dem sich das Tor für eine musikalische Welt öffnet, die am Ende zwar die tonale Basis der Symphonie als Ziel zu erreichen scheint, aber so, als sei gerade *das* eine offene Frage. In einen vierzigtaktigen Orgelpunkt der Streicher, den Quintklang a-e (wer assoziiert da nicht sofort Maries Quinten aus BERGS *‹Wozzeck›*?), klingt eine makabre musikalische Szenerie hinein, wie eine Collage, die aus zwei Zwölftonreihen, gekoppelt mit dem Hauptmotiv des ersten Satzes (Celesta und Piccoloflöte), dem Anfang des Passacaglia-Themas (Pauken) und einem flüsternden Geklapper der Geräuschinstrumente besteht, zu dem sich ganz am Schluß die bisher ausgesparte, für den Tonartencharakter jedoch entscheidende Terz der Grundtonart hinzugesellt, und zwar als letzte Reduktion – man ist versucht zu sagen: «Enthäutung» – des Klangs vom Xylophon wie ein höhnisches Gelächter, genauer: auflachend und verklingend, angestimmt. Das ist also von der Musik übriggeblieben: ein gleichsam in sich hineinkicherndes Spielwerk, das nur sich selbst genügt, niemandem mehr zugänglich ist.

Dietmar Holland

Instrumentalkonzerte

Konzert Nr. 1 für Klavier, Trompete und Streichorchester C-dur op. 35 (1933)

Der sechsundzwanzigjährige SCHOSTAKOWITSCH komponierte dieses parodistische Konzert im Anschluß an seine *24 Präludien* und inmitten einer Fülle von Bühnen- und Filmmusiken. Seine beiden Opern, *‹Die Nase›* und *‹Lady Macbeth von Mzensk›*, lagen hinter ihm: die eine verboten, die andere noch – vor ihrer parteilichen Verdammung – als Musterbeispiel eines neuen «sozialistischen Realismus» gefeiert. In diesen frühen dreißiger Jahren konnte SCHOSTAKOWITSCH – bei allen Zugeständnissen an eine neue Popularität, die ihm nicht schwerfiel – einen gewissen Optimismus hegen, was seinen Platz in der Gesellschaft betraf, für die er musizierte. Zwar hatten sich die Verhältnisse seit den zwanziger Jahren gründlich gewandelt. Kein Streben zu neuen Ufern war mehr gefragt, sondern Verständlichkeit der Musik, Volkstümlichkeit, Lebensnähe. Aber hatte nicht die Vereinigung von Kunst und Leben seit jeher zum Programm der Futuristen gehört? SCHOSTAKOWITSCH hatte sich nach seiner Absolvierung des Konservatoriums von allen akademischen Traditionen abgenabelt, war mit seiner *ersten Klaviersonate*, seiner *zweiten* und *dritten Symphonie*, seiner Experimentaloper *‹Die Nase›* zu einem «Wilden» in der Musik geworden, der alle Regeln und Fesseln abstreifte – und seien es die neuer fester Tonorganisationen in Klangkomplexen und Zwölftonreihen. Neue Konturen und Regeln erhielt seine Musik eben aus der Berührung mit den darstellenden Künsten: Theater und Film. Er war nicht nur für das Experimentaltheater Meyerholds, sondern für mehrere Leningrader Jugendbühnen tätig und als Praktiker gefragt, und für den aufkommenden Tonfilm brachte er unschätzbare Erfahrungen mit: Seine Tätigkeit als Kinopianist hatte ihn zu Stummfilmzeiten als Studenten vor dem Hunger bewahrt. Eine neue Logik musikalischen Denkens, musikalischer Formgliederung festigte sich aus dieser Praxis: Musik wurde «erzählend» und «episch» in ihren Formen, kümmerte sich nicht mehr um herkömmliche Symmetrie-Architektur, nahm neue Strukturmodelle spielerisch auf.

Ein neues Element im *ersten Klavierkonzert* ist zum Beispiel – als einziges Blasinstrument! – die Solotrompete, die SCHOSTAKOWITSCH auch anderswo als parodistischen Zeichenstift nutzte: in seiner Filmmusik «Das neue Babylon» oder in seiner Zeichentrickfilmmusik zu Puschkins «Märchen vom Popen und seinem Knecht Balda». Nicht das Klavier, sondern eben sie hat dem Zuhörer im dritten Satz auf übermütigste Weise ein Zitat aus HAYDNS *Klaviersonate D-dur* zu verkünden, so wie auch das Theater jener Zeit mit historischem Material zu spielen liebte. SCHOSTAKOWITSCH erklärte dieses Konzert zum Ausdruck einer Epoche ausschließlicher Lebensfreude – die sich freilich als trügerisch erweisen sollte...

Detlef Gojowy

Violinkonzert Nr. 1 a-moll op. 77 (1947/48)

Das am 21. Juli 1947 begonnene, am 24. März 1948 beendete Konzert ist David Oistrach gewidmet und teilte mit anderen Werken jener Entstehungszeit, zum Beispiel den *‹Jüdischen Liedern› op. 79*, das Schicksal, bis 1955 auf seine Uraufführung warten zu müssen. Inzwischen waren die Beschlüsse des Zentralkomitees der KPdSU vom 10. Februar 1948 verkündet worden, die die Musik von SCHOSTAKOWITSCH, PROKOFJEW, CHATSCHATURJAN, POPOW und MJASKOWSKY wie überhaupt Musik von kompliziertem instrumentalen Charakter für «volksfremd und formalistisch» erklärten und die Komponisten einem rund zehnjährigen Berufsverbot auslieferten. Und das *erste Violinkonzert* ist nun einmal von hochkonzentrierter Logik in seiner harmonischen und thematischen Struktur: Produkt einer gewissen neugewonnenen Freiheit während der Kriegsjahre. Aber noch etwas kam hinzu, daß das Werk in der Schublade blieb und bei seinem verspäteten Erscheinen zunächst mit der irreführenden Opuszahl 99 versehen werden mußte: das Engagement des Komponisten und seiner Musik für die jüdische Volksmusik, deren in Heiterkeit sublimierter Schmerz ihn faszinierte und der er nicht zuletzt durch seinen nur sieben Jahre jüngeren Schüler BENJAMIN FLEISCHMANN nahegekommen war. Die Skalen und Rhythmen, der Geist dieser Musik sollten sich für SCHOSTAKOWITSCH in diesem Lebensabschnitt besonders fruchtbar erweisen und mit seinem Personalstil verschmelzen – hier ist besonders der zweite Satz, das Scherzo (Allegro), von ihnen geprägt, und unter den «antizionistischen» Kampagnen von 1948 wäre an eine Aufführung nicht zu denken gewesen. Leichtigkeit und Übermut findet man hier nicht, allenfalls einen in Heiterkeit sublimierten Schmerz, Kontraktion der Strukturen, eine ökonomische Konzentration des Satzes auf Wesentliches; die Dramatik findet unter dem Bewußtsein von Tragik, von möglichen Zerstörungen statt. Das ausgelassene Thema des Satzes, wie ein Protest gegen die Düsternis, taucht in den folgenden Sätzen als Zitat auf. SCHOSTAKOWITSCH hat das Werk bei den Proben zur Uraufführung noch Änderungen unterzogen.

Detlef Gojowy

Concertino für zwei Klaviere a-moll op. 94 (1953)

In diesem einsätzigen Stück findet man am ehesten den Ton früherer Ausgelassenheit und Lebensfreude, wenn auch aus einer anderen Situation. SCHOSTAKOWITSCH, im In- und Ausland inzwischen hoch angesehen, befand sich gleichwohl nahezu unter Berufsverbot – die meisten seiner Werke waren zur öffentlichen Aufführung gesperrt, neue – wie die *24 Präludien und Fugen op. 87* – wurden nur zögernd und nach endlosen Diskussionen freigegeben. Die Aufführung dieses Stücks konnte nun schwerlich verwehrt werden: Er komponierte es für die Aufnahmeprüfung seines Sohnes Maxim ins Konservatorium, der gleich ihm zunächst die Pianistenlaufbahn einschlagen wollte. Stilistisch hielt er sich freilich «bedeckt»: Das Stück steht in friedlichem Dur und Moll, läßt Virtuosenkünste spielen, da es ja ein Prüfungsstück ist, und verstößt nirgends gegen den erwünschten, sozialistisch-realistischen Duktus und unterhaltsamen Optimismus, es sei denn, daß es ihn ein bißchen überzieht und ad absurdum führt. *Detlef Gojowy*

Klavierkonzert Nr. 2 F-dur op. 102 (1957)

Das Konzert, das SCHOSTAKOWITSCH wiederum für seinen Sohn Maxim zu seinem öffentlichen Debüt am 10. Mai 1957 schrieb und ihm widmete, schließt sich in seiner stilistischen Haltung eng an das eben genannte *Concertino op. 94* an: ein Stück, mit dem ein Virtuose vor breitem Publikum Erfolg haben wird. Dazu gehört ein lyrisch-verhaltenes, ausgesponnenes Andante, das – gerade in des Komponisten eigener Interpretation Erinnerungen an CHOPINsche Vorbilder wachruft, ebenso wie das beschließende Allegro in der unregelmäßigen Metrik seines Hauptmotivs (im Siebenachteltakt) an TSCHAIKOWSKY erinnert. Vom Komponisten gibt es eine Bearbeitung für zwei Klaviere, ursprünglich publiziert als *Opus 101*. (Die gelegentlich auftauchende Tonartangabe «E-dur» scheint auf Irrtümern zu beruhen und läßt sich aus der maßgeblichen sowjetischen SCHOSTAKOWITSCH-Gesamtausgabe nicht erhärten.) *Detlef Gojowy*

Violoncellokonzert Nr. 1 Es-dur op. 107 (1959)

Gemessen am *zweiten Klavierkonzert* markiert dieses 1959 in Zusammenarbeit mit Mstislaw Rostropowitsch entstandene und ihm gewidmete Konzert eine gewisse Entkrampfung, die nach Stalins Tod für die Neue Musik einsetzte und einen stürmischen Nachholprozeß der Information auslöste. Nun durfte man in Moskau von SCHÖNBERG und STRAWINSKY, HINDEMITH und BERG wieder Kenntnis nehmen, dazu von BOULEZ und NONO, STOCKHAUSEN und MADERNA, und junge sowjetische Komponisten begeisterten sich an der konzentrierten Klarheit eines ANTON WEBERN. Der vielfach gemaßregelte SCHOSTAKOWITSCH konnte auf das volle Arsenal seiner «modernistischen» Techniken aus den zwanziger und frühen dreißiger Jahren zurückgreifen und tat es, ohne auf zwischenhin erworbene Erfahrungen zu verzichten. Seine raffinierten Künste atonaler Dramaturgien und harmonischer Verschiebungen und «eristischer Modulationen» können auch in den Dienst eines gedehnten Moderatos von MAHLERscher Breite treten, dem zweiten Satz, während der SCHOSTAKOWITSCH-Forscher Joachim Braun in den tänzerischen Themen auch dieses Konzerts (wie im *ersten Violinkonzert*) Einflüsse der von SCHOSTAKOWITSCH so geliebten jiddischen Volksmusik wahrzunehmen glaubt.

Ähnlich wie im *ersten Klavierkonzert* die Trompete, fungiert hier – als einziges Blechblasinstrument – das Horn als Dialogpartner des Soloinstruments. Das Hauptmotiv, um den sich der erste Satz entspinnt, kehrt verklammernd im letzten wieder. Als Impuls hat SCHOSTAKOWITSCH selbst PROKOFJEWS *Konzert-Rhapsodie* (*Concertino*) *für Violoncello und Orchester* genannt. Von seiner Hand gibt es eine Bearbeitung für Violoncello und Klavier, unter Mitarbeit von Rostropowitsch.

Detlef Gojowy

Violoncellokonzert a-moll op. 125 (1963)

Das ist eine *Neuorchestrierung des Violoncellokonzerts* von ROBERT SCHUMANN (ebenfalls Rostropowitsch gewidmet und von diesem uraufgeführt).

Detlef Gojowy

Violoncellokonzert Nr. 2 G-dur op. 126 (1966)

Dieses im Frühjahr 1966 begonnene, am 27. April desselben Jahres in einem Sanatorium in Jalta vollendete, ebenfalls Mstislaw Rostropowitsch gewidmete und von diesem am 25. September uraufgeführte Konzert trägt als Merkmal des SCHOSTAKOWITSCHschen Spätstils den Zug zur Konzentration, zur Reduktion auf Wesentliches im Sinne einer Ethik der strengen Ökonomie, des kategorischen Imperativs zur Vermeidung von Überflüssigem. Weit entfernt von Klangrausch und Farbenpracht, von Redundanz und Geschwätzigkeit bewegt sich die Musik auf weite Strecken zweistimmig in strenger kontrapunktischer Logik. Dem Solocello erwächst in der Pauke ein dramatischer Dialogpartner.

In dieser reduzierten Form greift SCHOSTAKOWITSCH mehr und mehr auf Material seiner Jugendkompositionen zurück: Pendelmotive, ostinate Figuren von motorischer Akzentuierung, Läufe und Passagen über gewohnte Melodieumfänge hinaus, eine bestimmte Art der Melodiekonstruktion auf Halbtonbasis (die mit Gegebenheiten der jüdischen Volksmusik übereinkommt) – solche Elemente hatte der Schachspieler SCHOSTAKOWITSCH seit den zwanziger Jahren als Figuren auf seinem Brett stehen und hat mit ihnen immer neue, scharfsinnige Kombinationen erprobt, nur fallen diese zunehmend absurder aus.

Zu den ironischen Komponenten seines Stils gehört eine Melodieharmonik in einer eigenwilligen Synthese von vertrauten tonalen Strukturen in ungewohnten atonalen Zusammenhängen, deren Wirkung theatralisch ist. So ist der Stil dieses Konzerts aufkommenden Illusionen gerade entgegengesetzt, mutwillig und skurril selbst dort, wo die Zauberklänge aus der Palette RIMSKIJ-KORSAKOWscher

Instrumentation bemüht werden. Monumentales gerät zur Farce. Auch dieses Konzert kam in enger Zusammenarbeit mit Rostropowitsch zustande.

Detlef Gojowy

Violinkonzert Nr. 2 cis-moll op. 129 (1967)

In diesem – David Oistrach gewidmeten und von diesem am 26. September 1967 uraufgeführten – Konzert setzt sich die für SCHOSTAKOWITSCHS Spätstil charakteristische, besonders auch in seinen Streichquartetten zu beobachtende Tendenz zur hohen Konzentration und Dramatik durch äußerste Sparsamkeit und Reduktion des Satzes fort. Nüchternheit und ethischer Appell tritt auch hier an die Stelle illusionsseliger Romantik, deren Bruchstücken SCHOSTAKOWITSCH einen unwahrscheinlichen Grad an Herbheit abgewinnt. BACH wird als Bezugspunkt deutlich etwa bei Ziffer 39 in der Anspielung auf seine Arie ‹*Ich will bei meinem Jesu wachen*›.

In der Melodik, deren komplizierte Elemente für SCHOSTAKOWITSCH seit den zwanziger Jahren feststanden, setzt sich der Prozeß der Atomisierung fort, durch den die Bedeutung des Partikels, der motivischen Zelle ins Substanzbestimmende wächst. Diese Musik lebt aus ihren Mikrostrukturen – darunter bleibt der Boden düster und rätselhaft. SCHOSTAKOWITSCH hat hier die gebahnten Wege der damaligen Neuen Musik weit hinter sich gelassen und sich in ein eigenes Gebäude geheimnisvoller Chiffren zurückgezogen, deren Botschaft am Ende etwas Zeit- und Situationsgebundenes hat: hauptsächlich in Ländern des «realen Sozialismus» wurde auf diesem Weg – etwa von EDISON DENISSOW – weiterkomponiert. Zitate und Embleme wollen dabei entschlüsselt sein – auch in der Kadenz des dritten Satzes begegnet nochmals ein BACH-Zitat, am Schluß des zweiten Satzes wird die Stilwelt WAGNERS evoziert. (Parallelen bietet die anspielungsreiche letzte *fünfzehnte Symphonie*.)

Formal läßt sich das Konzert vielleicht auf den Nenner bringen, daß eine klassische Form in der Zerstörung und Zerstückelung aufgehoben und bewahrt wird.

Detlef Gojowy

Englische Komponisten des 20. Jahrhunderts

Ralph Vaughan Williams (1872–1958)
Gustav Holst (1874–1934)
William Havergal Brian (1876–1972)
William Walton (geb. 1902)
Michael Tippett (geb. 1905)

Britische Komponisten waren auf dem Kontinent lange Zeit unterschätzt. Seitdem, insbesondere durch die Schallplatte, der hohe Standard der Musikwiedergabe in Großbritannien weltweit geläufig wurde, treten auch etliche Tonsetzer dieses Landes aus dem Halbschatten der Randständigkeit. Zweifellos begegnete Ralph Vaughan Williams (1872–1958) hierzulande zunächst einem größeren Film- als einem Konzertpublikum: als Autor einer Begleitmusik zur Verfilmung der tragischen Südpolexpedition Scotts. Vaughan Williams veröffentlichte diese Arbeit 1953 unter dem Titel *‹Sinfonia antarctica›* als *siebente Symphonie*. Insgesamt hinterließ er *neun Symphonien* – die magische Anzahl. An diese Zahl hielt sich sein Landsmann William Havergal Brian (1876–1972) freilich nicht; nachdem er bis an die Schwelle des Alters «nur» *ein Dutzend Symphonien* geschrieben hatte, brachte er es als greiser Tonkünstler noch auf zweiunddreißig; ein Phänomen von Altersfruchtbarkeit, das an Janáček gemahnt.

Sicher war die Symphonie in England (wie auch in Frankreich oder Rußland) keine derart vom Über-Ich besetzte Gattung wie in Mitteleuropa. Dennoch spielt sie gerade im Schaffen Vaughan Williams' nicht die Rolle einer Konvention oder gar einer Fingerübung. Vaughan Williams, englisch-walisischer Abstammung, «baute» mit größter Verantwortlichkeit an seinem symphonischen Œuvre. (Er gehörte übrigens zu den Komponisten, die einen

Großteil ihrer frühen Werke vernichtete.) Neben der *siebenten* sind noch die *erste* (*‹Sea-Symphony›*, 1910) und die *dritte Symphonie* (*‹Pastoral Symphony›*, 1922) imaginäre Landschaftsmusiken. Den Gegenpol zu dieser neoromantischen Komponente bilden die klassizistisch-konstruktivistischen Züge, die etwa in der *Vierten* (1935) zum Durchbruch kommen; dieses Werk zeigt, gewissermaßen mit einiger Verspätung (also zu einer Zeit, als sich auf dem Kontinent wieder regressive Tendenzen bemerkbar machten), die Auseinandersetzung mit einem rabiaten, die Grenzen der Tonalität sprengenden Kontrapunkt. Die tonsprachliche Milderung der *späteren Symphonien* korrespondiert reizvoll mit einer großen formalen Variabilität, die auch auf eine Lockerung der binnenmusikalischen Bezüge hinzielt, auf Verschmelzung von Symphonie und «Tondichtung». In der *Achten* (1956) herrschen dann wieder absolut-musikalische Bewegungsverläufe vor: Der Kopfsatz ist eine Variationskette («senza Tema»), das Scherzo («alla Marcia») beschäftigt nur Bläser, die Cavatina nur Streicher, und als Finale folgt eine virtuose Toccata.

GUSTAV HOLST (1874–1934) war ungeachtet seines viel kürzeren, von andauernder Krankheit überschatteten Lebens ein Musiker mit breitem stilistischem Radius; Anregungen empfing er auch von STRAWINSKY und der modernen französischen Musik. Sakralwerke nehmen in seinem Œuvre einen wichtigen Platz ein. Orchesterstücke wie *‹St. Pauls Suite› für Streicher* (1913), *‹Edgon Heath›* (1928) und *Prelude & Scherzo ‹Hammersmith›* (1930) sind außerhalb Englands fast unbekannt geblieben. Um so populärer wurde die *Orchestersuite ‹The Planets›* (1917), die geradezu zu einem Kultstück kulinarisch-mystizistischer Erlebnissucher gedieh (und bezeichnenderweise erst im Hi-Fi-Zeitalter gewaltig reüssierte). HOLST unternimmt seine mythologisierende Ausdeutung der sieben Planeten mit einer magischen Klangpalette und schafft astrologische Charakterbilder von eminenter sinnlicher Ausstrahlung. Im *‹Jupiter›-Porträt* (*Nr. 4*) lebt die robuste, joviale Gestik ELGARS noch einmal auf, während der verdämmernde Frauenchorschluß des finalen *‹Neptun›* (*Nr. 7*) sich einerseits mit dem letzten der DEBUSSYschen Orchester-*‹Nocturnes›*, andererseits mit der Poetik VAUGHAN WILLIAMS' berührt, dem HOLST auch in persönlicher Freundschaft verbunden war. An Raffinement und Bildkraft sind Holsts ‹*Planeten*› kaum zu überbieten und ein eindringliches (wenn auch nicht alle wichtigen Aspekte des Holstschen Lebenswerkes erfassendes) Zeugnis tondichterischer Originalität.

In der Generation, der William Walton (geb. 1902) angehört, treten romantisierende Elemente zurück; es dominieren klassizistische Bestrebungen. *Zwei Symphonien* (1935 bzw. 1960) sowie die *Orchester-‹Variations on a Theme by Hindemith›* markieren die Nähe zu neopolyphonen Richtungen auf dem Kontinent, wobei Waltons Ausrichtung um einige Grade konservativer bleibt.

Michael Tippett, Jahrgang 1905, gebürtig in London, war zumindest in seinen früheren Werken ähnlich temperiert. Zu seinen Erfolgsstücken zählt das *Konzert für doppeltes Streichorchester* (1939), in seinem kultivierten Neuklassizismus dem Besten von Frank Martin oder Bohuslav Martinů vergleichbar. Das komplizierte Gewebe des vielstimmigen, vielgliedrigen Streichersatzes hat nicht die Härten und nicht das Aggressiv-Artistische entsprechender Strawinsky-Stücke. Mit ungebrochenem Glauben an die Bindefähigkeit meisterlich-könnerhafter Kombinationsfähigkeit und beflügelter Phantasie «zaubert» Tippett integrale Zusammenhänge; Indiz für die Sicherheit individuellen Formsinns scheint der hymnisch-enthusiastische Tonfall, der das energetische Potential der Ecksätze zusammenhält und dem lyrischen, melodiös ausgesponnenen Adagio insistierende Süße verleiht.

Mit der *dritten Symphonie* (1972) bietet Tippett ein erstaunliches Bild von «Alterswildheit». Das Werk besteht aus zwei riesigen Abschnitten, die wesentliche Elemente der üblichen symphonischen Viersätzigkeit bewahren. So mündet die aus dem Kontrast von Statik und Bewegung sich gestaltende Anfangsphase in eine Art langsamen Satz aus splitterhaften kantablen Gesten. Das rhythmisch angelegte Scherzo des zweiten Teils wird jäh unterbrochen durch ein Beethoven-Zitat, den Anfang des Finales der *neunten Symphonie*, der noch zweimal beschworen wird, um dem weiteren Verlauf des Werkes seine besondere Richtung zu geben (ein in sich gegensätzlicher Gesangsabschnitt, ‹*Slow-Blues*› und ‹*Fast-Blues*›). Die Auseinandersetzung mit Beethovens humanistischem Pathos ist nicht als Leverkühnsche «Zurücknahme» der *neunten Symphonie* zu betrachten, wohl aber als aktualisierende Modifikation. Keine Chor-«Gemeinschaft» feiert sich und die Menschheit; die (weibliche) Einzelstimme bleibt Trägerin verletzlicher, aber begründeter Hoffnung (gestützt auf Texte von Martin Luther King, die der Komponist, konsequenter Pazifist, diesem Werkausklang zugrunde legt); dementsprechend wird Finalaffirmation vermieden, und das Werk endet mit abrupten Bläserakkorden, die in zarten Streicherklanggespinsten echohafte Verwandlung erfahren.

Hans-Klaus Jungheinrich

Benjamin Britten

Lowesoft, 22. November 1913 – Aldeburgh, 4. Dezember 1976

Benjamin Britten hatte als junger Mann vor, seine kompositorische Lehrzeit in Wien bei Alban Berg fortzusetzen; da die Eltern (vielleicht auf Anraten von Brittens Lehrer Frank Bridge) angehalten wurden, sich diesem Wunsch ihres Sohnes zu widersetzen, kam der Plan nicht zustande. Es wäre reizvoll, darüber zu spekulieren, wie Britten wohl unter dem unmittelbaren Einfluß der Wiener Schule weiterkomponiert hätte (ähnlich wie im Fall von Berg selbst, der nur um Haaresbreite davon entfernt war, anstatt zu Schönberg zu Hans Pfitzner in die Lehre zu gehen). Vielleicht hätte sich Brittens Temperament auch unter solchen Umständen in ganz ähnlicher Richtung durchgesetzt, wie es das ohne die strenge Unterweisung des Schönberg-Kreises tat. Es läßt sich zwischen der lockeren, improvisatorischen, spielerisch-eklektizistischen Faktur der meisten Werke Brittens und der verantwortlichen und vielfach abgesicherten Satzkunst der Wiener Schule kaum ein größerer Gegensatz in der Musik des 20. Jahrhunderts denken.

Die moralische und künstlerische Integrität Brittens wird durch die Feststellung seines tonsprachlichen Eklektizismus nicht im mindesten tangiert. In bezug auf die kontinentaleuropäischen Avantgarde-Tendenzen seiner Zeit war er ein ähnlich störrisches «Originalgenie» wie Janáček oder Sibelius. In eine nach dem Tod von Elgar, Delius und Holst (sie starben alle im nämlichen Jahr 1934) wieder akademischer und konservativer werdende Komponistenszene hineinwachsend, suchte sich Britten seinen Weg ganz abseits von dem, was die in Frankreich oder Deutschland lebenden Komponisten interessierte. Ungeachtet der Dogmen, mittels derer die Brittensche Kompositionstechnik anzufechten war, offenbarte sich dennoch die unwiderstehliche Kraft dieser

Musik. Sie hat ihre Unverwechselbarkeit und eine eigenartige Sogkraft; wer sich im ersten Augenblick von der scheinbaren Leichthändigkeit, Simplizität oder Bekanntheit der Klangmuster irritiert fühlen mag, wird doch in den meisten Fällen allmählich gefangengenommen von einer behutsamen und gelassenen Fähigkeit der Verdichtung, poetischen Verzauberung oder gewaltfreien Überzeugung, die einer «Einfühlung» bedürfen und mit quantifizierenden oder definitorischen Analysemethoden kaum zu erfassen sind. Ähnlich wie (der mit ihm in späteren Jahren befreundete) SCHOSTAKOWITSCH, wenn auch aus ganz anderen Gründen, arbeitete BRITTEN mit scheinbar verbrauchten Materialien (er hat sich niemals vom Konzept einer erweiterten Tonalität gelöst). Was dabei als Resultat herauskam, war zwar keine «Synthese» aus Tradition und Aktualität – derlei hatte der Komponist niemals beabsichtigt –, sondern ein ganz persönlicher, eigener Tonfall. Ein durchaus aber typisch englischer zudem, bewegt vom leidenschaftlichen Bedürfnis nach dem Verstandenwerden, fast nach *common sense*. Einem Bedürfnis, zugegeben, das den ernsthaften modernen Komponisten auf dem Kontinent eher fremd ist. Soll man es bei BRITTEN als «unverkrampft» feiern? Soll man sein Fehlen bei der Avantgarde als Mangel beklagen? Am besten ist wohl, wenn man die verschiedenen Möglichkeiten gelten läßt und auch das BRITTENsche Komponieren nicht voreilig der Regression und Uninteressantheit zeiht.

BRITTEN gehörte zu den fruchtbarsten und vielseitigsten Tonsetzern des 20. Jahrhunderts. Der Schwerpunkt seines Schaffens lag auf der «gesungenen», textorientierten Musik, nicht zuletzt auf der Oper. Daraus geht hervor, daß er von «absolut»-musikalischen Ideen weniger berührt war. Es scheint überdies, daß er auch keinem sonderlich strikten «Kunst»-Begriff huldigte; er schrieb immer wieder Stücke «für den Gebrauch», anderen Kunstformen «dienende» Musik für Theater und Film, auch ein gerüttelt Maß an pädagogischer Musik. So sehr, wie er sich in solchen Arbeiten lokkern – und als Komponist sozusagen fast unsichtbar machen – konnte, so dringlich zeigte er sich in Stücken, die, wie etwa das ‹*War Requiem*› oder die ‹*Sinfonia da Requiem*›, zugleich auch den Charakter von Bekenntniswerken annehmen.

Bemerkenswerterweise durchlief BRITTEN keine allzu auffällige und aufregende kompositorische Entwicklung, wie das ja bei einem scheinbar ähnlich weit weg von der musikalischen Moderne angesiedelten Tonsetzer wie SCHOSTAKOWITSCH drastisch der Fall war (dort freilich vor allem als Reflex auf politische Verhältnisse). BRITTEN war nie ein üppiger Klangmaler gewesen, eher ein Freund subtiler Aquarelle und bewegter Skizzen, angezogen von der musikalischen Imagination der schnell wechselnden Lichtwirkungen des Insellandes, hellhörig die Grauverschleierung der Streicher ausbalancierend und Farbflecken der Bläser dagegensetzend, flexibel auch im Rhythmischen, das sich der Unregelmäßigkeiten und Synkopierungen der altenglischen Volksmusik versichert. Die immer schon zum Sparsamen, Durchbrochenen, Leichtflüssigen neigende Satztechnik wurde in den Spätwerken zwar spürbar, aber nicht dramatisch «ausgedünnt».

Angesichts des vielgestaltigen, reichen Œuvres nehmen die Orchesterwerke bei BRITTEN nur einen relativ bescheidenen Rang ein, wiewohl etliche Stücke darunter sind, die zu den am häufigsten zu hörenden Kompositionen des 20. Jahrhunderts zu rechnen sind. Fast noch ein Schülerstück ist die 1934 beendete *‹Simple Symphony›*, mitten im Studium entstanden, als BRITTEN von seinem privaten Mentor FRANK BRIDGE an das Londoner Royal College of Musik zu JOHN IRELAND überzuwechseln beabsichtigte. Für dieses Werk griff BRITTEN zu Materialien, die er schon zehn Jahre vorher – zwischen seinem neunten und zwölften Lebensjahr – aufs Notenpapier gebracht hatte. Die *‹Simple Symphony›* ist also ein richtiger Bubenspaß, meliorisiert durch eine «gereift»-jünglingshafte Satztechnik, die sich mit perfektem Handwerk dem durchaus ironischen «neoklassizistischen» Gusto anschmiegt. Die vier Satzbezeichnungen sprechen beinahe für sich selbst: *‹Boisterous Bourrée›* (*‹Lärmende Bourrée›*), *‹Playful pizzicato›*, *‹Sentimental Saraband›* und *‹Frolicsome Finale›*. Die Musik reproduziert getreulich die robuste Naivität der Überschriften – oder umgekehrt.

Ebenfalls für Streichorchester gesetzt sind die *Variationen über ein Thema von Frank Bridge* (1937). Dieses geistreiche Werk ist eine Huldigung an den Lehrer, die vielleicht sogar eine winzige gutmütige Rache enthält. Denn BRITTEN ist zu diskret, um die sentimentale Melodie BRIDGES (einer *Streichquartettidylle* von 1906 entnommen) in der Originalgestalt einzuführen; er kleidet sie schon zu Anfang mit eigenen Tonsatztupfern verfremdend ein. Die erste Variation (Adagio) malt eine elegische Stimmung. Es folgt ein geisterhafter, von Triolen durchwetterter *‹Geschwindmarsch›*. Die sich anschließende *‹Romance›* changiert zwischen zarter Schwelgerei und ironischen Brechungen. Die *‹Aria italiana›* weckt in dem Thema ganz überraschende virtuose Energien. In der *‹Bourrée Classique›* kommt BRITTENS Vorliebe für eine durch die neuromantische Brille gesehene Barock-Adaptierung zum Durchbruch. Ein verstörter, durch ahnungsvolle Pausen unterbrochener *‹Walzer›* bildet die Fortsetzung. Nach einem *‹Moto perpetuo›* führt ein Miniatur-*‹Trauermarsch›* beinahe in die Klangspäre MAHLERS. Die neunte Variation (*‹Chant›*) leitet zum turbulenten Finale hin, das neben der obligaten Fuge selbstverständlich die effektvolle und nicht des Augenzwinkerns entbehrende Glorifikation des bescheidenen Themas enthält.

Die *‹Sinfonia da Requiem›* entstand 1940 während BRITTENS Aufenthalt in den USA. Sie wurde ursprünglich im Auftrag des japanischen Staates zum 2600. Geburtstag der Kaiserdynastie geschrieben, dann aber im März 1941 in New York unter der Leitung von John Barbirolli uraufgeführt. Sie war BRITTENS erstes Werk für großes Orchester. Im Instrumentarium (dreifaches Holz) fällt das in allen drei Sätzen mitwirkende Altsaxophon auf. Die Sätze tragen lateinische Überschriften: *‹Lacrymosa›*, *‹Dies irae›* und *‹Requiem aeternam›*. Das Triptychon der (ineinander verschränkten) Tonbilder beschreibt die emotionale Bewegung Klage–Schreckensvision–Tröstung. Aus den düsteren tiefen Akkordschlägen des Beginns wächst allmählich ein Trauergesang (Violoncello, Fagott) heraus, der nach und nach alle Klanggruppen erfaßt. Das flackernde, rhythmisch skandierte *‹Dies irae›* geht in einen grellen Marsch über, dem eine beschleunigte totentanzartige Reprise des klanglich immer mehr aufgelösten Hauptteils folgt (gegen Schluß gibt es geradezu «punktuelle» Passagen im Partiturbild). Der ruhevolle Gesang des Finales baut sich, nach einer größeren dynamischen Steigerung, ab zum verhaltenen Schlußmorendo. Im Habitus eines säkularisierten liturgischen Modells berührt sich BRITTENS Werk mit der nur wenige Jahre jüngeren *‹Symphonie liturgique›* von

HONEGGER (beide Musiker waren beileibe keine praktizierenden Christen; BRITTEN gehörte zeitweilig sogar der kommunistischen Partei an). In gewissem Sinn ist die *‹Sinfonia da Requiem›* auch ein Vorläufer des ungleich kühner konzipierten *‹War Requiem›* (1962). Sie ist dem Andenken an BRITTENS Eltern gewidmet.

Als eigenständiges Konzertwerk können die *vier ‹Sea Interludes›, Orchesterzwischenspiele* aus der Oper *‹Peter Grimes›* (1945) gelten. Zwar handelt es sich hier um die Schilderung von «Seelenlandschaften», was im dramaturgischen Kontext des Bühnenwerkes einen ganz bestimmten Stellenwert hat; andererseits ist die Imagination der Meeresküste von Suffolk (BRITTENS Heimat) zwischen Tag und Nacht, Ruhe und Sturm hier so stark und zwingend, daß sich eine geradezu symphonische Korrespondenz zwischen den einzelnen Sätzen ergibt – ein eklatantes Beispiel dafür, daß Musik in verschiedenen Zusammenhängen eine je eigene Gestalt und «Ästhetik» zu vermitteln vermag.

‹The Young Person's Guide to the Orchestra› gehört zu den «pädagogischen» Werken BRITTENS und war als Bestandteil eines Films gedacht, der jungen Leuten die Orchesterinstrumente in Aktion vorstellen sollte. Seit der Uraufführung 1946 ist dieses Werk aber auch eine der beliebtesten BRITTENschen Orchesterkompositionen. Formal handelt es sich um einen veritablen Variationenkranz über ein Thema von HENRY PURCELL samt abschließender Fuge. Nachdem zunächst das Thema vom vollen Orchester intoniert wird, folgen nacheinander die Hauptgruppen – Holzbläser, Blechbläser, Streicher, Schlagzeug. Des weiteren bekommen die Einzelinstrumente Gelegenheit zu solistischer Entfaltung, wobei der pädagogische Zeigefinger lehrhaft-schmunzelnd auf die jeweiligen Klangspezifika deutet. In der Fuge wird das Instrumentarium nach und nach puzzleartig wieder zusammengefügt, und PURCELLS Thema im klangprächtigen Ornat setzt allem die Krone auf. Ein kunstvolles Lehrstückpendant zu PROKOFJEWS *‹Peter und der Wolf›*.

Nicht ganz so populär wurden BRITTENS *Orchestervariationen über ein Weihnachtslied ‹Men of Goodwill›* (1947). Eine Zwischenstellung zwischen Symphonie und Kantate nimmt die *‹Spring Symphony›* (1949) *für Soli, Chor und Orchester* ein.

Hans-Klaus Jungheinrich

Paul Hindemith

Hanau, 16. November 1895 – Frankfurt, 28. Dezember 1963

HINDEMITH vertritt einen Typus von Komponist, dessen schöpferische Begabung und Fähigkeit zur Entfaltung in vielfältigen und höchst unterschiedlichen Gattungen und Formen drängen. Sein Werkverzeichnis umfaßt denn auch alle traditionellen Gattungen und geht mit Arbeiten für mechanische Musikinstrumente, für Radio, Schallplatte und Film sowie mit Musik für den Laienbedarf und -gebrauch weit über die Werkgattungen, die HINDEMITH zu Beginn seiner Entwicklung vorgefunden hat, hinaus. Auffallend an HINDEMITHS Auseinandersetzungen mit den überkommenen Werkgattungen ist, daß sie weniger auf eine eindeutige und festumrissene Gattungsnorm hinzielen als daß sie Varianten und Dehnungsmöglichkeiten einer Gattung erkunden und erproben. Dabei kommt es zwangsläufig auch zu Überschichtungen und Verschränkungen von Gattungen, so etwa im Fall der *Kammermusiken op. 36*, die auf eine überaus originelle und gelungene Weise Kammermusik und Konzertmusik in sich vereinen und fast einen neuen Gattungstypus etablieren. Ähnlich verhält es sich mit HINDEMITHS Beiträgen zur Gattung der «Symphonie». Rein quantitativ nicht unerheblich, zeichnen sie sich dadurch aus, daß sie bei gewissen gleichbleibenden Merkmalen insgesamt recht unterschiedlich ausfallen. Das mag auch mit ein entscheidender Grund dafür gewesen sein, daß HINDEMITH seine *Symphonien* nicht durchnumeriert hat – schon das unterscheidet ihn auch von Komponisten wie SCHOSTAKOWITSCH, KARL AMADEUS HARTMANN und HENZE. Sie tragen attributive Bezeichnungen oder Titel und belegen schon dadurch, daß sie als je eigene, sich voneinander abhebende Beispiele der Gattung «Symphonie» verstanden werden wollen. HINDEMITHS *Symphonien* stellen unter diesem Gesichtspunkt keine Werkreihe dar, die sich durch einheitliche Gestaltungselemente und ein durchgehend verbindliches Formkonzept auszeichnet. Sie bilden vielmehr eine Sammlung von gattungsspezifischen Varianten, wobei es vielfach zu einer Verbindung mit Elementen und Stilaspekten des Konzerts kommt, was der symphonischen Sprache HINDEMITHS einen sehr eigenen Charakter verleiht.

Symphonien

Insgesamt sind es acht Orchesterwerke, die von HINDEMITH ausdrücklich als «Symphonien» bezeichnet worden sind: *‹Lustige Sinfonietta› op. 4* (1916); *Symphonie ‹Mathis der Maler›* (1934); *Symphonie in Es* (1940); *Symphonia serena* (1946); *Sinfonietta in E* (1949/50); *Symphonie in B for Concert Band* (1951); *Symphonie ‹Die Harmonie der Welt›* (1951); *Pittsburgh Symphony* (1958). Gleichfalls unter die symphonischen Werke zu zählen sind außerdem noch die *‹Symphonischen Tänze›* (1937) und die *‹Sinfonischen Metamorphosen Carl Maria von Weber'scher Themen›* (1943).

Auffallend an dieser Reihe symphonischer Werke ist, daß – sieht man von dem Frühwerk der *‹Lustigen Sinfonietta›* einmal ab – die Auseinandersetzung mit der symphonischen Form relativ spät einsetzt. HINDEMITH ist fast vierzig Jahre alt, als er die Symphonie *‹Mathis der Maler›* schreibt, ein Werk, das im übrigen keine autogene symphonische Schöpfung darstellt, sondern im Grunde einen orchestralen Extrakt der zur gleichen Zeit entstandenen Oper *‹Mathis der Maler›* darstellt. Von da an freilich entstehen symphonische Werke in regelmäßigen Zeitabständen, wobei für die Jahre 1949 bis 1951 eine auffällige Entstehungsdichte zu bemerken ist.

Zu den eigenwilligsten Kompositionen HINDEMITHS gehört ohne Frage seine *‹Lustige Sinfonietta› op. 4*, was um so bemerkenswerter ist, als ihre Entstehung noch in die Zeit seiner Kompositionsschülerschaft bei Bernhard Sekles am Frankfurter Hochschen Konservatorium gehört. Ein zweiter Zeitumstand scheint noch interessanter: «Der ganze Krieg ist traurig genug», schrieb HINDEMITH im Frühjahr 1916, nachdem er vom Feldtod seines Vaters erfahren hatte, an eine befreundete Familie, «und da ist es gut, wenn man dieser ganzen Zeit die ‹Singspielhalle des Humors› gegenüberstellen kann; das hilft über vieles hinweg.» Wenig später dann – im selben Brief – heißt es: «Eben arbeite ich an dem zweiten Satz einer Lustigen Sinfonietta für Streicher, Holzbläser, Hörner, Trompeten und Bumbum (zum Gedächtnis an den Dichter Christian Morgenstern), deren erster Satz von den Galgenbrüdern handelt – (mit einer Fuge als Durchführung: das große Lalulā!). Der zweite Satz schildert zoologische Merkwürdigkeiten, und der letzte soll Variationen über das Thema ‹Palmström› bringen.» Die Lyrik Morgensterns übte in jenen Jahren eine ganz beachtliche Faszination auf Hindemith aus. Sie vermittelte ihm in ihrer Mischung aus Skurrilität, Humor, Ironie und kritischem Scharfsinn viele Züge, an denen er eigene Persönlichkeitsaspekte wahrnehmen konnte. Die *‹Lustige Sinfonietta›* könnte als eine Programmusik mißverstanden werden. Nichts freilich liegt ihr ferner als eine Nachzeichnung von Gedichten. Was sie als eine Morgenstern-Symphonie legitimiert, das ist vielmehr der souverän-witzige Umgang des Komponisten mit seinem Material, mit Themen und deren Ausdrucksgehalten. Dabei spielt die Verkehrung des Normalen eine bedeutende Rolle, so etwa, wenn banale Themen einen absichtlich artifiziellen Kontext erhalten oder das Nebensächliche zur Hauptsache, das Wichtige aber zur Nebensache wird. Auch formal erweist diese frühe *Sinfonietta* die bemerkenswerte Gestaltungskraft Hindemiths. Der erste Satz ist dem Sonatenhauptsatz nachgebildet, ohne ein solcher zu sein, da Hindemith das entscheidene Merkmal symphonischer Gestaltung, nämlich die Durchführung von Themen und Themengruppen durch deren beziehungsvolle Reihung ersetzt. Der abschließende Satz ist als Variationensatz angelegt, in dem die Wegführung vom Thema im Wechsel mit der deutlichen Bezugnahme darauf den Formverlauf ausprägt. Ein Charakterstück von herausragender Qualität bildet das skurrile Intermezzo – ein Stück, das ganz aus dem Geist instrumentaler Farben und Eigentümlichkeiten heraus empfunden ist und in Verbindung damit, daß das Werk durch die Reduzierung auf ein kleines Orchester eine Absage an den großen Orchesterapparat zum Ausdruck bringt, eine auffällige Begabung unter Beweis stellt. Die verblüffende Sicherheit, die Hindemith bereits zu Gebote steht und die Selbstverständlichkeit, mit der er etwa kontrapunktische Satztechniken als formbildende Elemente einsetzt, macht deutlich, daß hier ein Talent am Werk ist, das sich kompositorische Aufgaben zu stellen und diese auch zu lösen weiß.

Der Oper ‹*Mathis der Maler*›, deren Text HINDEMITH selber verfaßte, schildert die inneren und äußeren Kämpfe und Probleme des Malers Mathis Gothardt-Neithardt (genannt Grünewald). Noch bevor das Textbuch beendet war, komponierte HINDEMITH eine *Symphonie* in drei Sätzen, die er später an besonderen und gewichtigen Stellen in die Oper übernahm. Die drei Sätze tragen die Titel: ‹*Engelskonzert*› – ‹*Grablegung*› – ‹*Versuchung des heiligen Antonius*›. Die *Symphonie* stellt ein tönendes Triptychon nach drei Tafeln des Isenheimer Altars von Matthias Grünewald dar. Die Komposition gehört zu den meistgespielten Werken HINDEMITHS und markiert einerseits eine unmißverständliche Abkehr von den experimentellen und provokativen Unternehmungen der zwanziger Jahre sowie andererseits die deutliche Tendenz zu einer «großen» und bedeutungsvollen Kunstmusik. Vorbereitet worden war solcher Anspruch durch das gemeinsam mit Gottfried Benn geschaffene Oratorium ‹*Das Unaufhörliche*› und durch das ‹*Philharmonische Konzert*› von 1932, eine Auftragsarbeit von Wilhelm Furtwängler zum fünfzigjährigen Jubiläum des Berliner Philharmonischen Orchesters. Symbolik und Stil, ja Stilisierung gewinnen in der ‹*Mathis*›-*Symphonie* eine für HINDEMITH tragende Bedeutung. Nach typisch barocker Ästhetik entfaltet die Dreizahl der Satz-«Bilder» ihre Bedeutung bis hinein in die Gestaltung der Einzelsätze. Drei Themen sind es, die den Formverlauf des ersten Satzes bestimmen – entsprechend der Choralzeile «Es trugen drei Engel ein' süßen Gesang», der als thematischer Grundgedanke des gesamten Werkes in einer Einleitung zum ersten Satz exponiert wird. Der Formbau dieses ersten Satzes ist dem Sonatensatz nachgebildet, besteht also aus drei Teilen: Exposition – Durchführung – Reprise, wobei die Durchführung eine kontrapunktische Verarbeitung der Themen bringt und in der Reprise die drei Themen in umgekehrter Reihenfolge erklingen. Der Satz erscheint demnach nach dem Symmetrieprinzip konzipiert.

Der zweite Satz mit dem Titel ‹*Grablegung*› ist eine Trauermusik aus Streicherdeklamation und Bläserkantilenen: «Alle Kräfte der Vereinfachung erscheinen da konzentriert im Aufbau einer mächtigen melodischen Linie aus einem einzigen Motiv und aus jenem punktierten Rhythmus, der endlich sich entspannt» (Heinrich Strobel).

Höhepunkt des Werkes ist die *‹Versuchung des heiligen Antonius›*. Hier arbeitet HINDEMITH im Sinne der Thematik, nämlich der Unversöhnlichkeit der beiden sich gegenübertretenden Welten des Heiligen und dämonischer Versuchung mit Gegenthema und Themenkontrasten, verknüpft mit dem Gegensatz von Diatonik und Chromatik. In manchen Zügen, so etwa in der einleitenden rhapsodischen Melodie oder dann in den starken Dissonanzballungen erinnert der Satz an die Ausdruckshaftigkeit früherer Werke. Abgeschlossen werden Satz und Werk durch den Schlußhymnus *‹Lauda Sion Salvatorem›* und den von den Blechbläsern intonierten Hallelujachoral. Die Uraufführung dieses Werkes fand am 12. Mai 1934 in Berlin statt. Das Philharmonische Orchester spielte unter Wilhelm Furtwängler. Die Aufführung verschärfte die schwierige Situation HINDEMITHS im Nazi-Deutschland und löste den «Fall Hindemith» aus, die öffentliche Auseinandersetzung über HINDEMITHS und Furtwänglers Stellung.

Drei Jahre später, im Jahre 1937, entstanden die *‹Symphonischen Tänze›*, an denen ein Zug ins Pompöse und Großartige auffällt, der für einige Zeit die «großen» Orchesterkompositionen auszeichnen wird. Die wiederum drei Jahre später komponierte *Symphonie in Es* und dann die *‹Sinfonischen Metamorphosen›* von 1943 prägen diesen Zug dann noch entschiedener aus. Dieser «neue» Stil HINDEMITHS rührt nicht zuletzt von der reichen Verwendung des Blechs her, wobei die harmonische Gestaltung im Vergleich zur kontrapunktischen Technik und zur polyphon-figurativen Arbeit, durch die sich das Werk der zwanziger Jahre auszeichnet, an Gewicht gewinnt. Hinzu kommt eine plastisch geformte, oft pathetisch erscheinende Thematik. Die *‹Symphonischen Tänze›* entstanden in zeitlichem Zusammenhang mit der Ausreifung von HINDEMITHS Tonsatzlehre, die ihm für seine weitere Entwicklung zur theoretischen Grundlage wird, wenngleich in einem wesentlich weniger dogmatischen Sinn, als gemeinhin unterstellt wird. Der affirmative Charakter der ‹*Symphonischen Tänze*› könnte immerhin einiges darüber aussagen, welchen Gewinn für HINDEMITH ganz subjektiv diese Theorie bedeutete. Sie schenkte ihm Selbstvertrauen und unterstellte die zukünftigen Aufgaben einer Perspektive. Ein zweiter Aspekt darf bei den ‹*Symphonischen Tänzen*› nicht übersehen werden: Sie entstanden in Verbindung mit dem Ballett ‹*Nobilissima Visione*› für Leonid Massine und waren ursprünglich in ihrer Konzeption auf das Franziskus-Ballett bezogen. Zwei Jahre nach der Entstehung wurde das Werk dann wiederum in den Zusammenhang mit Ballett gerückt. HINDEMITH schrieb ein Szenarium – ‹*Der Kinderkreuzzug*› –, nachdem er mit George Balanchine bezüglich Ballett in Kontakt getreten war. Das Projekt kam allerdings nicht zustande.

Die ‹*Symphonischen Tänze*› bilden keine ausgesprochen tanzhaften Kompositionen. Konstitutiv für die musikalische Konzeption ist nicht so sehr die Rhythmik als die Melodie, die oftmals eine Steigerung ins Hymnische erfährt. Bestimmend für die Formverläufe der vier Sätze ist das Wiederholungsprinzip, sind die Folgen «melodischer Ostinati», die von einer Instrumentengruppe auf die andere übergehen und somit die statische Grundstruktur der Satzgebilde aufbrechen. Ein weiteres Prinzip, das die Statik der Musik beeinflußt, ist die Verwandlung der Themen in andere Gestalten, die Verwandtschaft bewahren und doch etwas anderes sind. Höhepunkt des Werkes bildet wiederum das vielgestaltige Finale mit seiner abschließenden Krönung durch eine Choralmelodie im vollen Orchestersatz.

Noch weiträumiger in der Anlage, gesteigerter noch im breit ausladenden Pathos und noch mehr erinnernd an das Klangbild der BRUCKNERschen Symphonik ist dann die ‹*Symphonie in Es*› von 1940. Das Werk ist viersätzig und beinhaltet eine spannende gegenseitige Durchdringung von Polyphonie und akkordisch-harmonischer Satzgestaltung. Eine thematische Arbeit im klassischromantischen Sinn gibt es hier nicht. Alles ist melodische Fortspinnung, wobei die polyphone Gestaltung für An- und Abspannungen sorgt. Der langsame Satz basiert auf einem weiträumig disponierten Melodiegebilde, dem ein zweites Thema entgegengesetzt wird. Der Wiederholungsverlauf bedeutet eine mächtige klangliche Ausbreitung. Das sich anschließende Scherzo mit Trio erscheint sehr stark von BRUCKNER beeinflußt. Es herrscht eine einheitliche Thematik, die aus der Quart-Quint-Struktur der Einleitungsfanfare (erster Satz) abgeleitet ist. Auf das Scherzo folgt unterbrechungslos das Finale, das eine originelle Mischung aus Passacaglia, Sonate und dreiteiliger Form darstellt und in dem die Verwandlung des thematischen Ausgangsmaterials eine bestimmende Rolle spielt.

Wiederum drei Jahre nach dieser Komposition entstand ein symphonisches Werk, die *‹Sinfonischen Metamorphosen von Themen von Carl Maria von Weber›*. Diese Komposition ist neben der *‹Mathis›-Symphonie* HINDEMITHS populärste Orchestermusik geworden. In diesem aus vier Sätzen bestehenden Werk erscheint das bislang schon mehrfach festgestellte Prinzip der Verwandlung in jeder Hinsicht zum bestimmenden Faktor erhoben. Die Themen, auf denen das Werk bzw. die Metamorphosen basieren, stammen aus WEBERS *‹Turandot›*-Musik und aus den vierhändigen *Klavierstücken op. 60*. HINDEMITH exponiert die Themen nicht in der WEBERschen Originalgestalt, sondern zieht sie sofort in seine eigene Stilsphäre. Dabei verlieren diese Themen ihren spezifischen tonartlichen Charakter oder aber sie erscheinen in einer ihnen vom Ursprung her fremden rhythmischen Gestalt. Vielfältig ist der Umgang HINDEMITHS mit dem Themenmaterial, wobei insgesamt eine Satz- und Formdisposition festzustellen ist, die ein klares Ordnungsdenken belegt und auf eine bunte, helle und poetische Klangatmosphäre zielt. In diesem Sinn von besonderem Reiz ist der zweite Satz, ein Scherzo aus WEBERS *‹Turandot›*-Musik. Dank des Schlagwerks entfaltet dieser Satz eine äußerst reizvolle exotische Wirkung, wozu der thematische Gedanke des «Trios», der von echt HINDEMITHscher Qualität ist, einen wunderbaren Kontrast bildet. Einer kleinen Episode gleicht das Andantino. Ein Marsch schließt das Werk ab. Er wird eingeleitet durch eine breitspurige Fanfare, die sogleich diesem dann folgenden Marsch einen parodistischen Charakter verleiht. Bemerkenswert an diesem Werk ist die Tatsache, daß es keinem «Antiquisieren» nachhängt, sondern daß der Komponist die Möglichkeiten der WEBERschen Musik in moderner Sicht erkundet. HINDEMITH hat mit diesem

Werk keine Bearbeitung vorgelegt, sondern WEBER «fermentiert – und dies mit der ihm eigenen sanguinischen Idiomatik, die zwischen Nachdenklichkeit und Opulenz einer musikalischen Grammatik huldigt, deren Wesen unverwechselbar und damit einmalig ist» (Knut Franke).

1946, also wiederum nach drei Jahren Abstand, komponierte HINDEMITH die *‹Symphonia Serena›*. Er schrieb das Werk für das Dallas Symphony Orchestra, das am 1. Februar 1947 unter der Leitung von Antal Dorati dann auch die Uraufführung bestritt. Die Viersätzigkeit und die Folge der Satzcharaktere erinnern deutlich an den Typus der klassischen Symphonie. Doch zugleich trägt das Werk Züge eines Konzerts für Orchester. In farbigem Wechsel setzt HINDEMITH die verschiedenen Orchestergruppen gegeneinander, kombiniert sie und löst den musikalischen Satz immer wieder zu einem von Solisten bestrittenen transparenten Stimmengefüge auf. Die Neigung HINDEMITHS, die Orchesterkomposition auf ein Konzert für Orchestermusiker hin zu entwerfen, hat ihre Voraussetzung in der innigen Vertrautheit des Komponisten mit dem Instrumentalspiel sowie mit den verschiedenen Aspekten des orchestermusikalischen Musizierens. HINDEMITH sieht im Orchestermusiker nicht einfach einen anonymen Funktionsträger, sondern eben auch einen Künstler, der in sich eine Individualität und ein Bedürfnis nach Subjektivität und Ausdruck birgt, das zur Entfaltung drängt. Gerade dieses Spannungsprinzip zwischen Tutti-Funktion und solistischer Funktion erscheint in HINDEMITHS *‹Symphonia Serena›* für die Form- und Satzgebung nutzbar gemacht. Abwechslungsreich und dabei äußerst klar in den gegenseitigen Abgrenzungen baut HINDEMITH seine Sätze sowie dann das Werkganze.

Der erste Satz wird im wesentlichen bestimmt durch die Gegenüberstellung zweier kontrastierender Teile und Gedanken: eines weit ausladenden Hornthemas, eingebettet in einen figurativen, darin aber eigenartig kompakten und als Ostinato eingesetzten Streichersatz, und eines konzerthaft gestalteten, wiederum in sich aus verschiedenen Elementen bestehenden zweiten Teils. Der zweite Satz steht an Scherzo-Stelle und ist eine Paraphrase über BEETHOVENS Militärmarsch von 1809. Er ist nur für Blasinstrumente komponiert, während dann der dritte Satz als langsamer Satz allein den Streichinstrumenten vorbehalten bleibt, die wiederum in zwei Gruppen in Verbindung mit den beiden Spielweisen *arco* und *pizzicato* auftreten. Im Abschlußteil dieses Satzes werden die beiden Gruppen miteinander verknüpft. Der Finalsatz greift mit der Gegenüberstellung von zwei kontrastierenden Elementen bzw. Formteilen wieder auf das Konzept des ersten Satzes zurück, so daß die Großform der Symphonie vor allem mit ihrer Aufteilung in Bläser und Streicher in den beiden Mittelsätzen an einem symmetrischen Grundplan orientiert erscheint.

1949 bis 1951 entstehen drei symphonische Werke; zunächst die *‹Sinfonietta in E›* als ein Auftragswerk für die amerikanische Stadt Louisville. Obgleich im Oktober 1949 geplant, begann HINDEMITH doch erst kurz vor Weihnachten die Arbeit. Einen Monat später, am 19. Januar 1950, lag das Werk vor. Es ist viersätzig und verlangt die Besetzung des klassisch-romantischen Orchestersatzes. Die diminutive Form des Titels mag darauf ebenso Bezug nehmen wie auf die rein äußerlich gegenüber den vorangegangenen Kompositionen zurückgenommenen Dimensionen. Ein ausgesprochen konzertanter Zug beherrscht dieses Werk, das von den *Symphonien* HINDEMITHS noch am stärksten dem klassischen Modell verpflichtet ist, vor allem auch in der ganz auf Balance und Ausgleich ausgerichteten Formkonzeption. Den Rahmen bilden ein virtuoslebendiger Einleitungssatz und ein Rondo, vorbereitet durch Streicherrezitativ und ein Bläserarioso. Bezeichnend für das Werk sind die Adaptionen barocker Praktiken und Elemente: so das Konzertieren in Gruppen und im zweiten Satz die Kontrastierung des beredten Adagios durch ein Allegretto-Fugato.

HINDEMITH war von Haus aus Geiger; und doch hatte er von früh an eine besondere Vorliebe für Blasinstrumente. Es gibt eine ganze Reihe von Werken, in denen die Blasinstrumente an Bedeutung die Streicher überragen. Diese Vorliebe liegt mitbegründet in dem ebenso farbigen wie im komplexen Satz harten, aber besser als bei den Streichern durchhörbaren Klang. Die *‹Symphonie in B für Blasorchester›* entstand im Frühjahr 1951 und wurde bereits am 5. April desselben Jahres in Washington unter der Leitung des Komponisten uraufgeführt. Die Besetzungsliste sieht vor: Piccolo,

Flöten, Oboen, Klarinette in Es, Soloklarinette in B, drei Klarinetten in B, Altklarinette in Es, Baßklarinette in B, Fagotte, Altsaxophone in Es, Tenorsaxophon in B, Kornette in B, Trompeten in B, Posaunen, Hörner in F, Bariton- und Baßtuba, Pauken, Schlagzeug mit Glockenspiel.

Hindemith hat 1952 eine Werkeinführung verfaßt, die hier auszugsweise wiedergegeben sei:

«Von echter symphonischer Musik für Blasinstrumente wird man billigerweise nicht das altgewohnte Klangbild erwarten dürfen, das den üblichen Märschen, Charakterstücken und arrangierten Opern- und Konzertwerken ihr Gepräge gab und durch seine schablonenhafte Anwendung die ganze Gattung zum Verblassen verdammt und bei guten Musikern in Verruf gebracht hat. Es muß vielmehr danach gestrebt werden, die Satz- und Formerwägungen, nach denen die Symphonik unserer gemischten Orchester geschrieben wird, auch hier anzuwenden – nicht durch bloße Übernahme, sondern in bewußter Anpassung an die so gänzlich anders geartete Ausdrucksweise einer ausschließlich aus Bläsern bestehenden Spielergruppe mit ihrem zwar spröderen und starreren, dafür aber ungleich naturklanghafteren Ton.

Die ‹*Symphony for Concert Band*› ist jüngeren Datums. Sie wurde ... für eines der vier großen Blasorchester des amerikanischen Heeres geschrieben, die Army Band in Washington mit ihren fast hundert Bläsern. Der erste Satz spielt mit der Variierung und Gegenüberstellung zweier Hauptthemen mit zugehörigem Schlußteil, unterbrochen durch einen fugierten Mittelteil. Im zweiten Satz hört man ein ausgesponnenes melodisches Duett von Kornett und Saxophon. Ein schneller, tanzartiger Teil für alle Holzinstrumente folgt, und schließlich erscheinen die beiden Teile zusammen. Der dritte Satz ist eine Doppelfuge, ein erstes Thema wird in allen erdenklichen Engführungen entwickelt, ihm folgt ein zweites in ähnlicher Verarbeitung. Zum Schluß werden beide kombiniert und vom Hauptthema des ersten Satzes im Blech überstrahlt.»

Ähnlich wie bei der ‹*Mathis*›-Symphonie von 1934 liegen die Entstehungsverhältnisse bei der Symphonie ‹*Die Harmonie der Welt*›. Wie dort, so schlug sich auch im Fall der Beschäftigung mit der Oper die musikalische Phantasie zuerst in einer instrumentalen Symphonie nieder. Den Anlaß gab der Auftrag von Paul Sacher, zum 25. Jahrestag des Basler Kammerorchesters ein Werk zu komponieren. Die drei Sätze entstanden im November und Dezember 1951. Am 25. Januar 1952 leitete Paul Sacher die Uraufführung. HINDEMITH selbst verfaßte für das Programmheft eine Einführung:

«Die drei Sätze der Sinfonie sind konzertmäßig verarbeitete Musikstücke aus einer Oper. Diese handelt vom Leben und Wirken Johannes Keplers, den ihn fördernden oder hindernden Zeitereignissen und dem Suchen nach der Harmonie, die unzweifelhaft das Universum regiert. Die Titel der Sätze beziehen sich auf die bei den Alten oft anzutreffende Einteilung der Musik in drei Klassen und wollen damit auf all die früheren Versuche hinweisen, die Weltenharmonie zu erkennen und die Musik als ihr tönendes Gleichnis zu verstehen. Die ‹Musica Instrumentalis› enthält Musik aus den Opernszenen, in denen widrige äußere Umstände das Handeln des Helden erschweren. Drei konstruktive Hauptelemente werden gegeneinander ausgespielt: ein kurzes ostinates Thema, ein gewichtig voranschreitender Marsch und ein Teil von wilder Ungezügeltheit. Im zweiten Satz, der ‹Musica Humana› (den Szenen entnommen, in denen die seelischen Beziehungen der Handelnden das Thema sind), werden zwei langgezogene Melodien erst einzeln, dann zusammen gespielt und schließlich mit einem zarten Abgesang beschlossen. Der dritte Satz versucht, die postulierte Harmonie der Welt in einer musikalischen Form zu symbolisieren, in der erst ein breites Fugato entwickelt wird, dann 21 Teile einer Passacaglia über dasselbe thematische Material folgen und schließlich eine breite Coda das Stück zu einem feierlichen Ende bringt.»

Am 13. November 1958 setzte HINDEMITH die Schlußnoten seines letzten Beitrags auf symphonischem Gebiet. Er beendete die *‹Pittsburgh Symphony›*, ein Auftragswerk zur Zweihundert-Jahr-Feier der amerikanischen Industriestadt. Die Uraufführung fand am 31. Januar 1959 unter der Leitung des Komponisten statt. Die *‹Pittsburgh Symphony›* ist für großes Orchester mit einem relativ stark besetzten Schlagzeug geschrieben. Wiederum hat der Komponist zu diesem Werk Programmnotizen geschrieben, die hier ohne die dazu notierten Notenbeispiele referiert seien. Der erste Satz beginnt mit der Exposition eines langgestreckten Themas bzw. Themenkomplexes, der in sich mehrere, sowohl statische als auch vorwärts drängende Elemente beinhaltet, die aber auch in verwandtschaftlicher Beziehung zueinander stehen. «Der ganze Satz besteht aus nichts weiter als einigen stets anders gefärbten Wiederholungen dieser Linie und ihrer Umkehrung. Hauptmaterial des zweiten Satzes, eines langsamen Marsches, ist eine langgezogene, mit Marschrhythmen begleitete Oboenmelodie, die von den Hörnern übernommen wird.» Eine Coda schließt diesen Formteil ab. «Als heiterer Gegensatz folgt ein Pennsylvania Dutch-Liedchen ‹Hab lumbebruwwel mit me umbeschatz›, die durch sechserlei Instrumentationsvarianten getrieben wird. Die letzte leitet wieder in den ersten breit-melodischen Teil über; diesmal mit dem ‹Lumbedruwwel›-Lied begleitet. Auch diese Gruppe (und damit der Satz) wird mit der vorerwähnten Coda abgeschlossen.

Trotz seinem leichten Gewicht und seinem grotesken Übermut möchte ich dieses Lied als das Kernstück der Symphonie ansehen. Die ‹Dutch› sind mir wohlvertraut, ihr deutscher Dialekt ist fast derselbe wie derjenige meiner alten Heimat, ihre Sitten und Gebräuche sind mir von je bekannt und ihre Lieder sind diejenigen, welche man noch heute in den Landstrichen singt, aus denen sie kamen. Der Durchdringung der frühen amerikanischen Kolonialszene mit süddeutscher Sprache und süddeutschem Lebensstil, die einen wesentlichen Anteil am Gepräge des Staates Pennsylvanien hat, die aber wegen der Überlagerung durch das englische Element sich allgemeiner Beachtung entzog (und noch entzieht), wollte ich in einem Musikstück, das zu den Bewohnern Pennsylvaniens spricht, ein Denkmal zu setzen nicht unterlassen.

Dem letzten Satz liegt die Tonfolge es-as-b-f-fis-a-e-d zugrunde. Sie erscheint unentwegt, teils als Baß, teils als Mittel- oder Oberstimme, rhythmisch auseinandergezerrt oder zusammengedrückt und ständig in den Klangfarben wechselnd. Mit ihr und gegen sie laufen wiederum sechs verschiedene Materialgruppen, in deren gegen den Schluß des Satzes hin verkürzte, mit dem Ostinato zusammenklingende Form nach einer kurzen Überleitung das signalhafte, die jubilierende Stadt glorifizierende ‹Pittsburgh is a great old town, Pittsburgh –› hineinschallt, und damit wird dem biederen, traditionsgebundenen, landbebauenden und am alten Glauben und alten Gebräuchen festhaltenden Pennsylvanien das neue, ungestüme, industrielle und fortschrittliche symbolisch gegenübergestellt.»

Mit Blick auf diese thematische Spannung zwischen Tradition und Fortschritt erscheint diese Symphonie, die bis heute auf wenig Resonanz stieß, als noch einmal sich im Medium der Orchestersprache und der symphonischen Form artikulierender Ausdruck einer vor allem für seine späten Jahre bezeichnenden, zutiefst der Reflexion verpflichteten Haltung.

Dieter Rexroth

Konzerte für Orchester

PAUL HINDEMITH war ein von Haus aus Geiger. In den zwanziger Jahren und später widmete er sich dann als Instrumentalist fast nur noch der Bratsche und der Viola d'amore. Es ist verständlich, daß unter diesem Gesichtspunkt dem kammermusikalischen Schaffen einerseits und dem Hang zum Konzertieren andererseits in seinem Gesamtœuvre eine große Bedeutung zukommt. Von der Neigung zum Konzertieren darf man sogar behaupten, daß sie HINDEMITHS gesamte Musik durchzieht und prägt. Das wird nicht nur aus der nicht unbeträchtlichen Reihe von «groß» konzipierten Konzerten für Soloinstrumente und groß besetztes Orchester deutlich. HINDEMITH hat den Anspruch und Stil des Konzertierens auch anderweitig verfolgt: so im Rahmen von Kompositionen für kleiner und sehr differenziert besetzte Ensembles im Fall der sogenannten «Kammermusiken», die zwischen 1921 und 1927 entstanden sind und insgesamt sieben Werke umfassen. Und dann, von diesen Kammermusiken ausgehend, in orchestralen Werkkonzeptionen, die gleichsam jeden Mitwirkenden zu einem Konzertierenden machen.

Am pointiertesten hat HINDEMITH seine Vorstellung von einer

konzertant geprägten Orchestermusik – die im übrigen auch durch die wiederentdeckte Praxis der Barockmusik nahegelegt wurde – in Orchesterkompositionen formuliert, die den Begriff «Konzert» im Titel tragen. Auffallend ist hierbei wiederum, daß die Titelbildung ohne jede Stereotypie ist. Das ist in der Tat nicht nur ein äußerliches Merkmal, sondern entspricht der Unterschiedlichkeit der Werkkonzeptionen, wie denn überhaupt im Bereich des Konzertschaffens HINDEMITHS eine Vielfalt herrscht, die es schwermacht, einen verbindlichen Typus auszumachen.

1925 entstand das *Konzert für Orchester op. 38*, HINDEMITHS erstes selbständiges Werk für großes Orchester. Es ist viersätzig und setzt die einzelnen Instrumente und Instrumentengruppen virtuos solistisch ein. Die aus den «Kammermusiken» erworbenen Erfahrungen werden hier auf das Orchester angewendet und tragen reife Früchte. Am stärksten dem Konzertieren verpflichtet ist der Satz, der nach Art eines Concerto grosso angelegt ist. Elementare, bis zur Rhythmusorgie getriebene Bewegung kennzeichnet den zweiten Satz. Darauf folgt ein Marsch für Holzbläser, bei dem die arabeskenartigen Verzierungen in den hohen Bläsern sowie die vielfältigen Auflösungen in quasi-improvisatorische Partien hervorstechen. Ein spiel- und bewegungsfreudiger *basso ostinato* bildet den Abschluß.

Ein Jahr später, 1926, entstand die *Konzertmusik für Blasorchester op. 41*, in deren Zentrum sechs Variationen über das Lied *‹Prinz Eugen, der edle Ritter›* stehen. Hier wird die triviale Liedmelodie sukzessive auseinandergenommen, fragmentiert sowie das Volksliedhafte der ursprünglichen Melodie zugleich durch das bravouröse und auftrumpfende Gepräge verfremdet.

1930 komponierte HINDEMITH dann zwei weitere Konzertmusiken: die *Konzertmusik für Streichorchester und Blechbläser op. 50*, geschrieben zum fünfzigjährigen Bestehen des Boston Symphony Orchestra, und die *Konzertmusik für Klavier, Blechbläser und Harfen* von 1930 (ohne Opuszahl; ab *Opus 50* verzichtete HINDEMITH auf die Kennzeichnung durch Opuszahlen). Das erstgenannte Werk, zweisätzig angelegt, lebt aus dem Kontrast und der Vielfalt an Kombinationen der beiden Instrumentengruppen, wobei homophone und polyphone Partien einander entgegengesetzt sind und dichtgefügte mit locker gesponnenen, gleichsam improvisatorisch angelegten Teilen alternieren. Heinrich Strobel hat diese Komposition als eines der «glanzvollsten Werke» HINDEMITHS bezeichnet. Die *Konzertmusik für Klavier, Blechbläser und Harfen* belegt HINDEMITHS Experimentierfreudigkeit auf dem Gebiet instrumentaler Kombinationen, wobei gerade der zweite Satz dieses Werkes in seinem fugierten Stil mit den sich immer wieder daraus lösenden virtuosen Soli beweist, wie anspruchsvoll die Maßgaben für die Instrumentalisten sind und wie hoch HINDEMITHS eigener Kunstanspruch ist.

Den Höhepunkt des orchestralen Konzerts im Schaffen HINDEMITHS bildet ohne Frage das ‹*Philharmonische Konzert*›. HINDEMITH komponierte es 1932 auf Wunsch von Wilhelm Furtwängler zum fünfzigjährigen Jubiläum des Berliner Philharmonischen Orchesters. Sein Untertitel *Variationen für Orchester* verweist auf die Form. Es handelt sich um eine großangelegte sechsteilige Variationenfolge über ein Thema, dessen Grundelemente, nämlich die Dreiklangsbrechung und der punktierte Rhythmus, die konstruktiven Motive der nachfolgenden Abwandlungen darstellen. Unerschöpflich scheint der Reichtum an Verwandlungsmöglichkeiten, der in diesem brillanten Konzert sowohl von einzelnen Intrumentalisten als auch vom Orchestertutti entfaltet wird. Dabei erweist sich musikalische Erfindung als die dauernde Gestaltwandlung der Thematik (Heinrich Strobel). Form und Werkgestalt erscheinen als Konsequenz unaufhörlich wirksamer Phantasie.

Dieter Rexroth

Instrumentalkonzerte

Das Instrumentalkonzert ist die einzige Gattung, die HINDEMITH in allen seinen kontinuierlich fortschreitenden oder schroff wechselnden Schaffensperioden bedachte; entsprechend vielgestaltig, heterogen stellt sich diese Gruppe von insgesamt 21 Werken dar. Ein «Idealtypus» des HINDEMITHschen Konzerts kann kaum beschrieben werden. Zudem vermeidet HINDEMITH jeden Schematismus. Kein Werk ist in der gleichen Form gestaltet. Gerade die

Werke, die HINDEMITH – wie die *‹Kammermusiken›* (1924 bis 1927), die *‹Konzertmusiken›* (1929 bis 1930) oder die *Bläserkonzerte* (1947 bis 1949) – in Serie komponiert, sind formal und ausdrucksmäßig extrem individualisiert. Und schließt HINDEMITH an traditionelle Formen oder Satztypen an, so erfüllt er den musikalischen Prozeß mit einer Musizierlust, die oft abenteuerliche, verstiegene, ja überdrehte Züge annehmen kann, während er wiederum die Konzerte, die einen traditionellen Habitus tragen, in ganz ungewöhnlichen, singulären, unwiederholbaren Formdispositionen ausführt. Weiter gliedern sich die Konzerte völlig unterschiedlich in sein Œuvre ein: Die *‹Kammermusiken›* repräsentieren etwa paradigmatisch die neue Musik HINDEMITHS der zwanziger Jahre; sie stehen im Zentrum seines damaligen Komponierens, während er die Bedeutung der *‹Konzertmusiken›* hinter seiner gleichzeitig geschriebenen «Gebrauchsmusik» für Laien und Liebhaber zurückstuft. Die *Holzbläserkonzerte* repräsentieren nur reizvolle Nebenwerke, hingegen bündelt das *Orgelkonzert* (1962) als ein ausgesprochenes Spätwerk auseinanderstrebende Tendenzen seines Schaffens. Darüber hinaus sind diese Werke unmittelbar mit seiner Biographie verknüpft: Die *Bratschenkonzerte* schrieb HINDEMITH, der als einer der führenden Bratscher seiner Zeit galt, für seine eigenen Zwecke, und ein Werk wie die *Kammermusik Nr. 5* wurde geradezu als ein musikalisches Selbstporträt aufgefaßt. Im Bratschenkonzert *‹Der Schwanendreher›* (1935) spielt HINDEMITH auf seine Situation im Nazi-Deutschland an, im *Konzert für Holzbläser, Harfe und Orchester* (1949) bezieht er sich liebevoll auf ein privates Ereignis, und das *Hornkonzert* (1949) bzw. das *Orgelkonzert* tragen direkte bzw. indirekte programmatische Züge. So ermöglichen gerade die Konzerte HINDEMITHS umfassende Einblicke in die Weite und den Gehalt seines Œuvres.

Das symphonisch durchgearbeitete *Cellokonzert op. 3* (1915), das erste Konzert des neunzehnjährigen HINDEMITH, der sich noch nicht als Komponist verstand, unterliegt ganz dem Einfluß der Musik der Jahrhundertwende. Das Verhältnis von Solostimme und Orchester hat HINDEMITH dem Kopfsatz des BRAHMSschen *Violinkonzerts* nachgebildet, der zweite Satz orientiert sich an der Ausdruckswelt von Instrumentalstücken aus WAGNERS Musikdramen –

vor allem am ‹*Karfreitagszauber*› aus ‹*Parsifal*› –, während das unmittelbar anschließende Finale den Charakter einer Tarantella trägt, die HINDEMITH thematisch auf den Kopfsatz zurückbezieht. Der Abstand zwischen diesem *Cellokonzert* und der Reihe der ‹*Kammermusiken*› kann kaum groß genug gedacht werden. Allerdings geht den ‹*Kammermusiken*› noch ein *Konzert für Klavier linke Hand und Orchester op. 29* (1923) voran, das HINDEMITH für Paul Wittgenstein schrieb. Dieser hat jedoch das Konzert nie gespielt; es blieb bis heute unaufgeführt, liegt in Wittgensteins Nachlaß und wird der interessierten Öffentlichkeit vorenthalten. In den «Kammermusiken», zu denen ein *Klavierkonzert* (*Kammermusik Nr. 2 op. 36 Nr. 1*, 1924), ein *Cellokonzert* (*Kammermusik Nr. 3 op. 36 Nr. 2*, 1924), ein *Violinkonzert* (*Kammermusik Nr. 4 op. 36 Nr. 3*, 1925; 1951 überarbeitet), ein *Bratschenkonzert* (*Kammermusik Nr. 5 op. 36 Nr. 4*, 1927), ein *Viola d'amore-Konzert* (*Kammermusik Nr. 6 op. 46 Nr. 1*, 1927; 2. Fassung 1930) und ein *Orgelkonzert* (*Kammermusik Nr. 7 op. 46 Nr. 2*, 1927) zählen, hat HINDEMITH zu seiner unverkennbaren Tonsprache gefunden. Die Bezeichnung dieser Konzerte als «Kammermusik» leitet sich von der außerordentlich individualisierten, stets solistischen Orchesterbesetzung, die als erweitertes Kammerensemble, aber nicht als reduziertes Orchester aufzufassen ist, und von der kammermusikalischen Satztechnik her. Grundlage der Satztechnik ist die «lineare Polyphonie»; die Harmonik ergibt sich aus der Stimmführung und dient der Kontrolle. Stets dominiert ein charakteristischer rhythmisch-metrischer Bewegungstyp der Musik, der den Werken einen unmittelbar treibenden Zug verleiht, zu dem der überbordende Impetus des Spielens hinzutritt. Die Musik scheint sich stets zu erneuern; die Werke schließen denn auch nicht in einem nachdrücklichen Sinn, sondern sie brechen ab oder verflüchtigen sich und scheinen weiterzuklingen, ohne daß wir sie noch hören könnten. In der solistischen Kammerorchesterbegleitung, die nichts Schwelgerisches mehr kennt, in den reihenden Formverläufen, die jedwede «Entwicklung» konsequent aussparen, im draufgängerischen Impetus des Spielens, der keine sinnliche Süße mehr zuläßt, in den Momenten der Parodie, in der Akzentuierung der rhythmisch-metrischen Verhältnisse und der kontrapunktisch-kammermusikalischen Satztechnik bilden diese «Kammermusiken» einen Konzerttypus aus, der die Neue Musik der zwanziger Jahre – nennt man sie nun Neobarock, Neoklassik oder neue Sachlichkeit – paradigmatisch repräsentiert.

HINDEMITH hat die ‹*Kammermusiken*› in der Reihe der ‹*Konzertmusiken*›, zu denen als ausgesprochene Konzerte die *Konzertmusik für Bratsche und größeres Kammerorchester op. 48* (zwei Fassungen, 1929 bis 1930) und die *Konzertmusik für Klavier, Blechbläser und zwei Harfen op. 49* (1930), aber auch das *Konzertstück für Trautonium und Streichorchester* (1931) zählen, durch Vereinfachung differenziert und weiterentwickelt. «Die neoklassizistische Haltung ist geblieben, aber einer kompositionstechnischen Kritik unterstellt, die sie aufs äußerste differenziert und die Macht des vorgezeichneten Schemas bricht», faßt Adorno über *Opus 48* zusammen. Das Kammermusikalische wird ins Konzertante gewendet und gewinnt an Schlagkraft und Übersichtlichkeit. In *Opus 49* zitiert HINDEMITH erstmals sogar ein altes Volkslied. «Konzertmusik» meint zudem im Kontext des HINDEMITHschen Komponierens: «Gebrauchsmusik» für Virtuosen. Zur Reihe der ‹*Konzertmusiken*› könnte auch noch das Bratschenkonzert ‹*Der Schwanendreher*› (1935, auch die ‹*Trauermusik*› für Bratsche und Streichorchester, 1936, trägt konzertante Züge) gezählt werden, das in der durchgängigen Verwendung von alten Volksliedern den Prozeß der Vereinfachung konsequent weiterführt. Freilich verbindet HINDEMITH die Verwendung von Volksliedern mit der Darstellung seiner prekären Situation im Nazi-Deutschland und seinen Emigrationsplänen. Das Lied ‹*Zwischen Berg und tiefem Tal*› ist ein Lied des Abschieds und Schmerzes; der «Gutzgauch» (Kuckuck) aus dem Lied ‹*Der Gutzgauch auf dem Zaune saß*› ist in der alten Volkspoesie der Verhöhnte und Ausgestoßene. Aus dem Lied ‹*Nun laube, Lindlein, laube*› legt HINDEMITH in die Solobratsche ausschließlich die Liedzeilen mit den Worten «Nicht länger ich's ertrag» bzw. «Hab' gar ein traurig Tag». Und der «Schwanendreher» ist eine Bezeichnung für den heimatlosen Spielmann, den Musikanten, als welchen HINDEMITH sich selber gern bezeichnet hat. Das *Violinkonzert* (1939) und das *Cellokonzert* (1940), denen noch das *Klavierkonzert* (1945) nachfolgt, sind dann Werke aus dem Exil.

Das erweist sich sofort an ihrem nunmehr traditionellen Habitus, der unmittelbar den «großen» Konzerten des 19. Jahrhunderts entlehnt ist und den HINDEMITH freilich durch einen intensiven Lyrismus und eine höchst originelle Formdisposition individualisiert: Der Mittelsatz des *Cellokonzerts* umfaßt einen langsamen und eine scherzoartigen Teil, die dann überraschenderweise simultan gespielt werden, oder der Schlußsatz des *Klavierkonzerts* ist als eine Folge von Charaktervariationen über den mittelalterlichen Tanz ‹*Tre fontane*› ausgeführt, der in seiner originären Form allerdings erst zum Schluß des Werkes gespielt wird. Zudem bringt HINDEMITH das Soloinstrument und das begleitende Orchester in ein Verhältnis, das – wie JOHN CAGE beschrieb – programmatisch interpretierbar ist: Im *Cellokonzert* seien «musikalische Beziehungen auch Beziehungen zwischen den Menschen ... Besonders klar wird dies im letzten Satz, wo das Orchester sich martialisch aufspielt, während das Cello für sich bleibt und abseits, poetisch, und nicht marschiert, da es nun einmal einen anderen Standpunkt vertritt. Das Cello behauptet den Standpunkt des Individuums mit wachsender Intensität, und dies bis zum letztmöglichen Augenblick. Danach scheint es klar, daß zwischen Wahnsinn und Anpassung zu wählen ist.»

Daß es sich bei diesen drei Konzerten um Arbeiten handelt, die in bitterster Zeit im Exil entstanden, bestätigen im nachhinein die *Bläserkonzerte*, die HINDEMITH 1947 bis 1949 komponierte und die eher den spielerisch-gelösten Ton der «Konzertmusiken» aufgreifen und auf einem anderen Niveau fortführen. Zu dieser Werkgruppe zählen ein *Klarinettenkonzert* (1947), das Benny Goodman bestellte, ein *Hornkonzert* (1949), in dessen Zentrum eine rezitativische Partie steht, welche eine rein instrumentale Vertonung eines Gedichts von HINDEMITH darstellt, ein sich an der vorklassischen Sinfonia concertante orientierendes *Konzert für Holzbläser, Harfe und Orchester* (1949), in dem HINDEMITH im Finalsatz mit einem Zitat aus MENDELSSOHNS ‹*Hochzeitsmarsch*› seine Frau zur silbernen Hochzeit überraschte, sowie ein knappes, seltsam harsches *Konzert für Trompete, Fagott und Streichorchester* (1949), das Züge seiner späteren Entwicklung antizipiert. Zu diesem Spätwerk, das HINDEMITH seit etwa 1958 zu komponieren begann, rechnet dann das *Orgelkonzert* (1962). Ideelles Zentrum dieses Konzerts ist der alten Hymnus ‹*Veni Creator Spiritus*›, auf den sich alle Themen des viersätzigen Werkes immer ausgeprägter beziehen und der dann im Schlußsatz endlich hervortritt und sogleich die unterschiedlichsten Ausdruckscharaktere hervortreibt. Einheit und Differenzierung, Tradition und Verwandlung von Tradition in etwas Persönliches als latente Grundprinzipien der HINDEMITHschen Konzerte treten in diesem letzten Konzert, einer Komposition über das Finden und Erfinden von Musik, als Werkidee unmittelbar nach außen.

Giselher Schubert

Carl Orff

München, 10. Juli 1895 – München, 29. März 1982

Es war *ein* Werk, mit dem CARL ORFF schlagartig das Interesse der Öffentlichkeit auf sich zog: die *‹Carmina burana›*. Die Wirkung der *‹Carmina›* war 1937 so elementar, daß man sich verwundert und neugierig fragte, wer dieser bis dahin recht unbekannte Komponist denn eigentlich sei und was er sonst noch geschaffen hätte. Selbst bis heute stehen alle übrigen Werke im Schatten der *‹Carmina›*.

In München geboren, studierte ORFF dort an der Akademie (ZILCHER), war nach dem Studium Kapellmeister an den Münchner Kammerspielen, in Mannheim und Darmstadt. Nach der Rückkehr aus dem Ersten Weltkrieg studierte er bei HEINRICH KAMINSKI und gründete zusammen mit Dorothee Günther die «Güntherschule» für Gymnastik, Tanz und Musik, in der er neue Formen der Beziehung zwischen Musik und Bewegung anstrebte. Von 1930 bis 1933 war ORFF Leiter des Münchner Bachchors, von 1950 bis 1955 Leiter einer Kompositionsklasse an der Münchner Musikhochschule.

ORFFS Lebensstationen signalisieren die Kernpunkte seines künstlerischen Werkes: die Auseinandersetzung mit dem Musiktheater, die Beschäftigung mit musikpädagogischen Fragestellungen und Praktiken und die Hinwendung zu historischer Musik (seit den MONTEVERDI-Bearbeitungen *‹Klage der Ariadne›*, *‹Orpheus›*, *‹Tanz der Spröden›*). Vergleicht man ORFF mit seiner Komponistengeneration, mit PROKOFJEW, MILHAUD oder KARL AMADEUS HARTMANN, so fällt sein geradezu archaischer Rückbezug auf, der ihn konträr zu Hauptströmungen der Musikentwicklung des 20. Jahrhunderts stellt. Sein musikalischer Konservativismus kann jedoch kaum als Mangel verstanden werden, eher ist er die bewußte Reduktion auf elementare Ausdrucksweisen. Durchaus zeituntypisch finden sich in Orffs Musik diatonische Melodik, großflächige chorische Entwicklungen, der Verzicht auf komplexe Polyphonie, gar die häufige Verwendung des Strophenlieds oder die Anwendung ostinater Techniken, allesamt musikalische Gestaltungsmittel, die dem auf kompositorische Experimentalität zielenden 20. Jahrhundert entgegenwirken. Diese ökonomische Zurücknahme entwickelter musikalischer Techniken hat als Kehrseite immer die Hervorhebung einer elementaren Rhythmik sowie die Reduktion eines verschmelzenden romantischen Orchesterklangs auf durchsichtige (fast martellatoartigen) Klangfiguren.

Erklärbar ist Orffs Vereinfachung der musikalischen Mittel nur in Verbindung mit seiner Konzeption eines szenischen Musiktheaters. Musikalische Komplexität tritt zurück zugunsten einer Einheit von Musik, Wort und Bewegung. So begleitet die Musik nicht szenische Vorgänge, illustriert sie nicht, sondern trägt zu einer Intensivierung eines ganzheitlichen Kunstwerkes bei. Orffs einfache Archaismen sind so keineswegs naiv, sondern differenziert. Seine Musik ist nicht von Entwicklung oder Verarbeitung getragen, sondern von dem Prinzip der Reihung, der Wiederholung.

Das Elementare und Archaische, das Eindringen magisch-kultischer Schichten hat so auch die weltweite Verbreitung der Musik von Carl Orff – seit den *‹Carmina burana›* – gefördert. Musiktheatralische Konzeptionen sind in optisch-rauschhafte Visionen gesteigert. Ekstatische Ausbrüche stehen neben breiten Ostinato-Flächen. Orff bezeichnet im Untertitel die *‹Carmina burana›* als *‹Cantiones profanae cantoribus et choris cantandae comitantibus instrumentis atque imaginibus magicis›* (*‹Weltliche Gesänge für Soli und Chor mit Begleitung von Instrumenten und mit Bildern›*). Es sind Dichtungen vagierender und seßhafter Poeten aus Frankreich, Deutschland und Italien, teilweise mit heftigen Angriffen auf Kirche und Gesellschaft. Eingeschoben sind Tanzlieder mit mittelhochdeutschen, deutsch-lateinischen und französischen Texten, die die derb-sinnlichen Freuden des Fressens, Saufens, Liebens und Spielens besingen. Drei thematische Teile – Natur, Schenke, Liebe – werden umrahmt von einer Anrufung der Schicksalsgöttin, deren Schicksalsrad Gleichnis für das Auf und Ab des menschlichen Lebens ist. Musikalisch zeigen die *‹Carmina* *burana›* eine ungeheuer suggestive Kraft des Rhythmischen, das mit einer raffinierten Aussparung von füllenden Instrumentengruppen korrespondiert. Streckenweise dominiert gar das Schlagwerk, kontrastiert zu an Gregorianik erinnernden melismatischen Wendungen, verdeutlicht das deklamatorische Prinzip im Chorsatz, setzt sich ab vom zuweilen italienisierenden Arioso (in den Trinkliedern etwa). Der weltweite Erfolg des Werkes, nicht nur in den Konzertsälen, sondern auch in Laienaufführungen, beweist, daß seine Musik der Ausdruck eines unmittelbaren, elementaren Erlebensbedürfnisses ist.

ORFF hat nach der szenischen Aufführung 1937 in Frankfurt nahezu alle früheren Kompositionen zurückgezogen. Als sein eigentliches *Opus 1* zeigen die *‹Carmina›* jenen «ORFF-Stil», der alle seine weiteren Werke durchdringen soll. Ergänzt hat ORFF die *‹Carmina›*, seine *‹Cantiones profanae›*, zu einem Triptychon mit dem Titel *‹Trionfi›*. *‹Catulli Carmina›* (1943) sind *‹Ludi scaenici›*, *‹Trionfo di Afrodite›* (1953) ist als *concerto scenico* überschrieben. Die motorische Sprache der *‹Carmina›* wird hier noch gesteigert zu ekstatischen, geradezu visionären Wirkungen. Immer ist es die Einheit der Gestaltungsmittel Szene, Wort und Klang, Bewegung und Raum, die Einheit von Sprecher, Sänger und Tänzer, die die theatralische Vision ORFFS ausmacht. Die Sujets seiner weiteren Opern sind von der griechischen Tragödie beeinflußt (*‹Antigonae›*, *‹Oedipus der Tyrann›*, *‹Lamenti›*, *‹Prometheus›*, selbst *‹Die Bernauerin›*, ein «bairisches Stück» ist durch die Tragödie inspiriert) oder sie beziehen sich auf metaphysische, apokalyptische Themen (*‹De temporum fine comoedia›*). Ein *Osterspiel*, ein *Weihnachtsspiel*, *‹Die Kluge›* oder *‹Der Mond›* sind weitere wichtige Werke. Rückgriff als Erneuerung ist ihr musikalisches Credo, ihr Mittel das Rekurrieren auf die elementare Gewalt archaischer Stoffe. «Mir kam es nicht auf die Musik an», sagte ORFF 1970 zu den *‹Carmina›*, «das sage ich offen, sondern auf die geistige Kraft, die hinter diesen Texten steht. Und wenn heute die ‹Carmina burana› in aller Welt gespielt werden, so ist mir meine Musik nicht so wichtig, sondern daß die abendländische Kraft dieses Dichtwerkes bindend verstanden wird und daß dies wieder bindend wirkt.»

Lothar Mattner

Ernst Křenek

geb. Wien, 23. August 1900

Der am Beginn des Jahrhunderts geborene ERNST KŘENEK wurde einmal eine «One-man-history of 20th century music» genannt. Tatsächlich gibt es keinen Komponisten, der so neugierig, ja flexibel wie KŘENEK auf die Stile und Strömungen, Sprachen und Techniken der Musik unseres Jahrhunderts reagiert hat, das heißt auch: der sich derart oft gewandelt, neu orientiert hat wie er. Expressionismus, Atonalität, Neue Sachlichkeit, Neoklassizismus, Dodekaphonie, Serialismus, Aleatorik, Elektronik – es gibt keine musikalische Richtung, der sich ERNST KŘENEK, das Chamäleon unter den Komponisten, nicht genähert, der er sich nicht anverwandelt hätte. Ebenso vielfältig sind Einflüsse der Vorbilder und Freunde, die ihn prägten: FRANZ SCHREKER, der eigentliche Lehrer, und ARNOLD SCHÖNBERG, FERRUCCIO BUSONI und ALBAN BERG, Paul Bekker und Hermann Scherchen. Ein «Grenzgänger», ein passionierter Reisender, Musiker, Schriftsteller und Feuilletonist, Theatermann, schließlich, seit 1938, Emigrant (später Staatsbürger der USA) – unter den Komponisten unseres Jahrhunderts ist er die Entdeckernatur, der Wanderer zwischen allen Welten. ERNST KŘENEK hat seit Beginn der achtziger Jahre auch in Europa, in der Nähe von Wien, wieder einen Wohnsitz (neben Palm Springs in Kalifornien), er ist gewissermaßen zu seinen Ursprüngen zurückgekehrt.

Das kompositorische Œuvre KŘENEKS enthält praktisch alle Gattungen und ist, sehr umfangreich, im heutigen Musikleben nicht zuletzt auch wegen der aufführungs- und spieltechnischen Schwierigkeiten nicht annähernd seiner Bedeutung gemäß repräsentiert, auch die Schallplatte hat sich bis heute mit KŘENEK-Veröffentlichungen sehr zurückgehalten, kaum eines seiner Werke gehört zum Repertoire der Interpreten. Dabei enthält der Werkkatalog etwa 240 Titel, die in mehr als sechs Jahrzehnten entstanden. Neben dem mehr als ein Dutzend Musiktheaterarbeiten – am bekanntesten sind *‹Jonny spielt auf›* (1926) und *‹Karl V.›* (1930 bis 1933) – ist vor allen Dingen die symphonische und konzertante Musik in KŘENEKS Werkverzeichnis reichhaltig; sodann die Kammermusik mit und ohne Singstimme. Und im Klangbereich der geradezu verwirrend verschiedenartigen Kammerbesetzungen gehört ERNST KŘENEK zu den experimentell kühnsten Komponisten. Neben *fünf* großen *Symphonien* stehen *vier Klavierkonzerte*, *zwei Violinkonzerte*, *zwei Cellokonzerte* sowie instrumentale *Solokonzerte für Orgel*, *Harfe* und einige *Doppelkonzerte*. Sie stammen aus verschiedenen Schaffenszeiten KŘENEKS und sind darum teilweise sehr unterschiedlichen musikalischen Sprachen und Stilen verhaftet.

Am berühmtesten ist die *zweite Symphonie op. 12* von 1922/23, der Zeit der vehement ausprobierten Atonalität. Das Werk dauert knapp eine Stunde und ist KŘENEKS umfassendste Orchesterpartitur überhaupt. Unverkennbar ist der Einfluß des späten MAHLER, vorsichtig kündigen sich «neo-sachliche» Züge an, das dreisätzige Werk (Andante sostenuto/Allegro agitato; Allegro deciso, ma non troppo; Adagio) mündet in einen großzügig entwikkelten langsamen Satz. Zwischen den atonalen Eruptionen gibt es immer wieder pathetische Tonalitätsphasen, «Traumbilder einer verlorenen Welt», wie KŘENEK in einem Kommentar 1980 über das Stück schrieb. Die leichtere *dritte Symphonie* stammt aus derselben Zeit, während die *vierte* und die *fünfte* in den Jahren 1947 bis 1949 geschrieben wurden, übrigens für Dimitri Mitropoulos und das Minneapolis Symphony Orchestra. KŘENEK hatte sich bereits in diesen Werken von der zwölftönigen Schreibweise gelöst, die er noch einmal strikt in der *‹Symphonischen Elegie für Streichorchester› op. 105* (1946) angewendet hatte. Das Werk entstand unter dem unmittelbaren Eindruck des Todes von ANTON WEBERN und ist eine Trauermusik in ausgemessener Konstruktivität.

In den fünfziger und sechziger Jahren schrieb ERNST KŘENEK einige Orchesterpartituren von hohem Formwillen wie sensitivem Klangreiz, wobei nunmehr literarische oder formale Anspielungen zum Werktitel führen: *‹Fünffache Verschränkung›* (1969/70), *‹Statisch und Ekstatisch›* (1972), *‹Von vorn herein›* (1974), *‹Auf-*

und Ablehnung› (1974), *‹Im Tal der Zeit›* (1979). Und ein dramatisch gerafftes Monodram, *‹The Dissembler›* (*‹Der Versteller›*) für Bariton und Kammerorchester (1978), scheint direkt auf die wandlungsfähigen Sprachgewohnheiten Křeneks bezogen zu sein. Biographische Zusammenhänge verarbeiten auch die zwölf Sätze für Kammerorchester *‹Lebensbogen›* (1981). In all diesen Werken geht es um Sprachähnlichkeit, um Probleme der kompositorischen Freiheit, um das Bewußtsein einer Grenze (des eigenen Lebens, des gesellschaftlichen und künstlerischen Fortschritts). Die Zeit wird über Ernst Křeneks Musik urteilen, die Musik eines bei aller Flexibilität «sperrigen» Komponisten. Seine Musik kennt, so die Křenek-Spezialistin Claudia Maurer-Zenck, «die Sehnsucht und das Unvermögen des heutigen Menschen: die Sehnsucht, als Individuum noch wirken zu können; das Unvermögen, neue Mythen zu bilden; die Furcht, sprachlos im drohenden Chaos unterzugehen; die Zweifel an der Berechtigung von Sprache ... angesichts des vielen, was sprachloses Entsetzen erregt».

Wolfgang Schreiber

Hanns Eisler

Leipzig, 6. Juli 1898 – Berlin, 9. September 1962

Die Musik Hanns Eislers ist heute weitgehend aus dem Konzertsaal verdrängt. Politische Gründe sind hierfür maßgebend verantwortlich, daneben freilich auch die Tatsache, daß Eislers Musik im wesentlichen selbst keine Auseinandersetzung mit dem Konzertsaal sucht. Nahezu jedes seiner Orchesterwerke enthält ganz unverhohlene politische Aussagen, zumindest aber stellen sie sich als Gebrauchsmusik für andere Zwecke als bloß für das Konzerterlebnis heraus. Das gilt auch für die *sechs Orchestersuiten op. 23, op. 24, op. 26, op. 30, op. 34* und *op. 40* sowie die *Fünf Orchesterstücke* (1938), das heißt Musik zu Filmen, so etwa zu «Kuhle Wampe» oder zum Dokumentarfilm «400 Millionen», den Joris Ivens 1938 über China dreht. Die *Fünf Orchesterstücke* sind Auszüge aus diesen Filmmusiken. Die Sätze Andante, Allegro, kleine Passacaglia, Presto, Finale (Improvisation) hatten in der Filmmusik die Überschriften «Landschaft», «Wiederaufbau», «politische Flüchtlinge», «Sandsturm» und «Bombardement». Die Musik Eislers geht allerdings weit über bloße Illustration hinaus. Traditionelle kompositorische Mittel sind gleichsam als «kritischer Kontrapunkt» in die Musik eingearbeitet, sie repräsentieren Haltungen und provozieren Hörerwartungen, die im dialektischen Verhältnis zum Ausgesagten (sei es zum Bild oder, in Vokalkompositionen, zum Wort, mitunter auch allein zur vorausgegangenen oder folgenden Musik) stehen.

Auch die *Kammersymphonie* aus dem Jahre 1940 (Eisler hatte 1933 Deutschland verlassen müssen und lebte zu dieser Zeit in den USA) ist identisch mit der Musik zu einem Film über arktische Landschaften. Bezeichnend ist, daß Eisler für die Darstellung von «entstehenden Gletschern», «Schneesturm» oder «Gletscherzusammenbruch» genuin musikalische Formen wie etwa eine Choralbearbeitung oder ein Scherzo mit Trio verwendete.

Als relativ «autonome Musik» kann die *Kleine Symphonie op. 29* aus dem Jahre 1932 gelten. Doch auch hier ist der kritische Ton unverkennbar. Im Grunde ist die Musik eine freche Karikatur der damals um sich greifenden neoklassizistischen Tendenzen. Der dritte Satz beispielsweise ist eine choralartige Invention, gespielt von Trompete und Posaune mit «Wow-wow»-Dämpfer. Die Zartheit des Tons, die EISLER fordert, mischt sich mit Kläglichkeit. Daß EISLERS *Kleine Symphonie* prägnanter und schärfer ausfällt als die meisten neoklassizistischen Produkte dieser Zeit, verweist auf seinen Rang als Komponist.

EISLERS symphonisches Hauptwerk ist die *Deutsche Symphonie,* ein gewaltiges elfsätziges Werk, das größtenteils zwischen 1934 und 1937 entstand, nur der ganz kurze letzte Satz wurde 1958/59 vor der Uraufführung hinzukomponiert. Acht Vokalsätze stehen drei rein instrumentalen Sätzen (*Nr. 3, Nr. 6* und *Nr. 10*) gegenüber, die für sich genommen eine eigene Symphonie darstellen. Die Vokalsätze nach Texten von Bertolt Brecht haben die Überschriften: Präludium *‹O Deutschland, bleiche Mutter›,* Passacaglia *‹An die Kämpfer in den Konzentrationslagern›, ‹Erinnerung (Potsdam)›, ‹Sonnenburg›, ‹Begräbnis des Hetzers im Zinksarg›, ‹Bauernkantate›, ‹Arbeiterkantate›,* Epilog *‹Seht unsere Söhne›.* Die *Deutsche Symphonie* ist ein Kompendium nahezu aller kompositorischer Techniken EISLERS, des sarkastisch gebrochenen Tonfalls, der Zitattechniken (etwa die *‹Internationale›*), der Szenen mit gesprochenen bzw. geflüsterten Worten, die gewissermaßen ein reales Gespräch mit musikalischer Kommentierung wiedergeben, oder auch der Musik als Sprache, wo das Wort verstummt (die ersten beiden orchestralen Sätze stehen hinter Texten, die vom Konzentrationslager sprechen). So ist der gewaltige Block der *Deutschen Symphonie* ein umfassendes Bild von der Zeit des deutschen Faschismus.

Hingewiesen sei noch auf das Requiem *‹Lenin›* aus dem Jahre 1937, das mit vergleichbaren Techniken arbeitet. Es ist freilich kaum jemals zu hören.

In seinem Todesjahr 1962 schrieb EISLER einige Lieder, die dem

Typus des symphonischen Orchesterlieds sehr nahestehen. Sie sind mit *‹Ernste Gesänge›* überschrieben und nach Texten von Friedrich Hölderlin, Berthold Viertel, Giacomo Leopardi, Hans Richter und Stephan Hermlin komponiert. Es ist ein ausgesprochen empfindsames und zumeist stilles Werk, das durch eigentümlich schlichte melodische Linien und karge, manchmal betont überzeichnete Begleitung eine eindringliche Wirkung hervorruft.

Die *‹Ernsten Gesänge›* haben denn auch deutliche Züge eines resümierenden Alterswerks.

Reinhard Schulz

Kurt Weill

Dessau, 2. März 1900 – New York, 3. April 1950

Im «normalen» Konzertbetrieb trifft man heute allenfalls auf drei Werke KURT WEILLS: die beiden *Symphonien* und das *Violinkonzert*. Wiewohl in einem Zeitraum von weniger als fünfzehn Jahren entstanden, markieren die Arbeiten drei unterschiedliche Schaffensstadien des Komponisten. So sind denn auch die Unterschiede zwischen den einzelnen Werken auffälliger als kontinuitätsbildende Momente. Die musikalische Entwicklung WEILLS wurde freilich im wesentlichen auf einem anderen Gebiet vorangetrieben: auf dem des Musiktheaters und der Vokalmusik. Und als WEILL 1933 Deutschland verlassen mußte und in die USA übersiedelte, wurde diese Ausrichtung seines Schaffens noch stärker, schrieb er doch fast ausschließlich nur noch Musik für den Broadway.

1920 wurde WEILL von FERRUCCIO BUSONI als Kompositionsschüler angenommen, drei Jahre erhielt er an der Akademie der Künste in Berlin Unterricht. Schon nach wenigen Monaten (von April bis Mai 1921) schrieb er die *erste Symphonie*. Sie ist einsätzig, vereinigt aber in sich – auf engem Raum hart gegeneinandergesetzt – verschiedene Satztypen. Einheit erlangt das Werk durch motivisch-thematische Verknüpfungen der einzelnen Teile. Auf die Titelseite der Partitur setzte WEILL ein Zitat aus Johannes R. Bechers Festspiel «Arbeiter, Bauern, Soldaten – Der Aufbruch eines Volkes zu Gott», dessen expressionistischer Charakter, verbunden mit einer göttlichen Heilserwartung, auch für die *erste Symphonie* kennzeichnend ist. Sie steht noch deutlich in der Tradition der deutschen Spätromantik, weist aber schon die zerklüfteten Konturen und tonalen Brüchigkeiten der Moderne auf. Zahlreiche verbale Anmerkungen im Notentext zeigen den emphatischen Ausdruckscharakter der Musik: «anstürmend», «sehr wild» etwa oder «abstürzend», «aufrauschend», «bittend», «mystisch» und am Schluß «sehr zuversichtlich». Diese optimistische Kraft drückt WEILL in einem Choral und einer strahlenden C-dur-Coda aus, wie ganz allgemein die musikalische Form gleichsam Resultat der emotionalen Aufwallungen ist, von denen die Anmerkungen beredt Auskunft geben. Massive Akkordblöcke stehen kammermusikalisch differenzierten Passagen gegenüber, wilde Abschnitte wechseln mit feierlichen ab. Kaum ist hier schon die künftige Entwicklung WEILLS zu ahnen, die meisterhafte Metierbeherrschung und zumal die sichere Instrumentation zeugen jedoch von früher kompositorischer Reife.

Nach dem Studium bei BUSONI, im Jahre 1924, entsteht das *Konzert für Violine und Blasorchester op. 12*. Klassizistischer in seiner Ausdruckshaltung, aber auch wesentlich komplexer in seiner formalen Anlage und den kompositorischen Mitteln, verleugnet es seine Beeinflussung durch BUSONI und den «Neoklassizismus» STRAWINSKYS nicht. In den punktierten zahlreichen Ostinati ist das Konzert jedoch bereits unüberhörbar vom «WEILL-Ton» geprägt. Der erste Satz führt von einem Expressivothema in der Violine zu immer erregteren Tongestalten, schließlich zu sich überstürzenden Zweiunddreißigstelläufen, die einen verstörend «unbotmäßig überspannten» Ausdruck annehmen. Schließlich jedoch lichtet sich der Satz in einen ruhigen, zart ausgesungenen ‹*Tranquillo*›-Abschnitt auf. Der zweite Satz ist der kompositorisch außergewöhnlichste. Er ist dreigeteilt in ein ‹*Notturno*›, eine ‹*Cadenza*› und eine ‹*Serenata*›. Vielleicht zum erstenmal bei WEILL ist hier ein kritischer Ton gegen die Musik selbst zu vermerken. Verschnörkelte Tanzfiguren, von harten Rhythmen des Blasorchesters und vom Xylophon begleitet, verleihen dem ‹*Notturno*› etwas Kapriziöses. Die ‹*Cadenza*› ist ein Zwiegespräch zwischen Trompete und Violine. Signalmotive scheinen die Violine immer wieder zur Räson zu rufen, die schließlich in eine *moto perpetuo*-Bewegung flieht. Die ‹*Serenata*› wiederum irritiert durch die seltsame «Sekundverliebtheit» der Begleitung, durch Insistieren auf dem «falschen» Ton unter einer weich fließenden *dolcissimo*-Melodie. Im Finale herrscht erneut der unruhig-jagende Zug des ersten Satzes vor, der durch häufigen Wechsel des Metrums noch zusätzlich unterstrichen wird. Der Satz endet abrupt. Das *Violinkonzert* ist für fast ein Jahrzehnt das letzte instrumentale Werk WEILLS (mit Ausnahme der ‹*Kleinen Dreigroschenmusik*›), wandte er sich doch in der Folgezeit vor allem dem Musiktheater zu. In dieser Zeit entwickelte er mit dem *Songstil* und seiner charakteristischen «WEILL-Harmonik» der ungewöhnlichen, aber genau ausgeprägten Kadenzwendungen endgültig seine eigene, reife musikalische Handschrift.

In das Jahr 1933, das das Ende der Zusammenarbeit mit Bert Brecht brachte, fällt auch die Komposition der *zweiten Symphonie*. Fast mag es auch scheinen, daß die geschichtlichen Fakten die Wahl einer textunabhängigen Musik, das Schweigen erzwangen. Vor allem aber mögen die Divergenzen zwischen Brecht und WEILL, was das Verhältnis von Text und Musik betraf, diese Wahl begünstigt haben. Die *zweite Symphonie* wirkt wie ein Abgesang der vorangegangenen erfüllten Zeit. Sie hat über weite Strecken einen schattenhaften Charakter mit vorüberhuschenden Streicherflächen, die flüchtige Grundlage für Motive im typischen WEILL-Stil. Das geschieht im ersten Satz fast beschwörend hartnäckig mit einem insistierenden Auftaktmotiv, das sequenzartig ins Leere läuft. Auf ganz eigene Weise nimmt dadurch der Ton den Charakter von Vergeblichkeit an. Sowohl der erste Satz als auch der dritte, das Finale, sind von diesem gespenstischen Gestus erfüllt. Die Melodien wirken wie Relikte, allein im zweiten Satz, einem Largo, gewinnen sie Kontur und Eigenständigkeit, erinnern auch etwa an Songs wie den ‹*Kanonen-Song*› oder an ‹*Wie man sich bettet, so liegt man*›. Doch auch hier ist ein resignativer Grundzug unverkennbar, wenn melodische Linien vorzeitig abgebogen oder tragische Akzente eingestreut werden. Und auch die *alla marcia*-Gestik des Finales wirkt skeletthaft und wie durch immer hektischere Gestalten ins Skurrile verdreht. Die *zweite Symphonie* wurde am 11. Oktober 1934 in Amsterdam von Bruno Walter uraufgeführt, erhielt jedoch wenig Zustimmung und geriet bis in die sechziger Jahre hinein in Vergessenheit.

In der Zusammenarbeit mit Brecht entstanden zwischen 1927 und 1933 auch einige Vokalwerke mit Orchesterbegleitung, die heute noch öfter zu hören sind. So etwa die Ballade ‹*Vom Tod im*

Wald› für Baß und zehn Bläser, ein dunkles und dissonanzenreiches Werk von hoher emotionaler Dichte und Intensität, das nichts vom lapidaren Songstil dieser Tage hat.

Ähnlich ist die 1928 für den Frankfurter Sender als Auftragswerk entstandene Kantate *‹Das Berliner Requiem›*, eine fünfteilige Komposition auf Texte von Brechts «Hauspostille». Die Vertonung ist nicht ironisch gemeint, sondern versucht in zumeist rezitativischem Chorton (drei Männerstimmen) das Erleben des Todes in der modernen Zeit, geprägt von Kriegen und Morden, einzufangen. Allein das erste Stück, ein *‹Großer Dankchoral›*, der am Schluß des Werkes wiederholt wird, stellt den pathetischen Choralton in ein dialektisches Verhältnis zur Erbärmlichkeit des Todes: «Schauet hinan: Es kommt nicht auf euch an. Und ihr könnt unbesorgt sterben.»

Die Vorliebe Weills für das Blasorchester, wie sie im *Violinkonzert* oder auch im *‹Berliner Requiem›* deutlich wird, zeigt sich auch in der *‹Kleinen Dreigroschenmusik›*. Diese *Suite* entstand 1928 einige Monate nach der *‹Dreigroschenoper›* im Auftrag Otto Klemperers, der auch die Uraufführung in einem Konzert der Kroll-Oper leitete. Der bitter-kritische Ton der Oper ist auch ohne die Konkretisierung durch das Wort unüberhörbar, besonders im Finale, dessen trostlose Musik keinen unbeschwerten Genuß der «Schlager» in dieser *Suite* zuläßt.

1933 entstand als letztes Werk der Zusammenarbeit mit Brecht *‹Die sieben Todsünden›*, ein Ballett in acht Teilen. Eine schizophrene Anna (aufgeteilt in Anna I und Anna II) zieht hinaus in die Welt und lernt, was die Gesellschaft von ihr erwartet, um dann ihrem kleinbürgerlichen Wunschdenken Belohnung zuteil werden zu lassen. Die Komposition gehört zu Weills reifsten Arbeiten, wenn sie auch nie die Popularität etwa der *‹Dreigroschenoper›* erreichte.

Reinhard Schulz

Werner Egk

Auchsesheim bei Donauwörth, 17. Mai 1901 –
Inning am Ammersee, 10. Juli 1983

Der bayerische Schwabe WERNER EGK war bestimmt von der szenisch-gestischen Vorstellung: ein Musiker der Oper und des Balletts. Seine Kompositionen für den Konzertsaal sind in Farbigkeit, Rhythmik und melodischer Gebärde latent szenisch. Symphonische Großformen fehlen, entsprechend dem antiromatischen Affekt, wie EGK ihn von seinen geistigen Nährvätern STRAWINSKY und PROKOFJEW übernahm. Das umständlich-betulich *‹Furchtlosigkeit und Wohlwollen›* betitelte *Oratorium nach einer indischen Legende* (Uraufführung 1931; Neufassung 1958/59), gesetzt für Tenor, Chor und großes Orchester, überträgt Prinzipien von Brechts epischem Theater in den erzählenden Gang des Oratoriums, wütet zumal in der massiven Urfassung in ostinaten Rhythmen und scharf dissonierenden Klängen und verkündet EGKS Leitsatz, daß dem keine Gefahr droht, der jedermann furchtlos und wohlwollend begegnet. Zum Exempel wird der indische Bauer Ghamani, der, fälschlich angeklagt, den Tritten der Elefanten überantwortet, von den Tieren aber verschont wird.

Am häufigsten aufgeführt wird die 1949 entstandene *‹Französische Suite›* für großes Orchester, eine durchaus tänzerische Musik in fünf Sätzen, ausgehend von drei verwendeten Klavierstücken von RAMEAU. In Rhythmik, Orchestrierung und eleganter Haltung ist die Partitur eine der wenigen perfekten Adaptionen französischer Musikauffassung durch einen deutschen Komponisten, ähnlich wie die intelligent-spöttische *Solokantate für Alt und Streichquartett ‹La Tentation de Saint Antoine›* (1946; Chorfassung 1978). Der erste Satz der *‹Französischen Suite›* folgt dem rationalistischen Grundsatz der Nachahmung der Natur und ist ein sensualistisches Konzert der am Morgen erwachenden Vögel (*‹Le rappel des oiseaux›*). Dazu kontrastieren die Bläsereskapaden von *‹Gigue* *en Rondeau›*, die weiche Streichermelodik von *‹Les tendres plaintes›* (*‹Leise Klagen›*) und *‹Vénitienne›*, ein venezianischer Tanz im Wechsel von Drei- und Vierachteltakt über gleichförmig abschnurrender Geigenbegleitung. *‹Les Tourbillons›* (*‹Die Wirbelwinde›*) ist ein Rondo mit realistisch schildernder Geigenmelodik im Viervierteltakt, halb französisch und halb bajuwarisch. Offen bajuwarisch gibt sich, zumindest im derb auftrumpfenden Finale, die *‹Geigenmusik mit Orchester›* von 1936, ein kurzes Violinkonzert mit bravourösem Allegro-Beginn und einem knappen, meditativen Andante. Bayerisch stampfen die *‹Georgica›*, *vier Bauernstücke für Orchester* (1934); was für den Rhythmus STRAWINSKYS und PROKOFJEWS die russische Folklore gewesen war, ersetzt EGK durch Ländler, Zwiefachen usw.

Vollends dem überkommenen Gesangsideal verpflichtet sind *‹Quattro Canzoni›*, vier italienische Lieder für Tenor und Orchester (1932; Sopranfassung 1956). Reminiszenzen an den Italien-Aufenthalt des lange zwischen Literatur, Graphik und Komposition schwankenden EGK. Den orchestralen Großformen näherte sich EGK mit Zurückhaltung. Er mißtraute dem anspruchsvollen Wort Symphonie und schrieb *zwei Sonaten für großes Orchester*, die eine 1948, die andere 1969: dreisätzige Partituren, die ohne den Anspruch von Symphonien differenzierte Klangspiele sind, getreu der Wortbedeutung (*sonare* = klingen). Hierher gehören auch die *‹Allegria› aus Ouvertüre, Marsch, Arie und Finale* (1952), versehen mit dem Untertitel *‹Godimento in quattro tempi›* (*godimento* bedeutet in ungefähr Genuß, Genußmittel, Erquickung). Alle Kompositionen EGKS betonen die Form; die Form hielt EGK neben der (mitunter bis zur Unkenntlichkeit erweiterten) Tonalität für die schier gesetzmäßige Voraussetzung zur Kommunikation zwischen Tonkunst und Zuhörer, für das vornehmste Mittel der Verständigung zwischen Komponist und Publikum. Daher auch EGKS Festhalten an der traditionellen Form der Oper und des klassischen Handlungsballetts.

Der weltläufige EGK bezog die exotische Folklore in seine sinnlich-realistische, farbige Musik ein: *‹Variationen über ein karibisches Thema›* für großes Orchester, komponiert 1959 nach einer Weltreise, unter dem Titel *‹Danza›* 1960 als Ballett aufgeführt.

Abgewandelt wird das karibische Volkslied ‹*Chouconne*› mit einem zwischen Fünfer- und Vierergruppen schwankenden Metrum. Sechs Variationen zeigen sechs kontrastierende Aspekte des Ausgangsmaterials: Perpetuum mobile, Chaconne, Ostinato, Concertino, Evokation, Finale.

Die wenigen späten Orchestersätze Egks wiederholen Modelle aus früheren Jahren, hingegen haben ‹*Chanson et Romance*› (1953) *für hohen Sopran und Orchester* den melodischen und rhythmischen Elan der mittleren Jahre, sind Bravourstücke für Koloratursopran und zeigen in der Wahl der Dichtungen (Paul de Silentaire, mittelalterlicher Anonymus) die Affinität Egks zum französischen Esprit.

In den Konzertsaal gelangt zuweilen die bajuwarisch mit einem Zwiefachen aufspielende Ouvertüre zur frühen Oper ‹*Die Zaubergeige*› (1935) und die ursprünglich für den Rundfunk durchaus episch als «Bericht und Bildnis» angelegte Oper ‹*Columbus*› (1932; Bühnenfassung 1941), eine nach Art der großen Oper in Tableaus aufgeteilte Chronik des spanischen Entdeckers. Konzertante Effektstücke sind einige Ballettsuiten, so die aus dem furiosen Faust-Ballett ‹*Abraxas*› (1946), eine von Rhythmus und Farbe bestimmte Musik, vital, schlagkräftig und in den Höllentänzen von aggressiver Dämonie.

Karl Schumann

Boris Blacher

Newchang (China), 6. Januar 1903 – Berlin, 30. Januar 1975

Hans Heinz Stuckenschmidt sprach von einem «Minimum an Mitteln und einem Maximum an Wirkung dieser Mittel», er beschrieb die Musik von Boris Blacher als eine *creatio ex nihilo*, einen «Extremfall künstlerischer Ökonomie». Boris Blachers Musik könnte in der Tat gewissermaßen als Prototyp deutscher Musik der Jahrhundertmitte gelten, in der sich eine strenge rationalistische Haltung mit direkter, unmittelbarer Verständlichkeit und Eingängigkeit verbindet.

Ein biographischer Umstand verweist Boris Blacher jedoch von vornherein auf eine eigenständige Position, die ihm den unorthodoxen Umgang auch mit heterogenen musikalischen Mitteln ermöglichte. 1903 wurde Blacher – als Sohn deutsch-baltisch-russischer Eltern – in einer chinesischen Hafenstadt geboren. Im sibirischen Irkutsk wurde er als Geiger, im mandschurischen Charbin in der Komposition ausgebildet. Seit 1922 lebte er in Berlin, wo E. Koch – ein Schüler Humperdincks – sein Lehrer wurde und wo er auch musikwissenschaftliche (Arnold Schering) und musikethnologische (Ernst Moritz von Hornbostel) Vorlesungen hörte. Bis zum Jahre 1938 lebte er als freier Komponist und Arrangeur in Berlin. Seine Professur als Direktor der Kompositionsklasse am Dresdner Konservatorium mußte er 1939 wegen Schwierigkeiten mit den Nationalsozialisten räumen. Seit 1948 war Blacher Professor an der Berliner Hochschule der Künste, von 1953 bis 1970 deren Direktor. Zu seinen Schülern zählen von Einem, Klebe, Reimann, Sheriff. Boris Blacher starb 1975 in Berlin.

Seit der ‹*Concertanten Musik*›, die 1937 gegen den Widerstand der Nationalsozialisten in Berlin uraufgeführt wurde, zumindest jedoch seit den berühmten ‹*Paganini-Variationen*› (1947) hat sich ein Element in Blachers Musik als konstant erwiesen, das als geradezu personaltypisch für ihn kennzeichnend wurde: die Vorherrschaft rhythmisch-motorischer Momente gegenüber sensuell-emotionalen Wirkungen. BLACHER teilt damit die Sachlichkeit und Anti-Romantik der HINDEMITH-Generation, die jedoch bei ihm durch eine ungemeine Transparenz der formalen Proportionen ergänzt wird. Häufig sind es Ostinati, die ornamentale melodische Linien tragen. Immer sind es – zumindest seit 1950 – intervallisch und rhythmisch klar definierte Zellen, die in einem Ausdehnungs- und Schrumpfungsprozeß klare formale Ordnungen und Orientierungen ermöglichen. So erscheint BLACHERS Musik weniger von der deutschen Tradition geprägt als von der französischen, von SATIE, MILHAUD, von STRAWINSKY und – vom Jazz. So zeigen seine *‹Gesänge des Seeräubers O'Rourke und seiner Geliebten Sally Brown›*, ein Konzertstück mit imaginärem Szenario, Affinitäten zum Jazz, zu pointillistischen Effekten, gar zum Liedstil KURT WEILLS. Auf diese Weise vereinigt das Werk BORIS BLACHERS in sich auf eine undogmatische Art Tendenzen unterschiedlichster Provenienz und begründet darin seine spirituelle Leichtigkeit. Seit 1950 hat sich BLACHER auch mit seriellen Fragen auseinandergesetzt, das Verfahren jedoch gleich auf die Dimension der Metren ausgeweitet («metrische Reihen»). Er experimentierte mit der Variabilität von Reihen, auch mit den Möglichkeiten elektronischer Klangverfremdung, verlor sich jedoch niemals in ästhetischer Spekulation, sondern suchte die handwerkliche Rückversicherung: «Die Spekulation hat in seiner Musik nur soweit Raum, als sie durch Experiment und Erfahrung bewährt wurde» (H. H. Stuckenschmidt). Die Originalität der Werke liegt so eher in ihrer rhythmisch-kapriziösen Beweglichkeit, die auch die Gattungen, Titel und Vorlagen seiner *Orchesterwerke* bestimmt.

Deren Spannweite reicht von *Instrumentalkonzerten* (*für Klavier, Violine, Viola*), *Tondichtungen* (*‹Hamlet›*), *Balletten*, *Oratorien* bis hin zur *‹Abstrakten Oper Nummer 1›* (ohne Handlung und Text) oder dem *Requiem* und den *‹Vokalisen›*.

Lothar Mattner

Luigi Dallapiccola
Goffredo Petrassi

Pisino, 3. Februar 1904 – Florenz, 19. Februar 1975
geb. Zagarolo, 16. Juli 1904

LUIGI DALLAPICCOLA und GOFFREDO PETRASSI gehören nicht nur einer Kulturnation an, sondern sie wurden auch im selben Jahr 1904 geboren. Zu Beginn ihrer kompositorischen Laufbahn war für beide wohl eine zwiespältige Situation gegeben: Aufbruch und Verunsicherung. Denn einerseits bestimmte ein kräftiger Neoklassizismus die zeitgenössische musikalische Sprache, andererseits war nicht einmal der Opernverismus überwunden, und da tauchten bereits neue, revolutionäre Stilelemente am Horizont auf: Die Kunde vom atonalen Expressionismus der Zweiten Wiener Schule drang langsam auch nach Italien. Genaueres darüber erfuhren die italienischen Musiker im Jahre 1924 – ARNOLD SCHÖNBERG gastierte mit einem eigenen Ensemble in Florenz und Rom und führte seinen ‹*Pierrot lunaire*› auf. In Florenz befand sich der junge DALLAPICCOLA unter den Zuhörern – bei denen auch GIACOMO PUCCINI saß –, in Rom war es der junge PETRASSI.

Die Begegnung mit SCHÖNBERG und seiner Musik wirkte auf LUIGI DALLAPICCOLA, der aus Istrien (also dem altösterreichischen Kulturkreis) stammte, nachhaltig und tief, beeinflußte sein weiteres Schaffen. In den dreißiger Jahren begann er sich die sogenannte «Zwölftontechnik» autodidaktisch anzueignen, handhabte sie später in durchaus eigener Ausprägung. Dabei hatte DALLAPICCOLA noch 1932 mit einer ‹*Partita*› für Orchester neobarocke Eigenarten verarbeitet. Aber schon die ‹*Canti di prigionia*› für gemischten Chor und Instrumentalensemble (1938 bis 1940), eine musikalische Stimme für die Freiheit inmitten faschistischer Kultur, ließen die Konventionen der Epoche weit hinter sich. Das dreisätzige Werk, nach Texten von Maria Stuart, Boethius und Savonarola, Zeugnisse des Abschieds vor dem gewaltsamen Tod, folgt in der weitausschwingenden Vokalität altitalienischen Vorbildern, im Ensemble herrschen die Schlaginstrumente und schaffen einen massiven Kontrast zur gesanglichen Linearität. Eine gewisse Einheitlichkeit der drei Sätze wird durch die symbolhafte ‹*Dies-irae*›-Weise hergestellt, die dem ausdrucksgeladenen, in vielfältigen Klangbrechungen sich entfaltenden Werk immer wieder ihre tragische Bedeutung aufdrückt.

Diesen «Gesängen der Gefangenschaft» ließ DALLAPICCOLA in den frühen fünfziger Jahren ‹*Canti di liberazione*› (‹*Gesänge der Befreiung*›) folgen, wiederum für gemischten Chor und Bläser sowie Schlaginstrumente. Das Werk ist streng zwölftönig konstruiert, gewissermaßen als Antwort auf die früheren Gesänge entworfen und wiederum dreisätzig, die Texte stammen von Sebastiano Castellio, dem Calvin-Gegner, aus dem zweiten Buch Moses und von Augustinus: Die wiedererlangte Freiheit ist hier nicht politisch verstanden, sondern religiös. Die Kölner Uraufführung leitete Hermann Scherchen. – Fünf Jahre zuvor, 1950, hatte DALLAPICCOLA den Themenkreis von Gefangenschaft und innerer Freiheit, von Leiden und Glaubenskraft in einer zwölftönig geprägten *sacra rappresentazione* eingefangen: ‹*Job*›. 1948 war die Oper ‹*Il Prigioniero*› (‹*Der Gefangene*›) entstanden. An diese politisch und human engagierte Haltung gemahnt etwas später das Werk von LUIGI NONO, dem jüngeren Landsmann DALLAPICCOLAS. Aus der Zeit der Befreiungsgesänge stammen die ‹*Variazioni per orchestra*›, die 1952 zunächst als Klavierzyklus entstanden waren. Sie beziehen ihren Reiz nicht nur aus der überaus kunstreich permutativen Verarbeitung einer Zwölftonreihe, sondern auch aus dem Reichtum an orchestralen Farben und Figuren. In derselben Epoche, Mitte der fünfziger Jahre, schrieb DALLAPICCOLA mehrere Werke für Kammerorchester: die ‹*Piccola Musica Notturna*› (1954), das ‹*Concerto per la notte di Natale dell'anno 1956*› für Sopran und Kammerorchester (1957), die *Kantate ‹An Mathilde›* für Sopran und Orchester auf Texte von Heinrich Heine (1955). ‹*Requiescant*› für gemischten Chor und Orchester bedeutet die Rückkehr zum großen instrumentalen Apparat, das Werk stellt den Höhepunkt im seriellen Denken DALLAPICCOLAS dar, die rhythmischen Komplikationen sind vollends auf die Spitze getrieben. Das konzertante Spielprinzip zwischen einem Solisten und dem Orchester wird in den ‹*Dialoghi*› für Violoncello und Orchester (1960) virtuos entfaltet, wobei die strikte Gleichberechtigung der Partner konsequent durchgehalten ist. Schließlich das letzte Orchesterstück: ‹*Three Questions with two Answers*› (1962/63), das sein Wesen aus der emotionalen Nähe und dem Tonmaterial der Spätoper ‹*Ulisse*› bezieht, dem Hauptwerk der sechziger Jahre. Das Schaffen LUIGI DALLAPICCOLAS hat vor allem die jüngeren italienischen Komponisten beeinflußt: BERIO, BUSSOTTI, NONO, DONATONI und andere haben seinem Andenken Werke gewidmet – die Geschichte wird dem ästhetischen Rang und der menschlichen Substanz seiner Musik wohl noch stärker Gerechtigkeit widerfahren lassen.

DALLAPICCOLA und PETRASSI, in Italien oftmals in enger Nachbarschaft gesehen, sind außerhalb ihres Landes durchaus unterschiedlich eingeschätzt. Dem der deutschen Kultur gegenüber besonders aufgeschlossenen DALLAPICCOLA begegnete gerade in den deutschsprachigen Ländern starke Aufmerksamkeit, die GOFFREDO PETRASSI in dieser Intensität bisher hierzulande versagt blieb. PETRASSI begann unter dem stilistischen Einfluß CASELLAS und STRAWINSKYS, man nannte ihn zeitweise den «italienischen» HINDEMITH, da er zunächst neobarocken Spielmodellen und einer archaischen, der Chromatik abgeneigten Harmonik den Vorzug gab. PETRASSIS Orchesterschaffen ist gut überschaubar, da es sich praktisch auf die charakteristische Serie der acht ‹*Orchesterkonzerte*› beschränkt, die zwischen 1933 und 1972 entstanden. Zwei *Solokonzerte* – jeweils für Klavier bzw. Flöte und Orchester – sind etwas im Hintergrund geblieben, nicht dagegen die beiden bedeutenden Vokalorchesterwerke, der düstere ‹*Coro di morti*› (Dramatisches Madrigal nach Leopardi, 1940), der PETRASSIS wild-ausdrucksstarke Antwort auf die faschistische Weltkriegsherausforderung darstellt, sowie die Kantate ‹*Noche oscura*› für gemischten Chor und großes Orchester auf ein Gedicht von San Juan de la Cruz.

GOFFREDO PETRASSIS Einfluß auf die jüngere Komponistengeneration des Landes ist kaum zu überschätzen, da er zu den gesuchtesten Kompositionslehrern überhaupt gehörte. Aus aller Welt pilgerten die jungen Komponisten zu ihm, um ihr Handwerk zu perfektionieren. Aber gerade eine breite internationale Resonanz auf die *‹Konzerte für Orchester›*, die in ihren Instrumentalgestalten und ihrem musikalischen Gehalt etwas Einzigartiges darstellen, blieb bisher mit wenigen Ausnahmen aus. Sie spiegeln die kompositorische Entwicklung PETRASSIS wider, der nicht nur vom Neoklassizismus, sondern früh auch beispielsweise von ALBAN BERG (*‹Wozzeck›, ‹Der Wein›*) beeinflußt wurde. Ab den fünfziger Jahren öffnete sich der Komponist zunehmend dodekaphonischen Prinzipien und härtete seine Klangsprache mehr und mehr. Das gilt vor allem für die *‹Concerti per orchestra› Nr. 2–6*, die im Laufe dieser fünfziger Jahre entstanden sind und das konzertante Prinzip auf unterschiedliche Weise und in diversen Bewegungs- und Klangverläufen ausprobieren. Erwähnt seien das *fünfte* und *sechste Orchesterkonzert,* von düsterem und vitalem Zuschnitt, aus zwölftönigem Konstruktionsdenken heraus entworfen, höchst effektvoll und kontrastreich instrumentiert. Das *Konzert Nr. 7* (1964) treibt die Orchestervirtuosität auf die Spitze, *Nr. 8* (1972) war ein Auftrag vom Chicago Symphony Orchestra und wurde dort von Carlo Maria Giulini uraufgeführt. Es ist, wie nur noch das *erste Orchesterkonzert*, in drei Sätze unterteilt, die anderen Werke der Serie sind einsätzig. Statt eines neunten Konzerts – die Zahl scheint für manche mit einem Tabu belegt – komponierte PETRASSI das *‹Poema›* für Streicher und Trompeten (1977 bis 1980). Die noble, dabei durchaus robuste Figur GOFFREDO PETRASSIS, der stärker als DALLAPICCOLA eine spezifisch italienische Musiziertradition in seinem Schaffen ausgeprägt hat, dürfte in Zukunft vielleicht auch im deutschen Musikleben stärkere Aufmerksamkeit finden. Auch in Hinblick auf die überaus reiche und qualitätsvolle Vokal- und Kammermusik nennt ihn SYLVANO BUSSOTTI einen «Musiker, der vollendet sein Jahrhundert interpretiert».

Wolfgang Schreiber

Karl Amadeus Hartmann

München, 2. August 1905 – München, 5. Dezember 1963

HARTMANN wurde in München geboren und starb auch in dieser Stadt, die er – von Reisen und Kurzaufenthalten abgesehen – nie verlassen hat. Bodenständig war er deshalb nicht. Obwohl nach Erscheinung und Charakter durchaus dem Bild einer bajuwarisch-barocken Persönlichkeit entsprechend, stammte er doch nicht aus alteingesessen-bayerischer Familie; sein Vater, ein Maler, war aus Schlesien nach Bayern eingewandert. Die Malerei, der sich auch HARTMANNS drei ältere Brüder widmeten, war von nachhaltigem Einfluß auf HARTMANN – er sah in ihr stets ein wichtiges Korrelat zur Musik –, so daß er selbst eine Zeitlang mit dem Gedanken spielte, Maler zu werden. Von 1919 bis 1922 besuchte er ein Lehrerseminar, brach die Ausbildung jedoch ab und arbeitete in einem Büro, bis er 1924 in die Akademie der Tonkunst aufgenommen wurde, wo JOSEPH HAAS sein Lehrer war. Hier lernte er zwar sein Handwerk; ästhetisch jedoch stand er in Opposition zu dem, was ihm die Akademie vermittelte. Eines der wichtigsten Ereignisse seines Lebens war zu Beginn der dreißiger Jahre die Begegnung mit dem Dirigenten Hermann Scherchen, den man seinen eigentlichen Lehrer nennen muß. Scherchen leitete auch die erste wichtige Aufführung eines HARTMANNschen Orchesterwerks, der symphonischen Dichtung ‹*Miserae*›, 1935 in Prag. Da HARTMANN von Anfang an ein entschiedener Gegner des Nationalsozialismus war, bekam er nach 1933 zunehmend Schwierigkeiten, die ihn zur inneren Emigration zwangen. Seine gerade erst beginnende Karriere als Komponist wurde damit abgebrochen; sie ließ sich nicht mit vereinzelten Aufführungen und Anerkennung im Ausland kompensieren. Zudem war sich HARTMANN seines Metiers noch nicht sicher. Darum ging er im Herbst 1942 für einige Wochen nach Wien, um bei ANTON WEBERN privat zu studieren. Nach Ende des

Zweiten Weltkriegs, dessen letzte Jahre er zurückgezogen am Starnberger See verlebte, wurde er Dramaturg an der Bayerischen Staatsoper und gründete die Münchner «Musica Viva», jene legendäre Konzertreihe für Neue Musik, die seinen Namen weltberühmt machte und die er bis zu seinem Tod leitete. Im übrigen widmete er sich ganz dem Komponieren, das bis in die fünfziger Jahre hinein vor allem in der Umarbeitung und Neufassung der zwischen 1933 und 1945 geschaffenen Werke bestand. Diese Arbeit ging teilweise so weit, daß die älteren Werke aufgelöst wurden und in gänzlich veränderten Konstellationen in neue Werke eingingen. Das gilt vor allem für die Reihe seiner *acht Symphonien*, von denen nur die *Symphonien Nr. 2, 7* und *8* ganz neu komponiert wurden.

Stilistisch will HARTMANNS Musik in keines der großen Lager der Musik des 20. Jahrhunderts passen. Die Tatsache, daß HARTMANN bei WEBERN studierte, besagt nicht, daß er der Wiener Schule wirklich nahesteht. Den expressionistischen Gestus seiner Musik, der als wesentlichstes Merkmal nahezu alle Werke seit 1933 prägt, allein von SCHÖNBERG, BERG und WEBERN herzuleiten, verkennt die Unterschiede, die gravierender sind als die Gemeinsamkeiten. Der «Expressionismus» der Wiener Schule, der im übrigen stets auch überlagert war von «impressionistischen» Zügen und der Tendenz zum Abstrakt-Konstruktiven, hat seine Wurzeln im Fin de siècle. Seine subtile Differenziertheit und vor allem seine Gebrochenheit stehen im Gegensatz zum «Expressionismus» der Musik HARTMANNS, der von einer unbekümmert vital anmutenden Motorik bestimmt ist, von vorwärts stürmendem Impetus und bruitistischer Grellheit. Das Ungezähmt-Wilde, ja Primitivistische dieser Musik ist mit dem frühen und mittleren BARTÓK (‹*Allegro barbaro*›), mit dem jungen HINDEMITH, der «Groupe des Six» und auch mit dem STRAWINSKY des ‹*Sacre du printemps*› in Verbindung zu sehen, nicht aber mit der Wiener Schule. HARTMANN hat sich vielfältig beeinflussen lassen, blieb jedoch stets unabhängig, unorthodox. So ungeschminkt motorisch seine Musik in den schnellen Sätzen ist, so unüberhörbar ist doch, daß diese Motorik nichts gemein hat mit jener zum In-sich-selbst-Kreisen neigenden Motorik HINDEMITHS. Das Vorwärtsstürmen, das oft wie ein gewaltsames Voranhasten und -stürzen ist, gemahnt an eine Schußfahrt ins Ungewisse; es hat apokalyptischen Charakter, wie denn überhaupt die Dimension des Apokalyptischen, wie die großen Ausbrüche und die ins Ungeordnet-Tumultuarische ausufernden Exaltationen sie zeigen, einen Grundzug der Musik HARTMANNS bezeichnet. Den Widerpart dazu spielen lyrische Passagen, in denen HARTMANN weder die Sanglichkeit noch die Süße der Geigenkantilene scheute. HARTMANN komponierte ungeschminkt-lapidar, stets mit dem Risiko des Scheiterns, um also unprofessionell oder gar trivial zu erscheinen. Es ging ihm nicht um die perfekte äußere Schale und schon gar nicht um die Anpassung an herrschende Normen. In einem Interview sagte er: «Ich will keine leidenschaftslose Gehirnarbeit, sondern ein durchlebtes Kunstwerk mit einer Aussage.» So banal-klischeehaft der Satz anmutet, so bezeichnend ist er für HARTMANN. Er zeigt die Skepsis gegenüber der Neigung, die Konstruktion zum A und O der Komposition zu machen, die seit den fünfziger Jahren zur mehr und mehr dogmatisch vertretenen Lehrmeinung wurde. HARTMANN, der als Leiter der «Musica Viva» auch dieser Richtung tolerant begegnete, ließ sich nicht vereinnahmen. So wie er weder die freie Atonalität noch die Zwölftontechnik jemals praktiziert hatte, so hielt er sich auch der seriellen Technik fern. Er blieb der realistische Komponist, der er stets gewesen war, der bei allem Drang zur überbordenden Exaltation doch nie den Bezug zu den einfachen Formen und Ausdrucksmitteln der Musik aufzugeben bereit war.

Es könnte widersprüchlich erscheinen, daß ein als realistisch bezeichneter Komponist, von dem man annehmen sollte, daß er vornehmlich textbezogene oder programmatische Musik schreibt, ausgerechnet Symphonien, also absolute Musik, komponiert hat. Dieser Widerspruch besteht in Wahrheit nicht. Für HARTMANN bedeutete das Komponieren von Symphonien ein Programm. Indem er Symphonien schrieb, knüpfte er an die große Tradition von BEETHOVEN bis MAHLER an, in der die Symphonie wie keine zweite Gattung der Musik zum Inbegriff und Anschauungsmodell humanistischer Inhalte, der Ideen der Französischen Revolution geworden war. HARTMANN verstand seine Symphonien als ein Bekenntnis zu dieser Tradition, als Beschwörung der in dieser Tradition bewahrten Humanität.

Pointiert formuliert bestehen HARTMANNS Symphonien, gemessen am klassischen Modell, nur aus Adagio und Scherzo, in die allerdings Elemente der Rahmensätze der klassischen Symphonie auf vielfältige Weise eingegangen sind. Überdies integriert HARTMANN Merkmale des Konzerts wie der Fuge und sogar auch solche der Kammermusik, so daß die Symphonie zur allumfassenden Gattung wird. Klassische Formmodelle werden gemieden; die Musik entwickelt sich frei, sie selbst scheint ihren Verlauf zu bestimmen, der deshalb assoziativ-improvisiert wirkt. Die Form ist rhapsodisch.

Symphonie Nr. 1

Das Werk, geschrieben 1935/36, umgearbeitet 1955, trägt den Untertitel *‹Versuch eines Requiems›*. Vier der insgesamt fünf Sätze liegen Gedichte Walt Whitmans aus dessen Gedichtzyklus «Leaves of Grass» zugrunde. Die Vertonung dieser von Trauer bestimmten Texte ist teils rezitativisch, teils ausgeprägt liedhaft und ordnet das Orchester der Singstimme (Alt) unter, so daß die Folge der vier Gedichte *‹Elend›, ‹Frühling›, ‹Tränen›* und *‹Bitte›* wie ein Liederzyklus erschiene, hätte HARTMANN nicht zwischen *‹Frühling›* und *‹Tränen›*, also in die Mitte des Werkes, einen rein instrumentalen Satz gestellt. Dabei handelt es sich um Variationen über ein Thema aus HARTMANNS Antikriegsoper *‹Simplicius Simplicissimus›*, die mit einem Choral enden.

Egon Voss

Symphonie Nr. 2 (Adagio)

Dieses 1945/46 geschriebene einsätzige Werk ist das Paradigma des HARTMANNschen Adagios. Langsam beginnend, steigert sich sein Tempo in zahlreichen Stufen stetig bis zum Allegro, das den Höhepunkt der Komposition bildet, um danach in umgekehrter Form wieder zum Anfangstempo zurückzukehren. Dem Auf und Ab des Tempos entspricht jenes der Dynamik und des emotionalen Gehalts. Bemerkenswert ist, daß die Folge von An- und Abschwellen gleichsam unabhängig vom Hauptthema verläuft, das durch Beschränkung auf Pentatonik, Pendeln zwischen den Tönen und Kreisen im Klang statischen Charakter hat und Entwicklung, wie sie einer Symphonie entspricht, nicht zuläßt. Die Wiederkehr des Themas wirkt wie der Refrain in einem Rondo.

Egon Voss

Symphonie Nr. 3

Dieses Werk, das 1948/49 fertiggestellt wurde, geht in seiner Substanz auf eine ‹*Sinfonia tragica*› von 1940 und eine Symphonie mit dem Titel ‹*Klagegesang*› von 1944 zurück. Es ist behauptet worden, in diesem Werk stehe HARTMANN wie in keinem zweiten ALBAN BERG nahe. Bedeutsamer erscheint die Verwandtschaft zum Ton GUSTAV MAHLERS, auf den stellenweise geradezu angespielt wird. Die langsame Einleitung des ersten Teils, ein Fugatosatz für Streichinstrumente, die solistisch beginnen, ist ein anschauliches Beispiel für die Integration von Kammermusik in die Symphonie. Der Einleitung folgt ein Allegro mit dem Untertitel ‹*Virtuose Fuge*›; der polyphone Satz löst sich im Verlauf jedoch zunehmend in Homophonie auf, die Fuge wird vom Temperament der Musik überrollt. Den zweiten Teil der Symphonie bildet ein Adagio nach dem Muster der *zweiten Symphonie*; kennzeichnend für seinen Charakter ist die Überschrift ‹*Misterioso quasi lamento*› über einem Abschnitt, der zweimal, wie ein Rahmen des Ganzen, auftritt.

Symphonie Nr. 4

Auch dieses, nur für Streicher geschriebene Werk geht auf ein älteres zurück, auf eine ‹*Sinfonie für Streichorchester und eine Sopranstimme*› von 1938. Bei der Umarbeitung 1946/47 eliminierte HARTMANN den dritten Satz, die Vertonung eines Gedichts «Epitaph auf einen Krieger» (Konfutse/Klabund), und ersetzte ihn durch einen rein instrumentalen. Die Beschränkung auf die Streichinstrumente erscheint als Konzentration auf die expressiven Instrumente des Orchesters par excellence, ist nicht etwa ein neoklassizistischer Rückgriff auf die Symphonie des 18. Jahrhunderts. Zwei langsame Sätze im Appassionato-Charakter umrahmen ein Allegro, dessen kontrastierende Eigenart durch die Vortragsanweisungen *scherzando*, *giocoso* und *capriccioso* treffend beschrieben wird, das aber dennoch in einem wilden *tumultuoso* endet. Der Anfangssatz hat eine geringe Verwandtschaft mit der Sonatenform; sein Hauptthema kehrt im abschließenden Adagio wieder, das zwar von einer Zwölftonreihe ausgeht, diese jedoch nur als einen Pol versteht, von dem sich die auf Unmittelbarkeit und Ungehemmtheit des Ausdrucks konzentrierte Musik abkehrt.

Symphonie Nr. 5 (‹Symphonie concertante›)

Die Substanz dieses Werkes, das 1950 seine definitive Gestalt bekam, stammt aus einem *‹Concerto für Solotrompete und Bläserkammerorchester›* von 1932, das 1948/49 bereits einmal zu einem *Konzert für Bläserensemble, Kontrabässe und zwei Solotrompeten* umgearbeitet worden war. HARTMANN verzichtet in dieser Symphonie auf Violinen, Bratschen, Hörner und Schlagzeug. Die Konzentration auf den distanziert-spröden Bläserklang erscheint wie eine Abkehr vom sonst geübten Expressionismus. Die Musik ist ungewohnt spielerisch-heiter, gelöst; sie mutet neoklassizistisch an. Die Form ist knapper und übersichtlicher als in den anderen Symphonien. Das dreisätzige Werk beginnt mit einer *‹Toccata›*. Ihr folgt ein mit *‹Melodie›* überschriebener langsamer Satz. Den Abschluß bildet ein *‹Rondo›*, das ursprünglich treffender *‹Quodlibet›* hieß. Den Mittelsatz überschrieb HARTMANN wegen der unüberhörbaren Anklänge mit *‹Hommage à Strawinsky›*.

Egon Voss

Symphonie Nr. 6

Hartmann schrieb dieses Werk 1951 bis 1953. Er griff dabei auf die 1937 komponierte *Symphonie ‹L'Œuvre›* nach dem gleichnamigen Roman Émile Zolas zurück, der die unglückliche Geschichte eines erfolglosen Malers beschreibt. Die Symphonie hat, wie die *Symphonien Nr. 3, 7* und *8*, zwei große Teile. Der erste ist ein weitgespanntes Adagio vom Typus der *zweiten Symphonie*, jedoch wesentlich differenzierter und komplexer, zudem in der Ausdrucksgewalt erheblich gesteigert. Der zweite Teil ist mit *‹Toccata variata›* überschrieben. Dahinter verbirgt sich eine dreiteilige Fuge mit jeweils variiertem Thema, die in einer ausgelassenen Stretta endet. Die Verwendung der barocken Gattungsbezeichnung *‹Toccata›* sollte nicht im Sinne des Neoklassizismus mißverstanden werden; sie bezeichnet zum einen den freien Umgang mit dem Prinzip der Fuge und ist zum anderen eine ganz im Wortsinn (das Schlagen der Orgel wie der Pauke) zu wertende Charakterbenennung für die ungebändigte Wildheit und Aggressivität der Musik.

Egon Voss

Symphonie Nr. 7

Das 1957/58 komponierte Werk läßt im ersten Teil auf eine von Bläsern und Schlagzeug geprägte Introduktion – sie könnte treffend Toccata heißen – ein mit *‹Ricercare›* überschriebenes Presto folgen, das seinerseits zweigliedrig ist und innerhalb dieser Glieder jeweils die Aufteilung Fugato–Concerto–Finale–Coda aufweist. Diese äußere Symmetrie und auch das im Kern stets gleichbleibende Fugato-Thema, das auch die anderen Abschnitte mitbestimmt, werden jedoch ähnlich wie in der *dritten Symphonie* vom Impetus der Musik überrollt. Der zweite Teil beginnt mit einem Adagio mesto nach dem Modell der *zweiten Symphonie* und schließt daran ein Finale: Scherzoso virtuoso betiteltes Schlußstück an, in dem abermals, wenn auch gleichsam versteckt, das Prinzip der Fuge eine Rolle spielt. Es ist ein Musterbeispiel sowohl für die Verbindung der verschiedenen Satzcharaktere der älteren Symphonie als auch für die alle Fesseln sprengende überbordende Vehemenz von HARTMANNS Musik.

Symphonie Nr. 8

Dieses 1960 bis 1962 geschriebene Stück, HARTMANNS letzte abgeschlossene Komposition, beginnt im ersten seiner zwei Teile mit einem Adagio vom Typus der *zweiten Symphonie*, allerdings insofern deutlich modifiziert, als Beschleunigung und Verlangsamung des Tempos nicht mehr konsequent geradlinig vor sich gehen, so daß die Entwicklung nicht mehr als ein einfaches Auf und Ab zu beschreiben ist. Die Musik ist gleichsam nervöser geworden. Die Überschrift *‹Cantilène›* scheint, als Gegengewicht gegen die ins Diffuse auseinanderstrebende weitgespannte Intervallik, bindende Sachlichkeit beschwören zu sollen. Der zweite Teil ist *‹Dithyrambe›* betitelt; HARTMANN setzte erklärend hinzu: «Ein Jubelgesang, der mit wilder stürmischer Begeisterung endet.» HARTMANN dürfte hier ganz bewußt auf den antiken Mythos von Dionysos angespielt haben, auf Schillers «Lied an die Freude» in BEETHOVENS Komposition (in der *neunten Symphonie*) und auf Nietzsches Begriff des «Dionysischen». Am Beginn steht ein Scherzo mit drei Variationen, eine strikte Steigerungsanlage von vierfachem Piano bis zum Fortissimo. Den Abschluß bildet ein durch eine eingeschobene Fuge zweigeteiltes Finale, das charakteristischerweise in einem Tumultuoso endet.

Egon Voss

Sonstige Konzertwerke

Deutlich im Schatten der *Symphonien* stehen HARTMANNS *Konzerte*: das *‹Concerto funébre› für Violine und Streicher* (1939 und 1959), das *Konzert für Klavier, Bläser und Schlagzeug* (1953) sowie das *Konzert für Bratsche, Klavier, Bläser und Schlagzeug* (1955). Während das *Violinkonzert* als Trauermusik mit zwei langsamen

Sätzen, die einen schnellen umrahmen, den *Symphonien* unmittelbar nahesteht, erweisen sich die beiden anderen, herkömmlich-dreisätzigen *Konzerte*, in denen HARTMANN zum Teil das Verfahren der «variablen Metren» BORIS BLACHERS anwendet, vornehmlich als leichtfüßige Spielmusik. Aus dem Nachlaß wurden veröffentlicht: *Kammerkonzert für Klarinette, Streichquartett und Streichorchester* (1930 bis 1935), *‹Miserae›, symphonische Dichtung* (1933/34), *Symphonische Ouvertüre* (*‹China kämpft›*) (1942), *Symphonische Hymnen* (1942) sowie *‹Gesangsszene› für Bariton und Orchester* zu Worten aus «Sodom und Gomorrha» von Jean Giraudoux (1963, unvollendet).

Egon Voss

Günter Bialas

geb. Bielschowitz, 19. Juli 1907

Der aus Oberschlesien stammende GÜNTER BIALAS wurde musikalisch von REGER- und BUSONI-Schülern ausgebildet, wandte sich jedoch unter dem Einfluß von Fritz Jöde der Jugendbewegung zu, die ihn nachhaltig prägte und sein Komponieren bis in die ersten Jahre nach dem Zweiten Weltkrieg bestimmte (*Konzert für doppelchöriges Streichorchester und Pauken, Flötenkonzert, Violinkonzert*). In der nach dem Ende der Herrschaft des Nationalsozialismus auch für deutsche Komponisten wieder möglichen Auseinandersetzung mit Atonalität und Zwölftontechnik wandelte BIALAS seinen Kompositionsstil. Er gab, wie er selbst gesagt hat, die «vorwiegend konzertante, motorische oder spielerische Art des Komponierens» auf, ohne allerdings ein überzeugter oder gar orthodoxer Verfechter von Atonalität und Zwölftontechnik zu werden. BIALAS' Musik gibt den Bezug zur Tonalität – verstanden in einem sehr weiten Sinn – nie auf, und die Verwendung von Reihen geschieht nur ausnahmsweise in einer der Wiener Schule ähnlichen Weise. Viel stärker als durch Atonalität und Zwölftontechnik erscheint BIALAS' Musik geprägt durch artifizielle Umsetzung archaischer und primitiver Satztechniken, wie sie zum Beispiel im heterophonen Klangsatz afrikanischer Eingeborenenmusik oder im mittelalterlichen Organum vorzufinden sind. BIALAS blieb auf diese Weise von allen Schulen und Richtungen unabhängig, war vielleicht aber gerade deshalb nie im modischen Sinn aktuell. Die absolute Musik im strengen Sinn ist in seinem Werk fast nur durch konzertante Werke vertreten. Das Gegenüber von Soloinstrument und Orchester scheint BIALAS auch nach der Abwendung vom «konzertant-motorisch-spielerischen» Kompositionsstil stets gefesselt zu haben. So entstanden ein *Cellokonzert* (1960), ein *Konzert für Klarinette und Kammerorchester* (1961), eine *Musik für Harfe und Streicher* (1966), ein als ‹*Concerto lirico›* bezeichnetes *Klavierkonzert* (1967) und ein *Kammerkonzert für Cembalo und 13 Streicher* (1973). Symphonien dagegen findet man in BIALAS' Werk nicht, sieht man von der *‹Sinfonia piccola›* von 1960 ab, die aber allein schon durch ihren Titel, die kleine Besetzung (drei Bläser und Streicher) sowie die kurze Spieldauer – weniger als eine Viertelstunde – deutlich macht, daß sie mit der großen symphonischen Tradition nichts im Sinn hat. BIALAS' wichtigste Werke sind gleichsam zwischen absoluter und Programmusik angesiedelt. Sie bedienen sich häufig assoziationsreicher Werk- und Satzüberschriften – «Romanze» scheint ein Lieblingstitel von BIALAS zu sein –, Titel, mit denen sie auf bestimmte Gattungen und Formen der Musik, aber auch der Literatur anspielen. Das *‹Romanzero›* betitelte Triptychon von 1956 ist nach BIALAS' eigener Darstellung eine Auseinandersetzung mit der Lyrik García Lorcas, ohne daß bestimmte Gedichte zugrunde lägen. Ganz konkret auf bestimmte Gedichte Eichendorffs bezogen ist dagegen die *‹Waldmusik› für Orchester und vier Soloinstrumente* (1977). Auch hier geht es jedoch nicht um die vordergründige Darstellung des Inhalts, sondern um die musikalische Vermittlung von Haltungen und Gesten. Die *‹Invokationen›* von 1957 zeichnen die Grundformen des Gebets – «invocatio», «lamentatio», «laudatio» – nach. Ähnlich versteht sich *‹Introitus-Exodus› für Orchester und Orgel* (1976), eine Komposition über das uralte Ritual des Auf- und Abtretens, Ein- und Ausgang. In BIALAS' Werk finden sich schließlich noch zwei Werke, die Musik anderer Komponisten verwenden: die *‹Meyerbeer-Paraphrasen›* (1970), eine virtuose, paraphrasierend-verfremdende Präsentation von Musik der großen Oper, sowie *‹Der Weg nach Eisenstadt. Haydn-Fantasien für kleines Orchester›* (1980), eine Annäherung an JOSEPH HAYDN, ausgehend von der Musik des 20. Jahrhunderts.

Egon Voss

Karl Höller

Bamberg, 25. Juli 1907 – München, 14. April 1987

Ein großer Teil des Schaffens von KARL HÖLLER erstreckt sich auf Orchestermusik. HÖLLER entstammte einer fränkischen Musikerfamilie, die im Dom zu Bamberg, Würzburg oder anderen Kirchen ihren Dienst versahen. Nach seinem Studium in München und Würzburg (HAAS, VON HAUSEGGER) wirkte HÖLLER so auch zunächst als praktizierender Organist. Seit 1949 unterrichtete er Komposition an der Münchner Musikhochschule, 1954 wurde er deren Präsident. HÖLLER war wie sein Lehrer HAAS (ein Schüler REGERS) der Tradition der «Spätromantik» verhaftet. Seine Harmonik ist weitschweifend, seine Kontrapunktik oftmals verwickelt. HÖLLER hat für alle Arten der Orchestermusik komponiert. Schon seine Titel lassen seine tiefe Verwurzelung in alten Formen erkennen: *‹Hymnen für Orchester›* sind vier symphonische Sätze über gregorianische Choralmelodien, *‹Passacaglia und Fuge für Orchester›* (nach Frescobaldi), *‹Sinfonische Fantasie für Orchester über ein Thema von Girolamo Frescobaldi›*, *‹Sweelinck-Variationen für Orchester›* sind sprechende Titel. «In der Kunst gibt es nach meiner Überzeugung», so KARL HÖLLER 1971, «keinen echten Fortschritt wie etwa in der Technik ... Es sind doch immer nur Variationen über das gleiche Thema, Variationen mit neuen der Zeit gemäßen Erkenntnissen und neuen Ausdrucksmitteln.»

Lothar Mattner

Wolfgang Fortner

geb. Leipzig, 12. Oktober 1907

Die Eltern «wollten, daß ihr Kind in der Stadt Bachs geboren würde»: So erblickte Wolfgang Fortner denn 1907 in Leipzig das Licht der Welt. Es bleibt fraglich, ob es am Geist des Ortes und am geheimen Einfluß des Thomaskantors liegt, daß Fortner zeitlebens in seiner Musik nach konstruktiver Klarheit, Konzentration und Durchsichtigkeit gestrebt hat. Er studierte Komposition beim Reger-Schüler Hermann Grabner, Orgelspiel bei Karl Straube und Musikwissenschaft bei Theodor Kroyer. Als Lehrer in Heidelberg, Detmold und Freiburg wirkte er vor allem nach 1945 in nicht zu überschätzender Weise.

Wolfgang Fortner begann mit einem «neobarock» geprägten Stil, angesiedelt etwa zwischen Hindemith und Strawinsky. Während der unseligen Zeit und ihrem amtlich verordneten Pathos flüchtete er sich in «eine gewisse klassizistische Eleganz». Nach dem Krieg hat er die Zwölftonmethode sowie serielle und aleatorische Verfahren nicht einfach adaptiert, sondern ein Stück geschichtlicher Logik aus der Folgerichtigkeit des eigenen Schaffens heraus nachvollzogen. Als Teil einer Zwölftonreihe ist das Bach-Motiv in seiner *Phantasie über B-A-C-H für zwei Klaviere, neun Soloinstrumente und Orchester* (1950) als hintergründige Chiffre ständig anwesend. Die *‹Impromptus› für Orchester* (1957) sind beispielhaft für einen strengen Ordnungswillen im Dienste geistigen Ausdrucks. Rhythmische Permutationsreihen verbinden sich mit mittelalterlicher Isorhythmie. Wie im vielschichtig-komplexen und farbenreichen *‹Triplum› für kleines Orchester mit drei obligaten Klavieren* (1966) oder in den *Machaut-Balladen* (1973) werden historische Satzprinzipien nicht einfach adaptiert, sondern in unsere Zeit transponiert. Als besonders wichtig im umfangreichen Fortnerschen Werk wären auch die filigranen *‹Marginalien›*

(1969) zu nennen, die *‹Dem Andenken eines guten Hundes gewidmet›* sind. Hier versucht die Musik das Atmosphärische einer Mensch-Tier-Beziehung zu ergründen. Behutsam ineinander verwobene kleinförmige Instrumentalfiguren, luzide Polyphonie und artifizielle Haltung kennzeichnen FORTNERS Spätstil etwa der *‹Prismen›* (1974) oder des *‹Triptychon› für Orchester* (1977). Das hochkomplizierte Stück, dessen Ende in den Anfang mündet, ist formal der Gestalt eines Flügelaltars nachempfunden. Alle Werke tragen das Signum eines philosophisch vielgebildeten Menschen.

Helmut Rohm

Harald Genzmer

geb. Bremen, 9. Februar 1909

Für keinen Komponisten in der Nachfolge PAUL HINDEMITHS gilt die Regel treffender, daß Musik nicht dazu da sei, «gedacht», sondern «gemacht» zu werden. Der Grund dieses künstlerischen Credos liegt in GENZMERS Herkommen aus der unmittelbaren musikalischen Praxis. 1909 in Bremen geboren, war GENZMER 1928 bis 1934 Kompositionsschüler HINDEMITHS, daneben in Berlin Klavierschüler Rudolf Schmidts. Bei Alfred Richter lernte er das Klarinettenspiel, bei Curt Sachs und Georg Schünemann, die zur Musiziergemeinschaft HINDEMITHS auf alten Instrumenten gehörten, hörte er Musikwissenschaft. Mit dem Theater kam GENZMER als Korrepetitor in Breslau (1934 bis 1937) in Berührung, anschließend wandte er sich an der Volksmusikschule Berlin-Neukölln der musikalischen Volksbildung zu. Nach dem Krieg erhielt GENZMER an der Freiburger Musikhochschule eine Professur für Komposition, 1957 wechselte er in gleicher Stellung an die Münchner Musikhochschule.

GENZMERS Schaffen ist geprägt durch die Haltung des pragmatischen Musikers. Sein Werk umfaßt alle Arten der Musik, *Jugend- und Spielmusik, Kammer- und Klaviermusik*, eine *Messe, Kantaten, Chor- und Orgelmusik* sowie eine Reihe von *Instrumentalwerken* und reinen *symphonischen Werken*.

Seine Werke abseits der Laienmusik verlangen oftmals eine meisterhafte instrumentale Virtuosität, die sich auf eine nicht minder virtuose Beherrschung der – etwa durch HINDEMITH gekennzeichneten – traditionellen kompositorischen Arbeit stützen kann. In der Tat ist GENZMERS kompositorisches Schaffen seit den frühen Werken wie der *Konzertsuite* (1939) oder der *Bremer Sinfonie* (1942) erstaunlich unverändert geblieben, erstaunlich eigenständig und «quer» gegenüber den auf kompositorische Experimentalität zielenden Entwicklungen des 20. Jahrhunderts. Die kompositorische Essenz der Werke ist so immer zwischen den Polen diatonischer (auch pentatonischer) Gesanglichkeit und dem Einsatz behutsamer «moderner» Mittel angesiedelt (*zwei Konzerte für Trautonium und Orchester*, 1938 und 1952). Die Werke suchen den historischen Rückhalt in der Verwendung historischer Techniken, nicht im Sinn einer Stiladaption, sondern als Garanten musikalischen Zusammenhangs. Formale Ordnungsprinzipien, die auf historische Modelle zurückdeuten, ermöglichen in den Orchesterwerken eine problemlose Orientierung (häufig A-B-A'-Coda, wie in der *Sinfonietta für Streichorchester* von 1955).

GENZMERS musikalischer Universalismus erstreckt sich auf alle Sparten der Orchestermusik. Im *Konzert für Harfe und Orchester* von 1965 eröffnet den gewichtigen Prolog eine in pathetischer Gestik ausholende Orchestereinleitung, die der faßlichen Klarheit der solistischen Harfe entgegenwirkt. Der Kontrast zwischen dem motorisch-melodischen Charakter des Orchesters und der figurierenden, virtuos auskräuselnden, meist unthematisch bleibenden Harfe bestimmt die schnellen Sätze des Konzerts. Im langsamen Satz übernimmt die Harfe die Themenexposition, wird jedoch in den Variationen von der zuweilen pathetischen Vehemenz des Orchesters alsbald in den Hintergrund gerückt (auch wenn dem Soloinstrument weiterhin thematische Aufgaben zukommen). Die Vielschichtigkeit der traditionellen Bezüge innerhalb der Werke wie auch die Vielschichtigkeit des Gesamtwerkes, der zahlreichen verwendeten Gattungen (auch außerhalb der «pädagogischen» Musik, der Musik für Laien), kennzeichnet die Musik GENZMERS. Die Werke suchen bewußt den traditionellen Rückbezug, streckenweise ziemlich radikal, um als Musik des 20. Jahrhunderts, als die sie sich auch selbst verstanden wissen wollen, akzeptiert zu werden. Darin ist wohl auch die Tatsache begründet, daß GENZMER zu den meistaufgeführten zeitgenössischen Komponisten zählt. «Musik soll vital, kunstvoll und verständlich sein», so GENZMER 1978. «Als praktikabel möge sie den Interpreten für sich gewinnen, als erfaßbar sodann den Hörer.»

Lothar Mattner

Heinrich Sutermeister

geb. Feuerthalen, 12. August 1910

«Meine reinen Instrumentalwerke sind nicht wichtig. Die Cellokonzerte werden zwar ziemlich häufig gespielt, aber ich nehme sie nicht allzu ernst» (SUTERMEISTER in einem Interview mit Denis-François Rauss). SUTERMEISTERS Bekenntnis zum Defizit an instrumental-kompositorischer Bedeutung (das in der Tat zu der recht häufigen Aufführung einiger seiner Werke kontrastiert) verweist auf den zentralen Bereich seines Schaffens, den der Opern, der Funk- und Fernseherzählungen, deren Sujets sich zwischen Tragik, heiterer Burleske und schlichter Einfachheit bewegen. 1910 bei Schaffhausen geboren, kam SUTERMEISTER 1929/30 in Paris mit HONEGGER und mit der Musik von MILHAUD und POULENC zusammen. In München studierte er bei Courvoisier und ORFF. Von 1963 bis 1975 leitete er eine Kompositionsklasse in Hannover. SUTERMEISTER gilt als einer der erfolgreichsten Schweizer Komponisten. Neben den *Instrumentalkonzerten* komponierte er eine Reihe von programmatischen *Kantaten* (darunter ‹*Das Hohelied*›, ‹*Der Papagei aus Cuba*›, ‹*Omnia ad unum*›), ein *Requiem* sowie ‹*Quadrifoglio*› *für vier Blasinstrumente und Orchester*. Immer zielen seine Werke auf eine direkte Verständlichkeit der musikalischen Mittel. Sie nehmen als Ausgangspunkt die Musiksprache des späten VERDI, dessen *effetto* SUTERMEISTER als Ideal gilt. Die Tonalität ist auch in späteren Werken der Garant für seine sparsam ausgreifende Experimentalität.

Lothar Mattner

Amerikanische Komponisten

Carl Ruggles (1876–1971)
Ernest Bloch (1880–1959)
Walter Piston (1894–1976)
Roger Sessions (1897–1985) Henry Cowell (1897–1965)
Roy Harris (1898–1979)
Aaron Copland (geb. 1900)
Samuel Barber (1910–1981) William Schuman (geb. 1910)
Lukas Foss (geb. 1922)
Gunther Schuller (geb. 1925)
Steve Reich (geb. 1936)
Philip Glass (geb. 1937)

Auch in musikalischer Hinsicht sind die Vereinigten Staaten von Amerika ein Schmelztiegel. So mannigfaltig die unterschiedlichen ethnischen und kulturellen Einflüsse auf die ästhetischen Standorte und Stile des einzelnen Komponisten auch sein mochten: Fast ausnahmslos ist die amerikanische Musik von einem vitalen Geist, von nationalem Selbstbewußtsein, von dynamischem Schwung geprägt. Introversion und Skepsis sind ihr fremd. Die Weite der Landschaft und ihre Vielfalt spiegeln sich in der Musik amerikanischer Tonsetzer. Die Lieder und Tänze der Ureinwohner, die Volks- und die Kunstmusik der europäischen Einwanderer, das Rhythmusgefühl und die Musizierhaltung der Neger verbanden sich zu einer spezifisch nordamerikanischen Musik, welche die «Alte Welt» in unserem Jahrhundert in mehreren Wellen kennengelernt hat. Nach dem Ersten Weltkrieg, in den zwanziger Jahren, kamen viele Komponisten aus Übersee nach Paris, um zu lernen. Sie brachten ein eigenes Lebensgefühl mit. Namen wie Aaron Copland oder George Gershwin stehen für expressive, tänzerische, von Jazz- und Bluesmustern durchwobene Orchestermusik. Wie schrieb Gershwin? «Der Jazz wird für Amerika von bleibendem Wert sein, denn er ist der Lebensausdruck unseres Volkes. Er ist Amerikas eigenste Errungenschaft, die, wenn sie vielleicht auch nicht als Jazz weiterlebt, doch der künftigen Musik in irgendeiner Form ihren Stempel aufdrücken wird.» Erst nach 1945 lernte Europa eigenständige amerikanische Pioniere wie Charles Ives kennen und natürlich junge Musiker, die bei Immigranten wie Arnold Schönberg oder Paul Hindemith, Ernst Křenek oder Darius Milhaud gelernt hatten. Schließlich wurden auch die Einflüsse einer Avantgarde aus Übersee für neue Strömungen der zeitgenössischen Kunstmusik wesentlich und mitunter richtungweisend. Es ist – zumindest in diesem Rahmen – schwierig, wichtige Komponisten der Vereinigten Staaten als Repräsentanten dieser oder jener Schule auszuweisen. Die folgenden Skizzen sprechen eher punktuell von einer bunten, vielschichtigen musikalischen Kultur.

Als einer der ausgeprägtesten Individualisten der amerikanischen Musik neben Charles Ives kann Carl Ruggles (1876–1971) gelten. Die wenigen Werke des kauzigen Exzentrikers, der in Harvard studiert hatte, wirken in ihrer fiebrigen Strenge wie monolithische Blöcke.

Sein dissonanter, atonaler Stil erinnert entfernt an Schönbergs Musik. Am bekanntesten sind seine Orchesterkompositionen *‹Men and Mountains›* (1934), *‹Sun-Treader›* (1926 bis 1931) und *‹Organum›* (1944 bis 1947) – Stücke, an deren bizzarr-strenger und vergrübelter Polyphonie Ruggles im Dienste des «Erhabenen» in Zurückgezogenheit lange gefeilt hat. Keine Stimme zeigt Füllfigurationen irgendwelcher Art, sondern führt ein absolut eigenes Leben im kontrapunktischen Geflecht.

Zu den einflußreichen amerikanischen Komponisten wird auch der gebürtige Schweizer Ernest Bloch (1880–1959) gezählt. Nach seinen Studien in Genf, Belgien (Ysaye) und Deutschland lebte und lehrte er fast ausschließlich in den USA. In seinen Frühwerken stark von der deutsch-österreichischen Spätromantik (Bruckner, Mahler, Strauss), aber auch von Debussy beeinflußt, richtete sich sein Stil nach einer eher «neoklassizistischen» Phase (*Concerti grossi* 1924 und 1952) zu einer melodiös-durchsichtigen Schreibweise. Musik ist ihm geistiger Ausdruck. Seine epische *Rhapsodie ‹America›* (1926) ist der Versuch, die historische Bedeutung und das Lebensprinzip der Vereinigten Staaten in

Musik auszudrücken. Arbeitet BLOCH hier mit Zitaten aus Hymnen, Indianergesängen und Volksliedern, so versuchte er in anderen Werken eine national-jüdische Musik zu komponieren, die ohne folkloristische Grundlage und ganz aus den alttestamentarischen Geist erfunden ist. «Die jüdische Seele interessiert mich, die rätselhafte, glühende, bewegte Seele, die ich durch die Bibel hindurchschwingen fühle...» (‹*Schelomo*› *für Violoncello und Orchester*, 1916; ‹*Suite Hébraique*› *für Violine und Orchester*, 1951.) Wichtig in BLOCHS umfangreichem Werk sind neben den *fünf Symphonien* auch das *Tongedicht* ‹*Stimme der Wildnis*› (1936) und das rhapsodische *Violinkonzert* (1938).

WALTER PISTON (1894–1976) studierte in Harvard und Paris (NADJA BOULANGER), war von den französischen Neoklassizisten der zwanziger Jahre, auch von STRAWINSKY, beeinflußt und schrieb einen klaren, nie exaltierten Stil. Die meisten seiner *acht Symphonien*, deren bedeutendste vielleicht die *zweite* ist (1943), beziehen Elemente des Jazz und des Spirituals ins Satzgewebe ein. Auch zwölftönige Melodien bleiben tonal gebunden. Lyrische Wärme und Humor wechseln in seiner Musik auf tiefsinnigem Niveau. Sehr populär wurde die Ballettmusik ‹*The Incredible Flutist*› (1938), ein Werk, das wegen seiner lateinamerikanischen Anklänge jedoch weniger charakteristisch für PISTONS Schreibweise ist.

Ebenfalls *acht Symphonien* und viele *Instrumentalkonzerte* hat der ungemein ernste ROGER SESSIONS (1897–1985) geschrieben. Man hat ihn schon den «amerikanischen Brahms» genannt. SESSIONS, der in New York bei BLOCH studiert und sich zwischen 1925 und 1933 in Europa aufgehalten hatte (Berlin, Florenz), widmete seine herausragende *dritte Symphonie* (1944 bis 1946) ‹*to the Memory of Franklin Delano Roosevelt*›. Eine dichte kontrapunktische Struktur von dissonanter Harmonik wird von einer für SESSIONS Musik charakteristischen rhythmischen Kraft vorwärts getrieben und belebt. Mit souveränen handwerklichen Mitteln schrieb SESSIONS eine sehr abstrakte, kompromißlos der Wahrheit verpflichtete Musik.

Der Begriff «Cluster» begegnet in der zeitgenössischen Musik des öfteren und meint Tontrauben aus übereinandergeschichteten Sekundintervallen – auf dem Klavier etwa mit Faust oder Unterarm zu spielen. Er stammt von Henry Cowell (1897–1965), einem künstlerisch ungemein vielseitigen Kalifornier. Als Komponist weitgehend Autodidakt, schrieb Cowell ausgesprochen experimentelle Werke und beeinflußte als Lehrer an der Columbia University stark die musikalische Avantgarde. John Cage war sein Schüler. Viele der *21 Symphonien* Cowells tragen programmatische Titel wie zum Beispiel *‹The Seven Rituals of Music›* (1953/54) oder *‹Icelandic›* (1962).

In den USA gilt Roy Harris (1898–1979) als typisch amerikanischer Musiker. Nach einer etwas unsteten Jugend entschloß er sich erst mit vierundzwanzig Jahren, Komponist zu werden. Erfolge stellten sich ein und ermutigten Harris, nach Paris zu gehen und bei Nadja Boulanger zu studieren. In der Heimat wurde er dann selbst zum gefragten Kompositionslehrer. Harris schrieb neben Kammermusik und Solokonzerten auch *zwölf Symphonien*. Trotz einer an Westeuropa orientierten Traditionsgebundenheit – er bezog sogar kirchentonale Wendungen in seine polyphonen Satzstrukturen ein – wurde Harris mit richtungweisend für die zeitgenössische Musik Nordamerikas. Namentlich seine *dritte Symphonie* (1938), ein kräftiges, polytonales einsätziges Gebilde, wurde zum großen Erfolg. Die *sechste Symphonie* (1944) ist den «bewaffneten Streitkräften unserer Nation» gewidmet; ihr letzter Satz, eine Fuge, der Versuch, «in architektonischen Formen den starken Glauben an die Menschheit widerzuspiegeln».

Nachdem er zuvor bei Rubin Goldmark Unterricht in Harmonielehre genommen hatte, studierte Aaron Copland (geb. 1900) wie Harris und Piston in Paris bei Nadja Boulanger. Copland ist so etwas wie der Nestor, der große alte Mann US-amerikanischer Musik in unserem Jahrhundert. Experimentierte er in seinen frühen Werken mit symphonischem Jazz und expressionistischen Ausdrucksformen, so fand er später, bemüht um ein typisch amerikanisches Idiom, zunehmend zu einem durchsichtig-freien Stil, der auch von einem größeren Publikum spontan verstanden werden soll und kann. Im besten Sinn populär sind seine beschwingten *Ballettsuiten ‹Billy the Kid›* (1938), *‹Rodeo›* (1942) und *‹Appalachian Spring›* (1944) geworden: nordamerikanische Folklore, Cowboylieder und Tänze im symphonischen Gewand. Auch die abstrakten Werke COPLANDS, wie die spätromantisch beeinflußte *dritte Symphonie* (1948), sind voller Lebendigkeit und musikalischer Raffinesse. Sie verraten einen immensen Sinn für Wirkung, für versteckte Intellektualität und emotionelle Kraft. Auch auf dem Gebiet der *Film-* und *Gebrauchsmusik* hat er exemplarisch und erfolgreich gearbeitet.

Einer der vielgespielten Komponisten Amerikas ist auch SAMUEL BARBER (1910–1981). Schon mit dreizehn Jahren begann er, Kontrapunkt zu studieren. Frühe Musikpreise ermöglichten ihm einen Studienaufenthalt in Italien. Arturo Toscanini führte 1938 sein zwei Jahre zuvor als Streichquartettsatz entstandenes ‹*Adagio for Strings*› auf und machte BARBER mit einem Schlag berühmt. Ein lyrisches, monothematisches Stück Musik von fast barocker Stimmführung und romantischer Aura. BARBERS Stil wurde später zunehmend komplexer, dissonanter und somit «unbequemer». Seine ausdrucksstarke *zweite Symphonie* (1944) fand trotzdem ebenso Eingang ins internationale Repertoire wie das *Violoncellokonzert* (1945) und die zwischen Meditation und Ekstase vermittelnde Ballettmusik ‹*Medea*› (1946). Kantabilität und formale Ordnung sind Kennzeichen seiner Musik.

WILLIAM SCHUMAN (geb. 1910) gehört zu jenen amerikanischen Komponisten, die ausschließlich in der Heimat studiert haben. Als Schüler von ROY HARRIS stand er dem Stil dieses Meisters nahe. Außerdem waren Mittel des Jazz und die eruptive Rhythmik STRAWINSKYS für seine Tonsprache bestimmend. In den meisten seiner *zehn Symphonien* sind synkopenreiche Jazzrhythmen und amerikanische Themen so verarbeitet, daß polytonale und komplizierte kontrapunktische Strukturen wie spontan belebt erscheinen. Das romantisch-virtuose *Violinkonzert* (1949) ist beispielhaft für die energiereiche, ausdrucksstarke und effektvolle Schreibweise SCHUMANS.

In Berlin wurde LUKAS FOSS (geb. 1922) geboren. Über Frankreich emigrierte er 1933 in die USA, wo er bei PAUL HINDEMITH studierte und 1953 SCHÖNBERGS Nachfolger als Kompositionslehrer an der Universität von Kalifornien in Los Angeles wurde. Nach 1960 schrieb FOSS Werke von ausgesprochen avantgardistisch-experimentellem Charakter. Offene Formen und Klang-Text-Collagen sind ihm Mittel, ein neues, sensibleres Hörbewußtsein und Hörverhalten zu erreichen. Seine Musik ‹*Geod*› (1969) *für vier Ensemblegruppen* etwa ist «ohne Anfang und Ende, ohne Entwicklung, ohne Rhetorik.» Ein (Haupt-)Dirigent verteilt die Einsätze immer wieder anders. So verschieben sich die Details, so bleibt das Ganze mit sich identisch.

Entschiedenen Anteil an der Entwicklung, die Jazz und symphonische Musik zu verbinden sucht, hat GUNTHER SCHULLER (geb. 1925). Solohornist verschiedener amerikanischer Orchester, war SCHULLER als Komponist Autodidakt. Seine seriell geordnete Musik aller Gattungen genügt hohen intellektuellen Ansprüchen. Mit Kompositionen wie dem ‹*Amerikanischen Triptychon*› (1962), das auf Gemälden von Pollock, Davies und Calder basiert, oder den ‹*Shapes and Designs*› (1969) versuchte SCHULLER, visuelle bzw. geometrische Formen in musikalische Figuren zu übersetzen.

Hauptvertreter einer von Kalifornien aus weltweit sich ausbreitenden «postmodernen» Musikrichtung sind STEVE REICH (geb. 1936) und PHILIP GLASS (geb. 1937). Einfache diatonische Tonfolgen (Patterns) werden in ihrer sogenannten «Minimalmusik» mit maschineller Präzision ständig repetiert und sukzessive leicht variiert. Durch Phasenverschiebungen bleiben die statisch-entsubjektivierten Klangflächen innerlich bewegt. Spieler und Hörer erleben ein meditativ entgrenztes Zeitbewußtsein. In STEVE REICHS Instrumentalkompositionen – zum Beispiel ‹*Drumming*› (1970) oder ‹*Music for 18 Musicians*› (1976) – kollabiert die musikalisch intendierte Unendlichkeit zum mystischen «Jetzt». Rituelle Formen östlicher Musik verbinden sich in der jüngeren Psalmkomposition ‹*Tehillim*› (1980/81) mit abendländisch-kantablen Verfahren. Einen eher motorisch-additiven Typ von Minimalmusik entwickelte PHILIP GLASS. Vor allem seine ‹*Glass-Works*› (1981) und die Filmmusik ‹*Koyaanisquatsi*› (1982) wurden sehr bekannt. Gespeist aus vielen Einflüssen hat Amerikas Musik nicht zuletzt hier ihren eigenständigen, weltoffenen Ausdruck gefunden.

Helmut Rohm

Edgard Varèse

Paris, 22. Dezember 1883 – New York, 6. November 1965

EDGARD VARÈSE, geboren 1883 in Paris als Sohn eines Italieners und einer Französin, gestorben 1965 in New York, ist einer der lange verkannten Pioniere der Neuen Musik. Seine kompositorische Entwicklung zerfällt in zwei Phasen; dazwischen liegt die Zäsur seiner Auswanderung in die USA im Jahre 1915. In seinen jungen Jahren wurde VARÈSE von BUSONI, den er in den Jahren seines Berliner Aufenthalts (1907 bis 1913) kennengelernt hatte, von RICHARD STRAUSS und Hugo von Hofmannsthal gefördert. Er schrieb in dieser Zeit zahlreiche *Orchesterstücke* und *symphonische Dichtungen*, deren Manuskripte aber in Berlin bei einem Brand verlorengingen; das 1910 uraufgeführte Orchesterstück *‹Bourgogne›* vernichtete VARÈSE später in den USA eigenhändig.

Im wesentlichen sind heute nur die in Amerika entstandenen Werke erhalten. Sie zeigen einen Komponisten, der, unbeirrt von europäischen Schulen und Kompositionsrichtungen, in dem von Tradition wenig belasteten musikalischen Klima Amerikas einen konsequent experimentellen Weg einschlug. Beeinflußt von den Experimenten der Futuristen und geleitet vom Interesse für die physikalisch-naturwissenschaftlichen Grundlagen der Musik, erforschte VARÈSE in seinen Kompositionen die klanglichen Dimensionen der Musik. So setzte er durch Verwendung von Geräuschinstrumenten (am konsequentesten in *‹Ionisation› für 13 Schlagzeugspieler und 42 Instrumente*, 1930/31) und von Sirenenglissandi den bisher unantastbaren musikalischen Parameter der festen Tonhöhe und damit auch das temperierte System außer Kraft. Im verantwortungsvollen Umgang mit dem unbeschränkt verfügbaren Klangmaterial erblickte VARÈSE die Domäne wahrer künstlerischer Freiheit. In den parabolischen und hyperbolischen Klangkurven der Sirenen manifestierte sich für ihn seine Konzeption von Musik als Bewegung im Raum. Klang verstand er als *organized sound* – eine Auffassung, die zwangsläufig zur elektronischen Musik hinführte. In seinem Orchesterstück ‹*Déserts*› (1949 bis 1954), uraufgeführt 1954 in Paris unter Hermann Scherchen), kommen denn auch drei Tonbandzuspielungen mit elektronisch erzeugten Klängen vor. 1958 produzierte er dann für den Philips-Pavillon an der Brüsseler Weltausstellung das ‹*Poème électronique*›, eine rein elektronische Komposition für drei Tonbandgeräte und 425 Lautsprecher.

Zu Beginn von VARÈSES amerikanischen Phase steht ‹*Amériques*› *für großes Orchester* (1918 bis 1922), uraufgeführt 1926 in Philadelphia unter Leopold Stokowski. Der Komponist sagte über das Werk, er habe darin nicht nur seine ersten Eindrücke des hörbaren New York festgehalten, sondern auch seine Kindheitsphantasien über Amerika: «Es war das Unbekannte ... neue Welten auf unserem Planeten, weit entfernte Räume.» Das Gefühl des Aufbruchs in eine neue Zukunft hat sich in ‹*Amériques*› in erregend visionären Klängen Ausdruck verschafft. Nach ‹*Hyperprism*›, ‹*Octandre*› und ‹*Intégrales*›, drei Werken für kleinere Besetzung, in denen sich VARÈSES physikalisch-objektivistisches Klangideal vor allem in scharf konturierten Bläserklängen und Schlagzeuggeräuschen ausprägt, entstand 1925 bis 1927 mit ‹*Arcana*› nochmals ein großes Orchesterstück. Es wurde 1927 ebenfalls unter Stokowski uraufgeführt und muß mit seiner exzessiven Klangentfaltung, verbunden mit einer alle Fesseln sprengenden Form, auf die Zeitgenossen noch irritierender gewirkt haben als sein Vorgänger ‹*Amériques*›. Nach der europäischen Erstaufführung 1932 in Berlin empörte sich noch der Kritiker Heinrich Strobel: «Kein Ohr hält diese Musik auf die Dauer aus. Sie hat mit Musik nichts zu tun.» Erst im hohen Alter hat VARÈSE langsam Anerkennung gefunden. Viel gespielt werden seine Kompositionen heute trotzdem nicht – sie nehmen sich im Repertoire des 20. Jahrhunderts noch immer wie erratische Blöcke aus. VARÈSES Werk scheint auch nach seinem Tod noch nicht richtig ins musikalische Bewußtsein gedrungen zu sein.

Max Nyffeler

John Cage

geb. Los Angeles, 5. September 1912

Als Sohn eines Erfinders in Los Angeles geboren, hat John Cage nach seinen Studien unter anderem bei Henry Cowell in New York und bei Arnold Schönberg in Los Angeles ein außerordentlich vielseitiges und charakteristisches Œuvre geschaffen, das sich zugleich als eine folgerichtige phasenweise verlaufende Entwicklung wie als Konsequenz aus amerikanischen, europäischen und asiatischen Anregungen verstehen läßt. Von seinen ersten Stücken an sind alle Kompositionen Cages für bevorstehende Aufführungen geschrieben worden; viele davon hat er für sich selbst geschrieben und sie selbst aufgeführt. Nach Jugendwerken benutzte er in der ersten Phase verschiedene, das Chroma ausnutzende Tonhöhenreihen. Für seine Schlagzeugstücke, die zunächst für das Tanztheater entstanden sind, zieht er Zahlenproportionen (nach magischen Zahlenquadraten) heran, durch die die Abschnitte und die Taktanordnungen bestimmt werden. Für das Tanztheater entwickelte er auch das präparierte Klavier als ein Instrument, das ein ganzes Schlagzeugensemble ersetzen kann. In späteren Arbeiten hat Cage das Schlagzeugensemble und das präparierte Klavier von den choreographischen Funktionen gelöst und verselbständigt, schließlich auch auf andere Instrumentarien wie Streichquartett und Orchester übertragen.

Diese Entwicklung läßt sich als fortschreitende Entsubjektivierung verstehen, deren folgerichtige Konsequenz schließlich das Zufallsverfahren ist, das Cage nach seinem Studium der indischen Philosophie und des japanischen Zen-Buddhismus dem altchinesischen Orakelbuch «I Ching» entlehnt hat. Daneben wurden Würfel- und andere Zufallsverfahren benutzt. In den letzten Jahren verwendet Cage mit dem Computer hergestellte Zufallszahlenreihen. Die subjektive kompositorische Leistung liegt seit der Benutzung von Zufallsverfahren überwiegend auf einer konzeptionellen Ebene, der der Disposition der Klänge, der Großform, des Gesamtrahmens und der Beziehung zum Anlaß, zum Auftrag und zu der Aufführung selbst.

Der Kontakt zu Musikern wie Lou Harrison und Virgil Thomson, zu bildenden Künstlern wie László Moholy-Nagy, Max Ernst, Detlev Albers, Robert Rauschenberg, Jasper Johns, Marcel Duchamp und Philosophen wie Daisetz T. Suzuki, Richard Buckminster Fuller und Norman O. Brown hat direkt und indirekt zu einer ganzen Reihe von Perspektiven und Einzelaspekten in seinem Werk und in seinen Texten und Lectures geführt, die die Musik und über die Musik hinaus die Kunstpraxis und Kunsttheorie in den USA und in Europa nachhaltig geprägt haben. So war CAGE mit frühen Beiträgen zur Tape Music und zur Medienkunst («Radio Music»), an den ersten Happenings, an der Ausformung der Fluxusästhetik, an der Entwicklung der Concept Art, der Begründung der Minimal Music und mit Arbeiten im Bereich der Musikperformance wesentlich beteiligt. Sein Musikdenken und seine künstlerische und menschliche Haltung hat mehrere nachfolgende Generationen amerikanischer Komponisten und Künstler beeinflußt, ohne daß er je regelrechten Kompositionsunterricht erteilt hätte.

CAGE hat entsprechend seiner zunehmend praktizierten zenbuddhistischen Auffassung, jeder Ton, jeder Klang und auch jeder Mensch sei ein eigenes Zentrum, nur ein einziges Orchesterstück geschrieben, in dem im traditionellen Sinn mehrere Instrumente tuttiartig zusammenwirken. Sein in diesem Sinn erstes und letztes Orchesterstück ‹*The Seasons*› entstand 1947 als Auftrag der Ballet Society als Musik zu dem gleichnamigen Ballett von Merce Cunningham, mit dem es im Mai 1947 in New York vom Ballet Society Orchestra unter der Leitung von Leon Barzin uraufgeführt worden ist. Das vierteilige, etwa viertelstündige in den Bläsern meist zweifach, in den Streichern bis zu achtfach besetzte Stück ist mit Hilfe einer neungliedrigen Zahlenproportion, die Form und Taktanordnungen bestimmt, und mit einem Katalog von verschieden instrumentierten Tönen, Intervallen und komplexeren Klangaggregaten konzipiert, mit dem jede Einzelheit im Orchester bestimmt wird. Die eigentümliche Mechanik der Klangfolgen erzeugt einen quasi rituellen Charakter, der die choreographische Absicht, die traditionellen indischen Vorstellungen von den vier Jahreszeiten als Ruhe für den Winter, Schöpfung für den Frühling, Erhaltung für den Sommer und Auflösung für den Herbst ausdrückt.

Alle weiteren Orchesterarbeiten von Cage verlangen ein größeres oder kleineres Ensemble von Instrumentalsolisten. 1951 entsteht ein *Concerto* mit der Besetzungsangabe «for Prepared Piano and Chamber Orchestra» und 1957/58 ein *Concerto für Piano und Orchestra,* obwohl das ältere 24 und das jüngere nur maximal 14 Instrumentalsolisten erfordert. Der herkömmliche Orchesterbegriff wird durch einen neuen ersetzt. Das etwa zwanzigminütige dreisätzige *Konzert für präpariertes Klavier* folgt einer siebenteiligen Zahlenproportion und einem für die Orchesterstimmen systematisch und für das Solo von Satz zu Satz zunehmend genutzten Katalog von Tönen, Intervallen und komplexen Klangaggregaten. Im Januar 1952 wurde es von David Tudor in New York uraufgeführt.

Das *Konzert für Klavier und Orchester* ist mit Zufallsoperationen komponiert und gilt zu Recht als ein Schlüsselwerk in dieser ersten Phase der teilweise oder ganz zufallsgenerierten Kompositionen von John Cage. Es verzichtet auf eine Partitur, wie die meisten der weiteren Orchesterstücke von Cage. Der Dirigent zeigt mit seinen Händen auf Grund einer eigenen «Stimme» uhrzeigerähnlich lediglich einen flexiblen Zeitverlauf an. Und das Stück kann ganz oder auch nur teilweise in jeder beliebigen Gesamtdauer von allen vierzehn oder beliebig weniger Musikern als Solo, als Kammerensemblestück und ohne den Solisten auch als «Symphonie» aufgeführt werden. Es können ferner vier weitere Stücke, drei Vokalsoli und ein Tonbandstück nach Belieben gleichzeitig mitaufgeführt werden. Alle diese Freiheiten sind nur eine Konsequenz aus dem Zufallsverfahren, das den melodischen, harmonischen und formalen Zusammenhang aller Klangereignisse zugunsten des einzelnen Klangs negiert. Der von Cage vielfach benutzte Schlüsselbegriff *indeterminate* – nicht determiniert, nicht vorhersehbar – ist zunächst aus der Perspektive des Komponisten selbst zu verstehen, der nicht von einer Klangvorstellung, die er so genau wie möglich notiert, ausgeht, sondern von einem Verfahren, dessen Ergebnisse ihn selbst überraschen. Die Grenzen der eigenen Vorstellbarkeit werden so virtuell außer Kraft gesetzt. Der Zuhörer befindet sich beim ersten Hören eines Stücks in einer ähnlichen Situation, die sich allerdings von streng determinierter, zum Beispiel serieller Musik, die er zum erstenmal hört, nicht wesentlich unterscheidet. Durch die Variabilität der Besetzungen und Freiheiten der Dauer und durch weitere Modifikationen in den einzelnen Stimmen tendiert das Stück dazu, bei jeder Aufführung unvorhersehbar anders zu klingen. Die Uraufführung im Mai 1958 in der New Yorker Town Hall und die europäische Erstaufführung im Westdeutschen Rundfunk, Köln, im September 1958 gingen beide in die Skandalgeschichte der Musik ein, obwohl bei beiden Aufführungen David Tudor, einer der engsten Mitarbeiter CAGES, als Solist, und Merce Cunningham und CAGE selbst als zeitkoordinierende Dirigenten zur Verfügung standen. Die musikgeschichtlich neue Emanzipation der Interpreten wurde zunächst einmal als Überforderung empfunden und die neue Freiheit als Freiheit zum Jux und zur Clownerie mißverstanden. Diese wie andere Stücke, die auf einer vom Tanztheater losgelösten Konzeption beruhen, hat CAGE dennoch in verschiedenen Besetzungen wieder als Tanztheatermusik eingesetzt, als Musik zu der Choreographie «Antic Meet» von Merce Cunningham. – Das 1961/62 entstandene von der Montreal Festival Society in Auftrag gegebene Orchesterstück ‹*Atlas Eclipticalis*› für maximal 86 Orchesterinstrumente folgt im wesentlichen dem gleichen Grundprinzip. Bei der Herstellung der Stimmen wurde neben strengen Zufallsoperationen auch ein Sternenatlas verwendet. Neben der Konzertversion (Uraufführung in Montreal im August 1961) wurde das Stück als Tanztheatermusik für Merce Cunninghams Choreographie «Aeon» aufgeführt.

Mit dem seit dem *Concerto for Piano and Orchestra* veränderten Orchesterbegriff sind die Grenzen zwischen Kammermusik und Orchestermusik fließend geworden. Noch einen Schritt geht JOHN CAGE in dieser Hinsicht bei der Konzeption seiner ‹*Variations I*› (1958) weiter, wenn er sie für «any number of players, any kind and number of instruments» konzipiert. Orchestrale Aufführungen mit einer größeren Anzahl von Instrumentalsolisten sind hier ebenso wie bei den Folgestücken ‹*Variations II*› (1961), ‹*Variations III*› (1963) und ‹*Variations IV*› (1963) möglich. Bei all diesen Stücken werden im Lauf der Proben die Aktionen aus einem graphischen Material mit vorgegebenen Regeln von den Musikern selbst erst ausgearbeitet. Bisher ist eine Orchesterfassung allerdings noch nicht realisiert worden.

Eine andere Grenzposition markiert John Cage 1967 mit seinem «Musicircus»-Projekt in Newport. Das Konzept besteht aus einer Einladung an alle möglichen Musiker und Nichtmusiker, an einem bestimmten Ort zu einer bestimmten Zeit zusammenzukommen und alle zusammen gleichzeitig zu spielen und aufzuführen, was immer sie wollen. Auch dieses Konzept bezieht Orchestermusik aller Art mit ein, ohne daß es bei den bisher etwa fünf Realisationen zur Mitwirkung eines größeren Orchesters gekommen wäre. Natürlich kann man auch alle beteiligten Mitwirkenden eines «Musicircus» als Grenzfall einer Orchesterbildung auffassen, eines Orchesters, das in dieser Form lediglich einmal zusammenkommt, um sich sogleich wieder aufzulösen, und das im Ablauf der vereinbarten Zeit sich ständig in seiner Zusammensetzung ändert. – Zu einer Mitwirkung eines Orchesters bei einem spezielleren «Musicircus» von Cage kam es hingegen bei der Konzeption und Aufführung eines zur Zweihundert-Jahr-Feier der USA 1976 entstandenen Konzertprojekts mit dem teilbaren Stück ‹*Renga with Apartment House 1776*›, wobei ‹*Renga*› mit 78 Orchesterinstrumenten nach graphischen auf Notenpapier projizierten Skizzen aus dem berühmten Tagebuch Henry David Thoreaus aufgeführt wird.

Ein sozusagen analytischer Gegentyp einer zufallsgenerierten Musik, der jeweils von bereits vorhandener Musik ausgeht, liegt schließlich in den drei *Orchesterversionen* des Klavierstücks ‹*Cheap Imitation*› für 24, 59 und 95 Instrumente von 1972 vor. Dem Stück liegt die weitgehend einstimmige Komposition ‹*Socrate*› von Erik Satie zugrunde, die Merce Cunningham als Grundlage einer Choreographie verwenden wollte. Der Inhaber der Verlagsrechte aber stellte unerfüllbare finanzielle Forderungen. So stellte John

Cage eine ungleich preiswertere *‹Cheap Imitation›* her, in dem er ohne Form und rhythmische Details zu ändern, lediglich die Melodie jeweils nach einer zufallsbestimmten Anzahl von Tönen um zufällige Intervalle nach oben oder unten transponierte. Die Orchesterversionen entstanden für deutsche Rundfunksymphonieorchester mit der Auflage, sie ohne Dirigenten zu proben und zu spielen. Bisher ist es nur zu Teilaufführungen und Aufführungen mit Dirigenten gekommen. Das Wandern der einstimmigen Melodie durch die Orchesterinstrumente, Cage spricht von «Klangfarbenmelodie», setzt ein genaues Aufeinanderhören voraus und verlangt jedem einzelnen absolut unbegleitetes solistisches Spiel ab. – Ein weitergehendes Seitenstück zu den Orchesterfassungen von *‹Cheap Imitation›* stellt schließlich *‹Quartets for Orchestra›* von 1977 für 24, 41 oder 93 Instrumente dar, bei dem etwa zweihundert Jahre alte vierstimmige Choralsätze zunächst mit Zufallsoperationen durchgearbeitet sind, so daß etwa die Hälfte der Töne wegfällt und der Rest in unterschiedlichsten Dauern gespielt wird; die Einsatzabstände aber bleiben erhalten. Anschließend wurden die vier Stimmen auf die Farbpalette des Orchesters übertragen. Auch dieses Stück soll ohne Dirigenten gespielt werden.

‹Thirty Pieces for Five Orchestras›, 1981 für das Begegnungsfestival in Metz und die Gulbenkian-Stiftung in Lissabon entstanden, ist ein mit Zufallsoperationen wiederum synthetisch aufgebautes Stück, bei dem ein großes Orchester in fünf Orchestergruppen unterteilt wird, die ihrerseits entfernt voneinander möglichst um das Publikum herum aufgestellt und von fünf Dirigenten unabhängig voneinander dirigiert werden. Es existieren wieder Partituren, fünf an der Zahl. Doch ist auch bei diesem Stück das Klangergebnis jedesmal anders, also unvorhersehbar, weil die fünf Gruppen im Rahmen einer zeitlichen Toleranz die einzelnen dreißig Abschnitte jeweils etwas früher oder später beginnen und abschließen und dabei in Grenzen das Tempo frei wählen können. – Weitere jeweils dem synthetischen oder analytischen Modell näherstehenden Orchesterarbeiten von Cage sind *‹Etcetera›, Materialien für eine Orchesteraufführung* (1973), *‹Score (40 Drawings by Thoreau) and 23 Parts›* für beliebige Instrumente und Stimmen (1974), *‹Dance/4 Orchestras›* (1982), *‹A Collection of Rocks›* für

Chor und Orchester (1984) und ‹*Etcetera 2/4 Orchestras*› (1986). Schließlich wächst allmählich seit 1984 das Kompositionsprojekt ‹*Music for...*› in der Zahl seiner Stimmen immer weiter an (Mitte 1987 sind es bereits elf), so daß in wenigen Jahren ein weiteres *Orchesterstück* aus instrumentalen (und vokalen) Soloparts vollendet oder auch unvollendet ist.

Reinhard Oehlschlägel

Olivier Messiaen

geb. Avignon, 10. Dezember 1908

1945. Das letzte Kriegsjahr. Das Todesjahr BÉLA BARTÓKS und ANTON VON WEBERNS. Stunde Null einer neuen musikalischen Zeitrechnung, die zunächst einmal «durch den Versuch gekennzeichnet war, an die abgebrochene Tradition der zwanziger Jahre – die sich als kulturelle Epoche von 1918 bis 1933 erstreckten – wieder anzuknüpfen und die Katastrophen der ‹Zwischenzeit› aus dem musikgeschichtlichen Bewußtsein zu verdrängen» (Carl Dahlhaus). Die Tradition der zwanziger Jahre aber war ihrerseits in vielem eher retrospektiv als progressiv gewesen, und schon 1939 hatte IGOR STRAWINSKY – der mit seiner *Symphony in Three Movements* (1942 bis1945) gleichsam den Archetypus dieser Ästhetik geschaffen hat – in seinen Harvard-Vorlesungen zur «Musikalischen Poetik» erklärt: «Die wahre Tradition ist nicht Zeuge einer abgeschlossenen Vergangenheit; sie ist eine lebendige Kraft, welche die Gegenwart anregt und belehrt. [...] Weit davon entfernt, die Nachahmung des Gewesenen zu bedeuten, setzt die Tradition die Realität des Dauernden voraus.» Manche freilich standen diesem musikalischen Historismus (von dem sich auch STRAWINSKY notabene später distanzierte) skeptisch gegenüber; so wendet sich ARNOLD SCHÖNBERG in einem Brief (an William Schlamm, 26. Juni/1. Juli 1945) ganz entschieden gegen die aktuelle Tendenz, «in steriler Weise die Vergangenheit der Musik zu erforschen. Dagegen ist die Theorie der musikalischen Komposition nicht nur Grammatik, Syntax und Philologie der musikalischen Sprache, sondern lehrt, als Wichtigstes, die Organisierung musikalischer Formen. [...] ‹Neuer Wein in alten Schläuchen› ist bei mir äußerst unbeliebt.» Sicher standen STRAWINSKY und SCHÖNBERG mit ihren musikalischen Vorstellungen nicht allein, doch in der Gegensätzlichkeit ihrer Ästhetik repräsentieren sie die beiden Pole, zwischen denen die Musik nach 1945 ihren Weg suchen mußte – eine Musik, die in den zwölf Jahren des nationalsozialistischen Terrors ihre Identität verloren hatte. Tradition? SCHÖNBERG, dessen Lehre der «Komposition mit zwölf nur aufeinander bezogenen Tönen» im Vorkriegseuropa lediglich bei einem kleinen Kreis von Musikern Beachtung und Nachahmung gefunden hatte, war 1933 in die Vereinigten Staaten emigriert, STRAWINSKY 1939. Die Komponistengeneration der «Zwischenzeit» aber «verstand die Bedeutung eines Schaffens nicht mehr, das ihr weithin unbekannt blieb. [...] Wir können weder in Strawinsky noch in Schönberg den ‹Propheten› sehen – eine Religion, welche Standarte sie auch aufpflanzt, bedeutet immer ein Armutszeugnis» (Pierre Boulez: «Trajectoires», 1949).

Am 3. Juni 1936 hatte in der Pariser Salle Gaveau ein Orchesterkonzert stattgefunden, mit dem sich eine Gruppe von vier jungen Komponisten dem Publikum vorstellte; ihr erklärtes Ziel war es, «mit neuen Mitteln eine neue und kühne Ausdruckswelt zu erschließen und Werke zu verbreiten, die jugendlich, frei und von revolutionären Parolen ebensoweit entfernt sind wie von akademischen». In Anlehnung an ein Wort HECTOR BERLIOZ' nannten sich die vier «La Jeune France» («Das junge Frankreich»): YVES BAUDRIER, JEAN-YVES DANIEL-LESUR, ANDRÉ JOLIVET und OLIVIER MESSIAEN.

1945 war die Gruppe längst zerfallen, und nur MESSIAEN, der von Anfang an der eigenwilligste und radikalste Exponent der «Jeune France» gewesen war, war seinem Weg als Komponist konsequent gefolgt; mit dem Orgelzyklus *‹Les Corps glorieu›* (1939), dem *‹Quatuor pour la fin du Temps›* (1941), den *‹Visions de l'Amen›* (1943) für zwei Klaviere, den *‹Trois petites Liturgies de la Présence Divine›* (1944) und den *‹Vingt Regards sur l'Enfant Jésus›* (1944) hatte er zu einer ebenso eigenständigen wie neuartigen musikalischen Sprache gefunden. Ihre ästhetischen und kompositionstechnischen Grundlagen, die der Komponist selbst in dem Traktat «Technique de mon language musical» (1944) dargestellt hat, beruhen auf einem (nur scheinbar eklektizistischen) Vokabular, das von den verschiedensten Traditionen zehrt und daher keiner wirklich zuzuordnen ist. MESSIAENS Musik ist ebenso der Gregorianik verpflichtet wie der Klangwelt javanischer Gamelan-Orchester, verbindet die Metrik griechischer Versmaße mit den Skalen indischer Ragas, strukturiert die Quint- und Quartschichtungen der Harmonik DEBUSSYS und SKRJABINS nach seriellen Prinzipien um und überträgt den Gesang der Vögel in die präzise Notation einer Orgel-, Klavier- oder Orchesterpartitur. Die Ordnung aber, nach der MESSIAEN diese so unterschiedlichen und gegensätzlichen Sprachmuster miteinander verknüpft, ist die einer religiös-mystischen Kosmogonie, in deren ekstatischem Erleben abendländischer Katholizismus und fernöstliche Geisteswelt zusammenfließen.

Schon MESSIAENS erstes gültiges, 1930 komponiertes Orchesterwerk ‹*Les Offrandes oubliées*› gehorcht dieser Ordnung: «Die Sünde ist das Vergessen Gottes und seiner göttlichen Opfer, des Kreuzes und der Eucharistie. Du liebst uns, süßer Jesus, und wir haben es vergessen.» Ebenso typisch wie dieses theologische Programm ist auch die musikalische Sprache des dreiteiligen Stücks und MESSIAENS synästhetische Klang- und Farbvorstellung, die in einzelnen Akkorden «das Rot, das Gold und das Blau ferner Kirchenfenster» abbildet. Bis zu den Orchesterfassungen der vier Orgelmeditationen ‹*L'Ascension*› und der neun ‹*Poèmes pour Mi*›, die MESSIAEN 1936/37 für seine erste Frau Claire Delbos («Mi») gedichtet und vertont hat, verfolgt der Komponist den einmal eingeschlagenen Weg geradlinig weiter.

Die ‹*Trois petites Liturgies de la Présence divine*› (1943/44) und die monumentale ‹*Turangalîlâ*›-*Symphonie*› (1946 bis 1948) lassen sich ohne weiteres derselben Gedanken- und Tonwelt zuordnen wie ‹*L'Ascension*›, doch sie scheinen ins Überdimensionale gesteigert zu sein – eine wahrhaft kosmische Musik, die mit ihrer Verknüpfung von Eros, Thanatos und Theos («Ein Mensch, der betet, betet mit seiner Seele, seinem Geschlecht und seinem Gehirn») dem theosophischen Mystizismus ALEXANDER SKRJABINS überaus nahesteht. Die Klangorgien aus dem bald süßlichen, bald grellen Jaulen der Ondes Martenot, aus Streicherschmelz und Bläserkaskaden, aus komplexer und hochvirtuoser Pianistik und schlichten Chorvokalisen, aus ‹*Tristan*›-Chromatik und modaler Metrik, aus kadenzierten Dreiklängen und jagenden Clustern bewegen sich oft – mit Verlaub – hart an der Grenze zu Filmmusik und Klangkitsch; aber die Naivität, mit der MESSIAEN seinen Glauben erklingen läßt, bewahrt ihn davor, die Grenze zu überschreiten.

«Ad maiorem Dei gloriam» läßt MESSIAEN seit der *‹Turangalîlâ›-Symphonie* auch Vogelstimmen in das musikalische Geschehen eingreifen; mehr und mehr bestimmen sie Form und Gestalt seiner Werke, bis hin zu *‹Réveil des oiseaux›* (1953) und *‹Oiseaux exotiques›* (1955/56). Diese beiden rein «ornithologischen» Kompositionen MESSIAENS für Klaviersolo und Orchester stehen zum einen in der Nachfolge des Serialismus, als deren eigentlicher Begründer MESSIAEN (genauer gesagt: seine Klavieretüde *‹Mode de valeurs et d'intensités›*) gelten muß, zum anderen setzen sie die Collagentechnik fort, die seit den Akkordschichtungen der *‹Ascension›* zum festen Bestandteil des MESSIAENschen Idioms gehört. MESSIAENS einziges streng serielles Orchesterwerk *‹Chronochromie›*, das Hans Rosbaud am 16. Oktober 1960 in Donaueschingen aus der Taufe hob, ist somit zugleich Höhepunkt und Abschluß dieser mittleren Schaffensphase des Komponisten.

Nach den *‹Sept Haïkaï›* (1962) für Klavier und kleines Orchester wendet sich MESSIAEN 1963 mit den *‹Couleurs de la cité céleste›* und ein Jahr später mit *‹Et exspecto resurrectionem mortuorum›* wieder eindeutig theologisch orientierten Themen zu; allerdings erscheint die musikalische Sprache dieser beiden Werke gegenüber früheren Partituren sehr viel schärfer und akzentuierter, statischer und ohne ästhetische Gratwanderungen zwischen Kunst und Kitsch. Sie bereiten das vierzehnteilige Oratorium *‹La Transfiguration de Notre-Seigneur Jésus-Christ›* (1965 bis 1969) vor, das in Aufwand und Anspruch gewissermaßen die Summe aller vorausgegangenen Kompositionen MESSIAENS zieht. Eine weitere Steigerung – freilich jenseits aller theologischen Überlegungen – ist *‹Des Canyons aux Etoiles›* (1971 bis 1974), MESSIAENS vorerst letztes Orchesterwerk.

Verfolgt man den Weg von den *‹Offrandes oubliées›* (Spieldauer zwölf Minuten) zu *‹Des Canyons aux Etoiles›* (Spieldauer hundert Minuten), so ist die Erweiterung von Zeit, Raum, Besetzung und Farbigkeit letztlich nur der Spiegel einer Bewußtseinserweiterung, innerhalb derer sich MESSIAEN stets treu geblieben ist. Jedes neue Werk setzt das vorausgegangene außer Kraft, kommt dem Geheimnis des Seins (und Gottes) ein wenig näher. Wer bereit ist, diesem theozentrischen Weltbild des Komponisten zuzuhören, wird in MESSIAENS Musik einen Reichtum entdecken, wie ihn kaum ein anderer Autor unseres Jahrhunderts entfaltet hat.

Michael Stegemann

Witold Lutosławski

geb. Warschau, 25. Januar 1913

Der Pole Witold Lutosławski ist zweifellos einer der wichtigsten Komponisten in der zweiten Hälfte des 20. Jahrhunderts. Auf Grund der politischen Verhältnisse in Polen verlief seine Entwicklung wenig geradlinig, ab etwa 1960 erarbeitete sich Lutosławski eine eigene musikalische Sprache, die er fortan konsequent weiterentwickelte. Stehen seine ersten Werke noch im Zeichen des Neoklassizismus, so eignete sich Lutosławski danach Techniken an, die an Strawinsky und Bartók orientiert waren. Die ‹*Jeux Venetiens*› aus dem Jahre 1961 brachten dann zum erstenmal die sogenannte «begrenzte Aleatorik». Darunter ist eine Schreibweise zu verstehen, die innerhalb bestimmter Abschnitte den Ausführungen eine relative Freiheit des Vortrags gewährt: etwa bei vorgeschriebenen melodischen Linien die Freiheit der genauen rhythmischen Ausforschung oder der Tempowahl, wodurch sich ein komplexes Stimmengeflecht ergibt, dessen Rahmenbedingungen vom Komponisten festgelegt sind. Jede Aufführung wird sich so von einer anderen merklich unterscheiden, dennoch bleibt die Identität eines Werkes gewahrt. Die späteren Kompositionen Lutosławskis bauten diese Technik weiter aus und untersuchten ihr innewohnende Möglichkeiten. Verblüffend wirkt dabei die Tatsache, daß trotz aller konstruktiven Verankerung die Musik Lutosławskis stets eine ganz spontane Vitalität und Ausdrucksintensität behält.

Die *Symphonischen Variationen* aus dem Jahre 1938, ein Werk von knapp zehn Minuten Dauer, sind Lutosławskis erste Orchesterkomposition. Deutlich lehnt sie sich stilistisch an Igor Strawinsky an. Beachtlich ist jedoch die Souveränität der Instrumentation, die dem Werk virtuose Brillanz verleiht.

Die Vorliebe für geschärfte Instrumentalfarben, die schon in den *Symphonischen Variationen* unüberhörbar ist, bestimmt auch wesentlich den Klang der *ersten Symphonie*, die 1947 beendet wurde. Sie ist traditionell viersätzig (Allegro giusto – Poco adagio – Allegro misterioso – Allegro vivace), ebenso bleiben die Satzcharaktere durchaus in konventionellem Rahmen. Der Grundzug ist heiter, manchmal frech und widerborstig, zugleich aber mischt sich eine ironische Distanz in den Ton, eine Doppelbödigkeit, die vor allem durch grelle Klangfarben (geräuschartige Streicherpassagen, Bläserglissandi etc.) oder durch betonte gestische Übertreibungen (wovon schon das lapidare, signalartige Tanzmotiv im ersten Satz kündet) das Werk auf die Ebene des Surrealen rückt. PROKOFJEW, STRAWINSKY und BARTÓK klingen an, dennoch wirkt die Musik keineswegs wie ein Stilplagiat. Eigentlich will sie nicht so recht in die Zeit ihrer Entstehung passen (was mit LUTOSŁAWSKIS Biographie zusammenhängt): Die Symphonie hat die Frische des jungen Neoklassizismus und gleichzeitig die kritische Distanz des gealterten.

Relativ häufig wird das *Konzert für Orchester* aufgeführt. Es entstand 1950 bis 1954 und entfernt sich deutlich von neoklassizistischen Ausrichtungen. Gleichwohl bleibt die musikalische Sprache tonal, auch sind deutliche Anklänge an folkloristische Wendungen auszumachen. LUTOSŁAWSKI brachte mit diesem Werk (wie auch mit der vier Jahre später entstandenen *‹Trauermusik›*) eine Hommage an BARTÓK, dessen kompositorischen Ansatz er konsequent fortsetzte. Das *Konzert für Orchester* ist dreisätzig, die Satzüberschriften benennen sehr konkret die einzelnen Charaktere: Intrada – Capriccio notturno e Arioso – Passacaglia, Toccata e Corale. Die Musik ist ungemein abwechslungsreich und voller Elan, nichts Antiquiertes haftet den im Grunde vertrauten Satzmitteln wie etwa der stampfenden Motorik des ersten Satzes oder den Fanfaren- und Choralteilen des letzten Satzes an. Mitunter entsteht der Eindruck des «Lackierten», so als seien bekannte Ausdrucksgesten in grelle Farben getaucht. Auf diese Weise wirkt die Musik ausgesprochen modern, ohne sich avantgardistisch ins Abseits zu stellen. Weithin bekannt ist der erste Satz mit seinem rhythmisch wie melodisch pointierten Thema und den pochenden Begleitgestalten. Typisch für den späteren LUTOSŁAWSKI ist der zweite Satz mit seinen wispernden Klangwelten, in die harte Schläge des Orchesters einbrechen. Formal komplexer ist das Finale, dessen langsame Steigerung über einem Passacaglia-Thema in einen pathetischen Schlußchoral mündet.

Nach den versierten und launig unbeschwerten *‹Tänzerischen Präludien›* für Klarinette und Orchester von 1955 (die Umarbeitung einer Fassung für Klarinette und Klavier) ist in der 1956 bis 1958 entstandenen *‹Trauermusik für Streicher›* ein neuer kompositorischer Stand erreicht. Erstmals nämlich verwendet LUTOSŁAWSKI in diesem, dem Andenken BÉLA BARTÓKS gewidmeten Werk eine Zwölftonreihe. Vom SCHÖNBERGschen Reihendenken unterscheidet sich LUTOSŁAWSKIS Kompositionsweise jedoch beträchtlich. Im *Prolog* wird die aus Tritoni und fallenden Sekunden, Symbolen der Trauer, bestehende Reihe zunächst horizontal entfaltet, in kontrapunktischer Schichtung mehrerer Stimmen. *Metamorphosen*, der zweite Teil des einsätzigen Werkes, konfrontiert dann gleichsam LUTOSŁAWSKIS dodekaphone Schreibweise mit seiner eigenen Vergangenheit, der folkloristisch beeinflußten Phase. Emotionaler Höhepunkt der *‹Trauermusik›* ist der dritte Teil *Apogäum*, was in etwa «entferntester Punkt» bedeutet: Zwölftonakkorde, die so in sich das chromatische Total aufheben, verdichten und verengen sich bei ständig langsamer werdendem Tempo zum Einklang, aus dem heraus im *Epilog* nochmals die Reihe sich melodisch entfaltet. Die vier Teile bilden so eine an BARTÓK orientierte Bogenform. Trotz des konstruktiven Reihendenkens besticht die *‹Trauermusik›* durch ihre emphatische Ausdrucksdichte.

LUTOSŁAWSKIS chromatische Verwendung der Zwölftonreihe zeigen auch die *Fünf Lieder nach Worten von Kazimiera Illakowicz* für Frauenstimme und dreißig Soloinstrumente, die gleichzeitig mit der *‹Trauermusik›* entstanden. Es sind empfindsame und klanglich hochdifferenzierte Kompositionen von großem Reiz.

Wenn auch die *‹Trauermusik›* und die in den Jahren 1958 bis 1960 entstandenen *drei Postludien* schon avantgardistische Züge aufwiesen, so mußte die Wandlung LUTOSŁAWSKIS in den *‹Jeux Venetiens›* doch verblüffen. In der Tat hat sich hier der musikalische Charakter – und hierfür ist nicht allein die Technik der «begrenzten Aleatorik» verantwortlich – von Grund auf geändert. Die

Komposition entstand 1961 und wurde im gleichen Jahr uraufgeführt. Schon Jahre davor hatte CAGE aleatorische Kompositionsprinzipien nach Europa gebracht, wo sie heftigen Widerspruch, aber auch Versuche modifizierenden Anverwandlung (etwa bei STOCKHAUSEN und CAGE) erfuhren. LUTOSŁAWSKIS Handhabung wirkt gerade wegen ihrer Einfachheit ungemein plausibel: Der Komponist kalkuliert die klanglichen Möglichkeiten seiner Notation bis in ihre Extreme ein, setzt Rahmenbedingungen und gestattet gleichzeitig eine weithin freie Interpretation. So gibt es in den *‹Jeux Venetiens›* Partien, die genauestens ausgeführt sind, dann wieder Abschnitte mit großen Freiheiten, in denen dem Dirigenten lediglich die Aufgabe zukommt, Anfang und Schluß anzugeben, nicht mehr aber Takt und Tempo. Auch Zwischenformen finden sich, so etwa im dritten Teil des vierteiligen Stücks, wo ein langes Flötensolo mit der Begleitung nur ungefähr koordiniert ist. Am faszinierendsten wirkt die großangelegte Steigerung des Schlußteils von gespannter Ruhe zu einem gewaltigen Ausbruch in den Bläsern, schließlich im Schlagzeug. Danach zerfällt das musikalische Geschehen.

In den *‹Trois Poèmes d'Henri Michaux›* für zwanzigstimmigen Chor und Orchester knüpft LUTOSŁAWSKI an die Technik der «begrenzten Aleatorik» an und baut sie weiter aus. Höhepunkt des 1962/63 entstandenen Werkes ist der mittlere Satz *‹Le grand Combat›*, der von den ruhigeren Ecksätzen *‹Pensées›* und *‹Repos dans le Malheur›* eingerahmt wird. Sprechgesang, Flüstern, Schreie, Glissandi, Konfrontation von einzelnen Sprachsilben – all diese Mittel dienen der hochexpressiven Auslegung der Gedichte. Die Aleatorik bringt Züge des Chaotisch-Tumultuösen in die Musik, setzt gleichzeitig beim Interpreten ungebundene Ausdrucksenergien frei. Die in den *‹Jeux Venetiens›* gewissermaßen noch spielerisch eingeführten Mittel stellen hier ihre Fähigkeit unter Beweis, auch starke Emotionen völlig neuartig ausdrücken zu können.

Nach dem *Streichquartett* von 1964 – einem Schlüsselwerk der Quartettliteratur unseres Jahrhunderts – folgt 1965 ein weiteres Vokalwerk: *‹Paroles tissées›* (*‹Gewobene Worte›*) nach Jean-François Chabrun. Das Orchester ist auf Streicher, Harfe, Klavier und

Schlagzeug reduziert. Schon dies deutet auf den sensiblen Charakter des Werkes hin, das nirgendwo die Drastik der Michaux-Gesänge anstrebt. Vielmehr bilden die verschieden exakt auszuführenden melodischen Linien ein Gewebe genau ausdifferenzierter Ausdrucksnuancen.

Die *zweite Symphonie*, abgeschlossen 1967, markiert einen neuen Höhepunkt im Schaffen Lutosławskis. Zwei Sätze, ‹*Hésitant*› und ‹*Direct*› überschrieben, gehen ohne Pause ineinander über. Der erste Satz hat dabei gewissermaßen die Funktion einer statischen Materialauflistung, während der zweite, wesentlich längere die eigentliche Entwicklung in sich birgt. Von ruhigen Klangflächen ausgehend, gewinnt der Satz zunehmend Energie, die klangliche Öffnung bei gleichzeitiger Komprimierung des Materials baut eine Spannung auf, die sich in immer neuen Klangkaskaden entlädt. In seinen wild durcheinanderlaufenden Stimmen und Motivfetzen entwickelt der Satz nahezu apokalyptische Gewalt. ‹*Direct*› ist eine der gewaltigsten Steigerungen der Musikgeschichte, dabei einer psychologischen Verlaufskurve vergleichbar, von Unruhe über immer stärkere Erregung bis hin zum Ausbruch und schließlicher Ermattung. (Mit der traditionellen symphonischen Form hat dies nichts mehr gemein; Lutosławski wählte den Titel nach eigenen Angaben lediglich, um auf den Anspruch dieses großen Orchesterwerkes hinzuweisen.)

Nach der *zweiten Symphonie* schrieb Lutosławski 1968 ‹*Livre pour Orchestre*›, ein viersätziges Werk, das jedoch eine übergeordnete Zweiteiligkeit aufweist (Sätze 1–3 und Satz 4). Stärker noch als in der *zweiten Symphonie*, wo sie zum erstenmal verwendet wurden, dominieren hier die Vierteltöne, die eine weitere klangliche Verdichtung, ein gleichsam ausgeschriebenes Glissando, ermöglichen. Zurückgenommen sind die aleatorischen Momente, die Expressivität und der Klangfarbenreichtum verweisen jedoch deutlich auf das Vorbild der *zweiten Symphonie*.

Ein zentrales Werk der Konzertliteratur dieses Jahrhunderts ist das *Konzert für Violoncello und Orchester*, das 1970 vollendet wurde und die bisher gemachten Erfahrungen auf einen Kommunikationsprozeß zwischen Individuum und Gruppe (Soloinstrument und Orchester) umsetzt. Wirklich ist hier die Idee des Dialogs, der Reaktion der musikalischen Partner aufeinander, des Einspruchs wie der Bestätigung, ganz konkret verwirklicht, so etwa in den langen Dialogen des ersten Teils, dem lyrisch-gesanglichen Violoncellomelos des zweiten, das in ein emphatisches Unisono von Solist und Orchester mündet. Alle musikalischen Gestalten, das beteiligungslose Pochen zu Beginn, das am Ende auftrumpfend und um eine Quinte nach oben transponiert wiederkehrt, die Tutti-Cluster von unverhüllter Gewalt, dazwischenfahrende Fanfaren-Motive – all dies hat überaus beredten Charakter und entwirft plastisch das Bild einer Kommunikation, die jedoch nicht frei ist von Beklemmung und Angst und in der Konfrontation des einzelnen mit der Masse durchaus tragische Züge aufweist. Das spezifische aleatorische Denken LUTOSŁAWSKIS, das ja das Einzelgeschehen innerhalb eines Prozesses relativ wenig kontrolliert, zugleich aber dessen gesamten Verlauf genau zu steuern weiß, läßt dabei durchaus Parallelen zu einer «Psychologie der Massen» herstellen. Im *Cellokonzert*, das Mstislaw Rostropowitsch gewidmet ist, spielen nicht zuletzt diese Bezüge zwischen Kompositionstechnik und menschlicher Kommunikation eine wichtige Rolle.

Nach der tragisch angespannten Situation des *Cellokonzerts* scheint LUTOSŁAWSKI in den folgenden Werken einen weniger belasteten Ton gesucht zu haben, wirken diese doch lockerer, gleichsam klassizistischer. Die *‹Präludien und Fuge für dreizehn Streicher›* aus dem Jahre 1972 etwa stellen dem Interpreten frei, entweder alle Teile des Werkes in der vorgegebenen Reihenfolge zu spielen oder aber einzelne Abschnitte auszuwählen und neu zusammenzustellen. Sieben Präludien von unterschiedlichem Charakter folgt eine wiederum sechsteilige Fuge, die auf ihrem Höhepunkt alle sechs Themen (in denen, wie in der *‹Trauermusik›*, Tritoni und fallende Sekunden eine große Rolle spielen) in Engführung übereinanderschichtet.

Von gelösterem Ton sind auch *‹Mi-parti›* von 1976 und *‹Novelette›* für Orchester, das 1979 entstand. Und auch das 1980 uraufgeführte *Doppelkonzert für Oboe, Harfe und Kammerorchester* nimmt einen rhapsodischen und teilweise bukolischen Charakter an.

Die *dritte Symphonie* freilich, an der LUTOSŁAWSKI von 1972 bis 1983 arbeitete, hat ernsteren Charakter, wirkt als ein Resümee.

Sie ist weitaus karger als etwa die *zweite Symphonie*, verbleibt häufig in Andeutungen. Markante Tutti-Schläge, mehrfach repetiert, stecken das formale Gerüst der Symphonie ab; geben den musikalischen Gestalten gewissermaßen das «Startsignal» und unterbrechen ebenso rigide die gerade aufgebauten Entwicklungen. Es entsteht so die Wirkung eines plötzlichen Beleuchtungswechsels, als würden von einer im Dunkeln liegenden Landschaft immer andere Motive ruckartig und grell angestrahlt. Schon immer spielten diese «Einsatzmotive» für das aleatorische Komponieren LUTOSŁAWSKIS eine wichtige Rolle, hatten sie doch die formale Aufgabe, neue aleatorische Felder einzuleiten. In der *dritten Symphonie* jedoch wird das formale Prinzip zu einem inhaltlichen erhoben – auch hierin bekundet sich die Reife und der zusammenfassende Charakter des Werkes. Wie die *zweite Symphonie* ist auch die *dritte* zweiteilig, wobei der erste eher vorbereitenden Charakters ist, ruhig und den Zuhörer, wie LUTOSŁAWSKI sagt, zwar fesselnd, aber unbefriedigt lassend. Erst der zweite Satz bringt das eigentliche Hauptthema. Mit seinen kontrastierenden Themen stellt er gewissermaßen eine Reminiszenz an die klassische Symphonie dar, auf die sich LUTOSŁAWSKI auch ausdrücklich bezog. Einer großen Steigerung zum Höhepunkt des Werkes schließt sich ein «Abgesang» im Adagio an, eine kurze Coda beschließt mit den thematischen Tutti-Schlägen, die in den vorhergehenden Takten ausgespart blieben, die *dritte Symphonie*. Sie ist klarer und durchhörbarer angelegt als frühere Kompositionen, besticht (wie alle Werke LUTOSŁAWSKIS) durch ihre direkte emotionale Wirkung. 1985 erhielt LUTOSŁAWSKI für seine *dritte Symphonie* den Grawemeyer-Preis der Universität Louisville, den höchstdotierten Kompositionspreis der Welt.

Reinhard Schulz

Isang Yun

geb. Tongyong (Korea) 17. September 1917

Wie keinem anderen ist es Isang Yun gelungen, asiatische und abendländische Musikvorstellungen zu verschmelzen, ohne äußerlich-exotische Klangtexturen in europäische Formhülsen zu zwingen. Sein umfangreiches, fast alle Gattungen umfassendes Werk weist ihn aus als eigenständigen, von zwei Kulturen geprägten Mittler zwischen Ost und West.

Yun erhielt seine erste musikalische Ausbildung in Seoul, Osaka und Tokio. Von 1946 bis 1956 war er in seiner Heimat als Lehrer und Universitätsdozent tätig. Ein Kulturpreis ermöglichte ihm Ende der fünfziger Jahre einen Studienaufenthalt in Europa. Er lernte unter anderem bei Tony Aubin in Paris, dann bei Boris Blacher und Josef Rufer in Berlin. Atonale Techniken und serielle Verfahren, mit denen Yun in Darmstadt konfrontiert wurde, boten die Voraussetzung, um Klängen, geboren aus alter ostasiatischer Tradition, ein adäquates Gefäß zu sein. 1967 wurde Yun vom südkoreanischen Geheimdienst verschleppt und vom Park-Regime wegen angeblicher Spionage zu lebenslänglicher Haft verurteilt. Internationales Bemühen erreichte eine Begnadigung nach zwei Jahren. Seit 1971 ist Isang Yun deutscher Staatsbürger.

Gemäß dem Denken seiner Heimat geht Yun von der Vorstellung aus, daß Töne belebte Individualitäten seien, die vom Ansatz bis zum Verklingen mannigfachen «Wandlungen» unterliegen. Sowohl Einzeltöne wie innerlich fluktuierende Klänge, ja komplizierte Geräuschpassagen, können «Haupttöne» sein. Sie können auseinander hervorwachsen, sich vielschichtig überlagern, aber auch schroff gegeneinander stehen. Die Polarität von Ying und Yang ist in Yuns Musik ebenso wirksam – im Detail wie im Ganzen – wie das taoistische Prinzip unendlichen ziellosen Fließens.

Yuns Musik der sechziger Jahre wirkt spätromatisch-dicht. Ein

Kritiker, der die ‹*Symphonische Szene*› (1960) gehört hatte, fühlte sich an einen «seriellen Richard Strauss», an ein «koreanisches Heldenleben» erinnert. Die ‹*Colloides sonores*› und ‹*Bara*› (beide 1961) sind vom Kolorit koreanischer Instrumente und von mystizistisch-dunklen Klängen buddhistischer Ritualtänze inspiriert. Klangphantasie und souveräne Formkraft zeigt auch das Orchesterstück ‹*Fluktuationen*› (1964). Im gleichen Jahr entstand die meditativ-ausdrucksstarke Kantate ‹*Om mani padme hum*› (etwa: ‹*O, du Edelstein von Lotusblüte*›), die Worte des Buddha reflektiert. Nach dem Stück ‹*Reak*› (1966), mit seinem vegetativ wogenden Klang und den ‹*Dimensionen*› (1971), in denen «Bewegtheit in Unbewegtheit» gestaltet ist – als Stimme des Himmels, des Tao, bleibt die Orgel statisch fast immer präsent –, wird YUNS Orchestersprache zunehmend durchsichtiger, einfacher. Die seit 1976 entstandenen *Konzerte*, je eigenständige, philosophisch inspirierte Werke, gewinnen den Soloinstrumenten charakteristisch Neues ab (für *Violoncello* 1976, *Flöte* 1977, *Oboe und Harfe* 1977, *Klarinette* 1981, *Violine* 1981 und 1983 bis 1985 – des letzteren Mittelsatz ist überschrieben: ‹*Dialog zwischen Schmetterling und Atombombe*›). 1983 hat ISANG YUN damit begonnen, sein Lebenswerk mit einem Zyklus von *sechs* in Haltung und Ausdruck unterschiedlichen *Symphonien* zu krönen.

Helmut Rohm

Bernd Alois Zimmermann

Bliesheim bei Köln, 20. März 1918 – Großkönigsdorf bei Köln, 10. August 1970

Über seine Stellung unter den Komponisten seiner Zeit ist Zimmermann stets unglücklich, ja verbittert gewesen. Zu einer Generation gehörend, deren Entwicklung durch den Krieg nachhaltig gestört war, sah der 1918 Geborene sich als der «Älteste der jungen Komponistengeneration» gegenüber den jüngeren Schrittmachern benachteiligt. Er distanzierte sich vom Serialismus Darmstädter Prägung, nutzte aber, abseits vom Strom, dessen Prinzipien zu eigenwilligen Ausformungen. Eine gründliche Abneigung gegen Gruppenarbeit und -geist hatte schon seine Erziehung bei den Salvatorianern, einem streng katholischen Internat, bewirkt. Obwohl er Lehrer war, hat er – abgesehen von anekdotischen Rückbezügen seiner Schüler – kaum Schule gemacht. Sein Denkmodell von der «Kugelgestalt der Zeit», das Vergangenheit, Gegenwart und Zukunft gleichzeitig bestehen läßt und daraus den Begriff des Pluralismus ableitet, war zu eigen und esoterisch, um allgemeine Gültigkeit zu erlangen. Die Anerkennung als Komponist blieb ihm dennoch nicht versagt: Er war auf allen wichtigen Foren der Neuen Musik präsent, und namhafte Kölner Interpreten führten seine Stücke auf, die oft auf Unverständnis gestoßen sind. Mit seinem Freitod setzte eine breitere im Kölner Raum beinahe hymnische Zimmermann-Rezeption ein, die seinen kompositorischen Rang bestätigte.

Zimmermann hat 1968 geschrieben, daß ihn die Instrumente «vor allem in ihrem Zusammenwirken im Orchester» interessieren, von daher weist sein Werkverzeichnis zahlreiche Orchesterkompositionen auf. Die Entstehungszeit des Balletts *‹Alagoana›*, seines ersten Stücks für großes Orchester, erstreckt sich über zehn Jahre (1940 bis 1950), weil Zimmermann sein Brot vor allem mit *Hörspiel-, Film- und Bühnenmusiken* verdienen mußte. Obwohl in diesem Ballett Vorbilder – Milhaud, Ravel, Hindemith, Stra-

WINSKY – noch eine wesentliche Rolle spielen, enthält es bereits charakteristische Züge, die für ZIMMERMANNS späteres Schaffen bestimmend werden. In den ersten beiden Sätzen (*‹Ouverture›*, *‹Sertanejo›*) übt er die Praxis des Selbstzitats mit Teilen aus seiner *Klaviersuite ‹Extemporale›*. Daß er den Klaviersatz so leicht bearbeiten konnte, zeugt, wie spätere Beispiele belegen, von dessen orchestraler Disposition. Mittelpunkt des Werkes ist die *‹Saudade›*, bei der ZIMMERMANN als erster, wie er meinte, den musikalischen Cluster einführte und einen «Stillstand der Zeit» durch Anwendung von drei verschiedenen rhythmischen Schichten erreichen wollte. Aspekte der Aufhebung der physikalischen Zeit sind hier vorweggenommen. Im vierten Satz *‹Caboclo›* exponiert der Komponist in der Kombination von Marsch, Rumba und Boogie-Woogie seine Montage- und Collagetechnik und deutet im Finale Weltuntergangs- und Jenseitsvorstellungen an. Das kompositorische Schwergewicht sieht er in der Auffächerung der Klangfarben in Punkte, Fäden, Schichten und Linien.

Eine erste, vorsichtige Annäherung an die Methode der Zwölftonkomposition bringt das *Konzert für Violine und großes Orchester* (1949/50). Das Konzert stellt im wesentlichen eine Umarbeitung der im gleichen Jahr entstandenen, noch im freitonalen Stil gehaltenen *Sonate für Violine und Klavier* dar. Neu hinzukomponiert hat ZIMMERMANN den ersten Teil des Mittelsatzes (*‹Fantasia›*) und dabei die neue Technik ausprobiert. Er hat zunächst versucht, diese möglichst organisch seinem Werk einzuverleiben und die Zwölftonreihe passend zum melodischen Material des Satzes gewählt. Neu hinzugekommen ist auch das dreifache Zitat des *‹Dies irae›*, das für ZIMMERMANN einerseits als unmittelbares Zeichen für die Erschütterungen der Kriegs- und Nachkriegszeit steht, andererseits vielleicht einen Rückhalt angesichts noch ungesicherter Verfahrensweisen bieten sollte. Dazu kontrastiert der abschnitthaft wiederkehrende Rumba-Rhythmus im *‹Rondo›*, das die Vorliebe des Komponisten für additive Reihungen erkennen läßt. Wie dieser Satz hält auch die eröffnende *‹Sonata›* mit der Verwendung von zwei Themen am historischen Modell noch fest, das durch wechselnde Tempi und vielfältige Kombination der einzelnen Teile allerdings neuartige Veränderung erfährt.

Ein Seitenstück zum *Violinkonzert* ist das 1952 komponierte *Konzert für Oboe und kleines Orchester.* Es entspricht ebenfalls dem Typus des dreisätzigen Solokonzerts und ist auf virtuose Brillanz angelegt. «Der Grundton des Werkes», schreibt ZIMMERMANN, «ist von heiterer und versonnener Anmut.» Der Komposition liegt nun bereits eine einheitliche Zwölftonreihe zugrunde, die ZIMMERMANN so angelegt hat, daß er im ersten Satz, einer «Hommage an Strawinsky», Zitate aus dessen ‹*Symphonie in C*› bruchlos einmontieren konnte und somit die Antipoden SCHÖNBERG und STRAWINSKY gleichsam verknüpfte. Wieder gerät der Mittelsatz, eine ‹*Rhapsodie*›, mit gegensätzlich formulierten Abschnitten zum gewichtigsten Teil, dem ein tänzerisches Finale folgt.

Eine Sonderstellung nimmt in der Umgebung von Solokonzerten die Ballettmusik ‹*Kontraste*› ein, die ZIMMERMANN ursprünglich unter dem Titel ‹*Das Gelb und das Grün*› für das «Schweizer Abstrakte Puppenkabarett» von Fred Schneckenburger komponiert und 1953 neu gefaßt hatte. Den sechs Sätzen liegen Teile des Klavierzyklus ‹*Enchiridon II*› (1952) zugrunde, die ZIMMERMANN für Orchester bearbeitete. Die einzelnen Sätze hat er mit Farbbezeichnungen (angeregt von Miró) versehen und legt Wert darauf, die drei Medien Musik, Tanz und Farbe unabhängig voneinander zu erhalten: «Kontrapunkte! Nicht Illustration oder gar Synchronisation.» Die ‹*Kontraste*› überlassen die Choreographie der Vorstellung des Hörers, deshalb heißen sie im Untertitel ‹*Imaginäres Ballett*›.

Mit einer weiteren traditionellen Gattung setzte ZIMMERMANN sich 1947 bis 1953 in seiner ‹*Sinfonie in einem Satz*› auseinander. In den «Unzeitgemäßen Betrachtungen zur Musik der jungen Generation» hatte er 1952 die Erkenntnis formuliert: «Die Formen der Sonate und der Sinfonie im überlieferten Sinne sind mit der Verwendung von Grundgestalten nicht zu vereinigen» und daraus die Konsequenz der Einsätzigkeit der Form und der allmählichen thematischen Entwicklung aus einer musikalischen Keimzelle, der Zwölftonreihe, gezogen. Das «thematische Fazit» präsentiert sich – im Gegensatz zur klassischen Exposition – somit erst am Schluß des Werkes. Dieser Entwicklung aus «scheinbar chaotischem Gemenge» steht als kontrastierendes Prinzip eine wiederum abschnitthafte, mit Reprisen durchsetzte Formanlage gegenüber. Der Gedanke an Symmetrie, der später breiten Raum einnimmt, deutet sich hier schon vorsichtig an. Zimmermann hat auf die «Expansion des Ausdrucksmäßigen» in dieser Symphonie hingewiesen, die seine Einschätzung als «bisher wesentlichste Ausdrucksfindung» in seinem Schaffen rechtfertigt.

Hatte Zimmermann in der Ballettmusik *‹Alagoana›* und im *Violinkonzert* Elemente südamerikanischer Folklore verwendet, macht er mit dem *Trompetenkonzert ‹Nobody knows the trouble I see›* von 1954 einen weiteren Bereich der U-Musik, den Jazz, für sein Schaffen fruchtbar. Zugrunde liegt der «Jazzkomposition» die gleiche Zwölftonreihe wie beim Oboenkonzert. Zimmermann bezeichnet das Werk als Versuch, «drei musikhistorisch und stilistisch voneinander abweichende musikalische Gestaltungsprinzipien miteinander zu verschmelzen: die Form des Choralvorspiels mit dem pentatonischen Negrospiritual als Cantus firmus, die freie Variationsform der noch thematisch gebundenen Dodekaphonie sowie in abgewandeltem Sinn den konzertierenden Jazz». Die Brücke zwischen Kunstmusik und Jazz sieht er im fixierten Notenbild. Im Orchester werden die beiden Welten durch symphonische Streicher und eine Big Band mit reichhaltigem Schlagzeug verkörpert. Der «konzertante Jazz» manifestiert sich ständigen Umbetonungen, Akzenten und Verschiebungen des Metrums und dem typischen Arrangement von Big Band und Rhythmusgruppe. Wichtig ist Zimmermann, um das Idiom zu gewährleisten, die Besetzung der Solisten und Bläser mit echten Jazzmusikern. Unter dem Eindruck des «Rassenwahns» geschrieben, soll das Werk «gleichsam einen Weg der brüderlichen Verbindung zeigen».

Was Zimmermann für die Symphonie festgestellt hat, die Unvereinbarkeit ihrer Form mit den neuen Kompositionsprinzipien, dieses Problem stellte sich nun auch beim Solistenkonzert. In seinem *‹Canto di speranza› für Violoncello und kleines Orchester* (1953 bis 1957) sucht er die Lösung in einer stärkeren gegenseitigen Durchdringung von Solist und Orchester und betont wieder, daß alle Parameter sich aus einer «einheitlichen Grundidee» entwickeln sollten. Die Zwölftonreihe ist die gleiche wie die von *‹Enchiridon›*, *‹Kontraste›*, *‹Metamorphosen›* und *‹Konfigurationen›*. In der formalen Gestaltung erprobt ZIMMERMANN in einer «Arkadenform» die symmetrische Anlage von Formteilen, die um ein Orchesterzwischenspiel von vierzehn Takten kreisen. Die reihenmäßige Organisation des Materials greift nun auch auf Dauern und Dynamik über. ZIMMERMANN bezieht sich dabei ausdrücklich auf die mittelalterliche Isometrie, deren wiederkehrende Tonhöhen und Zeitdauernabschnitte man gleichsam analog zur Reihentechnik sehen kann. Die *Cellokantate* von 1957 ist nach ZIMMERMANN die Erstfassung des *Konzerts für Violoncello und Orchester*, die ZIMMERMANN 1952/53 in Darmstadt mit Rücksicht auf den Solisten redigierte und erst 1957 in einer Neubearbeitung für den Solisten Siegfried Palm herausbringen konnte. Das Cello singt «gewissermaßen als vox humana» die «Stimme der Hoffnung», die aus den «Pisan Cantos» von Ezra Pound spricht.

Ein Wechsel der Kompositionstechnik deutet sich in den *‹Dialogen›* an. In seiner Werkeinführung spricht der Komponist erstmals vom «pluralistischen Klang», der das Stück bestimmt. In seinem Aufsatz «Vom Handwerk des Komponisten» (1968) hat er die «pluralistische Kompositionstechnik» näher erläutert: «Das bedeutet, rein kompositionstechnisch gesehen, daß aus einer für ein ganzes Werk oder für eine ganze Werkgruppe verbindlichen Tonhöhenkonstellation (meistens einer Allintervallreihe) ein Proportionsgefüge von verschiedenen Zeitschichten abgeleitet wird, die auf der einen Seite in ihrer effektiven Zeitdauer auf das strengste mit der erwähnten Tonhöhenkonstellation verbunden sind, auf der anderen Seite aber durch die Möglichkeit spontaner Einbeziehung von vergangener oder zukünftiger Musik, von Zitaten und Zitatcollagen, sowie Collagen überhaupt, eine vor allem erlebniszeitliche Verschiebung erhalten – so könnte man sie jedenfalls nennen –, insgesamt ein Vertauschen und gegenseitiges Durchdringen vieler Zeitschichten, worin ich eine der Eigentümlichkeiten meiner Arbeitsweise sehen möchte. Dabei spielt das Zitat eine Rolle, die oft mißverstanden wird. Der Parodie-Charakter ist mit Ausnahme meiner ‹Ubu-Musik›, bei der die Parodie-Collage das beherrschende und gezielte kompositorische Mittel darstellt, ausgeschlossen.» Die Orchestermusiker, die mit den Solisten und untereinander in einen «Dialog» treten sollen, placiert ZIMMERMANN zu diesem Zweck «durcheinander». In der Erstfassung hatte er den Instrumenten noch unterschiedliche Zeitschichten zugewiesen. Da diese nicht realisiert werden konnten, sah er sich gezwungen, den Orchesterpart in einer revidierten Fassung auf einheitliche Tempi zu reduzieren. Das Stück, dessen Tonhöhen und -dauern sich aus einer Allintervallreihe ableiten, spielt in verschiedenen Satztechniken mit allen möglichen Konstellationen von Solo- und Orchesterinstrumenten. Im sechsten «Dialog» werden als «beschwörender Ausruf» Teile aus MOZARTS *Klavierkonzert KV 467*, DEBUSSYS *‹Jeux›*, *‹Veni, creator spiritus›*, Blues-Rhythmen und ein Boogie-Woogie-Zitat eingeblendet.

Verwandt mit den *‹Dialogen›* sind die *‹Antiphonen› für Viola und kleines Orchester* (1961): Auch hier führen der Solist und die in drei Gruppen neu verteilten Orchestermusiker ein «Wechselgespräch» miteinander. In der vierten Antiphon verwendet ZIMMERMANN Texte aus Werken der Weltliteratur in verschiedenen Sprachen, die von den Musikern selbst oder von zusätzlichen Sprechern gelesen werden. In der Einführung von Sprache sieht er eine Intensivierung der Musik: «... an jener Stelle, wo die Aktion des Viola-Solisten einen Höhepunkt erreicht, wird die Aktion der Orchestersolisten in die der Sprache gesteigert.»

In den folgenden Werken weitet ZIMMERMANN die pluralistische Kompositionsmethode noch aus. Das *‹Concert pour Violoncelle et orchestre en forme de ‚pas de trois'›* (1965/66) versucht eine Synthese von Soloinstrument, Orchester und Ballett. Die «absolute musikalische Form» wird durch eine allen fünf Sätzen gemeinsame Zwölftonreihe gewährleistet, während der individuelle «Gestus» der drei Konstituenten in Form von «kadenzartigen Passagen» des Cellos, der konventionellen Gliederung nach dem Schema des *grand pas de trois* und in einem Orchestercapriccio erhalten bleibt. Neben der großen Orchesterbesetzung exponiert sich eine Gruppe mit Mandoline, elektrischer Gitarre, Zimbal, Glasharfe, Harfe und elektrischem Kontrabaß.

Das musikalische Zitat ist für ZIMMERMANN ein Mittel, die «effektive Gleichzeitigkeit allen musikalischen Geschehens» anschaulich zu machen. In der *‹Musique pour les Soupers du Roi Ubu›* hat es darüber hinaus parodistische Funktion: Es soll zur

Verdeutlichung «unserer ganz und gar disproportionierten geistigen und kulturellen Situation» dienen. Dazu montiert ZIMMERMANN Zitate großer Musik verschiedenster Epochen auf einer Folie alter Tänze aus dem 16. und 17. Jahrhundert über- und hintereinander. Zur Hintergründigkeit von Jarrys «Ubu»-Gestalt fügt sich die Absurdität der Klitterung musikalischer Bruchstücke, «die alles andere als füreinander komponiert wurden», aber durch harmonische und rhythmische Kongruenzen mitunter vermittelt erscheinen. Den sieben Sätzen dieses *ballet noir* (im Gegensatz zum *ballet blanc* von *‹Présence›*) geht ein *‹Entrée›* mit Zitaten von Mitgliedern der Berliner Akademie der Künste voraus, in die ZIMMERMANN 1965 aufgenommen worden war und für die er das Stück zu diesem Anlaß fertigstellte.

Zum letztenmal verwendete ZIMMERMANN eine Zitatencollage in *‹Photoptosis›*, dem *‹Prélude für großes Orchester›* von 1968. Sie bildet einen dynamisch statischen Teil zwischen zwei großangelegten Crescendobögen. Angeregt durch die einfarbigen Wandflächen des französischen Malers Yves Klein, suchte ZIMMERMANN, monochrome Klangfarbenflächen in der Musik zu schaffen, Strukturen so übereinanderzuschichten, daß ein diffuser Klangeindruck entsteht. Die Zeit wird streckenweise gegenläufig behandelt: Der Gedanke von der Kugelgestalt der Zeit brachte ZIMMERMANN auf die Idee, diese umkehrbar zu machen, ein Phänomen, das er in den letzten Werken mit dem Begriff «Zeitdehnung» belegte. Seine Vorstellung in dem Stück geht von einem Minimum zu einem Maximum an Lichteinfall, der unterschiedliche Klangschattierungen hervorruft und schließlich in ein «Zeitgeräusch» mündet.

Mit dem *‹Requiem für einen jungen Dichter›* hat ZIMMERMANN gleichsam sein Vermächtnis geschrieben: Drei Dichter, die den Freitod gewählt haben, Majakowsky, Jessenin und Bayer, sind darin zitiert. Der «Nachruf auf Sergej Jessenin» von Wladimir Majakowsky war 1963 der Ausgangspunkt der Komposition, die sich bis zur Ausfertigung im Jahre 1967 zu einem umfassenden pluralistischen Konzept erweiterte. Zur Darstellung des Zeitraums von 1920 bis 1970 hat ZIMMERMANN siebenundvierzig verschiedene Texte von Dichtern, Philosophen, Politikern und Persönlichkeiten der Zeitgeschichte mit Chören, elektronischen und konkreten

Klängen, Geräuschen, Sprechern, Gesangssolisten, Jazz-Combo und Orchester verschnitten. Er nennt die Komposition ein *‹Lingual›* (*‹Sprachstück›*), in dem sich die «Formen der obengenannten Dichtungen mit denen des Hörspiels, des Features, der Reportage mit solchen der Kantate und des Oratoriums» treffen. Sprache und Musik durchdringen sich gegenseitig, das Wort erscheint in vielfältiger Gestalt von nackter Verständlichkeit bis zum Umschlag in Klang und elektronische Verfremdung und Überlagerung oder einfach in der Originalsprache. Das Werk gliedert sich in vier große Teile: In den drei ersten überwiegen jeweils Textcollagen, Bandmontagen und aufgeführte Musik, während der vierte alle Mittel noch einmal zusammenfaßt.

In der Orchesterkomposition *‹Stille und Umkehr›* schließlich manifestiert sich das Prinzip der Zeitdehnung, das schon im Titel angedeutet ist, im ununterbrochen erklingenden Ton d. Der Orchesterapparat von 37 Musikern wird niemals vollständig, sondern immer nur in kleinen, ausgewählten Gruppen eingesetzt. Die «Orchesterskizzen» sind aus drei Klangschichten zusammengefügt: dem Zentralton d, einem konsequent durchgehaltenen, von regelmäßigen Pausen durchbrochenen Blues-Rhythmus in der kleinen Trommel und arabesken Einwürfen einzelner Instrumentengruppen. Gegenüber dem scheinbar zeitlos ausgehaltenen d markieren letztere zwar das Vergehen von Zeit, heben den Eindruck des Statischen dennoch nicht auf: Es sind entweder immer gleiche Repetitionsfiguren oder in sich kreisende Drehfiguren. Winzige rhythmische Verschiebungen, die gegeneinander auftreten, ergeben den Eindruck schwankender Symmetrie. Aus der klanglichen Veränderung des Zentraltons d ergibt sich der formale Aufriß in sechs Teile, innerhalb derer die Pausen, Einsatzabstände, instrumentale Koppelung nach seriellen Parametern strukturiert sind. Am Schluß stehen nur noch flüchtige Figuren der Streicher, die Eintrübung des Zentraltons durch benachbarte Mikrotöne, die schwankende Intonation der singenden Säge, der körperlose Ton des Akkordeons führen an den Rand des Verstummens, dem sich allein der stets konstant gebliebene Blues-Rhythmus entzieht.

Gisela Gronemeyer

Leonard Bernstein

geb. Lawrence (Massachusetts), 15. August 1918

BERNSTEIN gilt hierzulande, in den Breitengraden verinnerlichernder Kulturüberheblichkeit, weithin immer noch schlicht als Eklektiker, als auf Erzielung von Außenwirkung zu reduzierender typischer US-Amerikaner mit oberflächlichem Showbusiness-Gehabe. Gewiß beherrscht er das Instrumentarium eigener weltweiter Medienvermarktung brillant wie kaum ein zweiter, hat er einen Stab von Profis um sich vereint, der das Vorfeld von «Ausstrahlung» virtuos aufarbeitet, um der «Sendung» die kalkulierte Wirkung zu ebnen. Und auf Sendung ist BERNSTEIN wahrlich häufig. Nur waren das – in den fünfziger Jahren etwa – Veranstaltungen, deren Konsumenten ihrer Haben-Seite mehr Sensibilisierung, Verständnis, Kenntnis über Musik gutschreiben konnten, als das mitteleuropäischer Norm entspricht. *‹Omnibus›*, zuerst für Jugendliche, später auch, zusammen mit New York Philharmonic für Erwachsene, nannte sich zum Beispiel solch unprätentiös angelegtes Vorgehen in Serie. *‹Young Peoples Concerts›* (*‹Konzerte für junge Leute›*) lief seit 1958 dann dreizehn Jahre lang. In mehr als fünfzig Programmen wurden Akzente gesetzt zur musikalischen Bildung in den USA. Das Buch dazu – «Omnibus» als Teil von «Joy of Music», New York 1959 (deutsch: «Freude an der Musik», Stuttgart 1961) – wurde zum Bestseller. Wen auch das noch nicht überzeugte, der mochte zur Publikation von BERNSTEINS «Charles Eliot Norton-Vorlesungen» aus dem Jahre 1973 greifen: «The Unanswered Question, Six Talks at Harvard» (Cambridge, Mass., 1976; deutsch: «Musik – die offene Frage», Wien 1979). Diese symptomatischen Einlassungen BERNSTEINS offenbaren ihn, wie er da wissenschaftlich-logisch, musikalisch-empfindsam argumentiert und formuliert, als Musikdenker mit der Heimat «Tonalität, die dem menschlichen Organismus eingebaut ist» (BERNSTEIN).

Harvard mag als BERNSTEINS geistige Heimat gelten, Ursprünge seiner kreativen Persönlichkeit sind jüdische Tradition und originäre Musikalität, die weit jenseits des Normalen angesiedelt ist. WALTER PISTON, Fritz Reiner und Sergej Koussevitzky sind prägende Lehrer des am 15. August 1918 in Lawrence geborenen LEONARD BERNSTEIN. Koussevitzkys Inspiration speziell ist nicht ohne Einfluß auf BERNSTEINS Dirigierstil und «Sendungsbewußtsein» geblieben. Auch die *story*, daß «Lenny», damals jener Hilfsdirigent der New Yorker Philharmoniker, am 14. November 1943 als «Einspringer» für den erkrankten Bruno Walter in der Carnegie Hall äußerst erfolgreich das 4025. Konzert dirigierte, soll ihre Medienwirksamkeit gehabt haben. Freilich wirkte solcherart auch Bruno Walters Geistigkeit, mit dem BERNSTEIN in engem Kontakt war, in das Werden des Musikers BERNSTEIN hinein.

BERNSTEIN, der Dirigent, das ist eine Erfolgsgeschichte der besonderen Art: New York City Center Orchestra, Chef der New Yorker Philharmoniker, nach 1969 Gast am Pult aller führenden Orchester der Welt, besonders enge Verbindung mit dem Israel Philharmonic Orchestra seit 1947, 1953 als erster amerikanischer Dirigent an der Mailänder Scala mit CHERUBINIS ‹*Medea*› (Titelpartie: Maria Callas), 1963 erster Auftritt an der New Yorker Metropolitan Opera mit VERDIS ‹*Falstaff*›, 1966 mit derselben Oper Debüt an der Wiener Staatsoper (Regie: Visconti), 1970 Verfilmung von VERDIS ‹*Requiem*›. Mit diesem audiovisuellen Startschuß war der Auftakt gegeben zu zahllosen weiteren Realisierungen, inklusive der BEETHOVEN-*Symphonien* mit den «Wienern» und des Münchner ‹*Tristan*›-Projekts beispielsweise. Daneben steht BERNSTEINS Engagement für GUSTAV MAHLER, JOSEPH HAYDN – oder LEONARD BERNSTEIN eben.

Der Dirigent, der Pianist, der Liedbegleiter, der Komponist BERNSTEIN hat in seiner Vielfalt immer wieder Kritik provoziert – zumal aus europäischer Sicht der Dinge. Ist er doch der erste weltweit wirkende, nur in den USA ausgebildete Musiker. Seine musikalische Kompetenz freilich wurde nie in Frage gestellt, die Homogenität seiner Arbeitsleistung, die Gratwanderung zwischen den bürokratischen Abgrenzungen von E- und U-Musik als bravourös gemeisterte Langstreckendistanz akklamiert. Die Amerikanismen und die Judaismen in BERNSTEINS Musik sind Teil seiner schöpferischen Vitalität, sind Ausdruck von Sympathie für die gesamte Bandbreite aller Musik, sind Ergebnis *einer* Gesinnung und *einer* Sprache. Bezeichnenderweise hat BERNSTEIN seinen Kompositionen oft Texte oder eine Art von Programm zugrunde gelegt. Im Vorwort zu seiner *zweiten Symphonie ‹The Age of Anxiety›* (*‹Das Zeitalter der Angst›*) nach W. H. Audens Dichtung für *Klavier solo und Orchester* aus dem Jahre 1949 notierte er: «Ich habe insgeheim den Verdacht, daß jedes meiner Stücke – ganz gleich für welches Medium – in gewisser Hinsicht Theatermusik ist.» Auffallend an BERNSTEINS Musik ist die rhythmische Struktur, speziell seine Vorliebe für Synkopen, rhythmische Polyphonie und asymmetrische Metren; kurze Motive und Intervalle sind konstruktive Elemente seiner Melodik. Der Eklektiker BERNSTEIN (im angloamerikanischen Sprachgebrauch löst dieser Terminus im Sinn von «auswählen» keineswegs so negative Assoziationsketten aus wie in der «Alten Welt») zeigt sich beeinflußt von STRAWINSKY, COPLAND, SCHOSTAKOWITSCH und anderen musikalischen Formulierungsmöglichkeiten, Jazz- und ibero-amerikanische Idiome sind charakteristisch, ebenso tauchen Elemente der Zwölftontechnik auf, immer jedoch grundiert im tonalen Rahmen: «Ich bin ein Komponist ernster Musik, der versucht, Songs zu schreiben. Ich hatte eine Sinfonie komponiert, bevor ich einen Schlager schrieb.»

In dem knappen halben Jahrhundert seit 1943 – damals veröffentlichte er den Liederzyklus *‹I hate Music, five Kid-Songs›*, mit der BERNSTEINschen Lyrik («Ich hasse Musik, aber ich liebe zu singen»); ein Jahr vorher schon war seine von ihm für veröffentlichungswürdig, also für gut befundene *Klarinettensonate* publiziert worden – hat BERNSTEIN etwa fünfzig *opera* als seinen kompositorischen Beitrag für den Musikbetrieb freigegeben. Darunter sind *drei Symphonien*, die von außermusikalischen Grundideen ausgehen, eine *symphonische Suite*, eine *Serenade für Solovioline und kleines Orchester, Ballettpartituren, Filmmusik zu* Elia Kazans «On the Waterfront» («Die Faust im Nacken»), später als *fünfteilige symphonische Suite* im Druck erschienen, die das «bringt, was während der Fertigstellung des Films auf dem Fußboden des Filmstudios liegengeblieben wäre», diverse *Stücke fürs Musiktheater,*

Klavier- und Kammermusik. 1944, 1953 und 1957 entstanden seine Musicals *‹On the Town›*, *‹Wonderful Town›* und *‹West Side Story›*, durch die er speziell auch beim ganz großen Publikum zum Begriff wurde. 1983/84 folgte die umstrittene Oper *‹A Quiet Place›* (Uraufführung in Houston/Texas, später in Washington und Mailand).

Vokale Elemente sind Grundmuster des BERNSTEINschen Komponierens, Psalmodie, Liedmelos und Songstil prägen auch die Instrumentalmelodik seiner Orchestermusik. Die *erste Symphonie ‹Jeremiah›* (1944 in Pittsburgh) gipfelt in einem Vokalsatz, die *dritte Symphonie ‹Kaddish›* (*‹Heiligung›* im Sinn des Gebets, das am Grab der Toten, bei Gedächtnisfeiern, bei den Gottesdiensten in der Synagoge ebenso angestimmt wird wie zur Verherrlichung Gottes und seines Reiches auf Erden) ist eine Chorsymphonie, uraufgeführt 1963 in Tel Aviv. (Die erste Aufführung der «endgültigen Fassung» für Orchester, gemischten Chor, Knabenchor, Sprecher und Solosopran fand 1977 in Mainz statt.) Die *zweite Symphonie ‹The Age of Anxiety›* (1949 in Boston) bezieht ihre melodischen Themen aus Audens literarisch-poetischer Vorlage, und das Soloklavier übernimmt hier, in diesem Essay über Einsamkeit, sozusagen den erzählenden, jazzige Elemente einbringenden Part. 1954 entstand *‹Serenade› für Solovioline, Streichorchester, Harfe und Perkussion*, ein dramatisch-lyrisches Opus, inspiriert von Platons «Symposion»; die «Musik stellt wie in Platons Dialog eine Reihe miteinander verwandter Aussagen zum Lobe der Liebe dar und folgt der von Platon gewählten Form des Auftretens nacheinander sprechender Figuren der griechischen Intelligenz» (BERNSTEIN). Die musikalische Form kulminiert in der Verwandtschaft der Sätze untereinander. In diesem System, das jeden Satz sich aus den Elementen des vorherigen entwickeln läßt, erweist sich BERNSTEINS kompositorisches Verfahren, das in vielerlei Variation, unter Einbindung aller sonstigen seine Musik charakterisierenden Zutaten immer aufscheint. Seine *‹Serenade›* hält er immerhin «für das Beste», was er geschrieben hat.

Kompositionsmethoden, Erfindung von Motiven und Themen, Variation über alles, Satzbau, Lyrik und Dramatik, Klangfarbendisposition und formale Struktur – all das verbindet BERNSTEINS symphonische Musik mit seinen Stücken fürs Tanztheater und für den Broadway. Und hätte er auch «nur» die *‹West Side Story›* geschrieben, dieses nicht oberflächlich soziale Gegebenheiten der Jetzt-Zeit attackierende Opus mit dramaturgischem Background bei Shakespeare – ein Sonderplatz im Weltranglistenfighting um eine günstige Startposition fürs Überzeitliche wäre ihm sicher. Eine *Suite ‹Symphonische Tänze aus der West Side Story›* erinnert immer wieder daran. Und daß BERNSTEIN seine Heimat liebt, belegte er nicht nur in *‹Songfest›*, jenem *Zyklus amerikanischer Gedichte für sechs Sänger und Orchester* von 1977, jener der Mutter gewidmeten Liebeserklärung an die Vereinigten Staaten von Nordamerika und ihre Geschichte. 1980 entstand das *Divertimento für Orchester*, ein originelles, heiter-beschwingtes Stück zeitgenössischer Musik, dem Boston Symphony Orchestra zur Jahrhundertfeier gewidmet, in dem Marsch *‹The BSO [Boston Symphony] Forever›* festgeschrieben. *‹Halil›*, *Nocturne für Soloflöte, Streichorchester und Schlagwerk*, ein tonal grundiertes Zwölfton-Opusculum von 1981, ist «dem Geist Yadins und seiner gefallenen Brüder» gewidmet, jenem begabten israelischen Flötisten, der im Alter von neunzehn Jahren als Verteidiger der israelischen Grenze getötet wurde.

Was außer dem Mediengenie BERNSTEIN und seiner *‹West Side Story›* den geistigen Transfer ins nächste Jahrtausend überleben wird, muß die Zukunft zeigen. Und auch, was mit den Problemen vom «Untergang Gottes und der Tonalität» passiert. «Davon wird soviel geredet. Gestorben sind nur unsere eigenen abgenutzten Begriffe. Wenn wir Glück haben, werden wir beide Krisen durch neue und freiere Ideen überwinden, die persönlicher – oder sogar weniger persönlich, wer kann das sagen? – sein werden, auf jeden Fall aber mit einer neuen Vorstellung von Gott und einer neuen Auffassung von Tonalität. Und die Musik wird überleben» – wie LEONARD BERNSTEIN hoffnungsfroh formuliert.

Wolf Loeckle

Gottfried von Einem

geb. Bern, 24. Januar 1918

Als Gottfried von Einem 1980 um ein Motto zu dem ersten Gesamtverzeichnis seiner Werke gebeten wurde, antwortete er, er möge mit seiner Musik zum Denken, zum Empfinden anregen (wobei er beides synonym zu verstehen schien). Er suche die Wahrheit in der Schönheit, und er wäre froh, wenn die Wirkung seiner Musik eine heilende wäre. Sein Wunsch nach Harmonie, dem oftmals jedoch durchaus Momente des Instabilen, des Bedrohlichen anzumerken sind und der gleichzeitig auf kunstreligiöse Momente des vergangenen Jahrhunderts zurückweist, hat gerade in der Nachkriegszeit eine heftige Auseinandersetzung um das Schaffen von Einems ausgelöst, die sich oftmals polemischer Züge nicht enthalten konnte. Zu Beginn der Weltkarriere von Einems, zu Beginn der sechziger Jahre, spöttelte ein Kritiker «Einem für alle – alle für Einem», und attackierte damit den auf Anschaulichkeit und Publikumsinteresse zielenden Kompositionsstil von Einems. Man hat immer wieder das Wort «epigonal» zur Charakteristik seiner musikalischen Sprache herangezogen und meinte damit Idiome, die von Mahler und Puccini, von Strawinsky und von Blacher, aber auch vom Jazz her bekannt sind.

1918 in Bern geboren, wurde von Einem nach dem Besuch des (musischen) Internats in Plön Korrepetitor der Berliner Staatsoper und Assistent in Bayreuth. 1965 wurde er Professor an der Wiener Musikhochschule. Er erfüllte zahlreiche Aufgaben im Musikleben (so bei den Salzburger Festspielen und den Wiener Festwochen) und lebt heute in Rindlberg seinem kompositorischen Schaffen.

Von Einem ist ein universaler Komponist. Neben seinen vielbeachteten *Opern* ist die *Orchestermusik* in seinem Schaffen zentral. Es sind *Instrumentalkonzerte* (*Klavier, Violine, Orgel*), *Ballette,*

‹Symphonische Szenen›, *Oratorien* (*‹An die Nachgeborenen›* zum 30. Jahrestag der UN, New York) und *Symphonien* (*‹Philadelphia Symphonie›*), die VON EINEMS Orientierung an «neoklassizistischen» Mustern demonstrieren. So zeigt etwa seine *‹Wiener Symphonie›* von 1976 eine überaus faßliche formale Gestalt, die sich auf die Transparenz der verwendeten musikalischen Mittel gründet. Die Harmonik bewegt sich im Rahmen erweiterter Tonalität, die Viersätzigkeit läßt das klassische Ideal durchschimmern. Gar findet sich, nach den Einleitungstakten, eine bewußte Reminiszenz an den Themenkopf aus BEETHOVENS *fünfter Symphonie*, zwar rhythmisch und intervallisch variiert, in seinen inhaltlichen Allusionen jedoch deutlich vernehmbar. Klangvolle Violinkantilenen, oftmals unisono, werden von rhythmischen Einwürfen unterbrochen, die Klangfarbe ist insgesamt stark an einem vollen Streicherklang orientiert. Der Zyklus als ganzer ist dem klassisch-romantischen Anspruch symphonischer Integration verpflichtet, er erstrebt auch über Brüche hinweg eine Einheit symphonischen Komponierens, die zumindest seit MAHLER oder KARL AMADEUS HARTMANN als verloren demonstriert und auskomponiert wurde. «Der Hörer gewinnt den Eindruck», so schreibt Friedrich Saathen in seiner persönlich geprägten VON EINEM-Biographie, «daß Haydn, Mozart, Beethoven, Schubert, Bruckner, Mahler, wenn sie heute lebten, trotz Schönberg, Cage und Neuer Einfachheit genauso komponieren würden...»

Lothar Mattner

Bruno Maderna

Venedig, 21. April 1920 – Darmstadt, 13. November 1973

BRUNO MADERNA, in jungen Jahren als Wunderkind herumgereicht, war der Sänger des Serialismus. Ab 1954 wirkte er in Darmstadt bei den Ferienkursen, gefragt war er zumeist als Interpret, denn mit einer ihm eigenen Selbstlosigkeit studierte er unermüdlich neu entstandene Kompositionen ein. Seine eigene kompositorische Arbeit wurde an den Rand gedrängt. Doch vieles, was er dennoch schaffen konnte, dürfte das weit überdauern, was damals oft vorschnell in das Zentrum des Interesses und des Aufsehens rückte.

MADERNAS Partituren bestechen durch eine außerordentliche Musikalität, durch Liebe zum genau ausgehörten Ton und zur sinnfälligen Melodie, durch filigrane Genauigkeit des Satzes. Wie auch der Mensch MADERNA selbst, drängen sich seine Arbeiten nicht nach vorn, sie verzichten weitgehend auf einen auftrumpfenden Gestus. Diese Begriffe könnten wohl auf eine kompositorische Haltung deuten, die gleichsam in konservativerem Geiste verlorengegangene Werte zu retten sucht und hierbei zu klischeeartigen Kompositionsmustern greift. Dies aber ist niemals der Fall, MADERNAS Musik legt sich selbst gegenüber stets Rechenschaft ab, sensibel spürt sie etwaigen Aufweichungen ihrer selbst gesetzten Prämissen nach, unnachgiebig sind Elemente, die nach vorschnellem Einverständnis heischen, getilgt. Ein wacher Geist, ein offenes Ohr prägen die musikalischen Strukturen, die im Erklingen eine spontan faszinierende Spannung erzeugen, die nirgendwo abreißt. Alle seriellen Techniken, dazu Aleatorik, offene Form, Klangverzerrungen oder auch – allerdings äußerst differenzierte – Zitattechniken sind MADERNA vertraut, bei nur wenigen Komponisten aber wirken sie so selbstverständlich, so musikalisch logisch und notwendig wie bei ihm. Die Musik tut dem Hörer Ehre an, indem sie auf dessen Schärfe und Genauigkeit des Wahrnehmens baut. Daß seine Kompositionen nach dem frühen Tod MADERNAS im Zuge von Zeitströmungen, die zu seiner Musik konträr standen, zurückgedrängt wurden, sollte nicht darüber hinwegtäuschen, daß sein Werk mit Sicherheit fortbestehen wird. Die Impulse, die er gab, sind bei weitem noch nicht ausgelotet.

An wichtigen Kompositionen sind zu nennen: *drei Oboenkonzerte* (1962, 1968, 1973), die Orchesterwerke *‹Biogramma›* und *‹Aura›* (beide 1972), die *‹Juillard Serenade› für Klavier und Orchester* (1971) und schließlich ein *Konzert für Violine und Orchester* (1969). Letzteres Werk zählt zweifelsohne zu den aufregendsten Konzertwerken in der zweiten Hälfte unseres Jahrhunderts. Es ist bei übergeordneter Dreiteiligkeit in sieben unterschiedlich besetzte Abschnitte gegliedert: antivirtuose und äußerst empfindsame Kadenzen, kammermusikalische Einschübe (ein Quartett und ein Quintett), schließlich genau differenzierte und doch massive Tutti-Partien. Alles aber fließt in bestechender Schlüssigkeit zu einem Ganzen zusammen. Trotz der relativ umfangreichen Anlage des Werkes (ca. 35 Minuten Dauer) läßt die Musik zu keinem Moment in ihrer immensen Innenspannung nach. Diese Beobachtung kompositorischer Qualität jedoch gilt für alle Kompositionen BRUNO MADERNAS.

Reinhard Schulz

Iannis Xenakis

geb. Brăila (Rumänien), 1. Mai 1922

«Iannis Xenakis ist sicher einer der außergewöhnlichsten Männer, die ich kenne», schrieb vor einigen Jahren Olivier Messiaen (vgl. M. Fleuret [Hg.]: «Regards sur Xenakis», 1981). – «Man hat viel über unser erstes Zusammentreffen gesprochen, und über die Tatsache, daß ich ihm empfohlen hatte, auf die klassische Musikausbildung zu verzichten. Meine Position war vielleicht verrückt für einen Professor im Konservatorium, aber der Mann, den ich vor mir hatte, war eine Figur (*un héros*, sagt Messiaen – «ein Held»), die keiner anderen ähnelte, und ich habe nur meine Pflicht erfüllt. Das, was gefolgt ist, hat das nur bestätigt, was ich beim ersten Blick geahnt hatte. Wer hat es schließlich geschafft, die Musik an eine mathematische Konzeption anzupassen und die Probleme der Masse und der Dichte auf Grund des gedrängten und verdünnten musikalischen Raums zu lösen? – Xenakis. Die Wolken aus Glissandi oder Pizzicati, das außerordentliche Wimmeln in der Schreibweise für die Streicher in ‹Pithoprakta›, die rotierenden Klänge in ‹Nommos Gamma› sind die äußerlichen Merkmale eines Denkprozesses, der nicht radikal neu, sondern radikal anders ist; der – je weiter desto mehr in den letzten Werken – mit den großen Naturphänomenen und ihrer klanglichen Darstellung übereinstimmt.»

Der Titel eines der von Xenakis geschriebenen Bücher lautet: «Musik, Architektur». Es geht um zwei Forschungsebenen, die im musikalischen Werk von Xenakis stets in enger Verbindung bleiben. Xenakis ist Architekt und Ingenieur von Beruf, erst später wurde er Komponist. Sein erstes Fach – die Architektur (lange in Zusammenarbeit mit Le Corbusier) – bleibt aber die permanente Komponente seiner musikalischen Sprache. «Ich habe die Musik ausgewählt», sagte Xenakis, «weil ich wählen mußte: entweder die Forschung oder Geschäftsmann werden. Es gibt zu wenig Forschung in der Architektur. Und ich habe mich in die Musik zurückgezogen: Dort konnte ich, trotz aller Schwierigkeiten, künstlerische Forschung realisieren» («Regards sur Xenakis»).

Die symphonische Dramaturgie der zahlreichen Werke für großes Orchester oder für Kammerorchester ist bei XENAKIS grundsätzlich als Raumsymphonik zu definieren – das heißt als nicht funktionell im traditionellen formalen Sinn. Sie entwickelt sich auf der Basis der «spatialen Musik» als «klangliche Bewegung im Raum» nach der Auffassung von VARÈSE, aber mit den Mitteln einer grundsätzlich neuen Instrumentaltechnik, die mathematische Theorien und Architekturverfahren in Musik umsetzt. VARÈSE hatte schon diese Richtung in der kompositorischen Forschung folgendermaßen definiert: «Wir haben heute drei Dimensionen in der Musik: horizontale, vertikale und dynamische Zu- und Abnahmen. Ich möchte eine vierte hinzufügen: Klangprojektion – jenes Gefühl, daß Klang uns ohne die Hoffnung verläßt, durch Reflexion zurückgeworfen zu werden, ein Gefühl vergleichbar dem, das durch Lichtbündel hervorgerufen wird, die ein mächtiger Scheinwerfer aussendet – Projektion für das Ohr, vergleichbar jener für das Auge, jenes Erlebnis von Projektion, von Abreise in den Raum» (vgl. E. Varèse: Die Befreiung des Klanges, *Musik-Konzepte 6,* München 1978).

«Die Abreise in den Raum», die mehrdimensionale Erforschung des musikalischen Raums in der Partitur des Werkes wie auch während seiner Aufführung ist ein wesentlicher Aspekt der Orchesterwerke von XENAKIS.

Die ersten wichtigen Orchesterstücke *‹Metastasis›* (1953/54) *für Orchester*, bestehend aus 61 Musikern, *‹Pithoprakta›* (1955/56) *für Orchester* aus fünfzig Instrumenten, *‹Achorripsis›* (1956/57) *für 21 Instrumente* – sind auf Grund einer spezifischen, für XENAKIS typischen Auffassung der musikalischen Materie komponiert: Im Gegensatz zu der kompositorischen Forschung der Avantgarde der fünfziger und sechziger Jahre, die das postwebernsche, grundsätzlich polyphone und strukturalistische Denken entwickelt haben, verzichtet XENAKIS eindeutig auf die lineare und auf die homophone Auffassung der musikalischen Materie zugunsten der

«Klangmassen», der dichten «Wolken» und der transparenten «Galaxien». ‹*Metastasis*› ist die erste von XENAKIS' musikalischen Realisationen der «regulierten Flächen im musikalischen Raum», die einige Jahre später die architekturale Konzeption des Philips-Pavillons in Brüssel (1958) beeinflussen mußte: Genauso wie in ‹*Metastasis*› die lineare musikalische Entfaltung von Klangmassen im Raum ersetzt wurde, wurden in der Architektur des Philips-Pavillons die Prinzipien der Konstruktion aus Flächen durch die Architektur der Volumen ersetzt.

Die Wechselbeziehung von Musik und Architektur wie auch das Zusammenwirken von verschiedenen mathematischen Theorien und musikalischer Sprache definieren die Eigenart der Orchesterwerke von XENAKIS. «Die Musik ist für mich Philosophie», sagt er, «das ist die klangliche Projektion der Gesetze der Sterne, der Maschinen und der menschlichen Sensibilität. Für mich ist die Musik die klangliche Projektion des turbulenten und schwindelnden modernen Denkens. Das, was ich zu machen versuche, ist, die Harmonien und die Dissonanzen des modernen Lebens in einer wahrnehmbaren Form zu organisieren. Einmal haben die Hirten den Gesang der Vögel und der Insekten gehört, und es hat sie inspiriert. Heute geht es um den gleichen Prozeß, nur unter einer radikal verschiedenen Form» (vgl. N. Matossian: «L'artisan de la nature». In: «Regards sur Xenakis»).

Die «stochastische Musik» von XENAKIS, die in den Orchesterwerken ‹*Pithoprakta*› (1955/56), ‹*Achorripsis*› (1956/57), ‹*ST 48*› (1962) *für Orchester aus 48 Musikern* unter anderem realisiert wurde, beruht auf den Verfahren der Wahrscheinlichkeitsrechnung und des Zufalls. Die mathematischen Theorien und die Wahrscheinlichkeitsrechnung erlauben, die Hindernisse des temperierten Zwölftonsystems zu beseitigen und mit einer unbegrenzten Menge von Klängen zu komponieren; einer Menge, die global, pauschal, als Masse, als Volumen und nicht mehr linear oder homophon betrachtet wird. Die Polyphonie wird nur als besonderer Fall in der musikalischen Textur verwendet, die stets den Gesetzen einer plastischen Umformung der klanglichen Materie unterworfen wird. Die Theorie der Spiele wird oft verwendet, um Computerprogramme zu prüfen oder um die globale Form des Werkes zu definieren. Das ist der Fall in ‹*Duel*› (1959), *Spiel für zwei Orchester*, und in ‹*Stratégie*› (1962), *Spiel für zwei Orchester*. Die korpuskulare Theorie des Klangs in Verbindung mit der Idee der Ordnung/Unordnung aus der Kybernetik bestimmen Werke wie ‹*Analogiques/A & B*› (1959) *für 9 Streicher und Tonband*, die auch auf Grund der Wahrscheinlichkeitsrechnung artikuliert werden. ‹*Nommos Gamma*› (1967/68) *für Orchester aus 98 Musikern*, die im Publikum verstreut (verteilt) sind, ist mit Hilfe der mathematischen Mengenlehre und der Vektorrechnung komponiert. Die Verwendung von mathematischen Theorien im kompositorischen Schaffen von Xenakis kann man als Austausch durch Analogie definieren: Wie auf dem Gebiet der Philosophie der Wissenschaften beruht dieses Verfahren auf Entsprechungen. Wenn einige Struktureigenschaften auf einem Gebiet als ähnlich zu den Eigenschaften auf einem anderen Gebiet betrachtet werden können, dann kann eine Theorie bezüglich des ersten Gebiets auf das zweite Gebiet erweitert werden, um die dortigen Probleme zu lösen. Die kinetische Theorie der Gase zum Beispiel oder das Gesetz von Poisson wurden von Xenakis auf das Gebiet der Tonhöhenorganisation beim Komponieren bezogen. Die Konzeption der Bewegung – der oszillierenden unkontrollierten Bewegung, die nie ihren eigenen Weg wiederholt und die mathematisch durch eine große Menge von Zufallsfunktionen generiert sein kann – inspiriert bei Xenakis mehrschichtige dichte klangliche Texturen, die aus wellenartigen, unkontrollierten Glissandi bestehen und die eine bewegliche, sich räumlich entfaltende Klangmasse in einer kompakten «baumartigen» Form bilden. Dieses Prinzip gilt in ‹*Cendrée*› (1973) *für gemischten Chor und Orchester* wie in ‹*Erikhthon*› (1974) *für Klavier und Orchester*.

Die außermusikalischen, meistens mathematischen Theorien bei Xenakis sind in seinem Schaffen stets durch die Intuition des Künstlers modifiziert, um die musikalische Zeit des Werkes einer durchdachten psychoakustischen Erfahrung beim Hören anzupassen. Dieselbe Kompositionsstrategie gilt auch bei der Transposition von visuellen, graphischen Darstellungen ins Musikwerk. Das ist gerade das Prinzip der von Xenakis konzipierten Maschine UPIC (Unité polyagogique informatique du CEMAMu), ein graphisches

Interface zwischen dem Menschen und dem Computer. Die Funktion dieser Maschine ist, den Forscher und den Computer durch visuelle Zeichen, durch graphische Darstellungen auf einem elektronischen Tisch zu verbinden. Das CEMAMu ist das Pariser Forschungsinstitut von XENAKIS «Centre d'études de mathématiques et automatique musicales» («appliquées à la musique»).

Die Werke für großes Orchester – *‹Terretektorh›* (1965/66) für Orchester aus 88 im Publikum verteilten Musikern und *‹Nommos Gamma›* (1967/68) für Orchester aus 98 im Publikum verteilten Musikern – bringen die kompositorische Forschung auf dem Gebiet der Verräumlichung der musikalischen Materie im Werk und der klanglichen Bewegung während der Aufführung besonders deutlich zum Vorschein. Die musikalische Materie ist nicht nur dicht und komplex (jeder Musiker in *‹Terretektorh›* verfügt – außerhalb seines eigenen Instruments – über Woodblock, Peitsche, Marakas und Sirene), sondern besonders flexibel, beweglich in der Zeit und im Raum. Die Idee der logarithmischen Spiralen inspiriert die Ausarbeitung der musikalischen Materie in ständiger Bewegung durch den Raum des Saals. Die spezifische Verteilung der Musiker und des Publikums erlaubt diese kinetische Auffassung des Klangs direkt – «am eigenen Körper» – zu erleben. Werke wie *‹Duel›* (1959), *Spiel für zwei Orchester, ‹Stratégie›* (1962), *Spiel für zwei Orchester, ‹Polytope de Montréal›* (1967), *Musik für vier identische Orchester* zeigen besonders deutlich die Notwendigkeit für XENAKIS, die Orchesterstücke als mehrschichtige, mehrdimensionale, verräumlichte Musik – als klangliche Multiprojektionen im Raum – zu realisieren.

Die Werke für Streichorchester *‹Syrmos›* (1959) *für 18 oder 36 Streicher, ‹Aroura›* (1971) *für 12 Streicher, ‹Retours›* (*‹Windungen›*, 1976) *für 12 Violoncelli, ‹Pour les baleines›* (1982) *für großes Streichorchester, ‹Shaar›* (1983) *für großes Streichorchester*, wie auch die Werke für verschiedene Kammerensembles *‹Achorripsis›* (1956/57) *für 21 Instrumente, ‹Atrees›* (1960) *für 10 Instrumente, ‹Eonta›* (1963) *für Klavier, 2 Trompeten und 3 Posaunen, ‹Akrata›* (1964/65) *für 16 Bläser, ‹Anaktoria›* (1969) *für Klarinette, Fagott, Horn, 2 Violinen, Bratsche, Violoncello und Kontrabaß, ‹Pflegra›*

(1975) *für 11 Instrumente, ‹N'Shima›* (1975) *für zwei Hörner, 2 Posaunen, 2 Mezzosoprani und Violoncello, ‹Palimpsest›* (1979) *für Oboe, Klarinette, Fagott, Horn, Klavier, Schlagzeug und Streichquintett, ‹Khal Perr›* (1983) *für Blechbläserquintett und Schlagzeug* – alle diese Werke entwickeln verschiedene spezifische Aspekte des globalen komplexen Klangs, bei dem die Glissandi, die zerstreuten Punkte, die Wolken aus Pizzicati, die Verflechtungen von überlagerten «baumartigen» Linien, das Zusammenwirken von Mikrointervallen und Geräuschen ihren Platz in der globalen Gestik der Werke haben.

In den letzten Orchesterstücken von XENAKIS kann man neue Tendenzen beobachten: In *‹Jalons›* (1987) *für Kammerorchester* erfindet XENAKIS eine neue eigene Virtuosität für alle beteiligten Musiker; eine Virtuosität, die einer konsistenten musikalischen Konzeption unterworfen ist. An Stelle des Klangs als Masse, als klangliche Wolke oder als dichte Cluster treten hier melodische polyphone Entfaltungen; an Stelle der monumentalen formalen Gestik der Klangmassen – relativ transparente Musikabschnitte, die oft aus Wiederholungsmustern oder aus quasi modalen Figuren bestehen. Die Neuheiten im musikalischen Idiom von XENAKIS – die relativ langen homophonen Abschnitte, die parallelen Akkorde, die teilweise an MESSIAEN erinnern, die Wiederholungsfiguren im Inneren der dichten Texturen, die quasi diatonischen Soli, die deutlich differenzierten polyphonen Entfaltungen – entsprechen genau dem Titel des Werkes: *‹Jalons›* (*‹Anhaltspunkte›*) – Anhaltspunkt in der neuesten Phase der kompositorischen Forschung bei XENAKIS.

Die Orchesterwerke von XENAKIS, die parallel zu seiner kompositorischen Forschung auf dem Gebiet der elektronischen Musik entstehen, kann man als gewaltige, aber zugleich durchdachte klangliche Orgien in der Tradition des Griechen Dionysos hören; aber auch als zeitgenössische Antwort auf Platon: Der Komponist sucht tatsächlich «durch Imitation der göttlichen Harmonie» «die durchdachte Freude», die in den «vergänglichen Bewegungen» der musikalischen Werke ihren Weg zu uns schafft (Platon: «Timée». Zitiert von I. Xenakis).

Ivanka Stoianova

György Ligeti

geb. Dicsöszentmárton (Siebenbürgen), 28. Mai 1923

Mit der Uraufführung des Orchesterstücks ‹*Apparitions*› beim Kölner Weltmusikfest der IGNM 1960 rückten Person und Werk des Komponisten György Ligeti erstmals in den Brennpunkt neuerer Musikgeschichte. Die Premiere trug alle Anzeichen des Ungewöhnlichen. Ungewöhnlich nicht nur, daß da ein Siebenunddreißigjähriger «debütierte», ein Komponist von umfassender Metierkenntnis und langjähriger Unterrichtspraxis, zudem ein Theoretiker und Volksmusikforscher von Rang. Ungewöhnlich auch, daß einer, der bereits ein Œuvre von über siebzig Titeln (Klavierstücke, Lieder, Chöre, Kammer- und Orchestermusik) vorweisen konnte, unter willentlicher Verleugnung des bisher Geschaffenen einen neuen Anfang wagte. Ungewöhnlich schließlich, daß ein Außenseiter, ein Emigrant, ein Neuling im Kreis der «Darmstädter/Kölner Schule» mit soviel Selbstbewußtsein wie Entdeckerfreude und Risikobereitschaft antrat, die etablierte Avantgarde das Staunen zu lehren. Der historische Zeitpunkt war freilich überaus günstig. Als Ligeti 1956 aus Ungarn in den Westen kam, hatten Theorie und Praxis der seriellen Musik ihren Höhepunkt rigider Dogmatik bereits überschritten. Mit dem Scharfblick des nicht selbst Verstrickten diagnostizierte er an Werken seiner Kollegen Nono, Boulez, Stockhausen, Pousseur, daß die Logik des seriellen Verfahrens in eine Sackgasse geführt hatte, aus der sich kein Ausweg im Sinne kontinuierlicher Evolution mehr zeigte. Und aus solcher zunächst theoretisch formulierten Kritik, die in Kreisen der Avantgarde nahezu schockhafte Reaktionen auslöste, entwickelte er sein sehr persönliches Konzept kompositorischen Neubeginns.

«Beim Komponieren der ‹Apparitions›», schrieb Ligeti im Uraufführungskommentar, «stand ich vor einer kritischen Situation:

Mit der Verallgemeinerung der Reihentechnik trat eine Nivellierung in der Harmonik auf; der Charakter der einzelnen Intervalle wurde immer indifferenter. Zwei Möglichkeiten boten sich, diese Situation zu bewältigen: entweder zum Komponieren mit spezifischen Intervallen zurückzukehren oder die bereits fortschreitende Abstumpfung zur letzten Konsequenz zu treiben und die Intervallcharaktere einer vollständigen Destruktion zu unterwerfen. Ich wählte die zweite Möglichkeit. Durch die Beseitigung der Intervallfunktion wurde der Weg frei zum Komponieren von musikalischen Verflechtungen und Geräuschstrukturen äußerster Differenzierung und Komplexität. Formbildend wurden Modifikationen im Inneren dieser Strukturen, feinste Veränderungen der Dichte, der Geräuschhaftigkeit und der Verwebungsart, das Einanderablösen, Einanderdurchstechen und Ineinanderfließen klingender ‹Flächen› und ‹Massen›. Zwar verwendete ich eine strenge Material- und Formorganisation, die der seriellen Komposition verwandt ist, doch war für mich weder die Satztechnik noch die Verwirklichung einer abstrakten kompositorischen Idee das Wichtigste. Primär waren Vorstellungen von weitverzweigten, mit Klängen und zarten Geräuschen ausgefüllten musikalischen Labyrinthen.»

Diese Einführung ist für Ligetis Stil, seine Denkweise und Arbeitsmethode in zweifacher Hinsicht bezeichnend. Zum einen verweist sie auf eine spezifische Begabung, außermusikalische Phänomene – zumal optische und taktile Reize – in akustische umzusetzen, zu Farben, Formen und Materialien Klänge zu assoziieren; solcher Hang zur Synästhesie durchdringt Ligetis Komponieren bis ins Detail, verleiht seiner Musik – fernab aller tondichterischen Programmatik – eine Aura von Plastizität und Bildhaftigkeit, etwas unmittelbar Einleuchtendes. Zum anderen aber belegt diese Notiz, daß Ligeti, wo er kritische Einsicht dingfest gemacht hat, mit Mut und untrüglichem Spürsinn das konzessionslos Neue suchte.

Das zeigt, deutlicher noch, das folgende sehr kurze Orchesterstück *‹Atmosphères›*, das seit dem Sensationserfolg in Donaueschingen 1961 nichts von seiner frappierenden Wirkung eingebüßt hat. *‹Apparitions›* ist noch von einer Art rudimentären Entwicklungslogik bestimmt: Vor dem dichtgefügten Klanggrund zeichnen sich (der Titel verweist darauf) «Erscheinungen» ab, die jäh aufzukken, leuchten, verlöschen – Impulse, die den scheinbar stagnierenden Klang unmerklich modifizieren. *‹Atmosphères›* tilgt selbst den Schein solcher Wechselwirkung. LIGETI hatte hier sein Vokabular noch strenger gesichtet und alle insgeheim traditionellen Formrelikte ausgemerzt. Er verzichtete völlig auf Intervallprägnanz, rhythmisches Profil, durchhörbare Zeichnung und konzentrierte sich auf die Komposition des Klangs selbst, seiner Farbigkeit und seiner Dichte, seines äußeren Volumens und seiner internen Textur. Aus der Verflechtung einer Vielzahl (die Partitur umfaßt 87 Systeme) von gesondert geführten, aber minuziös ineinander verzahnten Stimmen resultiert eine «übersättigte» polyphone Struktur von irisierender Statik. LIGETI hat für diese Satztechnik den Terminus «Mikropolyphonie» geprägt. Das ganze Stück besteht sozusagen nur noch aus «Hintergrund», aus einem gleichmäßig den ganzen Klangraum ausfüllenden, äußerst feinfaserigen Gewebe.

Einen geradezu antithetischen Kompositionstyp exponierte LIGETI in Werken der Jahre 1962 bis 1965, in den beiden «Mimodramen» *‹Aventures›* und *‹Nouvelles Aventures›* und im zentralen Satz seines *Requiem*, der *‹Dies irae›*-Sequenz. Statt der weichen, gerundeten, diskret modellierten Verlaufskurve dominiert hier die scharfe Attacke, die pointierte Ereignishaftigkeit. Jähes Gegeneinander von Farben und Formen, sprunghafte Wechsel von hoch und tief, laut und leise, Aggression und Innerlichkeit schießen zu musikalischen Reliefs von extrem zerklüfteter Faktur zusammen. Die Technik des harten Schnitts, der Collage spielt dabei eine wichtige Rolle, und oft ist an Nahtstellen der Aufprall widersprüchlicher Affektebenen derart zugespitzt, daß die Musik bald ironisch surreale, bald dramatisch exaltierte Färbung annimmt.

Möglichkeiten der Synthese solch dialektischen Komponierens deutet erstmals das *Cellokonzert* von 1966 an. Der erste der beiden Sätze entfaltet sich sehr langsam und verhalten, erinnert in seiner Beschreibung farbig schillernden, fast statuarischen Klangs an *‹Atmosphères›*; der zweite dagegen durchmißt eine Reihe verschiedenartiger Bewegungstypen – von sanftem Fluktuieren über ornamentale Figuration und rasches Passagenwerk bis hin zu abrupten Aufschwüngen und gerasterter Präzisionsrhythmik. Beide Sätze sind, bei allem betonten Kontrast, freilich eng miteinander verwandt, derart, daß der eine gleichsam als Fortspinnungsvariante des anderen erscheint. Als Beispiele für ihre formale Korrespondenzen führt LIGETI die Schlußbildungen an: «Im ersten Satz suggeriert der Schluß Alleinsein und Verlorenheit: Das Solocello bleibt über abgrundtiefen Bässen wie in unermeßlicher Höhe hängen, sein gefährlich-dünner, pfeifender Flageolett-Ton zerbricht schließlich. Den Schluß des zweiten Satzes bildet die sich wie im Nichts verlierende Flüster-Kadenz: Sie ist eine figurierte Variante des vorangegangenen zerbrechenden Flageolett-Tons.»

Seit Mitte der sechziger Jahre deutet sich in LIGETIS Œuvre ein distinkter, wiewohl sehr behutsam verlaufender Wandlungsprozeß an. Wohl bleibt der Ambitus der Extreme – markiert durch die irisierende Statik der *‹Atmosphères›* und das affektbetonte Mosaikwerk der *‹Aventures›* – erhalten. Doch in der Ausformung intermediärer Stadien scheint fortan ein überraschender Variantenreichtum der Annäherung, Vermittlung und Verschränkung auf. Freilich muß man nun genauer hinhören, um zu verstehen, was sich in LIGETIS Komponieren an organischer Weiterentwicklung zuträgt. Die folgenden Werke, von *‹Lontano›* bis *‹San Francisco Polyphony›*, sind nicht mehr – wie *‹Atmosphères›* – als «Trendmodelle» mißzuverstehen und von flinkem Epigonentum zu vereinnahmen. Sie zeigen als Individualitäten differenzierteren Charakter und konstituieren in ihrer Gesamtheit etwas, was der verrufenen Kategorie des Personalstils durchaus nahekommt. Was zuvor wie mit dem Teleobjektiv herangezogen schien, wird nun in Einzelmomente aufgefächert, sozusagen unter der Lupe betrachtet. Grob vereinfacht formuliert: dem Alfresco folgt die Miniatur. Das zeigt sich schon an der Reduktion des äußeren Aufwands, der Formen und instrumentalen Mittel. Unter den Kompositionen der Jahre 1966 bis 1974 dominieren die kleineren Besetzungen, Solostücke und Kammermusik.

Nicht zuletzt in den Orchesterwerken dieser Periode hat LIGETI den flächig ausgebreiteten, subtil changierenden Klang vom Typ *‹Atmosphères›* immer mehr reduziert zugunsten eines durchbrochenen Satzes von präziser gezeichneter Struktur und transparenterem Charakter. Pfeiler der Formkonstruktion bilden etwa in

‹*Lontano*› durchhörbare Intervall- und Akkordgestalten, die sich aus Feldern harmonischer Trübung allmählich herauskristallisieren und ebenso graduell wieder abgebaut werden. Ein verstärktes Interesse an der harmonischen Dimension bezeugen auch Ansätze einer mikrotonalen Differenzierung des Tonhöhenmaterials, so im Streicherstück ‹*Ramifications*› und im *Doppelkonzert für Flöte, Oboe und Orchester*.

Typologisch steht ‹*Ramifications*› eher den statischen Gewebekompositionen (‹*Atmosphères*›, ‹*Lontano*›) als den Werken mit distinktem Ereignischarakter (‹*Aventures*›, zweiter Satz des *Cellokonzerts*) nahe. Doch wird auch hier die molluskenhaft weiche Mikropolyphonie bisweilen zu Gitterstrukturen von scharf skandierter Mechanik verfestigt. Ligeti hat dafür eine anschauliche Metapher geprägt: Lianen wachsen gleichsam in rotierende Räderwerke hinein. Der Titel verweist auf kompositorische Vorgänge auf mehreren ineinandergreifenden Ebenen. Feinste «Verästelungen» bestimmen nicht nur das komplexe Lineament des Stimmengefüges, vielmehr auch das rhythmisch-metrische Rasterwerk und zumal die farbig oszillierende Harmonik. Ligeti hat das Instrumentalensemble (wahlweise Streichorchester oder zwölf Solostreicher) in zwei Gruppen mit unterschiedlicher Stimmung (a' = 453 Hz und a' = 440 Hz) aufgeteilt. Mit Absicht soll die Differenz etwas mehr als einen Viertelton betragen, da die Stimmungen im Verlauf des Zusammenspiels beider Gruppen ohnehin zur Angleichung neigen. Solche Scordatur, für die es von Bach bis Mahler berühmte historische Modelle gibt, zielt freilich nicht auf spekulative Systemveränderung; angestrebt wird vielmehr eine subtilere Differenzierung der Tonhöhenordnung, die das starre zwölftönig temperierte System durch eine ganze Skala irregulärer mikrotonaler Schattierungen aufweicht und geschmeidig macht. Tonvorrat und Stimmführung beider Gruppen gleichen sich annähernd; doch sind die Einzelstimmen derart minuziös gegeneinander verschoben, daß Tonhöhenprofile und rhythmische Gestalten unscharf werden – wie die Konturen eines leicht verrutschten Mehrfarbendrucks.

Noch deutlicher aufgelichtet, noch pointierter heterogen entfaltet sich Vielstimmigkeit im Orchesterstück ‹*Melodien*›, das Ligeti 1971 für das musikalische Rahmenprogramm des Dürer-Jubiläums in Nürnberg schrieb. Melodielinien von durchhörbarer Unterschiedenheit des Rhythmus, der Dynamik, der Klangfarbe überlagern und verhaken sich, sind hier so dicht zusammengepreßt, daß sie zu einem fast gleichförmigen melodischen Strom amalgamieren, und dort so weit gespreizt, daß sie wie eine Collage wetteifernder Soli anmuten. Wie häufig in LIGETIS jüngeren Stücken ist solche Melodik reich an «romantischen» Allusionen: Expressivostellen wie MAHLERsche Gebärden, traumverlorene Lyrik, die an SCHUBERT gemahnt, WAGNERsche musikalische Prosa, deren endlose Fortspinnung sich in der Unhörbarkeit der Totale verliert – ein ganzes Arsenal von Als-ob-Zitaten. Als vereinheitlichendes Moment fungiert die Harmonik, die alle Intervallproportionen nach vorbestimmtem Globalplan genau reguliert. Sie stiftet auch jene imaginäre, farbig durchleuchtete Folie, auf der sich die rankenhaft verschlungenen Melodieprofile wie ein kostbares Ornament abzeichnen.

Das *Doppelkonzert* von 1971/72 knüpft einerseits an *‹Ramifications›*, andererseits an das ältere *Cellokonzert* an. An das Streicherstück erinnert die weichgetönte, elastische Harmonik mit ihren vielfarbig schillernden mikrotonalen Zwischenstufen. Alle herkömmlichen Abgrenzungen von Dur–Moll, Konsonanz–Dissonanz, Diatonik–Chromatik erscheinen auf intrikate Weise verwischt, die Systeme selbst in einem amalgamierenden Zwischenreich aufgehoben, das neue harmonische Horizonte der Unschärfe eröffnet – als betrachte man ferne Gaukelbilder durch einen Schleier heißer, vibrierender Luft. Die Formanlage – mit zwei charakterlich kontrastierenden, gleichwohl eng aufeinander bezogenen Sätzen – verweist dagegen auf das Modell des *Cellokonzerts*, und auch der Begriff des «Konzertanten» wird hier wie dort ähnlich interpretiert. Wohl erfordern die Solostimmen, auf Grund ihrer immensen technischen Schwierigkeit, hochvirtuose Interpreten; doch schlägt Virtuosität nie in äußere Brillanz um, ist vielmehr nach innen gerichtet, dient der strukturellen Verdeutlichung subtiler Veränderungen im Netzgewebe der Stimmen. Selbst die halsbrecherisch-rasante Beweglichkeit des Schlußsatzes hat bei allem flimmernden Glanz etwas seltsam Kühles und Distanziertes. «Die Musik glitzert», wie LIGETI es formuliert, «als sei sie tiefgefroren, und bewegt sich starr wie eine Marionette.»

In ‹*San Francisco Polyphony*›, geschrieben 1973/74 für das sechzigjährige Jubiläum des San Francisco Symphony Orchestra, resümiert LIGETI die stilistische Entwicklung eines ganzen Jahrzehnts. Die durchbrochene Arbeit, das kammermusikalisch aufgelichtete Satzbild erinnern an späte Werke MAHLERS, die komplexen polymetrischen Strukturen dagegen eher an IVES, und im floskelhaften Einsatz gewisser intervallischer *patterns* deutet sich eine vage, wenn auch unabsichtsvolle, Affinität zu jüngerer amerikanischer Musik der Linie TERRY RILEY–STEVE REICH an. Formal sind drei Teile deutlich voneinander abgesetzt. Der erste, quasi introduktorische Abschnitt exponiert einen breit über drei Oktaven gefächerten chromatischen Cluster, der allmählich in der Tiefe abgebaut und immer stärker in den höheren Registern komprimiert wird, so daß der Eindruck kontinuierlicher Aufwärtsbewegung bei gleichzeitiger Stauchung der Melodik entsteht. Entschieden dramatischen Charakter hat der ausgedehnte Mittelteil mit seinem kontrastreichen Geflecht heterogener melodischer Linien. Doch fehlt solcher Dramatik jeglicher expressionistische, glühend-emotionale Charakter: Sie wirkt eher spröde als schwelgerisch, eher scharf als süß; und in diesem Aspekt unterscheidet sich ‹*San Francisco Polyphony*› deutlich vom Schwesterstück ‹*Melodien*› mit seinem beredteren Schönklang und seiner so verführerischen Außenhaut. Im «Finale» schließlich greift LIGETI auf ein älteres Modell seiner Kompositionspraxis zurück: auf jenen Typus des maschinellen Perpetuums, den er zuerst 1962 im ‹*Poème symphonique*› *für 100 Metronome* vorgestellt, später dann im Cembalostück ‹*Continuum*› und in Einzelsätzen des *zweiten Streichquartetts,* des *Bläserquintetts*, des *Kammerkonzerts* differenzierter entfaltet hat. Dieser «automatisch» ablaufende, wie ein gefrorener Präzisionsmechanismus wirkende Presto-Teil beginnt mit einem Triller, der sich gleichsam mit sich selbst multipliziert, wobei die Intervalle ständig größer werden. Solcher Intervallspreizung korrespondiert eine mehrfach ansetzende Steigerung von Dynamik und Volumen, die am Schluß des Stücks nicht eigentlich kulminiert, sondern plötzlich aussetzt – wie mit scharfem Messer abgeschnitten.

Monika Lichtenfeld

Luigi Nono

geb. Venedig, 29. Januar 1924

In der neuen Musikproduktion nach dem Zweiten Weltkrieg nahm Luigi Nono rasch eine führende Position ein und galt schon seit etwa Mitte der fünfziger Jahre als (neben Stockhausen und Boulez) bedeutendster Kopf einer radikal experimentellen Richtung innerhalb der zeitgenössischen Musik. Darmstadt und seine Ferienkurse waren das Zentrum dieser Neuen Musik, der Dirigent Hermann Scherchen wurde dort Nonos wichtigster Förderer. Bei Scherchen und Bruno Maderna hatte Nono die entscheidenden Unterweisungen und künstlerischen Anregungen erhalten, Varèse, Schönberg und Webern waren sozusagen die Vaterfiguren, denen die jungen Komponisten nicht nur die musikalische Schreibweise und Sprache verdankten (Klangemanzipation, Dodekaphonie, Serialismus), sondern auch Zugang zu einer esoterischen Lyrik, die Moral eines rigorosen Materialdenkens, die konsequent experimentelle, von Zwecken und Auftraggeber- oder Publikumsinteressen losgelöste ästhetische Haltung. Anders als bei Stockhausen und Boulez zeichnete sich bei Luigi Nono schon ziemlich früh jenes vehement humane, aus dem Erlebnis des italienischen Antifaschismus gewonnene Engagement ab, das ihn bald zum umstrittensten Komponisten seiner Generation werden ließ, zu einem Musiker der konkreten politischen Stellungnahme, auch innerhalb der italienischen KP, zum «politischen Komponisten» Luigi Nono, der zunehmend in Gegensatz geriet sowohl zur Musik seiner Komponistenkollegen und zum bürgerlichen Musikleben als auch zu den gesellschaftlichen Systemen der westlichen Länder. So suchte er Solidarität und Freundschaften in den sozialistischen Ländern Europas, in Lateinamerika. Ab den siebziger Jahren öffnete sich Nono erneut wieder mehr der westlichen Kultur, ihrer Philosophie und Dichtung, und er begann, von neuem mit ihren Institutionen zusammenzuarbeiten. Diese Wandlung fällt zusammen mit einer allmählichen Veränderung des musikalischen Denkens, der ästhetischen Ziele, der Klangverhältnisse in seiner Musik.

Charakteristisch für Luigi Nonos frühes Schaffen der fünfziger Jahre ist nicht nur das an Weberns Reihentechnik anschließende serielle Parameterdenken, das sämtliche Elemente eines musikalischen Verlaufs (Intervall, Rhythmus, Dynamik, Klangfarbe) einer strikt durchkonstruierten, vereinheitlichten Ordnung unterwirft, sondern auch der spezifische vokale Ausdruck, die aus der italienischen Musik gewonnene vokale Linienformung in Textvertonungen. Nonos Œuvre ist sehr stark geprägt vom Klang und Ausdruck der menschlichen Stimme, es gibt nicht viele Werke rein instrumentaler Konzeption. Nonos erste große Partitur sind die ‹*Variazioni canoniche sulla serie dell'Op. 41 di Arnold Schönberg*› für Orchester (1950), die von einer Tonreihe aus Schönbergs ‹*Ode to Napoleon Bonaparte*› ausgehen und diese Reihe durch kanonische und variative Techniken kunstvoll entfalten. In den ‹*Due espressioni per orchestra*› (1953) sind vor allem die Klangreize, neben einer immer einheitlicher organisierten Stimmführung, verstärkt. ‹*Canti per 13*› und ‹*Incontri*› für 24 Instrumente (beide 1955), in denen erstmals serielle Verfahren im engeren Sinn Anwendung finden, sind sozusagen die Vorstufen für das Hauptwerk der fünfziger Jahre, die für Sopran-, Alt- und Tenorsolo, gemischten Chor und Orchester geschriebene Kantate ‹*Il canto sospeso*› (1956 von Scherchen in Köln uraufgeführt), in der Fragmente aus Abschiedsbriefen von zum Tode verurteilten Widerstandskämpfern in neun kunstvoll gebaute Sätze gefaßt sind, in eine Klanglichkeit von differenziertester, zugleich sparsamster Ausprägung, von lodernd erfüllter Expressivität, Klage, Leidenston. ‹*Il canto sospeso*› bleibt eine der stimmigsten, sinnhaltigsten Kompositionen nach dem Weltkrieg überhaupt. Es schließen sich an: ‹*Varianti*› für Solovioline, Streicher und Holzbläser und ‹*La terra e la compagna*› (Gesänge von Cesare Pavese für Sopran- und Tenorsolo, Chor und Instrumente), beide 1957. Das Orchesterstück ‹*Diario polacco '58*› (1959) ist seriell geschrieben und benutzt die venezianische Mehrchörigkeit zum erstenmal in neuer Funktion. Die szenische

Aktion *‹Intolleranza›* (1960) ist der Endpunkt dieser Entwicklung zur immer größeren Komplexität der musikalischen Mittel, zur stärkeren Konkretion der übermittelten Botschaften, so wie die szenische Aktion *‹Al gran sole carico d'amore›* (1972 bis 1974) ebenfalls eine Art Zusammenfassung bedeutete: einer kompositorischen Periode, in der Nono die Tonbandmusik, vorgefundene konkrete Geräusche, montierte Stimmen und Schreie, durchaus auch mit aktionistischer Zielrichtung, favorisiert hatte. Es waren die Jahre der weltweiten Studentenunruhen. Das große Orchester hat Nono nur zweimal in diesen sechziger Jahren eingesetzt: in *‹Ein Gespenst geht um in der Welt›* für Solosopran, gemischten Chor und Orchester (1971) und in der den chilenischen Faschismus anklagenden Kantate *‹Como una ola di fuerza y luz›* für Sopran, Klavier, Orchester und Tonband (1971/72). Beide Werke bereiten gewissermaßen diese zweite szenische Aktion *‹Al gran sole›* vor, sie sind eindeutig politisch akzentuiert, benutzen massiv getürmte Klangmittel ebenso wie die lyrische Emphase – und wie stets bei Nono hat auch hier Musik niemals etwas mit Programmusik im älteren Sinn zu tun, es sind Textkompositionen von avanciertestem Umgang mit den musikalischen Mitteln.

Nach der «Oper» folgt eine Pause der Neuorientierung, dann das für Maurizio Pollini geschriebene Klavier-Tonband-Stück *‹... sofferte onde serene...›* (1976). Luigi Nono macht sich einen neuen Klang- und Ausdrucksbereich zunutze, die Live-Elektronik, den spontan und unmittelbar gesteuerten Klang. Es folgen hauptsächlich kammermusikalisch besetzte Werke, hohe Frauenstimmen und die Baßflöte spielen in ihnen eine besondere Rolle. Höhepunkt ist das Streichquartett *‹Fragmente, Stille – An Diotima›*, Musik der kaum mehr wahrnehmbaren, hochdifferenzierten klanglichen Veränderungen, oft an der Schwelle des Schweigens angesiedelt. Thematisch wird jetzt die Suchbewegung nach dem Klang, der dank elektronischer Manipulationen in der Schwebe gehalten oder durch den Raum geschickt wird. Die Figur des Wanderers kommt ins Visier, in diesem Sinn ist *‹Prometeo›* (1981 bis 1984) zu verstehen, die äußerliche Kulmination dieser Suche; Nono nennt das riesige Stück auch «Tragödie des Hörens». Ein kurzes Orchesterstück *‹A Carlo Scarpa architetto ai suoi infi-*

niti possibili› (1985) ist ein zartes Tongespinst, das erstmals konsequent die Mikrointervalle normaler Instrumente benutzt. Das 1987 für die große Münchner Philharmonie und die Philharmoniker geschriebene *‹Camminantes… Ayacucho›* baut das Mikrointervallsystem aus, verschränkt die so gewonnene harmonische Farbigkeit mit der Idee des venezianischen Raumklangs und läßt das Ganze aus der nach Freiheit suchenden Philosophie des tragischen Giordano Bruno heraus aufleuchten. Der Gedanke des Wanderns, schon im Titel enthalten und dort mit einem peruanischen Rebellenort vielsagend assoziativ verknüpft, durchdringt das mehrere Chöre sowie solistisch Mezzosopran und Baßflöte fordernde Stück im kleinen wie im großen.

«Alle meine Werke gehen immer von einem menschlichen Anreiz aus: ein Ereignis, ein Erlebnis, ein Text unseres Lebens rührt an meinen Instinkt und an mein Gewissen und will von mir als Musiker wie als Mensch Zeugnis ablegen», dieses Bekenntnis von 1960 gilt für Luigi Nono noch immer. Ebenso das Wort von Karl Amadeus Hartmann: «Nono klagt an, und seine Sprache ist Feuer.»

Wolfgang Schreiber

Klaus Huber

geb. Bern, 30. November 1924

Der 1924 in Bern geborene Klaus Huber, seit 1973 als Nachfolger von Wolfgang Fortner Leiter der Komponistenklasse an der Musikhochschule Freiburg i. Br., ist vielleicht die markanteste schweizerische Komponistenpersönlichkeit der Gegenwart. Seine Kompositionslehrer waren Willy Burkhard und Boris Blacher. Die Vokalkompositionen nehmen in seinem umfangreichen Werk eine bedeutende Stellung ein. Häufig thematisieren sie menschliche Grenzerfahrungen und existentielle Nöte. Huber verschränkt darin christliche Passions- und Erlösungsvorstellungen mit dem Bekenntnis zu Freiheit und Würde des Menschen; unter dem Einfluß der «Theologie der Befreiung» spielt zunehmend auch der Gedanke des Kampfs gegen politische Gewalt und Unterdrückung eine Rolle. Das politisch-religiöse Credo ist musikalisch stets auf hohem kompositionstechnischem Niveau umgesetzt und somit ästhetisch glaubhaft vermittelt.

Zu Hubers Hauptwerken gehören die Oratorien ‹*Soliloquia*› nach Augustinus (Uraufführung 1964, Zürich) und ‹*... inwendig voller figur...*› nach Texten der Johannes-Apokalypse und dem «Traumgesicht»-Aquarell Dürers (Uraufführung im Dürer-Jahr 1971 in Nürnberg) sowie das große siebenteilige Werk ‹*Erniedrigt, Geknechtet, Verlassen, Verachtet*› nach Texten unter anderem von Ernesto Cardenal (Uraufführung 1983, Donaueschingen), das Merkmale eines Opus summum besitzt und die künstlerischen und politischen Erfahrungen eines ganzen Jahrzehnts zusammenfaßt. In diesen Werken für Singstimmen und Orchester hat Klaus Huber die spezifisch schweizerische Oratorientradition des 20. Jahrhunderts, die mit Namen wie Arthur Honegger, Frank Martin, Hans Huber, Wladimir Vogel und Willy Burkhard verbunden ist, einem neuen Höhepunkt zugeführt.

Der politisch-religiöse Ideengehalt dringt auch in den reinen Instrumentalwerken HUBERS immer wieder durch. In ‹*Turnus*› für einen Dirigenten, einen Inspizienten, Orchester und Tonband (Uraufführung 1974, Frankfurt) geht es um die Herrschaftsverhältnisse, die sich in der Institution des Orchesters manifestieren. Das Orchesterstück ‹*Tenebrae*› (Uraufführung 1968, Warschau) basiert auf den Worten der Karfreitagsliturgie «tenebrae factae sunt» («Es entstand eine Finsternis») und stellt nach HUBERS Worten «eine ganz und gar profane Auslegung des Kreuzes» dar. Es besteht aus drei ineinander übergehenden Teilen. Die «Verfinsterung des menschlichen Lebens» und die «Unterdrückung der Erniedrigten und Beleidigten durch offene oder strukturelle Gewalt» (HUBER), aber auch deren Überwindung, werden durch strukturelle und formale Verfahren von eindringlicher Sprachkraft sinnfällig gemacht. Mit vielfältigen seriellen Verfahren – das gesamte Material wird in den ersten fünfzehn Takten exponiert – wird im ersten Teil die «strukturelle Gewalt» ausformuliert. Der zweite Teil, überschrieben mit ‹*Golgatha*›, stellt mit Seufzermotivik und Foltermetaphern extremes, stummes Leiden vor; unterschiedliche Formen von Zeiterfahrung – gemessene und erlebte Zeit – kontrastieren miteinander. Der dritte Teil, ‹*In modo choralis*›, bringt den Durchbruch zur Erlösung bzw. Befreiung durch einen einleitenden klanglichen Ausbruch und das darauffolgende Zitat von ‹*Christ ist erstanden*›. Die reihenmäßig verarbeiteten Choralzeilen werden zuerst in rhythmisch freier, solistischer Weise zu einem dichten polyphonen Netz verwoben und dann in exakt notierter Form zur Apotheose geführt.

Auch im dreisätzigen *Violinkonzert* ‹*Tempora*› (Uraufführung 1970 durch Hansheinz Schneeberger) spielen programmatische Gesichtspunkte hintergründig eine Rolle, obwohl der Titel (‹*Zeiten*›) nahelegt, das Stück in erster Linie als rein musikalische Themenstellung, als Komponieren von Zeitverläufen, aufzufassen. Im ersten Satz, ‹*Genesis*›, der aus Geräuschen nach und nach zu präzisen Tonhöhen (auch Vierteltöne) voranschreitet, sind drei wellenartig strukturierte Klangschichten übereinandergelagert; ihre «Wellenlängen» verhalten sich im Verhältnis 8:13:21 (Fibonacci-Reihe). Der zweite Satz, ‹*De natura*›, stößt nach HUBER «ein Fenster zur Innerlichkeit» auf. Die Abschnitte des dritten Satzes sind mit ‹*Quod libet, quod tacet, quod nescitur*› überschrieben. Hier verbindet sich das Soloinstrument mit immer wieder anderen Einzelstimmen oder Kleingruppen. Mit einem Zitat der Kärntner Volksweise aus ALBAN BERGS *Violinkonzert*, mit einer Anspielung auf das Apokalypse-Stück ‹*... inwendig voller figur...*› (ad libitum-Vokaleinsatz einer Instumentalistengruppe mit «Weh!»-Schreien) und dem Einsatz von Trommelwirbeln tauchen semantische Valeurs auf, die es verbieten, im Stück nur ein virtuoses Solokonzert zu sehen. Es schließt mit einer conductusartigen Trauermusik.

Max Nyffeler

Giselher Klebe

geb. Mannheim, 28. Juni 1925

GISELHER KLEBE ist oft als die neben HENZE markanteste Erscheinung des deutschen Musiktheaters bezeichnet worden, und die Beschreibung ist wohl auch für die Jahre seit 1955 zutreffend. Seit der Aufführung der *‹Zwitschermaschine›* (*‹Metamorphosen über ein Bild von Paul Klee› op. 7*) in Donaueschingen im Jahre 1950 hat sich KLEBE jedoch zunächst als Orchesterkomponist einen Namen gemacht. Geboren wurde KLEBE 1925 in Mannheim, ersten – durch Kriegsdienst unterbrochenen – Kompositionsunterricht erhielt er bei Kurt v. Wolfurt am Berliner Konservatorium. Später wurden RUFER und BLACHER seine Lehrer. Seit 1957 leitet KLEBE als Nachfolger FORTNERS eine Kompositionsklasse an der Nordwestdeutschen Musikakademie in Detmold.

JOSEF RUFER und BORIS BLACHER sind die Pole, von denen aus sich die Musik KLEBES entwickelt. So schrieb er unter dem Einfluß BLACHERS rhythmisch-prononcierte, unsentimentale, klar proportionierte Musik. Unter RUFERS Einfluß wandte er die «12-Ton-Methode» an. Nach den frühen *Symphonien* bilden *Instrumentalkonzerte* Schwerpunkte seines Œuvres, es folgt ein Ballett (*‹menagerie›* nach Wedekinds «Lulu»), eine *‹Symphonische Szene für Beatband und Orchester›* mit dem Titel *‹Herzschläge, Furcht, Bitte und Hoffnung›*, eine Symphonie *‹Villons Testament›* sowie *‹Orpheus›* aus dem Jahre 1976. In ihrem emotionalen Habitus wird die Musik KLEBES getragen vom emotionellen Überschwang, wie ihn die Musik BERGS charakterisieren könnte, der jedoch stets im Kontrast zu rationaler Einbindung steht. Gerade KLEBES Orchesterwerke zeigen so einen gebrochenen Charakter, dessen Spannung aus dem unausgelöschten Konflikt zwischen internem formsprengendem Impetus und der rationalen Gliederung des Äußeren besteht.

Lothar Mattner

Luciano Berio

geb. Oneglia bei Genua, 24. Oktober 1925

Die mehr als hundert instrumentalen, vokalen, vokal-instrumentalen, elektronischen und szenischen Werke des italienischen Komponisten LUCIANO BERIO gehören zu den erfolgreichsten Stücken des zeitgenössischen Musikrepertoires. Vielleicht auch deswegen, weil sie einige besonders attraktive Merkmale der italienischen Tradition aufbewahren. Es geht um Eigenschaften, die gewöhnlich mit den typischen Merkmalen des italienischen Künstlers oder sogar des Italieners überhaupt gleichgesetzt werden: die fröhliche Natur, das lyrische Temperament und die Neigung zum Theater. Diese Merkmale charakterisieren tatsächlich die künstlerische Zivilisation Italiens, die sich vor allem in einem klaren Formgefühl weiterentwickelt und die mit verschiedenen Mitteln immer wieder formale Synthesen, faßliche und harmonisch ausgewogene Resultate hervorbringt. In der Orchestermusik BERIOS bewahrt sich die wesentliche Einstellung der italienischen Klassik: das Leben der musikalischen Formen in Klarheit darzustellen.

«Nicht Musik als Anwendung eines Systems schaffen, sondern gelegentlich ein System als Möglichkeit für die Musik.» In diesem Aphorismus ist LUCIANO BERIOS gesamte antidogmatische Haltung der Musik gegenüber verdeutlicht. Ausgerüstet mit einer vielseitigen handwerklichen Basis, beschäftigt sich seine Klangphantasie mit der immer neuen Erweiterung von musikalischen Ideen, die ihrerseits die Erweiterung der Kompositionsverfahren bestimmen. In den fünfziger, sechziger Jahren, in seinen früheren Werken hat BERIO Anregungen der seriellen Technik aufgenommen und verarbeitet. Werke wie *‹Nones› für Orchester* (1954), *‹Alleluja/Alleluja II›* (1956 bis 1958) *für Orchester, ‹Serenata› für Flöte und 14 Instrumente* (1957), *‹Tempi concertati› für Flöte, Violine,* *zwei Klaviere und Orchester* (1958/59) entwickeln gewisse Prinzipien des seriellen Denkens, ohne sich aber der uniformisierenden Kraft eines totalen Serialismus zu unterwerfen. Trotz rationaler Planung und bewußter Strukturkonzeption bewahrt BERIO – auch zur Zeit des strengsten Serialismus – seine eindeutig antidogmatische Einstellung. In einem Aufsatz aus dem Jahre 1968, unter dem Titel «Meditation über ein Zwölftonpferd», schrieb BERIO: «Die Ideologie der Kulturindustrie neigt dazu, Erfahrung zu Schemata und Stilen erstarren zu lassen: Formbildung wird *Form*; ein Instrument wird *Apparat*; ein gesellschaftliches Ideal wird *Partei*; Schönbergs und Weberns Poetik wird das *Zwölfton-System*. Mir dagegen ist es wichtig, daß ein Komponist in der Lage sein sollte, die relative Natur musikalischer Prozesse unter Beweis zu stellen: Ihre Strukturmodelle, die auf vorheriger Erfahrung beruhen, bringen nicht nur Gesetze hervor, sondern auch die Umwandlung und die Zerstörung eben dieser Gesetze.

Das Bewußtsein eines Komponisten von der Funktionspluralität seines eigenen Rüstzeugs bildet die Grundlage seiner Verantwortung, genauso wie im täglichen Leben die Verantwortung eines jeden mit der Erkenntnis der Multiplizität menschlicher Rassen, Bedingungen, Nöte und Ideale beginnt. Ich würde sogar so weit gehen zu sagen, daß jeder Versuch, die musikalische Realität zu einer Imitationsgrammatik zu kodifizieren (ich beziehe mich hauptsächlich auf die mit dem Zwölfton-System verbundenen Bestrebungen), das Kainsmal des Fetischismus trägt, der mit dem Faschismus und dem Rassismus die Tendenz teilt, lebende Prozesse auf starre, etikettierte Objekte zu reduzieren, die Tendenz, sich eher mit Formeln abzugeben als mit Substanz.»

Die Tendenz, sich eher mit der Substanz eines Werkes als mit strukturellen Formeln zu beschäftigen, kann man schon im frühen Werk von BERIO, etwa in *‹Nones› für Orchester* (1954) deutlich beobachten. Das Stück ist auf einer symmetrischen Reihe von dreizehn Tönen aufgebaut. Permutationen von Tonhöhengruppen in der Reihe, progressive Veränderungen und Mutationen der Tondauern im Geiste des seriellen Denkens kann man leicht bei der Analyse der Partitur nachweisen. Der symphonische Ablauf des Stücks ist durch eine Folge von Spannungen und

Entspannungen gekennzeichnet, sie werden durch Verdichtung und Verringerung des Tonmaterials erzeugt, und zwar in den beiden polaren Richtungen vom chromatischen Total (mit dem Effekt des «weißen Rauschens») bis hin zur leeren Oktave. Die musikalische Dramaturgie dieses Stücks, ebenso wie seine formale Geste, entsprechen einer musikalischen Konzeption, die viel umfassender ist als die serialistische Erforschung der klanglichen Materie.

Für Pierre Boulez und sein Ensemble «Domaine musical» in Paris schrieb Berio 1957 die *‹Serenata› für Flöte und 14 Instrumente:* ein Stück, das die serielle Technik frei entwickelt. Die virtuose Partie der Soloflöte, ebenso wie die ein Jahr später geschriebene *erste ‹Sequenza› für Flöte solo* wurde von der Virtuosenkunst des Flötisten Severino Gazzelloni inspiriert. Die vierzehn in der *‹Serenata›* verwendeten Instrumente bilden keine Begleitung für die Soloflöte, sondern erweitern ihre Möglichkeiten in einer ständigen Wechselwirkung der musikalischen Elemente, die die Töne der Reihe relativ frei permutieren. Schon in dieser *‹Serenata›* – also noch im Kontext des seriellen Denkens – definiert Berio einige wesentliche Konstruktionsprinzipien seiner Musik. «Technik» ist für ihn keine abstrakte Gegebenheit, die von außen her selbständig auf das Werk einwirkt, sondern sie ist etwas aus der musikalischen Idee selbst und aus seiner spezifischen Musikalität heraus Gewachsenes. Eine so gestaltete Musik ist nicht dialektisch, sondern ganzheitlich aus einem Ideenkern entwickelt.

Ein wesentlicher Aspekt der Instrumentalmusik von Luciano Berio ist in seinen *‹Chemins›*(«Wege»)*-Stücken* enthalten (dazu gehört auch *‹Corale› für Geige, 2 Hörner und Streicher* (1981). Die *‹Chemins›* (wie auch *‹Corale›*) stellen die Orchestertranskriptionen der *‹Sequenze› für Soloinstrumente* dar. Die Orchestertextur, die die Solostimme umgibt, erweitert und entwickelt die musikalischen Eigenschaften jeder ursprünglichen *‹Sequenza›*. *‹Chemins I› für Harfe und Orchester* (1965) ist wie ein musikalischer Kommentar der *‹Sequenza II› für Harfe* (1963); die *‹Chemins II und III›* (1967 bis 1972) beziehen sich auf die *‹Sequenza VI› für Bratsche* (1967): *‹Chemins II›* (1967) ist eine Transkription für Bratsche und neun Instrumente; die *‹Chemins III›* schließen die musikalische

Erweiterung dieser ‹*Sequenza VI*› in die dichtere Textur des Orchesters ein: So entsteht das Stück ‹*Chemins III*› *für Bratsche, neun Instrumente und Orchester.* ‹*Chemins IV*› *für Oboe und Streicher* (1975) entwickelt die ‹*Sequenza VII*› (1969) *für Oboe solo.* ‹*Corale*› (1981) ist eine musikalische Erweiterung der ‹*Sequenza VIII*› *für Solovioline* (1975). Über diese Art von kompositorischer Arbeit, welche Konstellationen aus ähnlichen Werken – aus verschiedenen Versionen *einer* musikalischen Substanz schafft – sagt BERIO: «Die drei Stücke – ‹*Sequenza*› für Bratsche, ‹*Chemins II*› für Bratsche und neun Instrumente und ‹*Chemins III*› für Bratsche, neun Instrumente und Orchester – halten wie die Schichten einer Zwiebel zusammen: unterschiedlich, getrennt und trotzdem aufeinandergeklebt. Jede neue Schicht bildet eine an der vorigen Schicht haftende neue Fläche; und jede vorige Schicht übernimmt eine neue Funktion, sobald sie wieder verdeckt wird.»

Die Transkription ist für BERIO eine permanente und wesentliche Dimension des Komponierens, gewissermaßen ein Instrument für die Analyse der musikalischen Realität. Diese aktive Transkription ist keine ornamentale Variation eines früheren Werkes, sondern ein Umkomponieren, ein Verwandeln, eine weitere Entwicklung der musikalischen Materie.

Die Transkriptionen bedeuten also die ständig aktive Beziehung des Komponisten den verschiedenen musikalischen und außermusikalischen Phänomenen gegenüber: Die verschiedenen literarischen Quellen für die szenischen Stücke, die verschiedenen volkstümlichen vokalen und instrumentalen Techniken, die Werke von anderen Komponisten – MONTEVERDI, BOCCHERINI oder MAHLER – und auch die eigenen musikalischen Kompositionen sind sozusagen als Gegebenheit betrachtet, die man immer wieder umkomponieren kann, um neue Bedeutungen und neue Wirkungsfähigkeiten der Transkription zu entwickeln. Der Weg von einem Werk zum anderen, die Wege von mehreren Werken zu einem neuen oder zu mehreren neuen – schließlich das Labyrinth von Wegen im künstlerischen Wandern des Komponisten, alles das beruht auf der Transkription, einem Kompositionsverfahren, das seine lange Geschichte hat.

Die Transkriptionen in den instrumentalen Werken von BERIO

sind immer spezifische musikalische Kommentare: Kommentare eines früheren Stücks (wie im Fall der *‹Sequenza›*-Stücke, die in *‹Chemins›* verwandelt wurden); Kommentare eines fremden Werkes (wie des Scherzos aus der *zweiten Symphonie* von MAHLER in der *‹Sinfonia›*, 1968/69); Kommentare einer spezifischen Technik (wie die Hoquetus-Technik aus Zentralafrika, die in der komplexen Textur von *‹Coro› für 40 Stimmen und Instrumente*, 1974 bis 1976, bearbeitet wurde); Kommentare der Prinzipien einer musikalischen Gattung (wie im *Concerto für zwei Klaviere und Orchester*, 1972/73) und teilweise in *‹Linea›* (1973) *für zwei Klaviere, Vibraphon und Marimbaphon* und *‹Points on the curve to find...› für Klavier und 22 Instrumente* (1974); Kommentare verschiedener Volkslieder oder typischer Prinzipien der Volksmusik (wie in den rein instrumentalen Werken *‹Ritorno degli Snovidenija› für Violoncello und 30 Instrumente*, 1976/77), wo russische Volkslieder bearbeitet wurden oder *‹Voci› für Bratsche und zwei Orchestergruppen*, 1984, wo italienische Volkslieder transkripiert wurden. Das *Concerto für zwei Klaviere und Orchester* (1972/73) ist ein überzeugendes Beispiel der umfassenden Transkriptionstechnik BERIOS. Einerseits übernimmt es die Transkriptionsprinzipien der *‹Chemins›* in bezug auf die *‹Sequenza›*; andererseits entwickelt das *Concerto* das Prinzip der Deduktion der musikalischen Texturen, anders gesagt das Prinzip der konsequenten Transkription, die die kohärente Totalität des Werkes bildet. Die Solopartien der zwei Klaviere, aber auch die Soloabschnitte für die Solisten im Orchester – Flöte, Violine, Klarinette – sind jenen Prinzipien der Transkription unterworfen, die die *Solo-‹Sequenza›-Stücke* in die *‹Chemins›* umwandeln. Deswegen erscheint das *Concerto für zwei Klaviere* auch als eine kohärente und konzentrierte Transkription von mehreren *‹Sequenza›* und *‹Chemins›*. Zugleich ist das Werk eine zeitgenössische Transkription der traditionellen musikalischen Gattung; ein Umkomponieren – auf Grund der Transkription – der Prinzipien des instrumentalen Konzerts.

Die Musik von BERIO ignoriert bewußt alle traditionellen Grenzen: die Grenzen zwischen Klang und Geräusch, zwischen Wort und Klang, zwischen literarischer und musikalischer Materie, zwischen elektronischem und akustischem Klanggeräusch, zwischen instrumentalen und vokalen Gattungen, zwischen verschiedenen musikalischen Traditionen, zwischen Musik und Theater. Seine ‹*Sinfonia*› (1968/69) ist erstaunlicherweise nicht für symphonisches Orchester, sondern für acht Stimmen und Instrumente komponiert. Sie entwickelt die Prinzipien der aus instrumentalen ‹*Quaderni*› und vokal-instrumentalen Stücken (auf Texten von M. Proust, A. Machado, J. Joyce, E. Sanguineti, C. Simon und B. Brecht) bestehenden ‹*Epifanie*› (1959 bis 1965) *für Sopran (Mezzosopran) und Orchester* weiter. Der fünfteilige Zyklus der ‹*Sinfonia*› ist symmetrisch um das Scherzo – den dritten Satz – aufgebaut: Der erste und der fünfte Satz erarbeiten musikalisch die Problematik des Mythos nach der Auffassung von C. Lévy-Strauss (vgl. sein Buch «Le Cru et le Cuit»; Plon, Paris 1964); der zweite und der vierte Satz bilden den lyrischen Rahmen für das Scherzo. Der zweite Satz ‹*O King*› ist dem getöteten Führer der Schwarzen, Martin Luther King, gewidmet; der vierte Satz erinnert eindeutig an den vierten Satz ‹*Urlicht*› (‹*O Röschen rot...*›) der ‹*Auferstehungs*›*-Symphonie* von MAHLER. Das Scherzo aus der ‹*Sinfonia*› ist das klassische Beispiel für die Collage- und Zitattechnik in der zeitgenössischen Musik geworden: Auf Grund des Scherzos aus der *zweiten Symphonie* von MAHLER komponiert BERIO seine eigene theatralische Vision der Musikgeschichte, aber auch sein eigenes Porträt als Komponist. Die Musikgeschichte sieht er mit den Augen eines seltsamen, fröhlichen, «verkehrten» Dante Alighieri: von seinem Vergil, das heißt von MAHLER begleitet, entdeckt BERIO in dessen Scherzo die wunderbare Fülle der musikalischen Tradition wieder. BACH, BEETHOVEN, BERLIOZ, STRAUSS, DEBUSSY, RAVEL, STRAWINSKY, SCHÖNBERG, BERG, WEBERN, HINDEMITH; aber auch die Zeitgenossen und die Freunde – BOULEZ, STOCKHAUSEN, POUSSEUR, GLOBOKAR... sie sind da, um das Theater der Musikgeschichte und das Porträt von BERIO aus ganz verschiedenen Facetten zusammenzustellen. Die notwendige Voraussetzung für die Theatralisierung der Orchestermusik bei BERIO ist die Anwesenheit der Stimme. Die Aussage eines Textes oder die vokale Darstellung einer Emotion brauchen nicht unbedingt eine visuelle, szenische Aufführung, um als Musiktheater empfunden zu werden. Die Musik der Sprachen und die Äußerungen ohne Worte der Emotionen bilden die mehrschichtige heterogene Materie der komplexen Komposition. Einer ähnlichen Kompositionsstrategie ist das Stück ‹*Laborintus II*› (1965) *für Stimmen, Instrumente, Tonband, drei Frauenstimmen, Sprechchor und Sprecher* auf eine Textkomposition von Edoardo Sanguineti unterworfen.

Die Transkription vielfältiger musikalischer und literarischer Realitäten im Schaffen von Berio erlaubt eine immer neue Erfindung schon bekannter Realitäten. Sie ermöglicht, mehrere und andere Gesichter einer Wahrheit musikalisch zu enthüllen. Warum immer die Transkription? Hier Berios Antwort: «Nichts ist abgeschlossen. Sogar ein vollendetes Werk ist der Ritus und der Kommentar von etwas, was früher geschehen ist, oder von etwas, was später kommen wird. Die Frage fordert nicht unbedingt eine Antwort heraus, sondern einen Kommentar, eine andere Frage, mehrere Fragen. Jede unserer Handlungen kommentiert und führt etwas anderes weiter: in diese Fülle von Wegen, die unvermeidlich zu anderen Wegen leiten. Und jeder Weg verzweigt sich in ein Flechtwerk von Stämmen, Ästen, Zweigen. Unser Platz ist hier, auf dem äußersten und dünnsten Zweiglein, von wo wir das immer neue Sprießen der möglichen Bedeutungen beobachten. Ihre Wege können wir nur dann verfolgen, wenn wir nach hinten schauen, und vielleicht auch nach vorne, wo die Wege sich in drei Millionen neue Richtungen verbreiten; mit der einzigen Gewißheit für uns, daß nur einige von ihnen zu etwas anderem führen werden als nur zu einer neuen unübersichtlichen Verdichtung von Wegen...»

Ivanka Stoianova

Pierre Boulez

geb. Montbrison, 25. März 1925

«Die musikalische Erfahrung muß sich gegenüber neuen Schemata, neuen Strukturen, neuen Vorschlägen ganz allgemein (wie gegenüber jedem intellektuellen Vorschlag) drei grundsätzlichen Fragen stellen: nach dem *Sinn*, nach der *Gültigkeit*, nach dem *Nutzen*. Hat zum Beispiel ein neues Strukturierungsmittel einen Sinn? Wenn es Sinn hat, hat es auch fast immer die seinen Eigentümlichkeiten entsprechende Gültigkeit. [...] Der Musiker macht sich sehend durch eine lange, gewaltige und überlegte *Regelung* aller Sinne.» – Die Schlußworte der Vorlesungen des französischen Avantgardekomponisten PIERRE BOULEZ bei den Darmstädter Ferienkursen 1960 (P. Boulez: Musikdenken heute 2, 1985) haben ihre Gültigkeit für sein eigenes kompositorisches Schaffen nie verloren. Die zahlreichen Orchesterwerke von BOULEZ, die in den letzten fünfunddreißig Jahren entstanden sind – von ‹*Polyphonie X*› (1951/1977) bis ‹*Répons*› (1982/1985/...) – lösen mit verschiedenen Mitteln das gleiche triadische Problem der Beziehung zwischen Sinn, Gültigkeit und Nutzen.

BOULEZ gehört zu jenen Komponisten, die ein musikalisches Werk in allen seinen klanglichen und konstruktiven Facetten so lange bearbeiten, bis es wie ein geschliffener Edelstein daliegt. Mehrere von seinen Orchesterwerken wurden bearbeitet, erweitert, verbessert: Auf der permanenten Suche nach maximaler Deutlichkeit der musikalischen Gedanken und nach maximaler formalen Perfektion des Werkes, entstehen mehrere Versionen – oder Transkriptionen – desselben kompositorischen Projekts: ‹*Le Soleil des eaux*› für Sopran, Tenor, Baß und Orchester (Gedichte von R. Char) (1948/1958/1965), ‹*Le Marteau sans Maître*› (1953/1955/1957) für Alt, Altflöte, Gitarre, Vibraphon, Xylorimba und Schlagzeug, ‹*Doubles*› (1957/58) und ‹*Figures, Doubles, Prismes*›

(1963 bis 1968) für großes Orchester, ‹*Eclat*› (1965) und ‹*Eclat-Multiples*› für Schlagzeugensemble und Orchester (1966 bis 1970), ‹... *Explosante – fixe*...› (1971 bis 1973) für variables Ensemble (1971 bis 1973), dann ‹*Répons*› (1981/1982/1984) für Instrumentalensemble, Solisten und Tonbänder, realisiert mit Computer und Behandlung *en temps réel* – alle diese Werke von Boulez wurden umkomponiert, transformiert, weiterentwickelt. Um diese Spezifität seiner Kompositionsarbeit zu charakterisieren, gebraucht Boulez selbst ein Bild aus der organischen Natur: «Wucherung» – ein Bild, das seinen wichtigen Platz in der «Rhizom»-Theorie des französischen Philosophen und Freunds von Boulez, G. Deleuze, hat. Auch wenn es in der Musik von Boulez, etwa seit den späteren sechziger Jahren, einen deutlichen Wandel zu ausgedehnteren Zeitkonzepten, Zeitempfindungen gibt, an der Genauigkeit und Solidität der musikalischen Baugerüste hält er besonders fest. Es ist nicht zuletzt diese kompromißlose Härte, auch Klarheit, die die Überzeugungskraft des Komponisten ausmacht. Die Werke von Pierre Boulez, sagte mit Recht der italienische Komponist Aldo Clementi (und nicht um mit dem Wort zu spielen), sind wie «pierres précieuses» – wie Edelsteine.

Der Weg der «Edelsteine» von Boulez zum Publikum war und bleibt – obwohl in der letzten Zeit die Konzerte mit seiner Musik unter seiner Leitung in Paris einen großen Erfolg bei einem bestimmten Kreis haben – relativ schwierig. Damit war und bleibt der Komponist und der Dirigent Boulez sich bewußt. Es ist eine Tatsache, daß er mit Konzessionen dem unvorbereiteten Publikum gegenüber eigentlich nie einverstanden war. Als Direktor des Pariser Forschungsinstituts IRCAM und des Ensembles Intercontemporain (EIC) – seit zehn Jahren – hat sich Boulez aber sehr bemüht, das interessierte Publikum musikalisch weiter zu erziehen. Wie die anderen musikalischen Milieus hat die zeitgenössische Musik auch «ihre Börsenkurse und -werte und ihre Statistiken» – sagte Boulez in einem Gespräch von 1983 mit dem französischen Philosophen Michel Foucault. – «Die verschiedenen Kreise der Musik mögen sich von Dantes Höllenkreisen in vielem unterscheiden; sie sind jedoch wie diese ein Gefängnissystem. Die meisten fühlen sich in diesen Kerkern wohl, andere hingegen leiden bitter.»

Im «Kerker» der zeitgenössischen Musik – auch in seiner eigenen Musik – ging die Entwicklung «in Richtung auf eine immer radikalere Erneuerung von Form und Sprache. Die neuen Werke wurden in ihrem Charakter singulär. Sie haben gewiß ihre Vorbilder, aber man kann sie nicht mehr auf irgendein von jedermann a priori akzeptiertes Leitschema zurückführen. Dies ist sicherlich ein Hindernis für die sofortige Verständlichkeit. Dem Hörer wird zugemutet, daß er sich mit dem Ablauf des Werkes vertraut macht. Was voraussetzt, daß er es mehrere Male hört. Ist ihm der Ablauf vertraut, dann fallen das Verständnis des Werkes und die Wahrnehmung dessen, was es ausdrücken will, auf fruchtbaren Boden. Daß ein neues Werk schon beim ersten Hören verstanden wird, ist heute kaum noch wahrscheinlich» (P. BOULEZ).

Dank der klanglichen und formalen Perfektion in den Werken von BOULEZ ist ihr Weg zum Publikum schon geschaffen. Die musikalische Dichte der Gedanken und die Komplexität der kompositionstechnischen Verfahren erlauben die *lectures différentes, toutes vraies* – «die verschiedenen, immer wahrhaften Lesearten» (nach der Formel von Mallarmé, der von BOULEZ vertont wurde) beim wiederholten Hören des (erweiterten, umkomponierten) komplexen Werkes.

Die Orchesterwerke von BOULEZ kann man in drei Gruppen einteilen:
- Werke für großes Orchester;
- Werke für Stimme(n) und Orchester;
- Werke für verschiedene Kammerorchester.

Zu der ersten Gruppe gehören die Werke *‹Polyphonie X›* in seiner zweiten Version von 1977 (die erste wurde 1951 für achtzehn Musiker geschrieben), *‹Doubles›* (1957/58), *‹Figures, Doubles, Prismes›* (1963 bis 1968), *‹Rituel›* (1974/75) *in memoriam Maderna* für Orchester in acht Gruppen, *‹Notations I–IV›* (1978 bis 1980) und *‹Répons›* (1982 bis 1985/...). Der Entwicklungsgang von *‹Polyphonie X›* zu *‹Répons›* ermöglicht, die wichtigsten Anhaltspunkte in der kompositorischen Forschung – vom strengen Serialismus zur neuesten Technologie – zu beobachten.

In *‹Polyphonie X›* (1950/51), die vom Orchester des SWF unter der Leitung von Hans Rosbaud im Rahmen des Festivals in Donaueschingen 1951 uraufgeführt wurde, kann man die Erweiterung des seriellen Denkens ablesen. Der Titel entspricht einem graphischen Symbol der Kreuzung («X»), da verschiedene, meistens rhythmische Strukturen in verschiedene Richtungen (Vergrößerung, Verkleinerung) sich kreuzen. «Ein Übergangswerk, wo eine theoretische Übertreibung zum Vorschein kommt», sagte BOULEZ über ‹*Polyphonie X*› später. – «Die Prinzipien, die Ideen wiesen in die richtige Richtung, aber ihre Realisation war zu schematisch, um wirkungsvoll zu sein.»

‹*Figures, Doubles, Prismes*› (1963 bis 1968) gehört zu den Werken von BOULEZ, die relativ selten gespielt werden. Dieses Orchesterwerk ist, wie SCHÖNBERGS *Variationen op. 31* in einzelne Segmente aufgeteilt, diese sind aber unterschiedlich lang, und auch die Pausen zwischen ihnen sind von unterschiedlicher Dauer. Die einzelnen Segmente sind voll individualisiert und heben sich deutlich voneinander ab. Die Kompositionstechnik in diesem Werk von BOULEZ ist mit der später erarbeiteten Gruppenkomposition bei STOCKHAUSEN vergleichbar. Die Verwendung des Orchesters unterscheidet sich grundsätzlich von der symphonischen Tradition: Statt der deutlich voneinander abgegrenzten Klanggruppen des klassisch-romantischen Orchesters entsteht bei BOULEZ ein Labyrinth, ein Gewirr von Interaktionen zwischen den einzelnen, eher kleinen Instrumentengruppen. Ihr Standort auf dem Podium ist in der Partitur genau angegeben. Die kleinen «Klanginseln», die beim Spielen des Werkes entstehen, sind besonders flüchtig, beweglich, flexibel. Es handelt sich um bewegliche Raummusik, die durch die schnell wechselnden klanglichen Perspektiven wirkt. Die Klanggruppen in diesem Werk sind in ständiger Transformation konzipiert; und doch besitzt global jede für sich einen eigenen, ausgeprägten Charakter. Für Th. Hirsbrunner ist das Werk ‹*Figures, Doubles, Prismes*› «vor allem am Anfang mit seinen fein strukturierten Segmenten oder Gruppen ein Roman mit kurzen Kapiteln wie ‹Der Mann ohne Eigenschaften› von Robert Musil, der trotz der vielen Detailformen unendlich auswuchert und kein Ende findet».

‹*Rituel*› (1974/75) ist das am meisten gespielte Orchesterwerk von BOULEZ (Uraufführung: BBC Symphony Orchestra, PIERRE

BOULEZ, London, 2. April 1975). Das Werk wurde in memoriam BRUNO MADERNA, des italienischen Komponisten und Dirigenten, Freundes von BOULEZ, geschrieben. Die Orchestermusiker bilden in diesem Werk nicht ein Orchester im klassisch-romantischen Sinn, sondern sind in acht Gruppen aufgeteilt. Die Gruppen 1 bis 8 enthalten eine von einem bis auf sieben Instrumente anwachsende Anzahl von ausschließlich Holzbläsern und Streichern; die achte Gruppe besteht aus Blechbläsern. Jeder Gruppe von 1 bis 8 ist je ein Schlagzeuger beigestellt (nur die Gruppe 8 hat zwei Schlagzeuger), von denen jeder über ein großes Arsenal von Instrumenten (auch von außereuropäischen) verfügt. Die Rolle des Dirigenten ist besonders wichtig, da er nicht taktiert, sondern den einzelnen Gruppen ihre Einsätze gibt. Die Schlagzeuger sind die untergeordneten Dirigenten für jede Gruppe. Das musikalische Material, das von BOULEZ als Ausgangspunkt für dieses Werk verwendet wurde – der erste Akkord in ‹*Rituel*› –, ist ein Akkord aus dem Werk ‹*Symphonies of wind instruments*› (1920, revidiert 1947), einem Werk, das in memoriam CLAUDE DEBUSSY komponiert wurde. Die Musikstruktur fußt auf der wiederholten Opposition von zwei verschiedenen Texturtypen: einer homophonen, harmonischen, vertikalen Textur (*très lent*) und einer polymelodischen, linearen, horizontalen Textur (*modéré*). Die globale Form ist «nach vorn» – zum Schlußton – gerichtet: «es» – «s»: «es» ist das Zentrum des ersten Akkords von ‹*Rituel*›, um den das ganze Werk kreist; «S» ist der Initialbuchstabe von STRAWINSKY, ein Initial, das hier als «musikalisches Kryptogramm» mit einer ganz privaten, nicht musikalischen Bedeutung (P. BOULEZ) einbezogen wurde.

Die ‹*Notations I–IV*› (1978 bis 1980) sind eine Orchesterversion der Klavierstücke aus dem Jahre 1945, die dem Komponisten SERGE NIGG gewidmet und von Yvette Grimaud uraufgeführt wurden. In den zwölf Klavierstücken ‹*Notations*› des zwanzigjährigen Komponisten kann man eine eindrucksvolle Synthese aus französischer Musik (DEBUSSY, MESSIAEN), aus deutscher Musik (SCHÖNBERG, WEBERN), aber auch aus STRAWINSKY, BARTÓK und vor allem BOULEZ hören. Bis jetzt hat BOULEZ vier Stücke in eine Orchesterversion umkomponiert: Die Anordnung, die der Komponist empfiehlt, ist: 1–4–3–2. In der endgültigen, noch nicht existierenden Orchesterfassung aller zwölf Stücke von *‹Notations›*, die als «geheimnisvolle Epigramme» (M. Fleuret) klingen, sollte der Dirigent über die Zahl und die Folge der ausgewählen Stücke frei entscheiden.

Obwohl *‹Répons›* (1981/82/1984...) kein großes Orchester verwendet, gehört dieses Werk von BOULEZ zu den größten und wichtigsten Orchesterwerken der zeitgenössischen Musik. *‹Répons›* ist das erste Werk, in dem BOULEZ die Möglichkeiten der neuesten Technologie in seinem Forschungsinstitut in Paris – IRCAM –, aber auch die Möglichkeiten des Experimentalstudios der Heinrich-Strobel-Stiftung des Südwestfunks verwendet. Nach seiner Uraufführung 1981 in Donaueschingen wurde das Werk später in erweiterten Fassungen und teilweise anderen Besetzungen (ur)aufgeführt: 1982 in London, 1984 in Turin und Paris, eine neuere erweiterte Version ist für Avignon 1988 vorgesehen. Das Werk ist für sechs Solisten, Kammerensemble, Computerklänge und Liveelektronik komponiert. Daß hier BOULEZ eine neue Technologie verwendet, bedeutet nicht einen Bruch mit seiner üblichen Art des Komponierens, sondern eine Fortsetzung der früheren Bestrebungen mit neuen Mitteln. Der Titel bringt das responsoriale Singen der christlichen Kirche ins Spiel: Es geht aber um Verzögerung und Dephasierung der von den Solisten gespielten Töne, um Modulation des Instrumentalklangs durch Multiplikation eines Signals mit einem anderen, um selektive Modifikation der Klangfarbe durch Modulation. Diese drei Prozesse, die zusammen oder einzeln ablaufen können, sind mit der von Giuseppe di Giugno aufgebauten Maschine «4X» (ein Computer für Klanganalyse, -synthese und -transformation) möglich. Neben der «4X» wird auch das von Hans-Peter Haller im Studio der Heinrich-Strobel-Stiftung des Südwestfunks in Freiburg im Breisgau gebaute «Halaphon» eingesetzt: In *‹Répons›* dient dieses Gerät dazu, die Beziehungen zwischen den Solisten und der «4X» zu kontrollieren und das Wandeln der Klänge von einem Lautsprecher zum anderen zu ermöglichen. Ein anderes Gerät – ein von Didier Roncin in IRCAM konstruierter Prozessor – löst die Bänder mit synthetischer Musik in gewissen Augenblicken aus, das heißt, wenn die

Musiker «forte» spielen. ‹*Répons*› ist für drei verschieden besetzte Instrumentengruppen geschrieben: für ein Orchester aus 24 Musikern, die in der Mitte des Saals disponiert werden; für sechs Solisten (Klavier, Klavier mit Orgel, Harfe, Cymbalum, Vibraphon und Xylophon/Glockenspiel), die um das Publikum aufgestellt sind (das Publikum sitzt zwischen dem Orchester in der Mitte und den Solisten in der Peripherie des Saals); und für elektronische Instrumente. Die spezifische Verteilung der Musiker im Saal erlaubt eine besonders deutliche Empfindung der räumlichen Dimension der klanglichen Materie beim Hören des Werkes. Nach den eigenen Worten von BOULEZ zeigt ‹*Répons*› deutlich die neueste Phase seiner «Neigung zu Kompositionsverfahren, die von der mittelalterlichen Musik frei abgeleitet wurden» (BOULEZ).

Die *Werke für Stimme und Orchester* gehören zu den bekanntesten Werken von BOULEZ. Die ersten zwei, nach Texten von René Char – ‹*Le Visage nuptial*› (1946/47; 1951/52; 1957) und ‹*Le Soleil des eaux*› (1948; 1950 zurückgezogen; 1958; 1965) – wurden mehrmals bearbeitet und relativ selten aufgeführt, obwohl sie als die lyrischsten und expressivsten Werke von BOULEZ gelten. ‹*Le Marteau sans maître*› (1953 bis 1955; 1957) für Alt und sechs Instrumentalisten, dann vor allem ‹*Pli selon pli, Portrait de Mallarmé*› (1957 bis 1984) für Sopran und Orchester sind ohne Zweifel die Meisterwerke, die den Komponisten bei einem breiten Publikum berühmt gemacht haben. ‹*Pli selon pli*› ist ein Zyklus aus fünf Stücken: ‹*Don*› (1962) für Orchester und Sopran, drei ‹*Improvisationen über Mallarmé*› für Sopran und verschiedenen Instrumentalbesetzungen nach drei Gedichten von Stéphane Mallarmé (1958; 1960 bis 1984) und ‹*Tombeau*› (1959/60) für Orchester und Sopran.

In ‹*Don*› und ‹*Tombeau*› hat die Stimme eine relativ sekundäre Rolle: für ‹*Don*› wird aus dem Gedicht von Mallarmé ‹*Don du poème*› nur der erste Vers übernommen, um dann die Singstimme Fragmente der folgenden Improvisationen als Vorahnungen singen zu lassen; in ‹*Tombeau*› bringt die Singstimme nur den letzten Vers des Gedichts ‹*Tombeau de Verlaine*› («Un peu profond ruisseau calomnie la mort»), bevor der letzte Akkord, der identisch mit dem ersten Akkord von ‹*Don*› ist, das Werk abschließt. Im

Verlauf der fünf Stücke, die den Zyklus bilden, dringen die Worte durch den raffiniert auskomponierten «Klangschleier», um immer wieder zu verschwinden, was eine direkte Realisation des Werktitels ‹*Pli selon pli*› darstellt; eine Formulierung, die BOULEZ dem Mallarmé-Gedicht «Remémoration d'amis belges» entnommen hat, wo dargestellt wird, wie sich die Nebelschleier über der Stadt Brügge allmählich heben. Die zwei Orchesterwerke im Rahmen von ‹*Pli selon pli*› – ‹*Don*› und ‹*Tombeau*› – übersetzen nicht die Gedichte von Mallarmé in Musik. Sie sind als eine symphonische Übertragung – eine «Transposition», wie Mallarmé sagte – der poetischen Welt des Dichters gedacht. Die Gedichte selbst sind als «Zentrum und Abwesenheit», nach der BOULEZ-Theorie der Beziehung zwischen Wort und Klang, im «Klangkörper» des Werkes inkorporiert. In ‹*Cummings ist der Dichter*› (1970) für sechzehn Solostimmen und 24 Instrumente versucht der Komponist nicht nur den poetischen Sinn des Gedichts von E. E. Cummings, sondern auch die räumliche Verteilung des Textes auf dem Blatt musikalisch zu «transponieren».

Die dritte Gruppe – die Werke für verschiedene Kammerensemblebesetzungen – ‹*Eclat*› (1965) für fünfzehn Instrumente, ‹*Eclat-Multiples*› (1966/...) für 27 Instrumente, ‹*Domaines*› (1961 bis 1968) für Klarinette und 21 Instrumente, ‹*... Explosante – fixe...*› (1971/72) für variable Besetzung gehören zu den wichtigsten Werken in der zeitgenössischen Musik, in denen die kompositionstechnischen Verfahren des erweiterten Serialismus und der «offenen» – variablen – Form erarbeitet wurden.

Ivanka Stoianova

Hans Werner Henze

geb. Gütersloh, 1. Juli 1926

HENZE entstammt einer kinderreichen Lehrerfamilie aus Gütersloh. Mit zwölf Jahren begann er zu komponieren. Ohne Abitur wurde er 1943 Student an der Braunschweiger Musikhochschule (Theorie, Klavier, Schlagzeug). Die letzten Kriegsmonate verbrachte er als Funker in einer Panzereinheit, was in ihm ein Trauma ohnmächtiger Mitschuld, aber auch den niemals erlahmenden Widerwillen gegen Krieg und Faschismus weckte. 1946 ging er als Kompositionsschüler zu WOLFGANG FORTNER nach Heidelberg. Da FORTNER auf Anfrage die SCHÖNBERGsche Zwölftontechnik für «erledigt» hielt, brachte HENZE sich diese Komponiermethode 1947 selbst notdürftig bei. Gleichwohl standen seine ersten Nachkriegswerke vor allem unter dem Einfluß HINDEMITHS (dessen Ausstrahlung allgemein bis in die frühen fünfziger Jahre hinein recht stark war).

Zu diesen Frühwerken zählt auch die *erste Symphonie* (1947), ein knapp dimensioniertes Werk in drei Sätzen, naiv und unbefangen in seiner «musikantischen» Machart. HENZE bezeichnete das Stück später als «reinen Fehlschlag» und bemängelte primitive Faktur, schlechten Klang und zu eilige Niederschrift. 1963 unterzog der Komponist die Symphonie einer gründlichen Neubearbeitung, die einerseits die Orchesterbesetzung reduzierte, andererseits aber auch für raffiniertere Klangaspekte sorgte (Altflöte, Englischhorn und Baßklarinette wurden charakteristisch einbezogen). In der neuen Gestalt (HENZE erläuterte sie 1963: «Nun habe ich eine neue Fassung gemacht, das Material neu geordnet und zu rekonstruieren versucht, was ich damals wollte: wie wenn ein Lehrer seinen Schüler helfend korrigiert») wirkt das Stück nun reif, gekonnt und meisterlich, ohne daß der jugendliche Schwung verlorengegangen wäre (natürlich gäbe es sicher Gründe, auch für die «rohe» Urfassung zu plädieren). Polytonale Bildungen sind im ersten Satz wie auch im folgenden «Notturno» anzutreffen. Bemerkenswert, wie wenig «schulmäßig» HENZE im Kopfsatz die Sonatenform handhabt. Daß das Finale eigentlich ein Variationssatz ist, wird, angesichts der dauernden melodischen Gestaltveränderungen eines niemals recht greifbaren «Themas», beim ersten Hören kaum merklich.

Von 1947 an nahm HENZE mehrere Jahre an den «Internationalen Ferienkursen für Neue Musik» teil, die anfangs im Jagdschloß Kranichstein bei Darmstadt, später in Darmstadt selbst tagten. Bezeichnenderweise war es kein deutscher Komponist oder Theoretiker, sondern RENÉ LEIBOWITZ aus Paris, der hier die jungen, lernbegierigen Musiker in die Dodekaphonie einwies und damit einen wichtigen Grundstein zur Entwicklung der «seriellen» Musik (die in den fünfziger Jahren zur Doktrin dieser «Darmstädter Schule» erklärt wurde) legte. HENZE wollte es noch genauer wissen und folgte LEIBOWITZ 1948 nach Paris, suchte außerdem noch Kontakt zu dem Zwölftonkenner JOSEF RUFER. Gegenüber dem symphonischen Erstling bildete die 1949 vorgelegte *zweite Symphonie* HENZES nach diesen Studien einen beträchtlichen Fortschritt; unverkennbar sind in diesem Werk die differenziertere Orchesterbehandlung, das Streben nach unmittelbarem Ausdruck und der souveräne Umgang mit verschiedensten Kompositionsmaterialien. Es fällt im stilistischen Umkreis der *zweiten Symphonie* (mehr noch beim *ersten Violinkonzert* als bei dieser) auf, daß HENZE sich keiner «orthodoxen» Handhabung der «Komposition mit zwölf nur aufeinander bezogenen Tönen» unterzog, sondern dodekaphonisch organisierte Passagen mit tonal zentrierten (oder auch freiatonalen) zu konfigurieren liebt. Dadurch gewinnt die Musik eine große Polyvalenz und Farbigkeit. Bereits ein Jahr nach der *zweiten* entstand die *dritte Symphonie*, in deren Finale polytonale Blechbläserschichtungen auftauchen, wie sie für HENZES späteren Orchestersatz typisch wurden. Die frühen *Symphonien* HENZES wurden, einzeln oder in verschiedenen Kombinationen, auch mit Ballettsujets verbunden – was ihrem stark rhythmisch geprägten Charakter entsprach.

Die *Bühnen-* und die *Konzertwerke* HENZES lassen sich schwerlich voneinander trennen; vieles «wanderte» aus dem Konzertsaal auf die Bühne oder umgekehrt, und der spätere HENZE vermischte überdies noch mit Bedacht die Genres. Die Komposition ‹*Labyrinth*› über das Theseus-Motiv, 1951 für Wiesbaden entstanden (wo HENZE eine Zeitlang künstlerischer Leiter des Balletts war), wurde freilich, entgegen ihrer eigentlichen Bestimmung, 1952 konzertant uraufgeführt, weil sich die Wiesbadener Tanzgruppe inzwischen aufgelöst hatte. Seither gehört das Werk zu den relativ häufig gespielten Kammerorchesterwerken HENZES. Die *vierte Symphonie* (mit Singstimmen) wurde 1955 aus dem zweiten Finale der Oper ‹*König Hirsch*› extrahiert – eine zauberhaft-surreale Naturmusik von neoromantisch-voluptuöser Grundhaltung.

1953 verließ HENZE die Bundesrepublik Deutschland und siedelte nach Italien über; er lebt heute in der Nähe von Rom. HENZE entschloß sich zur Auswanderung nicht zuletzt aus politischem Mißbehagen an den restaurativen Tendenzen während der Adenauer-Ära. Die weitere Teilnahme an den Darmstädter Ferienkursen wurde ihm dadurch verleidet, daß sich dort eine strenge, material-ästhetisch orientierte Komponistenschule etablierte, die HENZES freizügigere und eklektizistische Ästhetik als eine mit der Tradition kokettierende Aberration von der «reinen Lehre» des Serialismus verwarf. Die (ausgesprochene oder unausgesprochene) «Verstoßung» durch die Darmstädter Generationsgenossen wurde für HENZE zu einem weiteren Trauma. Bis weit in die sechziger Jahre schien er in bezug auf die Avantgarde ein Außenseiter; gleichzeitig reüssierte er (auch in Deutschland) als erfolgreicher Opernkomponist und Komponiervirtuose. 1959 schrieb HENZE (nach Andersen) die Pantomime ‹*Des Kaisers Nachtigall*›, eine neunteilige Orchesterkomposition mit obligater Soloflöte, die auch im Konzertsaal heimisch wurde. 1960 komponierte er für Herbert von Karajan das Orchesterwerk ‹*Antifone*›, das einen dialogischen Gestus aufwies und mit gehärteten Klangkonturen auf die benachbarte Oper ‹*Elegie für junge Liebende*› verwies. HENZES *fünfte Symphonie für 2 Kammerorchester*, 1962 entstanden, greift das «antiphonische» Prinzip noch einmal – und nicht zum letztenmal – auf. Zu den bedeutenderen Orchesterarbeiten jener Jahre gehören ‹*Quattro poemi*› (1955) und ‹*Los Caprichos*› (eine bizarrbeklemmende Orchesterphantasie nach dem Zyklus von Goya), während die ‹*Sinfonischen Etüden*› (1955, umgearbeitet als ‹*Drei sinfonische Etüden*› 1964) und die ‹*Telemanniana*› (1967) eher zu den Gelegenheitskompositionen zu rechnen sind (wenngleich die Orchesteradaptation des Pariser *Flötenquartetts Nr. 12 e-moll* von TELEMANN auf eine wichtige Strähne in HENZES Schaffen hinweist, nämlich auf die kreative Neuaneignung älterer Musik).

Die ersten *fünf Symphonien* HENZES sind Werke, die den geschichtlich problematisch gewordenen Gattungsbegriff nicht weiter reflektieren. Ein Jahr nach der Fertigstellung der *Fünften* äußerte HENZE Gedanken, die zeigten, daß er sich inzwischen durchaus der Probleme eines «Symphonikers» (der er im strengen Sinn nicht war) bewußt wurde: «Seit fünfzig und mehr Jahren gibt es die Sinfonie, so wie das 19. Jahrhundert sie gesehen hat, nicht mehr. Zwischen Strawinsky und Webern scheint alles, was sich als Sinfonie noch ausgibt, entweder Replik, Nachruf oder Echo zu sein. Es ist, als ob die heutige musikalische Sprache der alten Form nicht mehr mächtig wäre oder als ob die alten Formen über die neue Sprache keine Macht mehr besäßen.»

In den späteren sechziger Jahren verstärkte sich, zunächst unter dem Einfluß linksintellektueller italienischer Freunde, dann durch Kontakte mit der Studentenbewegung, HENZES politisches Engagement. Zweimal reiste der Komponist für längere Zeit in das kommunistische Kuba. Für das Symphonieorchester von La Habana komponierte er dann 1969 seine *sechste Symphonie*. Das Werk zeigt nicht nur einen in seiner Tonsprache verwandelten, dissonanter und aggressiver gewordenen HENZE, sondern läßt auch die gewachsene Verantwortlichkeit gegenüber der «großen» symphonischen Tradition erkennen. Mit seiner dreiviertelstündigen Spieldauer ist es an Gestaltenreichtum, Beredtheit, perspektivischer Vielfalt und formaler Stringenz den ersten *fünf Symphonien* weit überlegen. Wieder wird der «antiphonische» Gedanke aufgegriffen, aber es sind diesmal zwei gewaltige Klangblöcke, die HENZE einander gegenüberstellt und vielfach ineinander verschränkt, so daß sich eine komplexe, dicht verzahnte Textur ergibt. Auffällig ist wieder HENZES variable Kompositionstechnik.

Einerseits gibt es vielfache Streicherteilungen analog zu GYÖRGY LIGETIS ziselierter Mikropolyphonie. Doch HENZE scheut sich vor einer das ganze Material in der gleichen akribischen Weise durchorganisierenden Feinstrukturierung. So nimmt man andererseits gleichsam mit dem Spachtel aufgetragene Farb- und Clusterwirkungen wahr, die von der polnischen Avantgarde angeregt sein könnten. Die Symphonie enthält auch einige «aleatorische», in ihrer zeitlichen Koordination nicht genau fixierte Passagen – in sich bewegte Farb-Felder. Lyrische Privatheit, in jener Zeit bei HENZE in den Hintergrund tretend, kommt auch in der *sechsten Symphonie* kaum noch zum Durchbruch. Wilde, abrupte, bizarre Charaktere überwiegen. Das reflektiert kämpferisch-energetische und antagonistische Moment in der kubanischen Revolution, der sich HENZE loyal verbunden fühlte (wenngleich er auch bitteren Erfahrungen nicht aus dem Wege ging). Es hat aber auch mit der karibischen Situation zu tun, der aus vielen Quellen sich speisenden musikalischen Sphäre des mittelamerikanischen Raums, die HENZE in all ihren Bestandteilen zu erfassen und in einem weiteren Synthetisierungsversuch (in den er sich selbst als Europäer einbringt) zu verschmelzen unternimmt. Das Sinnlich-Evokative und mitunter sogar Theaterhaft-Direkte einer Partitur, die sich zuallerletzt als hochgelehrte Übung verstünde, kommt schließlich durch in der emblematischen Verwendung kubanischer und vietnamesischer Freiheitslieder. Wahrscheinlich hatte HENZE (trotz so großangelegter Stücke wie der fünfstündigen Oper *‹König Hirsch›*) bis dahin niemals ein so kompliziertes Werk geschrieben; so gehört die *sechste Symphonie* seither zu den Stücken, die er immer wieder selbst analysiert und um deren analytische Durchdringung er sich leidenschaftlich bekümmert.

Die nächste große Orchesterkomposition war *‹Heliogabalus Imperator›*, eine *‹Allegoria per musica›*, tondichterische Beschwörung des römischen Kaisers, der im dritten nachchristlichen Jahrhundert einen orientalischen Steinfetisch nach Rom brachte und den damit verbundenen orgiastischen Kult einzusetzen beabsichtigte, wobei er mit dem noch lebendigen Traditionalismus seiner Landsleute in Konflikt kam, scheiterte und ermordet wurde. Das Thema berührt sich von fern mit HENZES Oper *‹Die Bassariden›* und seinem ‹*Orpheus*›-Ballett. Der Zusammenprall von mysterienhaftem Hedonismus und «puritanischer» Moral gehört zu den *concetti*, die auf HENZE stets Anziehungskraft ausübten. Die Partitur zählt zum Avanciertesten, was HENZE je schrieb – zumindest was die Binnenstruktur des Tonsatzes betrifft, der wieder zahlreiche «aleatorische» Elemente aufweist; ein etwas pompöser Heldenlebenhabitus ist dem Stück freilich auch nicht abzusprechen. Es entstand für das Chicago Orchestra und seinen Chef Sir Georg Solti.

Zwei Kompositionen, die den Genrerahmen völlig sprengen, sollten hier unbedingt erwähnt werden: das *zweite Violinkonzert* (1971), das mit dem Einbezug von Tonbandklängen und der Rezitation des Gedichts «Hommage à Gödel» von H. M. Enzensberger so etwas wie lehrstückhaftes konzertantes Theater ist; ähnlich vielschichtig und «synthetisch» und vom Ausdruck her noch dringlicher ist ‹*Tristan*›, ein *Prélude für Klavier, Tonbänder und Orchester*, das in seiner exhibierten formalen Disparatheit Grenzbereiche der HENZEschen Expressivität erfahrbar werden läßt. Neben solchen ambitionierten Werken entstanden immer auch bescheidener dimensionierte Arbeiten für Kammerorchester wie die ‹*Drei Dithyramben*› (1958), ‹*Sonata per archi*› (1958) oder die zu einer *Fantasie für Streichorchester* bearbeitete Musik zu Volker Schlöndorffs Film «Der junge Törless» (1966). Ein Gruß an den antifaschistischen griechischen Kollegen war die 1967 komponierte ‹*Freiheitshymne*› *für Streichorchester*, die eine Melodie von MIKIS THEODORAKIS zum Gegenstand hatte. Zu HENZES jüngsten Hervorbringungen zählt ‹*An eine Äolsharfe*› (1986) *für 15 Soloinstrumente und konzertierende Gitarre*, instrumentale Meditationen über vier Mörike-Gedichte, die sich zu einer Kammersymphonie fügen.

1984 beendete HENZE seine *siebente* und bisher letzte *Symphonie*, die zu seinen bedeutendsten Arbeiten und zu den gewichtigsten neueren Auseinandersetzungen mit dem Problem der Symphonie gehört. Sie wurde im Auftrag der Berliner Philharmoniker geschrieben. Das Spiel dieses Orchesters hatte HENZE beim Komponieren vor seinem inneren Ohr; es wurde ihm zur Richtschnur, «alle Register des Orchesters voll» zu ziehen, «die ungemein vielfältige Farbskala, akustische Reichweite und Differenzierung» dieses Klangkörpers als Sujet und Transportmittel musikalischer Inhalte einzubeziehen. Die vier Sätze, von fern dem tradierten Formprinzip entsprechend, ähneln im Verlauf einander: Aus der Ruhe heraus entwickeln sie gewaltige Spannungen und Turbulenzen, erlangen sie enorme Dichtegrade, und es kommt zu Klangmassierungen, die wie bedrohlich aufragende Urgestalten anmuten (Akkordtürme des zweiten Satzes, Metamorphosen des BRUCKNERschen Blechchorals, aus der religiösen Sphäre transponiert ins Panisch-Archaische oder auch Endzeitlich-Katastrophische) oder latente Tanzbewegung jäh zum dionysischen, gleichsam selbstzerstörerischen Taumel hinlenken (die aberwitzige Schlußphase des dritten Satzes). Relativ zurückgenommen mutet das Finale an, das in einen Tutti-Schrei einmündet, dem ein langes, leises Echo nachfolgt. Eine «letzte» Symphonie im MAHLERschen Sinn, ein «Alterswerk» auch, unendlich reich an Ausdruckserfahrung, souverän gestaltet bis ins Detail, aber auch voller Ungestüm, irisierender Maskenhaftigkeit, schonungsloser Verzweiflung, Willensanspannung, integrativer Kraft.

Hans-Klaus Jungheinrich

Wilhelm Killmayer

geb. München, 21. August 1927

«Die Ruhe enthält bereits die Katastrophe in sich. Aus der Ruhe wächst die Bewegung, die sich selbst bis an den äußersten Punkt ihrer Kraft treibt, an dem sie dann zusammenfällt.» Derart polar beschreibt KILLMAYER die Situation seines eigenen Komponierens. So disparat jedoch die Momente seines musikalischen Denkens erscheinen, so stark sind sie auf einer subkutanen Ebene miteinander verbunden. Aus Ruhe entsteht Bewegung, aus Konsistenz Zerfall, aus Disparatem kondensiert sich jedoch auch Organisches. Was subkutane Verbindungen sind, sind gleichzeitig aber auch elementare musikalische Vorstellungen: das Zusammenfügen, Auseinanderfließen, Sich-Zerfasern, das Punktuelle, das Erstarrte der musikalischen Elemente. Analytisch läßt sich dies dingfest machen in Gegensätzen von nahezu schmerzhaften Ostinati und melodischen Liquidationsprozessen, dem Ausschwingen musikalischer Konsistenz in unendlich gedehnte Zeiträume.

Die Orchesterwerke KILLMAYERS, seine *drei Symphonien*, seine programmatischen Werke, die als *‹Essay symphonique›* oder auch *‹Poèmes symphoniques›* bezeichnet sind, aber auch seine *Werke für Streichorchester* und *Instrumentalkonzerte* spiegeln jenes komplexe Gegeneinander konträrer Tendenzen wider. So komplex jedoch der Hintergrund von KILLMAYERS Zeitstrukturen gestaltet ist, so direkt eingängig ist seine Musik (ohne somit im entferntesten simpel zu sein), etwa in Werken wie *‹Verschüttete Zeichen›* oder *‹Überstehen und Hoffen›*. Seine Abneigung gegen reines Material- und Strukturdenken, der humanistische Appell seiner Musik, aber auch die Radikalisierung des subjektiven Ausdrucks ließen KILLMAYER unmittelbar in die Nähe der jüngsten Komponistengeneration rücken. Für viele dieser Komponisten ist er geradezu eine Identifikationsfigur geworden. *Lothar Mattner*

Karlheinz Stockhausen

geb. Mödrath bei Köln, 22. August 1928

KARLHEINZ STOCKHAUSEN war nach 1945 der wohl kompromißloseste Sucher und Finder neuer Klangwelten und damit auch einer der fruchtbarsten Anreger und Impulsgeber der Neuen Musik. Nach dem Schulmusikstudium in Köln (1947 bis 1951) und dem Kompositionsunterricht bei FRANK MARTIN offenbarten sich ihm bei den «Darmstädter Ferienkursen» neue ungeahnte Möglichkeiten seriellen Komponierens. MESSIAENS Klavieretüde ‹*Mode de valeurs et d'intensités*›, diese, wie er es nannte «phantastische Sternenmusik», war ihm ein Initialerlebnis. Sowohl seine rationalistisch-technische Begabung als auch seine mystisch-irrationale Veranlagung, die sich gern in kosmischen Metaphern ausdrückt, sind nachhaltig angeregt worden. Bei PIERRE SCHAEFFER in Paris arbeitete STOCKHAUSEN mit konkreten und elektronischen Klängen. Beeinflußt auch von der filigran-equilibristischen Musik des späten ANTON WEBERN, arbeitete STOCKHAUSEN in den wichtigen *Orchesterwerken* der frühen fünfziger Jahre an der Durchstrukturierung aller Dimensionen des Klangmaterials. Im frühen ‹*Spiel*› (1952) erinnern die Tonkonstellationen an «Kristallblumen». Rhythmisch, farblich und dynamisch genau kalkulierte Klangereignisse bestimmen auch die atomistisch durchstrukturierte Musik der ‹*Punkte*› (1952, revidiert 1962) und der ‹*Kontrapunkte*› (1952/53), für deren «lebendiges Ganzes jedes noch so kleine Teilchen», selbst die Negativformen der Pausen, «wichtig und gut» sind. Ging es zunächst um die komplizierte «neue Ordnung des Klangs in der Zeit», so bald auch um die Disposition im Raum: Etwa in den wichtigen ‹*Gruppen*› *für drei Orchester* (1955 bis 1957) oder in ‹*Carré*› *für vier Chor- und vier Orchestergruppen* (1959/60), Überlagerungen mehrerer Zeit- bzw. Temposchichten, wandernde Klänge im Raum, einander kreuzend und durchwebend. Tradiert vermittelte Formvorstellungen sind in ‹*Carré*› endgültig überwunden. Die Konzentration bezieht sich auf das Jetzt. Vertikale Schnitte sind in jedem Augenblick möglich, «Schnitte, die eine horizontale Zeitvorstellung quer durchdringen bis in die Zeitlosigkeit, die ich Ewigkeit nenne: eine Ewigkeit, die nicht am Ende der Zeit beginnt, sondern die in jedem Moment erreichbar ist». Mit synthetischen Mitteln gelang es STOCKHAUSEN in der berühmten elektronischen Komposition ‹*Gesang der Jünglinge im Feuerofen*› (1955/56) auf ähnliche Weise Stimme, Klang und Geräusch in eine imaginierte Raumzeit zu verweben.

Nach den determinierten Strukturen und den richtungweisenden Ergebnissen mit Formmobiles, Aleatorik und gelenktem Zufall, versenkte sich STOCKHAUSEN seit den späten sechziger Jahren zunehmend in mystisch-okkulte Klangvorstellungen. Symbolbefrachtete Tonkonstellationen wurden Grundlage für meditatives, gelegentlich von Liveelektronik durchwirktes Musizieren. Am Puls des oszillierenden Universums sollen die Spieler etwa bei ‹*Ylem*› (1972) fühlen, einer Musik, «die am besten gelingt, wenn die Spieler telepathische Verbindung untereinander (sie spielen mit geschlossenen Augen) und mit einem Dirigenten haben, der in der Saalmitte äußerst konzentriert zuhört, aber sonst nicht in Aktion tritt» (STOCKHAUSEN). ‹*Sternklang*› (1971) wird von fünf Spielergruppen in freier Parklandschaft erzeugt. Von der Aura quasi kultischer Handlungen lebend, erinnern Aufführungen jüngerer Kompositionen STOCKHAUSENS oft an gigantische panmusikalische Rituale. Ganz *magister ludi* kommentierte STOCKHAUSEN die meisten seiner Werke mit religionsstifterischer Attitüde.

Helmut Rohm

Mauricio Kagel

geb. Buenos Aires, 24. Dezember 1931

MAURICIO KAGEL ist ebensowenig primär als Orchestermusikkomponist charakterisierbar wie primär als Komponist irgendeines anderen Genres. Der seit 1957 in Köln lebende Komponist – inzwischen ist er deutscher Staatsbürger – ist in mehreren Genres und Kunstmedien außerordentlich spezifisch und mehrfach geradezu initiativ tätig, ist Kammermusik-, Orchester-, Musiktheater-, Film- und Hörspielkomponist. Im Werkverzeichnis KAGELS spielt darum Orchestermusik auch nur eine kleine Rolle. Gleichwohl sind darum KAGELS Orchesterpartituren und -konzeptionen nicht weniger charakteristisch als andere Arbeiten.

Andererseits zeigen die Orchesterkompositionen mehr noch als Ensemble-, Kammermusik- und Klavierstücke an, wie weit ein Komponist sich von den herrschenden Normen etwa der Instrumentierung, der Klangerzeugung, der musikalischen Grammatik und der Hörerwartungen entfernt. So ist ‹*Heterophonie*› nach den noch in Buenos Aires entstandenen ‹*Dos Piezas para Orchestra*›, KAGELS erste größere Orchesterarbeit, 1959 bis 1961 entstanden und 1962 unter der Leitung des Komponisten bei erheblichem Widerstand der beteiligten Orchestermusiker uraufgeführt worden, so daß KAGEL das Stück nachträglich «Dem Marquis de Sade (und dem Kölner Rundfunksymphonieorchester) gewidmet» hat. Aber auch die zweite Aufführung des Stücks unter der Leitung von Michael Gielen mit dem Symphonieorchester des Hessischen Rundfunks in Frankfurt 1967, die eigentliche Uraufführung, hat dem Stück nicht den erhofften Durchbruch gebracht. – Erst eine wesentlich spätere einfachere Orchestermusik KAGELS wie die ‹*Variationen ohne Fuge*› hat eine nennenswerte Zahl von Aufführungen erlebt.

Dabei hat KAGEL in ‹*Heterophonie*› einen der Neuen Musik der fünfziger und sechziger Jahre insgesamt wesentlichen Aspekt mit der ihm eigenen Gründlichkeit ausgearbeitet, den der Heterogenität von Klangverläufen im Gegensatz zur Homogenität der Musik der Dur-Moll-Tonalität. Insofern ist das für zweiundvierzig obligate Instrumentalisten angelegte Stück vom Bewußtsein einer Spätkultur getragen, als es auf die Instrumentalbesetzungen der Geschichte der Neuen Musik als einer Materialbasis rekurriert. KAGEL hat mit Hilfe eines Arsenals von avancierten Spielweisen und Notationen zunächst kleinere Modelle für diese Besetzungen geschrieben und sie später ineinander und übereinander gefügt und daraus fünf Formteile zusammengestellt, die zyklisch eine teilbare Einheit bilden: Es kann mit jedem Teil begonnen und abgeschlossen werden; zwei aufeinanderfolgende Teile sind für eine Aufführung des Stücks ausreichend. Vorangestellt ist ein außerordentlich variabel gehaltenes Vorspiel, in dem das Einstimmen der Orchesterinstrumente und das Durcheinanderspielen der Musiker simuliert wird. Das Stück verfügt weiter über verschiedenartige Ergänzungen. So ist MAURICIO KAGELS *‹Heterophonie›* als vielfältig realisierbares kompositorisches Schlüsselprojekt erst noch zu erproben und zu entdecken.

‹Variationen ohne Fuge› von KAGEL über die *Variationen und Fuge* von BRAHMS *über ein Thema von* HÄNDEL entstand 1973 als Auftragswerk zu den BRAHMS-Wochen der Stadt Hamburg. Als «Musik über Musik über Musik» gehört das Stück in die neoklassizistische zweite Werkphase KAGELS, benutzt eine mehr herkömmliche Orchesteranordnung. Metrik und Rhythmik, und das meiste ist bei veränderter Zahl und Reihenfolge der Abschnitte direkt der BRAHMS-Partitur entnommen. Nur zwanzig der fünfundzwanzig BRAHMS-Variationen sind teils übereinandermontiert zu insgesamt vierzehn Variationsteilen komprimiert, wobei das Orchesterstück – der Ästhetik der Überraschung folgend – nach der 13. Variation in eine Musiktheaterszene gewendet wird: Ein Bilderbuch-BRAHMS mit Rauschebart tritt auf, um Respektierliches über seine Heimatstadt Hamburg aus seinen eigenen Briefen zitierend aufzusagen. Und bei der letzten Variation spaziert auch noch der zopfige HÄNDEL herzu, um dem an Stelle der Fuge als Ziel des Variierens herausgestellten Thema zu lauschen und bei der clusterartigen

Coda wortlos wieder das Weite zu suchen. *‹Variationen ohne Fuge›* war erfolgreich im Konzertsaal, bei Gesprächskonzertdirigenten und bei Musikpädagogen.

Die *‹Sankt-Bach-Passion›* von 1985, für die Berliner Festwochen entstanden, läßt sich noch weniger als Orchesterkomposition verstehen, ist sie doch unmittelbar aus der quellendokumentarisch belegten Biographie BACHS wie ein neuzeitliches Hörfunkfeature als durchlaufender Text abgeleitet, der von Sprechern, Sängern und Chören ohne weitere szenische Mittel wiedergegeben und vom Orchester lediglich mit Begleitformeln grundiert wird.

Reinhard Oelschlägel

Krzysztof Penderecki

geb. Debica, 23. November 1933

Pendereckis kompositorische Entwicklung seit seinem ersten Auftreten im Westen (1960 in Donaueschingen) spiegelt die ästhetischen Auffassungsänderungen der Avantgarde in voller Deutlichkeit wider. Kaum ein zweiter Komponist hat mit solcher Entschiedenheit den Wandel vom aggressiven zum versöhnend-verbindlichen Ton vollzogen. Immer häufiger wandte sich Penderecki nach der *Lukas-Passion* (1965/66), vor allem ab den siebziger Jahren, geistlichen Stoffen zu. Einher ging eine Verdünnung der Musik, Konzentration auf die melodische Einzellinie; das Unisono löste die Clustertechniken der frühen Werke ab. Penderecki wurde zunehmend vom Abonnementspublikum akzeptiert, wohl nicht zuletzt deshalb, weil er sich in den sich zuspitzenden politischen Verhältnissen in seinem Heimatland Polen eindeutig auf die Seite der opponierenden Kirche stellte. Fraglos darf seine ästhetische Entwicklung hin zur Einfachheit der Strukturen unter Aufgabe schon erarbeiterer Positionen als problematisch angesehen werden.

Das außergewöhnliche kompositorische Talent Pendereckis kündigte sich schlagartig im Jahre 1959 an. Zum Warschauer Wettbewerb hatte er drei Kompositionen eingereicht, nämlich *‹Strophen›* für Sopran, Sprecher und zehn Instrumente, *‹Emanationen›* für zwei Streichorchester und *‹Aus den Psalmen Davids›* für gemischten Chor, Saiteninstrumente und Schlagzeug, die alle Ende der fünfziger Jahre geschrieben worden waren. Penderecki errang mit diesen Arbeiten alle drei zu vergebenden Preise. Die Kompositionen hatten den Beweis erbracht, wie umfassend es Penderecki gelungen war, die in den fünfziger Jahren erarbeiteten avantgardistischen Techniken in die eigene musikalische Sprache zu integrieren. Als Durchbruchswerk im Westen kann das Stück

‹*Anaklasis*› für 42 Streichinstrumente und Schlagzeuggruppen angesehen werden. Es entstand 1959/60 und wurde noch im selben Jahr in Donaueschingen uraufgeführt. Die schockartige Wirkung beruhte vor allem darauf, daß mit relativ simplen Mitteln eine Weite der klangfarblichen Staffelung erreicht wurde, dazu eine ganz konkrete musikalische Kraft, die von vielen seriellen Komponisten vergeblich angepeilt worden war. Der Begriff der Klangflächenkomposition kennzeichnete diese und viele weitere Arbeiten PENDERECKIS. Zu verstehen ist darunter eine breite Palette differenzierter Clustertechniken. PENDERECKI hatte hierfür einen Katalog von Spielformen entwickelt: Zeichen für Vierteltonvibrato, für unterschiedliche Arten des Tremolos, für das Spiel zwischen Steg und Saitenhalter, dazu Vierteltonstufen und vieles mehr; die Art der Tonerzeugung, daneben die Breite der Cluster standen im Mittelpunkt. Als Extrempunkte wären der Einzelton und der in ‹*Anaklasis*› breitest mögliche Cluster von 42 nebeneinander liegenden Tonstufen (Viertel- oder Halbtöne) zu nennen. Die innere Struktur der Cluster wurde durch die Art der Tonerzeugung, aber auch durch parallele Glissandobewegungen belebt. In den folgenden Werken wurde die Vielfalt der Möglichkeiten auf der Basis dieser Techniken dargestellt und vertieft. In dichter Folge entstehen ‹*Dimensionen der Zeit und der Stille*› (1959/60), in denen ein gemischter Chor, zumeist mit Konsonantgeräuschen, integriert ist, dann ‹*Threnos*› (1960) für 52 Streichinstrumente und ‹*Polymorphia*› (1961) für 48 Streichinstrumente. Mit den ‹*Fluorescences*› (1962) wird die Phase der Klanggeräuschexperimente zu einem ersten Abschluß geführt. PENDERECKI notierte zu dieser Komposition für großes Orchester: «Das, was mich vor allem an dieser Komposition interessiert hat, ist der Klang – der ‹befreite Klang› –, der außerhalb der traditionellen Instrumentalfaktur liegt, ja geradezu außerhalb des Instruments, und der frei ist von den traditionellen Assoziationen zeitlicher Organisation. Die einzelnen Instrumente wie auch die Ausführenden sind für mich lediglich ‹eine totale Quelle des Klangs›». PENDERECKI führte in diesem Stück am umfassendsten die in den zurückliegenden drei Jahren erarbeiteten Klangtechniken vor. Vielleicht geht mit dieser Steigerung aber auch ein Moment des Ausuferns Hand in Hand, jedenfalls wirkt

‹*Threnos*› (das Werk sollte ursprünglich nur die Benennung ‹*8'37"*›, also die Angabe der Zeitdauer, tragen) formal dichter und ausdrucksintensiver – eine Tatsache, die PENDERECKI bewogen haben mag, dem Klangexperiment die Assoziation des Klagegesangs (dies bedeutet Threnos) zuzuordnen. Für das weitere kompositorische Schaffen jedenfalls nimmt der Aspekt des konkreten musikalischen Ausdrucks eine immer zentralere Rolle ein. Studienartigen Charakter haben in den folgenden Jahren im wesentlichen nur noch die beiden Kompositionen ‹*De natura sonoris*› *Nr. 1* (1966) und *Nr. 2* (1970). Mit der *Sonata für Violoncello und Orchester* (1964) rückt die melodische Einzellinie (wie schon im zwei Jahre vorher entstandenen *Stabat Mater* für Chor a capella) stärker in den Mittelpunkt. Allein durch diese für ein Konzertwerk notwendige Disposition tritt ein dramatischer Gestus in die Komposition, eine Auseinandersetzung in gleichsam spielerischem Rahmen, die zwischen der Klangflächentechnik des Orchesters und dem auf Einzellinien beharrenden Soloinstrument stattfinden. Die Zweiteiligkeit des Werkes fängt diese Zwischenstellung ein. Der von Clustern geprägte erste Teil blickt zurück auf das Schaffen der letzten fünf Jahre, der zweite Teil weist in filigraner melodischer Auffächerung voraus.

In diese Zeit fallen auch die Skizzen für eine Komposition, die zweifelsohne als ein Zentralwerk nicht nur PENDERECKIS, sondern für das musikalische Schaffen der sechziger Jahre überhaupt angesehen werden kann. Es ist die *Lukas-Passion* (1965/66) für Soli, Sprecher, drei gemischte Chöre, Knabenchor und Orchester, der genaue Titel ist ‹*Passio et mors Domine Iesu Christi secundum Lucam*›. Das achtzigminütige Werk besteht aus 27 Abschnitten, in denen alle bisher erarbeiteten Kompositionsmittel einem ganz direkten Ausdruckswillen unterstellt sind. Darüber hinaus treten Rückgriffe auf tonale und vortonale Sprachmittel in neue Funktion, ebenso das Reihendenken SCHÖNBERGS. Absicht war offensichtlich, ein Werk zu schaffen, das gleichsam die ganze abendländische Musikgeschichte zur Darstellung des zeitlosen Leidens Christi heranzieht. Daß die Passionen BACHS als Vorbilder integriert werden (wenngleich PENDERECKI sich für die lateinische Textversion entscheidet), bleibt nicht verborgen, «b-a-c-h»-Motive bilden Strukturelemente der Reihen. Es gelingt PENDERECKI, die Vielfalt der Stilmittel nicht nur in das Werk einzubinden, sondern sie darüber hinaus in sinnfällige Beziehungen zu stellen (sei es durch thematische Verknüpfungen oder durch dramatische, am Text ausgerichtete Entgegensetzungen). Die Musik kennt zwischen den gesprochenen Evangelistenworten sowohl ausgedehnte deskriptive Partien, vor allem in den Turbae-Abschnitten, mit hohem Geräuschanteil, als auch ausgesungene Melodielinien in großer Schlichtheit (etwa die Arie ‹*Deus meus*›, Nr. 3, für Bariton, die deutliche Züge der Tonart g-moll trägt). In keinem seiner weiteren Werke – und auch nicht davor – gelang PENDERECKI eine vergleichbar vielgestaltige und zugleich außerordentlich plastische Musiksprache. Das ‹*Dies irae*›, ein Oratorium zum Gedächtnis der Ermordeten in Auschwitz, schließt 1967 an die Erfahrungen der *Lukas-Passion* an. Sein Umfang ist mit etwa zwanzig Minuten wesentlich geringer, die emotionale Spannweite ist auf herbere Strukturen hin verdichtet. Die Komposition hat eine dreiteilige Anlage: ‹*Lamentatio*›, ‹*Apocalypsis*›, ‹*Apotheosis*›. Zentralstück auch in bezug auf Drastik und Differenzierung der Sprachmittel ist der Abschnitt ‹*Apocalypsis*›. Mit brutaler Gewalt sind Cluster gegen geflüsterte und geschriene Chorteile gesetzt, alles taucht in einen wilden Strudel klanglicher Härten, aus denen zum Abschluß des zweiten Abschnitts das Heulen von Sirenen hervortönt. Vielleicht mögen diese Techniken betont spektakulär wirken, doch gewiß sind sie in ihrer unnachgiebigen Ausdrucksintensität gerade im ‹*Dies irae*› besonders stimmig.

Einige kleiner dimensionierte Instrumentalwerke schließen sich an – nicht zuletzt wohl, weil die Intensität des ‹*Dies irae*› kaum mehr fortzuentwickeln war. Es sind dies ein hochvirtuoses *Concerto für Violino grande und Orchester* (das Soloinstrument ist fünfseitig und vereint den Umfang von Bratsche und Geige), das fünf Jahre später (1971/72) zu einem *Cellokonzert* umgearbeitet wurde, dann ein effektreiches *Capriccio für Violine und Orchester* (1967) und schließlich die ‹*Pittsburgh Ouvertüre*› aus dem gleichen Jahr, die die Klangexperimente der früheren Kompositionen nun für ein Blasorchester mit reichem Schlagzeugpart weiterführt.

Als nächstes großes Chororchesterwerk entsteht zwischen den

Jahren 1969 und 1971 *‹Utrenja›*, aufgeteilt in *‹Grablegung Christi›* und *‹Auferstehung Christi›*. Inhaltlich ist also direkt an die *Lukas-Passion* angeschlossen. Die Klangwelt orientiert sich an orthodoxen Karsamstags- und Osterriten, wie sie in südrussischen Klöstern beheimatet sind. In der *‹Grablegung›* dominieren extrem dunkle Klangfarben, so auch in der Besetzung der solistischen Gesangsstimmen, die durch einen Basso profundo verstärkt ist. Im Teil *‹Auferstehung›* tritt ein Knabenchor hinzu, insgesamt lichtet sich der Orchesterklang. Der Eindruck einer slawischen Kirchenkomposition bleibt freilich unvermindert bestehen. Und unüberhörbar deutet sich in *‹Utrenja›* eine verstärkte Tendenz hin zu Klangqualitäten des Einzeltons an, dessen Expressivität an Stelle der früheren Geräuschexperimente tritt. Diese Entwicklung setzt sich in *‹Kosmogonia›* für Soli, gemischten Chor und Orchester (1970) und noch entschiedener im *‹Magnificat›* für Baßsolo, sieben Männerstimmen, zwei gemischte Chöre, Knabenchor und Orchester (1973/74) fort. Alte kontrapunktische Techniken (mit Fuge und Passacaglia) gewinnen entscheidende Bedeutung.

In die Jahre 1972/73 fällt die Komposition der *ersten Symphonie*, die als Zusammenfassung bisheriger Orchestererfahrungen gedacht ist. Die vier Teile sind mit *‹Arche 1›* – *‹Dynamis 1›* – *‹Dynamis 2›* – *‹Arche 2›* bezeichnet, die gleichsam die Sonatenform wiedergeben. Noch einmal ist das Augenmerk auf reine und absolute Klangkomposition gerichtet, in der freilich Dur-Moll-Assoziationen gleichwertig integriert sind.

Als nächstes großes Orchesterwerk entstand 1976/77 (nach dem sensibel ausgehörten kurzen Orchesterstück *‹Als Jakob erwachte›* aus dem Jahre 1974) das *Konzert für Violine und Orchester*. Trotz vermehrter Anzeichen in den zurückliegenden Werken überrascht der melodiesüchtige Ton dieser Komposition. Aufgegeben sind die aggressiven Materialexperimente zugunsten expressiv durchlebter Einzellinien, deutlich spürbar sind die Bezüge zur spätromantischen Violinliteratur, zu elegischer Sonorität, zu ausschwingenden Gesangsgesten. Der Charakter der Trauer liegt über dem Werk, eine Trauer, die jegliche effekthafte Außenseite ausspart. So wäre die Reduktion der Sprachmittel auf durchlebte chromatische Linien als Moment resignativen Rückfalls in Klagemotive zu deuten. Mit dem vierzigminütigen einsätzigen *Violinkonzert* kündigt sich endgültig eine neue Schaffensperiode PENDERECKIS an.

Die *zweite Symphonie* (1979/80) mit dem Untertitel ‹*Weihnachtssymphonie*› läßt den unbedingten Ausdruckswillen vielleicht noch stärker hervortreten. Mit der zitierten Melodie von ‹*Stille Nacht*› weist sie die Kluft zwischen einer hörbar lastenden, depressiven Grundstimmung und der Möglichkeit friedlichen Zusammenlebens auf. Daß diese exzessiv mit den Mitteln der spätromantischen Musiksprache und selbst unter der Gefahr wehleidiger Klischees dargestellt wird, beirrt PENDERECKI wenig; er vertraut auf eine direkt ansprechende musikalische Kraft, auf eine Sprache, die in breitem Umfang verstehbar ist. Avantgardegebaren wird ihm immer fremder. Die Reduktion der musikalischen Sprachmittel beschneidet denn auch keineswegs die Inspiration. Ursprünglich war ein fünf- oder sechssätziges Werk geplant: Doch die Fülle der Eindrücke ließen allein den ersten Satz auf etwa fünfunddreißig Minuten anwachsen. In ihm aber laufen alle symphonischen Charaktere zusammen. So blieb die *zweite Symphonie*, wie schon das *Violinkonzert*, einsätzig.

Mit dem ‹*Te Deum*› (1979/80) und vor allem mit dem ‹*Polnischen Requiem*› (1980 bis 1984) schließen sich zwei große oratorische Kompositionen an, die die konzentrierende Vereinfachung der Sprache weiter vorantreiben. Die politischen Entwicklungen in Polen (Verhängung des Kriegsrechts) prägen den Charakter beider Werke. Sie streben eine Gemeindebildung im kirchlichen Geiste an: Choralelemente wahren ihre ursprüngliche Funktion des Versammelns. Zitate in polnischer Sprache verweisen in beiden Werken auf die Zeitbezogenheit (so im ‹*Te Deum*›: «Gib unserem Land, Herr, die Freiheit zurück»). Gegenüber dem introvertierten ‹*Te Deum*› ist das vierzehnteilige ‹*Requiem*› wesentlich vielgestaltiger, auch durch den Einbezug zweier unabhängig vom *Requiem* komponierter Sätze (Lacrymosa und Agnus Dei) wird ein übergreifender Stilkontrast gesucht. Dies steht für einen allumfassenden Anspruch des großangelegten Werkes, das durch chromatische Abwärtslinien quasi leitmotivisch zusammengehalten wird. Der manisch beschwörende Zug der *Lukas-Passion* ist freilich einer ergebeneren Haltung gewichen. *Reinhard Schulz*

Helmut Lachenmann

geb. Stuttgart, 23. November 1935

Helmut Lachenmann begann seine Ausbildung 1955 bis 1958 an der Musikhochschule seiner Heimatstadt (Johann Nepomuk David, Jürgen Uhde). Weitere Studien 1958 bis 1960 bei Luigi Nono in Venedig sowie in Darmstadt, Köln und Gent. 1976 Professor für Komposition in Hannover, 1981 in Stuttgart. Seit Ende der siebziger Jahre internationale Ausweitung der Vortrags- und Lehrtätigkeit.

Im Mittelpunkt der kompositorischen und publizistischen Arbeit von Lachenmann steht die Auseinandersetzung mit den «Zusammenhängen und Bedingungen des musikalischen Materials». In seinen Werken strebt er eine kritische Distanz zu dem an, was er selbst den «ästhetischen Apparat» nennt, also zu jenen gesellschaftlichen Prägungen, die bestimmend für unser Musikverständnis und -leben sind und schöpferische Freiheit wie bewußtes Erleben von Kunst zunehmend behindern. Lachenmann wehrt sich energisch gegen die Inflation des Schönheitsbegriffs und seine wahllose Ausbeutung: «Wenn Kunst eine gesellschaftliche Berechtigung und Funktion heute hat, dann die, neue ästhetische Realitäten zu kommunizieren und zu reflektieren.» [...]

Dieser zweifellos unbequeme Anspruch und die damit verbundene hohe Verantwortlichkeit für die gewählten musikalischen Mittel zeigen sich bereits in den frühen Werken Lachenmanns, sei es in *‹Introversion I und II›* (1963/64) *für jeweils 6 Instrumente*, den Chorkompositionen *‹Consolation I und II›* (1967/68) oder in dem für jene Phase wohl zentralen Stück *‹temA› für Flöte, Stimme (Mezzosopran) und Violoncello* (1968). Die von Lachenmann immer wieder betonte «streng auskonstruierte Verweigerung» gegenüber vorgeformten «Hörerwartungen» findet ihre exemplarische Realisation in *‹Air› – Musik für großes Orchester und*

Schlagzeugsolo (1968/69) und *‹Kontrakadenz› für großes Orchester* (1970/71). Beide Werke stellen streng begrenzte Aspekte des Materials ins Zentrum des musikalischen Geschehens – in *‹Air›* ist es die Idee zum Klang verdichteter «Luft» und das Genre der «Arie», in *‹Kontrakadenz›* die Zielgerichtetheit akustischer Vorgänge, der «Kadenzklang» –, wobei jeweils etwas ganz anderes entsteht, als es die aufgebotenen Orchesterapparate vermuten ließen. Vertrauter Klang bleibt hinter einem vielfach fast tonlosen Ablauf verborgen, die mechanische Aktion des Hervorbringens scheint zeitweilig wichtiger als das klingende Resultat, ein Eindruck, der auch in *‹Klangschatten› – ‹mein Saitenspiel› für 48 Streicher und 3 Konzertflügel* (1972) oder *‹Fassade› – Musik für großes Orchester und Tonband* (1973) wiederkehrt. Es sollte jedoch nicht darüber hinwegtäuschen, daß LACHENMANN in seinen Kompositionen einen ganz individuellen Sinn für Klang entwickelt, der weit von dem Klischee einer «negativen Musik» entfernt ist, das in diesem Zusammenhang gern beschworen wird. In *‹Accanto› – Musik für einen Klarinettisten mit Orchester* (1975/76) werden präexistente Materialien einbezogen und zitiert, am wichtigsten davon MOZARTS *Klarinettenkonzert*, das auf Tonband während des gesamten Stücks (zumeist stumm) mitläuft und nur «von Fall zu Fall in bestimmten Rhythmen hereingeblendet» wird. LACHENMANN knüpft in der *‹Tanzsuite mit Deutschlandlied› – Musik für Orchester mit Streichquartett* (1979/80) in bestimmter Weise an die spezifische «Zitattechnik» von *‹Accanto›* an. Während hier die Bruchstücke wohlbekannter Musik allerdings noch erkennbar sind und die Ablehnung eines willkürlichen, genießerischen Zitierens verdeutlichen, bleiben die Zitate in der *‹Tanzsuite›* im verborgenen. Zumeist auf Gesten reduziert, bilden sie eine «geheime» semantische Ebene, einen verschwiegenen Kommentar zu der Folge skelettierter Tanzmodelle. In *‹Mouvement› (– ‹vor der Erstarrung› –) für Kammerensemble* (1982 bis 1984) wird auf die besonderen Erfahrungen der *‹Tanzsuite›* zurückgegriffen, zumal auf die spezifische Art verschwiegenen Zitierens.

Daß LACHENMANNS künstlerische Gesamthaltung durch ihr ausdrückliches Engagement auch politisch ist, dürfte außer Frage stehen. Gleichwohl findet plakatives Politisieren seine Ablehnung, geht es ihm doch ausschließlich um Erhellung, um Durchbrechung jener starren Mechanismen, die den Menschen zum «nutzlosen Abziehbild einer Gesellschaft» machen. Bezeichnenderweise verwendet er in *‹Harmonica› – Musik für großes Orchester mit Tubasolo* (1981 bis 1983) wiederum eine Passage aus Ernst Tollers Drama «Masse Mensch», die bereits im Zentrum von *‹Consolation I›* gestanden hatte: «Mensch, erkenn Dich doch, das bist Du.» In diesen vom Tubasolisten vorgetragenen Worten spiegelt sich das «Programm» des Komponisten LACHENMANN wider. Wie eine Art Zusammenfassung aller seiner bislang gewonnenen kompositorischen Erfahrungen, die von der spröden Zurückhaltung in *‹Air›* und *‹Kontrakadenz›* bis zu der sehr differenzierten, trotz ihrer absoluten Kontrolliertheit geradezu luxuriösen Klanglichkeit in *‹Harmonica›* reichen, mutet die riesenhafte Partitur von LACHENMANNS bislang letztem vollendeten Werk, dem fast fünfzigminütigen *‹Ausklang› – Musik für Klavier mit Orchester* (1984/85) an. Hier erscheinen kompositorische Vielfalt, instrumentaltechnischer Ideenreichtum und größte Differenziertheit gleichsam auf die Spitze getrieben, wobei wiederum nachdrücklich die Frage nach dem Sinn musikalischer Schönheit und ihrer bewußten, kritischen Erfahrbarkeit gestellt wird.

Michael Mäckelmann

Hans Zender

geb. Wiesbaden, 22. November 1936

Dadurch, daß sich HANS ZENDER als Musiker in doppelter Weise betätigt, bewahrt er sich als Künstler ein Höchstmaß an Freiheit. Komponieren ist ihm «die konzentrierteste Form der Introversion», Dirigieren dagegen erlebt er als «Extraversion, als Kontakt mit dem Menschen». ZENDER, der bei WOLFGANG FORTNER das Handwerk gelernt hat, setzt sich als Komponist «für die Integration verschiedener Techniken zu einem mehrschichtigen musikalischen Denken» ein. Aus dem Bewußtsein heraus, daß es in einer fast vollständig zersplitterten Kultur «Stil» im alten Sinn nicht mehr geben kann, allgemeine Kriterien einer Musiksprache somit kaum mehr möglich sind, hält er es für sinnvoll, radikal widersprüchliche Musiksysteme zusammenzuzwingen. Gern experimentiert ZENDER mit heterogenen klanglich-strukturellen Schichten. Musikalische Formen ergeben sich bei ihm aus den materialimmanenten Tendenzen und sind oft abhängig von variablen Besetzungen. Im *‹Schachspiel› für zwei Orchestergruppen* (1969) bewirkt eine musikalische Entscheidung hier die logische Reaktion dort und umgekehrt, ganz analog einer Partie des königlichen Spiels. Vier verschiedene Farb-Textur-Charaktere kreuzen und überlappen sich in den *‹Zeitströmen› für Orchester* (1974). Aus Kräftestaus und Konfrontationen gehen ihre Strukturen gewandelt hervor: Zusammenfluß wird möglich. ZENDERS Werkgruppe der *fünf ‹Cantos›* (1965 bis 1974) behandelt neuartige Probleme synchron verlaufender Text- und Klangschichten. Im Sinne Ezra Pounds ist der Begriff «Canto» als Montage voneinander unabhängiger Texte zu verstehen. *‹Canto II› für Sopran, gemischten Chor und Orchester* beruht auf einem selbst schon montierten Text Pounds. Vier bis sechs Textzeilen sind in dieser wellenförmig sich entwickelnden Collage überlagert. *‹Canto IV›, vier Aspekte für 16 Stimmen und 16*

Instrumente, führt Texte der Bibel, Thomas Münzers und Theilhard de Chardins auf verschiedene Art und Weise durch. Klangfarben werden lebendig, Kombinationsmuster, fixierte und aleatorische Formverläufe verschmelzen zu einem klingenden Panoptikum. Bizarre, scheinbar chaotische Zustände wechseln sich ab mit meditativen Klangflächen. «Kunst», sagt ZENDER zu Recht, «ist geistige Arbeit, kein süffiger Luxus.»

Helmut Rohm

Hans-Joachim Hespos

geb. Emden, 13. März 1938

Die Kluft zwischen den in der Partitur fixierten Intentionen eines Komponisten und ihrer klanglichen Realisierung durchzieht die Aufführungspraxis der Neuen Musik seit Beginn unseres Jahrhunderts. Die Hoffnung, daß sie sich, etwa im Sinne eines stetigen Fortschritts, dank zunehmender Routine der Orchestermusiker langsam verkleinern würde, wird vom Werk eines Komponisten wie HANS-JOACHIM HESPOS als fromme Illusion entlarvt. Der 1938 in Emden geborene Autodidakt besitzt wie kaum ein anderer die Begabung, mit seinen Werken die Begrenzungen, Zwänge und festgefahrenen Gewohnheiten des Musikbetriebs sichtbar zu machen. Jedes ist eine neue Herausforderung für Interpreten, Dirigenten und Veranstalter, geplatzte Aufführungen sind keineswegs selten. Die Berliner Uraufführung des Orchesterstücks ‹*Mouvements*› wurde 1972 noch elegant als «provisorische Aufführung» deklariert. In Hamburg hingegen fiel etwa zur gleichen Zeit das neue Werk ‹*Interactions*› der Unbeweglichkeit des Apparats zum Opfer und wurde erst 1974 in Hannover einigermaßen adäquat uraufgeführt. Musikgeschichte wird hier unversehens zur Geschichte gescheiterter Aufführungen.

Es gibt mehrere Gründe, weshalb HESPOS' Kompositionen oft als unaufführbar gelten. Die Musiker haben erstens grundsätzlich aus der Partitur zu spielen. Die komplexe, gleichsam organisch sich fortzeugende Klanggestalt läßt sich nicht in Metren und Taktstriche pferchen – die herkömmliche Schlagtechnik des Dirigenten versagt, jeder Musiker müßte, entgegen der entfremdeten arbeitsteiligen Praxis, stets das Ganze im Blick und im Ohr haben. Zweitens erfordern die extremen Ausdruckswerte, die oft an Free Jazz-Artikulationen erinnern, vom Interpreten eine enorme physische und psychische Präsenz. Und drittens hat HESPOS eine Vorliebe nicht nur für ausgefallene Instrumentalbehandlung, sondern auch für ausgefallene Instrumente, die oft schwer aufzutreiben sind. In ‹*Sound*› – die Uraufführung 1970 mit dem Kölner Rundfunksymphonieorchester gilt als «öffentliche Generalprobe» – verlangt er ein Pikkolokornett in hoch es; die erwähnten ‹*Interactions*› *für großes Orchester* verwenden in der Bläsergruppe unter anderem Heckelmusette und Heckelphon; die ‹*Kammermusik für Orchester*› (Uraufführung 1976 in Metz) führt unter den 22 Bläsern auch Pikkoloheckelphon, Bassetthorn und Baßtrompete auf.

HESPOS schrieb bisher *ein Dutzend Orchesterwerke*, die meist in Konzertreihen und bei Festivals Neuer Musik aufgeführt werden. Auch mehrere *szenische Kompositionen*, teilweise mit satirischem Einschlag, stehen in seinem Werkverzeichnis. Die meisten seiner rund achtzig Kompositionen entstanden jedoch für sehr unterschiedliche kleine Besetzungen. Diese Bevorzugung des Solistischen entspricht einem Wesensmerkmal seines Denkens. Die Partituren zielen auf die Freisetzung verschütteter Kräfte bei Interpret und Hörer. HESPOS' Musik ist Einspruch des Subjekts gegen eine «Objektivität, die sich blind über die Köpfe der Subjekte hinweg vollzieht» (Heinz-Klaus Metzger). In der Übertragung dieser subjektzentrierten Kompositionsweise auf einen Apparat, der nur kraft der Unterordnung des einzelnen unter das Ganze funktionieren kann, liegt die objektive Sprengkraft von HESPOS' Orchesterwerken.

Max Nyffeler

Heinz Holliger

geb. Langenthal (Schweiz), 21. Mai 1939

Der Ruf des Komponisten HEINZ HOLLIGER ist stetig dabei, den des weltweit gefeierten Oboenvirtuosen, wenn nicht zu überflügeln, so doch einzuholen. Nach seinen Studien in Bern, Paris und Basel (unter anderem bei SÁNDOR VERESS und PIERRE BOULEZ) fand HOLLIGER schnell zu einer eigenen, höchst subtilen Klangsprache. In den meisten Fällen ist seine Musik von Dichtungen inspiriert, deren expressiver Ton vom Grenzbereich «zwischen Leben und Tod» kündet. Den ersten kleingliedrigen Kammermusiken der frühen sechziger Jahre – sie sind in Ausdruck und Struktur stark von ANTON WEBERN beeinflußt – folgen immer ausgedehntere, individuelle Formen. Nach einer metaphorisch-geheimnisvollen Dichtung von Nelly Sachs, die mit der «Inkarnation von Davids, des menschlichen Tänzers verflossener Zeit» konfrontiert, schrieb HOLLIGER zwischen 1963 und 1965 die auch konzertant aufführbaren theatralischen Szenen *‹Der magische Tänzer›*. Im siebenteiligen *‹Siebengesang›* (1966/67), einem durchkomponierten *Solokonzert für Oboe, Orchester, Singstimmen und Lautsprecher*, werden nach Klangfarben und Registern geordnete Orchestergruppen einem zum Teil elektronisch verfremdeten Oboenton gegenübergestellt. Seriell geordnete, filigrane Strukturen schichten sich mit je individuellem Tempo zu einem großangelegten Orchestercrescendo. Den ruhigen Schlußteil durchweben impressionistisch-zart sieben Frauenstimmen wie aus einer anderen Welt. Das phonetische Material des Gesangs basiert auf den Schlußversen von Georg Trakls Gedicht «Siebengesang des Todes». Schon in den Nachtstücken *‹Elis›* (1963) hatte sich HOLLIGER von den morbiden Visionen dieses Phantasten anregen lassen. Magisch ist die Stille im Orchesterstück *‹Atembogen›* (1974/75). Eine sterbende «Musik entlang verwischter Spuren» aus dem Geiste

Becketts vielleicht. (Dessen absurdes Monodram «Not I» hat HOLLIGER 1978 kongenial für eine ihren eigenem elektroakustischen Echo ausgesetzte Stimme vertont.) Das bisher ambitionierteste Werk des Komponisten ist der über zweieinhalb Stunden dauernde *‹Scardanelli-Zyklus› für Soloflöte, gemischten Chor, Orchester und Tonband* (1975 bis 1985). Das Werk umfaßt drei Großabschnitte. Seine 23 Teilstücke sind in mehreren Phasen entstanden und wurden schließlich zum Ganzen gefügt. Im Zentrum des Zyklus stehen, getrennt von instrumentalen Partien, die «Jahreszeiten», dreimal vier Lieder für Chor a cappella nach späten Gedichten Friedrich Hölderlins. Der «von Apollo geschlagene» Bewohner des Tübinger Turms hatte sie fiktiv datiert und mit «Scardanelli» unterzeichnet. HOLLIGERS Musik spürt den Todesstarren und Isolationsphobien, von denen diese nur scheinbar idyllischen Texte durchwirkt sind, auf seismographische Weise nach. Raffinierte Satzkünste (zum Beispiel Kanons im Mikrointervallbereich oder das Klangnegativ des BACH-Chorals *‹Komm, o Tod, du Schlafes Bruder›*) und neuartige Artikulationsweisen (wie «Singen mit fast leeren Lungen») künden von der trügerischen Heiterkeit der Grabesstille. Mit ihrer oft wie gefrorenen Harmonik und erstarrten Expressivität am Rande des Nichts trifft HOLLIGER Hölderlins Befindlichkeit: «So eisern mein Himmel ist, so steinern bin ich.»

Helmut Rohm

Junge Komponisten in der Bundesrepublik

Dieter Schnebel (geb. 1930)
Hans-Jürgen von Bose (geb. 1953)
Walter Zimmermann (geb. 1949)
Manfred Trojahn (geb. 1949)
Wolfgang Rihm (geb. 1952)
Wolfgang von Schweinitz (geb. 1953)
Detlev Müller-Siemens (geb. 1957)

In bestimmten musikalischen Tendenzen, die Ende der siebziger Jahre unter dem ungenauen und mittlerweile auch weitgehend abgelegten Begriff «Neue Einfachheit» zusammengefaßt wurden und vornehmlich die damals jüngsten Komponisten zu betreffen schienen, meinten viele (und darunter auch viele Komponisten), etwas ausmachen zu können, was eine Art Wende in der Neuen Musik darstellte. Mit einiger Verspätung grenzte man sich gegen die (in vielen Fällen zweifellos hohen) Ansprüche des «Serialismus» ab, postulierte die Abkehr von einem vermeintlich sterilen Materialdenken und wandte sich einer Tradition und Ästhetik zu, die in den entscheidenden Erscheinungen des Fin de siècle zu suchen sind. Die Zurückhaltung gegenüber einer zeitweilig ganz im Zentrum des musikalischen Avantgardedenkens stehenden strengen Behandlung des materialen Aspekts war freilich in den siebziger Jahren alles andere als neu. Spätestens seit John Cage Mitte der fünfziger Jahre zunehmenden Einfluß auch auf europäische Komponisten gewonnen hatte, begann das Problem einer umfassenden Organisation des musikalischen Materials nach und nach seine herausragende Position zu verlieren, und bereits wenige Jahre später war der «Serialismus» wenn schon nicht tot, so doch zumindest in seinem umfassenden Anspruch stark eingeschränkt.

Die sechziger und siebziger Jahre prägten den nichtssagenden Begriff des «Postserialismus».

Doch so wenig neu die Ablehnung eines verabsolutierten Materialdenkens in den siebziger Jahren war, so wenig neu war sie in den sechziger und fünfziger Jahren. Man denke nur an den so vielseitigen, unabhängigen und international wirkenden Komponisten Hans Werner Henze, der niemals ernsthaft zu den Verfechtern des Serialismus gerechnet werden konnte. Aber auch das Werk eines Komponisten wie Günter Bialas, der, 1907 geboren, für die jüngsten seiner Kollegen zwar nicht einmal mehr zur Vätergeneration gehört, in den entscheidenden Jahren nach dem Krieg jedoch den neuesten Entwicklungen durchaus Aufmerksamkeit schenkte, ist geprägt durch eine undogmatische Haltung zum Material, was sich in Orchesterkompositionen wie der *Sinfonia piccola* (1960), dem *Concerto lirico* (1967), den *Meyerbeer-Paraphrasen* (1971) oder auch der *Haydn-Fantasie ‹Der Weg nach Eisenstadt›* (1980) zeigt. Ähnliches gilt für den Münchner Komponisten Wilhelm Killmayer (geb. 1927), in dessen Œuvre Spuren seines Lehrers Carl Orff nach wie vor zu finden sind, zumal in der zum Teil schlichten Rhythmik und zurückhaltenden Gestik von Werken wie dem Ensemblestück *‹Schumann in Endenich›* (1972), der *dritten Symphonie* (*‹Menschen-Los›*, 1972/73) und den symphonischen Dichtungen *‹Jugendzeit›* und *‹Überstehen und Hoffen›* (1978).

Merkmal jener Ende der siebziger Jahre auf den Plan tretenden jungen Komponistengeneration konnte demnach nicht allein die Ablehnung eines vermeintlich veralterten Materialbegriffs sein. Sie allein hätte nicht zu dem Eindruck eines Umschwungs führen können. Hinzu kam ein in seinem Nachdruck durchaus neuer Rückgriff auf die traditionellen musikalischen Gattungen, wobei die «großen Formen», die Oper, die Symphonie, das Konzert oder auch das Streichquartett, in ihren im 19. Jahrhundert erreichten Ausprägungen in den Vordergrund rückten. Ziel dieser ausgesprochenen Umkehr sei die Zurückgewinnung des Ausdrucks, die Rehabilitierung der Subjektivität. Auch eine künstlerisch hochstehende Musik müsse, um wieder unmittelbar wirken zu können, den Weg von der einstmals angestrebten Objektivität zurück zu einer auch das Publikum ansprechenden Innerlichkeit, die sich nicht zuletzt in den vertrauten Formen der Vergangenheit ausdrücke, beschreiten.

Eine besonders nachdrückliche Berufung auf diese Innerlichkeit prägt den bereits zu außergewöhnlichem Umfang angewachsenen Werkkatalog des 1952 geborenen WOLFGANG RIHM (sein aus dem Jahre 1976 stammendes *drittes Streichquartett* beispielsweise trägt den bezeichnenden Titel *‹Im Innersten›*). Seine *dritte Symphonie für zwei Solostimmen, Chor und Orchester* (1976/77) ist ein auf vier Sätze ausgedehnter, riesenhafter Adagio-Gestus, dessen schrilles Wuchern einerseits das Gegenteil eines konzentrierten Formdenkens auszudrücken scheint, andererseits wie eine übersteigerte Auseinandersetzung mit dem spätromantischen Typ des Adagios wirkt. In dem Orchesterstück *‹Sub-Kontur›* (1974/75) wird deutlich, daß RIHM auch den äußerlichen Effekt bewußt einsetzt. Über weite Strecken immer wieder durch laute Wirbel vier großer Trommeln unterbrochen, werden verschiedene, manchmal auch unzusammenhängende Materialien aneinandergereiht, aus denen zuhauf zitatähnliche Strukturen hervorbrechen. Trotz zeitweiliger Undifferenziertheit gibt sich das Stück immer wieder den Anschein des Vertrauten, sei es in den tonalen Akkorden des Anfangs oder den vielen spätromantischen Reminiszenzen, die die ganze Partitur durchziehen. Es ist in diesem Zusammenhang kaum möglich, die Vielseitigkeit der zahlreichen Arbeiten RIHMS auch nur anzudeuten. Anders als die zwei genannten Werke sind beispielsweise der *‹Erste Doppelgesang› für Viola, Violoncello und Orchester* (1980) und der *‹Zweite Doppelgesang›* (*‹Canzona›*) *für Klarinette, Violoncello und Orchester* (1981 bis 1983) besonders in den Solopartien von einer zum Teil merkwürdigen Schlichtheit, was auch für das *Bratschenkonzert* (1979 bis 1983) zutrifft, während im *Monodram für Violoncello und Orchester* (1983) der Solist wiederum eine technisch sehr anspruchsvolle und, dem Werktitel entsprechend, hochdramatische Partie zu bewältigen hat. RIHMS Kompositionen wirken in vielem wie hypertrophe Skizzen. Kaum eine seiner Arbeiten legt es auf Präzision an, das kompositorische Detail spielt oftmals eher eine untergeordnete Rolle.

Während RIHM das, was einmal als «Einfachheit» empfohlen worden war, gleichsam ad absurdum führt, scheinen die Werke von Wolfgang von Schweinitz (geb. 1953) der Inbegriff dieser Klassifizierung zu sein. Ungleich präziser komponiert als diejenigen seines produktiven Kollegen, sind sie in hohem Maß konservativ. In diesem Sachverhalt mag, paradoxerweise, auch ein Grund dafür zu suchen sein, daß Schweinitz allem Anschein nach eine Art Außenseiter in der bundesdeutschen «Jungen Avantgarde» geworden ist. Im Gegensatz zu Rihm oder auch zu Manfred Trojahn (geb. 1949), der sich in Werken wie der *dritten Symphonie* (1984/85) oder dem großangelegten Zyklus der *‹Fünf See-Bilder› für Mezzosopran und Orchester* (1979 bis 1983) nach Texten von Georg Heym ausdrücklich auf die Tradition der spätesten Romantik beruft und ebenfalls ganz auf die große symphonische Geste und ein gleichsam expansives Komponieren setzt, entziehen sich die Arbeiten von Schweinitz weitgehend dem (äußerlich zweifellos wirkungsvollen) Klischee einer wuchtigen Neoromantik. In den 1976 entstandenen *Variationen über ein Thema von Mozart op. 12 für großes Orchester* beschäftigt er sich mit dem Problem des musikalischen Materials an Hand eines siebentaktigen (bzw. auf acht Takte erweiterten) Ausschnitts aus Mozarts *‹Maurerischer Trauermusik›*. Die Melodik und vor allem die charakteristische Harmonik seines Werkes gewinnt Schweinitz durch chromatische und mikrotonale «Einfärbung» des Mozartschen Gerüsts, wobei ein eigenwilliger symphonischer «Zyklus en miniature» entsteht, dessen «quasi-tonal(es)» Material streng konstruktiven Prinzipien verpflichtet ist. Die Idee einer harmonischen Gerüsttechnik, die nichts mit dem vergleichsweise beliebigen Gebrauch tonaler Modelle bei Rihm und Trojahn gemein hat, findet sich auch in Schweinitz' einsätzigem *Klavierkonzert op. 18* (1978/79), einem merkwürdig intensiven Werk, dessen rhythmisch komplexe Schichtungen wie eine ganz persönliche Auseinandersetzung mit György Ligetis Mikropolyphonie anmuten, oder dem interessanten «Gesang» *‹Die Brücke› op. 15* (1977) nach einem Text von Franz Kafka, in dessen Zentrum ein verzerrtes Unisono der zwei Solisten (Tenor, Bariton) steht.

Auch Hans-Jürgen von Bose (geb. 1953) und Detlev Müller-Siemens (geb. 1957) zeigen in ihren Kompositionen, daß von einem festumrissenen Stil innerhalb der jungen Komponistengeneration nicht die Rede sein kann. Beide folgen im Grunde weder der zerklüfteten Neosymphonik RIHMS und TROJAHNS noch in gleichem Maße der bedächtigen Materialerkundung SCHWEINITZ'. Sie setzen offenbar vielmehr auf einen «Geborgenheit» vermittelnden Eklektizismus und integrieren in ihre Kompositionen verschiedenste traditionelle Materialien, um sie dem Hörer wieder «verfügbar und nutzbar» zu machen. Dieses wird in BOSES tonal-assoziativen *‹Idyllen› für Orchester* (1982/83) und den Kammerorchestervariationen *‹Musik für ein Haus voll Zeit›* (1978) ebenso deutlich wie in MÜLLER-SIEMENS' *erster Symphonie* (1978 bis 1980), deren erster Satz eine (ursprünglich unabhängig gedachte) große Passacaglia ist, oder dem in seiner Motorik offenbar auf Vorbilder wie BARTÓK und PROKOFJEW zurückgreifenden *Klavierkonzert* (1980/81).

Daß sich die musikalische Moderne in der Bundesrepublik allerdings nicht auf die von der «Jungen Avantgarde» eingeleitete Entwicklungsrichtung beschränkt, zeigt sich nicht zuletzt in dem so unvergleichlich disziplinierten und in jeder Hinsicht kritischen Schaffen HELMUT LACHENMANNS oder auch im Werk des 1930 geborenen Komponisten DIETER SCHNEBEL. Sein Interesse an einer konzessionslosen Materialerprobung und -zersetzung ließ zeitweilig wenig Spielraum für eine Beschäftigung mit dem Medium Orchester. Neben der *Studie ‹Compositio›* (1955/56, 1964) aus dem frühen *‹Versuche›-Zyklus* der Jahre 1953 bis 1956 und den miniaturhaften *Symphoniestücken für Orchester* (1984/85) seien hier noch die *‹Schubert-Phantasie› für geteiltes Orchester* (1977/78) sowie das *‹Wagner-Idyll› für Kammerensemble* (1980) genannt, die beide der Reihe der sogenannten *‹Bearbeitungen›* zugehören und «exemplarische Werke der großen klassisch-romantischen Tradition» (hier den ersten Satz aus SCHUBERTS *Klaviersonate in G-dur D 894* und WAGNERS *‹Siegfried-Idyll›*) im Sinne einer kompositorisch analytischen Durchdringung umformen. Aber auch ein Komponist wie WALTER ZIMMERMANN, der, 1949 geboren, noch zur Generation der obengenannten jungen Komponisten zählt, geht vollkommen andere Wege als diese. Seine Auseinandersetzung mit der Tradition knüpft unter anderem an bestimmte Phänomene musikalischer Folklore an, was sich am entschiedensten in dem großen Projekt ‹*Lokale Musik*› (1977 bis 1981, darunter die 1978 entstandenen ‹*Ländler-Topographien*› *für Orchester*) zeigt, einem vierteiligen, extrem sublim gestalteten Zyklus für wechselnde (meist kammermusikalische) Besetzungen, dessen materiale Grundlage fränkische Volksmusik bildet, die ZIMMERMANN unter Zuhilfenahme serieller Verfahren streng kontrolliert und gewissermaßen seziert.

Michael Mäckelmann

Zeitgenössische Komponisten in der DDR

Reiner Bredemeyer (geb. 1929)
Paul-Heinz Dittrich (geb. 1930)
Christfried Schmidt (geb. 1932)
Siegfried Matthus (geb. 1934)
Georg Katzer (geb. 1935)
Friedrich Goldmann (geb. 1941)
Friedrich Schenker (geb. 1942)
Udo Zimmermann (geb. 1943)
Nico Richter de Vroe (geb. 1955)

Gibt es eine «DDR-Musik»? Die Frage wurde immer wieder gestellt. Nicht nur ironisch. Es gibt «DDR-Musiktage». Seit 1974 werden sie im Zwei-Jahres-Wechsel mit der «DDR-Musik-Biennale» (gegründet 1967) in Berlin veranstaltet als wichtigstes Forum zeitgenössischer Musik der DDR. Veranstalter ist der Verband der Komponisten und Musikwissenschaftler der DDR. Die DDR-Musiktage werden von ihm betrachtet als das «nationale Fest zeitgenössischer Musik der DDR», die Musik-Biennale als das «internationale».

Die DDR hat nach dem Krieg eine eigene Entwicklung durchgemacht. Das spiegelt sich in ihrer musikalischen Produktion noch heute. Ausgehend von einem volkserzieherischen Konzept klassizistischer Erbe-Aneignung wurde die Musik Schönbergs und seiner Schule zunächst vollkommen negiert. Es herrschte der «sozialistische Realismus». «Mißverständnisse und Fehlorientierungen» hatte die – so der DDR-Musikwissenschaftler Frank Schneider (Momentaufnahme, Notate zu Musik und Musikern in der DDR, Leipzig 1979, S. 18/19) – anfangs «grob mechanistische, stilfixierte Diskussion» darüber zur Folge. «Wirklich sozialistische Positionen» waren so nicht zu erreichen. Es wurden «lediglich Angebote des klassischen bürgerlichen Humanismus in minderer Qualität und entschärfter Haltung perpetuiert». In der «musik-politisch administrativen Argumentation» kam es zu «pragmatischen Depravationen der zentralen Begriffe, wie etwa ‹Volksverbundenheit› zu Volkstümelei, ‹Traditionsverbundenheit› zu Eklektizismus, ‹Meisterschaft› zu formaler Handwerksbeherrschung, ‹Schönheit› zu Kontrastarmut, ‹Programmatik› zu deskriptiven Sujets, ‹realistischer Inhalt› zu verbaler Autorenerklärung und Überschriften».

Wichtigstes Datum nach der beginnenden politischen Entstalinisierung war 1958 die Gründung des «Warschauer Herbstes» in Polen. Erstmals stand in der eigenen politischen Sphäre ein musikalisches Forum zur Verfügung, auf dem man sich informieren konnte über die aktuellen kompositorischen Strömungen auch in der westlichen Welt. Es beginnt eine positivere Auseinandersetzung mit der Musik Arnold Schönbergs, von der ja auch die musikalischen «Gründerväter» der DDR, Hanns Eisler und Paul Dessau, künstlerisch sich herleiten. Das Erstarken der jungen «Polnischen Schule» (Krzysztof Penderecki) ermöglicht und erfordert andererseits auch die Auseinandersetzung mit seriellen, aleatorischen und sonoristischen Kompositionsverfahren. Dodekaphonie wird akzeptiert zumindest als Ausdruck von «Gefahr, Bedrohung, Angst» (Dessau, «In memoriam Bertolt Brecht», 1957).

Mit den Versuchen in den siebziger Jahren, auf der politischen Ebene die Entspannungspolitik voranzubringen, öffnete sich auch das künstlerische Spektrum. Es lockerte sich die restriktive Haltung gegenüber Komponistennamen wie Boulez, Cage, Kagel, Ligeti, Messiaen, Nono, Stockhausen. Einige von ihnen sind mittlerweile zu Korrespondierenden Mitgliedern der Akademie der Künste der DDR, Berlin, ernannt. Als abgeschlossen gilt heute die Materialdiskussion in der DDR. Daß das «Notenbild» sich herleite aus dem «Weltbild», ist Gemeinplatz der Vergangenheit. Besonderheiten bleiben in den kompositorischen Haltungen. Kunstproduktion in der DDR ist nie selbstgenügsam, l'art pour l'art. Sie will etwas aussagen: durch Einbezug von Texten, historische Anspielungen, besondere dramaturgische Achtsamkeit. Kennzeichnend der starke Drang zum Musiktheater bei allen Komponisten der DDR.

Die Gruppe der heute führenden, geboren in der Zeit des Faschismus in Deutschland, sind Schüler im wesentlichen dreier Komponisten: HANNS EISLER (1898–1962), RUDOLF WAGNER-RÉGENY (1903–1969), PAUL DESSAU (1894–1979). Als Meisterschüler an der Akademie der Künste, eine Art Graduiertenstudium, hatten sie Kontakt zu ihnen. Heute sind sie sämtlich selbst deren Mitglieder. In den Paul-Dessau-Tagen, seit 1982 alle zwei Jahre veranstaltet im Theater im Palast der Republik in Berlin, haben sie ein eigenes kleines Festival, bei dem auch Arbeiten der Schüler-Schüler-Generation vorgestellt werden.

SIEGFRIED MATTHUS (geboren 1934 in Malenuppen/Ostpreußen) ist der bekannteste unter den DDR-Komponisten heute. MATTHUS, künstlerisch groß geworden im Spannungsfeld HANNS EISLERS (dessen Schüler er 1958 bis 1960 war) und Walter Felsenstein (der ihn 1964 als Musikdramaturgen an die Berliner Komische Oper holte), hat sich vor allem auf dem Feld einer musikspezifischen Operndramaturgie versucht. In seinen symphonischen Qualitäten ist der 1985 zur Eröffnung der wiederaufgebauten Dresdner Semperoper uraufgeführte *‹Cornet›* (nach Rilke), seine *sechste Oper*, kammermusikalisch in der Faktur, ein Wurf.

Zum Teil bereits dreistellige Aufführungsziffern haben seine *Konzerte* erreicht, insbesondere die *für Violine* (1968) und *für Klavier* (1970). Weitere *Konzerte* hat er geschrieben *für Cello* (1975), *für Flöte* (1978), *für Trompete und Pauken* (1982 zur Centenarfeier des Berliner Philharmonischen Orchesters), *für Pauke* (1985, *‹Der Wald›*, nach einem Hölderlin-Zitat, ein Auftragswerk der Staatskapelle Dresden), *für Oboe* (1985 für die BBC Cardiff) und *für Orchester ‹Variationen mit Quinten›* (1986, nach einem Bild von Max Ernst, genannt «Die Windsbraut», ein Auftragswerk der Münchner Philharmoniker zur Einweihung ihres neuen Konzerthauses am Gasteig).

Eine Sonderstellung beansprucht MATTHUS' *Orchesterkonzert ‹Responso›* (1977). Nach Versuchen mit Dodekaphonie und Serialität markiert es in MATTHUS' Schaffen eine Stilwende. MATTHUS, der sich heute musikalisch verpflichtet fühlt einer freien Atonalität à la STRAWINSKY, «antwortet» hier auf eine Sammlung synthetisierter Stilzitate von BACH bis STRAUSS. MATTHUS komponiert heute in sieben- bis elftönigen Skalen, die er frei handhabt. ‹*Responso*› ist eines seiner meistgespielten Stücke.

Kammermusik gibt es kaum von MATTHUS. Seit 1967 leitet er an der Komischen Oper eine Konzertreihe «Kammermusik im Gespräch». Sie wurde zu einem der wichtigsten Wegbereiter avancierter Moderne in der DDR. Mit eigenen Werken wollte MATTHUS hier nicht hervortreten.

FRIEDRICH GOLDMANN (geboren 1941 in Siegmar-Schönau/Karl-Marx-Stadt) hat sich immer mehr zum bedeutendsten Symphoniker der DDR profiliert. GOLDMANN ist auch höchst anerkannter Dirigent nicht nur der eigenen Werke. Seine musikalische Sozialisation empfing er im Dresdner Kreuzchor. Befreiender Ausbruch war für ihn 1959 die private Teilnahme an den Darmstädter Ferienkursen. Kontakte rühren von daher zu KARLHEINZ STOCKHAUSEN, LUIGI NONO, PIERRE BOULEZ.

Mit Begriff und Formkanon der Symphonie hat GOLDMANN sich immer wieder dialektisch-kritisch auseinandergesetzt. 1972/73 entstand seine *erste*, 1976 seine *zweite Symphonie*. Seine *dritte Symphonie*, uraufgeführt unter seiner eigenen Leitung 1987 in Berlin, ist eine Art Metasymphonie, ein Spiel mit den Formeln der Symphonik, ihren Modellen – wie in einem goldenen Käfig; aus ihrem Schönklang gibt es kein Entrinnen. *Konzerte* hat GOLDMANN einen ganzen Zyklus geschrieben. Am bedeutendsten das *erste für Posaune und drei Instrumentalgruppen* (1977 für die Leipziger Gruppe Neue Musik Hanns Eisler). Es folgte ein *Violin-*, ein *Oboenkonzert* und 1979 das vielleicht interessanteste, das *Klavierkonzert* (Uraufführung 1981 im Neuen Gewandhaus Leipzig).

Zu seinen wichtigsten Kammermusikwerken zählt GOLDMANN ein 1975 geschriebenes, aber erst zehn Jahre später uraufgeführtes *Streichquartett*, das *Bläserquintett* «Zusammenstellung» für zehn einander paarig austauschende Instrumente (1976) und die ‹*Ensemblekonzerte*› *eins* (1982 geschrieben für das Ensemble Modern) und *zwei* (1985 entstanden für die Dresdner Vereinigung «Musica Viva» mit pastellhaft postmodernen Klängen) sowie ‹*Trio*› (*vier Stücke für Viola, Violoncello und Kontrabaß*, Uraufführung 1987 in Witten).

Einer der originellsten und witzigsten Köpfe: REINER BREDE-

MEYER (geboren 1929 in Velez/Kolumbien, 1954 aus München in die DDR zu PAUL DESSAU gekommen). Einen Namen hat er sich vor allem als Komponist von Liedern und aphoristisch-kritischen Stücken gemacht. So entstanden 1970 die *‹Bagatellen für B›, Orchesterstücke zum Beethoven-Jubiläum*, eine Collage BEETHOVENscher *Bagatellen*, die den Klassiker so verfremden, daß er wieder erscheint als höchst Moderner. Mit seiner 1986 in Halle uraufgeführten Oper *‹Candide›* nach Voltaire (entstanden 1981/82) hat BREDEMEYER eines der ganz wenigen Beispiele in der DDR gegeben, die Theaterprinzipien Brechts nach DESSAU weiterzuführen.

Mit dem kritischen Blick des Theatermanns – seit 1961 leitet BREDEMEYER die Schauspielmusik am Deutschen Theater – hat er 1984 den Zyklus von Wilhelm Müllers «Winterreise» und 1986 auch den der «Schönen Müllerin» neu vertont. SCHUBERT-Schändung betreiben will BREDEMEYER dabei nicht. Er versucht die von SCHUBERT übersehenen Züge latenter Ironie – Postromantik vor Heine – diesen Liedern wiederzugeben. 1985 entstand, nach der ersten Auseinandersetzung mit den Müller-Liedern, ein Zyklus nach Ingeborg Bachmann: «Lieder auf der Flucht». Viel gespielt: sein 1977 entstandenes *Oboenkonzert* (für Burkhard Glaetzner, ein suitenhaft virtuoses Stück in fünf Sätzen beliebiger Folge) und das *Septett 80* (1980 entstanden zum zehnjährigen Bestehen der Leipziger Gruppe Neue Musik Hanns Eisler).

Durch ihre Versuche mit elektronischer Musik bekannt wurden vor allem PAUL-HEINZ DITTRICH (geboren 1930 in Gornsdorf bei Karl-Marx-Stadt) und GEORG KATZER (geboren 1935 in Habelschwerdt/ehemals Schlesien). KATZER leitet ein 1986 an der Akademie der Künste Berlin eingerichtetes elektronisches Studio.

Als sein wichtigstes Werk bezeichnet KATZER sein 1979 in Karl-Marx-Stadt mit dem dortigen Orchester uraufgeführtes *‹Sound-House›*, ein elektronischer Baukasten auf Texte von Francis Bacons «New Atlantis» (1624). *‹Klanghäuser›* werden da von Bacon visionär beschrieben als Häuser der Zukunft, «wo wir alle Töne erzeugen und ihre Entstehung ergründen». Als solcher musikalischer Baukasten zu verstehen ist auch ein Stück KATZERS für Klavier und fünf Instrumente von 1985 *‹La Mettrie oder Anmerkungen* *zum Maschinenmenschen oder das Ende des mechanistischen Zeitalters›*. La Mettrie war ein Philosoph, der die Seele im Menschen suchte und auf der Flucht vor den Jesuiten bei Friedrich II. sich am Hof von Preußen versteckt hielt. *‹Essai avec Rimbaud›* (*für Oboe, Klavier, Cello*) ist ein weiteres wichtiges Werk KATZERS. Zu nennen sind auch seine beiden *Orchesterkonzerte* (1976 und 1985).

PAUL-HEINZ DITTRICH ist am bekanntesten geworden mit seinem 1974 geschriebenen *Cellokonzert* und seinen *‹Illuminations›* nach Rimbaud, uraufgeführt vom Südwestfunksymphonieorchester unter Ernest Bour 1977 in Royan. Assoziative Grundlagen für Kompositionen von DITTRICH sind oft Gedichte. Seine bevorzugten Dichter neben Rimbaud sind Celan, Eluard, Maeterlinck. Seit 1976 hat er mehrere *Konzerte* geschrieben, die das BACHsche Vorbild der *‹Brandenburgischen Konzerte›* weiterdenken. *‹Concerts avec plusieurs instruments›* nennt DITTRICH diese Konzerte. Ein BACH-Zitat, der berühmte Choralsatz *‹Es ist genug›*, ist auch der strukturelle Kern eines 1975 für das Symphonieorchester des Norddeutschen Rundfunks entstandenen Stücks, des *‹Cantus 1›*.

Als der vielseitigste Komponist der DDR ist FRIEDRICH SCHENKER (geboren 1942 in Zeulenroda/Vogtland) zu betrachten. Besondere Verdienste hat er sich auch erworben als Posaunist und Gründer der Gruppe Neue Musik Hanns Eisler in Leipzig (1970). Mit der Berliner Bläservereinigung ist sie das wichtigste Ensemble – und damit Anreger – Neuer Musik in der DDR.

«Grenzüberschreitend» hat SCHENKER immer wieder gewirkt. In Improvisation und Komposition zum Beispiel in Richtung Jazz. SCHENKERS anspruchsvollstes Werk: seine 1985 im Leipziger Neuen Gewandhaus uraufgeführte *‹Michelangelo-Symphonie›*, eine Art Endzeitvision in den Dimensionen und auch für einen Apparat wie bei MAHLERS *Achter*. Angeregt dazu wurde SCHENKER 1973 bei einem Besuch der Cappella Sistina in Rom durch die Michelangelo-Fresken. Erstes Ergebnis dieser Reise war damals das Orchesterporträt *‹Landschaften›* (1974). *Konzerte* hat SCHENKER für alle wichtigen Instrumente geschrieben, darunter ein *Tripelkonzert* und *eines für Kontrabaß*. Am fruchtbarsten ist er im Halbszenischen. Hochpolitisch seine *Majakowsky-Jessenin-Kantate*, der *Zyklus ‹Hades›*, das Anti-Atom-Krieg-Fanal *missa nigra*.

1987 uraufgeführt seine vielschichtig-komplexe Oper ‹*Büchner*› (geschrieben 1981/82). Der sterbende Dichter blickt in sich verschränkenden Bildern zurück auf sein kurzes, heftiges Leben.

SCHENKER war Schüler bei DESSAU. Für DESSAUS Offenheit spricht, daß er auch ein ganz gegensätzliches, auch politisch völlig anders orientiertes Temperament wie JÖRG HERCHET (Jahrgang 1943) als Schüler akzeptierte und förderte. HERCHET war DESSAUS letzter Schüler. HERCHET gehört gewiß zu den eindrucksvollsten jüngeren Komponisten der DDR. Bestechend sein hohes Maß an konzentrierter Expressivität. HERCHET hat viel Kammermusik geschrieben. Am bekanntesten seine ‹*Komposition für Bläserquintett und Klavier*› (1978). HERCHET nennt alle seine Werke «Komposition». Titel vermeidet er bewußt. HERCHET hat auch für Orgel komponiert. Nach BACHschem Vorbild schreibt er fürs Kirchenjahr einen Zyklus von Kantaten. Außerhalb der DDR bekannt geworden ist er durch Aufführungen bei den Donaueschinger Musiktagen: 1980 die ‹*Komposition für Posaune und Orchester*› (1977), 1985 die ‹*Komposition 2 für Orchester*› (1983).

Ähnlich am Rande lebend wie HERCHET: CHRISTFRIED SCHMIDT (Jahrgang 1932). SCHMIDT ist Autodidakt, beeinflußt sehr von der Bildenden Kunst. SCHMIDT ist ebenfalls mit Kammermusik hervorgetreten, mit Orgel-, Chor- und auch Orchestermusik. Am bekanntesten sein *Oboenkonzert* für Burkhard Glaetzner (Uraufführung 1984).

Daß die nachwachsende Generation auch ganz andere Einflüsse zu verarbeiten strebt, zeigt das Beispiel NICO RICHTER DE VROE (Jahrgang 1955). RICHTER DE VROE ist Schüler von FRIEDRICH GOLDMANN. Als Geiger setzt er sich auch aktiv für die Neue Musik ein. Kompositorisch versucht er das Spektrum der DDR-Musik zu erweitern. Sein ästhetisches Credo heißt JOHN CAGE.

Vor allem als Opernkomponist bekannt geworden ist UDO ZIMMERMANN (Jahrgang 1943). Kompositorisch verbunden fühlt er sich einer ganz anderen Richtung. Beeinflußt ist er vor allem von der Polnischen Schule. Sein wichtigstes Werk für Konzertsaal ist die 1977 für die Staatskapelle Dresden entstandene ‹*Sinfonia come un grande lamento*›.

Georg-Friedrich Kühn

Zeitgenössische Komponisten in der UdSSR

Edison Denissow (geb. 1929)
Sophia Gubaidulina (geb. 1931)
Alfred Schnittke (geb. 1934) + 1998
Arvo Pärt (geb. 1935)

Edison Wassiljewitsch Denissow, geboren 1929 im sibirischen Tomsk als Sohn eines Physikers und einer Ärztin, kam zur Musik autodidaktisch, spielte Mandoline, Gitarre und später Klarinette neben einem Mathematikstudium, das er an der Tomsker Universität absolvierte. Dimitri Schostakowitsch entdeckt sein kompositorisches Talent und ebnet ihm Wege zum Kompositionsstudium, das er 1959 in Moskau bei Wissarion Schebalin absolviert, daneben Privatunterricht bei dem Webern-Schüler Philipp Moissejewitsch Herşcovici. Nimmt seither unter den sowjetischen Avantgardisten eine führende Stellung ein, stilistisch etwa an Pierre Boulez anknüpfend und – in seinen Vokalwerken wie ‹*Sonne der Inkas*›, ‹*Totenklagen*› – den Klang der russischen Sprache in eine gemeineuropäisch verstandene Neue Musik einbringend, in der er als Mathematiker eine eher klassizistische Position einnimmt: «In der Mathematik gilt mein Interesse … ihren philosophischen Aspekten. Dabei handelt es sich nicht nur um Klangschönheit, die natürlich nichts mit Schönmacherei zu tun hat. Gemeint ist die Schönheit des Gedankens, wie sie von Mathematikern verstanden wird, oder wie sie von Bach und Webern verstanden wurde.» Insofern sieht Denissow, der auch mit theoretischen Arbeiten hervortrat, das serielle Denken als Ordnungsfaktor und unentbehrliches Handwerkszeug des Komponisten.

Seine klanglichen Konstruktionen zeichnen sich durch logische Konsequenz und eine eigentümliche «Schwerelosigkeit» aus sowie durch Ökonomie der Formulierungen und handwerkliche Gewissenhaftigkeit. DENISSOW wurde für die deutsche Musikszene anfänglich in der DDR «entdeckt», komponierte zum Beispiel im Auftrag der Ost-Berliner Staatsoper Bertolt Brechts «Keuner-Geschichten» (1968). Sein *‹Requiem›*, 1980 im Auftrag des NDR auf multilinguale Gedichte von Francisco Tanzer und Bibeltexte entstanden, stellt – auch unter Rückgriff auf BACHsche Stilelemente – eine große Synthese östlicher und westlicher Frömmigkeit in einem aufgeklärten Sinn dar; das Stück nahm seinen Weg über die Konzertpodien Europas und wurde schließlich auch in der UdSSR aufgeführt. Dort war DENISSOWS Werk in all den Jahren starken Behinderungen, auch Aufführungsverboten ausgesetzt, die bis in andere sozialistische Länder geltend gemacht wurden. Seine Oper *‹L'Ecume des Jours›* nach Boris Vian, fertiggestellt 1981, erlebte ihre Uraufführung 1986 an der Pariser Opéra Comique.

Werke: Oper *‹L'Ecume des Jours›* wie genannt, Ballett *‹Confession›* (1984) nach Alfred de Musset, *‹Quatre Filles›* (1985) nach Picasso. Für Orchester: *Peinture* (1970), *Chant d'Automne* (1971), *Konzerte für Cello* (1972), *Klavier* (1974), *Flöte* (1975), *Violine* (1977), *Flöte und Oboe* (1979, *Fagott und Cello* (1982) *mit Orchester, Aquarelle für 24 Streicher* (1975), *Requiem für Sopran, Tenor, Chor und Orchester* (1980), *Partita für Violine und Orchester* (1981), *‹Colin et Chloé›* (Suite aus *‹L'Ecume des Jours›*) *für Solisten, Chor und Orchester* (1981), *‹Tod ist ein langer Schlaf›* nach einem HAYDN-Thema für Cello und Orchester (1982), *‹Ton Image Charmante›* (1982) nach Puschkin. – Kammermusik (ca. fünfzig Titel), Kammervokalwerke nach Catull, Gabriela Mistral, Alexander Blok, Brecht, Chlebnikow, Bunin, Vian, Francisco Tanzer, Mandelstam, Baratynski, Attila Jozsef, Solowjow, Afanasi Fat und Volkstexte; Instrumentationen von Werken BEETHOVENS, MOSSOLOWS, MUSSORGSKYS und SCHUBERTS.

ALFRED GARRIJEWITSCH SCHNITTKE, geboren 1934 in Engels/Wolga, Sohn einer wolgadeutschen Mutter, erhielt ersten Klavierunterricht 1946 bis 1948 in Wien, wo sein Vater im diplomatischen Dienst war, 1953 bis 1958 Studien am Moskauer Konservatorium bei J. K. Golubew, seit 1961 dort Instrumentation, Partiturlesen,

Polyphonie und Komposition unterrichtend; ebenfalls Privatschüler des WEBERN-Schülers PHILIPP HERŞCOVICI und in seiner ersten Schaffensperiode stark an WEBERN orientiert, dessen Schriften er ins Russische übersetzte. Seine große symphonische Begabung entwickelte sich dann jedoch unter anderen ästhetischen Voraussetzungen, für die er selbst den Begriff der «Polystilistik» fand: eine wache, hellhörige Einbeziehung divergenter, auch trivialer Elemente in eine universale Sprache. Der Durchbruch hierzu vollzog sich in seiner 1969 bis 1972 entstandenen *ersten Symphonie*, die unter anderem Jazzelemente einbezieht und seit ihrer Uraufführung in Gorki verboten ist.

Das Hauptgewicht seines Schaffens liegt auf den großen, instrumentalen Formen (*Symphonien, Konzerte*); er komponierte jedoch auch *Vokalwerke, Filmmusik*, unternahm – nach Thomas de Hartmann – eine neue Vertonung der szenisch-pantomimischen Komposition «Der gelbe Klang» von Wassily Kandinsky und schuf elektronische Musik (*‹Der Strom›*, 1969).

Werke: Violinkonzerte (1957, 1966, 1978, 1982), *Klavierkonzerte* (1964, 1979), *Concerti grossi* (1977, 1981/82, 1984), *Doppelkonzert für Oboe, Harfe und Streicher* (1971), *Cellokonzert* (1986), *Symphonien* (1969 bis 1972, 1979 – *‹St. Florian›* –, 1981, 1984), *‹Pianissimo› für großes Orchester* (1968), *‹In memoriam› für Orchester* (1978), *Passacaglia für großes Orchester* (1979/80).

Bühnenwerke: ‹Labyrinthe› (1971),*‹ Der gelbe Klang›* (1974); Vokalwerke: *Drei Gedichte von Maria Zwetajewa* (1968), *Stimmen der Natur* (1972), *Requiem zu Schillers «Don Carlos»* (zwei Fassungen: Orchester und Ensemble, 1975), *‹Der Sonnengesang des Franz von Assisi›* (1976), *‹Drei Madrigale nach Francisco Tanzer›* (1980), *‹Drei Szenen für Stimme und Schlagzeug›* (1980), Minnesang für 52 Choristen, *‹Die Geschichte vom Dr. Johannes Faust›* (1983).

Kammermusik: (ca. 25 Titel), darunter drei Streichquartette (1966, 1981, 1983), *Kanon in memoriam Igor Strawinsky* (1971), *Hymnen I–IV* (1974–1979), *MOZ-Art für zwei Violinen* (1976), *Variationen über einen Akkord für Klavier* (1966).

SOPHIA ASGATOWNA GUBAIDULINA, geboren 1931 in Tschistopol an der Kama, tatarischer Abkunft, studierte in Kasan (Klavier bei Grigori Kogan, Komposition bei ALBERT LEMAN) und Moskau (bei

SCHOSTAKOWITSCHS Assistenten NIKOLAJ PEJKO, dann Aspirantin bei WISSARION SCHEBALIN). Zeichnete sich von frühem Beginn an durch Eigenwilligkeit ihres Stils aus; wurde von SCHOSTAKOWITSCH ermuntert, doch von anderen Seiten angefeindet. Obschon ihre Werke seit langem auf internationalen Festivals Beachtung fanden – darunter in Royan, Paris, Rom, Zagreb, Witten, Köln –, konnte sie erstmals 1986 zum Lockenhaus-Festival und den Berliner Festwochen aus der UdSSR ausreisen. Im Westen setzen sich Gidon Kremer und die Junge Deutsche Philharmonie zunehmend für ihr Werk ein.

Typisch für ihren Stil ist die eigenwillige, phantasievolle Ausnutzung der Klangfarben und Rhythmen oftmals im Sinn einer gegensätzlichen dramatischen Konzeption, auf die schon viele Titel ihrer Stücke hindeuten: *‹Rumore e silenzio› für Cembalo und Schlagzeug* (1974), *‹Vivente-non vivente›* (eine *elektronische Komposition* im Experimentalstudio des Moskauer Skrjabin-Museums, 1976), *‹Garten der Freuden und Traurigkeiten›* (1980). In der Moskauer Improvisationsgruppe «Astreja» entwickelte sie zusammen mit den Komponisten VIKTOR SUSLIN und WJATSCHESLAW ARTJOMOW Meditationen auf zentralasiatischen Volksinstrumenten. In den Partien ihrer *Konzerte* sieht sie auch «Schicksale» verkörpert.

Wichtigste Werke: ‹Fazelia› für Sopran und großes Orchester (1956) nach M. Prischwin, *Klavierquintett* (1957), *Chaconne für Klavier* (1962), *Allegro rustico für Flöte und Klavier* (1963), *5 Etüden für Harfe, Kontrabaß und Schlagzeug* (1965), *Pantomime für Kontrabaß und Klavier* (1966), *Sonate für Schlaginstrumente* (1966), *‹Nacht über Memphis›, Kantate nach altägyptischen Dichtern für Alt, Männerchor und Kammerorchester* (1968), *‹Rubajat› nach altpersischen Dichtern für Bariton und Kammerorchester* (1969), *‹Musikalisches Spielzeug› für Klavier* (1969), *‹Concordanze› für 10 Instrumente* (1971), *‹Stufen› für großes Orchester* (1972), *‹Detto II› für Cello und 13 Instrumente* (1972), *‹Stunde der Seele› nach M. Zwetajewa für Mezzosopran und großes Blasorchester* (1974), *Konzert für Fagott und tiefe Streicher* (1975), *‹Percussio di Pekarski› für Schlagzeugsolo, Mezzosopran und großes Orchester nach M. Zwetajewa* (1976), *Quartett für 4 Flöten* (1977), *Introitus für Klavier und Kammerorchester* (1978), *‹Misterioso› für*

7 Schlagzeuge (1977), *Sonate für Orgel und Schlagzeug* (1978), *‹In croce› für Cello und Orgel* (1979), *‹Offertorium› für Violine und großes Orchester* (1980), *‹Freue dich› für Violine und Cello* (1981), *‹Sieben Worte› für Cello, Bajan und Kammerorchester* (1982), *‹Perception› nach Francisco Tanzer, für Bariton, Sopran und 7 Streicher, ‹Im Anfang war der Rhythmus› für 7 Schlagzeuge* (1984).

ARVO PÄRT, geboren 1935 im estnischen Paide, studierte am Konservatorium Tallinn bei H. Eller Komposition, arbeitete gleichzeitig als Tonmeister beim Estnischen Rundfunk, wo er viele Möglichkeiten fand, sich mit sowjetischen und ausländischen Strömungen der Neuen Musik bekannt zu machen. Als Symphoniker komponierte er lange dodekaphon; später wandte er sich mehr den Prinzipien der «Minimal Music» und «Neuen Einfachheit» zu. Zu seinen Mitteln gehören Möglichkeiten der Klangfarbenmelodie, eine archaisierende Melodik, Polyrhythmik, synthetische Skalen in der Harmonik und Mittel der Tonartenpolyphonie und der Collage.

Aus seinen Arbeitsaufzeichnungen zum Werk *‹Tintinnabuli›*: «Jede Phrase arbeitet selbständig. Ihr innerer Schmerz und die Aufhebung dieses Schmerzes sind untrennbar verbunden und bilden einen Atem... Wie gelangt man zur kleinsten Zahl?... Man soll sich nicht übereilen: Man muß jeden Schritt von einem Punkt zum anderen auf dem Notenpapier erwägen. Es ist nötig, daß dieser Schritt erst erfolgt, nachdem du alle möglichen Noten auf ihre ‹Reinheit› geprüft hast. Dann wird der Ton, der alle Versuche überdauert hat, wahrhaftig sein... Qualität hängt ab von Ehrlichkeit und Demut. Um nichts anderes sollst du dich kümmern... Sorgfältig auf jeden Ton, jedes Wort, jede Bewegung achten...»

PÄRT sah sich, nach erfolgreichen Aufführungen im Westen, zunehmenden Behinderungen in der UdSSR ausgesetzt und emigrierte 1980, lebt seitdem in West-Berlin.

Hauptwerke: Perpetuum mobile für Orchester (1963), *Konzert für Violine, Cello und Kammerorchester* (1980), *Cantus in memory of Benjamin Britten* (1980) *für Streicher und Glocken, Tabula Rasa für 2 Violinen, Streichorchester und präpariertes Klavier* (1977); *Spiegel im Spiegel* (1978, 1980), Fassungen für *Violine und Klavier und für Violine, Klavier und Streichorchester*; *‹Wenn Bach Bienen* *gezüchtet hätte›, 2 Fassungen mit und ohne elektronisches Zuspiel* (1980); *Fratres I und II für alte oder neue Instrumente* (1977, 1980); *Arbos für Solovioline und alte oder neue Instrumente und Schlagzeuge, Version für 7 Blockflöten und Triangel* (1977); *Credo für Klavier, gemischten Chor und Orchester* (1968); *‹Cantate Domino Canticum Novum›, Psalm 95 für vokale und instrumentale Stimmen* (1977); *Missa sillabica für vokale und instrumentale Stimmen* (1977); *‹Dies irae› für gemischten Chor, Orgel und Instrumente* (1976); *Johannes-Passion für 4 Männerstimmen, Chor und Orgel* (1981); *De profundis für Männerchor, Orgel und Schlagzeug* (1980); *Summa für Tenor und Bariton (oder SATB) und Instrumente* (1980), *‹Pari Intervallo› für 4 Blockflöten oder Orgel solo* (1980); *‹Fratres› für Violine und Klavier* (1980); *‹Für Alina› für Klavier* (1976); *‹Variationen zur Gesundung von Arinuschka› für Klavier* (1977); *‹Annum per Annum› für Orgel* (1980); *3 Symphonien* (1964, 1966, 1971); *Collage über Bach* (1964); *‹Pro et contra› für Cello und Orchester* (1966); *Streichquartett* (1959); *Bläser-Quintettino* (1964); *2 Sonatinen* (1958/59); *Partita* (1959); *Diagramme* (1964); *‹Solfeggio› für gemischten Chor; Filmmusiken.*

Literatur: Hannelore Gerlach: Fünfzig sowjetische Komponisten. Leipzig/Dresden: Peters 1984; Musikenzyklopädie (russ.), Moskau: Sowjetenzyklopädie 1973 ff.; Programmhefte des Warschauer Herbstes, Mitteilungen der Verlage Sikorski und Universal Edition; Harry Olt: Estonian Music: Tallinn, Perioodika 1980.

Hier nicht näher behandelt werden konnten Leonid Grabowski, geb. 28. Januar 1935 in Kiew, der «Kiewer Zwölftonschule» der sechziger Jahre entstammend, und sein Landsmann Valentin Silvestrov, geb. 30. September 1937 in Kiew, die nach anfänglichen Schwierigkeiten zunehmende Bedeutung im sowjetischen Konzertleben erlangten; aus Leningrad, Sergej Slonimski, geb. 12. August 1932, und Boris Tischtschenko, geb. 23. März 1939 (Lieblingsschüler von Schostakowitsch), oder Rodion Schtschedrin, geb. 16. Dezember 1932, dessen feinsinnige polyphone Werke in Deutschland zunehmend Beachtung fanden, u. a. in Form von Kompositionsaufträgen, ebenso Gija Kantscheli, geb. 10. August 1935, gelegentlich Gast in Düsseldorf. Auf ihre

Entdeckung wartet die SCHOSTAKOWITSCH-Schülerin GALINA USTWOLSKAJA, geb. 17. Juni 1919, die eigentümliche, noch kaum erkannte dramatische Spielarten der «Minimal Music» hervorbrachte.

Aus der nachfolgenden jüngeren Generation haben sich VIKTOR JEKIMOWSKI (geb. 12. September 1947), JELENA FIRSOWA (geb. 21. März 1950), WASSILI LOBANOW (geb. 2. Januar 1947), WLADIMIR MARTINOW (geb. 20. Februar 1946), WLADISLAW SCHUT (geb. 3. März 1941), DIMITRI SMIRNOW (geb. 2. November 1948), VIKTOR SUSLIN (geb. 13. Juni 1942, inzwischen emigriert) und ALEXANDER WUSTIN mit originellen Lösungen hervorgetan.

NIKOLAJ KARETNIKOW (geb. 28. Juni 1930) mit einer Oper über E.T.A. HOFFMANNS ‹*Klein Zaches*› und ALEXANDER NJEMTIN unter anderem mit einer Rekonstruktion bzw. Vervollständigung von SKRJABINS ‹*Acte Préalable*› sollten nicht unerwähnt bleiben, wie denn überhaupt ein weiter Bereich des gegenwärtigen sowjetischen Musikschaffens für die deutsche Szene unerschlossen geblieben ist.

Detlef Gojowy

Über die Herausgeber

Attila Csampai, geboren 1949 in Budapest, studierte Musikwissenschaft, Theatergeschichte, Philosophie, Soziologie und Mathematik in München und ist dort seit 1974 publizistisch tätig. Er schrieb zahlreiche Essays und Werkkommentare für Konzert- und Opernprogramme und Platteneditionen sowie Aufsätze in Fachzeitschriften. Daneben Rundfunksendungen und von 1975 bis 1978 Rezensent bei «HiFi Stereophonie». Seit 1978 dramaturgische Mitarbeit und musikalische Beratung bei verschiedenen Opern- und Theaterinszenierungen. Beim Bayerischen Rundfunk von 1980 bis 1983 ständige freie Mitarbeit als Autor und Programmgestalter, seit Herbst 1983 Redakteur für symphonische Musik. Redaktionsbeirat und Rezensent der «Neuen Musikzeitung». Seit 1981 zusammen mit Dietmar Holland Herausgeber der «rororo-Opernbücher».

Dietmar Holland, geboren 1949, studierte in München Musikwissenschaft, Philosophie und Theatergeschichte. Seit 1972 Publikationen über musikalische Sachfragen, zahlreiche Werkkommentare und Komponistenporträts in den Programmheften der Berliner und Münchner Philharmoniker, der Bayerischen Staatsoper und für Schallplattenveröffentlichungen. Freie Mitarbeit beim Bayerischen (seit 1975) und Norddeutschen (seit 1981) Rundfunk. Von 1975 bis 1977 Rezensent bei «HiFi Stereophonie» und seit 1984 Mitarbeiter der «Neuen Musikzeitung». Seit 1981 zusammen mit Attila Csampai Herausgeber der «rororo-Opernbücher».

Über die Autoren

HARTMUT BECKER, geboren 1949 in Mönchengladbach, studierte 1970 bis 1972 Klavier und Tonsatz, danach bis 1981 an der Universität Würzburg Musikwissenschaft, Geschichte, Germanistik, Kunstgeschichte und Italo-Romanistik. Seit 1982 Lehrbeauftragter an der Staatlichen Hochschule für Musik, Würzburg, daneben als freiberuflicher Musikpublizist Autor zahlreicher Fachbeiträge. Seit 1987 Musikdramaturg am Badischen Staatstheater, Karlsruhe.

NORBERT BOLIN, Musikwissenschaftler, Lehrbeauftragter für historische Musikwissenschaft an der Staatlichen Hochschule für Musik Rheinland, Köln.

IRMELIN BÜRGERS, geboren 1958 in Ulm, studierte Germanistik, Musik- und Theaterwissenschaft, 1979 bis 1984 freie Mitarbeiterin in der Dramaturgie der Bayerischen Staatsoper, zahlreiche Werkkommentare in den Programmheften der Münchner Philharmoniker und der Musikalischen Akademie des Bayerischen Staatsorchesters, 1985 bis 1987 freie Mitarbeiterin und Programmgestalterin beim Bayerischen Rundfunk, seit 1987 Redakteurin in der Hauptabteilung Musik des Bayerischen Rundfunks. Redaktionelle Mitarbeit und Koordination des Konzertführers.

PETER COSSÉ, geboren 1948 in Leipzig. Philosophie- und Soziologiestudium in Frankfurt und Salzburg. Seit 1971 als freier Publizist und als ständiger Musikkritiker der «Salzburger Nachrichten» tätig. Mitarbeiter zahlreicher Fachzeitschriften («Fono Forum», «Opernwelt», «ÖMZ», «Musica»), Tageszeitungen («Frankfurter Rundschau», «Neue Zürcher Zeitung», «Tagesspiegel Berlin»), Rundfunk- und Fernsehanstalten (WDR, BR, ZDF, ORF, SFB). Mitautor der Enzyklopädie «Die Großen der Weltgeschichte» (Kindler) und des DVA-Bandes «Das Berliner Philharmonische Orchester». Juror bei Schallplattenpreisen und Musikwettbewerben.

NORBERT CHRISTEN, geboren 1944 in Hohenstein bei Eckernförde, studierte nach dem Abitur an der Staatlichen Musikakademie Detmold und schloß mit dem Examen des Diplomtonmeisters. Anschließend Studium der Musikwissenschaft in München und Berlin. Promotion zum Dr. phil. mit einer Dissertation über Stilfragen bei Giacomo Puccini. Von 1976 bis 1980 Redakteur für Symphonik beim Süddeutschen Rundfunk Stuttgart, seit 1981 Redakteur in der Musikabteilung des Bayerischen Rundfunks.

Pavel Eckstein, geboren 1911 im schlesischen Troppau/Opava, studierte in Prag und Wien. Nach ersten praktischen Theatererfahrungen musikkritische Tätigkeit in Tages- und Fachzeitungen. Korrespondent führender Musikzeitschriften in vielen Staaten. Ab 1948 Generalsekretär des Musikfests Prager Frühling, danach Sekretär des Komponistenverbandes, schließlich in verschiedenen Funktionen am Prager Nationaltheater. Autor einer Geschichte der tschechischen Oper, mehrerer Prager Opernalmanache. Beiträge für Programmhefte, u. a. der Staatsopern Wien und München, auch der Berliner Philharmoniker. Ausgedehnte mehrsprachige Vortragstätigkeit in Europa und Übersee.

Detlef Gojowy, geboren 1934 bei Dresden. 1952 Abitur dort an der Kreuzschule, dann Studium der Germanistik an der Humboldt-Universität Berlin, u. a. bei Alfred Kantorowicz und Wolfgang Harich, anschließend Studium der Kirchen- und Schulmusik an der Hochschule für Musik Berlin-Charlottenburg und Germanistik an der Freien Universität; Promotion in Göttingen 1966 mit einer Arbeit über «Moderne Musik in der Sowjetunion bis 1930»; Rundfunkredakteur für Neue Musik bei Radio Bremen (1976 bis 1978), seitdem beim Westdeutschen Rundfunk Köln; freie publizistische Tätigkeit.

Gisela Gronemeyer, geboren 1954 in Sögel im Emsland, studierte Musikwissenschaft, Germanistik, Theaterwissenschaft und Skandinavistik in Göttingen und Köln. Musik- und theaterjournalistische Arbeiten seit 1971, u. a. beim «Kölner Stadt-Anzeiger» und in «Neuland» (Jahrbuch zur Musik der Gegenwart). Mitherausgeberin der Zeitschrift «MusikTexte – Zeitschrift für neue Musik» in Köln.

Hans-Klaus Jungheinrich, geboren 1938, Musikstudien in Darmstadt und Salzburg (unter anderem bei Konrad Lechner, Hermann Scherchen und Hermann Heiss). Feuilletonredakteur bei der «Frankfurter Rundschau» seit 1968. Autor für Funk und Zeitschriften und für Essaybände. Mitherausgeber von «Musik im Übergang» (1977). Redaktionsbeirat und Rezensent bei «HiFi Stereophonie» von 1969 bis 1983. Seit 1984 Herausgeber der Schriftenreihe «Musikalische Zeitfragen».

Manfred Karallus, in Südafrika geboren und aufgewachsen. Komposition, Schlagzeug und Violine in Hannover und Bremen. Studium der Musikwissenschaft, Philosophie und Psychoanalyse in Hamburg (Constantin Floros) und Frankfurt (Ludwig Finscher). Redakteurstätigkeiten bei der Deutschen Grammophon Gesellschaft und (bis 1987) der «Neuen Zeitschrift für Musik», seither freischaffender Musikjournalist.

Georg-Friedrich Kühn, geboren 1944 in Wirsberg. Mitglied im Windsbacher Knabenchor während der Schulzeit. Toningenieur-Abschluß in Düsseldorf am Konservatorium. Studium der Musikwissenschaft, der deutschen und italienischen Literatur in Hamburg und Berlin. Lebt als freier Journalist und Kritiker in Berlin. Arbeiten für Hörfunk, Zeitungen und Zeitschriften. Seit 1972 regelmäßige Reisen in die DDR.

Monika Lichtenfeld, geboren 1938 in Düsseldorf. Studium der Musikwissenschaft, Philosophie und Kunstgeschichte in Köln, Florenz und Wien. 1963 Promotion mit einer Arbeit über Josef Matthias Hauer. Studienaufenthalte in Frankreich und England. Seit 1959 tätig als freiberufliche Musikpublizistin, ferner Übersetzerin und Mitarbeiterin von Lexika und Enzyklopädien im In- und Ausland. Forschungs- und Publikationsschwerpunkte: Musikästhetik und Musikkritik, Rezeptionsgeschichte, Konzertwesen, Wagner, Mahler, Zemlinsky, Wiener Schule, Theorie und Geschichte der Reihentechnik, Außenseiter der Neuen Musik, Musik der postseriellen Ära.

Wolf Loeckle, geboren 1943 in Berlin. Schulzeit in Wien und Frankfurt am Main, Musikalienhändler, Kunstmanagement, Abendgymnasium, Studium in München, freie journalistische Tätigkeit, seit 1980 Redakteur mit Schwerpunkt Musik-Feature beim Bayerischen Rundfunk (Hörfunk).

Michael Mäckelmann, geboren 1958 in Uetersen/Holstein. Studierte Musikwissenschaften und Theologie in Hamburg. 1984 Promotion mit einer Arbeit zu dem Thema «Arnold Schönberg und das Judentum». Veröffentlichungen zur Musik des 19. und 20. Jahrhunderts. Verschiedene Kompositionen, darunter Klavier-, Kammer- und Orchestermusik. 1980 bis 1985 Lehrer an einem Gymnasium in Niedersachsen. 1985 wissenschaftlicher Angestellter, 1986 akademischer Rat an der Universität Bayreuth.

Lothar Mattner, geboren 1955, Studium der Musikwissenschaft, Geschichte und Philosophie, Promotion mit einer Arbeit zu den Streichquartetten Max Regers, freier Autor und Musikjournalist.

Gabriele E. Meyer, geboren in Bad Liebenwerda, studierte zunächst Schulmusik, später Musikwissenschaft, Kunstgeschichte, Archäologie und Philosophie. 1983 Promotion über «Untersuchungen zur Sonatensatzform bei Ludwig van Beethoven». Mitarbeiterin u. a. an der Reihe «Meisterwerke der Musik» des Wilhelm Fink Verlages (seit 1975) und an Sonderveranstaltungen und -publikationen der Münchner Philharmoniker (seit 1985).

Max Nyffeler, geboren 1941, studierte Musik und Musikwissenschaft in Zürich, Basel und Köln. 1969/70 Besuch der Kölner Kurse für Neue Musik (Leitung Mauricio Kagel), ab 1970 Tätigkeit in Köln als Pianist und als freiberuflicher Journalist mit Schwerpunkt Neue Musik, 1980 bis 1982 Musikredakteur beim Bayerischen Rundfunk in München. Zur Zeit Redakteur der Kulturzeitschrift «Passagen» und Verantwortlicher für Presse und Information bei der Schweizer Kulturstiftung Pro Helvetia in Zürich.

Reinhard Oehlschlägel, geboren 1936 in Bautzen, studierte Schulmusik, Musikwissenschaft, Philosophie, Soziologie und Chemie in Hannover, Göttingen, Frankfurt und Braunschweig und arbeitete als freiberuflicher Musikjournalist seit 1964 zunächst bei der «Frankfurter Allgemeinen Zeitung», bei der «Frankfurter Rundschau» und seit 1972 als Musikredakteur beim Deutschlandfunk Köln. Seit 1983 Mitherausgeber der Zeitschrift «MusikTexte – Zeitschrift für neue Musik».

Rainer Pöllmann, geboren 1962 in Vohenstrauß/Oberpfalz, Studium der Musikwissenschaft, Germanistik, Theaterwissenschaft und Geschichte in Freiburg i. B., München und Berlin; arbeitet als freier Musikjournalist für Rundfunk und Presse. 1986 Pressereferent, 1987 Dramaturg des Internationalen Jugend-Festspieltreffens Bayreuth.

Michael Querbach, geboren 1955, studierte Musikwissenschaft, Philosophie und Ethnologie in Tübingen und an der FU Berlin. Magister. Erhielt zwischenzeitig Klavierunterricht an der Hochschule der Künste Berlin. Seit 1979 gelegentliche Lektorentätigkeit für die Abteilung Neue Musik des WDR, seit 1985 freier Mitarbeiter beim BR. Derzeit wissenschaftlicher Angestellter beim DIFF Tübingen (Funkkolleg «Musikgeschichte») und arbeitet an einer Dissertation über Brahms' kompositorisches Verhältnis zur Musikgeschichte.

Dieter Rexroth, geboren 1941 in Dresden. Musikstudium und Studium der Musikwissenschaft, Germanistik, Geschichte und Philosophie in Köln, Bonn und Wien. Promotion über «Schönberg als Theoretiker der tonalen Harmonik». Seit 1972 Leiter des Paul-Hindemith-Instituts in Frankfurt am Main. Publikationen über Beethoven, Wagner, Mahler, Schönberg, Hindemith. Zahlreiche musikjournalistische Arbeiten für Rundfunkanstalten und Zeitschriften.

Klaus Peter Richter, Musikhistoriker. Studium der Musikwissenschaft, Philosophie und Psychologie in München, Promotion zum Dr. phil. 1980 über J. S. Bach. Gastdozent an amerikanischen Universitäten, Lehrbeauftragter für Aufführungsgeschichte, Schallplattenrezensent bei «Fono Forum» und «Stereo» sowie Autor in den Programmheften der Münchner Philharmoniker. Verfasser mehrerer Bücher über Johann Sebastian Bach und zahlreicher Aufsätze zur Rezeptionsgeschichte der älteren Musik.

Helmut Rohm, geboren 1953 in Ulm, studierte in München Musikwissenschaften, Philosophie, Pädagogik und Klavier. Seit 1982 freier Mitarbeiter, seit 1985 Musikredakteur beim Bayerischen Rundfunk.

Bernhard Rzehulka, geboren 1951, studierte in München Musikwissenschaft und Theatergeschichte. Lebt als freier Musikpublizist in München. Zahlreiche Werkkommentare in den Programmheften der Berliner und Münchner Philharmoniker, freier Mitarbeiter beim Bayerischen Rundfunk. Mitherausgeber und Co-Autor des 1986 erschienenen Essay-Bandes «Gehörgänge» (Zur Ästhetik der musikalisch-technischen Reproduktion).

Ulrich Schreiber, geboren 1936, studierte Literaturwissenschaft und Philosophie. Seit 1964 Tätigkeit als freier Musikschriftsteller und -rezensent («HiFi-Stereophonie», «Frankfurter Rundschau», Rundfunk) sowie als Theaterkritiker. Zahlreiche Rundfunksendungen (Schwerpunkt: Komponisten der franko-flämischen Schule) und Zeitschriftenaufsätze, zum Beispiel in «Merkur» (Mauricio Kagel), «Critique» (Gustav Mahler). Verschiedene Arbeiten zur neueren Theatergeschichte, z. B. über Peter Weiss, Rolf Hochhuth, Eric Bentley, Gustaf Gründgens; Autor des Aufsatzes über deutsche Gegenwartsdramatik im «Handbuch des deutschen Dramas».

Wolfgang Schreiber, geboren 1939, Studium von Philosophie, Germanistik, Geschichte, Musikwissenschaft. Lebte lange Jahre in Wien als Kulturkorrespondent. Seit 1978 Redakteur und Musikkritiker der «Süddeutschen Zeitung» in München.

Giselher Schubert, geboren 1944 in Königsberg/Ostpreußen, studierte Musikwissenschaft, Philosophie und Soziologie an den Universitäten in Bonn, Berlin und Zürich. Promotion 1973 mit einer Arbeit über Schönbergs frühe Instrumentation. Seitdem arbeitet er als Editionsleiter der Hindemith-Gesamtausgabe in Frankfurt am Main. Publikationen zur Musiksoziologie, Musiktheorie, Musikästhetik des 19. Jahrhunderts und Musikgeschichte des 19. und 20. Jahrhunderts. Lehraufträge an verschiedenen Universitäten und Musikhochschulen; Mitherausgeber der Zeitschrift «Musiktheorie».

Reinhard Schulz, geboren 1950. Studium der Musikwissenschaften, daneben Philosophie, Theaterwissenschaft, Psychologie und Soziologie in München. 1979 Promotion über Anton Webern. Freier Autor, Lehrbeauftragter für Musik des 20. Jahrhunderts an der Universität München, Redakteur des «Phonomagazins» und Gesamtkoordinator bei der «Neuen Musikzeitung».

Karl Schumann, geboren 1925 in München. Studium von Philosophie und Musikwissenschaft, Promotion 1951. Seit 1948 journalistische Arbeit, vorwiegend als Musikkritiker in der «Süddeutschen Zeitung». Seit 1974 Lehrauftrag an der Hochschule für Musik München, 1980 Honorarprofessor. Von 1975 bis 1986 Generalsekretär der Bayerischen Akademie der Schönen Künste. Seit 1986 ordentliches Mitglied der Bayerischen Akademie der Schönen Künste. 1986 Bayerischer Verdienstorden.

Michael Stegemann, geboren 1956 in Osnabrück. Studium in Münster (Musikwissenschaft, Romanistik, Philosophie und Kunstgeschichte) und Paris (u. a. Komposition in der Meisterklasse von Olivier Messiaen). 1981 Promotion mit einer Arbeit über Camille Saint-Saëns. Lehrtätigkeit an der Universität Münster. Zahlreiche Arbeiten für Schallplattengesellschaften, Rundfunkanstalten und Verlage (u. a. Herausgeber sämtlicher Klavierwerke von Claude Debussy für die Wiener Urtext Edition). Seit 1982 Redakteur der von Robert Schumann gegründeten «Neuen Zeitschrift für Musik». Das kompositorische Schaffen umfaßt bisher rund dreißig Werke, darunter die Oper «Les Enfants terribles» (nach Jean Cocteau).

Ivanka Stoianova, geboren in Sliven (Bulgarien). Musikstudium in Sofia, Moskau, Basel, Paris und Berlin. Promotion (1974) und Habilitation (1981) an der Pariser Universität VIII. 1975–1981: Tätig im IRCAM, CNAC «G. Pompidou», Paris. Bücher: «Geste – texte – musique», Paris, 1978; «Luciano Berio/Chemins en musique», La Revue Musicale, Richard-Masse, Paris 1985. Zahlreiche Aufsätze auf französisch, deutsch, italienisch, japanisch, schwedisch, kroatisch. Gegenwärtig Maître de conférences und Leiterin der Abteilung Musik der Universität Paris VIII.

EGON VOSS, geboren 1938 in Magdeburg, aufgewachsen in Ostwestfalen-Lippe. Schulmusikstudium in Detmold, danach Studium von Germanistik, Musikwissenschaft, Philosophie und Pädagogik an den Universitäten Kiel, Münster, Köln und Saarbrücken. Staatsexamen in Germanistik 1964 in Münster, Promotion in Musikwissenschaft 1968 in Saarbrücken. Seit 1969 Redakteur, seit 1981 Editionsleiter der Richard Wagner-Gesamtausgabe in München.

GERHARD EDUARD WINKLER, geboren 1959 in Salzburg, humanistisches Gymnasium; daneben Kompositionsstudium an der Hochschule «Mozarteum» in Salzburg bei Helmut Eder (Diplom 1980); Musikwissenschaftsstudium an der Universität Salzburg (Abschluß 1986 mit Dissertation über Krzysztof Penderecki). Staatsstipendium für Komponisten der Republik Österreich 1984, Polen-Aufenthalt 1985, Förderungspreis für Musik des Bundesministeriums für Unterricht und Kunst 1985. Aufführungen seiner Kompositionen bei den Salzburger Festspielen (1987), dem Cardiff-Festival of Music (1983 und 1986), der Biennale Paris 1982. Lebt in Salzburg. Diverse Publikationen über zeitgenössische Musik.

Komponistenregister

Werkregister

(Auswahl der wichtigsten im Text behandelten Werke)